Engelbrecht · Geschichte des österreichischen Bildungswesens 3

Helmut Engelbrecht

Geschichte des österreichischen Bildungswesens

Erziehung und Unterricht auf dem Boden Österreichs

Band 3

Von der frühen Aufklärung bis zum Vormärz

ÖBV

Österreichischer Bundesverlag

Satz und Druck: Paul Gerin, 1021 Wien, Zirkusgasse 13
Gedruckt auf h'frei Offset 90 g
ISBN 3-215-**04002**-6

Geleitwort

Wenn mir auch bewußt ist, daß derart komplexes Geschehen wie die vielschichtigen Entwicklungen im Erziehungs-, Bildungs- und Ausbildungsbereich nie durch eines seiner Kennzeichen allein erfaßt werden kann, so vermögen doch solche die Haupttendenzen ausdrückende Vereinfachungen als Ordnungs- und Orientierungshilfen zu dienen. Aus dieser Sicht mögen sie ihre Rechtfertigung haben.

Nach der monastischen und der urbanen Phase des österreichischen Bildungswesens, die im ersten Band dargestellt worden sind, waren im 16. und 17. Jahrhundert die christlichen Konfessionen Träger und Richtunggeber der schulischen Weiterentwicklung geworden. Ich habe daher im zweiten Band von der konfessionellen Phase unseres Bildungswesens gesprochen. Sie war anfangs stark protestantisch eingefärbt gewesen, dann hatten protestantische und katholische Zielsetzungen neben- und gegeneinander gewirkt, zuletzt war der Katholizismus in seiner tridentinischen Ausprägung erfolgreich gewesen, allerdings nicht aus eigener Kraft. Die eigentlichen Sieger waren nämlich die Herrscher jener Länder, zu deren Machtgebiet das heutige Österreich gehörte. Sie hatten sich mit ihrem ganzen Machtapparat voll hinter die katholische Kirche gestellt und ihr entscheidende Hilfe bei der Rückgewinnung früherer Positionen geleistet. Es verwundert deshalb nicht, daß der schrittweise in absolutistische Strukturen hineinwachsende Staat Einfluß- und Kontrollmöglichkeiten im Bildungsbereich nicht räumte, als sich der Katholizismus wieder als allein zugelassenes religiöses Bekenntnis durchsetzte. Zu deutlich waren ihm die Indoktrinationsmöglichkeiten schulischer Institutionen bewußt geworden. Auch die Obrigkeit wollte sich nunmehr der Bildungseinrichtungen zur Disziplinierung ihrer Bürger bedienen.

Dazu traten Impulse der Aufklärung, deren Grundgedanken schon um 1700 formuliert waren, wenn sie auch erst um die Mitte des 18. Jahrhunderts popularisiert wurden und weite Verbreitung erfuhren. Die Bürger bildeten die Trägerschicht einer zunächst geistigen Erneuerung und lösten den Konflikt zwischen der traditionellen ständischen Begrenzung und den eigenen Emanzipationsbestrebungen mit der Zeit zu ihren Gunsten. Die Methoden der aufkommenden, schon modern ausgerichteten Pädagogik trugen wesentlich dazu bei, die Alphabetisierung des Volkes in raschen Schritten voranzutreiben sowie Verhaltensweisen und Mentalitätsstrukturen zu verändern. Die soziale Chancenzuteilung wurde zunehmend eine Funktion der Bildung, soweit es die staatliche Reglementierung zuließ. Denn der Staat war auch im Bildungsbereich allmächtig geworden, die Schule wurde zu einem „Politikum“. Die in diesem Band dargestellte Epoche des österreichischen Bildungswesens, die mit den Jahrzehnten um 1700 einsetzt, als sich bereits die neue Entwicklung keimartig abzeichnete, und bis zum Ausbruch der bürgerlichen Revolution im Jahre 1848 reicht, mag daher am besten als „staatlich-obrigkeitliche Phase“ umschrieben werden. Der Herrscher, vertreten durch die Obrigkeit auf den verschiedenen Machtebenen, bestimmte uneingeschränkt alle Handlungsbereiche seiner Untertanen, zog auch sämtliche bildungspolitischen Entscheidungen an sich und ließ deren Durchführung durch ein zentral geleitetes Kontroll-

und Lenkungssystem überprüfen. Die Vereinheitlichung und eine straff an Gesetzen orientierte Ausrichtung des österreichischen Bildungswesens war die Folge.
Ich habe auch diesmal versucht, durch eine möglichst dichte Darstellung Vielfalt, Spannung und Gegensätzlichkeit einer bildungspolitisch wichtigen Übergangsepoche einzufangen. Doch war ich bemüht, daß trotz der Reichhaltigkeit an Informationen die Strukturen der Entwicklung sichtbar bleiben und es nicht an der notwendigen Differenziertheit der Aussagen mangelt. Wiederum soll das Verstehen dieser Bildungsphase und der rasche Zugang zu Einzelheiten durch erläuternde Anmerkungen, Karten, Diagramme, schulgeschichtlich wichtige Texte und ein umfangreiches Register erleichtert werden.
Mein herzlicher Dank gilt allen, die meine Arbeit ermöglichen und unterstützen: den Verantwortlichen und Mitarbeitern des Österreichischen Bundesverlages, den Beamten der Amtsbibliothek des Bundesministeriums für Unterricht und Kunst, vielen Archivaren, Bibliothekaren und hilfsbereiten Freunden, vor allem aber meiner Frau Mag. Hertha Engelbrecht, die mir beim Lesen der Korrekturen geholfen und das Register erstellt hat.

Krems, im Herbst 1983 — Helmut Engelbrecht

1 Strukturelle Voraussetzungen für die Stabilisierung und die Umgestaltung des österreichischen Bildungswesens

Es ist sehr schwierig, die politische, wirtschaftliche, soziale und geistige Entwicklung der österreichischen Gebiete in der zweiten Hälfte des 17. Jahrhunderts und der ersten Hälfte des 18. Jahrhunderts mit knappen Strichen zu kennzeichnen, auch wenn Vorgänge, wie Ausbau des Territorialstaates und Verfassungsänderung durch den Absolutismus, Vereinheitlichung der konfessionellen Prägung der Landesbewohner, Neuausrichtung des wirtschaftlichen Geschehens durch die frühe Industrialisierung sowie zunehmende Verbreitung der Gedanken der Aufklärung, eine gewisse Orientierung bieten. Doch sie spielen sich auf verschiedenen Ebenen ab, sind unterschiedlich in ihren Dimensionen und ihrem Formenreichtum, ihre Vielschichtigkeit ist nicht mit wenigen Sätzen auszuloten. Weil aber der im Zeitalter des Absolutismus sich vollziehende Wandlungsprozeß für die Welt von heute von großer Bedeutung geworden ist, weil sich damals von der Vernunft bestimmte bürokratische, technologische und soziale Denk- und Handlungsformen ausbildeten und weil auch die Positionen bezogen wurden, die letztlich zu Reform und Revolution führten, muß hier wenigstens so weit auf Einzelheiten dieser Epoche eingegangen werden, als sie für den Bildungsbereich ins Gewicht fallen. Es erweist sich dabei als notwendig, manches bereits im zweiten Band dieses Werkes Gesagte wieder ins Gedächtnis zu rufen.

1.1 Die Entstehung der „Monarchia Austriaca"

Das 17. und frühe 18. Jahrhundert hatte den Habsburgern in den kriegerischen Auseinandersetzungen, welche die konkurrierenden europäischen Völker um Vorrang, Macht und Einfluß führten, nur wenige Atempausen gewährt.[1] Kaum war der blutige und verlustreiche Dreißigjährige Krieg abgeschlossen, wurde ihnen ein Zweifrontenkampf gegen Osmanen und Franzosen aufgezwungen. Im Südosten konnte dabei endgültig eine Entscheidung erreicht werden. War schon 1664 ein erster bedeutender Erfolg gegen die Osmanen bei Mogersdorf (Sankt Gotthard an der Raab, Burgenland/Ungarn) gelungen, den der Friede von Vasvár (Eisenburg/Ungarn) noch nicht voll zu nützen vermochte, so leitete die siegreiche Schlacht um Wien (1683) einen Gegenstoß ein, der schließlich zur Eroberung von ganz Ungarn (mit Siebenbürgen und dem Großteil von Slawonien) führte. Der Friede von Karlowitz (Sremski Karlovci/Jugoslawien, 1699) besiegelte die Ausschaltung der osmanischen Gefahr für den österreichischen Raum. Durch die Eroberung Belgrads und den darauffolgenden Frieden von

Passarowitz (Požarevac/Jugoslawien; 1718) wurde die militärische Position der Habsburger im Südosten noch verbessert, doch büßten sie diese Eroberung im Frieden von Belgrad (1739) wieder weitgehend ein.
Im Westen erwies sich zumindest die Diplomatie des unter Ludwig XIV. nach Hegemonie strebenden französischen Staates als überlegen. In den Schlachten wechselten Sieg und Niederlage ab. In den Friedensschlüssen (Nijmegen 1679, Rijswijk 1697) und in unter dem Schein des Rechts vollzogenen Gewaltaktionen („Réunionen") vermochte Frankreich seine Machtstellung auszubauen. Im Kampf um das spanische Erbe (1701–1714) gingen die Habsburger ebenfalls nicht als Hauptgewinner hervor (Frieden von Rastatt 1714), doch konnten sie zu dem geschlossenen mitteleuropäischen Kerngebiet, das sich vom Bodensee bis Siebenbürgen, von Schlesien bis Kroatien und Slawonien erstreckte, noch starke Außenposten in den italienischen Gebieten und in den Niederlanden erhalten. Die „Monarchia Austriaca" nahm damals die größte Ausdehnung ein, die sie jemals erreichen sollte. Sie kann als echte Großmacht angesprochen werden. Das Erzstift Salzburg vermochte sich nunmehr dem Einfluß des habsburgischen Österreichs kaum noch zu entziehen und geriet in eine starke politische Abhängigkeit.
Unter den Kriegen litten die österreichischen Schulen einige Male unmittelbar, wenn sie ins Kampffeld zu liegen kamen. So brachen 1645 die schwedischen Truppen in die nördlich der Donau liegenden Gebiete ein und eroberten Krems. Im Jahr darauf stießen sie nach Vorarlberg vor und besetzten unter anderem auch Feldkirch. Am verheerendsten wirkte sich 1683 die Verwüstung weiter Teile Österreichs unter der Enns durch die tatarischen Hilfstruppen der Osmanen aus. Mittelbar waren jedoch die kostspieligen Kriege für Schulfragen noch viel folgenreicher. Denn diese rückten, weil existentielle Probleme zu lösen waren, verständlicherweise in den Schatten des allgemeinen Interesses. Man gab sich mit einer Stabilisierung des bereits Mitte des 17. Jahrhunderts erreichten Bildungsstandes zufrieden.
Daß die damit verbundene Stagnation des Schulwesens doch Sprünge erhielt und sich Ansätze zur Fortentwicklung zeigten, hatte verschiedene Gründe, hing vor allem auch mit den absolutistischen Zielsetzungen des habsburgischen Herrscherhauses zusammen. Dieses mußte nach 1648 – obgleich weiterhin im Besitz der Kaiserkrone – seine Macht auf die österreichischen Erbländer und Länder der böhmischen und ungarischen Krone stützen, die 1620 bzw. 1687 ebenfalls zu erblichen Besitzungen erklärt worden waren. Doch die administrative und legislative Integration dieser Gebiete machte zunächst nur geringe Fortschritte. Der Zusammenhalt wurde bloß durch die Person des Herrschers gewährleistet.
Seit 1665 waren zwar alle habsburgischen Besitzungen wieder in einer Hand, doch erst die sich durchsetzende Regelung der Thronfolge nach dem Recht der Erstgeburt sowie die Festlegungen der Pragmatischen Sanktion (1713) sicherten die Unteilbarkeit und Untrennbarkeit dieser Länder. Weil auch seit Ferdinand II. die Teilnahme der Stände an der Regierung weitgehend ausgeschaltet wurde, konnte mit dem Aufbau eines absolutistischen Staates nach dem Vorbild Frankreichs begonnen werden. Dazu waren aber auch psychische Veränderungen der Menschen, die Entwicklung neuer Verhaltensweisen und Interaktionsformen notwendig,[2] wozu Unterricht und Erziehung einen bedeutsamen Beitrag leisten konnten. Deswegen rückten Schulfragen wieder verstärkt in das Blickfeld der Herrschenden; deren Maßnahmen beschränkten sich allerdings zunächst darauf, Entwicklungen hintanzuhalten, die ihre Machtstellung und die sie begründende Gesellschaftsordnung gefährdeten.

1.2 Einheitliche konfessionelle Ausrichtung in allen Lebensbereichen

Eine Reihe von Bestimmungen des Westfälischen Friedens (1648) suchte die Ansprüche des Katholizismus, Protestantismus und Kalvinismus sorgfältig gegeneinander abzugrenzen und den Konfessionsstreit durch präzise Festlegungen zu beenden. Die kirchliche Lage am 1. Jänner 1624 bestimmte in der Regel die Religion der Bevölkerung für alle Zukunft. Für die österreichischen Gebiete bedeutete dies den vollständigen Triumph des Katholizismus. Nur dem niederösterreichischen Adel mußte Religionsfreiheit gewährt werden.[3] Zwar behielten sich Schweden und die Protestanten im Reich auch das Recht einer gewaltlosen Intervention zugunsten ihrer Glaubensgenossen vor, doch erwiesen sich derartige Sicherungen wie auch die Schutzverfügungen zugunsten andersgläubiger Untertanen in der Folge als bedeutungslos.[4]

Die Habsburger nützten die ihnen gebotenen rechtlichen Möglichkeiten nunmehr sehr rasch aus, um die Rekatholisierung abzuschließen. Wiederum häuften sich die Mandate und Patente des Herrschers; sie legten die Möglichkeiten der Bekehrung und Emigration dar und sprachen Befehle und Verbote aus.[5] Die 1651 neuerlich eingesetzten Reformationskommissionen hatten alle Nichtkatholiken zu erfassen und sie vor die Wahl zu stellen, entweder sofort oder nach einer Bedenkfrist zum katholischen Glauben zurückzukehren oder binnen drei Jahren auszuwandern. Besonders im Waldviertel wurden der Kommission von der noch starken protestantischen Minderheit, die in der adeligen Grundherrschaft einen Rückhalt gefunden hatte, beachtliche Schwierigkeiten bereitet. Doch der Widerstand erlosch bald. Die „Halsstarrigen" wurden 1660 ausgewiesen.[6] Auch die Adeligen in Österreich unter der Enns konvertierten zumeist oder emigrierten. Sie waren besonders dadurch getroffen worden, daß ihnen die Mitnahme ihrer unmündigen Kinder zum Religionsexerzitium jenseits der Grenze verboten worden war.[7] Nur in den Gebirgstälern der Alpen (Kärnten, Steiermark, Salzburg) und im Salzkammergut behaupteten sich Reste eines geheimprotestantischen Lebens.[8]

Die religiöse Intoleranz, die sich zwar auf rechtliche Grundlagen berief, nichtsdestoweniger den aufkommenden rationalen Denkformen der Aufklärung vollständig entgegengesetzt war, erreichte ihren Höhepunkt in der Vertreibung der Salzburger Geheimprotestanten.[9] Lange Zeit waren die Salzburger Erzbischöfe verhältnismäßig duldsam gewesen; aber als sich herausstellte, daß ein beachtlicher Teil einer äußerlich sich katholisch gebenden Bevölkerung noch dem Protestantismus anhing, wurde 1684 vom Erzbischof von Salzburg, der ja zugleich Reichsfürst war, gefordert, daß die konfessionell Verdächtigen entweder das römisch-katholische Glaubensbekenntnis ablegten oder innerhalb von vierzehn Tagen – unter Zurücklassung ihrer Kinder – das Land verließen. Besonders hart wurden die evangelischen Bewohner des Defereggentales getroffen, die mitten im Winter zur Auswanderung gezwungen wurden. Unter dem Erzbischof Leopold Anton von Firmian vollzog sich dann 1731/32 die Emigration fast eines Fünftels der Salzburger Landesbewohner, die sich wegen der Bekehrungsversuche zum Katholizismus an die evangelischen Reichsstände gewandt hatten, aus diesem Grund der Rebellion angeklagt und ohne die übliche Frist des Landes verwiesen wurden. Auch in den habsburgischen Ländern (Österreich ob der Enns, Steiermark, Kärnten) wurden noch im 18. Jahrhundert „Geheimprotestanten" verfolgt. Um aber ihrer Arbeitskraft nicht verlustig zu gehen – eine Auswirkung des neuen wirtschaftlichen Denkens –, wurden sie nur nach Siebenbürgen abgeschoben, wo Kultusfreiheit bestand.[10]

Neben den Pfarrern, die für eine ständige Glaubensinformation zu sorgen hatten und die Beichte als Kontrollinstrument für die Katholizität der Bevölkerung nützten, kam auch den Schulmeistern eine wichtige Funktion bei der katholischen Restauration zu. Sie wurden gleichsam zu Wächtern des Glaubens. Die häufige Koppelung ihrer Unterrichtsaufgaben mit dem Mesnerdienst legte ihnen von vornherein die Verpflichtung zur Unterstützung des Pfarrers auf. So hatten sie meist die Personenverzeichnisse zu führen, Beichtzettel einzusammeln und vor allem das religiöse Verhalten zu kontrollieren. Sie mußten „zu Erforschung der Übertretter" der landesfürstlichen Verordnungen „embsigen Fleiß" zeigen. Um sie dabei zu besonderem Eifer anzuregen, waren sie von den „eingehenden Straffen mit einer Recompens (zu) bedencken".[11] Diese finanzielle Verführung trug dazu bei, ihre von vornherein heikle Lage zu verschlimmern. Denn einerseits standen ihnen verschiedene Möglichkeiten der Einsicht in die konfessionellen Gepflogenheiten und den Bücherbesitz der Familie ihrer Schüler offen,[12] andererseits waren sie aber von Schulgeld und Spenden abhängig. Ständig mußten sie zwischen Vorschriften und persönlichen Interessen klug lavieren, um vor der Öffentlichkeit und vor sich selbst einigermaßen bestehen zu können. Der in diesen Jahrhunderten ausgeübte Zwang zur Anpassung und Konformität hat zwar alle Lebensbereiche konfessionell einheitlich ausgerichtet, doch auch unmoralische Verhaltensweisen, wie Wahrung des äußeren Scheins, Flucht in Ausreden und Vortäuschung falscher Tatsachen, gefördert. Die Erziehungsaufgaben wurden dadurch stark belastet.

1.3 Sozioökonomische Veränderungen und ihre Auswirkungen

Die Epoche zwischen 1648 und 1740 war weiterhin durch das traditionelle Gesellschaftsgefüge gekennzeichnet. Die zeitgenössischen Tendenzen liefen hauptsächlich darauf hinaus, es zu stabilisieren. Trotzdem traten nicht unwesentliche, sich auch bildungspolitisch auswirkende Veränderungen ein.
Die politisch und sozial führende Schicht des Adels befand sich damals in einer Krise.[13] Seine Zusammensetzung hatte sich durch die Emigration vieler protestantischer Geschlechter, durch das Seßhaftwerden fremder Adelsfamilien und die Nobilitierung zahlreicher sich im Dienste des Herrschers bewährender Persönlichkeiten grundlegend gewandelt. Seine übernationale Struktur wurde zudem verstärkt. Durch Refeudalisierungsanstrengungen suchte er die weitgehende Entmachtung in seinen ständischen Positionen auszugleichen.[14] Der niedere Adel geriet in eine besonders schlechte Lage. Die zunehmenden Fideikommißbildungen stellten ein standesgemäßes Fortkommen für die auf den Erstgeborenen folgenden Söhne („Kadetten") in Frage. Wer nun die alte adelige, in Grund und Boden auf dem Lande bestehende Existenzform einbüßte, sich auch nicht zum Kriegshandwerk eignete oder zum Priestertum berufen fühlte, bemühte sich um Beamtenfunktionen im absoluten Staat, um eine dem Stand entsprechende neue Lebensstellung aufbauen zu können. Damit traten die Adeligen in Konkurrenz zu qualifizierten Bürgerlichen und Ausländern, die ebenfalls in den Behördenapparat drängten. Dessen begrenzte Aufnahmefähigkeit führte dazu, daß sich der Adel einerseits um eine laufbahnadäquate Ausbildung kümmerte und dafür hohe Summen auszugeben bereit war, andererseits aber den Zustrom von Bürgerlichen durch verschiedene Sperrmaßnahmen drosselte.
Der Klerus hatte nach Abschluß der Gegenreformation dank seiner verbesserten Ausbildung und seiner durch die Macht des Herrschers abgesicherten Funktion an Ansehen gewonnen und war für alle Sozialschichten wieder zu einem begehrenswerten

Stand geworden. Der Seelsorgeklerus begann sich zunehmend aus gebildeten, pflichtbewußten und dem Herrscher verbundenen Pfarrern zusammenzusetzen, die auch der Schule gegenüber aufgeschlossen waren. Viele von ihnen können als Aufsteiger aus der bäuerlichen Schicht angesehen werden. Als Ende des 17. Jahrhunderts zu wenige Pfründen und Benefizien zur Verfügung standen, wurden gegen das Studium der Bauernsöhne ärgste Bedenken vorgebracht, es zeitweise sogar verhindert. Verständlicherweise bereiteten überzählige Kleriker den bischöflichen Ordinariaten große Sorgen.[15]

Auch der Zulauf zu den kirchlichen Orden nahm wiederum stark zu. Zentralistisch geleitete und ortsunabhängige wie die Gesellschaft Jesu konnten sich dabei durch ihre vielseitigen Wirkungsmöglichkeiten in den Vordergrund schieben. Die alten Orden wiesen ihre neu gewonnenen Positionen durch eine prachtvolle barocke Umgestaltung ihrer Stifte und die Wiederaufnahme umfassender kultureller und schulischer Tätigkeiten aus.

Nunmehr begannen auch die lange Zeit stagnierenden Städte zu wachsen; die soziale Struktur ihrer Bürgerschaft kann aufgrund ihrer Steuerleistungen bereits erschlossen werden. Die mittleren Vermögensklassen waren in den sogenannten Ackerbürgerstädten, wie Innsbruck, das zwischen 1632 und 1760 von 5 200 auf 8 000 Einwohner anwuchs, besonders stark (64,6 Prozent),[16] sonst machten sie in der vorindustriellen Stadt kaum ein Drittel aus.[17] In der Stadt Salzburg können um die Mitte des 17. Jahrhunderts 9,2 Prozent der Bevölkerung der Oberschicht, 27,9 Prozent der Mittelschicht und 62,9 Prozent der Grundschicht zugeordnet werden.[18]

Für das bürgerliche Handwerk verschärfte sich die Situation.[19] Denn dessen Widerstand gegen die Grundherrschaft, die selbst Handwerksbetriebe einrichtete, und das ländliche Gewerbe war vergeblich gewesen. Durchwegs konnten deshalb nur Einmannbetriebe bestehen, in denen Hausfrau und Kinder mithelfen mußten, um ein bescheidenes Einkommen sicherzustellen. Die Zünfte traten folgerichtig für eine Beschränkung der Anzahl der Betriebe, Erschwerung der Ausbildung sowie Erhöhung der Gebühren und der Strafen für die Gesellen ein.[20] Der Staat hingegen wollte die Zunfthoheit selbst ausüben und erließ Regionalordnungen für verschiedene Handwerke und Gewerbe.

Die Prohibitivpolitik, die von den Zünften ausging, war ein wesentliches Hindernis, daß die wachsende Überschußbevölkerung in den Arbeitsprozeß integriert werden konnte. Erst die nur zögernd einsetzende Industrialisierung, die das meiste der staatlichen Initiative verdankte und im Sinne des Merkantilismus gefördert wurde, öffnete dem Druck der unselbständigen Arbeitskräfte ein wirksames Ventil. Die zunftbefreiten Produktions- und Dienstleistungsbetriebe durchbrachen in der Regel das bisherige Prinzip der Wohn- und Betriebseinheit. Solche mit Privilegien versehenen und oft von Ausländern gegründete Fabriken und Manufakturen entstanden damals in größerer Zahl.[21] Der Binnen- und Außenhandel nahm gleichfalls zu, lag aber häufig in den Händen von Ausländern und Angehörigen nationaler oder konfessioneller Minderheiten.

Diese Entwicklung machte technologisches und wirtschaftliches Denken nötig; sie leitete daher auch wesentliche bildungspolitische Überlegungen ein. Solche wurden von dem Kameralisten[22] Johann Joachim Becher (1635–1682) am nachdrücklichsten vertreten.[23] Dieser vielgereiste Mann, der Handwerke gelernt, sich mit Theologie, Mathematik, Physik und Chemie beschäftigt und ein Doktorat der Medizin erworben hatte, war 1666 an den kaiserlichen Hof, mit dem er schon seit längerem in Verbindung gestanden war, berufen worden und hatte hier in Theorie und Praxis Wirtschaftsprobleme zu lösen versucht. 1676 errichtete er auf dem Tabor in Wien ein „Kunst- und Werck-Hauß“, das für den deutschen Raum eine Reihe von Neuerungen brachte und auch ausgesprochen unterrichtliche Zwecke verfolgte („...worinnen als in einem

Seminario die Manufacturen und Künste erfunden und introduciret / die Leute abgericht / und auff das Land / und in die mitleidende gepopulirte Staedte diffundiret und stabilirt" werden).[24] Denn es hatte vor allem die Funktion einer Lehrwerkstätte zu erfüllen, wo ausländische Spezialisten inländische Handwerker oder Arbeiter ausbildeten, die ihre Kenntnisse an einheimische Arbeitskräfte weiterzugeben hatten. Weiters sollte das Werkhaus auch eine Art Forschungsstätte sein; Becher wollte von hier aus die technische Entwicklung des Landes steuern, neue Verfahren erproben und neue Geräte erfinden. Die Struktur der eingerichteten Werkstätten machte diese Zielsetzung recht deutlich. Doch diese Aufgaben waren seiner Meinung nach nur von technologisch vorgebildeten Menschen zu bewältigen.

J. J. Becher forderte vom Staat, daß dieser geeignete Maßnahmen zur Förderung einer derart ausgerichteten Erziehung und neuer Schwerpunktsetzungen im Unterricht anordne, denn nur dann könnte „das gemeine Wesen und dessen Bestes befördert"[25] werden. Er legte dazu ein Bündel von Vorschlägen vor, über die später noch zu sprechen sein wird.[26]

Auf heute österreichischem Boden überwog allerdings weiterhin unverändert die agrarische Nutzung und Lebensweise; die bäuerliche Bevölkerung machte vier Fünftel des Gesamtvolkes aus. Sie steckte damals in einer wenig erfreulichen Lage. Es herrschte ein offensichtliches Mißverhältnis zwischen den niedrigen Erträgen der Landwirtschaft und den hohen Preisen für gewerbliche und industrielle Produkte. Außerdem gab es mit den sich kapitalistisch einrichtenden Grundherrschaften, die ihre Schutz- und Schirmfunktionen immer schlechter ausübten, Streitigkeiten um Robot und Abgaben. Die Lebensverhältnisse der Bauern verschlechterten sich, ihre Selbstverwaltung wurde weiter eingeengt. Von seiten des Herrschers wurden zwar einige Schutzmaßnahmen für sie erlassen,[27] doch die grundherrlichen Obrigkeiten dürften sich nicht allzusehr darum gekümmert haben; alte Gepflogenheiten wurden nicht abgeschafft.

Der Bildungsstand der ländlichen Bevölkerung war durchwegs gering. Die wirtschaftliche Not zwang sie oft, das Schulgeld zu sparen. Die „deutschen Schulen" waren meist schwach besucht. Manche geistliche Grundherrschaften richteten daher für ihre Untertanen „Freischulen" ein, in denen kein Schulgeld gefordert wurde.[28] Es bestand, wie die Auswertung von Universitätsmatrikeln zeigt, ein starkes Bildungsgefälle zwischen Stadt und Land. Zwar war dem bäuerlichen Bevölkerungsüberschuß grundsätzlich der Weg zu den Studien geöffnet, doch richteten Regierungsverordnungen zunehmend dagegen Barrieren auf. Sie suchten zu erreichen, daß „nicht jeder von gemeinem Stand herkommende und nicht wohl talentierte Knab ad studia zugelassen, sondern vielmehr zu seinem eigenen und des Publici Nutzen zu was anderem nach seiner Fähigkeit angewendet werde".[29] Die Universitäten forderten eine „ausgeklaubte Jugend" und wollten „Knaben von armer Kondition, sie hätten denn Zeichen und Proben einer sonderbaren Kapazität", den Zugang zu den Fakultäten verwehren.[30]

Diese Maßnahmen trafen zwar besonders die Bauernsöhne, dürften aber letztlich doch nicht zu starken Einfluß genommen haben. Denn in Westösterreich stieg die Zahl der bäuerlichen Studenten weiter an. Stammten zwischen 1669 und 1700 von 100 Hörern 35 aus dem Bauernstand, waren es zwischen 1701 und 1735 bereits 39 Prozent. An der theologischen Fakultät war zwischen 1671 und 1700 fast die Hälfte der Studenten bäuerlicher Herkunft.[31]

Die Abschließungstendenzen der schulischen Institutionen, die dem Bildungsoptimismus der Aufklärung diametral entgegengesetzt waren, hatten weitgehend sozioökonomische Ursachen und wurzelten wohl in der Furcht vor einem geistigen Proletariat. Selektion und Unterrichtsinhalte wurden damals als Mittel zur Sozialdisziplinierung erkannt und ansatzweise genutzt.

Doch diese neuen Möglichkeiten der Einflußnahme brachten dem Schulmeister keineswegs eine gesellschaftliche Aufwertung ein. Eine „Politzey-Ordnung“ aus dem Jahre 1671 reihte ihn in die vierte Klasse innerhalb der in einer sozialen Schicht zusammengefaßten Bürger und Bauern ein, in die vorletzte Klasse, und stellte ihn in eine Reihe mit „Sesseltrager, Thorsteher, Senfften- und Klepper-Knecht... Mößner... Handwercks-Gesellen... Koech und Koechinen“.[32] Die „Magistri Philosophiae“ allerdings wurden bereits in die zweite Klasse des Bürger- und Bauernstandes eingewiesen. Sie befanden sich dabei in Gesellschaft der „Hof-Musici“, „Hof-Schreiber“, Buchhalter, Rentmeister, Bürgermeister und Richter der landesfürstlichen Städte und Märkte, auch der „Handels-Leuth“, „Hof-Cammer-Diener“ und „Cammer-Jungfrauen“.[33] Diese amtliche Einschätzung mußte nach außen – in der Öffentlichkeit – dokumentiert werden. Material und Aufwand für die Kleidung und für den Schmuck wurden genau festgelegt. Sie waren trotz bescheidener Grenzziehung [34] höchstwahrscheinlich für viele Schulmeister nicht erreichbar.

2 Ansätze zum pädagogischen Umdenken

Während sich der deutschsprachige Raum in Glaubens- und Machtkämpfen zerfleischte, hatten sich in Frankreich und bei den europäischen Seemächten der moderne Geist und die moderne Gesellschaft ausgebildet.[1] In Westeuropa hatte sich nicht nur der Absolutismus entfaltet, der alle Lebensbereiche der Untertanen durchdrang und zu bestimmen versuchte, sondern auch der Parlamentarismus, zu dem England in Widerstand gegen das die absolute Macht anstrebende Königtum seinen revolutionären Weg beschritten hatte. Das Denken der Menschen wurde noch entschiedener als im Renaissance-Humanismus von Autoritäten, wie geoffenbarter Glauben und Theologie, gelöst. Ein Emanzipationsprozeß setzte ein, der sich des Halts der abendländischen Überlieferung immer weniger bedienen wollte und das Wissen von der Welt auf neuen Erkenntnisprinzipien aufbaute. Ob freilich dabei besser die Vernunft oder die systematische Beobachtung zu nützen sei, ob Rationalität oder Empirie eher zum Ziele der wahren Erkenntnis führe, blieb zunächst offen. Für den pädagogischen Bereich war diese Entwicklung nicht ohne Bedeutung. Weil sich der absolute Staat Untertanen schaffen wollte, die über die zur Stützung seiner Machtstellung notwendigen Kenntnisse und Fertigkeiten verfügen, verstärkte er seinen Einfluß auf die Institutionen des Unterrichts und der Erziehung und baute sie konsequent zu einem von ihm reglementierten Subsystem der Gesellschaft aus.

Die Entfremdung von der Überlieferung, das In-Frage-Stellen der bisherigen Antworten auf die Sinnfragen des Menschen, hatte – wie immer in Krisenzeiten des Geistes – den Ruf nach Bildungsreform laut werden lassen. Die Voraussetzungen dafür waren gut, denn die diese Zeit kennzeichnende rationale Reflexion drängte ja geradezu nach pädagogischen Theorien, und das Interesse an Beobachtung schloß die praktische Erziehungsarbeit nicht aus. Die Kritik der Bildungsreformer richtete sich zuerst gegen den Kanon der klassischen Bildung, gegen die Alleinherrschaft der alten Sprachen. Sie wurde nicht zum ersten Mal erhoben. Das Verständnis für Gewicht und Bedeutung des Sachwissens war bereits von dem Spanier J. L. Vives (1492–1540) programmatisch gefordert worden. „Sprachkunst ohne Sachkenntnis ist Eitelkeit",[2] sagte er. Die realistische Idee – die Hineinnahme der wachsenden Kenntnisse auf dem Gebiete der Naturwissenschaft – wurde in der Folge verstärkt der im Formalen erstarrenden Schule der Humanisten entgegengestellt.

An Vorkämpfern dieses sogenannten pädagogischen Realismus gab es viele, und als einer der bedeutendsten gilt Francis Bacon (1561–1626).[3] Die Schuleinrichtungen, die er in seinen Schriften entwarf, sollten Arbeitsstätten der Wissenschaft im Dienste des Lebens sein. Die realistischen Fächer müßten vor die formalistischen, wie Rhetorik und Logik, gestellt werden, der Unterricht hatte auf Selbsttätigkeit des Schülers ausgerichtet zu sein. Mit Hilfe der „Induktion" wünschte er die Herrschaft der Worte, der Vorurteile und der Autoritäten zu überwinden.

Die westeuropäische Entwicklung im pädagogischen Denken und Handeln vermochte nur zögernd im deutschsprachigen Raum Fuß zu fassen. Kriege, politische Zerrissenheit und die dem Barockzeitalter eigentümliche Widersprüchlichkeit schufen ein kulturelles Klima, das einer wirkungsvollen, zügigen Ausbreitung der neuen Bildungsideen vorerst hinderlich war. Wohl rückten Unterricht und Erziehung als eine spezifisch menschliche und gesellschaftliche Aufgabe stärker in das allgemeine Bewußtsein, aber Staat wie Kirche wollten dafür die Ziele setzen. Man bewegte sich weitgehend im Theoretischen. Es ergaben sich daher wenige Veränderungen in der Schulpraxis.

Doch in den Grundstrukturen des pädagogischen Denkens begannen sich religiöse und sittliche Motivationen fugenlos mit politischen und staatlichen Zwecken zu koppeln. Dazu trat, daß der überkommene Wissensbestand fragwürdig geworden war und nicht mehr durch Tradition und Autoritäten abgesichert werden konnte. Eine Entwicklung mußte einsetzen, die auf die Heranbildung der menschlichen Urteilskraft und den rechten Gebrauch der Vernunft abzielte.[4] Der Schulwirklichkeit einigermaßen nahe Pläne und auch pädagogische Utopien wurden in der Folge in großer Zahl entworfen.

Zunächst blieben freilich alle Vorschläge, die den Menschen durch Unterricht bessern wollten, im Horizont des Glaubens. An drei in der deutschen Bildungsgeschichte des 17. Jahrhunderts herausragenden Impulsgebern soll dies angedeutet werden. Wolfgang Ratke (Ratichius, 1571–1635), ein gläubiger Lutheraner, band die erste Unterweisung im Lesen und Schreiben an die Bibel. „Der Unterricht ist allein zu rechtfertigen aus seiner Bedeutung für das Seelenheil",[5] äußerte er bestimmt. Die Muttersprache zog er den Fremdsprachen vor, der Sachunterricht sollte nur in ihr erfolgen. Von seinen didaktischen Forderungen,[6] die uns heute selbstverständlich erscheinen und die er selbst möglichst geheim hielt, weil er sich im Besitz der allein richtigen, den Erfolg garantierenden Methode glaubte, gingen wertvolle Anstöße für die Entwicklung des Bildungswesens aus. Auch sein Eintreten für die Schulhoheit des Staates, der für Einrichtung, Erhaltung und Beaufsichtigung der Schulen Verantwortung tragen müsse, seine Hinweise auf die Notwendigkeit von durch den Staat besoldeten, unabhängigen Lehrern, vom Staat festgelegten Lehrplänen und der allgemeinen Schulpflicht fanden Widerhall und blieben in der Diskussion.

Auch für das Wirken des Mährers Jan Amos Komenský (Comenius, 1592–1670),[7] in dem der pädagogische Realismus gipfelte und europäische Geltung erreichte, blieb der theologische Hintergrund wichtig. Das von ihm entworfene erste umfassende System der Pädagogik verstand sich als Mitwirkung an der Verbesserung von Gottes Schöpfungswerk. Comenius stammte aus den Reihen der Böhmischen Brüder und hatte österreichisches Gebiet als Heimat (Nivnice, heute Tschechoslowakei) und Wirkungsstätte (Rektor der Brüderschule und Prediger in Přerov und Fulnek, heute Tschechoslowakei), bis er sich durch die gegenreformatorischen Maßnahmen nach der Schlacht am Weißen Berge (1620) gezwungen sah, den habsburgischen Machtbereich zu verlassen und seine unstete Wanderung durch Europa aufzunehmen.

In seinen Schriften vollzieht sich die Geburt der neuzeitlichen Subjektivitätspädagogik, die den Menschen, das Kind, in den Mittelpunkt der pädagogischen Reflexion stellt und daraus ihre Maßnahmen gewinnt und sich in ihrem Vorgehen regelt.[8] Wurde Erziehung bisher weitgehend mit der Ermunterung oder auch mit dem Zwang gleichgesetzt, sich dem Gegebenen, für zeitlos und absolut verbindlich gehaltenen Normensystem zu unterwerfen, sein Verhalten darnach einzurichten, so begann man sich jetzt mit diesen Normen vor dem Richterstuhl der eigenen Vernunft kritisch auseinanderzusetzen.[9] Die Erziehung müsse wie die Natur vorgehen, möglichst früh beginnen, „bevor der Verstand verdorben ist".[10] Zwischen den Aufbaustrukturen des Kosmos, die Comenius meist mit Natur umschreibt, und der Menschennatur bestünden

nämlich Entsprechungen. Jeder müsse lernen, seine Vernunft auf rechte Weise zu gebrauchen, um das *recte vivere* zu beherrschen.[11]
Comenius ist in vielem pragmatisch; sein pädagogisches Denken war auf Nützlichkeit ausgerichtet. Gleich Ratke, auf den sich manche seiner Ideen stützen, glaubte er an die weltverbessernde Macht der Erziehung. Er formulierte pädagogische Grundtendenzen, die vielfach erst nach seiner Lebenszeit wirksam wurden. So sprach er sich für den Vorrang der Muttersprache, die Einbeziehung der Realien in den Unterricht, für das Anschauungs- und Tätigkeitsprinzip sowie für die Bildung für alle aus. Der Schüler sei in der Massenschule, so meinte er, am besten aufgehoben, so wie der Fisch im Fischteich. Die Schüler sollten auch nicht für die Schule, sondern für das Leben lernen, damit ihnen dereinst jedes Geschäft sicher anvertraut werden könne.[12]
Seine Zeitgenossen wurden am stärksten von seiner „Didactica magna" fasziniert, die als Entwurf einer pädagogischen Anthropologie anzusprechen ist, aber vielfach nur als Methodiklehrbuch verstanden wurde, das den Blick auf Lehren und Lernen verengte und Erziehung wesentlich im Unterricht aufgehen ließ. Denn damals wurde die Suche nach der Zauberformel, mit deren Hilfe alle Gebiete des Wissens – auch durch die unfähigsten Lehrer – sogar den dümmsten Schülern beigebracht werden konnten, in verstärktem Maße wieder aufgenommen. Das Pädagogische wurde aus dem Didaktischen verstanden. Dieses Werk des Comenius wurde zunächst in tschechischer Sprache geschrieben, erschien jedoch in einer lateinischen Fassung. Es spiegelt sein facettenreiches pädagogisches Denken in vollem Umfang. Doch verstrich noch viel Zeit, bis seine Anregungen in die Schulwirklichkeit einsickerten.
Auch die pädagogischen Bemühungen des Pietismus – im Grunde eine ausgesprochen religiöse Bewegung – beruhten auf einem theologischen Programm. August Hermann Francke (1663–1727)[13] stellte Welt- und Naturerkenntnis unter das Gebot christlichen Handelns, versuchte Frömmigkeit und Nützlichkeit miteinander zu verbinden und setzte der Erziehung Gottseligkeit, Gelehrsamkeit sowie gute Sitten zur Ehre Gottes und zum Nutzen des Nächsten als Ziele. In seinen Schulgründungen in Halle (Armenschule, Bürgerschule, Lateinschule, Lehrerseminar, Pädagogium, Waisenhaus) sollte daher die christliche Herzensfrömmigkeit gepflegt, aber alles vermieden werden, was die Weltliebe fördert (Verzicht auf Spiele, Frohsinn und weltliches Lied, Komödienspiel u. ä.). Der Fächerkanon wurde erweitert, Anschauung und Selbsttätigkeit gewannen große Bedeutung. Praktische und handwerkliche Arbeiten, wie Drechseln, Glasschneiden, Papparbeiten u. a., Sammeln von Heilkräutern und Besuch von Werkstätten, wurden in den Unterrichtsalltag eingefügt. Die Jahrgangsklassen wurden teilweise zugunsten von Leistungsgruppen aufgelöst. Das sich auf diese Weise entwickelnde Fachklassensystem benötigte Fachlehrer, die A. H. Francke selbst in einem *Seminarium praeceptorum* ausbildete. Das Ethos der Arbeit und des gemeinnützigen Fleißes, soziales Denken, aber auch ein unnatürlicher, den Kindern noch fremder Lebensernst, aufgezwungene religiöse Haltungen sowie durchgehende Reglementierung und ständige Kontrolle kennzeichnen die pietistischen Schulen, deren Stellenwert in der Geschichte der Pädagogik nicht unterschätzt werden darf.
Vielerorts im protestantischen Raum Deutschlands waren pädagogische Intentionen und Konzepte Westeuropas aufgenommen, diskutiert und manchmal auch – den eigenen Bedürfnissen und Möglichkeiten angepaßt – in die Schulwirklichkeit übertragen worden. Daß sie nicht auch zur selben Zeit oder geringfügig verspätet auf heute österreichischem Boden zündeten, lag vor allem an den strengen landesfürstlichen Mandaten, die eine geistige Kommunikation mit den protestantischen Gebieten weitgehend unterbanden. Das Studium an protestantischen Universitäten war verboten, der Einfuhr von „sectischen Büchern"[14] wirksame Schranken vorgelegt worden. Den pädagogischen Werken gegenüber verhielt man sich wegen der engen Verknüp-

fung von Kirche und Schule besonders mißtrauisch. Ein Protestant als Verfasser machte damals in unserem Gebiet ein Buch von vornherein verdächtig. Die beherrschende Stellung und die meist noch hohe Einschätzung der jesuitischen Pädagogik wirkten zusätzlich wie ein unsichtbarer Kordon und ließen zunächst auch Bedürfnisse und Bedarf verkümmern. Die dadurch herbeigeführte Abkapselung war wenigstens zum Teil für die eintretende schulische Stagnation verantwortlich.

Eine vollständige Abschirmung vor dem neuen Gedankengut war freilich nicht möglich. Politik und Wirtschaft zwangen nämlich zur Mobilität der Menschen; der Handel führte deutsche Protestanten in unsere Städte und ließ Österreicher auch den Weg in die Kerngebiete der Augsburgischen Konfession suchen. Das Studium an den Universitäten führte weiterhin – wenn auch in bescheidenerem Ausmaß als früher – zur multinationalen Zusammensetzung der Studentenschaft und förderte den Austausch von Informationen. Den gemischt konfessionellen Gebieten und Städten kam in diesem Kommunikationsprozeß eine besondere Rolle zu. Sie bildeten sich zu Zwischenstationen aus; über sie sickerte auch das neue Gedankengut ein.

Zu Sprengsätzen in der bisherigen Schulentwicklung wurde dieses freilich erst, als traditionsreiche Ordensgemeinschaften, wie die Benediktiner, es aufgriffen und für den von ihnen eingerichteten Unterricht zu nützen begannen und neugegründete, in Westeuropa groß gewordene Schulorden auch auf österreichischem Boden Fuß faßten. Für diese waren die neuen pädagogischen Zielsetzungen bereits selbstverständlich. Doch sowohl die Patres Scholarum Piarum (Piaristen) als auch der Ordo Sanctae Ursulae (Ursulinen) und das Institutum Beatae Mariae Virginis (Englische Fräulein) stießen erst spät – nach Überwindung vieler Hindernisse – in unseren Raum vor. Die Zahl ihrer Niederlassungen blieb begrenzt. Trotzdem trugen sie zum In-Frage-Stellen der Bildungsgrundsätze der Jesuiten wesentlich bei. Über diese Schulorden wird später noch ausführlicher zu sprechen sein.[15]

Das pädagogische Umdenken vollzog sich in unserem Raum ziemlich langsam. Zunächst erkannten nur wenige die neuen Prinzipien als Forderungen der Zeit, griffen sie auf und überdachten sie. Erst als sie eine größere Zeitspanne im Gespräch und theoretisch auf ihre Gewichtigkeit geprüft waren, versuchten einige, sie in einem begrenzten Wirkungsfeld in die Praxis der Bildungsinstitutionen zu übertragen. Neuartige, schöpferische Wege wurden dabei freilich nicht beschritten. Häufig blieb es überhaupt bei Konzepten, denen eine Realisierung verwehrt wurde. Doch wenn auch die großen Entwürfe fehlten, pädagogische Überlegungen nur nebenbei angestellt wurden und bloß einen Randbereich der jeweiligen Existenz füllten, Voraussetzungen für Veränderungen wurden geschaffen. Es scheint mir daher gerechtfertigt, wenigstens beispielhaft solche Persönlichkeiten zu erwähnen, in deren Tätigkeit auch dem Pädagogischen Raum gegeben wurde.

An erster Stelle ist hier wohl der aus dem Odenwald stammende Abt von Göttweig Gottfried Bessel (1672–1749)[16] zu nennen, der bislang eher als Diplomat, Kunstmäzen und Historiker gewürdigt worden ist. Wie viele barocke Persönlichkeiten war er in mehr als einem Gebiet sachverständig und integrierte oft weit auseinander liegende Wissensgebiete und Interessen in seinem Leben und Wirken. Das Bild vom Menschen, das G. Bessel entwarf, drängte ihn geradezu, sich mit Unterricht und Erziehung zu beschäftigen.[17] Für ihn war der Mensch das Meisterwerk Gottes, der Inbegriff der ganzen Natur. Er verglich ihn mit der „kleinen Welt“, seine Seele mit dem Himmel, der sich darüber spannte. Die Pole, die sich „als polum caelestum et terrestrem“ gegenüberstehen, symbolisierten einerseits die natürliche Anlage und den Verstand, andererseits die Wissenschaft und die Erfahrung. Beides hielt G. Bessel für notwendig; denn wer die Gabe der Natur nur besitzt, ohne sie auszubilden, oder sich um Wissen bemüht, ohne daß ihm dabei eine natürliche Veranlagung zu Hilfe kommt, kann nur „die helffte seiner glickseligkeit" erreichen.[18] Gelehrte Bildung, die Verstand und Willen übt sowie zu Einsichten führt, wurde als Weg gewiesen, der den Menschen vollkommen zu machen imstande war, worunter Bessel persönliches Glück und Nützlichkeit für den Herrscher, die Freunde und das Gemeinwesen verstand.

Daraus leitete er die von ihm zielstrebig verfolgte Förderung aller schulischen Einrichtungen ab. Er veranlaßte seine Untertanen – durch Androhung von Strafen –, ihren Kindern wenigstens eine Ausbildung in den elementaren Fächern angedeihen zu lassen. In der 1722 eröffneten „Freischule" wurden die Söhne und Töchter der zur Grundherrschaft des Stiftes gehörenden Familien sowie Waisen unentgeltlich im Lesen, Schreiben und Rechnen unterwiesen. Die Erteilung eines systematischen Religionsunterrichtes war sein besonderes Anliegen. Auch die deutschen Schulen in den dem Stift Göttweig einverleibten Pfarren wurden von G. Bessel unterstützt, indem er die Besoldung der Schulmeister übernahm und ihnen im Ruhestand sowie auch ihren Witwen mit kleinen finanziellen Zubußen half.

Dem im Kloster geführten „Knabenhaus" oder „Seminar" gab er durch eine „Instructio"[19] eine straffe Ordnung. Sie legt uns die Zielsetzungen dieser nunmehr häufig in den Ordensniederlassungen anzutreffenden Einrichtung klar vor Augen. G. Bessel blieb dabei im wesentlichen der Tradition verhaftet. Die Zöglinge waren von einem Magister „in litteris zu instruiren"[20] – allem Anschein nach mit Grundkenntnissen aus Latein, genaue Angaben fehlen jedoch – und musikalisch auszubilden. Wie ehemals an den protestantischen Schulen übten sich auch hier die Knaben zwischen zwölf und dreizehn Uhr im Gesang. Kirchensänger und Ordensnachwuchs sollten aus ihren Reihen gewonnen werden. Bezeichnend für die von G. Bessel festgelegte Internatserziehung war die starke Betonung der religiösen und charakterlichen Formung. Der Tagesablauf war stärker als in früheren Ordnungen mit Andachtsübungen durchsetzt und das Verhalten der Zöglinge sehr bestimmt auf Freundlichkeit, Zuvorkommenheit und Respekt vor der Intimsphäre ausgerichtet. Der Abt scheint von der Prägbarkeit junger Menschen überzeugt gewesen zu sein und hielt von Gewöhnung wie Behütung viel. Denn die Knaben sollten von allen Versuchungen, die in der menschlichen Natur ihre Ursache haben, und von allen Situationen, die sie möglicherweise nicht meistern konnten, ferngehalten werden.

Bereits den neuen pädagogischen Gedankengängen verhaftet erweist sich ein G. Bessel zugeschriebener Entwurf eines *lyceum illustre*.[21] Er verstand darunter einen neuen Schultyp, den er zwischen der Ritterakademie und dem Gymnasium ansiedelte. Daß er dessen Nützlichkeit für Staat und Gesellschaft bereits herausstrich, dessen Vorteile für den Herrscher, die Eltern und die Schüler hervorhob, zählt zu den üblichen Anpreisungen der zahlreichen Projektemacher dieser Epoche. Bedeutsam jedoch ist die nachdrückliche Ausrichtung des Lehrplans dieser Schule auf praktische Erfordernisse, auf Lebens- und Weltbewältigung. Religion, Logik, Universalgeschichte und Vaterlandskunde, Geschlechter- und Wappenkunde, Erdkunde, Geometrie, Mechanik, Zivilarchitektur und Festungsbau, Experimentalphysik, Metallurgie, Theologia naturalis et christiana, Politica civilis et militaris, Oeconomia publica atque privata, Rechtskunde und Sprachen sollten gelehrt werden. Die galanten und kavaliersmäßigen Disziplinen wurden wohl bejaht, aber als Freizeitbeschäftigung gewertet. Nicht minder aufschlußreich war die geforderte Berücksichtigung der natürlichen Anlagen sowie der Trieb- und Gemütskräfte des Menschen bei der Unterrichtsplanung. Auch das ökonomische Vorgehen bei der Lehrstoffvermittlung, wodurch eine Verkürzung der Studiendauer erreicht werden sollte, verdient Beachtung.

Das *lyceum illustre* war als drei- bis vierjährige Ausleseschule gedacht, die mit etwa 14 Jahren aufgrund einer Eignungsprüfung bezogen werden konnte, primär für die

adelige Jugend bestimmt war, aber auch arme Beamtenkinder und Waisen unentgeltlich aufnehmen sollte.
Nicht zuletzt engagierte sich G. Bessel auch für eine Reform der Wiener Universität und machte Göttweig zu einem Zentrum der modernen Geschichtsforschung.[22] Ohne Zweifel hat der bedeutende Abt und Gelehrte beigetragen, den Boden für umfassende Reformen vorzubereiten. Seine Worte und sein Handeln im schulischen Bereich unterstreichen bereits die neuen Gedanken: kostenlose Elementarbildung für alle, stärkere Betonung der realistischen und praktischen Fächer, mehr Engagement der Obrigkeit in Bildungsfragen und Ausrichtung der Studien auf das für den Staat und die Gemeinschaft Nützliche und Förderliche.[23]
Vielseitig und ebenfalls pädagogisch anregend war auch ein anderer Benediktiner, Simon Rettenpacher (1634–1706),[24] der zu den bedeutendsten Gelehrten gezählt werden muß, die im Stift Kremsmünster gewirkt haben. Er zeichnete sich vor allem als Dichter aus, bewährte sich als Lehrer im Stiftsgymnasium und an der Universität Salzburg und setzte sich auch theoretisch mit pädagogischen Fragen auseinander. In seinen Abhandlungen zu Schule, Unterricht und Erziehung erwies er sich wohl seiner Zeit um ein gutes Stück voraus.
Die von ihm vertretenen pädagogischen Grundsätze[25] sind allerdings weder systematisch erarbeitet noch begründet. Auch mußten ihre Auswirkungen begrenzt bleiben, weil manches ungedruckt geblieben ist[26] und die Ausstrahlung Rettenpachers sich vor allem auf seine dichterischen Werke stützte. In vielem waren es nur Forderungen, die freilich kaum formuliert worden wären, hätten sie nicht die zeitgenössische Erziehungswirklichkeit zu einem Wandel aufrufen wollen. Vor allem strich er die Bedeutung der Erziehung in der Familie heraus, von der seiner Meinung nach fast zur Gänze das zukünftige Leben des Kindes bestimmt war.[27] Die Erziehungspflicht der Eltern wurde daher besonders betont. Die Individualität des Kindes sei im Erziehungsprozeß besonders zu beachten; Kinder gleich zu behandeln sei falsch und schädlich.[28] Die Weckung des Lerneifers wird als wichtig herausgestellt; dessen positive Förderung sollte durch freundliche Zuwendung und Lob, nicht mit der Rute erreicht werden. Der Wert des Vorbildes und des guten Beispiels wurde von S. Rettenpacher wiederholt hervorgehoben. Der Jugend rät er daher auch, schlechten Umgang zu meiden und die Zeit wohl zu nützen, um Fortschritte in der Tugend und im Wissen zu erreichen. Eine selbstkritische Haltung sei dafür notwendig. Die Achtung vor dem Mitmenschen sah er als wichtige Grundlage des Verhaltens an; er schloß dabei die Diener und Arbeiter ausdrücklich mit ein,[29] denn die Menschen seien von Natur aus gleich und frei. In der Schulpraxis trat er auch für körperliche Übungen und für Hygiene ein. Seine Schüler mußten wöchentlich einmal ins Klosterbad.[30]
S. Rettenpacher schätzte das Unterrichtswesen seiner Zeit nicht hoch ein. Scharf wandte er sich gegen die Überfüllung der Schulen mit ungeeigneten Studenten. Auch beklagte er den Mangel an gut ausgebildeten, von ihrer Aufgabe begeisterten Lehrern und forderte eine methodisch geschickte Vermittlung des auf das Wesentliche und Nützliche eingeschränkten Lehrstoffes.[31] Auch für die einzelnen Wissenschaften gab er methodische Ratschläge;[32] allerdings ist darunter kaum etwas zu finden, was nicht schon andere gedacht und formuliert hätten.
S. Rettenpacher war sicherlich kein origineller Geist, doch beweist er, daß die Benediktinerstifte den zeitgenössischen pädagogischen Ideen offenstanden und Erziehung und Unterricht in ihren Schulen keineswegs in den traditionellen Formen verkrusteten.
Schließlich soll hier Johann Joachim Becher (1635–1682)[33] genannt werden, dessen kameralistisches Wirtschaftsdenken notwendigerweise pädagogische Reformvorstellungen mit einschließen mußte, weil er die begrenzten Möglichkeiten rein ökonomi-

scher Maßnahmen erkannte. Für ihn nahm die planvolle und zielbewußte Erziehung eine zentrale Stellung ein; er meinte, sie sei „das Fundament und vornemste Maxime deß Staats".[34] Wenn J. J. Becher auch das Wohl des Staates recht einseitig hervorhob, er verkannte nicht den Eigenwert der Person und die Notwendigkeit der Verbesserung ihrer materiellen Lage. Das von ihm – wie auch von anderen Kameralisten – angestrebte Erziehungsziel kann, wenn auch mit Abstrichen, weil utilitaristische und pragmatische Akzentlegungen Verkürzungen vornahmen, als sozialanthropologisch umschrieben werden.[35]

J. J. Becher tadelte seine Zeitgenossen, die sich zwar um die gewissenhafte Pflege ihrer Haustiere kümmern, aber ihre eigenen „Kinder können weder lesen/noch schreiben/ seynd wie das Vieh/und wissen nichts, als was sie der Viehische Mensch lehret/nemlich Essen/Trinken/und den Leib warten/ja sie haben nichts von einem Menschen/als die Menschliche Gestalt/das ist/sie seynd adeliche Bestien, aber Unglückselige(,) die weil sie von dem Stand der Menschen/und von dem Punct ihrer Glückseeligkeit in ein Viechheit zurück gewichen seyn".[36]

Sein didaktisches Konzept suchte dem vorgefundenen zeitgenössischen Lehrplan eine starke Wendung zu Beruf und Wirtschaft zu geben. Durch eine Erweiterung des Fächerkanons sollte das nötige Sach- und Grundwissen für eine rationale Bewältigung der Lebensaufgaben geschaffen werden.[37] Methodisch wies J. J. Becher darauf hin,[38] daß es nicht ausreiche, den Kindern nur „Wörter" und nicht zugleich die entsprechenden „Sachen" zu weisen: „so ist es eben/wann man einem Blinden von dem Himmel/oder Farben saget."[39] Der Gegenstand müsse möglichst „in natura und lebendig"[40] mit den Sinnen erfaßt werden können; daher sprach er sich für die Einrichtung von Naturalien- bzw. Realiensammlungen aus.[41]

Seine pädagogischen Vorstellungen machten freilich eine Änderung des Schulsystems notwendig. Becher arbeitete einen Schulplan aus,[42] der als Unterbau weiterhin die „deutsche Schule" vorsah (Lesen, Schreiben, Rechnen). Von ihr aus konnte man in eine dreijährige Lateinschule übertreten (Besuch ab dem 10. Lebensjahr). Die entscheidende dritte Stufe nannte er „mechanische Schule". Sie hatte Arithmetik, Geometrie, Trigonometrie, Kriegs- und Zivilbaukunst, Statik, Zeichnen und Buchhaltung zu vermitteln. Die Dauer dieses Unterrichts hat Becher nicht festgelegt. Für die besonders Begabten, die eine Universität besuchen wollten, war noch eine „philosophische Schule" vorgesehen, über deren Lehrprogramm er allerdings nichts Genaues aussagte.[43] Das gesamte Bildungswesen sollte staatlich gelenkt werden, wofür er ebenfalls genaue Richtlinien entwarf. Bezeichnend dabei war die Abtrennung der religiösen Erziehung vom übrigen Unterrichtswesen. Der Anspruch der Behörde, die für alle Fragen des Unterrichts und der Wissenschaft die Zuständigkeit beanspruchte und als selbständiger Teil der inneren Staatsverwaltung einzurichten war („Collegium Doctrinale"), war umfassend.[44] Alle schulischen Einrichtungen wie auch die Berufsausbildung fielen unter ihre Kontrolle, sie legte die Prüfungsanforderungen für die verschiedenen Ausbildungsebenen fest, auch die Prüfungsdurchführung lag in ihren Händen. Schließlich stand ihr die letzte rechtliche Entscheidung in allen Streitfällen im Bereich des Unterrichts und der Ausbildung zu.

Bechers Vorschläge gediehen nicht über das Projektstadium hinaus. Doch sein Grundgedanke der Verknüpfung von Allgemeinbildung und theoretischem Fachwissen blieb virulent und fand später im österreichischen berufsbildenden Schulwesen eine überzeugende Ausformung.

3 Das elementare Schulwesen vor dem Einsetzen der Maria-theresianischen Reformen

3.1 Der Zustand der „deutschen Schulen“

Der Bildungsstand breiter Volksschichten – der Grundschicht und eines Teiles der Mittelschicht – war bis gegen Mitte des 18. Jahrhunderts noch immer völlig unzureichend. Das verwundert für den ersten Augenblick, denn das Netz der „deutschen Schulen“, der Primarschulen, war bereits einigermaßen dicht. Sie bestanden nicht nur in den Städten, sondern auch in der Regel bei jeder Pfarre auf dem Land, häufig sogar bei Filialkirchen.[1] Nach 1700 drangen sie zunehmend auch in den dünnbesiedelten alpinen Gebieten Österreichs vor. Sie boten neben dem Religionsunterricht das Trivium Lesen, Schreiben und Rechnen[2] an.

Die Jugend sollte, weil an ihr „vüll und nit wenig gelegen“, „zu der ehr gottes und gemeiner wohlfahrt gepflanzt und auferzogen werden“.[3] Die Zielvorstellung Wohlfahrt war jetzt neu, sonst blieb es bei den schon im 16. Jahrhundert üblichen Vokabeln „nuzen“,[4] „gottsforcht“,[5] „zucht“[6] und „guete tugenten“.[7]

Die Verantwortlichkeit für das Primarschulwesen lag praktisch bei der Kirche. Sogar in Banntaidingsordnungen wurde ausdrücklich auf die Verpflichtung des Pfarrers hingewiesen, einen Schulmeister zu bestellen und zu erhalten, die Pfarrangehörigen zu ermahnen, ihre Kinder in die Schule gehen zu lassen, Kinderlehren zu halten und „wo biß dato kein schulmeister gewest(,) ein schul aufzurichten“.[8] Auch die Kontrolle über Schule und Schulmeister lag seit jeher weitgehend in seinen Händen. Auf dem Land war der Schulmeister überhaupt häufig Angestellter des Pfarrers, nämlich vor allem Mesner und Organist; er wurde daher meist von diesem aufgenommen und auch entlassen. Freilich gab es dabei des öfteren Einschränkungen. Die Aufnahme mußte „mit und neben der gmain“ (Gemeinde) erfolgen, der Schulmeister durfte weder ohne des Pfarrers Zustimmung noch „ohne der gemain wissen“ angestellt werden.[9]

Allerdings lagen die Rechtsverhältnisse von Ort zu Ort anders, und es kam – wie schon in früheren Jahrhunderten – manchmal zu Streitigkeiten bei der Bestellung des Lehrers.[10] Viele Tiroler Gemeinden beanspruchten sogar die Aufnahme des Mesners für sich. Sie sahen seine Aufgaben als Gemeindeamt an, wenn sie ihn auch aus Kirchengut entlohnten. Meist wird hier neben dem Mesner noch ein Schulmeister genannt. Gesellpriester – vom Pfarrer aufgenommene Hilfspriester – dürften ebenfalls unterrichtet haben.[11] Gelegentlich wurde der Mesner aufgefordert, daß er sich friedlich verhalten, die Pfarrgemeinde „nit anschreien“ und fleißig Schule halten solle.[12] Anderswo war der Schulmeister „in der kirchen messnerhaus herbergfrei“ untergebracht.[13] Die Verknüpfung der Aufgaben des Schulmeisters und des Mesners war möglich und kann im Einzelfall nachgewiesen werden.

In den Vorarlberger Kirchspielordnungen ist zwar immer vom Mesneramt, aber nur in einem einzigen Fall von der Schule und dem Schulmeister die Rede.[14] Auch hier mag in der Praxis die Trennung öfters aufgehoben worden sein. Weit häufiger war im heutigen Ostösterreich Mesnerdienst und Schulmeisteramt verflochten. Hier war der Lehrer in vielen Fällen zugleich Kirchendiener („kürchendiener"),[15] wie uns Schulordnungen wissen lassen.
Der Pfarrherr war sein Vorgesetzter, ihm hatte er „allen respect und ehr"[16] zu erweisen; wenn er Worte oder Handlungen gegen ihn setzte, mußte er mit seiner Entlassung und in argen Fällen mit Geld- und Arreststrafen rechnen. Seine Bewegungsfreiheit war begrenzt, und damit soll nicht nur ausgedrückt werden, daß er für den Pfarrer jederzeit erreichbar sein mußte, sondern daß sein Wirken und Verhalten durch zahlreiche Bestimmungen beträchtlich eingeschränkt wurde.
Es ist symptomatisch, daß – wie etwa in der Schulordnung von Purgstall (Niederösterreich) – nur 9 der 24 Paragraphen auf die Pflichten des Lehrers Bezug nehmen, schon die Überschrift der Instruktion von „Ambt und verrichtung eines organist und schulmeisters"[17] spricht, der Kirchendienst also an die erste Stelle gerückt ist, und schließlich der Lehrer seiner Unterschrift die Berufsbezeichnung „organista" hinzufügte. Weil der Lehrer aber im Dienste der Kirche stand, wurde von ihm ein vorbildlicher Lebenswandel verlangt, den er in „erbarkeit..., guten exempeln, nüchterkeit, öfterer participirung der hh. Sacramenten, vermeidung der grein- oder raufhändel"[18] einzurichten hatte. Eine bunte Palette von Aufgaben wartete seiner, und nicht alle Tätigkeiten waren so erfreulich wie Orgel spielen („nicht üppich und frech wie die tänz")[19] oder singen („mit sonderer andacht, auf das die zuhörer zur andacht angereuzet werden").[20] Denn er hatte vor allem die Kirche, das Kirchengerät und die Meßkleider in Ordnung zu halten und zu reinigen, Kirche und Friedhof regelmäßig zu versperren und die Ministranten für ihren Dienst vorzubereiten. Außerdem mußte er die Glocken zu genau geregelten Zeiten läuten und hatte verläßlich die Uhr („soviel müglich nach der sonnen lauf")[21] zu richten. Zusätzlich hatte er für die Einbringung des Zehents zu sorgen.
Als Schulmeister mußte er die Kinder zu Gottesfurcht erziehen und im Katechismus des P. Canisius unterweisen, „alßdan in guten künsten".[22] Darunter war wohl Lesen, Schreiben und Rechnen zu verstehen. Als Selbstverständlichkeit und Hauptaufgabe der Schule wurde es gar nicht erwähnt. Wohl aber wurde in dieser Zeit häufiger konfessioneller Denunziation angeordnet, daß die Intimsphäre der Familie genauso wie der Raum der Schule vor Tratsch zu schützen waren. Im Paragraph 14 der erwähnten Schulordnung hieß es: „Schulmeister solle keineswegß gestatten, das die jugent in der schuel allerhant neue zeitung, was sie daheim von eltern oder frembden gehöhret, plapern und außschwätzen. hingegen sollen sie auch nichts bei straf der ruthen auß der schul schwätzen."[23]
Wenn auch weiterhin die Rute regierte – fast poetisch wurde gesagt, die Torheit sei auf den Rücken der Kinder gebunden, und es gelte, sie durch die Ruten der Zucht flüchtig zu machen –,[24] so ist doch der Wandel in der Behandlung der Kinder unverkennbar. Der Schulmeister wurde darauf hingewiesen, daß einige der Kinder „zum lernen und gutten aufgemuntert (werden) durch lobb, andere durch verheißung, etliche mit guten, andere mit scharfen worten und betrohungen, etliche mit straichen, andere mit niederknien oder eßeltragen; deroweger unterschietliche mittel zu gebrauchen, aber maultaschen, stoßen und schlagen zum kopf macht narren, darumb zu meiden".[25] Im übrigen solle der Strafvollzug in Ehrbarkeit und abseits geschehen. Die Aufforderung zur Mäßigkeit im Strafen wurde auch damit begründet, daß damit das Beste gefördert und der Bürger dadurch verstärkt angehalten werde, seine Kinder zur Schule zu schicken.[26]

Wie umfangreich häufig die Aufgaben der Schulmeister waren, läßt sich gut aus deren Instruktionen ablesen. So hatte der Schulmeister in Aigen[27] neben dem Unterricht der Kinder in Lesen, Schreiben, Rechnen und Singen den Pfarrer beim Gottesdienst mit Ministrieren, Singen, Orgelspielen und anderen notwendigen Verrichtungen zu unterstützen sowie alle Hochzeiten, Kindstaufen und Todesfälle in ein Verzeichnis einzutragen. Als Marktschreiber mußte er das vorhandene Protokoll genau weiterführen, so daß man sich danach richten konnte. Nach Erfordernis hatte er deswegen den Verhandlungen im Gerichtshaus oder Rathaus oder bei Lokalaugenscheinen beizuwohnen. Er mußte alle Käufe und Verkäufe an Frei- und Wochenmärkten verzeichnen. Selbstverständlich hatte er auch in Aigen die Uhr – wegen der durchreisenden Leute – zu richten und den Läutdienst – besonders auch bei Gewittern – zu verrichten. Außerdem wurde er beim Aufschreiben des Zehents gebraucht. Zudem war er verpflichtet, im Prämonstratenserkloster Schlägl – bei der Tafel des Propstes, sooft er angefordert wurde, und an Sonn- und Feiertagen in der Kirche – für Instrumental- und Vokalmusik zu sorgen und auf der Orgel zu spielen. Deren Mängel und Gebrechen mußte er selbst nach Möglichkeit reparieren. Die Jünglinge, die sich zur Kirchenmusik eigneten, waren ebenfalls von ihm zu unterrichten. Dazu traten noch die zahlreichen üblichen Verhaltensvorschriften, die vom frommen Lebenswandel, Nüchternheit, gebührenden Respekt vor seinen Vorgesetzten, mäßigen Strafen der Kinder bis zum Verbot, ohne Erlaubnis wegzureisen und auswärts über Nacht zu bleiben, reichten. Damit aber der Schulmeister seine vielerlei Obliegenheiten auch tatsächlich erfüllen konnte, wurde er verhalten, einen guten Succentor oder Präceptor anzustellen und zu besolden – eine weitere Belastung des keineswegs hochbezahlten Schulmeisters.

Das Unterrichten der Kinder war für ihn daher eine Nebenbeschäftigung, die ihm nur bescheidenes Schulgeld einbrachte, von dem er nicht hätte leben können. Wenn es dem Schulmeister nicht gelang, einen Kirchendienst zu erhalten, mußte er nach einem anderen Einkommen suchen, entweder ein Handwerk ausüben, Schreiberdienste leisten, ein Wirtshaus pachten oder, was besonders häufig vorkam, als Musikant sein Brot verdienen.[28] Im städtischen Bereich war sein Einkommen häufig geringer, das von den Kindern verlangte Schulgeld die Haupteinnahme. Seine beschränkten materiellen Verhältnisse ließen ihn oft schwer eine geeignete Wohnung finden, die ihm auch deswegen unter Umständen verweigert wurde, weil die Schüler „viele Ungelegenheiten“[29] verursachten.

Auf dem Lande hingegen hatte er als Mesner Anspruch auf eine Reihe von Naturalleistungen,[30] als Mesner und Organist Anteil an den Stolgebühren und an den Zinsen der Meßstiftungen; für verschiedene Verrichtungen, wie Uhraufziehen, Kirche säubern, das Waschen der Kirchenwäsche, konnte er Sondervergütungen erwarten. Auch die Nutzung von Gründen oder Deputaten wurde ihm zugesprochen.[31] Vor allem hatte er im Mesnerhaus Wohnrecht; dieses der Pfarre gehörende und meist nahe der Kirche liegende Haus war in vielen Orten daher auch das erste Schulhaus.[32] Ein Raum, der häufig genug zum Wohnbereich der Familie des Mesners zählte, diente für den Unterricht.[33]

Wenn auch die Stellung der Schulmeister von großer Abhängigkeit und in vielen Belangen erniedrigend war, dürften sie sich zumindest auf dem Lande einiger Achtung erfreut haben. Lehrerbiographien des 17. und frühen 18. Jahrhunderts weisen aus, daß sie Töchter von angesehenen und reichen Bürgern oder wohlhabenden Bauern zur Frau erhalten konnten und ihren Söhnen, die oft den Priesterberuf ergriffen, auch hohe geistliche Karrieren nicht verschlossen waren.[34] In Banntaidingsbestimmungen wurden Priester und Schulmeister gleichgesetzt und Vergehen gegen sie mit dem gleichen Strafsatz belegt.[35]

Alle Mahnungen zum fleißigen Schulbesuch – damit die Kinder „in ihrem alter in das künftige einer ersamben gmain den nutzen und frommen befürdern möchten" –[36] blieben weitgehend ohne Widerhall. Statt die Jugend zu allen „gueten tugenden an(zu)raizen", wurden ihr, so klagte man gelegentlich (weil es „laider oft beschiecht"), „frössen(,) wein saufen(,) spillen(,) unzucht(,) diebstall und gottslestern" erlaubt.[37]
Im großen und ganzen waren im Primarschulwesen in den letzten Jahrhunderten nicht viele Veränderungen eingetreten. Die Schülerfrequenz hatte sich kaum angehoben, oft nur ein Dutzend oder weniger Schüler fanden sich zum Unterricht ein, der Durchschnittsbesuch lag zwischen 20 und 30 Schülern.[38] Auf dem Lande wurde häufig nur während des Winters unterrichtet. Der Anteil der Mädchen an den schulbesuchenden Kindern war gering. Besonders die arme Landbevölkerung benötigte ihre Kinder zum Viehhüten, Ochsenfahren, Vorgehen (vor dem Gespann beim Pflügen) u. ä.[39] und wollte – mußte wohl – nach Möglichkeit das Schulgeld sparen.
Neben dem Pfarrer war in beschränktem Ausmaß auch die Grundherrschaft für das Schulwesen verantwortlich, in den Städten und Märkten die Vertreter der Gemeinde. Das Dorfgericht hatte „auf die erziehung der jugend sorgfältig zu sehen, daß sich selbe dem müssigang nicht ergebe, in christlicher zucht aufwachse, zu seiner zeit in die schulle geschicket und ein solcher schullmeister gehalten werde(,) der denselben einen guten unterricht beizubringen und sie nach erfordernus zu unterrichten im stande ist".[40] Mißstände mußten vom Richter und den Geschworenen der Dorfobrigkeit gemeldet werden.[41] Manchmal wurden die Eltern von der Herrschaft „bei straff ermahnet(,) ihre kinder, so sie anderst ihnen selbst und den ihrigen guets gönnen wollen, in die schuel zu schicken".[42] Richter, Rentamtsverwalter sowie Marktschreiber wurden da und dort beauftragt, unangekündigt die Schule und den Schulmeister zu visitieren, damit es nicht „an der forcht, zucht und lehrnung mangelte".[43] Nicht immer allerdings tat die Obrigkeit genug zur Förderung der Schule; denn da und dort fürchtete sie die Verbreitung „ketzerischer" Gedanken,[44] wenn die Bauern zu lesen vermochten. Der Kreishauptmann des Vorauer Distrikts in der Steiermark schrieb: „... und scheinet mir besser zu seyn, wann der Bauernstandt die nothwendigkeiten zur Seeligkeit wiste, als wann solcher in dem leßen und schreiben erfahren ist."[45]
In den Städten und Märkten hielten es Adel, reichere Bürger, Beamte und vermögende Handwerker für eine Schande, ihre Kinder in die „deutschen Schulen", die auch die „armen Schulen" genannt wurden, zu schicken. Sie ließen sie durch Privatlehrer unterrichten; entweder riefen sie diese nur für Stunden ins Haus oder vertrauten ihnen zur Gänze Erziehung und Ausbildung ihrer Kinder an. Der Privatunterricht erfaßte in städtischen Siedlungen etwa gleich viel Kinder wie die öffentlichen Schulen.[46]
Außerdem hatten die Winkelschulen – trotz der in Abständen erfolgreichen Verbote – ihre Bedeutung behalten. Sie wurden von Kindern besucht, deren Eltern einen Teil des sonst üblichen Schulgeldes sparen oder auch nur einen längeren Schulweg vermeiden wollten.

3.2 Zur Tätigkeit der Schulorden auf dem Gebiete der Elementarerziehung

Eine ganze Reihe von den im Zuge der katholischen Glaubenserneuerung entstandenen Schulorden waren – ausgenommen die tonangebenden Jesuiten – vor allem im Primarbereich tätig geworden. Von ihnen gingen starke Impulse zur Verbesserung des elementaren Unterrichts aus. Ein Wandel begann sich abzuzeichnen; er brachte eine

neue Einstellung dem Schüler und den Eltern gegenüber, veränderte Methoden und Inhalte des Lehrens und forderte auch für den Primarschullehrer eine gediegene Ausbildung. Diese Schulorden hatten allerdings aus verschiedenen Ursachen häufig Schwierigkeiten bei der Gründung von Niederlassungen im österreichischen Raum. Daß deren Zahl gering war und sich diese nur in Städten befanden, war mit eine Ursache, daß der unentgeltliche Zugang zur Elementarbildung für die armen Bevölkerungsschichten nicht so breit ausfiel.
Für die Mädchenerziehung wurden damals auch einige Frauenorden zukunftweisend. Diesen gelang es, nicht nur dem Gedanken einer elementaren, sondern auch einer qualifizierten Bildung von Mädchen einen breiten Widerhall zu verschaffen und der Diskriminierung der Frauen im schulischen Bereich eine Wende zu geben. Sie legten die Grundlagen für ein zunächst nur punktuell aufblühendes Mädchenschulwesen.

3.2.1 Patres Scholarum Piarum

Der Spanier José de Calasanza hatte 1597 in Rom die erste öffentliche unentgeltliche Primarschule Europas eröffnet, um auch für die ärmsten Bevölkerungsschichten den Unterricht möglich zu machen. Die „Patres Scholarum Piarum", wie der von ihm gegründete Orden sich nannte, hatten zunächst große Schwierigkeiten, in den habsburgischen Ländern Fuß zu fassen.[47] Hauptsache war wohl, daß sie als Bettelorden von Stiftungen abhängig waren und nach Kirchenrecht die bereits im Ort ansässigen Mendikanten die Zustimmung zu einer Niederlassung geben mußten. Eine 1625 in Wien versuchte Festsetzung scheiterte.[48] 1631 konnte das erste Kollegium in den habsburgischen Ländern, und zwar in Nikolsburg (heute Mikulov/Tschechoslowakei), errichtet werden. Weitere Gründungen im mährisch-böhmischen Raum folgten.
Doch erst im Jahre 1657 vermochten sich die Piaristen, wie sie im Volksmund genannt wurden, im heutigen Staatsgebiet niederzulassen.[49] Zufälligkeiten bestimmten Ort und Zeit. Als gegen Ende des Dreißigjährigen Krieges der neue Inhaber der Herrschaft Horn, Reichs-Vizekanzler Ferdinand Siegmund Kurz, in der nur äußerlich bekehrten niederösterreichischen Hochburg des Protestantismus die unbedeutende, dahinsiechende Lateinschule zu einem Gymnasium erheben wollte, plante er, die Jesuiten nach Horn zu berufen. Diese wären für Horn greifbar gewesen; denn sie hatten als Fundierung ihrer Wiener Niederlassung das nahe Zisterzienserinnenkloster St. Bernhard übertragen bekommen, bewirtschafteten es selbst und betreuten auch die Pfarre Horn. Aber der Stadtrat von Horn war nicht gewillt, zur Errichtung eines Gymnasiums einen Beitrag zu leisten. Nachdem dieser Versuch 1641 gescheitert war, richtete der Graf schon im nächsten Jahr sein Augenmerk auf die Piaristen, 1648 dann auf die Franziskaner. Seine Bemühungen blieben ohne Erfolg. Schließlich verhandelte er wieder mit den Piaristen. Am 11. März 1657 kam es zur Unterzeichnung des Stiftungsbriefes. Noch im selben Jahr eröffneten zwölf aus Böhmen und Mähren gekommene Ordensmitglieder im alten herrschaftlichen Gebäude neben dem Schloß für vier Klassen mit fünfzig Schülern den Unterricht. In den nächsten Jahren wurde die Niederlassung zu einem Kollegium ausgebaut sowie eine Kirche errichtet. Schon 1660 wurde das Gymnasium um eine Humanitäts- oder Poetikklasse erweitert und erreichte 1661 durch die Rhetorikklasse seine Vollständigkeit. 1679 zählte es zum ersten Mal über hundert Schüler. Etwas mehr als die Hälfte stammte aus Horn und seiner unmittelbaren Umgebung. Die notwendige Gründung eines Konvikts scheiterte allerdings am Einspruch der Stadt, welche ihren Bürgern die Kostplätze für die Studierenden als gute Einnahmsquelle erhalten wollte.

Es dauerte beinahe bis zum Ende des 17. Jahrhunderts, bis den Piaristen der langersehnte Sprung in die Residenzstadt Wien gelang. Zwar standen sie bereits ab 1673 in vielversprechenden Verhandlungen, aber sie mußten immer wieder Rückschläge und Enttäuschungen hinnehmen. Das zähe Verfolgen des Niederlassungswunsches führte erst 1697 zum Ziel. In diesem Jahr erreichten die Piaristen die Bewilligung für die Gründung eines Kollegiums, und schon im nächsten Jahr durften sie sich mit eigenen Mitteln in einer der Vorstädte Wiens (der späteren Josefstadt) ankaufen.[50] Sie begannen sogleich mit dem Bau des Kollegiumsgebäudes und der Kirche. Bereits am 16. November 1701 konnten sie drei deutsche (Lese-, Schreib- und Rechenschule) und zwei lateinische Klassen, in denen die Anfangsgründe der lateinischen Sprache sowie Mathematik und Geographie unterrichtet wurden, mit 453 Schülern (darunter 75 Gymnasiasten) eröffnen. Bis 1704 wurden bereits vier Grammatikalklassen geführt, 1726 zählte man in diesen allein 244 Schüler.
Die Piaristen widmeten sich auch auf österreichischem Boden zunächst der elementaren Unterweisung der Knaben – nicht der Mädchen –[51] in Lesen, Schreiben und Rechnen. Sie führten drei deutsche Klassen.[52] Sie schieden aber in der 1. Klasse *(schola legendi)* die Alphabetarier, wie man die Schulanfänger auch nannte, in zwei Gruppen, je nachdem sie *in lingua germanica* oder *in lingua latina* eingeführt zu werden wünschten. In der 2. Klasse *(schola scribendi)* lernten die Schüler das Schreiben. Die dritte der an der „deutschen Schule" der Piaristen geführten Klassen, *schola arithmeticorum,* nahm eine eigentümliche Stellung ein. Diese Rechenschule dürfte ausgesprochen berufsvorbereitende, praxisorientierte Aufgaben verfolgt haben. Sie bot nämlich keineswegs nur das Einmaleins an, sondern vermittelte auch anspruchsvolle mathematische Kenntnisse, wie sie etwa Feldmesser, Militärs und Verwaltungsbeamte benötigten. Das Durchschnittsalter der Schüler dieser Klasse war daher immer am höchsten, Siebenjährige wie Dreißigjährige sind in ihr nachzuweisen,[53] des öfteren konnten sie sogar die Absolvierung eines akademischen Studiums nachweisen.[54]
Eintritt wie Übertritt von einer Klasse zur andern waren auch während des Schuljahres möglich. Ein beachtlicher Teil der Schüler stammte aus einfachen Verhältnissen, die Zahl der adeligen Schüler machte an den Piaristenschulen nicht einmal ein Prozent aus.[55]
Das Angebot von unentgeltlichem Unterricht im Primarbereich war nur eines der Signale, die die Piaristen für die Zukunft setzten. Ein anderes war die solide Ausbildung ihrer Ordensmitglieder.[56] Während der zweijährigen Noviziatszeit vermittelte ihnen bereits der Novizenmeister alle notwendigen Kenntnisse für ihr zukünftiges Lehramt an den „deutschen Schulen". Nach der Profeß sammelten die Piaristen in den niedrigsten Klassen pädagogische Erfahrung und begannen daneben mit ihren höheren Studien, von denen später noch ausführlicher zu sprechen sein wird. Sie verfügten daher im Gegensatz zum Schulhalter und deutschen Schulmeister über eine akademische Qualifikation und sicherten sich zudem durch ständige Fortbildung einen hohen Standard für ihre Unterrichtsaufgaben. Bis zur neuen Studienordnung von 1774 stand bei den Piaristen die Vorbereitung für den Lehrberuf im Mittelpunkt, die Berufsausbildung des Priesters wurde ohne Zweifel vernachlässigt.[57] Zum ersten Mal wirkten daher dank den Zielsetzungen des Piaristenordens für ihre Aufgabe sorgfältig vorbereitete Lehrkräfte an Primarschulen („deutschen Schulen"); die Qualität ihrer Ausbildung befähigte sie in der Regel, sogar Lehraufgaben im Sekundarbereich zu übernehmen.
Das hohe Ansehen der Ordenslehrer läßt sich deutlich an der schnell ansteigenden Besuchsfrequenz der Piaristenschulen und der besonders starken Position der aus der Schulstadt selbst gebürtigen Schüler nachweisen.[58] Es war freilich nicht so, daß die Schüler alle neun von den Piaristen angebotenen Klassen (drei Klassen der deutschen Schulen, sechs Gymnasialklassen) besucht hätten, häufig dürften es nur fünf bis sechs

gewesen sein. Im Altersaufbau der Schüler läßt sich aber deutlich eine gewisse Stufung erkennen. Im Jahre 1669 waren am Horner Piaristengymnasium die Parvisten, die Lateinschüler der untersten Klasse, zwischen sieben und fünfzehn Jahren alt, die Prinzipisten zwischen neun und fünfzehn Jahren, die Grammatisten zwischen neun und sechzehn Jahren, die Syntaxisten zwischen zwölf und vierzehn Jahren, die Poeten zwischen fünfzehn und neunzehn Jahren und die Rhetoriker, die Besucher der obersten Klasse, zwischen sechzehn und zwanzig Jahren alt.[59]

Die Piaristenschulen hatten nicht nur großen Zulauf, sondern setzten auch für das Unterrichtsgeschehen und den Lernerfolg der Schüler neue Maßstäbe. Bewußt wollten die Ordensmitglieder bereits die Grundstufe der Ausbildung zu einem tragfähigen Fundament gestalten, auf dem sowohl jede höhere schulische Weiterbildung möglich war als auch Berufslaufbahnen aufgesetzt werden konnten.

Die „Patres Scholarum Piarum" wurden im 18. Jahrhundert der Schulorden schlechthin, dessen Auffassungen im pädagogischen Bereich starke Beachtung fanden und dessen schulische Maßnahmen richtunggebend wurden.

3.2.2 Ordo Sanctae Ursulae

Die Ursulinen, eine Gründung der Angela Merici (geboren in Desenzano/Italien, 1474–1540) aus dem Jahre 1535, widmeten sich von Anfang an der christlichen Erziehung von Mädchen und suchten sie gegen die unmoralischen Umwelteinflüsse zu schützen, ohne dies vorerst in den Ordensregeln festzulegen. Es fehlte ihnen zunächst überhaupt die straffe Organisation anderer Ordensgemeinschaften.[60]

Als sie sich mehr als ein Jahrhundert später auf österreichischem Boden festsetzen konnten,[61] waren sie allerdings aus pragmatischen Überlegungen bereits zu einem Schulorden geworden (1612) und hatten sich in dem von religiösen Auseinandersetzungen zerrissenen Europa nördlich der Alpen bewährt. Das von den Ursulinen 1614 gegründete Kloster in Lüttich wurde dabei für die weitere Ausbreitung des Ordens von großer Wichtigkeit. Von dort aus setzten sie sich im deutschen Raum fest (Köln 1639). Im Jahre 1660 berief dann Kaiserin Eleonore, die Witwe Kaiser Ferdinands III., Ursulinen aus Lüttich nach Wien. Sie fanden bei uns rasch Anerkennung; ihr schulisches Wirken wurde hoch geschätzt. Innerhalb einer kurzen Zeitspanne folgten daher weitere Niederlassungen der Ursulinen in Klagenfurt (1670), Linz (1679), Graz (1686), Salzburg (1695) und Innsbruck (1705).

Freilich war es nicht so, daß diese Klostergründungen ohne Schwierigkeiten verliefen. Die Zustimmung zu nicht auf großzügigen Stiftungen basierenden Einrichtungen war schwer zu erhalten, der Instanzenweg ziemlich langwierig. Kaum religiöse Gründe, sondern wirtschaftliche Überlegungen standen in der Regel hinter den ablehnenden Stellungnahmen. Am Beispiel Linz läßt sich dies besonders deutlich verfolgen.[62] Als 1677 die Wiener Klosterfrauen der Gesellschaft der hl. Ursula den Entschluß gefaßt hatten, in Linz eine Niederlassung ihres Ordens zu gründen, wandten sie sich mit ihrer Bitte an den Kaiser und den Passauer Bischof, in dessen Diözese ja Linz lag. Der Kaiser forderte daraufhin vom Landeshauptmann ein Gutachten über die Haltung der Linzer Bürgerschaft und der Stände an. Es zeigte sich sogleich, daß der Magistrat der Stadt gegen die Klostergründung war, weil er Einbußen an Quartiergeld, Wachtgeld und Steuern, aber auch Bitten um Zuschüsse und eine vermehrte Sammeltätigkeit befürchtete. Die Jesuiten hingegen stellten sich ohne Einschränkung auf die Seite der Ursulinen. Die Stände und der Landeshauptmann zögerten mit ihrer Stellungnahme, holten die verschiedensten Gutachten ein – vom Stadtpfarrer, den in Linz ansässigen Orden usw. – und faßten schließlich ihren Bericht so ab, daß die Entscheidung dem

Kaiser blieb. Nun war es an der Wiener Hofkanzlei, zu taktieren. Erst ein kaiserliches Empfehlungsschreiben, das den Ursulinen eine Niederlassung in Linz gewährte, veranlaßte den Linzer Magistrat, einzulenken und einen Vergleich zu suchen. Er gestattete den Ankauf von Häusern für den Ursulinenkonvent und befreite ihn gegen die Leistung eines einmaligen Betrages von 2 000 Gulden – ursprünglich hatte der Stadtrat 5 000 gefordert – von Steuern, Umlagen und Abgaben aller Art. Im Spätsommer 1679 bezogen die ersten Klosterfrauen ihr neues Domizil. Sie konnten 1680 den Unterricht für die weibliche Jugend in Linz aufnehmen.
Die Regeln der Ursulinen verlangten, daß bei jedem Kloster eine unentgeltliche Primarschule geführt werde, die Mädchen des einfachen Volkes eine elementare Ausbildung vermitteln sollte. Der Erziehungsplan der Ursulinen, die sogenannten „Règlements“, basierten zwar auf dem jesuitischen Beispiel, bei ihrer Umsetzung in die Unterrichtswirklichkeit kamen jedoch Erziehungsgrundsätze zum Tragen, die vorbildhaft ausstrahlten. Vor allem legten sie auf die frohe Mitarbeit der Kinder großen Wert, eiferten sie zu Aktivität und Tüchtigkeit an. In ihren Schulen herrschte ein familiärer Führungsstil von stark fraulich-mütterlicher Ausprägung vor. Auch hier kündigte sich eine Neuentwicklung an. Neuartig war etwa, daß die Mädchen neben Religion, Lesen und Schreiben auch im Rechnen und in weiblichen Handarbeiten unterrichtet wurden. „Die Mütter Regentinnen (= Lehrerinnen) sollen grosse Sorg tragen, ihre Töchter (= Schülerinnen) wol zu underweisen, und neechst der Forcht und Lieb Gottes dieselbe wol Latein- und teutschlesen, schreiben, rechnen, Ziffern mit der Feder und mit den Rechenpfennigen, auch allerley wircken und Handarbeit lehren, damit die armen ihr Brod verdienen mögen“, hieß es in den Schulregeln des Wiener Ursulinenklosters.[63] Außerdem verlangten die Ursulinen – ähnlich wie die Jesuiten – nunmehr auch im Primarbereich für jede Klasse einen eigenen Raum, in dem Bürgerkinder und Nicht-Bürgerkinder, ob arm oder reich, gemeinsam unterrichtet wurden. Zusätzlich unterwiesen sie an Sonntagnachmittagen Dienstmägde und Hausfrauen aus allen Volksschichten in religiösen Fragen.
Häufig führten die Ursulinen auch ein Internat, eine Art „innere Schule“, die in der Regel von der „Klosterschule“ (im Gegensatz zur „Pfarrschule“) auch räumlich abgetrennt war. In ihr genossen die Kostgeherinnen oder Pensionärinnen noch zusätzlichen Unterricht, jedoch erfolgte auch im Pensionat keine Vorbereitung für das Klosterleben, was einen Bruch mit der Tradition der weiblichen Orden bedeutete. Die Mädchen sollten zu „klugen und tugendhaften Christinnen“ erzogen werden, die „in der Welt leben“.[64]
Über den Schulbetrieb im 17. Jahrhundert erfahren wir, daß die Schülerinnen um halb acht Uhr eingelassen wurden und um acht Uhr die Schulmeisterin erschien. Nach einem Gebet und einer kurzen religiösen Betrachtung wandte sie sich dem Elementarunterricht zu, der von Näh- und Handarbeiten unterbrochen wurde. Der Vormittagsunterricht schloß um halb elf Uhr und wurde um halb ein Uhr fortgesetzt. Bis drei Uhr beschäftigte man sich wieder mit dem ABC und dem Einmaleins. Dann trat die religiöse Formung der Schülerinnen in den Vordergrund. „Um drei fangen die Khinder an zu betten Ihre gewendliche gebett, undt recitieren eine nach der andern ein punct auß dem Catechismo, welchen sie Vormittag undter wehrendter Arbeit erlehrnet. Nach diesen thuet eine aus der Maysterinen in jeder Schuell die Khinder Undterrichten in deren, waß einen Christen Zu wissen obliget und dises biß auf 4 Uhr. Umb 4 Uhr gehen die Schuelerinen in die Khürch undt singen daselbst täglich Zwar das Salve Regina, am Sambstag aber die Litaney von U. L. Fraun, undt gehen nach Hauß.“[65]
Die Ausbildung der Lehrerinnen erfolgte anfangs durch eine praktische Einführung an der Seite einer erfahrenen Lehrkraft, später sorgten besondere Lehrveranstaltungen für einen qualifizierten Nachwuchs für die unterrichtlichen Aufgaben.

3.2.3 Institutum Beatae Mariae Virginis und Ordo de Visitatione B. M. V.

Das von Maria Ward 1609 gegründete „Institutum Beatae Mariae Virginis", das bei uns unter dem Namen „Englische Fräulein" bekannt ist, erlangte ebenfalls große Bedeutung für die Erziehung der weiblichen Jugend.[66] In der „Ratio Instituti" von 1616 steckte M. Ward ihrem Orden das Ziel, „Jungfrauen und kleine Mädchen vom frühesten Alter an in der Frömmigkeit, in der christlichen Sitte und in den freien Künsten (zu) unterrichten und heran(zu)bilden", daß sie „je nach ihrem Berufe entweder den weltlichen oder den geistlichen Stand antreten können".[67]
Die Englischen Fräulein, die ohne Klausur und Chorgebet lebten und bis ins 19. Jahrhundert meist Adelige waren, lehnten sich zunächst an das jesuitische Vorbild an. Sie boten Elementarunterricht und in ihrem Pensionat („Kostschule") für „Kosttöchter" (meist adeliger Herkunft) eine darüber hinausgehende Ausbildung an. Die Oberin versprach, diese Schülerinnen „in Lesen, schreiben, Raiten, Naderey, stikherey und übrige, adelichen Kindern wohlanständigen Arbeiten und Künsten, auch in der französischen Sprach, ... in dem Tanzen sathsamblich unterweisen zu lassen".[68] Das hohe Pensionsgeld finanzierte die Tagschulen („auswendige Schule", „außwendig schullen"), die unentgeltlich geführt wurden. Die Ausbildung der ordenseigenen Lehrkräfte für ihre Unterrichtsaufgaben erfolgte bis zur Zeit Maria Theresias im Orden selbst.
Bereits 1627 richtete über Bitte Ferdinands II. M. Ward in Wien persönlich eine Schule mit Internat ein, die sogleich großen Zulauf hatte, aber 1631 nach der päpstlichen Verurteilung des Instituts stillschweigend wieder aufgehoben wurde.[69] Nachdem die Englischen Fräulein 1703 endlich die Bestätigung ihrer Regel durch den Papst erreicht hatten, wollten sie sich wieder in Österreich festsetzen. Ihre Wahl fiel auf St. Pölten und Krems.[70] Welche Schwierigkeiten neuen Ordensniederlassungen damals gemacht wurden, kann hier beispielhaft dargestellt werden. Schon der Kaiser stellte die Bedingung, daß das Institut in Österreich von den bayrischen Ordenshäusern unabhängig sein müsse. Als die Englischen Fräulein 1705 in Krems wegen der Gründung eines Instituts anklopften, sprachen sich sowohl der Magistrat der Stadt als auch der Dechant dagegen aus. Unter den „20 Motiva, warum die englischen Freylein bei der Stadt Krems nicht wohl können stabilisiert werden", wird die weithin übliche Ansicht vertreten, daß der wenig wohlhabende Bürger seine Mädchen „außer einen Druck zu lesen, eine Suppen zu kochen und eine gemeine Naderei zu machen, sonst wenig lernen" lasse.[71] Man riet den Englischen Fräulein, in St. Pölten ein Institut zu gründen, was 1706 trotz der Beschwerden, die auch St. Pölten vorbrachte, erfolgte. Als man das segensreiche Wirken des Ordens bemerkte, trat in Krems ein Gesinnungswandel ein. Bereits 1721 gab man die Zustimmung zur Errichtung eines Instituts in Krems. 1725 begannen die Fräulein auch hier mit dem Unterricht der Mädchen.
Die „Lehrfräulein" können bereits als Fachlehrerinnen angesprochen werden; schon vor 1750 wurden unter ihnen Schreib-, Rechen- oder Strickmeisterinnen unterschieden.[72] Die erhaltenen Schülerverzeichnisse zeugen nicht nur vom guten Besuch der Schule, sondern auch davon, daß die Mädchen aus allen Volksschichten stammten, in der Regel sogar von einfachen Leuten. Vom Unterricht der Englischen Fräulein wurde gerühmt, daß sie bei der Unterweisung große Geduld aufbrachten und ihr Eifer unermüdlich war. „Gebrauche freundliche und liebreiche Worte, wenn du jemanden ermahnst, so wirst du mehr als durch rauhe und gebieterische Worte ausrichten",[73] hatte ihnen ihre Ordensgründerin ans Herz gelegt. Auch verstanden sie es, den Kontakt mit den Eltern zu pflegen und so mit ihnen zu sprechen, daß diese nie ohne Trost von ihnen weggingen.
Die weitere Ausbreitung des Ordens erfolgte in Gebieten, die heute nicht mehr Teil des österreichischen Staates sind.

Ebenfalls von begrenzter Bedeutung – doch einer Erwähnung wert – war zu dieser Zeit die schulische Tätigkeit der Salesianerinnen in Wien.[74] Der 1610 von Franz von Sales (1567–1622) gemeinsam mit Johanna Franziska von Chantal gegründete Orden der Heimsuchung Mariä war von seinen Regeln her kontemplativ ausgerichtet und keineswegs ein Schulorden.[75] In kleinerem Ausmaß durfte er aber unterrichtliche Aufgaben übernehmen. Als Kaiserin Wilhelmine Amalie, die Witwe Josephs I., eine Erziehungsanstalt für arme adelige Mädchen errichten wollte, berief sie im Jahre 1717 Salesianerinnen – trotz deren eingeschränkter schulischer Möglichkeiten – aus Brüssel in die Kaiserresidenz und ließ für sie ein prachtvolles Kloster mit Kirche am Rennweg (Wien III, Rennweg 10) erbauen. Sie entwarf für ihre Stiftung auch ein ausführliches Reglement, das die Verantwortlichkeit der Ordenslehrkräfte (Meisterinnen) und die Wichtigkeit der religiösen Erziehung besonders herausstrich.[76] Der Unterricht der „kleinen Schwestern",[77] wie die adeligen Zöglinge genannt wurden, umfaßte außer Lesen, Schreiben und Rechnen auch Handarbeiten, Sticken und Malen. Geschichte und Geographie wurden ebenfalls gelehrt. Besonderer Wert wurde auf das Erlernen der französischen Sprache und auf religiöse Übungen gelegt. Der Einbau von Lehrplanelementen des Sekundarbereiches in die Grundausbildung ist auch für die schulischen Zielsetzungen der Salesianerinnen bezeichnend.

3.2.4 Schulschwestern und Schulbrüder

Diese beiden gegen Ende des 17. Jahrhunderts entstandenen Schulorden haben zwar für Österreich zum Teil erst im 19. Jahrhundert Bedeutung gewonnen, doch verdienen sie wegen ihrer den Erfordernissen des 18. Jahrhunderts angepaßten Zielsetzungen Erwähnung.

Der 1696 von Maria Hueber in Brixen gegründete Orden der Tertiarschwestern (Schulschwestern)[78] widmete sich der weiblichen Erziehung und erteilte den Unterricht unentgeltlich. Deshalb stieß er gleich den anderen Schulorden auf große Schwierigkeiten. Die deutschen Schulmeister, die – mit Recht – eine Verringerung ihres Einkommens befürchteten, waren erbost und verlangten von den Gemeinden, diesen „ledigen Weibspersonen die anmaßende Schuelhaltung abzustöllen", oder diese hätten ihnen „für das ausfallende Schulgeld" eine Entschädigung zu zahlen.[79] Den Schulschwestern gelang es trotzdem, einen Einbruch in das traditionelle „deutsche Schulwesen" zu erzielen und zumeist Grundschichtkinder einer elementaren Ausbildung zuzuführen. Die Ausbreitung des Ordens vollzog sich allerdings nur langsam. Die Versuche des Wiener Kardinal-Erzbischofs Migazzi, die Schulschwestern in Wien anzusiedeln, mißlangen. Joseph II. verbot zwar dann den Dritten Orden, duldete aber das klösterliche Zusammenleben der „Schuel-Jungfrauen" oder „Schulschwestern", weil sie „Chostkinder und offene Schulen" hielten, was „im Interesse des Publico" liege.[80]

Selbständige, von Tirol unabhängige Regelhäuser von Drittordensschwestern, die ebenfalls den Schulunterricht pflegten, entstanden 1742 in Villach (Kärnten) und 1757 in Döllach (Mölltal, Kärnten). Bereits 1723 wurde auch Hallein (Salzburg) ein Zentrum für diesen Orden. Erst im 19. Jahrhundert vermochte der Orden wieder neue Häuser zu gründen (Schwaz, Hall in Tirol, Graz-Eggenberg, Vöcklabruck u. a.).

Auch die „Brüder der Christlichen Schulen" („Institutum Fratrum Scholarum Christianarum, F. S. C."), im deutschen Sprachraum meist „Schulbrüder" genannt, sind für diese Zeit wichtig.[81] Der Gründer dieses Ordens, der Franzose Jean Baptiste la Salle, ein Priester, hatte gegen Ende des 17. Jahrhunderts Lehrer um sich gesammelt und sie für den unentgeltlichen Unterricht der Kinder sozial schwächerer Schichten gewonnen, weil diese sich die teuren Schreiblehrer nicht leisten konnten. La Salle gründete in der

Folge die erste Ausbildungsstätte für Elementarschullehrer in Europa und errichtete im Jahre 1700 in Paris ein Landlehrerseminar mit einer „armen Schule“ als Übungsschule. Auch schuf er schulische Einrichtungen für Lehrlinge oder straffällige Jugendliche. Aus dieser Gemeinschaft der Lehrer wurde eine Genossenschaft, die sechs Jahre nach dem Tode La Salles (1725) vom Papst als Ordensgemeinschaft anerkannt wurde. Die Regel verbot den Schulbrüdern das Priestertum und sogar das Studium der klassischen Sprachen, um sie nicht an diese Würde heranzuführen[82] und sie ihrer eigentlichen Aufgabe zu entfremden.
Der Tagesablauf jedes Schulbruders war – wie auch heute noch – sowohl auf den religiösen als auch auf den pädagogischen Bereich gleichmäßig ausgerichtet. Religiöse Übungen, Studium, Unterricht, Vorbereitung, Durchsicht der Schülerhefte und Erholung lösten einander ab. Eine „Schulordnung“ regelte Unterricht und Erziehung. Entgelt dafür durfte nicht angenommen werden. Daher mußten fromme Stiftungen für den wirtschaftlichen Bestand der von diesem Orden gegründeten Schulen sorgen.
Die „Brüderschulen“ fanden in Frankreich eine rasche Verbreitung, weder der erbitterte Widerstand der professionellen Lehrer noch Verleumdung konnten ihrer Beliebtheit Abbruch tun. Als der Orden zur Zeit der Französischen Revolution aufgelöst wurde, verfügte er über 121 Niederlassungen; an die 1 000 Brüder unterrichteten rund 36 000 Schüler. Nach seiner Wiedererrichtung breitete er sich in Europa und Übersee aus. Erst 1867 ließen sich die Schulbrüder in Wien nieder[83] und übernahmen zunächst die Führung des Waisenhauses. Von hier aus gründeten sie eine Reihe von Schulen in Wien und setzten sich auch in anderen Orten Österreichs (Strebersdorf, Feldkirch, Stetten, Goisern u. a.), im übrigen Raum der österreichisch-ungarischen Monarchie und auf dem Balkan fest.

3.3 Zur Bedeutung der Christenlehrbruderschaft für das elementare Schulwesen

Die schon bald nach der Gründung des Jesuitenordens gebildete Vereinigung von Geistlichen und Laien, die bereits 1571 von Papst Pius V. als „Christenlehr-Bruderschaft“ bestätigt wurde, hatte unter den Fittichen der Jesuiten in den katholischen Ländern Eingang gefunden.[84] In Österreich allerdings entdecken wir sie erst 1711 in der Innenstadt von Wien;[85] eine rasche Verbreitung erfuhr sie ab 1732, als sich der Wiener Erzbischof hinter sie stellte.
Die Bruderschaft sah es als Aufgabe, die Jugend in den Glaubenswahrheiten zu unterrichten; auch die religiösen Kenntnisse der Erwachsenen sollten vertieft werden. Zu diesem Zwecke wurden an Sonn- und Feiertagen in den Kirchen Christenlehren gehalten und einmal im Jahr eine feierliche Christenlehrprozession veranstaltet. Erziehungsprobleme wurden in Predigten behandelt („für christliche Ältern von der Kinderzucht“); die Mitglieder der Bruderschaft mahnten die Eltern, sie sollten „beflissen seyn(,) ihre Kinder in die öffentlichen Schulen zu schicken und nicht leicht verdächtigen Leuthen oder Winkelschulen anzuvertrauen“.[86]
Obgleich dem für Österreich später richtunggebenden Schulreformer J. I. Felbiger die Heranziehung von pädagogisch ungeschulten Laien zum Katechismusunterricht nicht besonders sympathisch war, sprach er der Einführung der Christenlehrbruderschaft

„epochale" Bedeutung zu.[87] Durch sie wurde nämlich die Herausgabe zahlreicher Katechismen angeregt und zu einem ziemlich einheitlichen Katechismusunterricht hingeführt, der freilich auf eifriges Ausfragen und mechanistisches Einüben das Hauptaugenmerk legte.[88] Lehrinhalte und Fragestellungen berücksichtigten allerdings bereits Alter und Reife.

Dieser mehrstufige Unterricht vollzog sich in straffer Ordnung. Die Kinder und Jugendlichen (Knaben, Mädchen, Lehrjungen, Jungfrauen) waren zu je zehn in „Scharen" eingeteilt und hatten ihren bestimmten Platz in der Kirche. Bei den Knaben und Mädchen hatte ein „Ansteller" bzw. eine „Anstellerin", die durch eine Schleife mit Kreuz oder Bruderschaftszeichen gekennzeichnet waren, für die Aufrechterhaltung der Ordnung zu sorgen. Die „Ausfrager" bzw. „Ausfragerinnen" prüften, ob die jeweils aufgegebenen Inhalte des Katechismus („Fragbüchlein") gekonnt wurden. Zehn bis fünfzehn „Scharen" bildeten eine Abteilung mit einem „Vorsteher" bzw. einer „Vorsteherin" und führten eine Fahne. Sämtliche Abteilungen unterstanden dem Pfarrer als Präses.[89]

Die religiöse Unterweisung der Jugend war damit abgesichert; sie vollzog sich von Mitte November bis August im Kirchenraum. Dies war vor allem im städtischen Bereich von großer Bedeutung, weil hier neben den Pfarrschulen die „deutschen Schulmeister" das Unterrichten gleich einem Gewerbe ausübten. Der Christenlehrbruderschaft erwuchs dadurch eine weitere und das Lehren und Lernen in den „deutschen Schulen" stark beeinflussende Aufgabe zu. Die Satzungen verlangten von den Mitgliedern der Bruderschaft, daß sie den Schulmeister für ihre Vereinigung gewinnen[90] und auf seinen frommen und sittlichen Lebenswandel, der Ausschweifungen und Roheiten nicht zuließe, achten sollten. Er wurde auch angewiesen, wie er Religion unterrichten und ein kirchliches Leben der Schüler fördern könne. Außerdem drang die Bruderschaft darauf, daß im Schulraum „ein andächtiges Crucifix, ein Bildniß der allerseligsten Mutter Gottes Maria und des heiligen Schulpatron" angebracht werde.[91] Es wurde dem Schulmeister empfohlen, ähnlich wie bei den Christenlehren vorzugehen. Damit „in die Schul die Ordnung, und das Stillschweigen desto leichter gehalten werde, solle jedes Kind sein gewisses Orth haben, und zu einer jeden Tafel eines von denen größeren Kindern zu einem Ansteller, oder Anstellerin gesetzet werden".[92]

Die Christenlehrbruderschaft versuchte aber auch, das Selbstbewußtsein der Schulmeister zu heben. Sie gab zwar zu, daß sie „ein hartes Brod" genössen, „vielfältige Verdrüßlichkeiten auszustehen" hätten,[93] aber „ihr Amt, und Verrichtung ein großes Werck seye vor denen Augen der Göttlichen Majestät" und sie „eine erschröckliche Verantwortung" trügen.[94]

Die staatliche Obrigkeit unterstützte das Wirken dieser Bruderschaft, indem sie anordnete, daß während der Christenlehre keine Gemeindesitzungen und Zusammenkünfte abgehalten werden dürften, und die Eltern ermahnte, ihre Kinder zur Christenlehre zu schicken.[95] Kein Lehrjunge durfte ohne Zeugnis über den Besuch der Christenlehre freigesprochen werden.[96]

Den Kindern wurde von der Bruderschaft die Notwendigkeit der Schule ständig bewußt gemacht („Der Müßiggang, mein frommes Kind!/Ein Zundel ist zu aller Sünd/Darum bequeme dich bey Zeit/Zur Glaubenslehr und Ehrbarkeit;/Hierzu die Schulen sind erricht,/Zu sammeln da die gute Frücht") und ihnen die Grundtugenden der Zeit eingeprägt („Gehorsam, ehrbar, fleißig sey./Zum Lernen halt die Stund genau,/Ist was gefehlt, zur Beßrung schau).[97] Der Disziplinierungscharakter der Christenlehre ist nicht nur an ihrem äußeren Erscheinungsbild erkennbar, sondern auch an den vermittelten Inhalten; die Jugend sollte zu frommen Christen und fleißigen, gehorsamen Staatsbürgern erzogen werden.

Die Christenlehrbruderschaft erreichte unter dem Jesuiten Ignaz Parhammer ab der Mitte des 18. Jahrhunderts den Höhepunkt ihrer Tätigkeit.[98] In den siebziger Jahren wurde der Christenlehrunterricht vollständig vereinheitlicht. Man legte die Lerninhalte, Ort und Zeitpunkt der Unterweisung genauestens fest und sorgte durch eine Reihe von Maßnahmen, daß sich Schüler oder Jugendliche bis zum 18. Lebensjahr nur schwer der Christenlehre entziehen konnten.[99] Unter Joseph II. wurde die Christenlehrbruderschaft aufgehoben. Deren reiche Mittel flossen nunmehr dem Aufbau des Primarschulwesens zu.

4 Die Krise des Gymnasiums

4.1 Stagnation der Jesuitengymnasien und Einsetzen der Kritik

Im Sekundarbereich macht es die durch die Jesuiten herbeigeführte organisatorische und curriculare Vereinheitlichung in Hinkunft nur mehr selten nötig, auf die Lokalgeschichte der einzelnen Gymnasien einzugehen. Unterschiede und Abweichungen sind nämlich geringfügig und zumeist nicht erwähnenswert. Die Jesuiten unterrichteten unverändert nach dem Lehrplan von 1599 und nahmen Wünsche und Forderungen einer im Umbau begriffenen Gesellschaft nicht zur Kenntnis. Ihre Gymnasien, die einst Fortschritt signalisierten und denen sich die städtischen und klösterlichen Lateinschulen anpassen mußten, wenn sie weiter bestehen wollten, waren daher gegen Ende des 17. Jahrhunderts bereits vollständig von der pädagogischen Entwicklung überholt worden und in das Schußfeld der Kritik gerückt.
Doch dank ihrer dominierenden Position im Bildungswesen der Zeit vermochte die Gesellschaft Jesu vorerst die Angriffe auf die versteinerten Strukturen ihrer Schulen abzuwehren und ihre Vorrangstellung zu behaupten. Dies fiel umso leichter, weil sie sich dem Gedankengut des pädagogischen Realismus[1] mit der Begründung verschließen konnte, er sei von Nichtkatholiken formuliert und in die Schulwirklichkeit übertragen worden. Außerdem konnte sie auf den guten Besuch ihrer Schulen hinweisen; deren Frequenz war eher steigend.[2] Diese Tatsache darf aber nicht nur als Ausdruck des Vertrauens und der Zufriedenheit interpretiert werden, sondern kann wohl auch auf das weitgehende Fehlen ausreichender alternativer Studienmöglichkeiten zurückgeführt werden. Außerdem muß das Anwachsen der Bevölkerung nach dem Dreißigjährigen Krieg berücksichtigt werden, eine Entwicklung, auf die der Jesuitenorden kaum reagierte. Damals waren Gymnasialklassen mit 100 bis 150 Schülern keine Seltenheit. Die jungen Jesuitenlehrer hatten verständlicherweise bei derartigen Unterrichtsverhältnissen Schwierigkeiten. Ihre pädagogischen Schwächen traten offen zutage, die Qualität der Studien litt darunter. Organisatorische Gegenmaßnahmen, wie eine rigorose Selektion, erhöhten die Spannungen zu Schülern und Eltern.
Die immer lauter werdende Kritik wurde vor allem vom Adel und von der Bürokratie getragen.[3] Deren Verlangen nach einer wissenschaftlichen und zugleich praxisbezogenen Berufsausbildung ließen sie die Vermittlung welt- und realitätsbezogener Bildungsinhalte und ein Zurückdrängen des altsprachlichen Formalismus fordern. Zumindest der Anfangsunterricht sollte in der Muttersprache erfolgen. Kenntnisse aus der vaterländischen Geschichte wurden für die Beamten der in den Kämpfen mit dem Osmanischen Reich und Frankreich zur Großmacht aufgestiegenen „Monarchia Austriaca" notwendig, und ausreichendes mathematisches Wissen war für jeden Offizier eine Voraussetzung. Denn die Mathematik hatte sich zur wichtigsten Grundlage für die Ballistik und Fortifikationslehre entwickelt. Und je bedeutender die Artillerie im Kriegswesen wurde, desto eindringlicher ertönte der Ruf nach mehr

Mathematik im Lehrplan. Widerstände regten sich auch gegen die üblichen Methoden der Aneignung des Wissens. Die traditionellen Gedächtnisübungen sollten zurücktreten, Beobachtung, Verwertung von Erfahrungen und Urteilsfähigkeit geschult werden. Grundgedanken der Aufklärung begannen merklich wirksam zu werden.
Infolge der starren Haltung der Jesuiten zog der Adel die Konsequenzen und schuf nur für sich die seine Bildungserwartungen ausdrückenden Ritterakademien. Wenn diese auch mangels ausreichender finanzieller Unterstützung und eines ausgewogenen Lehrprogramms in ein bloß kümmerliches Dasein traten, müssen sie doch als eine der Wurzeln der Unterrichtsreformen des 18. Jahrhunderts angesehen werden. Ihre berufsbezogene, zweckgebundene Ausrichtung wurde für die Formulierung der staatlichen Wissenschafts- und Erziehungspolitik Maria Theresias und Josephs II. von großer Bedeutung.
Doch auch die durch die jesuitische Konkurrenz zurückgedrängten alten Orden witterten jetzt ihre Chance und wendeten sich wiederum verstärkt schulischen Aufgaben zu. Außerdem setzten sich neue Ordensgemeinschaften auf österreichischem Boden fest und errichteten Gymnasien. Sie kamen den Anschauungen der Zeit entgegen und räumten den Realien sowie der deutschen Sprache im Unterricht Platz ein. Nicht nur im Adel und im aufgeklärten Bürgertum, sondern auch in der katholischen Kirche selbst begannen sich Gegner der jesuitischen Vorrangstellung zu sammeln.

4.2 Aufweichung des jesuitischen Bildungsmonopols

Es ist wichtig, darauf hinzuweisen, daß zwar das etablierte jesuitische Schulsystem durch Maßnahmen von außen – die Aufhebung des Ordens erfolgte im Jahre 1773 – ausgeschaltet werden mußte, daß aber der Prozeß seiner Aushöhlung und Aufweichung bereits ein Jahrhundert vorher eingesetzt hatte und der Zusammenbruch bei Ausbleiben der päpstlichen Auflösungsbulle nur mehr eine Frage der Zeit gewesen wäre.[4] Ehemalige Bewunderer des jesuitischen Schulmodells – Piaristen, Ursulinen, Benediktiner u. a. – hatten Alternativen entwickelt, die der pädagogischen Entwicklung Rechnung trugen und die Zeitgenossen anzogen. Deshalb gerieten sie zunehmend in Gegensatz zu den Jesuiten; wie immer in solchen Situationen, nützte ein dritter die entstehenden Spannungen: der nach absoluter Macht drängende Staat. Er stellte die Weichen nach seinen Zielvorstellungen. Es geschah daher damals mehr als bloß die Ablöse eines Ordens als Schulträger durch andere.
In erster Linie rüttelten die „Patres Scholarum Piarum" (Piaristen) an der Monopolstellung der Jesuiten im Schulwesen. Sie hatten sich bis zur Zeit Maria Theresias in Österreich nur in Horn (1657) und Wien (1697) festsetzten können. Eine knapp vor der Verwirklichung stehende Niederlassung in Salzburg scheiterte am Widerstand des Domkapitels und der Bevölkerung. Den Piaristen war bereits 1617 durch ein Breve Papst Pauls V. die Erlaubnis gegeben worden, nicht nur mittellose Kinder, sondern auch Kinder reicher und vornehmer Eltern schulisch zu betreuen. Sie durften sie in allen Wissenschaften unterweisen. Papst Clemens XII. bestätigte dies 1731;[5] damit wurde ihnen der Zugang zum Sekundarbereich eröffnet. Das ließ die Jesuiten zwar keineswegs um ihre bisher unangetastet gebliebene Vorrangstellung fürchten, aber sie waren nach Möglichkeit doch bestrebt, sich die neue Konkurrenz etwas vom Leibe zu halten.

Die Piaristen bemühten sich um die Verbreitung und Vertiefung der Frömmigkeit in allen Formen, widmeten sich – wie bereits erwähnt – mit großem Einsatz dem elementaren Schulwesen, aber auch der Pflege der Wissenschaft in Lehre und Forschung. Zunehmend beschäftigten sie sich mit den *litterae humaniores*. Sie ahmten anfangs das jesuitische Vorbild in der Abfolge der Klassen und in den Unterrichtsmethoden getreulich nach.[6] Sie belohnten die fleißigen Schüler mit Prämien. Auch pflegten sie das Theaterspiel. Allerdings unterschieden sie sich hierin von den Jesuiten wie von den Benediktinern in Stoffwahl, Sprache und Darstellung. Sie stimmten ihre Aufführungen vor allem auf die Eltern und Verwandten ihrer Schüler ab, die zumeist aus niedrigeren Schichten stammten, und strebten nach starker Breitenwirkung.[7]
Im Strafvollzug gingen die Piaristen ebenfalls etwas abweichende Wege. Ähnlich wie die Jesuiten verhielten sie sich äußerst zurückhaltend bei Strafen. Nur der Präfekt persönlich durfte unter bestimmten Voraussetzungen körperliche Züchtigungen vornehmen; auf den nackten Leib zu schlagen war ihm grundsätzlich verboten.[8] Gänzlich neu hingegen war die gemeinsame Leitung der deutschen Schule und des Gymnasiums durch einen Präfekten, wie sie bis 1780 üblich blieb, was den Übertritt der Schüler und die stufenweise Anhebung der Lernanforderungen wesentlich erleichterte.
Auch im Lehrprogramm traten mit der Zeit Veränderungen ein.[9] Die deutsche Sprache erhielt in den Anfangsklassen ihren Platz; Geschichte und Geographie, Mathematik und Physik wie auch Griechisch fanden zunehmend eine gewisse Berücksichtigung; Musik einschließlich des Instrumentenspiels wurde gepflegt. Die Piaristen erwiesen sich dabei als reformfreudig und neuen Entwicklungen gegenüber aufgeschlossen; ihre Konstitutionen ließen ihnen – im Gegensatz zu den Jesuiten, die streng an ihre „Ratio studiorum" gebunden waren – weitgehend freie Hand in der Wahl der Lehrinhalte und der Gestaltung des Unterrichts. Sie konnten sich daher wesentlich geschmeidiger den zeitgenössischen Erfordernissen anpassen und Wünsche der Eltern ihrer Schüler berücksichtigen. Das von den Piaristen immer akzentuierter ausgebildete *studium promiscuum*[10] wurde von den Jesuiten vehement abgelehnt, die Bevölkerung jedoch fand Geschmack daran.
Unterschwellige Spannungen zwischen den erfolgreichen Piaristen und den Jesuiten blieben nicht aus. Die unterschiedliche Unterrichtsauffassung der beiden Orden war wohl dafür die Hauptursache. Doch auch die Unbekümmertheit, mit der die „Patres Scholarum Piarum" ihre Schüler trotz kaiserlicher Dekrete aus der weitgehend wenig bemittelten Bevölkerung rekrutierten, wurde nicht gerne gesehen.[11] In Wien allerdings befanden sich die Jesuiten in der stärkeren Position, denn sie hatten sich die Führung der fünften und sechsten Klasse des Gymnasiums, der sogenannten Poetik- und Rhetorikklasse, vorbehalten. Das bedeutete, daß die Schüler der Piaristen, welche die Universität besuchen wollten, in das Gymnasium der Jesuiten überwechseln mußten und diese für die abschließende Ausbildung die volle Verantwortung trugen. Bei diesen Übertritten kam es gelegentlich vor, daß die Jesuiten Schüler der Piaristen nicht gleich in die fünfte Klasse ihrer Schule aufsteigen ließen, sondern sie die vierte, ja manchmal die dritte Klasse wiederholen ließen, „mit dem vorgeben, das Sie keine andere Schull verstünden".[12] Das empörte die Eltern und die Piaristen. Letztere erreichten 1735, daß sie selbst eine fünfte und sechste Klasse, also ein vollständiges Gymnasium, führen durften. Die Jesuiten, deren Stellungnahme dazu grundsätzlich positiv war, machten nur den Vorbehalt, daß die Piaristen „keinen etwann auf unseren Schullen aussgestossenen, oder sonsten ohne gewöhnliche und offentliche Testimonia zu Ihnen übergehenten Scholaren in ihre Schullen an- und aufnehmen sollen befugt seyn".[13]
Bis zum Regierungsantritt Maria Theresias blieb es bei diesen beiden Prototypen (Horn, Wien) einer dem modernen Verständnis näheren Form des Gymnasiums auf

heute österreichischem Boden, obgleich von den Piaristen weitere Kollegien und damit verbundene Schulen geplant waren (Hainburg, Korneuburg, Villach, Wels u. a.).[14] Aber dieser zunächst schmale Einbruch schuf die Voraussetzungen, daß eine Wende im Sekundarbereich eingeleitet werden konnte. In Zukunft sollte auf das Wissen größerer Nachdruck als auf den guten Vortrag, die Eloquenz, gelegt werden.
Die Ausbildung der Mitglieder des Piaristenordens trug bald der veränderten Situation Rechnung.[15] Während die Ordenskonstitutionen vorsahen, daß die ältere Generation ihr Wissen an die jüngere weiterzugeben habe, die dann ihre pädagogische Erfahrung in den niedrigsten Klassen der deutschen Schulen sammeln mußte, im übrigen aber vieles der Neigung des einzelnen zu überlassen sei, legte eine 1694 für den ganzen Orden verbindliche Studienordnung, die 1696 für die Povinciae Germaniae detailreich modifziert wurde, eine neunjährige universelle Ausbildung der Patres fest. Nach dem zweijährigen Noviziat hatten sie nachzuweisen, daß sie lateinische Klassiker gelesen hatten und einigermaßen gewandt nachzuahmen vermochten. Auch mit der Dichtung der Griechen sowie Geographie und Geschichte mußten sie sich beschäftigt haben. Knapp nach der Profeß wurden zwei Jahre für den Unterricht in den Sprachen und in der Mathematik, hierauf zwei Jahre Studium der Philosophie und endlich drei Jahre für das Studium der Theologie angesetzt. Ab 1725 war damit auch eine Einführung in das kanonische Recht verbunden.
Das Ausbildungsziel war umfassend gestellt: jeder Piarist sollte in jedem Unterrichtsfach einsetzbar sein. Die Wege dazu waren in Einzelheiten festgelegt. Eine regelmäßige *exercitatio privata et publica* wurde für besonders wichtig gehalten. Fehler wurden sofort durch den Rektor oder bei dessen Verhinderung durch den Studienpräfekten korrigiert. Die Prüfungen waren öffentlich und wurden vierteljährlich in einem feierlichen Rahmen abgelegt. Nach Aneignung des geforderten Wissens – in Philosophie und Theologie bildete Thomas von Aquin die Grundlage – wurde das Studium mit dem Magisterium abgeschlossen.
Diese Ausbildung erfolgte in den Ordenshäusern der Piaristen: für die Novizen der Provincia Germaniae zunächst in Leipnik (heute Lipnik/Tschechoslowakei), erst ab 1756 in Wien (St. Thekla), für die Ordenskleriker in Horn (1665–1802) und seit 1751 zusätzlich auch in Wien (Maria Treu).
Wenn Ordenslehrer zehn mit *laudabiliter* bezeichnete Unterrichtsjahre hinter sich gebracht hatten, durften sie den Titel „Professor" führen und wurden nur mehr an Gymnasien eingesetzt. Die chronologischen Aufzeichnungen über ihre weitere Tätigkeit im „Liber Officiorum" lassen gewisse Tendenzen zur Spezialisierung und zum Fachprofessorentum erkennen. Die Auswertung ihrer Publikationen weist in eine ähnliche Richtung. Aus dem Piaristenorden gingen bedeutende Wissenschaftler hervor.[16] Dabei fällt auf, daß manche dieser herausragenden Patres gar nicht nach dem Titel Professor strebten und lieber – wegen des geringeren Arbeitsaufwandes – in den deutschen Schulklassen unterrichteten, um sich den „Wissenschaften desto freyer widmen zu können".[17] Großzügigkeit gegenüber Lehrerwünschen und Gewährung von Spielraum in der Unterrichtsgestaltung kennzeichnen ein wesentlich anderes, deutlich von den Jesuiten verschiedenes Ordensklima.
Es ist unbestritten, daß die Piaristen wichtige Impulse im Bildungsbereich setzten. Sie vermochten freilich als junge Ordensgemeinschaft aus einer besseren Situation heraus als die Jesuiten zu agieren. Die Gegenreformation war im wesentlichen bereits abgeschlossen; Missions- und Seelsorgeaufgaben traten in den Hintergrund. Zum ersten Mal in ihrer Ordensgeschichte übernahmen die Piaristen im Jahre 1719 eine Pfarre (Wien, Josefstadt, Maria Treu). Sie waren ja von vornherein als Schulorden gegründet worden, für sie war die Jugenderziehung ein Auftrag, zu dem sie sich durch Gelübde verpflichteten und dem sie ihre ganze Kraft widmeten.[18]

Nicht unwichtig wurde, daß sie sich zunächst hauptsächlich der Elementarerziehung zuwendeten und dann erst Unterrichtsaufgaben im Gymnasium übernahmen. Die Laufbahn jedes Ordensmitgliedes als Lehrer verlief in der Regel ebenfalls aufsteigend vom Primar- in den Sekundarbereich. Das bedeutete auch, daß die hohen methodisch-didaktischen Ansprüche bei der Grundausbildung in Lesen, Schreiben und Rechnen als wertvolle pädagogische Erfahrungen in den Gymnasialunterricht eingebracht wurden. Die Wissensvermittlung erfolgte deswegen kindgerechter und anschaulicher. Lehrprogramm und Unterrichtsart wurden daher allgemein als Fortschritt empfunden und fanden die Zustimmung weiterer Bevölkerungskreise. Daß sich die Piaristen besonders der Schüler aus unbemittelten oder einkommensschwachen Schichten annahmen, verstärkte ihre öffentliche Position. Der gute Personalstand des Ordens erlaubte es ihnen allerdings auch, den Ersuchen von Adeligen um Stellung von Hofmeistern stattzugeben. Zahlreiche bedeutende Persönlichkeiten erfuhren im 18. Jahrhundert ihre Erziehung und geistige Prägung durch Piaristen, was dem Orden wohl zusätzlich Einfluß sicherte.[19]
Daß für den Orden schulische Aufgaben im Vordergrund standen, beweisen auch die Vorschriften in den „Constitutiones et Regulae Communes“ zur einheitlichen Führung von Bibliotheken.[20] Die Arbeitsbedingungen für die Ordensmitglieder sollten, in welchem Kollegium sie auch wirkten, gleich gut sein. Drei Spezialabteilungen standen zur Verfügung: Piaristica, Paedagogica sowie wissenschaftliche und künstlerische Periodica. Auf die Notwendigkeit laufender Neuerwerbungen wurde ausdrücklich hingewiesen. Den einzelnen Ordensangehörigen war außerdem gestattet, eine eigene kleine Handbibliothek anzulegen.
Für die Piaristen war das Unterrichten Lebensaufgabe, die sie bewußt mit dem Eintritt in den Orden wählten, für die sie gezielt vorbereitet wurden und für die jedes Kollegium die notwendigen Voraussetzungen schuf. Als professionelle Lehrer waren sie dadurch den Jesuiten überlegen, was nicht ohne Folgen bleiben sollte.
Ähnliche, aber wesentlich schwächere Anstöße zur Veränderung der Schulwirklichkeit gaben die Ursulinen („Ordo Sanctae Ursulae“) für die Mädchenbildung.[21] Auch sie hatten – wie bereits erwähnt – in ihrer Frühzeit wertvolle Anregungen von den Jesuiten aufgenommen und enge Kontakte zu dieser im Bildungsbereich tonangebenden Ordensgemeinschaft gepflegt. Wie die Jesuiten hatten sie sich in jeder Landeshauptstadt festgesetzt und bereit erklärt – was meistens erst zur Bewilligung ihrer Niederlassung führte –, die weibliche Jugend unentgeltlich zu unterrichten. Jedoch wie die Piaristen begnügten sie sich in ihren Konventen nicht mit der Einrichtung einer Elementarschule, sondern wollten eine darüber hinausführende Allgemeinbildung vermitteln. Sie schlugen mit dieser Zielsetzung in die bereits übliche und allgemein hingenommene Diskriminierung der Frauen im Bildungsbereich eine schmale Bresche. Sie wäre nicht erwähnenswert, wenn man nur die Zahl der Mädchen berücksichtigen würde, die diese Ausbruchsstelle nutzen konnten; als Signal und Wegweiser verdient sie freilich Bedeutung.
Während die äußeren Schulen (Externate) der Ursulinen, welche die elementaren Fächer und praktische Handarbeit anboten, überfüllt waren, blieben die Internate – die inneren Schulen – knapp besetzt. Das Kostgeld für die Pensionärinnen war meist nur für die Töchter der höheren Stände erschwinglich. Doch für diese wurde nun das Lehrprogramm erweitert.[22] Besonderer Wert wurde auf Sprachpflege und Konversation gelegt. Neben der deutschen Sprache mußten sich die Mädchen noch eine Fremdsprache, meist Französisch, aneignen; auch bot man ihnen eine auch Einzelheiten berücksichtigende Geschichtsdarstellung. Außerdem wurden sie mit den Regeln des Anstandes, mit guten Umgangsformen und Tischsitten, vertraut gemacht. Die musikalische Ausbildung war hauptsächlich auf gesellschaftliche Bedürfnisse ausgerichtet.

Eine Präfektin leitete die Schule, die Klassenlehrerinnen wurden als Schulmütter, die weiteren Lehrkräfte als Meisterinnen bezeichnet. Die steigenden Besuchszahlen, wie sie sich zunächst nur aus der Bautätigkeit[23] der Ursulinen erschließen lassen und sich in der zweiten Hälfte des 18. Jahrhunderts in den Aufzeichnungen deutlich spiegeln, beweisen die Notwendigkeit dieser Mädchenschule und die Angepaßtheit des Lehrplanes an die Erwartungen der Zeit.
Noch spärlicher fließen die Aussagen zum frühen schulischen Wirken des „Institutum Beatae Mariae Virginis" auf österreichischem Boden.[24] Auch die Englischen Fräulein haben – wie bereits näher ausgeführt wurde – ihre Pensionärinnen („Kosttöchter") in einer Fremdsprache – Französisch – unterrichtet und – wenn auch nur geringfügig – über das elementare Grundwissen hinausgeführt.[25] Da das Schwergewicht ihres Wirkens außerhalb des heutigen Staatsgebiets lag – sie führten nur Niederlassungen in St. Pölten und Krems –, fiel die Tätigkeit der Englischen Fräulein bei uns wenig ins Gewicht. Ähnliches muß auch von den Salesianerinnen gesagt werden.[26]
Alle diese Frauenorden bewiesen durch ihre curricularen Entscheidungen, daß sie gleichfalls den Lehrplan der Jesuiten für überlebt hielten und daß sie andere Lernbedürfnisse in der Bevölkerung geortet hatten.
Zunehmend wollten sich auch die alten Orden, insbesondere die Benediktiner, dem Schulmonopol der Jesuiten entziehen. Auf Einzelheiten kann hier nicht eingegangen werden; gewisse Entwicklungen lassen sich jedoch deutlich herausarbeiten und bedürfen der Erwähnung. In immer mehr Stiften (Abteien) wurde die Reduktion der schulischen Aufgaben, die Beschränkung auf die Grundausbildung der „Singerknaben", aufgegeben, der Lateinunterricht wieder ausgebaut und schließlich in gymnasialer Form öffentlich zugänglich gemacht.[27] Bezeichnend dabei war, daß dort, wo die deutsche Schule erhalten blieb, diese – im Gegensatz zu den Piaristen – organisatorisch und räumlich getrennt vom Gymnasium geführt wurde. Die Lehraufgaben übernahmen jetzt zur Gänze Ordensmitglieder. Deren wissenschaftliche Ausbildung, die sie häufig an der Universität Salzburg erhielten, war gut. Doch auch an diesen Ordensgymnasien wechselten die Lehrer einigermaßen rasch, wenn auch nicht gerade so häufig wie an den Jesuitengymnasien.[28] Allerdings waren sie meist nicht so jung wie viele der im Lehramt tätigen Jesuiten; auch hatten sie bereits etwas Lebenserfahrung. Die schulische Tätigkeit war aber für sie nur ein Zwischenspiel, dem in der Regel die Übernahme der Seelsorge in einer Pfarre folgte.
Daß diese Stiftsgymnasien für die Öffentlichkeit wieder attraktiv wurden, zeigte sich nicht nur an den wachsenden Schülerzahlen, sondern vor allem daran, daß ihnen der Adel zunehmend seine Söhne anvertraute.[29] Sicher mochte dazu beigetragen haben, daß sich die Benediktiner den besonderen Wünschen des Adels stärker öffneten, wenn auch das Grundgerippe ihres Unterrichts kaum vom jesuitischen Schema abwich. Da aber das Lehrprogramm nicht straff festgelegt war und sich die Zahl der Schüler in Grenzen hielt, hatten die Ordenslehrer die Möglichkeit, im Unterricht sowohl ihren persönlichen wissenschaftlichen Neigungen als auch den Interessen der Schüler Raum zu geben.
Derartige Abweichungen vom weiterhin im Mittelpunkt stehenden Lateinunterricht fanden in der Regel keinen schriftlichen Niederschlag. Ab wann die deutsche Sprache und die Realien regelmäßig im Lehrplan einen Platz fanden, kann daher kaum festgelegt werden. Es dürfte dies weitgehend von dem Präfekten und dem jeweiligen Lehrer abhängig gewesen sein. Nachweise sind schwer zu führen; die Auswertung von biographischen Daten der Lehrer sowie die Ankäufe für die jetzt rasch wachsenden Bibliotheken können nicht mehr als verwaschene Konturen curricularer Änderungen erkennen lassen. So findet sich in Kremsmünster um diese Zeit nachweislich der „Orbis pictus" des Comenius und seine „Janua reservata linguarum" und die Schrift J. Lockes

über die Kindererziehung in einer zeitgenössischen französischen Übersetzung.[30] Wie weit sie auf den Unterricht durchgeschlagen haben, ist aber nicht feststellbar. Instruktionen und Diarien sagen zu wenig aus. Nur die Notwendigkeit des Griechischunterrichts „in diversis classibus" wurde ausdrücklich betont.[31]

Pädagogisches Bemühen um den einzelnen Schüler ist an vielen Einzelheiten erkennbar. So kamen die Professoren zweimal im Monat zusammen, um über den Fortgang und die Sitten der Schüler zu beraten.[32] Obgleich z. B. die „Instructio seu regulae Professorum Gymnasii Cremifanensis" (Kremsmünster, 1704)[33] ausdrücklich erlaubte, die sechsstufige Notenskala *(optimus, bonus, mediocris, dubius, retinendus, reiciendus)* auch in Zahlen auszudrücken, wurde in der Regel der „Calculus professoris",[34] wie in den Katalogen ersichtlich, verbal gehalten und ziemlich differenziert die Beschreibung des Persönlichkeits- und Leistungsbildes des Schülers gegeben.

Gute Beispiele für die Aussagekraft der Beurteilungen bieten die Schülerlisten des Salzburger Benediktinergymnasiums (seit 1749 erhalten).[35] Die Professoren kennzeichneten etwa die Begabung *(ingenium)* des Schülers mit den Worten *sagacissimum* (sehr scharfsinnig), *bonum* (gut), *vagum* (unstet) oder *stupidum* (dumm) und umschrieben dessen Fleiß *(diligentia)* mit *indefessa* (unermüdlich), *pigritia laborat* (leidet an Trägheit), *aliqua* (unbedeutend) oder *exigua* (knapp, gering). Besonders anschaulich fielen manche Wendungen für den Fortschritt *(profectus)* aus, wie *vix ullus* (kaum vorhanden) oder *inter ultimos serpit* (kriecht mit den Letzten) sowie für das Betragen *(mores)*. Hier reicht der Bogen vom *„maturi et omni laude digni"* (reif und allen Lobes würdig) über *„cultura et vigili oculo indiget"* (wohlerzogen, doch eines wachsamen Auges bedürftig), *„lepidi, sed innocentissimi"* (artig, doch sehr unschuldig) bis zu *„agrestes et inculti"* (bäuerisch und ungehobelt). Es kann wohl mit Recht vermutet werden, daß die gute Kenntnis der Schülerpersönlichkeit auch deren individuelle Behandlung veranlaßte.

Das viel persönlichere Schulklima in den kleinen Klostergymnasien sowie die dort übliche weitaus elastischere Festlegung der Unterrichtsinhalte und der Methoden schufen viele Vorteile. Die Jesuiten rückten gerade dadurch, weil der Öffentlichkeit schulische Alternativen vorgestellt wurden, immer stärker in das Kreuzfeuer der Kritik. Es wurde kaum berücksichtigt, daß unterschiedliche Bedingungen gegeben waren. Die starre, anpassungsunwillige Haltung der Jesuiten und ihre übermächtige Stellung waren für viele eine Herausforderung, auch für den „Staat", wie sich zeigen sollte.

4.3 Eingriffe des Staates

Für die staatliche Verwaltung waren freilich nicht theoretisch-pädagogische Überlegungen maßgebend, die ihr Eingreifen in Unterricht und Erziehung auslösten.[36] Vielmehr wollte sie nicht mehr dulden, daß die Heranbildung der für Führungsaufgaben bestimmten Schicht einer Institution überlassen blieb, die außerstaatlichen Weisungen unterworfen war und gegenüber der Regierungsgewalt ziemlich selbständig zu agieren pflegte.

Je mehr nun die Schule in das öffentliche Interesse zu rücken begann, desto häufiger sah sich der absolute Herrscher veranlaßt, auch in diesem Bereich bestimmend einzugreifen. Seine Maßnahmen verfolgten dabei zwei Ziele: die Verhinderung eines geistigen Proletariats durch strenge Selektion und die Anpassung des Lehrprogramms an die Erfordernisse des Staates. Können auch zeitgenössische utilitaristische Überlegungen als Erklärung und Rechtfertigung für dieses Vorhaben herangezogen werden, so sollte nicht unbeachtet bleiben, daß vor allem der Adel daraus Nutzen zog. Das ursprünglich die sozioökonomischen Gegebenheiten einebnende Gymnasium begann sich durch die Eingriffe ständisch zu orientieren und zunehmend die Bedürfnisse seiner adeligen Schüler besonders zu berücksichtigen. Der starke Konkurrenzdruck in den Beamtenlaufbahnen lockerte sich nunmehr, weil Herkunft und Vermögen privilegierten und Leistung allein nur mehr schwer durchdrang. Auslösend für die staatlichen Eingriffe wurden die im letzten Viertel des 17. Jahrhunderts wachsende Zahl von Bildungsmöglichkeiten und der verstärkte Schulbesuch. Als sich damals zeigte, daß man in Tirol bereits einen Überfluß an Geistlichen habe und nicht über genug Pfründen verfüge, sie zu erhalten, teilten 1676 Regierung und Kammer dem Rektor des Innsbrucker Jesuitenkollegiums mit, er möge Knaben unvermögender Eltern entlassen, falls sie nicht „besondere ingenia“[37] hätten, und ihnen nahelegen, ein Handwerk zu lernen. Die Jesuiten dürften darauf kaum reagiert haben. Denn 1681 beauftragte die Regierung Bürgermeister und Rat der Stadt Innsbruck, eine Liste der almosensuchenden Schüler aufzustellen, in der auch deren Heimat, Beruf der Eltern und vorhandene Geldmittel einzutragen waren. Die Erhebungsergebnisse wurden dem Präfekten des Gymnasiums zur Begutachtung vorgelegt. Die Regierung ordnete hierauf wohl das Ausscheiden einiger Unbemittelter an, im übrigen blieb alles beim bisherigen Zustand. Im Jahre 1685 erhoben die tirolischen Landstände in Wien zum ersten Mal die Klage, daß die Jugend „allzu yberheuffig vnd ohne discretion, ob Sie qualificiert oder nit, auch darczue die Mitl habe“,[38] in die Jesuitengymnasien aufgenommen werde, während es an Arbeitern und Handwerkern mangle. Erst als die Beschwerde wiederholt wurde, ordnete der Hof 1694 an, daß zweimal im Jahr – zu Beginn des Schuljahres und zu Ostern – eine „Visitation und Reformation“ an den Gymnasien durchzuführen sei. Doch die verlangte Erstellung der Liste der Ungeeigneten dürfte auf Schwierigkeiten gestoßen sein; der Rektor mußte des öfteren aufgefordert werden, das Verzeichnis vorzulegen. Arme Schüler sollte er überhaupt nicht aufnehmen. Erst seit 1700 wurden jährlich manchmal mehr als zehn Schüler sofort ausgeschlossen, bis zu vierzig wurden verwarnt und erhielten eine Bewährungsfrist.[39]

Nicht nur am Inn, sondern auch an der Donau war man über die steigende Zahl von wenig begabten und lernunwilligen Schülern an den Schulen besorgt. „Die Städte, die Landschaften und die Flecken sind voll von Gymnasien“, klagte der Benediktiner Simon Rettenpacher, „an denen ein zahlloser Haufe herumlungert, der unter dem Vorwand, den Geist auszubilden, sich der Faulheit und dem Müßiggange ergibt...“[40]

Die Schulorden, die sich den Kindern der Grundschicht voll geöffnet hatten, weil sie aus deren Reihe am ehesten den Priesternachwuchs rekrutieren konnten, wurden jetzt, weil daran nur wenig Bedarf bestand, gezwungen, die Latte der Leistungsanforderungen für sie – und nur für sie – höher zu legen. Es wurde wieder viel schwieriger, den Sozialraum zu verlassen, in den man hineingeboren war. Die Verordnungen des „Staates“ bauten systematisch immer mehr neue Barrieren auf. Freilich wurde ausdrücklich – so 1706 – bestimmt, daß kein Schüler bloß wegen Armut ausgeschlossen werden dürfe („ex solo motiu[v]o paupertatis“), wenn er „ad studia tauglich und der Sitten halber nicht gar incorrigibel oder respectu aliorum ohnertröglich ist“.[41]

Aber die Flut der Regierungsanordnungen in den nächsten Jahrzehnten rückte häufig Begabung des Schülers und Einkommen der Eltern recht nah; in den Zeugnissen („testimonia“) der Ausgeschlossenen wurde vermerkt, daß sie „ob incapacitatem et paupertatem“[42] die Schule verlassen mußten. Die Rektoren der Kollegien wurden angewiesen, daß die „Studier Jugendt, so mit erforderlicher Capazitet Vnd Sustentationsmitl nit vorgesehen sein, abgewiesen und außgemustert werden" solle.[43] Nur selten ordnete ein Dekret der Regierung an, daß in die Liste der Schüler mit schlechtem Studienfortgang auch die aufzunehmen seien, die von eigenen Mitteln lebten. Die „praenobiles" – die ihr Adelsdiplom vorweisen mußten – waren von diesen Ausschließungsmaßnahmen grundsätzlich nicht betroffen („die praenobiles niemals zu verstehen sein", 1718; „jedoch mit specialer Ausnamb der Praenobilium", 1726),[44] lange Zeit auch nicht die Söhne von Beamten oder wohlhabenden Bürgerfamilien („exceptis tamen nobilibus", 1716; „exceptis tamen so bemittlet", 1721).[45] Es lag auf dieser Linie, daß 1733 durch Regierungserlaß die Aufnahme der Söhne von Tagwerkern, Holzhakkern und Lakaien überhaupt verboten wurde.[46]

Die beinahe jährlich wiederholten Anordnungen der Regierung zeigten wenig Wirkung. Das lag vor allem daran, daß Rektoren und Präfekten den Eingriffen des Staates passiven Widerstand entgegensetzten und erst über Drängen und verspätet die Unterlagen für dessen Selektionsmaßnahmen lieferten.

Im Jahre 1734 legte Kaiser Karl VI. der ungewollten Entwicklung – der *explosion scolaire* würden wir heute sagen – und damit den Schulorden straffere Zügel an. Er ordnete die jährliche Untersuchung der „Schuel- und studierenden Jugend"[47] durch eine hiefür bestellte Kommission an. Ihr hatte der Rektor den „Cathalogus studiosorum" vorzulegen. Sie hatte dafür zu sorgen, daß „nicht jeder von gemeinem Stand herkhomende und nicht wohl talentirte Knab ad studia gelassen, sondern vielmehr zu seinem eigenen und des Publici besserem Nutzen zu was anderem nach seiner Fähigkeit angewendet werde".[48] Ein schneller Ausschluß erfolgte allerdings nur bei armen Schülern. Knaben mit schlechtem Schulerfolg aus finanziell gut gestelltem Elternhaus durften die Klasse wiederholen. Erst wenn sie den Aufstieg ein zweites Mal nicht schafften, wurden sie entlassen.[49]

Die Selektionsmaßnahmen begannen sich nur zögernd auszuwirken.[50] Die sich darin manifestierenden Abschirmungs- und Ausschließungstendenzen rückten das Gymnasium wiederum weitgehend in den Bereich der Standesschulen. Der Zugang zu ihnen wurde eingeengt und erschwert; ein wenn auch eingegrenzter sozialer Numerus clausus kam praktisch zur Anwendung. Durch diese trotz vieler Mißerfolge geduldig wiederholten Eingriffe in das geistlich-kirchliche Schulwesen im Sekundarbereich wurde bereits eine wichtige Vorstufe einer weltlich-„staatlichen" Schulaufsicht erreicht. Der absolute Herrscher machte unmißverständlich seinen Anspruch auf das Entscheidungsrecht in Schulfragen deutlich, auch wenn er es zunächst nur gelegentlich, Mißstände und Rivalitäten nützend, ausübte. So manche bittere Erfahrung, die er bei seinen Interventionen machte, lehrte ihn allerdings, daß er vorläufig auf den guten Willen der Schulorden angewiesen war, die damals personell und finanziell allein in der Lage waren, eine auf die Universitätsstudien vorbereitende Ausbildung kostenlos der Öffentlichkeit anzubieten.

Rechtliche Möglichkeiten der Mitsprache im Sekundarbereich boten sich dem Landesfürsten durch die Tatsache, daß der Wiener Universität, die unter seinem Einfluß stand, in den Statuten das Aufsichtsrecht über alle Schulen der Stadt eingeräumt worden war. Damit verfügte er über eine verläßliche Plattform, von der aus er gezielt Maßnahmen setzen konnte.

Als 1726 ein neuer Superintendent an der Wiener Universität bestellt wurde, beauftragte die Hofkanzlei die niederösterreichische Regierung, für diesen eine Instruktion zu erlassen sowie Vorschläge zur Verbesserung des *studium generale* auszuarbeiten. Die für diesen Zweck eingeholten Gutachten der Universität beschäftigen sich nun weniger mit den eigenen, vielfach desolaten Zuständen, sondern richteten ihre Reformvorschläge auf die Zubringerschulen, die Gymnasien, aus. Sie erhoben die Forderung nach einer „ausgeklaubten" Jugend; „Knaben von armer Kondition, sie hätten denn Zeichen und Proben einer sonderbaren Kapazität",[51] sollten grundsätzlich nicht zum Studium zugelassen werden. Die medizinische Fakultät schlug sogar vor, universitätsgeprüfte und besoldete, daher vom Schulgeld unabhängige Schulmeister im Primarunterricht einzusetzen, damit ein bereits „gesiebtes Schülermaterial"[52] das Gymnasium besuche. Dieses sei auf fünf Jahre zu verkürzen. Die niederösterreichische Landesregierung sprach sich erneut dafür aus, daß statt der jungen Jesuitenlehrer erfahrenere Professoren eingesetzt würden und infolge der hohen Schülerzahl mehrere von ihnen in einer Klasse tätig sein sollten. Der Jesuitenrektor wies organisatorische, die Bestimmungen der „Ratio studiorum" verändernde Eingriffe zurück, stimmte aber in manchem den Ansichten der Reformer zu.

Erst am 16. November 1735 ordnete Karl VI. für Wien an – „des gemeinen Nutzens" wegen sollte es auch für die übrigen österreichischen Erblande gelten –, daß es bei dem sechsstufigen Gymnasium bleiben solle. Doch dürfte hinfort kein „Knabe" aufgenommen werden, der nicht Deutsch und Lateinisch lesen und schreiben könne sowie über Grundkenntnisse aus lateinischer Grammatik verfüge. Besonders bei „der armen Leute Kinder" mußte überprüft werden, ob sie „ein gutes Ingenium und gesunde Vernunft" zeigten. In diesem Fall waren sie zu unterstützen, damit sie nicht zu betteln brauchten. Wenn sie „weder mit genügsamen Mitteln noch mit einem besondern Talento begabet seynd", waren sie abzuweisen. Während des Schuljahres waren des öfteren Prüfungen anzusetzen, um die Fortschritte jedes einzelnen feststellen zu können.

Die „Ungelehrigen" sowie die „Übelgesitteten oder gar Incorrigiblen" waren auszuschließen.[53]

Die Studienordnung von 1735 ließ es aber nicht mit organisatorischen Maßnahmen sein Bewenden haben. Sie stellte sich voll hinter die bereits von den Piaristen erprobten Neuerungen in Lehrplan und Methode. Damit wurde auch für die Jesuitengymnasien die Berücksichtigung der deutschen Sprache im Unterricht verpflichtend. Beim Anfangsunterricht in Latein mußte sie gebraucht, bei den Übersetzungen (vom Deutschen ins Lateinische und umgekehrt) sollte auf die Orthographie geachtet und beim Schreiben deutscher Briefe Syntax und Ausdruck geübt werden. Auch die bisher häufig vernachlässigte griechische Sprache mußte mindestens zweimal in der Woche eine halbe Stunde lang gelehrt werden. Das *studium historicum* erhielt endgültig seinen festen Platz im Curriculum.

Methodisch sollte darauf geachtet werden, daß nicht durch vieles Auswendiglernen das Gedächtnis der Jugend „überladen und geschwächet"[54] werde und daß die Schulbücher eine klare und faßliche Gestaltung erführen. Letztere seien „ad approbandum nach Hof zu geben".[55] Der „Superintendens universitatis" hatte jährlich darüber zu berichten, ob entsprechend vorgebildete Lehrer im Primarbereich tätig waren, ob Aufnahme und Ausschluß der Schüler an den Gymnasien vorschriftsmäßig erfolge und die Jesuiten ihrer Erklärung nachkämen, nur „geschickte und in modo docendi wohl unterrichtete"[56] Lehrer in ihren Schulen zu verwenden. Besonders in der Poesie- und Rhetorikklasse sollten lehrerfahrene Professoren für längere Zeit eingesetzt werden. Die Verordnung war sehr jesuitenfreundlich abgefaßt. Wiederholt wurde darauf hingewiesen, daß die „P. P. Soc. Jesu" bereits im Sinne der Neuerung wirkten. Die das Vorbild für die Reformen abgebenden Piaristen fanden darin keine Erwähnung.

In der Folge können nur wenige Änderungen in den Jesuitengymnasien registriert werden. Mit passivem Widerstand und Nichtwollen allein kann dieser Sachverhalt nicht erklärt werden,[57] obgleich dies im Einzelfall zutreffend gewesen sein mochte. Eher damit, daß jeder Umstellungsprozeß gewisse Voraussetzungen und vor allem Zeit erfordert. Diese wurde dem Orden nicht gewährt. Daß bei den Jesuiten ein pädagogisches Umdenken und ein Einschwenken auf die didaktisch-methodische Linie der Piaristen einsetzte, beweisen aber die in diesen Jahren von dem Jesuitenpater Franz Wagner geschaffenen Lehrbücher (Deutsche Fassung der Lateingrammatik des M. Alvarez, Lehrbuch der Geschichte, Lehrbuch der Geographie und dessen pädagogische Anweisungen zum Gymnasialunterricht „Instructio privata“, 1735).[58]

Hemmend und den Umstellungsvorgang verzögernd wirkte sich ohne Zweifel auch aus, daß der Staat in den folgenden Jahren seine Kräfte der Bewältigung außenpolitischer Konflikte (Kampf gegen die Osmanen, Schlesische Kriege, Erbfolgekrieg) widmen mußte. Den Bestimmungen von 1735 fehlten daher Nachdruck und ausreichende Kontrolle. Aber die Weichen waren gestellt worden.

5. Anfänge der Umstrukturierung der Berufsausbildung

5.1 Begrenzung der Machtstellung der Zünfte bei der handwerklichen Berufsausbildung

Im 17. Jahrhundert war die nichtschulische Berufsausbildung, wie sie sich im Handwerk und Handel vollzog, in das Schußfeld der Kritik geraten. Man warf ihr Unangepaßtheit gegenüber den wirtschaftlichen Veränderungen und geringe Effizienz vor. Tatsächlich hatte sich die durch die Tradition und viele Vorschriften genormte und geregelte Weitergabe von Einzelkenntnissen vom Meister zum Lehrling seit dem Mittelalter kaum geändert und wesentlich zur Verfestigung der Gesellschaftsordnung beigetragen. Sie war eine den ganzen Menschen umfassende Standeserziehung geblieben, die nicht nur fachliche Fertigkeiten und Techniken vermittelte, berufliche Fragen regelte, sondern auch das private und religiöse Leben weitgehend bestimmte.

Der Ausbildungsweg von der Aufdingung bis zum Erwerb des Meisterrechts vollzog sich auch in der frühen Neuzeit im Rahmen der Zunftvorschrift und unter Beobachtung durch die in einer Bruderschaft zusammengefaßten Handwerksgenossen. Er wurde nunmehr sogar etwas erschwert, doch sind über die Verlängerung der Ausbildungszeit, die Steigerung der Kosten beim Meisterstück, die Erhöhung der Gebühren u. ä. keine einheitlichen Aussagen möglich, weil zwischen den Berufen und Regionen oft beachtliche Unterschiede festgestellt werden können.[1] Die Verschlechterung der allgemeinen wirtschaftlichen Lage dürfte dafür die Hauptursache gewesen sein. Die Erzeugnisse waren immer schwieriger abzusetzen, die Einkünfte sanken.[2] Die Zünfte trachteten daher – die eigenen Interessen selbstsüchtig verfolgend – die Zahl der Lehrlinge und der Meister durch vielerlei Bestimmungen gering zu halten. Außerdem bekamen damals die Handwerker immer stärker die Eingriffe des Landesfürsten zu spüren. Sie mußten sich bei jedem Herrscherwechsel um die Bestätigung ihrer alten Freiheiten bemühen und sich neue Vorschriften und Verordnungen gefallen lassen. Die bislang ziemlich starke Stellung des Zechmeisters wurde seit dem 17. Jahrhundert eingeschränkt.[3]

Die vor allem vom Landesfürsten getragenen gegenreformatorischen Maßnahmen fanden gleichfalls in den verschiedenen Handwerksordnungen ihren Niederschlag. Die Lehrjungen mußten dem Zechmeister den Beichtzettel vorweisen und hatten wie die Gesellen und Meister den Gottesdienst an Sonn- und Feiertagen zu besuchen. Nur katholische Meister und Gesellen wurden in die Zunft aufgenommen. Der Aufwand der Handwerksorganisationen für kirchliche Zwecke war weiterhin hoch, die „Beförderung der Ehre Gottes“ hatte bei jeder „wohleingerichteten Bruderschaft die Hauptabsicht zu sein“.[4] Doch nach Absicherung der Vorrangstellung des Katholizismus schoben wirtschaftliche Überlegungen die konfessionellen Bedenken und Bedingungen wieder zur Seite. Als seit 1725 an intelligente und strebsame In- und Ausländer befristete Schutzdekrete ausgestellt wurden, „woferne sie guete künstler oder von einer besonderen, hier noch nicht eingeführten profession seynd“, die ihnen das Recht gaben, außerhalb der Zunft eine Werkstätte zu eröffnen, galt diese Möglichkeit grundsätzlich auch für „uncatholische Profeßionisten“,[5] wie 1728 ausdrücklich betont wurde.

Die 1732 von Karl VI. verkündete General-Handwerksordnung, die von dem ein Jahr vorher erlassenen Handwerkspatent für das Römische Reich abhängig war, beseitigte schließlich die jede wirtschaftliche Entwicklung hemmende Autonomie der Zünfte und ordnete diese ziemlich straff der landesfürstlichen Gewalt unter. Ihre Versammlungen bedurften der Genehmigung der Obrigkeit und machten die Anwesenheit eines landesfürstlichen Kommissärs notwendig. Alle Beschlüsse waren zur Genehmigung vorzulegen, auch die Zunftstreitigkeiten – ausgenommen belanglose Verstöße – waren von der Obrigkeit zu entscheiden. Sogar die Meisterlade (samt dem Handwerkssiegel) mußte in ihre Verwahrung gegeben werden.

Die Zulassung zum Beruf sowie die Ausbildung wurden hingegen erleichtert. Von der Erlernung eines Berufs waren nur mehr die Kinder von Schindern oder Abdeckern ausgeschlossen, aber sogar diese konnten legitimiert werden. Eine Kaution mußte nicht mehr erlegt werden, es genügte eine Sicherstellung durch Bürgen, und selbst diese durfte tüchtigen Lehrjungen erlassen werden. Die Meister wurden verpflichtet, ihre Lehrlinge gründlich zu unterweisen, „auch vernünftig und nicht mit ohnverdienten und übermäßigen Schlägen bestraffen, auch solches ihren Eheweibern und Gesellen nicht gestatten noch auch zu anderen knechtlichen Arbeiten anhalten“.[6]

Die Erhöhung der Zahl der Lehrlinge, die einer qualifizierten Berufsausbildung zugeführt werden sollten, die volle Ausnützung der Lehrzeit – „haimliche“ Arbeiten und private Dienste sollten ausgeschaltet werden – und deren Humanisierung waren Hauptziele dieser Bestimmungen. Die Förderung des Zuzugs fremder Gesellen, die Gleichstellung der verheirateten und unverheirateten Gesellen, die Abschaffung der Mutjahre[7] sowie der Bevorzugung der Meistersöhne und der Männer von Meistertöchtern und -witwen sollte genauso wie das Verbot der Beschränkung der Zahl der Meister bei einem Gewerbe und der Zahl der Gesellen bei einem Meister eine Wettbewerbssituation im Handwerk herbeiführen und die Leistungsfähigkeit anheben. Die Auflösung aller Zünfte und Zechen stand als Drohung hinter diesem Dokument, das die bereits 1527 von Ferdinand I. gewünschte staatliche Gewerbehoheit endgültig statuierte und eine neue Entwicklung einleitete.

Schulische Bildung wurde von Handwerkern auch in diesen Jahrhunderten nicht gefordert. Noch bis in die zweite Hälfte des 18. Jahrhunderts waren Lese- und Schreibkenntnisse keine unbedingte Voraussetzung für die Aufnahme als Lehrling, doch ohne Zweifel waren sie für den Eintritt in ein Handwerk förderlich. Die Schriftlichkeit war nämlich in diesem bereits voll eingezogen. Nach Beendigung der Lehrzeit mußte dem Lehrling ein „lehrbrief“ ausgestellt werden; der Geselle führte die „Kundschaft“ („Attestat“) mit sich, die über Name, Heimat, Beruf und bisherige Aufenthaltsorte Auskunft gab, durch die General-Handwerksordnung von 1732 im Wortlaut festgelegt und seither häufig gedruckt wurde. Die Eintragungen in den Zunftbüchern beweisen freilich, daß ein hoher Anteil der Handwerker noch recht mangelhaft schreiben konnte.[8] Das begann sich vor allem auszuwirken, als seit Ende des 17. Jahrhunderts immer häufiger die Gesellen ihre Wanderpflicht durch Geld ablösten. Die bisher den Leistungsstandard anhebende Kenntnisnahme fachlicher Entwicklungen durch Einschau in fremde Werkstätten brach ab, und eine sie ersetzende schriftliche Kommunikation konnte nur begrenzt an ihre Stelle treten.

5.2 Neue schulische Institutionen der gehobenen Berufsausbildung

Der staatlichen Verwaltung und dem merkantilen Wirtschaftsdenken war damals jede nur am Bedarf orientierte und durch Zunftschranken eingeengte Produktionsweise zuwider. Doch gerade diese wurde durch die zünftische Berufsausbildung in der Meisterlehre verfestigt, die daher nicht mehr als ausreichend angesehen werden konnte. Die Staatswohlfahrt, so verkündeten die Merkantilisten, fordere von jedem Menschen bürgerliche und nützliche Kenntnisse; dafür seien neue Ausbildungsstätten zu schaffen.[9] Obgleich sich die bestehenden Schulen bereits etwas den realistischen Fächern geöffnet hatten, seien diese einer zeitgemäßen Berufsvorbereitung nicht gewachsen. Es gelte nunmehr, mit Hilfe theoretischer Überlegungen und systematisch gesammelter Erfahrungswerte zu effektiveren Formen der Produktion zu finden. Die handwerkliche Berufsausbildung habe nur zur Nachahmung komplexer technischer Zusammenhänge erzogen, eher das Vermögen der Sinnesorgane als analytisches Denken beansprucht. In den Manufakturen wie in der industriellen Produktion müßten jedoch die Arbeitsvorgänge rationalisiert und auf eine quantitativ expansive Erzeugung abgestimmt werden. Das erfordere andere Zielsetzungen in der Bildungspolitik. Das neu einzurichtende Unterrichtswesen müsse so beschaffen sein, daß der Nachwuchs in früher Jugend erfaßt, sogleich nach den Erfordernissen des späteren Berufes ausgebildet und nicht mit „unnützen" Kenntnissen belastet werde.[10]
In den habsburgischen Ländern gab es für dieses an der Wirtschaft orientierte Bildungsdenken wie anderswo zunächst nur beeindruckende Reformpläne, die sich einer Realisierung weitgehend entzogen, aber als Anregung im Gespräch blieben. Am phantasiereichsten und vielseitigsten entwickelte Johann Joachim Becher aus Speyer – wie bereits näher ausgeführt –[11] seine Vorstellungen, sodaß man ihn – zu Unrecht – manchmal zu den zahlreichen barocken Projektemachern zählt. Erziehung beinhaltete für ihn einerseits die Entwicklung der Tugenden durch Gewöhnung, andererseits die Belehrung für den praktischen Beruf. Hier dürften keine Fehler gemacht werden, denn nichts sei „dem Staate schädlicher als falsche Erziehung, sie ist eine Hauptursache irdischen Unglücks".[12] Sein Schulplan zielte auf eine beruflich und realistisch ausgerichtete Bildung für die Mittelschicht.[13] Der Staat sollte Träger dieser bürgerlichen Erziehung sein. Die praktische Erprobung der pädagogischen Reformpläne J. J. Bechers fand nicht statt. Mit seinem „Kunst- und Werck-Hauß" in Wien scheiterte er; es wurde zu keinem „Schulhaus oder Seminarium zur Introduction der Manufacturen".[14]
Der zweite bedeutende „österreichische" Kameralist, der Sachse Wilhelm von Schröder,[15] der Becher 1677 in der Leitung des Werkhauses folgte, war zwar weniger universell gebildet, doch ein guter Kenner der englischen Wirtschaft. Er wollte aus dem Werkhaus eine Musterwerkstätte machen, in der die Lehrlinge nicht nach bestimmter Zeit, sondern nach erreichter Berufsfähigkeit freigesprochen würden, die Gesellen nicht mehr dem Zwang zu Wanderjahren ausgesetzt waren und die Meister sich überall niederlassen durften. Eine Reihe unglücklicher Umstände[16] erstickte das richtungsweisende Vorhaben im Keime, eine Verwirklichung dieser Pläne blieb aus. Die handwerkliche Ausbildung wurde trotz manch kritischer Stimme in den traditionellen Geleisen fortgesetzt. Der Zugang zu ihr war allerdings leichter geworden. Ein mögliches Ausscheren zu alternativer gleichwertiger Ausbildung in Manufakturen und Fabriken zeichnete sich ab.
Doch auch die ersten schulischen Institutionen zur Berufsausbildung, die um 1700 auf österreichischem Boden eingerichtet wurden, schritten didaktisch nur wenig über die Vermittlung von nützlichen Einzelkenntnissen und Erfahrungsregeln hinaus. Eine

wissenschaftliche Auseinandersetzung mit den beruflichen Aufgaben und Fragestellungen fand nicht statt. Trotzdem boten auch sie Ansätze für eine gehobene fachliche Berufsausbildung.
In der nach der erfolgreichen Abwehr der Osmanen aufblühenden Kaiserresidenz Wien eröffnete der Südtiroler Maler Peter Strudel im Jahre 1688 in der Alservorstadt („Strudlhof") eine erste allgemeine Ausbildungsstätte für Künstler außerhalb der Zunftordnungen.[17] Er nannte sie – wie es in Italien oder Frankreich längst üblich war – „academia"[18] (Akademie) und wollte in ihr „von der mallerey, bildthauer, fortification, prospectiv und architectur-khunst"[19] lehren. Sie war zunächst eine Mischung von privater und öffentlich-staatlicher Anstalt. Die habsburgischen Herrscher (Leopold I., Joseph I., Karl VI.) stellten sie als „Kayserl. Academie"[20] unter ihren Schutz, bezeichneten den Kammermaler P. Strudel als deren Präfekten,[21] waren aber bei finanziellen Zuwendungen recht zurückhaltend. Seit 1705 war die Akademie in der Stadt Wien selbst (Tuchlauben 8) untergebracht.[22] Sie zog viele Schüler an; wie weit aber Geometrie, Perspektive, Militär- und Zivilarchitektur gepflegt worden sind, wissen wir nicht. Sie erlosch mit dem Tod des Gründers (1714).
Erst 1725 wurde beim Kaiser vom Kammermaler Jakob van Schuppen um die Wiederherstellung der Akademie gebeten. Wie sein Vorgänger wies er auf den wirtschaftlichen Nutzen dieser Einrichtung hin.[23] Sie durfte 1726 wieder eröffnet werden und wurde durch ein Statut mit der Lehre der Malerei, Bildhauerei, Architektur sowie der Kupferstecherkunst betraut. Die größte Verantwortung der nunmehr staatlichen Anstalt wurde deren jeweiligem Direktor auferlegt. Dieser hatte über die Aufnahme und Ablehnung der Studierwilligen zu entscheiden. Die Bewerber hatten ihm ihre bisherigen Arbeiten zu zeigen, eine mündliche Prüfung abzulegen und innerhalb von drei Monaten eine Kompositionsaufgabe als Probestück zu lösen.[24] Bereits 1751 erhielt die Akademie durch eine Rektoratsverfassung einen hochschulähnlichen Rang. Die Aufgabenstellung dieser Institution wurde endgültig auf die bildenden Künste beschränkt, obgleich in der ursprünglichen Zielsetzung auch der technische Bereich berücksichtigt hätte werden sollen.
Gerade aber die „Ingenieurwissenschaft" war im 17. Jahrhundert zu großer Bedeutung gelangt und hatte im Festungsbau und im Kriegswesen eine überragende Stellung eingenommen. Darin hatte aber Österreich einen starken Rückstand. Für den Adel, der ja häufig in den Offiziersstand eintrat, boten sich mit technischen Kenntnissen rasche Aufstiegsmöglichkeiten.
In Linz griffen die Stände daher im Jahre 1708 eine Initiative des Landschaftsingenieurs Franz Anton Knittel auf und richteten für die adelige Jugend eine Ingenieurschule ein.[25] Sie wurde 1709 mit sieben Schülern eröffnet. Der Unterricht in Mathematik, Geometrie, Architektur und Fortifikationslehre verband Theorie und praktische Anschauung. F. A. Knittel[26] war bis zu seinem Tode (1744) Leiter und einziger Lehrer dieser beruflichen Ausbildungsstätte. Deren Besuch war schwach. Die von den Ständen gestifteten elf Freiplätze wurden zwischen 1709 und 1750 nur achtmal voll in Anspruch genommen, sonst schwankte die Frequenz zwischen zwei und zehn. Über zusätzliche Privatschüler fehlen Nachweise; sie dürften aber gegenüber der Zahl der Stipendiaten nicht ins Gewicht gefallen sein.[27] Die Ingenieurschule wurde 1750 wie die anderen ständischen Unterrichtsanstalten durch kaiserliche Entschließung aufgehoben.[28]
Anspruchsvoller als die Linzer Ingenieurschule geplant, jedoch materiell ebenfalls knapp ausgestattet, erwies sich die Ende 1717 gegründete Ingenieurakademie in Wien.[29] Prinz Eugen von Savoyen hatte schon 1710 geklagt, daß die „vermeinte Schull von der militarischen Architectur, auf welche doch alle anderen Potenzen so vill Unkosten wenden",[30] nicht errichtet werden könne, weil es an geeigneten Lehrkräften mangle.

Er betonte jedoch fortgesetzt die Notwendigkeit einer solchen Ausbildungsstätte. Erst am 24. Dezember 1717 ordnete Karl VI. die „aufrichtung und Anordnung einer förmblichen Ingenieur-Academia" („Ingenieur-Schuell") an.[31] An ihr sollten unentgeltlich Architektur und Festungsbaukunst, Mathematik, Statik und Mechanik gelehrt werden. Sie war für das Militär gedacht; die Anstalt wurde daher unter die Aufsicht des Hofkriegsrates gestellt. Zwei bereits an der ständischen Akademie in Wien bewährte Fachleute, die Italiener Leander d'Anguisola (Anquisolla) und Johann Jakob Marinoni, wurden als Leiter und Lehrer berufen.[32] Die Mittel für die Ingenieurakademie flossen recht spärlich. Der Unterricht erfolgte in dem Privatzimmer eines der Lehrer. Die Zahl der Zöglinge blieb nach einem ersten Ansturm bescheiden, viele Ausländer – vor allem Italiener und Spanier – befanden sich darunter.[33] Erst unter Maria Theresia rückte die „Ingenieur-Academia" zu einer weitausstrahlenden Bildungsstätte auf.
Daß damals technische Ausbildung für notwendig gehalten wurde, zeigte die schrittweise Umwidmung der sogenannten Chaosschen Stiftung.[34] Johann Konrad Richthausen, Freiherr von Chaos, hatte 1663 die Armen Wiens als Haupterben eingesetzt. Die Testaments-Exekutoren – meist die niederösterreichischen Land-Untermarschalle – nahmen Waisenknaben in ein Stiftungshaus auf, ließen sie durch das Bürgerspital verpflegen und von Präzeptoren in den elementaren Kulturtechniken ausbilden. Sie wurden dann häufig einem Handwerk zugeführt. Bald waren ihnen aber auch andere Bildungswege zugänglich. Seit 1679 erhielten u. a. sechs Knaben Unterricht im „Reissen" (Zeichnen) und „Tuschen".[35] Nunmehr wurden auch Söhne wohlhabender oder adeliger Eltern gegen Entgelt in die Stiftung aufgenommen. Diese baute daraufhin ihre Aufnahmemöglichkeiten aus (Wien VII, heute Stiftskaserne). Ab 1696 gab es für einen Teil der Stiftsknaben Lateinunterricht, seit 1715 wurden zwölf von ihnen in der bürgerlichen Architektur, seit 1717 in der Kriegsbaukunst unterwiesen.
Im Jahre 1736 stiftete Georg Franz Griener 20 000 fl., aus deren Erträgnis 50 Jünglinge aus dem Chaosschen Stifte in die „Ingenieur-Kunst" und in die „Militär-Exercitien" einzuführen waren.[36] Ähnliche Stiftungen schlossen sich an. Das Chaossche Waisenhaus begann sich mehr und mehr in eine Ingenieur-Schule zu verwandeln. Wenn wir einem Bericht aus dem Jahre 1739[37] glauben dürfen, wurde die Chaossche Stiftung zu einer Art Schulzentrum. Die fähigsten Schüler der deutschen Schule durften in die Lateinschule aufsteigen; nach deren Absolvierung – mit 16 Jahren – konnten sie die Ingenieur-Schule besuchen. Dort wurden sie nicht nur in den mathematischen und technischen Disziplinen (Arithmetik, Geometrie, Trigonometrie, Architektur, Fortifikationslehre, Statik, Mechanik, Feuerwerkkunst u. ä.), sondern auch in Geographie, Geschichte und Französisch unterwiesen. Da dieses Lernangebot genug Anreize bot und überdies für die „Extraknaben"[38] die Kosten in Grenzen blieben, litt die Besuchsfrequenz der Ingenieur-Akademie und der ständischen Akademie darunter.
Der Bedarf an solchen Ausbildungsstätten blieb vorläufig begrenzt, weil der Erwerb anspruchsvoller mathematischer Kenntnisse einen starken intellektuellen Einsatz forderte, der einerseits oft verweigert wurde, anderseits nicht erbracht werden konnte, und die abgeschlossenen Studien hauptsächlich militärische Laufbahnen eröffneten.
Die tatsächlich verwirklichten Ansätze zur Umstrukturierung der Berufsausbildung blieben daher – im Gegensatz zu den „barocken" Ankündigungen und Zielsetzungen – ziemlich kümmerlich. Die General-Handwerksordnung (1732) hatte zwar Hemmnisse des Zugangs zur Berufsausbildung beseitigt, doch deren ebenfalls bereits erstarrte und unzureichende Formen beibehalten. Die nur vereinzelt in den Landeshauptstädten errichteten Schulen hingegen, die eine Berufsausbildung auf einem höheren Niveau anstrebten, waren bloß wenigen zugänglich. Die Initiativen für eine derartige Heranbildung einer fachlich geschulten Elite gingen von Einzelpersonen aus, die organisatorische Verwirklichung und finanzielle Bedeckung wurde jedoch weitgehend von landes-

fürstlichen oder ständischen Behörden übernommen. Die Existenz dieser neuen schulischen Institutionen zur Berufsausbildung war meistens von öffentlichen Mitteln abhängig. Man erwartete von diesen Schulen einen Beitrag zur Hebung der materiellen Wohlfahrt und zur Stärkung der Macht des Staates.[39]
Aber auch das erstarkende Bürgertum hoffte durch sie seinen wirtschaftlichen Einfluß ausbauen zu können. Für die Suche nach neuen Geschäftspartnern und Absatzmärkten benötigte man nämlich den großen Handelsnationen ebenbürtige Führungskräfte in Handel und Gewerbe. Das zwang die Bürger zusehends, auf eine starke Betonung der berufsvorbereitenden Funktion der Schule zu drängen. Deren Lehrpläne sollten sich sowohl den sich rasch ändernden Produktionsbedingungen als auch lokalen Bedürfnissen anpassen. Das führte in der Folge zu einer äußerst uneinheitlichen Entwicklung der schulischen Berufsausbildung.

6 Die Ritterakademien („Nobilissimae Academiae")

Das monarchische System des Absolutismus konnte nur über die schrittweise Entmachtung des Adels aufgebaut werden, doch waren einem solchen Vorgehen aus politischen Erwägungen Grenzen gesetzt. Diese wurden nur überschritten, wenn aktiver Widerstand geleistet wurde. Deshalb behielt der Adel äußerlich seine dominierende Position, sein Ansehen und seine Privilegien; die ständische Ordnung wurde nicht in Frage gestellt.

Der fürstliche Hof,[1] der zum unbestrittenen Lebens- und Kulturmittelpunkt des Landes und zum Verteiler sozialer Chancen wurde, vermochte damals immer stärker auf Lebensführung, prestigeorientierte Bewertung der Abstammung und Erziehungsweise des Adels Einfluß zu nehmen. Diese komplexen Vorgänge der Einwirkung und die dadurch ausgelöste Umformung der adeligen Existenz fanden auch im Schul- und Erziehungsbereich ihren Niederschlag. Denn ein neuer Typus des Adeligen mußte erzogen werden, den eine ihm ursprünglich inadäquate Bewußtseinshaltung, nämlich gehorchen und bereitwillig Befehle ausführen, kennzeichnete und der über Kenntnisse verfügte, die eine rasche bürokratische Integration in Ämter der Regierung und Verwaltung sowie in Kommandos des Heeres ermöglichten. Deswegen wurden Höflichkeit, geschmeidige Anpassung, unkritische Unterwerfung unter den Zwang des Zeremoniells und der Mode sowie gehorsames Agieren nach den Wünschen und dem Wohlgefallen des Fürsten notwendigerweise Leitvorstellungen einer Erziehung, die ökonomisches Überleben, Karriere und fürstliche Gnade sichern sollten.

Diese Umstellung des selbstsicheren, unabhängigen Adeligen, wie er uns in den konfessionellen Auseinandersetzungen begegnete, auf einen willfährigen Hofmann war freilich nur erreichbar, wenn den neuen Verhaltensmustern eine positive Bewertung unterlegt wurde. Eine Ideologie des Funktionsdenkens,[2] der Glaube an den Wert der Aufgabe, der man nachging, und an den Nutzen der Funktion, die man – wenn auch fremdbestimmt – in einem größeren Ganzen erfüllte, machte dem Adel das devote Dienen am Fürstenhof schmackhaft und zu einer standesgemäßen Tugend. Weil der Adel auf diese Weise seine soziale Stellung zu konsolidieren vermochte und gegenüber dem Bürgertum an Bedeutung gewann, fiel es ihm einigermaßen leicht, seine offensichtliche, beinahe subalterne Abhängigkeit vom Herrscher aus dem Bewußtsein zu verdrängen.

Die teilweise gezielt herbeigeführte ökonomische Schwächung des Adels – die auch dadurch erfolgte, daß Luxus zur Ehrensache und Notwendigkeit wurde – machte freilich die Übernahme des neuen Erziehungskonzepts und die erst dadurch mögliche Nutzung des fürstlichen Versorgungsmonopols zur Notwendigkeit. Denn die soziale und wirtschaftliche Situation des niederen Adels in den habsburgischen Ländern hatte sich im Dreißigjährigen Krieg wie in den Kämpfen gegen die Osmanen verschlechtert. Für den Großteil des landsässigen österreichischen Adels war das standesgemäße

Fortkommen schwierig geworden. Viele mußten im kaiserlichen und landesfürstlichen Behördenapparat eine Beschäftigung suchen.[3] Die dafür nötige Ausbildung wurde daher zu einer Existenzfrage. Sie war auf die künftige gesellschaftliche Bestimmung des Zöglings ausgerichtet, deswegen eine Berufserziehung, in der „Stand“ und „Beruf“ in eins zusammenfielen.

6.1 Die Ausbildung der „Edlknaben“

Nur wenigen Adeligen gelang es, ihre Söhne als Edelknaben am Hof unterzubringen[4] und ihnen damit eine sichere, ihrem Stand entsprechende Laufbahn zu sichern. Denn die Zahl der schon im Mittelalter nachweisbaren Edelknaben – sie wurden bei uns nicht Pagen genannt wie anderswo –,[5] die Mitgliedern des kaiserlichen Hauses für die verschiedensten Dienste beigegeben wurden, war gering. In der Hofstaatsordnung Ferdinands I. (1527) war sie mit 12 festgelegt worden, sie überstieg nur selten 20, zur Zeit Leopolds I. betrug sie 24. Die Edelknaben wurden in den adeligen Übungen – Reiten, Fechten und Tanzen – sowie in Latein und Musik unterrichtet. Sie konnten nach Beendigung ihres zeitlich beschränkten Dienstes mit gutbezahlten einflußreichen Hofstellen rechnen.
Im 17. und 18. Jahrhundert legte man auf ihre geistige Ausbildung besonderen Wert. Leopold I. schickte sie daher in das Gymnasium der Jesuiten, unter Karl VI. erfuhren sie ihre wissenschaftliche Ausbildung durch qualifizierte Professoren, die sie in ihrer Unterkunft in der Stallburg (vorübergehend auch in anderen Häusern) in den Sprachen, historischen Wissenschaften, in der Mathematik und im Recht unterrichteten. Eine Instruktion aus dem Jahre 1661[6] läßt uns wissen, daß die „Edlknaben nit allein auf den Weeg der Tugendt undt Gottesfurcht geführt, sondern auch in den freyen Künsten undt Adelichen exercitien beßten Fleißes unterwißen werden“[7] müssen.
Verständlicherweise war deshalb ihr Arbeitstag randvoll mit Aufgaben gefüllt. Die Edelknaben mußten knapp nach sechs Uhr aufstehen und durften nach dem viertelstündigen Morgengebet entweder – wenn sie zum Hofdienst tauglich waren – in die Reitschule gehen oder hatten die Lektionen zu wiederholen, bis sie alle in das Jesuitengymnasium geführt wurden. Nach dem Ende des vormittäglichen Unterrichts hatten sie bis zum Mittagessen Fremdsprachen und das in der Schule Gelernte zu üben. Nach dem Essen widmeten sie sich der Musik; sie spielten die Laute oder ein anderes Musikinstrument. Hierauf begaben sie sich wieder zu den Jesuiten. Erst nach Schulschluß um 16 Uhr erhielten sie Unterricht in Tanzen, Fechten und Reiten. Anschließend war wieder eine Studierzeit angesetzt. Nur zwischen dem Abendessen und 21 Uhr war für alle, die ihre Pflichten erfüllt hatten, eine Erholungszeit vorgesehen. Um 21 Uhr 15 mußten die Lichter in den Zimmern, die nicht versperrt werden durften, gelöscht werden. An Sonn- und Feiertagen hatten die Edelknaben am Hof verschiedene dienende und repräsentative Aufgaben zu erfüllen.
Erziehung und Unterricht der Edelknaben übertraf die Durchschnittsausbildung des übrigen Adels und des Bürgertums. Denn das Lehrprogramm war anspruchsvoll und wurde außerdem in der Regel von denselben hervorragenden Lehrkräften vermittelt, die auch die habsburgischen Prinzen unterrichteten, und es umfaßte neben den gymnasialen Fächern auch moderne Fremdsprachen und die adeligen Exerzitien. Es verwundert nicht, daß der absolute Herrscher aus den Reihen der Edelknaben tüchtige und verläßliche Funktionäre für sein Herrschaftssystem wählen konnte.[8]

Als unter Maria Theresia die Heranbildung von Staatsdienern von verschiedenen Akademien übernommen wurde, verlor das Institut der Edelknaben seine ursprüngliche Aufgabe und wurde als schulische Einrichtung, der zuletzt der Rang einer Ritterakadamie zugesprochen werden muß, aufgelassen (1766).

6.2 Die „Adelichen exercitien“

Der Adel hatte – wie schon früher erwähnt – seit der Zeit des Renaissance-Humanismus zunehmend den Weg in die Lateinschulen gefunden und den Bildungsweg des Bürgers eingeschlagen, um sich den Zugang zu den neu geschaffenen Verwaltungsämtern zu sichern. Damit hatte er eine folgenreiche Weichenstellung vollzogen. Denn die Adeligen dürften in dem ihnen früher weitgehend fremd gebliebenen, durch straffe Führung gekennzeichneten schulischen Milieu zur Selbstdisziplinierung geführt worden sein. Die Ausbildung im römischen Recht verstärkte sie noch. Der führende Adel gewöhnte sich daran, auch emotionsauslösenden Problemen mit rationalem Denken zu begegnen sowie Entscheidungen und Handeln verstärkt unter Kontrolle zu halten. Gerade aber dadurch wurde sein Widerstand gegen die politischen Absichten des Herrschers in der Entfaltung behindert.
Die Herren und Ritter waren mit dieser Entwicklung keineswegs zufrieden und wandten sich schon früh gegen einen Pedantismus, der letztlich nur Bücher und Worte kannte, die von den Dingen getrennt waren.[9] Denn ihnen stand ja lange Zeit nur die humanistisch orientierte gelehrte Schule zur Verfügung, die mit den klassischen Sprachen gleichsam einen Kult trieb und sich in grammatikalischer Pedanterie erschöpfte. Es wurde ihnen zunehmend bewußt, daß diese Ausbildung zu einseitig gewichtet war und zur Nivellierung ihres Standes zu führen vermochte. Die Teilnahme an Rechtsprechung, Verwaltung und Finanzgewalt verlangte ihrer Meinung nach mehr als die treffliche Beherrschung des Lateins eines Cicero. Das Fehlen einer auf die spezifisch feudalen Tugenden und Fertigkeiten gerichteten Erziehung ließ sie zudem um ein Qualifikationsmerkmal ihrer sozialen Existenz fürchten. Sie empfanden als Mangel, nicht in der Lage zu sein, ihr feudales Können zu demonstrieren, und damit auf Selbstbestätigung verzichten zu müssen.
Zunächst konnte der Adel diese vermißten „adeligen Exerzitien“ („Adelichen exercitien“)[10] nur im Ausland, auf der sogenannten Kavalierstour,[11] finden. Darunter verstand er nicht nur Reiten, Fechten, Fahnenschwingen und Tanzen, sondern auch das Erlernen fremder Sprachen und Wissen aus Geschichte, Geographie, Architektur und den Ingenieurwissenschaften. Diese oft mehrjährigen Reisen ins Ausland waren kostspielig und nicht immer erfolgreich. Der anfangs im Mittelpunkt stehende Universitätsbesuch wurde zunehmend vernachlässigt, die Aneignung höfischer Fähigkeiten und Kenntnisse („Galantiora“) immer stärker bestimmend.
Parallel zu dieser Entwicklung setzten in ihrer Spätzeit die von vornherein hauptsächlich für die Ausbildung der adeligen Jugend bestimmten Landschaftsschulen ritterliche Übungen an, um „neben denen gewöhnlichen studiis litterariis auch andere mehr nuzliche und lustbare exertitia“[12] zu haben.
Für die Linzer Landschaftsschule holte man 1612/13 aus Danzig einen Lautenisten, aus Leipzig H. Megiser als Sprachmeister, einen Münchner als Fechtmeister. Auch ein Tanzmeister wurde aufgenommen, dessen Unterweisungen „zwar nicht so viel des tanzens als vorderist der disposition, agilität vnnd anderer zierlicher gebärd des leibes

halber“[13] galten. Diese adelige Standeserziehung erfolgte zusätzlich zum gelehrten Unterricht und außerhalb der regulären Lernzeit. Die Teilnahme war freiwillig und mußte eigens bezahlt werden. Über den eigentlichen Lehrbetrieb wissen wir zunächst ziemlich wenig. Die im Zuge der Gegenreformation verfügte Aufhebung der evangelischen Landschaftsschule im Jahre 1624 beendete diese Entwicklung nur vorübergehend, was deutlich macht, wie stark eine berufsständische und kavaliersmäßige Erziehung zumindest von einem Teil des Adels als notwendig empfunden wurde. Denn nach wenigen Jahren wurde das adelige Konvikt in der früheren Ordnung wieder eröffnet. Obgleich es bereits 1636 wegen seiner Kostspieligkeit aufgehoben werden mußte und die Landschaftsschule im Jesuitengymnasium aufging, die 1631 vom ständischen Ausschuß beschlossene Führung der „exercitia“ blieb bis ins 18. Jahrhundert eine ständige Institution. Ab 1633 sorgte ein Sprachmeister für den Unterricht in französischer und italienischer Sprache, 1634 wurde der Reitunterricht aufgenommen, 1642 ein Musiklehrer, 1652 ein Fecht- und Tanzlehrer angestellt. Diese Exerzitienmeister wurden von den Ständen ziemlich knapp entlohnt und waren vom Unterrichtsgeld ihres Schülerstandes abhängig. Dessen Zahl ging aber zurück, weil sich wirtschaftlich schwächere Adelskreise die zusätzliche Ausbildung nicht mehr leisten konnten. Eine Neuordnung der adeligen Exerzitien wurde dringlich; 1697 entschlossen sich die Stände, die Gehälter der Lehrer beinahe zu verdoppeln[14] – als Gegenleistung forderten sie allerdings Freiplätze – und die Ausbildungszeit auf zwei Jahre zu verkürzen sowie auch Bürgersöhne zum Fecht- und Sprachunterricht zuzulassen. Der Lehrbetrieb konnte nunmehr sogar erweitert werden, ohne daß aber der entscheidende organisatorische Schritt zu einer ständischen Akademie versucht wurde. Die finanzielle Grundlage war wohl zu schmal. Im Jahre 1750 wurden durch kaiserliche Entschließung die adeligen Exerzitien in Linz aufgehoben.[15]

Ähnliche Entwicklungen lassen sich auch in Graz verfolgen. Die steirischen Stände stellten 1623 einen Roßbereiter und einen Fecht- und Tanzmeister an und nahmen 1647 einen Sprachmeister für Französisch und Italienisch in Dienst.[16]

Auch in Klagenfurt wollten die Stände nicht auf zusätzliche Ausbildungsmöglichkeiten für die adelige Jugend verzichten. Landschaftliche Tanz- und Fechtmeister sowie Sprachmeister lassen sich seit dem 17. Jahrhundert nachweisen. Letztere waren häufig Franzosen und gaben den Unterricht in der Wohnung ihrer Schüler.[17]

Am zurückhaltendsten verhielten sich zunächst die Stände in Wien.[18] Die dort bereits 1560 von Ferdinand I. eingerichtete kaiserliche Landschaftsschule hatte zeit ihres Bestandes nur ein kümmerliches Dasein gefristet. Weder die Jesuiten noch weltliche Lehrer vermochten ihren Besuch anzuheben. 1623 ging diese Landschaftsschule in den Besitz des Jesuitenkollegiums Wien über und letztlich in ihrem Schulwesen auf. In ihrer gesamten Einrichtung hatte diese kaiserliche Gründung nie den bildungspolitischen Wünschen des Adels entsprochen. Sie dürfte daher auch vorerst kaum vermißt worden sein. Kaiser Ferdinand II. hatte zwar dem Adel versprochen, ihm ein anderes „aequivalens“ einzuräumen, doch wurden keine Initiativen, weder von seiten des Kaisers noch der Stände, gesetzt. Erst nach fast zwei Jahrzehnten – 1642 – beschlossen die Stände die Aufnahme eines Bereiters, der die jungen Kavaliere unterrichten sollte. Damit ließen sie es vorläufig bewenden. Erst 1658 erbauten sie in der Rossau eine landschaftliche Reitschule. Wenn man das geringe Ausmaß, das schleppende Vorgehen in der Einrichtung und die bescheidene Besuchsfrequenz der in wenigen Städten eingerichteten adeligen Exerzitien ins Auge faßt, kann deren Stellenwert nicht allzu hoch angeschlagen werden.

6.3 Die „Adeliche Schuel: oder Academia“[19]

Die vorhin erwähnten Aktivitäten des Herren- und Ritterstandes im Erziehungswesen signalisierten das Suchen nach eigenständigen Bildungswegen sowie das Streben nach Abkoppelung von den Schulen der Bürger. Sie deuteten wiederum wie schon zur Zeit der konfessionellen Auseinandersetzung unmißverständlich an, daß im Schulwesen die Funktion der Kirche von der Obrigkeit, vom Staat, übernommen werden könnte.[20]
Ein Bündel von Ursachen steckte hinter den Initiativen des Adels. Seine schlechte wirtschaftliche Lage wurde in einem Bericht aus dem Jahre 1663[21] besonders hervorgehoben. Sie machte Kavalierstour und Studium seiner Söhne im Ausland immer seltener möglich. Aber auch auf den geringen Nutzen dieses Aufenthalts in fremden Ländern für den Landesfürsten wurde hingewiesen. Die jungen Adeligen kämen „mit Untugenden“ zurück, weil sie in ihrem Alter – zwischen 16 und 20 Jahren – bösen Einflüssen wenig Widerstand entgegensetzen könnten. Die Kurzbesuche an Universitäten des Auslands verloren jetzt an Bedeutung und blieben ohne prägende Auswirkungen. Indirekt äußerte der Adel jedoch auch seine Unzufriedenheit mit den schulischen Einrichtungen der Jesuiten, die ihm zuwenig praktisch verwertbares Wissen für die Dienste im breitgefächerten Behördenapparat anboten. Das von den Herren und Rittern aufgestellte und geforderte Curriculum kann als erster moderner Protest gegen das Ideal der humanistischen Schule angesehen werden.
Die Suche des Adels nach einer geeigneten Ausbildungsform führte zur Übernahme einer bereits im Ausland entwickelten Bildungsinstitution: der sogenannten Ritterakademie. Derartige Einrichtungen für den Adel in Frankreich und das in Tübingen 1589 eingerichtete *Collegium illustre,* das als Erziehungsstätte für den gesamten deutschen Herrenstand geplant war, nahm man als Vorbilder. Nach dem Dreißigjährigen Krieg – zwischen 1650 und 1750 – entstanden im deutschsprachigen Raum an die zwanzig solcher Anstalten.[22]
Die erste derartige Institution auf österreichischem Boden, als *Academia*[23] angekündigt, wurde bezeichnenderweise nicht von Fürsten oder Äbten wie anderswo ins Leben gerufen, sondern vom Adel selbst. Bereits um 1660 war der niederösterreichische Herren- und Ritterstand infolge des Mangels an ausreichenden adeligen Exerzitien ungeduldig geworden. Eine bereits detailreich ausgearbeitete Planung für eine *Academia* war 1663 vom Landtag angenommen worden, doch Schwierigkeiten in der Finanzierung und die wieder heranrückenden Osmanen schoben die Verwirklichung der ständischen Absichten hinaus. Wegen des Fehlens einer solchen Schule, so hieß es 1665 in einem Gesuch um Unterstützung an den Kaiser, sei der österreichische Adel minder gebildet als der ausländische und daher weniger zu höheren Staatsämtern geeignet.[24] Der Kaiser war dem Projekt zwar geneigt, doch band er seine Entscheidung an die Zustimmung der für die erbetenen finanziellen Zuschüsse verantwortlichen Hofkammer. Die Verhandlungen der Stände mit dieser schleppten sich dahin, wurden schließlich aus unbekannten Gründen – wahrscheinlich wegen Fehlens von Mitteln – unterbrochen und erst 1681 wieder aufgenommen. Schon im Jahre 1682 beschlossen die Stände endgültig die Gründung einer *Academia.* Infolge der Belagerung Wiens durch die Osmanen konnte aber ein Neubau für die Akademie (Wien IX, Alser Straße, auf dem Areal der heutigen Nationalbank) erst zwischen 1685 und 1689 errichtet werden.[25]
Schon durch die Bezeichnung *Academia* wollte der Adel ausdrücken, daß gehobene Ausbildung geboten werden sollte, und ohne Zweifel auch erreichen, daß von vornherein universitärer Abglanz auf seine Gründung fiel. Die kaiserlichen Privilegien sicherten den Zöglingen der Akademie eine auch äußerlich dokumentierte Vorrang-

stellung zu. Eine goldene Medaille mit Landeswappen, die sie tragen durften, öffnete ihnen jederzeit den Zugang zum Hof. Vor allem aber hatten sie das Versprechen des Kaisers, daß er sie bei Verleihung von Stellen im Zivil- oder Kriegsdienst gegenüber anderen Bewerbern bevorzugen werde.[26] Das bedeutete, daß dem Adel eine monopolistische Kanalisierung des Zugangs zu den Spitzenpositionen in Politik, Verwaltung und Heer gelungen war. Er konnte durch die *Academia* seine soziale Exklusivität auch im Bildungsbereich bewahren und sich zugleich gegen mögliche Konkurrenten abschirmen.

Man hätte nun meinen sollen, daß es für den Adel schwierig gewesen sein müsse, in dieser einzigartige Möglichkeiten bietenden Standesschule überhaupt einen Platz für seine Söhne zu erhalten. Doch der erwartete Zustrom – man benötigte etwa 40 Zöglinge zur Abdeckung der Kosten – blieb aus. Nur langsam stieg die Zahl der Besucher an, auch war sie starken Schwankungen unterworfen. Beherbergte die Akademie 1695 noch 27 junge Adelige, waren es im Jahre 1700 nur mehr vier, und in den nächsten Jahren stand vorübergehend das Gebäude sogar manchmal leer. Deshalb entschlossen sich 1706 die Verordneten, neun Stiftplätze für den armen Adel einzurichten, um wenigstens einen sicheren Kern an Besuchern der Akademie zu haben.

Die zahlenden Zöglinge blieben weiterhin knapp, in manchen Jahren zählte man nur einen (1712, 1717, 1724, 1734). Ihr höchster Stand betrug neun (1730).[27] Auch jährliche Kontrollen durch die Verordneten und das Verlangen nach laufenden Berichten über die Akademisten brachten nur vorübergehend eine Besserung. Der gleich anfangs getätigte Versuch, die Akademie mit Ausländern aufzufüllen, scheiterte weitgehend.[28] Als weder die Auswechslung der Direktoren noch Reformen eine Besserung herbeiführten, die jährliche Verschuldung immer höher und die starke Konkurrenz der von den Jesuiten, Piaristen und Benediktinern errichteten Ritterakademien jede Hoffnung auf eine Wendung aussichtslos machten, wurde die Akademie 1749 geschlossen.[29]

Finanzielle Überlegungen des Adels selbst sowie die wachsende Bereitschaft des Staates, sich das Schulwesen zu unterwerfen, machen zwar die Auflösung dieser ständischen Institution verständlich, nicht aber die schwache Frequenz während ihres Bestandes. Das hohe Kost- und Schulgeld darf kaum als alleinige Ursache angesehen werden, denn die vom Adel weiterhin bevorzugten Auslandsaufenthalte beanspruchten noch viel höhere Aufwendungen. Das neue Curriculum schien auf die Bedürfnisse der adeligen Zöglinge zugeschnitten und bot – nimmt man die Angaben buchstabengetreu – eine wirklichkeitsnahe und die adelige Lebensweise berücksichtigende berufspraktische Fächeranordnung: „Reiten, Köpff- vnd Ringe-Rennen/vnd was deme anhängig/ Fechten, Piquenspillen/Fahnen schwingen/nebenst allen Kriegs-übungen mit der Mußqueten/Voltigiren/Dantzen/die Mathematica, Geometria, Architectura Civilis & Militaris, Castrametatio, Attaquier: vnd Defendirung der Plätze/Geographia, auch die Welt- vnd Himmels-Kugel zuerkennen/Historia universalis, particularis, moralis, & politica, das Jus Publicum, civile, & municipale der Kayserl. Erb-Königreich vnd Länder/wie nicht weniger die Hispanisch/Italianisch/vnd Frantzösische Sprachen."[30]

Eine Analyse des Unterrichtsbetriebes korrigiert diesen ersten Eindruck in beachtlichem Ausmaß. Schon die Zusammensetzung der Akademisten bedeutete einen Rückschritt. Sie bildeten eine inhomogene Gruppe, unterschiedlich im Alter und in der Vorbildung. Das vollendete 16. Lebensjahr galt zwar als Aufnahmsbedingung, doch manche Zöglinge überschritten sogar das zwanzigste. Auch die Hofmeistererziehung, welche die meisten der jungen Adeligen erfahren hatten, bot ungleiche Voraussetzungen für das Verständnis der Vorlesungen, die nur in den mathematischen Fächern deutsch, sonst lateinisch gehalten wurden. Oft haperte es an den grundlegenden Lateinkenntnissen. Die Begabung mancher Akademisten war schwach. Nur wenige

machten die volle dreijährige Ausbildung mit, die meisten verließen bereits nach dem ersten oder zweiten Jahr, mitunter sogar nach wenigen Monaten die *Academia*.[31]
Auch der wöchentliche Stundenplan berücksichtigte zuwenig – im Gegensatz zu der Tageseinteilung der Jesuiten – lernpsychologische Notwendigkeiten und das Erholungsbedürfnis von Jugendlichen im Wachstum. Die Anforderungen an die Zöglinge in körperlicher und geistiger Hinsicht waren in der Regel zu groß. Dies spiegelt sich deutlich im Tagesablauf eines Akademisten.[32] Im Sommerhalbjahr hatte er um halb fünf Uhr, im Winterhalbjahr um fünf Uhr aufzustehen. Nach dem Besuch der Messe wurde zwei Stunden geritten, was die Anspannung aller Kräfte erforderte. Erschöpft setzte er sich im Sommer ab 7.30 Uhr zum Unterricht in Philosophie, Geschichte, Waffenkunde, Heraldik, Mathemathik, Fortifikation, Geographie und Jurisprudenz. Dieser dauerte etwa bis 11.45 Uhr. Nach dem Mittagessen gab es eine Stunde Pause. Um 14 Uhr begannen dann die Übungen mit dem Fechtmeister, die ebenfalls ziemlich anstrengten. Erst in den späten Nachmittagsstunden folgte der Unterricht des „Sprachmeisters“, der Französisch, Italienisch oder Spanisch lehrte. Zuletzt gab der Tanzmeister seine Stunde. Um 19 Uhr wurde das Abendessen eingenommen. Hernach waren noch ein Spaziergang und Diskussionen im Akademiegarten vorgesehen. Um 21 Uhr mußten sich alle zur Ruhe begeben. Frei vom Unterricht blieben die Donnerstage. Fiel allerdings ein Feiertag in die Woche, mußte dieser eingebracht werden.
Die Vielzahl der Fächer läßt außerdem von vornherein vermuten, daß nur eine oberflächliche Wissensvermittlung auf bescheidenem Niveau möglich war. Den Professoren war bereits in den Instruktionen empfohlen worden, vor allem auf die Praxis Rücksicht zu nehmen. Es hatte in der Regel auch wenig Bedeutung, wenn viele hervorragende Lehrkräfte an der *Academia* wirkten. Sie kamen nur zu ihren Lektionen. Da sie durchwegs nicht von Adel waren, konnten sie sich oft nur schwer gegenüber ihren Zöglingen behaupten. Recht häufig ließen sie sich vertreten oder gar die Stunden ausfallen.[33]
Wenn auch methodisch durch häufige Heranziehung von Anschauungsmaterial, durch den Bau von Modellen und durch interpretierende Lektüre von Zeitungen im Unterricht (Geschichte, Geographie, Sprachen u. a.) Fortschritte ersichtlich sind,[34] sie konnten sich infolge der vorher erwähnten Bedingungen kaum auswirken. Dazu trat, daß die Akademisten den Unterricht nur in den Gegenständen besuchen mußten, die sie für ihr zukünftiges Leben brauchbar hielten. Prüfungen wurden erst in der Spätzeit der *Academia* eingeführt. Zeugnisse dürften nicht ausgestellt worden sein.[35]
Die Vielfalt der Leibesübungen[36] sowie die Überbetonung der adeligen Exerzitien müssen wohl als Hauptübel der ständischen *Academia* in Wien angesehen werden. Das äußerte sich sowohl im Zeitaufwand – mindestens vier Stunden täglich waren dafür vorgesehen – als auch in der Rang- und Gehaltsordnung. Der Oberbereiter stand gleich nach dem Direktor, er wurde – wie auch der Direktor –, falls er nicht adelig war, mit Dienstantritt nobilitiert.[37] Die Besoldung der Exerzitienmeister übertraf die der Akademieprofessoren um 150 bis 200 fl. jährlich. Die wissenschaftlichen Studien kamen zu kurz, was häufige Klagen der Professoren veranlaßte.
Für den Beruf eines Soldaten wurde freilich damit eine gute Ausbildung geboten; für die Rationalisierung und Intellektualisierung von Herrschafts- und Verwaltungsaufgaben muß der Beitrag der „Ritterakademie“ geringer angeschlagen werden. Sie dürfen daher in ihrer schulgeschichtlichen Bedeutung nicht überschätzt werden.[38] Sie waren, wie sich zeigte, auf österreichischem Boden kein echtes Bedürfnis.
Neben der ständischen *Academia* in Wien war eine ähnliche Einrichtung in Salzburg geschaffen worden. In dem durch den Erzbischof Johann Ernest Graf Thun errichteten *Collegium Virgilianum* (1702)[39] konnten junge Adelige eine ihrer Herkunft gemäße

Erziehung erhalten; bei der Verteilung der sechs Freiplätze waren u. a. auch Bewerber aus der Steiermark, aus Kärnten und Tirol zu berücksichtigen.
Salzburg fand allerdings eine ökonomischere und daher dauerhaftere Lösung für seine Akademie. Die Zöglinge hatten die wissenschaftlichen Vorlesungen an der Universität zu absolvieren. Im *Virgilianum* selbst wurden die Lehrinhalte nur wiederholt und abgeprüft. Hier erfolgte auch in der studienfreien Zeit durch Sprach- und Exerzitienmeister Unterricht in Französisch, Italienisch, Zeichnen sowie im Tanzen, Fechten, Voltigieren und Reiten.[40]
Um den geräumigen Neubau dieser Akademie (linker Trakt der Dreifaltigkeitskirche in Salzburg, erbaut von Johann Bernhard Fischer von Erlach) voll zu nützen, wurden in ihm auch die fürstlichen Edelknaben (zunächst 12, später 9) aufgenommen.[41] Sogar die soziale Exklusivschranke wurde durchstoßen. Johann Ernest Graf Thun stiftete im *Collegium convictorum Virgilianorum*[42] sechs Plätze für Bürgerssöhne, deren Auswahl sieben salzburgischen Städten zustand.[43] Sie erfreuten sich einer ähnlichen Behandlung wie die adeligen Zöglinge und gingen an der Universität ihren Studien nach. Man erwartete von ihnen, daß sie nach ihrer Ausbildung in den landesfürstlichen Dienst treten würden.
Das fürsterzbischöfliche *Virgilianum* verlor 1776 seine Selbständigkeit, wurde mit dem Edelknabeninstitut verbunden und erlosch mit Ende des geistlichen Fürstentums Salzburg. Durch seine Gebundenheit an das universitäre Lehrprogramm kann es nur mit Abstrichen als Ritterakademie eingestuft werden.[44]
Dies gilt in noch stärkerem Ausmaß für das vom Rektor der Universität Salzburg eingerichtete Kollegium für Adelige (Collegium St. Josephi et Caroli). Es wurde bereits nach drei Jahren geschlossen,[45] bevor es noch eine eindeutige Ausprägung erfahren hatte. Erfolgreichere akademieartige Adelsschulen treten erst zur Zeit Maria Theresias ins Leben.
Als Fortschritt können diese heute meist unter dem Sammelbegriff „Ritterakademien" geführten Anstalten keineswegs angesehen werden, eher als „sozialgeschichtliche Fossile".[46] Denn sie machten die schon im Spätmittelalter und besonders im Renaissance-Humanismus von den Bildungsqualifikationen weitgehend zurückgedrängten Auswahlkriterien Geburt und Herkommen plötzlich wieder relevant; außerdem hätte sich durch sie auf Dauer wohl die Distanz des Adels zur echten Bildung wieder vergrößert.
Von der Frequenz her waren diese Akademien des Adels gleichfalls von geringer Bedeutung. In der Regel zählten sie mehr Lehrer als Zöglinge. Überzeugende Erziehungserfolge blieben aus, weil das ausgeprägte Selbstbewußtsein und die häufig zur Schau getragene Indolenz der Zöglinge kaum Vertrauen und Achtung zu ihren nichtadeligen und in der Gewandtheit des äußeren Auftretens unterlegenen Lehrern entstehen ließen, vielmehr Spannungen und Verstöße gegen die Schulvorschriften und die Anordnungen ihrer Professoren und Meister den Schulalltag kennzeichneten.[47] Ursache dafür waren nicht nur der fehlende Respekt der Zöglinge vor ihren Vorgesetzten, sondern auch die Behandlung der Zöglinge nach dem ihnen durch Geburt zukommenden Rang, nicht nach dem Alter. Diese hatten sogar die Möglichkeit, die Stundeneinteilung zu beeinflussen und ihre Beschwerden vor der Akademiekonferenz zu vertreten. Die Hofmeister, die viele der jungen Adeligen in die Akademie mitgebracht hatten, mischten sich allzu gerne in die Konflikte ein, was diese nur verschärfte. Da es an einer ständigen Beaufsichtigung fehlte, richteten die Verbote und die gelegentliche Vollziehung strenger Strafen nicht viel aus.
Ohne Zweifel waren aber die Akademien des Adels Impulsgeber; dessen bildungspolitische Bemühungen bedeuteten nämlich Kritik an den bestehenden Einrichtungen. Sie erschütterten das bereits durch andere Orden aufgeweichte Bildungsmonopol der

Jesuiten und veranlaßten durch die Erfahrungen mit den von ihnen erprobten, in neue Lehraufgaben vorstoßenden Curricula[48] Reformen sowohl im Sekundar- wie im Tertiärbereich.

Merkbare Kurskorrekturen in den Zielvorstellungen der Lehrprogramme waren die Folge. Die in den vierziger Jahren des 18. Jahrhunderts eingerichteten erfolgreichen Fortsetzungen der ständischen *Academia,* welche nunmehr von geistlichen Orden (Jesuiten, Piaristen, Benediktiner) geleitet wurden und über die später noch zu sprechen sein wird, gaben der wissenschaftlichen Ausbildung wieder mehr Gewicht. Dabei blieb die Schwerpunktsetzung auf den realistischen Fächern erhalten; der Anteil der adeligen Exerzitien wurde jedoch geschwächt. Auch die nichtjesuitischen Gymnasien suchten mit Erfolg ihr ursprünglich streng humanistisches Profil zu verändern. Schon weil eine Reihe von Lehrern der *Academia* an der Universität Wien wirkten, vermochten Reformgedanken auch auf diese leichter überzuspringen[49] und auf universitärem Boden Fuß zu fassen. Die sich dort ebenfalls ausbreitende Abschließungs- und Abschirmungsmentalität hatte allerdings tiefere Ursachen, die später noch erörtert werden sollen. Auffallend ist aber, daß zwischen 1704 und 1780 fünf Tanzmeister und fünf Fechtmeister in den Matrikeln der Universität Wien nachweisbar sind. Wir wissen freilich nicht genau, ob diese „Universitätsverwandten“ *(cives academici)* Unterricht an die Studenten erteilten.[50]

Manche Fragen können nur andeutungsweise beantwortet werden. Das Bildungsziel – die adelige Jugend sollte „zu ihrer selbst aignen Anständigkeit/vnd deß geliebten Vatterlands Nutzen wohl vnterwisen/vnd gebührend erzogen werden“ –[51] setzte die Akzente auf Äußerlichkeiten, nämlich auf Anstand und Nützlichkeit, ohne viel Widerhall zu finden. Die geringe Attraktivität des neuen Schultyps läßt vermuten, daß dem Großteil des österreichischen Adels das Bedürfnis nach einer strikten sozialen Isolierung fremd war und er weiterhin wie im Zeitalter der Konfessionskämpfe die Kommunikation mit den gehobenen bürgerlichen Schichten pflegen wollte. Wahrscheinlich empfand er sie sogar als notwendig und nahm dafür eine Ausbildung in Kauf, die ihn im Grunde nicht befriedigte. Denn er schickte seine Söhne vorwiegend an die leicht erreichbaren und ihn finanziell kaum belastenden Gymnasien, wo sich der adelige Nachwuchs in Konkurrenz zu den aus niedrigeren sozialen Schichten stammenden Mitschülern bewähren mußte. Seine eigene Gründung aber – sichtbarer Akt ständischer Abkapselung und unzeitgemäßer Refeudalisierungstendenzen – vernachlässigte er.

Was als Ausweg aus einer pädagogischen Mangelsituation gedacht war, führte daher letzten Endes in eine Sackgasse. Der Anspruch – Ausbildung vor allem im Rechtswesen wie an einer Universität, Spracherwerb und -fertigkeit wie durch eine Kavalierstour und meisterhafte Beherrschung der traditionellen adeligen Übungen – war zu hoch und überstieg sowohl die Leistungsfähigkeit der Zöglinge als auch die Finanzierungskraft der Stände. Wenn auch Konstruktionselemente des neuen Schultyps brauchbar und entwicklungsfähig waren und in der Folge auch weiter verwertet wurden, als Ganzes muß er als mißlungen bezeichnet werden. Denn ihm fehlten die Ausgewogenheit im Curriculum und die notwendigen pädagogischen Voraussetzungen bei der Durchführung. Das Mißverhältnis zwischen dem hohen Aufwand und der geringen Effizienz ließ die einzig echte *Academia* in Wien vom Beginn an bloß dahinsiechen und bereitete ihr schließlich – nach 67 Jahren – ein unrühmliches Ende (1749). Aufgrund eines Vertrages durften die zwölf Zöglinge des niederösterreichischen Herren- und Ritterstandes ab 1749 die von den Piaristen geleitete Savoysche Ritterakademie besuchen.[52]

7 Reformansätze im universitären Bereich

7.1 Zustand und Probleme der Landesuniversitäten

Es gehört zu den politischen Gepflogenheiten, einen vorangegangenen Zustand zu verteufeln, um die eigenen Leistungen besonders hervorzukehren. Die Geschichtsschreibung läuft dann manchmal Gefahr, einer solche Ziele verfolgenden Argumentation – weil sie wiederholt geäußert wird und Gegenstimmen zu überdecken vermag – mehr Gewicht beizumessen, als sie verdient. Häufig wird vergessen, daß für Reformen schon lange Zeit der Boden bereitet werden mußte und die Möglichkeit ihrer Durchführung davon abhängt, ob starke Kräfte die durch die Kritik gekennzeichneten Schwachstellen zu einem Durchbruch zu nützen vermögen.

Es ist hier nicht möglich, die ziemlich verwickelten reformorientierten Vorgänge dieser Jahrzehnte in Einzelheiten auszubreiten. Sie verliefen an den Universitäten voneinander abweichend. In der Folge soll nur angegeben werden, welche Zielrichtung sich in den Aktionen ausbildete, welche Methoden dabei angewendet wurden und welche Bedeutung den Ergebnissen zukommt. Vorerst muß festgestellt werden, daß die Leistungen der österreichischen Universitäten am Vorabend der Regierungszeit Maria Theresias nicht so schlecht waren, wie sie manchmal dargestellt werden; sie können allerdings auch nicht als zufriedenstellend bezeichnet werden.[1] Allgemeine Aussagen sind freilich kaum zulässig.

Unterschiedlich waren Organisation und wirtschaftliche Fundierung der Universität in Wien (1365), Graz (1586), Salzburg (1622) und Innsbruck (1669). Nur ein Beispiel: die jüngste Gründung – Innsbruck – wies schon manche moderne Züge auf; dort waren bereits Ordinarienfakultäten geschaffen und die ökonomischen Bedürfnisse durch eine Landessteuer abgesichert worden. In Wien hingegen setzten sich die Fakultäten wie schon zur Gründungszeit aus Professoren und Doktoren zusammen, die Universitätsfinanzen wurden aus Mauteinkünften, Zinserträgnissen von Kapitalien und Liegenschaften u. ä. gespeist, begrenzte Geldmittel, die auch bei inflationären Entwicklungen keine Valorisierung erfuhren.

Einige Gemeinsamkeiten können freilich ebenfalls herausgefiltert werden; doch auch sie bewegen sich in einer gewissen Bandbreite. So bestimmten geistliche Orden an allen Universitäten die für alle Studenten verpflichtende Eingangsstufe, die *studia superiora* (Philosophie), und die theologischen Fakultäten; in Salzburg waren es die Benediktiner, überall sonst die Jesuiten. Besonders die Dominanz der Gesellschaft Jesu, die sich weiterhin starr an den Richtlinien der „Ratio studiorum“ (1599) orientierte und sich jede Einflußnahme von außen verbat, wurde zunehmend als störend empfunden und forderte die Kritik heraus.

Als eine nicht minder gewichtige und folgenreiche Tatsache muß die miserable Besoldung der Professoren angeführt werden,[2] die manchmal ihr ohnehin geringes Gehalt, das seit dem 16. Jahrhundert unverändert geblieben war – nur in Innsbruck war es von vornherein höher angesetzt worden –, öfters Monate oder sogar Jahre verspätet ausbezahlt bekamen. Dies machte zwar den Ordenslehrkräften wenig aus, zwang aber die weltlichen Professoren, sich um einträgliche Nebenverdienste umzuschauen und der Lehre nur geringes Augenmerk zu schenken. Mit den juridischen und medizinischen Fakultäten, an denen keine Ordenslehrer wirkten, war daher in der Regel weitaus weniger Staat zu machen als mit dem bekrittelten Jesuitenunterricht. Nur wo eine den wirtschaftlichen Notwendigkeiten etwas angepaßtere Honorierung erfolgte – wie in Innsbruck und Salzburg –, läßt sich eine deutliche Anhebung des Niveaus der Studien feststellen. Wissenschaftliche Koryphäen ließen sich jedenfalls schwer für Lehrstühle an österreichischen Universitäten gewinnen; sie blieben infolge der unzureichenden finanziellen Bedingungen weitgehend aus, nur Jesuiten und Benediktiner machten dabei eine Ausnahme.

Ein drittes, ebenfalls an allen Universitäten beobachtbares Phänomen darf nicht übersehen werden. Bereits im letzten Drittel des 17. Jahrhunderts begannen die Studentenzahlen weit über den Bedarf anzusteigen. Die Aufnahmsfähigkeit des Behördenapparates und der bischöflichen Ordinariate wurde überschritten. Um 1710 klagte man z. B. über den „exorbitanten numerum des müßigen Cleri".[3] Die Überfüllung der Universitäten konnte weder personell noch finanziell bewältigt werden. Die staatlichen Stellen wie die universitären Behörden drängten daher auf Drosselung des Zustroms an Studierenden. Die Absperrungsmaßnahmen sollten bereits an den Gymnasien wirksam werden;[4] die zu diesem Zweck erlassenen Verordnungen diskriminierten dabei eindeutig die sozial schwächeren Schichten.

Nicht zuletzt beeinflußten all diese Erscheinungen – Stagnation der Lehre, intellektuelle Durchschnittlichkeit und Interesselosigkeit vieler Professoren sowie die Abschließungsmentalität der Universitäten – auch das Verhalten der Studenten. Ihr Aufbegehren gegen die traditionellen Autoritäten und Strukturen überdehnte damals die üblichen Spannungen zwischen Jugend und Erwachsenen bei weitem und nahm manchmal bereits rebellische Formen an.

Studentischer Übermut, Händelsucht und nächtliche Schlägereien mit der Stadtwache, mit Handwerksgesellen oder Lakaien waren zwar seit jeher an der Tagesordnung und bereiteten dem Bürgertum und seinen Repräsentanten viel Ärger. Die Studenten operierten dabei unter dem Schutz ihrer Privilegien und hatten zumeist in den Universitätsbehörden einen Rückhalt.[5] Nunmehr richteten sich die studentischen Ausschreitungen genauso gegen Rektor und Professoren. Die auslösenden Faktoren weisen deutlich darauf hin, daß die Studierenden mit großer Empfindlichkeit auf jede einengende und schülerartige Behandlung reagierten. Es mag sein, daß die Unsicherheit ihrer Zukunft wie auch die wachsende allgemeine Kritik an den Universitäten ihr aggressives Verhalten verstärkten.

Als in Innsbruck 1681 den Philosophiestudenten der Logik und Physik Jahresprüfungen vorgeschrieben wurden, riefen sie zum Streik auf und versammelten sich außerhalb der Stadt. Die Regierung lenkte ein.[6]

In Graz forderten sie im Jahre 1704 von den Professoren der Gesellschaft Jesu, grundsätzlich – ohne Rücksicht auf Alter und auf Studienfortschritt – die Anrede „Herr" *(domine)*, wie es an ausländischen Universitäten gehalten wurde, und lehnten das übliche „Er" oder „Ihr" ab.[7] Als ihnen nicht nachgegeben wurde, hinderten sie die Professoren durch Schreien, Grunzen, Pfeifen und Stampfen an ihren Vorlesungen; wo Hörsäle verschlossen waren, schlugen sie Fenster und Türen ein und beschmutzten und zerbrachen die Bänke. Stadtrichter wie Regierung verweigerten zunächst militärische Hilfe; erst nach sechs Wochen und wiederholten Bitten des Rektors sah sich die Regierung zu ernsthaftem Einschreiten veranlaßt; die meisten aufrührerischen Studenten konnten entkommen. Ähnliche Vorfälle ereigneten sich 1717; der akademische

Senat mußte wiederum die weltliche Macht zu Hilfe rufen.[8] Besonders arg trieben es die Studierenden im Jahre 1725, als zwei Philosophiestudenten von einem Jesuitenprofessor wegen schlechten Benehmens bei der Fronleichnamsprozession gerügt wurden. Angeblich hatte er sich dabei des Ausdruckes „Buben" bedient, worauf die Studenten lautstark und anmaßend sofortige Genugtuung verlangten. Die Antwort des Jesuiten war eine kräftige Ohrfeige. Daraufhin rotteten sich empörte Studenten zusammen, besetzten die Zugänge der Universität und bewarfen die Professoren mit Steinen.[9] Den Universitätsbehörden wurde eine bewaffnete Unterstützung versagt. Die Regierung erreichte auf gütlichem Weg die Wiederherstellung der Ordnung und zog trotz des Protestes der Jesuiten die gerichtliche Verhandlung an sich.[10]

In Salzburg kam es im Jahre 1711 zu einem Vorlesungsstreik und ebenfalls zu Gewalttätigkeiten der Studenten.[11] Einer von ihnen hatte Rektor und Professoren geschmäht und mußte kniend widerrufen und die Professoren um Verzeihung bitten. Außerdem wurde er zu 25 Stockhieben und zur Relegation von der Universität verurteilt. Die darüber empörte Studentenschaft beschloß hierauf einen Vorlesungsstreik, stellte Posten auf, die den Eintritt in die Hörsäle verhinderten, und forderte das Verbot jeder Art von körperlicher Züchtigung und den öffentlichen Anschlag der Privilegien. Falls Militär eingesetzt würde, drohten sie mit der Ermordung des Rektors und einiger Professoren, Plünderung und Brandlegung. Der Erzbischof ließ auch hier seine Soldaten erst marschieren, als die Studenten die Universität stürmten.

An allen Universitäten konnte also nur durch Eingreifen des Landesfürsten Ruhe und Ordnung wiederhergestellt werden. Daß die Stadtbehörden und die Regierung das erbetene Eingreifen bewußt recht lange hinauszögerten und sich dabei noch auf die Universitätsautonomie beriefen, ließ die Universitätskollegien die Ohnmacht der akademischen Gerichtsbarkeit und die Unzulänglichkeit ihrer Machtmittel recht deutlich fühlen.

Die Unzufriedenheit mit den universitären Einrichtungen äußerte sich bei den führenden Gesellschaftsschichten besonders stark. Der Adel hatte mit der Errichtung von Akademien und ähnlichen Institutionen für seinen eigenen Nachwuchs Ausbildungsstätten geschaffen, die dessen Bedürfnisse stärker berücksichtigten, und auf diese Weise sein Mißfallen an den jesuitischen Schulen deutlich gemacht. Die Kameralisten, die tonangebenden Wirtschaftstheoretiker dieser Zeit, stießen sich gleichfalls an dem mangelhaften Ausbau der Universitäten, weil ihnen deren ökonomische Bedeutung bewußt war. Doch gerade weil es an Geldmitteln fehlte, konnte eine Erweiterung des Lernangebotes nur sehr zögernd Platz greifen.

An der Salzburger Universität hatte man sich von Anfang an durch keine starre Studienordnung binden lassen und sich neuen Entwicklungen gegenüber offen gezeigt. Geschichte – in Verbindung mit Ethik – wurde seit 1671 an der philosophischen Fakultät ununterbrochen gelehrt, zwischen 1716 und 1720 in der an vielen protestantischen Universitäten üblichen Form der „geographia politico-historica".[12] Eine neue Studienordnung im Jahre 1741 forderte Vorlesungen über Kirchen- und deutsche Reichsgeschichte; Natur- und Völkerrecht sowie die historischen Hilfswissenschaften wurden mit einbezogen. Die juridische Fakultät war am frühesten unter den österreichischen Universitäten mit allen wichtigen Lehrstühlen ausgestattet worden. Ab 1718 wurde Allgemeines Staats- und Völkerrecht vorgetragen, 1730 ein Lehrstuhl für Natur- und Völkerrecht geschaffen und der Lehrauftrag Staatsrecht mit der Reichsgeschichte verbunden. 1739 erfolgte die Einführung des Deutschen Privatrechtes als Studienfach.[13] Das Kirchenrecht erlebte unter Ludwig Engel und Franz Schmier einen Höhepunkt. Letzterem gelang der erste Versuch einer Soziologie im deutschen Raum.[14]

An der Innsbrucker Universität wurde das Lehrprogramm ebenfalls weitgehend an die wissenschaftlichen Zeiterfordernisse angepaßt (Öffentliches Recht einschließlich

Naturrecht und Historia Germaniae, 1733; Geschichte einschließlich Chronologie und Geographie, 1735; Chirurgie, 1735).[15]

An der Wiener Universität war im Jahre 1687 ein Reformversuch Kaiser Leopolds I., der die Errichtung zusätzlicher Lehrstühle und die Erhöhung der Gehälter der weltlichen Professoren vorsah, ohne Ergebnis geblieben.[16] Die dafür notwendigen Geldmittel scheinen nicht aufbringbar gewesen zu sein. Erst 1724 sagte Karl VI. eine Lehrkanzel für Öffentliches Recht grundsätzlich zu, schob aber deren Verwirklichung aus fiskalischen Gründen hinaus.[17] Der Jesuitenorden richtete dann 1729 auf eigene Kosten eine historische Professur ein. Eine anatomische Lehrkanzel kam 1738 zustande.[18]

Zwischen 1715 und 1724 wurde von einer kaiserlichen Kommission mit großem Nachdruck versucht, der Rumpfuniversität Graz eine juridische und medizinische Fakultät beizugeben.[19] Die Jesuiten wehrten sich aber vehement gegen eine neue Belastung, erklärten sich nur bereit, einen Lehrstuhl für Geschichte wie auch für Kanonistik einzurichten. Der Kaiser ordnete daher an, daß die Stadt Graz und die innerösterreichischen Länder einen Beitrag zu den Kosten der Vervollständigung der Universität leisten sollten. Da einerseits dieses Ansinnen „bey disen geltlosen Zeithen“[20] auf wenig Gegenliebe stieß, andererseits die Jesuiten auch in Zukunft alle akademischen Würden für sich beanspruchten und verlangten, daß die neuen Professoren den Ordensgeneral als ihr Oberhaupt anerkennen müßten, verblieb man beim alten Zustand. Nur der zugesagten Geschichtsprofessur wurde 1729 stattgegeben.

In wissenschaftlicher Hinsicht bestand unzweifelhaft ein gewisses West-Ost-Gefälle. Die westlichen Universitäten Innsbruck und Salzburg lebten näher an den konkurrierenden protestantischen Bildungseinrichtungen, ihr Hinterland war klein. Sie waren auch auf Studenten aus dem deutschen Raum angewiesen. Von Innsbruck und Salzburg konnten daher Reformimpulse erwartet werden.

7.2 Wiederaufnahme der theologischen Klosterstudien

Es könnte vielleicht den Anschein erwecken, daß die damals häufige Einrichtung theologischer Klosterlehranstalten auch nur als Abwehrreaktion auf das jesuitische Bildungsmonopol aufgefaßt werden dürfe. Denn die durch das Trienter Konzil anbefohlenen Seminare für die Priesterausbildung wurden ja durchwegs von der Gesellschaft Jesu dominiert und die theologischen Fakultäten der Universitäten – ausgenommen in Salzburg – ebenfalls von ihr bestimmt. Infolge des durch die Wirren der Reformation und Gegenreformation verursachten Stillstandes der wissenschaftlichen Bestrebungen in den Klöstern war den Orden damals kein anderer Weg geöffnet gewesen, als die theologische Ausbildung der Novizen den Seminarien und Universitäten zu übertragen.[21] Die Jesuiten rühmten sich dieser Tätigkeit; in ihren Aufzeichnungen wurden die erfolgreichen Studien fremder Ordensmitglieder besonders hervorgehoben.

Daß das vorher in den Klöstern übliche Hausstudium vereinzelt im 17. Jahrhundert wieder aufkam und im frühen 18. Jahrhundert bereits ziemlich verbreitet war, hatte aller Wahrscheinlichkeit nach nur wenig mit der wachsenden antijesuitischen Stimmung zu tun, sondern ergab sich aus durchaus pragmatischen Gründen. So war es ohne Zweifel von großem Nutzen, daß die Kleriker während ihrer Studienzeit im Kloster blieben; sie standen besonders in Zeiten schwacher personeller Besetzung dann zur Verfügung, wenn für die vielfältigen Aufgaben in einem Stifte Hilfe nötig wurde.

Außerdem ersparten sich die Äbte dadurch manchen zusätzlichen finanziellen Aufwand und brauchten auch keine Angst zu haben, daß vielleicht ihr Novize unter weltlichen Einflüssen ihrer Ordensgemeinschaft entfremdet würde. Die oft große Entfernung des Klosters von der Landesuniversität dürfte gleichfalls auf die Gründung von theologischen Hauslehranstalten Einfluß genommen haben. Es fällt nämlich auf, daß sie vor allem eher in abgelegenen Kommunitäten errichtet wurden, bei den Prämonstratensern in Schlägl (1633),[22] bei den Zisterziensern in Lilienfeld (um 1630)[23] und Zwettl (1703),[24] bei den Benediktinern in Göttweig (1654),[25] Admont (vor 1711)[26] und St. Lambrecht (1683)[27] sowie bei den Augustiner-Chorherren in St. Florian (1732).[28]

Alte schulische Traditionen hatten die Wiederaufnahme des Hausstudiums gefördert. Nicht zuletzt war auf diese Weise die Möglichkeit gegeben, auch schwächer begabten Klerikern – durch geduldige, liebevolle Führung im Gruppenunterricht, durch Verlängerung der Studienzeit – die für Priestermönche notwendigen Kenntnisse zu vermitteln.

Ein weiterer großer Vorteil für das Kloster lag aber auch darin, daß die Professoren und Lektoren dieser Lehranstalten gleich Antennen die theologischen und philosophischen Strömungen der Zeit aufnahmen und sich mit ihnen wegen ihres Lehrauftrags auseinandersetzen mußten. Sie vermittelten so dem Konvent ständig neue Impulse und regten die wissenschaftliche Tätigkeit im Hause wieder an.

Natürlich reichte ein derartiger akademischer Lehrbetrieb auf durchwegs schmaler personeller Basis nicht an das Wirken der theologischen Fakultäten heran. Er war zeitlich und stofflich bescheidener. Manchmal erstreckte sich das Studium über nur ein bis zwei Jahre, entbehrte unter Umständen einer gewissen Regelmäßigkeit und beschränkte sich dabei vor allem auf Moral- und Pastoraltheologie. Niveau und Tiefe der Ausbildung hingen weitgehend von den Interessen des Abtes und dem Können der zur Verfügung stehenden Lehrpersonen ab. Die Zahl der jeweils studierenden Kleriker war gering und überschritt selten ein Dutzend. Ihnen wurde jedoch theologisches und philosophisches Grundwissen in einem solchen Ausmaß vermittelt, daß es zumeist als hinreichende Basis für den Erwerb eines akademischen Grades an einer Universität genügte. Nur wurde diese Form der Weiterbildung einigermaßen selten gewählt, sodaß die aus verschiedenen Ursachen wieder erstandenen theologischen Klosterlehranstalten häufig eine gewisse Absenkung des Ausbildungsniveaus der Priestermönche herbeiführten.

Diese Studien waren dem Einfluß und der Kontrolle des Staates zur Gänze entzogen. Die Klöster drängten im Ausbildungsbereich wieder nach Freiraum und Unabhängigkeit. Dagegen wirksam aufzutreten vermochte erst Maria Theresia.[29]

7.3 Einflußmöglichkeiten und Einwirkungsversuche des Staates

Erst gegen Ende des 17. Jahrhunderts erfaßten die Regierungsstellen die volle Bedeutung der universitären Einrichtungen für das Gemeinwohl und fühlten sich grundsätzlich für ihre Entwicklung verantwortlich. Schrittweise begann sich bei ihnen eine Art bildungspolitisches Bewußtsein zu entwickeln, das letztlich zu direkten Eingriffen veranlaßte.[30] Das äußerte sich in der Aufstellung von kaiserlichen Kommissionen, die zunächst Einsicht in die ökonomischen Grundlagen und in die Wirtschaftsführung der Universitäten nahmen. Dabei hatten sie große Widerstände zu überwin-

den; die ihre Autonomie jederzeit herausstreichenden Jesuiten stellten sich „dieser ganz vnnotwendigen behölligung“[31] lange Zeit erfolgreich entgegen.
Dem Landesfürsten standen zwei bedeutsame Mittel zur Verfügung, um in den Selbstverwaltungsbereich der korporativen Universitäten eingreifen und Pressionen ausüben zu können. Eines dieser Instrumente war freilich stumpf. Die landesfürstlichen Kammerbehörden, welche die finanziellen Ressourcen der notleidenden Universitäten aufbessern und dafür Bedingungen hätten stellen können, hatten selbst leere Kassen und Mühe genug, ihren in den Stiftungsbriefen festgelegten Verpflichtungen einigermaßen nachzukommen.
Viel besser ließ sich die Einrichtung des Superintendenten zu Reformabsichten der Regierung gebrauchen. Der seit 1405 an der Wiener Universität wirkende Vertreter des Landesfürsten *(Superintendens principalis* oder *ex parte principis,* später *caesareus* oder *imperatoris)*[32] war beauftragt, über den stiftungsgemäßen Gebrauch der Subventionen zu wachen und die Universität nach außen zu schützen. Er nahm schon zur Zeit des Renaissance-Humanismus trotz energischer Proteste der Professoren aber auch Einfluß auf das Studienwesen und die Verwaltung. Seine Stellung wurde unter Ferdinand I. (Instruktion von 1556) wesentlich gestärkt; seit Mitte des 16. Jahrhunderts wurde er wie der Rektor als *magnificus* angesprochen. Seine Hauptaufgabe bestand jetzt in der Kontrolle der akademischen Lehrer und des Rechnungswesens. In der Regel wurden dazu juristisch ausgebildete Kanzler oder Räte der niederösterreichischen Regierung herangezogen. Die Universität hatte das Vorschlagsrecht.
Immer wenn der Posten des Superintendenten neu besetzt wurde, läßt sich eine Verdichtung der Aktivitäten seitens der Regierungsstellen feststellen, die sich aber zumeist bald wieder gab. Im Jahre 1726 jedoch, als ein Superintendent nach Streit mit dem Dekan der juridischen Fakultät zurückgetreten war und ein Nachfolger bestellt werden sollte, erging von der Österreichischen Hofkanzlei nicht nur die übliche Aufforderung zur Nominierung eines Kandidaten, sondern es wurde auch um eine Meinungsäußerung zu einer Änderung der Amtsinstruktion des Superintendenten von 1556 und zur Reorganisation des gesamten Studienbetriebes gebeten.[33] Der von den Universitätsprofessoren erarbeitete kritische Bericht, der erst 1727 an die Hofkanzlei geleitet wurde, spiegelt recht deutlich die Reformorientiertheit vieler Mitglieder der Wiener Universität.[34]
Es dürfte kein Zufall gewesen sein, daß für das Studienjahr 1726/27 Gottfried Bessel zum Rektor gewählt wurde.[35] War noch sein erstes Rektorat 1714/15 nur dank der Stimme des kaiserlichen Superintendenten zustande gekommen, schienen jetzt die Professoren zu hoffen, daß des Göttweiger Abtes außergewöhnliche Energie und dessen gute Beziehungen zum Herrscherhaus ihren Wünschen die nötige Durchschlagskraft verschaffen könnten. Bessels Möglichkeiten waren jedoch beschränkt, ein Jahr kurz und die Widerstände zahlreich. Auch ein Weingarten trage erst Früchte, wenn viel Schweiß vergossen und Jahre dahingegangen seien, meinte er in seiner Abschiedsrede. Die Impulse, die von Bessel ausgingen, waren freilich durchwegs bemerkenswert gewesen. Er suchte das längst verkümmerte Selbstbewußtsein der Professoren durch die Erinnerung an die einstige Größe und Ausstrahlung der Alma Mater Rudolphina zu wecken und kümmerte sich um eine Erhöhung der Professorengehälter. Nach außen hin betonte er die Rechte der Universität, ließ die Akten, die bereits in Fäulnis übergingen und wüst durcheinanderlagen, ordnen und ein „Repertorium archivi antiquissimae ac celeberrimae universitatis Viennensis“ anlegen. Das Engagement des Benediktinerabtes wirkte sicherlich ansteckend.
Ein wesentlicher Teil der bestimmenden Grundsätze für die spätere Neugestaltung der Universität wurde um diese Zeit formuliert. Vor allem aber zeigte sich, daß der Staat bei seinem Vorgehen gegen die Jesuiten mit Verbündeten innerhalb der Universität

rechnen konnte. Gerade die eher dahinsiechenden weltlichen Fakultäten (Medizin, Jus) verstanden es nämlich, die allgemeine Aufmerksamkeit auf die Gymnasien und die *studia superiora* (Philosophie) zu lenken und damit die Hauptschuld für das Versagen der Universitäten den Jesuiten anzulasten.

Es wurde Kritik[36] an dem jugendlichen Alter der Jesuitenlehrer geübt, ihre Methode des Diktierens, Memorierens und Disputierens verworfen und die fehlende Einbindung des wissenschaftlichen Fortschritts in das Lehrprogramm getadelt. So sollte in den Philosophiekurs zumindest Descartes Eingang finden und der Unterricht in Mathematik und Ethik verstärkt werden. Lehrer für Geschichte, die französische und italienische Sprache, ja sogar für Türkisch, Arabisch und Persisch sollten angestellt werden. Die Mediziner forderten ein Vorherrschen der Praxis und der Empirie im Lehrprogramm, vor allem Krankenbettunterricht, einen Lehrstuhl für Anatomie und Chirurgie sowie Botanik und Chemie. Sie wünschten ein *Theatrum anatomicum* und einen botanischen Garten. Die juridische Fakultät legte ebenfalls besonderen Wert auf praktisch verwertbares Wissen; im Mittelpunkt ihrer Überlegungen stand ein Lehrstuhl für öffentliches Recht, verbunden mit dem Lehensrecht. Die weltlichen Universitätsprofessoren sprachen sich auch dafür aus, daß der Superintendent mehr Vollmachten erhalten solle.[37] Eine noch eingehendere Kontrolle durch den Vertreter des Landesfürsten wurde verlangt, weil man hoffte, damit hauptsächlich die Jesuiten zu treffen.

Doch noch einmal erwies sich die Gesellschaft Jesu als stärker. Ihre Einwendungen und Interventionen schoben eine Entscheidung des Kaisers beinahe ein Jahrzehnt hinaus.[38] Dessen Resolutionen vom 16. November 1735 beschäftigten sich hauptsächlich mit der Gymnasialreform. Im universitären Bereich erhielt der Superintendent wohl eine neue Instruktion,[39] sie brachte aber nicht viel Neues. Sie fixierte nur schriftlich, was bereits seit langem in ähnlicher Form gehandhabt worden war. Dem Superintendenten kam die erste und daher ausschlaggebende Stimme im Konsistorium zu, und er hatte jetzt in Justizsachen volle Mitsprache.

Die offene Kritik am Studiensystem der Jesuiten hatte zwar deren Stellung etwas erschüttert, aber keineswegs ins Wanken gebracht. Die drohenden Zeichen an der Wand blieben für die Jesuiten freilich stehen, die ihnen gemachten Vorwürfe gehörten fortan zum Repertoire in den Bildungsdiskussionen. Wenn auch aus einer ungleichen Interessenslage heraus – weder der absolutistische Ziele verfolgende Staat noch weltliche Professoren und Studenten der Universitäten waren bereit, die Vorherrschaft der Jesuiten im Bildungsbereich und deren starres Festhalten an der inzwischen antiquierten „Ratio atque institutio studiorum" auf Dauer hinzunehmen.

Der Geist der Aufklärung, aus dem die kritischen Bemerkungen an den Jesuiten zum Teil gespeist wurden, machte sich auch an der Benediktineruniversität Salzburg bemerkbar.[40] Dort geriet eine gelehrte Gesellschaft, eine Art Akademie, die sich vor allem mit Fragen der Philologie und Kirchengeschichte befaßte und von Lodovico Antonio Muratori beeinflußt war,[41] mit der Universität in Konflikt, verbreitete über sie eine satirische Schilderung und äußerte sich u. a. geringschätzig über deren veraltete Lehrmethoden. Die antwortenden Pamphlete der Professoren vermochten das intellektuelle Niveau der gelehrten Gesellschaft nicht zu erreichen, was den Spott herausforderte und den Streit verschärfte. Eine Gegenschrift der Universität – in Form einer Predigt – wurde vom Fürsterzbischof verboten und die Auflage zur Gänze konfisziert. Dieser sogenannte „Sykophantenstreit"[42] endete mit dem Rücktritt des Rektors und einiger Professoren sowie der Festlegung einer neuen Studienordnung (1741). Der Landesfürst, Erzbischof Leopold Anton Graf Firmian, hatte die Streitigkeiten der Gelehrten genützt und recht augenscheinlich seine bestimmende Rolle auch für den Universitätsbereich ausgewiesen.

Die Universität in Innsbruck vermochte zwar 1735 die Einsetzung eines Superintendenten und damit den direkten staatlichen Einfluß noch abzuwehren, aber sechs Jahre später mußte sie klein beigeben. Der mit Beginn des Jahres 1742 ernannte Superintendent – ein Regierungsrat – bewegte sich nach Wiener Vorbild im gleichen Aufgabenrahmen; vierteljährlich mußte er nach Wien über den Zustand der Universität Bericht erstatten.[43]

Die Grazer Jesuitenuniversität konnte am längsten die staatliche Aufsicht in Grenzen halten. Der 1737 wiederholte Regierungserlaß an die kaiserlichen Kommissäre, sich mit der Einrichtung einer juridischen und medizinischen Fakultät zu beeilen, verhallte ergebnislos.[44]

Die Weichen waren allerdings gestellt, die Orientierung auf die Interessen des Staates offensichtlich. Die Universitäten sollten als Institutionen zur Vermittlung von anerkannt nützlichem Wissen eingerichtet werden.

Die Gegenmaßnahmen der Jesuiten brachten keine Entlastung mehr. Sie wurden in den Schatten der öffentlichen Aufmerksamkeit gedrängt, obgleich sie guten Willen und Anstrengungsbereitschaft zur Verbesserung der Studien signalisierten. Die ohne Zweifel vorhandene Stagnation wurde durch die Jesuiten selbst vor allem im Bereich der Naturwissenschaften aufgebrochen. Bereits 1714 gründete das Wiener Kolleg ein *Museum mathematicum,* das 1718 über 300 Geräte beherbergte. Dieses physikalische Kabinett des Wiener Kollegs erreichte europäische Berühmtheit. 1733 wurde, ebenfalls in Wien, eine Sternwarte neu gebaut und mit ausgezeichneten Instrumenten versehen.[45] Auch botanische, mineralogische und zoologische Sammlungen wurden angelegt (Wien, Graz). Ab dem Jahre 1729 begannen die Jesuiten in Graz wie in Wien, ab 1734 in Innsbruck Geschichte zu dozieren, stießen aber auf geringes Interesse der Studenten.[46] Es darf jedenfalls nicht verhehlt werden, daß die Gesellschaft Jesu auch im 18. Jahrhundert beachtliche wissenschaftliche Leistungen erbrachte. Sie vermochte freilich ihr durch die laufende Kritik beeinträchtigtes Ansehen nicht mehr aufzufrischen; die Öffentlichkeit trat den Jesuiten zumindest reserviert entgegen. Der Staat stellte sich nicht mehr in früherem Ausmaß schützend vor sie; aber er zögerte noch mit direkten Eingriffen in das von den Jesuiten dominierte Bildungswesen, weil ihm die Kontrollmöglichkeiten und die finanziellen Mittel für gleichwertige staatliche Einrichtungen fehlten.

8 Die Ausrichtung des Bildungswesens auf den Staat im Zeichen der Aufklärung (1740–1792)

Im konfessionellen Zeitalter war dem Landesfürsten die Wichtigkeit des Schulwesens zum ersten Mal richtig bewußt geworden. Damals hatte er die Möglichkeiten des direkten Zugriffs genützt, wo es ihm rechtlich möglich war. Nach dem vollständigen Sieg der Gegenreformation fiel die Notwendigkeit ständiger Einflußnahme und Kontrolle allerdings wieder weg. Der Landesfürst überließ seinem getreuen Mitkämpfer im konfessionellen Streit, dem Jesuitenorden, weitgehend das Schulgeschehen.
Erst der Einbruch der Aufklärung[1] in das Denken der Zeit führte zu einer wesentlichen Änderung dieser Situation. Die Vernunft wurde zum Führer und Richter in allem erklärt und der Mensch aufgefordert, sich des eigenen Verstandes zu bedienen und alle Lebensbereiche kritisch zu prüfen. Inhalte der göttlichen Offenbarung, Autorität und Tradition wurden in der Folge in Frage gestellt. Man suchte sie gleich einem lastenden Joch abzuschütteln, um die Autonomie der Person zu gewinnen und mündig zu werden. Auch die Erziehung sollte von der Vernunft her gestaltet werden; man wollte alle Menschen ohne Unterschied des Standes, der Religion oder Rasse an der Schulbildung teilnehmen lassen. Deren Ziel war die Unterweisung zu einem vernünftigen und glückseligen Leben. Eine Bildungsbewegung voll Optimismus und Fortschrittsgläubigkeit wurde dadurch ausgelöst. Sowohl die Herrschaftsform des Absolutismus als auch der auf den Gedanken der Aufklärung fußende Rechts- und Wohlfahrtsstaat forderten die Einbeziehung der Bildungspolitik in den staatlichen Aufgabenbereich. Es verwundert daher nicht, daß Aufmerksamkeit und Geldmittel des Staates in zunehmendem Maße den schulischen Einrichtungen zugewendet wurden. Auf österreichischem Boden wurden dabei die Richtpunkte von den Auffassungen der „Katholischen Aufklärung" gesetzt.[2] Der Staat begann zwar die Kirche als gestaltende, ordnende Macht auch im Bildungsbereich abzulösen, ohne aber die sittliche und religiöse Erziehung aus ihrer Vorrangstellung zu verdrängen. Zielvorstellung war ein laizistisches Schulsystem, in dem „wahre, aber zugleich aufgeklärte und zu den Diensten des Vaterlandes so fähige als willige Christen"[3] erzogen werden. Johann Anton Graf Pergen, der Leiter der Orientalischen Akademie, formulierte den vom Staat erstrebten Endzustand offen und unmißverständlich: „Die Aufsicht und Leitung über das Schul- und Erziehungswesen ... muß völlig und beständig der Staat an sich ziehen ... Unterricht und Erziehung müssen den Händen der Ordensgeistlichen ... durchaus abgenommen und die Schulen nur mit weltlichen oder doch weltgeistlichen bewährten Lehrern besetzt werden."[4]
Der Prozeß einer Laisierung des Schulwesens wurde damals eingeleitet und zunächst einigermaßen erfolgreich vorangetrieben. Doch fehlten noch viele Voraussetzungen für die volle Verwirklichung der bildungspolitischen Absichten.

8.1 Die politischen Bedingungen und Voraussetzungen der Bildungspolitik in den habsburgisch-lothringischen Ländern

Die komplexen Vorgänge des 18. Jahrhunderts in unserem Lande sind bereits gut erforscht und haben umfangreiche Darstellungen gefunden.[5] Um aber Bedingungen, zeitlichen Ablauf und Schwerpunkte der Bildungsreformen dieser Epoche verständlich zu machen, scheinen Hinweise auf einige Fakten notwendig.

Am entscheidendsten war wohl, daß die „Monarchia Austriaca" damals im Herrschaftsstil des sogenannten „aufgeklärten Absolutismus" regiert wurde. Hauptziel jeder Form des Absolutismus – der Herrschaft des einzelnen, des Monarchen – war der Ausbau einer unumschränkten Machtstellung, die alle Lebensbereiche der Untertanen durchdrang und auch relativ eigenständige Einrichtungen und Positionen nicht duldete. Die Verwirklichung dieses souveränen Herrschaftsanspruches erfolgte im Zeichen der Aufklärung.

Wie die geschichtlichen Formen des Absolutismus voneinander stark abweichen, verschiedene Stufungen und Schattierungen zu unterscheiden sind, so schwierig ist auch die gesamteuropäische Bewegung der Aufklärung eindeutig zu umschreiben.[6] Sie wurde schon von den Zeitgenossen verschieden definiert. Ohne Zweifel nimmt aber die Aufklärung im Formierungsprozeß zur Gegenwart einen bedeutenden Platz ein. Sie hat das Denken und Handeln der Menschen sowie die staatlichen und gesellschaftlichen Institutionen weitgehend verändert oder zumindest verändern wollen. Hauptbeweggrund und zugleich Werkzeug war ihr kritisches Verhältnis zur Tradition und zum Selbstverständnis ihrer Zeit. Was einer Prüfung durch die autonome Vernunft nicht standhielt, sollte beseitigt und abgestoßen werden. Als nicht minder wirksam erwies sich die Überzeugung der Menschen des 18. Jahrhunderts, daß sie mitten in einer rasch aufsteigenden Entwicklung stünden. Der Fortschrittsglaube bestimmte ihre Denk- und Handlungsmuster.

Die Dynamik des Aufklärungsdenkens machte weder vor traditionsreichen staatlichen Institutionen und gewachsenen Gesellschaftsstrukturen noch vor den überlieferten Moralauffassungen halt. Dabei fiel gerade in einigen Bereichen der Bildungspolitik die Begegnung von Aufklärung und absolutem Staat schwer.[7] Denn die „aufgeklärten Pädagogen" waren bestrebt, Theorie und Praxis der Erziehung und des Unterrichts derart zu verändern, daß die Menschen sich aus den Traditionen und aus den bislang als gottgegeben angesehenen Ordnungen und Machtverhältnissen loslösen und durch den Gebrauch ihrer Vernunft die Befreiung aus einem Zustande der Abhängigkeit gewinnen konnten. Der absolute Staat hingegen wollte – ebenfalls durch Eingriffe in das Schulwesen – brauchbare Untertanen heranbilden und mit nützlichen Kenntnissen und Fertigkeiten ausstatten. Deshalb rückten für ihn Fragen der Auswahl der Lehrinhalte, der Methodik der Unterweisung, um auch bisher bildungsferne Volksschichten zu erreichen, sowie der Schulorganisation in den Vordergrund der Überlegungen.

Es gilt daher, im Einzelfall zu verfolgen, ob die bildungspolitischen Entscheidungen mehr von den emanzipatorischen Bestrebungen der Aufklärungspädagogik oder von den utilitaristischen Zielsetzungen des monarchischen Absolutismus bestimmt waren. Festzustellen ist auch, in welchem Nahverhältnis der Herrscher jeweils zum Absolutismus und zur Aufklärung stand; denn davon waren die Ausgangsposition der Reformen und deren Inhalt und Form wesentlich abhängig. Die jeweils erreichte Stufe ihrer Realisierung weist hingegen deutlich die Beharrungskräfte der traditionellen Einrichtungen und die vorgefundenen Widerstände aus.

Für Maria Theresia (1740–1780) hatte der Absolutismus noch eine starke theokratische Fundierung. Sie sah ihre Handlungen in unmittelbarer Beziehung zu Gott; ihm war sie Rechenschaft schuldig, ob sie die ihr gegebene Gewalt zum Besten der ihr anvertrauten Völker gebraucht hatte.[8] Dadurch wurde der Absolutismus in der Handhabung gemildert; ihre weibliche Behutsamkeit und ihr Charme trugen ebenfalls dazu bei, den oft tief in traditionelle Rechte und liebgewonnene Gewohnheiten eingreifenden Maßnahmen etwas an Verletzendem und Schärfe zu nehmen. Außerdem besaß sie ein sicheres Gefühl für die Grenzen des Möglichen. Der Aufklärung stand sie selbst zwar zurückhaltend gegenüber, wählte jedoch ihre Berater aus diesem weltanschaulichen Kreis. Bildungspolitisch gelangen ihr tragfähige Reformen in allen Bereichen schulischer Ausbildungsmöglichkeiten.

Ihr Sohn Joseph II. (1780–1790) war hingegen von den Gedanken der Aufklärung voll erfaßt. Für ihn war das Gottesgnadentum nicht mehr selbstverständliche Begründung seiner Herrschaft. Er verband eine mehr formal-rationale Religiosität mit Gedanken des Naturrechts, setzte dieses und göttliches Recht gleich und ordnete es jedem positiven historischen Recht über.[9] Er sah es als Pflicht, „für den Nutzen und das Beßte der größeren Zahl"[10] zu sorgen, wobei er sich vom Gedanken der Gleichheit der Menschen leiten ließ. Er beschritt überstürzt den Weg zu einem modernen Wohlfahrtsstaat; die Radikalität und Kompromißlosigkeit bei der Verfolgung seiner zu weit gesteckten und manchmal zu engstirnig verfolgten Ziele sowie der volle Einsatz seiner absoluten Macht trieben Österreich in eine Krise. Josephs II. Anstrengungen in der Bildungspolitik galten vor allem dem Primarbereich.

Sein Bruder Leopold II. (1790–1792) vermochte das Land wieder aus der kritischen Situation herauszuführen, indem er Abstriche an dem absolutistischen Herrschaftsstil sowie bei den Forderungen der Aufklärung machte. Er zeigte sich in allen äußerlichen, dem Selbstgefühl der Völker und einflußreicher Gruppierungen schmeichelnden Fragen nachgiebig, behauptete aber durch geschicktes Taktieren die wesentlichen Errungenschaften seiner Vorgänger. Unter ihm wäre wahrscheinlich der Standpunkt des monarchischen Absolutismus verlassen worden; er neigte sich – wie bereits in seiner toskanischen Regierungszeit – offensichtlich konstitutionell-freiheitlichen Ideen zu.[11] Im Bildungswesen kam er dabei während seiner kurzen Regierungszeit zumeist über Absichtserklärungen nicht hinaus.

Hier muß festgehalten werden, um Vielfalt und Schubkraft der schulischen Reformen auf allen Ausbildungsebenen während der zweiten Hälfte des 18. Jahrhunderts verständlich zu machen, daß uns in Maria Theresia, Joseph II. und Leopold II. Herrscherpersönlichkeiten von überdurchschnittlicher Begabung entgegentreten. Sie waren bildungspolitischen Anliegen gegenüber nicht bloß offen, sondern sie maßen ihnen sogar besonderes Gewicht bei. Die Ursache dieser Haltung lag wohl zum Teil schon in der eigenen Erziehung. Die Weltsicht ihrer Lehrer hinterließ manche tiefe, gut erkennbare Spuren. Aber auch der Einfluß ihrer Eltern war stark. Diese gaben für die Ausbildung ihrer einmal den Thron besteigenden Kinder genaue Anweisungen, ließen sich laufend über die Fortschritte berichten oder überzeugten sich davon selbst.

Obgleich in Einzelheiten nicht immer faßbar, dürfte besonders Franz Stephan von Lothringen auf die geistig-seelische Entwicklung seiner Söhne Joseph und Leopold eingewirkt haben. Der viel zu stark in den Schatten seiner Frau Maria Theresia gedrängte Kaiser, der aus dem französischen Kulturkreis stammte, als Großherzog der Toskana gut mit den italienischen Verhältnissen vertraut war und als Freimaurer die traditionellen Normen überschritt, machte wohl seine Söhne für die europäische Entwicklung und für moderne Denkanstöße hellhörig.[12] Nachweisbar wurden die wichtigsten Schriften des 18. Jahrhunderts Joseph (II.) und Leopold (II.) zugänglich gemacht. Mit Montesquieus „Esprit des lois" (1748), das erst 1753 von der Zensur freigegeben worden war, ließen sich beide 1769 sogar darstellen.[13] Gedankengänge aus den Werken des Ludovico Antonio Muratori („Della regolata devozione dei christiani", 1747; „Della publica felicità, ogetto de' buoni principi", 1749 u. a.) – dieser italienische Denker hatte eine Art Programm des aufgeklärten Absolutismus und Aufklärungskatholizismus aufgestellt – wurden von Joseph II. und Leopold II. bis in einzelne Formulierungen hinein übernommen. Das Standardwerk der französischen Aufklärung, die von Diderot und d'Alembert herausgegebene „Encyclopédie ou Dictionnaire raisonné des sciences, des arts et des métiers" (1751–1765) erschien in seiner dritten Auflage (1770) in Livorno und war Leopold (II.) gewidmet.[14] Diese wenigen Beispiele zeigen wohl am besten, wie sich das kulturelle Klima am Kaiserhof nach der Zurückdrängung des jesuitischen Einflusses verändert hatte.

Bildungspolitisch nicht unwesentlich war auch, von wem sich die Herrscher die Grundlagen für ihre Entscheidungen vorbereiten ließen. Besonders unter Maria Theresia fiel diesen Beratern eine bedeutende Rolle zu. Deren Biographien lassen uns zunächst wissen, daß sie häufig Ausländer waren und sich in einigen Fällen erst wegen des Eintrittes in die österreichischen Dienste zum Katholizismus bekehrt hatten. Das von ihnen eingebrachte intellektuelle Potential machte die Gebrechen des österreichischen Bildungswesens nicht so stark spürbar, weil die Führungspositionen gut besetzt werden konnten. Andererseits legte gerade ihre Überlegenheit das Zurückbleiben der österreichischen institutionellen Einrichtungen des Lehrens und Lernens recht offen dar. Denn ein Blick auf die Bildungslaufbahnen dieser erfolgreichen Persönlichkeiten bestätigt, daß sie ihr Wissen und Können in der Regel außerhalb des Landes erworben hatten.

Nur einige Beispiele: Graf Emanuel de Silva-Tarouca,[15] Maria Theresias ganz persönlicher weltlicher Gewissensrat und Privatminister, hatte seine schulische Ausbildung in seiner Heimat, in Portugal, erfahren, war aber schon in jungen Jahren in die Dienste Österreichs getreten. Der ehemalige Protestant Johann Christoph Freiherr von Bartenstein,[16] ihr erster Leiter der auswärtigen Angelegenheiten und Verfasser des Erziehungsplanes für Joseph (II.), hatte in seiner Heimatstadt Straßburg und in Paris studiert. Wenzel Anton Graf (später Fürst) Kaunitz-Rietberg,[17] der Hof- und Staatskanzler von 1753–1792, hatte eine norddeutsche Protestantin zur Mutter und hatte sich seine Kenntnisse aus den Rechts- und Staatswissenschaften an der protestantischen Universität Leipzig angeeignet. Maria Theresias vertrauter Ratgeber, der aus einer ungarischen Adelsfamilie kroatischer Herkunft stammende Paul Freiherr von Festetics[18] war ebenfalls Student in Leipzig gewesen. Friedrich Wilhelm Graf Haugwitz,[19] der Sohn eines in sächsischen Diensten stehenden Generals, hatte sein evangelisches Glaubensbekenntnis gegen das katholische getauscht und war als 23jähriger in die schlesische Landesverwaltung eingetreten. Der Niederländer Gerard van Swieten,[20] der Wissenschaftsorganisator Maria Theresias, war in Löwen und Leiden seinen Studien nachgegangen und Schüler des berühmten holländischen Arztes H. Boerhave gewesen. Diese Persönlichkeiten waren die Kanäle, durch die ungehindert neues Denken, neue Konzepte und Errungenschaften einströmen konnten. Ihre Lernerfahrungen und Kontakte zu ausländischen Universitäten beeinflußten ihre bildungspolitischen Ratschläge. Ihr Ehrgeiz war darauf gerichtet, der österreichischen Monarchie nicht nur echte Konkurrenzfähigkeit, sondern Überlegenheit zu sichern.

Auch die außenpolitischen Vorgänge blieben nicht ohne Einfluß auf die bildungspolitischen Maßnahmen. Zunächst muß bedacht werden, daß mit dem Aussterben des habsburgischen Hauses in der männlichen Linie im Jahre 1740 der Bestand des österreichischen Staatswesens aufs höchste gefährdet war. Der verlorene Krieg Karls VI. gegen die Osmanen (Friede von Belgrad, 1739) hatte das politische und militärische Ansehen Österreichs arg angeschlagen. Die um teure Zugeständnisse

erreichte Anerkennung der Pragmatischen Sanktion (1713) durch die europäischen Mächte und damit die Zustimmung zu einer weiblichen Erbfolge in Österreich erwies sich als ein Stück Papier ohne Wert.
Die Aufteilung der „Monarchia Austriaca" nach dem Tod Karls VI. schien kaum verhindert werden zu können. In blutigen Kriegen (Österreichischer Erbfolgekrieg 1741–1748, Schlesische Kriege 1740–1742, 1744–1745, 1756–1763) mußte Maria Theresia zwar einige territoriale Verluste hinnehmen, aber die römisch-deutsche Kaiserwürde verblieb beim Hause Habsburg-Lothringen, und Österreich konnte seine Großmachtstellung behaupten. Es ist wohl verständlich, daß die Kriegsjahre weder Zeit noch Geld für die Weiterentwicklung des Bildungswesens erübrigen hatten lassen, andererseits waren gerade die Niederlagen gegen die Preußen Ansporn für schulische Neuerungen. Eine bessere Ausbildung der Offiziere (Gründung von Militärakademien und Ingenieurakademien) und des gemeinen Soldaten (Ausbau der „deutschen Schulen") sollten in Zukunft den Erfolg auf den Schlachtfeldern herbeiführen. Die Unterrichtsreformen hatten auch in den verlorenen Schlachten eine ihrer Wurzeln.
Außerdem wirkte sich die durch Kaunitz veranlaßte Umkehrung der Bündnisse in Europa aus. Die Bindung an den bisherigen Feind Frankreich verstärkte die Kommunikation mit einem Zentrum der Aufklärung, und die Gewinnung Rußlands als ständigen Aliierten bot der österreichischen Monarchie die Chance, nicht nur für Osteuropa eine Brückenfunktion für die Entwicklungsformen der westlichen Rationalität zu übernehmen, sondern auch eigene Konzepte mit Erfolg in diesen Raum einschleusen zu können. Gerade im Bildungsbereich gelang eine starke Ausstrahlung.
Negative Folgen zeitigte der Verlust des durchwegs deutschsprachigen Schlesiens an Preußen und die Erwerbung slawischer Gebiete im Osten (Zips, 1769; Galizien, 1772; Bukowina, 1775). Dadurch wurde die ethnische Zusammensetzung der Habsburgermonarchie wesentlich verschoben; die Heranführung der wirtschaftlich und kulturell rückständigen neu erworbenen Gebiete forderte einen großen, nur zum Teil aufbringbaren finanziellen Einsatz. Daß zu den starken sozialen Spannungen schon früh nationale Gegensätze traten, läßt sich gerade im schulischen Bereich deutlich registrieren. Jede einen Ausgleich schaffende Ausdehnung Österreichs nach Westen wurde jedoch durch Preußen verhindert. Das durch das Aussterben der Hauptlinie der Wittelsbacher frei gewordene Bayern konnte nicht gewonnen werden, nur das Innviertel kam damals zum österreichischen Staatsgebiet (Friede von Teschen, 1779). Auch der Tausch der österreichischen Niederlande gegen Bayern mißlang (1785). Die „Monarchia Austriaca" hatte sich damit endgültig als Vielvölkerstaat etabliert, und gerade die bildungspolitischen Maßnahmen verfestigten diesen Zustand, wie sich zeigen sollte, statt ein Zusammenwachsen und eine Vereinheitlichung herbeizuführen.
Verschiedene innenpolitische Reformen haben gleichfalls nicht unwesentlich die Vorgänge im schulischen Bereich beeinflußt, besonders die Zielsetzungen der absoluten Herrscher, die auf eine durchgängige Zentralisierung ihres Behördenapparates hinausliefen. Staatsnotwendigkeiten hatten sie dazu gezwungen. Die schon bei Karl VI. feststellbaren Ansätze zu Veränderungen in der staatlichen Verwaltung wurden trotz heftigen Widerstandes der um ihre Vorrechte und Sonderstellung fürchtenden Länder jetzt weiter verfolgt.[21] Der Weg zum modernen Staat konnte freilich nur über die Ausschaltung der Stände und der Privilegien der katholischen Kirche beschritten werden. Während die Reformen Maria Theresias vor allem konkrete Mißstände überwinden wollten, die zu einer existenzbedrohenden Krise des Staates geführt hatten, wünschte Joseph II. ein auf einer neuen Staatskonzeption aufbauendes Modell zu verwirklichen.

Die leitenden Motive der Reformtätigkeit Maria Theresias waren die schon von ihren Vorgängern erstrebte Stärkung der landesfürstlichen Macht, die Erweiterung ihres Einflusses und die Schaffung eines einheitlichen Untertanenverbandes.[22] Die große Verwaltungsreform von 1749 entschied den Dualismus zwischen Landesherrn und Ständen zugunsten des monarchischen Absolutismus. Die Stände wurden entmachtet, aber nicht beseitigt. Sie mußten das Recht der Steuerbewilligung de facto preisgeben, finanziell wurden sie durch die Ausdehnung der Steuerpflicht auf herrschaftlichen Grundbesitz empfindlich getroffen. Das ständische Beamtentum sank in der nunmehr zentralistisch ausgerichteten Verwaltung zum Durchführungsorgan der landesfürstlichen Anordnungen ab. Den alten ständischen Korporationen blieb aber ein bescheidenes Eigenleben; dieses ebenfalls auszulöschen mißlang auch Joseph II. Die Schaffung des zentralistischen Einheitsstaates erfaßte unter Maria Theresia weder Ungarn noch dessen Nebenländer, sondern blieb auf die deutsch-österreichischen Erbländer und die Länder der böhmischen Krone beschränkt. Der Versuch Josephs II., an der ungarischen Verfassung zu rütteln, scheiterte.
Durch verschiedene Reformen wurden jetzt die Aufgabenbereiche der einzelnen Behörden eindeutig festgelegt, auf allen Ebenen waren nunmehr landesfürstliche Beamte in klar abgegrenzten Kompetenzen tätig. Neben den Zentralbehörden und den auf Landesebene ihnen untergeordneten „Repräsentationen und Kammern" (später Gubernien) sorgten die Kreisämter auf der untersten Verwaltungsebene dafür, daß Grundherrschaften und Gemeinden die landesfürstlichen Verordnungen beachteten. Dieser durchorganisierte Behördenapparat, der für die politische Verwaltung und den Finanzbereich eingerichtet worden war, konnte auch für die schulischen Belange, wovon später noch zu sprechen sein wird, erfolgreich genützt werden.
Doch viel bedeutsamer für Erziehung und Unterricht sollten die kirchenpolitischen Maßnahmen Maria Theresias und Josephs II. werden. Sie waren darauf gerichtet, die katholischen Kirche, die bislang weitgehend für das Schulwesen die Verantwortung trug, aus ihrer Sonderstellung zu drängen und unter vollständige Kontrolle des Staates zu bringen. Gedanken der Aufklärung, Anschauungen des Naturrechts sowie Forderungen innerkirchlicher Strömungen, besonders des Jansenismus und Febronianismus, lieferten die Grundlagen für Argumentation und Anspruch. „Alle Bürger des Staats sind Unterthanen des Staats. Die Clerisey ist ein Theil der Bürger des Staats, folglich macht die Clerisey einen Theil der Unterthanen des Staats aus. Sobald man ein Unterthan des Staats zu seyn sich befindet, so ist und kann man nicht zugleich von dem Staate unabhängig seyn,"[23] formulierte Kaunitz. Die Maßnahmen, die unter Maria Theresia und Joseph II. gesetzt wurden – das vielschichtige Phänomen des sogenannten „Josephinismus" ist schon vor seinem Namensgeber nachweisbar –,[24] lassen deutlich staatskirchliche Tendenzen sowie nationalökonomische und populationistische Überlegungen erkennen.
Die Eingriffe in das Kirchensystem hatten durchwegs auch bildungspolitische Auswirkungen. So schwächte die Beseitigung der Steuerfreiheit der Kirche nicht nur deren Macht – das Kirchenvermögen geriet unter staatliche Kontrolle, zuletzt wurde auch der Erwerb von Grundbesitz von der Bewilligung der Regierung abhängig gemacht –, sondern beschränkte u. a. auch ihre finanziellen Möglichkeiten im schulischen Bereich. Das Verbot von Visitationen kirchlicher Institutionen durch apostolische Delegierte oder ausländische Ordensgenerale, der unter Joseph II. angeordnete Abbruch der Beziehungen zwischen den Klöstern und ihren Mutterhäusern im Ausland, versperrte nicht nur einen der staatlichen Aufsicht entzogenen Kommunikationsweg, sondern schaltete auch die Möglichkeiten eines regelmäßigen fruchtbaren Austausches von Gedanken und Anregungen aus. Die Fenster zur Welt mußten gleichsam geschlossen werden. Am folgenreichsten waren die gegen die geistlichen Orden gerichteten Schritte

des „Josephinismus“,[25] die den Eintritt erschwerten, was den Nachwuchsmangel verschärfte und zur Vernachlässigung mancher Aufgabenbereiche zwang.
Die Vertreibung der Jesuiten aus Frankreich, Spanien, Portugal und Neapel war nachträglich von päpstlicher Seite im Jahre 1773 durch die allgemeine Aufhebung der „Gesellschaft Jesu“ legalisiert worden. Diese fand auch in Österreich keinen Widerstand. Hier hatte die Abwendung vom Jesuitenorden schon lange vorher begonnen; schrittweise war ihm der Einfluß auf die theologischen Fakultäten, auf die Weltpriesterausbildung und auf die Bücherzensur entzogen worden. Sogar als Beichtväter der kaiserlichen Familie waren sie abgelöst worden.[26] Maria Theresia zögerte daher trotz persönlicher Bedenken keinen Augenblick mit der Durchführung des Dekretes, was den Unterricht im Sekundarbereich in eine Krise stürzte. Vor allem die Piaristen, aber auch die Benediktiner und andere Orden mußten die Schulen der Gesellschaft Jesu übernehmen. Sie halfen sich, indem sie Exjesuiten weiterhin als Lehrer einsetzten; auch das Vermögen des Ordens wurde zur Finanzierung des Unterrichts herangezogen.
Joseph II., der überhaupt den Klöstern wenig freundlich gesinnt war und der geistliche „Müßiggänger“ in „nützlichere und Gott wohlgefälligere Bürger des Staates“ verwandeln wollte,[27] entschied sich schließlich 1781 für eine radikale Lösung. Er ordnete die Auflösung aller Klöster an, deren Mitglieder nur eine kontemplative religiöse Lebensweise führten. Daß diese zunächst zugesicherte Einschränkung keineswegs halten sollte, beweisen Kremsmünster, das nur um Haaresbreite einer Auflösung entging, und die zunehmende Neigung, reiche Klöster besonders gern zu liquidieren. Immerhin wurden 700 bis 800 Klöster und Stifte in der Gesamtmonarchie einer Auflösung zugeführt, weitere 449 waren für 1791 vorgemerkt.[28] Das dadurch dem Staat zufallende Vermögen wurde im sogenannten „Religionsfonds“ zusammengezogen, der nur für kirchliche Zwecke verwendet werden sollte.
Die drastische Reduzierung der Klöster führte zu einer Verarmung der österreichischen Bildungslandschaft. Denn auch traditionsreiche Kulturzentren, wie Mondsee, Seckau, Göß oder St. Paul im Lavanttal, wurden gnadenlos ausgelöscht. Bibliotheken und Kunstwerke erfuhren des öfteren eine barbarische Behandlung. Mögliche Träger und Förderer von Kultur fielen damit aus. Für die bestehenbleibenden Klöster wurde ein *numerus fixus*[29] festgelegt; sie durften nur mehr eine bestimmte, den früheren Personenstand wesentlich unterschreitende Zahl von Konventualen haben. Die Vorsteherwahl wurde staatlich reglementiert, die stark verbreiteten Klosterstudien wurden jetzt vollständig verboten; sämtliche Kleriker, wollten sie zu höheren Weihen zugelassen werden, mußten die staatlichen Priesterseminare besuchen. In diesen „Generalseminaren“ wurden sie gemeinsam mit den Weltpriestern ausgebildet und für ihre Aufgaben innerhalb des neu geschaffenen Wohlfahrts- und Polizeistaates vorbereitet. Die Kirche sollte zu einem verlängerten Arm des Staates gemacht werden, der Priester zu einem Beamten, das Gotteshaus zu einer Bildungsanstalt der Aufklärung.
Kaunitz hatte schon 1773 angeregt, daß „von Gelehrten und vernünftigen Männern eine christliche Bauern-Moral nach dem Begrif und den Umständen gemeiner Leuthe verfasset, darinnen die Schuldigkeiten gegen Gott, den Landesfürsten, den Nächsten und sich selbsten kurz und deutlich angezeiget, die Liebe des Vaterlandes eingeprägt und die Gelindigkeit der gegenwärtigen Regierung vorstellig gemacht würde. Aus welchem zum Druck zu beförderenden Schriften die Pfarrer, anstatt ihrer gemeiniglich sehr einfältigen Predigen ein oder mehrere Capitel des Sonn- und Feyertags dem Volck vorzulesen hätten“.[30] Die Verbeamtung des Seelsorgers und die Eingliederung der Kirche in eine bürokratische Maschinerie konnte tatsächlich vorübergehend erreicht werden.

1782 ordnete Joseph II. an, daß alle landesfürstlichen Verordnungen von der Kanzel zu verkünden seien, eine Weisung, die den Gottesdienst beinahe erschlug und von den Pfarrern nur sehr widerwillig befolgt wurde. Als sich die Klagen häuften, daß die Publikation der Gesetze an den meisten Orten nur „sehr hart" zu verstehen sei, mußte ein Bischof seine Seelsorger beauftragen, daß sie sich „bey Herablesung der Verordnungen durch einen langsamen deutlichen Vortrag in einem der Volkssprache soviel möglich angemessenen vernehmlichen Ton den Landleuten verständlich" machten.[31] Diese langweilige Prozedur wurde bereits 1791 vor die Kirche verlegt, aber die Pfarrer verfochten weiterhin mit großer Selbstverständlichkeit von der Kanzel her eine ganze Reihe von Anliegen, die mehr den staatlichen Notwendigkeiten und der leiblichen Wohlfahrt des Menschen als der Religion dienten, die sie aber innerlich bejahten. Davon profitierte auch das Bildungswesen. Daher waren die Seelsorger damals nicht nur Pioniere in der ärztlichen Aufklärung der Bevölkerung, sondern auch unermüdlich, „den Aeltern eine bessere Kinderzucht einzuschärfen"[32] und sie zu mahnen, ihre Kinder zur Schule zu schicken.
Besonders bedeutsam für die weitere Bildungsgeschichte wurde die von Joseph II. durchgeführte Verbesserung der Pfarreinteilung, weil damit die Einrichtung von „deutschen Schulen" (Trivialschulen) gekoppelt war. Die großen städtischen Pfarren wurden geteilt, und auf dem Lande wurde dort eine Pfarre oder Lokalkaplanei errichtet, wo aus klimatischen oder geographischen Gründen der Kirchenbesuch erschwert war, die Entfernung der Siedlung über eine Stunde Weges betrug oder diese über 700 Personen zählte.[33] Die finanzielle Bedeckung der Neugründungen bzw. der Umwandlung von Filialkirchen in Pfarrkirchen wurde dem Religionsfonds entnommen, wenn keine anderen Einkünfte vorlagen. Neben Kirche und Pfarrhof wurde zumeist jetzt auch ein Schulhaus erbaut. Etwa 3 200 neue Seelsorgestationen wurden damals in der Habsburgermonarchie geschaffen.[34]
Die analog zur Neustrukturierung der Pfarren durchgeführte Diözesanregulierung koppelte Österreich ob und unter der Enns vom Bistum Passau gänzlich ab. Als Bischofssitz wurden neben Wien jetzt St. Pölten und Linz bestimmt. Das Fürsterzbistum Salzburg konnte sich zwar als Metropolitansitz für die innerösterreichischen Bistümer Graz, Seckau, Leoben, Gurk und Lavant behaupten, mußte diesen aber die eigene Ordinations- und Jurisdiktionsgewalt zugestehen. Die westösterreichische Bistumsorganisation blieb – bis auf kleinere Verlagerungen – weitgehend unverändert.[35]
Wenn auch bildungspolitisch zunächst nicht ins Gewicht fallend, jedoch von grundsätzlicher Bedeutung – rund 150 Jahre nach dem Siege der Gegenreformation – war die offizielle Proklamation der religiösen Duldung. Das Toleranzpatent von 1781 gewährte Protestanten, Kalvinisten und Griechisch-Orthodoxen beinahe gleiche Rechte wie den Katholiken. Die Zahl der sich nur zögernd – aus Angst, es konnte sich um eine Finte handeln – zu ihrem Glauben bekennenden Protestanten betrug in den heutigen Bundesländern etwa 50 000. Sie organisierten sich in 46 Pfarrgemeinden (Burgenland: 18, Kärnten: 14, Österreich ob der Enns: 9, Steiermark: 2, Österreich unter der Enns samt Wien: 3) und errichteten eigene Schulen. Alle Studienwege wurden ihnen fortan geöffnet.[36]
Den Juden wurde durch eine eigene Gesetzgebung zwar keine völlige bürgerliche Gleichstellung eingeräumt, doch ein Großteil der sie diskriminierenden Maßnahmen aufgehoben. Manche Bestimmungen übten einen gewissen Druck zur Assimilation aus, was den Widerstand der orthodoxen Juden auslöste und den Aufbau eines eigenen jüdischen Bildungswesens förderte. Juden war jetzt auch das Universitätsstudium gestattet.[37] Sie wurden zum juridischen und medizinischen Doktorgrad zugelassen; nur die theologische Fakultät blieb ihnen verschlossen.

Auch Salzburg, das von dem der Aufklärung nahestehenden Erzbischof Hieronymus Graf Colloredo (1772–1803) regiert wurde, begrüßte die Toleranzgesetzgebung Josephs II. und schlug ähnliche Bahnen ein.[38]
Die Voraussetzungen für einen weiteren Ausbau des Bildungswesens waren grundsätzlich gut, weil die Aufklärung die Politik der Zeit steuerte und den Fragen von Unterricht und Erziehung gegenüber sehr aufgeschlossen war. Doch die absolute Regierungsform machte alle Maßnahmen von der Persönlichkeit und dem Bildungshorizont des Herrschers abhängig. Der egalitäre Charakter des Josephinismus änderte im Grunde nicht viel daran.[39] Er führte bloß zu in gleicher Weise begrenzten Rechten, der Freiraum war daher für jeden gleich groß, aber um kein bißchen größer, als es eben die Regierung zuließ. Nur die Akzente der Bildungspolitik wurden dadurch verschoben. Der Gleichheitsgedanke mußte ja geradezu zur Förderung des bisher vom Staat weitgehend vernachlässigten Primarschulwesens führen.

8.2 Schwerpunkte der Sozial- und Wirtschaftspolitik zur Zeit Maria Theresias, Josephs II. und Leopolds II.

Während zwischen dem 14. und 17. Jahrhundert die Bevölkerungszahl weitgehend stagnierte, weil sich der Geburtenanstieg und die Verluste durch Seuchen, Kriege und religiöse Intoleranz die Waage hielten, begann sie sich am Ende dieser Epoche anzuheben. Um 1750 setzte eine Periode rascherer Bevölkerungszunahme ein.[40] Die Ursachen dafür sind vielfältig; die verbesserten hygienischen Verhältnisse und die Fortschritte in der Medizin dürften sich genauso förderlich wie das Aufhören der ständigen Kämpfe gegen die Osmanen, die Begünstigung der Binnenkolonisation und die merkantilistische Wirtschaftspolitik ausgewirkt haben.
Aufgrund der seit 1754 aus wirtschaftlichen und besonders aus militärischen Gründen in Abständen durchgeführten Volkszählungen lassen sich die Bevölkerungsverschiebungen einigermaßen verläßlich feststellen. Die Einwohnerzahl des heutigen Niederösterreichs wuchs zwischen 1754 und 1780 um 68,8 Prozent, von Tirol und Vorarlberg um 48,7 Prozent, Oberösterreich um 44,3 Prozent, Steiermark um 15,8 Prozent, Kärnten um 7,6 Prozent.[42] Die Erhöhung der „Population" wurde vom Staat gefördert, weil er dadurch nicht nur sein Steueraufkommen erhöhen und das Heer vergrößern konnte, sondern gegenüber anderen Staaten an Macht und Ansehen gewann.
Die steigende Bevölkerungszahl machte auch eine erhöhte Lebensmittelproduktion notwendig,[43] sollten Teuerungen und Auswanderung verhindert werden. Der eintretende Nahrungsmittelmangel rückte daher die Bauern und ihre Probleme aus ihrer unbeachteten Randsituation, in der sie bislang gewesen waren, obgleich sie etwa drei Viertel der Gesamtbevölkerung (in Österreich unter der Enns einschließlich Wiens im Jahre 1762 70 Prozent) ausmachten. Ihre Wertschätzung stieg an; die Erkenntnis verbreitete sich, daß die Bauern den wichtigsten Stand bildeten. Nur durch ihre Arbeit konnten die Grundbedürfnisse der anderen Stände gedeckt werden. Auch die Existenz von Gewerbe, Manufakturen und Fabriken sei ohne sie nicht möglich. Zusätzlich fiel ins Gewicht, daß die Theresianische Steuerfassion die Bauern als die wichtigsten Steuerträger des Landes auswies.
Die Naturwissenschaften vermochten den Weg zu zeigen, wie bei gleichbleibender landwirtschaftlicher Nutzfläche mehr Nahrungsmittel produziert werden konnten. Es wurde die Ablösung der Dreifelderwirtschaft durch eine Fruchtwechselwirtschaft, die

Bebauung des bisher jedes dritte Jahr brachliegenden Ackerlandes mit Futterkräutern, die Sommerstallfütterung des Viehs, die Verbesserung der Düngung, der Anbau neuer Pflanzen (z. B. Klee, Kartoffel) und die Aufteilung der Gemeindegründe (Allmende) gefordert.[45] Die Bauern waren allerdings nur schwer zu Reformen ihrer traditionellen Wirtschaftsführung zu veranlassen. Es mußten daher Maßnahmen überlegt werden, welche die Umsetzung der Hauptforderungen der physiokratisch ausgerichteten Nationalökonomie gewährleisten konnten.

Zunächst suchte man die unterschiedlich abgestufte abhängige Stellung der Bauern weitgehend einzuebnen. Die Bauern Nordtirols und der gebirgigen Teile Vorarlbergs besaßen bereits seit Jahrhunderten große Rechte und Freiheiten; auch im übrigen heutigen Österreich war ihre Lage einigermaßen günstig, Leibeigenschaft gab es für sie nicht mehr. Sie waren jedoch als Pächter von ihrem Grundherrn in vieler Beziehung abhängig. Maria Theresia und Joseph II. schufen durch eine Reihe von Gesetzen nunmehr für alle bäuerlichen Untertanen einheitliche Freiräume. Die Feststellung der Grenzen zwischen bäuerlichem und herrschaftlichem Besitz, die Beseitigung der grundherrlichen Steuereinhebung und die Einschränkung der Patrimonialgerichtsbarkeit und deren Kontrolle durch die Kreisämter, die Vereinheitlichung der Gebühren, die Festlegung des Höchstausmaßes des Robots und die Einführung eines schiedsrichterlichen Systems in Streitfällen zwischen Herren und Bauern sicherten die Bauern vor herrschaftlicher Willkür ab, brachten ihnen eine spürbare materielle Besserstellung und ein Mehr an persönlicher und vor allem wirtschaftlicher Freiheit.

Der Aufhebung der Leibeigenschaft (1781) – für die österreichischen Gebiete nur von formeller Bedeutung – sollte 1789 durch eine Urbarialregulierung die Abschaffung des Robots und der Naturaldienste einschließlich des Zehents folgen. Eine gleichmäßige Besteuerung sollte an deren Stelle treten. Doch infolge des Widerstandes der Grundherren und überraschenderweise auch der Bauern, welchen die Umstellung von der Natural- auf die Geldwirtschaft schwerfiel, zwang Leopold II., diese die Bauernschutzgesetzgebung krönende Reform zu widerrufen.

Als Hauptgrund für die vielfach ablehnende Haltung der Bauern gegenüber den zu ihrem Vorteil vorgesehenen Änderungen in der Agrarverfassung, wie sie sich z. B. in der Freude über die Rücknahme der Steuer- und Urbarialregulierung von 1789 zeigte, sowie für ihr geringes Interesse für die wünschenswerten Neuerungen auf dem Gebiete der Landwirtschaft wurde mit Recht der geringe Ausbildungsstand der Landbevölkerung angesehen. Die Weitergabe von Wissen und Erfahrungen erfolgte bei ihr noch immer im Rahmen des Hauses. Die meisten Bauern konnten weder lesen noch schreiben; über das gedruckte Wort war daher schwer an sie heranzukommen. Deshalb mußte der Weg über die Kirchenkanzel beschritten werden; der Pfarrer wurde – wie schon erwähnt – gezwungen, nicht nur die landesfürstlichen Gesetze zu verlesen, sondern auch über Hygiene oder moderne Landwirtschaft zu predigen. Doch zeitigte diese Maßnahme genauso begrenzte Erfolge wie die Errichtung von Musterwirtschaften durch fortschrittlich gesinnte Grundherren, welche die Bauern der Umgebung zur Nachahmung veranlassen sollten.

Um den Wissensstand der Bauern anzuheben, schien letztlich nur mehr der Weg zielführend, die Möglichkeiten der Schule zu nützen. Man leitete daher eine Verbesserung ihrer Organisation auf dem Lande ein und ordnete die allgemeine Schulpflicht an. Aber erst durch Zwang und Strafe konnten der Schulbesuch der Bauernkinder und die gewünschten Folgen erreicht werden.

Die wirtschaftliche Besserstellung und damit die zunehmende Kaufkraft der Bauern lösten eine verstärkte gewerbliche Produktion aus. Gewerbe und Handel wurden daher zu einem anderen Schwerpunkt der staatlichen Wirtschaftspolitik. Weil diese gleichfalls Folgen im Bildungsbereich auslöste, muß sie kurz skizziert werden. Maria Theresias und Josephs II. wirtschaftliche Entscheidungen fußten zwar zum Teil noch auf merkantilen Grundsätzen, aber sie setzten dabei schon ein differenziertes Instrumentarium ein, um diese durchzusetzen. Die Zielvorstellungen waren: Schutz und Abschließung nach außen durch ein abgestuftes Zollsystem und Einfuhrverbote, Schaffung eines einheitlichen Wirtschaftsraumes durch Aufhebung der inländischen Zollinien und die Hinüberführung der privilegierten und mit staatlichen Unterstützungen aufgebauten Industrie in möglichst freie Konkurrenzverhältnisse.[46]

Die Zunftordnungen, die jede Anpassung an konjunkturelle Gegebenheiten und eine quantitative Zunahme der Produktion durch ihre strengen Begrenzungen (Zahl der Meister in einer Gemeinde, Zahl der maximal anzustellenden Gesellen und Lehrjungen, Menge des zu verarbeitenden Rohstoffs usw.) verhinderten, waren Hauptthemmnis für die erstrebten wirtschaftlichen Veränderungen. Die Aushöhlung des Zunftwesens setzte mit der „Hofbefreiung“ ein. Handwerker, die für den höfischen oder adeligen Bedarf arbeiteten, wurden von den Auflagen und Einschränkungen der Zünfte befreit.

Die 1754 aus bürokratischen Erwägungen heraus getroffene Unterscheidung zwischen dem Polizeigewerbe, das für den lokalen Bedarf arbeitete, und dem Kommerzialgewerbe, das im großen erzeugte und exportierte, erwies sich dann als besonders folgenreich. Denn letzteres wurde zunehmend von allen zünftischen Beschränkungen befreit und einer überregionalen Behörde unterstellt. Aber auch bei den Polizeigewerben (z. B. Fleischhauer, Bäcker, Schneider, Schlosser, Wirt usw.) konnte der Zwangscharakter des Zunftwesens gelockert werden. Die Zulassung der Frauenarbeit wurde damals erzwungen.[47]

In der Regel befreite auch ein Fabriksprivileg von allen zunftmäßigen Schranken. Der Unternehmer durfte „zünftige“ und „unzünftige“ Arbeitskräfte in beliebiger Zahl aufnehmen, bei ihm arbeitende Lehrlinge und Gesellen waren den „zünftigen“ gleichgestellt.[48] Daß Fabriksarbeiter außerdem von der Militärrekrutierung befreit waren, veranlaßte manche bäuerliche Untertanen, den Pflug zu verlassen.

Die Industrialisierung war starken staatlichen Lenkungsmaßnahmen unterworfen. Maria Theresia suchte eine Ballung von Fabriken und Manufakturen in der Residenzstadt zu verhindern, indem sie Fabrikanten, die sich in kleinen Landstädten anzusiedeln bereit waren, eine Reihe von Begünstigungen gewährte.[49] Vielfach mußten ausländische Großhändler für die Gründung gewonnen werden. Denn der Adel in den Alpenländern erwies sich als wenig industriefreundlich, dem städtischen Bürgertum wiederum fehlte es an Kapital. Die in diesen Jahrzehnten übliche großzügige industrielle Förderungspolitik fand freilich um 1770 infolge einer Reihe von Rückschlägen ein Ende. Viele Unternehmungen gerieten damals trotz Subventionen in finanzielle Schwierigkeiten, wurden eine Zeitlang als verstaatlichte Betriebe weitergeführt und mußten schließlich, weil sie passiv blieben, an Meistbietende abgestoßen werden. Daher wurden fortan nur in Ausnahmsfällen Privilegien und Monopole verliehen. Eine breite Konkurrenz sollte die Möglichkeiten eines geschützten Marktes nützen. Die von Joseph II. zeitweise forcierte liberale Gewerbe- und Handelspolitik, über die trotzdem die Kontrolle nicht aufgegeben wurde, führte zu zahlreichen Betriebsgründungen und starken Binnenhandelsströmen. Der Außenhandel hingegen stagnierte.

Man darf allerdings den Anteil der in den Manufakturen und Kommerzialprofessionen tätigen Arbeiter nicht zu hoch ansetzen. Im heutigen Niederösterreich (einschließlich Wiens), in einem Zentrum der industriellen Produktion, machte er 1762 nicht mehr als 2,5 Prozent der Gesamtbevölkerung aus und erhöhte sich bis 1780 nur auf 3,2 Prozent.[50]

Bildungspolitisch wichtig wurden die durch die gewerblich-industrielle Entwicklung dieser Epoche eingeleiteten Bevölkerungsverschiebungen, das Wachstum der Städte und die Entstehung großer Industriesiedlungen. Sie zogen notwendigerweise die Gründung von Schulen und Ausbildungsstätten nach sich. Das heutige Staatsgebiet erhielt damals eine Struktur, die sich erst nach 1918, als es aus dem großen Wirtschaftsraum der Monarchie ausgegliedert wurde, mit erschreckender Deutlichkeit in ihrem Ungleichgewicht abzeichnete.

Die Residenzstadt Wien war als Sitz einer zentralistischen Staatsverwaltung überproportional gewachsen, 1754 zählte sie 175 460, 1782 bereits 206 120 Einwohner.[51] Auch die großbetriebliche Produktion konzentrierte sich auf den Raum Wien und das Viertel unter dem Wienerwald. Die Zahl der Manufakturen stieg dort von etwa 11 im Jahre 1762 auf mindestens 140 im Jahre 1790.[52] Dieses Gebiet bildete die einzige große Industrielandschaft auf heute österreichischem Boden. Denn in Österreich ob der Enns blieb – ausgenommen die Linzer Wollenzeugfabrik – das traditionelle Gewerbe (Leinenerzeugung im Mühlviertel, Eisenverarbeitung im Raum Steyr) vorherrschend. Gerade weil die Eisenwirtschaft in der Obersteiermark sowie in Österreich ob und unter der Enns (Eisenwurzen) in kleinbetrieblichen Organisationsformen verharrte und sich neuen Techniken wenig öffnete, begann sich hier eine Krise abzuzeichnen. Kärnten hingegen war mit mehreren Seiden-, Tuch- und Baumwollfabriken gut ausgestattet, auch das Eisenwesen nahm hier einen Aufschwung. Tirol blieb vor allem ein Land des Transithandels, in Vorarlberg zeigten sich bereits Ansätze zur späteren Industrialisierung.[53] Bevölkerungskonzentration und Wirtschaftspotential hatten jedenfalls ihren Höhepunkt im östlichen Teil des heutigen Österreichs.

8.3 Der Bildungsbegriff der Aufklärung und die Idealvorstellungen von Unterricht und Erziehung

Zur Zeit der Aufklärung nahm das alte deutsche Wort „Bildung" den komplexen Bedeutungsinhalt an, der es in der Folge zum Leit- und Zentralbegriff der pädagogischen Diskussion emporhob.[54] Moses Mendelssohn hatte noch 1784 festgestellt, daß Aufklärung, Kultur und Bildung „in unserer Sprache noch neue Ankömmlinge" sind und „vor der Hand bloß zur Büchersprache" gehören. Bildung äußerte sich für ihn „in Kultur und Aufklärung. Jene scheint mehr auf das Praktische zu gehen . . . Aufklärung hingegen scheinet sich mehr auf das Theoretische zu beziehen".[55] In der Umgangssprache wurde der hochabstrakte, daher immer wieder neu definierte Begriff nur zögernd aufgenommen, man redete lieber weiter von „Erziehung" oder „Unterweisung" und „Unterricht".

Die früheste Bedeutung von Bildung (ahd. bildunga, mhd. bildunge) war sowohl „Bild", „Abbild", „Ebenbild" *(imago)* als auch „Nachbildung" und „Nachahmung" *(imitatio)*. Aber entscheidend für die weitere Anwendung des Begriffs wurde sein Verständnis als „Gestalt" *(forma)* und „Gestaltung" *(formatio)*; damit wurde mit „bilden" und „sich bilden" die Möglichkeit der Formgebung durch äußere Einwirkung wie auch Entstehung und Entwicklung durch Ausrichtung an Beispielen ausgedrückt. Neben der Anwendung des Begriffs auf die äußere Gestalt – z. B. das Antlitz hat eine einnehmende Bildung – stand es zunehmend auch für den geistig-seelischen Bereich in Gebrauch. Bei den pietistischen Schriftstellern „bildet" Gott den Menschen nach seinem Bilde, sie sprachen von Gemütsbildung und „Bildungen der Vernunft".[56]

Von hier war der Weg zur modernen Bedeutung des Begriffs „Bildung" nicht mehr weit. Er nahm seit der Mitte des 18. Jahrhunderts Konturen an und wurde zunächst synonym für Erziehung gebraucht. Nur langsam drang er in das offizielle Vokabular der Verordnungen und Gesetzestexte ein. So wurde im „Entwurf zur Einrichtung der Gymnasien in k. k. Erblanden“ (1775) den „deutschen Schulen“ „die Bildung des für seine Geschäfte hinlänglich aufgeklärten Bürgers“[57] aufgetragen. Gratian Marx, verantwortlich für das Gymnasialwesen *(Director Humaniorum)*, wies 1778 die Lehrer darauf hin, daß der Geschichtsunterricht „vorzüglich der Bildung des Herzens“[58] dienen solle. Die „Disciplinar-Vorschriften“ von 1781 erklärten eine gute Schuldisziplin als Voraussetzung für eine „standhafte moralische Bildung“.[59] Ein Hofdekret vom 29. Oktober 1782 mahnte die Lehrer, daß „zur Bildung der Jugend nothwendig ist, daß man auch ihre Sitten in Absicht auf derenselben künftige Verwendung zum Dienste des Staates ebenso, wie auf ihre Fähigkeiten und Fleiß das Augenmerk richte“.[60] Hier bezieht sich der Bildungsbegriff bereits auf die Gesamtpersönlichkeit: auf Fähigkeiten als Ergebnis von Kenntnissen, auf Verhalten als Inhalt gelernter Normen und auf die vorhandene Aktivität zur Selbstbildung.

Die Gewichtung der die Bildung kennzeichnenden Begriffe, deren Rangfolge und Verflechtung müssen in Hinkunft genau beachtet werden, um die sich durch Aufladung wie Entleerung des Bildungsbegriffs manifestierenden Verschiebungen im pädagogischen Denken ausweisen zu können.

Der hohe Stellenwert, der Fragen der Pädagogik im Zeitalter der Aufklärung beigelegt wurde, beruhte auf der These, daß die Erziehung „den größten Einfluß auf die Glückseligkeit eines Staats“[61] habe. Karl Heinrich Seibt, „Professor der schönen Wissenschaften und der Moral in Prag“, stellte diese Worte seiner Vorlesung „über die Erziehungskunst“ (gedruckt 1771) voraus und vertrat die Auffassung, daß ein Staatswesen, in dem „jeder Bürger in seinen allgemeinen, und in den besondern Pflichten seines Berufs, unterrichtet, und dieselben, mit Fertigkeit und aus Antrieb zur Tugend auszuüben, angewöhnet wird, ... unfehlbar, und unabhängig von allem was zufällig ist, ein glückseliger Staat“ wird.[62] Die Erziehung wurde daher als ein „wichtiges Amt“ bezeichnet, für das man sich ausbilden müsse. Fehler in diesem Bereich seien von weitgehenden Folgen. Weil es Pflicht jeden Bürgers sei, „fürs Vaterland zu leben, und ihm nützlich zu seyn“,[63] müsse er seine Kinder gut erziehen.

Die Ausrichtung der rationalen Überlegungen auf die Nützlichkeit, die damalige Überbetonung reiner Zweckmäßigkeitsgesichtspunkte, führte freilich zu einer Verflachung im pädagogischen Denken und Handeln. Denn unter dem Zeichen des Utilitarismus wurden nicht nur Praxisbezüge hergestellt und notwendige berufliche Ausbildungsbereiche in die Lehrpläne eingeschleust, sondern trat auch durch Kürzung der Ausbildungszeit und Wegfall von Lernanforderungen Oberflächlichkeit und Niveauverlust ein.

Dabei waren die Bildungspläne hochgestochen, das Konzept einer „Nationalerziehung“[64] wurde in Österreich bereits 1775 entworfen. Als Absichtserklärung stellte der Verfasser Ignaz Mathias Hess (1746–1776),[65] Professor für Universal- und Literaturgeschichte an der Universität Wien, seiner Schrift voraus, daß für alle Stände „tüchtige Mitglieder“ herangebildet werden müßten. Diese Nationalerziehung sollte in einem dreistufigen Ausbildungsgang erfolgen. Die „deutschen Schulen“, die er auch „bürgerliche“ nennt, waren auf die „Erfordernisse des vaterländischen Nährstandes“ abzustimmen; ein Großteil der Schüler würde nach ihrer Absolvierung austreten, um ein „bürgerliches“ Gewerbe auszuüben. Nur ein kleiner Teil würde nach strenger Auslese zu den „Gelehrtenschulen oder Gymnasien“ aufsteigen. Diese „Mittelstufe“ hätte einerseits die in den „deutschen Schulen“ erworbenen Kenntnisse zu vertiefen und zu erweitern, andererseits durch Unterricht in den Sprachen und Realien auf den Besuch der Universitäten vorzubereiten.[66] Deren Aufgabe war hauptsächlich, für den Dienst im Staate auszubilden. Wenn auch dieser Entwurf für eine „vollständige Nationalerzie-

hung"[67] in den Einzelheiten nicht in die Schulwirklichkeit übertragen wurde, Grundstruktur und allgemeine Zielsetzungen blieben richtunggebend für die schulischen Veränderungen im österreichischen Raum.
Wie sich die führenden Persönlichkeiten das Ideal von Erziehung und Unterricht vorstellten, manifestierte sich am deutlichsten in der Ausbildung der österreichischen Herrscher im Zeitalter der Aufklärung. Maria Theresia hatte noch – obgleich als Nachfolgerin ihres Vaters ausersehen – die traditionelle Erziehung der Habsburgerprinzessinnen erhalten. Ihr wurde neben den elementaren Fächern noch Französisch und Italienisch gelehrt; auch erhielt sie Unterricht in Tanz, Gesang, Musik und im Reiten. Außerdem wurde sie mit der Kirchen- und Weltgeschichte vertraut gemacht; ihr Lehrer vermittelte ihr dabei einen antikurialen Standpunkt. In die Praxis der Regierungsgeschäfte hatte sie ihr Vater freilich nicht eingeweiht.[68]
Wenn Maria Theresia auch ohne Zweifel übertrieb, als sie äußerte, daß die Erziehung ihrer Kinder „den hauptsächlichsten und wichtigsten Gegenstand"[69] ihrer Aufmerksamkeit ausmache, ihre Anordnungen, Briefe und Instruktionen bekunden deutlich ihr waches Interesse an Erziehungsfragen und lassen zwei Richtpunkte für ihre pädagogischen Maßnahmen erkennen. Der eine war, daß der Erziehungsprozeß möglichst früh eingeleitet und bis zur Heirat geführt werden müsse, der andere, daß er die Gesamtpersönlichkeit, ihre seelisch-geistigen wie auch ihre körperlichen Komponenten, zu erfassen habe.[70]
Gleich nach der Geburt erhielten daher die Kinder Maria Theresias Erzieherinnen (Ajas) zugewiesen, die streng nach in vielen Punkten bereits modern anmutenden Instruktionen vorgehen mußten. So wurden sie u. a. darauf hingewiesen, auf äußerste Reinlichkeit zu achten, die Säuglinge nicht zu sehr in den Windeln einzuschnüren, sie nicht zu überfüttern, mit ihnen nicht in der Kleinkindersprache zu plappern usw. Früh wurden die Kinder an religiöse Übungen und an repräsentative Aufgaben gewöhnt. Schon vor dem regelmäßigen Unterricht, der mit dem siebenten Lebensjahr einsetzte, mußten sie Lesen und Schreiben beherrschen.
Die weiteren Schritte erfolgten nach einem klar umrissenen und bis in Einzelheiten festgelegten Konzept. Das Erziehungsziel lautete bei den Söhnen, diese mit den Kenntnissen und Fähigkeiten auszustatten, die für einen Regenten nötig waren. Maria Theresia und Franz Stephan von Lothringen hatten darüber ziemlich genaue Vorstellungen, die sie in ähnlich lautenden Instruktionen niederlegten und die den Erziehern und Lehrern als Richtschnur dienten. Sie geben einen guten Einblick in die Gewichtung und den für notwendig gehaltenen Umfang des Lehrprogramms für einen aufgeklärten Fürsten.[71] An erster Stelle stand – wie seit Jahrhunderten – die religiöse Erziehung, dann folgte als Aufgabe, den Kindern die Pflichten gegenüber den Eltern bewußt zu machen und die Gefühle zu pflegen, die sie ihren Geschwistern und der ganzen Familie schuldeten. An dritter Stelle wurde bereits die Gesundheit erwähnt, auf die geachtet werden mußte. Zuletzt erhielten Fragen der Charakterbildung und der Wissensvermittlung ihren Platz. Als wünschenswerte Denkungsart stellten Maria Theresia und Franz Stephan die Gerechtigkeit in den Mittelpunkt. Die Söhne wurden vor Schmeichlern gewarnt und auf die Bedeutung der Wahl der Ratgeber hingewiesen. Die Palette der Lerngegenstände fiel ziemlich groß aus, ein gleichmäßig tiefes Eindringen in sie war von vornherein unmöglich. Die Fortschritte im Unterricht waren zu kontrollieren, die Prüfungen fanden vor einer Kommission, manchmal auch vor den Eltern statt. Joseph (II.) mußte sich fast jeden Monat einer Kontrolle seiner Kenntnisse stellen. Verständlicherweise durfte auch die militärische Ausbildung nicht zu kurz kommen.
Aber auch die Ausbildung der Töchter Maria Theresias schritt über die bisherigen Gepflogenheiten hinaus. Sie war ganz auf den zukünftigen Gatten abgestimmt, über

den schon im Kindesalter von der Staatsräson bestimmte Absprachen getroffen wurden. Dessen Sprache mußte gelernt, über Land und Leute genügend Information geboten werden.[72] Der Unterrichtsplan war zwar nicht so streng an Zeit und Inhalt gebunden wie bei den Söhnen, aber ebenfalls ziemlich umfassend. Auf das Erlernen des Schreibens, Lesens und der deutschen und französischen Sprache folgte die Vermittlung von Geographiekenntnissen und das Einüben von Tänzen. Später wurde ihnen noch Latein, Italienisch, Geschichte und das Schreiben von Briefen gelehrt. Auch übten sie sich in Musik, Zeichnen und Reiten. Die wissensmäßige Ausbildung erreichte zwar nicht das Niveau der Brüder, schuf aber eine gute, tragfähige Grundlage.

Die Periode des Lernens endete erst mit der Heirat. Anläßlich der Hochzeit wurde dann der letzte erzieherische Akt gesetzt. Maria Theresia und Franz Stephan übergaben ausführliche Instruktionen an die nun aus ihrer Obhut entlassenen Söhne und Töchter, schriftlich niedergelegte detaillierte Ratschläge und Anleitungen zur erfolgreichen Bewältigung der Aufgaben als Herrscher, als Gattin eines Herrschers sowie als Ehemann und Ehefrau.[73] Das traditionelle Rollenverständnis schlug dabei durch, emanzipatorische Ansprüche fehlten.

Über die tatsächliche Durchführung der am Reißbrett der Aufklärung festgelegten Erziehung Josephs II. und Leopolds II. sind wir durch viele Aufzeichnungen informiert. Schon die Erziehung Josephs II.[74] war stark von rationalistischen Anschauungen getragen, vielseitig und auf seine späteren Aufgaben als Herrscher abgestimmt. Das Erlernen der Sprachen – Kernpunkt des üblichen Unterrichts – bereitete ihm keine Schwierigkeiten. In Französisch erhielt er die Möglichkeit, Werke der klassischen französischen Dichtung wie auch der Aufklärungsliteratur zu lesen. In Latein trat die Grammatik zugunsten der Lektüre zurück. Dichtung und Literatur spielten eher eine untergeordnete Rolle, sie sollten aber beitragen, in ihm den Sinn für das Gute und Schöne zu wecken und ihm helfen, seine Gedanken geordnet und rhetorisch wirksam vorzutragen. Neben Latein und Französisch eignete sich Joseph noch Italienisch, Ungarisch und Tschechisch an. Auch in Mathematik und in den naturwissenschaftlichen Fächern erwarb er sich beachtliche Kenntnisse.

Zu seinen Lieblingsgegenständen zählten Geographie und Geschichte. Er wurde mit den Grundsätzen der Politik und des Völkerrechts, den historischen Veränderungen und dem Aufstieg der Dynastien, mit politischen Fehlern von Regenten sowie mit der zeitgenössischen Situation vertraut gemacht. Neben Philosophie und Ethik war auch dem Rechtsunterricht breiter Raum gelassen. Joseph erhielt eine Einführung in die rationalistische Naturrechtslehre, in das aufgeklärte Strafrecht sowie in das Staats- und Lehensrecht. Ausführliche Kenntnisse der inneren Verfassung der österreichischen Monarchie sollten ihm Regierungs- und Verwaltungsprobleme bewußt machen. Es wurde ihm auch Gelegenheit geboten, den Sitzungen der obersten kollegial organisierten Verwaltungsbehörden beizuwohnen. In gleicher Weise wie der geistigen Ausbildung wurde auch der körperlichen Ertüchtigung des Thronfolgers große Aufmerksamkeit geschenkt. Man unterrichtete ihn in Reiten, Fechten und Tanzen; er durfte auch bei Theateraufführungen mitwirken.

Aber die Erziehung des verschlossenen und ehrgeizigen Knaben krankte daran, daß ihm mittelmäßige Lehrer in unsystematischer Weise Kenntnisse vermittelten, die mehr in die Breite als in die Tiefe gingen. Für den leicht auffassenden Joseph kam es daher zu keinem gründlichen Studieren, das in ihm Ehrfurcht vor Wissen und Erkenntnis erwecken hätte können. So machte ihn seine oberflächliche Vielwisserei – eine typische Erscheinung der Aufklärung – überheblich und förderte seinen schon vorhandenen Hang zu vorschnellen Urteilen. Sie führte auch zu einer dauernden Abneigung gegenüber Büchern und Gelehrten.[75]

Sein um sechs Jahre jüngerer Bruder Leopold (II.) war ähnlich ausgebildet worden.[76] Nur war dieser anders geartet; seine eigene Mutter beschrieb ihn als träge und faul. Tatsächlich war er ruhiger als sein Bruder Joseph. Er faßte auch langsamer auf als dieser, ging deshalb stufenweise vor und behielt in der Folge allerdings auch das Gelernte fester. Seine ungemein starke Gehemmtheit ließ seine Leistungsmöglichkeiten verkennen. Mit seinen Lehrern traf er es besser als sein Bruder. Geschicktere Pädagogen und ausgeprägtere Persönlichkeiten unterrichteten ihn. Sein Erzieher Franz Graf Thurn vertrat bereits uneingeschränkt die Prinzipien der Aufklärung.[77] Karl Anton Martini, Professor für Naturrecht an der Universität Wien, formte Leopolds staatsrechtliche und politische Anschauungen.[78] Diese auch für die Entwicklung des Unterrichtswesens bedeutsame Persönlichkeit vertrat ein eklektizistisches System, das auf Ausgleich und Verbindung verschiedener Ansichten gerichtet war; es dürfte stark auf den Erzherzog abgefärbt haben.
Der Kreis der Leopold (II.) vermittelten Lehrinhalte reichte von den Sprachen Französisch, Latein und etwas Tschechisch über Geschichte, Geographie, Naturgeschichte, Mathematik und Mechanik bis zu Physik und Rechtskunde; letztere Fächer interessierten ihn besonders. Für die ebenfalls im Unterrichtsplan angesetzten körperlichen Übungen zeigte er wohl Eignung, aber wenig Lust. Zum Violinspiel mußte er wiederholt gemahnt werden.[79]
Weniger seine geistige als seine charakterliche Entwicklung bereitete dem Hof lange Zeit Sorgen. Er vernachlässigte – hierin ähnlich seinem Vater – sein Äußeres und neigte zur Melancholie. Seine Geschwister nannten ihn „Doktor“ und wollten damit sein starkes Interesse an der Gelehrsamkeit und seine pedantische, dozierende Sprechweise kennzeichnen. Er selbst strebte seit seinen Jünglingsjahren nach dem Ruhm eines „Philosophen“.[80]
Trotz eines klaren Konzeptes und der als Befehle zu verstehenden Durchführungsverordnungen konnten die Idealvorstellungen der Zeit bei keinem der Kinder Maria Theresias verwirklicht werden. Die Variablen – Persönlichkeit des zu Erziehenden sowie Persönlichkeit und Fähigkeiten der Lehrer – bedingten die Abweichungen. Die rational ausgerichtete Pädagogik stieß damit an ihre Grenzen. Das zeigte sich auch bei der damals voll einsetzenden Massenerziehung – besonders im Primarbereich – recht deutlich. Auch wenn dort die Lernziele viel niedriger als in der Einzelerziehung angesetzt wurden und man ihre Zahl wesentlich einschränkte, war von vornherein die Bandbreite des erreichten Niveaus ungemein groß.

8.4 Suche nach neuen organisatorischen Formen der Bildungsverwaltung

Der aufgeklärte Absolutismus führte nicht nur eine Änderung der Regierungsform herbei, sondern folgerichtig auch eine tiefgreifende, einen Bruch mit den bisherigen Einrichtungen bewirkende Verfassungsreform. Praktische und politische Überlegungen führten nach den verlorenen Kriegen gegen Brandenburg-Preußen zur Umwandlung der „monarchischen Union von Ständestaaten“[82] in einen absolutistisch-zentralistisch regierten Behörden- und Beamtenstaat.
Die von Friedrich Wilhelm Graf Haugwitz entworfene und im Jahre 1749 eingeleitete Staatsreform schaltete ständische Einflüsse und die durch Länderinteressen bedingten territorialen Begrenzungen weitgehend aus und schuf mit den neuen, jeweils auf einen

engen sachlichen Aufgabenbereich beschränkten Zentralstellen einen monarchischen Behördenapparat von großer Schlagkraft. Er vermochte seine Entscheidungen und damit den Willen des Monarchen auf dem Wege über die Mittelinstanzen der Bevölkerung präsent zu machen.[83] So wurden neben der „Regierung" der Länder, der bloß die Rechtsprechung verblieb, jetzt oberste Landesbehörden (Repräsentationen und Kammern; ab 1762 Gubernien) eingerichtet und zwischen ihnen und den Ortsobrigkeiten, die bislang unter Aufsicht und Einfluß der Grundherren gestanden waren, Kreisämter zwischengeschaltet. Der Leiter des Kreisamtes, der Kreishauptmann, hatte die Durchführung der Erlässe, Gesetze und Verordnungen in seinem Gebiet sicherzustellen und die Anliegen der Untertanen unmittelbar entgegenzunehmen. Erst jetzt waren damit die Voraussetzungen geschaffen, für das gesamte Staatsgebiet einheitlich zu planen und für die ausreichende Finanzierung der beschlossenen Vorhaben zu sorgen.

Diese Möglichkeit sollte nunmehr auch für das Bildungswesen in reichem Ausmaße genützt werden. Die Einrichtung einer selbständigen zentralen Schulverwaltung verzögerte sich nur kurz.[84] Zu ihrer Keimzelle wurde das Aufsichts- und Lenkungsorgan der Wiener Universität. Bereits im Jahre 1753 war die Verwaltung und die Finanzgebarung der Universität unter Kontrolle des „Directorium in publicis et cameralibus" gestellt worden.[85] Das Amt des Superintendenten, dem 1753 zur Leitung der Gymnasialstudien der Direktor der philosophischen Fakultät beigegeben wurde, verlor durch die organisatorische Neuordnung der Universität gänzlich an Bedeutung; es wurde daher 1754 aufgehoben.[86] Das Studienprotektorat, dem die Direktoren der vier Fakultäten unterstanden und das vom Kardinal-Erzbischof von Wien bekleidet wurde, erlosch mit dessen Tod (1757). Nunmehr wurde die Gelegenheit genützt, die Lenkung der Studienangelegenheiten den Kanzlern der obersten Verwaltungsbehörde für Inneres und Finanzen („Directorium in publicis et cameralibus) zu übertragen; diese richteten dafür noch 1757 eine Kommission ein.[87] Deren Vorsitzender, Erzbischof Christoph Graf Migazzi, bat 1760 um ihre Erhebung „zu einer ordentlichen Hofcommission",[88] die ihre Vorschläge direkt der Monarchin vorlegen durfte. Maria Theresia stimmte bereits am 22. März 1760 dem Antrag zu. Diese Studienhofkommission wurde zum wirksamsten Instrument der Bildungspolitik der Herrscher – weil ihr in der Folge Studienkommissionen in den Ländern unterstellt worden sind – und kann als Vorläuferin eines Unterrichtsministeriums angesprochen werden. Sie sollte „allmonatlich wenigstens eine Zusammentrettung abhalten, dabey die Verbesserung deren Studien stets vor Augen haben und auf die Festhaltung deren in Studien Sachen erlassenen und weiter ergehenden Verordnungen ein beständig obachtsames Aug tragen".[89] Das Präsidium wurde Migazzi übertragen, die Direktoren der Fakultäten – angesehene Universitätsprofessoren, darunter Gerard van Swieten, Karl Anton Martini und Simon Ambrosius Stock – sowie Johann Baptist Gaspari als Experte für das Gymnasialwesen traten als „Assessores" an seine Seite.[90]

Die Herauslösung der Studienhofkommission aus dem Directorium bzw. nach dessen Auflösung (1761) aus der Hofkanzlei war allerdings nicht vollständig.[91] Dadurch gestaltete sich der Aktenlauf einigermaßen umständlich und zeitraubend. Denn jedes Schriftstück der Kommission wurde zwar zunächst unmittelbar der Herrscherin vorgelegt, doch diese gab es an das Directorium bzw. die Hofkanzlei zur Begutachtung weiter. Die Zentralstelle arbeitete die Resolutionen aus, die dann als allerhöchste Entscheidung an die Studienhofkommission zurückgingen. Die darauf fußenden Weisungen mußten wiederum an das Directorium bzw. die Hofkanzlei „zur Approbation" und zur Ausfertigung dann an die mittleren Instanzen geleitet werden. Ein 1762 durch den Obersten Kanzler geäußerter Vorschlag, Studienangelegenheiten durch ein Mitglied der Studienhofkommission in den gewöhnlichen Ratssitzungen der Hofkanzlei vortragen zu lassen, um den Geschäftsgang zu beschleunigen, fand nicht die Zustimmung Maria Theresias. Sie äußerte entschieden, daß sie sich die „Bücher-Commission und die in Studiensachen" selbst „reservire" und keinesfalls der unmittelbare Zugang zu ihr versperrt werden solle.[92] Die Studienhofkommission behielt daher ihre Selbständigkeit. Im Jahre 1774 trug Maria Theresia der Studienhofkommission sogar die vollständige Unabhängigkeit von den Hofstellen an, doch diese lehnte ab, weil ihr nichts an der Erhöhung ihres Ansehens lag, durch eine Isolierung ihrer Arbeit den Hofstellen der Überblick verlorengegangen wäre und sie nicht zuletzt eine beträchtliche Vermehrung der Kanzleiarbeit befürchtete. Sie erbat nur, daß die für sie zuständigen Referenten der Hofstellen ihren Kommissionssitzungen beiwohnen und gleich die Meinung ihres Ressorts vortragen möchten. Auf diese Weise könnte gleichfalls der Geschäftsgang verkürzt werden. Maria Theresia genehmigte diese Lösung.

Im gleichen Jahr deutete sie die angestrebte Laisierung des Schulwesens durch die Abberufung des inzwischen zum Kardinal erhobenen Erzbischofs von Wien Migazzi von der Leitung der Studienhofkommission an. Sein Nachfolger rückte aus den Reihen der weltlichen Berater der Herrscherin auf.[93] Auch nach außen sollte klar gezeigt werden, daß sich das Schulwesen endgültig den Bereich des *ecclesiasticum* zu verlassen anschickte.

Die Notwendigkeit zügiger Maßnahmen bei den Schulreformen dürfte dazu beigetragen haben, eine neue Konstruktion der Studienhofkommission zu suchen. Etwas überraschend wurde sie am 12. Jänner 1778 der Österreichisch-böhmischen Hofkanzlei eingegliedert, ohne sie dabei ihrer Selbständigkeit zu berauben. Sie verhandelte weiterhin „in besonderen Sitzungen", ihre Beschlüsse hatten die „authoritas pleni", benötigten daher nicht die Zustimmung des Hofkanzleirates und konnten Maria Theresia unmittelbar vorgelegt werden.[94]

Joseph II. schnitt 1781 für die Studienhofkommission den direkten Weg zum Thron ab. Ihre Vorträge und Eingaben mußten über die Hofkanzlei an den Monarchen geleitet werden. Andererseits weitete er ihren Aufgabenbereich aus; ihr wurde die Unterrichtsverwaltung auf allen Ausbildungsebenen sowie das Zensurwesen anvertraut. Ab 1783 erhielt auch das ungarisch-siebenbürgische Schulwesen von der Studienhofkommission seine Direktiven, ihr Wirkungsbereich war damit auf das Gesamtgebiet der Monarchie ausgedehnt worden.[95]

Der damalige Präses der Studienhofkommission, Gottfried van Swieten,[96] stieg ohne Zweifel zu einem der mächtigsten und einflußreichsten Männer der Monarchie auf, weil er seine Auffassungen bis in alle Einzelheiten durchzusetzen bemüht war und sogar die Gutachten seiner Referenten in seinem Sinne abänderte. Gerade aber diese Konzentration an Macht und Einfluß trug wesentlich dazu bei, auch die Position der Studienhofkommission zu gefährden.

Als sich im letzten Regierungsjahr Josephs II. die Beschwerden gegen van Swietens Leitung des Unterrichtswesens verstärkten, ordnete der Herrscher zur Behebung der Mißstände an den Studienanstalten eine eigene „Zusammentretung" an, faktisch also eine neue Kommission, die später als „Studieneinrichtungskommission" bezeichnet wurde[97] und die eigentliche Studienhofkommission zu einem ausführenden Organ degradierte.

Leopold II. betraute Karl Anton Martini mit ihrer Leitung. Gottfried van Swieten ließ sich freilich nicht sogleich aus seiner Funktion drängen. Er setzte sich mit seinen Gegnern und besonders mit K. A. Martini scharf auseinander, wehrte willkürliche Eingriffe in seinen Amtsbereich ab und trieb zuletzt offene Obstruktion. Leopold II. beendete die spannungsgeladene, kaum mehr erträgliche Situation am 5. Dezember 1791 durch einen überraschenden Schritt. Er löste die Studienhofkommission über-

haupt auf und verlieh deren letztem Präses van Swieten für die „dem Staat geleisteten Dienste ... die wirkliche geheime Rathswürde unter Nachsicht der Taxen“.[98]
Die Unterrichtsverwaltung fiel fortan in die Kompetenz der Hofkanzlei; dort sollten „die Studiengeschäfte ... durch einen eigenen Referenten besorget werden“.[99] Damit verloren Unterricht und Erziehung auch rein äußerlich ihren viele Jahrzehnte deutlich dokumentierten Stellenwert; sie rückten wieder in eine bescheidenere Position. Ihre Probleme konnten keinen Vorrang mehr beanspruchen. Doch auch diese leopoldinische Organisation des Unterrichtswesens hatte nicht auf Dauer Bestand.
Neben der zwischen 1760 und 1791 trotz ihrer Kleinheit (6–13 Mitglieder) und sparsamen bürokratischen Ausstattung ungemein effizient arbeitenden Studienhofkommision als zentraler Planungs-, Lenkungs- und Verwaltungsinstitution erlangte auch der „Staatsrat“, ein koordinierendes und den Monarchen beratendes Organ, größere Bedeutung für das Schulwesen.[100] Denn er äußerte unparteiisch und ohne Vorliebe für Personen, Stände und Länder überlegt und freimütig seine Meinung zu bildungspolitischen Maßnahmen des Herrschers. Sein Einfluß kann zwar im einzelnen nicht immer nachgewiesen werden, doch war er ohne Zweifel ein die Anliegen des Gesamtstaates berücksichtigendes Korrektiv der Zielsetzungen der Studienhofkommission.

8.5 Ausbau der Druckereien und Gründung eines Schulbuchverlages als Bedingung für die Einführung des „Massenunterrichts“

Die Epoche der Aufklärung war eine richtungsuchende Zeit, welche die vorgefundenen genormten und kanalisierten Daseinsverhältnisse in Frage stellte. Das gedruckte Wort erlangte deswegen wieder größere Bedeutung, war es doch seit Luthers Tagen ein vielgebrauchtes Mittel, um Menschen zum Wechseln ihrer geistigen Position zu veranlassen. Das Buch sollte helfen, nicht nur individuelles Leben, sondern die Gesellschaft selbst zu verändern.
Die Zeitungen – seit 1703 erschien die älteste Tageszeitung der Welt, das „Wiennerische Diarium“ (seit 1780 „Wiener Zeitung“) –[101] brachten nicht nur die Unruhe der Welt in die Bürgerstuben;[102] sie wurden auch zu ständigen Impulsgebern. Nur als Beispiel: Den Mitgliedern der 1784 gegründeten Salzburger Lesegesellschaft standen 140 Zeitungen und Zeitschriften zur Verfügung.[103]
Noch war aber die Schicht derer, die lesen konnten, schmal. Während in den ländlichen Gegenden Englands ihre Zahl zwischen 1754 und 1762 bereits auf 48 Prozent bis 64 Prozent (berücksichtigt wurden nur Männer) und in Frankreich um die Mitte des 18. Jahrhunderts auf 35 Prozent geschätzt wird, nehmen Berechnungen für Deutschland an, daß um 1770 höchstens 15 Prozent und um 1800 25 Prozent der Bevölkerung lesen konnten.[104]
Auf österreichischem Boden müssen eher schlechtere Daten angenommen werden. Ein Indiz dafür ist ohne Zweifel die geringe Zahl und das späte Aufkommen von ständigen Druckereien, wenn auch durch die dominierende Stellung Wiens und die Nähe leistungsfähiger Offizinen (Buchdruckereien) im süddeutschen Raum Gründungen erschwert wurden. Um 1700 bestanden Druckereien außerhalb Wiens (1. Buchdruckerei vermutlich gegründet 1461) nur in Innsbruck (gegründet 1548), Salzburg (gegründet 1550), Graz (gegründet 1559), Wildberg (gegründet um 1580), Linz (gegründet 1615), Klagenfurt (gegründet 1640), Bregenz (gegründet 1658), Feldkirch (gegründet 1666), Krems (gegründet 1676), Wiener Neustadt (gegründet 1582, 1683) und Steyr (gegrün-

det 1692).[105] Diese Offizinen waren außerdem klein, ihre Ausstattung und Technik veraltet.[106] Die Produktion von Büchern hielt sich daher in bescheidenen Grenzen; viele mußten von außerhalb der Habsburgermonarchie bezogen werden.

Insgesamt werden für den deutschsprachigen Raum für das 18. Jahrhundert 180 000 Titel angenommen.[107] Aufgrund der Messekataloge (Frankfurt, Leipzig) läßt sich nachweisen, daß etwa zwei Drittel der deutschen Buchproduktion in der zweiten Hälfte des 18. Jahrhunderts erschienen sind; so lag die Zahl der erschienenen Titel im Jahre 1764 bei 1 344, im Jahre 1800 bereits bei 3 906 Titeln.[108] Die gelehrte Literatur, deren Anteil um 1740 noch zwei Drittel aller Veröffentlichungen ausmachte, sackte bis zum Jahrhundertende bis auf die Hälfte ab. Lateinische Titel wurden immer seltener, in Leipziger Katalogen gingen sie zwischen 1700 und 1800 von 38 Prozent auf 4 Prozent aller Bücher zurück.[109] Die Auflagenhöhe war in der Regel gering, der Absatz von 100 bis 150 Stück sollte bereits die Kosten decken.[110]

Der Entwicklung der österreichischen Druckereien waren weder die konfessionelle Absperrung noch die Zunftbestimmungen förderlich. Verschiedene Maßnahmen des Landesfürsten suchten allerdings eine gewisse Besserung herbeizuführen. Mit Hilfe der seit 1708 möglichen *Privilegia privativa*[111] wurde der Zwang des Zunftwesens durchbrochen. Die Bücher-Revisions-Kommission mußte darauf achten, daß die Druckereien preisgünstig „zum Besten des Publicums"[112] arbeiteten (1732). Im Jahre 1752 ordnete Maria Theresia an, daß die Ausfuhr der Bücher erleichtert werden solle und der Buchdrucker kein schlechtes Papier und abgenutzte Lettern verwende.[113] Buchdruckereien und Papierfabrikation wurden in der Folge kontrolliert. Die Merkantilisten wollten bereits seit der Mitte des 18. Jahrhunderts den „Ausfluß" des Geldes ins Ausland durch „erhebung der Innländischen Buchdruckerey" verhindern.[115]

Eine Untersuchung im Jahre 1751[116] stellte fest, daß das Papier sehr schlecht und außerdem teurer sei als eingeführtes und der Druck hierzulande, obgleich es an der Zierlichkeit und Schönheit des Druckes gebreche, größere Kosten als an ausländischen Offizinen verursache. Das waren aber keinesfalls die alleinigen Mißstände, deren Beseitigung eine Wandlung zum Besseren einleiten hätte können. Die Buchdrucker beschwerten sich nämlich auch, daß ihnen der Stichhandel mit Büchern entzogen worden sei, also der mautfreie Austausch von Büchern mit dem Ausland. Weiters wurde angeführt, daß die Bücherzensur den „Gelehrten alle(r) Lust zum Bücher schreiben benohmen"[117] hätte und es außer fünf bis sechs Geistlichen und ein paar weltlichen Gelehrten „keine andere(n) Scribenten" gäbe.[118] Die „Nieder-Oesterreichische Repraesentation und Cammer" beanstandete vor allem, daß „allhier mehren Theils unverständige Leüthe, sogar auch Weiber mit solchen Drucker-Gesellen dieses Werk führen, welche nicht einmal Teütsch schreiben können, und noch weniger Lateinisch oder andere Sprachen verstehen".[119] Der als Gutachter herangezogene Gerard van Swieten machte eine Verbeugung vor „der glorreichen Regierung Eüer kayserlichen Majestät", indem er die Hoffnung aussprach, „daß die Wissenschaften zu mehrerem Aufnahm gelangen werden, wo es dann in denen Druckereyen genug zu thun geben würde",[120] und nützte gleichzeitig die Gelegenheit zu einem Seitenhieb auf die Jesuiten. Deren Buchdruckereien in Tyrnau (Trnava, heute Tschechoslowakei) und Kaschau (Košice, heute Tschechoslowakei) seien „der Bürgerlichen Nahrung allerdings nachtheilig".[121] Das Ende 1749 eingebrachte Ansuchen des Jesuitenkollegiums in Graz, eine Buchdruckerei errichten zu dürfen, blieb tatsächlich erfolglos.[122]

Das Schulbuch hatte bislang im Erzeugnisprogramm der Druckereien keine besonders große Rolle gespielt. Die Zahl der Schüler war begrenzt, und vor allem für die im Primarschulwesen vorherrschende individualisierende Unterrichtsmethode benötigte man gleichzeitig nur wenige Bücher, im Notfall reichte eines aus. ABC-Büchlein („Namensbüchlein"), Rechenbücher und Katechismen waren am häufigsten vertreten.[123] Viele Lehrinhalte wurden durch Diktat vermittelt. Was an Lehrbüchern im Sekundar- und Tertiärbereich notwendig war, hielt sich in einer bescheidenen Auflagenhöhe und überstieg nicht die Möglichkeiten der vorhandenen Druckereien.[124] So hatte im Jahre 1753 der Hofbuchdrucker und Hofbuchhändler Johann Thomas Trattner[125] das Privilegium privativum für den Druck von Schulbüchern erhalten, die für die Gymnasien bestimmt waren.

Diese Situation änderte sich aber schlagartig, als die Reform des Primarschulwesens in Angriff genommen wurde und die aufgeklärten Herrscher sich eine allgemeine Volksbildung zum Ziele setzten. Nunmehr wurden viele und vor allem auch billige Schulbücher benötigt, um methodisch dem „Zusammenunterrichten" und der Einheitlichkeit des Unterrichts sowie inhaltlich den neuen Ansprüchen des Staates und der Wissenschaft gerecht zu werden.

Es zählte fortan zu den wichtigsten Aufgaben der mit der Schulreform betrauten Kommission, für das Verfassen derartiger Schulschriften zu sorgen und sie in der notwendigen Stückzahl herauszugeben.[126] Um deren Preis möglichst niedrig halten zu können, wurden sie als knapp gefaßte Leitfäden gestaltet, die nur die wesentlichsten Lehrinhalte der einzelnen Fächer dem Gedächtnis einprägen sollten, auch waren sie nicht illustriert. Der Grund, warum für die Herausgabe ein eigener Verlag gegründet wurde, bestand zunächst darin, dem Schulfonds auf diese Weise eine neue Einnahmsquelle zu erschließen.[127] Der Vorschlag dazu kam 1771 von dem Direktor der Wiener Normalschule Joseph Meßmer. Aus dem Reinertrag, den die Herstellung und der Verkauf der Schulbücher abwarfen, wollte man auch die Schulreform finanzieren.

Am 13. Juni 1772 erteilte Maria Theresia der Niederösterreichischen Schulkommission ein „Privilegium impressorium privativum"[128] für Verlag und Verschleiß aller Schulbücher im Primarbereich. Am 26. November 1773 wurde es durch Joseph II. auf das Heilige Römische Reich erweitert. Meßmer wurde der erste Direktor des Schulverlags. Dieser wurde im Gebäude der Normalschule untergebracht, wovon auch die Bezeichnungen Normalschulverlag, „Verlag der deutschen Schulanstalten" oder – nach Übersiedlung der Normalschule vom Churhaus bei St. Stephan nach St. Anna (1775; Wien I, Johannesgasse 4a) – „Verlagsgewölbe der deutschen Schulanstalten bei St. Anna" abgeleitet wurden. Das anfänglich notwendige Betriebskapital wurde, weil als erstes Werk der Saganer Katechismus Felbigers in Druck kam, von österreichischen Bischöfen und Prälaten gegeben.[129]

Unter dem Einfluß Felbigers wurde bald jede Gewinnabsicht ausgeklammert. Die Monopolstellung ermöglichte es, nicht nur einheitliche, den neuen pädagogischen Anforderungen entsprechende Schulbücher in ausreichender Anzahl, sondern auch wesentlich billiger als bisher zu erzeugen.[130] Ein Viertel der Bücher wurde seit 1774 unentgeltlich an arme Kinder verteilt.[131]

Bis 1780 waren vom Schulbuchverlag bereits über 100 Titel (in verschiedenen Sprachen der Monarchie) in hohen Auflagen gedruckt worden.[132] Es hatte sich allerdings als notwendig erwiesen, eine gewisse Dezentralisierung vorzunehmen. Schulbuchverlage wurden ebenfalls in Laibach (1775, für Krain), Prag (1775, für Böhmen), Graz (1776), Lemberg (1777), Brünn (1778, für Mähren), Innsbruck (1778), Freiburg im Breisgau (1778, für Vorderösterreich), Ofen (1780, für Ungarn) und Klausenburg (1780) noch im 18. Jahrhundert errichtet. Sie druckten das Wiener Original getreulich nach, Seiten- und Zeilenzahlen mußten „aufs genaueste übereinstimmen".[133]

Dem „Verlagsgewölbe der deutschen Schulanstalt bei St. Anna" (heute Österreichischer Bundesverlag) fiel beim Neuaufbau des österreichischen Primarschulwesens eine entscheidende Rolle zu. Diese Gründung des 18. Jahrhunderts rückte das Schulbuch in eine zentrale Funktion und revolutionierte dadurch den Unterricht; vor allem aber machte sie die Verwirklichung einer umfassenden Schulreform erst möglich.

9 Neuordnung und Vereinheitlichung der „deutschen Schulen“

9.1 Anstöße von kirchlicher Seite zur Fortentwicklung des Elementarunterrichts

Die Kirche betrachtete damals das Primarschulwesen in vielem als *ecclesiasticum*. Nicht nur die Schulorden und die Christenlehrbruderschaften, sondern auch die Pfarrer und Kapläne wirkten an seiner Ausgestaltung und Verbesserung mit; meist gingen jedoch die dadurch ausgelösten Veränderungen nur unwesentlich über den Grenzbereich der allgemeinen Entwicklung hinaus, sodaß auf eine Darstellung der Einzelheiten verzichtet werden kann. Auf das Wirken zweier Persönlichkeiten muß allerdings beispielhaft eingegangen werden, die – jeweils auf ihre Art bemerkenswerte – Anstöße zur Fortentwicklung des Elementarunterrichts gegeben haben. Der eine ist der Oberösterreicher Ignaz Parhamer (1715–1786), ein Jesuitenpater, dem die Jugendbildung zeitlebens ein besonderes Anliegen war.[1] An seinen Aktivitäten lassen sich gut die Möglichkeiten abstecken, die Ordensmitgliedern und Priestern offenstanden. Als Dreißigjähriger (1745) wurde er nach Graz gerufen, um die geringe Schulfreundlichkeit der Stadtbevölkerung zu bekämpfen. Durch mitreißende Predigten erreichte er, daß zu der einzigen bestehenden „deutschen Schule“ acht weitere hinzutraten, diese ihre finanzielle Grundlage erhielten und das geweckte Bildungsbedürfnis breiter Volksschichten befriedigt werden konnte.[2] 1748 übernahm er die Aufsicht über die „deutschen Schulen“ Wiens und nützte seinen Einfluß, um der religiösen Komponente der Unterweisung besonderes Gewicht zu geben. Mit größtem persönlichen Einsatz widmete er sich ab 1750 dem Aufbau der Christenlehrbruderschaft.
Als Ignaz Parhamer 1759 die Leitung des Wiener Waisenhauses auf dem Rennweg übertragen wurde, konnte er ohne viel Einschränkung seine pädagogischen Vorstellungen verwirklichen.[3] Die Kinder wurden in Religion, Lesen, Schreiben und Rechnen unterrichtet, die Mädchen auch in Handarbeiten. Außerdem wurden ihnen allgemeine Grundsätze der „Sitten- und Naturlehre, der menschlichen Gesellschaft, der Uebung wahrer christlicher Tugend“[4] vermittelt. Die älteren Schüler unterwies man auch in Geographie (mit Vaterlandskunde), Musik, Geometrie und Zeichnen (Geometrisches Zeichnen und Bauzeichnen). Im Hause herrschten militärischer Drill und militärische Gepflogenheiten, die von einer uniformen Kleidung bis zur Aufstellung von Wachposten reichten. Die Erziehung war auf Zucht, Unterordnung, Gehorsam, Tüchtigkeit und Pünktlichkeit ausgerichtet, ein Disziplinierungsprozeß, der in der Regel den Beifall der Öffentlichkeit fand.[5] Parhamer verstand es gut, das Aufblühen seiner Anstalt durch zahlreiche Veröffentlichungen zu propagieren.[6] Das Waisenhaus wurde zur Attraktion für hohe Besucher und zum Vorbild für andere dadurch veranlaßte ähnliche Einrichtungen der Monarchie. Der gute schulische Ruf des Waisenhauses

führte dazu, daß auch vermögende Eltern ihre Kinder dorthin brachten. Um den methodischen Fortschritt des Unterrichts jederzeit besorgt, schickte Ignaz Parhamer 1768 den Lehrer bei St. Stephan Anton Felkel zum Teil auf seine Kosten nach Sagan, um die Felbigersche Lehrweise kennenzulernen. Nach dessen Rückkehr führte er diese im Waisenhaus ein – ein erster Stützpunkt des Abtes von Sagan in Wien.[7] Daß Parhamer die ihm anvertrauten Kinder nach religiös-ethischen Vorstellungen und nicht nach Prinzipien des vordringenden merkantilistischen Utilitarismus erziehen wollte, zeigte sich 1763, als er sich gegen die Einführung der Manufakturarbeit in seinem Institut wandte, weil sie der Gesundheit der Kinder schade. Vor allem aufgrund der von ihm erbettelten reichen Stiftungen und seines Ansehens war er auch in der Lage, dem kaiserlichen Erlaß vom 29. Februar 1764, der die Manufakturarbeit für die Waisenkinder anordnete, die Spitze zu nehmen und ihn sehr bald zu umgehen. Begrenzte handwerkliche Arbeit für den Eigenbedarf wurde bejaht, aus pädagogischen Gründen aber die Fabriksarbeit abgelehnt.[8] Was er „zum vortheil des gemeinen wesens“ in seiner Anstalt heranbilden wolle, hat er deutlich ausgesprochen: „1. taugliche beamte und lehrmeister, 2. gut gesittete bürger, 3. emsige arbeiter, 4. vortreffliche künstler, 5. taugliche handwerker, 6. tapfere soldaten, 7. getreue dienstboten, 8. gehorsame unterthanen.“[9] Die Entwicklung der anderen Waisenhäuser der Monarchie orientierte sich im Gegensatz dazu an der Arbeitserziehung in Manufakturen.[10]

An Parhamers Wirken und seinen Erfolgen zeigt sich deutlich, daß kirchliches Engagement offen für das Neue sein und sich in den Bahnen des Zeitgeistes bewegen mußte, um Einfluß und alte Positionen behaupten zu können. Die Eingriffe eines noch in den Zielsetzungen experimentierenden Staates vermochten nur dann abgewehrt zu werden, wenn eine gewisse Anpassung an dessen Vorstellungen erfolgte. Hinter den in den Diskussionen verwendeten pädagogisch-moralischen Argumenten versteckten sich jedoch bereits häufig ökonomische Überlegungen und Disziplinierungstendenzen des Staates.

Neben den Jesuitenpater, an dem sich noch einmal die Attribute eines über zweihundert Jahre vorherrschenden Ordens – Glanz, Macht, geistige Beweglichkeit und Hingabefähigkeit für gestellte Aufgaben – dokumentierten, der als kaiserlicher Beichtvater und Hofprediger über wirksame Einflußmöglichkeiten verfügte, soll ein Bischof von barockem Zuschnitt gestellt werden, in vielem eher ein Relikt einer zu Ende gehenden Epoche. Und trotzdem war dieser Leopold Ernst Graf Firmian (1708–1783)[11] offen für neue Entwicklungen und ein wichtiger Impulsgeber seiner Zeit. Der in Trient geborene Neffe des Fürsterzbischofs von Salzburg hatte in Rom am Germanikum studiert, war bereits seit seinem 15. Lebensjahr mit einträglichen Kirchenstellen bedacht gewesen und schon mit 31 Jahren zum Fürstbischof von Seckau bestellt worden. Sieben Jahre lang verwaltete er auch das Bistum Trient. 1763 wurde ihm das Bistum Passau verliehen.

Bischof Firmian war eine sehr aktive Persönlichkeit; er sicherte und vermehrte nicht nur den äußeren Bestand, die Rechte und die wirtschaftliche Entwicklung der ihm anvertrauten Bistümer, sondern ihm lag auch das religiöse Leben seiner Diözesen in hohem Maße am Herzen. Er erkannte, daß die Pfarreien häufig zu groß und zuwenig übersichtlich waren und hatte deswegen schon in der Obersteiermark eine Reihe von Vikariaten gegründet. In seiner Passauer Diözese verstärkte er nun diese Initiativen, mußte aber erkennen, daß mit Pfarregulierungen nicht nur manche Geistliche nicht einverstanden waren, weil sie finanzielle Einbußen befürchteten, sondern daß vor allem auch weltliche Fragenkomplexe, wie das Einkommen des Schulmeisters, die Konskriptionen und das Militärwesen, damit verbunden waren.[12] Die 1768 vom Passauer Bischöflichen Ordinariat erlassene „Regula directa“, nach welcher Umpfarrungen erfolgen sollten, verlangte daher für die Schulmeister, „welche gemeiniglich

arme Leute sind", eine Art Ablöse, wenn sie einen Teil ihrer Schüler an eine neugegründete Pfarre verlören.[13]
Der Bischof legte der Volksbildung und vor allem der Jugenderziehung großes Gewicht bei. Er veranlaßte seine Priester, „das christliche Lehr- und Schullwesen mit allem Fleiß zu besorgen"[14] und schrieb für seine Diözese einen einheitlichen Katechismus vor.[15] Bischof Firmian stieß dabei an Grenzen. Der unbefriedigende Zustand der Pfarrschulen konnte nicht von ihm allein behoben werden. Die Gründe, warum er sein berühmtes „Promemoria" im Mai 1769 an Maria Theresia richtete, waren allerdings religiöser Art. Er vermutete, daß da und dort das Übel der „Irrlehre" verborgen sei, und wollte durch eine Verbesserung des Schulwesens gleichsam einen letzten gegenreformatorischen Akt setzen.[16] Dazu benötigte er die staatliche Unterstützung; sein Umdenken manifestierte sich zunächst schon darin, daß er die „Nutzbarkeit guter Schullen" zunächst für den Staat und dann erst für „die h. Religion" hervorstrich und anerkannte, daß die kirchlichen Bemühungen um das Schulwesen erst dann „mehrere Wirkung bekommen" würden, wenn „allgemeine Schullen mittels allerhöchst landesfürstl. Anordnungen in gute Ordnung gesetzt und nachdrucksam befördert werden möchten".[17]
Dieses kirchliche Schriftstück vom Mai 1769, das den Gedanken staatlicher Zuständigkeit auf dem Sektor des Bildungswesens im Prinzip bejahte, war zwar nicht die Ursache, aber ohne Zweifel der Auslöser für die große österreichische Schulreform auf dem Gebiete des Primarschulwesens. Die Anregung des Fürstbischofs, dessen Autorität für einen großen Teil Ostösterreichs maßgeblich war, wurde von Maria Theresia sofort aufgenommen. Innerhalb weniger Tage – ein Zeichen wohl auch dafür, daß man gedanklich auf einen staatlichen Eingriff in diesem Bereich vorbereitet war und nur auf eine günstige Gelegenheit gewartet hatte – wurde Weisung an die niederösterreichische und oberösterreichische Regierung gegeben, „die bey denen allgemeinen Schullen in Oesterreich unterwaltende Gebrechen mit Vernehmung der geistl. Behörden" zu untersuchen und einen Vorschlag abzugeben, wie „das Schulweesen in eine Gute Ordnung gesetzet werden" könnte.[18] Damit wurde eine staatliche Schulreform eingeleitet, die nur deswegen erfolgreich verlief, weil sie von der Kirche mitgestaltet wurde und Priester maßgebliche Positionen darin einnahmen. Doch hinter der kirchlichen Fassade vollzog sich schrittweise die Säkularisation eines wesentlichen Bildungsbereiches.

9.2 Erste Initiativen weltlicher Instanzen

9.2.1 Aktivitäten der Länder

Wenn auch Maria Theresia das „vormalige Übel" ihrer Monarchie, daß „Minister und Hofstelle sich jederzeit begnüget, den advocatum und protectorem des ihm anvertrauten Landes abzugeben, hierbei aber sowohl das allgemeine Beste und landesfürstliche Interesse öfters lau tractieret worden"[19] sei, durch eine zentralistische Organisation der Verwaltung beseitigt glaubte, so konnte doch die Eigenständigkeit und bis dahin starke Position der Länder nur zum Teil abgebaut werden. Der historisch gewordene föderalistische Aufbau Österreichs zeigte starkes Beharrungsvermögen; er ist heute in der Bundesverfassung der Republik Österreich verankert.
Es mutet daher gleichsam selbstverständlich an, wenn bereits vor den Verfassungs- und Verwaltungsreformen Maria Theresias die Länder von sich aus – ohne Anstoß durch die Zentralstelle – den unbefriedigenden Zustand des Primarschulwesens zu bessern

trachteten. So hat Tirol 1747 die berühmte Schulordnung aus dem Jahre 1586 „erneuert" und deren Bestimmungen dabei nur geringfügig modifiziert.[20] Die starke Position der politischen Behörden und Gemeinden war darin besonders auffallend. Die Aufnahme und Entlassung des Lehrers oblag der Gemeinde, der Ortsseelsorger hatte seinen katholischen Glauben und seine Sittlichkeit „in Gegenwart weltlicher Vorstehung" zu prüfen, und die Obrigkeit, d. i. das Stadt- oder Landgericht, überwachte die Einhaltung der gesetzlichen Bestimmungen. Eine „unvorhergesehene Schulvisitation" war dabei bereits fest eingeplant. Der Schulmeister mußte bei der Anstellungsprüfung auch seine Fähigkeit zu einem „begreiflichen Unterricht" in Religion, eine gute Handschrift und Orthographie sowie – was früher nicht unbedingt erforderlich war – eine gewisse Fertigkeit im Rechnen nachweisen. Außerdem verlangte die „ Erneuerte Schul-Ordnung" vom 27. April 1747,[21] daß der Schulmeister die Jugend durch sein Beispiel erbaue und zu einem tugendhaften Verhalten anrege. Das ihm zu zahlende Schuldgeld wurde von 24 auf 30 Kreuzer nur mäßig erhöht. Obgleich er aus diesen Einkünften seinen Lebensunterhalt nicht bestreiten konnte, war ihm nicht gestattet, Nebenbeschäftigungen nachzugehen.

Diese Vorschrift ließ sich aber infolge der augenscheinlichen Not der Schulmeister nicht in die Wirklichkeit umsetzen, wie überhaupt die „erneuerte Schulordnung" kaum wesentliche Veränderungen des Schullebens nach sich zog. Doch die wieder verlautbarten Normen für das Primarschulwesen erlaubten weltlichen Behörden Kontrolle und Überwachung. Die neu bestellten Kreishauptleute erhielten daher 1754 sogleich die Weisung, darauf zu achten, daß weder unbekannte noch „unexaminierte" Schulmeister eingestellt würden.[22]

1766 erging von der Spitze der Tiroler Landesregierung[23] die Aufforderung an die Schulvisitatoren Innsbrucks, einen Schulverbesserungsplan auszuarbeiten.[24] Doch diese scheinen nicht reagiert zu haben, denn ein Jahr darauf wurde der Hilfspriester Karl Agsthofer, der sich in Fulpmes (Stubaital) erfolgreich um die Verbesserung der dortigen „deutschen Schule" bemüht hatte, nach Innsbruck berufen und mit dieser Aufgabe betraut. Mit zwei weiteren Geistlichen – Philipp Jakob Tangl und Georg Sixtus Demoser, die ebenfalls vom Bischof von Brixen freigestellt wurden – übernahm er die Unterrichtserteilung an der Innsbrucker „deutschen Schule". Da sie den Unterricht unentgeltlich erteilten, konnten sie das Schulgeld abschaffen und dadurch den Schulbesuch schlagartig anheben. Gemeinsam erarbeiteten sie einen Plan zur Verbesserung der Organisation der „deutschen Schule" in Innsbruck; dieser „Entwurf der neuen deutschen Schulen" wurde 1767 für verbindlich erklärt. Schon 1768 übernahm die Tiroler Landesregierung (Landesstelle) auch die Besoldung der Lehrer und die Finanzierung des Sachaufwandes; praktisch war damit diese Innsbrucker Primarschule zu einer staatlichen Schule geworden.

Vor allem Tangl, der mit der Leitung der Schule betraut wurde, wollte sich mit den – immerhin zielführenden – organisatorischen Veränderungen nicht zufriedengeben und suchte nach einer wirksamen Verbesserung des Unterrichts in Inhalt und Methode. Zunächst stieß er auf ein Schulbuch der Heckerschen Realschule in Berlin und führte in Anlehnung daran „die Berliner Lehrart" ohne viel Erfolg ein. Hierauf studierte er das schlesische „General-Landschul-Reglement" und Felbigers Schriften. Davon beeindruckt, wandte er die Methoden des Abtes von Sagan im Schuljahr 1768/69 in seiner Klasse an und erzielte solche Erfolge, daß sich alle drei Priester entschlossen, die „Sagansche Lehrart" 1769/70 in allen Klassen anzuwenden. Weil sie die neue Lehrart nur nach Büchern studiert hatten, gab es eine Reihe von Schwierigkeiten. Sie wollten daher 1770 die neuen Lehrmethoden in Schlesien selbst durch eigene Beobachtung kennenlernen. Die Tiroler Landesregierung übernahm die gesamten Reisekosten des Direktors Tangl; die anderen bezahlten sie aus der eigenen Tasche. Fünf Wochen

hielten sich die Tiroler[25] in Breslau auf und konnten sich auch in persönlichen Gesprächen mit Felbiger, der eigens deshalb nach Breslau gekommen war, über die in Schlesien verwendeten Unterrichtsmethoden informieren. Die „Saganschen Methoden“ wurden nun an der deutschen Knabenschule in Innsbruck vollständig eingeführt, und die 1771 öffentlich abgehaltene Prüfung fand Anerkennung und Bewunderung.
Die Tiroler Landesregierung war von Anfang an bestrebt gewesen, daß die Innsbrucker Schulreform auch an anderen Orten des Landes nachvollzogen werde. Doch nur einzelne Gemeinden waren zunächst dazu zu bewegen, obwohl sich Karl Agsthofer, der amtlich mit der Verbreitung der Christenlehrbruderschaft und der Verbesserung der „deutschen Schulen“ in Tirol beauftragt war, außerordentlich darum bemühte. Auch erste Bemühungen um die Lehrerbildung setzten ein. Die Innsbrucker Anstalt wurde von Hospitanten besucht, und die Tiroler Schulpriester (höchstwahrscheinlich war Tangl federführend) gaben das pädagogische Hauptwerk Felbigers „Eigenschaften, Wissenschaften und Bezeigen rechtschaffener Schulleute“ – nur leicht verändert und den Tiroler Verhältnissen angepaßt – 1770 unter dem Titel „Nothwendiges Handbuch für rechtschaffene Lehrmeister in den deutschen Schulen nach der neuen verbesserten Lehrart zum Nutzen der zarten Jugend ordentlich, klar und gründlich bey den innsbruckerischen deutschen Schulen zusammengetragen und verfaßt“ heraus und verwendeten es als Lehrbuch bei der Ausbildung der Schulmeister.[26]
Philipp Jakob Tangl arbeitete Anfang 1772 einen „unmaßgeblichen Plan“ für „eine allgemeine Schulordnung für das ganze Land Tyrol“ im Geiste Felbigers aus, der vorerst als Richtschnur für die Schulreform in Tirol angewendet wurde. In Gesetzesform als „Entwurf eines neuen deutschen Schul Einrichtungs Normalis für das Land Tyrol“ von der Landesregierung der Wiener Hofkanzlei vorgelegt,[27] zeigte er keine wesentlichen Unterschiede zu Felbigers „Allgemeiner Schulordnung“ von 1774, der Magna Charta des österreichischen Primarschulwesens. Das lag natürlich daran, daß Tangl das schlesische Muster Felbigers benutzt und außerdem am Zustandekommen der „Allgemeinen Schulordnung“ mitgewirkt und in sie seine eigenen Gedanken eingebracht hatte.
Eine Tiroler Besonderheit drang allerdings nicht durch, nämlich das Visitationsrecht der Städte, Gemeindeverwaltungen und Grundherrschaften. Aber eines wurde in Tirol klar erkannt und im Begleitschreiben nach Wien ausdrücklich formuliert: Eine effiziente Schulverbesserung sei nur möglich, wenn die Geistlichkeit „wesentlich“ zur Mitwirkung herangezogen werde; nur dann könne Vorurteilen und Widerständen des „gemeinen“ Mannes erfolgreich begegnet werden. Außerdem müßten eigene, aus Staatsmitteln besoldete „Schulvisitatoren“ eingesetzt werden, um Durchführung und Fortgang der Schulverbesserung zu überwachen.[28]
Infolge der Aktivitäten der Landesregierung und der Schulpriester in Innsbruck hatte Tirol als erstes der österreichischen Länder eine Schulreform eingeleitet, die letzten Endes zur Verstaatlichung und damit auch zur Säkularisierung des Primarschulwesens führen sollte. Vielleicht war dieser modellhafte Vorgang nur in einem Land möglich, in dem sich jeder, welche Stellung und welchen Rang er auch einnahm, der katholischen Kirche verpflichtet fühlte und wo es undenkbar schien, gegen die katholische Kirche gerichtete Maßnahmen zu setzen. Freilich mag auch mitgespielt haben, daß Tirol und Vorarlberg unter der kirchlichen Jurisdiktion verschiedener Kirchenfürsten (die zum Teil im Ausland residierten) lag und seine Regierung dadurch mehr Beweglichkeit in ihren Entscheidungen und Maßnahmen besaß.
Die Initiativen in anderen österreichischen Ländern blieben bescheidener. Sie lockerten zwar den Boden für eine Reform, ohne aber eine solche auf die Dauer zu verfolgen. So dekretierte am 3. Februar 1748 die niederösterreichische Regierung eine Schulordnung für die „deutschen Schulen“ in den Wiener Vorstädten, über die viele Klagen laut

geworden waren; sie drängte darin den Einfluß der Grundobrigkeiten und der Ortsverwaltung zurück. Diese durften Schulmeister nur „mit Vorwissen der Regierung" anstellen; auch seien die Lehrpersonen vom Rektor der Stephansschule in Wien zu examinieren und von Zeit zu Zeit zu visitieren. Winkelschulen seien aufzulassen.[29]
Als sich bei den Grazer Schulen bald nach dem Abgang Parhamers Mängel einstellten, machte der Rektor der Universität Graz die steiermärkische Landesregierung darauf aufmerksam. Diese übertrug daraufhin 1750 dem Rektor die Aufsicht über die „deutschen Schulen" in Graz, behielt sich aber die Oberaufsicht – „gleich wie über (die) Universität selbsten" – vor.[30]
1752 beschäftigte sich ein Dekret der Repräsentation ob der Enns (Oberösterreich) mit der „Religionsaufrechterhaltung und Ausrottung der Irrlehre",[31] schärfte den Besuch der Christenlehre ein und stellte fest, daß der Schulmeister in geistlichen Dingen vom Pfarrer abhängig sei, die weltliche Obrigkeit aber für die Anstellung zu sorgen habe.
In Kärnten[32] trat im November 1765 eine Enquete von Mitgliedern der Landeshauptmannschaft (Landesregierung) mit Vertretern des Salzburger Erzbischofs, des Görzer Erzbischofs und des Gurker Bischofs zusammen, um die überhandnehmende Unmäßigkeit im Trinken und die abergläubische Haltung der Landesbewohner zu erörtern. Als Lösung einigte man sich auf den Ausbau der „deutschen Schulen"; der erste Schritt zu einer systematischen Schulreform in Kärnten war damit gesetzt worden. Es durfte in Zukunft kein Mesner mehr aufgenommen werden, der nicht des Schreibens und des Lesens kundig war, denn dieser sollte gleichzeitig das Schulmeisteramt ausüben. Wenn sein Einkommen als Mesner nicht ausreichte, erklärte sich die Landesregierung bereit – ihre Möglichkeiten überschätzend, wie sich bald zeigen sollte –, unterstützend einzugreifen und einen Zuschuß zu gewähren. Die finanzielle Hauptlast des Schulausbaues sollte allerdings die Kirche tragen. Die Pfarrer waren zwar großteils damit einverstanden, auch mit der damit verbundenen Aufsicht, weil eine solche Regelung bereits häufig anzutreffen war, forderten aber vergebens, daß die Aufnahme und Entlassung solcher Mesner allein dem Klerus zustehen dürfe. Darüber kam es zu langjährigen Auseinandersetzungen.[33]
Als 1767 die Kreishauptleute erhoben, wo „deutsche Schulen" neu gegründet werden sollten, zeigte sich, daß in den meisten Städten, Märkten und vielen Dörfern solche bestanden, jedoch besonders in den slowenisch besiedelten Gebieten Bedarf war. Die Kärntner Landesregierung stellte daher in Wien den Antrag, daß die bischöflichen Ordinariate aufgefordert würden, insgesamt 39 „deutsche Schulen" in bestimmten Orten einzurichten.[34] Außerdem sollte – ein Vorschlag der Bischöfe – in Klagenfurt „ein vollkommen guter Schulmeister" angestellt werden, der die Mesner-Lehrer kurzfristig auszubilden habe.[35] Um dessen Ansehen zu heben, plante man, ihm auch eine Funktion im Magistrat zu geben und ihn zu einem Mitglied des Äußeren Rats zu machen. Schließlich wünschte die Regierung auch eine Zustandserhebung der bereits bestehenden „deutschen Schulen".
Dieser erste Plan zu systematischen Schulgründungen in Kärnten scheiterte großteils am Widerstand der hauptsächlich davon betroffenen Stifte und Klöster. Auch die Stände waren zu materiellen Opfern nicht bereit. Im übrigen ließ die wirtschaftliche Depression des Landes den anfänglichen Feuereifer der Reformer erlahmen. Ein zweiter Plan im Jahre 1770 war bereits viel bescheidener. Es war nur mehr von zwölf Neugründungen die Rede. Andererseits wollte man die Anstellungserfordernisse für den Schulmeister verschärfen, indem man von ihm den Nachweis der Befähigung für den landwirtschaftlichen Unterricht der erwachsenen Jugend verlangte. Auch diese Absicht kam nicht zum Tragen. Die 1767 vorgelegte Schulinstruktion fand nicht den Beifall der Zentralstellen. 1768 wurde Kärnten aufgefordert, die niederösterreichische Schulinstruktion zu adaptieren, 1770 wurde den innerösterreichischen Ländern die für

Oberösterreich entworfene Schulordnung „zur Darnachachtung“ mitgeteilt.[36] Echte Fortschritte wurden in Kärnten erst erreicht, als die Reform des Primarschulwesens von Wien aus geleitet wurde.

9.2.2 Eingriffe der Zentralstellen

9.2.2.1 Die staatliche Gewalt als Stütze der Kirche und Schlichter von Streitfällen

Da das Primarschulwesen in der Öffentlichkeit als eine Angelegenheit der Geistlichkeit, der Gemeinden und Grundobrigkeiten galt, hatten sich die Wiener Hofstellen nur zögernd und vorsichtig zu Eingriffen entschlossen, die zunächst bloß als Ansprüche formuliert waren und kaum reale Folgen nach sich zogen. Aber schon Karl VI. machte am 11. Juli 1732 deutlich, daß ihm „an der Auferziehung in der Jugend, sonderbar bey gemeinen Leuten, zuförderst gelegen“ sei. Die Kirche sollte mit Unterstützung der Regierung und der Grundrichter durch Kinderlehren dafür sorgen, daß der Jugend die „Gottesfurcht eingepflanzt“ und sie „der Unwissenheit, (dem) Müßiggang und (der) Üppigkeit entzogen“ werde.[37] Die 1733 eingerichtete Religionskommission wurde auch beauftragt, auf ungeeignete Schulmeister aufmerksam zu machen und verdächtige Winkelschulen aufzulösen.[38] Die neue Ordnung für Universitäten, Akademien und Gymnasien vom 16. November 1735 legte unter anderem die Vorbedingungen für die Aufnahme in die Gymnasien fest und forderte, daß geschickte und geübte Schul- und Lehrmeister an den „deutschen Schulen“ eingestellt würden, worüber auch der „Superintendens Universitatis die Einsicht haben“ müsse. Die Regierung wurde mit der Durchführung dieser Instruktion beauftragt und hatte „wider Verhoffen entdekkende Gebrechen zu remidiren“[39] (d. h. diesen Gebrechen abzuhelfen), ein erster Ansatz zu einer staatlichen Schulaufsicht.
Im großen und ganzen sieht sich die staatliche Gewalt zunächst nur als Stütze und Helfer der Kirche sowie als Richter bei Streitigkeiten zwischen geistlichen Instanzen und Vogteiherrschaften. Sie beansprucht die oberste Aufsicht, ohne aber tatsächlich in Organisation und Lehrinhalte des Primarschulwesens einzugreifen. Das änderte sich vorerst auch nicht unter Maria Theresia. Für die üblichen Konflikte zwischen Pfarrer und Gemeinde bzw. Grundherrschaft wurde allerdings eine grundsätzliche Entscheidung getroffen. Der Schulmeister sei vor der Aufnahme dem Pfarrer zur Prüfung vorzustellen, die Anstellung selbst sei aber ausschließlich Recht der weltlichen Obrigkeit. Auch wenn Beschwerden über den Lehrer „in Sachen seines Amtes oder in moribus“ vorlagen, verblieb dem Pfarrer nur das Recht der „Cognition oder correction“, eine Entlassung konnte er bloß aussprechen,[40] wenn die weltlichen Gewalten verhindert waren. Gerade diese Kompetenzstreitigkeiten boten den staatlichen Hoheitsträgern oft die Möglichkeit des Eingriffs. Allerdings stellten sie sich auch ohne Einschränkung hinter Anliegen der Kirche, wie z. B. bei der Ausschaltung der Winkelschulen.[41] Doch wurde durch die in Abständen wiederkehrenden staatlichen Verbote in Wirklichkeit kaum etwas erreicht.
Weil Maria Theresia die Möglichkeiten und Grenzen ihrer Maßnahmen klug abzuschätzen imstande war, hat sie nur stufenweise – vom tertiären Bereich, den Universitäten, aus über den Sekundarbereich, die Gymnasien – die verwaltungsmäßige Okkupation sämtlicher Bildungseinrichtungen vorgenommen.

9.2.2.2 Verwaltungsmäßige Voraussetzungen der Reform der „deutschen Schulen“

Eine durchgreifende Neuorganisation des Primarschulwesens war von verschiedenen verwaltungsmäßigen Bedingungen abhängig. Zunächst mußte gewährleistet sein, daß dem Willen des Monarchen bis ins letzte Dorf Geltung verschafft werden konnte. Dies war seit den Haugwitzschen Verwaltungsreformen von 1749 möglich. Für den Primarbereich wurde das Kreisamt besonders bedeutsam, in dessen Aufsichtsbereich u. a. auch die Ortsobrigkeit, Pfarrer und Lehrer fielen. Weiters war die Unterstellung des gesamten Unterrichts unter ein verantwortliches Gremium notwendig, damit die Planungsdiskussion nicht wild ausufert, sondern auf höchster Ebene einheitliche Zielvorstellungen für Unterricht und Erziehung beschlossen werden konnten. Außerdem war nur eine zentrale Schulverwaltung,[42] wie sie sich in der zweiten Hälfte des 18. Jahrunderts ausbildete, in der Lage, die Gleichförmigkeit in der Umsetzung der Pläne zu sichern. Die Studienhofkommission erfüllte diese Aufgaben in zureichendem Maße.

Auch die kirchlichen Strukturen bereiteten Schwierigkeiten. Die Diözesan- und oft auch Pfarrgrenzen deckten sich nicht mit den Grenzziehungen der öffentlichen Verwaltung, viele Pfarren waren zu groß. Verhandlungen Maria Theresias und die rücksichtslosen, die historische Gewordenheit und alte Rechte mißachtenden Eingriffe Josephs II. paßten aber letztlich die kirchliche Organisation der staatlichen an, notwendige Maßnahmen, solange Kirche und Geistlichkeit als Mitträger der Schulreform dringend benötigt wurden. Die Jurisdiktion auswärts residierender Bischöfe bzw. Metropoliten auf österreichischem Gebiet wurde beseitigt, neue Diözesen entstanden, und ein weitaus dichteres Pfarrnetz bildete sich aus.[43] Die von den Monarchen beanspruchte Kirchenhoheit machte die auf einen spirituellen Bereich eingeengte katholische Kirche zu einer Anstalt des Staates, stellte sie unter seine Aufsicht und beließ ihr bisherige Aufgaben, wie z. B. Unterricht und Erziehung, als nunmehr staatliche Verpflichtungen. In fast allen Angelegenheiten wurde die Kirche einer staatlichen Kultusverwaltung untergeordnet.

Der traditionelle Zusammenhang von Kultus und Unterricht, aus dem sich ja die Schulen entwickelt hatten, sowie die nunmehrige Konformität im Vorgehen in beiden Bereichen lassen es verständlich erscheinen, daß letztlich – um die Mitte des 19. Jahrhunderts – auch die Kompetenzen ihrer Verwaltung einer einzigen Zentralbehörde zugewiesen wurden, einem Ministerium für Kultus und Unterricht.

Die 1770 angeordnete Einteilung der einzelnen Kreise in Werbbezirke erwies sich gleichfalls für die Schulverwaltung als hilfreich. Die Werbbezirkskommissare – Beamte derjenigen Herrschaft, die im jeweiligen Bezirk ihren Sitz hatte oder die größte war – waren für die Truppenwerbung zuständig und hatten den Kreishauptmann bei der Durchführung auch anderer Aufgaben zu unterstützen. Dazu zählte – nach Anlaufen der Schulreform –, die Eltern wegen Fernbleibens ihres Kindes vom Unterricht zu mahnen oder zu strafen sowie die weltliche Schulaufsicht auf der untersten Ebene einzurichten.[44]

9.2.2.3 Erster Versuch systematischer Nutzung der neuen Verwaltungseinrichtungen für Fragen der Schule

Als 1751 ein Hofdekret die Kreishauptleute der Steiermark aufforderte, zu untersuchen, „in was vor einem Zustand das Schulwesen in denen Städten, Märkten und Dörfern“[45] sich befinde, und ein Gutachten mit Änderungs- oder Verbesserungsvorschlägen verlangte, war das Ergebnis zunächst kläglich.[46] Denn bloß zwei Berichte trafen bei der Repräsentation und Kammer, der obersten Landesbehörde, ein. Sie waren von unterschiedlicher Qualität und ließen bereits erkennen, auf welche Schwierigkeiten eine derartige Befragung stieß und welche Diskrepanzen zwischen der Schulwirklichkeit und deren Darstellung durch die Ortsobrigkeit zu erwarten waren.

Daraufhin erhielten anfangs 1752 die Kreishauptleute genaue Anweisungen, wie sie bei dieser „Theresianischen Schulbefragung“ vorgehen sollten. In einem Rundschreiben

wurden die Pfarrer ersucht, vor allem mitzuteilen, wer die Mesner und Schulmeister seien, ob sie hinlänglich lesen und schreiben könnten, ob ihr Glaube und ihre Sitten untadelig seien, welchen Nebenbeschäftigungen sie nachgingen und wie hoch ihr Einkommen sei. Um prüfen zu können, wie der Schulmeister das Schreiben beherrsche, hatte dieser den Hauptbericht des Pfarrers abzuschreiben; ihn auch zu verfassen, hatte man ihm von vornherein nicht zugetraut. Die Meldefreudigkeit der Pfarrer war nicht sonderlich groß, wahrscheinlich wurden die Fragestellungen als unerwünschte Einmischung in ihren eigenen Bereich empfunden; und Mängel wurden verständlicherweise nicht gerne zugegeben.
Es vergingen nicht weniger als vier Jahre, bis alle Kreise die Ergebnisse der Befragung vorlegen konnten. Von 361 Pfarrorten des Landes waren nur 148 der Aufforderung nachgekommen. Drei der fünf Kreise gaben sich mit Meldungen, die nur zwischen 22 Prozent und 32 Prozent der Pfarren erfaßten, zufrieden und schlossen damit die Erhebung ab. Die adeligen Kreishauptleute waren überhaupt häufig überzeugt, daß für die Bauern Unterricht in Lesen und Schreiben nicht unbedingt notwendig sei, zum Lesen verbotener Bücher verführe und nur für die begabten Kinder nützlich sei.[47]
Folgerungen aus dieser „Theresianischen Schulbefragung" wurden nicht gezogen. Der Ausbruch des Siebenjährigen Krieges mag mit, jedoch nicht allein schuld daran gewesen sein, daß die Landesbehörde in Graz die keinesfalls befriedigende Zustandserhebung in einem Faszikel verschnürte und in der Registratur ablagerte. Das Primarschulwesen blieb in Organisation, Lehrinhalt, Methode und in der geringen Qualität des Unterrichts zunächst unverändert.

9.2.2.4 Die Zielrichtung der Bildungspolitik

An einer der üblichen Kompetenzstreitigkeiten über Aufnahme und Anstellungserfordernisse des Mesners und Schulmeisters in Kärnten läßt sich gut dokumentieren, wie zielbewußt der Wiener Hof an die Formulierung der offiziellen Richtlinien seiner bildungspolitischen Bestrebungen heranschritt und wie geschickt er es verstand, sowohl die Stände wie auch die Kirche dabei auszumanövrieren.
Die Kärntner Landesbehörde hatte 1765 den Vogteiherrschaften das Recht zur Anstellung des Mesners, der des Lesens und Schreibens kundig sein und zur „Abhaltung der Schulen" sich verpflichten mußte, zugesprochen, was die bisher üblichen Rechte des Pfarrers einschränkte. Diese Festlegung wurde zum Streitfall, dessen Hauptpositionen – ohne auf Einzelheiten einzugehen – hier dargestellt werden sollen.[48]
Die Regierung von Innerösterreich (Steiermark, Kärnten, Krain) wie auch das Gubernium (Landesbehörde) äußerten, daß Aufnahme und Entlassung des Mesner-Schulmeisters „von der Vogteiobrigkeit und den Pfarrern conjunctim getragen werden" sollte, weil doch „auch dem Pfarrer zu wissen und zu sorgen obliegt, daß die Kirchen mit tauglichen Beamten versehen werden".[49] Die Bischöfe wiesen darauf hin, daß die Ernennung und Absetzung des Mesners und Schulmeisters meistens „privative" von den Pfarrern vollzogen worden sei, was sich schon deswegen als notwendig erweise, weil dieser sonst Kirchendienst und Kirchenlehre nachlässig verrichten und der Geistlichkeit den Gehorsam versagen könnte. Nur dort werde der Mesner und Schulmeister gemeinsam mit dem Vogt ernannt oder entlassen, wo jener ganz oder zum Großteil von der Vogteiobrigkeit den Unterhalt empfange.
Als ein erster Schritt, der aber die Richtung noch nicht klarmachte, wurde vom Wiener Hof die Loslösung der Jurisdiktion, die dem Grundherrn oder Gerichtsherrn vorbehalten blieb, von der Disziplinargewalt der Kirche ausgesprochen. Die Hofresolutionen vom 16. und 23. Jänner 1767 bekräftigten, ja verstärkten sogar die kirchliche Position.

Mesner und Schulmeister wurden, ohne daß zwischen Kirchendienst und Lehramt unterschieden wurde, allein der kirchlichen Disziplinargewalt unterworfen. Weil nun aber Aufnahme und Entlassung der Mesner und Schulmeister nur von den „geistlichen Vorstehern“ abhing, war der Streitpartner, die ständische Vogteiherrschaft, damit ausgeschaltet. Die Kärntner Landeshauptmannschaft gab sich mit dieser Entscheidung nicht zufrieden, schien sie nicht einhalten zu wollen und betonte ihre Überzeugung, daß das Schulwesen ein *publicum,* eine öffentliche Angelegenheit, sei. Sie erreichte schließlich, daß sie, weil ihr die „Oberaufsicht und Direction über das Schulwesen von Amts wegen obliegt“, bei „sich äußernden wahrhaften Gebrechen“ Schulmeister entlassen dürfe.[50] Das Ernennungsrecht blieb der Kirche. Durch eine auf Anfrage erreichte Erläuterung der Resolution vom 16. Jänner 1767 wurde der Kärntner Landeshauptmannschaft im Jahre 1770 zusätzlich das Recht eingeräumt, Schulmeister, die keinen Mesnerdienst versahen, selbst aufzunehmen oder zu entlassen.
Als noch im selben Jahr der Bischof von Lavant Beschwerde dagegen erhob, daß der Schulmeister in Wolfsberg – das einen eigenen Mesner besaß – gegen den Widerspruch des Pfarrers und Dechanten durch den kaiserlichen Pfleger ernannt worden war, erfloß nach wiederholten und sorgfältigen Beratungen Anfang Oktober 1770 die berühmte Entscheidung, daß dort, wo der Mesnerdienst von dem des Schulmeisters getrennt sei, „jener allein von der geistlichen wie dieser von der weltlichen Obrigkeit“ abhänge.[51] Denn das Schulwesen „ist und bleibet allzeit ein Politikum“.[52] Dieses Hofdekret, das wahrscheinlich unter starkem Einfluß Josephs II. zustandekam, wurde mit 13. Oktober 1770 allen Landesregierungen zugestellt. Damit wurde zum ersten Mal eindeutig artikuliert, daß der „Staat“ die Schulhoheit auch im Primarbereich an sich zu ziehen gewillt war. Die Streitparteien, Kirche wie ständische Grundobrigkeiten, wurden zwar in ihren Pflichten belassen, in ihren Rechten aber wesentlich eingeschränkt.

9.3 Anfänge der Schulreform

9.3.1 Die Einrichtung einer „Commission in Schulsachen“

Das „Promemoria“ des Fürstbischofs von Passau von 1769 hatte zwar die Weisung Maria Theresias an die Regierungen in Österreich unter und ob der Enns ausgelöst, einen Vorschlag auszuarbeiten, wie das „Schulwesen in eine gute Ordnung gesetzt werden“[53] könne, doch war damit noch nicht sichergestellt worden, ob dieser von Maria Theresia verstärkte Impuls eine echte Verbesserung des Primarschulwesens in Gang setzen konnte. Anfangs sah es jedenfalls gar nicht danach aus. In der niederösterreichischen Regierung kam man zu keinem konkreten Ergebnis und stellte vor allem das Versagen der Kirche heraus, die sich hier eben selbst helfen müsse. In Österreich ob der Enns allerdings nahm man den Auftrag ernster in Angriff und setzte eine eigene Kommission ein, die sich eingehend über den tatsächlichen Schulzustand informierte. Auf dieser Grundlage erhob sie die Forderung, die Lehrer besser zu entlohnen, die Zulassungsbedingungen zum Lehramt zu verschärfen, die Eltern zum Schulschicken ihrer Kinder anzuhalten und eine allgemeine Schulordnung zu erlassen.[54]
Doch die Böhmisch-österreichische Hofkanzlei, die sich mit beiden Berichten auseinanderzusetzen hatte, bewegte sich eher in den niederösterreichischen Bahnen und konnte sich für keine tiefgreifenden Maßnahmen entscheiden. Erst im Beratungsorgan Maria Theresias, im Staatsrat, fiel die Entscheidung für die Reform. Der aus Mitteldeutschland (Vogtland) stammende Tobias Philipp Gebler stützte sich dabei auf

das von Felbiger verfaßte schlesische „General-Land-Schul-Reglement“ von 1765 und auf die von dem Schwaben Joseph Meßmer, dem Rektor der Schule bei St. Stephan, entworfenen „Unmasgebliche(n) Gedanken zu Verbesserung der hiesigen deutschen Stadt- und Vorstadt-Schulen“.[55] Meßmer, bereits mit Felbigers Gedankengut vertraut, forderte nicht nur eine Verbesserung der Lehrmethoden und die monatliche Erstellung von Schultabellen über Fleiß und Lernfortschritt der Schüler, sondern vor allem eine Neuorganisation des Schulwesens (Einrichtung von Schuldistrikten, Erfassung der im Schulsprengel lebenden Eltern und Kinder, Bildung eines Schulfonds). Am notwendigsten erschien ihm die Errichtung einer Normalschule, die gleichzeitig der Ausbildung von Schulmeistern und Katecheten dienen sollte, und die Einsetzung von Schulkommissionen.

Am 19. Mai 1770 entschied sich Maria Theresia für das Votum ihres Staatsrats und ordnete die Einrichtung einer „eigenen Commission in Schulsachen“[56] an. Die „niederösterreichische Schulkommission“, der auch J. Meßmer angehörte, trat am 14. Juli 1770 zur ersten Sitzung zusammen und verstand es bald, obgleich zunächst nur für Österreich ob und unter der Enns zuständig, federführend für die österreichischen Schulreformarbeiten zu werden. Auch die obderennsische Landeshauptmannschaft wurde angewiesen, die bereits bestehende Kommission für dauernd zu erklären, ihr eine Geschäftsordnung zu geben und sie mit der Schulaufsicht in eigener Verantwortung zu betrauen. Die anderen Länderregierungen erhielten die Weisung, nach dem Beispiel Österreichs ob der Enns die tatsächlichen Schulzustände tabellarisch zu erfassen. Die Beratungen der „niederösterreichischen Schulkommission“ führten am 22. Oktober 1770 zu einer landesfürstlichen Anordnung, die zugleich für alle Erbländer als Hofdekret publiziert wurde. Darin erklärte Maria Theresia, überzeugt „von den wichtigen Vortheilen, welche dem Staate durch die glückliche Bildung guter Christen, und nützlicher Bürger verschaffet werden, ... die künftige Erziehung der gesammelten Jugend ... zu einem Hauptgegenstand ihrer weisesten Regierung“ machen zu wollen. Sie übertrug die „obere Aufsicht über das ganze gemeine deutsche Schulwesen“ im Erzherzogtum Österreich (heute Wien, Niederösterreich und Oberösterreich) einer aus geistlichen und weltlichen Mitgliedern bestehenden Kommission mit dem Auftrag, „nach und nach eine gute Ordnung und Schulverbesserung“ einzuführen.[57] Außerdem ordnete sie die Errichtung einer Normalschule an. Damit war die Rechtsgrundlage für eine zentrale Schulaufsichtsbehörde geschaffen, der die Aufgabe einer sowohl organisatorischen als auch inhaltlichen Schulreform zugewiesen wurde. Von der Arbeit dieser „niederösterreichischen Schulkommission“ hing es nun wesentlich ab, ob diesmal ein seit Jahrhunderten eher lethargisch dahinvegetierendes Primarschulwesen wenigstens in einem begrenzten Bereich, im Zentrum der Monarchie, für die Ansprüche einer sich wandelnden Gesellschaft und Wirtschaft so umgeformt werden konnte, daß aus den armseligen „deutschen Schulen“[58] Schulen des Volkes wurden.

9.3.2 Die Gründung der Wiener Normalschule

Es war wiederum J. Meßmer, der einen Detailplan für eine Schule entwarf, die neben Elementarunterricht auch Kenntnisse aus Geschichte, Geographie, Naturlehre und der Haushaltungskunst sowie eine Sitten- und Pflichtenlehre vermitteln sollte, vor allem aber zukünftige Lehrer „in den Schulwissenschaften“ zu unterweisen beabsichtigte. Sie war als Musterschule gedacht, ein Mittelpunkt, der die Normen für einen „gleichförmigen“ Unterricht im Lande zu geben hatte.[59]

Bereits am 2. Jänner 1771 konnte diese „Normalschule“ im Churhaus zu St. Stephan eröffnet werden. J. Meßmer stand ihr als Direktor vor, zu den Lehrern zählten auch

Anton Felkel und Philipp Jakob Tangl, die sich bereits in Schlesien mit der Lehrart Felbigers vertraut gemacht hatten. Tangl mußte sogar seine Heimreise nach Tirol unterbrechen und für ein Jahr die Katechetenstelle übernehmen. Die Schule fand großen Zulauf. Neben 150 Knaben, die in drei Klassen aufgeteilt wurden, traten auch 30 Kandidaten für die Ausbildung zum Lehramt in sie ein. Die erste öffentliche Prüfung im Herbst 1771 verlief erfolgreich und führte zu überschwenglichen Äußerungen, deren Kernaussagen aber die Zielsetzungen der neuen modernen Schule (der „verbesserten Schuleinrichtung“) unmißverständlich manifestierten. Sie werde „die Menschen zu Geschöpfen bilden, die der Menschheit Ehre machen“; die Industrie werde „sich heben, der Handel aufblühen, der Staat an seinem inneren Vermögen sich bereichern“. Die Ausschöpfung des Bildungspotentials eines Volkes vermöge aber nicht nur den wirtschaftlichen Aufschwung und das „bürgerliche Heil“ zu fördern, sondern werde Österreich auch die „Überlegenheit über seine Nachbarn, über ganz Deutschland“ verschaffen.[60]

Trotz der Weisung Maria Theresias entstand außerhalb Wiens zunächst nur in Tirol eine Normalschule, genaugenommen war sie bereits vor der Wiener eröffnet worden. Als daher das Tiroler Gubernium 1772 aufgefordert wurde, nach dem Wiener Muster eine Normalschule in Innsbruck zu errichten, entgegnete es mit Recht, daß dies bereits geschehen sei.[61]

In Graz verfaßte man Anfang 1773 zwar einen Bericht, „wie die in Wien bereits introduzierte Normal-Schull“[62] auch hier eingeführt werden könnte, nahm aber die schwierige Aufgabe nicht ernsthaft in Angriff.

Die Finanzierung der Normalschule in Wien wurde vorerst zum größeren Teil vom Staat (Aerarium) übernommen, bis ein noch zu gründender Schulfonds für die Kosten aufkommen konnte. Dieser Schulfonds sollte auch aus dem Reinertrag, den Herstellung und Verkauf der Schulbücher abwarfen, gespeist werden. Zu diesem Zweck wurde – wie bereits erwähnt – der „Verlag der deutschen Schulanstalt“ gegründet.[63] Daß er im Haus der Normalschule in Wien untergebracht wurde und deren Rektor J. Meßmer von 1772 bis 1779 sein erster Direktor war, dokumentiert recht deutlich, woher die Initiative stammte und welche Interessen im besonderen verfolgt werden sollten.

9.3.3 Uneinigkeit über die Maßnahmen zur Verbesserung der „deutschen Schule“

Die „niederösterreichische Schulkommission“ verlor nach der Gründung der Normalschule – dem ersten Ziel, das erreicht wurde – rasch an Schwung und Wirksamkeit.[64] Das hatte verschiedene Ursachen. Der Mangel an finanziellen Mitteln, die notwendig waren, um eine tiefgreifende Reform durchzuführen, war sicherlich nicht die unbedeutendste. Viele Vorschläge wurden erörtert, um ihn zu beseitigen; sie reichten von der Heranziehung der Überschüsse von Stiftungen, freiwilligen Beiträgen des Adels und der Geistlichkeit bis zu Zuschlägen zum Mietzins und Abgaben bei Erbschaften. Sie erwiesen sich durchwegs als nicht zielführend. Am erfolgreichsten zeigte sich ein Einfall Josephs II.: er veranstaltete gegen Eintrittsgeld zum Besten der Normalschule eine gut besuchte Redoute.

Ein anderer Grund, warum die Schulkommission mehr oder weniger auf der Stelle zu treten begann, war eine Krise der Normalschule. Beinahe jeder der dort unterrichtenden Lehrer ging nämlich seinen eigenen Weg; sie gerieten sich daher wegen der Lehrmethoden, die sie alle trotz mancher Unterschiede als „saganisch“ bezeichneten, in die Haare, und Meßmer entpuppte sich als zu schwach, sie in eine einheitliche Richtung zu drängen. Öffentliche Auseinandersetzungen, Klageschriften, Anzeigen und Lehrerentlassungen waren die Folge. 1773 erhielt die Normalschule einen „abgeänderten Schulplan", der die Lehrweise hauptsächlich nach der „Klammern-Tabelle" ausrichtete. Die Kritik an Meßmer nahm zu; die Wiener Normalschule wurde in gebildeten (sprich aufklärerischen) Kreisen als „schlechte Copie eines mittelmäßigen Originals"[65] bezeichnet. Trotzdem zog sie bereits in diesen Jahren Schulmeister aus den Kronländern an, die sich hier die neue Methode anzueignen wünschten.

Die allgemeine Unsicherheit über die zu beschreitenden Wege in der Schulreform wurde dadurch verstärkt, daß immer wieder neue Pläne auftauchten. Sie lösten jedesmal lange Diskussionen aus. Hier sollen vor allem die Vorschläge des Johann Anton Graf Pergen erwähnt werden. Er forderte u. a., daß das gesamte Schul- und Erziehungswesen einheitlich ausgerichtet werden müsse und „wahre aber zugleich aufgeklärte und zu den Diensten des Vaterlandes so fähige als willige Christen" erziehen solle.[66] Aufsicht und Leitung hätte der Staat „völlig und beständig" an sich zu ziehen. Außerdem müsse Unterricht und Erziehung den Ordensgeistlichen zur Gänze entzogen werden. Auch vertrat er die Meinung, es sei ein Oberdirektorium als leitende Behörde zu schaffen und mit einem Ausländer – weil geeignete Persönlichkeiten in Österreich fehlten – zu besetzen. Maria Theresia dachte damals bereits an eine Berufung J. I. Felbigers, doch Joseph II. winkte ab. Denn das Ziel sei, „daß alle Unterthanen nach Möglichkeit schreiben, lesen und etwas rechnen lernen; dazu sind alle gelehrte unnutz". Eine „Veränderung" des Schulwesens sei zwar notwendig, doch „wir können oder solten unsere Länder, unsere Verfassung, unsere Gebrechen, unsere fundos wohl besser kennen, als jeder noch so einsichtiger fremder Gelehrter, der hieher berufen wurde. Was wurde daraus entstehen, als Unkösten, nichts gutes, oder wenigstens, daß in einem sehr kleinen Theil dieser Mann seine Geschicklichkeit mit wenigen Lehrern zeigete, und das Hauptwerk der National-Erziehung verschlafen wurde".[67]

Nicht nur Pergens Pläne wurden schließlich ad acta gelegt, auch die Ansichten Franz Karl Hägelins in seiner „Einleitung der Schulverbesserung auf das Land in Unterösterreich und alle übrigen Erblande"[68] wurden als verfrüht abgelehnt. Der unermüdlich in der Schulkommission tätige Hägelin beschränkte sich dabei auf das Primarschulwesen und baute seinen Plan darauf auf, daß die Schulen die Lebensverhältnisse der Bevölkerung zu berücksichtigen hätten. In den Dorfschulen müßten daher nur die notwendigen und unentbehrlichen Kenntnisse (Religion, Lesen, Schreiben, Rechnen) vermittelt, in jeder „Pflanzschule" eines Kreises oder Viertels zusätzlich auch nützliche Fächer (wie Sprachlehre, Satzlehre, höhere Rechenkunst) unterrichtet und in der Haupt- und Musterschule in der Landeshauptstadt außerdem noch der Bequemlichkeit und Annehmlichkeit des Lebens zustatten kommende Gegenstände (Zeichnen, Geometrie, Mechanik, Hausbaukunst) gelehrt werden. An der Schulaufsicht sollten Geistliche und Laien (herrschaftliche oder obrigkeitliche Beamte) gleichermaßen Anteil haben.

Neuimpulse zum Handeln wurden 1773 durch die Aufhebung des Jesuitenordens gegeben, die einerseits Maria Theresia zu einer raschen Neugestaltung des gesamten Schul- und Studienwesens zwang,[69] andererseits ihr durch das eingezogene reiche Vermögen des Ordens auch die Mittel zur Verfügung stellte, umfassende Reformen durchzuführen. Als Instrument zur Verwirklichung ihrer Pläne gedachte sie die Studienhofkommission zu nutzen, an deren Spitze sie ab 12. Februar 1774 einen Laien, den Staatsrat Franz Karl Kressel Freiherrn von Gualtenberg, berief. Den bisherigen Vorsitzenden, den Kardinal-Erzbischof von Wien Christoph Graf Migazzi, entließ sie in Gnaden. Wiederum wurde eine Bestandsaufnahme angeordnet; sowohl über die sogenannten „Trivial-Landschulen" als auch über die Gymnasien, Universitäten, Bibliotheken und Priesterhäuser sollte bis Mai 1774 berichtet werden. Zu gleicher Zeit entschloß sich Maria Theresia, sich bezüglich der divergierenden Auffassungen über die Neuordnung des Primarschulwesens von der Autorität, deren Name immer wieder in den Diskussionen vorgebracht worden war, beraten zu lassen: Sie bat J. I. Felbiger nach Österreich. Wahrscheinlich war diese Entscheidung unausweichlich. Denn Felbigers Lehrmethoden hatten in Österreich seit Jahren Fuß gefaßt, seine Lehrbücher wurden seit einiger Zeit nachgedruckt, sein Geist hatte die führenden Schulreformer in Österreich befruchtet. Aber seine Methoden und pädagogischen Auffassungen wurden verschieden interpretiert. Nur er selbst konnte daher die „deutschen Schulen" in die gewünschte „Gleichförmigkeit" bringen. Die kurzfristig gestellten Termine, die freilich meist nicht eingehalten werden konnten, und die rasche Folge von Verordnungen und Anweisungen ließen im übrigen deutlich werden, daß Maria Theresia zu endgültigen Entscheidungen kommen wollte.

9.4 Die Neuordnung von 1774

9.4.1 Die Berufung J. I. Felbigers

Maria Theresia hatte sich im Jänner 1774 an Friedrich II. von Preußen mit dem Wunsch gewandt, seinen Untertan J. I. Felbiger[70] für einige Zeit nach Wien zu schicken, damit sie ihn „über verschiedene, das Schulwesen betreffende Gegenstände zu Rathe ziehen"[71] könne. Der preußische König wollte ihr gern gefällig sein, auch Felbiger war dazu bereit.

Johann Ignaz Felbiger wurde 1724 als Sohn eines österreichischen Postmeisters und einer bayrischen Mutter (aus Schärding, das 1779 österreichisch wurde) in Schlesien (Glogau/Glogow) geboren und war – nach Abtretung seiner Heimat an Friedrich II. – loyaler preußischer Untertan. Als Abt des Augustiner-Chorherrenstiftes Sagan in Niederschlesien war er eher zufällig mit Schulproblemen befaßt worden. In diesem gemischt konfessionellen Gebiet waren nämlich die vom Stift geführten katholischen Schulen der Konkurrenz der evangelischen Schulen erlegen. Auch die katholischen Eltern schickten ihre Kinder dorthin, weil ihrer Meinung nach diese besser eingerichtet waren und dort mehr gelernt wurde. In dieser Entwicklung sah Felbiger eine so große Gefahr für den katholischen Glauben, daß er sich eingehend mit Ausbildungs- und Erziehungsfragen zu beschäftigen begann. Diese religiöse Komponente seiner schulreformatorischen Tätigkeit muß im Auge behalten werden, weil darin manche seiner Festlegungen eine Erklärung finden und auch verständlich wird, warum er zuletzt von seiten der Aufklärer heftig angegriffen wurde.[72] Er las sich in die pädagogische Literatur seiner Zeit ein und scheute sich nicht, eine der als vorbildlich geltenden Schulen (J. J. Heckers Berliner Realschule) persönlich aufzusuchen und die dort verwendeten Methoden zu studieren. Das Gesehene und Gelesene versuchte er dann den schlesischen Verhältnissen anzupassen.

Aus heutiger Sicht muß Felbiger als „Eklektiker" bezeichnet werden, der ziemlich unbefangen die seiner Meinung nach besten zeitgenössischen pädagogischen Erkenntnisse und Methoden neu zusammenfügte, ein Vorgehen, das bei den meisten „Pädagogen" des 18. Jahrhunderts festgestellt werden kann. Die abwertende Bedeutung, die in unserer Zeit dem Begriff „Eklektizismus" anhaftet, war dem Jahrhundert der Aufklärung völlig fremd.

Die pädagogischen Grundmodelle des 18. Jahrhunderts waren in Westeuropa entwickelt worden. Für Felbiger wurden deren norddeutsche Varianten zum Vorbild; so lassen sich weite Passagen der Schulordnung für Minden-Ravensberg (1727, 1754) in

J. J. Heckers „Königl. Preußisches General-Land-Schul-Reglement" (1763) wiederfinden, auf das dann Felbiger ein von ihm entworfenes „Königl.-Preußisches General-Land-Schul-Reglement für die Römisch-Catholischen in Städten und Dörfern des souverainen Herzogthums Schlesien und der Grafschaft Glatz" (1765) aufbaute.[73] Den Grundgedanken dieser Schulordnung verhalf Felbiger auch in Österreich zum Durchbruch. Trotzdem dürfen hier nicht bloße Abschreibübungen vermutet werden, auch wenn gleichlautende Sätze entdeckt werden können, sondern es wurden sehr wohl die Traditionen und Möglichkeiten des jeweiligen Landes hineinverarbeitet, sodaß letzten Endes immer etwas Neues entstand. Allerdings muß darauf hingewiesen werden, daß aus österreichisch-katholischer Sicht – wenn es auch Felbiger bewußt zu unterspielen versuchte – protestantisch-preußische Modelle der europäischen Schulentwicklung zu einem gewissen Teil Pate bei der Neuordnung des österreichischen Primarschulwesens gestanden sind.

9.4.2 Die „Allgemeine Schulordnung" 1774

Felbiger hatte aus verschiedenen Gründen (Bewunderer der protestantisch-preußischen Schulentwicklung, Bürger eines ehemaligen Feindstaates, Auftrag zur Entscheidung zwischen Streitparteien)[74] zunächst Mißtrauen und starke Widerstände in Österreich zu überwinden, und nur der starke Rückhalt, den ihm Maria Theresia gewährte, machte ihm die Erfüllung seiner Aufgabe möglich. In wenigen Wochen entwarf er eine Schulordnung unter Berücksichtigung dessen, was in anderen Staaten verordnet worden war und aufgrund eigener zwölfjähriger Erfahrung, wie er in einem Begleitschreiben feststellte, aber mit Einbindung von bewährten österreichischen Lösungen und Vorschlägen, und übergab sie der niederösterreichischen Schulkommission. Diese diskutierte den Plan und goß ihn in die Form eines Patentes (Gesetzes).
Am 6. Dezember 1774 unterschrieb Maria Theresia diese „Allgemeine Schulordnung für die deutschen Normal- Haupt- und Trivialschulen in sämmtlichen Kayserl. Königl. Erbländern" und schuf damit die Grundlage für ein einheitliches staatliches Primarschulwesen. Als Beweggrund ihrer Entscheidung nannte sie im Vorwort dieses säkularen Dokuments die Förderung des Wohles ihrer Länder und die Einsicht, daß die „Erziehung der Jugend, beyderley Geschlechtes, als die wichtigste Grundlage der wahren Glückseligkeit der Nationen" zu gelten habe. Denn von einer guten Erziehung und Leitung in den ersten Jahren hingen Lebensart, Denken und Fortschritt der Menschen ab. Deshalb sei es notwendig, daß „durch wohlgetroffene Erziehungs- und Lehranstalten die Finsterniß der Unwissenheit aufgekläret, und jedem der seinem Stande angemessene Unterricht verschaffet" werde.[75]
Das Gesetz selbst setzte in 24 Paragraphen die Richtpunkte der neuen Ordnung fest. Zunächst mußte bei jeder Landesregierung (Landesstelle jeder Provinz) eine Schulkommission als Aufsichts- und Verwaltungsorgan bestellt werden (§ 1), also Einrichtungen, die im heutigen Niederösterreich und Oberösterreich bereits bestanden. Wie bereits Franz Karl Hägelin, ein Mitglied der „niederösterreichischen Schulkommission", 1772 vorgeschlagen hatte,[76] sah die Schulordnung drei Arten von Elementarschulen vor (§ 2): 1. In jeder Provinz (am Ort der Schulkommission) eine Normalschule, „nach welcher sich alle übrigen Schulen des Landes zu richten" hatten und an der auch die Lehrer für die „deutschen Schulen" ausgebildet werden mußten. 2. In den größeren Städten (zumindest aber in jedem Viertel oder Kreis und auch in Klöstern) eine Hauptschule und 3. in allen Orten mit Pfarr- oder Filialkirchen „gemeine deutsche oder Trivialschulen". Bezüglich der Schulträger wurden keine Änderungen vorgenommen; allerdings wurde ihnen jeder freie Raum beschnitten, und sie hatten in

allem – von der Bestellung des Lehrers bis zur Lehrart – die Anordnungen der Schulkommission zu befolgen. Falls neue Schulgebäude errichtet werden mußten, hatten Gemeinde und Grundherrschaft die Kosten zu tragen (§ 3). Als bedeutsam erwies sich die Bestimmmung, daß jedem Lehrer ein Klassenzimmer zur Verfügung stehen müsse und die Wohnung des Lehrers davon abzusondern sei (§ 4).
Der eigentliche Lehrbetrieb wurde bis in Einzelheiten geregelt. An den Trivialschulen (ein- bis zweiklassig, mit ein bis zwei Lehrern) wurde nur ein Unterricht in Religion, Schreiben, Lesen, Rechnen und eine „Anleitung zur Rechtschaffenheit und Wirtschaft" für möglich gehalten. Hauptschulen (drei- oder vierklassig, mit drei Lehrern) und Normalschulen (vierklassig mit vier Lehrern) hatten großteils einen gemeinsamen Lehrplan. Der Unterricht in Religion durch einen Katecheten war in vertiefter Form zu bieten; neben Lesen, Schreiben und erweitertem Rechnen war zum „wohlanständigen Betragen" („Sittsamkeit") anzuleiten. An den Normalschulen verpflichtend, an den Hauptschulen nur nach Möglichkeit wurden zusätzliche Lehrinhalte vermittelt, deren Aneignung als Vorbedingung für die Ausübung verschiedener Berufe galt: etwa eine Einführung in die lateinische Sprache für Apotheker und Wundärzte oder auch für jene, die in ein Gymnasium übertreten wollten; außerdem eine Anleitung zum schriftlichen Aufsatz, Grundsätze für die Haushaltung und die Landwirtschaft, Naturlehre, Geschichte, Geographie, Anfangsgründe des Feldmessens, der Baukunst und Mechanik sowie Zeichnen. Wegen der „Gemeinnützigkeit" dieser vierten Klasse, die allerdings nicht einmal an jeder Normalschule geführt wurde, wurde später angeordnet, daß ihr Besuch nicht die erfolgreiche Absolvierung der vorhergehenden Klassen voraussetze und „sowohl Klein- als Erwachsenen ... der Zutritt allerhuldreichest gestattet" werde.[77] Besonders ausführlich wurde angegeben, wie die künftigen Lehrer auf ihre Aufgaben vorzubereiten seien (§ 5). Der Religionsunterricht war den Geistlichen vorbehalten, doch mußte der Lehrer imstande sein, bei deren Verhinderung für sie einzuspringen (§ 6). Im Unterricht durften nur approbierte Lehrbücher benützt (§ 7) und bestimmte Methoden angewendet werden (§ 8, 9).
Entscheidend wurde die Forderung nach dem Abgehen vom Einzelunterricht; das „Zusammenunterrichten" und „Zusammenlesen" wurden vorgeschrieben, ebenso der Einsatz der Tabellen- und Buchstabenmethoden. Letztere Methoden, von Johann Friedrich Hähn in Berlin entwickelt, verlangten, daß der Lehrstoff jeweils durchgehend gegliedert und der Zusammenhang des Einzelnen mit dem Ganzen klar gekennzeichnet werde, z. B. A. I. a. 1. 1) a) (1) (a) usw. eine Vorgangsweise, wie sie heute zum Teil ähnlich bei der Dezimalklassifikation angewendet wird, z. B. 1–1. 1–1. 1. 1–1. 1. 1. 1 usw.). Dazu trat allerdings, daß der unter diesen Punkten einzuordnende Text zwar ausgesprochen, aber an der Tafel bloß mit den Anfangsbuchstaben vermerkt wurde, eine viele Übungen auslösende Gedächtnishilfe für den vollen Wortlaut des Textes.[78] Diese Methoden waren von vornherein nicht unumstritten; sie entarteten vor allem bald durch ihre starre, rein äußerliche Anwendung und verschütteten das erstrebte Ziel, zum Verständnis der Sache zu führen (§ 8). Es blieb beim Auswendiglernen.
Die Schuljahrseinteilung trug weiterhin der vorwiegend agrarisch ausgerichteten Lebensform Rechnung (§ 10), der Unterricht wurde in der Regel nach der Ernte im Herbst (3. November) aufgenommen und endete zu Michaelis (29. September). Die Sommerferien lagen zu Ostern (eine Woche vor bis eine Woche nach dem Osterfest). Für die Landkinder wurden weitere Erleichterungen geboten: Die Sechs- bis Achtjährigen durften im Winter dem Unterricht fernbleiben, weil ihnen die rauhe Witterung und die schlechten Schulwege nicht zuzumuten waren; die Acht- bis Dreizehnjährigen hingegen mußten wenigstens im Winter (ab 1. Dezember bis Ende März) die Schule besuchen; man hatte Verständnis dafür, daß sie während der warmen Jahreszeit von den Eltern bereits bei landwirtschaftlichen Arbeiten benötigt wurden. Während der

Erntezeit wurde der Unterricht für drei Wochen ausgesetzt. Diese starke Reduzierung der Schultage hatte Kürzungen im Lehrprogramm der Trivialschulen notwendig gemacht.
Die tägliche Unterrichtszeit wurde von acht bis elf Uhr (bzw. nach Möglichkeit im Sommer von sieben bis zehn Uhr) und von zwei bis vier Uhr festgesetzt (§ 10). Der Schulbesuch wurde für alle Kinder zwischen dem 6. und 12. bzw. 13. Lebensjahr für verpflichtend erklärt, sofern sie nicht von Hauslehrern unterrichtet wurden, Zwangsmaßnahmen wurden jedoch nicht angedroht (§ 12, 13).
Für die Schulentlassenen bis zum 20. Lebensjahr waren sonntäglich Wiederholungsstunden vorgesehen (zwei Stunden nach dem Nachmittagsgottesdienst), zu deren Besuch vor allem die Lehrjungen verpflichtet wurden. Sie durften ohne Nachweis des Besuches dieser vom Lehrer unter Aufsicht des Pfarrers gehaltenen Unterrichtsveranstaltungen nicht freigesprochen werden (§ 15).
In der Regel wurde koedukativ und in Leistungsgruppen aufgegliedert unterrichtet (§ 9), doch sollten die Mädchen von den Knaben abgesondert sitzen. Sie waren auch in Nähen, Sticken u. ä. zu unterweisen. Eigene Schulen für Mädchen („Mägdleinschulen") waren selten („wo es die Gelegenheit erlaubet"; § 12). Über alle schulpflichtigen Kinder waren vom Lehrer Listen zu führen; die am Unterricht teilnehmenden Schüler und der vorgetragene Lehrstoff mußten darin verzeichnet werden (§ 16). Der Leistungsstand der Schüler war halbjährlich in öffentlichen Prüfungen festzustellen; die besten Schüler waren zu belohnen. Die Schulaufseher hatten bei derartigen Prüfungen auch zu bestimmen, ob ein Übertritt in ein Gymnasium gestattet werden könne und ob „nachlässige" Schüler nicht zu einem verlängerten Schulbesuch angehalten werden sollten (§ 22).
Schließlich wurden noch genaue Bestimmungen über die hierarchisch gegliederte Schulaufsicht erlassen (§ 17, 18, 23) und die Grundsätze der Lehrerbildung festgelegt (§§ 2, 19, 20). Nur an Normalschulen ausgebildete Lehrkräfte durften angestellt werden; Kleriker, welche sich nicht „gute Kenntnisse des Schulwesens erworben" hätten (§ 20), sollten weder eine Pfarrei erhalten noch in einen Orden aufgenommen werden dürfen.
Die meisten dieser Bestimmungen waren durchwegs weder neu noch besonders originell. Viele von ihnen entdecken wir – inhaltlich unverändert oder bloß variiert – bereits im von Felbiger entworfenen „General-Land-Schul-Reglement"[79] von 1765. Das gilt von der Festlegung der Lehrart, des Wiederholungsunterrichtes oder der Anlage und Ausstattung der Schulgebäude und reicht bis zum Verbot für Lehrer, Gasthäuser gewerbsmäßig zu führen oder als Musiker bei Hochzeiten, Kirchtag u. ä. aufzutreten. Derartige Parallelen können nicht verwundern; Felbiger hatte sich eben mit seinen Auffassungen in Österreich durchgesetzt.
Umso mehr springen die Unterschiede ins Auge. In der für Schlesien bestimmten Schulordnung war das Laienelement in der personellen Zusammensetzung der Schulaufsicht recht schwach vertreten, während in Österreich Nichtgeistliche, vom Staat bestimmte und gewählte Vertreter, die Überhand gewinnen konnten. Wenn auch auf Orts- und Bezirksebene der Geistliche (Pfarrer, Dechant) noch an erster Stelle genannt wurde, die weltlichen Vertreter vermochten ihn zu überstimmen. Auf Provinzial- und auf Gesamtstaatsebene hatten die Sprecher der Kirche überhaupt nur mehr beratende Funktionen. Noch etwas verdient hervorgehoben zu werden: Die für Österreich bis heute – mit bezeichnenden Unterbrechungen – typische Verankerung des kollegialen Prinzips in der Schulaufsicht erfolgte damals.
Die „Allgemeine Schulordnung" legte bereits Normen fest, die dem Staat jederzeit die Kompetenz zum Eingriff in das Schulwesen bot. Er begnügte sich dabei nicht nur mit der Einflußnahme auf die nicht staatlichen Schulträger, sondern beanspruchte auch,

inhaltliche Festlegungen im pädagogischen Bereich – welche Tugenden eingeübt und welche Einzelkenntnisse und Fertigkeiten ermittelt werden sollten – vornehmen zu dürfen. Zwar wurde den bereits vorhandenen Amtspersonen und Institutionen subsidiär Verantwortung übertragen, doch funktionell konnten sie in Zukunft nur als ausführende Organe des Herrschers angesehen werden. Besonders die Kirche, die bislang für das Schul- und Erziehungswesen bestimmend war, mußte zurücktreten und die Schulhoheit des Staates anerkennen. Die geschickte Bildungspolitik Maria Theresias – auch in personellen Entscheidungen – ließ die tatsächlichen Vorgänge sogar manchen der im Vordergrund Agierenden zunächst gar nicht bewußt werden. Die Hauptträger der Schulreform waren ja durchwegs Geistliche, an Maria Theresias Frömmigkeit konnte nicht gezweifelt werden. Doch die Fassade täuschte. Die Gesetze und Verordnungen hatten damals unwiderruflich die Weichen zur Staatsschule gestellt, in der die Kirche eines Tages nicht mehr aus eigenem Recht und Auftrag tätig werden konnte, sondern nur mit staatlicher Duldung religiöse Unterweisung anbieten durfte. Was die Neuordnung erstrebte, war im wesentlichen eine Erziehung zu Untertanen.[80]

9.4.3 Maßnahmen zur Durchsetzung der „Allgemeinen Schulordnung"

Jede echte Schulreform bedeutet zugleich immer auch eine Schulverwaltungsreform. Es dürfte daher eigentlich nur der als Schulreformer bezeichnet werden, dem die Umsetzung eines Konzeptes, das in der Regel immer viele Väter hat, in die Realität gelingt. Felbiger zeigte nun in überzeugender Weise, daß mit wenigen und eigentlich recht simplen, aber konsequent durchgeführten Schritten Veränderungen im Schulwesen erreichbar sind, unter der Voraussetzung, daß eine starke Autorität dahinter steht und daß sie finanziell gedeckt werden können.
Nun hatte in Österreich Maria Theresia die Anordnungen und Maßnahmen Felbigers im Schulbereich mit dem Siegel eines ohne Widerspruch durchzuführenden staatlichen Auftrags versehen. Die Belastungen der Schulträger und des Staates suchte man von vornherein in Grenzen zu halten. Denn der seit 1770 diskutierte und schließlich bei jeder Schulkommission begründete Schulfonds füllte sich nur zögernd, und der Rückgriff auf das Vermögen des aufgehobenen Jesuitenordens war ebenfalls nur in einem gewissen Ausmaß möglich. Gerade aber deswegen, weil ökonomischen Überlegungen Raum gegeben und mit einer den lokalen Gegebenheiten Rechnung tragenden Beweglichkeit agiert wurde, konnte sich ein breiter Widerstand gegen die Veränderungen nicht formieren.

9.4.3.1 Lehrerausbildung und Lehrerfortbildung

Felbigers Schulreform – so war es bereits in Sagan – setzte beim Lehrer ein. Es war ein Kernpunkt seiner Überlegungen, daß nur ein besser ausgebildeter Lehrer eine Verbesserung des Schulwesens herbeizuführen imstande sei. Die „Allgemeine Schulordnung" stellte daher auch Normen für die Lehrerbildung auf und institutionalisierte diese an den Normalschulen. Künftigen Lehrern mußten dort die Eigenschaften und Pflichten „rechtschaffener Lehrer", die Gegenstände, die zu unterrichten waren, die dabei anzuwendenden Methoden, Übung im Unterrichten, die Erhaltung der Schulzucht, das Führen der Kataloge sowie das Verhalten bei Inspektionen vermittelt werden (§ 5). Dafür standen während des Kurses etwa 11 Stunden wöchentlich zur Verfügung.[81] Die Dauer eines solchen Präparandenkurses war hingegen nicht genau festgelegt. Er pendelte sich bei drei Monaten ein. Die Zulassung zur Lehrerausbildung wurde an eine Art Aufnahmsprüfung gebunden, und bei der Ausbildung hatte die

Praxis im Vordergrund zu stehen, doch versuchte man der bislang üblichen eher handwerklichen Abrichtung eine gewisse theoretische Grundlage zu geben. Für die Abschlußprüfungen lagen keine einheitlichen Weisungen vor. Vor allem mußten hinreichende Kenntnisse in den einzelnen Lehrgegenständen und Geschicklichkeit im Unterrichten bei probeweisen Lehrauftritten nachgewiesen werden.
Felbiger hatte bald nach seiner Ankunft persönlich mit Hilfe von aus Sagan mitgebrachten Schulfachleuten mit der Ausbildung der Lehrer nach seinen Vorstellungen begonnen. So, wie sich früher Lehrer von weither nach Sagan begeben hatten, wurde nunmehr Wien zum Zielpunkt der Schulerneuerer. Diese gerieten durchwegs in den Bann der Ausstrahlung und des begeisternden Engagements Felbigers und wurden zu wertvollen Multiplikatoren, die der Schulreform eine rasche Breitenwirkung sicherten. Nach dem Vorbild der Wiener Normalschule, die 1775 vom Stephansplatz in das weitläufige ehemalige Noviziatshaus der Jesuiten in der Annagasse verlegt worden war, öffneten in rascher Folge gleich eingerichtete Normalschulen in den Landeshauptstädten ihre Pforten (Linz, 1775; Graz, 1775; Klagenfurt, 1775). Die „deutsche Schule" in Innsbruck war bereits zwischen 1767 und 1772 zu einer Normalschule (Musterschule) entwickelt worden und hatte die Sagansche Lehrart schon damals übernommen. Tiroler Lehrer waren – wie schon erwähnt – nach Schlesien gereist und mit Felbiger zusammengetroffen, um aus eigener Anschauung die Lehrmethoden und den Schulaufbau kennenzulernen.[82]
Auf dem Gebiet des heutigen Österreichs (ausgenommen Salzburg und Burgenland) setzte nunmehr eine zwar bescheidene, jedoch planmäßige Berufsvorbereitung des Primarschullehrers ein. Damit war eine wesentliche Voraussetzung für eine umfassende und einheitliche Volksbildung gegeben.
Gerade in der Lehrerbildung wollte sich Felbiger nicht mit halben Lösungen zufriedengeben. Er forderte, daß auch die bereits im Dienst befindlichen Lehrer die neue Ausbildung in für sie gekürzten Schulungslehrgängen durchlaufen und Prüfungen darüber ablegen müßten. Dies stieß auf manche Schwierigkeiten. Viele Schulmeister waren bereits zu alt; auf ihre Einberufung wurde daher überhaupt verzichtet. Andere wieder wollten das Schulehalten eher aufgeben, als die Anstrengungen eines Schulungskurses auf sich zu nehmen. Einige wiesen darauf hin, daß ihre Nebenbeschäftigungen (Mesner, Organist und Betreuung einer kleinen Landwirtschaft) sie unabkömmlich mache. Die Gemeinden wiederum sträubten sich dagegen, den Aufenthalt der Schulmeister in der Landeshauptstadt zu finanzieren. Trotzdem wurden z. B. in Tirol zwischen 1774 und 1779 elf solcher Kurse von eineinhalb bis zwei Monaten Dauer an der Normalschule Innsbruck abgehalten und insgesamt über 300 Lehrer auf die neuen Unterrichtsmethoden und auf die neue Schulordnung umgeschult.[83]
Die Schulkommissionen hatten aber auch Verständnis für die schwierige Situation vieler Lehrer und ließen zu, daß sie an den nächstgelegenen Hauptschulen und bestimmten Trivialschulen (sogenannten Musterschulen) im ländlichen Raum mit den Neuerungen vertraut gemacht werden konnten.[84] Auf diese Weise wurden in den nächsten Jahren unter dem Druck der Verhältnisse neben der Normalschule auch Hauptschulen und ausgewählte Trivialschulen zu Ausbildungsstätten für Lehrer. Letztere entsprachen allerdings recht häufig nicht den Anforderungen, und die Vorschrift, daß die Schlußprüfung an der Normalschule abzulegen war, konnte leicht umgangen werden.
Immerhin war eine allgemeine pädagogische Ausbildung nunmehr für Lehrer wie Geistliche verpflichtend. Warum dieser einheitlichen Lehrerausbildung so großes Gewicht beigemessen wurde, wird offensichtlich, wenn man das Gesamtkonzept Felbigers überblickt. Die äußere Schulreform – die organisatorische Bewältigung der Vereinheitlichung und der gleichmäßigen, den Bedürfnissen der Bevölkerung angepaß-

ten Verteilung der Primarschulen – war nur eine Komponente der von ihm angestrebten Veränderungen. Wie es scheint, hat er sie nicht einmal für die wichtigste gehalten, denn hierin ließ er sich am stärksten von den vorgefundenen Strukturen und bereits diskutierten Plänen in Österreich beeinflussen. Diese Aufgabe war von den Bürokraten zu bewältigen.

Viel stärker lag ihm die innere Schulreform am Herzen, hoffte er doch mit der „Saganschen Lehrart" der Jugend „das Nöthige geschwind und gut beizubringen, und alle Weitläufigkeit zu vermeiden".[85] Die von ihm propagierte Kombination von vier Methoden forderte den dafür ausgebildeten Lehrer, wenn sich ein Erfolg einstellen sollte. Diese Methoden scheinen vorübergehend eine derartige Faszination ausgeübt zu haben, daß man dem Lehrer kaum Freiraum für eigenständiges Vorgehen bot und ihn verpflichtend an die vorgeschriebenen Unterrichtsmethoden band.

Die erste dieser angeordneten Methoden, „Zusammenunterrichten",[86] bedeutete tatsächlich einen echten Fortschritt und revolutionierte das Geschehen im Klassenraum. Der Unterricht sollte nunmehr alle Schüler zugleich beschäftigen, war immer an die ganze Klasse zu richten, während sich früher der Lehrer in der Regel nur einem einzigen Kind zuwandte und die anderen dies häufig genug zu allerlei Unfug nützten. Auch das systematische Befragen der Schüler („Katechisieren") muß als erfolgversprechende Neuerung angesehen werden, denn es sollte von dem früher üblichen Auswendiglernen des Lehrstoffes wegführen. Die Fragen des Lehrers sollten prüfen, ob die Schüler das Gelernte verstanden hätten und in der Lage waren, es mit eigenen Worten wiederzugeben. Dazu trat allerdings die bereits erwähnte Tabellen- und Buchstabenmethode, die, wie es scheint, die Lehrer faszinierte, weil der Unterricht dadurch einen geplanten und systematischen Anstrich erhielt. Der Versuch jedoch, damit „vorzüglich den Verstand der Schüler auf(zu)klären",[87] scheiterte; in der Regel blieb es beim Auswendiglernen ohne rechtes Verständnis der Sache.

Felbiger hat ohne Zweifel die Auswirkungen der kurzen Lehrerausbildung überschätzt und auch die Leistungsfähigkeit der bis ins letzte gegängelten, schlecht entlohnten Lehrer zuwenig berücksichtigt. Er war eher wie andere Schulreformer seiner Zeit Opfer der Auffassung des Rationalismus geworden, daß Erziehungsprozesse zur Gänze planbar seien und zum Erfolg führen müßten, wenn die angewendeten Methoden eine rationale Struktur besäßen, leicht erlernbar seien und sicher beherrscht werden könnten.

Da Felbiger aber immer der Praxis verhaftet blieb, faßte er in einem umfangreichen Handbuch zusammen („Methodenbuch", erstmals 1775), was alle Lehrer wissen mußten und jederzeit griffbereit – als Gedächtnisstütze und Fortbildungsgrundlage – zur Hand haben sollten.[88] Besonders ausführlich wurde darin die Lehrart (allgemein und in den einzelnen Unterrichtsgegenständen) dargestellt sowie von den Aufgaben und Pflichten der Lehramtskandidaten, der Lehrer und der Schulaufsichtsbeamten gesprochen. Außerdem wurden alle einschlägigen Schulvorschriften veröffentlicht. Als viele Lehrer nach den Erfahrungen Felbigers daraus nicht hinreichend Nutzen ziehen konnten, weil sie nicht in der Lage waren, das Wesentliche von Erläuterungen und Erweiterungen zu unterscheiden, veröffentlichte er für sie den „Kern des Methodenbuches" (erstmals 1777), einen übersichtlich gegliederten Auszug, der als Skriptum zum Lehren und Lernen gedacht war.[89]

Die Anfänge der österreichischen Primarschullehrerausbildung gestalteten sich ohne Zweifel schwierig; Felbiger suchte sie auf unterschiedliche Weise in Gang zu setzen. Leitbild war ein Lehrer, der sein Fach gründlich verstand und seine Amtspflichten jederzeit gewissenhaft erfüllte. Man forderte von ihm, daß er ein rechtschaffener Christ sei, in väterlicher Liebe mit den Kindern umgehe, Lebhaftigkeit des Geistes beweise und Geduld in der Erziehung und im Unterricht zeige. Außerdem müsse er genügsam

und fleißig sein.[90] Die Reihenfolge in der Aufzählung dieser Eigenschaften ist genauso bezeichnend wie die Abfolge der Lehrziele, die die Lehrer anstreben mußten. Die Kinder sollten befähigt werden, „nützliche Glieder des Staates, vernünftige Menschen, rechtschaffene Christen zu werden, dadurch sie ein glückseliges Leben auf dieser Welt führen, und sich auch der ewigen Glückseligkeit versichern können".[91]
An eine Lehrerfortbildung im eigentlichen Sinn, an Lehrveranstaltungen für bereits ausgebildete Lehrer, konnte damals noch nicht gedacht werden. Wohl aber suchte man sie in verstärktem Ausmaße mit pädagogischen Schriften zu erreichen.

9.4.3.2 Instruktionen und Kontrolleinrichtungen

Um die Dauerhaftigkeit des Reformwerkes zu gewährleisten, band Felbiger die Schulverwaltung wie die Lehrer an bis in Einzelheiten gehende Richtlinien („Instruktionen").[92] Durch die darin verankerten Kontrollen hoffte er sowohl die Verwirklichung seiner Anordnungen als auch die erstrebte Vereinheitlichung des Primarschulwesens zu erreichen. Geistliche und weltliche Schulaufsichtsorgane wurden zu regelmäßigen „Visitationen" verpflichtet und hatten darüber jeweils Berichte an die nächsthöhere Instanz zu verfassen. Das bürokratische Zeitalter im Schulwesen setzte damals in vollem Ausmaße ein, eine notwendige Folge der Zentralisierung und eine unbedingte Voraussetzung für eine über lokale und regionale Bedürfnisse hinausgehende Planung. Ab nun wird es möglich, die Schulwirklichkeit ständig im Auge zu behalten, weil sie aus den laufend verfaßten Berichten unschwer herauszulesen ist.
Das Hauptaugenmerk galt zunächst dem Ausbau der mittleren und unteren Ebene der Schulverwaltung. Die „Instruktionen" lassen uns erkennen, worauf besonderer Wert gelegt wurde. So war etwa das „Hauptgeschäft der Oberaufseher", denen die Normalschule, die Haupt- und Trivialschulen unterstanden, dafür zu sorgen, daß „alles vorschriftsmässig geschehe". Zweimal im Jahr mußten der Schulkommission tabellenartige Übersichten vorgelegt werden, aus denen zu ersehen war, ob der Schulaufseher und der Schulmeister ihre Amtspflichten erfüllt hätten, ob Zuwiderhandlungen gegen die Schulordnung von seiten der Gemeinde, der Grundherrschaft oder der Bevölkerung erfolgt seien, was eine gute Fortentwicklung des Schulwesens verhindere und was ihr förderlich sei u. a. m. Außerdem wurde die Frage nach der Notwendigkeit von Schulbauerweiterungen oder Renovierungen gestellt, nach dem Vorhandensein von Schulstiftungen und nach dem Schulbesuch gefragt. Schließlich wollte man wissen, ob für die armen Kinder gesorgt sei (Bekleidung, Schulbücher) und ob sie „zur Schule angehalten" würden.[93]
Die umfangreichen Bestimmungen für die Direktoren der Normal- und Hauptschulen[94] verankerten eine monatliche Konferenz („Berathschlagung"), Protokollführung über alle wichtigen Vorkommnisse, die Beratung und Beurteilung der Lehrer aufgrund von Unterrichtsbesuchen und Einsicht in die Kataloge, „Probeschriften" der Schüler sowie die Teilnahme an Prüfungen und die Zeugnisausstellung.
Die „Ortsaufseher" (Pfarrer und weltliche Vertreter)[95] hatten vom Zustand der Schule, der Einhaltung der Lehrpläne, der Anwendung der Lehrart bis zum Schulbesuch der Kinder und der Lebensführung des Lehrers alles zu kontrollieren und darüber halbjährlich dem Oberaufseher zu berichten. Sie hatten aber auch die Pflicht, den Lehrer bei gerechten Forderungen zu unterstützen und ihn gegen Beleidigungen zu schützen.
Auf der untersten Ebene – so lassen die „Instruktionen für Schullehrer und Katecheten" wissen – sind „alle Befehle" der „dirigirenden Personen" mit „gebührender Achtung" und „mit allem Gehorsame zu befolgen".[96] Daß sogar dem Schuldiener *(Familias)* ein eingehend umschriebener Platz in der Schulhierarchie eingeräumt

wurde,[97] lag daran, daß ihm neben den üblichen Reinigungsarbeiten auch Aufsichtsfunktionen über die Schüler übertragen waren. Außerdem hatte er administrative Hilfen zu leisten und im Notfall einen verhinderten Lehrer im Unterricht zu vertreten.[98]

Die vertikale, streng hierarchische Kompetenzverteilung im Schulwesen gab der Schulkommission in den einzelnen Ländern entscheidendes Gewicht. Von ihrer Umsicht und Tätigkeit[99] war es weitgehend abhängig, wie rasch und durchgreifend sich die Neuordnung des Primarschulwesens vollzog. Doch auch sie benötigte für eine Reihe von Entscheidungen die Zustimmung der Landesstelle bzw. der Studienhofkommission. Halbjährlich hatte sie der Hofstelle einen „Hauptbericht" über das Schulwesen des Landes vorzulegen.[100]

Es konnte natürlich nicht erwartet werden, daß diese bürokratische Absicherung der Schulreform sogleich tragfähig gewesen wäre; viel hing von dem Engagement der mit der Schulaufsicht betrauten Persönlichkeiten ab. Aber das Gerüst von Vorschriften, die die „Instruktionen" zur Regelung und Überprüfung der Schulwirklichkeit boten, machte erst den sicheren Aufbau des Primarschulwesens so wie die Sanierung von Gebrechen möglich.

9.4.3.3 Einführung einheitlicher Schulbücher

Zur durchgehenden Vereinheitlichung der Schulwirklichkeit trug auch die Verpflichtung zur Benützung des vorgeschriebenen Lehrbuches bei. Ein Einheitslehrbuch war schon aus methodischen Gründen notwendig. Denn das Zusammenunterrichten war nur dann möglich, wenn alle Schüler die gleichen Bücher besaßen. Für Felbiger war die „Abfassung der für die Lehrer und Schüler notwendigen Bücher"[101] aber auch deswegen eine unabdingbare Begleitmaßnahme der Schulreform, weil er schon in Sagan erkannt hatte, daß Schulbücher wirksame Mittel sind, den Unterricht in einem gewünschten Sinne festzulegen oder zumindest zu beeinflussen. Es war sein besonderes Anliegen, daß die Schulbücher möglichst preiswert auf den Markt gebracht werden.[102] Er nützte dazu die Möglichkeiten des bereits bestehenden, vom Schulfonds gespeisten „Verlagsgewölbes der deutschen Schulanstalt bei St. Anna in der Johannesgasse" (heute Österreichischer Bundesverlag), dem – wie bereits ausführlich dargestellt –[103] 1772 das staatliche Monopol für Lehrbücher und Erziehungsschriften übertragen worden war. Er erreichte auch, daß ein Viertel der Auflage kostenlos an arme Kinder abgegeben wurde.

Welche Wichtigkeit Felbiger dieser ersten Schulbuchaktion beimaß, zeigte sich darin, daß er selbst die Verantwortung dafür übernahm. Er verfaßte viele Lehrbücher, überarbeitete die anderer oder konzipierte bloß und überließ die Ausführung seinen Mitarbeitern.[104] Alles mußte anfangs in großer Eile geschehen, sodaß sich Druckfehler einschlichen und sogar die Rechtschreibung vom Korrektor abhing. Zudem waren alle Lehrbücher der Schulkommission zur Begutachtung vorzulegen, die unter Umständen Abänderungen verlangte und durch ihren langwierigen Geschäftsgang die Herausgabe verzögerte.[105] Nur approbierte Bücher durften im Unterricht eingesetzt werden. Die Schriften für den Elementarunterricht waren durchwegs Überarbeitungen der von Felbiger in Schlesien entwickelten Schulbücher, die sich zum Teil auf norddeutsche Vorlagen gestützt hatten. Die Anleitungen zu den an den Normal- und Hauptschulen unterrichteten Fächern suchten eigenständig umfangreiche Stoffgebiete praxisnah und kindertümlich zu bewältigen.

Erst seit dem Massenunterricht auf der Primarstufe, der ja durch die Einführung der Schulpflicht ausgelöst wurde, setzte eine umfangreiche Produktion von Lehrbüchern ein. Sie waren damals echte Arbeitsunterlagen für den Unterricht, und sie lassen uns wissen, was tatsächlich gelehrt und gelernt wurde. Die knappen Lehrpläne vermögen nämlich zumeist nur grob die Lehrziele anzugeben, ohne daß in der Regel der Weg dorthin genauer gekennzeichnet wird. Der Blick in die Lehrbücher scheint aber nicht nur notwendig, wenn der mögliche Wissensstand der Schüler erhoben oder das Nachhinken eines Schulfaches hinter den Erkenntnissen der Wissenschaft untersucht werden soll, sondern auch, um in Zeiten politischer oder kultureller Veränderungen festzustellen, wie weit sich die Gewichte bereits verschoben haben. Der Aussagewert solcher Analysen von Lehrbüchern ist groß.

Beispielhaft sei hier auf das von Felbiger herausgegebene Lesebuch hingewiesen, auf einen Lehrbuchtyp, der erst im letzten Viertel des 18. Jahrhunderts entwickelt worden war.[106] Der erste Teil des Lesebuches beinhaltete den Katechismus in Form von Lesestücken, der zweite Teil bot eine Anleitung zur Rechtschaffenheit und umfaßte eine Reihe von Themen, die für die Moralität und Aufgeklärtheit der Bevölkerung wichtig schienen. Darin wurde die Nützlichkeit der Schule hervorgehoben und das Ideal des guten Untertanen vorgestellt. Es beschäftigte sich sowohl mit der Vaterlandsliebe als auch mit der Gesellschaft, „darin die Menschen zu leben von Gott bestimmt sind“, bot Hilfen für die Führung eines Haushalts sowie für die Landwirtschaft an und brachte eine „angemessene Moral“ in Beispielen. Die Lesestücke mahnten und legten nahe, fromm, fleißig, gehorsam und freundlich zu sein.[107] Kirchliche und weltliche Elemente hielten sich noch die Waage, wie übrigens auch im „ABC- oder Namenbüchlein“.[108] Die Leseübungen brachten sowohl das Vaterunser, das Ave Maria, das Glaubensbekenntnis und die Zehn Gebote als auch kurze moralisierende Erzählungen.

In Schulbüchern spiegelt sich die Zeit; die neuen Inhalte zeigen an, daß man auf dem Wege zur Säkularisierung des Schulwesens ein gutes Stück vorwärtsgekommen war.

9.4.4 Einbindung des Primarschulwesens in die Zentralverwaltung

Felbiger rechnete 1774 zunächst damit, nur für einige Monate in Wien bleiben zu müssen; er kam für seinen Aufenthalt selbst auf. Das Vertrauen Maria Theresias war die Grundlage und der Sitz in der „niederösterreichischen Schulkommission“[109] der Hebel für seine Reformtätigkeit, die ihn so sehr ausfüllte, daß er die Heimreise immer wieder hinausschob. Als ihn Friedrich II. vor die Wahl stellte, entweder auf Sagan zu verzichten oder umgehend zurückzukehren, war er der Meinung, daß sein mühsam erbautes, doch unvollendetes Werk „in kurzem über den Hauffen geworffen würde“, weil sich kein geeigneter Nachfolger anbiete. Felbiger resignierte als Abt, als ihm Maria Theresia Ende 1777 die „Direction und respective Oberaufsicht des gesammten Normal-Schulen Geschäfts gleichsam wie ein Ober-Director“[111] verlieh und ihm ein hohes Gehalt aussetzte.

Damit war eine Zentralstelle für das Primarschulwesen geschaffen, die nur mehr der Böhmisch-österreichischen Hofkanzlei verantwortlich war. Alle „aus den Ländern einlangenden Schulberichte und Protocolla“[112] waren Felbiger unmittelbar vorzulegen. Die „niederösterreichische Schulkommission“ verlor dadurch ihre frühere Bedeutung und wurde als Landesbehörde trotz Widerstrebens auf den Einflußbereich der anderen Schulkommissionen zurückgestuft. Felbiger erzwang nämlich eine eindeutige Festlegung seiner übergeordneten Kompetenz.[113]

Die zunächst mehr von augenblicklichen Notwendigkeiten bestimmte und weitgehend unsystematische Einsetzung von Gremien und Persönlichkeiten mit begrenzten Aufträgen und noch nicht klar ausgewiesener Koordination war nun endgültig in ein durchorganisiertes Behördensystem mit vertikaler Gliederung übergeleitet worden.

Die Regelung der Grundlagen des inneren und äußeren Schullebens wie auch dessen Überwachung hatte damit der Staat zur Gänze an sich gezogen; seine Entscheidungsgewalt und sein Einfluß beschränkten sich nicht nur auf das sich erst entwickelnde staatliche Schulwesen (Normalschulen, Hauptschulen), sondern dehnten sich auch auf die historisch vorgegebenen nichtstaatlichen Schulträger aus, ja machten sich sogar auf zeittypische Art den pädagogischen Eigenbereich untertan.
Alle wesentlichen Entscheidungen wurden jetzt von der Zentralstelle getroffen. Die Anträge der obersten Schulaufsicht in den Ländern, der sogenannten Schulkommissionen, liefen über das Gubernium, das in der Regel diese bloß bestätigte, manchmal sich dafür besonders einsetzte und hie und da eine vermittelnde Stellung dazu einnahm, an die Hofstelle. Wichtige Entscheidungen personeller Art (etwa Bestellung der Schulvisitatoren in den Kreisen) sowie des Sachaufwands (z. B. Genehmigung von Schulbauprojekten, dadurch begründet, weil der Religionsfonds als Patron finanziell beteiligt war) behielt sich Wien grundsätzlich vor.[114]
In Felbigers umfassendem Wirken blieb allerdings die bürokratische Arbeit weiterhin nur ein Teilbereich seiner Tätigkeit. Es gehörte etwa zu seinen Aufgaben, die Länder zu bereisen, um die Normal- und – nach Möglichkeit – die Hauptschulen zu besuchen und sich von ihrem Zustand zu überzeugen. Man begnügte sich damals nicht, die Schulwirklichkeit nur anhand bereits mehrmals gefilterter Berichte kennenzulernen, obgleich diese zumeist von erfrischender Offenheit und Aufrichtigkeit waren.
Was 1774 in der „Allgemeinen Schulordnung“ nur grundrißhaft für eine erst neu zu gestaltende Zukunft festgelegt worden war, wurde dank einer klug agierenden, sich immer stärker durchsetzenden Zentralgewalt[115] und des großen Engagements weniger Schulreformer (Felbiger, Kindermann, Gall u. a.) binnen weniger Jahre Wirklichkeit: Der Staat hatte seine zunächst subsidiäre Haltung gegenüber dem Primarschulwesen aufgegeben und dessen Weiterentwicklung autoritär in die Hand genommen.

9.4.5 Widerstände und Probleme

Die Institutionalisierung des Primarschulwesens stieß – wie jede Reform – auch auf Widerstand. An ihm kann gemessen werden, wie einschneidend die Veränderungen in der Öffentlichkeit empfunden wurden. Am leichtesten gelang es der Zentralgewalt, den administrativen Versuch der Länder zu verhindern, weiterhin eigenständig zu handeln und die Entscheidungsfreiheit zu bewahren. Ungnädige Reskripte und Rügen der Studienhofkommission zwangen sie auf den durch Dekrete und Verordnungen streng normierten staatlichen Einheitsweg zurück. Nur Aufgaben, die in der Schulordnung nicht aufschienen, konnten „nach den Umständen der Provinz“[116] geregelt werden.
Schwerer vermochte schon verschiedenen Vorurteilen begegnet zu werden. Sie liefen vor allem darauf hinaus, daß die Lehrart „lutherisch und schlecht“[117] sei und die neuen Lehrinhalte der Religion Schaden zufügten. Lehrer und Priester als Wortführer wiesen auf die preußische Staatszugehörigkeit Felbigers und den ihrer Meinung nach ketzerischen Inhalt seines Katechismus hin.[118] Als aber der Fürstbischof von Lavant in einer Kurrende die Frage stellte, ob die „deutschen Schulen“ nützlich seien oder deren Einführung vielmehr gefährlich sei, forderte Kärnten die Absetzung des Bischofs, falls er nicht widerrufe. Nur mit Mühe konnte Maria Theresia die Wogen glätten.[119] Felbiger selbst trat anonym – als „Kenner dieser Schulen“ – in einer Broschüre („Was sind Trivialschulen? ist es nützlich, Schulen auf dem Lande besser einzurichten? ist es möglich?“)[120] gegen die allgemein geäußerten kritischen Einwände auf und versuchte sie in geschickter Weise zu widerlegen.

Doch der durch die Schulpflicht eingeleitete Veränderungsprozeß ließ Auswirkungen in der traditionellen Gesellschaftsordnung und in den historisch gewordenen Verhaltensmustern befürchten. Auf ständischer Seite überlegte man laut, „ob es rätlich sei, dem gemeinen Mann schreiben und lesen zu lernen".[121] Die Pfarrgeistlichen, die sich bislang manchmal recht nachlässig oder zumindest sehr willkürlich mit Schulangelegenheiten befaßt hatten, wehrten sich da und dort gegen den Zwang, nunmehr zu bestimmten Stunden und in einer vorgeschriebenen Lehrart Katechese unentgeltlich erteilen und mit bürokratischer Arbeit verbundene Kontrollfunktionen übernehmen zu müssen.[122] Besonders lästig fiel ihnen natürlich, daß sie nochmals auf die Schulbank zurückbeordert wurden und die neue Ordnung und Lehrart der Schulen kennenlernen mußten. Der junge Klerus wiederum reagierte empfindlich auf die Ankündigung, daß ihm nur der erfolgreiche Besuch der Normalschule den Zugang zu Pfründen und Benefizien öffne. Doch ohne Zweifel fanden sich in den Reihen der Geistlichkeit auch die eifrigsten Vorkämpfer und umsichtige Träger der Schulreform.

Der am längsten anhaltende Widerstand gegen die Neugestaltung des Primarschulwesens erfolgte vor allem aus sozialen Gründen. Die Anordnung der Schulpflicht bedeutete für die in der Landwirtschaft tätige Bevölkerung, also für den Großteil des Volkes, daß durch den Entzug der Kinder als Arbeitskräfte ihre schwache wirtschaftliche Lage noch zusätzlich belastet wurde. Denn schon in zartem Kindesalter waren Buben und Mädchen gewöhnt, am Hof und bei der Feldarbeit mitzuhelfen; sie verdingten sich auch als Viehhüter. Jedenfalls leisteten sie einen spürbaren Beitrag zum Lebensunterhalt ihrer Familie. Nunmehr sollten die Bauern nicht nur wertvolle Arbeitskräfte verlieren, sondern hatten außerdem für Schulgeld, Schulbücher und Schreibmaterial aufzukommen. Das wurde von ihnen in starkem Maße abgelehnt.

Der Schulbesuch blieb daher in den ersten Jahren oft weit hinter den Erwartungen zurück. In vielen Landgemeinden besuchte kaum der vierte Teil der schulfähigen Kinder den Unterricht. Die staatlichen Behörden ermahnten deswegen die Eltern und drohten mit Strafen, hüteten sich aber in kluger Zurückhaltung, echten Zwang auszuüben. Vielmehr versuchten sie die Einstellung der Eltern zur Schule zu ändern. Die Pfarrer mußten von der Kanzel auf Notwendigkeit und Vorteile des Unterrichts hinweisen, die Schulvisitatoren bemühten sich im persönlichen Gespräch mit schulfeindlichen Eltern, diese zu überreden, ihre Kinder zur Schule zu schicken. Die verstärkte Überwachung durch Schulaufsichtsorgane führte tatsächlich schrittweise einen besseren Schulbesuch herbei. Nach außen hin wurde durch eine feierliche Eröffnung des Schuljahres, durch öffentliche Prüfungen und die Auszeichnung der fleißigen und gesitteten Schüler die Bedeutung der neuen Einrichtung immer wieder in Erinnerung gebracht.[123]

Die angesehenere Bürgerschaft hatte von Anfang an eine Abneigung gegen das öffentliche Schulwesen und zog Privatunterricht für ihre Kinder vor. Daß dieses Verhalten ebenfalls auf soziale Ursachen zurückzuführen sein dürfte, zeigen Maßnahmen Felbigers an der Wiener Normalschule. Er ließ dort – gegen den heftigen Widerspruch der niederösterreichischen Schulkommission – die ärmsten Kinder aus den unteren Klassen aussondern und in einer eigenen Klasse zusammenfassen. Dadurch hoffte er der Schule einen besseren Ruf zu verschaffen. Maria Theresia hob allerdings diese diskriminierende Anordnung bald auf.[124]

Es ist verständlich, daß vor allem die zahlungskräftigen Bevölkerungsschichten für das im Aufbau befindliche Schulwesen gewonnen werden sollten. Die Durchführung der seit 1774 gesetzten Maßnahmen im Primarbereich hatte nämlich nicht nur die Hindernisse zu überwinden, die von historischen Rechten, überkommenen tief verwurzelten Grundeinstellungen und dem üblichen Mißtrauen gegenüber Neuerungen aufgerichtet worden waren. Das größte Hemmnis waren von Beginn der Schulreform

an die fehlenden Geldmittel; die Zentralstelle wollte zwar anordnen, für die Durchführungskosten hingegen nicht aufkommen. Bei den Schulkommissionen der Länder mußte ein Schulfonds eingerichtet werden, der durch Beiträge der Landstände, der Landeshauptstädte und Abgaben bei Maskenbällen u. ä. gespeist werden sollte. Konnte mit diesen Beträgen nicht das Auslangen gefunden werden, wurden noch Gelder aus dem Jesuitenfonds zugeschossen. Damit konnten in der Regel bloß die Normalschulen erhalten und die Schulvisitatoren entschädigt werden. Weil diese Schulfonds nie „zu Kräften"[125] kamen, war man ständig auf der Suche nach neuen Geldquellen; man dachte dabei an die Bruderschafts-Überschußgelder, Ersparnisse bei den Kirchengeldern, Abgaben bei Verlassenschaften und ähnliches. Die Aufstockung der Schulfonds bereitete große Schwierigkeiten. Die schließlich eingeführten Sterbefallsabgaben liefen nur schleppend ein, Stiftungen und Vermächtnisse blieben selten.
Den Lehrern an den Trivialschulen konnte der Schulfonds kaum helfen. Sie mußten daher in der Regel weiterhin das Schulmeisteramt als Nebenberuf ausüben und bezogen häufig ihre Haupteinnahmen aus der Honorierung als Mesner und (oder) ihrer Entlohnung als Organist. Verschiedene Zulagen und von den Lehrern durchgeführte Sammlungen besserten ihr Einkommen weiter auf. Doch blieb das Ergebnis bescheiden und erbrachte in der Regel höchstens den Gehalt eines Kooperators (300–400 fl.).
Seit die „Allgemeine Schulordnung" den Schultag der Lehrer streng geregelt hatte und ihre Leistungen laufenden Kontrollen unterzogen wurden, verschoben sich die Gewichte. Das Schulhalten wurde zum Hauptberuf und ließ für lukrative Nebenbeschäftigungen immer weniger Zeit. Manche waren, wie bereits erwähnt, bei Strafe der Absetzung überhaupt verboten. Deshalb waren die Lehrer immer stärker auf die Zahlung des Schulgeldes angewiesen; eine ständige hohe Besuchsfrequenz – das Schulgeld war wöchentlich nur bei tatsächlich besuchtem Unterricht zu entrichten – wurde für sie lebensnotwendig. Sie selbst suchten aus diesem Grund die amtlichen Stellen dazu zu bewegen, das Ausbleiben schulpflichtiger Kinder mit mehr Nachdruck zu ahnden. Da in den Schulklassen anfangs die armen, vom Schulgeld befreiten Schüler überwogen – Ursache dafür war wohl nicht nur, daß die Armut im ländlichen Raum vorherrschte, sondern daß die Grundschicht eine Aufstiegsmöglichkeit für ihre Kinder witterte –, mußten vor allem die bemittelten Eltern bewogen werden, ihre Kinder zur Schule zu schicken.
Es ist bezeichnend, daß die staatlichen Verordnungen Lehren und Erziehen zu einem Vollzeitberuf zu entwickeln suchten, das versprochene Entgelt aber weitgehend ausblieb. Kein Lehrer konnte vom Schulgeld allein leben und eine Familie erhalten. Er war aber auf Dauer nicht bereit zu darben, und es vertrug sich auch nicht mit seinem aufkommenden Standesbewußtsein, daß er seinen Lebensunterhalt außerhalb seiner eigentlichen Tätigkeit sichern mußte.
Eine Verschärfung der an sich prekären Situation trat dadurch ein, daß auch in der Rekrutierung der Lehrer Verschiebungen wirksam wurden. Während anfangs hauptsächlich Schulmeistersöhne den Nachwuchs stellten, die in diesem Milieu aufgewachsen waren und in der Regel die Kenntnisse mitbrachten, die von Mesnern und Kantoren gefordert wurden, führte der steigende Bedarf an Lehrern dazu, daß vielfach auch junge Männer aus kleinbäuerlichen Schichten – sie galten in den Normalschulen als „ganz rohe und ungebildete Menschen" –[126] diesen Beruf ergriffen. Sie sahen darin zunächst einen sozialen Aufstieg und waren in noch stärkerem Ausmaß auf das Schulgeld angewiesen.
Das Schulgeld wurde den Lehrern auch von den sogenannten Winkelschulen beschnitten, Schulen, an denen meist wenig vorgebildete Lehrkräfte ohne amtliche Genehmigung Elementarunterricht gegen geringeres Entgelt boten. Diese waren zwar 1774 wiederum allgemein verboten worden, genossen aber weiterhin – nicht nur in

abgelegenen Gebirgstälern – häufig die behördliche Duldung. Witwen nach Schullehrern oder Männer mit Berufen, die nicht ganzjährig ausübbar waren, nützten zumeist diese Möglichkeit, zu etwas Geld zu kommen. Besonders häufig wurden Mädchen von Winkelschullehrerinnen betreut, die sie auch in Nähen und Stricken unterrichteten. Nur ausdrückliches und wiederholtes Drängen der Schullehrer führte in der Regel zu Eingriffen der Stadtmagistrate bzw. des Kreisamtes. Erst die Androhung der Zuchthausstrafe für Winkelschullehrer ließ die Zahl der Winkelschulen absinken.[127]
Einer der Gründe, warum die Behörden gegen die Winkelschulen nicht mit aller Schärfe vorgingen, war wohl die Einsicht, daß Kindern auf dem Lande weite Schulwege – besonders im Winter – nicht zumutbar waren und ein wenn auch minderwertiger Elementarunterricht besser als keiner sei. Ein anderer ist aber wohl in der Tatsache zu suchen, daß eine ernsthaft durchgeführte Schulpflicht nicht nur mangels einer hinreichenden Zahl von ausgebildeten Lehrern, sondern auch vom Schulraum her nicht durchführbar war. Zumeist war ja bisher der Unterricht in der Stube des Lehrers geboten worden, eigene Schulgebäude waren außerhalb der Städte und Märkte eine Ausnahme. Der Übergang von der Privatschule zur Staatsschule zwang nun zu kostspieligen Maßnahmen. Die „Allgemeine Schulordnung" hatte nämlich angeordnet, daß der Unterrichtsraum von der Wohnung des Lehrers abgesondert sein müsse. So wurden oft wenig zweckentsprechende Räumlichkeiten gemietet, sogar in Wirtshäusern, vor allem aber wurde Kirchenbesitz dafür herangezogen. Von vierzig untersuchten Schulen in der Umgebung Innsbrucks waren 1777 elf im Pfarrhof („Widum"), fünf im Mesner- oder Frühmesserhaus, weitere in Wirtshäusern, in einem Zollhaus und in einer Pförtnerstube untergebracht. In vier Fällen stellte der Lehrer sein großes Zimmer zur Verfügung. Nur in elf Gemeinden gab es zweckgebundene, meist aber zu kleine und baufällige Schulräume.[128]
Da sich Bevölkerung und Gemeinden gegenüber der Pflichtschule abwartend verhielten und nicht überzeugt waren, daß diesmal die Reform zu dauerhaften Einrichtungen führen werde, nahm man die notwendigen Schulneubauten nur zögernd in Angriff. Es fehlte vor allem an Geld, und die Landesregierungen vermochten kaum mehr als ideelle Hilfe zu leisten. Manchmal waren sogar Strafandrohungen notwendig, damit die angeordnete Schulraumbeschaffung tatsächlich durchgeführt wurde.[129] Andererseits ließen sich Gemeinden zur Errichtung einer eigenen Schule durch die Bestimmung bewegen, daß sie Gelder aus den Kirchen- und Bruderschaftsstiftungen in einem solchen Falle nicht an den Schulfonds abzuliefern brauchten, sondern für den Bau verwenden durften.
Aus Einsparungsgründen hielten sich die Gemeinden oft nicht an die behördlichen Auflagen; die Schulstuben blieben häufig weiterhin klein, niedrig und lichtarm. In der Regel aber wurden sie nahe der Kirche erbaut, um dem Pfarrer die Katechese und die Organisation des täglichen Schulgottesdienstes leichter möglich zu machen. Daß die Lehrerwohnung des öfteren bei den Neubauten fehlte, hatte nicht nur die knappe Kassa der Gemeinden als Ursache. Da die Landlehrer häufig eine Landwirtschaft betrieben, benötigten sie auch Stall und Scheune. Diese wurden jedoch nicht gebaut und waren auch nicht zu mieten. Deshalb konnten und wollten die Schulmeister ihre alten Behausungen nicht aufgeben, der Bau einer Lehrerwohnung erwies sich aus diesem Grunde als überflüssig.
Neben dem Mangel an ausgebildeten Lehrern stand sicherlich das Schulraumproblem einer zügigen Durchführung der Schulreform am meisten im Wege. Diese beiden Hemmnisse wären ohne große Schwierigkeiten zu beseitigen gewesen, wenn die Lehrer hinreichend besoldet und daher zur vollen Erfüllung ihrer Berufspflichten angehalten sowie zweckentsprechende Schulhäuser – bei größerer finanzieller Belastbarkeit der Gemeinden – rascher gebaut hätten werden können.

9.4.6 Erfolge der Schulreform

Es ist unbestritten, daß Österreich in den siebziger Jahren des 18. Jahrhunderts innerhalb kurzer Zeit eine richtunggebende Neuordnung und merkbare Besserung des Primarschulwesens gelang. Das Hauptverdienst kam ohne Zweifel J. I. Felbiger zu, der nicht nur die Normen gesetzt („Allgemeine Schulordnung", 1774), sondern sich auch mit beinahe fanatischer Beharrlichkeit und unerhörter Tatkraft um ihre Umsetzung in die Schulwirklichkeit bemüht hatte. Allerdings konnten nicht alle Ziele erreicht werden, obgleich das Reformwerk von der Autorität und dem uneingeschränkten Vertrauen Maria Theresias sowie ihrer Mitarbeiter getragen worden war. Aber die Fundamente der Reform wurden damals so tief und umfassend verankert, daß der weitere Ausbau zwangsläufig erfolgen mußte und nur die Frage offenblieb, wieviel Zeit dafür notwendig sein würde.

Der im Mittelpunkt der Schulerneuerung stehende Lehrer erfuhr eine wesentliche Aufwertung. Er wurde für seinen Beruf in institutionalisierten, gleichartig eingerichteten Lehrgängen ausgebildet und konnte nur mit staatlicher dekretmäßiger Zustimmung eine Anstellung finden. Sein Selbstverständnis wurde auch dadurch angehoben, daß er bei Feierlichkeiten rangmäßig in den Städten nach den Magistratsbeamten, auf dem Lande nach den Gerichtspersonen auftreten durfte. Seine aufkeimende Berufsgesinnung wurde freilich dadurch gemindert, daß er häufig unter der nicht ausreichenden Entlohnung und der fehlenden Alters- und Krankenversorgung für sich und seine Familie litt.

Die Qualität des Unterrichts vermochte ebenfalls verbessert zu werden, weil Unterricht und Erziehung nach einheitlich festgelegten, brauchbaren Methoden gestaltet werden mußten und eine zweckmäßig eingerichtete Schulaufsicht die Unterrichtswirklichkeit laufend unter Kontrolle hielt. Außerdem wurden vor allem in den Normal- und Hauptschulen zusätzliche Lehrinhalte vermittelt, die der elementaren Ausbildung mehr Gewicht und Tragkraft gaben.

Das Schulnetz wurde ausgebaut und den regionalen Bedürfnissen stärker angepaßt. Normalschulen wurden auf österreichischem Gebiet in Wien, Innsbruck, Linz, Graz und Klagenfurt eröffnet; die Zahl der Hauptschulen stieg bis 1780 auf 37 (Wien: Josefstadt, Wieden, Ungargasse; Niederösterreich: Bruck an der Leitha, Horn, Krems, St. Pölten, Wiener Neustadt, Klosterneuburg, Melk, Ernstbrunn, Waidhofen an der Ybbs; Oberösterreich: Enns, Freistadt, Gmunden, Kremsmünster, Steyr; Steiermark: Admont, Gleisdorf, Graz-Murvorstadt, Graz-Ursulinen, Judenburg, Leoben, St. Lambrecht, Vorau; Kärnten: Eberndorf, Friesach, Paternion, St. Andrä (nur vorübergehend), St. Veit, Straßburg, Villach, Völkermarkt; Tirol: Schwaz, Hall; Vorarlberg: Bregenz, Feldkirch).[130] Es gelang freilich nicht, in jedem Kreis eine Hauptschule einzurichten. Zumeist scheiterte dies an der geringen Finanzkraft der Gemeinde oder an der geringen Schülerzahl. Wohl hätten vor 1780 viele Orte gerne eine Hauptschule gehabt, um Unterstützung vom Landgericht zu erhalten, manche haben ihre Stadtschulen auch so bezeichnet,[131] aber erst die Maßnahmen Josephs II. brachten eine Klärung.

Bezüglich der Trivialschulen verlief die Entwicklung länderweise verschieden[132] und war wesentlich vom Einsatz der Schulkommissionen abhängig. Das Zahlenmaterial darüber ist nicht immer zuverlässig. In den Übersichten wurden nämlich auch geplante oder wieder geschlossene Schulen aufgenommen und teilweise nur die zahlenden Schüler ausgewiesen. Nach den für 1780 vorliegenden Tabellen dürfte erst ungefähr die Hälfte der vorhandenen Trivialschulen die von Felbiger festgelegte Neuordnung übernommen und über ausgebildete Lehrer verfügt haben. Auch die Neugründungen hielten sich in bescheidenen Grenzen,[133] zahlreiche projektierte Schulen kamen gar nicht zur Eröffnung. Doch die bereits vorhandenen „deutschen Schulen" erfuhren ohne Zweifel einen Ausbau, um mehr Kinder aufnehmen und den in der „Allgemeinen Schulordnung" ausgesprochenen Forderungen nachkommen zu können. In Wien zählte man gegen Ende der Regierungszeit Maria Theresias 62, im heutigen Niederösterreich 761, in Oberösterreich 398, in der Steiermark (ohne die Kreise Marburg und Cilli) 152, in Kärnten 192, in Tirol etwa 350 (mit den „deutschen Schulen" in Südtirol 542), in Vorarlberg 126 Trivialschulen.[134] Sie waren in der Regel bloß einklassig und bescheiden ausgestattet.

Der Schulbesuch konnte zwar gesteigert werden, jedoch nicht in dem erhofften Ausmaß. Die Schülerfrequenz schwankte stark, hatte meist im November ein Minimum und im Jänner ein Maximum.[135] Die in den Visitationsprotokollen angeführten Zahlen der schulbesuchenden Schüler hingen daher wesentlich vom Stichtag ab, an dem die Kontrolle vorgenommen wurde. Außerdem muß berücksichtigt werden, daß meist bloß ein Teil der Schüler ständig im Unterricht anwesend war; regelmäßiger Schulbesuch war eher eine Seltenheit. Auffallend ist vor allem die geringe Mädchenzahl in den Klassen.[136] Koedukation war – weil reine „Mägdleinschulen"[137] selten eingerichtet wurden – selbstverständlich. Die Reform verlief in den städtischen Ballungsgebieten erfolgreicher als auf dem Lande. Immer mehr Schulpflichtige fanden dort – soweit sie nicht von Hauslehrern unterrichtet wurden – den Weg in die Schule. Auf dem Lande hingegen waren weiterhin Frequenzen, die zwischen einem Viertel und einem Drittel der Zahl der Schulpflichtigen („Schulfähigen") lagen, keine Seltenheit.[138]

Dabei muß bedacht werden, daß in den alpinen Gebieten Österreichs die meisten Trivialschulen bloß im Winterhalbjahr geführt wurden; nur an etwa einem Viertel der Trivialschulen wurde ganzjährig Unterricht geboten.[139] Für die meisten Schüler dauerte daher ein Schuljahr bloß drei bis vier Monate. Das war ein weiterer Grund für die Gemeinden, bei Neubauten – wegen dieser geringen Auslastung des Schulraumes – sehr zurückhaltend zu bleiben. In den meisten Fällen begnügten sie sich deswegen mit dem Umbau oder der Erweiterung der vorhandenen Schulgebäude oder mit Anmietungen. Echte sichtbare Fortschritte traten erst unter Joseph II. ein, wenn auch da und dort schon vorher – meist gemeinsam mit dem Pfarrer – neuer Schulraum geschaffen wurde. Auf diesem Gebiet blieben die Forderungen der „Allgemeinen Schulordnung" am häufigsten nur auf dem Papier.

Hingegen wurde die vorgesehene Ausgabe einheitlicher billiger Schulbücher an die Schüler erreicht, obgleich auch in diesem Bereich mancherlei Hindernisse zu überwinden waren. Vor allem erwies sich die kostenlose Abgabe von 25 Prozent der Bücher an die „wahrhaft Armen" als nicht ausreichend; diese festzustellen bereitete besondere Schwierigkeiten. Man mußte sich schließlich damit helfen, daß je zwei solcher Schüler ein Buch bekamen, das nach Unterrichtsschluß in der Schule verwahrt wurde. Da es auch zu Auslieferungsschwierigkeiten kam, wurde die privilegierte Stellung des Schulbücherverlages in Wien etwas aufgeweicht. Es wurde gestattet, daß wörtliche, seiten- und zeilengenaue Nachdrucke auch außerhalb Wiens hergestellt und Kontrolle wie Vertrieb in den Ländern vorgenommen werden durften. Ein ordentlicher Schulbücherverlag wurde in Innsbruck eingerichtet, Nachdrucke einzelner Werke erfolgten auch in Linz.[140]

Nicht zuletzt hatten die oft vehementen und wortreichen Auseinandersetzungen um die Notwendigkeit eines allgemeinen Unterrichts und die Vorteile einer zeitgemäßen Erziehung die Bevölkerung für Schulfragen sensibilisiert und ein Umdenken eingeleitet. Die von Felbiger dirigierte Reform hätte, auch wenn es jemand gewollt hätte, nicht mehr rückgängig gemacht werden können. Die kollegialen Körperschaften, die sie in den Ländern in die Realität umzusetzen hatten, arbeiteten zwar dem Schulreformer viel zu bedächtig, zuwenig rasch und zuwenig durchgreifend, doch gerade ihr kluges, zurückhaltendes Vorgehen, das amtlichen Zwang nach Möglichkeit vermied, sicherte den Erfolg. Mochte auch die hochstrebende Planung in Wien auf regionaler und lokaler Ebene etwas abgeändert werden, indem Möglichkeiten, Bedürfnisse und Notwendigkeiten wohl abgewogen wurden, die Umrisse waren fixiert, und die Zeit arbeitete für die neue Schule.

9.5 Weiterführung des Reformwerkes durch Joseph II.

9.5.1 Entlassung J. I. Felbigers

Die Grundlagen der Maria-theresianischen Schulordnung blieben auch für die bildungspolitischen Maßnahmen Josephs II. im wesentlichen maßgeblich, doch hatte der reformfreudige Kaiser recht entschiedene eigene Vorstellungen von den Methoden, die den weiteren Ausbau des Primarschulwesens sichern sollten. Der bereits etwas starrsinnige und eigenmächtige Felbiger paßte dabei nicht in sein Konzept. Persönliche Gründe waren sicherlich wirksam, wahrscheinlich aber nicht ausschlaggebend, auch nicht die Auseinandersetzung um die Militärschulen.
Dieser von Maria Theresia geförderte Plan Felbigers zur Errichtung von Schulen für Soldatenkinder,[141] die in Kasernen untergebracht werden und an denen an Normalschulen ausgebildete Soldaten lehren sollten, war 1780 auf den schärfsten Widerstand Josephs II. gestoßen. Felbiger hatte nämlich verlangt, daß dem Militär keinerlei Einfluß auf die Unterrichtsführung und -gestaltung zu gewähren sei, was Joseph II. in Empörung über derart viel Unkenntnis der Ordnung bei der Armee zur schriftlich niedergelegten Bemerkung veranlaßte: „Verzeih ihnen, o Herr, denn sie wissen nicht was sie thun."[142] Sofort nach seinem alleinigen Regierungsantritt hob Joseph II. die bereits in Wien bestehenden Militärschulen auf und verbot eine weitere Verfolgung dieses Planes.
Daß Felbiger ein Ordensmitglied war, hatte Joseph II. und vor allem manche seiner Mitarbeiter sicherlich ebenfalls gestört. Auch das großzügige Gehalt von 6 000 fl., das Maria Theresia dem Abte gewährt hatte, wollte Joseph II. gerne einsparen.[143] Ausschlaggebend aber war wohl, daß sich Felbiger in Österreich viele Feinde geschaffen hatte, vor denen ihn der starke Arm Maria Theresias geschützt hatte, die aber nunmehr über ihn herfielen und mit Kritik nicht zurückhielten. Im Mittelpunkt ihrer Angriffe standen die Saganische Lehrart und die sichtbaren Mängel des noch im Aufbau befindlichen Schulsystems. Daß aber solche pädagogische Überlegungen den Kaiser zu diesem Schritt veranlaßten, ist wenig wahrscheinlich.[144]
Die Studienhofkommission wollte Felbiger nicht gleich fallenlassen, und im Staatsrat sprach sich nur einer gegen ihn aus.[145] Um den Schein zu wahren, erfolgte daher seine Enthebung 1781 im Zuge einer Umorganisation der Schulbehörden.[146] Die Begleitumstände aber weisen auf einen eher demütigenden Abgang hin. Felbiger wurde auf die Propstei Preßburg, für die er bereits 1778 nominiert worden war, abgeschoben. Sein Gehalt wurde ihm zur Gänze entzogen, seine Leistung für Österreichs Schulwesen ignoriert. In einer anonymen Schrift suchte Felbiger noch die Angriffe auf die Normalschulen abzuwehren,[147] dann konnte und wollte er nicht mehr Einfluß auf die Weiterentwicklung seines Lebenswerkes nehmen. 1788 starb er in Preßburg und wurde dort begraben.[148] Sein Grab ist heute verschollen, kein Denkmal rühmt ihn in Österreich.

Sein Nachfolger im Oberdirektorat, der Schwabe Joseph Anton Gall (1748–1807),[149] ein Weltpriester und später Bischof von Linz, hatte einst seine Heimatdiözese Felbigers wegen verlassen und war dessen begeisterter Anhänger geworden. Doch war er in den letzten Jahren von ihm und seinen Methoden abgerückt. Sein Wirkungskreis wurde von der Studienhofkommission eingeschränkt, deren entscheidender Sprecher seit Ende 1781 der noch in Holland geborene Gottfried van Swieten[150] war, der Sohn des Leibarztes Maria Theresias und ein Jugendfreund Josephs II. Dieser ließ seinen Referenten wenig Spielraum und zog auch die Entscheidungen von lokalen Einzelfragen an sich. G. van Swieten verfügte über einen nur durch den Kaiser hie und da eingeschränkten Einfluß und eine Machtstellung im gesamten Unterrichtswesen, die früher Felbiger bloß im Primarbereich besessen hatte.

9.5.2 Maßnahmen zur Verbesserung des Schulbesuchs

9.5.2.1 Schulzwang und Unentgeltlichkeit des Unterrichts

Als sich 1781 Kaiser Joseph II. von Felbiger die Ausweise über den Schulbesuch in den Ländern der Monarchie vorlegen ließ und erkennen mußte, daß im Durchschnitt weniger als ein Drittel der schulfähigen Kinder dem bereits 1774 verpflichtend angeordneten Schulbesuch nachkam,[151] war er empört und ordnete Strafsanktionen gegenüber den Eltern an.[152] Sie mußten das doppelte Schulgeld bezahlen oder öffentliche Arbeiten (Bau- und Reparaturarbeiten am Schulhaus) verrichten, wenn sie ihre Kinder nicht zur Schule schickten. Ganz Arme mußten sogar den Stock oder den Verlust der Unterstützung befürchten. Den Pfarrern wurde aufgetragen, die neuen Vorschriften auf den Kanzeln zu verlesen und die Leute zum Schulbesuch ihrer Kinder anzuhalten.

Dieser Schulzwangerlaß hatte tatsächlich ein stärkeres Anwachsen der Schülerzahlen zur Folge,[153] doch war ein lückenloser Schulbesuch trotz weiterer Maßnahmen nicht zu erreichen. So ging man an den Normalschulen bei unentschuldigtem Fernbleiben vom Unterricht auch mit Disziplinarmitteln vor. Schüler mußten sich in das „Buch der Schande" einschreiben, bei öfterem Fehlen „an dem Ort der Schande" stehen. Die Eltern und (bei zehnmaligem Fehlen) auch die Oberaufsicht wurden verständigt.[154] Andererseits sollten Väter öffentliche Anerkennung und Belobung finden, die ihre Kinder „fleißig" zur Schule geschickt hatten, und Lehrer, Pfarrer, Richter, Schulaufseher und Dechant hatten Belohnungen zu erwarten, wenn sie sich Verdienste um die Hebung des Schulbesuchs erwarben.[155]

Mit dem Erreichten nicht zufrieden, entschloß sich Joseph II. zu einem weiteren wichtigen Schritt. Er erkannte als Notwendigkeit, die Trivialschulen „gratis" besuchen zu lassen, „wodurch man umso eher die Eltern anhalten konnte, ihre Kinder dahin fleissig zu schicken".[156] Die Finanzierung dieses unentgeltlichen Unterrichts sollte durch Einhebung eines Schulgeldes und Sparmaßnahmen bei den Gymnasien, Lyzeen und Universitäten erfolgen. Obgleich Gottfried van Swieten die Undurchführbarkeit dieses Konzepts nachwies und sich auch der Staatsrat durchwegs ablehnend verhielt, entschloß sich Joseph II. 1783 zu einer abgestuften Regelung in der Schulgeldfrage.[157] An den Trivialschulen hatte der Lehrer die Knaben unentgeltlich, die Mädchen hingegen gegen das bisher übliche Schulgeld zu unterrichten. Dadurch dachte er den Aufwand für die Landschulen und den Widerstand der Eltern verringern zu können. Er nahm an, daß dann die Schulräume nicht vergrößert werden müßten, denn die Mädchen würden in der Regel den Eltern bei den häuslichen Arbeiten helfen, bei Schulbesuch aber das Einkommen der Lehrer aufbessern. An den Hauptschulen in den Städten mußten die Knaben bereits die Hälfte des Schulgeldes, die Mädchen ebenfalls

voll zahlen. Doch waren Stipendien für die Begabtesten vorgesehen. Van Swieten wandte sich gegen diese Diskriminierung der Mädchen und hob die Bedeutung der Mütter für die Erziehung der Kinder hervor.[158] 1785 wurden diese Schulgeldbestimmungen für die Landschulen wieder rückgängig gemacht. In Zukunft sollten bloß alle vermögenden Kinder für den Unterricht einen Beitrag leisten.
In Tirol war man von allem Anfang an überzeugt gewesen, daß ein guter Schulbesuch weniger durch Strafsanktionen als vielmehr durch Unentgeltlichkeit des Unterrichts erreicht werden könnte. Denn die Schulaufseher hatten sehr wohl registriert, daß die Schulen um die Hälfte besser besucht waren, wo sie unentgeltlich gehalten wurden. In Tirol verlangte man auch von den Mädchen den Schulbesuch.[159] Die Kreisämter hatten darüber zu wachen, daß die Schulpflicht eingehalten werde. Vor dem 6. Schulbesuchsjahr durfte keine Besuchsbestätigung ausgestellt werden.
Der 1784 von Joseph II. geäußerte Plan, die Schulzeit auf vier Jahre einzuschränken, war auf den Widerspruch van Swietens hin fallengelassen worden.[160] Doch führte er statt dessen für die Landjugend den Halbtagsunterricht ein,[161] was freilich zur Folge hatte, daß manche Eltern ihr Kind gleich zu Hause ließen, weil sich der Unterrichtsbesuch nicht lohne. Im gleichen Jahr wurde auch angeordnet, daß bei Aufnahme in ein Handwerk nur ein zweijähriger Schulbesuch durch Zeugnisse nachgewiesen zu werden brauchte.[162]
Das Auf und Ab widersprüchlicher Entscheidungen zeigt wohl am deutlichsten, wie schwer eine Verbesserung des allgemeinen Volksunterrichts zu erreichen war. Die hektische Tätigkeit der Schulkommissionen, der Länder und der Studienhofkommission sowie die scharfen Hofresolutionen haben nachweisbar Erfolge gebracht, doch die gesteckten Ziele wurden nicht erreicht.

9.5.2.2 Ausbau des Schulnetzes

Der weite Schulweg vieler Kinder war ein anderer wichtiger Grund, daß diese der Schule fernblieben. 1784 ordnete Joseph II. daher an,[163] daß nicht nur überall, wo eine „Pfarre oder Lokalkaplaney“ bestehe, eine Schule existieren müsse, sondern auch in Ortschaften ohne Seelsorger „eine Gemeinschule“ zu errichten sei, wenn dort 90 bis 100 schulfähige Kinder gezählt würden. Den Gemeinden und Grundobrigkeiten wurde es freigestellt, das Patronatsrecht für sie zu übernehmen oder „dem fundo“ zu überlassen.[164]
Diese Resolution vom 26. September 1784 erwies sich als notwendig, um die schulischen Begleitmaßnahmen zur Verordnung vom 20. Oktober 1782 über die Neuerrichtung von Pfarren abzusichern. Die Zahl dieser Josephinischen Pfarrgründungen[165] belief sich allein in den heutigen Bundesländern Niederösterreich, Oberösterreich, Steiermark und Kärnten auf ungefähr 640. Die neuen Seelsorgestellen enstanden überall dort, wo die Bevölkerung infolge der Wegverhältnisse nur schwer ihre Kirche aufsuchen konnte, die Entfernung zu ihr mehr als eine Gehstunde ausmachte oder eine Gemeinde über 700 Personen zählte. Zumindest dort mußte nunmehr auch Schule gehalten werden. Die Geistliche Kommission wurde angewiesen, besonders in den kleinen Orten nur Pfarrer anzustellen, die auch den Religionsunterricht zu besorgen vermochten. Errichtung und Unterhalt der Schulen hatten sich die Grundobrigkeit, die Gemeinde und das neu geschaffene Schulpatronat, das dem Pfarrpatronat „angeklebt“ wurde, zu teilen.[166]
Das von Joseph II. eingeführte und dem kanonischen Recht nachgebildete Schulpatronat[167] ging von der Annahme aus, daß an den Primarschulen auf dem Lande durchwegs die Mesner den Lehrberuf ausübten und daher die Pfarrpatrone – denen zugleich nun das Schulpatronat zufiel – direkten Einfluß auf den Lehrer und somit auf die Schule

nehmen konnten.[168] Wo dies nicht zutraf, ergaben sich allerdings Komplikationen, die laufend Interpretationen des Grunderlasses erforderten. Schließlich wurde entschieden, daß das Schulpatronat „dem Pfarrpatronat einzig und allein anklebe", andererseits auch früheren Schulerhaltern die Eigenschaft von Schulpatronen zugesprochen werden konnte.[169] Die Pflichten des Patrons waren aufwendig, seine Rechte bescheiden. Er durfte den Lehrer seiner Schule der Schulkommission bloß „präsentieren", also vorschlagen, die nur, wenn dieser die Voraussetzungen erfüllte, das Anstellungsdekret ausfolgte. Als besonders belastend erwiesen sich die Verpflichtungen beim Schulbau. Neben den Grundobrigkeiten, die Baumaterialien beizustellen, und den Gemeinden, die Fuhr- und Handdienste zu leisten hatten, mußten die Pfarrpatrone für die Lohnansprüche der Handwerker aufkommen.

Aber nicht diese Aufteilung der Lasten, die z. B. in Tirol wegfiel, weil es weder Grundobrigkeiten noch Patronatsrechte gab, sondern die seit 1783 angeordneten Meldungen der Kreisämter über den „genauen Zustand der Schulen" führten unter amtlichem Druck zu verstärkter Bautätigkeit. In diesen Jahren trat in vielen Dörfern neben Kirche und Pfarrhof auch das Schulhaus.[170]

Die Bauvorschriften wurden freilich nur dann eingehalten, wenn Beiträge aus staatlichen Fonds gegeben wurden. Man errichtete in der Regel nur einklassige Schulen. Musterpläne[171] forderten, daß das Schulhaus zwei bis drei Stufen höher als der Erdboden sein müsse, das Schulzimmer mindestens 3,16 Meter hoch (10 Schuh) sein und den Lichteinfall von links haben müsse. Für 40 bis 50 Schüler waren etwa 39 bis 43 m^2 vorgesehen.[172] Der Lehrerfamilie sollte ein geräumiges Wohnzimmer, Küche und eine Kammer zur Verfügung gestellt werden – sicherlich ein Beitrag zur Aufwertung des Lehrberufs. Menschliches Wohnen war darin bereits möglich, und daß ein Privet (Abort) sich sogar innerhalb eines Schulgebäudes befand, war eine ungewöhnliche und daher besonders herausgestellte Neuerung.

Die Schulwirklichkeit hinkte allerdings weiter hinter diesen Modellschulen her, gemietete Schulstuben blieben häufig. Die Schulvisitatoren berichteten von finsteren, unreinlichen Zimmern, in denen auch Frauen während des Unterrichts häuslichen Arbeiten nachgingen.[173] Gemeinden wie Schulpatrone waren zumeist überfordert. In Kärnten und der Steiermark wurden 1788 die Neugründungen von Schulen überhaupt eingestellt. Die zusätzlichen finanziellen Lasten des Türkenkrieges führten 1789 dazu, daß Kameralbeiträge sowie die Abgaben der Grundherrschaften für Schulgebäude versiegten.[174] Viele Pläne mußten daher jetzt auf ihre Verwirklichung warten, aber sie blieben als Anspruch und Forderung in den Überlegungen der Gemeinden.

Ein weiterer, wenn auch auf heutigem österreichischem Boden geringfügiger Zuwachs an Schulen während der Regierungszeit Josephs II. ergab sich aus den Festlegungen des Toleranzediktes vom 13. Oktober 1781.[175] Dieses gestattete ja, in evangelischen oder griechisch-orthodoxen Gemeinden von mindestens 500 Personen nicht nur eine Kirche, sondern auch eine Schule zu errichten; gleiches war den Juden am Sitz einer Hauptsynagoge erlaubt. Während also bis zu diesem Zeitpunkt alle Schüler katholisch unterrichtet wurden, nützten nun größere evangelische Siedlungen die neueröffnete Möglichkeit und gründeten Schulen, so z. B. in der Steiermark in Schladming und der Ramsau.[176] Die Juden fanden in der Regel freilich mit Privatlehrern ihr Auslangen, denn sogar die jüdische Niederlassung in Wien zählte 1782 nur 564 Köpfe.[177] Akatholiken, die keinen eigenen Seelsorger und Schullehrer hatten, mußten ihre Kinder in die nächste Schule schicken. Diese brauchten jedoch nicht am katholischen Religionsunterricht teilnehmen. Auch Katholiken wurden in evangelische Schulen eingewiesen, wenn die ihrer Glaubensgenossen zuweit entfernt waren. Es war ihnen aber verboten, dem Religionsunterricht der anderen Konfession beizuwohnen.[178] Erste Ansätze zu einer Simultanschule zeichneten sich ab.

Die Schulaufsicht über die akatholischen Schulen[179] – in erster Linie aus Sparsamkeitsgründen – verblieb freilich in den Händen derer, die für das gesamte Primarschulwesen verantwortlich waren, also bei Katholiken und häufig sogar bei Geistlichen. Die Durchführung des Toleranzediktes machte auf dem Boden des heutigen Österreichs, da die konfessionellen Minderheiten geringfügig waren, keinerlei Schwierigkeiten.

9.5.2.3 Einrichtung des Kreisschulkommissärs

Im Jahre 1785 schuf sich Joseph II. in der mittleren Instanz einen verlängerten Arm von besonders großer Wirksamkeit für seine bildungspolitischen Entscheidungen. Er setzte bei jedem Kreisamt ein weltliches Schulaufsichtsorgan ein, das seinen Amtssitz bei der Kreishauptmannschaft hatte und dort als Konzeptsbeamter unmittelbar dem Kreishauptmann unterstellt war.[180] Zum ersten Mal wurde damit auf einer mittleren Ebene eine Schulaufsicht eingerichtet, der das bisher übliche kollegiale Element gänzlich fehlte und die Bewerber um dieses Amt aus dem kirchlichen Bereich zunächst nicht berücksichtigte.[181] Da in den Schulgremien auf Provinzial- und Gesamtstaatsebene das Laienelement bereits überwog, war der Denkansatz dieser Maßnahme deutlich genug.

Tirol bemühte sich vergeblich, die geistlichen Dekanatsschulvisitatoren beibehalten zu können. Es wies darauf hin, daß nur Geistliche die erforderlichen Kenntnisse und die langjährige Erfahrung für diese Aufgabe hätten und von ihnen viel eher eine Belehrung angenommen würde. Es warnte auch vor dem großen Aufsehen, welches die Entlassung der 25 beinahe ehrenamtlich arbeitenden Dekanatsvisitatoren auslösen würde. Doch nicht einmal die Argumentation mit der zusätzlichen finanziellen Belastung vermochte Joseph II. umzustimmen.[182]

Es bereitete tatsächlich besonders in Tirol Schwierigkeiten, der Hofstelle in Wien geeignete Bewerber vorzuschlagen. Diese „Kreiskommissäre in Schulsachen“ sollten ja „neben den erforderlichen Gemütseigenschaften, reinesten Sitten und aufgeklärter Denkungsart“ auch „gründliche praktische Kenntnisse des Schulfaches“ haben.[183] Letzteres traf nur zum Teil zu, denn vor allem Beamte sahen in dieser Laufbahn eine Aufstiegsmöglichkeit.[184] Die einfachen pädagogischen Prüfungsfragen bereiteten ihnen daher Schwierigkeiten und wurden deshalb bald, wie es scheint, fallengelassen.[185]

Die Kreisschulkommissäre hatten alle Haupt- und Trivialschulen ihres Kreises jährlich einmal – was häufig nicht möglich war –[186] zu besuchen und deren Zustand zu erheben. Die Hauptfragen betrafen die Zahl der schulfähigen und schulbesuchenden Kinder, ob die Schulräumlichkeiten hinreichten, ob an allen Orten, wo Pfarrer oder Kapläne ihren Sitz hatten, bereits Schulen bestünden und wo eine neue Schule errichtet werden müsse. Auch waren die Einkünfte der Schullehrer zu erheben, und es war über den Stand des Normalschulfonds zu berichten. Diese in einer „Instruction für die Kreisschulkommissäre in Schulsachen“ (1786) niedergelegten Forderungen erhielten in einzelnen Ländern Zusätze und zeigten insgesamt deutlich das Übergewicht der Verwaltungsaufgaben. Nur ein Drittel der Kapitel war pädagogischen Fragen gewidmet.[187]

Der Tätigkeit der Kreiskommissäre verdanken wir zum ersten Mal einen ständigen Einblick in die konkrete Schulsituation.[188] Daß in den Visitationsprotokollen die negativen Schilderungen und die drastische Hervorhebung von Extremfällen überwiegen, liegt im Wesen einer Kontrolle, die ja den Normalzustand als selbstverständlich ansieht und nur die Abweichungen registriert. Ihre Auswertung muß aber außerdem berücksichtigen, daß diese Visitationen vorangekündigt wurden und Lehrer, Pfarrer, Gemeindeausschüsse und Ortsaufseher darauf vorbereitet waren.[189]

Viele Kreisschulkommissäre arbeiteten mit großem Eifer; doch unter ihrem stark bürokratischen Zugriff litt die Lehrerschaft empfindlich. Die Visitatoren machten sich daher ziemlich verhaßt, wenn sie die staatlichen Anordnungen durchzusetzen hatten und „sofort nach erhaltenen Maßregeln alles in Ausführung bringen und durch ihre fortwährende Kontrolle darin erhalten“[190] mußten. Energie und Taktgefühl waren aber sicherlich dabei nicht immer gepaart. Im übrigen konnte der Kreishauptmann seinen Kommissär auch zu anderen Arbeiten heranziehen. Die Belastung der Kreisämter und das Verständnis der Kreishauptleute für Schulfragen bestimmten daher in einer gewissen Weise die Visitationstätigkeit mit, doch die Bezeichnung des Kreisschulkommissärs als „Strebepfeiler des National-Schulgebäudes“[191] hatte ohne Zweifel eine gewisse Berechtigung. Dieser konnte sich zudem auf der untersten Ebene auf die Werbbezirkskommissäre stützen, die nach Möglichkeit selbst als Ortsschulaufseher auftreten sollten. Allerdings mußten sich diese vielfach vertreten lassen, weil in der Regel mehrere Schulen in ihrem Bereich lagen. Es gab in solchen Fällen zumeist Schwierigkeiten, geeignete weltliche Aufsichtsorgane für die unangenehme und ehrenamtliche Tätigkeit zu gewinnen. Nur zu oft waren diese dann ihren Aufgaben nicht gewachsen.[192] Erst durch den regelmäßigen kontrollierenden Zugriff des Kreisschulkommissärs konnte die Schulwirklichkeit durchgängig in die durch Dekrete und Verordnungen festgelegten Bahnen gelenkt werden.

9.5.3 Regelungen zur Besserstellung der Lehrer

Die „Allgemeine Schulordnung“ hatte über die Bezüge der Lehrer keine Entscheidung getroffen. Nur an den Normal- und Hauptschulen hatten sie ein sicheres, einigermaßen ausreichendes Einkommen.[193] Da aber die Landschullehrer keineswegs vom Schulgeld allein leben konnten, benötigten und suchten sie sich ständig Nebenverdienste.[194] Diese unbefriedigende Stellung des Lehrers vermochte auch Joseph II. trotz ehrlichen Bemühens nicht gänzlich zu beheben; Fortschritte können allerdings festgestellt werden. 1783 ordnete er an, daß der Lehrer an Trivialschulen 150 fl. erhalten sollte; allerdings hoffte der Herrscher, daß die Auszahlung dieses Betrages den Staat nicht belasten werde. Denn er verfügte, daß der Mesner- und Schulmeisterdienst grundsätzlich wieder vereinigt werden sollten; damit war nämlich auch für die Wohnung des Lehrers und für ein Grundeinkommen gesorgt, das durch das Schulgeld der Mädchen und durch Naturalabgaben aufgebessert und nur bei Nichterreichen des Richtbetrages aus dem Schul- bzw. Religionsfonds zu speisen war. Bald zeigte sich, daß die Mittel des Schulfonds dafür nicht ausreichten. Im Jahre 1785 mußte Joseph II. das Mindesteinkommen für Lehrer auf 130 fl. und für die Schulgehilfen von 80 fl. auf 70 fl. zurücksetzen.[195] Gleichsam zum Ausgleich wurde dafür der Unterricht für die Landschuljugend auf halbe Tage verkürzt.
Auch die Konsolidierung der Einkommensverhältnisse auf diesem niedrigen Niveau gelang nicht überall. Die Pfarregulierungen verminderten die Einnahmen der Mesner, weil weniger Stolgebühren anfielen, und die Eingriffe Josephs II. in die religiösen Gewohnheiten brachten sie nicht nur um zusätzliche Beträge, sondern machten sie auch als Ausführende dieser Veränderungen bei der bäuerlichen Bevölkerung äußerst mißliebig.[196] Trotzdem gab es Kreise, wo das durchschnittliche Einkommen der Mesner/Lehrer höher lag. Im Viertel unter dem Manhartsberg betrug die durchschnittliche Dotierung einer Schulstelle 190 fl.; aber 35 Prozent der Lehrer verdienten weniger als 130 fl.; die weniger guten Pfarren verfälschten hier die Einkommensstruktur. In der Praxis wurden bloß die niedrigeren Einkommen auf 100 fl. ergänzt.[197] Gerade die Nachweise über die ausgezahlten Ergänzungsbeiträge aus dem Schulfonds geben ein gutes Bild, wie notleidend die Lehrer mancher Gebiete waren.[198] Für den Kreis Bruck an der Mur mußten z. B. 1 973 fl., für den Kreis Villach sogar 4 876 fl.

flüssiggemacht werden.[199] Immerhin waren aber mit diesen Maßnahmen erste Ansätze für ein geregeltes Einkommen der Lehrer geschaffen worden. Die Ungleichheit blieb allerdings, die meisten Lehrer konnten nur ein ziemlich bescheidenes Leben führen.
Der Besserstellung der Lehrer dienten auch Regelungen, die auf den ersten Blick gar nicht lehrerfreundlich erscheinen. So wurde die Höchstzahl der Schüler in einer Klasse mit hundert festgesetzt, um den Schulgeldertrag zu erhöhen. Die Lehrer waren eher bereit, in überfüllten Klassen zu unterrichten und damit aufreibende Mehrarbeit auf sich zu nehmen, als – bei Überschreiten der Schülerzahl – einen Schulgehilfen auf eigene Kosten anzustellen. Nur bei Alter und Krankheit griffen sie auf sogenannte Personalgehilfen (zu ihrer persönlichen Vertretung) zurück.[200]
In diesen Jahren der teilweisen Schulgeldbefreiung kam eine Gepflogenheit auf, die bis in die Gegenwart andauern sollte. Es wurde den Eltern angeraten, statt des entfallenen Schulgeldes dem Lehrer mit einer „Erkenntlichkeit" Freude zu bereiten.
Einen wichtigen Schritt vorwärts – die Selbstachtung der Lehrer wurde dadurch wesentlich angehoben – bedeutete die Anordnung, daß das Schulgeld nicht mehr von ihnen selbst, sondern von der Gemeinde bzw. durch Gerichtspersonen einzutreiben sei. Auch von der sie demütigenden Sammeltätigkeit zur Aufbesserung ihres Einkommens sollten sie entlastet werden. Doch diese Einsammlung der Naturaldienste durch den Ortsrichter scheint sich zunächst nicht überall durchgesetzt zu haben.[201] Ohne Zweifel trug es auch zum Ansehen des Lehrers bei – die Bezeichnung Schulmeister wurde zunehmend vermieden –, daß ihn der Kreisschulkommissär nicht mit Er, Du oder Ihr anreden durfte, sondern ihn – besonders in Gegenwart des Pfarrers und der Gemeinde – mit „Herr" ansprechen mußte.[202]
Das Selbstbewußtsein des Lehrers wurde auch durch andere Maßnahmen gefördert, denn es verstärkte sich allgemein die Auffassung, daß ein Schulmann ohne Ansehen „fruchtlos" in der Schule arbeite.[203] So war die Alters- und Witwenversorgung bislang völlig unzureichend für die Lehrer gewesen. Die „Allgemeine Schulordnung" hatte dazu geschwiegen; es blieb den Gemeinden überlassen, für den Lehrer zu sorgen, sobald er aus gesundheitlichen Gründen nicht mehr unterrichten konnte. In der Praxis legte die Gemeinde ihm nahe, sich einen anderen Verdienst zu suchen oder den Unterricht durch seine Frau oder durch seine Söhne fortführen zu lassen. Bei Bestellung eines neuen Lehrers versuchte man, auf diesen die Altersversorgung seines Vorgängers abzuwälzen. Häufig zählten die altgedienten Lehrer zuletzt zu den Dorfarmen und erhielten aus dem „Armeninstitut" eine bescheidene Unterstützung.
Ähnlich erging es der Witwe eines Lehrers. Hier trachtete man zunächst einen Lehrer als Nachfolger auszuwählen, der bereit war, die Witwe zu heiraten oder zumindest eine Rente für sie zu zahlen. Sonst mußte wieder das „Armeninstitut" einspringen. Der Lehrer hatte damals nur einen moralischen Anspruch, daß er im Alter von der Gemeinde unterstützt und daß für die Hinterbliebenen gesorgt würde.[204] Bevor Joseph II. den Gemeinden die Verpflichtung auferlegt hatte, das Amt des Lehrers grundsätzlich mit dem des Mesners zu verbinden, bemühte sich deshalb die Gemeinde, möglichst oft einen Lehrerwechsel vorzunehmen, um keinem ihr Dorf zur Heimat werden zu lassen.
Nun machte Joseph II. einen weiteren Schritt, diesen für den Lehrer beschämenden Zustand zu verbessern. 1788 erklärte er die Lehrer an Normal- und Hauptschulen für pensionsberechtigt. Gleich anderen Staatsbeamten hatten sie einen Abzug von ihrem Gehalt hinzunehmen,[205] erreichten aber dadurch für sich und ihre Familie die Sicherheit, vom Staat bei Dienstunfähigkeit und im Alter versorgt zu werden. Auch ihre Witwen hatten Anspruch auf eine regelmäßige finanzielle Unterstützung. Für die Landlehrer allerdings verblieb es vorderhand bei den früheren Gewohnheiten der Gemeinden.

Die Bildung eines Zusammengehörigkeitsgefühls der Lehrer als Basis für gemeinsames Vorgehen zur Besserung ihrer Lage war durch die Unterschiede – vor allem zwischen Stadt und Land – in Bezahlung, sozialer Stellung und Qualität der Ausbildung erschwert, ja machte sie zunächst unmöglich. Dazu trug außerdem ohne Zweifel bei, daß sich immer genug junge Männer für den Lehrberuf fanden. Freie Stellen blieben nur vorübergehend unbesetzt. Als Ursachen[206] dafür müssen wohl die kurze Ausbildungszeit und die Angst vor Not und Hunger angesehen werden. Arbeitsplätze waren in manchen Gegenden rar; eine Lehrerstelle gab Hoffnung auf Versorgung. Wo es aber – wie in der Obersteiermark – genügend einträgliche Arbeitsgelegenheiten gab, trat Lehrermangel auf, dem nur durch Zuwanderung aus anderen Ländern abgeholfen werden konnte. Auch die Weisung des Kaisers, daß Lehrer von der Ableistung des Militärdienstes zu befreien seien, dürfte diesem Beruf eine gewisse Anziehungskraft gegeben haben. Sogar Schriftsteller bemühten sich manchmal in ihren Büchern, den Lehrberuf aufzuwerten. Das Sozialprestige des Lehrers blieb vorderhand trotzdem noch gering. Die Voraussetzungen für seinen Aufstieg waren jedoch gegeben.

9.5.4 Fortschritte in der Finanzierung des Primarschulwesens

Das wohl größte Hindernis für einen raschen Neuaufbau des Primarschulwesens in Österreich war der ständige Mangel an Geldmitteln. Aus dem von Maria Theresia eingerichteten Schulfonds konnten im großen und ganzen nur die Normal- und die städtischen Hauptschulen erhalten werden. Die Einkünfte dieses Fonds waren länderweise verschieden – je nach den Festlegungen der Gubernien – und zumeist nicht sehr ergiebig.[207] Sie setzen sich aus Zinsen für Kapitalien, Bruderschafts- und Kirchenüberschüssen, Verlassenschaftssteuern, Interkalarien geistlicher Benefizien, Erträgnissen von Maskenbällen und Komödien, Verkauf von Schulbüchern, aus Zuschüssen der Hofkammer, von ständischen und städtischen Kassen sowie aus dem Jesuitenfonds zusammen. Doch Widerstände gegen die angordneten Zahlungen führten in stärkerem Ausmaße dazu, daß Ermäßigungen und Nachlässe gewährt wurden und der Fonds immer bald erschöpft war.

Gottfried van Swieten forderte daher 1782 mehr Strenge und Gleichförmigkeit bei der Einhebung der Abgaben. Als neue Einnahmsquelle wies Joseph II. die Stiftungen für die von ihm verbotenen Wallfahrten und Prozessionen dem Schulfonds zu. Als die finanziellen Einsparungen, die er durch eine Einschränkung der höheren Studien erwartete, ohne Bedeutung blieben, teilte er das zumeist beträchtliche Vermögen der aufgehobenen Bruderschaften zwischen dem Schulfonds und dem Armeninstitut auf.[208] Ab 1786 wurden die Überschüsse der mährischen Tranksteuer, etwas später die aller ständischen Gefälle (indirekten Steuern) in den deutschen Ländern dem Fonds zugewendet. Zuletzt forderte Joseph II. von den Grundbesitzern der deutschen Provinzen, die sich länger als 6 Monate außerhalb der Monarchie aufhielten, die Zahlung der doppelten Grundsteuer. Durch alle diese Maßnahmen konnte er die Einkünfte des Schulfonds bis zum Ende seiner Regierungszeit in den österreichischen Ländern beinahe auf das Zehnfache steigern.[209]

Da durch die Einführung des Pfarrpatronats, die teilweise Einhebung von Schulgeld sowie die Verbindung des Amtes des Schulmeisters mit dem des Mesners dem Primarschulwesen zusätzliche Finanzierungsmöglichkeiten erschlossen werden konnten, wurden die bereits erwähnten Fortschritte in der Verbesserung des Unterrichts auf dem Lande möglich. Daß deren Ausmaß hinter den Erwartungen zurückblieb, lag vor allem daran, daß im Schulfonds immer mehr Ausgaben ihre Deckung finden mußten. Besonders wirkte sich die Aufhebung der Klöster und Stifte aus. Das Schulpatronat in deren Pfarren fiel damit – wie in den vielen Josephinischen Pfarrgründungen – dem Staate zu, der dadurch alle Belastungen zu übernehmen hatte, die er den Patronen im Laufe der Jahre aufgebürdet hatte. Das vorgesehene Mindesteinkommen der Lehrer und die notwendigen Zuschüsse zu Schulbauten konnten daher trotz aller Anstrengungen aus dem Schulfonds nicht bezahlt werden. Doch vermochte der Staat das Schulwesen, das er zunächst durch Gesetze und Verordnungen in den Griff zu bekommen versucht hatte, nun durch die schrittweise Übernahme des finanziellen Aufwands so stark von sich abhängig zu machen, daß die Wiederkehr des Einflusses der früheren Schulträger unmöglich wurde.

9.5.5 Fortentwicklung der äußeren und inneren Schulreform

Auch Funktion, Aufgabenstellung und innere Struktur des Primarschulwesens erfuhren – die gesellschaftlichen Veränderungen spiegelnd – einen Wandel. So wurden unter Joseph II. erstmalig wichtige Schritte in Richtung einer öffentlichen Simultanschule[210] gemacht. Denn nach Verkündung der Toleranz- und Judenpatente wurde den nichtkatholischen Kindern ausdrücklich der Besuch der katholischen Schulen gestattet, bloß dem Religionsunterricht hatten sie fernzubleiben. Eine noch weitergehende Anordnung van Swietens, die das Weglassen des Schulgebets am Anfang und Ende des täglichen Unterrichts vorsah, mußte infolge eines scharfen Protestes des Erzbischofs von Wien, Kardinal Migazzi, widerrufen werden.
Doch weil Lehrinhalt, Lehrbücher und Methoden bei keiner der Religionen Anstoß erregen sollten, verloren die Primarschulen mit der Zeit ihren ursprünglich spezifisch katholischen Charakter. Die akatholischen Eltern wurden ermahnt, überall dort, wo sie nicht in der Lage waren, eigene konfessionelle Schulen zu errichten, ihre Kinder in die katholischen Schulen zu schicken; das Zusammensein von Kindern verschiedener Religionsbekenntnisse wurde als „kräftiges Mittel zur Verträglichkeit" angesehen. Um mißtrauischen nichtkatholischen Eltern entgegenzukommen, sollten ihre Kinder erst nach dem Anfangsgebet die Schule betreten und sie noch vor dem Schlußgebet verlassen. Auch katholische Kinder konnten im Bedarfsfalle am Unterricht akatholischer Schulen teilnehmen; auch hier mußte auf deren religiöse Gefühle Rücksicht genommen werden.[211]
Von der Neuordnung des Primarschulwesens gingen ohne Zweifel beachtenswerte Germanisierungsimpulse aus, obgleich ein derartiges Ziel nicht verfolgt wurde. Bereits Felbiger hatte angeordnet, an Orten, wo man nicht deutsch spreche, nur Lehrer anzustellen, die neben ihrer Muttersprache auch des Deutschen mächtig seien. Nach dem Erlernen des Lesens und Schreibens waren die Schüler in diesen Gebieten auch in der deutschen Sprache so weit zu bringen, daß in den höheren Klassen eine Reihe von Gegenständen deutsch vorgetragen werden konnte. Wenigstens im letzten halben Jahr mußte an den Normal- und Hauptschulen die deutsche Sprache vorherrschen oder überhaupt die „einzige übliche" sein.[212] Joseph II., der die deutsche Sprache als Staatssprache in der gesamten Monarchie einführen wollte,[213] verschärfte die Bestimmungen. Sie blieben in den Grenzgebieten des heutigen Österreichs nicht ohne Auswirkungen. In Südkärnten konnten häufig die Mesner nicht auch als Schullehrer eingesetzt werden, weil sie nicht deutsch zu sprechen vermochten. Nur im Religionsunterricht war aber die slowenische Sprache erlaubt.[214]
Während vor der Reform sich der Schulmeister, der in der Regel bloß eine kleine Schülerzahl zu unterrichten hatte, kaum ernsthaft mit disziplinären Schwierigkeiten auseinandersetzen mußte, hatten nunmehr Schulpflicht und Schulzwang die Klassen gefüllt und Fragen der Schulzucht zu einem brennenden Problem werden lassen. Schon

das „Methodenbuch“ hatte sich ausführlich damit beschäftigt und eine dem Vergehen angepaßte Stufenfolge von Strafen vorgeschlagen, die von der Ermahnung bis zur Rute reichten.[215] Schläge mit dem Ochsenziemer, der Faust, Ohrfeigen, das Reißen der Haare u. ä. wurden ebenso wie Beschimpfungen der Schüler verboten.

Diese Humanisierung der Schulzucht – der Lehrer sollte die Schule „zu keinem verhaßten Zuchthause“[216] machen – wurde von Joseph II. unter dem Einfluß philanthropischer Pädagogen zu einem gewissen Abschluß gebracht. Nur in schwerwiegenden Fällen und in den untersten Schulklassen durften körperliche Züchtigungen vorgenommen und das Knien angeordnet werden. Die Schuldisziplin sollte durch öffentliche Auszeichnungen und Beschämungen der Schüler (Ehrenbuch, Schandbuch; Ehrenbank, Schandbank u. a.) aufrechterhalten werden. In Klassen mit über hundert Schülern erwies sich das häufig als schwierig, und da und dort konnte die Rute ihre alte, furchterregende Position wieder einnehmen. In der Regel dürften die Eltern gegen die körperlichen Strafen nichts eingewendet haben, denn Klagen und Beschwerden darüber waren selten.[217] Doch für das Unterrichtswesen bedeutsame Persönlichkeiten, wie Johann Peter Frank oder Joseph Spendou, verwarfen jede Art körperlicher Züchtigung.[218] Von der Öffentlichkeit wurden später die zu gelinden Schulstrafen für den Verfall der Sitten und der Religion bei der Jugend verantwortlich gemacht.

Als ein von allem Anfang an auf Widerstand stoßender Eingriff wurde auch die von Joseph II. 1786 angeordnete neue Abgrenzung des Schuljahres empfunden. Die Schulferien kamen danach auf die Monate Juli und August zu liegen. Doch wurden diese Bestimmungen nur für die Universitäten, Gymnasien, Normal- und Hauptschulen verpflichtend; vor allem die Primarschulen im ländlichen Raum durften bei den allgemein üblichen Herbstferien verbleiben.[219]

Im Unterricht wurden nach dem ruhmlosen Abgang Felbigers die Lehrmethoden unter dem Einfluß der philanthropischen Pädagogik, die über den Felbiger-Schüler und böhmischen Schulreformer Ferdinand Kindermann einsickerte, geändert.[220] Seine Nachfolger Joseph Anton Gall (1784–1788) und Joseph Spendou (1788–1816) führten die sokratische Methode[221] ein, die mehr den Verstand als das Gedächtnis zu fördern verhieß. Die Gegenstände des Unterrichts sollten in Form von Gesprächen abgehandelt, die Schlußfolgerungen vom Schüler selbst durch Frage und Antwort gewonnen werden. Dadurch sollte er fähig gemacht werden, die Erkenntnisse auch praktisch anwenden zu können. Die neuen von Gall verfaßten Schulbücher ersetzten die Silbentabellen durch Buchstabentabellen und legten großes Gewicht auf „moralische Erzählungen“. In den Landschulen wurden die „Buchstabierer“ getrennt von den „Lesern“ unterrichtet, die einen vormittags, die anderen nachmittags. Das bloße Auswendiglernen von Tabellen nahm zum Teil ein Ende. Doch wie früher sich die Methoden Felbigers trotz aller Schulungsmaßnahmen nicht vollständig durchsetzen konnten, waren nunmehr manche Lehrer nicht bereit, die mühsam erlernte Sagansche Lehrart aufzugeben. Besonders die Anwendung der neuen Methode auf den Religionsunterricht stieß auf starken Widerspruch, weil Erzbischof Migazzi die Meinung vertrat, daß sich der katholische Glaube auf Gedächtnis und Gewohnheit sicherer stütze als auf Verstand und Nachdenken.

Das an der Schulwirklichkeit orientierte Fortschreiten in der Methodik war ein weiteres Symptom für die zunehmende Professionalisierung des Lehrberufs. Um diese voranzutreiben – auf dem Lande fehle es noch da und dort „an wohlabgerichteten Schullehrern und Gehilfen“,[222] klagte ein Regierungsbefehl des Jahres 1786 –, wurden in den achtziger Jahren dieses Jahrhunderts nicht nur verstärkt an den Hauptschulen Ausbildungskurse für Lehramtskandidaten gehalten, sondern – wie schon erwähnt – auch besonders gute Trivialschulen zu Musterschulen erklärt, an denen ebenfalls Schulmeister für ihre Aufgaben vorbereitet werden konnten. Dadurch verloren die

Hauptschulen zwar an Bedeutung, doch war durch dieses dichtere Netz an Ausbildungsstätten für den Kreisschulkommissär die Möglichkeit geboten, festgestellte Mängel der Schulmeister auf kurzem Wege abzustellen. Diese wurden für ein bis drei Wochen einem Musterlehrer zum Erlernen notwendiger Fachkenntnisse zugewiesen; reichte diese Nachschulung nicht aus, hatten sie sich im nächsten Jahr einer weiteren Unterweisung zu stellen.[223]
Wenn auch die staatlich angeordnete und kontrollierte Ausbildung der geplanten Einheitlichkeit entbehren mußte – das Angebot einer einzigen Ausbildungsstätte im Lande, eben einer Normalschule, reichte nicht aus und war für die bereits im Dienst stehenden armen Schulmeister kaum zumutbar –, so erwies sie sich doch als entscheidender Motor bei der Fortentwicklung des Primarschulwesens. Denn diese an sich noch bescheidene Grundausstattung für die Berufsaufgaben löste bei einer geringen Zahl von Schulmeistern bereits Bestrebungen aus, sich durch Buch und Beispiel fortzubilden.[224] Ein Stand begann trotz aller Schwierigkeiten in seine Rolle hineinzuwachsen.

9.5.6 Erfolge Josephs II. im Bereich der elementaren Schulbildung

Die schärfere Tonart, die Joseph II. auch in der Bildungspolitik anschlug, blieb im Primarschulbereich nicht ohne Auswirkungen; echte Fortschritte wurden erreicht. Die Zahl der die Schulen besuchenden Kinder wurde stark angehoben, auch die Zahl der Schulgebäude beträchtlich vermehrt und den neuen Anforderungen angepaßt.
Die Länge der Schulwege war jetzt zumeist zumutbar: im Durchschnitt hatten die Schüler nur etwa 2,5 Kilometer zu gehen,[225] ein wichtiges Hemmnis des Schulbesuches wurde dadurch beseitigt. Vor allem aber vermochte Joseph II. durch die Einsetzung des Kreisschulkommissärs, des ersten rein staatlichen Schulaufsichtsorgans, die bisher trotz einheitlicher Richtlinien stark divergierende Entwicklung im Schulwesen der Länder in den Griff zu bekommen. Er konnte durch eine Fülle von Verordnungen und bis in unbedeutende Einzelheiten eingreifende Weisungen eine beachtliche Vereinheitlichung und zunehmende Verfestigung der Neuorganisation des Primarschulwesens erreichen. Wenn es ihm auch nicht gelang, die Landschullehrer von finanziellen Sorgen und damit von Abhängigkeiten verschiedener Art zu befreien, so konnte er zumindest die Lehrer an den Normal- und Hauptschulen in den Beamtenstatus mit Pensionsberechtigung hinüberführen und für alle anderen Lehrer besoldungs- und dienstrechtliche Rahmenbestimmungen schaffen, die ihren individuellen Verträgen mit den Schulerhaltern die Konturen gaben.
Doch der rücksichtslose Zwang, mit dem Joseph II. die Verbesserung des Primarschulwesens vorantrieb, löste Widerstände aus, die vereinzelt aufflackerten, in der Regel aber wie dahinschwelendes Feuer zunächst unter Kontrolle gehalten werden konnten. Der Tod Josephs II. führte aber sogleich zu einem Flächenbrand und machte besonders in den alpinen Teilen Österreichs deutlich, welche Stärke die Schulfeindlichkeit noch besaß.
Die Abneigung der Tiroler, die zur Empörung Wiens eine „Independenz in Schulsachen sich angemaßt“ hatten,[226] gegen gewisse schulische Neuerungen hatte sich schlagartig verstärkt, als die Kreisschulkommissäre ab 1787 den kaiserlichen Verordnungen mit Nachdruck zum Durchbruch verhelfen wollten. 1790 forderten die Tiroler und Vorarlberger in ihrem Landtag eine Verkürzung der Schulzeit, den Verzicht auf die Sommerschulen, eine Vereinfachung der Methode und Reinigung des Lesebuches von anstößigen Stellen. Vorübergehend mußten die Visitationen überhaupt eingestellt werden. In Zürs wurde sogar ein Geistlicher wegen seiner schulfreundlichen Haltung „mißhandelt“.[227]

In der Steiermark überreichten die Stände bereits sieben Tage nach dem Tode Josephs II. ein umfangreiches Schriftstück, in dem sie den Zwang „zur Schückung ihrer Kinder“ und die Bezahlung des Schulgeldes ablehnten sowie die „Beseitigung des für das Bauernvolk zu weitwendigen unnötigen Unterrichtes“ forderten. Außerdem führten sie Klage über die ständigen Beitragsleistungen der Gemeinden, Grundherrschaften und Schulpatrone für das Schulgebäude, die Schulbeheizung und das Schulinventar. Die Stände wünschten daher selbst das Schulwesen zu übernehmen und versprachen, einen „guten, einfachen, allgemeinen Unterricht“, der Fassungskraft und den „Bedürfnissen des Landmannes“ angepaßt, „mit weniger Unkosten“ einzurichten.[228]
Die kluge, beruhigende Politik Leopolds II. wußte auch dieser kritischen Situation erfolgreich zu begegnen. Er verlagerte die Aktivitäten seiner Bildungspolitik in den Sekundar- und Tertiärbereich. Daß ihm aber die Primarschulen nicht gleichgültig waren, hatte er schon als Großherzog von Toskana angedeutet, als er 1787 Kontakt mit Johann Heinrich Pestalozzi aufnahm. Dieser bot sich an, in Leopolds Dienste zu treten; für 1792 plante er eine Reise nach Wien,[229] Leopold II. starb aber, bevor eine Begegnung mit dem Schweizer Pädagogen stattfinden konnte. Das Fundament des Primarschulwesens, das Joseph II. weiter ausgebaut hatte, erwies sich vorderhand als ausreichend und tragfähig.

9.6 Die Ausstrahlung des Felbigerschen Reformmodells auf Europa

Wenn auch noch da und dort die notwendigen Einzeluntersuchungen fehlen, läßt sich doch bereits die Reichweite des Felbigerschen Reformmodells abstecken. Dabei ist zu bedenken, daß die Ausbreitung seiner Reformgedanken in zwei Wellen erfolgte. Bereits sein in Sagan entwickeltes Konzept griff weit über Schlesien hinaus und erreichte Böhmen, den süddeutschen Raum und die österreichischen Länder. Sein dann in Wien modifiziertes Modell nahm ein zweites Mal Einfluß auf die katholischen Fürstentümer Deutschlands, wurde vor allem auch in den nichtdeutschen Kronländern der österreichischen Monarchie verwirklicht und konnte sich bei osteuropäischen Völkern, Serben und Russen, durchsetzen. Für beinahe einen halben Kontinent stand J. I. Felbigers Reformmodell zur Gestaltung des Primarschulwesens Pate. Doch muß beachtet werden, daß es sich nur teilweise um direkte Übernahmen oder Übertragungen handelte. In vielen Fällen hatte Felbiger bloß geistig befruchtend auf einzelne Pädagogen oder auf die Bildungspolitik vorwiegend katholischer Staaten gewirkt und Modifikationen seines Modells sowie eine seinen Intentionen folgende Reformgesetzgebung ausgelöst.
Dazu traten Wechselwirkungen zwischen den um eine Schulreform bemühten Staaten; dieses Phänomen, das ja auch dann auftreten konnte, wenn nur einer der Staaten das Felbigersche Modell übernommen hatte, wurde bisher nur am Rande erforscht. Eines aber ist bereits feststellbar: im vielstimmig geführten Konzert der Reformideen klang die Felbigersche Melodie – wenn auch in verschiedenen Tonarten gesetzt – immer wieder durch. Felbigers Ideen und Anregungen waren in vielen Ländern und Orten in das Fundament eines öffentlich organisierten Primarschulwesens eingebracht worden; dessen Weiterentwicklung erhielt dadurch Richtung und Ziel. Ein Abschieben Felbigers, der als Österreicher geboren wurde und als Österreicher gestorben ist, in eine Randposition der Schulgeschichte kann daher nicht verantwortet werden.

9.6.1 Die „Schulverbesserung“ in den slawischen Gebieten der österreichischen Monarchie

Die 1774 vorgenommene Neuordnung des Primarschulwesens galt für alle Länder der österreichischen Monarchie. Sie löste daher nicht nur im Kernland, dem heutigen Staatsgebiet, wesentliche Veränderungen aus, sondern gab auch den in Zentraleuropa unter Herrschaft des Hauses Habsburg-Lothringen lebenden Nationalitäten entscheidende kulturelle Impulse.[230] Allerdings muß berücksichtigt werden, daß damals auch außerhalb des österreichischen Kernlandes Deutschsprechende in geschlossenen größeren Gebieten, in Sprachinseln oder als Minderheiten in einem fremdsprachigen Verband siedelten und sich durchwegs keine scharfen Sprachgrenzen ziehen ließen. Im übrigen war Felbigers Lehrart sporadisch bereits vor seiner Berufung nach Wien auch in slawischen Gebieten bekannt gewesen.

Wenn auch die Bildungspolitik unter Maria Theresia und Joseph II. zu einer organischen Vereinheitlichung des Staatsgefüges beitragen sollte, so lag beiden Herrschern der Gedanke fern, auf diese Weise eine Germanisierung ihrer anderssprachigen Untertanen erreichen zu wollen.[231] Bloß aus utilitaristischen Gründen wurde in den Schulen auf die Erlernung der deutschen Sprache als Amts- und Verkehrssprache Wert gelegt. Die traditionelle Bezeichnung „deutsche“ Normal-, Haupt- oder Trivialschule besagte nur, daß es sich nicht um eine lateinische handle, sondern in der Volkssprache unterrichtet werde. Im „Methodenbuch“ war daher ausdrücklich festgelegt worden, daß der Elementarunterricht in der Muttersprache zu erfolgen habe und nur Lehrer eingesetzt werden dürften, die sowohl der Landessprache als auch des Deutschen kundig seien.[232]

Es läßt sich ohne Schwierigkeiten nachweisen, daß die Durchführung der Schulreformen (besonders seit Joseph II. die Bevölkerung zwang, ihre Kinder zur Schule zu schicken) erst die nationale Wiedergeburt der slawischen Völker der Habsburgermonarchie ermöglicht hat. Die staatlichen Anordnungen zum Aufbau des Primarschulwesens fielen nämlich bei den Slawen auf besonders fruchtbaren Boden, weil sie deren Bedeutung für ihre kulturelle und nationale Entwicklung bald erkannten. Analphabetentum und geistige Rückständigkeit wurden innerhalb weniger Jahrzehnte stark verringert; aus der Generation von Slawen, die damals ihre Schulbildung erhielt, gingen die großen Persönlichkeiten der nationalen slawischen Bewegungen des 19. Jahrhunderts hervor,[233] die, beflügelt durch die Romantik, zunächst kulturelle, später politische Forderungen stellten.

Daß dabei Böhmen zu einem Musterland der Schulentwicklung[234] wurde – mit einem engen Netz von Schulen und vorbildlich gutem Schulbesuch –, verdankte es vor allem dem Prager Universitätsprofessor Karl Heinrich Seibt und dem späteren Bischof von Leitmeritz Ferdinand Kindermann, die nicht nur als Hauptverantwortliche für das Schulwesen in diesem Land das Reformwerk in die Wirklichkeit umsetzten, sondern durch ihre eigenständigen Modifikationen auch auf die österreichische Gesamtentwicklung des Schulwesens Einfluß nahmen.

Schon in den sechziger Jahren des 18. Jahrhunderts hielt Seibt Vorlesungen über Erziehungskunst in deutscher Sprache und hämmerte seinen deutschen, tschechischen und sorbischen Hörern ein, welchen Einfluß die „Erziehung auf die Glückseligkeit des Staats“ nehme. Das „wichtige Amt der Erziehung“ dürfe nicht übernommen werden, „ohne sich vorher dazu geschickt gemacht zu haben! Aus Erfahrungen lernen wollen, würde nirgends gefährlicher und bedenklicher seyn, als hier. Ein Fehler in der Erziehung ist von den wichtigsten Folgen, und läßt sich nicht leicht wieder gut machen“.[235]

Auch Ferdinand Kindermann hatte Seibt gehört. Sein Vorbild für den Elementarunterricht wurde jedoch schon früh Felbiger, den er in Sagan aufsuchte[236] und der ihn in seinen Lehrmethoden persönlich unterwies. Kindermann richtete 1772 eine Landschule in Kaplitz – er war dort Dechant – ein, die ihn als Pädagogen berühmt machte.[237] Er wurde an die Prager Normalschule berufen und schließlich als Schulenoberaufseher für Böhmen bestellt. Unter dem Einfluß der „Industriepädagogik" ließ er die Kinder in vielen Primarschulen auch stricken, spinnen, weben, Garten- und Feldarbeit verrichten, wofür sie Lohn erhielten.[238] Diese „Industrieschulen"[239] sollten den Kindern die Arbeit gleichsam zur Selbstverständlichkeit machen, Müßiggang gar nicht aufkommen lassen und sie für die Eingliederung in den Arbeitsprozeß vorbereiten. Auch dem Gesang und der Musik wurde große Aufmerksamkeit geschenkt.

Die gründliche Ausbildung der tschechischen Lehrer war ein weiteres echtes Anliegen der Schulreformer. In Prag bildete der Tscheche V. Lumenda zwischen 1776 und 1801 allein 1172 tschechische Lehrer aus. An der Prager Normalschule wurden ab Herbst 1780 Kurse für tschechische Lehrer eingerichtet, die der tschechische Katechet A. V. Pařizek leitete. Doch auch in vielen anderen Städten wurden junge Menschen tschechischer Nationalität für eine Tätigkeit im Lehrfach geschult; bei manchen Anstalten, wie in Kaplitz, Straschitz oder Pürglitz, war dabei grundsätzlich Zweisprachigkeit gegeben.[240]

Die freundschaftlichen Beziehungen F. Kindermanns zu dem sorbischen Geistlichen und späteren Bischof von Bautzen F. J. Lok führten dazu, daß die Zöglinge des „Wendischen Seminars" in Prag, das dem Bautzener Domstift St. Peter unterstand, ebenfalls an den Lehrerbildungskursen teilnahmen. Durch sie verbreitete sich die Normalschulmethode auch in der Oberlausitz.[241] In Mähren und Schlesien, deren Verwaltung 1782 zusammengelegt worden war, nahm die Reform von Brünn und Troppau (die hier errichtete Normalschule wurde 1782 zu einer Hauptschule degradiert) unter der eifrigen Tätigkeit des Oberaufsehers Ignaz Mehoffer ihren Ausgang.[242]

Auch bei den Südslawen faßte die Schulreform festen Fuß, am stärksten und nachhaltigsten im Banat.[243] Denn durch die illyrische Hofdeputation in Wien konnte auf dieses Gebiet unmittelbar Einfluß genommen werden.[244] Die „Regulae Directivae für die Verbesserung des illyrischen und walachischen (nicht unierten) Elementar- oder Trivial-Schulwesens" (1774) boten eine erste Grundlage, das serbische und rumänische Schulwesen allgemein von seiten des Staates zu regeln.[245] Felbiger nahm sich des serbischen Schulwesens besonders an und setzte sich für die Schaffung nicht unierter serbischer Normalschulen ein. Im Schuljahr 1776/77 wurden von ihm und seinen Mitarbeitern in Wien drei Serben zu „Schuldirektoren", d. h. zu Inspektoren aller orthodoxen Schulen, „abgerichtet" und Ende 1777 von Maria Theresia dazu ernannt. Schon im nächsten Jahr begannen sie in ihren Distrikten (Theodor Janković Mirijevski im Banat mit dem Sitz an der Normalschule in Temesvár, Avram Mrazović in der Batschka mit dem Sitz an der Hauptschule in Sombor und Stefan Vujanovski in Slawonien und Kroatien mit Sitz an der Stadtschule in Esseg) mit der Ausbildung von Lehramtskandidaten und der Reorganisierung des orthodoxen Schulwesens.[246]

Der griechisch-orthodoxe Schuldirektor Th. Janković Mirijevski wurde zur Schlüsselfigur der Schulreform in Südosteuropa. Er übersetzte und bearbeitete die deutschen Schulschriften und das „Methodenbuch" für die Bedürfnisse seiner Heimat.[247] Auch brachte er berechtigte Einwände gegen die Buchstabenmethode vor. In der serbischen Sprache – man benützte als Unterrichtssprache das Slawenoserbische –[248] wurden nämlich die Anfangsbuchstaben nicht gleich ausgesprochen, es gab Wörter, die nur aus einem Vokal oder Konsonanten bestanden. Daher bot die verkürzte Darstellung eines Textes mittels der Anfangsbuchstaben keine Gedächtnisstütze, sondern erschwerte das

Lernen. Weil damit die erstrebte Gleichförmigkeit durchbrochen wurde, erklärte sich die Böhmisch-österreichische Hofkanzlei nur schweren Herzens bereit, an den griechisch-orthodoxen Trivialschulen von der Einführung der Buchstabenmethode abzusehen.[249]

Als 1778 das Banat dem ungarischen Königreich einverleibt wurde, hörte es auf, selbständiges Verwaltungsgebiet zu sein. Auch das Schulwesen[250] hatte sich nun – wie in den ebenfalls schon länger zur ungarischen Krone gehörenden Ländern Kroatien, Slawonien und Slowakei (mit Normalschulen in Agram, Bjelovar, Peterwardein, Weißkirchen, Preßburg) – nach der „Ratio educationis" auszurichten. Das führte zunächst keinen Gegensatz herbei, weil auch die ungarische Schulreformgesetzgebung das österreichische Beispiel vor Augen hatte, nur die von Joseph II. gewünschte Entwicklung der Trivialschulen zu Simultanschulen für Kinder aller religiösen Bekenntnisse wurde abgebrochen, weil die ungarische Schulverwaltung die kirchlichen Stellen stärker mit Leitungsaufgaben betraute.[251]

Die Neuordnung des Primarschulwesens an der Militärgrenze von Kroatien bis zum Banat machte ebenfalls rasche Fortschritte, weil der Hofkriegsrat sogleich bei Einsetzen der Schulreform in Wien ausgebildete und von Felbiger mit Zeugnissen versehene Lehrer dorthin entsandt hatte.[252] Hier erwies es sich grundsätzlich als notwendig, die Schulen für Kinder verschiedener Bekenntnisse gemeinsam zu führen. Rein griechisch-orthodoxe Schulen wurden daher wenig gefördert. Die Militärbehörden und die eingerichteten Schulkommissionen zeigten großen Eifer, um das Grenzschulwesen der in Wien festgelegten Norm zu nähern. Es erreichte unter Joseph II. einen Höhepunkt.

Trotz großer Hindernisse und beachtlicher finanzieller Erfordernisse wollte Joseph II. auch die neuerworbenen Länder Galizien und Bukowina mit einem Netz von Schulen überziehen.[253] In Galizien sollten neben einer Normalschule in Lemberg und Hauptschulen in den Kreishauptstädten 2 500 Landschulen errichtet werden. Die Schulbücher wurden in die polnische und in die „moldauische" Sprache übersetzt, in Wien gedruckt und in großen Mengen an die Schüler unentgeltlich abgegeben. Die Lehrer, die den Unterricht in diesen Ländern einzuführen hatten, mußten durchwegs aus anderen Kronländern berufen werden. Vor allem Kindermann wurde angewiesen, Schulmeister im zweisprachigen Böhmen auszuwählen, zu prüfen und nach Lemberg zu schicken.[254] 1783 wurde in der Bukowina eine Normalschule in Czernowitz, 1785 eine in Suczaw eröffnet; Lehrer aus Siebenbürgen erteilten an Kinder von „Bauern, Kürschnern, Kirchensängern, Viehhändlern, Schänkern, Maurern, Schustern, Popen, Balbierern, Lebzeltern und Fleischhackern"[255] Unterricht.

Die ersten Schritte zur „Bildung der National-Jugend"[256] waren damit erfolgreich gesetzt worden, doch Armut und Abneigung der Bevölkerung wie auch die häufig geringe Unterstützung durch die Grundherrschaften ließen vorerst nur bescheidene Erfolge zu.[257]

Eines jedoch ist unbestritten: Auch in den slawischen Gebieten der Monarchie wurden mit großer Beharrlichkeit die Ziele der Schulreform verfolgt. Auch hier wurden hohe Summen aufgewendet, und das Engagement verschiedensprachiger Priester und Laien stand dem Reformwillen Felbigers und seiner Mitarbeiter nicht nach. Die Schritte wurden kaum anders als im österreichischen Kernland gesetzt: Bestellung von Schulkommissionen, Einrichtung von Normalschulen, Ausbildung von Lehrern und Ausbau des Schulnetzes. Die approbierten einheitlichen Schulbücher wurden auf Kosten des Staates übersetzt und gedruckt. Gerade durch diese Übersetzungen (ins Tschechische durch F. J. Tomsa, J. Dobrovský, A. V. Pařizek u. a., ins Polnisch-Ruthenische durch P. Netter, ins Serbische durch Th. Janković usw.)[258] wurde ein großer Beitrag zur Pflege der nationalen Muttersprachen geleistet, die bis zu diesem

Zeitpunkt in der Regel jeder Normenhaftigkeit entbehrten. In Galizien gab man zum Beispiel den Auftrag, die notwendigsten Schulbücher „nach dem besten Dialekt"[259] zu übersetzen.
Erst jetzt begannen sich die Slawen mit der eigenen Muttersprache auf wissenschaftlicher Grundlage näher zu beschäftigen. Sie fixierten ihren grammatikalischen Bau, erarbeiteten eine den modernen Erfordernissen angepaßte Rechtschreibung, setzten Schriftnormen fest, reinigten ihren Wortschatz und wurden sich dabei der Gemeinsamkeit aller slawischen Sprachen und Völker bewußt. Dutzende von Grammatiken und Wörterbüchern der verschiedenen slawischen Sprachen wurden in Druck gegeben; unter den Herausgebern entdecken wir viele Schulmänner. So machte sich der Direktor der Normalschule Laibach Blasius Kumerdej besonders um die Entwicklung der slowenischen Sprache, der Direktor der griechisch-orthodoxen Normalschule im Agramer Bezirk Stephan Vujanovski und der Direktor der griechisch-orthodoxen Normalschule im Fünfkirchner Bezirk um die serbische Sprache verdient.[260]
Übersetzung und Druck der Schulbücher in den Volkssprachen waren ohne Zweifel für die Entwicklung der Nationalsprachen bedeutsam, entscheidend aber wurde ihre Pflege in den Schulen, die ständige Verwendung der volkssprachigen ABC- und Lesebücher sowie der Katechismen. Man bekam jetzt Lust zum Lesen. Als Joseph II. 1781 die Zensurbestimmungen lockerte, stieg der Bedarf an Volksbildungsliteratur deutlich. Selbstbewußtsein und nationales Zusammengehörigkeitsgefühl erstarkten. Das kulturelle Erwachen der Slawen wurde zur Voraussetzung der nationalen Bewegungen des 19. Jahrhunderts.
Eines zeigen die Visitationsberichte deutlich. Die staatlichen Verordnungen und Verfügungen hatten nicht die Ausrottung der Volkssprache zum Ziel. Wenn auch in den Schulen aus Nützlichkeitserwägungen das Lernen der deutschen Amts- und Verkehrssprache vorgesehen war, allzu häufig dürfte dieses Reformziel in rein nichtdeutschen Gebieten gar nicht erreicht worden sein. Denn wäre dies selbstverständlich und die Regel gewesen, hätte man es in den Berichten gar nicht so besonders herausstreichen müssen.[261] Der Zwang zu einer schulischen Elementarbildung sowie die zentralisierenden Bestrebungen Wiens brachten allerdings bei den nichtdeutschen Bewohnern der Monarchie eine abrupte Wende einer bisher eher auf Anpassung ausgerichteten Entwicklung. Aus einer Art natürlichen Selbsterhaltungstriebs heraus verstärkten die Slawen ihre kulturellen Aktivitäten. Ihr aufkommendes Nationalbewußtsein gewann Konturen.

9.6.2 Die „Ratio educationis" in den Ländern der Stephanskrone

Da Ungarn innerhalb der Länder der Habsburgermonarchie eine Sonderstellung besaß und auf seinen staatsrechtlichen Status als eigenes, unabhängiges Königreich besonders bedacht blieb, war eine direkte Übertragung der Schulreformen unter Maria Theresia auf dieses vielsprachige, noch stark feudal-ständisch gegliederte und konfessionell ausgerichtete Land trotz einiger Vorstöße nicht möglich.[262] Dem Wunsch der Herrscherin nach einem „gleichförmigen" Schulwesen in ihrem Reich wurde aber in der Art nachgekommen, daß zwar die österreichischen Maßnahmen und Bestimmungen (meist nur wenig verändert) in Ungarn aufgenommen wurden, aber die entscheidenden Festlegungen vollständig getrennt von den österreichischen erfolgten, um damit die Eigenständigkeit und auch die Ablehnung der absolutistischen Bestrebungen Wiens zu dokumentieren.
Felbigers Modell zur Neugestaltung des Primarschulwesens wurde über Preßburg (Pozsony, damals zum Königreich Ungarn gehörend, heute Bratislava, Tschechoslowa-

kei) eingeschleust. Dort wurde eine Schulkommission errichtet und am 20. Juni 1775 eine Normalschule eröffnet. Dies geschah in enger Zusammenarbeit mit Wien. Drei ungarische Schulmeister kamen zur Erlernung der neuen Methode nach Wien, Felbiger begab sich persönlich nach Preßburg, um die Entwicklung der Schule in seinem Sinn zu sichern.[263] Den Ungarn gelang es jedoch, den Bemühungen Maria Theresias zum Trotz, alle Schul- und Studienangelegenheiten an sich zu ziehen, einen eigenen systematisch gegliederten Schulplan auszuarbeiten und 1777 dessen Genehmigung zu erreichen.
Diese „Ratio educationis totiusque rei literariae per Regnum Hungariae et provincias eidem adnexas“[264] erfaßte alle Schulen und regelte den gesamten Unterricht. Sie variierte nur geringfügig die in Österreich bereits realisierte Schulreform; in der Organisation, der Schulaufsicht, in den Zielsetzungen und in den Schulformen wurden keine neuen Wege gesucht. Jedem Bewohner des Landes sollte ohne Unterschied der Religion und der Sprache seinen künftigen Lebensverhältnissen entsprechender Unterricht unentgeltlich erteilt werden; eine allgemeine Schulpflicht wurde allerdings nicht ausgesprochen. Drei Arten von Primarschulen (scholae vernaculae seu nationales) wurden in der „Ratio educationis“ unterschieden: a) in pagis, b) in oppidis, c) in urbibus. In den Kreisstädten der neuen Schuldistrikte richteten die Ungarn ebenfalls Normalschulen ein, die *schola vernacula primaria* genannt wurden und ebenfalls der Ausbildung der zukünftigen Primarschullehrer dienten.[265]
Zur Planung der Umsetzung der „Ratio educationis“ versammelten sich 1778 die ungarischen Schulaufsichtsorgane in Preßburg, deren Beschlüsse, das sogenannte „Projectum Budense“,[266] können als Durchführungsverordnungen angesehen werden. Deren praktische Verwirklichung stieß freilich auf viele Schwierigkeiten. Auch Joseph II. vermochte sie nicht zu bewältigen, als er im Zuge seiner Vereinheitlichungsmaßnahmen das ungarische Studienwesen der Wiener Studienhofkommission unterstellte, die Schulpflicht einführte und „gemischte“ (interkonfessionelle) Schulen anordnete. Besonderen Widerstand lösten seine Sprachenverordnungen aus. Die Unterrichtssprache auch an den Primarschulen sollte von der ersten Klasse an Deutsch sein, und nur Schüler, die deutsch lesen und schreiben konnten, durften in eine weiterführende Schule (Gymnasium u. ä.) aufgenommen werden.[267]
Wieweit Felbiger selbst an der Neuorganisation des Primarschulwesens in Ungarn tätig teilgenommen hat, ist nicht genau feststellbar. Nach seiner Ablöse als Normalschuloberdirektor in Wien sollte er sich als Propst von Preßburg des Normalschulwesens in Ungarn annehmen. Tatsächlich entdecken wir ihn im Frühjahr 1782 unter den Teilnehmern einer Sitzung in Preßburg, in der mit den Vertretern der nichtkatholischen Konfessionen über die Einführung des Schulplanes in sämtlichen Schulen Ungarns verhandelt wurde. Die Protestanten sprachen sich damals gegen die Unterstellung ihrer Schulen unter eine katholische Schulaufsicht und gegen gemeinsame Lehrbücher aus. 1785 wurden aber auch die protestantischen Schulen auf Felbigers Normalmethode verpflichtet.[268] Felbigers Schulordnung blieb jedenfalls in Ungarn im wesentlichen in Form der 1780 in Ofen (Buda) erschienenen Ordnung „Az apostoli magyar hazának nemzeti oskoláit gyakorló nevendék kisdedeknek szabott rendtartásai vagy regulái“ (Anweisungen oder Regeln für Schulkinder der Nationalschulen des apostolischen ungarischen Vaterlandes, Buda 1780) bis in die vierziger Jahre des 19. Jahrhunderts in Geltung.
Allerdings rückte nach dem Tod Josephs II. die ungarische Sprache als Unterrichtssprache so stark in den Vordergrund, daß die Entwicklung in den anderssprachigen Teilen des Königreichs Ungarn stark von der in Cisleithanien abwich.

9.6.3 Die Resonanz der Felbigerschen Reformen im deutschsprachigen Raum und in Westeuropa

Weil auf katholischer Seite durchgehend einschlägige Publikationsorgane fehlten, wurden die pädagogischen Aktivitäten und Schulschriften des Abtes von Sagan zunächst in evangelischen Blättern und Zeitschriften gewürdigt. Erst als erkannt wurde, daß der von ihnen als Aufklärer gefeierte Felbiger unbeirrt auf dem Boden der katholischen Glaubenslehre stand, trat man seinem Reformwerk kritischer gegenüber. Inzwischen waren aber längst seine Initiativen auf schulischem Gebiet in den katholischen Fürstentümern in Süddeutschland und am Rhein mit Interesse verfolgt worden; Informationen wurden eingeholt und Beobachter zu Felbiger geschickt. Viele Fürsten nahmen Sagan und dann Wien zum Vorbild für ihre Schulreformen im Primarbereich.[269]
Von besonderer Bedeutung wurde Felbiger für Bayern, das ihn bereits 1768 zum Ehrenmitglied der Bayerischen Akademie der Wissenschaften ernannte. Der Benediktiner Heinrich Braun wertete die schlesischen Erfahrungen des Abtes von Sagan aus und schuf auf der Grundlage der Felbigerschen Ideen die „erste bayerische Elementarpädagogik“.[270] Sein „Unterricht für Schullehrer“ (1770 gemeinsam mit dem neuen Schulplan herausgegeben) modifizierte zwar an einigen Stellen die Gedanken Felbigers, übernahm aber die Gliederung seines pädagogischen Hauptwerks „Eigenschaften, Wissenschaften und Bezeigen rechtschaffener Schulleute“ (1768) und zahlreiche Abschnitte Wort für Wort. Felbiger blieb durch seine Korrespondenz mit dem in Reformfragen einflußreichen Abt Franz Töpsl in Kontakt mit der bayerischen Schulentwicklung,[271] die allerdings eine Reihe von Rückschlägen hinnehmen mußte. Bayern rückte pädagogisch im letzten Viertel des 18. Jahrhunderts nahe an Österreich heran; in beiden Staaten wurde in der Schulreform ein Weg der Mitte und des Ausgleichs gesucht.
Felbiger wie Braun waren der Tradition wie dem Neuen gegenüber aufgeschlossen; sie hielten zwar an der kirchlich-konfessionellen Erziehung fest, banden aber lebenspraktische und fortschrittliche Elemente ein. Erst im 19. Jahrhundert wurde in Bayern der pädagogische Einfluß aus dem Norden wieder stärker.
Ein weiterer Schwerpunkt der von Felbiger ausgelösten Reformbewegung bildete sich in der Maingegend. Im Hochstift Fulda hatte sein Schulmodell 1773 Eingang gefunden und gewann in der von Johann Nikolaus Trimbach verfaßten „Allgemeinen Ordnung für die niedern Schulen“ vom 2. April 1781 eine weite Ausstrahlung. Denn diese wirkte wiederum auf das Fürstbistum Würzburg ein, das über Professor Michael Ignaz Schmidt bereits in einen Briefwechsel mit Felbiger getreten war und Geistliche wie Lehramtskandidaten nach Sagan geschickt hatte. 1774 und 1781 waren hier die entscheidenden Reformschritte gesetzt und an das seit 1757 mit Würzburg in Personalunion verbundene Hochstift Bamberg weitergegeben worden. Das reformierte Schulwesen dieser Gebiete wirkte stark auf die benachbarten evangelischen Territorien ein.[272]
Wichtige Stützpunkte des Felbigerschen Reformmodells bildeten sich auch am Rhein. Die Schulordnung von 1773 in Kurmainz trägt deutlich Felbigersche Züge und wurde ihrerseits Vorlage für den Entwurf Leonhard Grubers zur Schulreform in Wien.[273] Auch in Kurköln und in der Reichsstadt Köln griffen die seit 1770 einsetzenden Maßnahmen zur Verbesserung des Schulwesens auf Felbiger zurück.[274] Die schließlich 1783 in Bonn errichtete Normalschule blieb zwar allem Anschein nach in den Anfängen stecken, doch der neue Kurfürst von Köln, Max Franz, der jüngste Sohn Maria Theresias, führte die „neue Lehrart“ zielstrebig und rasch in seinem Gebiet ein. Wien und Würzburg waren die Vorbilder, der aus Würzburg berufene Bonifaz Oberthür wurde zur

führenden Persönlichkeit und Träger der Schulreform. Eine Schulkommission wurde eingesetzt (1786), eine Stadtschule als Musterschule in Bonn errichtet und die Vorbildung und Prüfung der Lehrer genau geregelt.[275]
In dem in Personalunion mit Kurköln verbundenen Fürstentum Münster fand das Normalschulinstitut Felbigers ebenfalls eine echte Heimstätte und eine eigenständige Weiterentwicklung durch Bernhard Overberg. Die Münstersche Normalschule wurde zum Vorbild für Paderborn (1788) und Hildesheim (1798). Auch die kleine westfälische Grafschaft Rietberg, die durch Heirat an Fürst Kaunitz gefallen war, führte auf dessen Anweisung die „Allgemeine Schulordnung" Österreichs ein.
Kurtrier machte sich ebenfalls die pädagogischen Gedanken und die schulorganisatorischen Reformen Felbigers zunutze.[276] Kurfürst Clemens Wenzeslaus, ein Vetter Maria Theresias, hatte bereits 1774 als Landesherr des Hochstiftes Augsburg in Dillingen nach Felbigers Konzept eine Normalschule eingerichtet. Weil sich die Schulreform bewährte, führte er sie 1776 offiziell auch in den kurtrierschen Gebieten ein.
Der deutsche Ordensstaat mit der Residenz Mergentheim übernahm unter dem Hoch- und Deutschmeister Max Franz, Kurfürst von Köln, die Würzburger Variante des Felbigerschen Schulmodells. 1788 wurde in der Mergentheimer Schulordnung das Wiener Vorbild eingearbeitet.
Bistümer, wie Eichstätt und Speyer, Klosterherrschaften, wie Neresheim und St. Blasien, und zahlreiche Städte von Württemberg bis Westfalen haben sich nachweislich an Felbiger orientiert und sein Gedankengut in ihre Schulreformen einfließen lassen.
In all diesen Gebieten zeigte sich, daß Fortschritte im Schulwesen nur dann erreicht wurden, wenn starke Persönlichkeiten und echtes Engagement der Regierenden dahinterstanden. Als hemmende Faktoren erwiesen sich hier ebenfalls mangelnde finanzielle Mittel, schlechtbezahlte Lehrer, unzulängliche Schulräume und die geringe Schulfreundlichkeit der Landbevölkerung.
Die hoffnungsvollen Entwicklungen wurden schließlich durch die Invasion der französischen Truppen am Ende des 18. Jahrhunderts erstickt.
In den vorderösterreichischen Ländern war die Durchführung der Maria-theresianischen Schulreform gesetzlich angeordnet worden. In Freiburg im Breisgau wurde sogleich eine Schulkommission eingesetzt,[277] Lehrer aus diesen Gebieten wurden zur Ausbildung nach Wien geschickt und die einschlägigen approbierten Schulbücher von dort angefordert. Noch im Winterhalbjahr 1774/75 konnte eine Normalschule in Freiburg eröffnet und die Ausbildung der Primarschullehrer aufgenommen werden.[278] Seit 1778 besorgte auch ein Ableger des Wiener Schulbücherverlages in der Hauptstadt Vorderösterreichs den Nachdruck der notwendigen Schulschriften.
Felbigers Vorstellungen vom Lehren und Lernen und deren Organisation griffen auch auf die Schweiz über. Im Benediktinerkloster St. Urban wurde 1778 eine Normalschule eingerichtet, gleichsam das erste Lehrerseminar der Schweiz. Sogar Luxemburg und die österreichischen Niederlande wurden von den Ausstrahlungen der Felbigerschen Reform erreicht.
Für die österreichischen Gebiete in Norditalien wurde in Rovereto eine Normalschule nach Wiener Beispiel eingerichtet, in der hauptsächlich in italienischer Sprache unterrichtet wurde; die Normalschule in Görz erhielt neben der deutschen und slowenischen noch eine italienische Abteilung.[279]
Sogar in das Spanische – für die Akademie in Sevilla – sollten die Normalschriften übersetzt werden. Felbigers Absicht dürfte aber nicht mehr verwirklicht worden sein.
Wichtig und die Bedeutung Felbigers für die Schulreformen der zweiten Hälfte des 18. Jahrhunderts eindeutig hervorhebend ist sein Einfluß auf evangelische Orte und Länder. Nicht nur evangelische Enklaven im bayerisch-schwäbischen Gebiet, wie Lindau, Ravensburg, Leutkirch u. a., reformierten ihr Schulwesen nach dem Beispiel

Felbigers, sondern auch Dresden, Göttingen, Meiningen und Sachsen-Weimar begannen sich nach ihm zu orientieren. Mit seinen Wiener Reformen wirkte er sogar ein zweites Mal auf seine Heimat Schlesien ein.

9.6.4 Die Einwirkung des österreichischen Schulreformmodells auf Rußland und Polen

Seit 1764 suchte Rußland unter der Zarin Katharina II. nach begehbaren Wegen zur Reformierung des Schulwesens.[280] Man war mit den westeuropäischen Aufklärungsideen wohl vertraut, Montesquieus Wort, daß Erziehung „die erste Grundlage des Staatsbürgertums“[281] sei, floß sogar in eine Instruktion ein. Doch die Vorschläge des Iwan Iwanowitsch Beckij oder die Pläne einer Schulkommission, die sich eng an die preußische Schulreform hielten, konnten nicht verwirklicht werden. Friedrich Melchior Grimm aus dem Kreis der Pariser Enzyklopädisten, der zwar nicht bereit war, nach Rußland zu kommen und eine Schulreform in die Wege zu leiten, wies Katharina II. auf das Philanthropin Dalbergs in Würzburg als Muster hin, in dem die Normalmethode Felbigers eingeführt war. Ein Gutachten des russischen Staatsrates Ulrich Theodor Aepinus, der ehemals als Astronom in Berlin gewirkt hatte und in die Dienste der Russischen Akademie der Wissenschaften getreten war, empfahl ihr dann die Übernahme von Felbigers Modell.
In den politischen Gesprächen zwischen Katharina II. und Joseph II. im Jahre 1780 in Mogilev bekundete die russische Zarin ihr Interesse an den Normalschulen. Joseph II. ließ ihr noch im selben Jahr durch Kurier zwei Exemplare aller vorhandenen Schulbücher Felbigers schicken. Ein Jahr darauf besuchte ein russischer Großfürst die Wiener Normalschule, die ihn sehr beeindruckte. Daher trat 1782 Katharina II. an Joseph II. mit der Bitte heran, ihr einige Schulfachleute zu schicken, um eine Reform in die Wege zu leiten. Der Kaiser übertrug die Auswahl der Personen Felbiger. Dieser entschied sich für Th. Janković Mirijevski, den Direktor der Normalschule in Temesvár. Janković arbeitete noch vor seiner Abreise einen „Entwurf des Vorschlages der Normalschulen in Rußland“ aus, der den Beifall der Studienhofkommission erhielt.
Ähnlich und in noch größerer Eile als 1774 nach Felbigers Eintreffen in Wien vollzog sich nun auch in Petersburg das schulreformatorische Geschehen. Wenige Tage nach Jankovićs Eintreffen setzte die Zarin bereits eine „Kommission zur Errichtung von Lehranstalten“ („komissija ob učrež denii učilišč“) ein, die bereits zehn Tage darauf den Entwurf des Normalschuldirektors aus Temesvár billigte. Der organisatorische Aufbau der Schulverwaltung und der Schulaufsichtsbehörden sowie die Schultypeneinteilung, die Festlegung der Unterrichtsgegenstände und die Übernahme der Normalmethode spiegeln das österreichische Vorbild mit nur geringer Verzerrung. In allen Detailfragen stützte sich die russische Neuordnung auf die Erfahrungen der österreichischen Schulgesetzgebung.
1783 wurde in Petersburg sowohl eine deutsche Normalschule (für die Ausbildung der Lehrer für deutschsprechende Bewohner des Zarenreiches) als auch eine russische eröffnet. Letztere wurde „Hauptnationalschule“ („glavnoe narodnoe učilišče“) genannt und diente ab 1786 – abweichend vom Wiener Vorbild – nur mehr der Ausbildung von Lehramtskandidaten. Janković wurde der erste Direktor der Anstalt und Leiter aller Schulen des Petersburger Gouvernements.
Weil aber die materiellen und gesetzlichen Grundlagen für eine durchgängige Organisation des Elementarschulwesens fehlten, begann der erste Schwung der schulreformatorischen Bestrebungen bald zu verebben. Nochmals griff Katharina II.

ein, und das von Janković in ihrem Auftrag ausgearbeitete „Statut der Volksschulen" (1786, „ustav narodnych učilišč") berücksichtigte nun stärker die andersartigen sozialen Verhältnisse in Rußland. Das Statut gewann ähnliche Bedeutung wie die „Allgemeine Schulordnung" in Österreich. Die wichtigste Neuerung war die Beschränkung auf zwei Schultypen. Der einer Schulreform widerstrebende Landadel erreichte, daß die Schule im Dorf ohne gesetzliche Grundlage blieb. Damit unterschied sich die russische Schulreform entscheidend von der österreichischen. Denn in Rußland gab es nur Schulen in den Zentren der Gouvernements („Hauptvolksschulen") und in den Hauptorten der einzelnen Bezirke („Kleine Schulen"). Weiters fehlten die Schulpflichtbestimmungen; der Religionsunterricht wurde weltlichen Lehrern anvertraut. Auf diese Weise blieben Kirche und Klerus ohne Aufgabe und Funktion in der neuen Schulordnung.

Wenn auch eine Zentralinstanz ähnlich wie in Österreich eingerichtet war – die Schuleinrichtungskommission (ab 1786 „Hauptschuldirektorium", „glavnoe učiliščnoe pravlenie") wurde zur Keimzelle des 1802 gegründeten ersten russischen Ministeriums für Volksaufklärung –, in den unteren Ebenen entschieden die weitgehend unabhängigen Gouverneure, welche die Petersburger Richtlinien zwar vollziehen sollten, aber im Schulbereich häufig nach eigenem Gutdünken handelten.

Des Schulreformers Janković Tätigkeit und Leben ähnelte stark dem seines Lehrers Felbiger. Auch jener war ins Ausland berufen worden, leitete eine Schulreform ein, verfaßte russische Schulbücher, gab eine pädagogische Zeitschrift heraus und trat schließlich als Beamter in das neu gegründete Ministerium ein. Mit seiner Hilfe wurde in Rußland ein entscheidender Schritt nach vorne gesetzt, um Anschluß an die westliche Schulentwicklung zu gewinnen. Felbigers Schulreformmodell in Methode, Inhalt und Bildungszielen war dabei Pate gestanden.

Für Polen wird zwar auch eine Vorbildwirkung von Felbigers Reformen angenommen, doch eindeutig nachweisen läßt sie sich bislang nicht.[282] Die Ausgangslage war in Polen grundverschieden. Der Staat hatte eine Souveränitätskrise zu bewältigen und sah in der Erziehung und schulischen Ausbildung eine Chance für das Überleben des Volkes. Zum Grundprinzip in den Schulen wurde daher die nationalpatriotische Erziehung erklärt; man wollte „aus den Menschen Polen und aus den Polen Staatsbürger machen".[283]

Die erste Teilung Polens 1772 und die Aufhebung des Jesuitenordens führten schon 1773 zur Gründung der „Kommission der Nationalen Edukation" („Komisja Edukacji Naradowej"), der zweitältesten zentralen Unterrichtsverwaltung in Europa, einer ähnlichen Einrichtung wie die Studienhofkommission. 1774 wurde bereits von Ignacy Massalski eine „Vorschrift für die Pfarrschulen" erlassen und 1775 eine Gesellschaft für elementare Lehrbücher gegründet. Eines der Mitglieder der Kommission der Nationalen Edukation, Franciszek Bielínski, berief sich in seinem 1775 veröffentlichten Projekt „Das System der Erziehung" ausdrücklich auf Felbigers Grundsätze. Auch beim Bischof von Wilna Ignacy Massalski klingen sie durch.[284] Doch in der Praxis erfuhr das polnische Primarschulwesen nur geringe Förderung. Die bescheidenen finanziellen Mittel wurden vor allem den Sekundarschulen zugewendet, an deren Ausbau der Adel interessiert war und den die Kommission nicht verstimmen wollte.[285]

Da aber gerade das Feld nicht zum Tragen kam, auf dem Felbiger seine Lebensarbeit verrichtete, ist es verständlich, daß der Einfluß seiner Reformen in Schlesien und Österreich auf Polen trotz langer gemeinsamer Grenzen und der Vertrautheit der Kommissionsmitglieder mit den neuesten pädagogischen und philosophischen Strömungen augenscheinlich über Ansätze nicht hinauskam.

9.7 Die „Schulverbesserung“ im Erzstift Salzburg

Die Reform der „deutschen Schulen“ im Erzstift Salzburg[286] erfolgte nach dem österreichischen Vorbild und hatte gegenüber den habsburgischen Ländern nur eine geringfügige Verspätung. Da auch die Ablaufstrukturen beider „Schulverbesserungen“ große Ähnlichkeit zeigen, kann von Einzelheiten weitgehend abgesehen werden.

Der Landesfürst war in Salzburg ebenfalls die treibende Kraft der Schulreform. Der vom Geist der Aufklärung durchdrungene Fürsterzbischof Hieronymus Franz Graf Colloredo, der seit 1772 das Erzstift regierte, richtete von Anfang an sein besonderes Augenmerk auf das dahinsiechende elementare Schulwesen.[287] Er versuchte zunächst durch eine Reihe von Anordnungen eine Besserung des Schulbesuches herbeizuführen. Regelmäßige Visitationen sorgten für die Abstellung von Mißständen und die Entlassung untauglicher Lehrer; das Schulgeld für arme Kinder wurde aus der Amtskasse bezahlt, Neu- und Umbauten von Mesnerhäusern, worin sich in der Regel ja die Schulstube befand, wurden bewilligt. In der Stadt Salzburg selbst stellte der Fürsterzbischof den Eltern frei, in welche „deutsche Schule“ sie ihre Kinder schicken wollten, um auf diese Weise die vom Schulgeld abhängigen konkurrierenden Schulmeister zu höherer Leistung anzutreiben.

Die Erfolge dieser Maßnahmen blieben bescheiden. Eine direkte Ankoppelung an die von J. I. Felbiger in Wien begonnene Schulreform mißlang. Der nach Salzburg eingeladene Abt von Sagan erklärte sich 1774 zwar bereit zu kommen, aber erst nach Beendigung seiner Wiener Tätigkeit, für die er ungefähr zwei Monate zu benötigen vermeinte.[288] Darin unterlag er einer groben Täuschung; er vermochte daher sein Versprechen nicht einzulösen. Mittelbar wurde er aber sehr bald in Salzburg präsent, durch die Lehrbücher der Wiener Normalschule und sein Methodenbuch sowie durch einen an der Wiener Normalschule ausgebildeten Lehrer.[289]

Hieronymus Franz Graf Colloredo mußte sich daher bei der Neuordnung des Primarschulwesens auf landeseigene Kräfte stützen.

Er setzte für diesen Zweck 1775 eine Kommission ein, die sogleich darauf hinwies, „daß ohne zweckmäßig eingerichtete Lehr- und Erziehungsanstalten allemal die Sitten der zahlreichsten Klasse der Bürger eines Staates roh und in Unordnung und der Zustand des gemeinen Mannes an nützlichen und nötigen Kenntnissen sehr dürftig bleiben würde“.[290] Ihre Pläne waren weitreichend, sie gingen über Eröffnung einer Normalschule hinaus; man dachte auch an die Errichtung einer Realschule und eines Schulmeister-Seminariums.

Der Fürsterzbischof blieb auf dem Boden der Wirklichkeit und begnügte sich mit der Neueinrichtung einer „Trivialschule“ in der Stadt Salzburg. Als Schulmeister wurde der junge David Neukomm aus Schwaben angestellt, der sich an der Wiener Normalschule die neue Lehrmethode angeeignet hatte. Im Herbst 1776 nahm David Neukomm den Unterricht auf und fand viel Zulauf. Um den weiteren Ausbau des Schulwesens sicherzustellen, wurde im selben Jahr ein Schulfonds gegründet, für den die Bruderschaften und Stiftungen beachtliche Beiträge leisten mußten. Damit war in Salzburg ein Modell der neuen Schule und eine tragfähige Finanzierungsgrundlage vorhanden.

Es war der „hochfürstlichen zum Schulwesen verordneten Kommission“[291] nunmehr möglich, bereits 1777 die nächsten Schritte vorzuschlagen und der „Schulverbesserung“ eine breitere Basis zu geben. Sie erreichte die Eröffnung einer Hauptschule in der Stadt Salzburg, die acht- bis neunjährige begabte Trivialschüler nach einer bestandenen Prüfung aufnahm. Sie erwarben darin außer vertieften Kenntnissen in Religion, Lesen, Schreiben und Rechnen auch Informationen aus Naturlehre, Naturgeschichte,

Geschichte und Geographie. Außerdem lernten sie, kleinere Aufsätze zu verfassen und mit Zirkel und Lineal umzugehen.[292]
Weiters ordnete diese „große Schuldeputation“[293] an, daß alle neu anzustellenden wie auch die bereits im Dienst befindlichen Lehrer sowie einige Kuratpriester (Kooperatoren, Kapläne) zur „Präparation“ in der neuen Lehrmethode die Salzburger Trivialschule bzw. Hauptschule für einige Wochen besuchen mußten. Auf diese Weise hoffte sie, die „Schulverbesserung auf dem Lande“ rascher vorantreiben zu können.[294] Die Anordnung stieß auf wenig Gegenliebe bei den Betroffenen. Auch die 1778 anbefohlene, aber sich über Jahre erstreckende Erhebung über Zahl, Können und Verhalten der vorhandenen Schulhalter sowie die unentgeltliche Verteilung der wichtigsten approbierten Schulbücher und der „Anleitung für die Trivialschullehrer“ an Schullehrer und tüchtige Kuratpriester brachten nicht die erwarteten Ergebnisse. Es wurde als „traurig und demütigend“ empfunden, daß „Trägheit und stolze Unwissenheit diesen ... landesväterlichen Verbesserungsabsichten schnöde Hindernisse entgegensetzen und gemeinnützige Anordnungen vereiteln wollten“.[295] Ein Großteil der Geistlichkeit, die weltlichen Behörden wie auch die bäuerliche Bevölkerung standen der Schulreform gleichgültig bis ablehnend gegenüber.
In einem Hirtenbrief des Jahres 1782 eiferte der Fürsterzbischof seine Dechanten und Pfarrer an, in der Unterrichtserteilung mit gutem Beispiel voranzugehen, Gelder für die Verbesserung der Schulen und die Erziehung der Jugend flüssig zu machen und die in Schulsachen ergangenen Weisungen genau zu befolgen.
Erfolge stellten sich trotzdem nur langsam ein. Die Dechanten überließen es meist weiterhin den Eltern, ob sie ihre Kinder zur Schule schicken wollten, „weil das Volk alles verabscheut, was vom Gericht aus mit Zwang betrieben wird“.[296] Die Vorurteile der bäuerlichen Bevölkerung gegenüber der Normalmethode waren oft so stark, daß Schulmeister einen argen Einnahmerückgang nach Umstellung auf die neuen Unterrichtsformen hinnehmen mußten. Viele Kinder blieben nämlich dann dem Unterricht fern. Um die Schulmeister abzuhalten, zu den alten Methoden zurückzukehren – was des öfteren geschah –, wurde ihnen der eingetretene finanzielle Verlust „hochgnädig“ ersetzt.[297]
In der Stadt Salzburg hingegen machte die Schulreform zügige Fortschritte. Etwa drei Fünftel der schulfähigen Jugend fand bereits den Weg in die öffentlichen „deutschen Schulen“. Ein am 4. Juni 1784 veröffentlichter Zeitungsbericht über eine öffentliche Prüfung an dieser Schule bezeichnete es freilich als „Schande für unsere Zeiten“, daß man noch immer daran erinnern müsse, daß „das öffentliche Zusammenunterrichten ... jeder anderen Winkelerziehung vorzuziehen sei“.[298] Die Hauptschule übersiedelte 1784 in ein großes Gebäude nahe der Universität, weil sie mit den ihr bisher in einem Wirtshaus zur Verfügung stehenden drei Räumen nicht mehr das Auslangen fand.
Die ständige Berichterstattung in der Presse über schulische Vorkommnisse, die mit Beifall für die neuen Methoden nicht geizte, beschleunigte das Umdenken in der Bevölkerung. 1786 war der Besuch der Hauptschule bereits so stark, daß man die Mädchen in einem eigenen Raum zusammenzog und sie getrennt von den Knaben unterrichtete. Bei den öffentlichen Prüfungen an dieser Mädchenhauptschule wurden regelmäßig auch Theateraufführungen geboten und weibliche Handarbeiten ausgestellt.[299]
An die Hauptschule gliederte der Fürsterzbischof im Jahre 1785 eine öffentliche Zeichenschule an, an der zweimal wöchentlich Unterricht im Zeichnen sowohl mit Zirkel und Lineal als auch mit freier Hand erteilt wurde. Die Lehrjungen vieler Handwerke, wie der Maurer, Zimmerleute, Steinmetze, Schlosser, Drechsler usw., hatten die Möglichkeit, diese Ausbildung am Sonntagnachmittag unentgeltlich zu absolvieren.[300] Das Lehrprogramm war auf die Bedürfnisse des heimischen Gewerbes

abgestimmt und entsprach dem Nützlichkeitsdenken der Auflärung. Akademische Zielsetzungen waren damit nicht verbunden.
Auf dem Land hingegen warfen sich der Einführung der neuen Lehrart und der Anhebung des Schulbesuchs immer wieder neue Hindernisse entgegen. Die Geistlichkeit, der Aufsicht und Reform anvertraut waren, erreichte nicht die von der Schulkommission gesetzten Ziele. Daher wurden seit 1785 die weltlichen Behörden – die Justiz- und Polizeistelle, die Pfleg- und Landgerichte – in den Prozeß der „Verbesserung und möglichsten Vervollkommnung der Volksschulen"[301] in breitem Ausmaß eingeschaltet. Eine ausführliche Bestandserhebung – parallel von den Gerichten und den Dechanten durchgeführt – ergab ein noch immer wenig erfreuliches Bild.[302] Der Widerstand der Bevölkerung gründete sich zum Teil darauf, daß die neuen Methoden und Schulbücher ihrer Meinung nach „viel Religionswidriges enthalten", die Kinder jetzt in der Schule weniger lernten und ihnen die Eltern zu Hause wegen Unkenntnis der neuen Lehrart nicht helfen konnten. Auch wurde erhoben, daß die meisten Eltern ihre Kinder nur wenige Wochen im Winter zur Schule schickten, was die geringen Lernerfolge verständlich macht.
Die 1788 angeordneten Maßnahmen fußten auf dieser Erhebung. Die Seelsorger wurden angewiesen, bei jeder Gelegenheit, vor allem in privaten Gesprächen, die Abneigung gegen die neuen Schulbücher und die moderne Lehrart zu bekämpfen und für den regelmäßigen Schulbesuch zu werben. Öffentliche Prüfungen an bereits reformierten Schulen sollten einigermaßen feierlich gehalten, die weltlichen Behörden, die örtlichen Funktionäre und angesehene Eltern dazu eingeladen werden. Wo Eltern den Schulbesuch ihrer Kinder wegen der neuen Lehrart verweigerten, durften die Lehrer die alte beibehalten, doch wurde ihnen aufgetragen, die neue „unter der Hand in Gang zu bringen".[303]
Die Stadt-, Pfleg- und Landgerichte wurden aufgefordert, eng mit den Seelsorgern zusammenzuarbeiten und jährlich über die Fortschritte zu berichten. Die behördlichen Meldungen lassen erkennen, daß bald Schulmeister und Schulbuch als entscheidende Faktoren für das Gelingen der Schulreform voll in das Blickfeld der Obrigkeit rückten. „Bessere Schulmeister" sollten angestellt und „unter einer strengeren Aufsicht" gehalten werden.[304] Ihre mangelnde pädagogische und didaktische Ausbildung wurde beklagt. Die alten Lehrbücher wollte man aufkaufen und vernichten. Auch die Zahlung des Schulgeldes wurde als Hindernis erkannt.
Die Regelmäßigkeit der Kontrolle und der Beeinflussung blieb aber nicht ohne Folgen. Innerhalb weniger Jahre stieg die Schülerzahl auch auf dem Lande ziemlich steil an;[305] die feierlichen Prüfungen, die Verleihung von Prämien und Geschenken an die leistungsfähigsten Schüler und ihr Lob vor der Öffentlichkeit sicherten der neuen Schule nunmehr Resonanz und Zuwendung.
Um den Bedarf an gutausgebildeten Lehrern befriedigen zu können, beschloß eine erst kurz vorher neu zusammengesetzte Kommission am 8. Jänner 1790, die Errichtung eines „Schulmeister-Seminariums" beim Landesfürsten zu beantragen. Nur so wäre man nach ihrer Auffassung in der Lage, „gute Lehrer auswählen und künftighin die Schulen hiemit besetzen zu können".[306] Der Unterricht sollte unentgeltlich erteilt werden, auch Studenten und sich auf andere weltliche oder geistliche Berufe vorbereitenden Personen zugänglich sein und solange dauern, bis sich die Studierenden die Schulgegenstände „in hinlänglichem Grade" angeeignet hätten. Diesmal fiel der Vorschlag – im Gegensatz zu den Ablehnungen im Jahre 1775 und 1784 – auf fruchtbaren Boden. Hieronymus Franz Graf Colloredo stimmte zu. Das Seminar wurde Bestandteil der Hauptschule und im Herbst 1790 eröffnet. Im ersten Schuljahr besuchten es vier Schulamtskandidaten,[307] aber zwischen 1790 und 1806 fanden hier immerhin mehr als hundert Schulmeister ihre Ausbildung.[308]

Als besonders folgenreich sollte sich aber die Entschließung des Fürsterzbischofs auswirken, Franz Michael Vierthaler (1758–1827) zum Direktor des deutschen Schulwesens im Erzstift Salzburg zu berufen.[309] Der aus dem Innviertel stammende historische Schriftsteller, der seine juridischen Studien nicht beendet hatte und einige Jahre Instruktor am Virgilianum gewesen war, überraschte in seinem neuen Amt. Er vermochte sich nicht nur rasch in seine Aufgaben einzuarbeiten, sondern wies bald der Didaktik und Pädagogik in Österreich zukunftsträchtige Wege. Seine hohen organisatorischen Fähigkeiten, die von ihm verfaßten Schriften und Lehrbücher, seine eindrucksvollen Vorträge vor zukünftigen Priestern und Beamten an der Universität wie auch die geschickte Nutzung der Medien für seine Anliegen sicherten das Werk der Schulerneuerung in dieser Region dauerhaft ab. Noch bevor deren Eingliederung in das habsburgische Herrschaftsgebiet in den ersten Jahrzehnten des 19. Jahrhunderts erfolgte, hatte die letztlich von J. I. Felbiger initiierte und über Mitteleuropa ausstrahlende Reform der „deutschen Schulen" auch das Erzstift Salzburg im Primarschulbereich seinen Nachbarstaaten angeglichen. Dank F. M. Vierthaler arbeitete es auf pädagogischem Gebiet sogar einen kleinen Vorsprung heraus.[310]

9.8 Schulische Reformen im heutigen Burgenland

Das heutige Bundesland Burgenland war damals ein Teil Ungarns und keineswegs eine politische Einheit. Die Geschichte seines Schulwesens ist daher schwer zu schreiben, auch wenn sie im großen und ganzen ähnliche Entwicklungslinien wie die des gesamten ungarischen Gebietes aufweist. Denn die lokalen Eigenheiten, die sich aus dem Korridorcharakter dieses Landstriches und seiner Offenheit für Glaubensflüchtlinge ergaben, sind erst ansatzweise erforscht.[311] Vorläufig können nur einige Marksteine gesetzt werden, die eine Orientierung ermöglichen.
Aus dem Jahre 1772/73 läßt uns ein „Lexicon locorum populosorum Regni Hungariae" wissen, daß die Grenzkomitate gegen den Westen, wie Wieselburg (Moson), Ödenburg (Sopron), Eisenburg (Vasvár), am besten mit Lehrern und mit Elementarschulen versorgt waren. Knapp über tausend Personen kamen auf einen Lehrer. Die Verteilung war freilich ungleichmäßig. Im Komitat Eisenburg befanden sich in dem bergighügeligen Teil, welcher großteils heute im Burgenland liegt und überwiegend deutschsprachig ist, Lehrer in 90 von insgesamt 214 Orten (42,1 Prozent); im Komitat Ödenburg waren in 176 von 232 Orten (75,9 Prozent) und im Komitat Wieselburg in 47 von 50 Orten (94 Prozent) Lehrer tätig.[312] Die Unterrichtssprache war in den deutschsprechenden Gemeinden zweifellos Deutsch; die Lehrpläne waren unterschiedlich gestaltet. Sie lösten sich nur in einigen Teilbereichen von den Schablonen der konfessionellen Jahrhunderte.
Die Instruktion eines „Schuell-Rectoris in der Eyßenstadt",[313] von der Stadtkanzlei der heutigen Landeshauptstadt des Burgenlandes im Jahre 1757 erlassen, stellte die religiöse Unterweisung in den Mittelpunkt. Der Unterricht war mit einem Gebet zu beginnen und zu enden, die Schüler waren regelmäßig zum Gottesdienst zu führen, an dem der Schulmeister – schon des guten Beispiels halber –[314] auch teilnehmen sollte. Der ganze Freitag mußte dem Katechismus des P. Canisius gewidmet werden; „alle verdächtigen Psalmen und Evangelii-Büechel, so wieder die H. Catholische Kirchen", waren vom Schulrektor „abzuschaffen".[315] Dieser war überhaupt in geistlichen Angelegenheiten dem Pfarrer untergeordnet und ihm „billichen gehorsamb"[316] schuldig. Wenn

er selbst nicht auf der Orgel spielen konnte, hatte er auf seine eigenen Kosten einen Organisten anzustellen. Die Lehrer hatten den Schülern das „Licht des gemüths" („Idest: Gottes Forcht, Tugend, Frombheit, Ehrbahrkeit, Kunst, und gute Sitte")[317] zu vermitteln. Die Schulgeldangaben lassen uns wissen, was an „Künsten" angeboten wurde und welche Koppelungen dabei möglich waren. Das Lehrprogramm umfaßte Buchstabieren oder Lesen oder Lesen und Schreiben; weiters war eine Verbindung von Latein, Rechnen und Singen sowie von Latein und Rechnen möglich. Auffallend und auf die evangelischen Schulordnungen zurückweisend war die Forderung, die Schüler täglich eine oder mindestens eine halbe Stunde im Gesang zu üben.[318] An jedem Samstag mußte der während der Woche gelernte Lehrstoff wiederholt werden.
Bemerkenswert in dieser Schulordnung ist die hohe Einschätzung der Schule („ein lebendiger Brunn, darauß der anfang aller Weißheit hervorquellet") und der Lehrer. Die Schüler seien ihren „Praeceptoren grösere Wiedergeltung alß Ihren leiblichen Eltern schuldig". Sie sollten sich „gegen Ihren Eltern und Lehrmeistern dankbahrlich erzeigen".[319] Die Lehrer wurden hingegen vor „allzuharte(r) Disciplin" gewarnt; sie sollten „mit Verstand züchtigen".[320]
In dieser Instruktion zeigen sich manche ähnlich pietistische Züge wie in der Schulordnung von Ödenburg, die wiederum ihr Vorbild in Preßburg hatte.[321]
Die Schulordnung des Grafen Harrach für Parndorf und Neudorf aus dem Jahre 1761[322] bewegte sich zwar ebenfalls zumeist in traditionellen Bahnen, hatte aber sehr wohl auch pädagogische Fortschritte der Zeit aufgenommen. Nach der Präambel, welche die allgemeinen Lehrziele angibt (Christentum, gute Sitten, Lesen, Schreiben und Rechnen) folgen 64 Abschnitte, die sich eingehend mit dem Schulmeister (1–11), der Unterweisung in Glaubenssachen (12–29), den erstrebten guten Sitten (30–41), dem Lehrstoff (42–45), den Erziehungsmitteln (46–56), der Schulpflicht (57–62) und dem Geltungsbereich (63–64) beschäftigen. Vom Lehrer wurden Kenntnisse der deutschen und kroatischen Sprache, eine gute Handschrift und gute Rechenkenntnisse verlangt. Er mußte nämlich ebenfalls die „Contributions- und zugleich Gemeine Rechnungen führen".[323] Er war verpflichtet, arme Kinder unentgeltlich zu unterrichten. Der Schulmeister war alleiniger Religionslehrer, der Pfarrer ebenfalls sein Vorgesetzter. Täglich hatten die Schüler die Messe zu besuchen. Im Mittelpunkt der Erziehung standen die Anleitung zur Ehrerbietung gegenüber Obrigkeit und Erwachsenen sowie die Sittlichkeit. Der Besuch des Gasthauses, einer „Schule der Gottlosigkeit",[324] war bei strenger Strafe verboten. Zusammenkünfte von Kindern ungleichen Geschlechts waren zu verhindern.
Als Lehrfächer waren für Knaben und Mädchen Deutsch, Kroatisch und Christenlehre vorgesehen, Rechnen nur für Knaben. Vormittags war die Christenlehre, allenfalls Rechnen und Auswendiglernen des religiösen Lehrstoffes angesetzt, nachmittags der Lese- und der Schreibunterricht. Um die Schüler anzueifern, wurden vierteljährlich durch den Verwalter Geldpreise für die besten Lese-, Schreib- und Rechenleistungen ausgeteilt. Auch Ehrensitze für Knaben und Mädchen wurden eingerichtet. Die Prügelstrafe war verboten, damit die Schüler „vor dem Lernen keinen Ekel bekommen" und sich nicht die „Schulmeister bei den Eltern verhaßt machen";[325] doch Knien, Nachsitzen und Schularrest waren erlaubt. Der Lehrer mußte – wie auch in Eisenstadt – eine Schulmatrik führen, den Schulbesuch überprüfen und darüber wöchentlich Bericht erstatten. Eltern schulpflichtiger Kinder wurden in Haft gehalten, bis ihre Kinder zur Schule kamen. Wenn während des Sommers ältere Kinder für landwirtschaftliche Arbeiten benötigt wurden, durften sie dem Unterricht fernbleiben.
Durch die „Ratio educationis" von 1777 suchte dann Maria Theresia die „Allgemeine Schulordnung" (1774) den besonderen Bedingungen Ungarns anzupassen[326] und das gesamte Schulwesen ebenfalls unter staatliche Aufsicht zu stellen, was wegen

der sprachlichen und konfessionellen Uneinheitlichkeit des Landes besonders schwerfiel.

Für das deutschsprachige Westungarn – im wesentlichen das heutige Burgenland –, das von dem Provinzialstudiendirektor des Schuldistrikts Raab (heute Györ, Ungarn) geleitet wurde,[327] ergaben sich dadurch kaum wesentliche Änderungen. Diese ungarische Schulordnung setzte fest, daß Dorfschulen, die nur über einen Unterrichtsraum verfügten, Lesen, Schreiben, auf die landwirtschaftlichen Anforderungen abgestimmtes Rechnen und Grundkenntnisse der Wirtschaft vermitteln, die zweiklassigen kleinstädtischen Schulen auch Ansprüche des Handwerks und der städtischen Haushaltung, deutsche Grammatik und die Regeln der „Geschicklichkeit, Sparsamkeit und Frömmigkeit" berücksichtigen sollten. Besonders begabte Schüler und Kinder von Adeligen waren in die Anfangsgründe des Lateins einzuführen. Der Unterricht mußte in der jeweiligen Muttersprache der Schüler erteilt werden; dort, wo dies nicht Deutsch war, mußte zusätzlich die deutsche Sprache gelehrt werden. Für diesen Zweck wurden zweisprachige Ausgaben der Elementarschulbücher geschaffen.[328] Die Neueinrichtung von Schulen („Nationalschulen") wurde nicht angeordnet.

Die Reformbestrebungen Maria Theresias brachten zunächst nur geringe Erfolge. Erst Joseph II. erreichte – mit ähnlichen Maßnahmen wie auf österreichischem Boden – eine Vermehrung der Schulen und eine Erhöhung der Besuchsfrequenz. Da Deutsch als Amtssprache eingeführt wurde, verfügte er, daß jeder Lehrer Deutsch beherrschen müsse und nur solche Schüler zu höheren Schulen zugelassen werden dürften, die sich in Deutsch zufriedenstellend verständigen konnten.[329]

Als durch das Toleranzpatent (1781)[330] den Evangelischen die Möglichkeit geboten wurde, eigene Schulen zu errichten, entstanden solche in rascher Reihenfolge u. a. in Schlaining (1782), Zurndorf (1783), Gols (1783), Allhau (1783), Lutzmannsburg (1784), Rechnitz (1784), Kobersdorf (1785), Oberschützen (1785), Rust (1785), Pinkafeld (1785), Pöttelsdorf (1786), Kukmirn (1786), Stoob (1786), Bernstein (1787) und Mörbisch (1790).[331] In der Regel waren die Schulen mit dem Pfarrhaus vereint; sie hatten einen gemeinsamen Eingang und einen gemeinsamen Hof.

Die mit Zwangsmaßnahmen vorgehende Unifikationspolitik Josephs II. scheiterte; nach seinem Tode wurde vom Landtag 1790/91 eine Kommission mit der Neuordnung des ungarischen Unterrichtswesens betraut. Das von ihr ausgearbeitete „Projectum Articuli de systemata generalium principiorum nationalis educationis" forderte die Vereinheitlichung des Unterrichtswesens, Unentgeltlichkeit des Schulunterrichts, Abstimmung der Lehrfächer auf die Erfordernisse eines zukünftigen Beamten und gerade aus diesem Grund die Pflege der ungarischen Sprache. Ohne ihre Kenntnis war ein Eintritt in das Gymnasium nicht mehr möglich.[332]

Vieles davon blieb Plan und Forderung. Im Elementarschulwesen änderte sich wenig; die Anhebung des Schulbesuchs blieb den Komitaten überlassen. Die Vorrangstellung des Deutschen außerhalb des deutschen Sprachgebiets wurde beseitigt. Nur mehr in Städten und Märkten konnte das Deutsche erlernt werden.[333]

Einen eigenen Weg vermochten nunmehr die Evangelischen im Bildungswesen einzuschlagen. Sowohl die Anhänger des Augsburgischen Bekenntnisses (evang. A. B.) als auch die Reformierten (evang. H. B.) erreichten im Jahr 1791 die Anerkennung ihrer Autonomie im Schulwesen; sie konnten über Organisation und Unterrichtsinhalte selbst bestimmen.[334] Das hatte freilich auch zur Folge, daß sich das evangelische Schulwesen ungleich – je nach Verständnis und Geldmitteln der Gemeinde – ausbildete. Damals setzte eine Entwicklung im ungarischen Schulsystem ein, die scharf zwischen den staatlich-katholischen und den protestantischen Schulen unterschied.[335]

Die zweite „Ratio-educationis"-Verordnung[336] aus dem Jahre 1806, von der österreichischen Weiterentwicklung des Elementarschulwesens beeinflußt, schrieb wieder die

Schulpflicht vor, auch die Unterweisung der Mädchen wurde angeordnet. Grundsätzlich mußte der Unterricht in der Muttersprache der Schüler erfolgen, aber der Lehrer hatte jetzt nachzuweisen, daß er auch die ungarische Sprache beherrsche. Die Anforderungen des Lehrplans wurden etwas angehoben.

Die Schulen blieben weiterhin streng konfessionell ausgerichtet. Die der Protestanten waren in ihrem Standard um eine Spur anspruchsvoller. Ihre Schulordnungen („Systema rei scholasticae" der Lutheraner, 1806; „Ratio Institutionis" der Reformierten, 1807)[337] waren auf die Verbürgerlichung der bäuerlichen und kleinbürgerlichen Bevölkerungsschichten abgestimmt.

Das elementare Schulwesen übersteigende Bildungseinrichtungen standen der Bevölkerung auf dem Boden des heutigen Burgenlands nicht zur Verfügung.

10 Vereinheitlichung und staatliche Lenkung der Schulen im Sekundarbereich

10.1 Die Einbindung der „Scholarum humaniorum" („Gimnasien", „untern lateinischen Schulen", „niederen Schulen") in die staatliche Verwaltung

Das Dekret von 1735[1] hätte ein Warnzeichen für die Jesuiten sein sollen, doch wurde es von ihnen kaum beachtet. Das lag schon daran, daß die schulischen Aufgaben nur einen Teilbereich ihres Wirkens ausmachten und den einzelnen Jesuiten häufig bloß wenige Jahre beschäftigten. Wenn auch manche von ihnen gegenüber Änderungen aufgeschlossen waren, das Studienwesen der Gesellschaft Jesu bewegte sich schon zu lange in eingefahrenen Geleisen, als daß eine Umstellung durchgeführt hätte werden können. Zudem überstieg die parallel zum Bevölkerungswachstum steigende Frequenz der Gymnasien zunehmend ihre personellen und finanziellen Möglichkeiten. Da die Kontrolle der Gymnasialstudien durchgehend in jesuitischen Händen blieb, wurde die Nichtbeachtung der Bestimmungen von 1735 allzu leicht toleriert, ohne daß ernsthafte Bemühungen zur Behebung der dort angekreideten Mängel eingesetzt hätten.
Die Zustände an den Gymnasien forderten daher weiterhin die öffentliche Kritik heraus, und Maria Theresia sah sich bald gezwungen, die von ihrem Vater bereits eingeleiteten Reformen mit stärkerem Nachdruck zu verfolgen. Die Resolutionen von 1747 erinnerten nochmals daran, daß der Geschichte und der griechischen Sprache im Unterricht ausreichend Platz eingeräumt werden müsse. Arithmetik sollte in Hinkunft ebenfalls gelehrt werden, die Ferialzeit sei zu verkürzen.[2] Die Anordnungen wurden aber bestenfalls als Empfehlungen aufgefaßt.
Bald jedoch zeigte sich, daß in die 1749 einsetzende Reform der staatlichen Verfassung und Verwaltung auch das Studienwesen mit eingeschlossen werden sollte. Der entscheidende Schritt erfolgte im Jahre 1752. Ein Hofdekret Maria Theresias legte in zwölf Abschnitten eine neue Studienordnung für die Gymnasien fest,[3] die im großen und ganzen, wie es bei oberflächlicher Lesung scheint, nur die seit 1735 ergangenen landesfürstlichen Anordnungen zusammenfaßte. Aber im Unterschied zu den früheren Verfügungen wurde nicht nur anbefohlen, von den „vorgeschriebenen Norma in keinem auch mindesten Stücke eigenwillig abzuweichen",[4] sondern vor allem eine wirksame Kontrolle eingerichtet, um mögliche Verstöße schon im Ansatz zu verhindern. Während 1735 bloß die Rede davon war, daß der landesfürstliche Superintendent „Einsicht" und „ein wachsames Auge" haben müsse,[5] wurden 1752 dessen Aufgaben in Einzelheiten festgelegt. Noch im September waren ihm von den Gymnasien die Listen der Schüler mit genauen Angaben der Prüfungsergebnisse und allen wichtigen Informationen zu überreichen. Kein Knabe durfte ohne seine Zustimmung aufgenommen werden. Am Ende eines Schuljahres hatte er persönlich die Gymnasien zu

besuchen und zu überprüfen, ob alle organisatorischen Vorschriften eingehalten worden seien und die Lehrer den Unterricht in dem im Hofdekret festgelegten Umfang und in der vorgeschriebenen Methode gestaltet hätten. Verhalten und Leistung der Schüler waren anhand der Kataloge kritisch zu untersuchen und notwendige Entlassungen auszusprechen.

Nunmehr kann mit Recht von der Einrichtung einer staatlichen Schulaufsicht (in einem Erlaß des Jahres 1753 wird sie ausdrücklich als „politische Aufsicht"[6] bezeichnet) – auch wenn deren Träger weiterhin Geistliche waren – und von der Einbeziehung der Gymnasien in die öffentliche Verwaltung gesprochen werden.

Die übrigen Bestimmungen der Studienordnung von 1752 brachten kaum Neuerungen, wenn vom Modell des Piaristengymnasiums ausgegangen wird. Für die Gesellschaft Jesu bedeutete es freilich eine echte Umstellung. An der Sechsklassigkeit der Gymnasien wurde allerdings nicht gerüttelt, doch wurde die Aufstellung eines neuen Lektionsplans gefordert. Wenn auch das Latein weiterhin im Mittelpunkt des Lehrplans stand, der Anfangsunterricht hatte sich der deutschen Sprache zu bedienen, wie überhaupt die Schüler mit ihrer Muttersprache in Rechtschreibung und Ausdruck (Kenntnis „einer netten und ortographischen Schreibart", Übung der „Schreibart deutscher Briefe"[7] u. ä.) vertraut gemacht werden mußten. Auch die griechische Sprache war nun vollständig, in der Regel also durch alle sechs Klassen, zu lehren. In der fünften Klasse wurde Unterricht in „Geographie synoptice"[8] angeordnet, worunter, wie die Lektionspläne auswiesen, Geschichte, Erd- und Himmelskunde, Heraldik und Genealogie zu verstehen waren.[9] Geschichte dürfte in der Regel in allen Klassen gelehrt worden sein. In der sechsten Klasse mußten zusätzlich Kenntnisse aus Arithmetik vermittelt werden.

Bezüglich der Lehrer wurde nochmals eindringlich verlangt, keine jungen Magister, sondern lehrerfahrene, auch in der deutschen Orthographie sichere Professoren im Unterricht einzusetzen. Dem üblichen raschen Wechsel der Lehrer in den Jesuitengymnasien wurde ein wenig gesteuert, indem ein mindestens zweijähriges Bleiben angeordnet wurde. In der Lehrmethode sollte das Auswendiglernen zurückgedrängt und die Selbsttätigkeit gefördert werden.

Zur Drosselung des Schülerzustroms wurden die Zulassungs- wie Selektionsmaßnahmen verschärft. Prüfungen „mit aller Schärfe" – bei der Aufnahme, nach dem ersten Schuljahr, in der Folge alle halben Jahre – warfen Barrieren auf; unverhohlen wurden dabei soziale Kriterien mit ins Kalkül gezogen. Denn die Stoßrichtung der Bestimmungen zielte auf die „unfähigen, sonderheitlich mittellosen Knaben", auf die „Knaben sonderheitlich von mittellosen Aeltern".[10] Bei der Aufnahme waren ein einigermaßen ordentliches Beherrschen der lateinischen und deutschen Schrift und bereits Grundkenntnisse aus Latein nachzuweisen. Wer sich in der Folge als untüchtig erwies, war zu entlassen.

Die neuen Vorschriften wurden von den Jesuiten nur widerstrebend angenommen. Ein Rundschreiben des Jesuitengenerals vom 17. Juli 1752[11] beweist, daß in Rom die Gefahr, daß der Orden seine führende Rolle im Bildungswesen einzubüßen beginne, gesehen wurde. Es ordnete an, daß in Zukunft den Unterrichtsaufgaben „mit größter Sorgfalt"[12] nachgegangen werde und nur gereifte Männer zum Lehrfach zu berufen seien. Die Ausbildung der Lehrkräfte müsse verbessert und diesen sollten die nötigen Hilfsmittel zur Verfügung gestellt werden. Nach Tunlichkeit seien die staatlichen Verordnungen zu befolgen oder – wenn sie eine Einengung der Befugnisse vornehmen – stillschweigend zu übergehen. Die Jesuitenkollegien reagierten darauf unterschiedlich, neben großer Bereitwilligkeit aufgeschlossener Ordensmitglieder machte sich auch hinhaltender Widerstand breit.[13]

Die Piaristen hingegen fügten sich allem Anschein nach bedingungslos.[14]

Die Auswirkungen verschiedener Maßnahmen können überprüft werden. Verzeichnisse der unterrichtenden Professoren beweisen, daß zunehmend weniger junge Lehrer an den Gymnasien eingesetzt wurden, sie länger schulischen Aufgaben nachgingen und regelmäßiger als in früheren Jahren mit ihren Schülern aufstiegen.[15] Stichprobenartig durchgeführte Untersuchungen der Frequenz der Gymnasien lassen – besonders außerhalb Wiens – ein ständiges Absinken der Schülerzahlen erkennen (Jesuitengymnasium Graz: 1746 – 770 Schüler, 1756 – 660 Schüler, 1761 – 447 Schüler;[16] Jesuitengymnasium Innsbruck: 1752 – 465 Schüler, 1754 – 411 Schüler, 1759 – 353 Schüler; Piaristengymnasium Horn: 1752 – 95 Schüler, 1754 – 87 Schüler, 1759 – 83 Schüler; aber Piaristengymnasium Wien: 1752 – 444 Schüler, 1754 – 390 Schüler, 1759 – 463 Schüler)[17]. Die scharfe Selektion begann sich in der Regel auszuwirken.
In der Schulaufsicht waren die Bestrebungen der Regierung weniger erfolgreich, man blieb auf der Suche nach einem gangbaren Weg. Die Tage des landesfürstlichen Superintendenten – in Wien war es ein Hofrat der Obersten Justizstelle – waren gezählt. Schon 1753 wurde der jeweilige Direktor der philosophischen Studien an der Universität als „Director des Studii humanistici"[18] zusätzlich mit Kontrollaufgaben im Sekundarbereich betraut.[19] Nach der Abschaffung der Superintendentenstelle im Jahre 1754[20] blieb ihm allein die Oberaufsicht über die Gymnasien. Daß damit das Amt in Wien Joseph Franz, einem Jesuitenpater, zufiel, war wohl Absicht. Denn dieser genoß als Lehrer des Thronfolgers für Ethik und Philosophie[21] zugleich das Vertrauen des Hofes und der Gesellschaft Jesu.
Diese Bestellung signalisierte eine gewisse Rücknahme des Konfrontationskurses des Staates, ob aber die Einleitung eines Vertrauensprozesses, ist mehr als fraglich. Daß J. Franz seine Berichte an den Erzbischof von Wien als „Protectorem studiorum"[22] zu schicken hatte, lag auf der gleichen Linie. Man wollte und konnte auf die organisatorische Mitwirkung der Kirche bei den Reformen nicht verzichten; sie war unentbehrlich. Der damalige Wiener Kirchenfürst Johann Joseph Graf Trautson, ein Berater Maria Theresias, vertrat zudem bereits reformkatholische Anliegen und war als Ordinarius des jungen (1722) territorial bescheiden ausgestatteten Erzbistums auf die Ausdehnung seiner Rechte bedacht. Interessen des Staates und des Episkopats begegneten sich. Nach seinem frühen Tod (1757)[23] wurde das Amt eines Studien-Protektors nicht mehr besetzt.[24] Seinem Nachfolger Erzbischof Christoph Anton Graf Migazzi (1714–1803)[25] blieb der Einfluß auf das Bildungswesen erhalten. Er übernahm die Leitung einer Studienkommission, die im Rahmen des „Directorium in publicis et cameralibus" 1757 geschaffen wurde.[26] Er stellte sich zunächst ebenfalls wie die übrigen Mitglieder der Kommission scharf gegen die Jesuiten. Sie wurden systematisch aus den einflußreichsten Positionen gedrängt. Im Jahre 1759 wurde auch J. Franz seines Amtes enthoben und ein Laie an seine Stelle berufen. Schon ein Jahr darauf (1760) drohte man dem Jesuitenkollegium in Graz, es müsse „der Universität, dem Gymnasio und dem mit selben verknüpften Nutzen gänzlich ... entsagen", falls es sich nicht den kaiserlichen Anordnungen fügen wollte. Der Rektor gab darauf die „unterthänigste Erklärung" ab, er wolle in Hinkunft „denen in Studiensachen erfließenden allerhöchsten Resolutionen nachleben".[27] Damit hatte sich die staatliche Gewalt endgültig durchgesetzt und die weitgehend autonome Rolle der Jesuiten im Sekundarbereich ein Ende gefunden.

10.2 Der erste Schritt zur Vereinheitlichung des Gymnasialwesens durch die „Instructio pro Scholis humanioribus"

Veränderungen in Institutionen benötigen Zeit und sind auf dem Verordnungsweg allein kaum zu erreichen. Kontrolle sichert zwar ein schleppendes Vorrücken zu den neuen Zielsetzungen, aber erst deren bedingungsloses Verfolgen durch einsatzfreudige, von der Richtigkeit des Weges überzeugte Persönlichkeiten vermag den Vorgang der Umstellung zu beschleunigen. Reformen können auch durch falsche Personalentscheidungen scheitern.

Die Wahl eines Verantwortlichen für das Gymnasialwesen, die 1759 die Studienkommission traf, erwies sich im nachhinein für die Intentionen der damaligen Bildungspolitik als richtig. Sie schlug eines ihrer Mitglieder, den 1758 auf die Lehrkanzel für Geschichte an der Wiener Universität berufenen Giovanni Battista de Gaspari (1702–1768), zur „ober-Inspection" der Gymnasien vor.[28] Der Trientiner, er stammte aus Levico, hatte in Innsbruck studiert und sich bereits in unterschiedlichen Aufgaben versucht – als Professor der Geschichte an der Ritterakademie Ettal (Bayern), als Historiograph am Hofe des Salzburger Erzbischofs, als Generalauditor einer oberitalienischen Stadt –, ohne besonders erfolgreich zu sein.

Er nahm seine neue Aufgabe als „Director Scholarum humaniorum" ungemein ernst. Zunächst verschaffte er sich durch häufige Inspektionen, besonders der Jesuitengymnasien, und durch Teilnahme an den Prüfungen hinreichend Informationen über den tatsächlichen Zustand des Lehrbetriebs. Er mußte feststellen, daß die griechische wie die deutsche Sprache weiterhin im Unterricht vernachlässigt wurden und daß man sich in Latein meist mit der Übersetzung begnügte, ohne aber die Textstelle näher zu interpretieren. Er übte an den vorgefundenen Mängeln offen Kritik[29] und nützte geschickt die neuen Möglichkeiten zentraler Lenkung, die sich seit 1760 durch das Selbständigwerden der Studienhofkommission ergaben.

Dieser unmittelbaren Vorstufe eines Ministeriums für Unterricht unterstanden nämlich in den einzelnen Ländern Studien-Kommissionen, in denen jeweils auch ein „Director Scholarum humaniorum" Sitz und Stimme hatte. Dieser war für die Durchführung der von der Studienhofkommission ausgehenden Anordnungen verantwortlich. In Innsbruck wurde mit dieser Aufgabe bereits Ende 1760 ein Weltpriester[30] (ein Professor für Theologie), in Graz 1761 ein Jurist[31] (ein Beamter der Repräsentation und Kammer) betraut. Die in Wien von de Gaspari direkt vor die Studienhofkommission gebrachten Verbesserungsvorschläge konnten daher nach Annahme mit einer raschen Durchsetzung an allen Gymnasien rechnen.

Die Kontrolle der Selektionsmaßnahmen wurde während seiner Amtszeit weiter verschärft. In den größten Städten hatte seit 1761 ein weltlicher „Rath" (Beamter der Landesverwaltung) und auf dem Lande der Kreishauptmann den Schulprüfungen beizuwohnen und darauf zu achten, daß Bürger- und Bauernsöhne, außer sie waren außerordentlich talentiert, nicht zum Studium zugelassen wurden.[32] Ein Hofdekret aus dem Jahre 1766 erinnerte nochmals an die entscheidenden Kriterien für eine Aufnahme: besondere Fähigkeiten und vermögende Eltern.[33] Aus Angst vor „Halb- und noch minder Gelehrten", die dem Staat unter Umständen zur Last fallen, wurde mit 2. Mai 1767 angeordnet, daß am Anfang und am Ende jedes Schuljahres vor fremden Prüfungskommissionen scharfe Examen der „Jugend des Bürger- und Bauernstandes" durchgeführt werden müßten.[34] Allem Anschein nach fürchteten die Grundherrschaften einen Mangel an landwirtschaftlichen Arbeitskräften, wenn zu viele Kinder ihrer Untertanen in die Stadt abwanderten.[35] Auf die Wichtigkeit der

Berufswahl der vom Studium zurückgewiesenen Bildungswilligen wurde allerdings ausdrücklich hingewiesen; sie sollte aber den Eltern vorbehalten werden.
Es war gleichfalls ein Anliegen de Gasparis, daß die Unterrichtszeit erweitert – hier wirkte sich auch die Abschaffung vieler Feiertage aus – und intensiver genützt werden sollte. Zu diesem Zwecke wurden die zeitaufwendigen Deklamationen 1763 verboten[36] und die Akademien und Schuldramen 1768 abgeschafft.[37]
Auch der Schulbuchfrage wandte de Gaspari großes Augenmerk zu, denn die in den Gymnasien verwendeten Lehrbücher entsprachen nicht mehr den neuen Anforderungen, waren durchwegs in lateinischer Sprache abgefaßt, weitschweifig und manchmal sogar unrichtig. In Teamarbeit wurden Richtlinien für die Neubearbeitungen erstellt und die danach verfaßten Lehrbücher verpflichtend – der „Gleichförmigkeit" wegen – in den Gymnasien eingeführt.[38]
Schließlich entwarf de Gaspari eine „Instructio pro Scholis humanioribus",[39] die den Unterricht an allen Gymnasien auf eine neue, einheitliche Grundlage zu stellen versuchte. Sie erhielt die volle Zustimmung Maria Theresias und wurde bereits am 4. Februar 1764 für das folgende Schuljahr verbindlich gemacht.[40] Die Instruktion zeigte begrenzte Anklänge an die Erziehungsideale der Aufklärung, ohne daß aber dabei im wesentlichen der Boden des in der Praxis Bewährten verlassen wurde. Nützlichkeitserwägungen und Ausbildungserfordernisse für Beamte schlugen darin durch. Das Latein erfuhr eine gewisse Einschränkung. Die einseitige Ausrichtung der Lehrtätigkeit auf dieses Fach wurde beseitigt. Es war jetzt grundsätzlich mit dem Deutschen gekoppelt (Latinae et Germanicae linguae Praecepta); die Muttersprache wurde überhaupt zur Grundlage des Unterrichts in den untersten Klassen erklärt. Ihre Orthographie mußte gepflegt, der Ausdruck auch in Aufsätzen geübt und beispielhaft zeitgenössische deutsche Dichtkunst den Schülern nahegebracht werden. Vor allem wurden weitere Lehrfächer dem Latein zur Seite gestellt; auch sie waren durch alle Jahre zu unterrichten (Doctrina religionis, Graecae linguae Praecepta; Historia, Geographia, Arithmetica). Besonderer Nachdruck wurde auf die Erlernung des Griechischen gelegt. Die Naturheilkunde wurde hingegen noch nicht in den Lehrplan aufgenommen.
Die Aufgabenstellung in den einzelnen Fächern wurde genau für jede Klasse angegeben. Jeden Monat wurde eine Prüfung *(examen)* abgehalten, und außerdem gab es viermal im Jahr besondere Prüfungen *(tentamen)*.[41] Der Unterricht begann vormittags um halb 8 Uhr (für die Rhetoren um 8 Uhr) und endete um 10 Uhr, anschließend gingen die Schüler zur heiligen Messe; nachmittags dauerte er von 14 bis 16 Uhr. Die Ferialzeiten wurden beschnitten; die Verminderung der Zahl der schulfreien Feiertage wirkte sich aus.
Unter den in der Instruktion angeführten Methoden verblieb den Gedächtnisübungen *(memoriae exercitatio)* weiterhin ein Spitzenrang. Die Schüler der unteren Klassen hatten den Lehrstoff in der Regel auswendig *(memoriter)* zu erlernen; in den beiden oberen Klassen allerdings mußten sie ihn mit eigenen Worten wiedergeben.[42]
Die Machtbefugnisse des „Director Scholarum humaniorum" waren genau umschrieben. Sie hätten nicht umfassender bestimmt werden können. Alle Maßnahmen in den einzelnen Gymnasien benötigten seine Zustimmung, alle Vorfälle mußten ihm berichtet werden.[43]
Diese neue Ordnung des Gymnasiums löste die „Ratio studiorum" der Jesuiten sowie die bei den Piaristen und Benediktinern viel elastischer gehandhabten Lehrpläne ab. Doch darf nicht angenommen werden, daß die Schulwirklichkeit an den Gymnasien von heute auf morgen nach den Vorschriften de Gasparis umgewandelt worden wäre. Es fehlten notwendige Voraussetzungen, wie genügend Lehrer für die im Curriculum nunmehr umfangreich etablierten Fächer, z. B. für Mathematik,[44] aber auch die echte

Bereitschaft mancher Professoren, den Lehrauftrag nach den veränderten Richtlinien zu erfüllen. Sie war sicherlich nicht immer gegeben, wenn auch die „Litterae annuae" der Jesuiten den guten Willen des Ordens herauskehren.
Die „Instructio" als verbindliche staatliche Regelung der Gymnasialstudien blieb nur elf Jahre in Geltung. Sie vermochte nicht alle gesteckten Ziele zu erreichen. Schon nach dem frühen Tod de Gasparis (1768) setzte daher die Diskussion um die Gestaltung des Sekundarbereichs wieder ein.

10.3 Die Schuldiskussion unter dem Eindruck der Auflösung des Jesuitenordens

Die Gesellschaft Jesu war in der zweiten Hälfte des 18. Jahrhunderts zunehmend in eine ausweglose Situation geraten. Während sie in Österreich nur schrittweise aus ihrer früheren Machtstellung verdrängt wurde, hatten sie westeuropäische Staaten, wie Portugal (1759), Frankreich (1764), Spanien und Neapel (1767), überhaupt des Landes verwiesen. Eine allgemeine Aufhebung des Ordens schien nur noch eine Frage der Zeit zu sein. Es verwundert daher nicht, daß man sich damals auch in den habsburgischen Ländern darüber Gedanken machte, wie die Gymnasialstudien ohne Jesuiten eingerichtet werden könnten.
Der radikalste Vorschlag kam 1770 von Johann Anton Graf Pergen. Der mit den schulischen Verhältnissen in Deutschland gut vertraute Diplomat – er war erst 1766 nach Wien zurückgekehrt – entwickelte in seinem „Plan zur Verbesserung des gesamten hohen und niederen Schul- und Erziehungswesens"[45] eine Reihe von Leitlinien für die Reorganisation der Gymnasien. Sie waren keineswegs alle neu, aber sie zogen recht deutlich die Konturen für eine Alternative zur Schulwirklichkeit, die er vor Augen hatte. Pergen formulierte das Bildungsziel neu („aufgeklärte ... Christen"[46] sollten erzogen werden) und rückte Ausbildungsaufgabe und Disziplinierung eng aneinander. Die jungen Menschen sollen „zu den Diensten des Vaterlandes" nicht nur fähig, sondern auch „willig" gemacht werden.[47] Er unterstrich, daß Leitung und Aufsicht des gesamten Schul- und Erziehungswesens allein dem Staat zukomme.[48] Dieser müsse „jederzeit bestimmen und genau wissen, was, von wem, wie, wo und zu welchem Zweck gelehret werde".[49]
Außerdem habe er festzulegen, wieviel Schulen von jeder Art einzurichten seien. Pergen vertrat einige bereits in die Zukunft weisende Gedanken. So war er der Meinung, daß im „Schul-Directorium in der Hauptstadt" auch Fachleute, „Leute vom Handwerke, das heißt, sehr geschickte, und des Schulwesens vollkommen und praktisch kundige Männer"[50] Sitz und Stimme haben sollten. Außerdem wollte er grundsätzlich für alle Bildungswege – wenn auch mit Einschränkungen – einen in den Lehrinhalten gleichen Unterbau: „jenes, was den Kindern bis in ihr 10. oder 12.es Jahr gelehret wird", müsse „für alle Stände und Lebensproben gleich nützliche Real- und Weltkenntniße" bieten, „damit nicht jene, welche sich dem Studieren widmen wollen, so wie bisher zu anderen Beschäftigungen unbrauchbar"[51] würden. Schließlich forderte er eine gute schulische Bildung der Mädchen, „um diese Hälfte der Unterthanen, welche einen größeren Einfluß, als man insgemein glaubet, auf den Staat und die Sitten hat, gleichfalls besser zu erziehen".[52]
Scharfe Auseinandersetzungen im Staatsrat löste Pergens Forderung aus, Unterricht und Erziehung den Ordensgeistlichen abzunehmen und nur mehr den weltlichen oder weltgeistlichen Lehrern anzuvertrauen. Der von seinen Reformgedanken gleichsam

besessene Graf hielt die Errichtung von Lehrerseminarien für notwendig und wollte die Zulassung zum Lehramt an bestimmte Bedingungen geknüpft wissen: Erreichung eines gewissen Alters und Ablegung strenger Prüfungen. Mit Recht wiesen Maria Theresias Berater darauf hin, daß es vorläufig gänzlich an weltlichen Lehrern mangle, ihre Besoldung und die Erhaltung ihrer Familien große Geldbeträge erfordern würde und auch den Weltgeistlichen der finanzielle Rückhalt eines Ordens fehle. Pergen wollte daher die weltlichen Lehrkräfte aus einem Fonds finanzieren, in dem alle vorhandenen Stiftungen zusammengelegt würden; außerdem sollten die Gymnasiasten ebenfalls Schulgeld zahlen. Weiters schlug er die Einziehung einiger geistlicher Pfründen, die Besteuerung kinderloser Ehepaare und Beiträge von seiten der Klöster vor. Eine Million Gulden würde auf diese Weise aufgebracht werden, die er für die Durchführung seines Schulsystems als ausreichend ansah.[53]
Pergens Reformvorschläge wurden 1772 endgültig zu den Akten gelegt,[54] er selbst nach Lemberg als Gubernator für Galizien abkommandiert. Maria Theresia hatte den Bruch mit den Orden – die vom Staatsrat ebenfalls gebilligte Regelung hätte ja auch die Piaristen und Benediktiner getroffen – gescheut. Für Joseph II. bestanden andere Prioritäten. Er hielt es für wichtiger, daß alle seine Untertanen lesen, schreiben und rechnen lernten, und dazu seien „alle gelehrte unnutz".[55]
Aber eine bisher kaum beachtete Weichenstellung war bei der Diskussion von Pergens Plan doch erfolgt. Maria Theresia hatte zunächst nicht nur dessen Gedanken eines „Schulen Ober Directoriums", sondern auch eines Lehrerseminars gebilligt[56] und ihn damit betraut, nach geeigneten Lehrern im Ausland Ausschau zu halten.[57] Doch wurde sie von Mitgliedern des Staatsrats vor der Berufung von Fremden, besonders von Protestanten, gewarnt. Der mögliche Weg einer eigenen Ausbildungsstätte für Lehrer an Gymnasien[58] wurde wieder verlassen, bevor er noch richtig beschritten worden war. Nur ein Ersatz blieb: Die Pädagogik als Anhängsel einer wissenschaftlichen Ausbildung kündigte sich an. Bereits 1772 sollte Joseph Freiherr von Sonnenfels – ähnlich wie K. H. Seibt 1771 in Prag – an der Wiener Universität öffentliche Vorlesungen über die „Erzieh- und Unterweisungskunst" halten.[59] Dieser seit 1763 als Professor an der neu errichteten Lehrkanzel für Staats- und Polizeiwissenschaften wirkende Professor hatte 1771 noch einen anderen wesentlichen Beitrag in die Diskussion eingebracht. Er war u. a. für eine Verminderung der bestehenden Gymnasien und Universitäten eingetreten und hatte eine Vermehrung der einer gewerblichen Ausbildung dienenden Schulen gewünscht.[60] Doch auch diese Anregung zu einer neuen Akzentsetzung in der Bildungspolitik – für die Verlagerung der bildungspolitischen Maßnahmen von den allgemeinbildenden zu den berufsbildenden Schulen, so würden wir heute sagen – verhallte zunächst ungehört.
Als am 21. Juli 1773 die Gesellschaft Jesu tatsächlich vom Papst aufgehoben wurde und Maria Theresia ihrer Auflösung auch in Österreich zustimmte, waren noch keine Entscheidungen für die Weiterentwicklung der Gymnasien gefallen. Die Situation war ohne Zweifel dringlich. Die Verantwortlichen glaubten freilich mit einigem Optimismus an ihre Aufgaben schreiten zu können. Für sie schienen nun alle Möglichkeiten offen, weil der Orden, den man für alle Mißstände in den Schulen verantwortlich gemacht hatte, das Feld räumen mußte.[61] Nach seiner Ausschaltung hoffte man, leichter der Probleme Herr zu werden. Doch das sollte sich als Illusion erweisen. Zunächst trat sogar eine wesentliche Verschlimmerung der Zustände im Sekundarbereich ein. Eine ganze Reihe von Gymnasien – die Jesuitengymnasien in Wien (Profeßhaus am Hof), Krems, Wiener Neustadt, Steyr, Judenburg und Hall – sowie Kümmerformen an Lateinschulen, die nur zwei bis vier Klassen umfaßten, wurden, zumindest vorübergehend, geschlossen.[62] An ihre Stelle traten in der Folge meist die neu geschaffenen „deutschen Hauptschulen".

Der Zugang zur höheren Bildung wurde wieder schwieriger. Dies traf vor allem die Schüler aus dem ländlichen Raum. Diese, besonders die ärmeren, bekamen die Veränderungen in der Bildungslandschaft dadurch zu spüren, daß mit der Aufhebung der Kollegien auch die Konvikte geschlossen und die Stiftungskapitalien eingezogen wurden.[63] Es dauerte einige Zeit, bis hier neue Regelungen gefunden wurden.
Sonst blieb freilich das meiste zunächst beim alten. Die ehemaligen Jesuiten mußten weiterhin als Lehrer eingesetzt werden; sie wechselten bloß die Kleidung, wurden statt mit „Patres" als „Reverendi Domini" angesprochen und waren, was nicht verwundert, verunsichert und – besonders die Älteren unter ihnen – um ihre materielle Existenz besorgt.[64] Manche von ihnen leisteten den angeordneten Neuerungen gegenüber passiven Widerstand, „aus Neid und Gehässigkeit",[65] wie die Reformer berichteten.
Die Studienhofkommission drängte auf Eile; sie wünschte, daß möglichst rasch ein neues, den Anforderungen der Zeit angepaßtes Curriculum ausgearbeitet würde. Bei ihren Überlegungen hatte sie bereits das gesamte Bildungswesen – alle Schulstufen – vor Augen; es sollte zu gleicher Zeit reformiert werden. Gerade aber im Sekundarbereich häuften sich die Schwierigkeiten; die zunächst vorgelegten Entwürfe erwiesen sich als nicht praktikabel. Auf Einzelheiten der ziemlich undurchsichtigen äußeren Vorgänge im Streit um den geeignetsten Lehrplan kann hier nicht eingegangen werden,[66] die Schwerpunkte der Reformvorschläge müssen allerdings kurz skizziert werden. Herkunft, Ausbildung und Persönlichkeit der Verfasser schlugen dabei stark durch.
Der schon früh aus dem Jesuitenorden ausgeschiedene, in Ungarn aufgewachsene und ausgebildete Adam Franz Kollar hatte als Direktor der Hofbibliothek auf sich aufmerksam gemacht, als er sich 1772 bereit erklärte, 23 junge Menschen zu „aufgeklärten" weltlichen Lehrern heranzubilden. Als er 1774 in die Stellung eines „Director humaniorum" und eines Direktors der philosophischen Fakultät aufrückte, war sein Einfluß stark und Maria Theresia seinen Wünschen gewogen.[67] In der Studienhofkommission stand man ihm freilich kritisch gegenüber. Seine Reformvorstellungen[68] sind von ihm nur in Umrissen formuliert worden; beispielhaft hat er für die erste Klasse das Lehrprogramm in Einzelheiten ausgearbeitet. Er wollte das Gymnasium auf fünf Jahre beschränken und bloß weltliche Lehrer unterrichten lassen. Als Unterrichtssprache wurde zwar Deutsch festgelegt, doch Latein konnte sich als Hauptgegenstand behaupten. Allerdings sollte es anhand der Lektüre und Interpretation der klassischen Autoren erlernt werden, trockenen Grammatikunterricht lehnte er ab. Er näherte sich dabei späteren neuhumanistischen Anschauungen. Ab der zweiten Klasse konnten sich begabte Schüler die griechische Sprache aneignen. Geographie, Geschichte, Mathematik und Naturkunde blieben in der Randposition der Nebenfächer. Die Handschrift eines sprachkundigen Philologen mit jesuitischer Vergangenheit ist unverkennbar. In seinen Lehrwerken ließ er sich von französischen Vorbildern leiten.
Anders war es um den ausführlichen Plan seines Gegenspielers bestellt. Der von Karl Anton Martini der Studienhofkommission vorgestellte und von ihm auch beeinflußte ausführliche „Entwurf zur Einrichtung der Gymnasien in k. k. Erblanden"[69] stammte im wesentlichen von dem jungen Würzburger Ignaz Mathias Heß (1746–1776), der an der Wiener Universität Literaturgeschichte lehrte.[70] Dieser orientierte sich wiederum stark an deutschen Vorbildern. Für Heß waren die Gymnasien fünfjährige Vorbereitungsanstalten für die höheren wissenschaftlichen Studien. Er rückte nicht mehr Latein, sondern Geschichte in den Mittelpunkt des Unterrichts. Mit anderen Worten: wie früher alle Gegenstände dem Latein dienstbar sein mußten, wurde jetzt zum Beispiel dem Lateinlehrer aufgetragen, den Inhalt der Lektüre für Geschichte und Geographie

zu nützen. Sogar Hilfswissenschaften der Geschichte, wie die Heraldik und die Diplomatik, sollten – allerdings im Privatunterricht – berücksichtigt werden.
Die Sachen (Realien), nicht die Sprachen hielt Heß für das Entscheidende im Bildungsprozeß des Gymnasiums. Sein Lehrplan war daher reicher an Fächern; außer Religion (von Geistlichen vorgetragen), Deutsch, Latein und Griechisch waren Geschichte (bis zur unmittelbaren Gegenwart des Habsburgerreiches einschließlich der Statistik, mit einem geographischen Vorspann in der ersten Klasse), Naturkunde (Physik, Biologie, Diätetik) und Mathematik (Arithmetik, Geometrie, Mechanik, Hydraulik, Baukunst) zu lehren. Als Freifächer („nach Geschmack oder Bedürfnis")[71] waren bereits moderne Sprachen (Französisch, Englisch) vorgesehen.
Neu war sein Verlangen nach der Einführung des Fachlehrersystems, denn wenn „jeder sein eigenes Fach zu bearbeiten hat, kann er darinn immer stärker werden und immer mehr nützen".[72] Monatliche Konferenzen des Lehrer-„Kollegiums" sollten für den „Zusammenhang des Unterrichts" sorgen,[73] eine offizielle pädagogische Wochenschrift war für die fachliche und methodische Fortbildung der Lehrer bestimmt. Die Richtung zur Spezialisierung und Verwissenschaftlichung des Unterrichts wurde damit deutlich gewiesen. Darauf sollte bereits die Ausbildung der Lehrer an der Universität abgestimmt werden. Neben einer gründlichen philologischen Bildung waren spezielle Kenntnisse in einem anderen Lehrfach zu erwerben. Die didaktisch-methodischen Fertigkeiten sollten in seminaristischen Veranstaltungen vermittelt werden.[74]
Beide in der Studienhofkommission heftig diskutierten Pläne fanden nicht die Zustimmung Maria Theresias. Sie waren in vielem unrealistisch, vor allem forderten sie grundsätzlich weltliche Lehrkräfte, die im Augenblick nicht verfügbar waren und etwa fünfmal mehr als Ordensmitglieder an Besoldung bedurften.[75] Das vorgeschlagene differenziertere Lehrsystem hätte zudem den bisher notwendigen Personalaufwand noch vervielfacht und derart hohe finanzielle Kosten verursacht, daß sie mit den dafür bereitgestellten Mitteln nicht in Einklang zu bringen gewesen wären.

10.4 Die neue Einrichtung der „untern lateinischen Schulen" durch Gratian Marx

Die kritische Lage der Gymnasien machte rasches Handeln notwendig. Mit viel Diplomatie und großer Geschicklichkeit griff nun Maria Theresia selbst in die Streitigkeiten ihrer Berater ein. Für sie schien eine praktikable Lösung nur mit Hilfe der Orden möglich, vor allem der Piaristen. Sie nahm daher unauffällig mit dem Präfekten der Savoyischen Ritterakademie, Gratian Marx (1721–1810), Kontakt auf, holte seine kritische Meinung zu den diskutierten Reorganisationsvorschlägen ein und ließ ihn seine Vorstellungen über eine zweckmäßige Einrichtung des Studienwesens entwickeln.[76] Diese wurden als „Anonymischer Plan"[77] im Herbst 1775 der Studienhofkommission vorgelegt und fanden deren Zustimmung. Sie hätten wohl, wie Maria Theresia im nachhinein dem verdutzten G. Marx erklärte, weniger Beifall gefunden, wenn bekannt gewesen wäre, daß sie von einem „schwarzen Rocke" (ex vestitu nigro),[78] einem Ordensgeistlichen, gekommen seien.
Bei diesen Vorgängen, während derer Gratian Marx überraschend – gleichsam *ex machina* wie in den Schulkomödien – ins Spiel gebracht wurde, dürfte Maria Theresia auch einer ihrer Günstlinge, Franz Sales Greiner, dienlich gewesen sein. Erleichtert schrieb nämlich dieser am 23. Oktober 1775 an sie: „Nun sind die Einleitungen alle für die Gymnasien getroffen. Nun ist mir ein großer Stein vom Herzen. Ich hoffe zu Gott,

es wird alles gut gehen und in diesem dunklen Kreise der Verwirrung wieder heller werden."[79]

Maria Theresia wurde die Entscheidung für den Marxschen Plan leicht gemacht. Denn die Mitglieder der Studienhofkommission konnten sich in der Sitzung am 9. September 1775[80] nur darüber einigen, daß die Neuordnung bereits im kommenden Schuljahr durchgeführt werden solle. Drei von ihnen gaben dem Reformentwurf von Martini-Heß den Vorzug, die Mehrheit sprach sich – wenn auch mit Einwendungen – für den „Anonymischen Plan" aus, der von einem „in dem practischen Unterricht der Jugend wohl erfahrenen Mann verfaßet zu seyn scheine".[81] Damit war auch die von der Kommission als besonders wichtig hingestellte Frage entschieden, „ob die Professores nach der Reihe deren Classen, o. nach der Verschiedenheit deren Lehr-Gegenständen aufzustellen"[82] seien, obgleich fünf Mitglieder der Kommission – besonders vehement Dr. Stephan Rautenstrauch,[83] der Abt von Braunau (Břevnov, heute Tschechoslowakei) – dem Fachlehrersystem den Vorzug gaben. Denn G. Marx hielt am Klassenlehrer, der mit seinen Schülern aufsteige, in den Grammatikalklassen fest, nur in den Humanitätsklassen ließ er die Beschränkung eines Lehrers auf ein Fachgebiet zu.

Bereits am 13. Oktober 1775 wurde der Marxsche Entwurf ohne wesentliche Änderungen von Maria Theresia gebilligt;[84] er trat mit Beginn des Schuljahres 1776/77 in Kraft und sollte für eine Generation (bis 1804) bestimmend bleiben. G. Marx hatte als neuer „Director humaniorum" für seine Umsetzung in die Schulwirklichkeit zu sorgen.[85] Ein näheres Eingehen auf diese neue „Einrichtung der untern lateinischen Schulen"[86] ist daher nötig.

Sie war ein Kompromiß zwischen den gelehrten Entwürfen eines Kollar und Heß – welche die Möglichkeiten des Staates überschätzten sowie die Grenzen des Verständnisses und der Lernmotivation von Schülern im Alter von neun bis fünfzehn Jahren nicht berücksichtigten – und den verschiedene Male auch schriftlich fixierten Lehrplanvorstellungen des Piaristenordens[87] sowie Marx' eigenen Lehrerfahrungen als Lehrer, Präfekt und Rektor.[88] Seiner Meinung nach konnte man die Mängel des bisherigen Lehrplans des Gymnasiums unter drei Gesichtspunkten zusammenfassen. Zunächst sei der große Zeitaufwand zu tadeln; man beschäftige sich zu lange mit der lateinischen Sprache, „die man im eigentlichen Verstande nach sechs Jahren doch nicht besaß". Dann wies er auf die Magerkeit des Lehrplans hin; denn es blieb im wesentlichen bei dieser einzigen Sprachkenntnis, die notwendigen Sachkenntnisse wurden vernachlässigt, somit „die saftigsten Jahre einer fähigen Jugend meistens verloren waren". Schließlich kritisierte er die Lehrart, die sich auf unzweckmäßige Schulbücher und eine übertriebene, meist philosophische Sprachlehre gründete.[89]

Seine Neuordnung[90] reduzierte daher die Zahl der Klassen von sechs auf fünf; die Vorbereitungsklasse (Infima) wurde dem Primarbereich zugeschlagen. Um diese Verkürzung der Schulzeit aber etwas auszugleichen und ein rascheres Fortschreiten im Unterricht zu gewährleisten, wurden die Anforderungen bei der kommissionellen Aufnahmsprüfung in das Gymnasium erhöht. Die Schüler wurden dazu nicht vor dem 10. Lebensjahr zugelassen;[91] sie mußten Kenntnisse aus dem Katechismus, der Religionsgeschichte und der Sittenlehre, die Beherrschung des Lesens und Schreibens in deutscher und lateinischer Schrift, Übung in den Grundrechnungsarten und elementares grammatisches Wissen aus Latein nachweisen.[92] Gleichzeitig wurde erhoben, auf welche Weise sie ihren Unterhalt gewännen. Mäßig begabte arme Schüler wurden abgewiesen.

Der Unterricht in der Unterstufe mußte nunmehr straffer geführt werden, denn diese umfaßte nur mehr drei Grammatikklassen. Der Klassenlehrer stieg mit auf. In der ersten und zweiten Klasse und in den Nebenfächern wurde in deutscher Sprache gelehrt. Latein blieb aber Hauptgegenstand und galt ab der dritten Klasse als Unterrichtssprache. Allerdings mußte auf die Fertigkeit im Verfassen von deutschen Schriftstücken gleichfalls Wert gelegt werden. Geschichte, Geographie, Naturkunde und Mathematik, aber auch Griechisch wurden zu „Nebensachen",[93] zu Nebengegenständen erklärt. Sie sollten zur „Abwechslung und Aufmunterung" der Schüler in allen Klassen eingeschaltet werden, weil die Erlernung der lateinischen Grammatik „eine trockene und unangenehme Arbeit"[94] sei, bei der die Köpfe, wie der erfahrene Lehrer G. Marx sagte, „rauchen".[95] Die griechische Sprache wurde überhaupt zum Freigegenstand erklärt, den nur besonders fähige Schüler besuchen sollten. In der Unterstufe durfte bloß eine Einleitung dazu gegeben werden.

Die Oberstufe, zu der zugelassen wurde, wer die lateinische Sprache bereits beherrschte,[96] bestand nach wie vor aus zwei Klassen, in der Regel jetzt Humanitätsklassen genannt. G. Marx wich von der bisherigen Praxis ab und stellte die Rhetorik (Oratorie) vor die Poesie. Er erklärte dabei offen, daß – weil man dreizehn- bis fünfzehnjährige Schüler vor sich habe – nicht mehr als eine Einleitung dazu geboten werden könne.[97] Zum Besuch des Griechischunterrichts war weiterhin niemand verpflichtet, doch war die Besuchsfrequenz hoch, wohl weil Schulprämien und Auszeichnungen davon abhängig waren.[98]

Das Schuljahr setzte weiterhin am 3. November ein. Die tägliche Schulzeit war von acht bis zehn Uhr und von zwei bis vier Uhr; wöchentlich ein freier Tag – wie ihn G. Marx auch der Lehrer wegen vorzog – oder zwei freie halbe Tage dienten der Erholung. Die Hauptferien reichten vom 21. September bis 31. Oktober jeden Jahres. Der Grundplan für den Ablauf des täglichen Unterrichts[99] war in Einheiten von 30 Minuten gegliedert. Die erste halbe Stunde wurde zur Kontrolle der Hausübungen und zur Prüfung verwendet, in der zweiten halben Stunde wurde der neue Lehrstoff vorgetragen und in der dritten halben Stunde abgefragt. In der vierten halben Stunde gab es die schon bei den Jesuiten sehr beliebten Concertationes, den Wettstreit der Schüler um Platz und Rang. Am Nachmittag beschäftigten sich die Schüler hauptsächlich mit den Hausaufgaben; diese wurden von den Lehrern noch näher erläutert. In der letzten Viertelstunde wurde bisweilen eine erbauliche Erzählung geboten. Diese Einteilung galt hauptsächlich für den Lateinunterricht. Dazwischen waren aber zur Abwechslung die Nebenfächer mit „kürzere(n) Lehrzeiten"[100] einzuschalten. Es sollte aber daraus „kein bloßes Gedächtnißwerk"[101] gemacht werden. In der Folge entwickelte sich daraus ein vom Lehrer weitgehend abhängiger Stundenplan.

Knapp nach Ostern und vor den Herbstferien legten kommissionelle Prüfungen[102] die Semesternoten fest. Dabei durften „weder Armuth, noch Reichthum, noch Adel, noch niedriger Stand"[103] berücksichtigt werden. Sie waren zudem öffentlich und zielten auf Gesamtnoten; „... die gesammten Pflichten müssen in Beobachtung kommen, um den Schüler seine Klasse anzuweisen; Sitten, und Fortgang in Lernen aber die erste Stelle bey der Betrachtung, und Eintheilung haben".[104] Ausdrücklich wurde gewarnt, etwa einem mit gutem Gedächtnis begabten Knaben wegen seiner Kenntnisse aus Geschichte und Geographie den Vorzug zu geben, obgleich er die übrigen Schulobliegenheiten vernachlässigt; oder einen feurigen Geist, jedoch von geringem Fleiß, Verdienste zuzuschreiben, die von guten Sitten nicht unterstützt sind, u. ä.

Es gab drei Noten: die erste Verdienstklasse oder beste, die zweite oder mittelmäßige und die dritte, die den Untüchtigen kennzeichnete. Bei einer hervorstechenden Leistung wurde der Eins noch „vorzüglich" oder *eminenter* beigefügt. Die Gesamtnote, nach der die Schüler eingordnet wurden, wurde zusätzlich noch aufgespalten, um ein genaueres Bild des Schülers zu haben; und zwar in *mores* (also Betragen), *talentum* (Begabung, Fähigkeit), *applicatio* (Fleiß) und *profectus* (Fortgang). Schüler, die die dritte Verdienstklasse erhielten, konnten nicht vorrücken, mußten also wiederholen, darunter fiel auch der Knabe, der in Betragen und Fleiß eine Eins erhalten hatte, in

Begabung und Fortgang aber mit Drei klassifiziert werden mußte. Zu den Schülern der ersten Verdienstklasse wurde aber auch der gezählt, der in Betragen und Fleiß bloß mittelmäßig war, dessen Begabung und Fortgang aber eine Eins verdienten. Besonders fähigen Schülern war die Möglichkeit geboten, bereits nach der ersten Semesterprüfung zu Ostern in die nächste Klasse aufzusteigen.

Am Schuljahrsende wurden, zur Anspornung des Fleißes, in einem feierlichen Akt an die besten drei Schüler jeder Klasse Prämien verteilt, nicht – wie bisher bei den Jesuiten – Bücher, sondern Medaillen mit dem Bild Maria Theresias. Sie konnten an unterrichtsfreien Tagen im Knopfloch getragen werden und waren nach einem Schuljahr zurückzugeben, nur Schüler der obersten Klasse durften sie behalten. Diese Prämien sollten überraschenderweise nicht „zur Reizung, sondern zu Verminderung der Ehrbegierde, und Wetteiferung“ beitragen, „worauf in öffentlichen Schulen alles ankömmt“.[105] Ob dieses Ziel allerdings erreicht wurde, ist wohl fraglich. Aus der Hauschronik des Piaristengymnasiums in der Wiener Josefstadt erfahren wir, daß bereits 1778 die niederösterreichische Regierung um einen Beitrag gebeten wurde, um die vor drei Jahren angekauften Medaillen durch neue zu ersetzen. Sie seien bereits zu abgenützt.[106] Für die einzelnen Schulen wurde auf Dauer die Finanzierung und Instandhaltung der Prämien eine arge Belastung. Die erste war ja eine große, die zweite eine kleine vergoldete Medaille, die dritte immerhin auch versilbert. Am Beginn des 19. Jahrhunderts gelangten daher meist wiederum Bücher zur Verteilung. Die Zulassung zum philosophischen Kurs wurde ebenfalls vom Bestehen einer Schlußprüfung abhängig gemacht.[107]

G. Marx wurde bei der Reorganisation der Gymnasien deutlich von Zeittendenzen beeinflußt: vom Nützlichkeitsdenken, Josephinismus und Philanthropismus. Festlegungen, die aus Nützlichkeitserwägungen getroffen wurden, begegnen wir bei ihm auf Schritt und Tritt. Schon die Verkürzung der Studienzeit begründete sich, wenn es auch nicht deutlich ausgesprochen wurde, auf den allgemeinen Nutzen: die Schüler könnten früher die Universität beziehen und früher in den Beruf eintreten, der Staat spare dadurch beträchtliche Mittel, und dem Lehrermangel könne auf diese Weise auch erfolgreich begegnet werden. Die Vokabeln „nützlich“ oder „für das ganze Leben brauchbar“[108] wurden in den Ausführungen des G. Marx oft verwendet, ob er nun von der Zahl der Lehrgegenstände oder den Lehrinhalten sprach.

Auch die erstrebten Brücken und Übergänge im neuen Schulsystem hatten in Nützlichkeitserwägungen ihre Ursache. Es war 1775 G. Marx selbst gewesen, der – in der Tradition des Piaristenordens stehend, der ja ursprünglich nur den Primarbereich betreut hatte – beantragt hatte, daß die gymnasialen Angelegenheiten nicht mehr bei den Studienkommissionen (zuständig für den Tertiär- und Sekundarbereich), sondern bei den Normalschul-Kommissionen (zuständig für den Primarbereich) behandelt würden.[109] Die auch von Maria Theresia gewünschte Verklammerung der Gymnasien mit dem Primarbereich führte 1776 dazu, daß zur Aufnahme im Gymnasium ein Zeugnis der Normal- oder Hauptschule vorgelegt werden mußte und dieses entscheidend für die Zulassung wurde. Doch der „Vereinigungs-Plan“ löste in der Folge Spannungen zwischen G. Marx und J. I. Felbiger aus. Er blieb ein „beständiger Stein des Anstosses“.[110] Da sich also die neue Referatzusammenlegung nicht bewährte, wurde im Jahre 1780 diese Bindung gelöst; die Anliegen der Gymnasien wurden wieder in den Studienkommissionen zur Sprache gebracht, weil „Rücksicht auf den Zusammenhang ... mit denen höheren Fakultäten“ genommen werden mußte und dies nun weit „nothwendiger“ schien.[111]

Diese folgenschwere Entscheidung vom 20. Oktober 1780 bedarf deswegen einer besonderen Erwähnung, weil dadurch eine Entwicklung eingeleitet wurde, die letztlich zu einer Aufspaltung des Sekundarbereiches führte. Es muß nämlich bedacht werden, daß die in den Landeshauptstädten eingerichteten Normalschulen in der Folge ebenfalls Aufgabenbereiche des Gymnasiums übernahmen, etwas Latein lehrten und deshalb großen Zulauf von seiten der bürgerlichen Bevölkerung hatten. In Graz z. B. wuchs die Normalschule zu einer gefürchteten Konkurrenz für das Gymnasium heran.[112] Die Auseinanderentwicklung und die bis heute andauernden Spannungen innerhalb der Schulen der Zehn- bis Vierzehnjährigen haben hier ihren Anfang.

Josephinisches Denken entdecken wir in vielen Regelungen. Die Pflicht der Lehrer, „dem Staate künftige christliche, und gute Bürger zu erziehen", hob G. Marx als Zielsetzung seiner Neuordnung gleich in seiner ersten Verordnung besonders hervor. Es müsse alles abgewendet werden, was der „Wohlfahrt" der Schüler nicht diene.[113] Die religiösen Übungen allerdings, wie sie die Jesuiten in den inzwischen aufgelösten marianischen Kongregationen gepflegt hatten, wandelten sich jetzt in Religionslehre um. Sogar der Sonntagsgottesdienst diente ihr. Doch begann und schloß der Unterricht weiterhin mit einem Gebet. Der Müßiggang, der einen „faulen Bürger"[114] heranziehe, sollte an der Wurzel bekämpft werden. Damit die Knaben keine Langeweile hätten, waren täglich Hausübungen zu verlangen, über Sonn- und Erholungstage besonders umfangreiche. Nur der Freitag war davon ausgenommen, damit sich die Schüler auf den Katechismus-, Geographie- und Geschichtsunterricht vorbereiten könnten.

Nicht zuletzt begann der Bürokratismus üppig zu wuchern. Die Vorschriften häuften sich, die Lenkungs- und Kontrollmaßnahmen wurden verstärkt, und die von den Schulleitern geforderten Meldungen waren immer umfangreicher zu gestalten.[115] Unter anderem mußte der Präfekt jedes Gymnasiums jährlich eine „geheime und verschlossene"[116] Beurteilung seiner Lehrer dem „Director Humaniorum" vorlegen. In dieser Dienstbeschreibung waren deren Gelehrsamkeit, Fleiß und sittliches Betragen besonders zu kennzeichnen. Zu den Hauptpflichten des Präfekten zählte die heute für die Schulgeschichte so aufschlußreiche Führung der „Gymnasii Matricula" (Verzeichnis der eintretenden Schüler: Tauf- und Zuname, Alter, Geburtsort), des „Liber Calculorum" (nach Klassen gegliedertes Verzeichnis der Schüler mit Angabe ihrer Prüfungsnoten, der erreichten Prämien u. ä.), der „Ordinationes Scholasticae" (Buch, in dem alle Verordnungen und Weisungen einzutragen waren) und der „Historia Gymnasii..." (chronologische Aufzeichnung über alle wesentlichen Vorkommnisse und Ereignisse).[117] Sie waren jährlich dem Director Humaniorum zur Durchsicht und Unterschrift vorzulegen.

Die pädagogischen Maßnahmen des G. Marx zeigen aber auch eine nahe Verwandtschaft zu manchen Gedanken des Philanthropismus. Sie waren von der Liebe zum jungen Menschen getragen. Allerdings bezeichnete er die Meinung derjenigen als „ungründlich und unbillig",[118] die alle Beschwernisse beim Lernen aus dem Wege geräumt, nur Rosenwege zum Unterricht der Jugend vorgeschlagen haben wollen. „Die Unwissenheit, und die damit verbundene Nothwendigkeit zu lernen", so schrieb er, „werden uns allzeit als traurige Merkmale unsers ersten Strafgerichts auf den Nacken bleiben; allein dem ungeachtet finde ich auch ganz billig, daß man der noch schwachen Jugend die Mühe, so viel nur immer möglich, bey dem Lernen erleichtere, und abkürze, nachdem das Lernen selbst schon allzeit beschwerlich seyn und bleiben muß."[119] Doch kehrte er sich grundsätzlich vom strengen Erziehungsstil früherer Zeiten ab.

Für die Aufnahmsprüfung ordnete er an, daß sie nie „mit der äußersten Schärfe, sondern mit Gelindig- und Freundlichkeit, ja sogar mit Herablaßung" vorzunehmen sei, „maßen nicht nur die wohlgezogensten und fleißigsten Jünglinge manchesmal bey den ersten feyerlichen Auftritten zu wanken, oder wohl gar die Gegenwart zu verlieren pflegten; sondern auch und forderist jene, welche etwan eine freye und feinere Erziehung zu genießen die Gelegenheit und Glück nicht gehabt, fast allgemein scheucher, und daher der Verwirrung, bisweilen bis zur Erstummung ausgesetzt sind. Es muß diese Prüfungsnachsicht, wenn sie klug und bescheiden ist, umso weniger bedenklich scheinen, als die Abweisung eines etwan bishero noch wenig ausgewickelten in sich selbst aber fürtrefflichen Talents wirklich dem Staate nachtheilig wäre, die Aufnahm aber etwan eines minder tüchtigen ganz leicht, und gewiß verbessert werden kann, wenn nach unfruchtlich und ohne Hofnung hingebrachten einen oder zwey halben Jahre, ein solcher Knab, wie es ganz unfehlbar geschehen muß, mit Liebe und Leutseligkeit und Verständigung seiner Angehörigen zurückgewiesen wird".[120]

Die Lehrer erinnerte G. Marx daran, daß sie bei der Jugend eine „Vatersstelle"[121] einnähmen und sie für ihre Entwicklung, ihr Glück und ihre Wohlfahrt die Verantwortung trügen.

Er glaubte auch an die Erlernbarkeit der Tugenden, darum sah er besonders in der Geschichte „eine Lehrmeisterin des Lebens";[122] anhand der Darstellung ihrer Ereignisse – von der biblischen Geschichte bis zur Gegenwart, über ausdrücklichen Auftrag Maria Theresias war auch die Geschichte des Hauses Habsburg und der engeren Heimat miteingeschlossen – konnten die sittlichen und bürgerlichen Tugenden gelehrt und zur Nachahmung empfohlen werden. Doch auch die Lektüre der Briefe Ciceros sollte „auf die Verbesserung des Herzens der Jünglinge"[123] wirken.

Nicht zuletzt bewies G. Marx durch viele seiner Anordnungen, daß er aus der Praxis der Erziehungs- und Unterrichtsarbeit gekommen war und sich daher bewußt war, daß die äußere Reform eigentlich unwichtig gegenüber der inneren Reform, der Neugestaltung des Unterrichts, war. Seine methodisch-didaktischen Ratschläge haben heute noch Gewicht. So empfahl er den Lehrern, den Stoff oft zu wiederholen und viel zu prüfen. „Examiniren des Lehrers, vielfaches, und unaufhörliches Examiniren . . . ist das einzige unfehlbare Mittel nicht nur über den Fortgang der Jugend versichert zu seyn, sondern auch selben zu erhalten."[124] Daher mußte seiner Meinung nach auf jede Erklärung unmittelbar das Examen folgen. Dabei sollte nicht der Text des Lehrbuches auswendig hergesagt, sondern das Wesentliche des Inhalts mit eigenen Worten wiedergegeben werden.

Für G. Marx war es ein Grundsatz, daß niemals viel auf einmal erklärt werde und niemals ein Schritt weitergemacht werden dürfe, bis man nicht überzeugt wäre, daß die vorgetragenen Lehrinhalte richtig begriffen und behalten worden seien.

Als dritte wichtige Methode wies er auf die Übung hin, und zwar „die Übung der erlernten Regeln, und die Einsicht der Anwendung solcher Regeln, folglich die frühzeitige practische Anweisung der Jugend, wie sie in Zukunft zu verfahren haben werde, wenn ihr die Übung und Anwendung allein überlassen seyn wird".[125] Durch die Übung sollte der Schüler zur Selbsttätigkeit hingelenkt werden.

Die Anschaulichkeit des Unterrichts war für G. Marx ein besonderes Anliegen. Aus diesem Grund schickte er auch den Lehrern der ersten Klasse den neu aufgelegten „Orbis pictus" des Comenius und forderte sie auf, ihn ihrem Lateinunterricht zugrunde zu legen.

Mit großer Aufmerksamkeit verfolgte er auch, ob die vorgeschriebenen und zum Teil auch von ihm selbst verfaßten Lehrbücher – er mußte sich dabei auf de Gasparis Lehrwerke stützen – verwendet wurden. Die Reihenfolge des durchzunehmenden Lehrstoffes festzulegen war allerdings der „Klugheit und Einsicht des Lehrers"[126] überlassen; er war dabei nicht an die Abfolge des Buches gebunden. G. Marx gab aber an, welche didaktischen Überlegungen der Lehrer bei der Auswahl zu vollziehen habe. Schließlich wurden die Lehrer beauftragt, für die Nebenfächer, falls kein Lehrbuch existierte, selbst Unterlagen zusammenzustellen und sie den Schülern in Abschrift

mitzuteilen. Er machte den Ernst und den Eifer des Lehrers für den Unterrichtserfolg verantwortlich.
Aber wenn auch G. Marx emphatisch erklärte, daß „das künftige christliche und sittliche Heil oder Unheil des Staates“[127] von der Erziehung der Jugend abhänge, die Schulwirklichkeit selbst dürfte sich trotzdem kaum wesentlich gebessert haben; die Lehrer – durchwegs Ordensgeistliche und Exjesuiten –[128] litten nämlich unter dem Sinken ihrer Autorität und ihres Ansehens bei den vom Zeitgeist erfaßten Schülern. Die laufenden Umstellungen in Organisation und Methode des Unterrichts zwangen sie schrittweise an die Kandare von Verordnungen und Lehrbüchern und ließen ihre eigene wissenschaftliche Fortbildung erlahmen. Es war offensichtlich, daß sie zunehmend vom Staat diszipliniert wurden. Eine Aufwärtsentwicklung der Gymnasien konnte daher zunächst nicht erwartet werden.

10.5 Zielsetzung und Folgen der bildungspolitischen Maßnahmen Josephs II.

Josephs II. Zurückhaltung in den bildungspolitischen Entscheidungen für den Sekundarbereich war nicht nur darauf zurückzuführen, daß ihn die Sorge um die Weiterentwicklung des neu eingerichteten Primarschulwesens besonders beschäftigte – er wollte dem einfachen Volk, gleichgültig welcher Nationalität, den Zugang zu einer elementaren Ausbildung weit öffnen –, sondern lag auch in seiner Grundeinstellung. Er schien instinktiv zu spüren, daß ein allzu starkes Bürgertum, das durch viele höhere Ausbildungsmöglichkeiten schnell formiert werde, seiner Reformpolitik im Wege stehen würde, und die Angst vor einem arbeitslosen geistigen Proletariat hatte er schon von seinen Vorgängern übernommen. Er verkündete daher, daß „eine gesittete, sittsame und ordentliche Jugend nothwendiger“[129] als eine gelehrte sei und daß den jungen Leuten nichts gelehrt werden müsse, „was sie nachher entweder sehr seltsam, oder gar nicht zum Besten des Staats gebrauchen, oder anwenden können“.[130] Joseph II. wollte das Lernen – „eine von Gott gebothne Pflicht“ – auf „nützliche Kenntnisse und Wissenschaften“ begrenzen, wodurch die „Verfeinerung“ der Sitten erleichtert und ein sicherer Grund der „inneren und äußerlichen Glückseligkeit“ gelegt werde.[131]
Die Studienhofkommission erhielt unter Joseph II. durch die Bestellung Gottfried van Swietens zum Vorsitzenden (1781) wieder großes Gewicht; ihr wurden die Zensurhofkommission und auch das Studienwesen in Ungarn und Siebenbürgen unterstellt.[132] Alle im Zeitraum zwischen 1780 und 1790 gesetzten Maßnahmen betonten die Autorität des Staates und forderten die Gleichförmigkeit des Unterrichts. Man neigte bereits zu einer mechanistischen Auffassung von Unterricht und Erziehung und sprach von einer „Schulmaschine“.[133] Joseph II. versuchte tatsächlich mit der ihm eigenen Beharrlichkeit, die Funktion jedes Rädchens und den Ablauf jedes Vorgangs in dieser „Schulmaschine“ festzulegen.
Eine straffere Disziplin der Lehrer und Schüler[134] war sein erstes großes Anliegen. Zu diesem Zwecke wurde die Leitung der Schule dem wissenschaftlich gebildeten Lehrer entzogen und dem jeweiligen Kreishauptmann übertragen, dem zu seiner Entlastung ein „Vice-Director“ beigegeben wurde. Diese beiden Verwaltungsbeamten hatten den Schulpräfekten – den eigentlichen Leiter oder, wie es in der Instruktion hieß, das „Triebwerk ... der Schulmaschine“ –[135] und die Lehrer zu kontrollieren. Sie waren berechtigt, jederzeit den Unterricht zu besuchen und besonders, wenn sie nicht am Ort

des Gymnasiums wohnten, sich durch „anständige und glaubwürdige Kanäle“[136] zusätzliche Informationen zu verschaffen. Sie waren verpflichtet, regelmäßig in die vom Präfekten geführten Amtsschriften Einschau zu halten, an den Hauptprüfungen zu Ostern und im Herbst teilzunehmen, von den einzelnen Lehrern Angaben über den durchgenommenen Lehrstoff einzuholen und in Konferenzen („Zusammentretungen“) notwendige Maßnahmen zu besprechen.

Die ursprünglich schülerfreundliche Gestaltung des Unterrichts wurde durch einen verbindlichen Stundenplan („Ordnungs-Tabelle“, „Ordo et Distributio Docendorum et Agendorum per singulas Classes Scholarum Humaniorum“), nach dem eine Fülle von Lehrinhalten vormittags und auch nachmittags zu vermitteln waren, faktisch außer Kraft gesetzt. Die griechische Sprache rückte in der Praxis wieder zu den obligaten Fächern auf, ihre Kenntnis wurde besonders empfohlen. Die Lehrer wurden ohne jede Freiheit und notwendige Beweglichkeit an Stundenaufteilung und Lehrbuch gebunden, damit sie nicht „nach ihrem Eigendünkel bey den Gegenständen ausschweifen“ und die Schüler dadurch „belästigen, die Zeit verderben, und Ungleichheit in die Gymnasien bringen“.[137]

Die jährliche Beurteilung der Lehrer war besonders sorgfältig durchzuführen. Es ist bezeichnend, daß in den dafür vorgesehenen Tabellen („Notitiae necessariae“) nach dem fachlichen Können („Linguarum aut scientiarum cognitio“) an letzter Stelle gefragt wurde, weil, wie es an anderer Stelle heißt, Lehrer mit einem ungeordneten Lebenswandel „weit mehr schaden, als mit der glänzendsten Gelehrsamkeit nützen“ würden. Außer dem sittlichen Verhalten („Mores“) mußten auch deren „Talentum“, „Diligentia“, „Donum didacticum“ und „Modus agendi cum juventute“ angegeben werden. Ab 1786 wurde als Beurteilungskriterium noch der Lehrerfolg und das Verhalten der unterrichteten Schüler („Profectus et mores scholae“) herangezogen.[138] Die Termine der Meldungen und Berichte, die über das Kreisamt zur Landesregierung („Landesstelle“) liefen, waren genau festgelegt.

Eine straffe Reglementierung traf aber nicht nur die Lehrer, sondern auch die Schüler. Die umfangreichen „Disciplinar-Vorschriften“ (1781) gingen von der Auffassung aus, daß an „eine standhafte moralische Bildung gar nicht zu denken“[139] sei, wenn nicht eine gewisse Schulzucht herrsche. Joseph II. war von Anfang an bemüht, die Körperstrafen – er nannte sie die „sinnlichen Strafen“ –[140] möglichst auszuschalten, weil sie das Gefühl für Ehre und Schande fast gänzlich erstickten. Im Jahre 1785 verbot er sie überhaupt.[141] Seiner Meinung nach mußten für einen „rechtschaffenen Staatsbürger“[142] Ehre und Vermeidung von Schande die mächtigsten Triebfedern sein. Daher führte Joseph II. für jede Klasse das „Buch der Ehre“ und die Ehrenbank sowie das „Buch der Schande“ und die Strafbank ein.[143] Ihr Aussehen wurde mit großer Ausführlichkeit dargelegt, etwa daß das „Buch der Ehre“ aus feinem holländischen Papier mit einem englischen Überzug und roten Bändern zum Binden versehen sein müsse, die Bank der Ehre eine saubere, aus hartem Holz gearbeitete und mit einigen beliebigen Verzierungen versehene Bank sein sollte u. ä. Ehren- wie Strafbank waren von den übrigen Schulbänken etwas abgesondert aufzustellen. Sie mußten sechs, höchstens acht Schülern Platz geben. Die Schande wurde durch Schwarz symbolisiert, darum war die Strafbank schwarz gestrichen und das Buch der Schande mit einem schwarzen Deckel ausgestattet. Die Richtlinien für die Handhabung dieser Disziplinierungsmittel verraten weder pädagogische Erfahrung noch psychologisches Fingerspitzengefühl; z. B. sollten Beweise eines vorzüglichen Fleißes, Beispiele der Tugend und guter Handlungen nicht von dem rühmenswerten Schüler selbst in das Buch der Ehre eingetragen werden, sondern nach der Wahl des Lehrers von einem seiner Schulkameraden, welcher ein gegensätzliches Verhalten zeigte oder dem zu Lobenden nicht allzu geneigt war.

Es gab eine Vielfalt von Möglichkeiten, auf die schwarze Bank oder in das schwarze Buch zu kommen. Wer, um dies an ein paar Beispielen zu erläutern, seine Schulbücher zerriß, beschmutzte oder unbrauchbar machte, mußte sich in das Buch der Schande eigenhändig einschreiben und solange auf der Strafbank sitzen, bis er sich mit einem neuen Schulbuche versehen hatte. Wer seine Hausübungen nicht machte, mußte sich ebenfalls einschreiben. Noch schlechter erging es einem, der sie einem andern zum Abschreiben ließ. Er hatte noch zusätzlich vier Wochen auf der Strafbank zu sitzen. Wenn sich nun ein Schüler während des Schuljahres zehnmal in das schwarze Buch eintragen mußte, wurde er aus der Schule ausgeschlossen, auch wenn er die beste Note, die erste Klasse, hatte. Denn, so Joseph II., „Geschicklichkeit des Verstandes, ohne eine gesittete Aufführung, kann in keine Betrachtung gezogen werden“.[144]

Die Eingriffe zur Drosselung des Schulbesuchs an den Gymnasien, wie sie schon ein Jahrhundert lang mit ziemlich mäßigem Erfolg vorgenommen wurden, fanden in Joseph II. einen Meister virtuoser Handhabung. In vielem griff er auf frühere Verordnungen zurück. Weil aber ihre Durchführung nunmehr scharf kontrolliert wurde, begannen sie sich spürbar auszuwirken. Grundsätzlich waren keine mittellosen Kinder zum Gymnasialstudium zuzulassen, nur wenn „Armuth mit außerordentlich hervorstechenden Geistes- und Verwendungsgaben“[145] verbunden war, konnte eine Ausnahme gemacht werden. Die Entscheidung über die Aufnahme eines solchen Schülers blieb jedoch der nächsthöheren Instanz überlassen, um Manipulationen auszuschalten. Die Unmöglichkeit, eine Klasse öfter als einmal zu wiederholen, die Schwierigkeiten bei Schulwechsel und der Ausschluß von sämtlichen Gymnasien bei einem den Mitschüler gefährdenden Verhalten setzten gleichfalls die Frequenz herab. Ohne Zweifel errichteten auch die öffentlichen Prüfungen, die über den Aufstieg entschieden, und die den Leistungsstand des einzelnen Schülers beschreibenden Klassenverzeichnisse, die der Öffentlichkeit gedruckt vorzulegen waren, psychische Barrieren auf und wirkten hemmend. Auch Stipendien waren immer schwerer zu erhalten.

Als für manche Schüler dann wirklich nicht mehr überspringbare Hürde erwies sich die 1784 vorgenommene Einführung des Schulgeldes. Damit fand die Unentgeltlichkeit des Unterrichts, durch die die jesuitischen Schulen zweihundert Jahre vorher ihren Siegeszug eingeleitet hatten, im Sekundarbereich ihr Ende. Das Schulgeld (es betrug jährlich 12 fl. und sollte die Stipendien für die „besseren Talente der unvermögenden Klasse“ finanzieren)[146] verstärkte den schon vorher sichtbaren Rückgang der Frequenz in krassem Ausmaß. Der Schülerabgang betrug zwischen 1781 und 1786 am Gymnasium in der Annagasse (Anneum, ursprünglich Am Hof) 35,8 Prozent, am Piaristengymnasium Wien-Josefstadt 65,7 Prozent, am Gymnasium Krems 68 Prozent, am Gymnasium Graz 58,8 Prozent, am Gymnasium Innsbruck 59,4 Prozent usw.; bei kleineren Gymnasien in wirtschaftlich schwachen Gegenden führte die Einführung des Schulgeldes zur Auflösung der Schule, z. B. in Horn, das 1781 noch 71 Schüler zählte, 1786 aber nur mehr 8.[147]

G. Marx hatte in scharfen Worten diese Maßnahme Josephs II. kritisiert,[148] und der Bischof von St. Pölten, Heinrich von Kerens, machte die Regierung in seinen Eingaben ebenfalls darauf aufmerksam, daß der Staat „sowohl im geistlichen als auch im Militär- und Zivilstand... auch mittelmäßige Talente wegen der unzähligen Menge der Ämter und Beschäftigungen gebrauchen“[149] könne und müsse. Außerdem sei Begabung nicht immer gleich erkennbar und mache im übrigen nicht allein die Brauchbarkeit eines Menschen aus. Wenn man durchschnittlich befähigte arme Schüler am Studium hindere, gingen sie dem Staate verloren.

Es war verständlich, daß sich der Klerus besonders um seinen Nachwuchs sorgte, denn er rekrutierte sich ja hauptsächlich aus den unteren Schichten. Mit der Aufhebung vieler Klöster waren aber auch deren Lateinschulen zugrunde gegangen. Diese hatten zwar nur von Sängerknaben besucht werden dürfen, doch die Stifte pflegten viele andere Knaben ebenfalls großzügig aufzunehmen, besonders wenn sie den Priesterberuf zu wählen beabsichtigten.[150] Joseph II. hatte ihnen deshalb schon 1782 angedroht, sie bei Übertretung seiner Weisung als „wahre verderbliche Winkelschulen" sofort zu „kassiren".[151] Gegen lateinische Privatschulen, die manchmal von Exjesuiten und Mitgliedern aufgehobener Klöster eingerichtet wurden und weniger Schulgeld forderten, ging er mit Geldstrafen vor;[152] im Jahre 1786 erhielten die Magistrate den Auftrag, nach verbotenen lateinischen Winkelschulen zu forschen, um sie anzuzeigen. Ein Ausweichen vor dem staatlich gelenkten öffentlichen Gymnasium war also nur schwer möglich; 1787 wurde angeordnet, daß die Privatlehrer sich einer Prüfung unterziehen müßten und Zeugnisse grundsätzlich nur nach einer öffentlichen Prüfung an einem Gymnasium ausgestellt werden dürften.[153]

Die Studienhofkommission gab zu, daß sie den Schülerrückgang auch nicht „so gewaltig haben wollte" und daß er nicht nur für den Klerus, sondern auch für die „Aufklärung... nachtheilig" sei.[154] Es mögen dabei freilich auch Überlegungen mitgespielt haben, daß die Reorganisation der Magistrate, der Landstände und der Grundherrschaften eine größere Zahl von rechtlich geschulten Beamten nötig machte. Es wurden daher im Jahre 1787 gewisse Erleichterungen gewährt; gut geeignete Schüler, denen aus Geldmangel kein Stipendium verliehen werden konnte, brauchten ein Jahr lang kein Schulgeld zahlen. Es trat in der Folge tatsächlich eine Besserung der Frequenz ein.

Die Wiedererrichtung aufgelassener Gymnasien – wie in Wiener Neustadt, St. Pölten, Steyr oder Hall in Tirol –, die von diesen Städten wiederholt mit Nachdruck begehrt worden war, wurde von Joseph II. jedesmal strikt abgelehnt. Nur St. Pölten erreichte, daß das erst 1778 aufgebaute Gymnasium Melk für kurze Zeit in die Bischofsstadt verlegt wurde (1787). Grundsätzlich muß gesagt werden, daß zur Zeit Josephs II. weniger Gymnasien als am Beginn des 18. Jahrhunderts existierten und zehn Jahre nach Aufhebung des Jesuitenordens nur mehr etwa halb soviel Schüler in ihnen unterrichtet wurden.

Der Sekundarbereich war dadurch wieder viel exklusiver geworden, in der Qualität aber kaum besser. Das lag schon am Mangel an Lehrern. Es wurde immer schwieriger, einigermaßen geeignete Personen für den Lehrdienst zu gewinnen.[155] Die Maßnahmen, die deshalb Joseph II. setzte, waren durchwegs wenig erfolgreich. So wurden 1783 die Ordensvorsteher verpflichtet, am Schluß eines jeden Schuljahres ein Verzeichnis der für das Lehramt ausreichend vorgebildeten Geistlichen einzusenden.[156] Den Piaristen wurde die Aufnahme von Novizen nur gestattet, wenn sie in einem dreijährigen Kurs zu Lehrern herangebildet wurden. Dieses Lehrerbildungsprogramm scheiterte jedoch an den finanziellen Möglichkeiten und den fehlenden jungen Ordensmitgliedern. Die Exjesuiten mußten daher häufig für die vakanten Stellen herangezogen werden.

Die Meldungen weltlicher Kandidaten für das Lehramt blieben gleichfalls selten. Diese mußten sich dem sogenannten Konkurs, einem Prüfungsverfahren, bei dem der beste Bewerber für den freien Posten ausgewählt wurde, stellen. Diese zweitägigen Konkurse wurden in der Regel am Wiener Akademischen Gymnasium abgehalten.[157] Schriftlich mußten die Bewerber die Gewandtheit im Übersetzen klassischer Schriftsteller nachweisen, mündlich wurden ihre grammatischen Kenntnisse, ihr historisch-geographisches Wissen und ihre rechnerischen Fertigkeiten (z. B. Auflösung von Brüchen) geprüft. Weil sich immer weniger Kandidaten zum Prüfungsverfahren meldeten, handhabte man es zunehmend willkürlicher, ließ das schriftliche Examen weg oder unterließ den Konkurs zur Gänze. Oft mußte man froh sein, wenn sich überhaupt jemand um eine Lehrstelle bewarb.

Das Unterrichten war kein Beruf, der als erstrebenswert galt. Die Besoldung war schlecht; die Lehrer wurden am Gängelband von Verordnungen gehalten, die den notwendigen pädagogischen Freiraum systematisch einengten. Die Aufgabe, disziplinierte Untertanen zu erziehen, war auch nicht gerade verlockend, weil die Schüler diesen Bestrebungen Widerstand entgegensetzten und schwer zu bändigen waren. Die Lehraufgaben übernehmenden Orden litten an Nachwuchsmangel und waren häufig – besonders die Piaristen – in einer tristen finanziellen Situation. Außerdem mußten manche von ihnen um die Existenz ihrer Klöster bangen. Sogar das hochangesehene Benediktinerstift Kremsmünster hatte damals die Auflösung zu befürchten.
Die mit großen Erwartungen begonnene Reform des Sekundarbereiches hatte sich trotz oder besser wegen der Aufhebung des Jesuitenordens nur mühsam fortgeschleppt, obgleich man geglaubt hatte, nach Ausschaltung der Gesellschaft Jesu schon die entscheidende Barriere auf dem Reformweg überwunden zu haben. Im Konzept der Bildungspolitik Josephs II. war dann den Gymnasien von vornherein wenig Platz eingeräumt worden, die Kosten für sie sollten so gering wie möglich angesetzt werden. Ein Stillstand, ja ein Rückfall in der Entwicklung konnte nicht ausbleiben.
Joseph II. hatte nicht einmal mit der von ihm über Antrag Joseph von Sonnenfels' 1786 vorgenommenen Neueinteilung des Schuljahres Erfolg. Die bislang in den Monaten September und Oktober üblichen Schulferien – in der Erntezeit war in einem Agrarland jede Arbeitshand nützlich – wurden auf die Monate Juli und August verlegt. Der Unterricht begann fortan – außer im Übergangsjahr – Anfang September, das erste Semester schloß Ende Jänner ab, und das Schuljahr endete mit der Verteilung der Prämien am 15. Juli.[158] Die neue Ferienordnung war zwar vernünftig, doch der Widerstand der Bevölkerung groß.
Die allgemeine Unzufriedenheit mit den Gymnasien veranlaßte Joseph II., Anfang 1790 einer neuen, neben der Studienhofkommission eingesetzten Kommission den Auftrag zu erteilen, Wege zur Verbesserung des gesamten Lehrsystems zu suchen.[159] Er sollte den Zusammentritt dieser „Studieneinrichtungskommission" und das Ergebnis der Verhandlungen nicht mehr erleben.

10.6 Einschränkung und Vereinheitlichung der gehobenen Mädchenbildung

Auch die Möglichkeiten einer gehobenen Mädchenerziehung, wie sie die weiblichen Lehrorden vermittelten, wurden in diesen Jahrzehnten ständiger Schulreform eingeschränkt. Denn der Staat versuchte diesen Bereich ebenfalls unter seine Kontrolle zu bekommen. J. I. Felbiger hatte in seinem „Entwurf zum Unterricht der Mädgen in den Schulen der Klosterfrauen", der Ende 1775 „zur allseitigen Vorschrift" erklärt wurde, schon festgelegt, daß die Mädchen in der Lehrart und nach den Büchern wie an den „deutschen Schulen" der Knaben zu unterrichten seien. Der Lehrstoff im Rechnen wurde allerdings eingeschränkt. Es sollten Grundsätze vermittelt werden, um „aus den Schülerinnen mit der Zeit gute Ehegattinen, sorgfältige Hausfrauen, liebreiche Mütter, und da der Unterricht meist armen Mädgen zu Gute kommen soll, treue, willige und brauchbare Dienstbothen zu ziehen".[160] Das Lehren der französischen Sprache wurde nur in jenen Schulen oder Klassen gestattet, in denen die adelige Jugend unterwiesen wurde.

Während sich die Ursulinen „sehr wohl" den neuen Anweisungen fügten,[161] fand es Felbiger 1779 in einem Promemoria für Maria Theresia „unerträglich", daß „angeblich" bei den Salesianerinnen die Kostfräulein das Deutsche verlernten und auch bei den Englischen Fräulein in St. Pölten die „französische Schule von guter Einrichtung" sei.[162] Maria Theresia stellte sich hinter ihren Schulreformer, der nun im Einvernehmen mit der Oberin der Salesianerinnen eine Lösung suchen sollte, „ohne daß dadurch der Französisch Unterricht, und die übrige aldort gewöhnliche Beschäftigung den mindesten Abbruch erleiden dörften".[163]
Die Maßnahmen Josephs II. gegen die geistlichen Orden verschärften die an sich schon unbefriedigende Situation der Mädchenbildung. Sogar Niederlassungen von Frauenorden, die sich zum Teil Erziehungsaufgaben gewidmet hatten, wurden aufgehoben. Die bislang dort unterwiesenen Mädchen mußten in die bestehenden Normalschulen aufgenommen oder für sie „Mädgen Schulen" errichtet werden.[164]
Die reinen Lehrorden blieben freilich in ihrem Bestand weitgehend ungefährdet; die Ursulinen erhielten sogar Zuwachs aus den aufgelassenen Frauenklöstern. Auch die „Versammelten Jungfrauen" zu Villach – eine aus dem Dritten Orden des hl. Franziskus 1742 hervorgegangene und ohne strenge Regel lebende Frauengemeinschaft – durften ihre unterrichtliche Tätigkeit ohne Behinderungen fortführen.[165] Die Englischen Fräulein in St. Pölten mußten allerdings 1783 um die Erlaubnis zur Aufnahme neuer Kandidatinnen ersuchen; sie wiesen bei dieser Gelegenheit darauf hin, daß ihr „Institut lediglich für das allgemeine Beßte", nämlich der „Erziehung adelicher und bürgerlicher Jugend gewidmet sei".[166]
Die Zahl der Zöglinge an diesen Klosterschulen, sowohl der zahlenden („Kostmädchen") als auch der von Stiftungen erhaltenen („Stiftmädchen"), war nicht hoch. Im Jahre 1788 wurden bei den Ursulinen in Wien insgesamt 18 Mädchen (17 „Kost"- und 1 „Stiftmädchen"), in Linz 20 (13/7), in Graz 24 (–/24) und in Innsbruck 16 (15/1) intern erzogen, bei den Englischen Fräulein in St. Pölten 27 (21/6) und bei den Versammelten Jungfrauen in Villach 24.[167] Trotzdem fielen bildungspolitisch diese wenigen Standorte etwas gehobener Mädchenerziehung ins Gewicht, weil sonst nur durch Privatunterricht über die elementaren Fertigkeiten hinausgehende Kenntnisse erworben werden konnten und diese Schulen für ähnliche weltliche Einrichtungen Modell standen.
Ein erstes derartiges Institut wurde schon 1775 gegründet und von Joseph II. besonders gefördert. Es hatte vornehmlich die Aufgabe, verwaiste oder mittellose Töchter verdienter Offiziere zu Erzieherinnen auszubilden. Dieses „Officierstöchter-Erziehungs-Institut"[168] war zunächst in St. Pölten errichtet worden, weil dort die Zöglinge bei den Englischen Fräulein zur Schule gehen konnten. Im Jahre 1786 übersiedelte es nach Wien (Hernals); der Unterricht wurde nunmehr im Hause selbst von eigenen Lehrkräften erteilt. Das Mindestalter bei der Aufnahme betrug ursprünglich fünf Jahre und wurde dann auf acht Jahre hinaufgesetzt. Das Lehrprogramm erstreckte sich von Religion, Lesen, Schreiben und Rechnen über alle Arten von weiblichen Handarbeiten (Nähen, Sticken, Spinnen, Weben) und Musik (Klavierspiel) bis zum Erlernen der französischen Sprache.
Im Jahre 1786 nützte Therese Luzac, geb. de Chaplin, die sich als Privatlehrerin lange Jahre der Erziehung der weiblichen Jugend von Stand gewidmet hatte, den spürbaren Mangel an anspruchsvolleren Bildungsmöglichkeiten für Mädchen und bewog Kaiser Joseph II. zur Errichtung „einer Art öfentlicher Erziehungsanstalt für das weibliche Geschlecht" unter ihrer Leitung.[169] Die diese Schule besuchenden Mädchen sollten nach der Auffassung des Herrschers „einzig und allein dahin gebildet werden, daß sie einstens gouvernanten, oder Lehrerinnen der Jugend" werden und die „zur Bildung des Herzens und des Verstandes erhaltenen Grundsätze nachher durch den weiteren Unterricht so wohl in der Hauptstadt als in den Provinzen ausbreiten".[170] Joseph II.

wollte auf diese Weise „mit der Zeit weltliche Lehrerinnen für die weiblichen Trivialschulen in der Art, wie jetzt die Ursulinerinnen und englische Fräulein sind“, gewinnen. Denn er war der Meinung, daß sich in Zukunft immer weniger Frauen dem Klosterleben zuwenden und daher Lehrkräfte für die „weiblichen Schulen“ notwendig würden.[171] Aus diesem Grunde verpflichtete sich auch der Staat, für den Personal- und Sachaufwand der Schule aufzukommen.[172]

Die sich um den Eintritt in „das neue Pensionat“ bemühenden Mädchen mußten gleich anfangs die Erklärung abgeben, sich „durch 6 Jahre der österreichischen Schullehre, da wo man sie nöthig finden wird“, zu widmen.[173] Aufgenommen wurden Töchter von Beamten und Offizieren, die zwischen zehn und zwölf Jahren alt,[174] „wohl gebildet, das ist: nicht übel gewachsen, von guten Talenten, schon des Lesens und Schreibens kundig“ waren, und außerdem zur Erlernung der französischen Sprache und anderer zu ihrem künftigen Berufe erforderlichen Kennntnisse „Fähigkeit und Anlage“ hatten.[175] Sie mußten deshalb eine „Chyrurgische Untersuchung“[176] wegen ihrer körperlichen Eigenschaften über sich ergehen lassen und eine Prüfung vor dem Oberschulenaufseher ablegen. Sie wurden zunächst auch nur für ein Jahr zur Probe aufgenommen. Das Lehrprogramm baute auf den bereits im Elementarunterricht erlernten Kulturtechniken auf; es wurde Wissen aus Geschichte, Geographie und Naturlehre vermittelt, Französisch gelehrt und feinere Handarbeit geübt. Dazu traten Musik (Klavier) und Tanz, wenn sie auch von Joseph II. „als minder nothwendig“ erklärt wurden. Er war aber der Auffassung, daß die Lehrstunden „nicht so gedrängt abzumeßen und zu bestimmen (seien), damit diese Mädchen Zeit genug haben sich auszuschlagen (!) und zu erlustigen auch frische Luft zu schöpfen“.[177]

Dieses Institut, für das sich wegen der Herkunft seiner Zöglinge die Bezeichnung Zivilmädchenpensionat (Civil-Mädchen-Pensionat) einbürgerte, wurde am 1. März 1787 eröffnet und bis 1803 in einem Teil des Ursulinenklosters in Wien untergebracht. Die ursprüngliche Absicht, die Ursulinen als Lehrkräfte heranzuziehen, wurde fallengelassen.

Das offensichtlich von Joseph II. verfolgte Ziel war die Vereinheitlichung des höheren Mädchenschulwesens und dessen Nutzung für die Ausbildung weiblicher Lehrkräfte. Deshalb ordnete er im Jahre 1787 an, daß alle weiblichen Orden mit Ausnahme der Salesianerinnen in ihren Niederlassungen dreiklassige „ordentliche und öfentliche Mädchenschulen“ führen müßten und diese der Studienhofkommission zu unterstellen seien. Wenn die für den Unterricht notwendigen Klosterfrauen nicht verfügbar waren, müßten weltliche Lehrkräfte eingestellt werden. Aus diesem Grund durften hinfort nur mehr Novizinnen in die Orden aufgenommen werden, die als Lehrerinnen geeignet waren. Die Stiftungsplätze waren besonders fleißigen und fähigen Mädchen „und bei gleicher Geschicklichkeit den ärmsten“ zuzuteilen, allerdings mit der Auflage, daß die Mädchen nach Abschluß ihrer Ausbildung sechs Jahre gegen Bezahlung an öffentlichen Schulen unterrichten würden.[178]

Diese Bestimmung wurde bereits 1790 aufgehoben;[179] auch die Beschränkungen für den Eintritt in ein Frauenkloster fielen in der Folge weg. Eine freiere Entwicklung war wieder möglich, doch die Abhängigkeit des höheren Mädchenschulwesens von der staatlichen Schulverwaltung blieb.

10.7 Versuch der Dezentralisierung und des Einbaues demokratischer Elemente in die Schulverwaltung unter Leopold II.

Leopold II., der mit großer taktischer Klugheit ziemlich rasch die durch seinen Bruder heraufbeschworene kritische Situation des Reiches bewältigen konnte, vermochte auch im Bildungsbereich die Wogen zu glätten.[180] Dabei gab er keineswegs das durch seine Vorgänger initiierte Grundkonzept eines auf die staatlichen Interessen ausgerichteten und von staatlichen Hoheitsträgern beeinflußten Schulwesens auf. Nur in der Methode der Herbeiführung eines solchen Zustandes machte er eine entscheidende Kehrtwendung. Er versuchte die erstrebten Reformen nicht mehr von oben zu dekretieren, sondern von unten her – mit und durch die Lehrer – zu gestalten. Dazu mußte er zunächst durch eine Reihe von Maßnahmen deren Vertrauen gewinnen.
Die Studieneinrichtungskommission, die am 13. April 1790 zum ersten Mal unter ihrem Vorsitzenden, dem Universitätsprofessor Karl Anton Martini, zusammentrat, schlug von Anfang an einen lehrerfreundlichen Kurs ein. Martinis am 4. Oktober 1790 publizierte „Grundsätze in Bezug auf das Studienwesen“[181] bedeuteten nicht nur den Versuch, das Schulwesen zu dezentralisieren und auf der unteren Ebene zu demokratisieren, sondern auch eine echte Aufwertung des Lehrberufs.
Das Ansehen der Lehrer sollte dadurch gehoben werden, daß ihnen aufgrund ihrer Kenntnisse und Erfahrungen Einfluß auf die Studienangelegenheiten eingeräumt wurde. Leopold II. ordnete an, daß hinfort nichts von Wichtigkeit ohne ihre Zustimmung und ihr Einvernehmen unternommen werden dürfe. Jedem öffentlichen Lehrer wurde gestattet, sich frei über schulische Fragen zu äußern; er konnte schriftlich oder mündlich über Mängel und Gebrechen seine Klagen und zu Abänderung und Verbesserung derselben seine Gedanken und Vorschläge den Behörden vorlegen.
Das Direktorat wurde überhaupt aufgehoben; die pädagogische und didaktische Leitung der Gymnasien wurde in die Hand der Lehrer gelegt. In einer besonderen Lehrerversammlung, die in Abständen zusammenzutreten hatte, sollten die eigentlichen Schul- und Studiensachen verhandelt und beschlossen werden. Die Wirksamkeit dieser Lehrerkonferenz wurde durch eine Geschäftsordnung gesichert; auch diese durften die Lehrer selbst entwerfen, sie mußte allerdings durch die höchste Studienbehörde genehmigt werden.
Auch die den Lehrern vorgesetzte Dienststelle blieb Fachleuten vorbehalten. „Das allgemeine Beste fordert es“, so hieß es in der Neuordnung, „daß die Aufsicht über öffentliche Erziehungs- und Unterrichtsanstalten nur solchen Männern anvertraut werde, die als öffentliche Lehrer und Professoren in Schul- und Studiengeschäften stets berufsmäßig gearbeitet und dadurch die gehörigen Einsichten und Erfahrungen in diesem Fache erlangt haben.“[182] Ein kleines Kollegium ausgewählter Repräsentanten – es bestand aus je einem Vertreter der vier Fakultäten, der Gymnasien und der Normalschullehrer – unter dem Vorsitz des Rektors der Universität wurde in jeder Landeshauptstadt, die über derartige Bildungseinrichtungen verfügte, eingesetzt und mit der Aufsicht über das gesamte Schulwesen des Landes betraut. Als Assessoren sollten in diesen sogenannten Studienkonseß von den jeweiligen Lehrerversammlungen nur „um die Erziehung und den Unterricht der Schuljugend verdiente Schulmänner“[183] gewählt werden; Alter, Rang und Erfahrung waren dabei zu berücksichtigen.
Dieses repräsentative Kollegium hatte einen großen Entscheidungsspielraum. So lag das ungemein wichtige Vorschlagsrecht bei der Neuanstellung von Lehrern bei ihm – wobei dem Lehrkörper ein Mitbestimmungsrecht eingeräumt war –, es konnte über die

Entlassung untauglicher Lehrkräfte verfügen; auch bestimmte es über die Einführung von Schulbüchern und Lehrmitteln. Der Monarch behielt sich allerdings die Entscheidung über wesentliche Abänderungen des eingeführten Schul- und Studienplanes, Personal- (Ernennung der öffentlichen Lehrer, Bestätigung der gewählten Assessoren der Studienkonsesse, Remunerationen, Ehrentitel u. ä.) und Besoldungsangelegenheiten vor.

Eine weitere wichtige Aufgabe des Studienkonsesses war die Kontrolle der einzelnen schulischen Institutionen, die als Ganzes gesehen und deren jeweilige Anforderungen aufeinander abgestimmt wurden. Der Repräsentant der philosophischen Fakultät hatte daher das Recht, in den Gymnasien zu prüfen, ob die vorgeschriebenen Lehrgegenstände in ausreichendem Ausmaß unterrichtet und die für ein Weiterstudium notwendigen Lehrziele erreicht wurden. Dem Vertreter der Gymnasien fiel wieder zu, die „bürgerlichen Normal- oder Hauptschulen“[184] in ähnlicher Absicht zu besuchen. Schließlich mußte der Studienkonseß halbjährlich einen Zustandsbericht über das ihm unterstehende Schulwesen verfassen und darin Personalstand und Probleme der einzelnen Schulen der Landesregierung melden. Diese leitete ihn nach Wien weiter.

Damit wurde recht deutlich ein Instanzenzug festgelegt, der die „Schul- und Studiengegenstände“[185] erst auf mittlerer Ebene in die staatliche Verwaltung einband und sie dann – wie seine anderen Materien – über die zuständige Hofstelle erledigte. Die Hofentschließungen – und das war das Entscheidende – wollten bloß einen groben Handlungsraster und die Richtpunkte festlegen, für die praktische Durchführung und Gestaltung war den Lehrerkonferenzen und dem Studienkonseß viel Freiheit gelassen. Der Grundgedanke dieser Dezentralisierung lag darin, daß die Schule ihre Möglichkeiten und Bedürfnisse am besten kenne. Die Lehrer seien daher hauptsächlich berufen, die Reformziele – den lokalen Gegebenheiten angepaßt – zu verwirklichen und Vorschläge zur Verbesserung des Schulwesens zu machen. Die innere Schulreform wurde damit von der äußeren abgekoppelt und zu einer Sache der Lehrer erhoben. Leopold II. wollte durch diese Maßnahmen den Lehrer und den Lehrstand nicht nur in den Augen der Gesellschaft im Ansehen heben, sondern ihm durch die Betonung seiner pädagogischen Kompetenz auch helfen, sein Selbstbewußtsein wieder aufzubauen.

Denn der Lehrermangel bereitete noch immer Sorgen. Von den Orden wurde weiterhin erwartet, daß ihre Mitglieder „auch die Erwerbung nützlicher Kenntnisse und Wissenschaften zu ihrem Berufsgeschäfte machen, und sich dadurch dem Staate als nützliche Mitbürger beweisen werden“.[186] Besonders wurden sie infolge „ihrer einsamen, zum Nachdenken schicklichen Lebensart“[187] auf das Studium der Mathematik hingewiesen. Fähige weltliche Lehramtskandidaten erhielten die Erlaubnis, außerordentliche Vorlesungen zu halten, und wurden bis zu ihrer Bestellung als Gymnasiallehrer gegen Bezahlung in einer Bibliothek beschäftigt. Die vage Umschreibung des finanziellen Anreizes – der Lehrstand könne „mit der größten Zuversicht ... die Vergrösserung seines Wohlstandes getrost erwarten“ –[188] lockte nicht allzu sehr.

Daß die Gymnasiallehrer das Angebot echter Mitarbeit an der Neugestaltung ihrer Schulen ernst nahmen, beweist die Tätigkeit der „Wienerischen Lehrerversammlung“.[189] Die Lehrkörper des Akademischen und des St.-Anna-Gymnasiums (ab 1792 auch der des Josefstädter Gymnasiums) setzten sich über zwei Jahre intensiv mit einem Schulplan K. A. Martinis und einem Verzeichnis der Lehrfächer in Tabellenform auseinander, die ihnen Ende November 1790 von der Regierung zur Stellungnahme übergeben wurden. Den Tabellenplan hielten sie für verfehlt, an dem Schulplan nahmen sie viele Änderungen vor. Das umfangreiche Ergebnis dieser Beratungen, es umfaßte 130 Paragraphen, konnte erst im Mai 1793 vorgelegt werden und ist unter dem Titel „Gymnasialschulplan von der Wienerischen Lehrerversammlung“[190] in die

Geschichte unseres Bildungswesens eingegangen. Obgleich es ein Plan blieb, der erst nach dem Tod Leopolds II. diskutiert und letztlich zu den Akten gelegt wurde, verdient er hier aus verschiedenen Gründen eine Erwähnung.
Immerhin liegt ein Schriftstück vor, das von 17 unterrichtenden Lehrern mit großer Erfahrung gemeinsam und ohne lenkende Eingriffe der vorgesetzten Behörden erarbeitet wurde; das war für dieses Jahrhundert einmalig. Bezeichnend war auch, daß in der Diskussion Vergleiche mit ausländischen Entwicklungen im Schulwesen gezogen wurden. Die Analyse des Schulzustandes, die sie zunächst gaben, ist für das Ende der Maria-theresianischen und Josephinischen Epoche aufschlußreich. Doch muß bedacht werden, daß zwei Drittel dieser Wiener Lehrer Exjesuiten waren und auch ihre Kritik, wenn es ihnen auch nicht immer bewußt sein mochte, sich wohl am Modell des Jesuitengymnasiums orientierte.
Als eine Ursache der in der Öffentlichkeit beklagten Mängel der Gymnasien wurde vor allem die Überbürdung hingestellt, die sich infolge der Verminderung der Klassen bei gleichzeitiger Vermehrung der Lehrfächer ergeben habe. Diese werde dadurch verstärkt, daß Schüler mit ungenügenden Kenntnissen in den Elementarfächern in die Gymnasien eintreten, weil in der Hauptschule, um die beiden Schultypen einander näher zu bringen und das Gymnasium etwas zu entlasten, die Anfangsgründe des Lateins auf Kosten der Einübung der elementaren Kulturtechniken vermittelt würden. Die im Primarschulwesen jetzt übliche „sokratische Methode“ wurde verworfen, die geringe Rücksichtnahme auf die Fassungskraft der Schüler getadelt und die unvollständige Ausstattung mit Lehrmitteln gerügt. Die Lehrerversammlung warf dabei fast alle Fragen auf, mit denen sich die Bildungspolitik in den nächsten Jahrzehnten beschäftigen mußte.
Die Antworten darauf, ob die Dauer der gymnasialen Ausbildung fünf oder doch wieder sechs Jahre betragen sollte, ob die Zahl der Lehrgegenstände reduziert oder gar noch erweitert werden könne, ob weiterhin Klassenlehrer oder in Hinkunft Fachlehrer unterrichten müßten, waren zwar dann nicht mehr einstimmig, sie bewegten sich jedoch meist in den traditionellen Bahnen: einer der vielen Beweise, daß Umstellungen in der Institution Schule nur schwer zu vollziehen sind. So sprachen sich die Gymnasiallehrer, weil eine Verlängerung der Unterrichtszeit nicht zugestanden wurde, recht massiv für eine Beschränkung der Lehrfächer auf Deutsch, Latein, Griechisch und Religionslehre aus. Nur die fähigeren Schüler sollten während der beiden letzten Schuljahre Gelegenheit haben, in sogenannten „Nebenschulen“[191] Kenntnisse aus anderen Disziplinen zu erwerben; hier dachte man nicht nur an die bereits an den Gymnasien unterrichteten Nebengegenstände, sondern auch an moderne Fremdsprachen, Pädagogik u. ä. Das Klassenlehrersystem sollte beibehalten werden; denn der Lehrer müsse auch als Erzieher wirken – „das Kind als Ganzes zu packen verstehen“ –[192] und mit dem Elternhaus engen Kontakt halten.
Unter den Vorschlägen dieser Gymnasiallehrerversammlung ist noch der Erwähnung wert, daß sie für jeden Gegenstand in jeder Klasse ein eigenes Schulbuch forderten (es sollte kurz, prägnant und übersichtlich sein) und dieses vom Hausbuch unterschieden, welches die Inhalte des Schulbuches ausführlich darstellen und dem Lehrer, Hauslehrer oder dem fleißigen Schüler zur Verfügung gestellt werden sollte.
Für die Lehrerbildung war ein Anlernen an ausgewählten Gymnasien (sogenannten Doktrinalschulen) vorgesehen. Unterrichtsbesuche, Übungen mit Schülern und Supplierungen sollten für das Lehramt vorbereiten, eine reichhaltige Bibliothek und Schausammlung helfen, das Wissen zu vertiefen.
Wohl wurde während der kurzen Regierungszeit Leopolds II. versucht, neue Wege in der Bildungspolitik anzubahnen, zumeist aber blieb es nur bei Konzepten und Ansätzen in der Verwirklichung. Die Einrichtung der Studienkonsesse und des neuen

Instanzenzuges hatte zur Auflösung der Studien- und Bücherzensurhofkommission geführt und deren Aufgabengebiete mit 1. Jänner 1792 wieder der Böhmisch-österreichischen Hofkanzlei und den Landesstellen zugewiesen.[193] Darin darf aber nicht nur Verwaltungsvereinfachung und Delegierung von Macht gesehen werden, sondern auch ein Symptom für das Zurücktreten des bildungspolitischen Anspruches des Staates. Fragen der Erziehung und des Unterrichts rückten wieder in den Randbereich des öffentlichen Interesses. Die Aufklärung verebbte; man war befriedigt, daß im Primarschulwesen ein gutes Fundament gelegt worden war. In der Finanzierbarkeit des Bildungswesens stieß man an Grenzen. Das Grollen der Französischen Revolution und die Spannungen in Österreich selbst machten die Setzung anderer Prioritäten in der Politik notwendig.

Das führte beinahe zur Vernachlässigung des Bildungsbereichs. So zeigen eingehendere Darstellungen verschiedener Gymnasien, daß die erstrebte Neuordnung gar nicht recht zum Tragen gekommen war und alte Gepflogenheiten bestimmend blieben. Ende 1791 hatten auch noch nicht alle Studienkonsesse ihre Tätigkeit aufgenommen.[194] Nur wenige durchgehende Veränderungen können registriert werden. Die Schülerzahl an den Gymnasien wuchs jetzt wieder an; dies war allerdings zum Großteil auf die noch von Joseph II. angeordneten Erleichterungen in der Stipendienzuteilung zurückzuführen. Die Ferien wurden unter dem Druck der Bevölkerung nach 1790 wieder in den Herbst verlegt, während der Sommermonate gab es wie früher Unterricht.[195] Im selben Jahr wurde auch eine neue Notenstufe, die Erste Verdienstklasse mit Vorzug, eingeführt. Die schwierige Qualifikation des *talentum* oder *ingenium* entfiel nunmehr, und statt der *applicatio* wurde der „Fleiß im Frequentieren" festgestellt. Die Mehrzahl der Lehrer beschränkte sich überhaupt auf die Noten für den Fortgang und die Sitten.[196]

Es überrascht nicht, daß sich jetzt auch die Weisungen häuften, den Religions- und Andachtsübungen wieder mehr Gewicht beizumessen. Der tägliche Kirchenbesuch, wobei an Sonntagen für die Schuljugend eine „angemessene geistliche Rede"[197] gehalten werden mußte, sowie fünfmalige Beichte und Kommunion im Jahr wurden angeordnet. Der durch das Vorgehen Josephs II. erschütterte katholische Glaube sollte wieder das Rückgrat der Erziehung bilden.

Beschlüsse und Verordnungen gab es sonst nur wenige. Aber es ist kennzeichnend für diese Jahre, daß eine breite Diskussion der Schulprobleme einsetzte, die nicht nur in den obersten Gremien, sondern vor allem an der Basis geführt wurde. Die Meinungen gingen oft weit auseinander, doch der allgemeinen Unzufriedenheit mit der Schule wurde ein Ventil geöffnet. Lösungen konnten in dieser Phase des Suchens verständlicherweise nicht sogleich gefunden werden, aber die Erkundung gangbarer Wege setzte ein und schuf vorerst nochmals ein reformfreudiges Klima.

11 Ansätze zu einem berufsbildenden Schulwesen

Daß schulische Einrichtungen vor allem der beruflichen Vorbereitung zu dienen hätten, zählte zu den Selbstverständlichkeiten des mittelalterlichen Bildungsdenkens. Erst zur Zeit des Renaissance-Humanismus änderte sich diese Einstellung. Die Möglichkeiten der charakterlichen und seelischen Formung und Kultivierung des Menschen durch die Auseinandersetzung mit Lehrinhalten wurden immer klarer bewußt und führten zu einer Neuformulierung des Bildungszieles. Die im Lernprozeß erreichte *eruditio,* die bereits die Konturen einer Allgemeinbildung erkennen ließ, sollte die mündige Teilnahme an der Entwicklung und Gestaltung der gesellschaftlichen und politischen Ordnung gewährleisten. Damit wurde aber der Ausbildung und dem Wissen eine neue Richtung und Motivation gegeben.
Während der folgenden Jahrhunderte bestimmten die konfessionellen Auseinandersetzungen Lehrplan und Unterricht; Streiter ihres Glaubens, Instrumente Gottes, sollten in den Schulen erzogen werden. Die Bezogenheit der Lehr- und Lernprozesse auf die Lebenspraxis wurde dabei teilweise wieder aufgenommen. Bewährung in Arbeit und Beruf galten als Zielvorstellung.
Das bildungspolitische Denken der Aufklärung kehrte – wenn auch von anderen Überlegungen ausgehend – zu bestimmten früheren Positionen zurück. Es forderte vom Staat, jeden Menschen nützlich und zweckmäßig für die allgemeine Wohlfahrt einzusetzen und ihn dafür vorzubereiten. Aus merkantilen, sozialpolitischen und philanthropischen Gründen wurde daher ein Bildungskonzept entworfen, das vor allem die Leistungsfähigkeit des Menschen in dem ihm zugewiesenen Berufsfeld vor Augen hatte und Erziehung wie Unterricht wieder mit Berufsausbildung zu identifizieren suchte.[1] Dazu wurden jetzt freilich neue Wege eingeschlagen; sie sind vorläufig nur grob auszumachen, bloß ihre Richtung und das erstrebte Ziel können klar herausgestellt werden. Dies liegt darin, daß, wenn in dieser Zeit von berufsbildenden Schulen die Rede ist, häufig genug darunter nur einzelne vieldiskutierte Projekte verstanden werden dürfen, die Schriftstücke und in Akten festgehaltene Vorsprachen weit über ihre Bedeutung aufgebläht haben. Trat eine solche Schule überhaupt ins Leben, so bestand sie bloß eine kurze Zeit, und die Spuren ihrer Entwicklung wie des Verlöschens verlieren sich meist im Schatten der alle Anstrengungen des Staates fordernden Reform des traditionellen Schulwesens. Sie sind überdies erst punktuell erforscht. Dazu tritt eine weitere Schwierigkeit. Die Bezeichnungen der Neugründungen wechselten des öfteren, ohne daß sich Organisation und Lehrplan änderten. Auch der hohe Anspruch in ihren Ankündigungen, hinter dem die Schulwirklichkeit zumeist kläglich nachhinkte, verwirrte und löste recht unterschiedliche Aussagen aus.
Was damals fehlte, war ein Gesamtplan für den Aufbau eines berufsbildenden Schulsystems. Dabei hatte Staatskanzler Fürst Kaunitz 1766 in seiner Auseinandersetzung mit einer Denkschrift Josephs II. sehr wohl einen dem ständischen wie auch dem aufgeklärten Denken dieser Zeit verpflichteten Entwurf zu einer Schul- und Bildungsreform vorgelegt.[2] Er ist durch seine Ausrichtung auf das Praktische und Nützliche,

durch die Betonung der Notwendigkeit einer Erziehung zu sittlichem Wohlverhalten und unbedingter Pflichterfüllung sowie durch eine von der sozialen Herkunft weitgehend abhängige Differenziertheit der Ausbildungswege gekennzeichnet. Die bäuerliche Bevölkerung sollte daher mit den Grundbegriffen der Landwirtschaft, des Ackerbaus, der Viehhaltung und aller auf dem Lande – den Eigenheiten der Gegend entsprechend – notwendigen Berufe vertraut gemacht werden. Für den Stand der Handwerker und Händler bräuchte man, „um sie zu bilden, öffentliche Schulen und Einrichtungen; für die Berufe allgemein würde eine Zeichenschule und ein Mechanikkurs genügen. Aber es wäre notwendig, daß diese Einrichtungen dauerhaft werden und gut unterhalten würden, und man dürfte auch nicht die Ausgaben für Lehrer und Preise scheuen, wo doch diese das einzige Mittel seien, um anzuspornen und zur Perfektion zu führen."[3] Kaunitz schlug vor, außerdem die wesentlichen Grundanforderungen eines jeden Berufs schriftlich festzuhalten und in Unterrichtsveranstaltungen den Lehrlingen erklären und beibringen zu lassen, damit deren „Lehr- und Sklavenjahre"[4] abgekürzt werden könnten. Auch für zukünftige Kaufleute sollten Schulen geschaffen und darin Lehrer angestellt werden, „von denen man weiß, daß sie sowohl in der Theorie als auch in der Praxis die Besten sind".[5]
In den Plänen des Staatskanzlers sind bereits Ansätze zu dem später entwickelten dualen Ausbildungssystem erkennbar. Schulische Kurse und Lehrgänge waren als parallele Begleiteinrichtungen des handwerklichen Anlernens vorgesehen. Die sachgerechte Ausbildung für einen Beruf sollte in zwei Stufen erfolgen: Zunächst Vermittlung von allgemeinen Kenntnissen, die für viele Berufsfelder notwendig und brauchbar waren, dann erst Vertrautmachen mit den engeren berufstypischen Anforderungen. Von den Lehrern wurde Berufserfahrung verlangt. Schließlich forderte Kaunitz, ebenfalls bezeichnend für sein Bildungskonzept, daß nur eine auch ökonomisch abgesicherte Mittel- und Oberschicht ihre Kinder studieren lassen dürfe, wobei „eher nützliche Bürger als Gelehrte"[6] heranzubilden seien. Deshalb sollten die Ausbildungszeiten gekürzt, die praktischen Wissenschaften bevorzugt und Latein wie Griechisch von den lebenden Sprachen zurückgedrängt werden. Vor allem aber hielt er ein differenziertes zusätzliches Angebot von Lehrinhalten für notwendig, je nachdem, ob sich die Angehörigen dieser Schicht den Staatsdienst, die Rechtssprechung, das Handelswesen oder das Militär zum Berufsfeld wählten. Fächer wie Zeichnen und Ingenieurkunst oder kaufmännisches Rechnen, Handel und Geldwesen sollten in der Ausbildung einen festen Platz einnehmen.
Die Grundgedanken, die Kaunitz in seinem Gutachten formulierte, erhielten zwar keine offizielle Genehmigung, haben aber ohne Zweifel Maria Theresias Reformtätigkeit auf dem Gebiete des Unterrichtswesens beeinflußt. Nur billigte sie dem Ausbau berufsbildender schulischer Institutionen keine Priorität zu. Daher wurden Notwendigkeiten, eher zufällige Impulse und bloß grob gesteuerte Initiativen für deren Errichtung maßgeblich. Aber ihre entscheidenden Grundlagen, wie in der Folge anhand von Beispielen dargestellt werden soll, wurden damals geschaffen.

11.1 Anleitung zur Lohnarbeit („Arbeitsschule", „Industrieschule")

Eine Ursache der staatlichen, auf Arbeit und Beruf ausgerichteten Bildungsmaßnahmen lag in der Armut der Agrarbevölkerung und dem Elend der städtischen Grundschicht. Um deren Untätigkeit, Bettelei und Kriminalität in Grenzen zu halten und durch eine scharfe Sozialkontrolle die öffentliche Ordnung zu sichern, mußten sich die absolutistischen Herrscher besonders der verwahrlosten Jugend dieser gesellschaftlichen Randgruppen annehmen und sie früh an Arbeit gewöhnen. Mit beträchtlicher Energie und großzügigen Stiftungen trieb Maria Theresia damit eine Reformpolitik voran, die einen den Staat bejahenden einheitlichen Untertanenverband herbeiführen sollte.

Ein gewichtiger Teil ihrer Maßnahmen richtete sich auf die Besserung der Lage der Armen-, Waisen- und Soldatenkinder,[7] für die eigene Häuser nach westeuropäischem Vorbild[8] eingerichtet wurden. Das mindeste war, daß man sie in den reorganisierten Zucht- und Arbeitshäusern getrennt von den Erwachsenen unterbrachte.[9] Sie erhielten jetzt einen begrenzten elementaren Unterricht und wurden zu einfachen Arbeitern oder Dienstboten erzogen. Waisen aus gehobenen Bürger- und Adelskreisen oder Kinder aus in unverschuldete Notlage geratenen guten Familien konnten hingegen weitgehend mit einer standesgemäßen Erziehung und Ausbildung rechnen, die in der Regel durch oder von geistlichen Institutionen sowie Stiftungen getragen wurde.

Um aber die öffentliche Unterstützung niedrig zu halten, wurden die verwaisten oder verlassenen Kinder dort, wo es möglich war, gegen Lohn zu einfachen monotonen Arbeitsprozessen – in Manufakturen oder im Haus – angehalten;[10] die Kinderarbeit erwies sich als nützliche Einnahmequelle und half mit, die relativ hohen Betriebskosten der Waisenhäuser abzudecken. Die Unternehmer nützten geschickt – sie strichen ihre humanitäre Gesinnung heraus – die billigen Arbeitskräfte, um preisgünstiger produzieren zu können. Die Kinderarbeit galt als selbstverständlich im Denken dieser Zeit, die alles nach Nützlichkeitserwägungen beurteilte. Der Kameralist J. v. Sonnenfels formulierte das sehr deutlich; er forderte, daß die Kinder „zu denjenigen Arbeiten angeführt werden, die für sie schicklich und in der Folge nutzbar sind. Dieses letztere zu erreichen, ist es rathsam, die Waisenhäuser mit Arbeit- und Manufacturhäusern in einigen Zusammenhang zu bringen, woraus auch noch der Vortheil gezogen werden kann, daß die Kinder in Stand gesetzt werden, in baldem etwas zu ihren Erziehungskösten beyzutragen“.[11]

Ökonomische Überlegungen und Disziplinierungsabsichten rückten damals nahe aneinander. So ordnete ein kaiserlicher Erlaß im Jahre 1764 grundsätzlich an, daß in den Waisen-, Armen-, Zucht- und Arbeitshäusern die Manufakturarbeit von im Lande noch nicht bestehenden Produktionszweigen aufgenommen werden sollte. Der Einrichtung solcher Mustermanufakturen war allerdings nur wenig Erfolg beschieden, doch die Gewöhnung der Jugend an ein arbeitsames Leben machte ohne Zweifel gewisse Fortschritte.[12] Bereits 1761 hatte eine kaiserliche Entschließung die Direktoren der Waisenhäuser darauf hingewiesen, daß die Spinnereien „gar gern arme Kinder annehmen werden, um sie zu dem Spinnen anzuwenden“.[13] 1765 verpflichtete ein kaiserliches Patent die landesfürstlichen Städte und Märkte in den österreichischen Erbländern, Spinnschulen einzurichten. Maria Theresia wollte damit vor allem der Landbevölkerung einen Nebenverdienst verschaffen. Der Unterricht sollte während der Wintermonate erfolgen. Die Waisen, die Armenkinder wie auch die des Spinnens noch nicht kundigen Kinder der Handwerker im Alter von 7 bis 15 Jahren mußten zum Schulbesuch angehalten werden.[14] Doch weder Zwang noch Strafen zeigten besondere Erfolge; nur wo ein Unternehmer daran interessiert war, geschah etwas. Derartige Spinnschulen dienten allerdings nur der reinen Berufsausbildung; über die erlangten Kenntnisse wurde ein Zeugnis ausgestellt.

Ebenfalls Anleitungen zu einem Nebenverdienst boten die Schulen für Bienenzucht. 1769 wurde ein Prototyp dieser Schulen im Wiener Augarten eröffnet, später in den Belvederepark verlegt.[15] Sie fanden zwar zunächst weite Verbreitung, gingen aber oft bald wieder ein.

Ein ähnliches Schicksal widerfuhr den Bemühungen um die Einrichtung einer Seidenraupenzucht, für welche die natürlichen Bedingungen vielfach fehlten. Den Anstrengungen der Lehrer blieb meist der Erfolg versagt.[16]

In den siebziger Jahren des 18. Jahrhunderts wollte man endlich der vorhandenen Massenarmut auf breiterer Front begegnen, präventiv die von der Verarmung betroffenen Menschen auf die Möglichkeiten des Nebenerwerbs hinweisen und sie darauf vorbereiten. Eine solche Absicht konnte freilich nur dann verwirklicht werden, wenn die Aufgabenstellung vom Regelschulwesen aufgegriffen wurde. Bahnbrecher dieser einen Fortschritt bedeutenden Entwicklung war Ferdinand Kindermann (1740–1801).[17] Der in Böhmen geborene Pädagoge hatte selbst in seiner Kindheit durch Spinnen zum Unterhalt der Familie beigetragen und daneben noch die schulischen Aufgaben erledigen können. Unter dem Einfluß des Prager Universitätslehrers K. H. Seibt und des Saganer Schulreformers J. I. Felbiger gestaltete er zwischen 1771 und 1774 als Pfarrer des südböhmischen Städtchens Kaplitz die dortige Elementarschule zu einer Musterschule um.[18] Angeregt von dem Arbeitsunterricht im Franckeschen Pädagogium in Halle und der Waisenhauserziehung richtete er „Industrialklassen“ ein, in denen die Schüler für einfache Tätigkeiten in Gewerbe und Industrie ausgebildet wurden. Neben dem Unterricht wurden Strümpfe gestrickt, Spinn- und Webarbeiten durchgeführt sowie Garten- und Feldarbeit geleistet. Auch die Bienen- und Seidenraupenzucht fanden Berücksichtigung.[19]

Durch den guten Ruf der Kaplitzer Schule wurde Maria Theresia auf F. Kindermann aufmerksam und berief ihn in die Schulkommission für Böhmen. Da ihm 1775 die Leitung der neueröffneten Normalschule in Prag übertragen und er zum Schulenoberaufseher von Böhmen ernannt wurde, bot sich ihm die Möglichkeit, seinen Kaplitzer Schulversuch auf das ganze Land zu übertragen. Im Jahre 1779 begann er mit der planmäßigen Einrichtung von sogenannten Industrieschulen; bereits 1798 zählte man in Böhmen 674 ihrer Art.

Dieser Schultyp verbreitete sich ziemlich rasch auch im deutschen Raum. Besonders trug dazu der Armenadministrator und Pfarrer Ludwig Gerhard Wagemann in Göttingen bei, der 1784 ebenfalls an seiner Pfarrschule eine Industrieklasse errichtete und seit 1788 mit seinem Publikationsorgan „Göttingisches Magazin für Industrie und Armenpflege“ der Industrieschulbewegung starke Resonanz verschaffte. Auch Heinrich Philipp Sextro gab mit seiner Schrift „Über die Bildung der Jugend zur Industrie“ (1785) und mit der von ihm gegründeten Industrieschule von Helmstedt (1791) beachtenswerte Impulse. Industrieschulen wurden in England, Holland, Dänemark, Spanien, Italien, in der Schweiz und in Rußland gegründet.[20]

Verallgemeinernde Aussagen über die Industrieschulen sind allerdings nicht möglich, zu unterschiedlich waren sie in Zielsetzung, Funktion und Gestaltung.[21] Zunächst bedarf schon der Name einer näheren Kennzeichnung.[22] Er muß von seinem lateinischen Ursprungswort *industria* – also von Fleiß und Regsamkeit her – verstanden werden. Eine „industriöse“ Gesinnung in der Bevölkerung zu wecken war das Ziel.[23] Bald jedoch erweiterte sich der Bedeutungssinn von Industrie[24] und verband mit Arbeitsamkeit und unermüdlicher Betriebsamkeit auch Faktoren wie geistige Wendigkeit, Offenheit für neue Erfahrungen, Umstellung auf zeit- und kraftsparende Methoden, Eigeninitiative, Mut zum Risiko usw. Es sollte zu einer Arbeitshaltung erzogen werden, die sich nicht mit der Befriedigung der materiellen Lebensbedürfnisse begnügte, sondern auch Vorsorge traf und Überfluß schuf, wovon Staat und Wirtschaft einen Vorteil hatten. Das Einströmen merkantiler Überlegungen ist unverkennbar. Der Begriff „Industrie“ im modernen Sinn – Bezeichnung für die gewerbliche Verarbeitung von Rohstoffen und Halbfabrikaten in Großbetrieben – tauchte zwar damals ebenfalls zum ersten Mal auf,[25] er war aber nicht der Namengeber des neuen

Schultyps. Dieser qualifizierte auch nicht für den industriellen Arbeitsprozeß; er mag aber Haltung und Gesinnung der Menschen dafür vorbereitet haben.
Die Grundkonzeption der sogenannten Industrieschule schien einfach und klar: Verbindung von elementarem Unterricht und Arbeit im Wechsel von Lernen und Beschäftigung, für die mit Geld „aufgemuntert" wurde.[26] Ihre Typenvielfalt war hingegen verwirrend groß und sowohl von regionalen Erfordernissen als auch lokalen Möglichkeiten abhängig. Der Zusammenhang des Schultyps mit einer noch agrarisch ausgerichteten Wirtschaft kann nicht geleugnet werden; die jeweils gewählten Schwerpunkte der „industriösen" Tätigkeit suchten eher eine ländliche Nebenerwerbsproduktion aufzubauen und dadurch einer Abwanderung in die schnell wachsenden Zentren der modernen Industrie die Notwendigkeit zu nehmen. Doch Unterbeschäftigung der im Umkreis der Schule angesiedelten Bevölkerung und Absatzmöglichkeiten für die erzeugten Produkte schienen Hauptbedingung für Gründung und Bestand von Industrieschulen gewesen zu sein. Weil es aber auf dem Lande häufig an Arbeitskräften mangelte, hatten die Industrieschulen in der Stadt eher Zukunft. Auch der Verkauf ließ sich in der Stadt besser durchführen. Im allgemeinen gingen viele dieser Schulen nach kurzer Zeit zugrunde.[27]
Auf heute österreichischem Boden blieb die in Böhmen zunächst hektisch vorangetriebene Entwicklung in den Ansätzen stecken. Zwar wies eine Instruktion für Kreisschulkommissäre im Jahre 1785 ausdrücklich darauf hin, daß es des Herrschers „höchster Wille ist, daß die Kinder auch im Industrialfache, im Spinnen, Stricken usw. unterrichtet werden sollen", auf die Verbindung dieses Unterrichts mit den übrigen Lehrgegenständen zu achten sei, untersucht werden solle, wo und wie „dergleichen Arbeitsschulen" errichtet werden können,[28] doch blieben die Ergebnisse dürftig. Einer Aufforderung an die Fabriksinhaber (1788), die Schulkinder zwischen sechs und zwölf Jahren mit Baumwolle oder Schafwolle zum Spinnen zu versehen,[29] kam keiner nach. Nur das Viertel unter dem Manhartsberg erreichte, daß aus dem Vermögen der aufgehobenen Viehhirtenzunft Spinnräder für die Trivialschulen auf dem Lande angeschafft wurden. Doch außer in Korneuburg konnte sich keine dieser Arbeitsschulen halten. In Österreich ob der Enns bestanden allerdings seit 1776 bei den Trivialschulen eigene „Arbeitsschulen", deren Existenz durchwegs eifrigen Seelsorgern und einigen Wohltätern zu verdanken war. Hier lernten die älteren schulbesuchenden Mädchen spinnen und nähen, meistens das Spinnen mit zwei Fäden. Die wohlhabenderen Schülerinnen mußten den „Arbeitsmeisterinnen" Unterrichtsgeld zahlen. Nach 1792 erhielten diese Schulen weniger Mittel aus dem Armeninstitut, und auch die finanziellen Unterstützungen durch Wohltäter fielen knapper aus; nur die Strickschulen in Linz, Wels und Steyr konnten sich daher ins 19. Jahrhundert retten.[30]
Die behördlichen Gutachten über die Gründe der Ablehnung dieses Schultyps durch die Bevölkerung liefen auf der einen Seite darauf hinaus, daß die Eltern ihre Kinder schon frühzeitig für Feld- und Hausarbeiten einsetzten, um sich die kostspieligen Dienste von Knechten oder Mägden ersparen zu können, der Bearbeitung von Grund und Boden dadurch leicht zu viele Hände entzogen werden könnten und das lange Sitzen in der Schule die Kinder für die schweren Arbeiten der Bauern immer untauglicher mache. Auch der Lehrer könne für diese Unterrichtstätigkeit nicht zusätzlich Zeit erübrigen, weil er aufgrund seines niedrigen Einkommens auf einen Nebenverdienst nicht verzichten könne. Als Mesner werde er viel benötigt.[31] Andererseits wurde mit Recht darauf verwiesen, daß in den vierten Klassen der Hauptschulen und in den Normalschulen eine Einführung in einige Aufgabenstellungen der Industrieschulen gegeben werde. Den Schülern mußten die „vornehmsten Grundsätze der Haushaltungskunst und Landwirtschaft" vermittelt werden. In den Mädchenschulen war täglich wenigstens eine Stunde Handarbeit (Nähen, Stricken,

Spinnen) vorgesehen;[32] an vielen Kreishauptschulen bestanden dafür sogar eigene Abteilungen.[33]
Daß diese sogenannten Industrieschulen auf heute österreichischem Boden sowenig Erfolg hatten, lag wohl schon daran, daß der Ausbau des 1774 durch die „Allgemeine Schulordnung" festgelegten Regelschulsystems hier bereits auf starke Schwierigkeiten gestoßen war und unter Joseph II. nur durch Zwangsmaßnahmen vorangetrieben werden konnte. Außerdem scheint die damals erfolgte Eingliederung lebenspraktischer und berufsvorbereitender Fächer in das Curriculum die Bedürfnisse der am Unterricht interessierten Bevölkerungsschichten weitgehend befriedigt zu haben. Die Reduktion auf eine mehr theoretische „Anleitung zur Erkenntniß der Gründe und des Verfahrens bei der Landwirthschaft"[34] für den ländlichen Raum und eine praktische Einführung in weibliche Handarbeiten beließ die „Industrie" im pädagogischen Bereich und wies eine gleichsam institutionelle Schulung von Lohnarbeitskräften weitgehend zurück.
Vielleicht hätte J. H. Pestalozzi mit seinem doch ganz anderen Modell der Industrieschule in Österreich mehr Erfolg gehabt. Für ihn war Industrie nur ein Mittel, den wirtschaftenden Menschen zur Humanität, Sittlichkeit und Würde zu führen.[35] Das Kind durfte daher nicht in den Dienst von Familie und Staat genommen und als ein zu nützendes Reservoir von ökonomischen Fähigkeiten und Kräften betrachtet werden. Pestalozzi wollte allzu gern „einen practischen Versuch der Ausführung" seiner Ideen machen. Er legte Leopold (II.), als er noch Großherzog der Toskana war, ein „Memorial über Civilbildung, besonders über die Einrichtung eines Seminariums für Industrie" (1788) vor. Im Jahre 1790 übersandte er ein „Memoire über Berufsbildung" nach Wien, voller Hoffnung, daß er nun seine Pläne verwirklichen werde können. Doch die Gründung einer Versuchsschule nach seinen Grundsätzen unterblieb; als Pestalozzi 1792 endlich in Österreich eintraf, war Kaiser Leopold II. bereits tot.[36]
Als 1814 aufgrund einer Anfrage des Kaisers die Diskussion um die Einrichtung von Industrieschulen nochmals aufflammmte, hatten die Behörden die noch existierenden ausländischen Vorbilder vor Augen; das böhmische Beispiel war vergessen,[37] das Interesse an diesem Schultyp weiterhin gering. Es ist bezeichnend, daß ein 1815 von der Studienhofkommission erarbeitetes Gutachten bei der Hofkanzlei verlegt wurde und erst 1826 eine Erledigung erfuhr. Es blieb bei einer Empfehlung, dort, wo es ohne Heranziehung zusätzlicher öffentlicher oder privater Mittel möglich sei, die Knaben nach den ordentlichen Lehrstunden an einigen Tagen der Woche im Stricken, Spinnen, Korbflechten und ähnlichen in der Gegend üblichen Handarbeiten und die Mädchen in den notwendigsten weiblichen Arbeiten zu unterrichten.[38] V. E. Milde dürfte diesen Beschluß mit einem eher ablehnenden Gutachten wesentlich beeinflußt haben.[39] Denn obgleich er es für richtig hielt, daß die Jugend neben den üblichen Lehrgegenständen auch zur körperlichen Tätigkeit angeleitet werde, und für eine Harmonie von Geistes- und Körperbildung eintrat, erkannte er den Mißbrauch, der mit dieser Schulgattung getrieben wurde. Die Industrieschulen waren in seinen Augen „Erwerbungsanstalten des Eigennutzes", „Zwangsarbeitshäuser" und „Verbildungsanstalten", in denen die Gesundheit der Kinder zerstört und ihre Geistesbildung sträflich vernachlässigt wurde.[40]
In der Argumentation der pragmatisch vorgehenden Beamten der österreichischen Schulverwaltung vermißt man freilich Mildes kritische Worte ebenso wie die scharfen Formulierungen mancher deutscher Gegner der Industrieschulbewegung.[41] Widerstände wurden nicht theoretisch mit dem erzieherischen Auftrag der Schule oder mit notwendigen Bedingungen für das geistig-seelische Wachstum des Kindes begründet, sondern durch Verschleppung und Nichterledigung geäußert. Es gelang dadurch, eine Entwicklung, die Schule zu einer „verlegten Werkstätte"[42] zu degradieren, abzuwenden.

11.2 Vorbereitung zur Facharbeit

11.2.1 Frühformen des technisch-gewerblichen Unterrichts („Commerzial-Zeichnungs-Academie“, „Real-Zeichnungs-Schule“ u. ä.)

Die staatlich gelenkte Wirtschaft zur Zeit des Merkantilismus benötigte nicht nur arbeitswillige Menschen, die monotone Verrichtungen in den Manufakturen nicht verweigerten, sondern vor allem auch Fachkräfte. Diese mußten für verschiedene Unternehmensbereiche anfangs aus dem Ausland berufen werden.[43] Um das entbehrlich zu machen und die Fortentwicklung sowie Verbreitung mancher Erwerbszweige zu sichern, begann Maria Theresia Schulen einzurichten oder zu fördern, die erst im eigentlichen Sinn als berufsbildend angesprochen werden dürfen. Diese bedeutende Herrscherin setzte damit in einem bis dahin stark vernachlässigten Bildungsbereich ebenfalls entscheidende Schritte.

Die Anfang 1758 eröffnete Dessinateur-Schule in Wien („Zeichnungsschule“, „k. k. Commerzial-Zeichnungs-Academie“)[44] gilt als älteste staatsgewerbliche Schule des gesamten deutschsprachigen Gebietes. An ihr wurden von dem in Paris geschulten Florian Zeiß Musterzeichner für die neu geschaffene Seidenindustrie herangebildet. Der Staat sparte dabei nicht an Mitteln. Außer für die Besoldung der Lehrkräfte kam er auch für alle Schulrequisiten auf, setzte Prämien von sechs Dukaten für die besten drei Schüler aus und belohnte die Lehrer für jeden ausgelernten Schüler. Neben dem Normalunterricht am Tage wurden später auch Abendkurse sowie eine Sonn- und Feiertagsschule für im Beruf stehende Meister, Gesellen und Lehrlinge geführt. Ab 1776 wurde an ihr zusätzlich Unterricht im Vorrichten von Webstühlen gegeben. Dieser neue Schultyp verquickte in eigentümlicher Weise Schule und Lehre. Die Lehrer kamen aus der Berufspraxis.

Die 1766 eröffnete „Kupferstecher-Academie“[45] – eine Schöpfung Jakob Schmutzers (Schmuzer), der mit staatlicher Unterstützung zu J. G. Wille nach Paris gesandt worden war, um bei diesem die Kupferstecherkunst zu studieren – verfolgte im Zeichnen und Kupferstechen neben der Einführung in die notwendigen praktischen Fertigkeiten künstlerische Zielsetzungen.[46] Diese Schule trug viel zur Förderung der graphischen Künste in Österreich bei. Nicht überschätzt darf J. Schmutzers Wirksamkeit als Inspektor des Zeichenunterrichts an den Normalschulen im gesamten Staatsgebiet werden.[47]

Auch die 1767 von Anton Domanöck gegründete Possier-, Verschneid- und Graveur-Akademie[48] entwickelte sich in ähnlicher Richtung. Schon 1770 wurde die Vereinigung dieser Akademien mit der bereits bestehenden Akademie der bildenden Künste erwogen, aber erst 1772 vollzogen.[49] Als 1785 Joseph II. diese „Academie der vereinigten bildenden Künste“ nach St. Anna verlegte und aus Ersparnisgründen eine einheitliche Organisation forderte, wurde auch die „Commerzial-Zeichnungs-Academie“ in sie eingegliedert (1786), Florian Zeiß zog sich in den Ruhestand zurück.[50]

Das Bedürfnis nach einem an der Berufspraxis ausgerichteten Unterricht war damals durchwegs gegeben, konnte aber nur an wenigen Orten befriedigt werden. So richteten z. B. die Jesuiten in Klagenfurt eine „mechanische Schule“ (1767) ein, und für das Grazer Waisenhaus ordnete Maria Theresia an, daß dort „mechanische Lectionen“ zu geben seien, das Rechnungswesen durch einen Piaristen gelehrt werde und „Reiß- oder Zeichnungsmeister“ all das vermitteln sollten, was einem Zimmermann, Maurer, Wagner, Tischler oder Kunstweber nützlich sei. Auch die vom steirischen Commerzien-Conseß angeregte Errichtung einer „Gold-Silber- und Leonische Spiz Kleppel Schule“ wurde von Maria Theresia 1768 genehmigt.[51]

Die von Maria Theresia 1763 gegründete Montanlehranstalt in Schemnitz (Banská Štiavnica, heute Tschechoslowakei), die 1770 in den Rang einer Bergakademie erhoben wurde, wäre hier gleichfalls zu erwähnen. In dieser Schule wurden Beamte, die für leitende Aufgaben im Bergbau vorgesehen waren, nicht nur aus den habsburgischen Erblanden, sondern auch aus dem Erzstift Salzburg ausgebildet. Dem etwa zur gleichen Zeit erfolgten Versuch des Jesuiten Franz Xaver Racher, eine Bergschule in Traunkirchen zu führen, blieb jedoch der Erfolg versagt. Wer im Salzamt des Kammergutes angestellt werden wollte, mußte eine Ausbildung in Schemnitz nachweisen.[52] 1790 richtete Fürsterzbischof Hieronymus Graf Colloredo in Salzburg ein Kameralinstitut ein, in dem die im Ausland ausgebildeten Bergbausachverständigen Vorlesungen für die „Bergkadetten" zu halten hatten. Im Jahre 1800 stiftete er sogar eine „Salzburgische Bergakademie für des Erzstifts Berg- und Hüttenwesen" nach dem Muster von Schemnitz, doch nahm diese infolge der Säkularisierung Salzburgs (1803) nicht mehr ihre Tätigkeit auf. Auch das Kameralinstitut wurde aufgehoben.[53]

Schließlich wurde wieder von der Unterrichtsverwaltung ein Weg eingeschlagen, der von reinen Spezialistenschulen wegführte und das Grundwissen in Zeichnen oder Mechanik in das allgemeinbildende Regelschulsystem einband.

Tirol hatte sich schon früh zu einer solchen Lösung entschlossen. In Innsbruck war bereits 1772 eine „Real-Zeichnungs-Schule" ins Leben gerufen worden, die der Direktion der Normalschule unterstand und Studenten, Künstler und Handwerker in der Kunst des Zeichnens vervollkommnete.[54] Dabei sollte, wie 1777 ausdrücklich festgestellt wurde, mehr „auf die Emporbringung der Manufacturn und anderer dem Staate nützlicher Künste"[55] als auf Heranbildung von Malern und Bildhauern geachtet werden.

Die „Allgemeine Schulordnung" (1774) sah dann ausdrücklich vor, daß an den Hauptschulen – nach Zahl und Fähigkeit der Lehrer – Zeichnen und Feldmeßkunst, an der Normalschule die Anfangsgründe der Feldmeß- und Baukunst, Mechanik und das Zeichnen sowohl mit Zirkel und Lineal als auch mit freier Hand gelehrt werde.[56]

Derartige Kurse waren, wie uns erhaltene Ausweise wissen lassen, gut besucht. In Innsbruck suchten durchschnittlich 40 bis 50 Schüler den Unterricht beim Zeichenmeister auf, 50 bis 60 Gesellen und Lehrlinge fanden sich an Sonn- und Feiertagen ein, um sich im Zeichnen fortbilden zu lassen.[57] In Graz nahmen zwischen 1776 und 1781 233 Schüler (darunter auch Erwachsene) daran teil. Der Lehrer, dem ein eigener Raum für seinen Unterricht zur Verfügung stand, lehrte zwischen 11 und 12 Uhr, um das Pflichtprogramm der Normalschüler nicht zu stören.[58] In Salzburg war seit 1785 ebenfalls eine Zeichenschule der Hauptschule angegliedert.[59] Eine Reihe von Haupt- und Normalschulen wurden auf diese Weise auch Stützpunkt einer gewerblichen Bildung. Zum Besuch dieses zusätzlichen Angebotes von Gegenständen wurde niemand verpflichtet. Sie standen allerdings nur an wenigen Schulorten zur Wahl, auch beschränkten sich die vermittelten Kenntnisse auf Notwendiges und Nützliches.

11.2.2 Frühformen des kaufmännischen Unterrichts („Real-Handlungs-Academie" u. ä.)

Hatte sich Maria Theresia im technisch-gewerblichen Bereich über Anregung ihres Staatskanzlers Kaunitz im wesentlichen von französischen Einrichtungen beeinflussen lassen, wurden für das kaufmännische Bildungswesen deutsche Vorbilder wirksam.[60]

In den fünfziger Jahren des 18. Jahrhunderts standen noch Entwürfe von dem deutschen Publizisten Johann Gottfried Groß („Unmaasgebliche Gedancken über ein mit leichten Kosten zu errichtendes Seminarium Politicum, oder Hof-Policey-Handlungs-Kunst- und Wirthschafts-Schule",[61] Nürnberg 1739) und von dem Manufakturen-

Amtsinspektor in Mähren Ludwig Ferdinand Procop von Rabenstein („Unmaasgebiger Vorschlag zur Errichtung der Mechanischen lehr-Schule in Mähren“,[62] 1752) zur Diskussion. Letzterer arbeitete bereits ein ausführliches Lehrprogramm für „Buchhaltung, kaufmännische Correspondenz, Wechsel- und Handelsnegotium“[63] aus. Beiden Plänen blieb eine Umsetzung in die Wirklichkeit versagt.
Seit 1762 führten zwar die Piaristen in Wien einjährige, allgemein zugängliche Lehrkurse für „Buchhaltung in doppelten Posten“, „Cameralrechenfuß“, Wechselrechnung, Geometrie und Rechenkunst durch, doch waren die Vorlesungen vor allem als eine Einführung in die kaufmännischen Wissenschaften gedacht und befriedigten daher die Wiener Kaufmannschaft nicht. Sie klagten 1769, daß es „den hiesigen Handelsleuten zum Theil sehr an den nöthigen Merkantil-Känntnissen fehle“,[64] und wollten die Ausbildung des Nachwuchses ins Ausland verlegen. Dagegen sprach sich der Hofkommerzienrat aus und empfahl Maria Theresia die Errichtung einer derartigen Anstalt im Lande selbst. Dabei griff man auf ein bereits 1768 von Johann Georg Wolf (1736–1796) vorgelegtes Projekt zurück und hatte gleichzeitig das von Johann Georg Büsch seit 1768 in Hamburg geleitete „Institut zur Erziehung und Vorübung des jungen Kaufmanns“ (ab 1776 „Academie der Handlung“) vor Augen.[65]
Maria Theresia entschied 1769, daß mit einer solchen „Realschule“ („realschull“)[66] eine Probe gemacht werde. Der Unterricht wurde 1770 mit 26 Jugendlichen zwischen 13 und 20 Jahren aufgenommen und erwies sich bei einer öffentlichen Prüfung als erfolgreich. Das führte noch im selben Jahr zur definitiven Bestätigung der Unterrichtsanstalt. Sie wurde nun entweder als „Realacademie“ oder „Real-Handlungs-Academie“ bezeichnet. Die Aufnahme war von einer Prüfung in Schreiben und Rechnen abhängig und bevorzugte die Söhne der einheimischen Handelsleute. Die Ausbildung dauerte zwei Jahre und umfaßte Schreib- und Rechenkunst, Französisch, Italienisch, Warenkunde und eine auf Handelsinteressen abgestimmte Geographie, Geometrie und Proportionenlehre, Blumen- und Dessinzeichnen, Mechanik, Naturlehre, doppelte Buchhaltung, Handels- und Seerecht, praktische Handlungswissenschaft, Natur- und Zivilrecht sowie Vernunft- und Sittenlehre (Logik und Ethik).[67] Der überladene Lehrplan wollte offensichtlich der Öffentlichkeit imponieren und Schüler anlocken; es wird Schicksal neu auftretender Schultypen bleiben, nur durch spektakuläre Ankündigungen auf sich aufmerksam machen zu können. Der praktischen Ausbildung diente vorübergehend (bis 1774) ein Comptoir, das mit in- und ausländischen Industriellen in Verbindung stand und eine „Realzeitung“ mit Handelsnachrichten u. ä. herausgab.[68]
Obgleich die neue Schule in ihrer Ausgestaltung zunächst rasche Fortschritte machte – J. G. Wolf dachte bereits 1772 an einen dritten Jahrgang – und sich ihr guter Ruf über die Grenzen der Monarchie hinaus verbreitete, kämpfte sie infolge der unzureichenden finanziellen Ausstattung bald um ihre Existenz. Verschiedene Maßnahmen wurden zu ihrer Rettung eingesetzt.[69] Jahrelang dachte Maria Theresia an eine Vereinigung dieser kaufmännischen Lehranstalt mit der Normalschule.[70] Die „Real-Handlungs-Academie“ übersiedelte 1775 schließlich zwar in dasselbe Haus (ehemaliges Noviziatsgebäude der Jesuiten bei St. Anna, wo auch die Normalschule untergebracht war), konnte aber ihre Selbständigkeit bewahren und auf ihrem auch im Ausland anerkannten Weg fortschreiten. Auch Josephs II. Versuch im Jahre 1785, die Akademie der bildenden Künste, die Realakademie, die Kommerzialzeichnungsschule und die Normalschule „durch Zusammenziehung in ein System“ zu bringen und auf diese Weise die Zahl der Lehrer zu vermindern, blieb weitgehend erfolglos. Nur die Lehraufgabe Architektur wechselte von der Realakademie in die Zeichenschule über.[71] Die „Real-Handlungs-Academie“ war ein Prototyp einer kaufmännischen Fachschule und hatte in mancher Hinsicht bereits einen modernen Zuschnitt. Sie verlor erst an Bedeutung, als sie 1815 in das „polytechnische Institut eingebunden wurde und ihre Eigenständigkeit einbüßte.

12 Umwandlung der Universitäten und semiuniversitären Einrichtungen in staatliche Lehranstalten

Die österreichischen Herrscher zur Zeit des aufgeklärten Absolutismus, denen zwar das Glück ihrer Untertanen und der Wohlstand ihres Staates am Herzen lag, wie sie immer wieder ihrer Umwelt versicherten, die aber letztlich den Ausbau ihrer Macht und die Allgewalt des Staates erstrebten, haben von Anfang an dem tertiären Bildungsbereich ihre besondere Aufmerksamkeit geschenkt und hier zielbewußt Initiativen ergriffen. Denn an den Universitäten erfolgte ja die Ausbildung der Führungsschicht und eines qualifizierten Beamtentums. Gerade in der Krisensituation der Monarchia Austriaca galt es, das intellektuelle Potential des Staates zu mobilisieren und augenfällige Entwicklungsrückstände gegenüber westeuropäischen und norddeutschen Bildungseinrichtungen zu beseitigen.
Schon unter Karl VI. waren die Mängel der Universität erkannt und erste zögernde Versuche zu ihrer Behebung unternommen worden. Sie führten zu keinen Veränderungen im Studienbetrieb. Das zu erwartende Vorgehen wurde aber deutlich signalisiert und die Weichenstellung in Richtung eines stärkeren staatlichen Einflusses vorgenommen.
Die tieferen Eingriffe, die dann Maria Theresia, Joseph II. und Leopold II. setzten, müssen freilich bereits als Teile eines sich allmählich aufbauenden und Konturen annehmenden bildungspolitischen Konzeptes verstanden werden, das zwar von den Gedanken der Aufklärung wesentlich beeinflußt war, aber durch die Persönlichkeit der jeweiligen Berater erst Akzentlegung und besondere Ausformung erfuhr. Die komplexen Reformvorgänge, deren Einzelheiten hier gar nicht ausgebreitet werden können, haben daher wohl einige gemeinsame Stoßrichtungen, wie Sicherung der Einwirkungsmöglichkeiten des Staates, Praxisorientiertheit der Studien und Emanzipation aus konfessionellen Begrenzungen, zeigen aber sonst eine Vielfalt von keineswegs immer folgerichtig aufeinander abgestimmten Erscheinungsformen. Sie bedeuten auch nicht immer Fortschritt; die Entwicklung im tertiären Bereich verlief nämlich eher wellenartig. Die Stabilisierung des zunächst feststellbaren Aufschwungs – die Ankoppelung an die Lehrprogramme und den Wissensstandard Westeuropas – gelang nicht. Das hatte verschiedene, noch näher zu erläuternde Ursachen. Eigentümlichkeiten wie Widersprüchlichkeiten der aufgeklärten Bildungspolitik der absoluten Herrscher machen es freilich schwer, alle Fragen eindeutig zu beantworten.

12.1 Die Ausbildung des Adels für den Staatsdienst an semiuniversitären Lehranstalten

Die Abfolge der Bildungsreform unter Maria Theresia war zunächst von Notwendigkeiten bestimmt. Zu Anfang ihrer Regierungszeit konnte sie nur daran denken, Einrichtungen zu schaffen oder zu fördern, in denen die führende Schicht – der Adel – besser als bisher für seine Aufgaben in politisch-administrativen, militärischen, technischen und wissenschaftlichen Funktionen ausgebildet werden konnte. Sie wollte, wie sie in einem Stiftungsbrief ausführte, „dem zahlreichen Adel der Erblande die Gelegenheit ... eröffnen und die Mittel ... erleichtern, seine Söhne in guten Sitten und allen anständigen Wissenschaften dergestalt unterweisen zu lassen, damit sie ihr und ihren Nachfolgern und dem gemeinen Wesen erspriessliche Dienste zu leisten in den Stand gesetzt würden".[1] Sie griff dabei auf einen Schultyp zurück, der längst dahinsiechte und in der Welt der Aufklärung – Rousseau bezeichnete die Ungleichheit als das größte Übel der Gesellschaft –[2] ein Fremdkörper hätte sein müssen: auf die sogenannte Ritterakademie, das Collegium nobilium. Aber sie setzte geschickt neue Akzente im Bildungsprogramm dieser Schule – die Wissenschaften drängten die adeligen Exerzitien (Tanzen, Fechten, Reiten) an den Rand – und erfüllte sie mit neuem Geist. Um einen Rückfall in die alte Aufgabenstellung von vornherein zu verhindern und dem Wissen sicher den Vorrang einzuräumen, bediente sie sich der etablierten Schulorden bei der Führung derartiger Lehranstalten.

Die erste Ritterakademie neuen Zuschnitts wurde von den Benediktinern in Kremsmünster eröffnet.[3] Das Kloster Ettal in Oberbayern bot dafür Anregungen, führte dieses doch seit 1711 eine ähnliche Einrichtung. Bereits 1738 wurde dem traditionellen Gymnasium ein philosophischer Kurs (Logik, Metaphysik, Physik) aufgestockt. Schließlich wurden auch Lehrinhalte der Jurisprudenz und Theologie, moderne Fremdsprachen, Musik, Reiten, Fechten und Tanzen angeboten. Im Jahre 1744 bestätigte Maria Theresia diese Ritterakademie.[4] An die emsige wissenschaftliche Forschung, die dort betrieben wurde, erinnert noch heute der „Mathematische Turm" (Sternwarte) mit seinen reichen Sammlungen. Eine ähnliche Ritterakademie wurde 1745 vom Benediktinerabt Oddo von Kleinzell in Eisenstadt geplant; doch das Projekt scheiterte.[5]

In Wien erklärten die Jesuiten schon 1743 ihre Bereitschaft, ein Seminarium nobilium zu errichten, wofür sie das Lustschloß Karls VI. auf der Wieden, die Favorita, erbaten. Erst 1746 entschied sich Maria Theresia für den Vorschlag und übergab der Gesellschaft Jesu das seit dem Tode des Kaisers verlassene und bereits verwahrloste Gebäude mit dem großen Park. Noch im Herbst desselben Jahres konnte das nach der Herrscherin bezeichnete Collegium Theresianum den Unterricht aufnehmen.[6]

Die Studienorganisation orientierte sich zunächst an der jesuitischen „Ratio studiorum". Nach den drei Grammatik- und den zwei Humanitätsklassen folgte ein zweijähriger philosophischer Kurs und darauf ein juristisches Studium mit drei Jahrgängen. Als Lehrer fungierten großteils Mitglieder der Gesellschaft Jesu, nur die juristischen Vorlesungen wurden vorwiegend von weltlichen Lehrkräften gehalten.

Bereits 1755 trennte Maria Theresia das Rechtsstudium und die adeligen Exerzitien vollständig von den Jesuiten ab und stellte sie in einem neuerrichteten angrenzenden Bau unter weltliche Leitung. Diese Theresianische Ritterakademie hatte aber nur dreieinhalb Jahre Bestand, weil es an Zöglingen mangelte (1758). Daraufhin übernahmen die Jesuiten, die das Collegium Theresianum weitergeführt hatten, wiederum das gesamte Unterrichtsprogramm.

Im Jahre 1746 entschloß sich auch die Herzogin Maria Theresia Felicitas von Savoyen, eine geborene Prinzessin Liechtenstein, auf eigene Kosten ein ähnliches Institut[7] ins Leben zu rufen, in dem die „adelige Jugend in allen erforderlichen Wissenschaften und Exercitien unterrichtet und somit geschickt gemacht werden sollte, dem Oberhaupte des Staates wie auch dem gesammten Vaterlande dermaleinstens in allen Ständen ersprießliche und nützliche Dienste zu leisten".[8] Das Akademiegebäude wurde in Wien auf dem Chaosschen Stiftsgrunde erbaut, der heute von der Mariahilfer Straße, der Stift- und der Siebensterngasse eingeschlossen wird. Der Piaristenorden wurde für die Führung der „Savoyischen Ritterakademie" gewonnen; 1749 öffnete sie ihre Pforten.

Das Lehrprogramm umfaßte hier nur die drei obersten Klassen des Gymnasiums, wobei auch die deutsche Sprache ausreichend gepflegt wurde. In den folgenden zwei philosophischen Jahrgängen wurde der Geschichte besonders viel Zeit eingeräumt (insgesamt 6 Wochenstunden). Für das anschließende juristische Studium waren drei Jahre vorgesehen. Außerdem wurde den Zöglingen dieser Akademie die Möglichkeit geboten, die Ingenieur- und technische Militärwissenschaft zu studieren; vorübergehend bestand deswegen eine enge Zusammenarbeit mit der Chaosschen Stiftung.

Nach dem Tode der Stifterin (1772) bemühte sich Maria Theresia um eine Vereinigung der Savoyischen Akademie mit ihrer Gründung. 1776 stellte sie beide Anstalten unter eine gemeinsame Oberdirektion, 1778 wurden beide im Gebäude des Theresianums untergebracht.[9]

Nur am Rande braucht hier auf ein von den Piaristen 1748 eröffnetes adeliges Bildungsinstitut eingegangen werden, das sein Entstehen Johann Jakob Graf von Löwenburg verdankt und deswegen Löwenburgsches Konvikt genannt wurde.[10] Die Stiftung sollte vor allem dem österreichischen und ungarischen unbemittelten Adel zugute kommen. Die gymnasiale Bildung erhielten die adeligen Zöglinge gemeinsam mit den Bürgerkindern an der öffentlichen Lateinschule der Piaristen. Erst mit dem Beginn des philosophischen Kurses setzte das übliche exklusive Programm der Adelsakademien ein; es gab zusätzlich Unterricht in französischer und italienischer Sprache, in Plan-, Situations-, Bau- und Freihandzeichnen, in Kalligraphie und Briefschreiben sowie in Fechten und Tanzen. Das Reiten wie auch die rechts- und staatswissenschaftlichen Studien konnten die adeligen Zöglinge in der Savoyischen Akademie betreiben. Doch das zunächst sehr angesehene Institut geriet bereits am Ende der siebziger Jahre infolge eines starken Rückgangs an Zöglingen in eine Krise und sank 1782 nach Aufhebung des Konvikts und Einziehung der Stiftungseinkünfte durch Joseph II. zu einer Unterkunft für adelige Jünglinge aus der Provinz ab.

Auf weitere Einzelheiten der äußeren Geschichte dieser semiuniversitären Einrichtungen braucht hier nicht eingegangen zu werden. In sie wurden nur Adelige aufgenommen; diese durften Uniform und Degen tragen. Sie bildeten eine elitäre Gemeinschaft. In vielem war das Auf und Ab dieser Ritterakademien von dem hohen finanziellen Aufwand bestimmt, den sie erforderten und der immerfort zur Erschließung neuer Geldquellen zwang. Aber es muß ausführlich darüber gesprochen werden, daß sich damals in dem alten Gewande eines Collegium nobilium ein modernes Curriculum entwickelte. Denn für die führende Schicht wurde eine Bildungslaufbahn entworfen, die im übrigen Schulwesen noch nicht möglich war; sie setzte Signale für dessen weitere Entwicklung.

Vom ersten Augenblick an sicherte sich Maria Theresia die Mitsprache in der Gestaltung der Studienpläne; ihr mußten sie zur Bestätigung vorgelegt werden. Sie erteilte Weisungen und gab Richtlinien; in ihren Händen lag auch die Kontrolle. Die Bildungsvorstellungen ihrer Berater kamen in den Akademien am frühesten zum

Tragen. Sie waren gleichsam ein Experimentierfeld, auf dem mit ausgezeichneten Lehrkräften und hohem Einsatz von Geldmitteln ein neues Bildungsprogramm erprobt wurde.
Ziel war ohne Zweifel eine qualitätvolle Ausbildung für den Staatsdienst. Sie sollte allerdings möglichst kurz sein.[11] Tatsächlich unterschritt sie die zeitlichen Studiennormen an den Universitäten beträchtlich. Vor allem aber hatte sie den praktischen Erfordernissen des späteren Berufs Rechnung zu tragen. Dies äußerte sich bereits im Sprachunterricht. Schon in den Grammatikklassen mußte auf die Pflege der deutschen Sprache und des Stiles geachtet werden; in Kremsmünster wurden seit 1755 sogar beim Schultheater die lateinischen Stücke immer mehr verdrängt, deutsche, in die sogar der Dialekt eindrang, ersetzten sie.[12] Im Rahmen der höheren Studien wurde eine eigene Professur für „deutsche Beredsamkeit" *(eloquentia)* geschaffen. Die jungen Leute sollten geschult werden, „ihre Gedanken auf eine ungezwungene Art in reinen deutschen Worten zu Papier" zu bringen und sich bei der Abfassung von Briefen, Amtsberichten, Vorträgen und Ansprachen „soviel wie möglich kurzer Perioden" und „eines zierlichen, jedoch klaren Stiles" zu bedienen.[13] Im Collegium Theresianum wurde, um die Akademiker mit der Abfassung von Aktenstücken und dem Geschäftsgang in Ämtern vertraut zu machen, 1752 eine derartige Vorlesung eingerichtet.[14] In den sechziger Jahren hatte der Professor der „deutschen Beredsamkeit" an der Savoyischen Akademie seine Zöglinge nicht nur in die Ausarbeitung von Gerichts- und Staatsakten einzuführen, sondern sie auch wöchentlich in einem sogenannten „Zeitungscollegium" zu lehren, „von den Ereignissen gegenwärtiger Zeiten mit Vernunft und Wohlstand zu schließen und zu reden".[15]
Ab 1751 wurden über ausdrückliche Anordnung der Stifterin der Savoyischen Ritterakademie die Vorlesungen über Universalgeschichte in deutscher Sprache gehalten. Für Zöglinge, die ihrer nicht ganz mächtig waren, mußte der Lehrstoff in den Korrepetitionsstunden wiederholt werden. Die „examina publica" erfolgten aber auch in der lateinischen Sprache.[16]
Um die französische Sprache zu fördern, deren Kenntnis in Adelskreisen eine Notwendigkeit war, wurden zusätzliche Übungsmöglichkeiten außerhalb des Lehrkurses geschaffen. Die Französischlehrer hatten – täglich an einer anderen Tafel – mit den Zöglingen zu speisen, im Spielzimmer der Zöglinge anwesend zu sein und sie auf ihren Spaziergängen zu begleiten; bei all diesen Gelegenheiten durfte nur Französisch gesprochen werden. Da sich die Piaristen weigerten, Patres aus Frankreich zu berufen, wurden in der Savoyischen Ritterakademie französische Hofmeister eingestellt.[17] Der ja jederzeit sehr mobile Jesuitenorden hingegen beorderte Patres aus dem französischen Sprachraum an das Theresianum.
Außerdem rückte eine Reihe von neuen Lehrinhalten in den Vordergrund. Reichsrecht (Jus publicum), Natur- und Völkerrecht, Reichsgeschichte, Staats- und Wirtschaftswissenschaften (Polizei- und Kameralwissenschaft; „politische Wissenschaften"), aber auch Unterricht in der Landwirtschaftslehre, Montanistik, doppelten Buchhaltung („Mercantil-Rechnungswesen") u. ä. wurde zeitweise unterrichtet. Neben diesem reichen Lehrprogramm war den adeligen Exerzitien die Aufgabe gestellt, Ausgleich zu den geistigen Anstrengungen und Erholung zu bieten („für eine Ergötzung und Ablegung der Arbeit").[19]
Die Bemühungen dieser Akademien waren auch darauf gerichtet, hervorragende Lehrkräfte zu gewinnen. Denn diese sicherten vor allem Anziehungskraft, Frequenz und Vorsprung vor anderen schulischen Einrichtungen sowie den Fortschritt in der Entwicklung der Curricula. Die Konkurrenz zwischen den beiden Wiener Akademien – und damit auch zwischen Jesuiten und Piaristen – erwies sich dabei besonders förderlich.

Schon die Orden selbst setzten in den Akademien ihre besten Kräfte ein, die Jesuiten z. B. Ludwig Debiell, der als theologische Koryphäe galt, den vielseitigen Michael Denis, der unter anderem Ossians Lieder aus dem Englischen übersetzte, bis heute unvergessene Kirchenlieder schrieb und 1776 den ersten Abriß einer deutschen Literaturgeschichte herausgab,[20] oder den Numismatiker Josef Eckhel. Von den Piaristen ist vor allem der reformfreudige Gratian Marx zu nennen, der lange Jahre als Rektor der Savoyischen Akademie und später dem Theresianum vorstand. Bei den Benediktinern in Kremsmünster zählt Placidus Fixlmillner zu den Begründern der neueren Astronomie in Österreich.
Von hohem wissenschaftlichem Rang waren die weltlichen Professoren, die an den Wiener Akademien wirkten, wie der Kameralist Johann Heinrich Gottlob Justi, die Juristen Paul Joseph Riegger und Karl Anton Martini sowie der die „politischen Wissenschaften" lehrende Joseph v. Sonnenfels.
Das Zusammenspiel einer die Bedürfnisse ortenden Leitung und um den wissenschaftlichen Fortschritt bemühter Lehrkräfte bestimmte die modernen Konturen der Akademien. Das differenzierte Lehrangebot machte die Ausbildung für die verschiedensten Aufgaben im Dienste des Staates möglich.
Für den außenpolitischen Dienst wurde 1754 sogar eine eigene Lehranstalt geschaffen, die sogenannte „Akademie der Orientalischen Sprachen".[21] Sie war nicht nur Adeligen vorbehalten und löste die seit der Mitte des 17. Jahrhunderts übliche Gepflogenheit ab, acht bis zwölf „Sprachknaben" in Konstantinopel mit der türkischen Sprache und den Einrichtungen des Osmanischen Reiches vertraut zu machen und diese nach ihrer Ausbildung zur Pflege der wirtschaftlichen und politischen Kontakte mit dem mächtigen Nachbarland heranzuziehen.[22] Da sich diese Einrichtung immer weniger bewährt hatte, griff Maria Theresia ein Anerbieten der Jesuiten auf. Die Gesellschaft Jesu übenahm in Wien den Unterricht solcher „Sprachknaben", der sich nicht nur auf die türkische Sprache beschränkte, sondern auch Latein, Italienisch, Französisch, Griechisch sowie Geschichte, Geographie und Kalligraphie umfaßte. 1773 wurden im Lehrplan auch viele realistische Fächer verankert (Arithmetik und Geometrie, Naturlehre und Naturhistorie, bürgerliche Baukunst, Kenntnis der gemeinen Künste und Handwerke, „Kriegs-, Stück- und Pulverlehre"), Kenntnisse aus Philosophie und Jura vermittelt und bei Bedarf auch die arabische und persische Sprache gelehrt.[23] Außerdem standen Tanzen, Fechten und Zeichnen auf dem Stundenplan. Zur rein fachlichen trat damit eine allgemeine Ausbildung, die sich nach der Neuordnung von 1812 auf fünf Jahrgänge erstreckte. Gegen Ende des 19. Jahrhunderts wurde ihr Studiengang reorganisiert (Zweiteilung in eine „orientalische und westländische Sektion"); die Anstalt erhielt nunmehr den Titel einer Konsular-Akademie (1898).
Die Offiziersausbildung erfuhr damals ebenfalls zum ersten Mal eine schulmäßige, gehobene Ausrichtung. Die von Maria Theresia 1751 gegründete und 1752 eröffnete Militärakademie in Wiener Neustadt[24] war für junge Adelige aus unbemittelten Familien und für Söhne verdienter Offiziere bestimmt. Die Vermittlung körperlicher Fertigkeiten, wie Fechten, Reiten und Tanzen, stand zunächst im Vordergrund, an wissenschaftlichen Fächern waren nur Fortifikationslehre, Artillerieunterricht, Sprachen sowie sonntags Geographie vorgesehen. Erst 1766 wurden Verbesserungen des Studien- und Erziehungsplanes vorgenommen. Als 1769 die den Nachwuchs der Akademie vorbereitende „militärische Pflanzschule" in Wien in die landesfürstliche Burg zu Wiener Neustadt verlegt wurde, war die Durchführung eines einheitlichen Unterrichts ab dem siebten Lebensjahr gegeben. Als Schulpräfekten dieser „K. K. Theresianischen Militärakademie" wurden Piaristenpatres angestellt; die geistige Ausbildung hatte nunmehr das Übergewicht. Der neue Studienplan (1771) sah vorerst

sechs Klassen vor, 1775 erfolgte eine Einteilung in elf Jahrgänge. Nur die drei obersten wiesen mehr militärische Gegenstände auf.[25] Die Kombination von Allgemeinbildung und militärischen Fächern zeitigte hervorragende Ergebnisse. Mit Recht konnte nun von einer Akademie gesprochen werden.

Die 1717 gegründete Ingenieurakademie in Wien betreute weiterhin die militärtechnische Ausbildung. Sie war zwar nach dem Tode Marinonis (1755) dem Untergang geweiht gewesen,[26] doch durch die Abtrennung der Ingenieurabteilung von der Chaosschen Stiftung, ihre Verlegung nach Gumpendorf und ihre Umwandlung in eine „Ingenieurschule" war es möglich geworden, daß die ursprüngliche Aufgabenstellung weiter verfolgt werden konnte.[27] Als Unterrichtsfächer waren Französisch, Latein, Geographie, Geschichte, Zeichnungskunst, Rechenkunst, Algebra, Geometrie, Trigonometrie, bürgerliche und Kriegs-Baukunst, Tanz- und Fechtkunst, Exercitii militari, Meldungs- und Rechnungswesen (Diensttabellen, Verpflegsrechnung u. ä.) vorgesehen.

1760 wurde diese Ingenieurschule einer militärischen Leitung unterstellt und diente fortan hauptsächlich der Heranbildung von Offizieren (Artillerie, Sappeure). Sie wurde 1769 wiederum in die Stadt selbst (Gebäude der „militärischen Pflanzschulen" in der „Laimgrube", heute Stiftskaserne, Wien VII) verlegt, nahm den Titel einer „Ingenieurs Academie"[28] an und übersiedelte 1784 in das Theresianum („Favorita") auf der Wieden. Erst Ende 1787 wurde im Lehrplan die lateinische Sprache ausgeschaltet und dafür der naturwissenschaftliche Unterricht verstärkt.[29]

Auch den bisher nur handwerklich geschulten Feldchirurgen sollte in einer Medizinisch-chirurgischen Militärakademie („Josephinum", „Josephs-Akademie") durch einen Medizinunterricht auf Universitätsniveau eine bessere Ausbildung zuteil werden. Joseph II. griff die Initiativen seines Leibarztes Johann Alexander Ritter von Brambilla auf, gründete eine derartige Lehranstalt und ließ für sie ein prächtiges Gebäude erbauen (1783–1785; Wien IX, Währinger Straße 25).[30]

Allgemein ist zu dieser raschen Abfolge von Akademiegründungen zu sagen, daß das Bedürfnis des Adels nach Stiftungsplätzen in Bildungseinrichtungen, die ihm ähnliche Berufsmöglichkeiten, aber eine bessere Ausbildung als die Universitäten eröffneten, allem Anschein nach bedeutend war. In Tirol baute Maria Theresia noch im Jahre 1775, weil „die armuth des dortigen adels so gros"[31] ist, eine Stiftung für verarmte Adelige nach dem Wiener Beispiel zu einem Collegium nobilium aus. Es wurde so eingerichtet, daß die Zöglinge in dieser Theresianischen Ritterakademie nur Unterricht im Zeichnen, Fechten, Tanzen und in der italienischen und französischen Sprache erhielten, ihren übrigen Studien aber im Gymnasium und an der Universität in Innsbruck nachgingen. Sie sollten allerdings von den anderen Schülern abgesondert sitzen.[32]

In Graz war schon 1773 vorgesehen gewesen, daß für die im Jesuitenkonvikt wohnende adelige Jugend ein Collegium nobilium gegründet werden solle. Maria Theresia hatte die Zustimmung gegeben, weil der dortige Adel „ohnedem sehr arm" sei und das nach dem Beispiel des Theresianums in Wien einzurichtende Collegium daher „ein nöthiges und gutes werck" sei. Aber der Auftrag ließ sich, weil es an einer ausreichenden finanziellen Förderung mangelte, nicht in die Wirklichkeit umsetzen.[33]

Die steirischen Stände traten nochmals 1790 – nach dem Tode Josephs II. – an Leopold II. heran, für die Einrichtung eines „adeligen Erziehungshauses" aus den Mitteln des ehemaligen Jesuitenvermögens zu sorgen. Das Internat sollten die Piaristen oder Mitglieder eines anderen Ordens führen; die Sprachen und ritterlichen Übungen konnten durch von den Ständen angestellte Meister vermittelt und die wissenschaftlichen Kenntnisse am Lyzeum erworben werden. Der Kaiser ging jedoch auf diese Wünsche nicht ein.[34]

Denn inzwischen waren wesentliche Veränderungen eingetreten. Während Joseph II. die militärische Ausbildungsaufgaben erfüllenden Akademien förderte und die Idee verfolgte, an der Wiener Universität eine Lehrkanzel für militärische Wissenschaften sowie eine vereinigte Ingenieur- und Artillerieakademie zu errichten,[35] bereitete er allen anderen Akademien ein abruptes Ende. Er beurteilte sie nicht nach ihren Leistungen, sondern nach dem für sie notwendigen Aufwand. Im Schuljahr 1783/84 wurden die adeligen Erziehungsanstalten und Konvikte aufgehoben.[36] Die Zöglinge wurden in Privatquartieren untergebracht, erhielten jetzt Stipendien – dabei trat die Bevorzugung des Adels zurück – und konnten ihre Ausbildung an den öffentlichen Schulen fortsetzen.

Daß aber die Akademien vom Staat und Adel als Notwendigkeit empfunden wurden, beweisen ihre Wiederaufrichtungen nach dem Tode Josephs II.[37] Nur die Benediktiner in Kremsmünster konnten sich nicht mehr dazu entschließen.[38] Das Theresianum (öffentliches Gymnasium der Stiftung „Theresianische Akademie") in Wien und die „Theresianische Militärakademie" in Wiener Neustadt existieren noch heute. Sie sind allerdings längst keine Standesschulen mehr, sondern allen Schichten der Bevölkerung geöffnet. Auch die Orientalische Akademie fand in einem Lehrgang für Internationale Studien (Universität Wien, ab 1949) und in der Diplomatischen Akademie (1967) ihre Fortsetzung.

12.2 Zentralisierung und staatliche Lenkung der Priesterausbildung

Die Priesterausbildung war im 18. Jahrhundert zunächst in den üblichen Bahnen weitergelaufen und war in ihrer Qualität von den Bemühungen der Bischöfe und Klöster abhängig geblieben. Als die Aufklärer allerdings erkennen mußten, daß in einem katholischen Staate Reformen nur unter Mitwirkung der Geistlichen durchgeführt werden konnten, richteten sie ihr Augenmerk auch auf das theologische Studium.

Die theologische Fakultät der Universität, die Diözesanseminare und die theologischen Lehranstalten der Orden boten nämlich ungleiche Studienmöglichkeiten und wiesen in den Abschlußvoraussetzungen beträchtliche Unterschiede auf. Die schlecht ausgebildeten Priester wiederum lösten Klagen über Mängel und Gebrechen in der Seelsorge aus. Solche wurden besonders in der großen Passauer Diözese laut. Denn die Erzdiözese Wien hatte sich 1759 mit Hilfe einer Stiftung ein Priesterhaus (Seminar) geschaffen und das Niveau der Ausbildung deutlich angehoben.[39] Der Bischof von Passau hingegen konnte nicht bewogen werden, „daß er zu Erzieglung tüchtiger Seelen-Hirten eine wohl geordnete Priester-Schule"[40] anlege.

Die beträchtlichen Kosten und die höheren Prüfungsanforderungen eines Studiums an den Universitäten veranlaßten jedoch die Mehrzahl der Kleriker, ihre theologische Ausbildung an den Seminaren und Lehranstalten zu absolvieren. Dagegen versuchte Maria Theresia schon früh einzuschreiten, indem sie nur Abgängern der Universitäten Pfründen zu verleihen entschlossen war (1753) und Geldstrafen von Klöstern eintrieb, wenn sie keine Kleriker an eine inländische Universität schickten (1754).[41] Doch die neuen Lehrpläne (1752, 1774) an den bereits unter staatlicher Bevormundung stehenden Universitäten waren umstritten. Für besonders bedenklich wurde von den Theologen die Anordnung Maria Theresias gehalten, daß nur diejenigen Kandidaten des geistlichen Standes die Priesterweihe erhalten durften, die sich die „Normallehrart" angeeignet hatten.[42]

Um ein Ausweichen vor den vom Staat gewünschten Zielsetzungen der theologischen Ausbildung zu verhindern, entschloß sich Joseph II. zu entschiedenerem Vorgehen. Er forderte, daß an allen Seminaren und Hauslehranstalten nach dem Universitätslehrplan für Theologie unterrichtet werden müsse, und dachte sogar an die Aufhebung der theologischen Fakultäten an den Lyzeen.[43] Dies ließ sich freilich nicht durchführen. Die Reformer, besonders Gottfried van Swieten, waren sich aber im klaren, „wie höchst nöthig es seye, den geistlichen Stand, und besonders die Seelsorger, deren unmittelbarer und immerwährender Einfluß auf das Volk es in ihre Macht setzet, die weisesten Verfügungen zu erleichtern oder zu erschwehren, zu nützliche(n) Mitwirker(n) im Staate umzuschaffen, welches nur durch eine gründliche Unterweisung erhalten werden kann und gewiß erhalten werden solle".[44]
Während Studienhofkommission und Staatsrat unterschiedlicher Meinung über das weitere Vorgehen waren, entschloß sich der Herrscher im Jahre 1782 für eine die bisherige Entwicklung der theologischen Studien gewaltsam kappende Maßnahme. Er richtete eine Geistliche Hofkommission ein, eine Zentralstelle, die alle geistlichen Angelegenheiten der Monarchie zu regeln hatte,[45] und befahl die Errichtung eines *Seminarium generale* bei der Universität Wien und den Lyzeen in Graz und Innsbruck, in dem die studierenden Geistlichen aus allen Klöstern und Stiften zusammengezogen werden und auf deren Kosten gemeinsam studieren sollten.[46] Für die Klosterzucht darin hatten die Orden selbst zu sorgen. Bei der Ausbildung der Weltgeistlichen hielt Joseph II. zunächst an den bischöflichen Seminaren fest. Sie durften allerdings nur in Universitätsstädten errichtet werden. Die Studierenden sollten in einem eigenen Haus unter bischöflicher Aufsicht leben.
Bereits 1783 änderte aber der Kaiser seine ursprüngliche Meinung und ordnete an, daß niemand in einen geistlichen Stand oder Orden treten könne, „so nicht in einem general Seminario seine sechsjährigen theologischen Studien auch praktische Übungen als Klericus vollendet hat".[47] Franz Stephan Rautenstrauch (1734–1785), der Abt von Braunau (Břevnov, heute Tschechoslowakei) und Direktor der theologischen Studien an der Wiener Universität, der zunächst den Generalseminaren ablehnend gegenübergestanden war, übernahm aus Pflichtgefühl und Ehrgeiz den kaiserlichen Auftrag, diese einzurichten.[48] Ein einheitlicher Klerus in Wissen, Bildung und Lebensformen sollte erzogen werden. Dabei fiel den Generalseminaren die Aufgabe zu, das Studium an der Universität oder an den Lyzeen durch Wiederholung und Erläuterungen zu ergänzen und zu vertiefen. Solche Korrepetitionen mußten sogar während der Sommerferien durchgeführt werden.
Diese neuen Ausbildungsstätten für den Klerus führten zum Erlöschen aller anderen Einrichtungen der Priesterbildung und konzentrierten das theologische Studium auf Wien, Graz und Innsbruck. Sie hatten schon deswegen einen eigentümlichen Charakter, weil ihre Zöglinge – sie mußte mindestens 17 Jahre alt sein und das erste Jahr der Philosophie absolviert haben – als weltlich galten und erst nach dem Austritt aus dem Seminar zu den höheren Weihen zugelassen werden durften. Den Bischöfen wurde über Drängen nur gestattet, Priesterhäuser für die Abgänger dieser neuen Ausbildung zu errichten, damit sie diese vor der Weihe – die erst mit 24 Jahren erfolgen durfte – kennenlernen und auch prüfen konnten.
Die theologische Ausbildung in den Generalseminaren zielte darauf, die Wirksamkeit und Überzeugungskraft der Priester dadurch anzuheben, daß diese befähigt wurden, die Glaubenssätze zu erklären, ihre Wahrheit durch Herleitung aus der Heiligen Schrift zu beweisen und auf ihre Anwendungsmöglichkeiten im Alltag des Lebens hinzulenken. Auch mußte ihnen „eine gute moralische Bildung"[49] beigebracht werden.
Die Muttersprache der Seminaristen – da ja die Sprache der Predigt – erfuhr eine besondere Pflege; viele Übungen dienten dazu, Vortragsgeschicklichkeit und Sicher-

heit in der Formulierung zu gewinnen.[50] Es wird dadurch verständlich, daß Priester in Zukunft häufig zu Bannerträgern nationalen Denkens wurden.

Wegen der praktischen Seelsorgearbeit hatten die Zöglinge sich auch die Kenntnis der Normallehrart, der Naturgeschichte und der Landwirtschaft anzueignen. Deswegen wurde zunächst die Ausbildung von fünf auf sechs Jahre verlängert. Als sich aber zuwenig Kandidaten einfanden und ein Mangel an Seelsorgern befürchtet wurde, kürzte Joseph II. 1785 die Ausbildung auf fünf und 1788 sogar auf vier Jahre. Dabei wurden theologische Fächer, nicht aber die praktischen eingeschränkt.[51]

Weder die Studienhofkommission noch die Geistliche Hofkommission, obgleich in beiden Gremien die Aufklärer überwogen, wollten Joseph II. auf diesen Weg folgen und plädierten für eine umfassende Bildung der „Volkslehrer",[52] wie sie die Priester bezeichneten. Sie konnten aber nur ein ebenfalls von Joseph II. geplantes Kurzstudium für minder talentierte Theologiestudenten verhindern, das schwierige Fächer ausschalten und die Anforderungen herabsetzen wollte.

Die Bischöfe, besonders Kardinal Erzbischof Migazzi, bekämpften die Generalseminare vom ersten Augenblick an. Sie machten laufend Anzeigen wegen religionswidriger Aussagen der Professoren an den theologischen Fakultäten. 1787 weigerte sich der Bischof von Seckau sogar, einigen Abgängern des Grazer Generalseminars die Weihe zu erteilen, weil sie bei der Prüfung vor dem Konsistorium geleugnet hatten, daß die Kirche Gesetze erlassen könne, Fasten und Brevierbeten unbedingte Pflichten der Priester seien u. ä. m. Daraufhin erhielten die Bischöfe das Aufsichtsrecht über den theologischen Unterricht; sie durften „nach ihrem Belieben dem Unterricht von Zeit zu Zeit beywohnen".[53] Außerdem wurde durch Hofdekret angeordnet, daß die Professoren „weder in Schriften, noch in ihren privat Unterredungen mit den Schülern jemals Grundsätze, welche gegen die katholische Religion streiten, behaupten, oder das, was sie öfentlich zu lehren angewiesen sind, umstoßen, oder anders auslegen, und dadurch über die Gründlichkeit der Religionslehre Zweifel erregen".[54]

Die überstürzt eingerichtete, durch kaiserliche Resolutionen laufend veränderte und sich nur mit Improvisationen über die Schwierigkeiten helfende Neugestaltung des theologischen Studiums fand wenig Anerkennung. Die daraufhin sinkende Frequenz löste bald einen starken Mangel an Seelsorgern aus. Nach dem Tod Josephs II. wurden daher die Generalseminare sogleich aufgelöst.[55] Doch Gottfried van Swieten erreichte, daß die früheren theologischen Lehranstalten, die nun den Unterricht wieder aufnahmen, sich an den staatlich festgelegten Studienplan halten mußten. Das bedeutete, daß die eingesetzten Lehrkräfte von der Universität geprüft und bestätigt werden mußten, die an den Universitäten vorgeschriebenen Lehrbücher zu verwenden waren und sich die Studierenden zur Prüfung an die Universität oder an ein Lyzeum begeben mußten.

Wenn auch die josephinischen Generalseminare, die eine „Gleichförmigkeit" oder – wenn statt dieses Lieblingswortes der Aufklärungsepoche der tatsächliche Sachverhalt genannt wird – eine staatlich gesteuerte Indoktrination in der theologischen Ausbildung erzwingen wollten, nur eine Episode waren, so blieben doch beachtliche Nachwirkungen. Die staatliche Kontrolle der Lehrer in den bischöflichen Seminaren und in den Lehranstalten der Orden wurde fortgesetzt, und unter den Absolventen der Generalseminare befanden sich viele, welche die für die Kirche gefährliche Situation einer Teilnahme an der Macht des Staates nicht erkannten. Sie trugen den ihnen in den Generalseminaren eingeimpften Geist der Identifikation staatlicher und kirchlicher Aufgabenbereiche bis zur Mitte des 19. Jahrhunderts erfolgreich weiter.

12.3 Universitäten als staatliche Lehranstalten zur Berufsausbildung und Professoren als Sprachrohre des absoluten Herrschers

Der Umwandlungsprozeß der Universitäten zu reinen Staatslehranstalten zog sich über Jahrzehnte hin und erfolgte in deutlich unterscheidbaren Phasen. Dabei wurden die universitären Strukturen geschickt, ohne daß den Betroffenen zunächst der Verlust von Autorität und Autonomie so richtig bewußt wurde, verändert, die Studien gestrafft sowie neue Lehrinhalte und Lehrmethoden eingeführt. Eine Banalität – die bei Herrscherwechsel übliche Bitte um Bestätigung der Privilegien, wie sie die medizinische Fakultät am 24. April 1747 an Maria Theresia herantrug –[56] bot der Herrscherin den willkommenen Anlaß, Fragen zu stellen und Vorschläge einzuholen. Eine Revolution von oben setzte damit ein; sie erhielt zunächst ihre Schubkraft aus dem Bemühen, die unzureichende ärztliche Versorgung der Bevölkerung rasch zu bessern. Deren Wohlergehen und Vermehrung lagen den auch an populationistischen Ideen orientierten Aufklärern am Herzen. Die Voraussetzungen dafür mußten im Bildungsbereich geschaffen werden.

12.3.1 Die Brechung der Vorrangstellung der Jesuiten an der Wiener Universität

Der entscheidende Impulsgeber der ersten Phase dieser Reformen war der kaiserliche Leibarzt Gerard van Swieten aus Leiden (Niederlande).[57] Er wurde im Jahre 1749 von Maria Theresia aufgefordert, einen neuen Studienplan für die medizinische Fakultät zu entwerfen. Seine Verbesserungsvorschläge führten nicht nur zu der Errichtung zweier neuer Lehrstühle (Botanik und Chemie, Chirurgie), der Anlegung eines botanischen Gartens und der Eröffnung einer Klinik für die praktische medizinische Ausbildung (1754), sondern leiteten auch wesentliche organisatorische Maßnahmen ein.[58] Denn seine von Maria Theresia sogleich bewilligten Forderungen – Bestellung eines von der Fakultät unabhängigen Direktors, der die Einhaltung der Studienvorschriften zu überwachen habe, Ernennung der Professoren und Genehmigung der Wahl des Dekans durch die Herrscherin sowie Beschränkung der Gerichtsbarkeit der Universität auf ihre tatsächlichen Mitglieder (Studenten, Professoren, Doktoren) – konnten nicht auf die medizinische Fakultät begrenzt bleiben, sondern wurden auf die ganze Universität übertragen. Die bisherige Autonomie der Universität wurde dadurch bereits beachtlich eingeschränkt.

Die im Jahre 1753 eingesetzte staatliche Kontrolle ihrer Vermögensverwaltung[59] – Folge der hohen Zuschüsse von öffentlichen Mitteln zur Führung des Unterrichtsbetriebes – engte sie dann entscheidend ein. Die bisher in wesentlichen Bereichen selbständigen tertiären Studieneinrichtungen begannen sich in staatliche Lehranstalten zu verwandeln. Ausbildungsziele und Lehrinhalte mußten sich daher zunehmend nach den Vorstellungen der Herrscher oder ihrer Berater richten.

Daß die Reform bei der medizinischen Fakultät einsetzte, darf nicht verwundern. Diese war eine reine Standesorganisation, in der die siebzig in der Stadt praktizierenden Ärzte den Ton angaben und ähnlich wie eine Zunft hauptsächlich auf die Wahrung ihrer Verdienstmöglichkeiten, weniger auf den medizinischen Fortschritt bedacht waren.[60] Van Swieten als erster ernannter Direktor der medizinischen Fakultät (1749) – an der er selbst nie Professor war – brach diesen Kastengeist mit unerbittlicher Härte und führte den Lehrbetrieb an das internationale Niveau heran. Das „Directorium in publicis et cameralibus“, für Finanzen und die innere Verwaltung zuständig, unterstützte ihn dabei großzügig,[61] denn es hatte für Anliegen praxisnaher Wissenschaften eine offene Hand.

Die Reformen an den anderen Fakultäten hingegen kamen nur zögernd voran. Als Haupthindernis wurde die Vormachtstellung der Jesuiten hingestellt. Diese im universitären Bereich zu brechen schien aber nur möglich, wenn sich der ranghöchste Vertreter der Kirche auf österreichischem Boden, der Erzbischof von Wien, auf die Seite der Reformer stellte. Nun war Johann Joseph Graf Trautson Anhänger der Reformtheologie eines Lodovico Antonio Muratori und Gedanken der Aufklärung gegenüber aufgeschlossen. Sein wie auch das seines Nachfolgers Christoph Graf Migazzi Einschwenken auf die Reformlinie Maria Theresias bot außerdem die Möglichkeit, den episkopalen Kontrollbereich auszudehnen und die traditionellen Vorrechte der Jesuiten zu beschneiden.

Der westeuropäische Aufklärer van Swieten, der Kirchenfürst von Wien und aufgeklärte Bürokraten – abgesichert durch das Vertrauen Maria Theresias – erreichten tatsächlich in wenigen Jahren die Durchsetzung ihrer Anliegen und damit eine merkbare Zurückdrängung des Einflusses der Jesuiten. Diese vermochten die Eingriffe des Staates in die von ihnen dominierten Universitäten nicht zu verhindern. Das lag schon an dem geschickten Schachzug des Staates, unter dem plausiblen Vorwand, die Professoren sollten sich zur Gänze der Lehre widmen können, diese von der Verwaltung zu trennen. Wenn auch die nunmehr tonangebenden Studiendirektoren der philosophischen wie auch der theologischen Fakultät von Maria Theresia noch aus den Reihen der Jesuiten gewählt wurden, sie entbehrten des Rückhalts ihrer aus den Mitsprachemöglichkeiten ausgeschlossenen lehrenden Ordensbrüder und erhielten zudem den Erzbischof Graf Trautson als Studienprotektor vorgesetzt.

Bereits 1752 wurden die bisherigen drei philosophischen Lehrgänge auf zwei reduziert; im ersten Jahr wurden Logik, Dialektik, Mathesis und Metaphysik, im zweiten Jahrgang Physik, Naturgeschichte und Ethik gelehrt. In der Praxis blieb es aber meist beim philosophischen Triennium, weil zu den juristischen und theologischen Studien nur zugelassen wurde, wer Vorlesungen über Geschichte und Eloquenz gehört hatte.[62] Für letztere Aufgabenstellung wurde 1753 eine Professur für „Deutsche Sprache und Stylübung“ geschaffen.[63]

An der theologischen Fakultät wirkten bis auf zwei Professoren nur Mitglieder der Gesellschaft Jesu. Die Neuordnung (1752) wurde von dem Wiener Erzbischof gemeinsam mit einem führenden Theologen des Jesuitenordens[64] entworfen; sie teilten das vierjährige Studium in drei Abschnitte ein und reicherten es wissenschaftlich durch weitere Lehrinhalte (spekulative Theologie, Moraltheologie, Kirchenrecht, Kirchengeschichte u. ä.) an. Dieser Lehrplan fand nicht einmal bei den Jesuitenprofessoren Anklang.

Die Reorganisation der juridischen Fakultät im Jahre 1753 brach mit der vom römischen Recht und Kirchenrecht geprägten Tradition und forcierte einen vorwiegend gemeinrechtlichen, auf rationaler Grundlage fußenden Rechtsunterricht. Dieser stützte sich vor allem auf das Naturrecht, Staatsrecht *(Jus publicum et feudale)* und die Geschichte.[65] Neben der Qualität der Lehre sollte gleichzeitig auch die Effizienz des Lernens erhöht werden. Der Wissensstoff mußte gegliedert und in Abschnitten vorgetragen sowie dessen Aneignung durch laufende Prüfungen kontrolliert werden. Weil als Grundlage der Vorlesungen nur approbierte Lehrbücher und Autoren zugelassen waren, wurde das Mitschreiben für überflüssig gehalten und das Diktieren ausdrücklich verboten.

Diese geistige Reglementierung hatte ohne Zweifel etwas „Despotisches“[66] an sich, entsprach aber den utilitaristischen Grundsätzen der Zeit. Die Studiendauer sollte nicht überzogen werden – immerhin waren die Vorlesungen unentgeltlich –, und die Lehrinhalte mußten die Ausbildungserfordernisse zur Gänze abdecken. Bedenkliche und subtile Lehrsätze durften nicht mehr vermittelt werden. Leistungsbezogene öffentliche Abschlußprüfungen sollten die traditionellen Selektionsbedingungen wie Geburt und Stand allmählich zurückdrängen; bestimmte wissenschaftliche Standards durften nicht unterschritten werden. Die „Gleichförmigkeit" der Studien im ganzen Reich, so glaubten die Reformer, könnte dazu beitragen, eine einheitliche Gesinnung unter den Gebildeten herbeizuführen.

Die Modernisierung des Lehrbetriebs kam auch äußerlich durch die Berufung anerkannter ausländischer Wissenschaftler[67] und durch das Beziehen eines im Stil des französischen Klassizismus erbauten neuen Universitätsgebäudes (1756, heute Alte Universität) zum Ausdruck.[68]

Diese erste Phase der Universitätsreform lief damit aus, daß die Jesuiten aus den ihnen noch verbliebenen Schlüsselpositionen im universitären Bereich vertrieben wurden. Der ursprüngliche Widerstand der österreichischen Ordensprovinz gegen die Reformer war zwar durch den Jesuitengeneral selbst gebrochen worden, der 1753 Maria Theresia versicherte, daß er nur solche Patres zu Lokal- und Provinzialoberen bestellen werde, die voraussichtlich gewillt sein würden, die neue Studienordnung zu unterstützen, und er außerdem die Ordenslehrer zu genauer Befolgung der Instruktionen anhalten werde.[69] Doch Gerard van Swieten gab sich damit nicht zufrieden; für ihn waren die Jesuiten, deren monopolartige Stellung seinen Reformeifer einengte, infolge mancher Enttäuschung zu Symbolen der Rückständigkeit geworden. Unverdrossen erneuerte er daher seine Angriffe gegen die Gesellschaft Jesu, bis sie aus jeder einflußreichen Stellung verdrängt war. 1757 wurde dem Rektor des Jesuitenkollegs Sitz und Stimme im Konsistorium mit dem Bemerken verweigert, daß ihm dieser Platz nicht zugestanden worden sei. Zwei Jahre darauf – 1759 – erreichte die Studienkommission bei Maria Theresia mit ziemlich vagen Anschuldigungen die Abberufung der beiden jesuitischen Studiendirektoren.[70] Im selben Jahr mußte auch der von der Gesellschaft Jesu gestellte Professor des Kirchenrechts seinen Platz im Konsistorium räumen. Als Begründung wurde angegeben, daß darin nur weltliche Angelegenheiten behandelt würden. Im Jahre 1766 wurde ihnen der Lehrstuhl für Kirchenrecht überhaupt weggenommen. Die studierenden Theologen erhielten die Anweisung, die kirchenrechtlichen Vorlesungen nunmehr an der juridischen Fakultät zu hören.[71]

In gleicher Weise wurden den Jesuiten schrittweise die ihnen 1554 und 1621 vom Herrscher mit gegenreformatorischen Zielsetzungen übertragenen Rechte der Bücherzensur entzogen. Durch diese Einrichtung war es in ihre Hände gegeben gewesen, durch Zulassung oder Ablehnung geistigen Gedankenguts den Bildungshorizont der Bewohner unseres Landes abzustecken. Bereits 1741 mußten sie es zulassen, daß weltliche Professoren zur Zensur politischer und historischer Werke herangezogen wurden. In der 1751 eingerichteten Bücherrevisionskommission erhielt noch – gegen die Vorschläge van Swietens – je ein Jesuit bei der Beurteilung theologischer Werke und Bücher allgemeinen Inhalts Sitz und Stimme. Ab 1753 durften die Dekane keinerlei Zensur mehr ausüben; die Erteilung der Druckerlaubnis wurde ihnen entzogen. Die Bücherrevisionskommission wurde zu einer selbständigen, nur dem Directorium, später der Hofkanzlei verantwortlichen Behörde erklärt. 1759 übernahm van Swieten selbst den Vorsitz. Schon 1758 war beiden Jesuiten nur mehr eine einzige Stimme in dieser Zensurkommission zugebilligt worden. Grundsätzlich wurde damals auch entschieden, daß die Ernennung geistlicher Zensoren der Herrscherin vorbehalten sei und das Vorschlagsrecht dem Erzbischof zukomme. Ab 1760 war nur mehr ein Vertreter der Gesellschaft Jesu in der Kommission; als er 1764 ausschied, folgte ihm kein Jesuit mehr nach.[72]

Die einst machtvolle Stellung des Ordens konnte im tertiären Bildungsbereich nach wenig mehr als einem Jahrzehnt erbitterter Positionskämpfe entscheidend geschwächt werden. Denn wo immer die Jesuiten aus einflußreichen Aufgabenfeldern gedrängt wurden, besetzte diese Positionen der Staat umgehend mit ihm ergebenen Persönlichkeiten. Damit waren freilich erst die rechtlichen und institutionellen, in unterschiedlichem Ausmaß auch die finanziellen Voraussetzungen für eine durchgreifende Gesamtreform gegeben.

12.3.2 Schritte zur staatlichen Bevormundung der Universitäten in Innsbruck und Graz

Wenn auch der Schwerpunkt der Bemühungen um die Umwandlung der Universitäten zu einer staatlichen Lehranstalt zunächst in der Haupt- und Residenzstadt Wien lag, so waren doch die dort gesetzten bildungspolitischen Ziele für das Gesamtreich konzipiert und harrten nur der Ausführung.
Die Voraussetzungen an den Universitäten in Innsbruck und besonders in Graz lagen allerdings etwas anders. Die erste Phase der Eingriffe des Staates in deren Autonomie verlief daher dort unterschiedlich und außerdem zeitverschoben; sie war auch nicht immer sogleich erfolgreich. Erst als eine zentrale Lenkungsstelle, die Studienhofkommission, alle Möglichkeiten politischer Machtmittel zur Durchsetzung der Maria-theresianischen Reformvorstellungen nützte, konnte der Prozeß der Verstaatlichung dieser Universitäten zu einem raschen Ende gebracht werden. Auch die in Innsbruck und Graz angebotenen Studien wurden seit der Mitte der sechziger Jahre auf dem Verordnungswege gesteuert.
In Innsbruck hatte Maria Theresia bereits 1748 durch die „Choteksche Restabilierung“[73] in die akademische Ordnung der Universität recht vehement eingegriffen, in der theologischen Fakultät eine Konzentration der Lehrkanzeln vorgenommen, das Diktieren verboten und die Ausbildung in Jurisprudenz und Medizin auf praktische Bedürfnisse hin ausgerichtet. Für die Studien waren kurze Fristen vorgesehen, für Philosophie – bereits seit der Reform von 1734 – zwei Jahre, für Jus drei Jahre und für Medizin vier Jahre; die Lehrbücher wurden zum größeren Teil vorgeschrieben. Da Maria Theresia den akademischen Behörden den Direktor und den Vizekanzler des „geheimen Rats“ als Protektoren zur Seite stellte, wurden praktisch fortan im Rat alle wichtigeren Angelegenheiten entschieden.
Die Aufnahme des Wiener Studienplanes von 1752,[74] der auch Innsbruck zur Begutachtung übersandt wurde, stieß auf so heftigen Widerstand, daß nur einige Bestimmungen, wie der obligate Gebrauch von Vorlesebüchern, Verbot des Mitschreibens, strenge öffentliche Prüfungen und Einführung eines dritten Philosophiejahres (Eloquenz, Geschichte und Sprachen) angeordnet wurden. Als Protektor der Universität wurde der Vorsitzende der Repräsentanz (seit 1749 neue Bezeichnung des Geheimen Rats), der höchsten Stelle im Lande, bestimmt. Er hatte die Studiendirektoren der Fakultäten und die Prüfer vorzuschlagen, die, wie man in Wien meinte, „in Innsbruck wohl ebenso wie anderswo gratis zu haben sein werden“.[75] Der Rektor hatte – der Dienstweg führte über den Protektor – allmonatlich einen ausführlichen Bericht über Lehrstoff und Studienfortgang der Hörer an den Hof zu leiten.
Auch an der Universität Innsbruck hatte damit der Aushöhlungsprozeß der Autonomie seinen Anfang genommen und schon in der ersten Phase wesentliche Fortschritte gemacht. Der Einfluß der Jesuiten wurde zurückgedrängt. Daß trotz eingehender Vorschriften und zunehmender Bürokratie vieles nicht geschah, was in Wien gewünscht wurde, beweist das Schreiben eines Professors der Innsbrucker juridischen

Fakultät aus dem Jahre 1764 an das Gubernium (seit 1763 Bezeichnung für die Repräsentanz), das eine hochnotpeinliche Untersuchung durch K. A. Martini selbst auslöste und zum „Universitätsnormale“[76] von 1765 führte.
Auch in Tirol wurde jetzt eine Studienkommission eingesetzt; sie hatte die Beobachtung der Gesetze zu überwachen und vierteljährlich Berichte über die Vorgänge an der Universität der Herrscherin vorzulegen. Die Studiendirektoren wurden fortan ebenfalls von ihr ernannt. Diese hatten auch Vorlesungen, bisweilen unvermutet, zu besuchen und kurze Prüfungen vorzunehmen. Die Dekane standen rangmäßig unter ihnen und konnten vom Studiendirektor sogar suspendiert werden, wenn die Wahl auf einen seiner Meinung nach Unwürdigen gefallen war. Eine Reihe von Lehrbüchern mußte durch die in Wien verwendeten ersetzt werden. Die Kontrollfunktionen des Staates wurden weiter ausgedehnt, für alle Bereiche des Universitätslebens genaue Bestimmungen erlassen. Die bis dahin mehrfach feststellbare Ausrichtung nach den Universitäten Ingolstadt und Dillingen wurde damit endgültig beseitigt.[77]
An der Jesuitenuniversität Graz setzten die Eingriffe in das akademische Leben mit der „Vorschrift, wie auf I. K. K. Mayestät allergnädigsten Befehl das studium Philosophicum künftighin zu befolgen seye“[78] vom 21. Juni 1752 ein. Es sollte nach dem Vorbild Wiens eingerichtet werden. Die Jesuiten erklärten sich zwar bereit, den Anordnungen nachzukommen, wiesen jedoch auf Schwierigkeiten hin. Die weitere Entwicklung – Bestellung eines Studienprotektors, Ernennung von Studiendirektoren – verlief ähnlich wie in Wien und brachte die bis dahin selbständig entscheidenden Jesuiten in Abhängigkeit. Neu war die Einbindung des zweijährigen juridischen Lehrgangs eines durch die steirischen Landstände bezahlten Rechtslehrers in den Universitätsbetrieb; diese Vorlesungen wurden den Theologen empfohlen. Zur Gründung einer juridischen Fakultät konnten sich die Jesuiten allerdings nicht entschließen.[79]
Die Obstruktion des Grazer Kollegiums der Gesellschaft Jesu gegen die gehäuft auftretenden und sie immer stärker reglementierenden staatlichen Bestimmungen veranlaßte Maria Theresia auf Anraten van Swietens, den Jesuiten 1760 zu schreiben, sie überließe ihnen die „freye Wahl“, „entweder sich denen allerhöchsten Befehlen und Maaßregeln so für jetzt als in künftig willig zu fügen, zu unterwerfen und sie genau zu befolgen, oder aber der Universität . . . gänzlich zu entsagen“.[80] Der Rektor gab darauf am 22. September 1760 die „unterthänigste Erklärung“ ab, „denen in Studiensachen erfließenden allerhöchsten Resolutionen nachleben zu wollen“.[81]
Der Umwandlungsprozeß in eine staatliche Lehranstalt vollzog sich in der Folge ziemlich rasch. Noch 1760 wurde auch in der Steiermark eine Studienkommission eingesetzt, welche die behördliche Überwachung der Jesuitenuniversität übernahm. Konsequent versuchte man diese ihres Ordenscharakters zu entkleiden. Ein Nichtjesuit wurde mit der Lehrkanzel für augustinische Theologie betraut, ja man dachte sogar an die Errichtung einer neuen theologischen Fakultät. Ein Laie – ein Mediziner – erhielt die Direktion der philosophischen Studien.[82]
Schwerwiegende Folgen zeitigte die Verfügung, daß in Zukunft der Rektor des Kollegiums nicht gleichzeitig der Rektor der Universität sein dürfe (1761). Denn schon im Jahre 1763 wurde diese Bestimmung genützt und ein Weltgeistlicher zum Universitätsrektor ernannt, obgleich dieser bei der Wahl gegenüber den Jesuiten den kürzeren gezogen hatte (er erhielt nur 18 Stimmen, während sein jesuitischer Gegenkandidat 63 erreichte). Ihm mußte 1766 die Matrikelführung überlassen werden.[83]
Das Zensurrecht wurde der Gesellschaft Jesu ebenfalls abgenommen. 1770 nötigte ihr der Staat eine Lehrkanzel für „Kameralistik und politische Wissenschaften“ auf; sie wurde im Verband der philosophischen Fakultät geführt und mit einem weltlichen Lehrer – dem ersten an der Grazer Universität – besetzt. Trotz gegenteiliger Wahl verloren die Jesuiten 1771 zum ersten Mal auch das Kanzleramt.[84]

Unruhe und Streitigkeiten, aber auch einige bedeutende wissenschaftliche Leistungen kennzeichnen die letzte Phase dieser Jesuitenuniversität. Dem Staat war es gelungen, den Orden im eigenen Haus nach und nach aller wesentlichen Einflußmöglichkeiten zu berauben.

12.3.3 Die Lenkung der Studien durch staatliche Verordnungen

Die zweite Phase der Universitätsreform setzte 1772 ein, als Maria Theresia wenige Tage nach dem Tod Gerard van Swietens von den Studiendirektoren der Fakultäten der Wiener Universität einen Zustandsbericht und Vorschläge zu etwaigen Verbesserungen anforderte. Alle Universitäten sollten davon betroffen werden. Die Zeit drängte, weil sich bereits die Aufhebung des Jesuitenordens ankündigte und der Ausfall der gelehrten Patres rasche Maßnahmen erfordern würde.
Es ist bezeichnend, daß nunmehr eine Persönlichkeit fehlte, welche bildungspolitisch so uneingeschränkt wie der Niederländer dominieren konnte. Vielleicht lag dies schon daran, daß die neu antretende Reformgeneration beachtliche Qualitäten aufwies und recht selbstbewußt ihre Auffassungen vertrat. Neu war auch, daß die Laien jetzt überwogen. Maria Theresia gewann an Entscheidungsfreiheit, weil die Studienhofkommission als zuständige Behörde in ihren Meinungen zerrissen war; in ihrer Mehrheit wollte sie die ausgetretenen, bewährten Pfade nicht verlassen und neigte nur zu deren Modifizierung.
Karl Anton Martini (1726–1800), Professor des Naturrechts an der Wiener Universität und u. a. Erzieher Josephs (II.) und Leopolds (II.) sowie der von ihm protegierte Mathias Ignaz Heß (1746–1776) brachten allerdings als Alternative das Göttinger Modell einer Universität in die Diskussion. Dort begann sich die Wissenschaft nicht nur von der Kirche zu emanzipieren, sondern sich auch von der staatlichen Bevormundung abzusetzen. Lehre und Forschung traten in enge Verbindung; den Professoren wurde dabei größerer Spielraum als anderswo gelassen. Der Hofsekretär Johann Melchior Birkenstock, der selbst in Göttingen studiert hatte und voll Lob und Bewunderung für die dortigen Studieneinrichtungen war, suchte durch seine Berichte dafür Stimmung zu machen.[85]
Der 1773 von Martini ausgearbeitete Schul- und Studienplan wurde 1774 zwar von Maria Theresia gutgeheißen, doch in der Durchführung durch „heimliche Feinde und Störer des Guten“[86] vereitelt. Was in den nächsten Jahren durch staatliche Verordnungen an Reformen durchgebracht wurde, hatte daher bloß die Berufspraxis und deren Bedürfnisse vor Augen. Wissenschaftliches Denken und Forschen rückten in den Hintergrund. Nur was unmittelbar nützte, hatte Bedeutung; die platteste Aufklärung schlug nunmehr voll durch. Die reibungslose Integration des Menschen in die Funktionszusammenhänge einer Gemeinschaft war das Ziel.
Hinsichtlich der Organisation wurden keine wesentlich neuen Bestimmungen getroffen. Die Befugnisse des ernannten Studiendirektors und des in geheimer Abstimmung gewählten Dekans erhielten eine klare Abgrenzung. Letzterer hatte wohl das Recht, an Disputationen und Prüfungen teilzunehmen und den Geprüften die akademischen Würden zu erteilen, aber er konnte den Studiendirektor, der weiterhin in den Fakultätsversammlungen den Vorsitz führte und den Studienbetrieb überwachte, nur im Verhinderungsfall vertreten. Nach Göttinger Vorbild wurde eine Art Servicestelle eingerichtet; ein „Universitäts-Agent“[87] ging Eltern, Lehrern und Studenten bezüglich Immatrikulation, Kost und Quartier mit Auskünften jeder Art an die Hand. Hauptergebnis der Reform war die Festlegung der Lehrkanzeln und Lehrfächer sowie die Aufstellung eines nach Studienjahren genau geregelten Vorlesungsplanes. Sowohl

für das theologische als auch für das juridische und medizinische Studium waren fünf Jahre vorgesehen.[88]
Der neue Lehrplan des theologischen Studiums wurde von Franz Stephan Rautenstrauch 1774 versuchsweise eingeführt; er bereitete der scholastischen Methode und einer sich auf die Theorie beschränkenden Theologie ein Ende. Nunmehr wurde die bislang gleichsam bloß als Anhang zur Priesterausbildung gebotene praktische Einführung in den Mittelpunkt gerückt. Die neuen Lehrfächer Pastoraltheologie und Katechetik strebten in ihrer Aufgabenstellung nach dem vollkommenen Seelsorger. In Anlehnung an die protestantische Theologie räumte Rautenstrauch auch dem Textstudium und der Textkritik einen besonderen Platz ein.[89]
An der juridischen Fakultät setzte die Neuordnung von 1775, die vor allem von dem neuen Studiendirektor Franz Ferdinand Schrötter stammte, neue Akzente durch die Aufnahme der Reichsgeschichte mit besonderer Berücksichtigung Österreichs und der Verfassung der europäischen Staaten.[90]
Die medizinische Fakultät schritt 1774 auf ihrem erfolgreichen Weg weiter. Dem besonderen Anliegen Gerard van Swietens, die Chirurgie gleichwertig der Medizin zur Seite zu stellen,[91] kam man in diesem Jahre durch die Einrichtung einer chirurgischen Klinik näher.
Die philosophische Fakultät allerdings konnte sich auch bei dieser Reform nicht von der bisherigen Aufgabe befreien, Vorbereitung auf die drei übrigen Fakultäten zu sein. Doch die Ansätze zur Eigenständigkeit wurden schon recht stark ausgebildet. Die philosophische Fakultät verfügte jetzt über zehn Lehrkanzeln, die sich bereits am System der Wissenschaften dieser Zeit orientierten. Es wurde damit mit der traditionellen Form sowohl der Artistenfakultät als auch des Cursus philosophicus gebrochen, doch noch keine befriedigende Lösung gefunden. Der Öffentlichkeit wurden daher keine Studienpläne unterbreitet. Nur zwei Jahrgänge waren obligat (1. Jahrgang: Logik, Metaphysik, Elementarmathematik; 2. Jahrgang: Physik und Mathesis), im 3. Jahrgang standen alle übrigen Wissenschaften – von den Kameralwissenschaften bis zur Ästhetik und Philologie – den Studierenden zur freien Wahl.[92]
Diese Wiener Studienpläne erreichten nur wenig verspätet Innsbruck und mußten an der dortigen Universität unverändert exekutiert werden. Zusätzliche Lehrkanzeln wurden geschaffen. Der Zustrom an Studierenden war allerdings bereits rückläufig.[93]
Die staatliche Neuordnung der Studien hatte natürlich für die Grazer Universität ebenfalls Geltung. Deren Lehrstühle waren, als der Jesuitenorden 1773 aufgelöst wurde,[94] von Augustinern, Dominikanern, Franziskanern und Weltgeistlichen übernommen worden, auch einige Exjesuiten wurden belassen. Die theologische Fakultät wurde sogleich nach dem Wiener Vorbild eingerichtet. Die philosophische Fakultät schrumpfte wegen Professorenmangels zu einer Kümmerform; sie verfügte nur mehr über drei Lehrstühle.
Andererseits kam es in Graz nun zu den lang ersehnten Erweiterungen der Studienmöglichkeiten. So erfolgte 1778 die Gründung einer juridischen Fakultät. Der in der Privatwohnung des Professors schon bisher gehaltene zweijährige Rechtskurs wurde an die Universität übertragen, ein zweiter Rechtslehrer bestellt. Das medizinische Studium hingegen konnte sich an der Grazer Universität noch nicht festsetzen. Zwar unterrichtete ein von den Landständen besoldeter Chirurg seit 1764 die Hebammen im Gebärhaus der Armenanstalt; ab 1778 erfüllte er den Auftrag der Regierung, Lehrjungen der Bader- und Barbierzunft in Anatomie („Zergliederungskunst"), Wundarznei und Tierheilkunde zu unterweisen, aber diese Unterrichtstätigkeit stand mit der Universität in keiner Beziehung. Auch in Graz führte das streng geordnete Vorlesungs- und Prüfungswesen zu einem raschen Absinken der Hörerzahlen.[95]

Die Expansion des Bildungsangebotes wurde allerdings zunehmend schwerer finanzierbar. In den beiden letzten Regierungsjahren Maria Theresias überlegte man bereits Einsparungen. Dabei war nur die Reform der Wiener Universität großzügig vorangetrieben worden. Die Universitäten steckten ohne Zweifel in einer tiefen Krise, das zeigte sich jetzt nach dem Ausfall der Jesuiten besonders deutlich; keine Wendung zum Besseren trat ein. Was die zeitgenössischen Kritiker den Jesuiten in die Schuhe geschoben hatten, war, wie sich jetzt zeigte, auf strukturelle Probleme zurückzuführen. Professoren wie Studenten waren außerdem durch die andauernden Änderungen verunsichert und zudem wenig beweglich, steckten sie doch durch die neuen Studienordnungen mit ihren rigorosen inhaltlichen und zeitlichen Festlegungen gleichsam in einer Zwangsjacke.

12.3.4 Versuche zur Gründung einer Akademie der Wissenschaften

Wenn auch nunmehr der Staat an den Universitäten einem noch wenig selbstbewußten Bürgertum eine neue, säkularisierte Bildung anbot und ihm auch die diesem Ausbildungsstand entsprechenden Berufsmöglichkeiten zur Verfügung stellte, befriedigte das Ergebnis der von Maria Theresia erstrebten „Modernisierung", die Anhebung der Studien auf das westeuropäische Niveau, noch nicht. Die konfessionelle Bevormundung war nämlich nur durch die den Fortschritt zumindest ebenso gefährdende staatliche Allmacht abgelöst worden. Gerade die Eindeutigkeit der Bildungspolitik dieser Zeit, die Nutzung der Universitäten als wirksames Instrument der „Aufklärung von oben", ihre gänzliche Orientierung auf die Bedürfnisse des Staates, ihre Fixierung als Institution zur Vermittlung von anerkannt nützlichem und nötigem Wissen, machte von vornherein Fehlentwicklungen möglich, wenn nicht wahrscheinlich.
Leistungsfähigkeit und Ansehen der Fakultäten hingen jetzt noch stärker als früher von einzelnen, nur ihrem Fache verpflichteten Lehrerpersönlichkeiten und nicht zuletzt von den Studiendirektoren ab, die gleich einem Gelenk zwischen Studienkommission und Universitätsangehörigen einer bürokratisch arbeitenden wissenschaftlichen Verwaltung noch einige Beweglichkeit zu geben vermochten. Die praxisorientierten Studienpläne förderten nämlich von vornherein eine straffe „Verschulung" und gewährten keinen Freiraum mehr. Die meisten Professoren schlüpften ohne viel Widerspruch in die Rolle von weisungsgebundenen Beamten. Deren Gängelung durch Verordnungen und die starre Bindung an das approbierte Lehrbuch erstickten zunehmend das geistige Leben an den Universitäten, ließen es verkrusten und erstarren. Was ursprünglich Rückfälle in überholte Doktrinen verhindern und die neuen Lehrinhalte fest verankern sollte, jede Abweichung von dem als Fortschritt Erklärten einer aufmerksamen Überwachung sogleich sichtbar werden ließ, erwies sich als Bumerang: man klammerte sich nur mehr an den autorisierten Text und verzichtete auf selbständiges Weiterdenken der Probleme und auf eigene Forschungen. Das erwies sich für Österreich deswegen als folgenschwer und zukunftsbelastend, weil dadurch der wissenschaftliche Fortschritt von den wenigen ungebundenen, produktiven Forschungsstätten außerhalb der Universität abhängig gemacht wurde.
Während in Italien und Westeuropa Zentren für wissenschaftliche Diskussionen und Forschungen längst als sogenannte „Akademien" eingerichtet waren[96] und durch eigene Publikationsorgane die Ergebnisse ihrer Tätigkeit einem breiteren Kreis vermittelten, war auf österreichischem Boden den bisherigen Versuchen in dieser Richtung wenig Erfolg beschieden gewesen. Unter Kaiser Karl VI. konnten die Vorschläge eines Gottfried Wilhelm Leibniz nicht realisiert werden (1714/15).[97] Die Innsbrucker „Academia Taxiana"[98] oder der Muratori-Kreis in Salzburg[99] waren nur kurzlebig, weil

sie bloß von dem Engagement und der Begeisterung einzelner Männer ohne institutionelle Absicherung getragen waren. Im Jahre 1749 hatte Johann Christoph Gottsched neuerlich die Gründung einer Akademie der Wissenschaften in Wien angeregt.[100] Baron Joseph Petrasch, der bereits in Olmütz eine gelehrte Gesellschaft gegründet hatte,[101] arbeitete dafür ein Statut aus (1750). Der Entwurf kam wiederum nicht zur Ausführung. Ein anonymer Plan aus dem Jahre 1767 zur Errichtung einer „patriotischen Gesellschaft", welche u. a. auch die Künste und die Wissenschaften fördern sollte, veranlaßte Maria Theresia, von ihren Beratungsorganen eine Stellungnahme ausarbeiten zu lassen. Die Hofkanzlei wie auch der Commercien Hof-Rat hielten jedoch den Vorschlag für „ganz unnuz, unthunlich und unnothwendig".[102]
Doch die Idee zur Gründung einer Akademie der Wissenschaften als Schlußstein ihrer Bildungsreformen dürfte Maria Theresia weiterhin beschäftigt haben. Denn 1774 forderte sie dafür von der Studienhofkommission einen Plan an. Ignaz Mathias Heß arbeitete ihn aus; er sah eine Aufteilung der Akademie in zwei Klassen, in eine physikalisch-mathematische und eine philosophisch-historische, vor[103] und rechnete mit einem notwendigen jährlichen Budget von 31 500 fl. Maria Theresia konnte sich nicht dafür erwärmen. Sie war realistisch genug, den Mangel an finanziellen Mitteln wie auch an Laienwissenschaftlern zu erkennen und ihm Rechnung zu tragen. Mit ein paar Exjesuiten und Ausländern war sicherlich noch kein Staat zu machen. Daher vermerkte sie unter dem Gutachten „... hat gutte weill"[104] und erklärte 1775, daß sie „auff gar keine (Akademie) mehr gedencke".[105]

12.3.5 Das Modell einer total reglementierten Staatslehranstalt im tertiären Bereich

Joseph II. hatte sich während seiner langen Mitregentschaft bildungspolitische Vorstellungen zurechtgelegt, die darauf hinausliefen, daß „die Anzahl der das lesen und schreiben lernenden so gross als möglich, Jene der auf höhere Studien sich verwendenden minder und endlich Jene, die alle Studien der Universität frequentiren, nur die ausgesuchteste Talente seyn müssen".[106]
Damit waren eindeutig Prioritäten gesetzt, die auch über die Verteilung der zur Verfügung stehenden Finanzmittel entschieden. Die Universitäten rückten daher in eine Randposition. Sie verloren jetzt die letzten Reste ihrer Selbstverwaltung und wurden voll verstaatlicht. Die von ihnen noch geübte, von Maria Theresia bereits eingeschränkte Gerichtsbarkeit wurde ihnen zur Gänze entzogen (1783),[107] die Besitzungen und Fonds der Universität Wien – mit Ausnahme der für Stipendien und Alumnate bestimmten Kapitalien – mußten dem Staatsschatz übergeben werden (1783).[108] Die Amtstracht der akademischen Funktionäre, Talar und Barett, wurden verboten (1784).[109] Schließlich beseitigte Joseph II. auch die Traditionen, die an die starke Position der Kirche und der Jesuiten an den Universitäten erinnerten. 1782 wurde der Eid auf die Unbefleckte Empfängnis Mariens,[110] 1785 der auf das Glaubensbekenntnis und des Gehorsams gegenüber dem Römischen Stuhl abgeschafft.[111] Nicht nur die Protestanten (seit 1778), sondern auch die Juden wurden nunmehr zu den akademischen Graden zugelassen (1782).[112]
Seine am meisten kritisierte universitätspolitische Anordnung war die Degradierung der Universitäten in Graz und Innsbruck zu „Lyceen" oder, wie er es ursprünglich beabsichtigte, zu Gymnasien.[113] Diese Maßnahme hatte verschiedene Ursachen. Schon 1771 hatte Joseph von Sonnenfels in einer Rede über den „Nachtheil der vermehrten Universitäten" gesprochen und die „Studiersucht" nur des damit verbundenen Sozialprestiges wegen scharf getadelt.[114] Den Akademikern standen seiner Meinung nach zuwenig Berufsmöglichkeiten offen. Joseph II. müssen freilich auch andere Gedanken-

gänge zugebilligt werden; es ging ihm um die bestmögliche Nutzung der begrenzt zur Verfügung stehenden Mittel, um Zentralisierung und Konzentration des Bildungswesens. Nachweisbar hat nämlich Joseph II. an der Wiener Universität nicht gespart. Sie erhielt den damals größten und modernsten Klinikbau der Welt, das Allgemeine Krankenhaus (1784), ein Anatomisches Theater (1784), eine „medicinisch-chirurgische Academie" zur Heranbildung von Militärärzten (1785) und eine Klinik für Geburtshilfe (1789). Außerdem war diese Vorgangsweise Josephs II. natürlich ebenfalls ein Weg, durch ein geringeres Bildungsangebot Studenten von den akademischen Lehranstalten fernzuhalten. Was er fürchtete, war ein unruhiges akademisches Proletariat ohne Arbeit.

Die Studienhofkommission, zu deren Vorsitzendem Joseph II. im Jahre 1781 Gottfried van Swieten, den Sohn des bedeutenden Beraters Maria Theresias, bestellte,[115] vermochte den Plänen Josephs II. einiges von ihrer ursprünglichen Unbedingtheit und Schärfe zu nehmen.[116] Es konnte erreicht werden, daß Innsbruck und Graz ein Minimum an Professuren zugestanden wurde. Diese verstümmelten akademischen Lehranstalten, die nur mehr Ansätze zu einem Vollstudium anboten (drei philosophische Lehrstühle, vier theologische, zwei juridische, je eine Lehrkanzel für Medizin, Chirurgie und politische Wissenschaften), wurden „Lyceen" genannt und rückten damit den „minderen" Lyzeen in Linz und Klagenfurt nahe. Sie erhielten allerdings entgegen den Vorstellungen der Studienhofkommission das Recht, Doktorgrade zu verleihen. Joseph II. verfolgte dabei die Absicht, den von ihm niedrig angesetzten Professorengehältern (zwischen 300 fl. für Ordensgeistliche und 800 fl. für Juristen) durch Einkünfte aus Promotionstaxen eine Aufbesserung zu geben. Der Einwand des Staatskanzlers Kaunitz, „ob man sich wegen einer so unbedeutenden Ersparung ... der höchstwahrscheinlichen Gefahr aussetzen soll, ... mittelmäßige oder schlechte advocaten und Medicos zu ziehen, denen gleichwohl das Publicum hernach theils Ehre, Hab und Gut, theils Leib und Leben anvertrauen soll",[117] prallte an Joseph II. ab.

Vorsprachen, Bittschriften und Initiativen der Kleinstadt Innsbruck mit knapp über 10000 Einwohnern waren vergeblich.[118] Die Grazer scheinen sich überhaupt damit zufriedengegeben zu haben, daß in ihrer Stadt hinfort eine elementare juristische und medizinische Ausbildung möglich war,[119] und empfanden die Maßnahmen des Herrschers nicht so schmerzlich.

Die von Maria Theresia begonnene Aufwertung der anderen Landeshauptstädte durch zusätzliche Bildungseinrichtungen mit Universitätscharakter erfuhr keine Fortsetzung, aber die Einrichtung eines medizinisch-chirurgischen Studiums in Klagenfurt (1775)[120] oder begrenzte Studienmöglichkeiten für Theologie und Jurisprudenz in Linz blieben bestehen. Hier erhielten damals die Privatvorlesungen des Landschaftschirurgen über Anatomie und Chirurgie sogar einen gewissen offiziösen Anstrich.[121]

Eine nicht minder spürbare Einflußnahme auf den Unterrichtsbetrieb bedeutete die Festlegung von Studiengebühren; seit 1783/84 waren 18 fl. pro Jahr an den Lyzeen und 30 fl. an den Universitäten als Schulgeld zu zahlen. Doch fiel dafür die Einhebung von Kollegiengeldern weg.[122] Auch in dieser Angelegenheit hat sich Joseph II. weitgehend über die Bedenken der Studienhofkommission hinweggesetzt. Im Staatsrat hatte Kaunitz offen erklärt, daß „jede weitere Ersparung, so man bey den Universitäten und Lyzeen machen wollte, für die höheren Studien äusserst schädlich, und doch zugleich für die deutschen Schulen eine ganz unbedeutende Hilfe seyn würde".[123] Das Absinken des Ausbildungsniveaus an der Universität Wien und an den Lyzeen Innsbruck und Graz sowie diese neue finanzielle Belastung hatten vorübergehend einen stärkeren Rückgang an Studierenden zur Folge.[124]

Die Erklärung der deutschen Sprache zur „wahren Landes- und Muttersprache" und deren Gebrauch als Unterrichtssprache an der Universität – nach dem Vorbild von

Halle und Göttingen – erwies sich ebenfalls als folgenreich.[125] Die Diskussion um dieses säkulare Ereignis – die Ablösung der lateinischen Sprache als Gelehrtensprache – setzte bereits 1782 ein, als Joseph II. in einer Resolution darauf hinwies, daß man in deutscher Sprache „so gut Recepte schreiben in der Medicin, als Sillogismos und Moralsätze anführen kann in der Philosophie, und in Jure machen die Advocaten ja ohnedies alle Schriften in deutscher Sprache und wird auch also von Richtern gesprochen";[126] nur in Theologie sei Latein noch notwendig, in der Pastoraltheologie aber ebenfalls nicht. Er forderte daher, daß in Hinkunft alle Vorlesungen in deutscher Sprache abgehalten werden sollten. Er hoffte damit einen weiteren Schritt zur Vereinfachung, Vereinheitlichung und Kostensenkung zu tun. Die Studienhofkommission wagte diesmal nicht für die Beibehaltung der lateinischen Vorlesungen aufgrund des multinationalen Charakters der Monarchie einzutreten.[127] Man schlug bloß Übergangsbestimmungen vor, aber der Verdrängung des Lateins von den Universitäten und Lyzeen – ausgenommen an den theologischen Lehrkanzeln – wurde keinerlei ernsthafter Widerstand entgegengesetzt. Am 12. Juli 1784 wurde das Hofdekret über Deutsch als Unterrichtssprache erlassen.[128] Negative Auswirkungen blieben auf die nichtdeutschen Gebiete der Habsburgermonarchie beschränkt. Ab 1784 war es überdies verboten, im Ausland zu studieren.

Neben dem Grundgedanken einer straffen Vereinheitlichung und einer für die Um- und Nachwelt kaum mehr begreiflichen rigorosen Spargesinnung wirkte sich bei den Entscheidungen Josephs II. im universitären Bereich auch dessen enge Auffassung von einer wissenschaftlichen Ausbildung aus, die zwischen Geringschätzung und Verständnislosigkeit pendelte. Sie läßt sich bei vielen Entscheidungen nachweisen. Reduktion wurde zum Leitbegriff seiner Anordnungen. Es begann mit der Reduktion der Zahl der Universitäten und führte über die Reduktion der Lehrer und Lehrinhalte bis zur Reduktion der Studienzeit und letzten Endes auch der Studenten. Allerdings, an die Senkung des Personalstandes der Universitäten hatte Maria Theresia bereits in ihrem letzten Lebensjahr gedacht, weil sie „die professores so überhäuft [zahlreich] in allen universitäten"[129] fand. Joseph II. forderte dann in dem berühmten, seine Bildungspolitik programmatisch ankündigenden Handbillet vom 29. November 1781 die Entlassung der „unnützen Lehrer".[130] Dafür hielt er z. B. die Lehrer der französischen, italienischen und spanischen Sprache; nur den Unterricht in der böhmischen Sprache duldete er weiterhin. Die Studienhofkommission aber, die sich in der Folge mit seinem Wunsch einer Verminderung der Lehrstühle befaßte, stellte ganz im Gegenteil den Antrag, einige neue Professuren zu schaffen, damit die Wiener Universität „den Glanz und den wissenschaftlichen Luxe" erhalte, „welcher selbsts in politischer Betrachtung nützlich ist, den Kaisersitz zur wahren Hauptstadt Deutschlands in jeder Rücksicht" zu erheben.[131] Joseph II. reagierte darauf gereizt und beharrte auf der Reduktion des Lehrpersonals. Die deswegen immer wieder auftretenden Spannungen zwischen dem Herrscher und der Studienhofkommission, die das Reformwerk Maria Theresias nicht preisgeben wollte, führten sogar zweimal zu Entlassungsgesuchen Gottfried van Swietens.[132]

Die Neuordnung der Studien an den einzelnen Fakultäten, die vor allem durch weitere Beschränkung der Lehrinhalte und Verkürzung der Studiendauer gekennzeichnet war, nahm trotzdem ihren Fortgang. Die philosophischen Studien behielten den Vorbereitungscharakter für die Fachstudien der anderen Fakultäten. Nach dem Plan und Willen Gottfried van Swietens sollten sie sich die „Bildung des Herzens und des Verstandes"[133] angelegen sein lassen. Sie waren dreijährig geplant; in jedem Gegenstand mußten zunächst die Methode und die inneren Gesetze der Wissenschaft vorgetragen und hierauf die praktische Anwendung gezeigt werden. Nach Logik, Metaphysik, Mathematik, Naturlehre und Geschichte sollten im dritten Jahr die Hörer fähig gemacht werden, das Wesen der „schönen Wissenschaften“ zu erfassen. Die Bildung des Geschmacks hatte für van Swieten moralische Bedeutung, die Empfindung des Wahren und Guten ließ seiner Auffassung nach Tugenden entstehen. Er erreichte allerdings nicht, daß dieses Philosophiestudium, das trotz einer Fülle von Gegenständen bloß für das „gemeine Leben“,[134] nicht aber für einen Beruf vorbildete, auch an den Lyzeen eingeführt wurde.

Der Magistergrad wurde nunmehr aufgelassen (1786), der Brotkorb für die Professoren dadurch höher gehängt, weil die dafür eingestreiften ziemlich fetten Taxen den Gehalt nicht mehr aufbesserten. Der Studienerfolg an den philosophischen Fakultäten war durch Ablegung von Semester- bzw. Jahresprüfungen in den vorgeschriebenen Fächern nachzuweisen; durch diese Maßnahme wurde recht deutlich die Geringschätzung der philosophischen Studien ausgedrückt.

Die Studiendauer an den anderen Fakultäten wurde auf vier Jahre verkürzt, die traditionellen Bakkalaureate als Zwischenabschlüsse schaffte Joseph II. ab (1788). Auswahl und zeitliche Abfolge der Lehrinhalte erfuhren Veränderungen. Aus dem Theologiestudium wurden Patristik und Polemik gestrichen (Neuordnung 1785). Das Studium der Medizin (Neuordnung 1786) wurde ganz auf die Praxis ausgerichtet, was sich durch die vollständige Orientierung der Lehraufgaben während des vierten Jahrganges auf Klinik und Krankenbett besonders deutlich äußerte. Die Gleichstellung des Studiums der Chirurgie und der Medizin (1786) muß als Fortschritt angesehen werden. Bei der Reform der juristischen Studien steuerte aber die Studienhofkommission in eine ausweglose Situation, weil einerseits von Joseph II. eine Einschränkung der Lehrinhalte und Verkürzung der Studienzeit verlangt wurden, andererseits die Bedürfnisse der Zeit den Einbau neuer Lehrfächer notwendig machten.[135]

Die Auseinandersetzungen Gottfried van Swietens mit dem Direktor der juridischen Fakultät Franz Joseph Heinke in dieser Frage lassen die Positionen innerhalb der Ratgeber Josephs II. offenbar werden und die verschiedenen Facetten eines der Hauptprobleme der Bildungspolitik dieser Epoche erkennen: die Frage des approbierten Lehrbuchs. Joseph II. hatte 1783 angeordnet, daß es keinem Professor gestattet sei, an den vorgeschriebenen Lehrbüchern ohne Genehmigung der Studienhofkommission das Geringste abzuändern. F. J. Heinke schritt darüber noch hinaus. Er lehnte sogar Unterrichtsfächer ab, wenn für sie noch kein geeignetes Lehrbuch existierte. Denn für einen Lehrer, der aus öffentlichen Mitteln besoldet werde, „hört alle Freyheit auf, willkührliche Sisteme in den Wissenschaften aufzustellen“. Seine Rolle sei die eines „Sprachrohr(s) des Staats an dessen sich bildende Bürger“.[136]

Gottfried van Swietens bildungspolitisches Konzept zielte hingegen auf eine Lockerung dieser Fesseln. In einer Darstellung des österreichischen Studienwesens durch J. v. Sonnenfels aus dem Jahre 1786 für Katharina II. von Rußland wurden sie sogar geleugnet. Die Lehrer in Österreich, so behauptete die offizielle Schrift, „sind weder in Lehrsätzen noch Lehrbüchern einem Zwange unterworfen. Die Freiheit der Meinungen ist den Wissenschaften überhaupt günstig (,) aber bey einer Disciplin besonders nothwendig, wo täglich neue Aufschlüsse und Entdeckungen zum Vorschein kommen“.[137] Gottfried van Swieten fragte gleichfalls, ob auch das „beste Buch“ als „vollständig und ganz richtig“ bezeichnet werden dürfe. „Macht nicht der stäte Wachstum der Kenntnisse diesem entsprechende Zusätze selbst im Texte nöthig? Fordert nicht oft eine einzige neue Erfahrung, ein neu entdeckter Beweis, die Veränderung von ganzen Abschnitten?“[138] Doch seine Vorstellungen einer kontrollierten Öffnung des Unterrichts zur Forschung und Wissenserweiterung, von einem Ausbruch aus Stagnation und Einseitigkeit fanden zu geringen Widerhall.

Die Studienhofkommission konnte sich über die Reform des Jusstudiums nicht einigen. Damit war die gesamte Neuordnung in Frage gestellt. Noch 1789 verfügte Joseph II.,

weil die Studienanstalten unter van Swietens Leitung nicht in erwartetem Ausmaß tüchtige Beamte und redliche Bürger ausbildeten, daß F. J. Heinke Vorschläge zur Beseitigung dieser „Gebrechen“ ausarbeite und eine eigene Kommission sich damit befasse.[139] Joseph II. erlebte deren Zusammentreten nicht mehr.
Der tertiäre Bereich war – das zeigte sich nun – trotz mancher sinnvoller Zielsetzungen Josephs finanziell ausgehungert, weitgehend zu provinzieller Dürftigkeit nivelliert und aller von eigener Kraft getragenen Entwicklungsmöglichkeiten beraubt worden. Die despotische Bürokratisierung des Wissenschaftsbetriebes hatte fruchtbare Reformansätze längst verschüttet.

12.3.6 Lockerung der Zwänge unter Leopold II. ohne Aufgabe der staatlichen Einflußnahme

Der Bogen staatlicher Eingriffe war ohne Zweifel überspannt worden; dies erkannte auch Leopold II. sogleich nach seinem Regierungsantritt. Denn als er den in den siebziger Jahren im Vordergrund der Arbeiten der Studienhofkommission stehenden Karl Anton von Martini mit der Leitung einer „Studieneinrichtungskommission“ (1790) betraute, wurden überraschend schnell Maßnahmen getroffen, die auf Wiederherstellung früherer Zustände, Lockerung des staatlichen Zugriffs und Gewinnung der Mitarbeit der im josephinischen Jahrzehnt besonders hart an die Kandare von Vorschriften genommenen Professoren zielten.
Der Landtag von Tirol hatte noch 1790 um die Eröffnung der Innsbrucker Universität gebeten; Leopold II. hatte sich sogleich dazu geneigt gezeigt und nach Verhandlungen über den Mehraufwand am 30. November 1791 die Bewilligung gegeben. Im Jahre 1792 nahmen alle vier Fakultäten ihre Vorlesungen in vollem Umfange auf.[140] Die Bittschrift der steirischen Stände hingegen um Restauration ihrer Universität wurde abschlägig beschieden (1790).[141] Das akademische Jahr wurde auf die alte Ordnung zurückgeführt. September und Oktober galten fortan erneut als Ferienmonate (1792). Um die Kenntnis des Lateins wieder zu fördern, mußten an jeder Fakultät einige Lehrgegenstände in lateinischer Sprache vorgetragen werden.[142]
Bei der Neuordnung der Studien[143] – die im großen und ganzen wenig Änderungen brachte – geriet besonders der philosophische Lehrgang unter Beschuß. Das Kernstück der Reform van Swietens, die „Zwangsstudien“ Geschichte, Schöne Wissenschaften und Ästhetik, wurde in freie Wahlgegenstände für Theologen und Mediziner verwandelt. Vergeblich blieb der Hinweis van Swietens, daß „das ordentliche Studium der Geschichte als ein wesentlicher Gegenstand der allgemeinen Bildung in den öffentlichen Unterricht allenthalben und ununterbrochen von dessen Anfange bis zu dessen Ende verwebet werden muß“.[144] Auch das von van Swieten eingeführte Fach „Geschichte Österreichs“ im juridischen Lehrkurs wurde durch das Studium des Kirchenrechts wieder verdrängt.
Die Studiendirektorate wurden nunmehr aufgehoben. Dies war zwar bereits von Joseph II. 1782 vorgesehen gewesen – van Swieten hatte sich allerdings dagegen ausgesprochen –, doch wollte der Kaiser den Austritt oder den Tod der damit betrauten Persönlichkeiten abwarten. Ein gefürchtetes Überwachungsorgan fiel damit aus. Auch die Abschaffung der Semestralprüfungen fand allgemeine Zustimmung.
Manches blieb freilich unverändert; die Jurisdiktion wurde der Universität trotz Bitten nicht wiedergegeben und die staatliche Bevormundung in der Praxis nicht wesentlich zurückgenommen. Die Bindung der Professoren an die vorgeschriebenen Lehrbücher war weiterhin verpflichtend. Wesentliche Abweichungen vom Lehrbuch mußten gedruckt vorgelegt und einer Kontrolle unterworfen werden. Die allgemeine Zensur allerdings sollte nunmehr von den Lehrern der Fakultät besorgt werden.

Etwas Neues und Zukunftsweisendes brachte Leopold II. aller Wahrscheinlichkeit nach selbst ein; sein System der Selbstverwaltung und Selbstkontrolle der Lehrerschaft zeigt nämlich starke Übereinstimmung mit den Grundideen seines toskanischen Verfassungsprojekts.[145] Als demokratisch und kollegial konnte die Einrichtung des sogenannten Studienkonsesses freilich nur auf der unteren und mittleren Ebene empfunden werden. Hauptziel Leopolds II.[146] war wohl zunächst, das Vertrauen der Professoren und Lehrer durch Gewährung des Mitspracherechts – „nichts von Wichtigkeit (soll) ohne ihre Zustimmung und Einvernehmung unternommen werden"[147] – zu gewinnen. Auch wollte man ohne Zweifel deren Kenntnisse, Erfahrungen und Amtseifer nutzen. Aufgrund der neuen Regelungen traten jeden Monat die Professoren der Fakultäten unter Vorsitz des Dekans zu Beratungen über alle Studienangelegenheiten (auch Ernennungen, Auszeichnungen und Besoldungsfragen standen auf der Tagesordnung) zusammen, ihre Wünsche und Anträge legten sie dann dem Studienkonseß vor. Dieser bestand aus je einem – manchmal gewählten – Vertreter („Repräsentant") der vier Fakultäten, der Gymnasien und der Normalschule; der Universitätsrektor hatte den Vorsitz. Die Anträge des Studienkonsesses wurden über das Schul- und Studienreferat der Landesstelle (Gubernium) an die Böhmisch-österreichische Hofkanzlei geleitet. Dort wurde dann entschieden. Die Zeitspanne der Wirksamkeit dieser Einrichtungen war nur kurz; möglicherweise hätten sie zu „einer freieren und wissenschaftlicheren Gestaltung der Studien"[148] geführt. So blieben sie nur ein Signal, das bald wieder verlosch.
Die Einhebung von Studiengebühren an den Universitäten fand unter Leopold II. ihre Fortsetzung. Die Frequenz dürfte sich dennoch damals wieder leicht angehoben haben.[149]

12.3.7 Die Benediktineruniversität in Salzburg zur Zeit der Aufklärung

Daß die Salzburger Benediktineruniversität für die damaligen Bewohner der habsburgischen Erblande als Ausland galt, wurde unter Joseph II. besonders offenkundig, weil er Lehre und Studium an ihr grundsätzlich für seine Untertanen verbot. Diese Bestimmung traf hauptsächlich die Theologen. Ein kurzer Blick auf die lange Zeit blühende universitäre Lehranstalt in Salzburg ist deswegen notwendig, um feststellen zu können, ob die Entwicklung hier – wo die Jesuiten keine Niederlassung hatten und die Konstruktion der Universität den Eingriffen des Landesfürsten eher standhalten konnte –[150] ähnlich wie an den habsburgischen Universitäten verlief. Das Grundmuster der Entwicklung zeigt tatsächlich auf den ersten Blick wenig Abweichungen. Das geistliche Fürst-Erzbistum Salzburg wurde seit 1772 bis zu seinem Untergang von einem aufgeklärten Priester geleitet, Hieronymus Graf Colloredo,[151] und auch er wollte – wie Joseph II. in der Habsburgermonarchie – ein modernes Regime einrichten und Salzburg zu einem Musterstaat machen. Das Denken der Aufklärung sickerte trotzdem recht langsam ein und erreichte die Universität erst in den späten achtziger Jahren. Diese litt damals unter den begrenzten finanziellen und personellen Ressourcen wie ehedem. Sie blieb schon aus diesem Grunde weitgehend an die Tradition gebunden und Rom treu. Neuen Lehrgebieten öffnete sie sich nur langsam.[152]
Eine Ausnahme bildete die juridische Fakultät, auf die die Erzbischöfe aufgrund der Universitätsverfassung Einfluß nehmen konnten und an der sie ihre Beamten ausbildeten. Die Anlehnung an die Reformen der Universität Wien ist hier auffallend, doch mit bezeichnenden Abänderungen. 1750 wurde das Diktieren verboten. Die Benützung von Vorlesebüchern vertrieb die Hörer, was schließlich eine teilweise Rückkehr zum Diktat veranlaßte. Colloredo entschied sich zwar wieder für das Vorlesebuch,

gestattete aber nicht nur eigene Zusätze der Professoren, sondern verlangte die anschließende Erläuterung der Stelle. Daß die von ihm ausgewählten Vorlesebücher (mit Ausnahme derer für Kirchenrecht und Kirchengeschichte) protestantische Autoren hatten, weist wohl deutlich aus, daß er sich mehr als Landesfürst denn als ein hoher Würdenträger der Kirche verstand. Auch die Verschränkung des Jus- und Theologiestudiums deutet auf das Wiener Vorbild. Abweichend war die Stellung der Salzburger Universität zu Naturrecht und Reichsgeschichte. In der Prüfungsordnung erfolgte eine Anlehnung an das übliche System der deutschen Universitäten: anstelle der Jahresprüfungen trat eine Prüfung am Ende des gesamten Studiums.[153]
Im Jahre 1774 ordnete Hieronymus Graf Colloredo die Studien neu, weil er die Wissenschaften und schönen Künste „für die gegenwärtige und künftige Glückseligkeit eines Staates von der äußersten Wichtigkeit“[154] hielt. Er legte eine neue Abfolge der zu studierenden Gebiete fest, bloß die Vorlesung über das kanonische Recht konnte innerhalb der dreijährigen Ausbildung nach eigenem Ermessen eingebaut werden. Nur wer sich an diese Ordnung hielt, wurde zum Lizentiat oder Doktorat zugelassen.[155]
Die christliche Lehre mußte allerdings nicht der Aufklärung weichen. Das erwies sich recht offenkundig, als ein Professor der Moral radikale Aufklärungstendenzen verfolgte. Der Erzbischof, der sich zunächst hinter ihn gestellt hatte, mußte schließlich aber klein beigeben.
Salzburg war allerdings keine Insel in der allgemeinen Entwicklung; ähnliche Erscheinungen wie in den Nachbarländern können beobachtet werden.[156] Professoren wichen manchmal von der Reinheit der katholischen Lehre ab, hielten die Vorlesungen immer häufiger in deutscher Sprache, weil sie sich dadurch bei den Hörern beliebt machten, Kollegien wurden dem Rektor nicht angekündigt. Auch über Verfall von Sitte und Ordnung wurde geklagt. Einige geistliche Professoren bevorzugten französische Kleidung und Perücken, empfingen Damen auf ihren Zimmern und gaben die in der Ordensregel vorgeschriebene *vita communis* auf. Manche Äbte weigerten sich daher, ihre Novizen zum Studium und ihre Konventualen als Professoren nach Salzburg zu senden, „um nicht einen unruhigen Wirrkopf zurückzuerhalten“.[157] Tatsächlich gingen die Hörerzahlen stark zurück. Auffallend hingegen waren das reiche geistige Leben und eine beachtliche Publikationstätigkeit außerhalb der Universität.
Im Jahre 1791 wurde eine Kommission eingesetzt, um Verbesserungsvorschläge für die Neugestaltung des Universitätsbetriebes auszuarbeiten. Eine Visitation stellte die monastische Disziplin der Benediktiner-Professoren wieder her (1792); die Studienpläne sollten in den nächsten Jahren stark modernisiert, neue Fächer in das Lehrprogramm aufgenommen werden.[158] Infolge Geldmangels blieb es in vielem bei Absichtserklärungen. Doch Naturgeschichte wurde sogleich eingeführt, die Mathematik in experimentelle und reine geteilt, Vorlesungen über Ästhetik, Landwirtschaft, germanisches Privatrecht, Diplomatik (1793) und Literaturgeschichte (1796) begannen. Der Versuch des Fürsterzbischofs, die Besetzung der freien Lehrstühle in die Kompetenz des gesamten Professorenkollegiums zu geben, mißlang; die Aktivierung des akademischen Senats brachte wenig Erfolg.
Hieronymus Graf Colloredo hatte ohne Zweifel moderne Ideen der Studiengestaltung und eine gewisse staatliche Bevormundung für den Bereich der Universität gebracht, in dem seine Beamten und Priester herangebildet wurden. Der letzte Erfolg blieb ihm freilich versagt, weil er sich zu wenig persönlich und schon gar nicht finanziell an den notwendigen Reformmaßnahmen an der Universität beteiligte und ihn sicherlich die kritische Lage des Erzstiftes belastete. Trotz des weitaus größeren Freiraumes, den der Rektor und die Professoren der Universität Salzburg bewahren konnten, zeigte die Entwicklung der Wissenschaften hier kaum signifikant bessere Ergebnisse als an den habsburgischen Universitäten.

13 Das Bildungswesen als Stabilisierungsfaktor der politischen Verhältnisse (1792–1848)

13.1 Auswirkungen der Napoleonischen Kriege und des Metternichschen Systems auf Unterricht und Erziehung

Auf die maria-theresianisch=josephinische Epoche folgte eine Zeit des Übergangs und beginnender sozialer Umschichtung.[1] Ihre Grenzmarken sind Revolutionen, deren Nachwirkungen und Vorbeben historisch eine seismisch unruhige Landschaft gestalteten, die nur von ferne und nur bei oberflächlicher Betrachtung einheitliche, verbindende Züge trägt. Das gilt auch für den Bildungsbereich, der sich ebenfalls einer auf ein Schlagwort eingeengten Etikettierung verweigert. Obgleich nun die Jahre zwischen 1792 und 1815, der erste Abschnitt dieses halben Jahrhunderts zwischen den Revolutionen, von vornherein außerordentlich bewegt und von historischem Gewicht waren, bedürfen sie hier nur einer knappen Kennzeichnung. Denn ihre bildungspolitische Relevanz ist von wenigen Fakten abhängig. Das eine ist die Französische Revolution von 1789, deren Auswirkungen auch auf österreichischem Boden registriert werden konnten. Manche Intellektuelle und Beamte hatten ihre Grundgedanken aufgenommen, bejaht und sich in der Folge in geheimen Gesellschaften organisiert. Während Leopold II. noch in kluger Weise durch verschiedene, den Nichtprivilegierten, den Bürgern und Bauern, entgegenkommende Maßnahmen sich der Herausforderung durch die Revolution gewachsen zeigte, schritt sein Nachfolger Franz II. (1792–1835) ziemlich rasch zu polizeilichen Unterdrückungsmaßnahmen, um revolutionäre Sympathien auszuschalten.

Gerade den schulischen Einrichtungen fiel es jetzt in besonderem Maße zu, mögliche Reaktionen der Bevölkerung auf revolutionäre Anregungen im Keime zu ersticken. Das war sowohl von den Lehrplänen als auch von der Gewichtung der Lernziele her möglich. Die stabilisierende Funktion einer umfassenden religiösen Erziehung wurde damals wieder erkannt.

Eine zweite Tatsache wirkte sich nicht weniger bestimmend auf das Bildungswesen aus. Seit 1792 stand Österreich – nur mit wenigen Unterbrechungen – im Krieg mit Frankreich. Diese sogenannten Koalitionskriege führten wiederholt zur Besetzung österreichischer Länder (1805 und 1809 fiel sogar die Hauptstadt Wien in die Hände Napoleons, des übermächtigen Gegners) und in den Friedensverträgen auch zu Abtretungen deutschsprachiger Kerngebiete der Monarchie. Vorarlberg und Tirol (1805), Salzburg, das Innviertel, Teile des Hausrucks, Osttirol und Gebiete Kärntens südlich der Drau (1809) waren davon betroffen. Aus diesem beinahe permanenten Kriegszustand ergab sich zunächst einmal, daß militärische Erfolge oder Niederlagen die Reformschritte im Schulwesen bestimmten, Verzögerungen und Fortschreiten davon abhängig waren.

Der Aufwand an Zeit und finanziellen Mitteln für Maßnahmen im Bildungsbereich war von vornherein knapp. Nur personell erwuchsen einige Vorteile, weil sich häufiger auch begabtere Personen dem Schullehreramte widmeten, um ihrer Einziehung zu den Soldaten auszuweichen.[2] Für die vorübergehend an Bayern, den Verbündeten Frankreichs, abgegebenen westösterreichischen Gebiete bedeutete der Wechsel nicht nur einen neuen Herrscher, sondern auch die Übernahme eines abweichenden Schulsystems und eines anders strukturierten Lehrplans. Das hatte nicht bloß eine Unterbrechung der eigenen Entwicklung zur Folge, sondern die zwangsweise Begegnung mit fremden schulischen Konzepten; diese gaben allerdings auch fruchtbare Impulse und lösten in der Folge – nach der Rückkehr dieser Gebiete zu Österreich – Modifikationen der eigenen bildungspolitischen Auffassungen aus.
Eine dritte Entwicklung war zwar nicht weniger für Unterricht und Erziehung folgenreich, doch nicht mehr sogleich merkbar. Gemeint ist die Verdrängung Österreichs aus dem deutschen Raum. Der Reichsdeputationshauptschluß von 1803 hatte aufgrund der Intervention Frankreichs eine neue Organisation des Heiligen Römischen Reiches gebracht. Die geistlichen Fürstentümer wurden aufgelöst und die Zahl der freien Reichsstädte verringert, um die Fürsten, die Besitzungen links des Rheines besessen hatten, für den Verlust ihrer Gebiete an Frankreich zu entschädigen. Der machtlose und gedemütigte Kaiser Franz II. fürchtete nunmehr um seine eigenen Länder und erklärte sie von sich aus – in einem einseitig deklarierten Akt – im Jahre 1804 zum Kaiserreich. Als sich bereits 1806 die größeren Staaten im west- und süddeutschen Raum unter der Patronanz Napoleons zum Rheinbund zusammenschlossen und von Franz II. (als Kaiser von Österreich Franz I.) die Abdankung forderten, blieb diesem gar nichts anderes übrig, als die römische Kaiserkrone niederzulegen und damit der Auflösung des zwar längst politisch unbedeutenden, aber noch immer von der Tradition her lebendigen Reiches im Zentralraum Europas zuzustimmen. Die Verselbständigung Österreichs setzte nunmehr in verstärktem Ausmaße ein, besonders gefördert durch eine Isolierung, die sich vorerst durch die europäische Mächtekonstellation ergab und später bewußt herbeigeführt wurde. Dieses Abkoppeln von der deutschen Entwicklung und Abschirmen vor Einflüssen aus dem deutschen Raum wirkte sich verständlicherweise auch auf den Bildungsbereich aus.
In der Zeitspanne zwischen 1815 und 1848 agierte Österreich, letztlich doch Sieger über Napoleon, wieder als europäische Großmacht. Es hatte im Wiener Kongreß eine geographisch weitgehend geschlossene Ausdehnung erhalten und durch seine zentrale Lage eine bestimmende Gleichgewichtsfunktion in Europa übernommen. Freilich waren es weniger Franz I. oder sein regierungsunfähiger Nachfolger Ferdinand I. (1835–1848), die Richtung und Schwerpunkte der österreichischen Politik bestimmten, als vor allem der Hof- und Staatskanzler Clemens Wenzel Lothar Fürst Metternich, der dieser Zeit seinen Stempel aufdrückte.[3] Der gebürtige Rheinländer war Realist und Pragmatiker, der sich in seinem Handeln von den Grundsätzen der Legitimität, Autorität und Stabilität leiten ließ. Er strebte „ein Gleichgewicht zwischen einem positiven konservativen Prinzip der Beharrung und einem negativen destruktiven Prinzip übermäßiger Beharrung"[4] an. Ihm schwebte die Vorstellung eines langsamen Entwicklungsprozesses vor Augen. Für die liberalen und nationalen Strömungen seiner Zeit brachte er kaum Verständnis auf, für die sozialen Probleme fehlte ihm weitgehend das Gespür. Auch über ein bildungspolitisches Konzept verfügte er nicht, doch standen ihm besonders die Naturwissenschaften nahe, und technische Ausbildungsstätten hielt er für besonders notwendig.[5]
Es waren Jahre des Friedens für Österreich, allerdings setzte der Erholungsprozeß nach den verlustreichen Kriegen nur zögernd ein. Um die politischen Bestrebungen eines liberaldemokratischen Bürgertums einzudämmen, waren die staatlichen Bemühungen

darauf angelegt, breite Volksschichten materiell besserzustellen und zu einem „biedermeierlichen“ Leben zu führen. Darin hatte Bildung, besonders die Pflege der Musik und der Literatur, einen festen Platz. Das kulturelle Aufblühen war freilich nicht Hauptverdienst des Staates, die dafür von ihm aufgewendeten Mittel hielten sich in Grenzen. Auch das institutionelle Angebot an schulischen Ausbildungsmöglichkeiten wurde nur in dem Bereich, wo größte Dringlichkeit bestand, in bescheidenem Ausmaße erweitert. Das berufsbildende Schulwesen machte daher einige Fortschritte, auch sonderpädagogische Einrichtungen begannen sich zu entwickeln.

Folgenreich für das Geistesleben dieser Zeit wurden die von Metternich herbeigeführten Karlsbader Beschlüsse (1819). Durch sie wurde die Universität einer strengen Beaufsichtigung unterworfen, jede Studentenvereinigung verboten und eine strenge Vorzensur für Schriften unter 320 Seiten eingeführt. Es verwundert daher nicht, daß die wissenschaftliche Leistungsfähigkeit der österreichischen Universitäten durchwegs weiter abbröckelte, weil Impulse vom Ausland fehlten und die strenge Bindung der Professoren an die Lehrbücher jede eigenständige Entwicklung verhinderte. Wissenschaftlich beachtenswerte Leistungen waren aus diesem Grunde von vornherein eher außerhalb des akademischen Bodens zu erwarten. Gerade die Abschnürung machte freilich hungrig; man besorgte sich Literatur und diskutierte dort, wo der Arm der Kontrolle nicht ganz hinreichte.

Schließlich war noch von Bedeutung, daß Österreich weiterhin absolut regiert wurde; Einsicht und Verständnis des Herrschers für Fragen des Unterrichts und der Erziehung gaben für die Weiterentwicklung der Bildungseinrichtungen den Ausschlag. Doch gerade deswegen macht es für die historische Beurteilung einen gewaltigen Unterschied aus, ob nur die allerhöchsten Entschließungen und Hofdekrete zum Unterrichtswesen gelesen werden oder auch die abschlägig erledigten Gutachten und Memoranden der mittleren Ebene der Schulaufsicht oder sogar die meist recht konkreten Anregungen und Bitten der Schulpraktiker. Die von unten kommenden, manchmal ohne Zweifel recht zukunftsträchtigen pädagogischen Impulse drangen meist nicht durch. Die staatliche Bildungspolitik verfolgte vornehmlich stabilisierende Tendenzen und zeigte sich Neuerungen gegenüber wenig aufgeschlossen. Besonders seit der Julirevolution in Frankreich (1830) und während der intrigenreichen Regierungszeit Ferdinands I. verlor sie jede Beweglichkeit und erstarrte zusehends. Aber diese Stagnation kann nur registriert werden, wenn das Handeln der obersten Verantwortlichen für Bildungsfragen untersucht wird. Diese wichen jetzt nach Möglichkeit jeder Entscheidung aus, ein Stillstand der Entwicklung war gewollt. Die dadurch eingeleitete Verkrustung war von vornherein rissig, und unter ihr bereitete sich explosiv der Durchbruch der bildungspolitischen Ansprüche des Bürgertums vor.

13.2 Der Einfluß der sozialen Strukturen und der Wirtschaftsentwicklung auf die Bildungsbedürfnisse und -einrichtungen

Der Zeitraum zwischen 1792 und 1848 muß, wie schon erwähnt, als eine Epoche des Übergangs betrachtet werden. Die ständische Sozialordnung zeigte trotz aller von der herrschenden Schicht unternommenen Anstrengungen Auflösungstendenzen und begann sich in Richtung zur modernen Leistungsgesellschaft zu entwickeln. Die Spannungen zwischen dem einzelnen Menschen und der Gesellschaft nahmen damals zu. Die früher weithin anerkannte und akzeptierte Ordnung, die auf Gott zurückgeführt wurde, war zur Zeit der Aufklärung brüchig geworden und wurde jetzt zunehmend in Frage gestellt. Die Verhaltensnormen wechselten seit Ende des 18. Jahrhunderts rascher, sie waren oft widersprüchlich und überhaupt von großer Mannigfaltigkeit. Sie vermochten deswegen nicht mehr wie vormals dem Menschen Halt und Sicherheit im Handeln zu geben. Um sich einen Platz in der Gesellschaft zu sichern und ihre Beweglichkeit während des Strukturwandels nicht zu verlieren, mußten sich die Menschen immer mehr Normen aneignen, manche verdrängen, andere ersetzen.[6]

Wirtschaftliche Faktoren wirkten sich aus. Damals wurde die Tür zum industriellen Zeitalter und damit auch zur Urbanisierung des Lebens aufgestoßen. Weil aber in Österreich die Industrialisierung nur zögernd vorankam, zeigten die sozialen Strukturen noch weitgehend die alten Umrisse. Der Adel – eine schmale, einst beherrschende Schicht – hatte freilich längst seine ursprüngliche Bedeutung verloren. Seine Entmachtung, die unter Maria Theresia und Joseph II. große Fortschritte gemacht hatte, wurde zwar jetzt wieder kurzfristig aufgehalten, aber das Ende seiner privilegierten Machtposition zeichnete sich ab.[7] In den vorübergehend unter bayerischer oder französischer Verwaltung stehenden österreichischen Gebieten blieb die neue, auf Grundgedanken der Französischen Revolution aufbauende Verwaltungs- und Gerichtsorganisation auch nach Abzug der Besatzungstruppen bestehen. Bereits vor 1848 gab es dort in der Regel keine Patrimonialgerichtsbarkeit; diese war nur mehr in Österreich anzutreffen. Die früher starke Stellung der Grundherrschaft verlor auch dadurch an Bedeutung, daß sie staatliche Aufgaben aufgrund der Gesetze und einschlägiger staatlicher Verordnungen wahrzunehmen und hoheitliche Rechte auszuüben hatte. Diese wurden von den Grundherrschaften verständlicherweise nur mehr als drückende Last, nicht als privilegiertes Recht empfunden, deshalb verzichteten viele von ihnen überhaupt auf diese Befugnisse.[8] Seit 1798 konnten auch Untertanen durch Zahlung einer einmaligen, rechtlich vereinbarten Geldsumme an den Grundherrn sich von Robotleistungen und Grundzins loskaufen. Da der autonome Wirkungsbereich der Stände ebenfalls weiter beschnitten wurde, sie keine echten Mitwirkungsrechte an der Staatsgewalt hatten, sondern sich auf Ratschläge, Bitten und Vorstellungen beschränken mußten, war dem Adel auch hier nur mehr begrenzter Einfluß möglich. Seine Zukunft mußte er daher in verstärktem Maße als Beamter, Offizier oder Diplomat im Dienste des Kaisers suchen, nur vereinzelt wagten adelige Grundbesitzer als Unternehmer den Einstieg in die Industrie. Je stärker die privilegierte Stellung des Adels ins Wanken geriet, desto wichtiger wurde für ihn die schulische Ausbildung. Neben den öffentlichen Unterrichtsanstalten stand ihm seit 1791 wieder die Theresianisch-Leopoldinische Akademie, die ab 1804 vom Piaristenorden geleitet wurde, zur Verfügung.[9]

Für die Adeligen waren die bürgerlichen Beamten eine ständige Konkurrenz, die sie fürchten mußten und die ihnen viele einträgliche Stellen in der Verwaltung wegschnappte. Der Staatsapparat und das Wirtschaftsleben wurden nämlich zunehmend von der Mittelschicht geprägt. Deren Arbeitsdisziplin und strenge Lebensgrundsätze färbten auch stark auf die Lernziele des Unterrichtswesens ab. Lebensgefühl und Wohlstand der Mittelschicht äußerten sich in der Kultur des Biedermeiers. Allerdings wurden nur etwa 15 Prozent der Bevölkerung als „Bürger und Erwerbsleute" geführt.[10] Handwerk und Kleinhandel standen dabei weit im Vordergrund. Die Zünfte wurden von Franz I. als stabilisierende Faktoren geschätzt und in ihrer Bedeutung für die Lehrlingsausbildung hoch angeschlagen. Doch letztere stand bereits in enger Verbindung mit dem öffentlichen Schulwesen. Der Besuch der Elementarschule war Voraussetzung für die Aufnahme als Lehrling geworden, die Fortbildung im sonntäglichen Wiederholungsunterricht eine Bedingung für die Freisprechung. Die vor Konkurrenz schützenden Zunftordnungen wurden bereits allgemein als Hemmschuh für die wirtschaftliche Entwicklung empfunden. Deswegen sollte eine 1835 eingesetzte Kommission Gewerberechtsänderungen vorbereiten. Sie legte erst 1846 einen Entwurf dafür vor; dieser erfuhr keine Erledigung mehr.[11]

Die neuen Betriebsformen, wie Fabrik und Manufaktur, die in der Regel das Prinzip der Einheit von Wohn- und Arbeitsstätte durchbrachen, waren zwar wie früher durch die Erteilung von Privilegien möglich, doch der Durchbruch zu einer weitreichenden Industrialisierung blieb aus. Es waren nicht alle Voraussetzungen gegeben, denn außer Kapital, wagemutigen Unternehmern und frei verfügbaren Arbeitskräften bestand noch die Notwendigkeit, hinreichend über technisch oder ökonomisch gut ausgebildete Facharbeiter zu verfügen. Das Drängen des Bürgertums nach dafür geeigneten schulischen Einrichtungen in der ersten Hälfte des 19. Jahrhunderts bewies den Bedarf und auch die Einsicht weiter Kreise für die Anforderungen der Industrialisierung. Der Ruf nach „Realschulen" fand aber bei den staatlichen Stellen nicht den nötigen Widerhall.

Damals begann sich auch einer neuer Stand, die Arbeiter- und Angestelltenschaft, zu entwickeln.[12] Er fand sein Beschäftigungsfeld in den Manufakturen und Fabriken, die aus politischen Gründen meist außerhalb der Städte errichtet wurden. Er hatte deshalb Integrationsschwierigkeiten und fühlte sich – ausgenommen in Vorarlberg, wo bei der Errichtung der Arbeitsstätten auf den eingesessenen Menschen Rücksicht genommen wurde – ausgestoßen. Der Arbeiter stand unter dem strengen Diktat ständig laufender Maschinen und unter Zeitdruck; er war zunächst ohne sozialen Schutz. Die vorhandenen Lohnangaben, die durchwegs aus ärarischen Betrieben stammen, lassen erkennen, daß Männer besser als Frauen und Kinder bezahlt wurden und Facharbeiter sowie in der Verwaltung Tätige einen ähnlich hohen Lohn wie die Beamten erhielten.[13]

Die Industrie bot echte Aufstiegsmöglichkeiten. Hohes technisches oder kaufmännisches Verständnis – nicht immer eine dementsprechende Ausbildung – waren dazu notwendig. Kinderarbeit, wie sie in der Grundschicht häufig war, wurde allerdings schon früh aus schulischen Gründen begrenzt. Das 1787 erlassene Dekret Josephs II., das erste seiner Art in Europa, daß Kinder vor Erreichung des 9. Lebensjahres nicht ohne Not in der Fabrik arbeiten dürfen, war weiterhin bestimmend. In Bregenz wurde 1834 grundsätzlich verboten, Knaben unter zwölf und Mädchen unter zehn Jahren zur Fabriksarbeit zuzulassen. 1842 setzte ein Hofdekret die Maximalarbeitszeit für Kinder von neun bis zwölf Jahren mit zehn Stunden und jene von zwölf bis sechzehn Jahren mit zwölf Stunden am Tag fest.[14] Für eine Ausbildung der arbeitenden Kinder in den Elementarfächern sollte gesorgt werden. Industrie- sowie Fabriksschulen waren bildungspolitische Antworten auf Armut und Not der arbeitenden Grundschichtkinder.

Mehr als zwei Drittel der Bevölkerung arbeitete weiterhin in der Landwirtschaft; diese blieb bis 1848 der wichtigste Erwerbszweig. Der Ernährungsbedarf des Staates konnte aus eigenem gedeckt werden. Die Ertragsziffern blieben freilich auch jetzt gering. Die Landwirtschaft wurde nicht herausgefordert, die Produktion und die Qualität ihrer Produkte zu erhöhen. Um 1820 setzte sich zwar ein verbesserter Pflug durch, in die Brache wurden Klee und andere Futterpflanzen eingesät, vermehrt auch Kartoffeln und Rüben angebaut, doch nur in denjenigen Sparten wurde die Erzeugung merkbar gesteigert, für die ein freier Markt vorhanden war. Ansätze für eine Aufwärtsentwicklung wurden aber bereits von einigen interessierten Professoren und Gutsbeamten geleistet. Sie setzten sich eingehend mit der landwirtschaftlichen Technologie auseinander und berichteten über die Verwendung neuer Düngemittel sowie neuer Geräte.

Über den Unterricht sollte nun die konservative Struktur des ländlichen Raumes aufgebrochen werden. Lehrer wie Seelsorger wurden angehalten, sich mit Problemen der Landwirtschaft auseinanderzusetzen und neue Erkenntnisse in den Elementarunterricht einfließen zu lassen. Dessen Niveau hielt sich allerdings weiterhin in bescheidenen Grenzen. Trotz Unterrichtspflicht blieb die Zahl der Analphabeten hoch, „Kreuzelschreiber“ müssen häufig registriert werden. Um 1820 können z. B. im Bezirk Hartberg fast zwei Drittel der Gemeindevertreter nicht ihren Namen schreiben.[15]

Von den wirtschaftsgeschichtlichen Fakten bedürfen einige gleichfalls der Erwähnung, weil sie auf die Entwicklung des Unterrichtswesens Einfluß nahmen. Zum einen muß auf die Erschütterung des Währungsgefüges infolge der hohen Kriegskosten hingewiesen werden, die zur Inflation und schließlich – im Jahre 1811 – zum Staatsbankrott führten. Der Wert der Bankozettel wurde in diesem Jahr auf ein Fünftel des Nennwertes herabgesetzt (Wiener Währung W. W. statt Konventionsmünze C. M.).[16] Das bedeutete ganz allgemein für den Bildungsbereich, daß es dem Staat in seiner prekären finanziellen Lage schwerfiel, Geldmittel für das Schulwesen flüssig zu machen, im besonderen, daß nicht nur keine Verbesserung der tristen Einkommenslage der Schullehrer eintrat, sondern deren laufende Schlechterstellung. Denn die Besoldung hinkte immer weit hinter den steigenden Preisen nach; auch nach der Regelung von 1811 verbilligten sich die Lebensmittel und Gegenstände des täglichen Bedarfs nicht auf ein Fünftel, besonders nicht die Wohnungen. In den vierziger Jahren des 19. Jahrhunderts sank die Deckung des Banknotenumlaufs nochmals auf ein Drittel ab, und eine inflationäre Entwicklung setzte ein. Auch aus Ersparnisgründen wurden jetzt notwendige bildungspolitische Entscheidungen hinausgeschoben. Die Teuerung machte den Schullehrern wiederum schwer zu schaffen.

Die angespannte Finanzsituation des Staates zwischen 1792 und 1848 ist letztlich mit ein wesentlicher Grund, daß der Ausbau des öffentlichen Bildungswesens nur zögernd voranschritt und möglichen Belastungen in geschickter Weise ausgewichen wurde.

Zum anderen hatten die Industriegründungen, die sich vor allem im Wiener Becken, in der Mur-Mürz-Furche und in Vorarlberg häuften, dazu geführt, daß neue urbane Zentren entstanden. Diese bedurften auch im Bildungsbereich einer angemessenen Infrastruktur, sollten Verproletarisierungstendenzen abgefangen werden.

Während dieser Epoche wurde auch eine Reihe von Voraussetzungen für eine verstärkte Kommunikation geschaffen. Das Straßennetz wurde ausgebaut und – seit 1823 verkehrte die Postkutsche nach Fahrplan – der Postverkehr verbessert. Briefkästen wurden jetzt angebracht und seit 1817 für die Briefbeförderung Abgaben beim Empfänger eingehoben; im Jahre 1845 wurde der Telegrafendienst von Wien aus aufgenommen. Neue Verkehrsmittel, Dampfer (1830) und Eisenbahn (ab 1837), machten das Reisen komfortabler und schneller.[17] Freilich hinderten zunächst noch Polizeimaßnahmen und Zensur die volle Nutzung der nun gebotenen Möglichkeiten rascher Information und Kontaktaufnahme, aber eine Absperrung vom Ausland war praktisch, auch wenn man sie angestrebt hätte, gar nicht mehr durchführbar. Die Mobilität innerhalb des Habsburgerreiches stieg auf jeden Fall beträchtlich an.

Nicht unwesentlich wurde auch eine Neuentwicklung in der Erzeugung des Papiers. Dessen Produktion konnte stark erhöht werden, weil die Herstellung mechanisiert und Holz statt Hadern als Ausgangsmaterial herangezogen wurde. Das billigere Zellulosepapier kam dem Buchdruck und dem Zeitungswesen besonders zugute.

Es muß allerdings darauf aufmerksam gemacht werden, daß das Kaisertum Österreich im Vergleich zu den westeuropäischen Industriestaaten als Entwicklungsland angesehen werden muß und die Einwohnerzahl hier nicht in dem starken Ausmaße stieg wie im übrigen Europa.

13.3 Entwicklung einer wissenschaftlichen Pädagogik

Es wird meist wenig beachtet, daß sich um 1800 im österreichischen Raum eine der Schulpraxis nahe wissenschaftliche Pädagogik entwickelt hat. Ihre Wurzeln lagen noch in der Aufklärung, doch rückte sie bereits von den Einseitigkeiten einer praktisch-utilitaristischen Auffassung ab, die bloß die bürgerliche Brauchbarkeit des einzelnen vor Augen hatte und dieses Ziel durch Lenkungs- und Bevormundungsmaßnahmen zu erreichen suchte. Sie verließ die anerkannte Position des 18. Jahrhunderts und stieß in Neuland vor, in dem Selbsttätigkeit, Selbständigkeit und Selbstbildung als Wege gefunden wurden, auf denen der einzelne als Mensch sich vervollkommnen sowie zur Wahrheit und Sittlichkeit finden könne. Die Namen und Leistungen der in dieser Übergangszeit wirkenden Pädagogen werden freilich häufig nicht einmal in den Standardwerken der Geschichte der Pädagogik erwähnt. Doch Franz Michael Vierthaler (1758–1827), Franz de Paula Gaheis (1763–1809) und Vincenz Eduard Milde (1777–1853), die ich besonders hervorheben will, geschieht ohne Zweifel ein gewisses Unrecht. Freilich muß zugegeben werden, daß Wertungen zeitabhängig sind und die Zuweisung eines Ranges in einer Geschichte der Erziehungswissenschaft auch von subjektiven Elementen und Zufälligkeiten beeinflußt werden kann.
Die Ursachen ihres Vergessenwerdens sind vielfältig und sollen hier nicht in Einzelheiten erörtert werden. Doch schon von ihren Biographien her wird manches verständlich.
Franz Michael Vierthaler[18] wurde am 25. September 1758 in Mauerkirchen (Oberösterreich, damals zu Bayern gehörend) als Sohn eines Maurermeisters geboren. Seine Schullaufbahn führte ihn nach Besuch der Pfarrschule seines Heimatortes als Sängerknabe in das Benediktinerstift Michaelbeuern (1769), dann nach Salzburg (1770), wo er das Gymnasium besuchte. Nach dem Stimmbruch setzte er seine Ausbildung am Gymnasium in Burghausen (Bayern) fort. 1775 kehrte er nach Salzburg zurück und besuchte dort die zweijährige philosophische Fakultät. Anschließend nahm er das Jusstudium auf, ohne es mit dem Doktorat abzuschließen. Er beschäftigte sich vielmehr mit Geschichte und klassischer Philologie; auch versuchte er sich als Schriftsteller. Seinen Lebensunterhalt verdiente er sich als Hauslehrer. 1783 erhielt er eine Instruktorenstelle für Latein, Griechisch und Geschichte am Kollegium Virgilianum, wo er jungen Edelleuten und ausgewählten Bürgersöhnen den Lehrstoff der Universität erklärend wiederholte. Aus Kränkung, weil er bei der Neubesetzung einer höheren Stelle übergangen wurde, gab er 1787 seinen Posten auf und widmete sich nur noch der historischen Forschung und seiner schriftstellerischen Tätigkeit.
Doch 1790 berief ihn der Salzburger Fürsterzbischof Hieronymus Franz Graf von Colloredo zum Leiter des neu gegründeten Lehrerseminars und als pädagogischen Referenten in die Schulkommission. Erst jetzt begann sich Vierthaler eingehend mit Fragen der Erziehung und des Unterrichts auseinanderzusetzen. In Vorlesungen im Priesterhaus vor angehenden Geistlichen (1791/92) und an der Universität vor angehenden Beamten (1792–1799) begann er die Grundgedanken seiner Pädagogik zu formulieren. In rascher Abfolge erschienen jetzt auch seine wichtigsten pädagogischen Werke und eine Reihe von Schulschriften. Ab 1800 widmete er sich wieder stärker seinen schriftstellerischen Ambitionen (Schriftleiter der „Literaturzeitung von Salzburg“, 1800–1802; Herausgeber der „Staats-Zeitung von Salzburg“, 1800–1806). 1803 wurde er kurfürstlicher Hofbibliothekar und Landesschulendirektor. Er legte daraufhin die Leitung des Schullehrerseminars zurück. 1804 übernahm er die Direktion der beiden Waisenhäuser in der Stadt Salzburg. Zwei Jahre darauf erfolgte seine Ernennung zum Direktor des Waisenhauses in Wien (1806); hier schaffte er den

bestehenden militärischen Drill ab und setzte sich dafür ein, daß den verwaisten Knaben und Mädchen eine gründliche Schulbildung zuteil wurde. Er erreichte, daß die bestehende Waisenhausschule in eine Hauptschule mit reichem Lehrangebot umgewandelt wurde. Vierthalers umsichtiges und gewissenhaftes Wirken fand auch in Wien hohe Anerkennung. Er starb am 3. Oktober 1827.
Ohne Schwierigkeiten vermag man Vierthalers Leben in deutlich voneinander unterscheidbare Abschnitte zu gliedern. Bis 1790 lassen Studium, Hauslehrer- und Instruktortätigkeit als Broterwerb sowie Versuche als freier Schriftsteller und Wissenschaftler[19] mit dem Schwerpunkt auf geschichtlichen Themen keineswegs ein besonderes Hingezogenwerden zur Pädagogik erkennen. Erst zwischen 1790 und 1803, ausgelöst durch Vierthalers Berufung als Direktor des Schullehrerseminars, treten sowohl theoretisch als auch praktisch Erziehung und Unterricht in den Mittelpunkt seines Denkens und Wirkens. Mit 35 Jahren schreibt er sein pädagogisches Hauptwerk („Geist der Sokratik", 1793).[20] Aber schon in der zweiten Hälfte dieser Zeitspanne beginnen seine vielfältigen anderen Interessen den pädagogischen Aufgabenbereich zu überlappen und zurückzudrängen. Ab 1804 überwiegen dann administrative und organisatorische Aufgaben, bald eingegrenzt auf die Waisenhäuser in Salzburg bzw. ab 1806 in Wien. Diese neue Tätigkeit regte ihn nicht mehr zu weiterführenden pädagogischen Veröffentlichungen an; er bewältigte sie pragmatisch auf der Grundlage der in den neunziger Jahren gewonnenen Einsichten.
Franz de Paula Gaheis[21] (Gaheyß) wurde am 1. April 1763 in Krems als Sohn eines Gärtners geboren[22] und besuchte hier die Stadtschule und die unterste Grammatikklasse bei den Jesuiten. Nach Aufhebung des Ordens (1773) und damit auch der Schule trat er in eine Buchdruckerlehre. Als die Piaristen 1776 das Gymnasium wieder eröffneten, setzte er seine Studien mit großem Erfolg fort. Im Jahre 1780 trat er in den Piaristenorden ein, nahm dort den Ordensnamen Anton an, den er noch lange nach seinem Austritt weiterführte,[23] und verbrachte seine Novizenjahre in Wien. Hier wurde er auch zum Volksschullehrer ausgebildet. Bereits ab 1784 unterrichtete Gaheis an der Josefstädter Hauptschule. Auch begann er an der Universität Philosophie und Theologie zu studieren. Da Gaheis noch nicht zum Priester geweiht war, nutzte er die unter Joseph II. erleichterten Austrittsmöglichkeiten und verließ 1788 den Orden. Er erhielt die Direktion der neu gegründeten Hauptschule in Korneuburg (1788–1798). An dieser Schule war auch ein Kurs für zukünftige Lehrer eingerichtet. Eine Arbeitsschule (Industrieschule) für Knaben und Mädchen wurde erst von Gaheis geschaffen. Während der Arbeit wurde vorgelesen, in den Pausen gesungen. F. Gaheis entfaltete während dieses Jahrzehnts in Korneuburg eine umfassende erzieherische Tätigkeit und erwies sich als fruchtbarer Schriftsteller, nicht nur im pädagogischen Bereich.[24] In Wien wurde man auf den fähigen Schulmann aufmerksam; er erhielt eine Stellung beim Wiener Magistrat (1798–1809), um zu den Schulreformarbeiten, zum Verfassen von Schulbüchern u. ä. herangezogen werden zu können. Er wurde vielseitig eingesetzt; auch verfolgte er verstärkt literarische Interessen. Sein Anteil an der Schulgesetzgebung am Anfang des 19. Jahrhunderts ist freilich schwer zu fassen.[25] Er war erst 46 Jahre alt, als er am 25. August 1809 starb.
Die Etappen im Leben des „niederösterreichischen Vierthaler", wie er manchmal genannt wird, sind besonders leicht nachzuzeichnen. Zunächst ist das Leben in der Ordensgemeinschaft der Piaristen (1780–1788) für ihn bedeutsam; dabei werden ihm auch unterrichtliche Aufgaben zugewiesen. Als Leiter eines Schulzentrums (Hauptschule, Ausbildungskurs für Lehrer, Arbeitsschule) in Korneuburg nützte er die Möglichkeit, seine pädagogischen Vorstellungen in die Wirklichkeit umzusetzen und seine dabei gemachten Erfahrungen zu Papier zu bringen. Sein „Handbuch einer praktischen Methodik für Schullehrer, Gehülfen und Schul-Candidaten", weiterent-

wickelt als „Handbuch der Lehrkunst für den ersten Unterricht in deutschen Schulen" (4. Aufl. Wien 1809) verfaßte er mit 34 Jahren. Es löste Felbigers „Methodenbuch" ab und hatte für die nächsten zwanzig Jahre auf das österreichische elementare Schulwesen Einfluß.

Von 1798 bis zu seinem Tode war er als Sekretär und Aktuar im Wiener Magistrat tätig. In dieser Zeit schoben sich für Gaheis administrative und organisatorische Aufgaben und seine schriftstellerischen Ambitionen in den Vordergrund. Die Beschäftigung mit pädagogischen Fragen machte nur einen Teil seiner Tätigkeit aus. Er entwickelte sein pädagogisches Grundkonzept nicht wesentlich weiter.

Vincenz Eduard Milde,[26] der dritte österreichische Pädagoge von Rang zu dieser Zeit, wurde am 11. Mai 1777 in Brünn geboren, verlor früh seinen Vater, einen wohlhabenden Buchbinder, und lernte Not und Enge kennen. Nach dem Besuch des Gymnasiums in seiner Vaterstadt und des philosophischen Kurses in Wien und Olmütz trat er 1794 in das Wiener Priesterseminar ein und wurde im Jahre 1800 zum Priester geweiht. Seine pädagogischen Fähigkeiten, die er als Katechet an verschiedenen Schulgattungen bewies und die allgemein anerkannt wurden, führten dazu, daß er 1806 die erste Lehrkanzel für Erziehungskunde erhielt, die in der österreichischen Monarchie errichtet wurde. Er verfaßte für seine Wiener Hörer damals das „Lehrbuch der allgemeinen Erziehungskunde", das über Anordnung des Kaisers den pädagogischen Vorlesungen an allen österreichischen Universitäten zugrundegelegt werden mußte.

Vor allem aus gesundheitlichen Gründen gab er 1810 seine bereits in jungen Jahren erreichten hohen Positionen auf: die Universitätsprofessur sowie das sichere Sprungbrett zu hohen geistlichen Würden, die Stelle als Hofkaplan, auf die er 1805 berufen worden war. Er zog sich in die kleine niederösterreichische Pfarre Wolfpassing zurück. 1814 wechselte er als Pfarrer nach Krems und wurde mit der Aufgabe betraut, als Direktor die damals in dieser Stadt befindliche universitäre Einrichtung, die Philosophische Lehranstalt, zu leiten[27] und als Schulinspektor, als Schuldistriktsaufseher, wie es damals hieß, das Volksschulwesen im Kremser Bezirk zu betreuen.[28]

Doch Krems blieb nicht die letzte Station seines Wirkens. 1823 wurde er als Bischof nach Leitmeritz berufen, um die durch die Lehren des Philosophen Bernhard Bolzano in Unordnung geratene Diözese wieder zur Rechtgläubigkeit zurückzuführen.

1831 erreichte Milde ein Handschreiben des Kaisers mit der Mitteilung, daß dieser ihn zum Fürsterzbischof von Wien ernennen wolle. Milde lehnte zwar ab, aber der Kaiser beharrte auf seinem Entschluß. Am 31. Mai 1832 übernahm Milde die Erzdiözese Wien und bewegte sich nunmehr auf dem Boden der großen Politik. Auf diesem glatten Parkett bereitete ihm seine gradlinige, konsequente Art viele Schwierigkeiten. Er geriet in seinen letzten Lebensjahren in den Mittelpunkt scharfer Kritik und mancher unberechtigter Vorwürfe. Milde starb am 14. März 1853 und wurde im Stephansdom beigesetzt.

In seinem Leben lassen sich einigermaßen deutlich voneinander abhebbare Phasen seines Wirkens unterscheiden. Etwa bis 1810 liegt das Hauptgewicht seiner Tätigkeit auf dem Lehren, das er praktisch zu bewältigen hatte und mit dem er sich theoretisch auseinandersetzte.[29] Die seelsorglichen und geistlichen Funktionen mußten sich mit einer Randstellung begnügen. Milde war knapp über 30 Jahre alt, als er sein pädagogisches Hauptwerk konzipierte.

Zwischen 1811 und 1823 durchschritt Milde eine Mischzone. Vordergründig hatte er vielfältige seelsorgliche Aufgaben zu erfüllen. Die pädagogische Tätigkeit beanspruchte ihn jedoch noch stark. Er schrieb seine „Erziehungskunde" zu Ende, verfaßte Gutachten zu Schul- und Erziehungsfragen,[30] leitete mit Geschick und Erfolg eine Philosophische Lehranstalt und betreute mit Hingabe Volksschulen in einem regionalen Bereich. Auch historische Interessen regten sich in ihm immer stärker.

Ab 1823, als Bischof und Kirchenfürst, überwogen die geistlichen Führungstätigkeiten, eine Palette von Aufgaben, die von bloßer Repräsentation und Administration bis zu diffizilen Leitungs- und Lenkungsmaßnahmen reichten. Sie forderten ihn ganz. Die einstmals vorherrschenden pädagogischen Interessen traten ganz zurück.
Bereits ein flüchtiger Blick auf diese Lebensabläufe zeigt, daß für alle drei Persönlichkeiten die Auseinandersetzung mit der Pädagogik nur einen Teilbereich ihres Wirkens bildete und überdies zeitlich begrenzt war. Die eingehende Beschäftigung damit wurde auch erst durch die Übernahme einer wichtigen Funktion im Bildungswesen ausgelöst; sie erfolgte in einer Zeitspanne höchster Leistungsfähigkeit, im vierten Jahrzehnt, war aber nur eine Stufe in der jeweiligen Laufbahn. Die nächsten führten dann in den administrativen und organisatorischen Bereich und hatten, weil die unbedingte Notwendigkeit wegfiel, eine merkbare Schwächung des pädagogischen Interesses zur Folge. Keiner hat sein Leben nur der Pädagogik gewidmet. Die theoretischen Entwürfe erfuhren deshalb auch keine Weiterentwicklung, obgleich sie auf die Schulwirklichkeit weiter Einfluß nahmen.
Eine andere nicht minder wichtige Tatsache ist ihr Nahverhältnis zum katholischen Glauben. Obgleich wir einen Priester (Milde), einen Ordensmann (Gaheis) und einen gläubigen Katholiken (Vierthaler; sein Bruder war Priester) vor uns haben, wäre es nicht richtig, sie allein als katholische Pädagogen einzuordnen, wie es oft geschieht. Die Religion wurde von ihnen zwar für die Erziehung hoch eingeschätzt, aber sie war nicht das übergeordnete Ziel. Zu stark waren alle diese Pädagogen noch dem Bildungsdenken der Aufklärung verpflichtet. Sie setzten sich auf diese Weise zwischen zwei Sessel. Als nämlich in den ersten Jahrzehnten des 19. Jahrhunderts das zur Zeit des Josephinismus eingeschläferte katholische Bewußtsein wieder wachgerüttelt wurde, stießen sie wegen der eingeschränkten Position der Religion in ihrem Erziehungskonzept bei manchen ihrer Zeitgenossen auf Ablehnung, zumindest wurden sie ihnen suspekt. Als später die Zeiten gegenüber der Religion zunehmend gleichgültiger, zum Teil sogar ablehnend wurden, fand man wiederum bei ihnen den religiösen Gesichtspunkt zu stark betont; es erfolgte keine Verbesserung in ihrer Beurteilung.
Dazu trat der Vorwurf, daß sie Eklektiker gewesen seien, die sich in den einschlägigen pädagogischen Schriften eingelesen und aus diesem Material epigonenhaft ihr Werk zurechtgezimmert hätten. Daß aber Vierthaler, Gaheis und vor allem Milde nicht nur manche originäre Zusammenschau, sondern in einigen pädagogischen Problemstellungen der Durchbruch in Neuland gelungen ist, soll im folgenden doch näher ausgeführt werden.
F. M. Vierthaler ging davon aus, daß die Kinder „nicht den Eltern allein, sondern auch dem Staate" gehören. Die Elementarschulen waren daher für ihn „öffentliche Erziehungshäuser des Staates". Doch schränkte er im Alter diese Auffassung ein, wenn er meinte, daß „die Menschheit ... auf den Altären des Staates nicht geopfert werden" dürfe.[31] Bildung zur Moralität war für ihn „der höchste Zweck der Erziehung"; bloße Kenntnisse ohne gute Gesinnung hielt er für eitlen Prunk. Die Gesinnungsbildung, die Hinführung zu moralischem Denken und Handeln, sollte aber nicht mehr nur durch guten intellektuellen Unterricht, sondern auch durch religiöse Erziehung erfolgen. Zur Vernunft trat nunmehr wieder die Religion als stärkste Stütze der Moralität.[32] Die Zielvorstellungen von Nutzen und Ehre büßten ihre frühere Bedeutung ein.
Vierthaler hob die Wichtigkeit des Lehramts besonders hervor. Lehrer sein bedeutete für ihn, Verpflichtung und Verantwortung zu übernehmen. Die neu gegründeten Ausbildungsstätten für Lehrer sollten wie „Dämme sowohl gegen unmoralische als unwissende Schullehrer"[33] wirken. Der Lehrer sei verpflichtet, „an seiner eigenen Besserung" zu arbeiten, nur so könnte auch eine Besserung der Schule eintreten.[34]

Im Unterricht trat Vierthaler für die Selbsttätigkeit der Schüler ein, für die spontane Schülerfrage und die Entdeckung der Wahrheit durch den Schüler. Der von den Philanthropisten bereits dafür geforderten sokratischen Methode streifte er ihre doktrinäre Form ab. Er schränkte sie nicht auf Dialog, Anknüpfung ans Alltägliche, Mäeutik, bildhafte Rede oder Ironie ein. Der Lehrer mußte sich als Lernender verstehen, der die Beiträge der Schüler anerkannte und selbst Fragen stellte, die auch ohne Erfahrung und positive Kenntnisse beantwortbar waren. „Es ist für Kinder eine köstliche Freude, etwas errathen zu haben; auch reitzt nichts so sehr zum Denken als das Bewußtseyn, denken zu können."[35]
Die Forderung nach Anschauung war seit Comenius selbstverständlicher Grundsatz jeder Didaktik. Vierthaler präzisierte ihn aber; so verlangte er bei der Einführung elementarer Rechenoperationen praktische Aufgabenstellungen aus der Welt der Schüler,[36] er regte Lehrausgänge in der Heimat an und stellte das Zeichnen in den Dienst der Veranschaulichung. Auch forderte er die Lehrer auf, die Schulgegenstände „so oft als möglich miteinander zu verbinden. Einer beziehe sich auf den andern; einer erhelle und bestärke den andern, vereint werden sie sich desto tiefer der Seele der Schüler eindrücken".[37] Er förderte also etwas, was wir heute Konzentration des Unterrichts nennen. Er warnte freilich vor einem Methodenmonismus. Wichtig sei, daß der Lehrer der Entwicklung der Schüler gemäß vorgehe und ihre Individualität berücksichtige – dafür geben ihm die Psychologie und die Erfahrung die nötigen Hilfen – sowie deren Vertrauen und Liebe gewinne. Dann werde es ihm sogar „bei einer schlechten Methode an der Aufmerksamkeit seiner Schüler" nicht fehlen.[38]
Vierthaler lehnte eine zentralistische Uniformierung des Unterrichts ab. Er hielt unterschiedliche Lehrstoffverteilungen für Stadt- und Landschulen für notwendig, die den voneinander abweichenden Bedürfnissen gerecht würden. Denn die Schüler sollten für den Beruf und das wirkliche Leben vorbereitet werden.
F. Gaheis bewegte sich in einer ähnlichen pädagogischen Gedankenwelt wie F. M. Vierthaler. Auch er ging von philanthropischen Auffassungen aus; nur stand er auch bereits unter dem Einfluß der Anschauungen Johann Heinrich Pestalozzis und Immanuel Kants. Die erfolgreiche Bewältigung der Schulwirklichkeit war ihm ein besonderes Anliegen. Seine pädagogischen Überlegungen verloren nie den Bezug zur konkreten Erziehungssituation; er mied „leere Wortmacherey" und berief sich auf seine Erfahrung, daß „allgemeine Sätze beym wirklichen Schulgebrauche leicht mißverstanden" werden.[39] Sein „Handbuch einer Methodik für Schullehrer, Gehülfen und Schul-Candidaten" (2. Aufl. Wien 1797) gab daher vor allem praktische Anleitungen, hinter denen aber sehr wohl ein tragfähiges pädagogisches Konzept stand. Gaheis wollte keine einseitige Schulung des Verstandes, sondern er strebte die Ausbildung aller Fähigkeiten im Menschen an. Denn dieser sei ein „vernünftig-sinnliches Wesen". Die Kindheit sollte für ihn eine „Zeit der Munterkeit, der körperlichen Übungen, des Vergnügens und der Freude seyn"; Erziehen bedeute „verständig und lebensfroh machen".[40] Sowohl der freien Entfaltung als auch der Selbsttätigkeit legte Gaheis großes Gewicht bei. Jedes „Exercierwerk" lehnte er ab. Er wollte den jungen Menschen nicht „zu einer Drahtpuppe machen, daß er vor lauter Beobachtung von Kleinigkeiten nicht einen Augenblick Zeit gewinnen kann, irgendeinen vernünftigen, großen Gedanken" zu fassen.[41] Darum sei in der Erziehung auch kluges Maßhalten und viel Geduld notwendig. Ihr letzter Zweck müsse „Bildung zur Menschenwürde" sein.[42]
Auch Gaheis neigte der sokratischen Lehrart zu. Der Lehrer hätte aber seinen Unterricht auf den Wachstumsprozeß des Kindes und auf dessen Interessen abzustimmen. Viel hielt er von der „Verbindung der Arbeits- mit Lehr-Schulen", weil die Aufmerksamkeit des Kindes, zu lange auf Lehrgegenstände gerichtet, erlahme, die

Gesundheit durch die Arbeit gefördert und außerdem eine Grundlage für künftige Erwerbsmöglichkeiten geschaffen werde.[43]
Zu einem besonderen Erfolg geriet sein Versuch, die Schüler auf Wanderungen mit ihrer Umgebung vertraut zu machen und mit ihnen die Landschaft für das Auge der Seele zu entdecken. So brachte er die Gegenstände der Umwelt in ihren Erfahrungsschatz ein, auch lehrte er sie bei dieser Gelegenheit das Zeichnen von Landkarten. Gaheis gilt daher als Bahnbrecher des bodenständigen Unterrichts und der Heimaterziehung in Österreich. Sein Methodenbuch prägte die Unterrichtswirklichkeit für zwei Jahrzehnte entscheidend mit.
Für den Lehrer forderte Gaheis, schon weil er ein anspruchsvolles Lehrprogramm vorsah, eine weitaus bessere Vorbildung. Er empörte sich darüber, daß man „eine Kunst, welche den edelsten der Stoffe – den Menschen – auszubilden hat" entweder „gar nicht zu lernen" braucht oder sich „sie in einigen flüchtigen Stunden aus angehörten Vorlesungen" anzueignen glaubt.[44] Er hielt die Einrichtung von Lehrerseminaren – er nannte sie „Lehrerpflanzschulen" – für notwendig, in denen der Unterricht vom 8., 9. oder 10. Lebensjahr an bis zum 17. oder 18. Lebensjahr schon auf die spätere Lehrtätigkeit ausgerichtet wird.[45] Besonderen Wert legte er auch auf die Fortbildung der Lehrer. Er verlangte von ihnen Kenntnis und Besitz der wichtigsten Erziehungsschriften und die Führung eines „pädagogischen" Tagebuches.
Gaheis widmete auch dem Unterricht gebrechlicher Kinder viel Aufmerksamkeit.[46] Er wies darauf hin, daß sie zwar nicht alles lernen könnten, was gesunde Kinder vermöchten, allein in einzelnen Gegenständen es sogar weiter bringen könnten. Er gab einen wesentlichen Anstoß zur pädagogischen Betreuung blinder Kinder.[47]
Auch V. E. Mildes, des bedeutendsten österreichischen Pädagogen um die Wende zum 19. Jahrhundert, Hauptforderung war, die jungen Menschen zu Selbständigkeit und Mündigkeit hinzuführen.
Die Schule hatte in seinen Augen den Zweck, im Schüler die Fähigkeit zur Selbstbildung zu wecken; als die entscheidende Aufgabe des Unterrichts sah er das Lehren des Lernens und des Denkens. Mit Schärfe tadelte er sinnloses Auswendiglernen und gedankenloses Nachplappern. „Man will, daß Kinder um Nichts fragen, nach Nichts forschen, an Nichts zweifeln, sondern alles ruhig anhören und blind nachbeten sollen ... Wird nicht der größte Vorzug des menschlichen Geistes dadurch vernichtet und das Kind zur Maschine herabgewürdiget?"[48] Der Schüler „muß selbst sehen, denken, urteilen, sich selbst üben. Alles, was ein Eigentum unseres Geistes werden soll, muß nicht von außen herangetragen, sondern im Innern selbst entwickelt werden".[49] Milde erkannte: nicht nur Fragen zu stellen, sondern auch in Frage stellen zu können führt zur wahren Bildung. Die Individualität des Lernenden müsse dabei berücksichtigt werden. Die Verschiedenheit der Menschen entstehe nicht bloß durch die Erziehung, sie sei auch natürlich bedingt. Nichts hielt er daher für schädlicher, als wenn man alle Kinder nach demselben Leisten bilden wollte.
Auch verwarf er die Vorstellung, daß man nur aus Büchern und nur in der Schule lernen könne. Das Spiel konnte seiner Meinung nach belehrender sein als manche Vorlesung. Die Handarbeit und das Werken galten ihm als zweckmäßige Mittel der Bildung, schärfen sie doch den Verstand, den Erfindungsgeist und den Geschmack. Eine Ausbildung zur körperlichen Geschicklichkeit und Gewandtheit betrachtete er als Notwendigkeit. Einer seiner Schüler entwarf den ersten Lehrplan für Leibesübungen und setzte ihn in die Wirklichkeit um. Für Mädchen forderte er eine Ausbildung in der Kinderpflege, um die Säuglingssterblichkeit herabzusetzen, usw.
Milde trat auch für eine staatsbürgerliche, für eine politische Bildung ein. „Der Mensch erscheint", so sagte er, „auf dieser Erde nicht bloß als Mensch, sondern auch als Glied der Gesellschaft, als Bürger eines Staates; er muß daher auch für das gesellschaftliche

Leben gebildet und zur Erfüllung seiner bürgerlichen Pflichten tauglich gemacht werden."[50] Die Vermittlung von Leitlinien für das Handeln in Staat und Gesellschaft sollte bei Gelegenheit in allen Fächern erfolgen: politische Bildung als Unterrichtsprinzip.

Bildung für alle war für Milde nicht nur eine christliche Forderung, sondern ein Bedürfnis seines Herzens. Er verlangte, daß auch abnorme oder krankhaft veranlagte Menschen nicht von Erziehung und Unterricht ausgeschlossen werden dürften. Er entwickelte daher in seinem Hauptwerk, im „Lehrbuch der allgemeinen Erziehungskunde", etwas, was wir heute als Heil- oder Sonderpädagogik bezeichnen. Alle Lehrer sollten durch ihre Ausbildung in der Lage sein, „Gebrechen zu erkennen, nach Möglichkeit zu heilen, zumindest aber nicht zu vergrößern".[51] Daß Österreich sich schon früh der Lernbehinderten annahm und in unserem Land beispielhafte heilpädagogische Therapien entwickelt wurden, dazu dürfte Milde entscheidende Anstöße gegeben haben. Doch auch auf dem Gebiete der Sozialpädagogik und in seinem ureigensten Bereich, der Religionspädagogik, verdanken wir Milde beachtenswerte Anregungen.

Eine besondere Hervorhebung verdient sein Beitrag zum Umdenken im Strafrecht und Strafvollzug. Er kann als Begründer der Kriminalpädagogik in Österreich angesehen werden. Er tadelte, daß in den Gefängnissen nicht die Besserung der Sträflinge – er bezeichnete sie als „moralisch Kranke" – angestrebt würde, sondern nur ihre Festhaltung, der Vollzug der Strafe. Er wünschte die Resozialisierung dieser Menschen und wollte sie durch seelsorgliche Maßnahmen, Unterricht, psychologische Behandlung und Entlassenenfürsorge erreichen. Die Gestrauchelten müßten, so Mildes Worte, wieder „mit Anstand unter Menschen treten" können, und es müsse ihnen „physisch möglich gemacht" werden, „moralisch zu leben".[52]

Sein Einsatz für die Armen, Schwachen, Lernbehinderten, ja sogar für die Außenseiter der Gesellschaft überschritt freilich häufig den Verständnishorizont seiner Zeitgenossen.

V. E. Milde war der einzige der österreichischen Pädagogen dieser Zeit, der eine systematische Pädagogik entwarf und sich nicht mit einer eher aphoristischen Behandlung pädagogischer Probleme, wie wir es bei F. M. Vierthaler und F. Gaheis antreffen, begnügte. Sonst aber sind in ihrem Denken und in ihren Schriften Gemeinsamkeiten festzustellen.

Alle drei Pädagogen waren mit den meisten pädagogischen Werken ihrer Zeit vertraut und setzten sich mit ihnen auch kritisch auseinander. Sie huldigten einem pädagogischen und methodischen Eklektizismus. Sie hatten selbst umfangreiche Lehrerfahrung, und ihre Schriften waren auf die Schulpraxis abgestimmt. Gerade die Konfrontation mit theoretischen Einsichten anderer und den Ergebnissen eigener praktischer Unterrichtstätigkeit vermochte auf einer gehobenen Reflexionsebene zu beachtlichen Ergebnissen zu führen. Die Kooperation von Theorie und Praxis wurde für selbstverständlich gehalten; ja, Milde forderte, daß praktische Unterrichtstätigkeit auch für den Theoretiker der Pädagogik notwendig sei, sonst laufe diese Gefahr, „die Geleise ... der Brauchbarkeit" zu verlassen.[53] In ihren pädagogischen Veröffentlichungen bemühten sie sich um eine klare, allgemein verständliche Sprache. Sie knüpften an die Alltagserfahrung an, belegten allgemeine Gedanken mit konkreten Beispielen und lehnten jedes Imponiergehaben in Worten ab. Vierthaler und Gaheis kam dabei sicherlich ihre schriftstellerische Begabung zugute. Milde äußerte: „Sehr leicht hätte ich meine Gedanken in neuere Terminologien und höher klingende Worte einkleiden und mir dadurch das Ansehen tieferer Weisheit geben können, allein ich habe das Vergnügen, anderen auf eine leichte Art nützlich zu werden, dem Vergnügen zu glänzen vorgezogen."[54] Außerdem lassen sich Vierthaler, Gaheis und Milde von

Werterkenntnissen leiten. Entscheidende Zielfragen der Erziehung wurden feinfühlig gewichtet, reine wertfreie Wissenschaftlichkeit wurde nicht gesucht.[55]

Eine Beurteilung dieser österreichischen Pädagogen sollte vielleicht einmal davon ausgehen, einigermaßen in Umrissen darzustellen, welche Auswirkungen ihre Lehren zeigten. Vierthaler gilt als „zentrale Gestalt der süddeutschen Pädagogik um 1800“[56] und wirkte über Salzburg hinaus in den bayrischen und österreichischen Raum. Seine „Elemente der Methodik und Pädagogik. Nebst kurzen Erläuterungen derselben“ (1791), die bis 1810 fünf Auflagen erfuhren, bildeten die Grundlage für den pädagogischen und methodischen Unterricht an den bayrischen Lehrerseminaren. Einer seiner Schüler, Bartholomäus Bacher, ließ sich in seinem Hand- und Methodenbuch für die bayrischen Lehrer[57] von den pädagogischen Auffassungen seines Mentors leiten und sicherte damit diesen eine weite und lang andauernde Verbreitung. Vierthalers „Entwurf der Schulerziehungskunde“ (1794) erschien 1824 in einer neuen Bearbeitung („Entwurf zu pädagogischen Vorlesungen“) in Wien, doch blieb seine pädagogische Ausstrahlung, seit er die Direktion des Waisenhauses übernommen hatte, begrenzt.

Der früh verstorbene F. Gaheis konnte seinen pädagogischen Einfluß nicht über den österreichischen Raum hinaus ausdehnen, obgleich er mit seiner systematisch aufgebauten Heimatkunde im Elementarunterricht eine Pionierleistung vollbracht hatte.[58] Sein „Handbuch der Lehrkunst“ war bis in den Banat verbreitet[59] und lag bis 1817 der österreichischen Lehrerausbildung zugrunde.

Die stärksten und zeitlich ausgedehntesten Auswirkungen zeigte die pädagogische Theorie von V. E. Milde. Sein zweibändiges „Lehrbuch der allgemeinen Erziehungskunde“ war an den österreichischen Universitäten in der ersten Hälfte des 19. Jahrhunderts für alle pädagogischen Lehrkanzeln als Vorlesebuch vorgeschrieben und wurde 1843 zum letzten Mal aufgelegt. Die pädagogischen Schriften einer Reihe seiner weniger bedeutenden Zeitgenossen, wie Josef Peitl, Joseph Weinkopf, Matthäus Wiesner, Joseph Ambros Stapf u. a., nahmen seine pädagogischen Grundgedanken auf. Starken Einfluß nahm er auch auf Italien; sein Hauptwerk wurde in die italienische Sprache übertragen und eine die italienischen Verhältnisse und Bedürfnisse berücksichtigende Umarbeitung in Aussicht genommen. Der durch die Gründung der ersten *scuola infantile* (1831 in Cremona) und die Ausgestaltung der Kinderbewahranstalt mit vorwiegend pädagogischen Zielsetzungen („Asili Aporti“) einen hohen Rang in der italienischen Schulgeschichte einnehmende Ferrante Aporti kann in gewisser Weise als Milde-Schüler angesprochen werden.[60] Auch im umfangreichen Werk G. A. Rayneris[61] spiegeln sich pädagogische Gedanken Mildes. Eine Übersetzung ins Lateinische für die ungarischen Studenten war zumindest geplant.[62]

Auch wenn des öfteren schon recht pathetische Worte zur Einstufung dieser österreichischen Pädagogen gesprochen worden sind, sollte doch beachtet werden, daß ihre Wirksamkeit im wesentlichen auf österreichisches Gebiet beschränkt blieb. Das mag ohne Zweifel auch auf die damalige politische Lage zurückzuführen sein; Tatsache bleibt, daß ihre Gedanken in der europäischen pädagogischen Diskussion kaum Widerhall fanden. V. E. Milde zählt aber ohne Zweifel zu den wenigen bedeutenden Pädagogen, die Österreich bislang hervorgebracht hat. Er war seiner Zeit in vielem weit voraus. Darum blieb er in manchem unverstanden, wurde getadelt oder gar geächtet. In seinem Hauptwerk ist bereits interkonfessionelles, tolerantes Denken spürbar. Er hat als Pädagoge Fundamente gelegt und Wege bereitet, auf denen wir heute noch vorwärtsgehen, und aus seiner Menschenliebe heraus Tore zu Entwicklungen aufgestoßen, die zu durchschreiten man erst viel später wagte. Vierthaler und Gaheis haben zwar ebenfalls der Schulentwicklung einige wichtige pädagogische Impulse gegeben, doch fallen sie gegenüber V. E. Milde deutlich ab.

Alle drei Pädagogen haben mit ihren Schriften – in oft nur bescheidenem Ausmaß – bloß Einfluß auf die Lehrer und ihr Lehrverhalten genommen, nicht aber auf die Schulorganisation und Schulgesetzgebung. Das lag einmal schon daran, daß die pädagogische Bildung des Lehrerstandes im Durchschnitt recht dürftig war und er mit der freien Wahl einer der Individualität des Kindes angepaßten Methode meist überfordert war. Andererseits wollte auch der Staat dem Lehrer nicht zuviel Freizügigkeit zugestehen. Ein immer dichteres Netz reglementierender Anordnungen ließ ihm daher wenig Raum für eigene Entscheidungen. Damit waren auch einer Pädagogik Grenzen gesetzt, die vom Lehrer forderte: „Er denket selbst, er wendet an und erfindet."[63] Wie Neuerungen und Fortentwicklungen möglich wären, wurde allerdings deutlich ausgewiesen.

13.4 Festlegung allgemeiner Gesichtspunkte zu einer Schulreform durch die Studien-Revisions-Hofkommission (1795–1802)

Die von Leopold II. eingeleiteten Reformen im Bildungsbereich ließen die öffentlichen Klagen und Beschwerden nicht verstummen. Die einander oft widersprechenden Ansichten der Fachleute zu Schulproblemen[64] verstärkten die allgemeine Unzufriedenheit. Franz II. beauftragte daher seinen Direktorial-Hofkanzler Heinrich Franz Graf von Rottenhan (1737–1809), ein Gutachten zu einer Reform des gesamten Bildungswesens vorzulegen. Dieses Elaborat veranlaßte den Kaiser, 1795 eine Hofkommission einzusetzen und den Grafen Rottenhan zu ihrem Vorsitzenden zu berufen. Dieser Studien-Revisions-Hofkommission gehörten zwar Veteranen der Bildungspolitik des 18. Jahrhunderts an, so Johann Melchior von Birkenstock (1738–1809) und Joseph von Sonnenfels (1732–1817), ihre treibende Kraft war aber ohne Zweifel der aus dem fränkischen Raum stammende Graf Rottenhan selbst.[65] Seine Ansichten, die er in einem umfangreichen Gutachten[66] ausgesprochen hatte, legten daher die Leitlinien für die Diskussion in der Studien-Revisions-Hofkommission fest. Rottenhans Überlegungen fußten auf einer nicht gerade schmeichelhaften Einschätzung der Österreicher. Sie waren seiner Meinung nach „gutmüthig, bieder, theilnehmend, ruhig, aber sehr zur Sinnlichkeit geneigt" und scheuten, „bei einem hohen Grad von Selbstgefälligkeit, alle Geistesanstrengungen". Den „niederen Volksklassen" billigte er eine „herzliche Frömmigkeit" zu, und ihre Sitten stufte er – „den Hang zum Putz und Schmausereien ausgenommen" – noch nicht als sehr verdorben ein.[67] Für die höheren Stände konstatierte er „Geistesträgheit, Prachtliebe, und Auszeichnungssucht" als Hauptsünden und hielt sie „noch zur Zeit durch (die) natürliche Apathie des Nationalcharakters vor großen Ausschweifungen" geschützt. Beim Adel tadelte er den mangelnden Gemeinschaftssinn und die geringe „Energie des Charakters" und vor allem, daß er „in der wissenschaftlichen Ausbildung weiter zurück als die anderen Classen der gebildeten Stände" geblieben sei.[68]

Wesentlich mitbestimmend für seine Vorstellungen einer Neuordnung des Bildungswesens waren aber auch die revolutionären Vorgänge in Frankreich. Er betrachtete das menschliche Wissen als einen Reichtum, „der eben so wie Glücksgüter und physische Kräfte zum Wohl oder zum Verderben der Menschen angewendet werden kann".[69] Er stellte sich dem Demokratisierungsprozeß im Bildungswesen unter Leopold II. bewußt entgegen und betonte, daß es „wohl nicht zweifelhaft seyn (könne), daß in einem wohlgeordneten Staate über die kluge Ausspendung der Reichthümer des Geistes eben so, wie über jeden andern Genuß des gesellschaftlichen Lebens, eine Art von

Staatspolizey walten müsse".[70] Dabei sollte eine „Mittelstraße zwischen Verfinsterung und falscher Aufklärung" gefunden werden. Die Pflicht der Staatsverwaltung sei es, die Mittel zu beschaffen, „um den Staatseinwohnern, nach dem Maaße ihrer Empfänglichkeit den höchstmöglichen Grad von Geistesbildung zu gewähren, der zu ihrem individuellen und zum allgemeinen Wohlstand dienlich ist".[71]

Diese Empfänglichkeit allerdings legte er weitgehend schichtspezifisch fest.[72] Für die „niedern Volksklassen" sollte der Unterricht so gestaltet werden, daß sie lernten, moralisch zu handeln und ihre Pflichten zu erfüllen. Er dürfte sie nicht in ihrer Arbeit stören und mit ihrem Zustand unzufrieden machen. Für den Bürgerstand (Gewerbe und Handel) forderte er bereits wissenschaftliche Vorkenntnisse, wie sie in der Realschule vermittelt würden, und ebenfalls sittliche Bildung. Auch für die Offiziere hielt er eine ähnliche Ausbildung für notwendig. Beim sogenannten „gelehrten Stand", wozu Rottenhan alle zählte, die eine Universität oder ein Lyzeum besucht hatten, wollte er zwar gerne zwischen den eigentlich Gelehrten und den Männern unterscheiden, die ihre Studien als Voraussetzung für die Bekleidung von Ämtern, als Advokaten und in ähnlichen Geschäften nutzten. Letztere hatten seiner Meinung nach Latein und Griechisch eigentlich gar nicht nötig, und man könnte bei Wegfall des Unterrichts in den alten Sprachen „kostbare Zeit" für die „Realkenntnisse und den reinen Ausdruck in der Muttersprache" gewinnen. Er sah aber ein, daß eine solche Umstellung zum gegenwärtigen Zeitpunkt noch nicht möglich sei und entschied sich für die Beibehaltung des bisherigen Studienweges. Der Zugang zu den Lyzeen und Universitäten war also weiterhin nur über Hauptschule und Gymnasium gegeben. Allerdings verlangte er von den akademischen Studien, daß sie für den „praktischen Gebrauch" und „so populär als möglich" eingerichtet würden.

Von den Erläuterungen, die er zu den einzelnen Schultypen gab, sollen hier nur wenige erwähnt werden. Manche von ihnen bedeuteten echten Fortschritt, andere aber bedenklichen Rückschritt. In den Trivialschulen sollten zusätzlich Anleitungen zur Verbesserung der Landwirtschaft und des Gewerbes, ökonomische Ratschläge und Grundwissen aus dem geltenden Recht geboten werden. Die Industrieschulen genossen seine besondere Sympathie. Für die Leitung der Elementarschulen sollten die Seelsorger herangezogen werden; die Lehrer hingegen konnten nebenbei einem Beruf nachgehen, damit der unzulängliche Schulfonds geschont würde. Im übrigen war Rottenhan der Meinung, daß die Höhe des Schulgeldes nicht einheitlich festgesetzt werden, sondern vom Vermögen der Eltern abhängen sollte. Für arme Kinder könnten die Gemeinden die Zahlung übernehmen. Begabte mittellose Schüler seien grundsätzlich zu fördern und höheren Schulen zuzuführen. Bei den Hauptschulen sah er in höherem Schulgeld und der Verteilung der Stipendien „ein indirectes Hilfsmittel", um ungeeignete Schüler auszuschalten. Er verlangte von den Hauptschulen bereits die Vermittlung eingehender Kenntnisse über die Landwirtschaft und die „Commercialindustrie" sowie eine Einführung in das logische Denken. Die Realschulen sollten wegen ihres großen finanziellen Aufwandes nur in Städten mit einem Lyzeum oder einer Universität errichtet werden, weil ein Teil des Lehrprogramms gemeinsam geführt werden könnte. Die modernen Fremdsprachen seien in ihnen nach den besonderen Anforderungen des jeweiligen Landes zu pflegen.[73]

Scharf lehnte er die Selbstverwaltung des Unterrichtswesens und die Studienkonsesse ab. Sogar die Notwendigkeit der Kreisschulkommissäre – „eine Art von Amphibien zwischen Geschäftsmännern und Schulgelehrten" – bezweifelte er.[74]

Im Gymnasium sollte vor allem der Unterricht in Latein erleichtert werden, das Erlernen der griechischen Sprache nicht mehr verpflichtend sein, hingegen der Mathematik besonderes Gewicht beigemessen werden. Auch sprach er sich für den Einsatz von Fachlehrern aus.

Auf der obersten Bildungsebene trat er für die Vermehrung der Lyzeen, den Vorrang der „positiven Wissenschaften“ (Mathematik, Physik) vor den spekulativen (Philosophie), für die Kontrolle der Lehrer durch die Zensur sowie für eine strenge Aufsicht über die Studenten ein. Als wichtigsten Zweck der öffentlichen Erziehung sah er „den Geist einer Nation durch nützliche Kenntnisse und gute Gesinnungen zu bilden, die man von einer Generation zur andern den nachwachsenden Bürgern beigebracht hat“.[75]

Die Studien-Revisions-Hofkommission nahm erst Anfang 1797 ihre Tätigkeit auf, gab sich eine umständliche Geschäftsordnung und arbeitete so schleppend, daß der Kaiser einige Male mahnend eingriff. Zur Diskussion standen zunächst die Vorschläge Johann Melchior von Birkenstocks für die allgemeinen Grundsätze der Volkserziehung.[76] Auch dieser sprach sich für ein auf die sozialen Klassen abgestimmtes Schulwesen und für eine besondere Förderung der höheren Stände aus. Nur solide und nützliche Kenntnisse sollten vermittelt werden, unnütze Lektüre wäre durch Verhinderung der „Alltagsschreiberei“ und Verminderung der Druckereien und Buchläden auszuschalten. Die Schulen teilte er in „Volks- und Gelehrten-Schulen“ ein, letztere waren auf die verschiedenen Berufe abzustimmen. Für die Lehrer verlangte er u. a. die Einrichtung pädagogischer Vorlesungen.

In den Beratungen der Studien-Revisions-Hofkommission wandten sich Joseph v. Sonnenfels und Johann Augustinus Zippe gegen Einschränkungen im Lehrprogramm sowie gegen die scharfe Grenzziehung zwischen den Ständen bei der Vermittlung von Kenntnissen. Vielmehr sei die Verschiedenheit in den Anforderungen der Berufe zu berücksichtigen. Dem Grundkonzept, wie es Rottenhan und Birkenstock entwickelt hatten, stimmten sie jedoch zu.[77] Die Mitglieder des Staatsrats, die sich hierauf mit den Vorschlägen der Studien-Revisions-Hofkommission auseinanderzusetzen hatten, übten besonders scharfe Kritik an der Klasseneinteilung,[78] die zur Kastenbildung führe. Friedrich Freiherr von Eger wies darauf hin, daß der Schöpfer dem Menschen die Anlagen gegeben habe, damit er sie vervollkommne. Wer dieser Absicht entgegenarbeite, störe auch die Ordnung der Natur. Gerade das Landvolk – der Nähr- und Verteidigungsstand – bedürfe einer ordentlichen Ausbildung. Es sei vom Staate weder „weise noch redlich“, den Unterricht auf dem Lande einzuschränken. Der Weg zur höheren Ausbildung müsse allen Staatsbürgern offenbleiben. Rottenhan, der ebenfalls im Staatsrat saß, nützte diese Möglichkeit, um seine bereits dargelegten Gedanken einzubringen und als Mißverständnis hinzustellen, was zu starken Widerspruch gefunden hatte. Die von ihm festgelegten allgemeinen Gesichtspunkte wurden schließlich für die allerhöchste Erledigung weitgehend akzeptiert. Die Studien-Revisions-Hofkommission erhielt hierauf vom Kaiser den Auftrag, Lehrpläne für die einzelnen Schultypen auszuarbeiten. Diese Aufgabe löste in den nächsten Jahren neue langwierige Diskussionen aus; ihre Ergebnisse nahmen nur langsam Gestalt an. Der Kaiser entließ hierauf am 22. August 1802 die Mitglieder der Studien-Revisions-Hofkommission. Deren Ausarbeitungen bildeten die Grundlage für das weitere Vorgehen in der Bildungsreform, die in der Folge vom Staats- und Konferenz-Ministerium selbst gesteuert wurde (1802–1808).

13.5 Wiedereinführung einer zentralen Schulverwaltung

Die durch Leopold II. 1791 angeordneten Demokratisierungsmaßnahmen, die Einrichtung der „Studienkonsesse" und eine weitgehende Selbstverwaltung des Unterrichtswesens waren von Anfang an vielen suspekt gewesen und hatten ebenso wie die Aufhebung der Studienhofkommission (1791) Widerspruch ausgelöst. Den Professoren und Lehrern war nicht ausreichend Zeit eingeräumt worden, um die neuen Möglichkeiten der Mitsprache und Mitentscheidung ausgewogen und auf das größere Ganze abgestimmt zu nützen. Dennoch wurden von der Öffentlichkeit alle Gebrechen in den Bildungseinrichtungen durchwegs auf ein Versagen der neuen kollegialen Schulverwaltung zurückgeführt. Die Bestellung der Studien-Revisions-Hofkommission war bereits eine erste Reaktion des Kaisers auf die allgemeinen Klagen und Vorstellungen. Des Vorsitzenden Rottenhan „Gedanken über die Organisation der Geschäftsleitung über die öffentlichen Unterrichtsanstalten"[79] liefen daher wiederum auf eine strenge Zentralisierung und auf klar reglementierte Abgrenzungen der Aufgabenbereiche hinaus, doch wollte er dabei inzwischen wirksam gewordene liberale Grundsätze einbringen. Die „allgemeine Centralleitung des Schul- und Studienwesens" sollte daher aus einem Kollegium von Gelehrten und Beamten bestehen, die fähig seien, über den Fortgang des Unterrichtswesens zu urteilen, dessen Verbesserungen im Ausland aufmerksam zu verfolgen und zu nützen sowie Versuche zu weiteren Reformen zu erstellen. Periodische Berichterstattungen durch die einzelnen schulischen Institutionen, die auf Landesebene bearbeitet und zusammengefaßt würden, hätten ihr die ständige Kenntnis des Ist-Zustandes zu vermitteln. Dieser Zentralleitung sollte nämlich in den einzelnen Ländern eine selbständige Abteilung der Landesregierung („Politischen Landesstelle") unterstellt werden, die als „Oberschulkollegium" unter dem Vorsitz des „Landeschefs" die direkte Leitung und Betreuung aller institutionellen Einrichtungen des Lehrens und Lernens im Lande zu besorgen hätte. Für die verschiedenen Schultypen wären dabei eigene Referate einzurichten, für Fragen des Religionsunterrichts könnte der jeweilige Bischof einen Vertreter in das Kollegium abordnen; in den Schuldistrikten hätten die Kreishauptleute durch ihre Kommissäre die Kontrolle an den Volksschulen auszuüben, an den Haupt- und Realschulen sowie an den Gymnasien sollten Kuratoren (Geistliche, Magistratsbeamte, „aufgeklärte" Gutsbesitzer) in dieser Funktion tätig werden.[80]
Bei der Diskussion dieses Vorschlages von Graf Rottenhan brachten sowohl die Studien-Revisions-Hofkommission als auch der Staatsrat einige Einwände vor. Besonders wegen der Mitwirkung der Bischöfe in den vorgesehenen Kommissionen prallten die Meinungen aufeinander. Doch letzten Endes schlug man 1799 dem Kaiser eine Resolution vor, in der ein eigenes „Studien- und Censurs-Hofdirectorium" angeordnet wurde, das solange selbständig und nur vom Herrscher abhängig sein sollte, bis „die Gleichförmigkeit in allen ... deutsch-erbländischen Provinzen vollständig erzielt" war.[81] Für die Bischöfe wurde jetzt nur die Mitsprache, nicht aber die Mitbestimmung vorgesehen. Rottenhan sollte das Präsidium dieser neuen zentralen Einrichtung der Unterrichtsverwaltung erhalten. Der Kaiser unterschrieb jedoch diese Resolution nicht. Vielmehr verfolgte er den Weg, bewährte Einrichtungen wieder zu reaktivieren, sie dabei allerdings in veränderte und immer wieder umgestellte Verwaltungskonstruktionen einzubauen. Das fiel umso leichter, weil es um die Studienkonsesse längst still geworden war. Sie waren während der Tätigkeit der Studien-Revisions-Hofkommission zur Bedeutungslosigkeit abgesunken und im Jahre 1802 aufgelöst worden. An ihre Stelle traten wiederum die früheren Studien- und Gymnasialdirektoren als leitende

Schulverwaltungsbeamte.[82] Mitverursacht wurde diese Änderung auch dadurch, daß 1801 eine Neuordnung der staatlichen Administration vorgenommen wurde. An die Stelle des Staatsrates war ein Staats- und Konferenz-Ministerium getreten, das sich in eine Abteilung für auswärtige Angelegenheiten, für Krieg (Heer) und Marine sowie für Inneres aufspaltete. Letztere Abteilung hatte vier Unterabteilungen; einer davon waren die Unterrichts- und Kultusangelegenheiten zugewiesen.[83] Der dafür zuständige „geheime Referendär", Martin Lorenz (1748–1828),[84] hatte zwar die einschlägigen Resolutionen vorzubereiten, wurde aber bei der Diskussion der Minister nicht zugezogen. Allerdings konnte er zum direkten Vortrag vor den Kaiser gerufen werden. Lorenz war Priester und ohne Zweifel vom josephinischen Staatskirchentum beeinflußt; seinem geschickten, auf Ausgleich bedachten Vorgehen gelang es, auf den Ergebnissen der Arbeiten der Studien-Revisions-Hofkommission aufbauend, sowohl im Bereich der „deutschen Schulen" als auch der Gymnasien die Reformgespräche zum Abschluß zu bringen und eine dauerhafte Neuordnung herbeizuführen.
Als 1808 das Staats- und Konferenz-Ministerium aufgehoben und der alte Staatsrat als echtes Beratungsgremium des Kaisers wieder hergestellt wurde, trat die 1791 aufgelöste Studienhofkommission als Zentralbehörde für Studien- und Unterrichtsangelegenheiten erneut ins Leben.[85] Der altgewohnte Name darf aber nicht darüber hinwegtäuschen, daß sie nunmehr fest in die Hofkanzlei eingebunden war und der oberste Kanzler bzw. der Hofkanzler darin den Vorsitz führte. Ihre Mitglieder waren die Direktoren der vier Fakultäten der Wiener Universität, der Direktor der Gymnasialstudien und einige Hofbeamte. Die Landesregierungen hatten hinfort ihre Berichte in Schul- und Studienangelegenheiten direkt an die Studienhofkommission zu richten. Das österreichische Bildungswesen verfügte damit zwar wieder über eine Zentralstelle, doch diese war mehr bemüht, die bereits in der vorangehenden Reformphase festgelegten Normen zu exekutieren, als selbst Impulse zu setzen.

14 Die „Volksschulen“ in der ersten Hälfte des 19. Jahrhunderts

14.1 Die Vorschläge der Studien-Revisions-Hofkommission (1795–1802) und der Schulplan von 1804

Gegen Ende des 18. Jahrhunderts mehrten sich die Klagen über den Elementarunterricht. Es wurde getadelt, daß den Kindern zu viele Lehrinhalte vermittelt würden, deren sie nicht bedürften und die außerdem nicht ihrer geistigen Aufnahmsfähigkeit entsprächen. Auch hielt man die von Joseph Anton Gall,[1] dem Nachfolger J. I. Felbigers in der Schulenoberaufsicht, forcierte Fragemethode („sokratische Methode“) für wenig geeignet, für den Religionsunterricht sogar „verderblich“.[2] Daher begann sich die Studien-Revisions-Hofkommission seit dem Herbst 1797 ernsthaft mit einer Neuordnung des elementaren Schulwesens auseinanderzusetzen. Wenn auch hier die weitläufigen Diskussionen nicht bis in Einzelheiten verfolgt werden können,[3] so sollen doch die deutlich sich voneinander abhebenden Phasen der Entscheidungsfindung dargestellt werden, um Sachkenntnis, Gewissenhaftigkeit und Verantwortungsgefühl der mit dieserAufgabe betrauten Persönlichkeiten aufzuzeigen.
Zunächst wurden jeweils von Mitgliedern der Kommission oder auch von Außenstehenden Vorschläge zu den einzelnen Problemen gemacht und schriftlich festgelegt. Diese dienten in den Sitzungen als Grundlage der Meinungsbildung, wobei die verschiedenen Positionen unverhüllt ausgesprochen und auch protokolliert wurden. Sobald sich die Mitglieder mehrheitlich auf gemeinsame Auffassungen geeinigt hatten, wurden diese Beschlüsse dem Staatsrat zur weiteren Stellungnahme übergeben. Das im Staatsrat erarbeitete Begutachtungsergebnis wurde vom Kaiser genehmigt und der Studien-Revisions-Hofkommission wiederum mitgeteilt, die unter Berücksichtigung der Einwände und Änderungsvorschläge einen neuen Entwurf ausarbeitete. Dieser nahm wieder den Weg über den Staatsrat zum Herrscher. Ein derartig zeitaufwendiges Vorgehen beweist, welch hohen Stellenwert dem Elementarunterricht in diesem Spitzengremium zugesprochen und wie überlegt an diese Materie herangegangen wurde.
Unter den für die Sitzungen der Studien-Revisons-Hofkommission vorbereiteten Unterlagen bezüglich des Unterrichts in den „Volksschulen“[4] – dieser Begriff für Elementarschulen wurde in den Entwürfen der Kommission bereits gelegentlich verwendet – erhielten bald die des Vorsitzenden Heinrich Franz Graf von Rottenhan (1737–1809)[5] das größte Gewicht. Die Kommission stimmte ihnen noch 1797 im wesentlichen zu. Im Staatsrat war es der aus der Wirtschaftspolitik kommende Friedrich Freiherr von Eger (1734–1812),[6] der sich ausführlich mit dem Rottenhanschen Entwurf beschäftigte und eine Reihe von Abänderungen vorschlug. Unter anderem wandte er sich gegen die Einbeziehung der Bischöfe und Konsistorien in die Schulaufsicht, wünschte die Beibehaltung der Kreisschulkommissäre „als eigentliche

Kunstverständige im Unterrichtsfache" und sprach sich gegen die Eliminierung des Zeichnens, der Naturgeschichte und der Naturlehre aus dem Lehrplan der Hauptschule aus.[7]
Rottenhan zeigte zwar Nachgiebigkeit und näherte sich den Auffassungen F. Egers, machte aber von der auch in der Studien-Revisions-Hofkommission umstrittenen kirchlichen Schulaufsicht keinerlei Abstriche. Der Kaiser stellte sich 1798 hinter ihn: „Der von der Commission vorgeschlagene Einfluß der Pfarrer, Dechante, Consistorien, ist auf die nämliche Weise, wie bei den Dorfschulen, auch auf die Schulen in Märkten und Städten zu erstrecken."[8]
In diesem Jahr stimmte die Studien-Revisions-Hofkommission auch einem „Entwurf für den Religionsunterricht vorzüglich in Schulen" eines unbekannten Autors zu,[9] der jansenistisches und rationalistisches Gedankengut in starkem Ausmaße verarbeitet hatte und dogmatisch vom katholischen Standpunkt aus einigermaßen bedenklich war. Obgleich sich Kommission und Staatsrat – bei einzelnen Abschnitten sogar einstimmig – hinter diesen umfangreichen Vorschlag stellten, verweigerte der Kaiser die Unterschrift (1799) und übergab 1803 den anonymen Entwurf einer eigens dafür berufenen Kommission unter dem Vorsitz des Fürsterzbischofs von Wien, die ihn dann verwarf.[10]
Ende 1799 legte die Studien-Revisions-Hofkommission einen abschließenden Bericht ihrer Beratungen mit einer Reihe von Anträgen, verbunden mit einem Voranschlag über die dabei auflaufenden Kosten, vor. In den Trivialschulen auf dem Lande und in der Stadt sollte der Unterricht auf Religion, Lesen, Schreiben, Rechnen, Vermittlung von Standespflichten und einige praktische Verstandesübungen beschränkt werden. Die Dotation obliege den Gemeinden. Das Lehrprogramm der Hauptschulen hingegen, die in vermögenden Landstädten zu errichten und ebenfalls aus Gemeindemitteln zu erhalten seien, sollte durch einige neue Lehrfächer, wie Geometrie, erweitert werden. Sogar bei den Normalschulen, errichtet in den Kreisstädten, brauchte nach Meinung der Kommission der Schulfonds bloß für die Besoldung des Direktors und einige geringfügige Auslagen aufzukommen, ansonsten wäre die Erhaltung der Normalschule die Angelegenheit der Schulstadt oder auch der Städte des Kreises. Nur dort, wo Bedarf nach einer vierten Klasse und einer ökonomischen Abteilung herrschte, durfte man auf Mittel aus dem Schulfonds hoffen.
Hohe Ausgaben waren nur für die Realschule vorgesehen, die der Bildung des höheren Bürgerstandes dienen und in jeder Landeshauptstadt errichtet werden sollte. Diese auf den Prototyp der Realhandlungsakademie zurückgreifende Schulform war das Kernstück der geplanten Reform. Ihr Lehrangebot reichte vom deutschen, französischen, italienischen und englischen Sprachunterricht über Geschichte, Geographie, Naturgeschichte, Mathematik, Statistik, Physik und Zeichnen bis zur Logik[11] und zu einer Einführung in das herrschende Recht. Damit nahm sie bereits viele Lehrinhalte des Sekundarbereiches auf, obgleich sie sich ausdrücklich als „ein Zweig der deutschen Schulanstalten und des eigentlichen Volksunterrichtes" verstand.[12] Die Vorschläge der Studien-Revisions-Hofkommisssion stießen freilich beim Staatsrat auf scharfen Widerspruch; er trat vehement für die Interessen der Gemeinden und der Landlehrer ein und verwarf besonders die geplante Zurückziehung der Fondsmittel aus diesem Bereich. Rottenhan suchte sich zu rechtfertigen und erläuterte nochmals seine Meinung, daß es besser sei, Realschulen zur Ausbildung von Führungskräften in Industrie, Handel und Heer zu gründen, als die Mittel des Schulfonds auf eine Unzahl von Trivialschulen zu zersplittern. Durch die daraus gespeisten geringfügigen Zulagen würden die Lehrer um kein Haarbreit gelehrter oder besser.
Kaiser Franz II. (I.) wich vorläufig noch einer Entscheidung aus und ordnete überraschenderweise im Jahre 1800 nur an, daß an allen Schulen ein Katechet

angestellt und der Religionsunterricht – „dieser höchst wichtige Gegenstand" –[13] verbessert werden müsse. Dieser Auftrag ließ sich jedoch in vollem Ausmaße gar nicht durchführen, weil es sowohl an Priestern als auch an finanziellen Mitteln zu ihrer Besoldung mangelte.
Nach Auflösung der Studien-Revisions-Hofkommission im Jahre 1802 wurde nochmals der Staatsrat beauftragt, die bereits vorgeschlagenen Reformen zu begutachten. Der Referent für Unterrrichts- und Kultusangelegenheiten im Staats- und Konferenzrat, Martin Lorenz, arbeitete 1803 eine umfangreiche Schrift „über die Verbesserung des deutschen Schulwesens mit Inbegriff der Realschule in den k. k. Erbstaaten"[14] aus und hielt sich dabei in den meisten Punkten an die bereits in der Studien-Revisions-Hofkommission geäußerten Ansichten. Auch er trat für eine Standesschule und die Begrenzung der Lehrinhalte ein. Die Festlegung auf eine Unterrichtsmethode allerdings lehnte er ab, denn ihre Wahl sei, wie er zutreffend begründete, vom Schultypus und Alter der Schüler abhängig. Ausdrücklich wünschte er, daß die Schullehrer ordentlich bezahlt würden und keiner Nebenbeschäftigung nachzugehen nötig hätten. Um dem Staate aber Geld zu ersparen, sollten auch an Hauptschulen nach Möglichkeit Geistliche als Lehrer eingesetzt werden. Bezüglich der Schulaufsicht war es für ihn selbstverständlich, daß die Leitung des Schulwesens dem Staat zukomme; doch auf den unteren Ebenen könne sie in „doppelter Art" erfolgen: die pädagogische Betreuung sei von kirchlichen Einrichtungen (Pfarre, Dekanat, Diözese), die ökonomischen Leistungen (Schulbauten, Besoldung) seien aber von staatlichen Organen zu leisten. Ausdrücklich verlangte er die Durchlässigkeit des Schulsystems. Die Lehraufgaben in den einzelnen Unterrichtsstufen müßten so abgestimmt werden, daß Übertritte ohne Schwierigkeiten stattfinden könnten. Neben dem normalen Aufsteigen von Klasse zu Klasse sollte es daher möglich sein, nach dem Besuch der Trivialschule die 3. Klasse der Hauptschule zu besuchen, nach deren Absolvierung in das Gymnasium hinüberzuwechseln oder von der 4. Klasse der Hauptschule in die Real- oder Bürgerschule überzutreten. Die Schulpflicht vom 6. bis zum 12. Lebensjahr war auch seiner Meinung nach passend festgesetzt, doch die schulentlassene Jugend sollte in den beiden folgenden Jahren, also bis zum 14. Lebensjahr, zweimal wöchentlich an den sonst schulfreien Mittwoch- und Samstagnachmittagen vom Lehrer in Religion, Lesen, Schreiben und Rechnen weiter unterrichtet werden. Dies könnte freilich auch an Sonntagen geschehen.
Der Staats- und Konferenzrat diskutierte diese Vorschläge ziemlich breit und brachte auch einige Modifikationen in das Gespräch. Er konnte sich allerdings der Einsicht nicht verschließen, daß innerhalb der Monarchie unterschiedliche Voraussetzungen gegeben waren und Festlegungen die notwendige Flexibilität nicht verhindern dürften. Damit kam die 1797 begonnene Diskussion zu einem Ende. Man einigte sich darauf, von einer gänzlichen Neugestaltung des elementaren Schulwesens absehen und nur die vorkommenden Gebrechen und Mängel beseitigen zu wollen. In Hinkunft sollten allerdings nur mehr drei Arten von Schulen im Primarbereich unterschieden werden: Trivial-, Haupt- und Realschule.
Der Kaiser nahm den neuen Schulplan positiv auf. „Da der Volksunterricht eine der unentbehrlichsten Bedürfnisse des Staates ist und Ich die zweckmäßigste Besorgung desselben für eine Meiner heiligsten Pflichten halte", so begann der Kaiser sein berühmtes Handschreiben vom 21. Jänner 1804[15] und ordnete zwar grundsätzlich an, daß es bei den bisherigen Schulbestimmungen „sein gänzliches Verbleiben" haben solle, brachte aber dann nicht unwesentliche Abänderungen ein. In vierzig Abschnitten legte er (der eigentliche Verfasser der Resolution war M. Lorenz) das neue Aussehen der Organisation des Elementarschulwesens fest. Die Ergebnisse der langjährigen Beratungen fanden darin ihren Niederschlag.

14.2 Die „Politische Verfassung der deutschen Schulen in den k. auch k. k. deutschen Erbstaaten“ (1805)

Da für den „Schulplan“ 1804 die erläuternden Instruktionen fehlten, wurde für deren Ausarbeitung eine eigene Kommission eingesetzt. Diese überschritt allerdings ihre Aufgabenstellung und nahm auch kleinere Abänderungen des „Schulplans“ vor. Bereits im Sommer 1805 legte sie eine Sammlung aller für das Schulwesen geltenden Verordnungen, 14 Instruktionen sowie Musterformulare zur kaiserlichen Bestätigung vor. Franz I. sprach am 11. August 1805 seine Genehmigung aus. Da sich aber infolge des Krieges mit Napoleon der Druck dieser Bestimmungen bis Ende März 1806 verzögerte, trat die „Politische Verfasssung der deutschen Schulen in den k. auch k. k. deutschen Erbstaaten“[16] erst mit 1. April 1806 in Kraft.

Diese „Politische Schulverfassung“, wie sie oft abkürzend genannt wurde, war ein umfangreiches Werk von mehr als 350 Seiten, das in den weiteren Auflagen benützungsfreundlicher gestaltet wurde, Erweiterungen erfuhr und dessen letzter Nachdruck 1857 erfolgte.[17] Sie blieb mit geringen Modifikationen bis 1869 in Geltung.

Schon allein die Wirksamkeit dieser neuen Ordnung über zwei Menschenalter macht ein näheres Eingehen auf sie notwendig. In vielem behielt sie die Maria-theresianischen und Josephinischen Reformen bei.[18] Die organisatorische Grundstruktur wurde im wesentlichen belassen. Aber nach „den Bedürfnissen der Zeit und Umstände, welche in jeder menschlichen Einrichtung von Zeit zu Zeit einige Abänderungen nothwendig machen“,[19] wie Franz I. einleitend erklärte, wurden die Grenzpfähle einer durchgängigen Säkularisation des Schulwesens wieder zurückgesteckt und der Kirche aufs neue größerer Einfluß gewährt. Die Französische Revolution und ihre Begleiterscheinungen sowie die kostspieligen Kriege gegen Napoleon dürften diese Entscheidung mitbestimmt haben.

Die Staatsverwaltung zog nunmehr nicht bloß Geistliche, wie sie es bislang getan hatte, zu Leitungs- und Kontrollaufgaben im Schulwesen heran, sondern übertrug die pädagogisch-didaktische Aufsicht über die schulischen Einrichtungen auf der unteren und mittleren Ebene grundsätzlich der Amtskirche. Der Ortsseelsorger hatte die Schule der Pfarre, der Dechant (oder ein ausgezeichneter Schulmann unter den Pfarrern) die Schulen eines Distrikts und das Konsistorium, die bischöfliche Verwaltungsbehörde, alle Schulen der Diözese zu betreuen. Das elementare Schulwesen wurde damit der kirchlichen Verwaltungsstruktur angepaßt. Die geäußerte Motivation, dies sei nicht nur deswegen angeordnet worden, weil „der Religionsunterricht der Hauptttheil der Belehrung in Volksschulen ist, sondern auch deswegen, weil der geistliche Stand dem Staate beym Lehramte überhaupt dienen soll, und darin vormahls auch am meisten gedienet hat“,[20] war eher plakativ vorgeschoben, um Gründe zu verdecken. Die wiederum betonte religiöse Orientierung von Erziehung und Unterricht sollte nämlich auch dazu beitragen, der Jugend sittliche Normen einzuprägen und sie zum loyalen Verhalten gegenüber der Obrigkeit anzuleiten. Daher war eine unmittelbare Überwachung ihrer Lehrer notwendig.

Der Staat schob damit aber gleichfalls eine Verantwortung ab, dem Klerus wurde jetzt aufgetragen, woran die staatliche Bildungspolitik gescheitert war. Er sollte die längst geforderte, aber bisher nicht erreichte Schulbesuchspflicht durchsetzen und damit die Alphabetisierung jenes beachtlichen Teiles der Grundschicht vorantreiben, der bisher trotz der verschiedenen angeordneten Zwangsmaßahmen der Schule ferngeblieben war. Nicht zuletzt bot sich auf diese Weise dem Staat die Möglichkeit, erhebliche Schullasten abzuschütteln und seine ziemlich leeren Kassen zu schonen.

Der katholischen Kirche war wohl bewußt, daß ihre Wiedereinsetzung in frühere Rechte wesentlich von ökonomischen Überlegungen des Staates bestimmt war; sie befürchtete nicht unbegründet eine Überlastung ihrer Amtsträger und des Kirchenvermögens. Doch war sie noch stark von der josephinischen Auffassung ihrer Werkzeugfunktion geprägt und verkannte nicht die zusätzlichen Möglichkeiten der Einflußnahme auf Erziehung und Unterricht. Allerdings war mit dieser Änderung in der Schulorganisation das frühere Schulmonopol der Kirche nicht wieder hergestellt. Nicht nur die oberste Entscheidungsebene blieb im staatlichen Bereich – die allerhöchsten Entschließungen, vorbereitet durch die Berater des Herrschers, bestimmten Richtung und Ziel aller schulpolitischen Maßnahmen –, sondern auch auf der mittleren und unteren Durchführungsebene waren Landesregierung und Kreisamt in die Aufsichts- und Kontrollaufgaben eingebunden.
Kirchliche wie staatliche Organe durften freilich nur im Rahmen der staatlichen Verordnungen tätig werden, ihr Agieren war durch die Bestimmungen der „Politischen Schulverfassung" begrenzt. Da deren Festlegungen zu keiner bürokratischen Gängelung führten, sondern doch einen gewissen Freiraum für selbständige Entscheidungen ließen, verhinderte nur steriles, teilnahmsloses Administrieren jede Weiterentwicklung; Engagement und hingebungsvolle Erfüllung pädagogisch-didaktischer Aufgaben durch die geistlichen Amtsträger führten nachweislich zu beachtlichen Fortschritten.[21] Die Priester vermochten nämlich ihre seelsorglichen Möglichkeiten sowie ihre Autorität, die gerade von der einfachen, kirchentreuen, jedoch bildungsfernen Bevölkerung ohne Einschränkung angenommen wurde, dazu zu nützen, um noch vorhandene psychische Barrieren und mentale Widerstände gegenüber der Schule abzubauen. Sie konnten damit einen Weg zur Förderung des Schulbesuches beschreiten, der staatlichen Organen nicht geöffnet worden wäre. Überhaupt waren mit dem Einsatz der kirchlichen Amtsträger im Schulbereich noch andere Vorteile verbunden. Sie hatten durchwegs die besseren Personen- und Lokalkenntnisse, waren in der Regel stabiler und damit länger in ihren Funktionen als von Karrieren abhängige Beamte und erfüllten ihre bürokratischen Aufgaben mit größerer Beweglichkeit und humaner Gesinnung, weil diese für sie nicht Selbstzweck waren und das Priesterkleid zu großzügigem Handeln verpflichtete.
Damals vertraute also der Staat dem Ortsseelsorger die unmittelbare Aufsicht über jede Trivialschule, auf dem Lande auch über jede Hauptschule an. Der Pfarrer hatte über den gesamten Schulunterricht, besonders über das methodische Verfahren, über das Verhalten des Schullehrers, über Fleiß und Sittlichkeit der Schüler, sowie über den Schulbesuch zu wachen. Zur Unterstützung und Kontrolle seiner Tätigkeit wurde ihm ein „Schul-Districts-Aufseher" (auch Schulbezirks-Aufseher genannt) vorgesetzt; in der Regel war dies der zuständige Dechant. Daher hatte das Gesetz verlangt, daß alle in Hinkunft vom Bischof ernannten Dechanten „mit Rücksichtnehmung auf die für das Schulfach erforderlichen Eigenschaften"[22] ausgewählt werden müßten und außerdem, weil sie damit ein vom Staate zugleich aufgetragenes Amt übernahmen, einer Bestätigung durch die Landesregierung bedürften. In der umfangreichen „Instruction für Schul-Districts-Aufseher" wurde nicht nur der weite Bogen ihrer Aufgaben abgesteckt, sondern sie läßt deutlich auch das starke Maß von Selbständigkeit erkennen, das ihnen bei ihren Entscheidungen eingeräumt wurde. „Alles, was sich sogleich abthun läßt, thun sie ab."[23]
Die Hauptaufgaben eines „Schul-Districts-Aufsehers" lagen darin, die Seelsorger anzuhalten, daß sie den Religions- und Schulunterricht nach besten Kräften förderten sowie die Schullehrer überprüften, ob sie fleißig seien, den Vorschriften gemäß ihren Lehraufgaben nachkämen und einen moralischen Lebenswandel führten. Auch hatte er die Gemeinden ständig zu ermahnen, daß diese die schulpflichtigen Kinder zum

regelmäßigen Schulbesuch veranlaßten, für den Unterhalt des Schullehrers einen angemessenen Beitrag leisteten und für den ordentlichen Zustand des Schulgebäudes und dessen Einrichtung Sorge trügen. Einmal jährlich mußte der „Schul-Districts-Aufseher" dem Schulenoberaufseher – dem Domscholaster der Diözese, der vom Kaiser ernannt wurde – sowie dem Kreisamt, das für den Unterhalt der Schullehrer, den Sachaufwand und den Bauzustand der Schulen zuständig war, einen tabellenartigen Bericht vorlegen, der die vorgefundenen Schulverhältnisse, Gebrechen und getroffenen Maßnahmen im Schulbezirk mit einiger Genauigkeit auszuweisen hatte. Diese Tabellen bildeten die Grundlage für die jährlichen Gesamtberichte der Diözesan-Schulenoberaufseher bzw. der Landesregierungen, die dann von der 1808 wieder eingerichteten Studienhofkommission bearbeitet und erledigt wurden.

So wie die Regelung der Schulaufsicht bedeutete auch die Festlegung der Bildungsziele in der „Politischen Schulverfassung", oberflächlich betrachtet, ein Zurückgreifen auf frühere Lösungen. Auch bei dieser zweiten beachtenswerten Änderung im Elementarschulwesen wurden zwar alte Schläuche benützt, aber dem früheren, zum Teil verschütteten Inhalt nicht unwesentliche Beimischungen zugesetzt. Die Trivialschule, die in jeder Pfarre seit den Tagen Maria Theresias und Josephs II. existierte und für den Großteil der Bevölkerung die einzige und wichtigste Schule war, sollte vor allem zu Pflichterfüllung, Sittlichkeit und Religiosität erziehen. Hinter der starken Betonung der Charakterbildung und dem Herausstreichen jeder Autorität verbarg sich das Ziel, „die arbeitenden Volksklassen zu recht herzlich guten, lenksamen und geschäftstüchtigen Menschen" zu formen.[24] Von Erziehung zur Mündigkeit und freien Selbstentscheidung war keine Rede; Vokabeln der Aufklärung fehlten weitgehend. Unterricht und Erziehung mußten außerdem grundsätzlich auf die Volksschicht abgestimmt sein, der die Kinder angehörten. Als „Hauptfehler der Volksbildung" wurde angesehen, wenn sie nicht „auf das Bedürfnis der Klasse ... Rücksicht nimmt", sondern „jeder Klasse alles Wissenswürdige angemessen glaubt".[25] Es verdient der Erwähnung, daß den Kindern in den zweiklassigen Trivialschulen auf dem Lande zwischen dem 6. und 12. Lebensjahr nur die Lehrinhalte vermittelt wurden, die Hauptschüler innerhalb von drei Jahren zu lernen hatten.[26] Die Begrenzung und häufig auch Dürftigkeit der Wissensvermittlung wurde durch die Beibehaltung der dreimonatigen Ausbildungskurse für Lehrer verstärkt. Deren Bildungsniveau war infolge der Kürze der Ausbildung ziemlich gering, und ihre Bindung an das vorgeschriebene Schul- und Methodenbuch machte den Unterricht zu einem stumpfen Abrichten.

Etwas besser stand es von vornherein mit den drei- oder vierklassigen Hauptschulen, von denen mindestens eine in jedem Kreis bestehen sollte. Sie boten bereits vertieften Unterricht in den Elementarfächern sowie zusätzlich wichtige Lehrinhalte für Handwerk und Künste (Zeichnen, Geometrie, Geographie, Naturlehre, Naturgeschichte und Mechanik u. a.). Der Übertritt in eine Gymnasialklasse war nur mit einem guten Zeugnis der dritten Klasse einer Hauptschule oder einer in jeder Landeshauptstadt existierenden Normal- oder Musterhauptschule (der früheren Normalschule) möglich.

Die „Politische Verfassung der deutschen Schulen" wich zwar, wie bereits ausgeführt wurde, nur geringfügig vom „Schulplan" ab, doch sind einige dieser Abänderungen recht bezeichnend, sodaß ein kurzer Hinweis auf sie notwendig erscheint. So wurde bei der Mädchenausbildung festgelegt, daß in den Hauptstädten „noch einige Mädchenschulen für gebildetere Stände"[27] eröffnet werden sollten. Die früheren Bestimmungen, wie die Absonderung der Mädchen von den Knaben bei koedukativem Unterricht oder die Zulassung der Mädchen zur dritten Hauptschulklasse nur dann, wenn die Knaben nicht bereits alle Plätze besetzt hätten (1787), wurden jetzt nochmals aufgenommen. Bei der Unterrichtsmethode der dritten und vierten Hauptschulklassen wurde vor

Vielwisserei gewarnt und auf selbständiges Denken, „ohne sich in unnütze Speculationen einzulassen“,[28] sowie auf die Entwicklung der Urteilsfähigkeit hingewiesen. Ausdrücklich wurde angeordnet, daß die Errichtung neuer Schulen nur dann beantragt werden dürfe, wenn ihre Unentbehrlichkeit erwiesen sei und die Gemeinden zum großen Teil die Auslagen zu tragen bereit seien. Der Primarbereich war nämlich im wesentlichen eine Angelegenheit der Gemeinden und von ihnen zu finanzieren. Nur die Kosten für die Hauptschulen und die Normalhauptschulen sowie für die Lehrerausbildung wurden aus dem staatlichen Schulfonds bezahlt. Gegenüber weiteren Ausgaben verhielt sich der Staat äußerst zugeknöpft und half nur dort aus, wo eine arme Gemeinde sich gänzlich außerstande sah, finanziell für Schule und Lehrer zu sorgen.
Ein weiteres fällt ebenfalls auf. Wenn man die in der „Politischen Schulverfassung“ aufgenommenen früheren Verordnungen bloß zählte, ohne ihren Inhalt zu beachten, erfährt man, daß sie zum überwiegenden Teil aus der Regierungszeit Josephs II. stammen. Schon darin dokumentiert sich recht deutlich, daß josephinisches Denken bildungspolitisch wirksam blieb. Bei einer qualitativen Analyse zeigt sich allerdings, daß die wiederum abgedruckten Hofdekrete vor allem den materiellen Bereich des Schulwesens regelten. Dadurch blieb zwar die penetrant knausrige Spargesinnung Josephs II. weiterhin Richtschnur und schnürte manche Möglichkeiten des Fortschritts ab, aber seine die traditionellen Strukturen sprengenden Anordnungen gerieten zunächst in Vergessenheit.
Es wird meist auch übersehen, daß die „Politische Schulverfassung“ gar nicht im gesamten heutigen Staatsgebiet sogleich eingeführt werden konnte. Tirol, Vorarlberg, Salzburg sowie das Inn- und Hausruckviertel waren von den Bayern besetzt; erst im Pariser Frieden (1814) erhielt Franz I. diese Länder zurück. Deren Schulwesen konnte nunmehr nicht sogleich auf die österreichischen Regelungen umgestellt werden. Die für die zurückgewonnenen Länder eingesetzte Zentral-Organisierungs-Hofkommission[29] mußte zunächst verschiedenen Modifikationsanträgen zustimmen.[30] Sie berücksichtigten die Schwierigkeiten des Schulbesuchs während des Winters in den Gebirgsländern wie auch die Armut ihrer Bewohner. Erst ab 1817 wurden dort die in den übrigen Ländern der Monarchie bereits bestehenden Schulstrukturen schrittweise aufgebaut,[31] 1818 durch allerhöchste Entschließung die „Politische Schulverfassung“ verpflichtend eingeführt.[32] Zwischen 1820 und 1822 übernahmen die Ordinariate Salzburg und Brixen die Oberaufsicht über das Schulwesen in ihren tirolischen Diözesananteilen. Auch im Generalvikariat Vorarlberg ging jetzt ein – von Brixen unabhängiger – Schulenoberaufseher seiner Aufgabe nach.[33] Zahlreicher als in den anderen Ländern wurden in Tirol und Vorarlberg Mädchenschulen eingerichtet.
Salzburg, das Oberösterreich eingegliedert worden war, verfügte von vornherein über eine gute Ausstattung an Schulen und einen zufriedenstellenden Schulbesuch. Der erste Zustandsbericht für das Jahr 1820 wies eine Hauptschule, 147 Trivialschulen und 4 Mädchenschulen aus; die Besuchsfrequenz lag bei 88,3 Prozent.[34] Der Anpassungsprozeß verlief hier ohne Schwierigkeiten.

14.3 Das elementare Schulwesen zwischen Fortschritt und Stagnation

In den Jahrzehnten zwischen der Einführung der „Politischen Schulverfassung“ und der Revolution von 1848 sind zwar keine entscheidenden Veränderungen im elementaren Schulwesen zu registrieren, doch zeigt sich überraschenderweise mehr Bewegung und Leben, als erwartet werden konnte. Das hatte schon eine Ursache darin, daß die

„Politische Schulverfassung“ von 1806 ja einen Ist-Zustand forderte, der von dem Soll-Zustand in den meisten österreichischen Gebieten oft ziemlich weit entfernt lag und dem sich nun die engagierte geistliche Schulverwaltung in kleinen Schritten – durch Errichtung neuer Schulen, Vermehrung des Lehrpersonals, Steigerung des Schulbesuchs und Verbesserung des baulichen Zustandes der Schulen – zu nähern trachtete.[35]
Ein Zweites erwies sich vielleicht noch folgenreicher: die ständige Rückkoppelung von Anordnung und ihren Auswirkungen im Rahmen der regelmäßigen Schulvisitationen durch die auch in der wissenschaftlichen Pädagogik ausgebildeten „Schul-Districts-Aufseher“. Wie in einem Regelkreissystem wurde das Schulwesen eines begrenzten Gebietes in einer eher schubweise erfolgenden Bewegung gehalten; wenn es merkbar von den im Gesetz festgelegten Normen abwich, setzte die Kontrolle neue Impulse.[36]
Eine dritte Begründung für den tatsächlichen und vor allem auch möglichen Fortschritt waren die zahlreichen von der Schulverwaltung initiierten „Befragungen“.[37] Sie zogen jeweils eine Palette von Vorschlägen nach sich, die bei Praktikern und Theoretikern des Schulwesens eifrige Diskussionen auslösten. Deren Ergebnisse fanden zwar meist nicht die Zustimmung des Herrschers – nur weniges von den vielen guten Anregungen wurde tatsächlich verwirklicht –, doch die Lehrer wie ein einflußreicher Teil der Öffentlichkeit wurden für pädagogische Fragen sensibilisiert und zunehmend für neue Entwicklungen aufgeschlossen.
Für die vierziger Jahre des 19. Jahrhunderts ist besonders auffällig, daß beinahe alle wichtigen Probleme des Elementarschulwesens nochmals aufgegriffen und einer eingehenden Erörterung unterzogen wurden. In vielen Vorschlägen artikulierte sich fortschrittliches pädagogisches Denken, und es wurden brauchbare Entwürfe für Veränderungen vorbereitet. Große Aktivität zeigte dabei die Schulverwaltung auf der unteren und mittleren Ebene, das Engagement der mit der Schulaufsicht betrauten Geistlichen war bedeutend. Die Schulwirklichkeit wurde systematisch erhoben und analysiert; jene suchten angestrengt nach Lösungen für die anstehenden pädagogischen Probleme und empfanden sich vor allem als Helfer, nicht als Kontrollore und Mahner. Neue mögliche Horizonte wurden dabei abgesteckt. Daß sie nicht erreicht wurden, lag an einer vorwiegend von finanziellen Überlegungen geleiteten Bildungspolitik, der Entscheidungsschwäche des Kaisers und wohl auch an einer zunehmend ohne Nachdruck arbeitenden Studienhofkommission.[38]
Im folgenden sollen nun beispielhaft anhand einiger schulischer Hauptprobleme sowohl das stetige Fortschreiten in den durch das Gesetz festgelegten Bahnen und der gelegentliche Versuch einer bildungspolitischen Öffnung zu neuen Zielen als auch das restriktive Verhalten der obersten Entscheidungsebene gezeigt werden.

14.3.1 Die kirchliche Schulaufsicht

Die Schulaufsicht vermochte ohne Zweifel wie ein Hebel zu wirken, die Verbesserung der Schulverhältnisse hing hauptsächlich von ihr ab. Denn Leistungsfähigkeit, Einsatzbereitschaft und pädagogische Geschicklichkeit der jeweiligen „Schul-Districts-Aufseher“ bestimmten wesentlich den Zustand des Elementarschulwesens; die Entscheidung, ob eine volle Alphabetisierung des Volkes erreicht werden konnte, fiel auf dieser unteren Ebene. Das war schon von Joseph II. erkannt worden; er hatte 1785 den Kreisschulkommissär als weltliches Kontrollorgan eingesetzt und in der Folge ein steiles Ansteigen des Schulbesuchs erreicht. Bald jedoch verlor dieser Beamte an Bedeutung, spätestens mit der Einführung der „Politischen Schulverfassung“ wurden dessen regelmäßige Schulbesuche hinfällig. Das jährliche Reisegeld von 150 fl. aus dem Schulfonds wurde ihm deshalb 1806 entzogen und nur in Einzelfällen ad personam weiter ausbezahlt.[39] Eine Mitwirkung des Kreisamtes in Schulangelegenheiten blieb zwar erhalten, vollzog sich aber ohne unmittelbaren Kontakt mit der Schulwirklichkeit; einer manchmal lustlosen Administration fehlte der früher zusätzliche finanzielle Anreiz.

Umso intensiver nahmen sich jetzt die Geistlichen ihrer neuen Aufgabe an. Die jährlichen Berichte der Schuldistriktsaufseher, ihre Anträge und das umfangreiche Aktenmaterial, das ihre Aktivitäten in Schulsachen dokumentiert, zeichnen in vielen Fällen das Bild eines gewissenhaften Beamten, der verantwortungsbewußt und voller Pflichtgefühl diesem weltlichen Auftrag nachgeht, ja dessentwegen sogar seine seelsorglichen Obliegenheiten einschränkt. Für die Diözesanbischöfe war daher – wegen der unterschiedlichen Anforderungen in diesen beiden Bereichen – die Bestellung der Dechanten schwierig. Sie halfen sich manchmal dadurch, daß sie neben dem in Ehren ergrauten, bereits müden Dechanten auch einen tüchtigen Pfarrer als Schuldistriktsaufseher beriefen. Im Grunde genommen liefen die Bestrebungen der tüchtigen Schuldistriktsaufseher auf zwei Ziele hinaus: Das erste – für die Zeitgenossen augenscheinlich und in den Statistiken nachweisbar – war die Sanierung des Schulwesens vom Materiellen her. Daher forderten sie unentwegt mehr und besser besoldete Lehrer, mehr und zweckmäßiger eingerichtete Klassenräume, die Senkung der Schülerzahlen in den einzelnen Abteilungen sowie die Unterstützung der Schüler mit Lernmitteln. Es gelang ihnen tatsächlich eine schrittweise Verbesserung des vorgefundenen Zustandes. Für nicht minder wichtig hielten sie freilich auch eine Sanierung vom Geistig-Sittlichen her. Wiederholt sprachen sie sich für eine vermehrte und verbesserte Ausbildung des Lehrers aus. Sie forderten seine Fortbildung und unterstützten ihn gegenüber Herrschaft und Gemeinde. Es lag ihnen daran, das Ansehen der Lehrer als Stand in der Öffentlichkeit zu heben. Deshalb waren sie bemüht, untaugliche oder sittenlose Lehrer aus ihren Stellungen zu entfernen.[40]

Es können verschieden große Schritte in dieser erstrebten Zielrichtung registriert werden, allerdings auch einige Rückschläge; manches ist schwer faßbar. Da und dort trat freilich auch eine Resignation in den Bemühungen auf seiten der Schulaufsicht wie auch bei den Lehrern ein, wenn Anstrengungen nicht rasch zum Erfolg führten. Aber im allgemeinen hat die Geistlichkeit die autoritativen Möglichkeiten ihrer Stellung klug eingesetzt, um die Schule als Notwendigkeit und Pflicht in den bisher bildungsferneren Bevölkerungsschichten zu verankern. Es empörte sie daher, als 1827 der Staat ihre Tätigkeit als Schulaufsichtsorgane wie eine Bagatelle abtun wollte und anordnete, Pfarre und Schule in einem bei den jährlichen kanonischen Visitationen zu kontrollieren. Denn damit wurde ausgedrückt, daß diese für manche Schuldistriktsaufseher recht zeitaufwendige und mühevolle Aufgabe[41] auch nebenbei erledigt werden könnte. Der wahre Grund für diese Maßnahme war freilich der finanzielle Notstand des Schulfonds, aus dem seit 1823 – vorher war dafür das Kirchenvermögen genützt worden – die Entschädigungsgebühr von 3 fl. pro Jahr an die Schuldistriktsaufseher zu zahlen war. Dieser geringfügige Beitrag zu dem tatsächlichen Aufwand sollte auf diese Weise gespart werden.[42]

Der Widerstand aller Diözesen war begründet und allgemein.[43] V. E. Milde, damals Bischof von Leitmeritz, der selbst acht Jahre die Aufgaben eines Schuldistriktsaufsehers erfüllt hatte,[44] wandte sich mit seiner Eingabe unmittelbar an den Kaiser. Er wie die anderen Bischöfe wiesen unter anderem darauf hin, daß nach der vorgesehenen Regelung alle Schulen außerhalb des Pfarrortes nicht mehr besucht werden würden, daß nicht immer der Dechant zugleich die Schulaufsicht innehabe und es häufig mit einer jährlichen Visitation nicht sein Bewenden habe. Doch erst 1830 konnte Franz I. bewogen werden, diese Visitationsgebühren den Schuldistriktsaufsehern wieder zuzubilligen. Sie sollten allerdings aus dem Vermögen der betreffenden Kirche und nur,

wenn dies nicht möglich sei, aus dem Schulfonds bezahlt werden.[45] Seit 1847 wurden ausdrücklich auch die in den alpinen Gegenden häufigen Filial- oder Gemeindeschulen in diese Regelung eingeschlossen.[46]
Daß da und dort, wo die Schulaufsicht in den Händen der weltlichen Behörden verblieb, die Kontrollaufgaben grob vernachlässigt wurden, beweist zumindest, daß die vorhandenen staatlichen Verwaltungsstrukturen dieser Aufgabe nicht gewachsen waren. Das zeigt sich deutlich im Bereich der akatholischen Schulen. Diese waren ursprünglich (1805) in die Kompetenz des katholischen Schuldistriktsaufsehers gemeinsam mit einem Kreiskommissär gestellt, doch bald – im Jahre 1808 – dem Kreisamt ganz überlassen worden. Dieses kam aber der als unangenehm empfundenen Verpflichtung nur gelegentlich nach, sodaß 1819 die Studienhofkommission beantragte, die akatholischen Schulen in ähnlicher Weise wie die katholischen – nämlich durch deren Geistlichkeit – beaufsichtigen zu lassen. Die Visitationen sollten mindestens alle zwei Jahre durchgeführt und ebenfalls in Tabellenform dem Kreisamt bzw. der Landesregierung gemeldet werden. Der Kaiser genehmigte 1820 diese Regelung. Seither mußten auch die nichtkatholischen Kinder in katholischen Schulen gesondert nach ihrer Konfession ausgewiesen werden.[47]

14.3.2 Ausbildung und Besoldung der Lehrer

Die Schulaufsicht mußte gleichsam täglich erfahren, daß Erfolg oder Mißerfolg der 1806 eingeleiteten Reform weniger von Gesetzen und Verordnungen, als vielmehr von der Tätigkeit der Lehrer abhängig war. Daher verwundert es nicht, daß sie immer wieder zwei Hauptanliegen zur Forderung erhob: eine bessere Ausbildung der Lehrer und eine höhere Entlohnung für deren Tätigkeit. Beides hing eng miteinander zusammen. Die Ansprüche bei der Berufsausbildung und das zu erwartende Einkommen bestimmten nämlich recht offensichtlich mit, aus welchen Bevölkerungsschichten sich Lehrer rekrutierten und in welchem Ausmaß Selektionsmaßnahmen vorgenommen werden konnten. Der gering eingeschätzte Lehrberuf – mit bescheidenen Prüfungsanforderungen und noch geringerer Besoldung – bot ja wenig soziales Ansehen. Hier war ohne Zweifel der Hebel anzusetzen, sollte eine wesentliche Änderung herbeigeführt werden. Das wußten die Verantwortlichen, und dementsprechende Anträge wurden laufend eingebracht. So sprach sich die niederösterreichische Regierung bereits 1814 für die Errichtung von Lehrerseminarien aus; 1816 legten die Konsistorien von Wien und St. Pölten dafür genaue Pläne vor.[48] Doch wie sie finanziert werden konnten, wußten weder die Bischöfe noch die Äbte der Stifte, die ebenfalls dazu gefragt wurden, zu sagen. Der dafür zuständige Schulfonds, der durch den Staatsbankrott von 1811 arg geschwächt worden war,[49] verfügte jedenfalls nicht über die notwendigen Mittel.
Die Studienhofkommission verhielt sich gegenüber solchen Vorschlägen jedesmal ablehnend; ihre Argumentation beschränkte sich darauf, daß die Lehrer an den Trivialschulen, um Lesen, Schreiben und Rechnen zu lehren sowie den Stoff des Religionsunterrichts zu wiederholen, nicht viel wissen müßten. Ja, eine umfangreiche, vielseitige höhere Bildung würde sie den einfachen Verhältnissen in den Dörfern entfremden, und es bestünde die Gefahr, daß sie den Kindern der Bauern und Handwerker nicht im Lehrplan vorgesehene Kenntnisse vermittelten. Außerdem müßten besser und länger ausgebildete Lehrer auch höher besoldet werden, womit wohl wieder die eigentliche Hauptursache der Ablehnung bloßgelegt wurde. Franz I. entschied daher 1817, daß man vorläufig die Frage auf sich beruhen lassen solle, bis „günstigere Verhältnisse“[50] eingetreten seien.

Als sich 1824 die Studienhofkommission wieder mit der Schaffung von Lehrerseminaren beschäftigte, wich sie gleichfalls von ihrer ablehnenden Haltung nicht ab. Sie konnte allerdings nunmehr darauf hinweisen, daß sich jetzt eher zu viele dem Lehramte an den Trivialschulen widmeten und deshalb eine strenge Auswahl möglich sei. Gerade aber diese Tatsache veranlaßte den Kaiser im Jahre 1828 ein Gutachten anzufordern, ob es nicht – zur Drosselung des Lehrerzustroms – zweckmäßig wäre, die Ausbildung der Lehrer wenigstens auf „ein Jahr in guter Aufsicht und Leitung, es sei nun in dem Seminarium oder in einem wohl disziplinierten Kloster", zu verlängern.[51] Die Stellungnahmen der Diözesen und Landesregierungen sprachen sich ohne Ausnahme für solche Seminare aus und hielten die augenblickliche Ausbildung der Lehrer für unzureichend. Mehr „Präparanden", also Jugendliche, die sich für den Schuldienst vorbereiteten, als gebraucht würden, waren tatsächlich nur in Niederösterreich und in der Steiermark festzustellen.
Die Studienhofkommission schob die Erledigung dieses für die Schulverwaltung in der unteren Ebene dringlichen Problems bis 1832 hinaus, blieb bei ihrer früheren Argumentation und hielt die Einrichtung von Seminaren für undurchführbar. Sie schlug nur strengere Aufnahmsbedingungen vor und gestattete Niederösterreich die Verlängerung des Präparandenkurses auf sechs Monate.[52] 1841 wurde nochmals die Diskussion über die Ausbildung der Lehrer aufgenommen. Wiederum wurden von den Konsistorien und Landesregierungen umfangreiche Berichte erstattet, die bisher gebotene „seichte und oberflächliche Bildung"[53] der Lehrer verurteilt und eine rasche Änderung dieses Zustands gefordert. Das Linzer bischöfliche Konsistorium sprach sich sogar für einen zweijährigen Vorbereitungskurs mit einem reichen Lehrprogramm aus,[54] was die oberösterreichische Regierung als „überspannt"[55] bezeichnete.
Die Eindringlichkeit in der Darlegung der Notwendigkeit einer Umstrukturierung der Lehrerbildung und die vielfältigen Anregungen zu ihrer Gestaltung[56] zeugten von dem starken Bedürfnis nach einer Änderung, die aber diesmal dadurch abgeblockt wurde, daß die Studienhofkommission einer Erledigung auswich und nach dem Tode des zuständigen Referenten (1846) die Akten in der Registratur ablagerte.[57]
Eine allgemeine Anhebung des geringen Bildungsniveaus der Lehrerschaft blieb also trotz des starken Druckes durch die für das Schulwesen unmittelbar Verantwortlichen auf die Studienhofkommission aus. Diese verschanzte sich bei der Verweigerung einer mindestens einjährigen seminaristischen Ausbildung nicht nur hinter der zutreffenden Begründung mit den fehlenden finanziellen Mitteln, sondern auch hinter dem wenig bildungsfreundlichen Konzept, daß es zur Vermittlung elementaren Wissens nicht vieler Kenntnisse bedürfe und eine umfassendere Ausbildung der Lehrer ihre gesellschaftliche Einbindung in die einfachen ländlichen Strukturen erschwere. Sie befürchtete, daß unter Umständen dadurch Unruhe und Unzufriedenheit bei den Lehrern entstehen könnte.
Die Folge davon war eine ziemliche Ungleichheit in der Schulwirklichkeit des Primarbereiches. Denn das unterschiedliche Engagement der Lehrer und der Schulverwaltung sowie die verschieden lange Dauer der „Präparandenkurse" – immerhin wurden sie an einzelnen Orten von drei auf sechs bzw. sogar auf zehn Monate (Linz) verlängert – nahmen auf die Qualität des Elementarunterrichts Einfluß. Dieser allgemein wenig befriedigende Zustand der Lehrerausbildung wurde allerdings in Salzburg und im heutigen Burgenland durchbrochen. In Salzburg waren die Lehrer bereits seit Vierthalers Zeiten seminaristisch herangebildet worden.[58] Sie wurden in einem sechsmonatigen mehr theoretischen Kurs in den Lehrfächern der „Volksschule" und ihrer Methodik, aber auch in Musik und Gesang unterrichtet und in weiteren sechs Monaten in die praktische Lehrtätigkeit an Salzburger Schulen eingeführt. Das Seminar entbehrte allerdings der gesetzlichen Stütze und trug den

Charakter einer Privatanstalt; es verdankte viel der Begeisterung der an ihm wirkenden Lehrer.
Dieser brauchbare Prototyp für eine angemessene Lehrerausbildung fand freilich vorerst ebenso wenig Nachahmung wie das viel anspruchsvollere Konzept, das der evangelische Pastor Gottlieb August Wimmer, ein gebürtiger Wiener, im burgenländischen Oberschützen (damals Westungarn) ab 1845 verwirklichte.[59] Sein „Armenschullehrer-Seminar", das er in dem kleinen, nur 615 Einwohner zählenden Ort einrichtete, bezog Vorbild, Lehrkräfte und die notwendigen finanziellen Mittel aus dem deutschen Raum.[60] Es war auf vier Jahrgänge angelegt, und die zukünftigen evangelischen Volksschullehrer wurden in Religion, in den Sprachen Deutsch, Ungarisch und Latein, in Arithmetik und Geometrie, in den Naturwissenschaften, in Zeichnen, Musik (Klavier, Geige) und in Gymnastik unterrichtet. Das Seminar wurde kursartig geführt; die Aufnahme der 15- bis 18jährigen Bauernburschen aus der Umgebung erfolgte zunächst nur alle vier Jahre (ab 1854/55 jedes zweite Jahr). Diese Einrichtung zur Lehrerbildung war nur ein Teil der von G. A. Wimmer gegründeten Schulanstalten (dreiklassige Volksschule, Untergymnasium), stand in dessen alleiniger Verfügungsgewalt und wurde 1849/50 in das Eigentum der evangelischen Kirchengemeinde Oberschützen übertragen.
Vierjährigkeit der Ausbildung und Koppelung fachwissenschaftlicher und berufsvorbereitender Zielsetzungen im Lehrprogramm, wodurch Wimmers „Armenschullehrer-Seminar" besonders gekennzeichnet war, wurden erst im „Organisationsstatut der Bildungsanstalten für Lehrer und Lehrerinnen an öffentlichen Volksschulen in Österreich" vom 26. Mai 1874 für die österreichische Lehrerbildung verbindlich.[61]
Die Ausbildung der Lehrerinnen nahm während dieses Zeitabschnitts eigene, selbständige Formen an. Das 1786 von Joseph II. gegründete Zivil-Mädchenpensionat in Wien hatte ursprünglich die Aufgabe, Lehrkräfte für Mädchenschulen heranzubilden. Damit diese auch als Erzieherinnen eine Anstellung finden konnten – die geplante Errichtung vieler Mädchenschulklassen ließ sich nämlich nicht verwirklichen –, wurden sie bald auch in weiblichen Handarbeiten, Zeichnen, Französisch, Italienisch, Gesang, Klavier, Geschichte, Geographie, Naturlehre und anderen Fächern unterrichtet.[62] Eine ähnliche Ausbildung erfolgte am Offizierstöchter-Institut in Wien,[63] an den Schulen der weiblichen Lehrorden und an Privatschulen. Wenn sich genügend Kandidatinnen für das Lehrfach meldeten, wurde auch an der Musterhauptschule für sie ein Präparandenkurs gehalten.[64]
Erst als eine pädagogisch eigenständige Mädchenerziehung bejaht wurde, begann man Form und Inhalt der Lehrerinnenausbildung neu zu überdenken. Die Ursulinen, die hinreichende Erfahrungen bei der Vorbereitung ihrer Schwestern für den Lehrberuf gewonnen hatten, erhielten 1840 von Kaiser Ferdinand I. die Erlaubnis zur Eröffnung eines „pädagogischen Lehrkurses zur Bildung weiblicher Lehrindividuen".[65] Die Eintrittsbedingungen waren ähnlich wie bei den Burschen, doch die Gliederung und das Lernangebot des neunmonatigen Kurses in manchem neu. So wurde, um eine gewisse Gleichförmigkeit in der Vorbildung herbeizuführen, dem eigentlichen Kurs eine höchstens zweimonatige Vorbereitungszeit vorausgeschickt. Der theoretische Kurs – er umfaßte außer den Elementarfächern noch Geographie, Naturgeschichte, Naturlehre und weibliche Handarbeiten – war knapp bemessen; das Hauptgewicht wurde auf die praktische Ausbildung gelegt. Eine Prüfung in Anwesenheit des Schulenoberaufsehers schloß den „pädagogischen Lehrkurs" ab. Diese neue Bildungseinrichtung fand viel Zulauf.
Der Einsatz von Laienlehrerinnen ließ aber bereits die Diskussion aufflammen, ob Schwangere noch unterrichten sollten und ob neben der Führung eines Haushalts eine ausreichende Vorbereitung für die schulischen Aufgaben möglich sei. Als von Tirol ein

Verbot der Verehelichung der Mädchenlehrerinnen bzw. die Einschränkung der Schulverwendung verheirateter Frauen auf die Zeit ihrer Kinderlosigkeit und geringer Familienpflichten beantragt wurde, nahm dies die Studienhofkommission nur zur Kenntnis, ohne freilich darüber eine Entscheidung zu treffen.[66] Im allgemeinen wurde die Lehrerinnen- und Erzieherinnenausbildung von der Studienhofkommission wenig beachtet. Eine 1846 eingeleitete Erhebung zeigte viele Mängel auf, ohne daß daraus Folgerungen gezogen wurden. Bloß das Verbot für Knaben, ausländische Erziehungs- und Studienanstalten zu besuchen, wurde nunmehr auch auf die Mädchen ausgedehnt.[67]

Neben der Verbesserung der Ausbildung war die Erhöhung der Lehrergehälter das andere durchgängige Diskussionsthema dieser Zeit. Mit Recht wies das bischöfliche Konsistorium von St. Pölten darauf hin, daß dem Lehrstand nur gelegentlich fähige Köpfe – nämlich jene, die eine Einziehung zum Militär befürchteten – zugeführt würden, weil im Handwerk, ja selbst im Taglohn ein höheres Einkommen erarbeitet werden könne. Die Kriege gegen Napoleon und die rasche Geldentwertung hatten die schon immer schwierige materielle Lage der Lehrer zusätzlich arg verschlechtert. Ihre Beschwerden zwangen 1811 die Studienhofkommission, eine neue Gehaltsregulierung zu entwerfen, die den Lehrern freie Wohnung sowie Natural- und Geldeinkünfte sichern sollte.[68] Die Erhaltung des Lehrpersonals wurde in diesem Plan wieder – wie vor Maria Theresia – eine unmittelbare Angelegenheit der Schulgemeinden. Alle Lehrer der Trivialschulen wären demnach von den Gemeinden, die der Hauptschulen aus dem Schulfonds zu bezahlen gewesen. Der Staatsrat hielt 1813 jedoch die Ausführung dieser Vorschläge für bedenklich; Franz I. befürchtete, daß dadurch „dem Volke das Schulwesen samt dem Lehrer gehässig gemacht würde",[69] und wünschte lieber eine bessere Dotation des Schulfonds.

Doch da sich die Lage vieler Lehrer rasch verschlimmerte, wurde 1816 eine provisorische Regelung erlassen, die sich auf Trivialschullehrer und ihre Gehilfen auf dem Lande beschränkte, die keine oder nur sehr geringe Naturaleinkünfte hatten.[70] Die festgelegte Mindestbesoldung war aber so gering, daß der Vizepräsident der niederösterreichischen Regierung empört schrieb: „Woher soll ein hungernder Lehrer Mut und Kraft zur Erteilung eines guten, fleißigen und unverdrossenen Unterrichtes holen, der doch ein ungemein schweres und saures Stück Arbeit ist? Der Fonds zu auskömmlichen Besoldungen des Lehrstandes ist ja reichlich vorhanden – nämlich die Nation, die bezahlen muß und kann, was sie zu ihrem Wohle notwendig braucht."[71]

Es muß allerdings festgehalten werden, daß die Unterschiede im Einkommen der Lehrer einigermaßen groß waren. Die Vermögensverhältnisse der Gemeinden und die Frequenz der Schule gaben den Ausschlag, ob sich ein Lehrer mit Nebenverdiensten – auch verbotenen, wie Musizieren bei Hochzeiten und Tanzveranstaltungen – gerade am Rande des Existenzminimums bewegen konnte oder sich – was freilich selten anzutreffen war – einiger Wohlhabenheit erfreute. Nur in Einzelfällen konnte der Lehrer seine Lage etwas verbessern.

Erst 1824 dachte man ernsthaft daran, eine allgemeine Lösung der Besoldungsfrage herbeizuführen. Als Richtschnur setzte die Studienhofkommission die bereits von Joseph II. angeordneten Mindestbeträge von 130 fl. (Lehrer) und 70 fl. (Schulgehilfe) fest, die allerdings in der im Geldwert schwächeren Konventionsmünze auszuzahlen waren. Dieser Antrag wurde 1826 vom Kaiser bewilligt, aber aufgrund eines Einspruchs der Hofkammer (für Finanzen) ausgesetzt.[72] Die mit ihr aufgenommenen Verhandlungen fanden keine Erledigung (1828). Ein neuerlicher Vorstoß der Studienhofkommission im Jahre 1837 scheiterte, das Provisorium von 1816 galt weiter. Ein letzter Versuch im Jahre 1847 blieb trotz eindringlicher Worte des Hofkanzlers ohne Erfolg. Dieser betonte, daß eine Erhöhung der Besoldung der Lehrer der erste und unerläßlichste Schritt zur Verbesserung des öffentlichen Unterrichtswesens sei; „es hängen die wichtigsten Interessen der Gesellschaft, es hängt das Wohl künftiger Generationen, es hängt die Ruhe, Sicherheit und Festigkeit des Staates davon ab, daß diese Angelegenheit nicht aus den Augen verloren, ihr vielmehr jede Förderung und Unterstützung zugewendet werde".[73] Doch Kaiser Ferdinand reagierte darauf nur mit der lapidaren Erklärung, daß seine „Entschließung abzuwarten" sei.[74] Sie erfolgte nie, obgleich die damalige Teuerung die Schullehrer wieder verstärkt der Not und dem Elend aussetzte.

Noch schlechter war während dieser Zeit die Lage der Schulgehilfen, die eingestellt werden mußten, wenn eine Klasse von mehr als hundert Schülern besucht wurde. Sie erhielten nur etwas mehr als die Hälfte des Gehaltes des Lehrers und wurden von diesem oft schamlos ausgenützt. Die Studienhofkommission plante sogar, ihre Verehelichung an eine amtliche Bewilligung zu knüpfen.[75]

Die unzureichende Ausbildung der Lehrer und deren durchwegs klägliche Entlohnung blieben in der ersten Hälfte des 19. Jahrhunderts trotz zahlreicher Versuche, eine Änderung herbeizuführen, beklagenwerte Tatsachen. Daß trotzdem gewisse Fortschritte im Elementarschulwesen erreicht wurden, überrascht und verwundert.

14.3.3 Schulpflicht und Schulbesuch

Während Maria Theresia 1774 noch vorsichtig geäußert hatte, sie würde es „gern" sehen, „daß Aeltern ihre Kinder wenigstens durch sechs oder sieben Jahre in den deutschen Schulen ließen",[76] hatte Joseph II. durch Strafandrohungen vergeblich versucht, alle schulfähigen Kinder tatsächlich zum Besuch des Unterrichts zu veranlassen. Die „Politische Schulverfassung" betonte nun gleichfalls die Schulpflicht; und es war ein besonderes Anliegen der Schulaufsicht, diese durchzusetzen. Eine grobe Auswertung der offiziellen Zahlen in den Berichten der Schulenoberaufseher und der Studienhofkommission zeigt, daß die Schere zwischen den schulfähigen und schulbesuchenden Kindern sich immer mehr schloß und der Prozentsatz der dem Unterricht fernbleibenden Knaben und Mädchen schrumpfte.

Diese offiziellen Zahlen halten freilich kaum einer näheren Prüfung stand, denn manche Schulen hatten zu den schulgehenden auch jene Kinder gezählt, „die etwan alle Wochen oder alle Monathe einmal die Schulen besuchen". In manchen Schulen, so ist in den Berichten der Schulaufsicht zu lesen, waren „bisweilen nicht der dritte oder vierte Theil der Kinder gegenwärtig".[77] Kinder blieben „80, 90, auch 100 mal und darüber" dem Unterricht fern.[78] In der Mehrzahl der Fälle wurde als Ursache Nachlässigkeit, Gleichgültigkeit und Eigennutz der Eltern angegeben. Manche von ihnen wollten das Schulgeld sparen und schickten ihre Kinder deshalb nicht zum Unterricht. Die Drohung, aus diesem Grunde doppeltes Schulgeld zahlen zu müssen, schreckte sie keineswegs. Denn viele Beamte gewährten den Anzeigen der Lehrer wenig Unterstützung und ließen es in der Regel mit einem Verweis bewenden. Sogar dann, wenn die Eltern tatsächlich zu zahlen gezwungen wurden, glaubten sie an einen Gewinn, weil das daheimgelassene Kind einen Dienstboten ersetzt hatte. Besonders in den alpinen Gebieten waren aber die weiten Schulwege und die große Armut der Bergbauern der Hauptgrund des Fernbleibens. Manche Taglöhner konnten ihren Kindern nicht einmal die notwendige wetterfeste Kleidung beschaffen. In der Stadt hingegen hielten vermögende Eltern Privatlehrer für ihre Kinder und ließen sie in der Schule nur prüfen.

Diese fluktuierende Schülerpopulation konnte man sicherlich nur schwer – wenn man es überhaupt wollte – genau erfassen. Die stolzen Angaben der Schulaufsicht benötigen

daher ohne Zweifel einige Abstriche, aber eine stetige Zunahme der schulbesuchenden Kinder kann mit Sicherheit angenommen werden.[79] Lehrer und Geistliche hatten es nicht leicht, die fernbleibenden Kinder zum Schulbesuch zu zwingen. Die Lehrer machten sie häufig gar nicht dem Pfarrer namhaft, weil sie fürchteten, von den Eltern angefeindet zu werden und Unannehmlichkeiten zu erfahren. Aber auch die Pfarrer zögerten da und dort mit einer Anzeige bei der Ortsobrigkeit. Diese schritt nämlich oft nicht ein, und wenn sie tatsächlich etwas tat, mußten entweder Seelsorger oder Schullehrer oder beide Vorwürfe und Beleidigungen einstecken.[80]
Daß aber die verstärkten Kontrollmaßnahmen für die erhöhte Frequenz der Trivialschulen wesentlich waren, zeigte sich in der beinahe einhelligen Ablehnung der 1824 von der Studienhofkommission angebotenen Möglichkeit, es auf dem Lande den Eltern zu überlassen, in welche Schule sie ihre Kinder schicken wollten.[81] Die Schulaufsicht fürchtete dadurch die Übersicht zu verlieren.
Für Kinder, die allzu weit vom Schulort wohnten oder deren Schulweg dorthin sie gefährdete, hatte Franz I. schon 1809 angeregt, „exkurrierende“ Schulgehilfen (Betreuung von einem Schulort aus) oder „ambulierende“ Schulgehilfen (Wanderlehrer) einzusetzen. Weder die Landesregierungen noch die Studienhofkommission konnte sich dafür besonders erwärmen, weil es vor allem an finanziellen Voraussetzungen fehlte. Franz I. entschied sich aber 1814 dafür, daß dort, wo keine ordentliche Schule bestehe und die Kinder auch keiner anderen zugewiesen werden könnten, die Jugend durch solche zeitlich begrenzt eingesetzte Schulgehilfen „einigem Unterricht zugeführt“ werde.[82]
Auch blinde Kinder sollten, falls sie nicht privat unterrichtet würden, zum Besuch der öffentlichen Schulen verhalten werden. Den Lehrern wurden dafür Anleitungen gegeben und Remunerationen versprochen, wenn sie die blinden Kinder außerhalb der Schulstunden Lesen und Gesang lehrten.[83]
Seit 1839 beschäftigte sich die Studienhofkommission verstärkt auch mit den in den Fabriken arbeitenden Kindern.[84] Sie entschied 1843, daß Kinder vor dem 12. Lebensjahr (Beendigung der Schulpflicht) nicht zur Fabriksarbeit zugelassen werden dürften. Nur in Ausnahmefällen könne dies bereits nach Vollendung des 9. Lebensjahres und bei Nachweis eines dreijährigen Schulbesuchs gestattet werden.[85] Der früher vorgesehene Abendunterricht (nach zehnstündiger täglicher Arbeitszeit) wurde als nicht zielführend abgelehnt, der Besuch der sonntäglichen Christenlehre und der Wiederholungsschule allerdings als Notwendigkeit erklärt.
Bereits die „Politische Schulverfassung“ hatte festgelegt, daß „zur wahren und zweckmäßigen Bildung der Kinder auf dem Lande die vorgeschriebenen Schuljahre ... nicht hinreichen“.[86] Deshalb sollten Seelsorger und Schullehrer an Sonn- und Feiertagen nachmittags den nicht mehr schulpflichtigen Schülern bis zum 18. Lebensjahr unentgeltlichen Unterricht erteilen. Die Durchführung dieser Fortbildungsveranstaltung machte aber große Schwierigkeiten;[87] sie fand häufig überhaupt nicht statt. 1816 entschied Franz I., daß ein Wiederholungsunterricht für die der Schule entwachsene Jugend vom 12. bis zur Vollendung des 15. Lebensjahres erteilt werden müsse. Damit war, was ursprünglich nur empfohlen war, zur Pflicht geworden; eine Reihe von Strafen bei Nichtbefolgung dieser Anordnung wurde angedroht. Seelsorger und Ortsschulaufseher sollten, um die Sache zu fördern, nach Möglichkeit jedesmal diesem Unterricht beiwohnen. Für Lehrjungen wurde 1823 sogar bestimmt, daß er für sie während der ganzen Dauer ihrer Lehrzeit verbindlich sei, auch wenn sie bereits das 15. Lebensjahr überschritten hätten. Nur wenn sie den Besuch dieser Fortbildungsveranstaltung nachweisen konnten, wurden sie freigesprochen.
Dieser Unterricht, der an Samstagen oder Sonntagen etwa durch zwei Stunden gehalten wurde, durfte nicht aus der bloßen Wiederholung des bereits Gelernten

bestehen, wenn auch der Religionsunterricht (Christenlehre) sowie Übungen im Lesen, Schreiben und Rechnen im Vordergrund standen. Es sollte vielmehr eine zweckmäßige, d. h. auf praktische Aufgaben im bürgerlichen Leben abgestimmte Fortbildung geboten werden. Doch die Jugend wollte davon nicht recht Gebrauch machen,[88] auch die Schullehrer zeigten wenig guten Willen, was nicht überrascht, wollten sie doch nicht „ihre letzten so wenigen Freystunden"[89] verlieren. Außerdem wurde ihnen ja damit eine neue Last aufgebürdet, ohne daß dafür eine nennenswerte finanzielle Entschädigung vorgesehen war.[90] Niemand wollte auch für die Beheizung des Klassenraumes im Winter aufkommen. Eine Reihe von Verordnungen räumte zwar dann die größten Hindernisse aus dem Weg, doch Lehrlinge und Arbeiter in zunftfreien (privilegierten) Berufen blieben dem Wiederholungsunterricht in der Regel fern, ebenfalls ein großer Teil der Bauernburschen und sehr häufig die Mädchen.
Mit dieser „Sonntagsschule" hatten weder die Jugendlichen noch Pfarrer und Lehrer viel Freude. Deren geringer Erfolg wurde nur deswegen nicht so offenkundig, weil die fehlenden Schüler gar nicht angezeigt wurden. Die Studienhofkommission hingegen wünschte im Jahre 1836 sogar Stellungnahmen zur Frage, ob nicht in den Gebirgsgegenden die Volksbildung durch eine Ausdehnung der Wiederholungsschule bis zum 18. Lebensjahr verbessert werden könne. Da die Antworten doch recht ungleich ausfielen und die einer Durchführung entgegenstehenden Hindernisse breit herausgestrichen wurden, lautete auch der Antrag der Studienhofkommission abschlägig. Der Kaiser wies in seiner Entschließung allerdings darauf hin, daß es geboten sei, die schulentlassene Jugend über das 15. Lebensjahr hinaus zum sonntäglichen Wiederholungsunterricht zu verpflichten, wenn dieser noch nicht drei Jahre besucht worden sei.[91]
Zwischen 1840 und 1845 wurde dann ein Entwurf ausgearbeitet,[92] wie man die Frequenz anheben und den aufgetretenen Mängeln begegnen könnte. Er kam freilich zu keiner Erledigung, doch die mit der Fortbildung verbundene Problematik wurde voll erkannt und eingehend erörtert, ohne daß dabei eine zielführende Lösung gefunden werden konnte.

14.3.4 Das Lehrprogramm des elementaren Schulwesens

Die Bestrebungen der Schulverwaltung liefen nicht nur darauf hinaus, immer mehr Schüler dem Unterricht zuzuführen, vielmehr paßte sie auch die Lehrinhalte einige Male den jeweiligen Bedürfnissen an. Zu diesem Zweck wurde 1818 eine Revisionskommission eingesetzt,[93] die sich zunächst mit dem Lehrplan der ersten drei Klassen der Trivialschule beschäftigte.[94] Es ging um die Frage, wie weit der Unterricht in den Trivial- und Hauptschulen Rücksicht auf die Anforderungen der Gymnasien nehmen sollte. Es wurde nunmehr abgelehnt, die elementare Pflichtschule als Vorbereitungsschule für das höhere Studium auszugestalten; sie sollte wohl eine gute Grundlage dafür bieten, aber nichts enthalten, was für Schüler entbehrlich sei, die nicht in ein Gymnasium übertreten. Nur dem Lesen und Schreiben der lateinischen Schrift mußte in der dritten Klasse ausreichend Zeit gewidmet werden.
Im Jahre 1826 setzten über kaiserliche Anordnung wiederum Beratungen ein,[95] wie die aus zwei Jahrgängen bestehende vierte Klasse der Hauptschulen – die in der Regel nur in früheren Normalschulen geführt wurde – organisiert werden müsse, damit sie besser und umfassender für den Gewerbestand vorbilde. Die Studienhofkommission weigerte sich trotz verschiedener Anträge der Landesregierungen, neue Gegenstände in deren Curriculum aufzunehmen, wies aber den realistischen Fächern mehr Stunden zu, die bei der Sprachlehre, den schriftlichen Aufsätzen u. ä. abgekappt wurden. Sie hielt es

aber für möglich, der vierten Hauptschulklasse eine einjährige kommerzielle oder technische Abteilung hinzuzufügen, wenn Bedürfnis und finanzielle Mittel vorhanden wären. Sie konnte sich allerdings nicht für den aus Tirol kommenden Vorschlag erwärmen, die vierte Klasse der Hauptschule zu verselbständigen und als „Höhere Bürgerschule" zu bezeichnen.[96]
Von Kaiser Franz I. wurde dieses Gutachten der Studienhofkommission wie üblich einer Kommission „zur Verfassung eines zweckmäßigen Organisierungsplanes"[97] zugewiesen. Zwar wurden in den nächsten Jahren derartige vierte Klassen an einigen weiteren Hauptschulen eröffnet, sonst aber geschah bis 1837 nichts. Und auch dann wurde nur vom gesunkenen Vermögensstand des Schulfonds gesprochen, Beschlüsse aber wurden nicht gefaßt. Bloß 1840 wurde angeordnet, daß nach Möglichkeit an Normal- und Hauptschulen mit vierten Klassen einige Schreibmeister angestellt werden sollten – „ohne eine neue Belästigung der öffentlichen Fonds" –, welche die Kurrent-, Latein-, Kanzlei- und in der 3. Klasse die Frakturschrift lehren mußten. In der 4. Klasse sollten sie mit Schülern auch künstlerische Schriftarten üben.[98] Im Jahre 1845 wurde auch eine Anregung der oberösterreichischen Landesregierung diskutiert,[99] die dem steigenden Bildungsbedürfnis in größeren Orten ohne Hauptschule dadurch begegnen wollte, daß die dortigen Trivialschulen eine 3. Klasse erhielten und damit zu Hauptschulen aufstiegen. Das lehnte zwar die Studienhofkommission ab, konnte sich aber vorstellen, daß ein zweiter Jahrgang der 2. Klasse mit dem Unterrichtsprogramm der 3. Klasse Hauptschule eingeführt werde und deren erfolgreiche Abgänger in eine 4. Hauptschulklasse übertreten könnten. Auch durch Abteilungsunterricht sei ein erweiterter Unterricht (mit Lehrfächern der 3. Hauptschulklasse) in der 2. Klasse der Trivialschule möglich. Diese scheinbar sinnlosen Winkelzüge hatten eine die Bildungspolitik dieser Zeit gleichsam charakterisierende Ursache: die äußerste Sparsamkeit des Staates. Die Hauptschulen waren nämlich, wie bereits erwähnt, nicht von den Gemeinden, sondern vom Schulfonds zu finanzieren; daher wurde der Bezeichnung Hauptschule ängstlich ausgewichen, um sich gegenüber daraus ableitbaren Ansprüchen abzusichern. Diesmal kam es allerdings überhaupt nicht zu einer Entschließung des Kaisers.
Wiederholt dargelegtes Hauptziel des Unterrichts in den Elementarschulen war, daß die Jugend „durch Lehre und Beispiel zur Frömmigkeit, Religiosität, Ordnungsliebe, Arbeitsamkeit und Unterthanstreue angeleitet und zu guten, nützlichen Menschen erzogen werde".[100] Schon aus diesem Grund wurde dem Religionsunterricht durch eine Reihe von Verordnungen eine zentrale Stellung eingeräumt.[101] Besonders trug die Studienhofkommission dafür Sorge, daß die religiöse Erziehung der Kinder, die Unterricht in privaten Schulen oder durch Hauslehrer erhielten, besonders die der Mädchen aus vornehmen Häusern, gesichert sei. Unter den deswegen getroffenen Maßnahmen war auch die Verfügung, daß Brautleute vor der Eheschließung beim Religionsexamen nachzuweisen hatten, „von wem sie vorher oder in ihrer Jugend den Religionsunterricht erhalten"[102] hatten.
An den Methoden des Unterrichts und der Erziehung änderte sich in der ersten Hälfte des 19. Jahrhunderts kaum etwas. Um den Leistungswillen der Schüler, das Niveau des Unterrichts und die Wirksamkeit der erzieherischen Intentionen zu steigern, bekamen sowohl an den Trivial- als auch an den Hauptschulen die besten Schüler bei den Prüfungen Buchprämien,[103] was allerdings bis 1825 recht ungleichmäßig gehandhabt wurde. Erst dann legte die Studienhofkommission dafür Normen fest und nahm zur Auswahl und Eignung der als Preise verteilten Werke Stellung. Es ist aber bezeichnend, daß als Prämienbuch bis 1822 die aus der josephinischen Zeit stammenden und deren Geist ungeschminkt ausdrückenden „Parabeln oder Gleichnisreden für Junge und Alte" verwendet wurden.

Die Schulbücher erfuhren im Laufe dieser Jahrzehnte ebenfalls Modifikationen. Sie wurden der neuen konservativen Grundhaltung angepaßt und aufgrund der zunehmenden Schülerzahlen in hohen Auflagen erzeugt.[104] Sie mußten sich vor ihrer Drucklegung eine eingehende Begutachtung gefallen lassen und eindeutig auf die von der Studienhofkommission festgelegten Erziehungsziele ausgerichtet sein. Es lag auf derselben Linie, daß aus den im österreichischen Raum nur gelegentlich eingerichteten Schulbibliotheken (Salzburg, St. Andrä i. L., Ried, Reutte, Traismauer u. a.) die schädlichen und gefährlichen Bücher auszusondern waren.[105] Die Verantwortlichen für den Staat wollten ohne Zweifel Lehrern wie Schülern nur ihre Auffassung zugänglich machen.
Der Gang des Unterrichts wurde durch die Bindung an die Lehrbücher streng reglementiert und dementsprechend schablonenhaft abgewickelt. Der Ausbildungsstandard der Lehrer ließ allerdings auch kaum erwarten, daß sie über didaktische oder methodische Probleme zu reflektieren in der Lage waren. Von ihnen wurde kein Sprengsatz zu Veränderungen vorbereitet.

14.4 Schaffung von Bildungseinrichtungen für behinderte Kinder

Zur Zeit der Aufklärung trat auch in der Behandlung von nicht vollsinnigen oder schwachsinnigen Kindern eine entscheidende Wendung ein. Waren sie bis dahin weitgehend von der christlichen und humanitären Liebestätigkeit ihrer Umwelt und vor allem von Bettelei abhängig gewesen, wollte man sie jetzt zunehmend befähigen, sich selbst zu helfen und ihren Lebensunterhalt aus eigener Anstrengung zu gewinnen. Hinter diesem neuen Wollen standen wohl im Einzelfall philanthropische Beweggründe. Aber daß in der Folge das öffentliche Erziehungswesen in dieser Richtung eine Ausdehnung erfuhr, dafür gaben das utilitaristische Denken dieser Zeit und die auf breiter Front einsetzenden Bemühungen, die weitverbreitete Armut in Grenzen zu halten, die entscheidenden Impulse. Die Bildungsfähigkeit behinderter Kinder wurde jetzt gleichsam neu entdeckt, obgleich schon aus früheren Jahrhunderten erste Erkenntnisse dieser Art vorlagen.[106]
In Westeuropa war man schon das ganze 17. Jahrhundert hindurch bemüht gewesen, den Taubstummen die Teilnahme am menschlichen Gemeinschaftsleben zu ermöglichen. Ein in Amsterdam praktizierender Schweizer Arzt bildete hiefür die Lautsprachmethode aus.[107] Der französische Priester Charles Michel de l' Epée (1712–1789) stützte seinen Unterricht der Taubstummen wiederum stärker auf eine vervollkommnete Gebärdensprache.[108] Seine von ihm im Jahre 1770 gegründete erste Taubstummenanstalt der Welt wurde zum Vorbild auch für Wien.
Joseph II. hatte diese Institution bei seinem Aufenthalt in Paris kennengelernt und später den Weltpriester Johann Storck dorthin geschickt, damit dieser die Zeichensprache erlerne. Nach dessen Rückkehr wurde im Jahre 1779 eine ähnliche Einrichtung in Räumen des Wiener Bürgerspitals eröffnet.[109] Dieses von J. Storck geleitete Taubstummeninstitut nahm taubstumme Kinder zwischen dem 7. und 14. Lebensjahr auf, vermittelte ihnen elementares Grundwissen und – je nach Neigung – auch eine Berufsausbildung. Unter anderem wurden sie in die Buchdruckerkunst, „Mahlerey“ und Bandweberei eingeführt. Die Mädchen erlernten auch Nähen, Stricken, Spinnen und Kochen. 1784 übersiedelte diese Schule in das aufgehobene Pazmanitenkollegium und erhielt 1822 auf der Wieden ein eigenes neues Haus.[110]

In Linz hatte 1812 der Kooperator Michael Reiter ebenfalls begonnen, taubstumme Kinder in seiner Wohnung zu unterrichten. Im Jahre 1824 wurde seiner Einrichtung das Öffentlichkeitsrecht zuerkannt und ein eigenes Gebäude zugewiesen.[111]
Auch die Blindenerziehung hatte in Paris ihre erste Heimstätte gefunden. Der Gymnasiallehrer Valentin Haüy pflegte und unterrichtete dort seit 1784 unentgeltlich blinde Kinder. Er erfand den Bücherreliefdruck, damit diese tasten konnten, was ihnen zu sehen verweigert war. Das Blindeninstitut in Wien entstand unabhängig davon. Der Pädagoge Franz de Paula Gaheis hatte dazu schon 1802 die Anregung gegeben,[112] fand aber keinen Widerhall. Der aus Bayern stammende Johann Wilhelm Klein (1765–1848), der seit 1799 in österreichischen Diensten stand und unentgeltlich als Armenbezirksdirektor in Wien wirkte, griff diese Idee auf, als er unmittelbar das Schicksal der blinden Kinder kennenlernte, die geistig – da ihnen jede Ausbildung fehlte – und oft genug auch moralisch verkümmerten. 1804 begann er auf eigene Kosten einen blinden Knaben in seinem Heim mit so großem Erfolg zu unterrichten, daß er von Franz I. den Auftrag erhielt, auf öffentliche Kosten acht arme Blinde zu erziehen.[113] Dafür wurde 1810 ein eigenes Haus gewidmet;[114] das war die Geburtsstunde der ersten öffentlichen Blindenanstalt in Österreich, die zum Vorbild weiterer Gründungen im mitteleuropäischen Raum wurde (Prag, Preßburg, Freising, Schwäbisch-Gmünd, Hamburg, Brünn). Auf heute österreichischem Boden entstand noch zu J. W. Kleins Lebzeiten eine weitere Anstalt in Linz. Hier hatte Josef Engelmann im Ursulinenkloster 1824 mit dem Unterricht blinder Kinder begonnen, 1831 wurde dafür bereits ein eigenes Gebäude errichtet.[115]
Im salzburgischen Raum, in Hallein, bemühte sich der Privatlehrer Gotthard Guggenmoos (1775–1838) aus Schwaben seit 1812 um schwer hörende und schwer sprechende Kinder.[116] Unabhängig von Samuel Heinicke, dem Gründer der ersten deutschen Taubstummenschule in Leipzig (1778), begann er ebenfalls den Unterricht mit der Artikulation, dem Sprechen und Lesen. Nach der Eingliederung Salzburgs in das Kaisertum Österreich wurde versucht, dieser privaten Initiative Öffentlichkeitscharakter zu geben. Das Kreisamt Salzburg leitete eine Erhebung über die Zahl der unterrichtsfähigen „Schwerzüngigen und Taubstummen" ein,[117] und die Pfleggerichte wurden zur Beitragsleistung für eine derartige Schule aufgefordert. Die Verhandlungen verliefen schleppend; jahrelang wurden Akten einfach nicht erledigt, weil eine ausreichende Finanzierung nicht gefunden werden konnte. Erst mit Hilfe großzügiger Spenden konnte im Jahre 1829 eine „Anstalt für schwerzüngige und schwerhörige Kinder" in Salzburg eröffnet werden. Die amtliche Bezeichnung „Kretinenanstalt" machte aber deutlich, daß sich der bescheidene G. Guggenmoos nicht nur um taubstumme Kinder kümmerte, sondern sich auch vor allem solcher, „welche zum Kretinismus Anlage" hatten, annahm. Die öffentliche Kundmachung sprach ausdrücklich davon, daß in dieser neuen schulischen Einrichtung „Kretins, nach hiesiger Provinzialbenennung ‚Fexen'" genannt, „zu denkenden erwerbsfähigen Menschen" erzogen würden.[118] Mit Recht kann Guggenmoos daher als der erste Schwachsinnigenpädagoge Österreichs und sein Institut wohl als die erste Schwachsinnigenbildungsanstalt im deutschsprachigen Raum, ja in der Welt überhaupt bezeichnet werden.[119]
Die Unterrichtserfolge des Gotthard Guggenmoos wurden bestaunt; die ersten öffentlichen Prüfungen im Rathaussaal zu Salzburg fanden ein breites Echo.[120] Doch der Bestand der Anstalt konnte nur mittels wohltätiger Spenden gesichert werden, alle Bemühungen um eine staatliche Unterstützung schlugen fehl. Aus finanziellen Gründen mußte dieses „Stummen- und Kretineninstitut" 1835 geschlossen werden; Guggenmoos kehrte 1836 nach Hallein zurück und starb dort bereits Anfang 1838. Die bahnbrechenden Leistungen und die Unterrichtsmethoden des begabten Pädagogen gerieten in Vergessenheit.

Von Bedeutung wurde allerdings, daß der erste Inhaber eines Lehrstuhls für Pädagogik in Österreich, V. E. Milde, einer heilpädagogischen Einstellung der Lehrer und Erzieher in seinen Vorlesungen und Schriften weit das Tor öffnete. Er war überzeugt, daß „etwa die Schwäche oder Regellosigkeit der Tätigkeit der Kräfte weit seltener eine Folge der natürlichen Beschaffenheit der Anlage als der zweckwidrigen Bildung ist und daß man in vielen Fällen ohne Grund der Vorsehung zur Last leget, was nur der Unwissenheit der Erzieher beizumessen ist".[121] Es wird vermutet, daß G. Guggenmoos durch das Werk V. E. Mildes manche Anregung erhalten hat; auch J. W. Klein gilt als Schüler Mildes.
Die damals vereinzelt auf österreichischem Boden entstandenen neuen Schularten für behinderte Kinder waren Internatsschulen und durch ein gemeinsames Leben von Schülern und Lehrern gekennzeichnet. Wenn auch einzelne Persönlichkeiten ihre Gründung und Entwicklung bestimmten, sie erhielten durchwegs – im Gegensatz zu ähnlichen deutschen Anstalten –[122] schon früh eine staatliche Unterstützung und einen öffentlichen Charakter, soweit sie für blinde oder taubstumme Kinder bestimmt waren. Schwachsinnige durften freilich noch nicht auf ein breites Verständnis hoffen.

14.5 Beginn der Solidarisierung der Lehrer

Im Vormärz zeigten sich bei den Lehrern erste Ansätze, sich als Stand zu formieren, ihre Anliegen zu artikulieren und aus eigener Kraft eine Lösung für ihre Probleme zu finden. Die Initiativen dazu gingen von katholischer Seite und von oben her aus; möglicherweise stand der damalige Erzbischof von Wien V. E. Milde selbst dahinter.[123] Die sozial unzumutbare klägliche Lage der Schulgehilfen dürfte dazu den Anlaß gegeben haben. Es war nämlich ein fürsterzbischöflicher Konsistorialbeamter in Wien, Joseph Kaiser, der im Jahre 1842 einen Verein zu deren Unterstützung gründete und gleichzeitig ein „Oesterreichisches pädagogisches Wochenblatt zur Beförderung des Erziehungs- und Volksschulwesens" herausgab;[124] um derartige Aufgaben zu verfolgen, waren Einfluß und ausreichende finanzielle Mittel wohl eine notwendige Voraussetzung.
Die pädagogische Zeitschrift brachte Aufsätze zu besonders drängenden Fragen, wie zur Lehrerbildung, zur Fortbildung in der Methodik und Didaktik, zur religiösen Erziehung, aber auch zur Erziehung von blinden und taubstummen Kindern, zur Geschichte des Schulwesens sowie über Schulverhältnisse im Ausland, und sie informierte über neuerschienene Bücher, Erlässe und Verordnungen, Stellenausschreibungen und Prüfungstermine, Auszeichnungen und Beförderungen u. ä. Mit großer Wärme wurde darin auch für den „Unterstützungs- und Pensions-Verein für Lehrgehilfen in Wien" geworben, dessen erster Direktor J. Kaiser war und für den V. E. Milde ebenfalls wiederholt in den Spalten dieser Zeitschrift eintrat.[125]
Dieser vereinsmäßige Zusammenschluß, der bloß soziale Ziele verfolgen durfte, war von J. Kaiser freilich nur als erster Schritt zur Organisierung der Lehrerschaft betrachtet worden. Als sich am 1. Oktober 1844 ein „Oedenburger katholischer Schullehrerverein" bildete, der u. a. eine eigene Bibliothek mit guten pädagogischen Zeitschriften einrichtete und im Jahre 1847 einen Filiallesezirkel in Eisenstadt gründete,[126] sah er seine Stunde gekommen. Er trat 1847 als Proponent eines pädagogischen Vereins auf, als dessen Aufgaben die „Fortbildung der Lehr-Individuen", die „Verfassung und Verbesserung von Lehrbüchern" und die „Hebung des

Erziehungs- und Unterrichtswesens" genannt wurden.[127] Am 27. Februar 1848 erreichte J. Kaiser die vereinsrechtliche Bewilligung, und noch am selben Tag traten Schuldistriktsaufseher, Professoren der Wiener Universität, Direktoren von Haupt- und Pfarrschulen, Lehrer in fürstlichen Häusern und andere in seiner Wohnung zu einer ersten Sitzung zusammen. Die „Statuten des ersten österreichischen pädagogischen Vereins" ließen als Mitglieder „alle Lehrer, Erzieher und andere gebildete und achtbare Männer" zu;[128] in einzelnen Sektionen sollten Fragen der Methodik sowie der einzelnen Unterrichtsfächer erörtert werden.

Der Verein war bereits konstituiert, als die Revolution von 1848 losbrach. Die Lehrer verfügten daher über eine tragfähige Plattform, als ihnen zum ersten Mal eine demokratische Umwälzung echte Mitsprache erlaubte. J. Kaiser verhehlte nicht, daß nunmehr „jeder Mangel, jeder hemmende äußere Einfluß ... offen ausgesprochen werden"[129] wird. Ein lange Zeit in eine soziale Randposition abgedrängter, oft mißbrauchter Stand begann sich jetzt zu solidarisieren und sein Selbstbewußtsein zu finden.

15 Das Gymnasium zwischen 1792 und 1848

Lange Zeit wurde in Österreich die Zeit zwischen 1792 und 1848 auch im schulischen Bereich als eine Zeit bedauerlichen Stillstands angesehen.[1] Das trifft nur zum Teil zu. Ja es wäre geradezu verwunderlich gewesen, wenn das experimentierfreudige maria-theresianisch=josephinische Zeitalter sogleich eine dauerhafte Fixierung des neu gestalteten Unterrichtswesens erreicht hätte. Zu viele Gedanken und Vorschläge waren damals ins Gespräch gebracht worden. Sie wirkten weiter, auch wenn sie nicht in die Wirklichkeit umgesetzt werden konnten und in der Epoche der Restauration gänzlich zu verkümmern schienen. Nicht zuletzt waren ja die Reformergebnisse im Sekundarbereich des Schulwesens alles andere als befriedigend. Das von Gratian Marx eingerichtete Gymnasium konnte kaum als Basis für eine ruhige Weiterentwicklung betrachtet werden. Es trug gleichsam die Keime neuer Umstrukturierungsversuche in sich.

Die Beurteilung dieses Zeitabschnitts wird aber dadurch erschwert, daß vier Entwicklungsstufen unterschieden werden können. Die erste ist durch die Suche nach einer neuen Organisationsform des Gymnasiums und das Bemühen um die Konsolidierung der Schulverhältnisse gekennzeichnet. Sie wird mit der Gesetzwerdung des von Franz Innozenz Lang entworfenen „Gymnasialplanes" im Jahre 1805 abgeschlossen. Dessen Umsetzung und der damit eingeleitete Aufstieg auf eine „Stufe, die eine tröstliche Aussicht gewähret und mit der man indeß zufrieden seyn kann, wenn man die Schwierigkeiten und Hindernisse bedenkt, welche zu besiegen waren",[2] wie F. I. Lang äußerte, machen den zweiten Abschnitt aus. Die im Jahre 1818 verfügte Aufgabe des Fachlehrersystems und Ausschaltung der naturwissenschaftlichen Fächer bedeuteten einen Rückfall in überholte pädagogische Positionen und beendeten die Aufwärtsentwicklung. In der folgenden Epoche der Stagnation konnten nur in der inneren Reform an den einzelnen Schulen kleinere Fortschritte erreicht werden. Die 1838 notwendig gewordene Öffnung der Schleusen für die aufgestaute Kritik brachte wieder neue pädagogische Gedanken und viel Bewegung in die Schuldiskussion. Dieser letzte Abschnitt blieb aber Vorbereitungsphase, denn eine Realisierung der erörterten Konzepte mißlang. Der „Organisationsentwurf" (1849), der das Gymnasium auf tragfähige und im Grundkonzept bis heute gültige Grundlagen stellte, bedeutete den bereits jenseits der Grenzen dieses Zeitraumes liegenden Abschluß einer Bildungsepoche und zugleich den Anfang einer neuen Entwicklung.

15.1 Die Suche nach einer neuen Organisationsform des Gymnasiums

Ohne Zweifel beherrschte in der Zeitspanne zwischen 1792 und 1848 ein ständisch orientierter Bildungskonservatismus weiterhin die österreichische Schulszene. Revolutionäre Bildungskonzepte, die an die pädagogischen Postulate der Französischen Revolution anknüpften, sickerten nur vorübergehend ein. Demokratische Ansätze in der Schulverwaltung wurden bald wieder verschüttet. Die Aufklärung hingegen wirkte in gemäßigter Form lange nach.[3]

Schon bald nach dem Tode des taktisch überaus klug vorgehenden Leopold II. zeichnete sich ein Kurswechsel ab. Die hohe Geistlichkeit – allen voran der Erzbischof von Wien Anton Graf Migazzi – fürchtete damals um den notwendigen Nachwuchs an Priestern und wünschte daher mehr Studienmöglichkeiten sowie Mitsprache bei der Gestaltung des Lehrbetriebs. Teile der Öffentlichkeit beobachteten besorgt, wie Autoritäten herabgesetzt und lächerlich gemacht wurden und viele Jugendliche ihren sittlichen Halt und – trotz Ehr- und Schandbänken – das Pflichtgefühl verloren sowie im Lerneifer nachließen.

Die Gegner der Lehrerkonferenz und des Studienkonsesses – beide Einrichtungen wurden für diese Mängel, nicht immer zu Recht, verantwortlich gemacht – formierten sich. Der Monarch sah sich zum Handeln veranlaßt und berief 1795, wie bereits ausführlich dargestellt wurde,[4] zu seiner Beratung die sogenannte Studien-Revisions-Hofkommission, deren Vorsitzender Heinrich Franz Graf von Rottenhan war. Die Auffassungen der Mitglieder dieser Kommission[5] gingen auch in der Frage einer Neuordnung des Gymnasialwesens oft weit auseinander. Besonders Johann Melchior Freiherr von Birkenstock orientierte sich – auch begrifflich – stark nach dem preußischen Vorbild. Er forderte, daß das Schulwesen nur von Fachleuten geleitet werde und eigene Seminare zur Heranbildung der Gymnasiallehrer eingerichtet würden. Auch schlug er vor, „daß für die jungen Leute, zu nöthiger Abwechslung und Erhohlung von Sitzen und Kopfarbeit, und zu anständiger und nützlicher Leibes-Bewegung gymnastische Spiele und Übungen veranstaltet und mit dem übrigen Unterricht wohl verbunden werden".[6]

Entscheidend wurde aber der als Referent für das Gymnasialwesen in die Studien-Revisions-Hofkommission berufene Piarist F. I. Lang (1752–1835).[7] Viele der Gedanken des pädagogisch erfahrenen Mannes machte sich die Kommission zu eigen und trug sie durch ihren Vorsitzenden Rottenhan dem Kaiser vor. Sie sprach sich für die Einführung des Fachlehrersystems aus und wünschte, daß die Realien, die Geschichte und Geographie, Naturgeschichte, Naturlehre und Mathematik, in größerem Umfange in den Lehrplan aufgenommen würden. Religion sollte als selbständiger Gegenstand unterrichtet werden. Die Zahl der Unterrichtsstunden müßte freilich dann auf 28 in der Woche steigen. Die Reform sollte nach erfolgreicher Durchführung eines Schulversuchs schrittweise durchgeführt werden; sechsklassige Gymnasien wären zunächst nur in Universitäts- und Landeshauptstädten zu führen. Der Heranbildung der Lehrer sollte ein „Institut der Adjunkten" dienen.[8]

Eine Genehmigung dieses neuen Modells eines Gymnasiums durch den Kaiser blieb jedoch aus. Der Staatsrat hatte sich energisch gegen die dafür nötigen finanziellen Bedeckungsvorschläge ausgesprochen. Im Jahre 1802 löste der Kaiser die Studien-Revisions-Hofkommission kurzerhand auf.

Das gleiche Schicksal traf im selben Jahr auch die inzwischen bedeutungslos gewordenen Studienkonsesse. Das Experiment wurde als gescheitert hingestellt. Weil die den

Studienkonsessen eingeräumte unmittelbare Aufsicht und Leitung nicht entsprochen habe, sei es zu vielfältigen Gebrechen in Studien- und Erziehungsfragen gekommen, so stellte das Hofdekret vom 29. April 1802 fest und führte wiederum den Kreishauptmann oder einen anderen Beamten der politischen Verwaltung als Gymnasialdirektor ein.[9] In einer Instruktion wurde ihm allerdings aufgetragen, nichts Wichtiges ohne Beratung durch die Lehrer und Berücksichtigung ihres Urteils vorzunehmen. Die arbeitsaufwendigen eigentlichen Leistungsaufgaben verblieben dem jeweiligen Präfekten des Gymnasiums.

In diesen Jahren häuften sich die Klagen über Unzulänglichkeiten des Unterrichtsbetriebes. Die Initiativen für die Reform der Gymnasien gingen nunmehr vom Staatsrat aus.[10] Dort war der schon erwähnte Konferenzrat Michael Lorenz für Schulangelegenheiten maßgebend. Er stützte sich in Fragen des höheren Schulwesens in der Regel auf die Meinung von F. I. Lang, der 1802 zum „Gymnasial-Director" für Österreich unter der Enns berufen worden war. Schon 1803 legte M. Lorenz dem Kaiser einen „allerunterthänigsten Vorschlag zur litterarischen und moralischen Verbesserung der in den österreichischen Staaten bestehenden Gymnasial-Schulanstalten" vor, dem F. I. Langs „Schema für ein Gymnasium mit 5 Lehrkursen, 5 Lehrern und 1 Katecheten" zugrunde lag. F. I. Lang hatte einen zur Allgemeinbildung führenden Lehrplan und die Einstellung von Fachlehrern vorgeschlagen. Denn er meinte mit Recht, daß nur „durch fachlich Gebildete, mit ihrer Wissenschaft in Kontakt bleibende Lehrer ein ersprießlicher Unterricht" möglich sei.[11] Neben dem jeweiligen Klassenvorstand waren nach diesem Vorschlag zwei bis drei „Wandel- oder Fachlehrer" in der Klasse zu beschäftigen. Diesen Grundgedanken hatte er bereits in der Studien-Revisions-Hofkommission erfolgreich vertreten, die aber dort verlangte Zahl an Unterrichtsstunden in einer Woche senkte er, um die Auffassung des Kaisers wissend, auf 18 ab. Es verdient vermerkt zu werden, daß nicht in jedem Schuljahr alle sieben Fächer unterrichtet wurden. 1804 wurde Langs Plan genehmigt, doch vor der allgemeinen Einführung noch in Schulversuchen erprobt.[12]

Während dieser Zeit wurde auch der Gedanke eines sechsklassigen Gymnasiums wieder aufgegriffen, und F. I. Lang arbeitete einen neuen Entwurf für „ein Gymnasium mit 6 Klassen, 5–6 Lehrern und 1 Katecheten" (1805) aus. In diesem „Gymnasial-Plan" wurde der Lateinunterricht nochmals geringfügig verringert und die Einsparung dem Griechischen und dem Gegenstand Naturlehre und Naturgeschichte zugewendet.[13] Seine allgemeine Einführung setzte der Kaiser für das Schuljahr 1806/07 fest. F. I. Lang stellte inzwischen eine „Sammlung der Verordnungen und Vorschriften über die Verfassung und Einrichtung der Gymnasien" zusammen (1807), die im folgenden Jahr gedruckt wurde und insgesamt in fünf Auflagen Modifikationen erfuhr. Dieser „Gymnasialkodex" blieb bis 1848 in Gültigkeit.[14]

Ähnlich wie im Bereich des Volksschulwesens konnte auch die Reform der Gymnasien in den vorübergehend Bayern zugesprochenen Gebieten (Tirol und Vorarlberg ab 1806 – mit Unterbrechung im Jahre 1809 – sowie Salzburg ab 1810) erst nach 1814 verwirklicht werden. Die nach bayerischem Vorbild eingeführten Veränderungen der Organisation und des Lehrprogramms im Sekundarbereich hinterließen kaum Nachwirkungen. Die Zeitspanne für die Umstellung war zu kurz gewesen, und außerdem hatte das bayerische höhere Schulwesen damals selbst nach neuen Formen und Inhalten gesucht.[15]

15.2 Vermehrung der Schulstandorte und Maßnahmen zur Disziplinierung der studierenden Jugend

Parallel zu dem Bemühen um eine neue Organisation des Gymnasialwesens wurde eine Reihe anderer Maßnahmen gesetzt, um den ohne Zweifel bestehenden Bildungsnotstand zu beheben. Zunächst erwies es sich als notwendig, mehr Gymnasien auch an Standorten außerhalb der Ballungsräume anzubieten. Vor allem war nämlich damals die Landjugend von der höheren Bildung weitgehend ausgeschlossen. Bald mangelte es daher an Nachwuchs für die Welt- und Ordensgeistlichkeit; Gymnasiallehrer aus dem Laienstand fehlten ebenfalls, und manche freie Lehrstelle konnte nicht besetzt werden. Auch drängten die Städte, die ihre höhere Bildungsanstalt verloren hatten, ihre Schule wieder eröffnen zu dürfen.

Kaiser Franz II. (I.) verschloß sich keineswegs solchen Wünschen, nur sollten dem Staat daraus keine wesentlichen Kosten erwachsen. Diese Haltung ist verständlich, wenn man bedenkt, welche verlustreichen Kriege er damals gegen die französischen Heere zu führen hatte. Als Lösung bot sich der Rückgriff auf die Schultradition der Stifte und Klöster geradezu an. Diese erhielten daher umgehend als Aufgabe zugewiesen, wiederum Gymnasien einzurichten. Die betroffenen Ordensniederlassungen waren darüber keineswegs begeistert, daß der Staat „die seit 1773 durchgeführte Laicisierung eines Teiles der österreichischen Gymnasien preisgegeben“[16] habe und daß sie ihren durch Joseph II. beschnittenen Macht- und Einflußbereich wieder ausweiten konnten. Zu deutlich war das Motiv – eben das der Rücksichtnahme auf den Staatshaushalt – bei dieser Heranziehung der Stifte zum Jugendunterricht sichtbar. In den amtlichen Berichten, die zwischen den Kanzleien gewechselt wurden, finden wir häufig die Bemerkung, daß das geplante Gymnasium dem Studienfonds keine Auslagen verursache, weil der Orden aufgrund seines Vermögensstandes die Schule finanziell vollständig allein erhalten könne. Daher antwortete etwa der Abt des Schottenstiftes auf die erste Aufforderung des Staates, ein Gymnasium zu eröffnen, recht abweisend. 1807 wurde es ihm dann kurzerhand anbefohlen.[17] Stifte, denen aufgrund der Schulreform des 18. Jahrhunderts nur mehr erlaubt war, „Sängerknaben“ zum lateinischen Unterricht zuzulassen und sie privat in den Gymnasialfächern zu unterrichten, erhielten für ihre Anstalten abermals das Öffentlichkeitsrecht. Klöster, die ihre Gymnasien auf Anordnung Josephs II. in zentralere Orte hatten verlegen müssen, holten diese in ihren alten Bestand heim. So verlegte etwa Melk 1804 sein Gymnasium von St. Pölten zurück in das alte Stift; auch die Admonter Mönche kehrten 1808 Leoben den Rücken und richteten ihre höhere Schule neuerlich in ihrem Kloster ein.[18]

Die meisten österreichischen Gymnasien konnten eigentlich nur bestehen, weil die Orden die nötigen Lehrer stellten. Die Jesuiten faßten jetzt wieder in Österreich Fuß; es wurden ihnen aber lange Zeit die größten Schwierigkeiten bereitet, in ihrem ureigensten Gebiet, im Schulwesen, nochmals tätig zu werden. Erst 1838 übernahmen sie erneut das Gymnasium Innsbruck.[19]

Auf diese für den Staat sehr kostensparende Weise konnte das weitmaschige Netz der höheren Schulen in Österreich doch etwas dichter gespannt werden. Nur durchschnittlich 0,17 Prozent der Bevölkerung besuchte ein Gymnasium,[20] beinahe die Hälfte aller öffentlichen Gymnasien lag zudem auf dem Boden Wiens und des heutigen Niederösterreichs. Die Einzugsgebiete der einzelnen Schulen waren dementsprechend groß. Die Einrichtung von Internaten war daher unumgänglich nötig. Anfang des 19. Jahrhunderts eröffnete man daher wieder die aufgelassenen Konvikte der Jesuiten, 1802 in Wien, 1803 in Graz. Es ist beinahe belustigend, anhand der Akten zu verfolgen, welche

Winkelzüge die staatliche Verwaltung dabei unternahm, um jedwede finanzielle Belastung abzuschütteln.[21] Das notwendige Geld mußte zum Großteil durch Spenden, Sammlungen und Stiftungen aufgebracht werden.
Man war sich natürlich auch damals im klaren, daß eine Beschränkung des Unterrichts auf reine Wissensvermittlung, bei Ausklammerung der Erziehungsaufgaben, kaum die Qualität des höheren Schulwesens anheben würde. Ein öffentlicher Aufruf drückte dies sehr drastisch aus: „Öffentliche Schulen allein können kein hinreichendes Mittel sein, ... Bildung bei der Jugend zu bewirken. In denselben empfängt der junge Mensch nur durch einige Stunden des Tages Unterricht; dieser Unterricht, wenn er auch der beste ist, was kann er nützen, wenn sich der Jüngling unter jedem scheinbaren Vorwand demselben entzieht? Wenn er den Willen nicht mitbringt, auf den Vortrag seines Lehrers mit ungetheilter angestrengter Kraft zu bemerken? Wenn vielfache Zerstreuungen ihm keine Zeit zur nöthigen Wiederholung, zum ferneren Überdenken der empfangenen Lehre außer dem Hörsaal übrig lassen? Wenn schlechte Lectür und schlechter Umgang die in den Schulen empfangenen guten Grundsätze im Keime ersticken? Was können alle, auch die besten Lehrer nützen, wenn Unordnungen und Ausschweifungen aller Art in den vielen Stunden des Tages, in denen kein Lehrerauge den Schüler genau zu bewachen vermag, dem Jüngling zur Gewohnheit, gleichsam zum Bedürfnisse werden, wenn sie seine Gesundheit zerstören, seine Denkkraft schwächen, den Sinn für alles, was gut und edel ist, in ihm tödten?“[22]
Diesen Gefährdungen der Jugend wollte man nicht nur durch eine Internatserziehung erfolgreich begegnen, sondern sie auch durch strenge Disziplinarmaßnahmen in den Griff bekommen.[23] Im Jahre 1804 wurden die Lehrer beauftragt, „keine Gelegenheit zu versäumen, um auf die Denkungsart und die Gesinnungen ihrer Schüler zu wirken, und strenge Aufsicht über ihr Betragen zu führen“.[24] Eine schlechte Note in den „Sitten“ hatte zur Folge, daß Schüler weder zu den öffentlichen Prüfungen zugelassen wurden noch einen Schulpreis erhalten konnten, auch wenn sie ihn verdienten. Denn die „künftige Brauchbarkeit der Jünglinge“ war „erst durch die Verbindung guter Sitten und religiöser Grundsätze mit nützlichen Kenntnissen“ gegeben.[25] Besonderes Gewicht wurde daher auf den Besuch der Exhorten und der heiligen Messe an Sonn- und Feiertagen durch die Schüler gelegt. Diese mußten sechsmal im Jahr zur Beichte und Kommunion gehen.[26] Wenn sie ihre religiösen Pflichten vernachlässigten, wurde es „als ein Mangel an guten Sitten“ betrachtet und in den Klassenkatalogen eingetragen.[27]
Viel Wirkung versprach man sich davon, daß die Verzeichnisse der ihre Studien beendenden Schüler, in denen deren Betragen, Verwendung und Fortgang während der gesamten Gymnasialzeit vermerkt war, dem Kaiser persönlich vorgelegt werden mußten. Die Berufslaufbahn sollte allein vom Zeugnis abhängen.[28]

15.3 Kennzeichen der Gymnasialreform des Franz Innozenz Lang

15.3.1 Das Fachlehrersystem

Die nach jahrzehntelanger Diskussion nun doch erreichte Einführung des Fachlehrersystems an den österreichischen Gymnasien sollte, wie die Reformer hofften, eine neue Epoche der Schulentwicklung im Sekundarbereich einleiten. Doch fehlten dafür viele Voraussetzungen. Es mangelte an wissenschaftlich vorgebildeten Lehrkräften für Mathematik, Naturlehre und Naturgeschichte sowie für Geographie und Geschichte; geeignete Lehrbücher mußten erst verfaßt werden. Wie bei jeder Umstellung wurden die Lehrer streng an die Aufgabenstellungen des neuen Lehrplans gebunden und jeder Freizügigkeit beraubt.

Während F. I. Lang noch meinte, daß jetzt „die Aufmerksamkeit und der Fleiß der Lehrer, der vorher auf alle vorgeschriebenen Lehrgegenstände vertheilet war, auf Einen, den er aus Neigung sich gewählt hatte, concentrirt“ sei und der Lehrer, weil „er für seine Gegenstände verantwortlich“ sei, ihn nun desto eifriger betreibe und mit seinem Eifer auch der Fleiß der Schüler wachse,[29] sammelten sich bereits die der Reform mißtrauisch bis ablehnend gegenüberstehenden Kräfte.

Die Gefahr, welche im Fachlehrersystem liegt, konnte nämlich vorerst nicht gemeistert werden. Die hemmenden Einflüsse auf die Schülerleistungen wurden breit herausgestrichen: pedantische Festlegung des Lehrstoffes, ängstliche Bevormundung jedes regeren Lehreifers, schlaffer Mechanismus, Überbewertung einzelner Lehrfächer, übersteigerte Anforderungen eines Lehrfaches auf Kosten anderer, Überanstrengung der Schüler durch die zu geringe Abstimmung der Leistungsansprüche der einzelnen Fächer usw.[30] Die Vorteile wollten Eltern, aber auch viele Lehrer nicht sehen. Der Fachlehrer wurde an manchen Gymnasien ein Gegenstand des Schreckens.[31]

Als die Klagen allgemein lauter wurden, sah sich die Regierung veranlaßt, eine Umfrage an den Gymnasien durchzuführen, ob das Fachlehrer- oder das Klassenlehrersystem den Unterricht mehr fördere.[32] Die eher negativen Berichte lösten 1818, obgleich sich die Studienhofkommission hinter die Langsche Reform stellte, eine kaiserliche Entschließung[33] aus, daß hinfort der Klassenlehrer sowohl die Haupt- als auch die Nebenfächer zu unterrichten habe. Nur dem Religionslehrer wurde erlaubt, in allen Stufen Religion zu lehren. Der Klassenlehrer stieg mit seinen Schülern von der ersten bis zu vierten Grammatikalklasse auf, hierauf betreute sie der Lehrer der Humanitätsklassen in der fünften und sechsten Klasse, in einer Art Oberstufe.

Ob die Schüler ebenfalls das Fachlehrersystem als so unbrauchbar empfunden haben, muß dahingestellt werden. Franz Exner etwa, der das Akademische Gymnasium in Wien zu der Zeit besuchte, als die Langsche Reform galt,[34] hat nämlich in seinem berühmten „Organisationsentwurf“ von 1849 dem Fachlehrersystem zum endgültigen Durchbruch in Österreich verholfen.

Ohne Zweifel wurde durch diese Entschließung des Kaisers vom 28. August 1818, daß „der Unterricht an allen Gymnasien Meiner Staaten wieder durch Klassenlehrer ertheilet werde“,[35] die Aufwärtsentwicklung im Sekundarbereich nicht nur jäh abgebrochen,[36] sondern damit auch die Studienhofkommission zu einem neuen Anfang auf einer Ebene gezwungen, die man bereits seit längerem verlassen und endgültig überwunden geglaubt hatte.

15.3.2 Die Verlängerung der Studienzeit

Die zweite durch F. I. Lang herbeigeführte Änderung in der Organisation des Gymnasiums vollzog sich in Etappen. Das von Gratian Marx auf fünf Jahre verkürzte Gymnasium bekam grundsätzlich das abgekappte Jahr, dessen Fehlen die Absenkung des Leistungsniveaus der Schüler mitbedingt hatte, abermals zugeschlagen. Zunächst wurde dies freilich nur für die Gymnasien in jenen Städten angeordnet, die eine Universität oder ein Lyzeum beherbergten.[37] Ab 1807 bzw. 1808 umfaßte daher die höhere Schule in den Hauptstädten der Kronländer wiederum sechs Klassen. Die Einschränkung erwies sich wohl als notwendig, weil es sowohl an Lehrern als auch häufig an finanziellen Mitteln und räumlichen Voraussetzungen mangelte.

Bereits in seinem Bericht über das Jahr 1816 regte nun aber F. I. Lang an, alle Gymnasien gleichförmig einzurichten und damit Übertrittsschwierigkeiten aus dem

Weg zu räumen. Franz I. schloß sich seiner Argumentation an und gab 1818 die Weisung, daß an jenen Gymnasien, wo nur drei Grammatikalklassen bestünden, eine vierte „nach Thunlichkeit" errichtet werden müsse.[38] Damit war die Sechsstufigkeit der Gymnasien wieder allgemein und kam auch der ländlichen Bevölkerung zugute.
Übrigens wurden auch die Ferienregelungen vereinheitlicht und strenger gehandhabt. Die Hauptferien wurden – nach Befragung der Professoren – ab dem Schuljahr 1829/30 auf die Monate August und September verlegt (vorher 15. September bis Allerheiligen). Das Schuljahr schloß jetzt mit dem 7. August und begann mit dem 1. Oktober. Die Weihnachtsferien wurden 1822 auf den Christtag und das Stephanusfest reduziert, zusätzlich wurde nur noch der letzte Tag des Jahres freigegeben.[39] Außerdem waren die drei Faschingstage und die Karwoche vom Mittwoch an bis zum Dienstag nach dem Osterfest unterrichtsfrei. Täglich wurden nur vier Lehrstunden gegeben, zwei vor- und zwei nachmittags, in der Regel von 8 bis 10 Uhr und von 14 bis 16 Uhr. Am Donnerstag und – falls nicht ein Feiertag in die Woche fiel – auch am Dienstag nachmittag wurde kein Unterricht angesetzt. Es wurde aber ausdrücklich darauf hingewiesen, daß die Jugend „während der Ferienzeit durch aufgegebene Arbeiten beschäftigt werden" solle.[40]

15.3.3 Erweiterung und Neugewichtung des Lehrprogramms

Auch im Curriculum waren die erstrebten Veränderungen[41] bereits unmißverständlich angedeutet: Vermeidung jeder Einseitigkeit der Bildung, Verhinderung eines bloß oberflächlichen Wissens und Abkehr vom rein mechanischen Studieren. Latein wurde zurückgedrängt; sein Anteil an der Gesamtstundenzahl ging auf 50 Prozent zurück, und es mußte mit besonderer Rücksicht auf die deutsche Sprache gelehrt werden. Andere allgemeinbildende Fächer, wie Geographie, Geschichte, Naturlehre und Naturgeschichte, gewannen Raum zur selbständigen Entfaltung. Besondere Aufmerksamkeit widmete man auch dem Religionsunterricht, der hinfort wieder als selbständiger Gegenstand zu führen war.[42] Griechisch wurde für alle Schüler obligat. An den fünfklassigen Gymnasien waren gleichfalls alle Fächer zu lehren, doch konnten Kürzungen im Lehrstoff vorgenommen werden. Zum ersten Mal ließ sich nach dieser Reform sagen, daß das Gymnasium von der Lateinschule zu einer allgemeinbildenden Schule hinüberzuwechseln begann.
Doch ab 1819 – mit der Abkehr vom Fachlehrersystem – wurde der Lehrgegenstand Naturgeschichte und Naturlehre wieder gestrichen, die Stundenzahl in Geographie und Geschichte gekürzt und die gewonnene Zeit dem Lateinunterricht zugesprochen. In Mathematik wurde die Algebra aus den Grammatikalklassen (der Unterstufe des Gymnasiums) herausgenommen und in die Humanitätsklassen (Oberstufe) verlegt. Sie wurde in lateinischer Sprache vorgetragen, genauso wie die alte Geographie und die alte Geschichte in der zweiten Humanitätsklasse. Dieser 1819 erfolgte neuerliche Eingriff zugunsten des Lateins beweist augenscheinlich, wie schwierig ein Kurswechsel im Schulsystem zu vollziehen ist. Es müssen nicht nur die personellen und materiellen Voraussetzungen geschaffen – über tragfähige Ansätze war F. I. Lang damals nicht hinausgelangt –, sondern vor allem Verständnis für das Neue bei Lehrern und Eltern geweckt werden. Trotz aller Bemühungen der kleinen Schar der Reformer war dies nicht gelungen. Die neuerliche Umstellung dürfte jedoch das allgemeine Bewußtsein für schulische Vorgänge geschärft haben. Vergleiche machten nachdenklich und lösten kritische Überlegungen aus. Doch bis sie sich artikulierten, verging über ein Jahrzehnt.

Es war ein kaum mehr erwarteter Rückfall in den früheren Zustand. Der Lateinlehrer beherrschte von neuem die Schule. Sogar die wenigen Nebenfächer gestaltete man in den oberen Klassen zu Übungsfeldern des Lateinischen. Der Deutschunterricht, dem schon bisher keine Selbständigkeit zukam, blieb weiterhin in den Lehrplan des Lateins eingegliedert. In Rhetorik und Poetik wurden die Regeln der allgemeinen Stilistik sowie die prosaischen und poetischen Formen auch mit Beispielen aus der deutschen Sprache belegt; es wurde der Versuch unternommen, durch parallele Abwicklung der Lehrstoffe in beiden Sprachen Transferphänomene wirksam werden zu lassen. Dem Auftrag, daß in den „Gymnasien die deutsche wie die lateinische Sprache mit gleichem Eifer cultiviret werden soll", wurde freilich kaum nachgekommen.[43] Schon die Weisung, auf zwei lateinische Aufsätze einen deutschen folgen zu lassen, läßt ein Mißverhältnis erkennen, das in der Schulwirklichkeit eher verschlimmert wurde. Eine Entwicklung in der Richtung eines literarischen Unterrichts war zunächst nicht einmal in Ansätzen erkennbar. Aber das von Wilhelm Podlaha 1842 herausgegebene „Muster deutscher Redekünste mit besonderer Rücksicht auf neuere Literatur zur Bildung des Geschmacks und des Stils" hatte bereits modernen Zuschnitt und war den in Deutschland erschienenen Lesebüchern gleichwertig.[44]

15.4 Das Gymnasium zwischen Fortschritt und Stagnation

15.4.1 Der Ausbau der Schulaufsicht

Zu dem trotz mancher Rückschläge nachweisbaren Aufschwung des Gymnasialwesens trug ohne Zweifel bei, daß die einzelnen Schulen immer stärker kontrolliert wurden. Regelmäßige Inspektionen – in Niederösterreich über Anordnung des Kaisers ab 1806,[45] gesetzliche Pflicht des jeweils amtierenden Vizedirektors des Gymnasialwesens seit 1816 –[46] hatten die Schulwirklichkeit kritisch zu durchleuchten. Solche Visitationen waren von großer Gründlichkeit und erstreckten sich in der Regel über sechs Tage. Nichts blieb unbeachtet; von dem Bauzustand und der Einrichtung der Schule angefangen über die Amtsführung des Präfekten („das vorzüglichste Augenmerk des Directors muß auf den Präfecten gerichtet seyn, dem die nächste Aufsicht und Leitung des Gymnasii anvertrauet ist")[47] und den Unterricht der Professoren bis zu den Kenntnissen der Schüler wurde alles zu Protokoll genommen. Sogar die Exhorte des Religionslehrers beim sonntäglichen Gottesdienst wurde genau verfolgt. Die Prüfungen der Schüler wurden schriftlich (Klausurarbeiten unter Aufsicht eines mitgebrachten Aktuars) und mündlich vorgenommen. In einer abschließenden Konferenz wurden die Probleme der Schule erörtert, Leistungen gewürdigt sowie Mängel und Gebrechen aufgewiesen.
Aufgrund eines kaiserlichen Handschreibens vom 31. Juli 1814 hatten die Referenten für das Gymnasialwesen in der Studienhofkommission jährlich umfangreiche Berichte „über den Zustand der Gymnasien in sämmtlichen Provinzen" dem Kaiser vorzulegen. Diese Jahreshauptberichte, die aus den Visitationsprotokollen gespeist und eingehend in der Studienhofkommission erörtert wurden, beinhalteten die Veränderungen im Personalstand, die Schülerzahl, die Qualität des Unterrichts, die verdienstvollen Handlungen der Gymnasiallehrer, Belohnungen, Beförderungen, Gehaltszulagen, Ahndungen sowie Verordnungen und Anträge, um die Gymnasien „auf einen höheren Grad von Vollkommenheit" zu bringen.[48] Sie stellen daher eine Hauptquelle zur Geschichte des vormärzlichen Gymnasiums dar.[49] Sie beweisen anschaulich, wie

unermüdlich man an einer Verbesserung des höheren Schulwesens arbeitete, wie ausgewogen die Interessen von Eltern, Lehrern und Schülern behandelt wurden und welche hervorragenden Schulaufsichtsbeamten, Lehrer und Pädagogen damals wirkten.
Allerdings war der Entscheidungsfreiraum des Direktors und Vizedirektors der Gymnasien („Director des Gymnasial-Studii",[50] heute vergleichbar einem Landesschulinspektor) begrenzt. Sie hatten hauptsächlich auf die Einhaltung der Verordnungen und Vorschriften zu achten. Dadurch wurde schrittweise eine Heranführung an die von der Studienhofkommission festgelegten Normen erreicht. Manche der Anträge der Visitatoren wurden aber bedeutsam für die Weiterentwicklung der Gymnasien; sie können als Rückmeldung der Schulwirklichkeit verstanden werden, wurden bei Notwendigkeit ständig wiederholt und fanden unter Umständen die Beachtung des Kaisers. Die Modifikationen der organisatorischen Festlegungen von 1805 waren deshalb weitgehend von Erfahrungen in der Schulpraxis bestimmt; sie verließen dabei nur in bescheidenem Ausmaß die im Gesetz vorgegebenen Strukturen. Theoretische Überlegungen der Pädagogen kamen weniger zum Tragen. Aber insgesamt müssen Fortschritte im Sekundarbereich festgestellt werden. Neue Gedanken wurden formuliert, überdacht und in Diskussion und Versuch auf ihre Gewichtigkeit geprüft.

15.4.2 Ausbildung und Besoldung der Gymnasiallehrer

Es gab zwar noch immer keine für das Lehramt an Gymnasien genau festgelegten und auf die spätere Berufslaufbahn abgestimmten Studien, doch mit der möglichen Anstellung weltlicher Lehrer an den Gymnasien – 1803 wurde sogar einigen Kronländern gestattet, „in Ermanglung geistlicher Individuen" oder „wenn andere Rücksichten es räthlich machen",[51] weltliche Professoren zu Präfekten (Direktoren von Gymnasien) zu befördern – wurde ein Weg entdeckt, im Laufe der Zeit gewisse Anforderungen im Wissen und Verhalten bei den Lehrern durchzusetzen. Denn wie bei freien Lehrkanzeln an Universitäten wurden auch alle Lehrämter an öffentlichen Gymnasien in der Regel „im freien Concurs" (concurrere = gemeinsam nach einem Ziel laufen), also in einem Wettbewerb zwischen mehreren Konkurrenten, vergeben;[52] Ausnahmen fanden nur bei jenen Lehrstellen statt, deren Besetzung einem Stift, Bischof oder Kloster oblag.
Obgleich man mit den Voraussetzungen bei diesen Konkursprüfungen (eine Art Lehramtsprüfung mit Anforderungen, die etwa heute an einen Maturanten gestellt werden) oft sehr weit herabstieg, meldeten sich dazu bloß vereinzelt Bewerber, denn das Lehramt wurde damals nur von ganz wenigen als Lebensberuf aufgefaßt.[53] Meist fanden sich nur junge Männer ein, die sich auf diese Weise die Mittel verschaffen wollten, um einen Doktorgrad zu erwerben, und die daher nur so lange im Schuldienst blieben, bis sich ihnen eine bessere Position mit höherem Einkommen bot.[54] Es verwundert kaum, wenn solche „Lehrer" häufig pädagogische Fähigkeiten vermissen ließen und den Unterricht nur als Last ansahen.
Aber auch die von den Orden geführten öffentlichen Gymnasien auf heute österreichischem Boden[55] hatten Schwierigkeiten, die Lehrstellen mit geeigneten Priestern zu besetzen. Deren Bezahlung hinkte überdies, wovon noch die Rede sein wird, beträchtlich hinter der der weltlichen Lehrer nach, auch hatten sie in der Regel keinen Anspruch auf eine Pension.[56] Der Lehrermangel war daher in den ersten Jahrzehnten nach Josephs II. Tod sehr groß. Tüchtige Kräfte verließen des öfteren die Schule, die Lehrer auf Zeit unterrichteten mit halbem Einsatz. Dieser Zustand wirkte sich katastrophal aus, als das Langsche Fachlehrersystem eingeführt wurde. Denn dieses

forderte, sollte es echt wirksam werden, wissenschaftlich vorgebildete und pädagogisch geschulte Lehrkräfte.
Daher setzten bereits 1807 ernsthafte Bemühungen ein, diesen die künftige Entwicklung gefährdenden Notstand zu beseitigen. Gutachten und Vorschläge wurden über kaiserlichen Auftrag eingeholt. Eine Palette verschiedenartiger Ratschläge stand dann zur Diskussion: Man soll in der Gesellschaft die Achtung vor der Bildung wieder wecken, „untaugliche oder nicht in steter Fortbildung begriffene Lehrer" aus dem Amt entlassen, die Studenten, die sich für das Lehramt vorbereiten, an der Universität unterstützen, für den Gymnasiallehrer Aufstiegsmöglichkeiten schaffen und ihn mit dem landesfürstlichen Beamten gleichstellen, vor allem aber sein Gehalt erhöhen.[57] Letzteres wurde sogleich durchgeführt.
Zum Konkurs zugelassen wurden nur österreichische Staatsbürger unter vierzig Jahren mit tadelsfreier Moral und gutem mündlichen Vortrag (ausgeschlossen waren allerdings Juden). Die Bewerber mußten den erfolgreichen Besuch eines Gymnasiums und der philosophischen Studien nachweisen; für Lehrer in den Humanitätsklassen wurden auch Zeugnisse über das Studium der Universalgeschichte und der österreichischen Staatengeschichte, der klassischen Literatur, der griechischen Philologie und der Ästhetik gefordert. Die Prüfungsanforderungen wurden klar umrissen.[58]
Ein Hofkanzleidekret ordnete an, daß jeder, der eine Anstellung an einem Gymnasium wünsche, sich über das Studium der Pädagogik ausweisen müsse („da endlich eine zweckmäßige Schul-Disciplin nur von den allgemeinen Grundsätzen der Erziehungskunde abgeleitet, und darauf gegründet werden kann ..."[59]). 1809 sollte sogar in Wien ein einsemestriger Unterricht für angehende Privatlehrer in den Gymnasialfächern eingeführt werden, der die Teilnehmer – nach Prüfung ihrer theoretischen Kenntnisse – vor allem methodisch-didaktisch schulen wollte. Doch der damit betraute Präfekt des Akademischen Gymnasiums zu Wien, der Piarist Dr. Franz Schönberger, fand dafür keine Hörer.[60]
Ab 1811 ermöglichte es hierauf eine Verordnung, „Gymnasial-Adjuncten" für die einzelnen Studienfächer auf zwei Jahre zu bestellen, zu besolden und während dieser Zeit für das Lehrfach auszubilden.[61] Sie hatten an den Unterrichtsstunden der Professoren teilzunehmen, Vorbereitungen für ihr Fach auszuarbeiten und gelegentlich zu supplieren.[62]
Bei den Lehrern aus dem Ordensstand blieb es zunächst weiterhin üblich, daß sie von ihren Oberen für das Lehramt vorgeschlagen wurden und diese auch für ihre fachlichen und pädagogischen Fähigkeiten bürgten. Da und dort gab es trotzdem Mißstände und dadurch ausgelöste Eingriffe des Staates. Eine erste Einschränkung dieses Privilegs erfolgte 1816. Eine Verordnung räumte den Landesregierungen die Möglichkeit ein, falls ihnen die Lehrfähigkeit der vorgeschlagenen Ordensmitglieder „unbekannt und zweifelhaft" sei, eine Überprüfung durchzuführen, ja sogar die Entfernung derer, die den Erwartungen nicht entsprachen, zu fordern.[63] Eine a.h. Entschließung vom 28. August 1818 verpflichtete dann grundsätzlich auch die Ordensmitglieder, sich vor Antritt eines Lehramtes einer konkursartigen Prüfung zu unterziehen,[64] wogegen sich – verständlicherweise – verschiedentlich Widerstand erhob.[65] Doch die Studienhofkommission wich von ihrer Linie nicht ab, paßte die Prüfungsvorschriften laufend den veränderten Verhältnissen an (1821, 1825, 1827, 1828, 1832, 1837) und setzte sie erst 1848 aus.[66]
Die konkursartigen Prüfungen für die Ordenslehrer, die zusätzlich den Besuch der theologischen Studien nachzuweisen hatten, sonst aber sich den gleichen Anforderungen wie die weltlichen Lehrer stellen mußten, führten nur zu einer Eignungserklärung, nicht jedoch zu einem definitiven Anstellungsdekret.

Wenn auch durch die weltlichen Lehrer die Vorrangstellung der Orden im höheren Schulwesen gewisse Abstriche erfuhr, blieben für den Staat die Stärkung der verschiedenen Glaubensrichtungen, besonders der katholischen, und die Vertiefung der Religiosität wichtige Anliegen. So konnten an katholischen Gymnasien nur Katholiken Lehrer werden;[67] 1820 wurde überdies angeordnet, daß „bey Vorschlägen zur Anstellung und Beförderung der öffentlichen Lehrer und Professoren nicht bloß auf Wissen und Kenntniß, sondern auch auf die Denkart, Sittlichkeit und Religiosität zu sehen und dieß im Vorschlag zu erwähnen sei".[68] Auch die Religionslehrer mußten sich einer Prüfung beim bischöflichen Ordinariat unterziehen, waren diesem unterstellt und wurden durch eigene Kommissäre überwacht.[69]
Während der geistliche Lehrer freilich nur in ganz seltenen Fällen ohne Unterbrechung ein Leben lang im Schuldienst verblieb, wurde jetzt für die weltlichen Gymnasiallehrer das Unterrichten ein Vollberuf. Daß sich aus ihnen einmal ein eigener, selbstbewußter Berufsstand entwickeln konnte, dafür wurden bereits früh gewisse Ansätze geschaffen. Seit 1796 durften die Gymnasiallehrer wieder den ihnen 1791 entzogenen Professorentitel führen;[70] 1814 wurde ihnen vom Kaiser trotz starker Einwendungen seiner Berater auch das Recht verliehen, die Beamtenuniform zu tragen.[71] Ab 1826 wurde bereits nach dreijähriger Unterrichtstätigkeit ihr Dienstverhältnis definitiv;[72] die Gymnasiallehrer konnten nach dreißig Schuljahren mit vollen Bezügen in den Ruhestand treten.[73]
Neben der damit gebotenen größeren Berufssicherheit trat vor allem für die weltlichen Lehrkräfte auch eine Besserstellung ihrer materiellen Bezüge ein. Die Besoldung, die aus öffentlichen Fonds gespeist wurde, war freilich unterschiedlich. Sie hing vom Dienstort ab. Während im Jahre 1806 z. B. die geistlichen Grammatiklehrer in den niederösterreichischen Landstädten 300 fl., am Schottengymnasium und am Josefstädter Gymnasium 400 fl. und am Akademischen Gymnasium 500 fl. erhielten, die Professoren in den Humanitätsklassen um 100 fl. mehr bezogen, dem Präfekten eine Funktionszulage von 100 fl. zustand, lag das Einkommen weltlicher Lehrer von vornherein bei 700 bzw. 800 fl. In den Inflationsjahren zur Zeit der Napoleonischen Kriege gewährte man den Gymnasiallehrern Personalzulagen. Seit dem Jahre 1819 bewilligte ihnen der Staat nach jedem 10. Dienstjahr eine Gehaltsaufbesserung um ein Drittel (ab 1831 um 105 fl.).[74] Die Remunerationen, hauptsächlich für Ordensgeistliche gedacht, flossen hingegen recht spärlich. In den dreißiger Jahren bezogen die Grammatiklehrer und Katecheten 500–700 fl., die Humanitätslehrer 600–800 fl. und die Präfekten 800–900 fl. C. M.[75] Die Lehrkräfte konnten ihre ökonomischen Verhältnisse auch durch Erteilung von sogenannten „Nachstunden"[76] (zusätzlicher Unterricht für höchstens zehn Schüler, dem heutigen Förderunterricht vergleichbar) und durch schriftstellerische Tätigkeit aufbessern. Damit waren wichtige Voraussetzungen für die Professionalisierung des Lehrberufs im Sekundarbereich geschaffen.
Das zielstrebige Vorgehen der Studienhofkommission, ablesbar an den Jahreshauptberichten, hatte zur Folge, daß nicht nur der Mangel an Gymnasiallehrern behoben, sondern vor allem deren Ausbildungsgrad und Eignung für den Schuldienst in immer stärkerem Maße berücksichtigt werden konnte. Wir finden nunmehr in den amtlichen Berichten etwa Bemerkungen, daß alle Professoren „ihrem Berufe vollkommen gewachsen" und „von der Wichtigkeit ihres Berufes innigst durchdrungen" sind, einträchtig zusammenwirken und sich „mit dem größten Eifer ihren Berufspflichten" widmen.[77] Die ständige Kontrolle ihrer Tätigkeit machte es möglich, Lehrer durch Lob, Beförderung oder Gehaltserhöhung anzueifern bzw. deren Versagen zu ahnden. Pädagogische Erfolge und schöpferische Leistungen wurden gewürdigt.
Außerdem wurden notwendige Voraussetzungen für die Fortbildung der Lehrer geschaffen. 1816 genehmigte der Kaiser einen Antrag des Referenten für Gymnasialangelegenheiten in der Studienhofkommission, F. I. Lang, und bewilligte die Mittel

dafür, an jedem Gymnasium eine Bibliothek einzurichten, sofern nicht in der Schulstadt oder im Kloster bereits eine solche vorhanden war.[78] Ein „Verzeichniß vorzüglich brauchbarer Bücher für Gymnasien“[79] gab allerdings, die Auswahl einschränkend, an, welche Bücher zur weiteren Ausbildung eines jeden Lehrers in seinem Lehrfache als unentbehrlich anzusehen waren. Deren Ankauf trug zu einer gewissen Gleichförmigkeit der Fortbildung – mit all ihren Vor- und Nachteilen – bei, hob aber sicherlich das Niveau des Unterrichts. Die Sorge um den Ausbau der Gymnasialbibliotheken (die Geldmittel waren begrenzt gegeben worden) äußerte sich wiederholt in den amtlichen Berichten, gleichfalls die Freude darüber, daß sie benutzt wurden und die Professoren immer häufiger mit eigenen literarischen Leistungen auftraten.
Die Lehrer an den Gymnasien gewannen ohne Zweifel im Vormärz an Ansehen und Selbstbewußtsein; die besten Köpfe unter ihnen fanden den Weg zu den Lehrstühlen der Universitäten. Sie waren die Lehrer und häufig auch die Mitstreiter der 1848 revolutionierenden Jugend.

15.4.3 Steuerung der Frequenz der Gymnasien und soziale Herkunft der Schüler

Durch die Vermehrung der Gymnasien und die Verlängerung der Studienzeit war die Zahl der Schüler, die eine höhere Bildung anstrebten, wieder angestiegen. Durch verschiedene Maßnahmen wurde aber versucht, eine zu starke Zunahme gesetzlich zu verhindern. Grundsätzlich war ja im „Gymnasialkodex“ festgelegt worden, daß „jedem Jünglinge ohne Ausnahme ... der Gebrauch der Gymnasial-Anstalt frey“ stehe.[80] Nur gute Geistesanlagen, ausdauernder Fleiß und untadelhafte Sitten galten als Voraussetzung; doch wurde wenig diskret auf die Notwendigkeit eines bescheidenen Vermögens – das „Studieren fordert einen unvermeidlichen Kostenaufwand“ – hingewiesen,[81] nur außerordentliche Begabungen hatten Stipendien zu erwarten.
Schon bei der Aufnahme eines Schülers – sicherlich eine Barriere, die den Zufluß steuern konnte – suchte man nach geeigneten Verordnungen, um die Auswahl der Knaben – Mädchen waren nicht zugelassen – nach einheitlichen, verläßlichen Kriterien zu sichern. Die Aufnahmsprüfung hatte man nämlich im Jahre 1804 aufgelassen. Der Übertritt war nach dem erfolgreichen Besuch der 3. Klasse Hauptschule möglich. Da 1805 der bisher darin gegebene Vorbereitungsunterricht für das Gymnasium in Latein aufgegeben worden war, wurde nur noch die gute Kenntnis der deutschen Sprache verlangt.[82] Das war wohl eine gewisse Erleichterung; doch ab 1826 machte man die Aufnahme wieder von einer „genauern Vorprüfung“ abhängig.[83]
Bezüglich des Eintrittsalters begnügte man sich zeitweise mit dem vollendeten 9. Lebensjahr, bei Andrang setzte man das Aufnahmealter auf 10 Jahre hinauf. Die obere Grenze wurde mit 15, später mit 14 Lebensjahren festgelegt.[84]
Um eine *explosion scolaire,* wie wir heute sagen würden, zu vermeiden, führte man außerdem einen Numerus clausus ein. Die Schülerhöchstzahl wurde im Jahre 1826 für jede Grammatikalklasse mit 80 festgelegt. Die besseren Noten und die Fähigkeiten des Schülers entschieden darüber, ob er einen Platz in der Klasse erhielt. Für die nicht aufgenommenen Schüler konnten sogenannte „Nebenklassen“ (nicht für Humanitätsklassen) eingerichtet werden, die parallel zu den Grammatikalklassen geführt wurden und in denen die Schüler wegen ihrer geringeren Fähigkeit täglich eine Stunde länger Unterricht erteilt bekamen. Obgleich die „Nebenklassen“ ebenfalls unter der Aufsicht des Gymnasialpräfekten standen und von einem geprüften Lehrer (Supplenten) unterrichtet wurden, galten die Schüler als Privatstudierende und mußten für die Besoldung des Lehrers und den Sachaufwand (Einrichtung, Beheizung u. ä.) aufkommen.[85]

Das von Joseph II. eingeführte Schulgeld („Unterrichtsgeld") hemmte ebenfalls weiterhin den Besuch der Gymnasien. Es mußte zunächst nur in Wien bezahlt werden und wurde erst ab 1826 auch an den Provinzgymnasien eingehoben. Davon konnten nur mittellose Schüler befreit werden, deren Schulleistungen und Verhalten sehr gut waren. Auch durch die Gewährung bzw. Nichtgewährung von Stipendien griff man regelnd in das Schulwesen ein.[86]

Die Klassifikation war ein besonders wirksames Hilfsmittel, einen zu starken Zustrom von Schülern einzudämmen. Die Lehrer wurden deshalb auch wiederholt angewiesen, streng nach den Vorschriften vorzugehen und bei der Beurteilung der Leistungen der Schüler nicht zu nachsichtig zu sein. Die Folge davon war eine ziemlich einschneidende Auslese der Schüler. Am Gymnasium in Graz, um dies an einem Beispiel zu erläutern, absolvierten von 100 in die erste Klasse eingetretenen Schülern in zehnjährigem Durchschnitt bloß zwischen 33,5 Prozent und 43,5 Prozent die Anstalt. In einzelnen Jahrgängen erreichten noch viel weniger ihr Ziel, im starken Jahrgang 1819 etwa von 91 Schülern nur 19 oder im Jahrgang 1821 von 152 nur 29 usw.[87] Trotzdem wäre es falsch, von einem besonders harten Vorgehen der Lehrer dieser Zeit zu sprechen. Darauf weisen schon die erwähnten Erlässe hin, die ja nicht notwendig gewesen wären, hätten die Lehrer von vornherein pädagogisches Wohlwollen vermissen lassen.[88] Dies bezeugen gleichfalls die von den Lehrern tatsächlich gegebenen Noten.[89] Sie fanden nämlich mit den ihnen vorgeschriebenen drei Fortgangsklassen (1. Klasse für die besten, 2. Klasse für die mittelmäßigen und 3. Klasse für die untüchtigen Schüler) nicht das Auslangen; durch Zusätze schufen sie Zwischennoten. Diese wurden zwar wiederholt verboten, waren aber nicht auszurotten. Denn die Lehrer wollten trotz gegenteiliger Verordnungen vor allem die 1. Klasse geben; sie überwog tatsächlich in den Zeugnissen. Um dies möglich zu machen, spalteten sie die 1. Klasse durch Wortbeifügungen in drei Beurteilungsstufen auf.[90]

Eine unbillige Härte räumte allerdings der Staat aus dem Wege, freilich in der Absicht, dadurch eine Senkung der Schülerzahlen zu erreichen. 1808 wurde angeordnet, daß die Beurteilung Drei nicht unbedingt zum Wiederholen der Klasse zwinge. Ein Schüler durfte trotz eines Dreiers – wir würden heute sagen: eines Nichtgenügend – in einen höheren Jahrgang aufsteigen, wenn er in allen anderen Fächern, namentlich in Religion und Latein, die 1. Fortgangsklasse erhalten hatte.[91]

Das Wiederholen einer Klasse war nur einmal gestattet. Sittenlosigkeit oder eine bedenkliche politische Gesinnung führten zum sofortigen Ausschluß eines Schülers.[92]

Die Klassenkataloge wurden jährlich gedruckt, sodaß jedermann den Studienerfolg der einzelnen Schüler in den verschiedenen Fächern ablesen konnte. Dies muß deswegen als überraschend und seltsam hingestellt werden, weil man damals, wie es das 19. Jahrhundert empfand, wohl „mit peinlichster Sorge der öffentlichen Meinung Auge und Mund zu verbinden beflissen war",[93] die Klassifikationsergebnisse hingegen als gedruckten Rechenschaftsbericht der Öffentlichkeit vorlegte und zum Gegenstand der Neugierde machte.

Alle diese Maßnahmen erreichten, wie die vorhandenen Unterlagen beweisen, daß die Frequenz der Gymnasien nach 1815 nur geringen Schwankungen unterworfen war und jede Eskalation schon im Keime verhindert wurde.[94]

Als z. B. in der ersten Hälfte der zwanziger Jahre des 19. Jahrhunderts der Schülerstrom stark anschwoll, dachte man sogar an die Auflösung aller nach 1803 eröffneten Gymnasien (wie Seitenstetten, Melk),[95] begnügte sich aber dann mit einer konzertierten Aktion der möglichen Eingriffe. So wurde, wie schon erwähnt, im Jahre 1826 die Aufnahmsprüfung wieder eingeführt und auch an den Landgymnasien Schulgeld eingehoben. In den nächsten Jahren sanken die Schülerzahlen in Wien im Durchschnitt um 22 Prozent, im heutigen Niederösterreich um 33 Prozent.[96]

In den dreißiger Jahren begann die Zahl der Gymnasiasten wieder etwas zu steigen. Die wachsende Bevölkerung, der zunehmende Wohlstand sowie auch der bildungsfreundlicher werdende Zeitgeist dürften die Hauptursache dafür gewesen sein. Propst Jakob Ruttenstock, der zuständige Referent in der Studienhofkommission, meinte, daß „sich auch bei Künsten und Handwerken ein übergroßer Andrang von Lehrlingen einstelle, jede Bahn des Lebens und des Erwerbs überfüllt sei, und wegen Mangel anderweitigen Fortkommens mitunter Zuflucht zum Studieren genommen werde".[97] Er verhehlte dabei nicht seine Befürchtungen, „denn man sieht nicht ab, wie später ein solches Heer von Studierenden zur Versorgung gelangen könne".[98] Deren Zuwachs hielt sich aber auf dem Gebiet des heutigen Österreichs in Grenzen.
Noch etwas bedarf hier einer Erwähnung. Da in den Katalogen die *Conditio Parentum* („Stand der Ältern") zu verzeichnen war, läßt sich die soziale Herkunft der Schüler eindeutig nachweisen. Die statistische Erfassung der gesellschaftlichen Schichtung der Eltern widerspricht weitverbreiteten Vorurteilen. Sowohl eine Erhebung der vom Gymnasium in die Philosophische Lehranstalt in Krems übertretenden Studenten zwischen 1815 und 1822[99] wie auch eine Auswertung von Klassenkatalogen der Wiener und niederösterreichischen Gymnasien im Schuljahr 1833/34 bzw. 1840/41[100] beweisen, daß alle Bevölkerungskreise Zugang zu den Gymnasien hatten. An den Wiener Gymnasien überwogen die Kinder von Beamten und Angestellten (54,1 Prozent), gefolgt von denen der Handwerker und Gewerbetreibenden (30,6 Prozent). Die Söhne von Akademikern (Ärzte, Juristen) machten 6,1 Prozent der Gesamtschülerzahl aus. Mit diesem Prozentsatz waren sie auch an den niederösterreichischen Gymnasien vertreten. Sonst stellten allerdings hier die Handwerker und Gewerbetreibenden die meisten Studierenden (44,6 Prozent), die Beamten und Angestellten rückten an die zweite Stelle (35,0 Prozent). Auch der Bauernstand schickte eine erhebliche Zahl seiner Söhne in die Gymnasien (10,4 Prozent der Gesamtschülerzahl).[101] Besonders in rein ländlichen Gebieten war sein Anteil hoch; das hing wohl damit zusammen, daß häufig in kinderreichen Bauernfamilien ein Sohn für den geistlichen Stand bestimmt wurde.

15.5 Neue Ansätze zu einer Reform des Gymnasiums

In den dreißiger Jahren des 19. Jahrhunderts zeichnen die Jahreshauptberichte durchwegs noch ein günstiges Bild der österreichischen Gymnasien.[102] Die Formulierungen sind allerdings glatt und verdecken eher die Mängel, statt sie deutlich zu kennzeichnen. Doch immer mehr wird der Eindruck eines Stillstandes in der Schulentwicklung erweckt. Das dürfte auf das Ausscheiden des Reformers für das Gymnasialwesen in der Studienhofkommission, Franz Innozenz Lang, einer initiativen und Neuerungen aufgeschlossenen Persönlichkeit, aus dem aktiven Dienst und die Scheu seines Nachfolgers, des Propstes des Chorherrenstiftes Klosterneuburg, Jakob Ruttenstock, den erkannten Mängeln mit neuen Anordnungen sofort zu begegnen, zurückzuführen sein.
Als sich damals die Öffentlichkeit wieder stärker für das Schulwesen zu interessieren begann,[103] Mißstände gerügt und Anregungen zu Reformen gegeben wurden, forderte die Studienhofkommission über kaiserlichen Auftrag von den Landesregierungen sowie von geeigneten Persönlichkeiten Vorschläge an, wie die gegenwärtige „Gymnasialeinrichtung" verbessert werden könnte.[104] Die Antworten liefen zwar schon bis Herbst 1839 ein und erbrachten eine widerspruchsvolle Sammlung von kritischen Feststellungen, Fragen und Anregungen. Die Studienhofkommission beschränkte sich

auf deren Aneinanderreihung und erstattete dem Kaiser erst im Februar 1841 ihren umfangreichen Bericht.[105] In diesen arbeitete sie auch einige zukunftsweisende Verbesserungsvorschläge des Prälaten des Chorherrenstiftes St. Florian und Gymnasialdirektors von Oberösterreich, Michael Arneth, ein.[106] Dieser wünschte die Achtklassigkeit der höheren Schule; die für alle Fakultäten vorbereitenden philosophischen Studien sollten daher mit den beiden Humanitätsklassen zu einem vierklassigen „Lyzeum" (Obergymnasium) vereinigt und das Gymnasium selbst (Untergymnasium, vier Grammatikalklassen) mit einer Vorbereitungsklasse verbunden werden. Griechisch konnte abgewählt werden, wenn man nicht die Oberstufe („Lyzeum") besuchen wollte. Erst eine erfolgreiche Prüfung aus Latein, Griechisch, Arithmetik und Algebra ermöglichte den Übertritt in die Oberstufe, deren Beendigung ebenfalls mit einer Prüfung abschloß. Für die Ausbildung der Lehrer an den Lyzealklassen schlug M. Arneth die Errichtung eines philologischen Seminars an jeder Universität vor.
Auch mit einem 1840 dem Kaiser vorgelegten anonymen Plan „Bemerkungen über die Einrichtung der Gymnasialstudien in den österreichischen Staaten" setzte sich die Studienhofkommission auseinander.[107] Er enthielt eine Reihe von brauchbaren Anregungen und sprach sich so wie andere Gutachten für die Aufnahme von realistischen Lehrfächern aus.
Der „Allerunterthänigste Vortrag der treu gehorsamsten Studien-Hofkommission mit den Anträgen sämtlicher Länderstellen zur Verbesserung des Gymnasial Studien Planes" vom 27. Februar 1841 unterbreitete nun den Vorschlag, eine kleine Kommission einzusetzen und sie folgende wichtige Vorfragen beantworten zu lassen:[108] „Welches ist überhaupt der Zweck des Gymnasialstudiums? Entspricht der gegenwärtig bestehende Gymnasial Lehrplan? Welche Lücken und Gebrechen hat er? Liegt der Grund davon in der Wahl und Eintheilung, oder in der Behandlung der Lehrgegenstände? Auf welche Hauptpunkte kommt es überhaupt bey einer Revision und Verbesserung des Studienplanes an?" Weitere dreizehn Fragen bezogen sich auf den „Lehrstoff oder Lehrgegenstände, deren Umfang, Einrichtung und Behandlungsart". Schon wurde überlegt, ob überhaupt zwischen Haupt- und Nebengegenständen zu unterscheiden sei, Geschichte nicht besser „in chronologischer und synchronistischer Ordnung" – statt wie bisher nach Staaten – unterrichtet und ob nicht die Naturlehre, die „phisikalische und mathematische Geographie und Geometrie", in das Unterrichtsprogramm aufgenommen werden solle. Bezüglich der Lehrbücher waren neun konkrete Fragestellungen zu beantworten, wobei besonders auf deren sprachlichen Ausdruck, auf die Einteilung des Lehrstoffes und dessen Umfang zu achten war. Abschließend wurden neun Probleme zur Diskussion gestellt; einige von ihnen, wie z. B. ob das Gymnasium sechsjährig bleiben oder auf fünf Jahre verkürzt werden sollte und ob ein Fach- oder Klassenlehrer zweckmäßiger im Unterricht eingesetzt werde, waren seit mehr als einem halben Jahrhundert theoretisch erörtert und aufgrund von Lösungsvorschlägen zeitweise auch praktisch durchgeführt worden. Auch „um für die Zukunft gute Gymnasiallehrer heranzubilden", war schon lang nach geeigneten Wegen gesucht worden.[109]
In der Folge wurde ein „Comité zur Entwerfung der Verbesserungs-Vorschläge" eingesetzt.[110] In ihm führte zunächst Jakob Ruttenstock, nach dessen Erkrankung (1841) der pädagogisch bedeutsame Benediktiner des Stiftes Raigern (heute Rajhrad, Tschechoslowakei) in Mähren, Dr. Benedict Richter, den Vorsitz. Durch ihn kam die deutsche Schulentwicklung stark ins Gespräch.[111] Die Überlegungen dieser Gruppe hatten das Bildungswesen als Ganzes im Auge. Das zeigte sich schon daran, daß der Referent für das Volksschulwesen und der Referent für die philosophischen Studien als ständige Mitglieder im Komitee saßen. Als Ziel des Gymnasiums wurde erklärt, daß „durch eine allseitige und harmonische Entwicklung aller Seelenkräfte des Zöglings der

unmittelbare Grund zu den Facultätsstudien mit Berücksichtigung des practischen Lebens gelegt werde".[112] Der Entwurf, den das „Comité" der Studienhofkommission vorlegte[113] und der hier nicht in allen Einzelheiten besprochen werden kann, sah unter anderem ein dreijähriges Unter- und ein dreijähriges Obergymnasium vor, gliederte die deutsche Sprache,[114] Geometrie, Naturgeschichte und Physik in den Pflichtlehrplan ein und forderte die Abfassung aller Lehrbücher in deutscher Sprache. Mathematik und die Naturwissenschaften sollten von Fachlehrern unterrichtet werden. Die Studienhofkommission machte zwar einige Abstriche,[115] ohne aber an die Grundstruktur des Entwurfs zu rühren. Der Kaiser lehnte ihn 1844, also erst zwei Jahre später, weitgehend ab, wünschte jedoch die Fortsetzung der Beratungen.[116] Die Reformfrage blieb virulent. Im nächsten Jahr wurde von der Studienhofkommission eine Reihe von Expertisen eingeholt; unter den befragten Universitätsprofessoren befand sich der später für die Entwicklung des Bildungswesens so bedeutsame Dr. Franz Exner (Prag). Das 1841 eingesetzte Komitee nahm wieder seine Arbeit auf. Schließlich lagen drei diskutable Entwürfe vor.[117] Die Studienhofkommission sprach sich 1845 in ihrer Mehrheit vor allem für die Wiedereinführung des Fachlehrersystems aus, aber der Kaiser entschied erst am 30. Oktober 1847, daß es beim gegenwärtigen Zustand „im Allgemeinen zu bleiben" habe.[118] Der einzige zögernde Schritt nach vorwärts war, daß in einem Gymnasium in Wien ein für sechs Jahre anberaumter Schulversuch durchgeführt werden durfte.[119]

Dazu sollte es aber gar nicht kommen. Die 1848 ausbrechende Revolution schob den Plan beiseite und machte den Weg für eine Entwicklung frei, mit deren Grundgedanken man sich schon seit langem auseinandergesetzt hatte. Denn wenn auch zunächst das Resultat langwieriger Verhandlungen, von pädagogischem Verantwortungsbewußtsein getragenen Auseinandersetzungen, von zahlreichen Vorschlägen, Gutachten und Eingaben unbedeutend schien, wurde es nicht zu einem rasch verstaubenden Aktenbündel. Die sich darin äußernde Reformgesinnung war nämlich ziemlich rasch über den engen Kreis der damit befaßten Schulfachleute hinausgedrungen und hatte durch Zeitschriften ein größeres Publikum erreicht.[120] Die Sensibilisierung der Öffentlichkeit für Bildungsfragen im Sekundarbereich nahm aus diesem Grund stark zu. Eine Erneuerung des Gymnasiums wurde allgemein bejaht; über seine organisatorische Gestaltung und sein Lehrprogramm gab es freilich noch tiefgreifende Meinungsunterschiede. Die der Tradition Verpflichteten, den Blick noch auf das Jesuitengymnasium gerichtet, lagen mit den Reformern, die ihre wesentlichen Auffassungen aus der Schulerfahrung der Piaristen gewannen, verdeckt oder gar offen in Widerstreit. Es war allerdings für die Fortentwicklung des Schulwesens dabei nicht einmal so entscheidend, welche der beiden Parteien in diesen Jahren gerade eine Nasenlänge voranlag. Wichtig war nur, daß neue Gedanken gleich Zündschnüren abbrannten und im pädagogischen Gespräch immer wieder aufleuchteten. Auf diese Weise wurde der Boden für die Veränderungen von 1848/49 bereitet.

Unter der seit dem Regierungsantritt Ferdinands I. (1835) immer mehr erstarrenden führungsschwachen Spitze der Monarchie, dem regierungsunfähigen Herrscher und der zerstrittenen „Staatskonferenz", war die ganze Zeit über viel Bewegung gewesen, Impulse wurde gegeben, erste Schritte zur Realisation versucht. Der rasche und gleichsam selbstverständliche Durchbruch neuer Vorstellungen von Unterricht und Erziehung im Revolutionsjahr war die Folge dieser jahrzehntelangen, auf die Schulwirklichkeit abgestimmten Diskussionen und Experimente. Daß das Ergebnis, die Neuordnung von 1849, über ein Jahrhundert für das Gymnasium bestimmend blieb, müßte uns dazu veranlassen, die Vorbereitungsphase darauf, die Epoche zwischen 1792 und 1848, nicht als unfruchtbar und unbedeutend für die Bildungsgeschichte Österreichs abzustempeln.

16 Der Ausbau des berufsbildenden Schulwesens

16.1 Der Plan der Studien-Revisions-Hofkommission

Bereits im 18. Jahrhundert war es allgemein klar geworden, daß ein enger Zusammenhang zwischem dem Wachstum der Wirtschaft und der technischen Innovation bestand. Die An- oder Abwerbung fachkundiger Arbeitskräfte im Ausland war damals ein gängiger Weg geworden, um neue Produktionstechniken auf österreichischen Boden zu verpflanzen.[1] Doch die am Beginn des 19. Jahrhunderts sich gegenüber dem Verlagssystem der Manufakturen durchsetzende moderne Fabrik bedurfte in erhöhtem Ausmaß vieler Menschen, die über technologisches Verständnis und (oder) kaufmännisches Denken verfügten. Bloße Berufserfahrung genügte in der Regel nicht mehr. Nur ein auf diese Bildungsziele abgestimmtes Schulwesen konnte die Voraussetzung für eine weitgehende Mechanisierung der Arbeitsprozesse und eine durchgängige Industrialisierung schaffen. Ansätze dafür bestanden bereits im 18. Jahrhundert.[2]

Die 1795 eingesetzte Studien-Revisions-Hofkommission war sich dieser Notwendigkeit umso mehr bewußt, weil ihr Vorsitzender, Franz Heinrich Graf Rottenhan, selbst Fabriken besaß und eine qualitative und quantitative Hebung der technischen und kommerziellen Ausbildung für überaus wichtig hielt. Er wollte dafür Einrichtungen schaffen, die den Gymnasien gleichwertig waren, „Lyceen für den höheren Bürgerstand";[3] sie sollten nur in Städten mit Universitäten eingerichtet werden und mit diesen eng zusammenarbeiten. Franz Joseph Gerstner (1756–1832), seit 1789 Professor für Mathematik an der Universität Prag, wurde damit betraut, für solche „Höhere Bürgerschulen" oder „Realschulen"[4] einen Lehrplan auszuarbeiten.[5]

Der neue Schultyp, der schließlich vorgeschlagen wurde,[6] sollte vier Klassen umfassen und war für Schüler zwischen 12 und 16 Jahren bestimmt, die bereits die 4. Klasse der Hauptschule erfolgreich absolviert hatten. Der Lehrplan legte das Schwergewicht auf die mathematisch-naturwissenschaftlichen Fächer und sah außerdem die Vermittlung ausreichender Kenntnisse aus Maschinenlehre, Zivilbaukunst, Rechtslehre und Zeichnen vor. Doch auch Glaubens- und Sittenlehre, Sprachlehre, Geschichte und Geographie sollten gelehrt werden. Sogar Unterricht in Latein, Französisch, Englisch oder Italienisch konnte nach freier Wahl belegt werden. Nach den beiden unteren Klassen mußte sich der Besucher dieses Schultyps für eine „Berufsabtheilung" entscheiden. Zusätzlich zum allgemeinen Lehrprogramm war entweder ein technischer (einjährig), ein kommerzieller (zweijährig) oder ein ökonomischer Kurs (Landwirtschaft, zweijährig) zu besuchen.[7]

Wenn auch 1798 eine grundsätzliche Zustimmung des Kaisers zu diesem Plan gegeben wurde,[8] die Höhe der dafür notwendigen Auslagen und vor allem deren Speisung aus dem Normalschulfonds löste den Widerspruch des Staatsrats aus.[9] Der Vorschlag der Studien-Revisions-Hofkommission, der Österreich durch die Schaffung einer schulischen Infrastruktur eines Industrielandes mit einem Schlag in seiner wirtschaftlichen Entwicklung nach vorne hätte katapultieren können, wurde daher vorläufig zu den Akten gelegt. Die kriegerischen Auseinandersetzungen mit Frankreich beanspruchten damals die gesamte Finanzkraft des Staates; für aufwendige Projekte fehlten die Mittel. Doch bereits 1802 griff der Kaiser einen Vorschlag der Hofkammer auf, einen Teil der neu eingeführten Frachtamtsgebühren für die Errichtung von „technischen Manufakturs- und Handlungsschulen" zu verwenden.[10] Damit wurde eine tragfähige finanzielle Grundlage geschaffen, die neue Überlegungen herausforderte.

16.2 Die „Realschule"

Der vehement vorangetragene Versuch, den Gymnasien gleichwertige berufsbildende Schulen zur Seite zu stellen, war allerdings zunächst gescheitert. Das zeigte sich schon 1804; die Realschulen wurden zu einem „Zweig der deutschen Schulanstalten oder des eigentlichen Volksunterrichtes"[11] erklärt und ihr ursprüngliches Bildungsziel ziemlich beschnitten. Nach der „Politischen Schulverfassung" durften sie bloß drei Klassen führen und mußten den allgemeinbildenden Fächern (Religion, Lesen, Schreiben, Rechnen, Geographie und Geschichte) den Großteil der Unterrichtszeit widmen.[12] Für den zukünftigen Kaufmann wurde – nach einer weiteren Änderung im Jahre 1808 –[13] zusätzlich Handlungswissenschaft, Warenkunde, Wechselrecht und Buchhaltung, für den Kameralisten und Landwirt Buchhaltung, Physik, Landwirtschaftslehre und landwirtschaftliches Zeichnen sowie für den Techniker und Künstler Mathematik, Kunstgeschichte, technisches Zeichnen und Chemie geboten. Moderne Fremdsprachen wurden ebenfalls gelehrt (obligat: Französisch; fakultativ: Italienisch, Englisch). Das auf den Beruf zugeschnittene fachliche Lehrprogramm war somit knapp geworden und sollte in den nächsten Jahren durch den Wegfall der Kunstgeschichte und der Landwirtschaftslehre noch mehr vermindert werden (1811).
Auf österreichischem Boden war nur in Wien eine Realschule vorgesehen.[14] Die bereits seit 1770 bestehende bisher zweijährige „Real-Handlungs-Academie" wurde dazu im Jahre 1809 umgewandelt.[15] Sie ging aber bereits 1815 im neu gegründeten „polytechnischen Institut" auf.
Auch die steirischen Stände stellten 1838 den Antrag, eine Realschule zur Vorbereitung der Hörer des Joanneums einrichten zu dürfen. Die kaiserliche Genehmigung ließ freilich auf sich warten und wurde erst 1844 gegeben. Am 2. Oktober 1845 konnte die zweijährige „Steiermärkisch-ständische Realschule" eröffnet werden. Ihr Lehrplan orientierte sich an dem Wiener Vorbild.[16]
Weniger erfolgreich waren die Bemühungen der Abgeordneten des Kreises Vorarlberg. Sie traten ebenfalls 1838 an den Kaiser mit der Bitte um die Errichtung einer Realschule heran,[17] weil die Industrialisierung ihres Landes große Fortschritte gemacht hatte. Feldkirch erklärte sich bereit, den Schulraum zur Verfügung zu stellen. In der Folge entspann sich eine heftige Auseinandersetzung zwischen Vorarlberg, Tirol und der Studienhofkommission um Organisation und Standort dieser Schule. Neben Bregenz, wo eine dreiklassige Realschule gewünscht wurde, bewarb sich besonders massiv Innsbruck um den neuen Schultyp. Hier dachte man zuerst an eine Schule für Zimmerer, Maurer und Baumeister, entwarf aber dann einen Plan für eine vierklassige Anstalt („Realtechnische Schule", 1843). Der Kaiser genehmigte schließlich ein derartiges technisches Institut in Innsbruck (1844), das sich in der Struktur an das Wiener „polytechnische Institut" anlehnte, forderte aber von den Ständen Beiträge zu

dessen Erhaltung. Die Verhandlungen darüber und neue Überlegungen in Wien, weil der Kaiser die allgemeinen Gesichtspunkte für die Errichtung technischer Lehranstalten hören wollte,[18] zögerten die Gründung über das Jahr 1848 hinaus.
Nach dem Muster der Wiener Realschule entstanden jedoch ähnliche Einrichtungen ziemlich früh in den slawischen Kronländern der Monarchie.[19] Eine allgemein verbindliche Form der Realschule bildete sich freilich in der ersten Hälfte des 19. Jahrhunderts nicht aus.

16.3 Das „polytechnische Institut"

Der Prototyp der im 19. Jahrhundert in Europa entstehenden höheren technischen Lehranstalt war ohne Zweifel die 1794 in Paris gegründete zweijährige „Ecole Centrale des Travaux publics", die 1795 den Namen „Ecole polytechnique" erhielt. Sie trug schon äußerlich einen militärischen Anstrich – die 16- bis 20jährigen Schüler waren kaserniert und wurden in soldatischer Zucht gehalten – und verfolgte auch militärische Ziele. Denn an dieses Basisstudium in den grundlegenden technischen Disziplinen schloß sich eine spezielle Fachausbildung zum Ingenieur-Offizier in eigenen Schulen der verschiedenen Waffengattungen an.[20]
Daß in der „Ecole polytechnique" der gesamte Unterricht auf exakt wissenschaftlicher Grundlage aufbaute, war nicht unbedingt neu. Auch für die österreichische Bergakademie in Schemnitz (Banška Stiavnica, heute Tschechoslowakei) war dies selbstverständlich, und mit Recht wurde darauf hingewiesen, daß noch eine Reihe anderer der dort üblichen organisatorischen und didaktischen Regelungen von der Pariser Neugründung übernommen wurde.[21] Von entscheidender Bedeutung erwies sich aber die von der „Ecole polytechnique" vorgenommene Aufspaltung der Ausbildung in zwei von vornherein getrennte Abschnitte. Als grundlegende technische Studien, die für alle Fachrichtungen gleich waren, wurden Mathematik, Darstellende Geometrie und Physik festgelegt, weil mit ihrer Hilfe die Formen, die Bewegung und die stoffliche Beschaffenheit der Körper erfahren werden konnten. Auf diese erste allgemeine Phase folgten dann die verschiedenen Fachstudien in getrennten Lehrgängen.
Dieses Modell war bereits F. J. Gerstner vor Augen gestanden, als er als Referent der Studien-Revisions-Hofkommission seine Pläne für eine „Höhere Bürger- oder Realschule" entworfen hatte. Als deren allgemeine Verwirklichung ausblieb, erreichten die böhmischen Stände, weil sie sich zur Übernahme der Kosten verpflichteten, daß eine derartige Lehranstalt in Prag versuchsweise und in beschränkterem Ausmaß errichtet werden sollte (1803). Die Eröffnung dieses „Polytechnicums" verzögerte sich bis zum Jahre 1806.[22] Es unterschied sich vom Pariser Vorbild durch seinen nichtmilitärischen Charakter und wollte „die Emporbringung der vaterländischen Gewerbe durch wissenschaftlichen Unterricht"[23] erreichen.
Auch von der niederösterreichischen Landesregierung war 1803 das Projekt eines polytechnischen Institutes in Wien[24] dem Kaiser vorgelegt worden; doch dieser wünschte kein weiteres ständisches Institut, sondern suchte vielmehr mit Hilfe einer Großhandelssteuer die finanziellen Grundlagen für ein der „Ecole polytechnique" gleichwertiges Schulsystem zu schaffen. Verschiedene Pläne wurden diskutiert[25] und verworfen, bis die Vorschläge des Leiters der Triester Real- und Navigationsschule, Johann Joseph Prechtl (1778–1854), Anerkennung fanden (1810), der dann nach Wien berufen wurde.[26] Doch die tristen Zeitumstände schoben die rasche Verwirklichung des geplanten Instituts hinaus. Im Jahre 1811 wurde deshalb vom Kaiser angeordnet,

vorläufig durch außerordentliche Vorlesungen die Ausbildungslücke in Wien zu schließen. J. J. Prechtl las über technische Chemie und legte dafür ein eigenes Lehrbuch vor. Im Jahre 1813 ordnete Franz I. an, daß „mit dem polytechnischen Institute, welche Bezeichnung beyzubehalten ist, die Realschule und das Kabinet der Fabriksprodukte als integrierende Theile vereinigt werden“.[27] J. J. Prechtl sollte die Oberleitung übernehmen.
Die Eröffnung des „polytechnischen Instituts“ erfolgte nach Überwindung zahlreicher personeller, finanzieller und rechtlicher Schwierigkeiten am 3. November 1815. Bereits zwischen 1816 und 1818 wurde für die neue Anstalt ein aufwendiges Gebäude am Karlsplatz errichtet (heute Technische Universität). Im Organisations-Hauptplan[28] dieses neuartigen Instituts spiegeln sich deutlich die Möglichkeiten des Staates und die Bedürfnisse der Wirtschaft. Die Ausbildung baute auf den Kenntnissen der Hauptschule auf. Ein positives Zeugnis über ihre 4. Klasse öffnete den Zugang zur Realschule, die eine Basisfunktion für die neue Anstalt übernehmen mußte. Sie büßte dabei ihre Selbständigkeit ein und erhielt die Aufgabe, als zweijähriger, hauptsächlich auf allgemeinbildende Fächer beschränkter Kurs (Religion, Sprachlehre, Kalligraphie, Mathematik, Geographie, Naturgeschichte, Zeichnen, Französisch, Italienisch) auf die eigentliche polytechnische Ausbildung vorzubereiten. Diese wurde in einer kommerziellen Abteilung (Geschäfts- und Korrespondenzstil, Handelswissenschaft, Handels- und Wechselrecht, Kaufmännisches Rechnen, Kaufmännische Buchhaltung, Handelsgeographie, Handelsgeschichte, Warenkunde) und einer technischen Abteilung (Technologie, Mathematik, Physik, Chemie, praktische Geometrie, Maschinenlehre, Zeichnen) geboten. Die Ausbildungszeit in den Fachstudien betrug in der Regel zwei Jahre;[29] der Unterricht war unentgeltlich, die Gehälter der Lehrer entsprachen denen der Universitätsprofessoren.
Das „polytechnische Institut“ in Wien verfolgte ein dreifaches Programm. Es wollte eine technische Lehranstalt („eine Lehr- und Bildungsanstalt für Handel und Gewerbe“), ein technisches Museum (Schauobjekte des Fabriksproduktenkabinetts, welche durch die seit 1792 eingerichtete Fabrikeninspektion laufend ergänzt wurden) und Akademie („Verein nützlicher Kräfte zur Emporhebung des inländischen Gewerbfleißes durch jede Art wissenschaftlichen Einflusses als eine nach der Idee der Akademien organisirte Gesellschaft zur Beförderung der technischen Künste und Gewerbe und jährliche Preisaussetzungen“) sein.[30] Schon im Jahre 1816 zählte das Institut 300 Studierende.[31] Die autokratische Art J. J. Prechtls führte allerdings zur Abwanderung einiger bedeutender Lehrkräfte und zu Anstrengungen der „Vereinigten Manufaktur-Zeichenschule“, ihre Selbständigkeit zu erhalten. Denn auch diese sollte dem „polytechnischen Institut“ angegliedert werden, war nunmehr aber nicht bereit, ein drückendes Abhängigkeitsverhältnis einzugehen.[32] Sie blieb bis in die vierziger Jahre des 19. Jahrhunderts in einer Nahestellung zum Institut, mußte auf den bereits 1823 ausgesprochenen ausdrücklichen Befehl des Kaisers in die Räume des „polytechnischen Instituts“ übersiedeln (1827–1845), vermochte sich aber dank ihrer starken Position weiterhin als Teil der Akademie der bildenden Künste zu behaupten.[33]
Auch in Graz wurden Ansätze zu einem polytechnischen Institut geschaffen. Dort richtete Erzherzog Johann eine umfangreiche Sammlung naturwissenschaftlicher und technischer Objekte ein, schenkte sie 1811 den steirischen Ständen[34] und ordnete Vorlesungen über die ausgestellten Gegenstände an. Dieses sogenannte „Joanneum“ war eine Art Volksbildungseinrichtung, die wissenschaftliche Vorträge über Mineralogie, Botanik, Chemie, Experimentalphysik, Astronomie und Zoologie (seit 1818) anbot. Es war aber keine ständige und streng schulische Einrichtung. Im Jahre 1827 wurde das Joanneum straffer organisiert; ein Studiendirektor trat an seine Spitze. In der Folge wurde eine Reihe von Lehrkanzeln eingerichtet, und man gewann hervorra-

gende Fachleute für Forschung und Lehre. 1837 wurde in Graz auch eine gewerbliche Zeichenschule eröffnet. 1845 nahm die „Steiermärkisch-ständische Realschule" ihre Unterrichtstätigkeit auf.[35] Sie führte neben einem technischen Zweig auch einen kommerziellen, doch fand dieser wenig Zuspruch. Diese beiden zusammenarbeitenden Einrichtungen wiesen schon recht deutlich die Konturen eines polytechnischen Instituts auf und übten auch dessen Funktion aus.

Die steirischen Stände wußten aber auch darum, daß der Zulauf zu dieser Ausbildungsmöglichkeit nicht nur von Werbemaßnahmen, sondern vor allem von den Berufschancen ihrer Abgänger gesteuert wurde. Sie forderten deshalb in einem Aufruf die Grundherrschaften, Magistrate und Werksbesitzer auf, bei Bewerbungen die Absolventen des Joanneums zu bevorzugen, „weil unleugbar die Kenntnisse aus den Naturwissenschaften dem Landwirte, dem Bergmann, dem Industriellen" mehr nützen als die aus den Geisteswissenschaften.[36]

Wenn auch diese Aufforderung zum Umdenken nicht übermäßig viel Widerhall fand, ein Anfang für einen bis in die Gegenwart anhaltenden Prozeß war damit gemacht worden. Es verdient gleichfalls vermerkt zu werden, daß die Gründungsdaten dieser Frühformen der späteren technischen Hochschule an die Errichtung der Universität erinnern; wieder verlief im deutschen Sprachraum die Abfolge von Prag (1348, 1806) nach Wien (1365, 1815) und dann in die Rheingegend (Heidelberg 1386, Karlsruhe 1825), auf österreichischem Boden von Wien nach Graz. Damit wurde die Gewichtigkeit dieser Zentren im heutigen Ostösterreich für die wirtschaftliche Entwicklung und das kulturelle Leben weiterhin eindeutig ausgewiesen.

16.4 Die Einrichtung von Fachschulen für die Land- und Forstwirtschaft, den Bergbau und das Gewerbe

Gerade die schleppende und auf wenige Standorte begrenzte Einrichtung von berufsbildenden Lehranstalten, die dem Sekundarbereich zugeordnet werden können, wie sie in der ersten Hälfte des 19. Jahrhunderts auf österreichischem Boden erfolgte, wirft Fragen und Überlegungen auf. Schulen jeder Art sind nämlich am Bedarf orientiert, sie haben die Bildungsbedürfnisse einer bestimmten Region zu befriedigen. Sie verlöschen wieder, wenn eine geringe Besuchsfrequenz die Weiterführung ökonomisch nicht mehr vertretbar erscheinen läßt.

Nun hat die zunehmende Industrialisierung ohne Zweifel den dafür notwendigen Ausbildungsstandard gefordert. Sie gab auch die Impulse zur Gründung derartiger schulischer Einrichtungen, doch waren sie häufig zu schwach und vor allem die von finanziellen Erwägungen bestimmten Widerstände zu groß, um Wirkungen zu zeigen. Das bedeutete aber auch, daß es nur an wenigen Orten gelang, einen Regelkreis aufzubauen, in dem wirtschaftliche Vorgänge, gesellschaftliche Veränderungen und das Bildungswesen die wichtigsten Komponenten bildeten. Denn nur in Wien und Graz konnte an den neuen Schultypen eine bessere technische und (oder) kommerzielle Berufsausbildung erworben werden. Diese erhöhte dann die Zahl der Innovationen und verstärkte damit die quantitative und qualitative Entwicklung der Industrialisierung. Dadurch wurden aber wieder neue schulische Bedürfnisse geweckt.

Dort jedoch, wo die Industrialisierung erst geringe Fortschritte gemacht hatte, hielt man berufsbildende Schulen nicht für nötig, was eine weitere Schwächung der Wirtschaft zur Folge hatte. Außerdem muß bedacht werden, daß genügend vierklassige

Hauptschulen vorhanden sein mußten, damit ein ausreichendes Schülerreservoir für die neuen Schultypen zur Verfügung stand. Es verwundert daher nicht, daß es nur vereinzelt zur Gründung höherer Fachschulen kam und diesen auch nur bescheidener Rang zugesprochen werden kann. Häufig waren sie auf Privatinitiativen zurückzuführen.

Der Landwirtschaftsunterricht, der schon an den bestehenden Schulen stark gefördert wurde, erhielt 1818 in der landwirtschaftlichen Lehranstalt zu Ungarisch-Altenburg (Mosonmagyaróvár, heute Ungarn) ein wissenschaftlich arbeitendes Lehr- und Forschungszentrum. Herzog Albert von Sachsen-Teschen hatte es aus privaten Mitteln gestiftet.[37]

Für die Forstwirtschaft wurde 1805 ein praktischer Lehrkurs in einer Art Meisterschule eingerichtet, 1807 ein „Forstinstitut" in Purkersdorf gegründet.[38] Franz I. wollte einen „Zwang zur schnellen Beförderung der Forstkultur"[39] ausüben und machte den erfolgreichen Besuch dieser Anstalt zum Anstellungserfordernis. Nach zähen Verhandlungen und jahrelangen Diskussionen wurde diese Ausbildungsstätte in den Rang einer öffentlichen Forstlehranstalt erhoben und in das Augustinerkloster Mariabrunn verlegt. Sie war eine dreijährige Internatsschule,[40] die den Besuch der Hauptschule oder der Realschule oder der Grammatikalklassen des Gymnasiums zur Voraussetzung hatte, und wurde von den niederösterreichischen Ständen erhalten. An dieser berufsbildenden Sekundarschule lehrten nur drei Professoren. Ein neuer Organisations- und Lehrplan (1827)[41] verkürzte die Studiendauer auf zwei Jahre für höhere und auf ein Jahr für niedere Forstbeamte. Erst 1844 wurde wieder ein obligater dritter Jahrgang eingeführt.[42] Diese Lehranstalt war Vorläuferin der Hochschule für Bodenkultur.

Recht bescheiden waren auch die Anfänge der Fachschule für den Bergbau in Vordernberg,[43] aus der die Montanistische Hochschule Leoben hervorging. Mangelnder Absatz der Eisenindustrie der Steiermark hatte 1828 das Kuratorium des Joanneums veranlaßt, eine geeignete Ausbildungsstätte für Bergingenieure im Lande selbst zu beantragen. Infolge verschiedener Widerstände dauerte es bis zum Jahre 1836, bis die kaiserliche Bewilligung eintraf. Peter Tunner, der das Wiener „polytechnische Institut" absolviert und praktische Erfahrungen in den Eisenwerken Steiermarks und Kärntens gesammelt hatte, erhielt zunächst eine Lehrkanzel für Berg- und Hüttenkunde am Joanneum und wurde dann zum Leiter einer neuen Schule bestellt, die in Vordernberg errichtet wurde. Bevor er dort mit seinem Unterricht im Jahre 1840 begann, mußte er noch eine Studienreise in die europäischen Zentren der Eisenverarbeitung unternehmen. Bis 1845 lastete auf ihm allein die gesamte Lehrtätigkeit. Erst dann erhielt er einen Assistenten. 1847 wurde diese „Berg- und Hüttenschule" berechtigt, staatsgültige Zeugnisse auszustellen.

Auch die Kärntner Stände erkannten die „Nothwendigkeit und Nützlichkeit der Errichtung einer technischen Schule" und stellten 1834 den Antrag, daß in Klagenfurt eine „siderotechnische Lehranstalt"[44] eröffnet werde. Sie wünschten von vornherein nur eine Fachschule. „Die Bildung von tüchtigen und allseitig geübten Werkmeistern müßte die Hauptbestimmung dieser Anstalt bleiben", versicherten sie der Studienhofkommission und dachten an eine gehobene Ausbildung von Zimmerleuten, Hammerarbeitern und Leitern von Hammerwerken, damit diese „die wißenschaftlichen Gründe ihres Verfahrens kennenlernen".[45]

Der Aktengang zwischen den Kärntner Ständen, dem illyrischen Landesgubernium in Laibach und der Studienhofkommission macht besonders deutlich, warum Anspruch und Verwirklichung zu dieser Zeit soweit auseinanderklafften. Der erste Antrag, der in 17 Paragraphen die Aufgabe der neuen Schule (4- bis 6jährig) darlegte, wurde von der Studienhofkommission zurückgewiesen, weil der Organisationsplan zuwenig genau war und Angaben über die finanzielle Bedeckung fehlten. Klagenfurt machte nach längerem Überlegen dann den Vorschlag, man solle die neue Schule in den Räumen des Gymnasiums unterbringen und auch dessen Professoren „gegen geringe Remuneration“ für den Unterricht heranziehen. Daraufhin machte die Studienhofkommission aufmerksam, daß es in der geplanten Schule auf die „practische Bildung der Jugend für Künste und Gewerbe“ ankomme und Lehrer mit praktischer Qualifikation und Räumlichkeiten für die umfangreichen Sammlungen notwendig seien. Überhaupt sei eine enge Begrenzung der Lehrgegenstände auf Bedürfnisse der Landesindustrien nicht am Platze.[46] Es wurde eine zweijährige Ausbildung vorgeschlagen und das „polytechnische Institut“ in Wien herangezogen, Lehrstoff und Stundenplan für diese „niedrige technische Schule“ festzulegen.[47] Hierauf begannen die Auseinandersetzungen, wer für die Kosten aufkommen sollte. Die Stände wollten sich ursprünglich nur mit einem Drittel beteiligen, waren dann schließlich bereit, auch zwei Drittel zu übernehmen, doch die Studienhofkommission, welche die Lehranstalt „zwar als nützlich und wünschenswerth, jedoch nicht als nothwendig“ anerkannte, wollte Kärnten damit allein belasten.[48] Nunmehr machte die Vereinigte Hofkanzlei darauf aufmerksam, daß der ständische Domestikalfonds in Kärnten bereits jetzt passiv sei und sie sich daher frage, wie dann noch Kosten übernommen werden könnten.[49] Darauf schwieg Kärnten für zwei Jahre. 1844 kam es jedoch mit einem ganz neuen Plan; es sollte in Klagenfurt nur Unterricht für Lehrjungen in Erdkunde, Geometrie, Chemie, Physik und Mechanik nach deren Bedürfnissen angeboten werden.[50] Die Studienhofkommission war über diese Zumutung empört, weil der Vorschlag nicht mit den Schulvorschriften im Einklang stand. Was aber hier die Kärntner Stände wünschten, könnte bereits als eine die Lehre begleitende Berufsschule angesehen werden. Die Studienhofkommission war freilich nicht bereit, dafür Mittel freizugeben. Nach zehnjährigen Verhandlungen wurde das Projekt zu den Akten gelegt. Es war an der fehlenden Finanzierung gescheitert.

Erfolgreicher verlief die Entfaltung der sogenannten „gewerblichen Zeichenschulen“, welche eine Berufslehre begleiteten oder ersetzten. Sie waren Fachschulen, in denen Tischlern, Zimmerleuten und anderen Berufen die für sie notwendigen Zeichenkenntnisse vermittelt wurden. Solche wurden in Linz (1837), Graz (1842) und Wien (1846) eröffnet.

Die Wiener Gründung erwies sich als notwendig, weil die Doppelfunktion der sowohl mit der Akademie der bildenden Künste als auch mit dem „polytechnischen Institut“ verbundenen Manufakturzeichnungsschule einer Lösung zugeführt werden sollte. Im Jahre 1842, als über Auftrag des Kaisers eine Entscheidung von den verantwortlichen Gremien gesucht wurde, besuchten sie 43 ordentliche Schüler der Akademie der bildenden Künste und an Sonn- und Montagen 336 Angehörige verschiedener Gewerbe, wie Weber, Drucker, Tischler, Tapezierer, Tassen-, Porzellan- und Zimmermaler, Zuckerbäcker, Vergolder, Gärtner und Zeugmacher. Ähnlich stand es mit der ebenfalls der Akademie verbundenen Graveurschule. Auch hier bildeten die 40 ordentlichen Kunstschüler neben den 252 Gewerbeschülern aus verschiedenen Berufen (Gold-, Silber- und Bronzearbeiter, Schlosser, Spengler, Drechsler, Büchsenmacher u.a.), die sich am Sonntag und Montag weiter ausbilden ließen, eine kleine Minderheit.[51]

Die kaiserliche Entscheidung vom 19. Juli 1842 nahm nun einen endgültigen Trennungsstrich vor. Die Manufakturzeichnungsschule und die Graveurschule verblieben als Kunstschulen bei der Akademie der bildenden Künste;[52] 1850 wurde die Manufakturzeichnungsschule überhaupt aufgelöst.[53] Für das Gewerbe sollten, obgleich es weder die Studienhofkommission noch das „polytechnische Institut“ für notwendig hielten – dieses hatte seit 1818 einen eigenen Manufakturzeichnungskurs geführt – eigene

schulische Einrichtungen geschaffen werden. Die 1846 in Wien eröffnete „gewerbliche Zeichenschule“ setzte die ursprüngliche Hauptaufgabe der Manufakturzeichnungsschule fort und wurde Teil des „polytechnischen Instituts“.
Die 1844 vom „Niederösterreichischen Gewerbeverein“ gegründete „Copiranstalt“ übernahm ebenfalls eine Art Ersatzfunktion für die Manufakturzeichnungsschule. Sie betrieb freilich kein mechanisches Kopieren, sondern verfolgte bei ihren Musterzeichnungen künstlerische Zwecke, soweit sie für das Gewerbe notwendig waren *(industrial design)*. Nach Angliederung eines theoretischen Lehrkurses für Weberei nannte sie sich „Zeichen- und Webschule“.[54]
Ein gewerblicher Interessensverband, nämlich der „Verein zur Beförderung von Industrie und Gewerbe“, stand auch hinter den in Linz (1837) und in Graz (1842) eröffneten Zeichenschulen.[55]
Die außerdem seit den dreißiger Jahren des 19. Jahrhunderts häufiger auftretenden Privatzeichenschulen, die ebenfalls den Bedarf von Gewerbe und Industrie an technischen Zeichnern befriedigen halfen, blieben in einem bescheidenen Rang.[56] Ihre Gründer hatten in der Regel persönliche Vorteile im Auge. Aus ähnlichen Überlegungen erfolgte auch die 1840 vorgenommene Einrichtung einer „Sonntagsschule im Mercantilfache“[57] durch den ehemaligen Prokuraführer eines Bankhauses, Johann Geyer, in Wien. Deren Lehrgegenstände waren: kaufmännisches Rechnen, doppelte Buchhaltung, Geschäftsstil und Wechselrecht. Sie wurden in einem achtmonatigen Kurs jeweils am Sonntag unterrichtet. Daß damit einem Bedarf Rechnung getragen wurde, beweist der ungefährdete Bestand dieser Privatschule.
Abschließend muß natürlich noch erwähnt werden, daß die im 18. Jahrhundert eingeführte militärisch-technische Ausbildung ihre Fortentwicklung erfuhr.[58] Die Ingenieur-Akademie übersiedelte 1797 aus dem Theresianum wieder in das ehemalige Savoyische Ritterakademie-Gebäude zurück („Auf der Laimgrube“). Sie führte sieben Klassen und blieb trotz gegenteiliger Bemühungen auch für Bürgerliche offen.[59] Das Mindestaufnahmealter der Zöglinge lag bei 12 bis 13 Jahren. An Unterrichtsfächern traten Chemie und Naturlehre, Militärgeographie und Kriegsgeschichte (1836), Turnen (1838) sowie Straßen- und Brückenbau (1845) neu hinzu.[60]
Das seit 1786 bestehende Bombardierkorps hatte bis 1804 die Räumlichkeiten mit der Ingenieur-Akademie geteilt; dann wurde ihm die Rennwegkaserne zugewiesen. Es führte ebenfalls eine eigene Schule zur Ausbildung seines Führungspersonals.[61] Sie wurde in den zwanziger Jahren des 19. Jahrhunderts von vier auf sieben Jahrgänge erweitert; man begann mit den Schülern Exkursionen zu Hochöfen, Gießereien u. ä. durchzuführen und schickte besonders fähige Offiziersaspiranten an das „polytechnische Institut“ oder an die Universität. Zu den Aufgaben des Bombardierkorps gehörte auch die Prüfung und Entwicklung von Waffen, Geräten, Pulver und Ausrüstungsgegenständen, besonders für die Artillerie.
Grundsätzlich ist freilich festzustellen, daß es Österreich in der ersten Hälfte des 19. Jahrhunderts trotz tragfähiger Ansätze und zukunftsträchtiger Entwürfe versäumte, den systematischen Aufbau eines anspruchsvollen berufsbildenden Schulwesens rasch voranzutreiben. Es wurden nur notwendige Erfordernisse der zunehmenden Industrie und des Handels an wenigen Standorten abgedeckt, keineswegs aber durch ein vermehrtes Angebot schulischer Fachausbildung die technische und kommerzielle Entwicklung auf breiter Basis gefördert. Der Hauptgrund für dieses zögernde Vorgehen waren, wie die Akten eindeutig ersehen lassen, die chronisch knappen Kassen des Staates, die angespannte Finanzlage der Länder und ein noch zuwenig ausgeprägtes Bewußtsein der Öffentlichkeit gegenüber schulischer Berufsausbildung, weswegen Initiativen von Einzelpersonen oder von Vereinen oft zuwenig Widerhall fanden.

17 Die Universitäten und semiuniversitären Lehranstalten in der ersten Hälfte des 19. Jahrhunderts

17.1 Die Reformvorstellungen der Studien-Revisions-Hofkommission

Die universitären Einrichtungen blieben in der ersten Hälfte des 19. Jahrhunderts vom Staat dirigierte und kontrollierte Ausbildungsstätten. Ein nicht unwesentlicher Teil ihrer Abgänger fand Berufsstellung und lebenslanges Einkommen im Dienste des Staates, war dessen Stütze und Träger. Die Formung solch akademisch gebildeter Staatsdiener galt daher als Hauptaufgabe der Universität. Gerade aber dadurch war eine ständige Anpassung des Studiensystems an die Erfordernisse des Staates und an die sich rasch differenzierenden Beamtenlaufbahnen notwendig.[1]
Vorübergehend war unter Kaiser Leopold II. die staatliche Einflußnahme – ähnlich wie für den Sekundarbereich – auch für die Universitäten gelockert worden. Die Studiendirektorate wurden aufgehoben, kollegial amtierende Körperschaften, wie der „Studien-Conseß" und die Professorenkollegien der Fakultäten, übernahmen deren Leitungsgewalt. Grundlagen für eine freie Entwicklung, obgleich die Bindung an die vorgeschriebenen Lehrbücher blieb, waren damit ohne Zweifel geschaffen. Außerdem gab man den Professoren mehr Ansehen. 1792 wurde ihnen und ihren Frauen Titel und Rang von „Herr" und „Frau" zuerkannt und ihnen ein Platz unmittelbar nach den kaiserlichen Räten eingeräumt.[2] Doch im Jahre 1802 kehrte Kaiser Franz II. (I.) weitgehend zur maria-theresianisch=josephinischen Ordnung zurück.[3] Die wiedereingesetzten beamteten Studiendirektoren, denen in Wien Vizedirektoren zur Seite gestellt wurden, schränkten die Ansätze zur Selbstbestimmung von neuem ein.
Die Studien-Revisions-Hofkommission (1795–1802) hatte in der Zwischenzeit Modelle auch für eine Reform des tertiären Studienbereiches erarbeitet. Ihr Vorsitzender, Franz Heinrich Graf von Rottenhan, hatte eindringlich darauf hingewiesen, daß nur die Staatsverwaltung es sei, „die berufsmäßig die Bedingungen, unter denen die wissenschaftliche Bildung den höchsten Zwecken der Gesellschaft gemäß einzurichten und zu leiten ist, kennen kann und muß". Die Anliegen der Wissenschaft müßten nämlich „mit dem höheren und allgemeinen Interesse der Gesellschaft in Übereinstimmung gebracht" werden, doch „die allgemeine Ruhe und Wohlfahrt (seien) gegen die Wirkung noch ungeprüfter oder gar schädlicher, gelehrter Meinungen" abzusichern.[4]
Er trat deswegen für die Beibehaltung des staatlichen Bildungsmonopols ein. Die Grenzen der Lehrfreiheit sollten genau geregelt werden, auch sprach er sich weiterhin für normierte Studiengänge in den Fakultäten aus.[5] Doch hielt er es für wünschenswert, sie auf zwei verschiedenen Niveaus abzuschließen; eine weniger zeitaufwendige und im

Fachwissen begrenzte Ausbildung war für Praktiker einzurichten, das umfassende Studium sollte „eigentlichen Gelehrten" vorbehalten bleiben.[6]
So hatte das philosophische Studium einerseits wie bisher die obligate Vorbereitung für die Berufsstudien Theologie, Jus und Medizin zu bieten, andererseits in einem zweiten Abschnitt eine wissenschaftliche Vertiefung in den verschiedenen Fächern herbeizuführen, eine Aufgabenstellung, die für die spätere philosophische Fakultät zur Selbstverständlichkeit wurde.[7]
In ähnlicher Weise sah Rottenhan für das juristische Studium einen auf unmittelbare Anwendung im praktischen Leben ausgerichteten Grundkurs („Lycealcurs") und einen „höheren Curs" zur Erweiterung der Wissenschaft selbst vor.[8] Auch bei den Theologen hatte der „Pastoral-Curs" die Seelsorger auszubilden, der höhere theologische Kurs war nur für die „Gelehrten, die in dem Studium selbst ihre Hauptbeschäftigung suchen", gedacht.[9] Bei den Medizinern verwarf er eine solche Gliederung des Fakultätsstudiums, weil seiner Meinung nach für den Arzt alle Gebiete gleich wichtig seien. Nur für die „Gehülfen der ausübenden Arzneiwissenschaften" durften eingeschränkte medizinische Kurse angeboten werden.[10]
Wenn auch nicht alle Reformvorschläge Rottenhans eine Verwirklichung erfuhren, die ihnen zugrundeliegenden Gedanken stellten die Weichen für die weitere Entwicklung. Der Staat schob Ansprüche der Gesellschaft vor, um seine Eingriffe in Organisation und Lehre im universitären Bereich zu rechtfertigen. Was er hauptsächlich anstrebte, war ein Abschirmen gegen die revolutionäre Unruhe Europas, um zu verhindern, daß ein geistiger Funkenflug auch Österreich in Brand setzte. Daher konnte kein Unterricht geduldet werden, „der die Glückseligkeit der Individuen, oder die Ruhe und Ordnung der bestehenden Verfassung nahe oder entfernt untergräbt".[11]
Ja es wurde gar nicht für sinnvoll gehalten, daß viele eine „hohe Stufe der Ausbildung" erreichten. „Es ist also den Rechten der Menschheit im gesellschaftlichen Zustande und daher auch den Pflichten einer weisen Staatsverfassung schon Genüge geleistet, wenn dem Genie, welches in sich zu einer höheren Geistesausbildung, zu der dazu nöthigen Anstrengung eines Studiums Kraft und Drang fühlt, die Hilfsmittel und Anleitung zu jeder wissenschaftlichen Sphäre dargeboten werden."[12] Daher wurde das ja bereits von Joseph II. forcierte Modell, umfassende Bildungsmöglichkeiten mit ausreichender personeller und finanzieller Ausstattung bloß in Zentralorten größerer Ländergruppierungen anzubieten,[13] die sonst vorhandenen universitären Einrichtungen jedoch nur mit bescheidenen Lehraufgaben auszustatten, grundsätzlich beibehalten. Allerdings wurden deren Ziele nunmehr genau bestimmt und eine gewisse Umstrukturierung vorgenommen. Durch die Schaffung weiterer Lyzeen konnte ohne Zweifel eine breitere Basis für die akademische Grundausbildung geschaffen werden. Denn für den universitären Bereich gilt gleichfalls, daß nicht grundsätzlich und allgemein von Stagnation oder Rückschritt gesprochen werden darf.

17.2 Struktur und regionale Verteilung der Bildungseinrichtungen im tertiären Bereich

Wenn man ein verläßliches Bild von den universitären Ausbildungsstätten auf österreichischem Boden zu dieser Zeit erhalten will, müssen nicht nur die jeweiligen Unterschiede im Lehrangebot sowie in der Qualität der Abschlüsse beachtet werden, sondern auch die Tatsache, daß von den Bezeichnungen her die innere Gliederung der verschiedenen universitären Einrichtungen nicht immer zur Gänze erschlossen werden kann.

Grundsätzlich müssen drei verschieden strukturierte Bildungseinrichtungen im tertiären Bereich unterschieden werden. Den reichsten und differenziertesten Aufbau wies die Volluniversität auf, die über die für alle Hörer verpflichtende philosophische Fakultät und die drei darauf aufbauenden Studienrichtungen Theologie, Jurisprudenz und Medizin verfügte und an der jeder Studienbereich mit dem Doktorat abgeschlossen werden konnte.

Einfacher in der Organisation und im Lehrangebot waren die Lyzeen, die neben den philosophischen Studien als Grundvoraussetzung für jede fachwissenschaftliche Ausbildung zusätzlich über mehrere Fachabteilungen (Theologie, Jurisprudenz, Medizin) verfügten. Nur waren diese stark auf die Berufspraxis ausgerichtet, und das Hauptgewicht wurde auf die Heranbildung von auch mit der Landwirtschaft und den Unterrichtsaufgaben vertrauten Seelsorgern, von Wundärzten, Gutsverwaltern und Lehrern gelegt. Je nach der Entstehungsweise kann diese zweite Gruppe von akademischen Einrichtungen aufgeteilt werden in degradierte Universitäten – manche durften sogar diese Bezeichnung offiziell führen –, die nur in Philosophie und Theologie, manchmal auch in Jurisprudenz, keinesfalls aber in Medizin Grade verleihen durften, oder in aufgestockte Gymnasien, die in Landeshauptstädten nach der Auflösung des jesuitischen Schulangebots die Funktion einer wissenschaftlichen Ausbildungsstätte übernehmen mußten. Diese boten gleichfalls Lehrgänge in Philosophie, Theologie, Jurisprudenz und Medizin auf ähnlichem Niveau wie die degradierten Universitäten an, waren aber nicht berechtigt, jemanden zu einem akademischen Grad zu promovieren.

Auf der untersten und bescheidensten Stufe der universitären Einrichtungen bewegten sich Lyzeen, die nur über eine Abteilung verfügten. Boten sie philosophische Studien an, nannte man sie auch „Philosophische Lehranstalten“, war ihr Lehrprogramm auf Theologie beschränkt, „Theologische Lehranstalten“ (Diözesanlehranstalten, Klosterlehranstalten u. ä.). Die Gründung bzw. Wiedereinrichtung derartiger Lehranstalten zielte vor allem darauf, daß nicht nur jedes Land, sondern auch jede Diözese über akademische Ausbildungsstätten für Priester verfügte.

Als einzige Volluniversität auf heutigem Staatsgebiet kann in der ersten Hälfte des 19. Jahrhunderts nur Wien angesehen werden, auch wenn Innsbruck (ab 1826) und Graz (ab 1827) ebenfalls als Universität bezeichnet wurden. Sie erlebte in diesem Zeitabschnitt einen weiteren Ausbau. So wurde 1804 ein Institut für Gerichtsmedizin, 1811 das Pathologisch-Anatomische Institut, 1812 die Augenklinik und 1842 die II. Chirurgische Klinik gegründet.[14] Die philosophische Fakultät, von der später noch ausführlich gesprochen werden wird, erweiterte ihr Lehrangebot in bedeutendem Ausmaß, was zur Verdoppelung der Zahl der Vortragenden führte. Im Jahre 1827 begann man mit einem Zubau für die Universitätsbibliothek. Die Frequenz blieb bis zum Beginn der vierziger Jahre des 19. Jahrhunderts ziemlich kontinuierlich zwischen 4 000 und 5 000 Hörern (1839/40 – 5 749 Hörer), hat sich aber auch in der Folge nicht wesentlich verändert, obgleich die Anzahl der Immatrikulationen einen Rückgang vortäuscht.[15]

Die Universität Wien behielt auch in der ersten Hälfte des 19. Jahrhunderts ihre starke Position als Vermittlerin westeuropäischen Denkens und Wissens für den slawischen Raum bei. Mähren geriet, je mehr die Universität in Olmütz an Bedeutung verlor, unmittelbar in den Bannkreis Wiens; die Zahl der aus den slawischen Gebieten stammenden Studenten war überhaupt beachtlich. Die 1784 von Joseph II. eingerichtete Universität Lemberg (heute Lwow, Sowjetunion), die im Rang nach Prag die dritte Stelle in der Habsburgermonarchie einnehmen sollte, wurde durch die meist in Wien ausgebildeten Professoren zu einem wichtigen Ausstrahlungspunkt wissenschaftlichen Fortschritts für polnische und ukrainische Gebiete. Die Universität Krakau richtete bereits 1833 ihr Statut nach der Ordnung, dem Lehrprogramm und der Didaktik der

Wiener Universität aus und erhielt nach Eingliederung in die österreichische Monarchie (1846) Hilfe und Unterstützung von seiten der Wiener Professoren. Die Wiener Universität nahm auch Einfluß auf die damals mehrere Jahrzehnte lang führende polnische Universität Wilna (heute Wilnjus, Sowjetunion). Von besonderer Bedeutung wurde Wien aber für die Serben, die sich hier die Bildung und das Wissen aneigneten, um den kulturellen Wiederaufbau ihres Landes vorantreiben zu können. In Wien schuf Vuk Stefanovič Karadžić in lebenslanger philologischer Arbeit die Grundlagen für eine serbische Schriftsprache und ermöglichte dadurch erst den geistigen Anschluß des südslawischen Gebietes an Europa.[16]

Weniger rühmlich verlief die Entwicklung der anderen universitären und semiuniversitären Einrichtungen auf dem Boden des heutigen Österreichs.

Die Universität Innsbruck wurde zwar 1792 wiederhergestellt, aber es dauerte viele Jahre, bis das Studienprogramm der einzelnen Fakultäten vollständig angeboten werden konnte.[17] Bald jedoch trafen die Folgen der Napoleonischen Kriege Tirol. Ende 1805 wurde es ein Teil Bayerns. Zunächst durfte die Universität weiterbestehen;[18] in der Organisation mußte sie sich freilich der Landshuter Universität anpassen. Das Studiendirektorat fiel weg; die Fakultäten, jetzt „Sektionen“ genannt, hatten eine Art Selbstkontrolle auszuüben. Die Professoren blieben in der Wahl der Vorlesebücher frei. Ein geheim gewählter Rektor stand mit einem vierköpfigen Senat an der Spitze der Universität; doch dessen Machtbefugnisse waren beschränkt. Das Kreiskommissariat und das Ministerium in München standen über ihm und gaben die Direktiven; die privilegierte Gerichtsbarkeit wurde der Universität ebenfalls entzogen. Im November 1810 wurde die Universität wieder einmal zu einem Lyzeum degradiert. Das juridische und medizinische Studium hörten zur Gänze auf, die verbliebenen Studienrichtungen Philosophie und Theologie mußten sich mit acht Professoren begnügen. Die Zahl der Studenten sank auf weniger als die Hälfte ab.[19]

Als 1814 Tirol wieder an Österreich übergeben wurde, kam es keineswegs zu einer Änderung dieses Zustandes. Es fehlte an ausreichenden finanziellen Mitteln. Doch Innsbruck verfolgte zäh die Wiedererrichtung der Ausbildungsmöglichkeiten in Medizin und Jurisprudenz. Stufenweise wurde das Lehrangebot erweitert, doch obgleich die Alma Mater Oenipontana am 27. Jänner 1826 durch kaiserliche Entschließung in ihren alten Rang zurückgeführt wurde, muß sie weiterhin als Rumpfuniversität angesprochen werden. Denn die theologische Ausbildung war bereits 1822 aufgelassen und durch das Seminarstudium in Brixen und Trient ersetzt worden; die medizinisch-chirurgische Lehranstalt konnte kaum mehr als einige Praxisvoraussetzungen für „Wundärzte“ vermitteln. Auch Philosophie und Jurisprudenz war nicht übermäßig attraktiv.[20] Die Universität zählte in diesen Jahrzehnten nicht einmal ein halbes Tausend Hörer.[21]

Die Salzburger Universität[22] litt zunächst ähnlich wie Innsbruck unter den Napoleonischen Kriegen; feindliche Besetzung und allgemeine Unsicherheit beeinträchtigten das akademische Leben.[23] 1803 mußte Fürsterzbischof Hieronymus Graf Colloredo auf sein Land verzichten, und das säkularisierte Salzburg wurde als Kurfürstentum dem Erzherzog Ferdinand von Österreich übergeben. Die Universität war damals in ihrem Bestand gefährdet, weil die bayerischen Benediktinerabteien 1802 aufgehoben worden waren und auch das Schicksal der schwäbischen Klöster praktisch besiegelt war. Doch die Pläne des Kurfürsten liefen zunächst eher darauf hinaus, die Universität vom Benediktinerorden zu lösen, weltliche Professoren und Weltpriester anzustellen und sie den modernen Anforderungen anzupassen. So wurde erwogen, eine staatswirtschaftliche Fakultät zu gründen; eine medizinisch-chirurgische Fakultät nahm 1804 tatsächlich die Vorlesungstätigkeit auf.

Im Jahre 1806 fiel Salzburg aufgrund des Preßburger Friedens an Österreich; die Universität durfte zwar bestehen, doch mußte sie sich in allen Punkten nach den österreichischen Gesetzen richten. Es gab damals große Schwierigkeiten, den Studienbetrieb personell und finanziell aufrechtzuerhalten. Doch da wurde 1809 Salzburg von den mit Frankreich verbündeten Bayern besetzt und ein Jahr darauf in deren Königtum eingegliedert. Trotz aller Bemühungen war nunmehr die Universität nicht mehr zu retten. Mit 25. November 1810 erfolgte – wie in Innsbruck – auch hier ihre Aufhebung.[24] Die von Bayern angeordnete abrupte Schließung der Universität bedeutete freilich nicht die vollständige Auslöschung aller Studienmöglichkeiten in Salzburg. Das sie ersetzende königlich-bayerische Lyzeum bestand nämlich nicht nur aus einer theologisch-philosophischen Sektion, sondern auch aus einer medizinisch-chirurgischen Lehranstalt (ab 1811 „landärztliche Schule"). Nur die juridische Fakultät mußte sogleich ihren Studienbetrieb einstellen.

Als 1816 Salzburg endgültig ein Teil Österreichs wurde, hofften die Salzburger auf die Wiedereröffnung einer Volluniversität. Der Kaiser stellte die Gewährung dieser Bitte in Aussicht. Doch im September 1818 wurde, weil die finanziellen Mittel nicht ausreichten, nur die theologische und philosophische Sektion als „Lyceum" bestätigt und eine „Niedere medizinisch-chirurgische Lehranstalt" eingerichtet, die in letzter Instanz ebenfalls dem Rektor des Lyzeums unterstellt war. Salzburg bemühte sich aber weiterhin um eine Volluniversität. Bewußt pflegte das Lyzeum die akademischen Formen, nannte den Leiter des Lyzeums „Rektor", wählte ab 1831 an der theologischen Fakultät, ab 1841 an der philosophischen Fakultät Dekane und schob Vorlesungen „für künftige Schüler der Rechtswissenschaft" ein, um Grundlagen für eine juridische Fakultät zu schaffen.[25] Ab 1831 wurden wieder Promotionen zum *doctor theologiae* vorgenommen. Doch alle Bestrebungen und Vorstöße, für die eingerichteten Studien universitären Rang zu erlangen, scheiterten. Die Universitätsbibliothek mußte 1825 die Bezeichnung „Studienbibliothek" annehmen,[26] die Hörerzahl blieb gering. Sie lag meist knapp über 200.[27] Salzburg selbst schrumpfte zu einer unbedeutenden Kreisstadt mit 12 000 Einwohnern. Die Sehnsucht nach einer Universität wurde jedoch nicht aufgegeben.

Die Grazer Universität[28] war zwar 1782 ebenfalls in ein Lyzeum umgewandelt worden, doch hatte sie das Recht der Promovierung zum Doktor der Philosophie und der Theologie beibehalten dürfen. Außerdem bot das Lyzeum Einführungsvorlesungen in die Jurisprudenz und in die Theologie an. Die Einrichtung des „Joanneums" (1811), der von Erzherzog Johann gegründeten und von den Ständen finanzierten Lehranstalt für angewandte Naturwissenschaften, bedeutete vorerst eine Ergänzung, später sogar eine Konkurrenz der Lyzealstudien. Auch in Graz war man um den Ausbau zu einer Volluniversität bemüht. Von Leopold II. waren Bitten dieser Art zurückgewiesen worden, bei Kaiser Franz II. (I.) fanden sie anfangs ebenfalls wenig Gehör. Trotzdem lassen sich Fortschritte im Bildungsangebot und der personellen Ausstattung in Graz feststellen. 1809 wurde eine Lehrkanzel für theoretische Medizin und 1812 für Anatomie geschaffen, 1811 die mit der Chirurgie verbundene „Geburtshilfe" verselbständigt. Seit 1812 gab es am Lyzeum auch einen Lehrer für die slowenische Sprache, seit 1814 einen für Italienisch.

Im Sommer des Jahres 1826 klopften die steirischen Stände und die Stadt Graz wieder in Wien an, ob die Erhöhung zur Universität nicht ausgesprochen werden könnte. Sie versprachen, aus diesem Grunde keinerlei Vermehrung der Lehrkanzeln zu beanspruchen, keine Gehaltserhöhung zu fordern oder eine andere Kostensteigerung zu verursachen. Kaiser Franz I. gab unter dieser Bedingung am 26. Jänner 1827 seine Zustimmung.[29] Das Lyzeum wechselte daher damals nur seinen Namen; als „Karl-Franzens-Universität" bewegte es sich in den alten Begrenzungen fort. Nur die juridische Fakultät erhielt nun auch das Recht, Doktoren zu promovieren. An der medizinisch-chirurgischen Lehranstalt hingegen durften weiterhin bloß „Wund-Ärzte" und „Hebammen“ ausgebildet werden. Trotzdem können gewisse Fortschritte registriert werden. So kam es zwischen 1827 und 1848 zu einer Aufstockung des Lehrpersonals und des Bildungsangebots um ein Drittel.[30] Die Frequenz der wiedererstandenen Universität lag bei 1 000 Hörern, nahm aber in der Folge etwas ab.[31] Das Joanneum sowie die vielseitigen Ausbildungsmöglichkeiten in Wien, das durch den Eisenbahnbau gleichsam näher gerückt war, dürften Studenten abgezogen haben.

Nach der Auflösung des Jesuitenordens (1773) hatten auch Klagenfurt und Linz bescheidene Lyzeen erhalten, denen jedoch Promotionsrechte jeder Art verweigert wurden und deren Lehrangebot von vornherein bescheiden war. Für sie bedeutete allerdings die zusätzliche Ausstattung mit Studienmöglichkeiten – besonders mit Medizin und Jurisprudenz – einen Aufstieg, auch wenn sie im Rang unter den zu Lyzeen degradierten Universitäten Graz, Innsbruck oder Salzburg anzusiedeln waren.

In Klagenfurt[32] folgten auf die Gymnasialklassen zwei hochschulmäßig geführte Jahrgänge der Philosophie. Als Anfang des 19. Jahrhunderts der Bischof von Gurk erreichte, daß die Priester in Klagenfurt herangebildet werden durften, trat die Theologie zum bisherigen Lehrprogramm des Lyzeums hinzu. Die seit 1775 mögliche medizinisch-chirurgische Ausbildung war ebenfalls Teil der Lyzealstudien. Sogar eine Einführung in das bürgerliche Recht wurde gegeben. Als aber die Kriege mit Frankreich die Staatskassen leerten, wurde es schwierig, die notwendigen Mittel für das Lyzeum aufzubringen. Da bot sich die Möglichkeit, die durch die Säkularisation des reichsfürstlichen Klosters St. Blasien im Schwarzwald (1803) heimatlos gewordenen Benediktinermönche für die Wiederbesiedlung des unter Joseph II. aufgehobenen Klosters St. Paul im Lavanttale zu gewinnen (1807). Als Gegenleistung für die ihnen überlassenen Stiftsgüter mußten sie sich verpflichten, die Lehrkräfte für das Klagenfurter Lyzeum zu stellen. Das geschah schrittweise in den nächsten Jahren; denn die dafür geeigneten Patres mußten erst ihre wissenschaftliche Ausbildung an der Wiener Universität ergänzen. Am 3. Juli 1820 wurde die Übernahme dieser Schullasten schriftlich festgelegt, wobei sich der Staat die oberste Aufsicht und maßgeblichen Einfluß auf die Stellenbesetzung sicherte. Das Lyzeum in Klagenfurt mit seiner philosophischen, theologischen und medizinischen (bis 1835) Abteilung fand Zulauf und hatte das Glück, einige wirklich gute Vertreter ihres Faches im Lehrkörper zu haben.

Eine ähnliche Entwicklung zu einer halbuniversitären Einrichtung vollzog sich in Linz.[33] Auch dort wurden nach Aufhebung des Jesuitenordens dessen Schulen von Ordens- und Weltpriestern sowie von Exjesuiten weitergeführt. Das Lyzeum gedieh allerdings nicht recht. Es bot zwar neben dem philosophischen Obligatkurs auch eine theologische und juristische Ausbildung – seit 1772 wurde auch chirurgischer Unterricht geboten und seit 1774 eine Hebammenschule geführt –, doch die Möglichkeit eines begrenzten Medizinstudiums fand schon im Jahre 1808 ein Ende, auch die juristischen Vorlesungen wurden 1810 eingestellt. So blieben schließlich nur die philosophischen und die theologischen Studien (ausgenommen zwischen 1783 und 1793 während der einheitlichen Ausbildung der Priester im Generalseminar in Wien bis zur Eröffnung einer Diözesanlehranstalt) mit dem Gymnasium verbunden. Die Stadt, die jahrhundertelang höchste Bildungsansprüche gestellt hatte und dafür finanzielle Opfer zu bringen bereit gewesen war, sank in eine bescheidene provinzielle Stellung ab.

Noch schlimmer erging es dem ebenfalls in Oberösterreich liegenden Stifte Kremsmünster.[34] Die josephinischen Eingriffe hatten es so arg geschwächt, daß trotz Aufforderung Leopolds II. die Ritterakademie nicht wieder eröffnet wurde und das Lyzeum keinen rechten Zulauf fand. Seit dem Jahre 1804 zog ein neueingerichtetes Konvikt zwar mehr

Hörer an, doch die theologische Hauslehranstalt mußte trotzdem 1813 geschlossen werden. So verblieb schließlich nur mehr die philosophische Lehranstalt, die zwischen 1818 und 1824 dreijährig geführt wurde, als letztes Zeichen bedeutenderer Tage. Damit ergab sich in Kremsmünster infolge des Absterbens der früheren schulischen Einrichtungen eine Bildungskonstellation, die anderswo erst herbeigeführt wurde, um dem Priestermangel zu begegnen.

Es kam nämlich damals auch zur Errichtung von nur Philosophie oder nur Theologie vermittelnden Lehranstalten. Dieser dritte Strukturtyp einer universitären Einrichtung basierte auf einer Entschließung des Kaisers Franz II. (I.) aus dem Jahre 1802.[35] Auf Drängen der Bischöfe gestand er jeder Diözese eine philosophische und eine theologische Lehranstalt zu. Der Bischof von St. Pölten, Sigmund Anton Graf von Hohenwart (1794–1803; 1803–1820 Erzbischof von Wien), dessen wiederholte Anträge diese Entscheidung herbeigeführt haben, entschloß sich, eine derartige philosophische Lehranstalt in Krems[36] zu eröffnen, weil in dieser Stadt der Piaristenorden sowohl die Räumlichkeiten bereitzustellen als auch die Lehrkanzeln zu übernehmen versprach. Zunächst wurden acht Stifte der Diözese verpflichtet, für die finanzielle Bedeckung Sorge zu tragen. Schon im Herbst 1802 wurde die Philosophische Lehranstalt („Institutum Philosophicum") in Krems eröffnet. Der Unterricht beschränkte sich auf zwei Jahreskurse und die Pflichtgegenstände. Die geistige Kapazität der Professoren war nicht sonderlich groß, der Schülerstand dementsprechend gering. Die Existenz dieser wichtigen Vorschule für die verschiedenen Universitätsstudien war zeitweise stark in Frage gestellt. Es war vor allem Vincenz Eduard Milde zu danken, der 1815 zum Direktor der Philosophischen Lehranstalt bestellt wurde, daß diese aus ihrer Krise fand und nicht mehr als „Zuflucht der nachlässigen oder schwachen Köpfe"[37] galt. Sie erfreute sich hinfort einigen Ansehens und zog – dank einiger bedeutender Lehrer und der Möglichkeiten eines ungebundeneren Studentenlebens – auch Hörer aus Wien an.

Die in Stift Admont 1810 begonnenen philosophischen Vorlesungen hatten 1812 ebenfalls ihre staatliche Anerkennung gefunden. Das „Institutum philos. c. r. Admontense" („Lyceum caesareo regium Admontense")[38] führte wie die Kremser Anstalt zwei Jahrgänge und lehrte nur die Pflichtgegenstände. Doch der Mangel an ausreichenden finanziellen Mitteln und wohl auch das Ausbleiben einer größeren Zahl von Hörern ließen diese philosophische Lehranstalt bereits 1818 verlöschen.

Neben den philosophischen Lehranstalten müssen hier auch die theologischen Lehranstalten erwähnt werden, die nach der Auflösung des Generalseminars (1790) eingerichtet wurden. Trotz der Bedenken der Studienhofkommission und des Staatsrats gab Kaiser Leopold II. am 27. Juni 1790 die Erlaubnis, daß sowohl in den Klöstern als auch in den diözesanen Seminaren „theologische Lehranstalten" eröffnet werden durften.[39] Allerdings war sie an die Bedingung gebunden, daß dafür geprüfte und geeignete Lehrkräfte eingesetzt und die an der Universität vorgeschriebenen Lehrbücher verwendet würden. Die Zöglinge eines solchen theologischen Lehrgangs hatten ihre Prüfungen an einer Universität oder einem Lyzeum abzulegen. Diese Bestimmung erfuhr im Laufe der nächsten Jahrzehnte Einschränkungen; staatsgültige Zeugnisse konnten überhaupt nur bei Verleihung des Öffentlichkeitsrechts ausgestellt werden. Auch durften die Stiftungen für die Priesterseminare nicht, wie besonders hervorgehoben wurde, zur Finanzierung einer solchen theologischen Lehranstalt herangezogen werden.[40] 1802 erhielt jeder Diözesanbischof das Recht, wenn weder eine Universität noch ein Lyzeum in der Bischofsstadt bestand, ein dreijähriges theologisches Studium einzurichten. Im Jahre 1814 wurde es auf vier Jahre verlängert; Lehrkanzeln für Erziehungskunde und Landwirtschaft mußten ähnlich wie an den Universitäten geschaffen werden.[41]

Die Folge dieser Auflagen war, daß zwar jede Diözese, sobald sie die von Joseph II. eingezogenen Fonds der Seminare (Priesterhäuser) erhalten hatte, diese wieder eröffnete,[42] aber in der Regel auf die Einrichtung einer theologischen Lehranstalt verzichtete, weil die dafür nötigen Mittel vom Bischof selbst aufgebracht werden mußten. Das Theologiestudium wurde von den Seminaristen daher meist an den Universitäten bzw. an Lyzeen absolviert. Die Diözesen Seckau, Leoben und Lavant nützten dazu das Lyzeum in Graz, wo ihnen seit 1808 ein Haus gegenüber der Domkirche im ehemaligen Jesuitenkolleg als Seminar zur Verfügung gestellt wurde, weil mit dem Seckauer Priesterhaus in Graz nicht mehr das Auslangen gefunden werden konnte.[43] Das Bistum Lavant schickte ab dem Jahre 1811, wie schon seit 1801 das Bistum Gurk, seine Alumnen nach Klagenfurt.[44] In Westösterreich verlor das Lyzeum in Innsbruck allerdings seine theologische Abteilung, und das Theologiestudium wurde in die Bischofssitze Brixen und Trient verlegt.[45]

Dort freilich, wo im Raum der Diözese weder eine Universität noch ein Lyzeum zur Verfügung stand, wurde mit dem Seminar damals eine theologische Lehranstalt verbunden, so in St. Pölten im ehemaligen Franziskanerkloster (1791).[46]

Die theologischen Hausstudien in den Klöstern, die im Jahre 1790 wieder bewilligt wurden, müssen hier zwar ebenfalls erwähnt werden, fallen aber wegen der geringen Zahl der Hörer wenig ins Gewicht. Das Bedürfnis nach solch theologischen Klosterlehranstalten war ohne Zweifel groß gewesen, weil das Ordensmitglied dabei im Hause verbleiben sowie Funktionen ausüben konnte und außerdem auf diese Weise die finanziellen Mittel für ein Studium auswärts gespart wurden. Doch die Auflagen, die der Herrscher nunmehr stellte, um einen vom Universitätsniveau zu stark abweichenden Studienbetrieb zu verhindern, schreckten viele Klöster von vornherein ab. Meist fehlte es nämlich an genügend fähigen Lehrkräften und an ausreichenden Geldmitteln. Manche Stifte, wie Kremsmünster, Melk und Seitenstetten, wagten zwar die Eröffnung einer theologischen Lehranstalt, mußten sie aber nach wenigen Jahren wieder schließen.

Erst regionale Zusammenschlüsse mehrerer Häuser desselben Ordens zur Führung einer Lehranstalt brachten Beständigkeit in die stark fluktuierende Gründungsphase von Klosterlehranstalten. Von besonderem Gewicht wurden die theologische Lehranstalt der Augustiner-Chorherren in Klosterneuburg (1796 eingerichtet, 1811 Öffentlichkeitsrecht; Hörer auch aus Herzogenburg, Reichersberg und Vorau),[47] der Zisterzienser in Heiligenkreuz (1802 gegründet, 1813 vom Kaiser genehmigt; Hörer auch aus Lilienfeld, Wiener Neustadt und Zwettl),[48] der Benediktiner in Göttweig (1801 eröffnet, 1813 vom Kaiser genehmigt; Hörer auch aus Altenburg, Melk und Seitenstetten),[49] der Redemptoristen in Mautern in der Steiermark (1828 eröffnet)[50] und der Augustiner-Chorherren in St. Florian (1846 eröffnet; Hörer auch aus Kremsmünster und anderen oberösterreichischen Stiften).[51] In Westösterreich entstanden die bedeutenderen Hauslehranstalten zunächst im heutigen Südtirol (Franziskaner in Bozen, 1818 eröffnet; Kapuziner in Meran, 1819 eröffnet), erst dann folgten die während der bayrischen Besatzungszeit säkularisierten nordtirolischen Klöster.[52] Gerade die Häufigkeit der theologischen Lehranstalten weist signifikant darauf hin, daß einer leicht zugänglichen Priesterausbildung große Bedeutung zugemessen wurde.

Auch für die Evangelischen wurde 1819 eine dreijährige theologische Lehranstalt in Wien errichtet. Ein Grund dafür war wohl das Bestreben des Staates, das bisher häufig notwendige Auslandsstudium der künftigen Pastoren verbieten zu können und auf diese Weise deren mögliche Infizierung durch den an den deutschen Universitäten grassierenden nationalen Virus zu unterbinden. Die „protestantisch-theologische Lehranstalt" bot ein vollständiges Studium sowohl für die Mitglieder des Augsburgischen als auch des Helvetischen Bekenntnisses. Sieben Professoren lehrten an ihr.[53]

Nur knapp müssen hier die bereits im 18. Jahrhundert gegründeten Akademien erwähnt werden, die aufgrund ihrer Struktur weitgehend dem tertiären Bildungsbereich zuzuordnen sind.[54] Sie genossen weiterhin wegen ihrer starken Exklusivität – sie waren zum Teil nur dem Adel zugänglich oder zumindest überwog der Adel in ihnen – und ihrer engen Bindung an die Dynastie eine Sonderstellung.

Besondere Hervorhebung verdient die „Theresianische Ritterakademie", deren Aufhebung durch Joseph II. nur kurze Zeit dauerte (1783–1791) und die auch in der ersten Hälfte des 19. Jahrhunderts wesentlich zu einer elitären Heranbildung des höheren Beamtenstandes beitrug.[55] Franz II. (I.) gab ihr 1797 die Zielsetzung, daß darin der junge Adel aus allen Teilen der Monarchie, „welchem einst die wichtigsten Stellen des Staates anvertraut werden sollen, in allen nützlichen Kenntnissen, in den Grundsätzen der Religion und Moralität, in den Pflichten des Menschen, des Christen, des Unterthanes unterrichtet, und daß die Stimmung zum Guten, die einst die Quelle aller seiner Handlungen werden soll, frühzeitig in die jungen Herzen gelegt werde".[56] Der von den Piaristen, die weiterhin die Akademie leiteten und an ihr lehrten, bereits 1776 eingeführte Studienplan wurde 1805 abgeändert. Das Philosophiestudium wurde nunmehr wie an der Universität auf drei Jahre ausgedehnt, im Jahre 1810 das juristische Studium auf vier Jahre erweitert. Ab 1825 wurden auch Chemie und Forstkunde (bis 1836) gelehrt. Neben Italienisch, Französisch und Englisch wurden die ungarische, böhmische und polnische Sprache unterrichtet. Die Leibesübungen fanden gleichfalls große Förderung; neben Reiten und Fechten wurden Schwimmen (ab 1836) und Gymnastik (ab 1838) geübt.[57] Das Bemühen um eine qualifizierte Ausbildung ging so weit, daß die systemstabilisierende Funktion der Akademie in den Hintergrund geschoben wurde und wissenschaftlich leistungsfähige Professoren auch dann lehren durften, wenn sie liberaler Gesinnung waren.

Wie die Abgänger der Theresianischen Ritterakademie im Beamtentum und in der Armee überrepräsentiert waren, überwogen die Absolventen der Orientalischen Akademie[58] im auswärtigen Dienst. Sie war allerdings nicht nur dem Adel vorbehalten. Ihre Zielsetzungen richteten sich – außer auf eine standesgemäße Erziehung (Fechten, Tanzen, Zeichnen) – auf eine spezialisierte Ausbildung künftiger Diplomaten. Neben einer eingehenden Sprachschulung (sieben Pflichtsprachen) wurde auch eine breite allgemeine und juristische Bildung vermittelt. Ihr Studienplan von 1812, der auf fünf Jahrgänge angelegt war, wurde 1833 unter dem Direktor Othmar Rauscher, dem späteren Kardinal von Wien, reformiert. Nunmehr wurde zwischen einem juristisch-diplomatischen Lehrkurs (fünfjährig) und den Sprachstudien (sechsjährig) unterschieden. Was der Orientalischen Akademie besondere kulturelle Bedeutung gab, war die hier geglückte Verbindung einer für die Praxis vorbereitenden, zweckorientierten Ausbildung mit zu echter Bildung führenden Fächern.

Die der gehobenen Ausbildung im militärischen Bereich dienende Militärakademie in Wiener Neustadt, die bereits erwähnte Ingenieur-Akademie und die Medizinisch-chirurgische Militärakademie („Josephinum") in Wien fanden gleichfalls eine gedeihliche Fortentwicklung. Aus ihren Absolventen rekrutierte sich jeweils die militärische Führungsschicht der Monarchie. Lehrplan und Unterricht in diesen Akademien zeigten Beweglichkeit in der Anpassung an neue Erfordernisse, doch wurde, wie Erzherzog Johann für die Ingenieur-Akademie anordnete, wohl „nicht alles, was der damalige Stand der Wissenschaften aufzunehmen erlaubt", vermittelt, sondern nur das, was man für den militärischen Aufgabenbereich für notwendig hielt und „was den Kräften junger Leute angemessen" war.[59]

17.3 Das Studiensystem

Graf Rottenhans Meinung, man könne „den öffentlichen Unterricht ebenso wenig der Systemsucht und der Laune einzelner Gelehrter, als dem Geschmack der erfahrungslosen Jugend selbst überlassen“,[60] orientierte sich nach dem Zwischenspiel der Leopoldinischen Reformen wieder an josephinischem Denken. Der Staat zwang nochmals die einzelnen Studien in ein Korsett; er band die Professoren an das Vorlesebuch und die Studenten an beengende Frequenz- und Prüfungsvorschriften. Es wäre aber falsch zu glauben, daß deswegen der Studienbetrieb vollständig erstarrte; vielmehr wurde er immer wieder an neue Ausbildungserfordernisse angepaßt. Beweglichkeit im Denken und Handeln ging nicht verloren, weil jeder dieser genau die Lehrinhalte festlegenden Studienpläne – anfangs in ziemlich kurzen Abständen – in Frage gestellt und modifiziert werden konnte. Lehren und Lernen blieben auch dann in Diskussion, als Franz I. immer seltener und Ferdinand I. gar nicht mehr zu Änderungen bereit war. Aber gerade dieses Immer-wieder-Öffnen zu neuen Horizonten führte dazu, daß fruchtbare Entwicklungsmöglichkeiten abgesteckt oder zumindest Richtung und Ziel ins Auge gefaßt werden konnten, auch wenn eine Realisierung vorerst verwehrt wurde. Es war eine Epoche, die nicht nur Grundlagen für weitreichende Veränderungen schuf, sondern auch – allerdings in beschränktem Ausmaße – wissenschaftlich bedeutende Leistungen hervorbrachte.

17.3.1 Die philosophischen Studien

Die seit dem Mittelalter für alle Studierenden verpflichtende Eintrittsstufe in das Universitätsstudium, die als Vorbereitungskurs den eigentlichen „Berufsstudien“[61] vorgelegt wurde, geriet in der ersten Hälfte des 19. Jahrhunderts auch in Österreich in den Mittelpunkt öffentlicher Auseinandersetzungen.[62] Die Studien-Revisions-Hofkommission sah in der Reform der philosophischen Studien die „wichtigste aller ihrer Arbeiten“.[63] Ihre Vorschläge betonten einerseits die Notwendigkeit einer allgemeinen Bildung und drängten daher eine Fülle von Gegenständen in den dreijährigen Kurs,[64] andererseits zielten sie auch auf ein höheres philosophisches Studium, gleichwertig der Theologie, Jurisprudenz und Medizin. Dieses Fakultätsstudium sollte drei Abteilungen umfassen: eine metaphysisch-kritische, eine historische und eine physikalisch-mathematische.[65] Doch die Neuordnung, die der Kaiser dann am 12. Juli 1805 verkündete,[66] negierte weitgehend die entwicklungsfähigen Grundgedanken Rottenhans. Das philosophische Studium wurde an den philosophischen Lehranstalten und Lyzeen nur zweijährig eingerichtet; bloß an den Universitäten hatte es mindestens drei Jahre zu dauern. Es umfaßte im ersten Jahrgang Theoretische Philosophie (4 Wochenstunden), Weltgeschichte (3 Wochenstunden), Mathematik (8 Wochenstunden), Religionslehre (2 Wochenstunden) und die griechische Sprache (1 Wochenstunde) sowie im 2. Jahrgang Praktische Philosophie (4 Wochenstunden), Weltgeschichte (3 Wochenstunden), Physik (8 Wochenstunden), Religionslehre (2 Wochenstunden) und griechische Sprache (1 Wochenstunde). Der dritte Jahrgang sah für alle Hörer ein höheres Studium der Klassiker zur Bildung des Geschmacks (5 Wochenstunden) und Religionslehre (2 Wochenstunden) vor und stimmte dann das Lernangebot auf das folgende Berufsstudium ab (Juristen: Österreichische Staatengeschichte, 3 Wochenstunden; Theologen: Griechische Philologie, 2 Wochenstunden; Mediziner: Allgemeine Naturgeschichte, 4 Wochenstunden, Griechische Philologie, 2 Wochenstunden). Außerdem konnte zusätzlich eine Reihe von Gegenständen (wie Ästhetik, Pädagogik, Diplomatik und

Heraldik, Numismatik, Astronomie sowie verschiedene moderne Sprachen[67]) frei gewählt werden. Die wesentlichen Gegenstände, wie Philosophie, Mathematik und Physik, waren in lateinischer Sprache zu unterrichten.
Die pädagogischen Überlegungen, die hinter diesem Studienplan standen, waren, wie der Kaiser versicherte, aus den bisherigen Erfahrungen abgeleitet worden. Die Beschränkung auf wenige Fächer geschah, damit sie jeder „Jüngling, der die erforderlichen Geistesanlagen mit dem nothwendigen Fleiß verbunden mitbringt, ohne unmäßige Anstrengung erlernen kann".[68] Jede Überlastung der Studenten sollte ausgeschaltet werden. Der Unterricht wurde auf vier Lehrstunden täglich eingegrenzt, und der Gegenstand mußte soweit wie möglich zusammenfassend vorgetragen werden, das unbedingt Notwendige von bloß für bestimmte Zwecke Nützlichem abgesondert werden. Es wurde für besser gehalten, „wenig recht, als viel nur halb zu wissen".[69] Die Abstimmung der relativ obligaten Fächer auf den zukünftigen Beruf sollte die Motivation verstärken. Einen besonderen Erfolg erwartete man sich von den Kollegien, die vollkommen frei gewählt werden konnten. Denn diejenigen, die sich „frey und aus Neigung zu ihrer Erlernung bestimmt haben", werden den Lehrgegenstand „desto vollständiger sich zu eigen machen trachten".[70] Für die Sicherung der Kenntnisse wurden genaue Weisungen gegeben, die darauf hinausliefen, daß „ununterbrochen"[71] geprüft werden sollte: am Beginn jeder Stunde sei zu wiederholen, was in der letzten vorgetragen worden war, ein- bis zweimal im Monat sollten die Hauptmaterien abgeprüft werden, und zum Abschluß des Lehrgegenstandes mußte in einem mehrtägigen Prüfungsverfahren die Kenntnis des Gesamtstoffes festgestellt werden.[72]
Dieser neue philosophische Studienplan von 1805 fand viele Gegner.[73] Schon 1809 wurde deswegen eine Untersuchung angeordnet. Die Studienhofkommission legte erst im Herbst 1812 ihr Gutachten vor, ohne freilich zu einer einheitlichen Auffassung zu kommen. Die kaiserliche Entschließung vom 8. Juni 1813 beließ daher den Studienplan, schloß aber Abänderungen nicht aus, die allerdings „sogleich in einem Vortrage" anzuzeigen wären. Dem Obligatstudium wurde wieder größeres Gewicht beigelegt – es sei nicht Zweck, „Gelehrte zu bilden" –[74] und die Selektion bei den Semesterprüfungen verschärft.
Diese von Rottenhans Entwurf her gesehen bereits rückläufige Entwicklung erreichte – nach fünfjährigen Verhandlungen – im Jahre 1824 einen Tiefpunkt. Der am 28. September d. J. genehmigte „Verbesserte Lehrplan der philosophischen Studien"[75] verkürzte nämlich die Ausbildungszeit allgemein auf zwei Jahre; die lateinische Sprache als Vortragssprache – von vielen Studierenden nur mehr unzureichend verstanden – wurde nunmehr ausgeschaltet. Zu ihrer Pflege wurde das Lehrfach Lateinische Philologie verpflichtend eingeführt (2 Wochenstunden). Der erste Jahrgang vermittelte noch Religionswissenschaft (2 Wochenstunden), Theoretische Philosophie (5 Wochenstunden) und Elementar-Mathematik (7 Wochenstunden), der zweite Jahrgang Religionswissenschaft (2 Wochenstunden), Moralphilosophie (3 Wochenstunden) und Physik (8 Wochenstunden). Der Besuch der Vorlesungen über Naturgeschichte (4 Wochenstunden) und Universalgeschichte (5 Wochenstunden) wurde zunächst bloß empfohlen, ab 1826 jedoch für Konviktisten, Stipendiaten und vom Unterrichtsgeld Befreite verpflichtend.[76]
Doch bloß das Pflichtstudium erfuhr diese Einschränkungen, was sich negativ auf die Ausbildung der Lehrkräfte im Sekundarbereich auswirkte. Alle anderen Wissenschaftszweige wurden zu freien Lehrgegenständen erklärt und konnten zum Berufsstudium ausgebaut werden. Im Bereich dieser „freien Fächer" gelang in den nächsten Jahrzehnten die Befreiung von der üblichen starren staatlichen Bevormundung; die Professoren konnten „nach eigenen Heften" vorlesen und Gegenstände als „Wissenschaften an sich" lehren.[77] Der Schritt von der Ausbildung in den Wissenschaften, wie

der übliche Lehrauftrag lautete, zur wissenschaftlichen Forschung konnte hier vollzogen werden, besonders im Bereich der Naturwissenschaften.
Die Festlegungen von 1824 blieben im großen und ganzen bis 1848 in Kraft,[78] obgleich schon im Jahre 1826 die Diskussion über die philosophischen Studien neu eröffnet wurde. 1827 wurde von jedem philosophischen Studiendirektor eine Stellungnahme gefordert und eine eigene Studienrevisionskommission zur Bearbeitung der Aussagen eingesetzt. Es ist wiederum bezeichnend, daß die Studienhofkommission erst 1837 darüber dem Kaiser Bericht erstattete. Dieser ordnete 1838 an, die Verbesserung der philosophischen Studien mit jener der Gymnasien in Verbindung zu bringen. Für diese Aufgabe wurde abermals eine eigene Arbeitsgruppe bestellt, der Andreas von Ettinghausen (Professor für höhere Mathematik an der Universität Wien), Franz Exner (Professor der Philosophie an der Universität Prag) und Franz Seraphin Cassian Hallaschka (Direktor des philosophischen Studiums) angehörten.[79] Ihre Beratungen vom Juni 1845 bis August 1846 führten zu umfangreichen Anträgen.[80] F. Exner unterschied bei den philosophischen Lehrfächern bereits einen „niedrigen und höheren Cyclus". Der „niedere", der die bisherigen obligaten Fächer des Philosophiekurses umfaßte, nahm eine „Mittelstellung" zwischen den Gymnasien und höheren Fakultätsstudien ein, der „höhere", zu dem die freien Fächer gehörten, sollte „für tiefere und umfassendere Bildung" sorgen.[81] Der Grundgedanke der Reform von 1848/49, die Zuweisung der philosophischen Obligatstudien an die Gymnasien sowie die Entlassung der philosophischen Fakultät aus ihrer Vorbereitungsaufgabe und ihr Aufstieg zum gleichrangigen wissenschaftlichen Studium, kündigte sich hier bereits an. Doch der 1846 dem Kaiser überreichte Vortrag über die Verbesserung in der Einrichtung des philosophischen Studiums erhielt keine Erledigung.

17.3.2 Die juristischen Studien

Auch im Bereich der Jurisprudenz wurde 1790 eine neuer Lehrplan festgelegt, der auf vier Jahrgänge abgestimmt war.[82] Er erfuhr 1804 eine Modifizierung.[83] Als die Niederlegung der römischen Kaiserkrone (1806) und damit der Wegfall der Tätigkeit der obersten Reichsbehörden, die in Wien ihren Sitz hatten, die Berücksichtigung der deutschen Reichsgeschichte, des deutschen Staats- und Lehenrechts und der Reichspraxis im Studienplan nicht mehr notwendig machten, setzten 1807 Überlegungen zu einer gänzlichen Neugestaltung des juristisch-politischen Lehrprogramms ein. Franz von Zeiller, seit 1803 Direktor der juristischen Studien, wurde beauftragt, einen Vorschlag auf der Grundlage von kaiserlichen Direktiven zu erstatten. Deren Berücksichtigung führte zur Ausschaltung des deutschen Staatsrechts und der Reichsgeschichte sowie zur Reduzierung des römischen Rechts und des Kirchenrechts, obgleich Zeiller persönlich keine strikt ablehnende Haltung dazu einnahm. Sein Entwurf einer Studienreform aus dem Jahre 1808 bildete die Grundlage der Regelungen von 1810.[84]
Dieser für die ganze erste Hälfte des 19. Jahrhunderts bestimmende Lehrplan orientierte sich vorwiegend an praktischen Bedürfnissen der durchwegs später in den Staatsdienst tretenden Hörer. Im Gegensatz zum 18. Jahrhundert wurde jetzt das Schwergewicht auf die neuen österreichischen Rechtskodifikationen und deren Exegese gelegt.[85] Der historischen oder philosophischen Betrachtungsweise des Rechts wurde nur am Rande Platz eingeräumt.[86] Es wurde damit eine ähnliche Position wie die der französischen Rechtsschule unter Napoleon I. eingenommen. Es ist für den Studienbetrieb dieser Zeit nun kennzeichnend, daß eine eigene Instruktion[87] genaue Anweisungen für den Lehrvortrag in den einzelnen Fächern gab und die Vorlesebücher

die Stundenordnung und die Art der Prüfungen festlegten. Das strenge, gediegene und wohldurchdachte Prüfungssystem machte ein Verbummeln von Semestern beinahe unmöglich.
Von besonderer Bedeutung wurde die Studienreform von 1810 für das Grazer Lyzeum, das seinen bisherigen zweijährigen Kurs auf vier Jahre aufstockte und das gleiche Programm wie die Universität Wien anbieten konnte.[88]
Auch für das juristisch-politische Studium wurde die Reform von 1810 nicht als Abschluß gesehen. Schon 1818 erhielt die Studienhofkommission den Auftrag, dessen Revision vorzunehmen. Doch die Änderungsentwürfe, ausgearbeitet von Johann Gottfried Ritter von Rössler (1819) und Karl Schwabel (1826), fanden nicht die kaiserliche Zustimmung. In die Diskussion mußten nunmehr die Studienrevisionskommission (ab 1827) und die Professoren der juridischen Fakultät (ab 1831) mit einbezogen werden. Erst 1847 kam ein Entwurf des Lehrkörpers („Rechts- und staatswissenschaftliche Studienordnung für die k. k. Universitäten in den nichtungarischen Ländern") zustande, der jedoch keine Erledigung mehr erhielt.[89] Der Boden für eine neuerliche durchgreifende Reform war aber damit vorbereitet worden.

17.3.3 Die medizinischen Studien

Medizin konnte auch in der ersten Hälfte des 19. Jahrhunderts weiterhin auf zwei unterschiedlichen Niveaus studiert werden.[90] Das „Chirurgische Studium für Civil- und Landwundärzte" dauerte nur zwei Jahre und beschränkte sich im wesentlichen auf Chirurgie und Geburtshilfe. Die Hebammenausbildung erfolgte gleichfalls in diesem Kurs. Das medizinische Lehrangebot der Lyzeen ging darüber nicht hinaus. Das „Studium der Arzneykunde und höheren Wundarzneykunst" hingegen erstreckte sich zunächst über vier Jahre und konnte auf heute österreichischem Boden nur an der Wiener Universität absolviert werden. 1804 wurden erste Änderungen im Lehrprogramm vorgenommen. Das volle Fakultätsstudium bekam ein Jahr zugeschlagen; die ersten drei Jahrgänge wurden der Theorie, der vierte und fünfte Jahrgang dem Unterricht am Krankenbett gewidmet. Das chirurgische Kurzstudium verblieb zwar beim zweijährigen Kurs, doch wurden die Lehrinhalte etwas angereichert und bessere Erfolge dieser Berufsbildung erstrebt. Die Studienreform von 1810 vermehrte die Unterrichtsfächer auf beiden Ausbildungsniveaus. Einige Teilbereiche des Studiums gelangten dabei zu größerer Selbständigkeit (Chemie,[91] Pharmazie,[92] Augenheilkunde, Zahnheilkunde, Kurs des „Thierarzney-Institutes", Hebammenausbildung).
Überraschenderweise geriet damals auch die tierärztliche Ausbildung unter die Oberleitung der Humanmediziner. Die infolge des Staatsbankrotts von 1811 angespannte finanzielle Lage hatte nämlich dazu geführt, daß 1812 das „Thierarzney-Institut" der medizinischen Fakultät der Wiener Universität angegliedert wurde. Diese Veterinärschule[93] hatte ihr Entstehen Maria Theresia zu verdanken, die 1764/65 zwei Tierärzte und einen Apotheker an die von Claude Bourgelat geschaffene École Royale Vétérinaire in Lyon schickte, damit sie dort den zweijährigen Kurs besuchten. Nach dem Lyoner Vorbild eröffneten sie dann Anfang 1767 eine „Kayserlich-königliche Pferde-Curen- und Operationsschule".[94] Sie war ursprünglich nur für den militärischen Bereich gedacht, doch durften auch Stallmeister und Reitschmiede des Adels am Unterricht teilnehmen. Sie mußte schon nach zehnjährigem Bestand einem nicht bloß auf Pferde beschränkten „Kayserlich-königlichen Thierspital" das Feld räumen (1777). Nunmehr wurden Erkennung und Heilung der Krankheiten aller Haustiere gelehrt und auch für Mediziner, die eine Stelle als Stadtphysikus anstrebten, die notwendigen Vorlesungen über Tierseuchen geboten (ab 1778). Die Anstalt stand unter militärischer

Oberleitung und erhielt 1795 die Bezeichnung „K. k. Militair-Thierarzneyschule" und 1808 „K. k. Thierarzney-Institut". Das änderte sich nach der Eingliederung des Instituts in die medizinische Fakultät. Dem Militärkommando verblieb nur mehr die Aufgabe, für die Disziplin der Militärpersonen zu sorgen und die Militärpferde in Evidenz zu halten.

Das tierärztliche Studium gelangte jetzt zu Ansehen; die an dieser Schule wirkenden Lehrer erhielten die Gleichstellung mit den Universitätsprofessoren.[95] Der Lehrplan wurde einige Male erweitert, und ab 1841 durfte der Grad eines Magisters medicinae veterinariae verliehen werden. Es verdient der Erwähnung, daß an dieser nunmehr unselbständigen Schule ein vielseitiges kursartiges Lehrprogramm für Hirten- und Schafmeister, Jäger, Fleischbeschauer (mehrmonatig), für Huf- und Beschlagschmiede (einjährig) und Kurschmiede (zweijährig) angeboten wurde. Für die Ausbildung zum eigentlichen Tierarzt war ein bereits abgeschlossenes medizinisches Studium (Arzt oder Wundarzt) Voraussetzung.[96] Erst 1850 schied das „Thierarzney-Institut" wieder aus dem Universitätsverband aus.

Die medizinische Fakultät erreichte im Jahre 1833 als einzige eine weitere Neuordnung ihres Studienplanes.[97] Das Studium der Chirurgie wurde auf drei Jahre ausgedehnt, das der Pharmazie auf zwei Jahre.[98] Die Studienhofkommission fragte aber bereits 1836 wieder bei allen Professoren der medizinischen Fakultät an, welche Verbesserungen wünschenswert seien. Die Vorschläge wurden vom Vizedirektor des Wiener medizinisch-chirurgischen Studiums, Ludwig von Türkheim, zu einem Gutachten zusammengefaßt, dessen Grundgedanke war, „daß die gegenwärtig stattfindende Einrichtung, nach welcher zwei Klassen von Sanitäts-Individuen, Ärzte und Wundärzte (Doktoren der Medizin und Chirurgie und Magistri oder Patroni der Chirurgie), gebildet werden, vom wissenschaftlichen Standpunkte aus durchaus verwerflich ist". Der Antrag lief daher darauf hinaus, in Hinkunft „nur eine Klasse von gleichmäßig vorgebildeten und ausgebildeten und deshalb auch gleich befugten Sanitäts-Individuen, Doktoren der Medizin und Chirurgie, zu erziehen".[99]

Die Studienhofkommission setzte 1845 zur Ausarbeitung eines Studienplans eine Kommission ein. Ihr gehörten unter anderem Joseph Skoda, Karl Rokitansky und Joseph Hyrtl an, Referent war Stephan Ladislaus Endlicher. Der Kommissionsbericht aus dem Jahre 1846, der keine Erledigung mehr erfuhr, wies ebenfalls bereits in die Richtung künftiger Entwicklungen.[100] Die Anfänge der Zweiten Wiener medizinischen Schule, die weltweit Einfluß gewann, müssen bereits in den vierziger Jahren des 19. Jahrhunderts gesucht werden.[101]

17.3.4 Die theologischen Studien

Beim Theologiestudium können ebenfalls verschiedene Niveaus unterschieden werden, die anfangs auch organisatorisch verankert waren. Wahrscheinlich wäre es von vornherein zielführender gewesen, den Vorschlag des Direktors der Wiener theologischen Fakultät, Augustin Zippe, anzunehmen, der die Ausbildung auf die Bedürfnisse der zukünftigen Aufgabenstellung ausrichten wollte.[102] Er unterschied zwischen einem Lehrgang zur wissenschaftlichen Schulung von Theologen und einem für den Seelsorger. Obgleich sich die Studien-Revisions-Hofkommission mehrheitlich dieser Meinung anschloß, verwarf sie Kaiser Franz. Er ließ zwar zunächst dreijährige theologische Kurse mit einem begrenzten Lehrprogramm an den Lyzeen und den theologischen Lehranstalten der Diözesen und Ordenshäuser zu, doch bis 1814 mußten sie überall vierjährig wie an der Wiener Universität eingerichtet werden,[103] ohne daß aber dadurch die Qualitätsunterschiede im Unterricht aufgehoben wurden.

Der 1804 festgelegte Studienplan[104] brachte überdies nicht allzu viele Neuerungen. Der Unterricht in Griechisch und Hebräisch wurde für die zukünftigen Seelsorger stark beschnitten, dafür jedoch wurde dem öffentlichen und privaten Kirchenrecht ausreichend Platz eingeräumt und außerdem der Besuch der Vorlesungen über Erziehungskunde – die Geistlichen waren ja die Religionslehrer im Primar- und Sekundarbereich – verpflichtend vorgeschrieben. Ab 1808 mußten die Theologiestudenten sogar Landwirtschaftslehre an der philosophischen Fakultät hören, um der bäuerlichen Bevölkerung mit Ratschlägen zur Seite stehen zu können. Erst 1826 wurde die Verbindlichkeit dieses Faches aufgehoben.

Der Mangel an Theologen führte dazu, daß schwächere Leistungen bei Prüfungen toleriert und die Professoren angewiesen wurden, in den Vorlesebüchern „die wesentlichen nothwendigen Materien von den zur gelehrten Bildung führenden“ durch die Art des Druckes oder durch Verlegung in die Anmerkung sichtbar zu unterscheiden.[105]

Der Abschirmung vor unkontrollierbaren Zeiteinflüssen diente der verpflichtende Aufenthalt der Theologiestudenten in den bischöflichen (bzw. erzbischöflichen) Seminaren sowie das grundsätzliche Verbot jedes Privatstudiums der Theologen (1826).[106]

Die theologischen Studien kamen jedoch trotz aller Bemühungen zu keiner rechten Blüte. Deshalb wurde 1836 die Studienhofkommission beauftragt, „Reformvorschläge zu erstatten“.[107] Nach Befragung aller Erzbischöfe und Bischöfe legte ihr Referent Franz Xaver Zenner, der Direktor des theologischen Studiums an der Universität Wien, im Jahre 1839 einen Entwurf für eine Neuordnung vor.[108] Kaiser Ferdinand I. ordnete 1841 weitere Beratungen an, wobei besonders darauf geachtet werden sollte, daß das Studium hauptsächlich der Heranbildung guter Seelsorger dienen müsse. In der Folge wurde das Hebräische aus den Obligatfächern ausgeschieden (1842). Auch räumte der Kaiser den Bischöfen eine gewisse Mitsprache und einige Kontrollfunktionen ein, doch wies er deren Wunsch, die theologischen Studien wieder selbst leiten zu dürfen, zurück (1843). Auch die Meinungen der Theologieprofessoren wurden jetzt eingeholt. Ein aufgrund der Befragungen und eingehenden Beratungen von Franz Xaver Zenner ausgearbeiteter Studienplan konnte erst am 13. Jänner 1848 dem Kaiser vorgelegt werden. Er war vor allem auf die praktischen Aufgaben der künftigen Priester und Seelsorger abgestimmt. Ferdinand I. faßte darüber keine Entschließung mehr.

Die Sorge um eine gediegene Ausbildung der Theologen, die geeignet schienen, einmal Lehrstühle an den Universitäten oder Spitzenfunktionen in der kirchlichen Hierarchie zu bekleiden, hatte allerdings schon 1816 dazu geführt, daß Franz I. in Wien das „Höhere Priesterbildungsinstitut zum hl. Augustin“ über Anregung seines Hof- und Burgpfarrers Dr. Jacob Frint ins Leben rief.[109] Je ein bis zwei junge Priester aus jedem Kronland, die bereits ihre theologischen Studien mit Auszeichnung abgeschlossen hatten, wurden jährlich in dieses sogenannte „Frintaneum“ aufgenommen und mußten innerhalb von drei Jahren das Doktorat der Theologie erwerben. Ein Großteil der Führungskräfte der katholischen Kirche in Österreich durchlief diese der religiösmoralischen Bildung viel Gewicht beimessende elitäre Anstalt.

17.4 Die akademischen Lehrer und die Studenten

In der ersten Hälfte des 19. Jahrhunderts bewegten sich die Universitätsprofessoren zum letzten Mal in hierarchischen Strukturen mit starken Abhängigkeiten; sie konnten sie erst im Jahre 1848 weitgehend abschütteln. Doch nicht das Eingeordnetsein und der geringe Bewegungsspielraum waren es, die sie damals besonders beengten. Die akademischen Lehrer sahen sich nämlich meist von vornherein als Beamte des Staates und weniger als Gelehrte. Ja sie zogen die besser gestellten Beamtenstellen jederzeit der verhältnismäßig niedrig besoldeten Professur vor.[110] Auch daß sie nur ein Glied in einer Kette waren und ihre Tätigkeit durch Weisungen und Vorschriften bestimmt wurde, mag ihnen natürlich und selbstverständlich erschienen sein.

Was sie aber doch einigermaßen unangenehm empfanden, war wohl, daß der jeder Fakultät vorstehende und von der Studienhofkommission abhängige Studiendirektor (an der Wiener Universität der Vizedirektor) das Recht und die Aufgabe hatte, die Professoren nicht nur bei ihrer Berufsausübung zu kontrollieren, sondern auch ihr Privatleben in „moralischer Hinsicht" im Auge zu behalten, wobei die religiöse Grundhaltung wie auch die politische Überzeugung besonders beachtet werden mußten.[111]

Doch sollten die dadurch möglichen Einschränkungen und Gängelungen nicht überschätzt werden. Als z. B. der Professor des Natur- und Strafrechts an der Wiener Universität Anton Hye in einer öffentlichen Diskussion die Einverleibung Krakaus (1846) kritisierte, erstattete wohl Joseph Graf Sedlnitzky, der Präsident der Polizei- und Zensurhofstelle, einen Bericht, doch geschah nichts weiter.[112]

Die Absicherung des Staates gegen unerwünschte Professoren war übrigens mehrfach. Zunächst wurde jede freie Lehrkanzel ausgeschrieben, und der Studiendirektor hatte die Möglichkeit, ihm nicht geeignet scheinenden Bewerbern die Zulassung zum „Concurs"[113] zu verweigern. Diese Prüfung, von der nur anerkannte Fachkräfte und bereits an anderen Universitäten bewährte Lehrer befreit waren, bestand aus der schriftlichen Beantwortung von drei Fragen (Klausurarbeit) und einer Art Probevorlesung. Der vom Studiendirektor erstellte Reihungsvorschlag, der auch praktische Erfahrungen des Kandidaten anführte und würdigte,[114] nahm eine weitere Auslese vor. Eingriffsmöglichkeiten boten sich auch der Landesregierung und der Studienhofkommission, denen der Akt mit Beurteilung und Reihung der Kandidaten vorgelegt werden mußte. Vor allem, wenn deren politischer Leumund Verdacht erregte, erfolgten Änderungen. Der endgültige Besetzungsvorschlag wurde von der Studienhofkommission entworfen. Seine Genehmigung durch den Monarchen führte zunächst nur zu einer provisorischen Anstellung des ausgewählten Bewerbers für drei Jahre. Dem Kaiser blieb auch die definitive Bestätigung vorbehalten.

Die ernannten Professoren mußten sich an eine Reihe von Vorschriften halten. Die Bindung an die vorgeschriebenen Lehrbücher, längst an den österreichischen Universitäten zur Selbstverständlichkeit geworden, darf auch jetzt nicht nur von der Möglichkeit her gesehen werden, auf diese Weise ohne Schwierigkeit die vorgetragenen Lehrinhalte leicht kontrollieren zu können. Es sollte auf diese Weise auch der Lehrstoff begrenzt und das Lernen nach den Skripten, deren Beschaffung den Studenten ziemlich teuer kam, verhindert werden.[115] Jeder Professor konnte ohne weiters von ihm geschriebene Bücher bei den Vorlesungen benützen, wenn dazu die Studienhofkommission die Bewilligung gegeben hatte. Wünschenswerte Abänderungen oder Zusätze zum Vorlesebuch waren ebenfalls nach Rücksprache mit dem Studiendirektor möglich, nur mußte dieser darüber an die Studienhofkommission berichten. 1837 wurde die

Verpflichtung der Professoren, sich an die approbierten Lehrbücher zu halten, grundsätzlich etwas gelockert.[116]
Die ärgsten Einschränkungen und Bespitzelungen der Professoren erfolgten seit Anfang der zwanziger Jahre des 19. Jahrhunderts, als sich Metternich gegen revolutionäre Bestrebungen jeder Art absichern wollte. „Religions-, sitten- oder staatswidrige und revolutionäre Bücher" durften sie nur mit Bewilligung der Landesregierung aus der Universitätsbibliothek entleihen, grundsätzlich hatte der Bibliothekar die Titel der von den Professoren benützten Bücher zu melden;[117] auch war alles Bedenkliche im „Benehmen und im Vortrag der Professoren" der Polizei- und Zensurhofstelle anzuzeigen.[118]
Um einen geeigneten wissenschaftlichen Nachwuchs heranzubilden, wurde 1811 die Einrichtung der Adjunkten geschaffen.[119] Junge Akademiker, „an denen während ihrer Studienzeit die Anlagen und Eigenschaften zum künftigen Professor am deutlichsten sich aussprechen",[120] wurden gleich den heutigen Assistenten auf zwei Jahre angestellt. Sie hatten zwar bei Verhinderung des Professors dessen Vorlesungen zu halten und ihm bei der Abnahme der Prüfungen zu helfen, aber es wurde ausdrücklich befohlen, daß sie von allem befreit sein müßten, was ihrer Ausbildung hinderlich wäre und sie „in literarische Handlanger der Professoren, Präfecte oder Direktoren umwandelte".[121] Jährlich hatte der Adjunkt wissenschaftliche Abhandlungen zu verfassen, und längstens in vier Jahren mußte er sich einer Prüfung („Concurs") stellen. Die Zahl der Adjunkten wurde freilich gering gehalten,[122] doch der damit eingeschlagene Weg hatte Zukunft.
Die Studenten mußten sich damals einen schulmäßigen Betrieb gefallen lassen.[123] Da der Besuch der Vorlesungen Pflicht war, wurde 1790 angeordnet, die Bänke im Hörsaal zu numerieren und die Nummer der Bank eines jeden Schülers bei seinem Namen im Katalog einzutragen. Um eine Cliquenbildung auszuschalten, erhielten die Studenten jedes Jahr eine andere Bank zugewiesen.[124] Auch hatten sie bei Krankheit Entschuldigungen vorzulegen. Sie waren außerdem verpflichtet, an Sonn- und Feiertagen am akademischen Gottesdienst teilzunehmen und die Exhorte zu hören.[125] Die Studierenden der Philosophie mußten dem Religionslehrer sechsmal im Jahr Beichte und Kommunion nachweisen.[126] Ein Studium im Ausland war verboten;[127] Ausländer durften ebenfalls in der Regel nicht an einer österreichischen Lehranstalt studieren, was 1838 zu einer Neueinteilung der akademischen Nationen führte.[128] Reisen ins Ausland bedurften einer besonderen Genehmigung.[129] Sogar der Zugang zu Romanen, bloßen Unterhaltungsschriften und außerhalb Österreichs gedruckten Konversationslexika wurde den Studenten verwehrt.[130] Einer Burschenschaft oder einer nicht anerkannten Studentenverbindung durften sie nicht angehören.[131] Nur gutes Betragen und gute Zeugnisse sicherten den Studierenden Begünstigungen (Stipendien, Stiftungsplätze, Unterrichtsgeldbefreiung), schwere Verstöße gegen die Vorschriften konnten bis zum Ausschluß vom Studium führen. Die Studenten wurden jedenfalls in strenger Disziplin gehalten; ihre eruptive Reaktion auf dieses sie niederhaltende System von Vorschriften im Jahre 1848 wird verständlich. Der Rückstau ihrer Wünsche hatte zu lange gedauert.

17.5 Die Gründung der „Kaiserlichen Akademie der Wissenschaften in Wien“

Es ist hier nicht notwendig, die Versuche zur Gründung einer Akademie der Wissenschaften in Wien in der ersten Hälfte des 19. Jahrhunderts und ihr spätes Ins-Leben-Treten in allen Verästelungen auszubreiten. Denn eine derartige Vereinigung von Gelehrten zum Zwecke wissenschaftlicher Kommunikation und zur Durchführung von Forschungsaufgaben ist ja keine institutionelle Bildungseinrichtung im engeren Sinne, der Aus- und Fortbildung anvertraut ist; von ihren Mitgliedern werden Lehraufgaben zumeist im Rahmen der Universität und ähnlicher Anstalten vollzogen. In ihrer Struktur freilich nimmt die Akademie öffentlich-rechtliche Formen ähnlich einer schulischen Institution an und löst sich damit von den wissenschaftlichen Vereinen und wissenschaftlichen Gesellschaften, die gleichfalls Gedankenaustausch und Forschung zum Ziele haben. Doch die Gründung einer Akademie der Wissenschaften ist von großer bildungspolitischer Bedeutung, weil die von ihr initiierte Forschungstätigkeit die wissenschaftliche Lehre an den Universitäten wesentlich zu fördern vermag und außerdem von ihr Anstöße kommen können, die geistige Verkrustungen und staatliche Zwänge aufbrechen. Das Drängen nach Gründung einer Akademie hatte auch zur Voraussetzung, daß sich Anfang des 19. Jahrhunderts die Zahl wissenschaftlich tätiger Männer mehrte und die Wissenschaften ausreichende Entfaltungsmöglichkeiten besaßen.
Seit Maria Theresias strikter Ablehnung war ein Menschenalter vergangen, als 1810 der Historiker Joseph Freiherr von Hormayr, der Orientalist Joseph von Hammer (-Purgstall), das Mitglied der Studienhofkommission Johann Wilhelm Ridler und Friedrich von Schlegel wieder den Plan einer den ganzen Kaiserstaat erfassenden Akademie erörterten.[132] Er fand seinen Niederschlag in einer Reihe von Aufsätzen, blieb aber wie auch die 1817 dem Fürsten Metternich vorgelegte Denkschrift des Bischofs von Seeland Friedrich Christian Muenter, die einen alle wissenschaftlichen Gesellschaften Deutschlands verbindenden „hohen Rat deutscher Wissenschaft und Kunst“ in der Kaiserstadt vorschlug, ohne Widerhall.[133]
Die im Jahre 1832 in Wien abgehaltene Tagung der Naturforscher löste Bestrebungen aus, wenigstens eine Akademie der Naturwissenschaften zu gründen. Dies führte zwar zu einer Reihe von Besprechungen zwischen Metternich und den Professoren Joseph Johann Littrow, Andreas Baumgartner, Joseph Franz Freiherr von Jacquin und Joseph Julius Czermak, jedoch zu keinem Ergebnis. Kaiser Franz I. konnte sich mit dem Gedanken einer Akademie nicht anfreunden, und auch der gegenüber den Wissenschaften offene Metternich fürchtete eine zu weit gehende „Denk- und Schreibfreiheit“ einer solchen Einrichtung.[134]
Nach dem Regierungsantritt Ferdinands I. wurde der Gedanke der Akademiegründung sogleich wieder aufgenommen.[135] Der Archivar Johann Paul Kaltenbäck schrieb einen werbenden Aufsatz (1836) und versuchte über Joseph Freiherr von Hammer-Purgstall (1774–1856) Metternich dafür zu gewinnen. Der Pfarrer Johann Weber wandte sich deswegen sogar unmittelbar an den Kaiser (1837). Einige Beachtung fand eine am 20. März 1837 überreichte Denkschrift eines Dutzends angesehener Wiener Gelehrten, als deren Sprecher Hammer-Purgstall auftrat. Sie nahm den üblichen Aktengang, zustimmende und ablehnende Stellungnahmen wurden vorgelegt, die Kostenfrage löste langwierige Diskussionen aus. Als der inzwischen zu einem Konvolut angeschwollene Akt 1840 in die Hände Metternichs zurückgelangte, konnte sich dieser zu keiner positiven Entscheidung durchringen.[136]

Als Ende 1845 eine Reihe von Plänen verfolgt wurde, wissenschaftliche Gesellschaften nunmehr vereinsrechtlich zu gründen („Kaiserlich-Asiatische Gesellschaft", „Gesellschaft der Naturforscher", „Gesellschaft der Wissenschaften"), ergriff Fürst Metternich selbst die Initiative. Er wollte der Unruhe und Unzufriedenheit unter der geistigen Elite, die bereits in der berühmten Denkschrift vom 11. März 1845 gegen „die gegenwärtigen Zustände der Censur in Österreich" ein deutliches Zeichen ihres Unmuts gesetzt hatte, offenbar ein Ventil öffnen. Er ließ durch Karl Freiherrn von Kübeck „Vorschläge für die Errichtung einer Akademie der Wissenschaften" ausarbeiten und stellte bereits am 13. Jänner 1846 einen dementsprechenden Antrag, der am 5. Februar 1846 die kaiserliche Genehmigung erhielt.[137]
Als eigentlicher Gründungstag der Akademie muß aber der 14. Mai 1847 gelten, denn mit diesem Datum unterzeichnete Ferdinand I. den Entwurf für das Patent, dessen Fassung erst nach langen Diskussionen zustande gekommen war, und die Ernennung der ersten vierzig Mitglieder. Der Wirkungsbereich dieser „Kaiserlichen Akademie der Wissenschaften in Wien" war letztlich, wie auch die Namen der in die Akademie berufenen Gelehrten zeigen,[138] auf die gesamte Monarchie ausgedehnt worden. In seiner Festrede kennzeichnete Freiherr von Hammer-Purgstall, dessen ständige Bemühungen hauptsächlich zur Gründung der Akademie geführt hatten und der deren erster gewählter Präsident wurde, diese als einen „Verein geistiger Kräfte zur Förderung der Wissenschaft in ihrer höchsten Entwicklung und Macht". Sie sei allerdings „keine Schule, sondern ein Richterstuhl wissenschaftlicher Leistungen in letzter Behörde".[139]
Anfangs gab es über die Arbeiten, die zunächst in Angriff genommen werden sollten, ziemlich gegensätzliche Meinungen. Durch Bildung von Kommissionen mit bestimmten Forschungsaufgaben konnten jedoch die ersten Schwierigkeiten überwunden werden.
Für die Pflege der Wissenschaften in Österreich war damit ein ständiger Impulsgeber geschaffen worden. Die sogleich nach außen tretende Aktivität der Forschung machte recht deutlich, daß seit langem – vor allem außerhalb der Universitäten, deren Aufgabe nur die Lehre, das Tradieren des als gesichert geltenden Wissensgutes war – erfolgreiche wissenschaftliche Arbeit geleistet worden war. Es wird meist zuwenig beachtet, daß besonders Beamte des Hof-Naturalienkabinetts der Hofbibliothek, des Münzkabinetts und anderer kaiserlicher Sammlungen des Haus-, Hof- und Staatsarchivs, aber auch Archivare und Bibliothekare verschiedener Klöster damals emsig geforscht und daß manche der Ergebnisse zum Fortschritt der Wissenschaften wesentlich beigetragen haben. Daher ist jedes generalisierende Urteil, das Österreich Rückständigkeit auch in wissenschaftlichem Bereich zuschreibt, nicht nur fehl am Platze, sondern ausgesprochen falsch.[140] Die Vorhaben der Akademie setzten nun die Tradition dieser außeruniversitären Forschungsstätten fort.

18 Bildungsmöglichkeiten außerhalb des öffentlichen Schulwesens

Nur in Beispielen und mehr andeutend als in Einzelheiten ausführend soll abschließend auf die Fülle von Bildungsmöglichkeiten eingegangen werden, die damals entweder schulisches Lernen ersetzen konnten oder das in der Schule erworbene Wissen erweiterten und vertieften.

18.1 Erziehung durch die Familie

Der im 18. Jahrhundert einsetzende Zerfall des „ganzen Hauses" hatte zwar dem einzelnen mehr Freiraum verschafft, ihn aus persönlichen Dienstverpflichtungen und sozialen Bindungen gelöst, andererseits aber auch jedweden Schutzes bei Krankheit und Arbeitsunfällen beraubt.[1] Die Anforderungen der Existenzsicherung zur Zeit der Protoindustrialisierung zwangen die Familienmitglieder dennoch fest aneinander. Die Familie blieb schon aus diesem Grund weiterhin ein wirksames gesellschaftliches Strukturelement, auch dort, wo ihre agrarische Lebensgrundlage geschwunden war.
Im Rahmen der Familie wurde nicht nur, wie schon immer, der Charakter des heranwachsenden Kindes geformt, sondern in zunehmend stärkerem Umfang auch schulisches Wissen vermittelt. Das ABC scheint in bürgerlichen Familien sehr oft bereits durch Mutter oder Vater gelehrt worden zu sein.[2] Im Arbeitermilieu hingegen, wo der Mann und häufig auch die Frau oft 12 Stunden und mehr am Tage beschäftigt waren, ihren Lebensunterhalt zu verdienen,[3] blieb verständlicherweise kaum Zeit für eine solche Lernhilfe; auch fehlten den Eltern der Grundschicht meist dafür das Verständnis und die nötigen Kenntnisse. Die Kinder blieben daher häufig sich selbst überlassen und wurden meist früh in den Arbeitsprozeß eingegliedert.
In der Familie vollzogen sich auch semiliterarische Prozesse von Bedeutung, wie das Vorlesen durch den Hausvater, die Mutter oder zufällige Besucher, wodurch nicht nur Volkserzählungen tradiert und religiöse Aussagen vermittelt, sondern auch aktuelle Ereignisse mitgeteilt wurden. Der Analphabet hatte auf diese Weise Zugang zu Informationen, wenn er hören und sich bilden wollte. Er konnte Wertsetzungen, Kenntnisse und Meinungen durch das Ohr aufnehmen und Verhaltensweisen imitativ lernen.[4]
Die Kleinbürger- und Grundschichtfamilien allerdings, in steter Sorge um das tägliche Brot und im harten Konkurrenzkampf um einen Arbeitsplatz, waren vielfach nur mit den sie bedrohenden existentiellen Fragen ihres Daseins beschäftigt. Sie leisteten deshalb ziemlichen Widerstand gegen das Lernen in der Schule. Sie hielten ihre Kinder

davon ferne, weil sie auf deren Arbeitskraft nicht verzichten konnten und Schulgeld sparen wollten. Außerdem färbte das geringe Ansehen des Lehrers auf die Institution Schule ab und ließ den dort gebotenen Unterricht wenig geeignet und förderlich erscheinen. Es wird angenommen, daß daher am Beginn des 18. Jahrhunderts im Durchschnitt noch 90 Prozent der Bevölkerung Analphabeten waren und auch im frühen 19. Jahrhundert nur ein Alphabetisierungsgrad von 30 Prozent erreicht werden konnte.[5]

Freilich fehlen derartige quantitative demographische Untersuchungen, die einigermaßen genaue Aussagen zulassen, vorläufig noch für das österreichische Gebiet. Ohne Zweifel bestand aber hier eine starke Diskrepanz zwischen den städtischen Siedlungen und dem ländlichen Bereich. Eine Stichprobe weist aus, daß im Jahre 1794 in einem steirischen Dorf von 126 Bauern 122 noch mit einem Kreuz unterschrieben. 1826 benützten in einer Beschwerdeschrift nur mehr 12 von 23 Bauern ein Kreuz anstelle der Unterschrift.[6] Es ist jedoch zu bedenken, daß sicherlich mehr Menschen lesen als schreiben konnten, und deswegen sollten die auf dem Zählen von Unterschriften beruhenden Untersuchungen – vielleicht war dies die einzige Schreibkenntnis – trotz deren eindeutiger Aussagen nicht überbewertet werden. Doch sicherlich hat erst die im 18. Jahrhundert begonnene, mehr oder weniger zwangsweise Hinführung der Grundschicht zur Schrift die allgemeine Bildungssituation entscheidend geändert. Jetzt wurde ihr der Weg zur kulturellen Partizipation geebnet und ihre Emanzipation eingeleitet. Einer vollständigen Alphabetisierung des österreichischen Volkes stand nunmehr nichts im Wege.

Grundsätzlich bedeutete aber die Schulpflicht – worauf ja die staatlich angeordnete Unterrichtspflicht in der Regel hinauslief, weil sich der Großteil der Bevölkerung keine Privatlehrer leisten konnte – einen gewaltigen Einbruch in das Gefüge der Primärgruppe Familie.[7] Sie mußte einen Aufgabenbereich abgeben und einen Miterzieher zulassen, der unter Umständen gegen die Normen des eigenen „Hauses“ wirkte. Die teilweise Ausgliederung der Daseins- und Grundfunktion „Sich-Bilden“ aus dem Familienverband war freilich ein Prozeß, der bereits mit der ersten Form eines institutionalisierten Unterrichts begonnen hatte. Daß nunmehr ein kritischer Punkt erreicht wurde, weil Zwang statt Freiwilligkeit herrschte, und die strenge obrigkeitliche Reglementierung der Schule Disziplinierungs- und Uniformierungseffekte zur Folge haben konnte, wurde damals im wesentlichen nicht erkannt.

18.2 Privatunterricht und Privatschule

Den Nachteilen einer öffentlichen Schule haben sich Oberschicht und Teile der Mittelschicht schon immer entzogen. Es darf nicht vergessen werden, daß die Möglichkeit, Kinder privat unterrichten zu lassen, immer gegeben war. Das Lehrprogramm orientierte sich dabei an den elterlichen Wünschen und an den zukünftigen Aufgaben des Zöglings oder an den Eintrittsvoraussetzungen für Übertritte in das öffentliche Schulwesen. Das Niveau in den einzelnen Fächern, die didaktischen Entscheidungen und die angewendeten Methoden waren vom zeitgenössischen Stand der Wissenschaft und Pädagogik bestimmt. Dieser Privatunterricht war in der Regel qualitätsvoller und effizienter als die öffentlichen Schulen. Seine spezifischen Ausformungen brauchen hier nicht ausgebreitet zu werden, wohl aber die Schwerpunkte seiner Wirksamkeit.

Für die Adeligen, die lange Zeit aus Standesgründen weitgehend den allgemein zugänglichen Institutionen des Lehrens und Lernens auswichen, war die Ausbildung ihrer Söhne und Töchter durch Privatlehrer eine Selbstverständlichkeit. Daneben schufen sie sich freilich schon früh nur der adeligen Jugend zugängliche höhere Ausbildungsstätten und setzten auch in die Jesuiten großes Vertrauen. Viele ließen ihre Söhne in deren schulischen Einrichtungen studieren; es überrascht daher nicht, daß nach der Auflösung der Gesellschaft Jesu manche ihrer Mitglieder bei Adeligen als Erzieher und Hauslehrer Brot und Unterkunft fanden.[8]

Die gehobene Mittelschicht, ja selbst vermögende Handwerker stellten für ihre Kinder Hauslehrer an. Diese nahmen allerdings bei den bürgerlichen Familien auch eine Art Statusfunktion ein und signalisierten der Umwelt deren wirtschaftlichen Aufstieg und Reichtum. Doch hielten es wegen des wenig befriedigenden Zustandes des elementaren Schulwesens[9] auch weniger wohlhabende Bürger für nötig, eigene „Lehrmeister bei sich im Hause oder wenigstens einen Stundenlehrer" zu haben.[10] In Wien, das noch am reichsten mit Schulen versehen war, besuchten im Jahre 1770 von 19 314 schulfähigen Kindern nur 4 665 eine öffentliche Schule, 6 632 hingegen wurden privat unterrichtet.[11]

Als nun der Staat im letzten Drittel des 18. Jahrhunderts das gesamte Bildungswesen unter seine Kontrolle zu bringen trachtete, war davon ebenfalls der sich bisher ohne Einschränkungen – ausgenommen in konfessioneller Hinsicht – entfaltende Privatunterricht betroffen. Er stand nämlich dem angestrebten Schulmonopol des Staates im Wege, sollte zunächst angepaßt und letztlich wohl weitgehend eingeschränkt werden.

Das Verfahren, um dieses Ziel zu erreichen, lief darauf hinaus, die außerhalb des öffentlichen Schulwesens tätigen Lehrer durch obrigkeitliche Maßnahmen immer stärker zu gängeln. Die Bezeichnungen für solche Privatlehrer sind in den Verordnungen oder Aufzeichnungen vielfältig und keinesfalls verläßlich auf ihren Wirkungskreis oder auf ihre Tätigkeit abgestimmt. Der Hofmeister oder Gouverneur (Gouvernante) bewegte sich ursprünglich nur in der ständisch-exklusiven Welt des Hofes und des Adels.[12] Hofmeister wurde er aber auch manchmal genannt, wenn er in einer reichen Bürgerfamilie tätig war, allerdings „in Häusern von höherem Rang".[13] In der Regel sprach man freilich hier von einem „Hausinformator", „Hausinstruktor" oder „Privatinstruktor".[14] Der „Haus- oder Stundenlehrer" war nur in bürgerlichen Häusern zu finden;[15] er bot seine Erziehungshilfe stundenweise an und war meist bei mehreren Familien tätig. Der „Korrepetitor" verfolgte überhaupt nur die Aufgabe, das von seinem Zögling in der Schule Gelernte – ähnlich einem heutigen Nachhilfelehrer – mit ihm zu wiederholen und zu üben.

Die Stellung und Situation des Privatlehrers ist sozialgeschichtlich deswegen besonders bedeutsam, weil jungen Universitätsabgängern – auch aus niedrigen Schichten – auf diese Weise die Möglichkeit geboten wurde, nicht nur beachtenswerten Einfluß auf die Erziehung des Adels zu nehmen, sondern sich selbst dabei in das Beziehungsnetz der Herrschaftswelt einzubinden. Der gelehrte Hofmeister zählte im adeligen Herrschaftsraum nicht zum Gesinde, wenn er auch keinen von vornherein festgelegten Platz einnahm; er wurde im 18. Jahrhundert bereits gut bezahlt, doch gleichzeitig blieben die wechselseitigen Treueverpflichtungen im alten herrschaftlichen Sinne weiter wirksam. Dem ehemaligen Hausgenossen, nachdem er bei der Erziehung der Heranwachsenden des Hauses treue und verläßliche Dienste geleistet hatte, wurden nicht selten Karrieren eröffnet, die ihm sonst verschlossen geblieben wären.[16] Geistliche wie weltliche Privatlehrer stiegen dank eines sie fördernden adeligen Patrons häufig zu hohen Würden auf.[17] Gerade weil vom Adel der Einsatz von Hofmeistern und Hausinformatoren als notwendig empfunden wurde, verwundert es nicht, daß die Maßnahmen des Staates sich zunächst nur auf die Ausbildung der Privatlehrer richteten und den

Privatunterricht als Institution vorläufig nicht in Frage stellten. Allerdings wurde dem Privatlehrer eine Reihe von Erschwerungen auferlegt.
Im Primarbereich hatte seit der Reform von 1774 der weltliche „Ortsaufseher" darauf zu achten, daß die „Privatinstruktoren" in der neuen Lehrart ausgebildet waren. Sie mußten sich mit einem Zeugnis über Besuch und Prüfung an einer Normalschule ausweisen.[18] Sie hatten sich dem „Oberaufseher" vorzustellen, der ihre Eignung überprüfte und die Fähigsten unter ihnen der Schulkommission meldete. Denn sie sollten bei sich bietender Gelegenheit eine Stelle an einer öffentlichen Schule zugewiesen erhalten.[19] Außerdem wurde 1776 angeordnet, daß kein Knabe in die „lateinischen Schulen" aufgenommen werden durfte, dessen Privatunterricht sich nicht auf die Normalschulschriften gestützt hatte und nach Art und Weise der öffentlichen Schulen abgelaufen war. Gratian Marx verfügte zudem strenge Prüfungen für Privatschüler, die in eine Gymnasialklasse übertreten wollten.[20] Es lag auf der Linie der Zurückdrängung des höheren Unterrichts überhaupt und der Einschränkung des dem zentralstaatlichen Zugriff entzogenen Privatunterrichts im besonderen, daß unter Joseph II. alle noch bestehenden „lateinischen Privatschulen" geschlossen werden mußten (1783); für zuwiderhandelnde Lehrer waren empfindliche Geldstrafen vorgesehen.[21]
Eine umfangreiche Prüfungsordnung (1785, 1787) sah dann jährlich zwei öffentliche Semesterprüfungen für Privatisten vor, falls diese Zeugnisse für die Gewährung eines Stipendiums oder für den Übertritt in den philosophischen Kurs benötigten.[22] Später wurde angeordnet, daß Privatschüler in einem Ort, der über ein Gymnasium verfügt, monatlich an den Prüfungen teilnehmen müssen. Außerdem war der Name des Hauslehrers beim Gymnasialpräfekten (Direktor) zu melden und das vorgeschriebene Schulgeld zu bezahlen. Wer als Hofmeister, Instruktor oder Korrepetitor wirken wollte, mußte sich mit einer Art Befähigungszeugnis eines öffentlichen Gymnasiums ausweisen. Er wurde zudem aufgefordert, Kontakt mit den Lehrern der Schule zu halten, an der seine Zöglinge geprüft wurden, und sich über die Abfolge des Lehrstoffs mit ihnen zu besprechen.[23]
Nach Einführung des Fachlehrersystems zeigte sich, daß die Privatlehrer häufig ihren Aufgaben nicht gewachsen waren. Um sie mit den Lehrgegenständen und ihren Methoden vertraut zu machen, wurde 1809 an der Wiener Universität „eine Lehrkanzel für Privat-Lehrer in Gymnasial-Gegenständen" errichtet.[24] In die von Dezember bis Juli dauernden Lehrkurse wurde nur aufgenommen, wer das Gymnasium erfolgreich abgeschlossen und Pädagogik an einer Haupt- oder Normalschule mit gutem Fortgang gehört hatte. Es fanden sich jedoch keine Hörer ein, obgleich ein Mangel an approbierten Instruktoren herrschte. Denn die Zahl der Privatschüler nahm in den ersten Jahrzehnten des 19. Jahrhunderts stark zu, wie uns die Ausweise der Gymnasien berichten.[25]
Die Gründe dafür waren vielfältig. Vor allem ließ die geringe Zahl der Gymnasien vielen Eltern bei der Wahl zwischen einem kostspieligen Aufenthalt in der Fremde und dem Privatunterricht zu Hause letztere Möglichkeit als die billigere und für ihren Sohn auch erzieherisch wertvollere erscheinen. Die in Wien beheimateten Schüler hingegen mieden, wenn ihre Eltern finanziell dazu in der Lage waren, den öffentlichen Unterricht, um Dispens vom Erlernen der griechischen Sprache zu erhalten. Seelsorger wiederum unterrichteten Jünglinge in der Hoffnung, daß der eine oder andere den Priesterberuf ergreifen würde.
Um eine Eindämmung dieser das öffentliche Schulwesen unterlaufenden Entwicklung zu erreichen, wurde nunmehr die Zahl der Privatlehrer durch Verbote gesenkt und eine Reihe von bürokratischen Maßnahmen als zusätzliche Hindernisse für die Privatschüler aufgerichtet. Die entscheidenden Bestimmungen erflossen im Jahre 1827. Ein Privat-

lehrer durfte weder eine Anstellung im Staats- oder Privatdienst innehaben noch Advokat sein, weil der Unterricht nicht durch die Ausübung eines Berufes leiden dürfe. Er mußte nicht nur seine Studien – wobei die Unterrichtserlaubnis für Lehrer der Humanitätsklassen (Oberstufe) nunmehr auch an Zeugnisse über das Studium der Universal- und Staatengeschichte, der klassischen Philologie und der Ästhetik gebunden war –, sondern auch die Unbedenklichkeit seiner Grundsätze und seine Moralität nachweisen. Für Seelsorger galten die gleichen Bestimmungen; nur graduierten Akademikern wurden die Prüfungen durch den Präfekten eines Gymnasiums erlassen. Das Berechtigungszeugnis für den Privatunterricht wurde in der ganzen Monarchie anerkannt, galt aber nur sechs Jahre. Dann war eine neuerliche Überprüfung durch einen Gymnasialpräfekten notwendig.

Auch den Eltern, die ihre Kinder privat unterrichten lassen wollten, wurden Hemmnisse in den Weg gelegt. Jeder Wechsel des Privatlehrers war der Landesstelle (Landesregierung) zu melden; um die Bildung von Privatschulen zu verhindern, war der gleichzeitige Unterricht für Söhne mehrerer Familien verboten.

Vorübergehend fiel nun Anfang der dreißiger Jahre des 19. Jahrhunderts die Zahl der Privatschüler. Die sich durchwegs in einer mißlichen finanziellen Lage befindenden Ordensschulen auf dem Lande klagten über den dadurch eingetretenen Verlust an Schulgeld und Prüfungstaxen. Daraufhin wurde 1835 den Beamten neuerdings erlaubt, Nebenbeschäftigungen nachzugehen; schließlich durften ebenfalls die Kapläne (1842) wie die Advokaten (1846) wieder als Privatlehrer wirken.[26]

Wenn auch damals der Adel infolge des Aufkommens kapitalistisch orientierter Wirtschaftsformen in eine Krise geriet, nach außen hin ließ er kaum etwas davon merken. Er vertraute weiterhin seine Söhne und Töchter ab dem fünften Lebensjahr dem Gouverneur bzw. der Gouvernante – Personen romanischer Abstammung wurden bevorzugt – zur Erziehung an;[27] die Söhne erfuhren eine sorgfältige Ausbildung in verschiedenen Wissensgebieten (Fremdsprachen, Kenntnisse auf juridischem, ökonomischem und technischem Gebiet), die Mädchen wurden in Religion, Schönschreiben, Zeichnen, Musik und Tanz unterrichtet sowie in hausfraulichen und praktischen Belangen geschult. Die Prüfungen mußten allerdings die Knaben an den öffentlichen Schulen ablegen; Karrieren im Staatsdienst waren nämlich an gültige Zeugnisse gebunden. Das verstärkte ohne Zweifel die Tendenzen zum Studium in öffentlichen Schulen. Es verwundert daher nicht, daß vereinzelt sogar der hohe Adel davon Gebrauch zu machen anfing. Ein Schwarzenberg bezog 1840 bis 1846 bereits das Schottengymnasium und anschließend die Wiener Universität. Einige Liechtensteins besuchten gleichfalls öffentliche höhere Lehranstalten.[28] Eine Wende zeichnete sich ab; das tief verwurzelte Standesbewußtsein begann sich den neuen Entwicklungen etwas anzupassen. Auch im schulischen Bereich zeigten sich zunehmend die Folgen der Auflösung der traditionellen ständischen Ordnung.

Privatschulen, die ein ähnliches Lehrprogramm wie die öffentlichen Schulen boten, waren zum Teil längst verboten worden oder konnten nur unter großen Schwierigkeiten existieren. In den dreißiger Jahren des 19. Jahrhunderts wurde die Einrichtung von Privatschulen neuerdings erschwert. Die Konzessionswerber mußten sogar die philosophischen Studien erfolgreich bestanden haben. Die Bewilligung durfte nur die Landesregierung geben, die Erlaubnis zum Unterricht wurde erst von der Studienhofkommission nach Vorlage des Studienplanes erteilt. Nur geprüfte und von den amtlichen Schulaufsichtsorganen bestätigte Privatlehrer durften eingesetzt werden. Die schriftlichen Arbeiten der Schüler mußten vorgelegt werden, damit die Einhaltung der staatlichen Vorschriften kontrolliert werden konnte.[29]

Diese bürokratischen Hemmnisse verhinderten trotzdem nicht das Entstehen privater Schulen, die sich allerdings vor allem jenen Lehraufgaben zuwandten, die von den öffentlichen schulischen Institutionen nur unzureichend oder gar nicht abgedeckt waren: der Mädchenbildung sowie der beruflichen Ausbildung. Für die vernachlässigte Mädchenbildung waren 13 Erziehungs- und Unterrichtsanstalten in Wien eingerichtet, von denen 9 über die Gegenstände des elementaren Schulwesens hinausgriffen und Fremdsprachen (Italienisch, Französisch) sowie hausfrauliche Fächer vermittelten; außerdem gab es 11 Arbeits- und Sprachschulen und 48 Schulen für weibliche Handarbeiten. Für den Unterricht in den Fremdsprachen standen insgesamt – nicht nur für Mädchen – 24 Sprachschulen (vorwiegend Französisch, auch Italienisch und Englisch) und 28 befugte Sprachlehrer für den Privatunterricht zur Verfügung.[30] Der Berufsausbildung dienten 17 Privat-Zeichnungsschulen für Lehrjungen und Gesellen, 7 davon allein für das Tischlerhandwerk.[31] Alle diese Privatschulen waren auf Gewinn ausgerichtet, und ihr Besuch hielt sich – häufig wohl auch wegen des beachtlichen Schulgeldes – in Grenzen. Sie standen aufgrund der gesetzlichen Bestimmungen bereits in weitgehender Abhängigkeit vom Staat. Häufig strebten sie überhaupt das Öffentlichkeitsrecht an und streiften damit zum größten Teil ihren privaten Charakter ab.

18.3 Buch und Zeitschrift

Der Prozeß der Alphabetisierung, der im Zeitalter der Aufklärung mit großem Aufwand vorangetrieben wurde, hatte dem gedruckten Wort einen neuen Stellenwert zugewiesen. In immer stärkerem Ausmaß vermochte es zur Bildung und Ausbildung des einzelnen beizutragen, über das in der Schule vermittelte Wissen hinauszuführen.

Die Buchproduktion des 18. Jahrhunderts war außergewöhnlich, wenn auch die bisher vorgenommenen Schätzungen als nicht ganz verläßlich anzusehen sind. Tatsache ist, daß zwei Drittel der im 18. Jahrhundert im deutschsprachigen Raum erschienenen Bücher erst nach 1750 herausgebracht wurden.[32] Es ist dabei bezeichnend, daß nunmehr das lateinische Schrifttum stark an Bedeutung verlor und mit immer weniger Titeln in den Bücherverzeichnissen aufschien.[33] Das Angebot an Büchern war verständlicherweise von den Bedürfnissen der lesenden Bevölkerung bestimmt. Daß die Veröffentlichungen häufig religiöse Unterweisung, christliche und bürgerliche Anstandsmoral und in zunehmendem Maße humanitär-aufklärerisches Gedankengut beinhalteten, war allerdings auch auf staatlichen Einfluß und auf die Eingriffe der Zensur zurückzuführen.

Die Bücher wurden freilich nicht nur gekauft, um gelesen zu werden. In der ersten Hälfte des 19. Jahrhunderts läßt sich ziemlich deutlich feststellen, daß sie immer häufiger auch als Bildungsbesitz und zur Repräsentation erworben wurden. Die Werke erhielten damals oft eine prunkvolle Ausstattung.[34]

In den habsburgisch-österreichischen Ländern hatte das Druck- und Verlagswesen im späteren 18. Jahrhundert einen großen Aufschwung genommen,[35] zur Zeit der erweiterten Preßfreiheit (1781–1795) wurde der Büchermarkt sogar regelrecht überschwemmt. Obgleich die Drucker und Verleger im Jahre 1767 aus der Jurisdiktion der Universität ausschieden und zu „Commercial-Handwerkern" degradiert sowie ihre Offizinen seit 1771 nur in Landes- oder Kreishauptstädten erlaubt wurden, gewannen sie damals derart an Ansehen, daß ihre bedeutendsten Vertreter ein Adelsprädikat verliehen bekamen. Der mächtigste österreichische Verleger des 18. Jahrhunderts, Johann Thomas Edler von Trattner,[36] verfügte über 34 Pressen; neben ihm ist vor allem Joseph

Ritter von Kurzböck,[37] der auch eine illyrisch-orientalische Buchdruckerei einrichtete, zu nennen. Während der Regierungszeit des Kaisers Franz II. (I.) erschlossen vor allem Joseph Vinzenz von Degen und Johann Baptist Wallishauser[38] das klein- und mittelbürgerliche Publikum als Markt und sind ebenfalls nicht aus der Geschichte des österreichischen Buchdrucks und Verlagsbuchhandels wegzudenken.

Doch sollte nicht unbeachtet bleiben, daß zwar im Jahre 1791 28 Drucker allein in Wien arbeiteten, doch von den 78 Pressen, über die sie verfügten, nur 31 in Betrieb gehalten wurden.[39] Außerdem kam die schon im 18. Jahrhundert erfundene Endlospapiermaschine erst ab 1819 in Österreich zum Einsatz und das 1843 entdeckte Holzschliffverfahren gegen 1860. Dem Buchdruck gelang also nur verspätet der Anschluß an die moderne technische Entwicklung;[40] er war deshalb zu einer konkurrenzfähigen Massenproduktion nicht in der Lage und geriet gegenüber dem übrigen deutschen Raum ins Hintertreffen.

Die österreichische Buchproduktion – zwischen 1765 und 1805 weisen die Leipziger Meßkataloge 1235 Titel (ohne Nachdrucke) aus –[41] hatte zunächst einen beachtlichen Nachholbedarf zu decken, der sich in einer Vielfalt von Publikationen und vor allem in einer Unzahl von Raub- und Nachdrucken spiegelte.

Auch die Zahl der Zeitschriften nahm jetzt rasch zu. Während bis 1760 in Wien nur etwa 10 Zeitschriften herausgekommen waren, stieg die Zahl der neugegründeten Zeitschriften zwischen 1761 und 1770 auf 35, zwischen 1771 und 1780 auf 79 und zwischen 1781 und 1790 auf 169. Hierauf fiel ihre Zahl wieder ab; insgesamt sind in Österreich zwischen 1740 und 1848 weit mehr als 600 Titel erschienen.[42] Wenn auch innerhalb dieses periodischen Schrifttums die Unterhaltungsblätter meist überwogen, erschlossen doch die Fachzeitschriften damals bereits fast alle Wissensgebiete; sowohl der Typ der literarischen als auch der einer politischen Zeitschrift erhielt seine erste Ausprägung.

Durch Buch und Zeitschrift konnte der Anschluß an das westeuropäische Gedankengut der Aufklärung allerdings nur mit Einschränkungen vollzogen werden; denn verschiedene Kontrollmaßnahmen regelten – bei sich ändernden Auswahlkriterien – die Veröffentlichung und Verbreitung des gedruckten Wortes.[43] Während bis zur Mitte des 18. Jahrhunderts einige Stellen, vor allem die Universitäten, Bücher und periodische Druckschriften daraufhin überprüften, ob sie religiöse Grundsätze verletzten oder gegen den Staat gerichtet waren, schuf Maria Theresia im Jahre 1751 eine einheitliche Zensurstelle, die dem „Directorium in publicis et cameralibus", ab 1760 der Studienhofkommission unterstellt wurde.

Diese „Bücher-Censurs-Hofcommission", in der bald die „aufgeklärten" Mitglieder die Oberhand gewannen, sollte die „Verbreitung irriger, ärgerlicher und gefährlicher Meynungen"[44] verhindern. Zwischen 1751 und 1780 wurden deshalb 4615 Bücher verboten. Religiöse Streit- und Schmähschriften, freimaurerische Gedanken, Astrologie und Alchemie waren verpönt, in Fragen der Liebe und Ehe erhielt alles Pikante und Unmoralische keine Druckerlaubnis, aber auch Werke über Verbrechen und Grausamkeiten kamen auf die Liste verbotener Bücher.

Erst unter Joseph II. trat eine wesentliche Lockerung der Zensurbestimmungen ein. Die volle Strenge traf nur noch Schriften, welche die katholische Religion angriffen oder verächtlich machten, für zu freie Sitten eintraten oder den Staat in Frage stellten. Kritik, auch wenn sie den Herrscher selbst betraf, wurde gestattet. Das Verzeichnis der verbotenen Bücher schrumpfte daraufhin auf etwa 900 Werke zusammen. Josephs II. „Grundregeln zur Bestimmung einer ordentlichen künftigen Bücher-Censur" (1781) sahen aber auch eine unterschiedliche Handhabung der Zensur je nach den Benützern der Bücher vor. Die Lektüre für den „großen Haufen und die schwachen Seelen" – „was ungereumte Zotten enthält" – sollte strenge, die für die

„schon bereiteten Gemüther und in ihren Grundsätzen standhaften Seelen" – „wo Gelehrsamkeit, Kenntnisse und ordentliche Sätze sich vorfinden" – nachsichtig beurteilt werden.[45] Wissenschaftliche Werke, sofern sie nicht religiöse oder sittliche Fragen erörterten, unterlagen überhaupt keiner Zensur mehr. „Standhaften Seelen" von Stand oder Rang wurden auch verbotene Bücher ausgeliefert, falls sie sich schriftlich verbürgten, daß sie sie niemand anderem zum Lesen überlassen würden.[46]
Als Folge der Französischen Revolution bahnte sich unter Leopold II. eine Änderung in der Grundrichtung der Zensur an. Eine Reihe von staatspolitischen Forderungen und Notwendigkeiten trat dabei in den Vordergrund; Tadel und Kritik an weltlichen und geistlichen Amtsträgern, ihren Anordnungen und Einrichtungen, die Joseph II. in liberaler Weise zugelassen hatte, verfielen wieder dem Verbot. Es war daher ganz natürlich, daß die Zensur nunmehr der obersten politischen Verwaltungsstelle, der Böhmisch-österreichischen Hofkanzlei, übertragen wurde.[47] Schließlich wurde sie im Jahre 1801 eine Angelegenheit der 1792 eingerichteten Polizeihofstelle.
Die Zensur war freilich zu keiner Zeit allmächtig, denn der Aktengang war langwierig. Die Zensoren konnten nur Anträge stellen, darauf mußten weitere Gutachten vor allem bei den einschlägigen Instanzen und von Mitgliedern des Staatsrats eingeholt werden; die letzte Entscheidung traf der Kaiser selbst.
Unter Franz II. (I.) wurde das Netz der Zensur schrittweise wieder dichter, und zunehmend fanden strengere Maßstäbe bei der Beurteilung ihre Anwendung. Die Zensurverordnung von 1810 gab sich zwar weiterhin ziemlich liberal und versprach Werken, die „nur für Gelehrte und den Wissenschaften sich widmende Menschen bestimmt" waren, die „größte Nachsicht";[48] auch Rekursmöglichkeiten waren vorgesehen, doch die Zensurpraxis entfernte sich seit den zwanziger Jahren des 19. Jahrhunderts wesentlich von diesen Bestimmungen. Die Karlsbader Beschlüsse, welche alle Druckschriften bis zum Umfang von 20 Druckbogen unter eine rigorose staatliche Kontrolle stellten, brachten vor allem das Zeitschriftenwesen in Österreich zum Stillstand. Auch die Literatur hatte unter der Zensur jetzt besonders zu leiden.
Die steigende Unzufriedenheit mit den Praktiken der Zensur führte 1845 zu einer Petition an den Kaiser, die von allen namhaften Schriftstellern Österreichs unterzeichnet war.[49] Ferdinand I. ordnete daraufhin die Einrichtung zweier neuer Ämter an, die den Zensurierungsvorgang beschleunigen und Rekurse rasch bearbeiten sollten. Dieses Zensurkollegium und die Zensuroberdirektion konnten infolge des versteckten Widerstandes der „Polizei- und Censurhofstelle" erst mit 1. Februar 1848 ihre Tätigkeit aufnehmen.[50] Einige Wochen später fegte die Revolution alle Zensureinrichtungen hinweg.
Diese waren, wie sich nun zeigte, vergeblich bemüht gewesen, von den Lesern gleich einem Filter die Buchproduktion fernzuhalten, welche die bestehende Ordnung in Staat, Kirche und Gesellschaft in Frage stellte.
Die Bücher wurden zunächst nur für einen schmalen und kaufkräftigen Kreis erzeugt; die niedrigen Auflagen machen dies besonders deutlich. Die Möglichkeit, Informationen über neue Entwicklungen und wissenschaftliche Fortschritte, Texte des zeitgenössischen literarischen Schaffens oder Schriften zur Unterhaltung rasch zu erhalten, war begrenzt. Doch nur, wenn die neueste Buch- und Zeitschriftenproduktion auch breiten Schichten der Gesellschaft zugänglich gemacht wurde, konnte der emanzipatorische Sprengsatz, den manche Publikationen auszulösen vermochten, wirksam werden, zumindest aber Veränderungen als denkbar und wünschenswert erscheinen lassen.
Ein erster Schritt in diese Richtung wurde im Jahre 1772 durch die Einrichtung eines „Lecturcabinets" in Wien getan.[51] Nach dem Katalog von 1776 waren 55,2 Prozent der Werke fremdsprachig, zum Großteil in französischer Sprache verfaßt, auch von den geführten 44 Zeitungen und Journalen stammten 18 aus Frankreich. Die Abonnement-

preise für die Benützer übten eine starke Selektion aus; sie waren verhältnismäßig hoch und entsprachen fast dem Jahreslohn eines Zimmermädchens;[52] nur dem Adel und dem gehobenen Bürgertum stand dieses „Lecturcabinet", das als ein Mittelpunkt der guten Gesellschaft galt und gewisse sozialintegrative Auswirkungen zeigte, in der Praxis offen. Ähnliche „Lese-Kabinette" entstanden auch in anderen größeren Städten.[53]
Erst die Leihbibliotheken rekrutierten ihre Leser aus allen Schichten der Bevölkerung und trugen stark zur Demokratisierung der Lektüre und zur Integrierung der Stände und Berufe bei. Spät – im Jahre 1789 – eröffneten zwei derartige Leihbüchereien in Wien ihre Pforten. Die eine (Zehetmayer & Kiermayer) verzeichnete unter ihren mehr als tausend Bänden kein einziges fremdsprachiges, der Anteil der Unterhaltungsliteratur betrug etwa 80 Prozent. Die andere (Johann Georg Binz) hingegen bot eine ausgewogene Mischung von Unterhaltungs- und Fachliteratur an.[54] Auch bloße „Journal-Lesezirkel" traten jetzt vereinzelt ins Leben. Aus dem Jahre 1797 sind uns vier bekannt.[55] Eines besonderen Zuspruchs erfreute sich die Vielzahl von Winkelleihbibliotheken, die von Buchhändlern, Krämern, Friseuren u. a. „nebenbei" geführt wurden.
Im Zuge der Jakobinerverfolgungen wurden 1798 die „Lese-Kabinette" und 1799 die Leihbibliotheken, weil sie „schädlich geworden sind", im gesamten Habsburgerreich geschlossen. Erst 1811 wurde das Verbot der Leihbibliotheken – wenn auch mit Einschränkungen – aufgehoben. Sie durften auf heute österreichischem Gebiet nur in Wien, Linz und Graz errichtet werden. Das zur Großstadt gewordene Wien verfügte zwischen 1812 und 1848 höchstens über vier Leihbibliotheken zu gleicher Zeit; in Berlin zählte man 1847 bereits sechzig.[56] Das Lektüreangebot wurde in den Restaurationsjahren immer mehr entpolitisiert, die Belletristik machte durchschnittlich fast drei Viertel der Bestände aus. Im literarischen Bereich konnte dadurch innerhalb des deutschen Sprachraumes eine kulturelle Assimilierung nennenswerten Ausmaßes eintreten. Die Zahl der Leihbibliotheken stieg nach 1848 steil an, erreichte in Wien im Jahre 1880 mit 29 Leihbibliotheken einen Höhepunkt und pendelte sich in der Folge um 20 ein.[57]
Schätzungen über die Zahl der Benützer liegen nur aus der zweiten Hälfte des 19. Jahrhunderts vor. Es wird angenommen, daß bloß ein Prozent der Wiener Bevölkerung in den Leihbibliotheken abonniert war. Allerdings wurden dabei die Mitleser in der Familie nicht berücksichtigt. Die bisher vorliegenden lückenhaften Daten zur Buchproduktion wie zur Frequenz von Lesekabinetten und Leihbibliotheken – als „Aufklärungsfabriken"[58] können sie wahrlich nicht angesehen werden – lassen freilich nur vorsichtige Schlüsse über das Ausmaß der möglichen Wirkung von Buch und Zeitschrift zu. Es darf vermutet werden, daß zwar die Zahl der ständigen Leser nicht allzu hoch war, doch diese als Multiplikatoren größeren Einfluß auf ihre Umwelt nehmen konnten.
Das Verbot der „Lesekabinette" konnte von Erzherzog Johann mit Hilfe des Grafen Sedlnitzky, des obersten Polizeichefs in Wien, umgangen werden. Als in Graz geistig aufgeschlossene Bürger und einige verärgerte Adelige einen „Leseverein" als Widerpart zu dem adeligen „Casino" gründen wollten, um darin die Möglichkeit der Lektüre fremder Zeitungen, des Meinungsaustausches und der gesellschaftlichen Zerstreuung zu finden, stießen sie auf Widerstand.[59] Daraufhin sprachen sie in ihren Statuten von einer „erweiterten Leseanstalt am Joanneum"; denn diese 1811 von Erzherzog Johann gegründete Lehr- und Forschungsanstalt hatte eine große Bibliothek mit zwei Leseräumen („Leseanstalt") eingerichtet. Auf Betreiben Erzherzog Johanns wurden nun weitere fünf Räume freigemacht und in ihnen Zeitungen und Zeitschriften aufgelegt. Ende 1819 erhielt der Verein die kaiserliche Bestätigung und wuchs rasch auf mehr als 200 Mitglieder an (Höchststand 356 Mitglieder im Jahre 1844). Ein Drittel

von ihnen stammte aus dem Adel. Die Zahl der aufgelegten Periodica stieg von 109 (1820) über 181 (1837) bis auf 207 (1844). Erzherzog Johann erreichte 1839 sogar, daß 16 von der Polizei verbotene Zeitungen eingesehen werden durften.[60] Als Organ des Lesevereines wurde zwischen 1821 und 1849 die „Steyermärkische Zeitschrift" herausgegeben, die vor allem der Geschichtsforschung und Geschichtsschreibung in der Steiermark starke Anstöße gab. Nach 1848 verlor der Leseverein rasch an Bedeutung, siechte lange Zeit dahin und mußte sich 1871 auflösen.

Auch in Wien baten im Jahre 1840 fünfzehn angesehene Juristen um die Errichtung eines Lesevereins.[61] Nach seiner Bewilligung (1841) schüttelte dieser „Juridisch-politische Leseverein" die seine Tätigkeit einschränkenden Festlegungen weitgehend ab, öffnete sich allen Berufen und bot Literatur aus den verschiedensten Gebieten an. Die Prominenz seiner Mitglieder – der hohe Jahresbeitrag von 10 bis 20 Gulden sorgte für eine elitäre Abgrenzung – gestattete es dem Verein, im Kleinkrieg mit der Zensur und der polizeilichen Überwachung obenauf zu bleiben, den Erfahrungshorizont seiner Mitglieder zu erweitern und in Vorträgen sowie im „Wünschebuch" die Wachheit des politischen Denkens zu fördern. Der „Juridisch-politische Leseverein" wurde zum Sammelpunkt der bürgerlichen Opposition und schritt über seine ursprünglichen bildungsmäßigen Aufgaben weit hinaus.

Ähnlich entwickelte sich das Innsbrucker Lesekasino; auch hier wurden verbotene Zeitschriften gelesen.[62] Das gedruckte Wort begann jedenfalls immer wirksamer zu werden.

18.4 Traditionelle außerschulische Bildungsträger und neue Kommunikationszentren

Wenn hier zuerst die katholische Kirche genannt wird, die als wichtige außerschulische Lebens- und Erziehungsmacht durch Jahrhunderte für die Menschen, gleichgültig ob sie lesen und schreiben konnten oder nicht, bestimmend war, so geschieht es vor allem aus zwei Gründen. Die Institution Kirche vermochte trotz ihrer vorübergehenden Eingliederung in die bürokratische Maschinerie eines Polizei- und Wohlfahrtstaates zur Zeit Josephs II. weiterhin ihren früheren Aufgaben wenigstens teilweise nachzukommen und unbestritten noch auf den größten Teil der Bevölkerung Einfluß zu nehmen.[63] Sie lehrte, wie ein Christ die Probleme des Lebens meistern könne und vermittelte überdies im Auftrag des Herrschers Wissenswertes aus dem Gebiet der Gesundheitspflege und eine Art staatsbürgerliche Pflichtenlehre. Daß derartige semiliterarische Kommunikationsweisen besonders für Analphabeten von großer Bedeutung sind, darauf wurde schon hingewiesen.

Kirchenbesuch und Anhören der Predigt gehörten also weiterhin zur Lebensordnung der Christen, die Katechesen am Sonntagnachmittag waren außerdem ein Teil der vom Staat angeordneten religiösen Fortbildung der Jugend. Doch darf nicht verhehlt werden, daß sich die wirklich religiöse Überzeugung abschwächte, die Säkularisierung des Denkens besonders im städtischen Bereich rasch fortschritt. Der Kreis um Clemens Maria Hofbauer[64] nahm in der ersten Hälfte des 19. Jahrhunderts den Kampf gegen die um sich greifende Einschläferung des katholischen Bewußtseins mit Erfolg auf. Hervorragenden Predigern, wie Zacharias Werner und Johann Emanuel Veith, gelang es, der Religion bereits Entfremdete wieder in die Kirche zu locken, wenn auch keineswegs sie in jedem Fall für dauernd zu bekehren.

Konnte die katholische Kirche ihre Bildungsfunktion auch außerhalb des Schulwesens einigermaßen behaupten, so führten die seit dem Spätmittelalter so bedeutsamen Zünfte infolge der zunehmenden Industrialisierung bloß ein Schattendasein. Die früher von den Handwerkern wahrgenommenen Aufgaben der Formung und Bildung der Gesamtpersönlichkeit ihrer Lehrlinge überließen sie jetzt zum Teil dem schulischen Unterricht und der sonntäglichen Christenlehre, auch wenn die Lehrlinge noch im Haus des Meisters wohnten und sich den dort herrschenden Normen fügen mußten. Die meisten beschränkten ihre Einflußnahme weitgehend auf die rein fachliche Ausbildung. Das Zunftdenken starb ab. Es war nur ein folgerichtiger Schlußpunkt dieser Entwicklung, daß Ende 1859 eine neue Gewerbeordnung die Zünfte überhaupt abschaffte und das Prinzip der Gewerbefreiheit verkündete.[65]

Hingegen begann im 18. Jahrhundert das Theater zu einem bedeutsamen Kommunikationszentrum zu werden und zunehmend eine Bildungsfunktion zu übernehmen. Ihm gelang es, breitere Schichten der Bevölkerung anzusprechen und mehr als nur Unterhaltung zu bieten. Allerdings war dessen dauerhafte Existenz nur in Städten mit höherer Einwohnerzahl möglich. Es wurden nun häufig deutsche Sprechstücke aufgeführt, und die Theaterdirektoren bemühten sich um eine Anhebung des Niveaus der Spielpläne. Allen voran wirkte das „Nationaltheater nächst der Burg" in Wien, das 1741 von Maria Theresia gegründet und 1776 zum Hoftheater erhoben wurde, beispielhaft.[66] Die Hofloge war von den kaiserlichen Gemächern direkt zu erreichen. Gerade weil Joseph II. persönlich maßgeblichen Anteil an der Entwicklung des heutigen Burgtheaters nahm, wurden Bühne und Schauspieler stark aufgewertet. Unter der Direktion Joseph Schreyvogels zur Zeit des Biedermeiers entwickelte sich das Burgtheater zur führenden Bühne Mitteleuropas, Franz Grillparzer zählte zu den Hausdichtern, an ihr wurde die deutsche Bühnensprache erarbeitet.

Hatte im Burgtheater eher die vornehme Gesellschaft einen ständigen Ort der Begegnung und der Auseinandersetzung mit der Literatur der Zeit, besuchte die einfache Bevölkerung Aufführungen von Altwiener Volksstücken[67] in den Vorstadttheatern. Die dort gebotenen Zauber-, Gespenster- und Besserungsstücke fanden viel Zulauf; deren Aussagen hatten starke Tiefenwirkung. Der die Wirklichkeit im Zauberhaften ver- und zugleich enthüllende Ferdinand Raimund und der durch Wortwitz die Wirklichkeit kritisch hinterfragende Johann Nestroy waren Höhepunkte dieser Entwicklung.

Auch in den heutigen Landeshauptstädten richteten sich damals für ständig Theater ein;[68] größere Städte wurden von Wanderbühnen regelmäßig aufgesucht. Das Theater schenkte seinen Bildungsaufgaben immer mehr Beachtung, doch wurden sie manchmal stärker im Horizont bildungsmäßig-ästhetischer Forderungen, dann wieder mehr im politisch-kritischen Bereich gesucht. Es verwundert daher nicht, daß die Zensur besonders dem Theater große Aufmerksamkeit zuwendete, weil sie mit Recht fürchtete, daß kritische bis revolutionäre Gedanken gleich Funken schnell auf ein aufnahmebereites Publikum überspringen könnten. Zwischen 1821 und 1836 wurde fast zehn Prozent der eingereichten Bühnenwerke eine Aufführung versagt.[69]

Schließlich muß noch eine Reihe von informellen Kommunikationszentren erwähnt werden, die zwar, würde man nur rein quantitativ deren Frequenz registrieren, kaum viel Beachtung verdienten, aufgrund aber des gesellschaftlichen Status und der beruflichen Position vieler ihrer Mitglieder oder der dabei verfolgten Interessen nicht unterschätzt werden sollten. Einige dieser Einrichtungen haben nicht unwesentlich das geistige Klima dieser Zeit beeinflußt. Zumindest ihre Konturen mögen hier gezeichnet, ihr Beitrag zur Erweiterung oder Vertiefung der Bildung kurz erörtert werden. Sie gediehen nur im städtischen Bereich und wurden hauptsächlich von der sogenannten „zweiten Gesellschaft" – einer nicht ganz glücklich gewählten Bezeichnung für

nobilitierte Beamte, den Geldadel sowie für das aufstrebende Bürgertum, das sich seiner Leistungsfähigkeit sehr bewußt war – getragen.[70]
Zunächst ist hier der „Salon“ zu nennen, der in Wien erst spät – ab der zweiten Hälfte des 18. Jahrhunderts – einige Bedeutung erhielt, aber nie das Ansehen französischer oder deutscher Salons erreichte. Dieser Treffpunkt regelmäßiger Zusammenkünfte gebildeter Personen diente nicht nur der geselligen Begegnung, sondern war vor allem auch Stätte der Diskussion von Tages- und Zeitproblemen, von wissenschaftlichen Entdeckungen sowie literarischen, musikalischen und künstlerischen Ereignissen. Ohne Zweifel trugen die Salons vornehmlich rezeptiven Charakter, bahnten aber durch ihre Resonanz Denkweisen und Ideen den Weg und wirkten ermutigend und inspirierend auf Begabungen. Es lag weitgehend an der Dame des einladenden Hauses, die ja Zentrum des Salons war, Thematik und Niveau dieser abendlichen Unterhaltungen zu bestimmen.
Der erste Wiener Salon von Bedeutung verdankte der ehemaligen Kammerfrau Maria Theresias, Charlotte von Greiner, sein Entstehen und seine Prägung als eine Art „gelehrter Akademie“.[71] Da deren Mann, Hofrat Franz Sales von Greiner, auch das Schul- und Studienwesen zu seinen Aufgabenbereichen zählte, blieb es nicht aus, daß hier ebenfalls schulorganisatorische und pädagogische Themen erörtert wurden. In der vielfältigen Besucherschar des gastlichen Hauses, die Schriftsteller, Künstler, Gelehrte und Beamte vereinte, entdecken wir daher viele, die damals für die Bildungspolitik von Einfluß waren: Joseph Freiherr von Sonnenfels, Gottfried Freiherr van Swieten, Franz Karl Kressel Freiherr von Gualtenberg, Tobias Philipp Freiherr von Gebler, Johann Melchior von Birkenstock, Joseph Anton Gall, Stephan Rautenstrauch, Augustin Zippe u. a.[72] Der Salon Greiners, der von der Aufklärung geprägt war und in dem sich die geistige Elite Wiens versammelte, fand 1794 ein plötzliches Ende. Als Folge der aufgedeckten Jakobinerverschwörung wurden alle geselligen Zusammenkünfte von der Polizei mißtrauisch beobachtet, und die sich verbreitende allgemeine Furcht ließ vorübergehend das Bedürfnis nach Gespräch und Informationsaustausch verkümmern und ein zurückgezogenes Leben wünschenswert erscheinen.
In den ersten Jahrzehnten des 19. Jahrhunderts führten die Töchter und die Enkelin des Daniel Itzig, des Bankiers Friedrichs II. von Preußen, in Wien literarische Salons nach Berliner Vorbild.[73] Die Geselligkeiten dieser jüdischen Bankiershäuser (Arnstein, Eskeles, Pereira) waren pompös aufgemacht und mehr an Vergnügungen und Unterhaltung orientiert.[74] Doch wurden hier auch Brücken der Sympathie zu Preußen geschlagen und fruchtbare Kontakte mit Repräsentanten des Berliner geistigen Lebens aufgenommen.
Zu einem Mittelpunkt des literarischen Lebens und eines patriotischen, gegen Napoleon gerichteten Denkens in Wien entwickelte sich im frühen 19. Jahrhundert der Salon der Schriftstellerin Karoline Pichler,[75] der Tochter Charlottes von Greiner. Obgleich von bürgerlicher Bescheidenheit und in der Vorstadt gelegen, zog er auch ausländische Künstler und Intellektuelle an. Die deutsche Romantik und der restaurative Katholizismus fanden bei Karoline Pichler eine Plattform, ihre Grundgedanken auszubreiten. Häufig wurden Dichtungen an den Empfangsabenden vorgelesen und besprochen. Das schöngeistig-literarische Element überwog, aber die Palette der Besucher war reich und vielfältig. Auch Franz Vierthaler zählte zu ihnen.[76] Der Salon verlor jedoch bereits nach dem Wiener Kongreß an Anziehungskraft und verfiel in den späten zwanziger Jahren.
Von ähnlicher Bedeutung war der Salon der Schottin Johanna Anna Baronin von Cranstown,[77] die mit Gottfried Wenzel Graf von Purgstall verheiratet war und die Joseph von Hammer, den Erschließer der osmanischen Geschichte und der orientalischen Dichtung, nach dem frühen Tod ihres Mannes adoptierte. Ihr Salon bildete eine

Begegnungsstätte mit der deutschen und westeuropäischen Literatur und besonders mit der Philosophie Kants.
In der Biedermeierzeit bestimmte allerdings in immer stärkerem Ausmaß die Musik die Vorgänge in den Salons; die Schubertiaden müssen hervorgehoben werden.[78]
Neben den Salons, die in ihrer Funktion als Vermittler von Informationen, als Orte der Ausformung der öffentlichen Meinung und Setzung von Beurteilungsmaßstäben sowie als Pflegestätten von Lebensart und Kultur bildungsgeschichtlich von Gewicht sind, müssen die Zirkel und Vereinigungen genannt werden, die den Männern vorbehalten blieben und deren Ziele über die Pflege der Geselligkeit hinausgingen.
Besondere Bedeutung hatte im 18. Jahrhundert die Freimaurerbewegung,[79] die 1717 von London ihren Ausgang nahm und 1742 auch auf österreichischem Boden Fuß faßte. Während der Regierungszeit Maria Theresias verboten, obgleich ihr Gemahl Franz Stephan von Lothringen wahrscheinlich einer Loge angehörte, und auch unter Joseph II. gesetzlich in ihrer Wirksamkeit eingeschränkt, gelang es den Freimaurern, hohe Positionen im öffentlichen und gesellschaftlichen Leben einzunehmen. Höhepunkt der österreichischen Freimaurerei war die Loge „Zur wahren Eintracht", der viele bedeutende Persönlichkeiten angehörten und deren periodische Schrift „Journal für Freymaurer" Einblick in die in der Regel geheim gehaltene Tätigkeit solcher Bruderschaften gibt. Die „Baustücke", also Vorträge, die im Rahmen ihrer Versammlungen gehalten wurden, zeichnet hohes Niveau aus. Die darin vertretenen Prinzipien leiteten sich aus den Ideen der Aufklärung ab. Überhaupt verstanden sich die Freimaurer als Strahlungskerne des aufgeklärten Denkens. Die Uneinigkeit zwischen den Logen, deren Verflechtung mit ausländischen Brüdern und eine die Umwelt irritierende Verbrämung ihrer Handlungen mit Geheimnissen führten schließlich dazu, daß der tief mißtrauische Kaiser Franz II. (I.) das freimaurerische Wirken in Österreich verbot. Bis 1918, unterbrochen von kürzeren Versuchen der Wiedererweckung, wirkten keine Logen mehr auf unserem Boden, doch freimaurerisches Denken blieb noch lange Zeit virulent.
Wiesehr alles, was an die verbotene Freimaurerei erinnerte, Verdacht erregte, zeigte sich an dem Vorgehen gegen die trinkfröhlichen „Wildensteiner Ritter auf blauer Erde", die auf Burg Seebenstein nach strengem Zeremoniell ihre geselligen Veranstaltungen durchführten. Die blaue Farbe ihrer ritterlichen Kleidung und verschiedene harmlose Symbole lösten ihre Überwachung und 1820 ihre Auflösung aus.[80]
In der ersten Hälfte des 19. Jahrhunderts bildeten sich auch viele literarische Zirkel.[81] Die Männer trafen sich in den Nebenzimmern von Gasthäusern oder im Kaffeehaus. Es wurde vorgelesen, gesungen, man unterhielt sich und diskutierte. Einen besonderen Bekanntheitsgrad erreichten ein romantisch-katholischer Kreis (Clemens Brentano, Jakob Grimm, Adam Müller u. a.), der sich zwischen 1813 und 1815 im Wirtshaus „Zum Strobelkopf" versammelte, die „Ludlamshöhle" (Franz Grillparzer, Joseph Christian Zedlitz, Ignaz Franz Castelli, Carl Maria von Weber u. a.), die 1826 durch eine aufsehenerregende Polizeiaktion aufgelöst wurde, und die „Sterngesellschaft", die von 1831 bis 1839 Grillparzer mit seinen Anhängern und Bewunderern vereinigte.
Ab 1840 begannen sich die bislang trotz des polizeilichen Mißtrauens weitgehend harmlosen Zirkel in politische Vereinigungen umzuwandeln. Die 1840 gegründete „Concordia" zählte viele hochgestellte Persönlichkeiten zu ihren Mitgliedern und konnte es sich daher leisten, sich einmal in der Woche in einem Restaurant zu versammeln, ohne sich um eine polizeiliche Bewilligung zu bemühen. Anläßlich von Geburtstagen von Mitgliedern wurden dabei recht freie Reden gehalten. Eine liberale Opposition suchte sich zu profilieren. Auch im „Soupiritium", der „Gnomenhöhle" oder der „Baumannshöhle" bekamen die Unterhaltungen politische Akzente.[82]

Diese Männervereinigungen nehmen in einer Bildungsgeschichte nur eine Randposition ein; sie verschafften aber ohne Zweifel ihren Mitgliedern zusätzliche Informationen und schulten sie in Argumentation und Kritik. Sie leisteten einen Beitrag zur politischen Bildung der Menschen.

18.5 Fachvereine als Träger von Ausbildung und Schule

Von wesentlich größerer Bedeutung für Bildung und Wissenschaft wurden einige fachlich orientierte Gesellschaften und Vereine,[83] die zielbewußt Anliegen der Zeit durch organisatorische Zusammenschlüsse zu lösen versuchten.

So waren bereits um die Mitte des 18. Jahrhunderts ökonomische Gesellschaften entstanden, welche die rückständigen Verhältnisse in der Landwirtschaft beseitigen wollten.[84] Die 1764 genehmigte „Kärntnerische Agrikultur Sozietät" wurde zum Prototyp derartiger Vereinigungen, nach deren Vorbild auf Anordnung Maria Theresias auch in den anderen Kronländern Ackerbaugesellschaften zu errichten waren (Steiermark 1765, 1764 bereits genehmigt; Tirol 1766; Oberösterreich 1766; Wien 1768). Sie setzten eine Reihe von Aktivitäten, um die landwirtschaftliche Produktion zu heben. Sie scheiterten letztlich, weil ihnen eine breite Resonanz fehlte. In ihnen gaben nämlich die Grundherren und die Gelehrten den Ton an, die 1774 angeordnete Beiziehung von „geschickten Bauern" zu den Sitzungen brachte nicht den gewünschten Erfolg.[85]

Die im 19. Jahrhundert sich wieder neu bildenden landwirtschaftlichen Gesellschaften hingegen sicherten sich durch ihre Struktur und Aufgabenstellung von vornherein einen festen Bestand. Die 1807 ins Leben getretene „Landwirthschaftliche Gesellschaft" in Wien stützte ihre Statuten auf die Kärntner Erfahrungen.[86] Die von Erzherzog Johann nach langen Vorarbeiten gegründete „Landwirthschafts-Gesellschaft in Steiermark" (1819)[87] richtete sich zum Teil ebenfalls danach aus; sie ließ sich aber auch von den Satzungen des Landwirtschaftlichen Vereines in Bayern (1810) beeinflussen. Entscheidend wurde der demokratische Aufbau dieses Vereins und die Einbeziehung der einfachen Bauern. Allen Mitgliedern standen die gleichen Rechte zu, die Funktionen wurden durch Wahl besetzt. Durch die Einrichtung von Filialen und deren Aufgliederung in Zirkel konnte der Einfluß des Vereins auf das gesamte Land ausgedehnt werden. Die Zuerkennung einer beratenden Funktion beim steirischen Gubernium (Landesregierung) in landwirtschaftlichen Fragen verschaffte der „Landwirthschafts-Gesellschaft" auch politisches Gewicht. Ein Publikationsorgan verbreitete neue Erkenntnisse über Produkte, Produktionsmethoden und Geräte; in einem Versuchshof, einer zentralen Rebenschule sowie in einer Lehrsammlung von landwirtschaftlichen Geräten, Werkzeugen und Produkten konnte praktische Anschauung geboten und Forschung betrieben werden.

Ähnliche, wenn auch nicht so erfolgreiche Entwicklungen lassen sich auch in den anderen Ländern des heutigen Österreichs beobachten. In Kärnten wurde 1830 der Aufgabenbereich der Ackerbaugesellschaft erweitert; die Vereinigung nannte sich „Gesellschaft zur Beförderung der Landwirtschaft und Industrie"; in Tirol nahm eine Landwirtschaftsgesellschaft 1838, in Oberösterreich erst 1848 ihre Tätigkeit auf.[88] Diese Gesellschaften schufen die Grundlagen für das in der zweiten Hälfte des 19. Jahrhunderts entstehende landwirtschaftliche Schulwesen.

Auch die nach Einführung neuer, bisher unbekannter Antriebs- und Produktionsmaschinen stark sich ausweitende Industrie trachtete in dieser wirtschaftlichen Umbruchszeit mit Hilfe einer festen Organisation ihre Probleme besser zu meistern. Bereits in den Jahren nach dem Wiener Kongreß (1814/15) waren einige Male Pläne aufgetaucht, einen Verein zur Förderung der Nationalindustrie[89] zu gründen, doch waren sie von Kaiser Franz abgelehnt worden. Im Jahre 1835 wurden Gedanken, einen „Verein zur Aufmunterung und Beförderung der gesammten Gewerbsbetriebsamkeit" zu gründen, wieder virulent, als in Wien eine Gewerbeausstellung, eine Vorläuferin der Wiener Messe, einen Überblick über das gewerbliche und industrielle Schaffen der österreichischen Monarchie bot. In Graz hatte sich die „Landwirthschafts-Gesellschaft" bereits seit 1833 bemüht, auch einen Verein „zur Beförderung der Gewerbs-Industrie in Steiermark und Illyrien" zu gründen.[90] Erst im Jahre 1837 erhielten aber dessen Statuten die kaiserliche Bestätigung; Erzherzog Johann wurde als Direktor gewonnen. Der zunächst auf Innerösterreich (Steiermark, Kärnten, Krain) beschränkte Verein vermochte seinen Wirkungsbereich weit auszudehnen und nannte sich aus diesem Grund bereits 1843 „Verein zur Beförderung und Unterstützung der Industrie und der Gewerbe in Innerösterreich und dem Lande ob der Enns mit Salzburg". Er machte für seine Mitglieder die wichtigsten technischen Bücher und Zeitschriften zugänglich, bot gemeinverständliche wissenschaftliche Vorlesungen an und richtete in Linz, Graz und Klagenfurt „Zeichnungsanstalten" ein.[91]

Ende 1838 konnte ein solcher Verein auch in Wien ins Leben treten; er konstituierte sich 1839 als „Niederösterreichischer Gewerbeverein". Er zählte zu seinen Mitgliedern nicht nur Industrielle, Gewerbetreibende und Kaufleute, sondern auch Mitglieder des Adels, der Beamtenschaft und der Armee.

Der „Niederösterreichische Gewerbeverein" setzte sich zum Ziel, „die für Industrie und Gewerbe wichtigen Künste und Wissenschaften zu fördern, bei den arbeitenden Klassen Liebe zur Arbeit, Sparsamkeit sowie das Bestreben nach Belehrung und erhöhter Geschicklichkeit zu unterstützen".[92] Deshalb richtete er eine Bibliothek ein, stellte eine Sammlung von Musterzeichnungen, Modellen und Vorlagen zusammen und überprüfte neue Erfindungen. Auch er trug zum Ausbau des berufsbildenden Schulwesens bei. Denn der sich ihm im Jahre 1840 anschließende „Verein von Kaufleuten und Fabrikanten zur Beförderung der Manufakturzeichnung" (gegründet 1837) veranlaßte ihn bereits 1844 zur Gründung einer gewerblichen Zeichenschule.[93] Diese „Copiranstalt" sollte vor allem Schüler befähigen, die Produkte ihrer späteren Tätigkeit geschmackvoll zu gestalten. Der „Niederösterreichische Gewerbeverein" verstand sich auch gegenüber den zahlreichen Privatzeichenschulen durch seine Beratungstätigkeit gleichsam als „freiwilliger Schulinspektor"; er war ständig bemüht, das Niveau des Unterrichts an diesen privaten Schulen anzuheben. Seine bedeutendsten bildungspolitischen Leistungen wird dieser Verein allerdings erst in der zweiten Hälfte des 19. Jahrhunderts vollbringen.[94]

Bildungsgeschichtlich von großer Wichtigkeit wurde auch ein 1812 gegründeter Wiener „Dilettantenverein", der in seinen Statuten (1814) als Hauptaufgabe die „Emporbringung der Musik in allen ihren Zweigen" bezeichnete.[95] Diese „Gesellschaft der Musikfreunde des österreichischen Kaiserstaates", wie sie sich nannte, richtete 1817 ein Konservatorium ein, wobei ähnliche Einrichtungen in Paris (1784) und in Prag (1811) zum Muster genommen wurden. Zunächst vermochte die Gesellschaft, die auf freiwillige Spenden ihrer Mitglieder und dürftige öffentliche Subventionen angewiesen war, nur eine Singschule zu führen, doch ab 1819 richtete sie in Abständen auch Klassen für den Unterricht in den einzelnen Instrumenten ein (1819 Geige, 1820 Violoncello, 1821 Oboe, Flöte, Klarinette, Fagott, Horn; 1827 Trompete; 1831 Kontrabaß, Posaune) und bot eine Ausbildung in Musiktheorie und Generalbaß (1820). Im Jahre 1832 zog das Konservatorium[96] die Präparanden der Normalhauptschule St. Anna in Wien in einer eigenen Gruppe zusammen und bereitete sie für den

Musikunterricht in der Schule vor. Schließlich eröffnete es auch noch eine Klasse für „plastisch-körperlichen Anstand"; das war die Geburtsstunde der heutigen Tanzabteilung.
Neben dem Raumproblem, das aber zwischen 1829 und 1831 durch den Ausbau des Hauses „zum rothen Igel" (Wien I, Tuchlauben 12) gelöst werden konnte, blieben die Geldsorgen ein ständiger Begleiter. Die jährlichen Defizite konnten immer schwerer abgedeckt werden.[97] Man ging daher teilweise von der Unentgeltlichkeit des Unterrichts ab (1829) und machte im Jahre 1841 den ersten Vorstoß, eine Verstaatlichung des Konservatoriums zu erreichen. Was ursprünglich als Privatschule begonnen hatte, um „einen tüchtigen Dilletantennachwuchs für die Gesellschaftskonzerte heranzubilden", war schrittweise zu einer „musikalischen Berufsschule" für den in diesem Jahrhundert einsetzenden kommerziell geführten Musikbetrieb geworden.[98]
Dieser Prozeß lief nicht ohne Schwierigkeiten ab. Da das Alter der Schüler aufgrund der Statuten zwischen acht und sechzehn Jahren liegen mußte und diese neben der musikalischen Ausbildung auch ihrer Schulpflicht nachkommen sollten, konnten manchmal nur rigorose Maßnahmen die Schüler im Zaume halten. Der Lehrkörper hingegen wollte sich das dauernde Eingreifen der vom Ausschuß des Vereins vorgeschlagenen zwölf Komiteemitglieder – gleichsam fachlich nicht geschulte Vorgesetzte – in den Unterricht nicht gefallen lassen. Erst durch die Bestellung eines fachlich anerkannten ständigen Direktors konnte ein wesentlicher organisatorischer Schritt nach vorne getan werden. Aber der Weg zur „Akademie" (1909) und schließlich zur „Hochschule für Musik und darstellende Kunst" (1971) war noch weit.
Nach Wiener Vorbild wurde in Graz ebenfalls ein „Musikverein für Steiermark" (1815),[99] in Innsbruck der „Verein zur Aufnahme der Ton- und Redekunst" (1818), in Linz eine „Gesellschaft der Musikfreunde" (1821), in Klagenfurt ein „Musikverein für Kärnten" (1828) und schließlich der „Dom-Musikverein" (mit Musikschule „Mozarteum") in Salzburg (1841) gegründet.[100] Auch diese Vereine bildeten den Anstoß zur Entstehung von Musikschulen und Konservatorien. In Graz und Salzburg gab es selbständige Hochschulen am Ende dieser Entwicklung.
Was allerdings vor 1848 weitgehend fehlte, waren wissenschaftliche Vereinigungen, deren Tätigkeit auf Forschung und Publikation neuer fachlicher Erkenntnisse gerichtet war. Auch solche „gelehrte Gesellschaften" durften nur mit Genehmigung des Kaisers errichtet werden. Da diese nur schwer – nach Überwindung zahlreicher bürokratischer Hemmnisse und polizeilicher Bedenken – zu erreichen war, blieben solche Zusammenschlüsse selten. Als Beispiel seien die Geschichts- und Altertumsvereine genannt, die in Österreich später als in der Schweiz und in den deutschen Fürstentümern ins Leben traten.[101] Sie stellten sich im Vormärz meist als Hauptaufgabe, ein Museum zu errichten und in einer Zeitschrift vor allem landeskundliche Themen zu bearbeiten. Der älteste Geschichtsverein dieser Art wurde 1823 in Tirol gegründet („Tiroler Landesmuseum Ferdinandeum").[102] 1833 entstand in Linz der „Verein eines Vaterländischen Museums für Österreich ob der Enns mit Inbegriff des Herzogtums Salzburg".[103] Nach mehrjährigen Bemühungen bildete sich dann in Graz ein „Historischer Verein für Innerösterreich" (1843; er umfaßte Steiermark, Kärnten und Krain), der als Dachverband konstruiert war.[104] Der Kärntner Zweigverein ging darin von Anfang an eigene Wege; er sah sich als Ersatz für die fehlende Landesuniversität. Als „Geschichtsverein für Kärnten" machte er sich 1849 überhaupt selbständig.[105] Alle diese Vereine verstanden sich als Basen für regionale Forschungsaufgaben und Strahlungskerne der Volksbildung.
Hier müssen aber auch noch einige andere bildungspolitisch bedeutsame Fachvereine genannt werden, wie die 1837 gegründete „Gesellschaft der practischen Ärzte in Wien", die sich die „Beförderung der Arzneiwissenschaft" durch Mitteilung eigener

und fremder Beobachtungen zum Ziele setzte,[106] und die „Freunde der Naturwissenschaften in Wien“, die sich 1845 zum ersten Male versammelten und bis 1851 sieben Bände „Berichte“ und vier Bände „Abhandlungen“ herausgaben.[107]
Gerade die außerhalb des öffentlichen Schulwesens einsetzenden privaten Initiativen von Einzelpersonen, Vereinen und Gesellschaften kennzeichnen die starken Emanzipationsbestrebungen des Bürgertums und signalisieren bereits deutlich seine Bildungsansprüche und -forderungen, die es dann in der zweiten Hälfte des 19. Jahrhunderts auch verwirklichte.

19 Abkürzungen

Abh.	Abhandlung(en)
ADB	Allgemeine Deutsche Biographie
ah. Entschließung	allerhöchste Entschließung (Anordnung des Herrschers)
Ak. Wien	Akademie der Wissenschaften, Wien
Alm.	Almanach
Anz.	Anzeiger
AVA	Österreichisches Staatsarchiv – Allgemeines Verwaltungsarchiv, Wien
BÖES	Beiträge zur Österreichischen Erziehungs- und Schulgeschichte
Codex Austriacus	Codicis Austriaci ordine alphabetico compilati. Das ist: Eigentlicher Begriff und Inhalt aller ... unter der Regierung Seiner Majestät Leopoldi I. ausgegangenen ... Generalien, Patente, Ordnungen ... 2 Teile, Wien 1704, mit Ergänzungen (Supplementum Codicis Austriaci). Die Bände werden durchgezählt
DASP	Diözesanarchiv St. Pölten
Denkschr.	Denkschrift(en)
Erg.-Bd.	Ergänzungsband
F.	Faszikel
fl.	Gulden
fol.	Folio
FRA	Fontes rerum Austriacarum
Gesetzessammlung Maria Theresia	Sammlung aller k. k. Verordnungen und Gesetze vom Jahre 1740. bis 1780., die unter der Regierung des Kaisers Joseph des II. theils und ganz bestehen, theils zum Theile abgeändert sind, als ein Hilfs- und Ergänzungsbuch zu dem Handbuche aller unter der Regierung des Kaisers Joseph des II. für die k. k. Erbländer ergangenen Verordnungen und Gesetze in einer chronologischen Ordnung. 1–8, Wien 1786–1787
Gesetzessammlung Joseph II.	Vollständige Sammlung aller seit dem glorreichsten Regierungsantritt Joseph des Zweyten für die k. k. Erbländer ergangenen höchsten Verordnungen und Gesetze durch privat Fleiß gesammelt, und in chronologische Ordnung gebracht. 1–18, Wien 1785–1790

Gesetzessammlung Leopold II.	Sammlung der Gesetze, welche unter der glorreichsten Regierung des Kaisers Leopold des II. in den sämmentlichen k. k. Erblanden erschienen sind in einer chronologischen Ordnung. 1–5, Wien o. J.
Gesetzessammlung Franz II. (I.)	Sr. k. k. Majestät Franz des Zweyten (Franz des Ersten) politische Gesetze und Verordnungen für die Oesterreichischen, Böhmischen und Galizischen Erbländer. 1–63, Wien 1793–1837
H.	Heft(e)
HHStA	Österreichisches Staatsarchiv – Haus-, Hof- und Staatsarchiv, Wien
Hs.	Handschrift
K.	Karton
kr.	Kreuzer
MIÖG	Mitteilungen des Instituts für österreichische Geschichtsforschung (Bd. 39–54: Mitteilungen des österreichischen Instituts für Geschichtsforschung)
MÖSTA	Mitteilungen des Österreichischen Staatsarchivs
N. F.	Neue Folge
Öst. Ak.	Österreichische Akademie der Wissenschaften
Phil.-hist. Kl.	Philosophisch-historische Klasse
Pt.	Punkt
Sb.	Sitzungsberichte
Sch.	Schachtel
Sp.	Spalte
StHK	Studienhofkommission
Stud. Mitt. OSB	Studien und Mitteilungen zur Geschichte des Benediktiner-Ordens und seiner Zweige
tw.	teilweise
Vdg.	Verordnung
Wst.	Wochenstunden (Zahl der Unterrichtsstunden innerhalb einer Woche)
Wurzbach	Wurzbach, Constant v.: Biographisches Lexikon des Kaiserthumes Österreich. 60 Bde., Wien 1856–1891

20 Anmerkungen

Folgende meiner früheren Veröffentlichungen wurden in diesem Band berücksichtigt:

Die Philosophische Lehranstalt zu Krems unter der Direktion Vincenz Eduard Mildes. In: Mitteilungen des Kremser Stadtarchivs 7 (1967), S. 131–176.

Vincenz Eduard Milde als Schul-Districts-Aufseher. In: Mitteilungen des Kremser Stadtarchivs 8 (1968), S. 41–76.

Gottfried Bessels Beitrag zum pädagogischen Umdenken seiner Zeit. In: Gottfried Bessel (1672–1749), Diplomat in Kurmainz – Abt von Göttweig – Wissenschaftler und Kunstmäzen. Mainz 1972, S. 173–202 (Quellen und Abhandlungen zur mittelrheinischen Kirchengeschichte, 16).

Das österreichische Gymnasium zwischen 1790 und 1848. In: Österreichische Bildungs- und Schulgeschichte von der Aufklärung bis zum Liberalismus. Eisenstadt 1974, S. 99–117 (Jahrbuch für österreichische Kulturgeschichte, 4).

Zur Problematik und zu den Aufgaben einer Milde-Biographie. Anregungen anläßlich der Wiederkehr des 200. Geburtstages des bedeutenden österreichischen Pädagogen. In: Bundesgymnasium Krems. Festschrift zum Abschluß der Neugestaltung und Erweiterung des Schulgebäudes und zur Feier des 200. Geburtstages V. E. Mildes (1777–1853). Krems 1977, S. 63–110.

Vincenz Eduard Milde – Wegbereiter modernen pädagogischen Denkens in Österreich. In: Jahresbericht des Bundesgymnasiums Krems am Schlusse des Schuljahres 1976/77. Krems 1977, S. 34–40.

J. I. Felbiger und die Vereinheitlichung des Primarschulwesens in Österreich. Bemerkungen zur pädagogischen Schrift „Kern des Methodenbuches, besonders für die Landschulmeister in den kaiserlich-königlichen Staaten" (1777). Wien 1979, 2. Aufl. 1981. Beilage zum Nachdruck „Kern des Methodenbuches (1777)".

Schulwesen und Volksbildung im 18. Jahrhundert. In: Österreich zur Zeit Kaiser Josephs II. Mitregent Kaiserin Maria Theresias, Kaiser und Landesfürst. Ausstellungskatalog Stift Melk. Wien 1980, S. 226–232, 573–578.

Zu 1 Strukturelle Voraussetzungen für die Stabilisierung und die Umgestaltung des österreichischen Bildungswesens

1 Siehe dazu Zöllner, Erich: Geschichte Österreichs. Von den Anfängen bis zur Gegenwart. 6. Aufl. Wien 1979, S. 246–275; Kann, Robert A.: Geschichte des Habsburgerreiches 1526–1918. Wien–Köln–Graz 1977, S. 62–98; Heinisch, Reinhard Rudolf: Salzburgs Beziehungen zu Bayern und Österreich in der frühen Neuzeit. In: Österreich in Geschichte und Literatur 23 (1979), S. 275.

2 Osterloh, Karl-Heinz: Die Entstehung der westlichen Industriegesellschaft und die Revolution der Interaktionsweisen. Europäischer Kulturwandel als psychosoziales Problem. In: Archiv für Kulturgeschichte 58 (1976), S. 340.

3 Dieser § 39 des Articulus V des Osnabrückschen Friedensvertrages beruhte auf dem Versprechen Ferdinands II. im Jahre 1620 gegenüber den Protestanten und bezog sich auch auf Schlesien (Mecenseffy, Grete: Geschichte des Protestantismus in Österreich. Graz–Köln 1956, S. 181).

4 Instrumentum pacis Osnabrugense, 1648 Okt. 14/24, Art. V, §§ 34–37. Abgedr. in: Zeumer, Karl (Bearb.): Quellensammlung zur Geschichte der Deutschen Reichsverfassung in Mittelalter und Neuzeit. Leipzig 1904, S. 347.

5 Reingrabner, Gustav: Landesfürstliche Patente zur Reformationsgeschichte, vorzugsweise der des Landes unter der Enns. In: Jahrbuch der Gesellschaft für die Geschichte des Protestantismus in Österreich 95 (1979), S. 18f.; Wiedemann, Theodor: Geschichte der Reformation und Gegenreformation im Lande unter der Enns. 5, Prag 1886, S. 27–79; Smets, Moritz: Wien im Zeitalter der Reformation. Preßburg 1875 (Nachdruck Wien 1969), S. 260f.

6 Generalreformationspatent Leopolds I. für Niederösterreich, 1660 April 14, Wien (Reingrabner, Landesfürstliche Patente, S. 19).

7 Reformation der Religion, 1652 Jänner 4, in: Codex Austriacus II, S. 208–211. Sie durften sich nur von zwei bis drei Dienern begleiten lassen.

8 Brunner, Walter: Der Geheimprotestantismus 1600 bis 1781. In: Evangelisch in der Steiermark. Glaubenskampf – Toleranz – Brüderlichkeit. Ausstellungsführer. Graz 1981, S. 68–80.

9 Umfassende Darstellung und Dokumentation in: Reformation – Emigration. Protestanten in Salzburg. Ausstellungskatalog. Salzburg 1981.

10 Die Zahl der zum Verlassen ihrer Heimat gezwungenen Protestanten hielt sich in Grenzen. Aus der Steiermark gingen nach Siebenbürgen zwischen 1752 und 1763 17 Transporte (mit 2052 Evangelischen), zwischen 1773 und 1776 4 Transporte (mit 188 Evangelischen); aus Österreich ob der Enns zwischen 1734 und 1737 7 Transporte (mit 621 Evangelischen), zwischen 1752 und 1776 17 Transporte (mit 2042 Evangelischen); aus Kärnten zwischen 1734 und 1736 5 Transporte (mit 180 Evangelischen) und zwischen 1752 und 1763 17 Transporte (mit 851 Evangelischen). Siehe dazu die Karte „Exulanten" in der Ausstellung „Evangelisch in Österreich. 200 Jahre Toleranzpatent". Ausstellungskatalog. Wien o. J. (1981), S. 78.

11 Reformation der Religion, 1652 Jänner 4, 1655 September 18, in: Codex Austriacus II, S. 210, 213. „Recompens" (lat.) bedeutet soviel wie Entschädigung; hier ist gemeint, daß sie einen Teil der Strafsumme, die durch ihre Anzeigentätigkeit aufgebracht wurde, als Entschädigung für ihre Mühewaltung erhielten.

12 Allerdings sollte der Schulmeister, wie es in einer „Instruction" heißt, nicht gestatten, daß „die jugent in der schuel allerhant neue zeitung, was sie daheim von eltern oder frembden gehöret, plapern und außschwätzen". Text abgedr. bei Schrauf, Karl: Zwei Schulordnungen aus dem 17. Jahrhundert. In: BÖES 2 (1899), S. 132.

13 Zu den sozialökonomischen Veränderungen siehe Tremel, Ferdinand: Wirtschafts- und Sozialgeschichte Österreichs. Wien 1969, S. 230–280; Klingenstein, Grete: Vorstufen der theresianischen Studienreformen in der Regierungszeit Karl VI. In: MIÖG 76 (1968), S. 343–356; Dopsch, Heinz: Der österreichische Adel. In: Zöllner, Erich (Hrsg.): Österreichs Sozialstrukturen in historischer Sicht. Wien 1980 (Schriften des Institutes für Österreichkunde, 36), S. 33f.

14 Der Niedergang der österreichischen Landstände zeigt sich auch im Verfall des Inkolats. Seit Anfang des 17. Jahrhunderts konnte der notwendige landtäfelige Besitz auch durch eine Anlage von 10 000 fl. bei den Ständen ersetzt werden. Damit war es auch „Unangesessenen" möglich, Sitz und Stimme im Landtag zu erhalten (Dopsch, Der österreichische Adel, S. 34).

15 Engelbrecht, Helmut: Gottfried Bessels Beitrag zum pädagogischen Umdenken seiner Zeit. In: Gottfried Bessel (1672–1749). Diplomat in Kurmainz – Abt von Göttweig – Wissenschaftler und Kunstmäzen. Mainz 1972 (Quellen und Abhandlungen zur mittelrheinischen Kirchengeschichte, 16), S. 177.

16 Mathis, Franz: Zur Bevölkerungsstruktur österreichischer Städte im 17. Jahrhundert. Wien 1977, S. 20. In Hall zählten 46,3% der Bevölkerung zur mittleren Vermögensklasse (ebenda, S. 40).

17 Ebenda, S 156.

18 Ebenda, S. 196.

19 Knittler, Herbert: Handwerk und Gewerbe in Österreich (bis ins 19. Jahrhundert). In: Zöllner, Erich (Hrsg.): Österreichs Sozialstrukturen in historischer Sicht. Wien 1980 (Schriften des Institutes für Österreichkunde, 36), S. 78–80.

20 Zöllner, Geschichte Österreichs, S. 285.
21 Ebenda, S. 281–285.
22 Unter Kameralistik wird die deutsche Sonderform des Merkantilismus verstanden.
23 J. J. Becher stand seit 1664 als Leibarzt in kurfürstlich bayerischen Diensten, suchte 1666 in Wien als Kommerzienrat Fuß zu fassen, scheiterte jedoch am Widerstand der Hofkammer. Erst 1670 kehrte er nach Wien zurück und verblieb hier bis 1677. Siehe dazu Biographisches Wörterbuch zur deutschen Geschichte, 1, 2. Aufl. München o. J. (1973), Sp. 213f; Neue Deutsche Biographie, 1, Berlin 1953, S. 689f.; Hoffmann, Alfred: Johann Joachim Becher, Philipp Wilhelm von Hörnigk, Wilhelm von Schröder. In: Pollak, Walter (Hrsg.): Tausend Jahre Österreich. Eine biographische Chronik. 1, Wien–München 1973, S. 199–201; Troitzsch, Ulrich: Ansätze technologischen Denkens bei den Kameralisten des 17. und 18. Jahrhunderts. Berlin 1966 (Schriften zur Wirtschafts- und Sozialgeschichte, 5), S. 14f.; Kümmel, Klaus: Erziehungskonzepte und Schulplanungen in der frühen Neuzeit. Das pädagogische Gedankengut der deutschen Kameralisten. Phil. Diss. Technische Hochschule Aachen 1976, S. 9–19 (Literaturübersicht), 69, 98–102, 111–123 u. a.; Sommer, Louise: Die österreichischen Kameralisten in dogmengeschichtlicher Darstellung. II. Teil, Wien 1925 (Studien zur Sozial-, Wirtschafts- und Verwaltungsgeschichte, 1925), S. 1–78.
24 Troitzsch, Ansätze, S. 15; vgl. Kümmel, Erziehungskonzepte, S. 135f.
25 Becher, Johann Joachim: Politische Discurs, Von den eigentlichen Ursachen/des Auff- und Abnehmens der Städt/Länder und Republicken/In specie, Wie ein Land Volckreich und Nahrhafft zu machen/in eine rechte Societatem civilem zu bringen. Nachdruck der 1. Aufl. 1668, Glashütten/Taunus 1972, S. 59.
26 Siehe Abschnitt 2 dieses Bandes.
27 Zöllner, Geschichte Österreichs, S. 279.
28 Eine solche „Freischule" bestand z. B. in Göttweig, die 1722 unter Abt G. Bessel eröffnet wurde und bald mehr als 100 Schüler zählte (Engelbrecht, Gottfried Bessels Beitrag, S. 185).
29 Regierungsresolutionen v. 1. 1. 1693, Wien, und 26. 5. 1734, Graz, Bericht der medizinischen Fakultät Wien v. 26. 11. 1726. Zit. bei Klingenstein, Vorstufen der theresianischen Studienreformen, S. 352.
30 Bericht der NÖ. Regierung an die Österr. Hofkanzlei v. 17. 6. 1727 und Referat der Österr. Hofkanzlei an den Kaiser v. 29. 10. 1735. Zit. ebenda, S. 349.
31 Huter, Franz: Studierfreiheit, Studentenehe, Vereinsfreiheit. Dokumente vom Weg zur studentischen Freiheit. In: Tiroler Heimat 35/1971 (1972), S. 95.
32 Politzey-Ordnung, 1671 September 28. In: Codex Austriacus II, S. 156.
33 Ebenda, S. 155.
34 Sie durften z. B. für ihre Kleidung kein Tuch verwenden, das mehr als 2 fl. kostete, keinen Hut mit mehr als 2 fl. Wert tragen, mußten auf ganz- oder halbseidenes Zeug verzichten usf. (ebenda, S. 156).

Zu 2 Ansätze zum pädagogischen Umdenken

1 Aus der umfangreichen Literatur siehe Hubatsch, Walter: Absolutismus. Darmstadt 1973 (Wege der Forschung, 314); Köhler, Oskar: Europa im Zeichen der Rationalität. In: Saeculum Weltgeschichte. 6, Freiburg–Basel–Wien 1971, S. 452–570; Mandrou, Robert: Staatsräson und Vernunft 1649–1775. Frankfurt a. M.–Berlin–Wien 1976 (Propyläen Geschichte Europas, 3).
2 Oder an anderer Stelle: „Wenn zur Sprachkenntnis nichts weiteres hinzukommt, bleibt man gleichsam vor der Tür, höchstens im Vorhof der Wissenschaften." Zit. bei Rechtmann, Heinrich J.: Geschichte der Pädagogik. Wandlungen der deutschen Bildung. 3. Aufl. München 1969, S. 108.
3 Ebenda, S. 109f.
4 Heitger, Marian: Grundzüge einer neuen Entwicklung der Pädagogik des 17. Jahrhunderts. In: Wissenschaft und Weltbild 19 (1966), S. 178.
5 Zit. im Artikel „Bildung" in: Theologische Realenzyklopädie. 6, Berlin–New York 1980, S. 624; siehe dazu auch Ballauff, Theodor/Schaller, Klaus: Pädagogik. Eine Geschichte der Bildung und Erziehung. 2, Freiburg i. B.–München 1970, S. 152–157.

6 Siehe seine „Dreizehn Punkte, auf welchen die Didactica oder Lehrkunst gründlichen beruhet", inhaltlich wiedergegeben bei Moog, Willy: Geschichte der Pädagogik. 2, 8. Aufl. Ratingen–Hannover 1967, S. 238f.; vgl. Weimer, Hermann/Schöler, Walter: Geschichte der Pädagogik. 18. Aufl. Berlin–New York 1976, S. 73.

7 Schaller, Klaus: Comenius. Darmstadt 1973 (Erträge der Forschung, 19); Scheuerl, Hans/Schröer, Henning: Comenius, Johan Amos (1592–1670). In: Theologische Realenzyklopädie. 8, Berlin–New York 1981, S. 162–169 (mit umfangreichen Literaturangaben).

8 Schaller, Klaus: Die Pädagogik des Johann Amos Comenius und die Anfänge des pädagogischen Realismus im 17. Jahrhundert. Heidelberg 1962, S. 13f.

9 Heitger, Grundzüge, S. 175.

10 Zit. bei Köhler, Europa im Zeichen der Rationalität, S. 541.

11 Heitger, Grundzüge, S. 181.

12 Zit. bei Rechtmann, Geschichte der Pädagogik, S. 125.

13 Weimer/Schöler, Geschichte der Pädagogik, S. 90–94; Ballauff/Schaller, Pädagogik, 2, S. 318–326.

14 Zur Zeit des Geheimprotestantismus war das Buch „der eigentliche Träger und Bewahrer des lutherischen Glaubens". Die Maßnahmen der Regierung und der Kirche waren deshalb darauf gerichtet, protestantische Glaubensbücher ausfindig zu machen und zu vernichten. Siehe Brunner, W(alter): Der Geheimprotestantismus 1600 bis 1781. In: Evangelisch in der Steiermark. Glaubenskampf – Toleranz – Brüderlichkeit. Ausstellungsführer Graz 1981, S. 73–75.

15 Siehe Abschnitt 3.2.1.

16 Gottfried Bessel (1672–1749). Diplomat in Kurmainz – Abt von Göttweig – Wissenschaftler und Kunstmäzen. Mainz 1972. Festschrift (Quellen und Abhandlungen zur mittelrheinischen Kirchengeschichte, 16).

17 Ausführlich dargestellt durch Engelbrecht, Helmut: Gottfried Bessels Beitrag zum pädagogischen Umdenken seiner Zeit. In: Festschrift Bessel, S. 173–202.

18 Stiftsbibliothek Göttweig, Hs. 683, S. 335.

19 Ebenda, Hs. 685, Nr. 56 (Diversa Collectanea Monastica). Siehe dazu Engelbrecht, Gottfried Bessels Beitrag, S. 186–189.

20 Zit. bei Engelbrecht, Gottfried Bessels Beitrag, S. 187.

21 Stiftsbibliothek Göttweig, Hs. 683, S. 327–343. Siehe dazu Engelbrecht, Gottfried Bessels Beitrag, S. 190–196.

22 Engelbrecht, Gottfried Bessels Beitrag, S. 200f.

23 Ebenda, S. 202.

24 Zu seinem Leben und Werk siehe Mansdorfer, Alfons: Erziehung und Unterricht in Kremsmünster. In: Kremsmünster. 1200 Jahre Benediktinerstift. Linz 1976, S. 154f.; Wintersteller, Johann P. Benno: Simon Rettenpacher „Teutsche Reim-Gedichte". Phil. Diss. Salzburg 1973, bes. S. 1–12; Klinglmair, Leonhard: Die Satiren P. Simon Rettenpachers. In: 113. Jahresbericht Schuljahr 1970. Öffentl. Gymnasium der Benediktiner zu Kremsmünster. Kremsmünster 1970, S. 7–56, bes. S. 12–17; Klinglmair, August Leonhard: Die Satiren P. Simon Rettenpachers. Phil. Diss. Graz 1967; Königer, Franz: Der Pädagoge P. Simon Rettenbacher. Ein Beitrag zur Geschichte der österreichischen Pädagogik. In: Erziehung und Unterricht 108 (1958), S. 138–142; Pfanner, Hildegard: Das dramatische Werk Simon Rettenpachers. Innsbruck 1954 (Innsbrucker Beiträge zur Kulturwissenschaft, Sonderh. 2); Übleis, Gotthard: P. Simon Rettenpacher, Benediktiner von Kremsmünster, 1634–1706. Phil. Diss. Wien 1922; Lehner, Tassilo: P. Simon Rettenbacher, ein österreichischer Pädagoge aus der Reformzeit des 17. Jahrhunderts. In: Mitteilungen der Gesellschaft für deutsche Erziehungs- und Schulgeschichte 8 (1898), S. 306–333.

25 Gedruckt wurde nur sein kritisches Werk „Misonis Erythraei ludicra et satirica" (1678), das bei der Besprechung der einzelnen Wissenschaften sowohl die Literatur als die Schule berücksichtigte (Lehner, Tassilo: P. Simon Rettenbachers pädagogisch-didaktische Grundsätze. Ein Beitrag zur österreichischen Erziehungs- und Schulgeschichte. In: 45. Programm des kais. kön. Ober-Gymnasiums der Benedictiner zu Kremsmünster für das Schuljahr 1895. Linz 1895, S. 70f.). Rettenpachers pädagogische Schrift „Praestantis ac honesti viri sub nomine Philotimi vita a prima iuventute ad senectutem usque adumbrata" sowie seine didaktische Abhandlung „Librorum ad plerasque scientias notitia" blieben ungedruckt

(Altinger, Altmann: Geschichte des Gymnasiums zu Kremsmünster. II. In: 53. Programm des kais. kön. Obergymnasiums der Benediktiner zu Kremsmünster für das Schuljahr 1903, Linz 1903, S. 57).

26 Ausführlich dargestellt bei Lehner, P. Simon Rettenbachers pädagogisch-didaktische Grundsätze, S. 69–90.

27 „A disciplina domestica tota fere vita dependet“ (zit. ebenda, S. 76, Anm. 2).

28 „In quo saepius erratur, quod nullum discrimen inter contumaces et morigeros instituitur, sed eodem prorsus modo utrique habentur. Quae causa optima frequenter ingenia inani timore replet et humi depressa emergere non sinit. Sero tandem advertitur, quam male egerint, qui sic formarunt pueros“ (zit. ebenda, S. 76, Anm. 6).

29 „Modeste cum servis agendum“ (zit. ebenda, S. 79, Anm. 7).

30 Strohmeyer, Hannes: Beiträge zur Geschichte der Leibesübungen in Österreich. Wien o. J. (Wiener Beiträge zur Sportwissenschaft, 1), S. 192.

31 Lehner, P. Simon Rettenbachers pädagogisch-didaktische Grundsätze, S. 80–82.

32 Ebenda, S. 82–90.

33 Siehe Abschnitt 1.3 dieses Bandes, Anm. 23.

34 Becher, Johann Joachim: Methodus Didactica Seu Clavis Et Praxis Super Novum Suum Organon Philologicum (1668, Vorrede), zit. bei Kümmel, Erziehungskonzepte, S. 40.

35 Vgl. Kümmel, Erziehungskonzepte, S. 37–39.

36 Becher, Johann Joachim: Moral Discurs. Von den eigentlichen Ursachen deß Glücks und Unglücks. Frankfurt a. M. 1669, S. 25f., zit. bei Kümmel, Erziehungskonzepte, S. 59.

37 Dazu ausführlich Kümmel, Erziehungskonzepte, S. 70–91.

38 Über das methodische Konzept J. J. Bechers siehe ebenda, S. 91–108.

39 Becher, Methodus Didactica, S. 50, zit. bei Kümmel, Erziehungskonzepte, S. 99.

40 Ebenda.

41 Becher sprach von einem „Theatrum Naturae & Artis“, das Sammlungen aus Zoologie, Botanik (einschließlich eines „Hortus Botanicus“), Mineralogie, Naturwissenschaft und Technologie beinhalten sollte (Kümmel, Erziehungskonzepte, S. 98f.).

42 Troitzsch, Ansätze, S. 18; Hassinger, Herbert: Johann Joachim Becher 1635–1682. Ein Beitrag zur Geschichte des Merkantilismus. Wien 1951, S. 88f.; Kümmel, Erziehungskonzepte, S. 151–153.

43 Becher spricht nur von „allerhand Wissenschaften“ aus dem Bereich des „Theatrum Naturae et Artis“ (Hassinger, Johann Joachim Becher, S. 89). Die Verweildauer an dieser universitätsähnlichen Lehrstätte sollte zehn Jahre betragen. Nicht nur Verstand und Urteilsvermögen sollten geschult, sondern auch die Kenntnisse von der Welt und dem praktischen Leben systematisch erweitert werden (Kümmel, Erziehungskonzepte, S. 152).

44 Das Doctrinal-Collegium diente „zur Beförderung der Kinder-Zucht/Studien, allerhand Exercitien, und Stabilirung guter Wissenschaften“. Siehe Becher, Politische Discurs, S. 47–60; Kümmel, Erziehungskonzepte, S. 117–127.

Zu 3 Das elementare Schulwesen vor dem Einsetzen der Maria-theresianischen Reformen

1 Siehe Posch, Fritz: Über die Pfarrschulen und die Anfänge der Volksbildung. In: Tremel, Ferdinand (Hrsg.): Schule und Heimat. Beiträge zur Geschichte und Methodik des Heimatgedankens in der Schule. Hofrat Dr. Anton Adalbert Klein zur Vollendung des 70. Lebensjahres dargebracht von seinen Freunden. Graz 1964, S. 58 (Zeitschrift des Historischen Vereines für Steiermark, Sonderband 8); Schütz, Josef : Die Entwicklung des allgemeinbildenden Pflichtschulwesens im Mühlviertel von der Maria-Theresianischen Schulreform bis in die Gegenwart. Phil. Diss. Salzburg 1973, S. I/65; Strakosch-Graßmann, Gustav: Geschichte der niederösterreichischen Volksschulen vom Ausgange des Mittelalters bis auf Maria Theresia. In: Zeitschrift für das österreichische Volksschulwesen 15 (1904), S. 97–111, 129–141, 161–171; Ofner, Josef: Die Steyrer Stadtschulen von der Gegenreformation bis in die Zeit Maria Theresias. In: Veröffentlichungen des Kulturamtes der Stadt Steyr, H. 17 (November 1957), S. 12–26.

2 In Judenburg ließen sich 1752 nicht einmal 20% der Schüler in allen drei Fächern unterweisen, beinahe die Hälfte begnügte sich mit dem Lernen des Lesens. Das Schulgeld

war dementsprechend abgestuft: im Durchschnitt für Lesen 15 kr., für Lesen und Schreiben 20 kr., für Lesen, Schreiben und Rechnen 30 kr. vierteljährlich. Eine geringfügig bessere Verteilung finden wir in Admont; in Leoben stellte sich 1752 zum Rechnen niemand ein (Schmut, Johann: Erstes Eingreifen des Staates zur Hebung des niederen Schulwesens in Steiermark unter Maria Theresia. In: BÖES 11 [Wien–Leipzig 1909], S. 144, 153, 189).

3 Banntaiding Traiskirchen, c. 1615 (Winter, Gustav [Hrsg.]: Niederoesterreichische Weisthümer. 1, Wien 1886, Nr. 91, S. 511).

4 Vgl. Banntaidingsordnung und Statuten der Herrschaften Lockenhaus und Kloster, Ende 17. Jahrhundert (ebenda, 1, Westungarische Weisthümer, Nr. 1, S. 1011); Weistum v. Dorf Grillenberg, 17. Jahrhundert (ebenda, 4, Wien 1913, Nr. 24, S. 44) u. a.

5 Vgl. Gerechtigkeit und Banntaiding Guntramsdorf, 1640 November 22 (ebenda, 2, Wien–Leipzig 1896, neue Stücke 1, S. 1085; Banntaiding von Traiskirchen ebenda, 1, Nr. 91, S. 511) u. a.

6 Ebenda.

7 Vgl. Taidingsrechte des Erlaklosters 1640–1684 (ebenda, 3, Wien–Leipzig 1909, Nr. 114/II, S. 848, Nr. 114/III, S. 853) u. a.

8 Banntaidingsordnung und Statuten der Herrschaften Lockenhaus und Kloster, Ende 17. Jahrhundert (ebenda, 1, Westungarische Weisthümer Nr. 1, S. 1011).

9 Vgl. Banntaiding Traiskirchen, c. 1615 (ebenda, 1, Nr. 91, S. 511); Banntaiding Wolfpassing, c. 1630 (ebenda, 2, Nr. 4, S. 23).

10 Der Streit zwischen dem Pfarrer zu Gleisdorf und der Vogtobrigkeit dauerte über ein Jahr (1672/1673). Die Entscheidung lautete, daß der „schuelmaister“ wie bisher vom Marktrichter und zwei Kirchenpröpsten dem Vogtherrn vorzustellen sei und hierauf vom Pfarrer aufgenommen werden müsse (Hausmann, Robert Friedrich/Rosenberger, Siegbert [Hrsg.]: Gleisdorf 1229–1979, Gleisdorf 1979, S. 236).

11 Grass, Franz: Pfarrei und Gemeinde im Spiegel der Weistümer Tirols. Innsbruck 1950, S. 94–97, 84f.

12 Weistum Latsch, Verfügung von Lüsen, 1705 (ebenda, S. 106).

13 Ebenda, S. 84f.

14 Siehe die Kirchspielordnung von Bürs, 1732 April 24 („ausgenommen wegen setz- und annemung eines schuelmeisters“), in Burmeister, Karl Heinz (Hrsg.): Vorarlberger Weistümer. 1, Wien 1973, S. 224.

15 Schrauf, Karl: Zwei österreichische Schulordnungen aus dem 17. Jahrhundert. In: BÖES 2 (1899), S. 129.

16 Ebenda.

17 Abdruck der Instruktion ebenda, S. 129–134. Siehe Bd. 2 dieses Werkes, Abschnitt 10.4.22.

18 Ebenda, S. 129.

19 Ebenda, S. 131.

20 Ebenda.

21 Ebenda.

22 Ebenda, S. 132.

23 Ebenda.

24 „Damit die ruthen der zucht flüchtig mache die thorheit auf den ruken der künder gebunden, ist zu beobachten, daß ihme sei ein gewüß ziel und maß ...“ (ebenda, S. 132).

25 Ebenda, S. 132.

26 Bredl, Klemens/Pichler, Isfried H.: Aigen-Schlägl. Porträt einer Kulturlandschaft. Linz 1979, S. 171.

27 Instruktion des Propstes des Prämonstratenserklosters Schlägl für den Schulmeister von Aigen, 1650 Dezember 6 (Stiftsarchiv Schlägl, Hs. 222, Dienerbuch mit Instruktionen 1648–1683). Inhaltliche Zusammenfassung bei Bredl/Pichler, Aigen-Schlägl, S. 171f.

28 Beispiele: Der Schulmeister in Kroissenbrunn (1697, NÖ) war zunächst Drescher, dann Leitgeber (d. i. Pachter eines Wirtshauses) und Leinweber (Keiblinger, Ignaz: Geschichte des Benedictiner-Stiftes Melk in Nieder-Oesterreich, seiner Besitzungen und Umgebungen. 3 (2,2), Wien 1869, S. 414f.). Der Schulmeister zu St. Georgen ob Murau (1753, Steiermark) war ein Klampferer (Schmut, Erstes Eingreifen des Staates, S. 148), der zu Teufenbach (1755, Steiermark) ein Tischler (ebenda, S. 179), der zu St. Lambrecht (1753, Steiermark)

Tafeldecker im Stift (ebenda, S. 155) oder der zu St. Marein im Mürztal (1752, Steiermark) ein Nagelschmied (ebenda, S. 191).

29 Zit. bei Mayer, Anton: Geschichte der geistigen Cultur in Niederösterreich von der ältesten Zeit bis in die Gegenwart. Ein Beitrag zu einer Geschichte der geistigen Cultur im Südosten Deutschlands. 1, Wien 1878, S. 105.

30 Nach den Angaben der Mesner bei der theresianischen Schulbefragung 1751–1756 waren die Sammlungen sehr unterschiedlich ergiebig; sie klagten, daß statt des vorgesehenen Maßes in Schüsseln nur „Schüsselchen" verwendet wurden (Schmut, Erstes Eingreifen des Staates, S. 148), ein Teil des Kornes wegen darunter befindlichen „Wicken, Klebern, Rotten und anderem Unkraut" nicht zu nutzen war (ebenda, S. 154) oder der Flachs „von rauhem, schlechtesten Haar" war (ebenda, S. 169). Je nach Gegend erhielt der Mesner Weizen, Korn, Hafer (Garbensammlung für das Wetterläuten), Flachs; Most, Wein; Fleisch (Selchfleisch), Käse, Eier und Brot. Besonders die Verpflichtung zum Wetterläuten belastete den Mesner schwer. Wegen des schweren Geläutes in den Dorfkirchen mußte er sich häufig zwei starke Dienstboten halten und lief außerdem Gefahr, bei Gewitter- und Hagelschäden nicht nur bei seiner Sammlung leer auszugehen, sondern sogar mißhandelt zu werden.

31 So war für den Schulmeister von Aigen die Hauptgrundlage der Besoldung die Pfarrsammlung (40 Metzen Korn, 60 Pfund Haar), außerdem erhielt er 15 fl. für die Marktschreiberei und das Orgelspiel, 3 fl. für die Quartalraitung, 2 fl. für die Betreuung der Uhr, 4 bis 6 Schillinge für Inventuren und Protokolle. Freiwillig und in Anerkennung seiner Tüchtigkeit wurden ihm von der Kirche 12 fl. sowie eine Wiese und vom Marktbräuhaus 12 Eimer Bier gegeben (Bredl/Pichler, Aigen-Schlägl, S. 172).

32 Die Bezeichnung „schuel- und messnerhauß" findet sich deshalb öfters (siehe z. B. Winter, Niederösterreichische Weistümer, 3, Nr. 109/VI, S. 801).

33 In Aigen konnte man z. B. nur durch das Schulzimmer in die Schulmeisterstube (Bredl/Pichler, Aigen-Schlägl, S. 175).

34 Beispiele bei Bredl/Pichler, Aigen-Schlägl, S. 172–174; Pongratz, Walter/Tomaschek, Josef: Heimatbuch der Marktgemeinde Gross-Schönau. Krems 1975 (Schriftenreihe des Waldviertler Heimatbundes, 8), S. 123f.

35 Z. B. in der Banntaidingsordnung von Grillenberg (Niederösterreichische Weistümer, 4, Nr. 24, S. 41).

36 Ebenda, 4, Nr. 24, S. 44.

37 Ebenda.

38 Im Kreis Judenburg lag z. B. der Durchschnittsbesuch aufgrund der abgegebenen Erklärungen 1753 bei 19 Schülern (Schmut, Erstes Eingreifen des Staates, S. 144–180).

39 Schmut, Erstes Eingreifen des Staates, S. 176f.

40 Langenlebarn, Ober-Aigen (Banntaiding, in: Niederösterreichische Weistümer, 3, Nr. 10/II, S. 99). In denselben Gemeinden wurde das Dorfgericht am 15. Juni 1767 angewiesen, daß „die jugend in der forcht gottes christlich erzohen, solche von erwachsenen leuten durch ausgelassenen lebenswandel nicht geärgeret (,) sondern in gegentheil zu allen guten angewiesen, besonders aber zu embsiger anhörung deren kinderlehren und fleissigen schullgehen an- und von schädlichen müssigang abgehalten werden (ebenda, 3, Nr. 10/III, S. 104).

41 Ebenda, 3, Nr. 10/II, S. 99; Nr. 10/III, S. 104.

42 Erlakloster, Banntaiding, 1724 Mai 1 (Niederösterreichische Weistümer. 3, Nr. 114/III, S. 853). In den Taidingsrechten des Erlaklosters hatte es bereits zwischen 1640 und 1684 geheißen, daß die Eltern „ernstlichen bei der straff ermant (werden,) daß sie ihre Künter vleißig in die schuel schicken" (ebenda, 3, Nr. 114/II, S. 848). Im Bannbuch des Markts Stetteldorf lesen wir: „Man soll die kinder in der jugend zu der schuel halten ... Wer solches nit thuet, soll zur straf sein" (1602 Jänner 2; in: Niederösterreichische Weistümer, 4, Nr. 100, S. 339.)

43 Banntaiding Traiskirchen, c. 1615 (Niederoesterreichische Weisthümer, 1, Nr. 91, S. 511); Banntaiding Erlakloster, 1724 Mai 1 (ebenda, 3, Nr. 114/III, S. 853).

44 Schmut, Erstes Eingreifen des Staates, S. 143.

45 Steiermärkisches Landesarchiv, Repräsentation und Kammer 109 I, Schulwesen in Steiermark, zit. bei Posch, Fritz: Über die Pfarrschulen und die Anfänge der Volksbildung. In: Schule und Heimat. Beiträge zur Geschichte und Methodik des Heimatgedankens in der

Schule. Hofrat Dr. Anton Adalbert Klein zur Vollendung des 70. Lebensjahres dargebracht von seinen Freunden. Graz 1964, S. 61 (Zeitschrift des Historischen Vereines für Steiermark, Sonderband 8).

46 Mayer, Geschichte der geistigen Cultur, S. 105. Im Almanach für das Schuljahr 1780 wird angegeben, daß an 1000 Hausinstruktoren bereits nach der neuen Unterrichtsmethode unterrichteten. Man nimmt an, daß jeder von ihnen im Durchschnitt sechs Kinder lehrte (Wiener Schul- und Christenlehr-Almanach auf das Schuljahr 1780. Wien 1780, S. 89).

47 Winner, Gerhard: Studien zur Geschichte der Piaristen in Österreich von den Anfängen bis an den Beginn des 19. Jahrhunderts. Phil. Diss. Wien 1952; Biba, Otto: Der Piaristenorden in Österreich. Seine Bedeutung für bildende Kunst, Musik und Theater im 17. und 18. Jahrhundert. Eisenstadt 1975 (Jahrbuch für Österreichische Kulturgeschichte, 5).

48 Die Piaristen versuchten die Stadt Wien zu bewegen, ihr die Bürgerschule bei St. Stephan zu übertragen (Knöll, Pius: Die Gründung des Collegiums und des Gymnasiums der Piaristen in Wien. In: Festschrift zur Feier des zweihundertjährigen Bestandes des k. k. Staatsgymnasiums im VIII. Bezirke. Wien 1901, S. 3). Sie verfügten allerdings auch noch nicht über genügend Ordenslehrer (Winner, Studien zur Geschichte der Piaristen, S. 89).

49 Zum Folgenden siehe Endl, Friedrich: Geschichte des Gymnasiums der Piaristen zu Horn in Niederösterreich (1657–1872). In: BÖES 2 (1899), S. 1–90; Kreschnička, Josef: Schola Pia Hornana, Bilder aus der Zeit der Gründung des Horner Gymnasiums 1657–1700. Festschrift des N. ö. Landes-, Real- und Obergymnasiums in Horn. Horn 1907; Maier, Otto: Das Piaristengymnasium in Horn und seine Geschichte. In: 300 Jahre Gymnasium Horn 1657–1957. Jubiläumsfestschrift. Horn o. J., S. 76–110.

50 Siehe dazu Knöll, Die Gründung des Collegiums und des Gymnasiums der Piaristen in Wien, S. 1–27; Mikoletzky, Hanns Leo: Die Geschichte des Bundesgymnasiums Wien VIII (Piaristengymnasiums) von seiner Gründung 1701 bis zur Gegenwart (1951). In: Festschrift zur 250-Jahr-Feier des Bundesgymnasiums in Wien VIII. (Piaristengymnasium) 1701–1951. 1. Teil. Wien o.J., S. 11–13; Winner, Studien zur Geschichte der Piaristen, S. 89–116; Biba, Der Piaristenorden, S. 35f. (hier weitere Literaturangaben).

51 In Wien bestellten die Piaristen den Totengräber ihres Friedhofes für den Unterricht der Mädchen der Umgebung (Winner, Studien zur Geschichte der Piaristen, S. 211f.).

52 Ebenda, S. 42, 206.

53 In Krems unterschied man wohl aus diesem Grund später – 1754/55 – Arithmetistae maiores und Arithmetistae minores (Winner, Studien zur Geschichte der Piaristen, S. 282, 61, 207).

54 Kreschnička, Schola Pia Hornana, S. 63.

55 Genaue Angaben lassen sich allerdings erst im 18. Jahrhundert machen (vgl. Winner, Studien zur Geschichte der Piaristen, S. 49, 51).

56 Zum Folgenden siehe Endl, Friedrich: Über die wissenschaftliche Heranbildung der Piaristen im 17. und 18. Jahrhundert. In: Mitteilungen der Gesellschaft für deutsche Erziehungs- und Schulgeschichte 6 (1898), 147–177; Biba, Der Piaristenorden in Österreich, S. 45–58.

57 Obgleich die Studienordnung von 1774 die theologische Ausbildung besonders betonte, dürfte sie doch nicht ganz befriedigt haben. Eine 1796 geplante Änderung rief Kritik von staatlicher Seite hervor, weil die neuen Vorschriften dahinführen würden, „gute Professores zu erzielen"; hingegen werde die „Bildung guter Ordensmänner vernachlässigt" (Wotke, Karl: Beiträge zur Geschichte des Piaristenordens. In: BÖES 15 [1914], S. 35; Biba, Der Piaristenorden in Österreich, S. 49).

58 Siehe die Übersichten bei Winner, Studien zur Geschichte der Piaristen, S. 50.

59 Ebenda, S. 47, 60f.

60 Erlinghagen, Karl: Katholische Bildung im Barock. Hannover 1972, S. 161–168; Desaing, Maria-Petra: Die Ursulinen. Freiburg/Schweiz 1968; Kautz, Elisabeth: Erziehungstätigkeit der Ursulinen. Phil. Diss. Wien 1950.

61 Zwei Jahrhunderte des Ursulinenklosters in Wien. 1660–1860. Wien 1860; (Kreuzer, Anton): 300 Jahre Ursulinen in Klagenfurt. Klagenfurt o. J. (1970); Ardelt Rudolf: Geschichte des Ursulinenklosters zu Linz. In: Historisches Jahrbuch der Stadt Linz 1975 (1976), S. 219–306; Hartl, Alois: Denkwürdigkeiten von St. Ursula in Linz. Linz 1918; Hager, Aquinata: 270 Jahre Ursulinen in Graz. In: Jahresbericht 1954/55 und 1955/56 der Unterrichtsanstalt der Ursulinen. Graz 1956, S. 3–11.

62 Zum Folgenden siehe Ardelt, Geschichte des Ursulinenklosters zu Linz, S. 223–228.
63 Zit. bei Kautz, Erziehungstätigkeit der Ursulinen, S. 131.
64 Ebenda, S. 71f. Das beweist auch eine im Archiv des Ursulinenklosters Salzburg befindliche „Tägliche Distribution der Kostfräulein und Jungfrauen" (1695?); in dieser Vorschrift heißt es, man solle die Mädchen „oft den Tag durch und zu andern Zeiten exerzieren in guten Gebärden, Referenzmachen, gerade Gehen, in summa alles, was die Höflichkeit betrifft und sich eine Dame soll halten zu jeder Zeit und bei allen Personen" (Frdl. Mitteilung v. Sr. Maria Eleonora Ehrenstraßer, OSU).
65 (Kreuzer), 300 Jahre Ursulinen in Klagenfurt, S. 6f.
66 Erlinghagen, Katholische Bildung im Barock, S. 168–177; Coleridge, Henry James (Hrsg.): Leben der Maria Ward (1588–1645) von Mary Kath. Elisab. Chambers I. B. M. V. 2, Regensburg–New York–Cincinnati 1889.
67 Institutum Beatae Mariae Virginis (Hrsg.): Maria Ward und ihr Institut. München 1957, S. 32.
68 Das Institut Beatae Mariae Virginis der Englischen Fräulein in St. Pölten. Festschrift zur Feier des 200jährigen Bestehens. St. Pölten 1905, S. 289.
69 Die Schule der „geistlichen Jungfrauen, so sich Matres de Jesu nennen", hatte von Anfang an viel Zulauf. Über 400 Schülerinnen besuchten sie; die Zahl der jungen, außerdem zuwenig ausgebildeten Lehrerinnen war allerdings nicht ausreichend. Die Auflösung der Wiener Ordensniederlassung wurde bereits 1630 anbefohlen, doch finden sich schwache Spuren der „Engelländischen Junkfrauen" bis 1637/38. Siehe dazu Peters, Henriette: Jesuitinnen in Wien. In: Flieder, Viktor (Hrsg.): Festschrift Franz Loidl zum 65. Geburtstag. 1, Wien 1970, S. 174–185, Zitat S. 176; Grisar, Josef: Maria Wards Institut vor römischen Kongregationen (1616–1630). Roma 1966 (Miscellanea Historiae Pontificiae, 27), S. 287–293 (Zitat S. 292), 296, 311, 547–557, 562, 646f.; Coleridge, Leben der Maria Ward, S. 198–330.
70 Die Englischen Fräulein in München baten Joseph I. 1705 um Genehmigung eines Hauses in St. Pölten (AVA Wien, StHK F. 83, 20 Niederösterreich, 4 ex 1706); zu gleicher Zeit suchten sie auch in Krems Fuß zu fassen. Daß die Wahl auf Städte in Niederösterreich fiel, war wohl darauf zurückzuführen, daß der Bruder der ersten Oberin des zu gründenden Hauses, Freiin Maria Anna von Kriechbaum, die Stelle eines Vizestatthalters in diesem Lande bekleidete und seiner Schwester hilfreich zur Hand gehen konnte. Außerdem erhofften die Englischen Fräulein geistliche Betreuung von den Jesuitenpatres in Krems. Siehe Peters, Henriette: Die Gründung der Englischen Fräulein in Krems. In: Mitteilungen des Kremser Stadtarchivs 3 (1963), S. 123–134; Rauscher, Heinrich: Das Institut B. M. V. der Englischen Fräulein in Krems. In: Jahresbericht 1958/1959 (Privatlehrerinnenbildungsanstalt, dreijährige Hauswirtschaftsschule, Institut B. M. V. Krems an der Donau), S. 5–39; Wagner, Pauline: Geschichte und Probleme der Schulen des Institutes B. M. V. der Englischen Fräulein in Krems an der Donau. In: Jahresbericht 1961/1962 (Privatlehrerinnenbildungsanstalt, dreijährige Hauswirtschaftsschule, Institut B. M. V. Krems an der Donau), S. 5–40; Wagner, Eva-Maria: Das schulische Wirken der Englischen Fräulein in Krems. In: Jahresbericht 1969/1970, 1970/1971 (Musisch-Pädagogisches Realgymnasium, Fachschule für wirtschaftliche Frauenberufe, Institut B. M. V. Krems an der Donau), S. 1–16; Das Institut Beatae Mariae Virginis der Englischen Fräulein in St. Pölten. Festschrift zur Feier des 200jährigen Bestehens. St. Pölten 1905; 250 Jahre Institut B. M. V. der Englischen Fräulein St. Pölten 1706–1956. St. Pölten o. J.
71 Stadtarchiv Krems, Ingedenkbuch der Städte Krems und Stein, Bd. 7, S. 274–280. Die Niederlassung („Noviciat-Haus") wurde erst, weil die Stadt verschiedene Bedingungen stellte, im Jahre 1722 bewilligt (AVA Wien, StHK F. 83, 20 Niederösterreich, 1 ex 1722, 2 ex 1728).
72 Rauscher, Das Institut B. M. V. der Englischen Fräulein in Krems, S. 33.
73 Institutum Beatae Mariae Virginis (Hrsg.): Maria Ward und ihr Institut, S. 63.
74 Das Pensionat der Salesianerinnen wurde erst 1927 aufgelöst. Zu seiner Geschichte siehe Peters, Henriette: Gründungsgeschichte. In: Waach, Hildegard (Hrsg.): Die Salesianerinnen in Wien 1717–1967. Wien–München 1967 (Forschungen zur Kirchengeschichte Österreichs, 4), S. 9–69; Hübl, Albert: Die Schulen Wiens seit dem Ausgang des Mittelalters (1522) bis zum Regierungsantritt Maria Theresias (1740). In: Altertumsverein zu Wien (Hrsg.): Geschichte der Stadt Wien. 5, Wien 1914, S. 452f.

75 Henry-Coüannier, Maurice: Saint François de Sales et ses amitiés. 4. Aufl. Paris–Tournai 1955.
76 Peters, Gründungsgeschichte, S. 63–65.
77 Hübl, Die Schulen Wiens, S. 452.
78 Vettori, Marianne: Die Tertiar-Schulschwestern in Süd- und Nordtirol. Ihr Werden und Wirken 1700–1955. Ein Beitrag zur Geschichte der Mädchenschule in Tirol. Innsbruck 1955 (Schlern-Schriften, 141); Stoll, Andreas: Geschichte der Lehrerbildung in Tirol. Von den Anfängen bis 1876. Weinheim–Berlin 1968, S. 45.
79 Bozner Ratsprotokoll 1714–1716, fol. 198 u. 218, zit. bei Vettori, Die Tertiar-Schulschwestern, S. 39.
80 Zit. bei Vettori, Die Tertiar-Schulschwestern, S. 63f.
81 Schulbrüder Wien-Strebersdorf (Hrsg.): Der heilige Johannes von La Salle und sein Werk 1651–1951. Wien 1952; Paltram, Petronius (Hrsg.): Pädagogik des heiligen Johann Baptist de La Salle und der christlichen Schulbrüder. Freiburg i. B. 1911; Schulbrüder Wien-Strebersdorf (Hrsg.): 100 Jahre Schulbrüder in Österreich 1857–1957. Wien 1957 (hier weitere Literaturangaben S. 87–90); Schulbrüderhilfswerk (Hrsg.): Festschrift zum 250jährigen Ordensjubiläum der Gesellschaft der Brüder der Christlichen Schulen. Wien 1931.
82 Dieses Verbot wurde erst 1923 aufgehoben (Schulbrüder Wien-Strebersdorf [Hrsg.], Der heilige Johannes von La Salle, S. 33).
83 Die Anfänge der Schulbrüder in Österreich, in: Schulbrüder Wien-Strebersdorf (Hrsg.), 100 Jahre Schulbrüder, S. 15–52.
84 Zur Geschichte der österreichischen Volksschule. 1. Die Christenlehrbruderschaft und die Schulmeister. In: Österreichischer Schulbote 9 (1859), S. 129–130. 2. Was die in die christliche Lehrbruderschaft eingeschriebenen Schul- und Lehrmeister beobachten sollen. In: Ebenda, S. 137–140; Helfert, Joseph Alexander: Die Gründung der österreichischen Volksschule durch Maria Theresia. Prag 1860, S. 39f.
85 Der Jesuit Adam Sandschuster führte 1711 die Christenlehrbruderschaft in der Innenstadt von Wien ein (Mayer, Anton: Geschichte der geistigen Cultur in Niederösterreich von der ältesten Zeit bis in die Gegenwart. 1, Wien 1878, S. 103, Anm. 86).
86 Österreichischer Schulbote 9 (1859), S. 129f.
87 Hofinger, Johannes: Geschichte des Katechismus in Österreich von Canisius bis zur Gegenwart. Mit besonderer Berücksichtigung der gleichzeitigen gesamtdeutschen Katechismusgeschichte. Innsbruck–Leipzig 1937, S. 14f.
88 Ebenda, S. 15–19.
89 Österreichischer Schulbote 9 (1859), S. 129. Die „Fragbüchlein" bauten zunächst auf dem Katechismus des Petrus Canisius auf. Der bedeutendste Katechismus aus der Blütezeit der österreichischen Christenlehrbruderschaften war das „Allgemein-nothwendige Frag-Büchlein über die fünf Hauptstück des kleinen Catechismi Petri Canisii", ein von Ignaz Parhamer besorgter und nur wenig veränderter Abdruck der „Kleinen Schul-Christi" des Jesuiten Hermenegild Adam. Seit der Mitte des 18. Jahrhunderts drang auch der Römische Katechismus wieder stärker in Österreich ein (Hofinger, Geschichte des Katechismus, S. 15–18).
90 In Wien waren 1750 58 Schulmeister sowie 18 Praeceptores und Instructores Mitglieder der Christenlehrbruderschaft (Verzeichnis deren Schulmeistern in und vor der Stadt, wie solche in dem Jahre 1750 den 25. Nov. die Tridentinische Glaubens-Bekanntnuß abgeleget, in die Christen-Lehr-Bruderschaft eingeschrieben worden, und ihrer besondere Schull-Patronen empfangen haben. In: Österreichischer Schulbote 9 [1859], S. 147f.).
91 Helfert, Die Gründung der österreichischen Volksschule, S. 40.
92 Österreichischer Schulbote 9 (1859), S. 139.
93 ... besonders allhier in Wienn mehr von denen Eltern, als von denen Kindern" (Österreichischer Schulbote 9 [1859], S. 137).
94 Ebenda.
95 Österreichischer Schulbote 7 (1857), S. 38.
96 Der Verstoß gegen diese Verordnung aus dem Jahre 1753 wurde mit 50 Reichstalern bestraft (Wiener Schul- und Christenlehr-Almanach auf das Schuljahr 1781. Wien 1781, S. 4).
97 Das Gedicht, aus dem hier Ausschnitte zitiert werden, war von den Kindern auswendig zu lernen (Christenlehr-Bruderschaft unter dem Schutz und Titel der Heimsuchung Maria und

des heiligen Johann Franciscus Regis, welche in dem Waysenhause unsrer lieben Frau am Rennwege nach Gleichförmigkeit anderer Ortschaften der wienerischen Erzbischöflichen Diöces förmlich, und hochfeyerlich eingeführet den 29. April 1759, und wiederum bey einer durch 8 Täge gehaltenen Katechetischen-Mißion mit Erwählung, und Vorlesung der Officialen erneueret worden im Jahre 1778. den 2. Jul. Wien o. J., S. 104f.).

98 Parhamer legte ein Bruderschaftsbuch an, in dem sich auch der Kaiser Franz I. und Maria Theresia einschrieben, veranstaltete öffentliche Kinderlehren mit militärischer Präzision und zog als Missionar, sich dabei auch um die Schulverhältnisse kümmernd, durch die österreichischen Länder (Helfert, Die Gründung der österreichischen Volksschule, S. 42–44; Der österreichische Schulbote 7 [1857], S. 37f.).

99 Nachricht von der Beschaffenheit der übereinstimmenden Christenlehre in der Stadt Wien. In: Wiener Schul- und Christenlehr-Almanach auf das Schuljahr 1781. Wien 1781, S. 111–114.

Zu 4 Die Krise des Gymnasiums

1 Schaller, Klaus: Comenius. Darmstadt 1973 (Erträge der Forschung, 19).

2 Vgl. die Schülerfrequenz am Gymnasium Graz (Peinlich, Richard: Geschichte des Gymnasiums in Graz. In: Jahresbericht des kais. kön. ersten Staats-Gymnasiums in Graz. Veröffentlicht am Schlusse des Studien-Jahres 1872. Graz o. J., S. 92), am Gymnasium Innsbruck (Ruzerstorfer, Franz: Geschichte des Gymnasiums zu Innsbruck. In: Festschrift zum 400jährigen Jubiläum des Gymnasiums Innsbruck. Innsbruck 1962, S. 89) u. a.

3 Klingenstein, Grete: Bildungskrise. Gymnasien und Universitäten im Spannungsfeld theresianischer Aufklärung. In: Koschatzky, Walter (Hrsg.): Maria Theresia und ihre Zeit. Eine Darstellung der Epoche von 1740–1780 aus Anlaß der 200. Wiederkehr des Todestages der Kaiserin. Salzburg–Wien 1979, S. 213.

4 Im Jahre 1773 bestanden in den deutschen und böhmischen Ländern der Habsburger 38 Gymnasien der Jesuiten und 24 der Piaristen (Paulsen, Friedrich: Geschichte des gelehrten Unterrichts auf den deutschen Schulen und Universitäten vom Ausgang des Mittelalters bis zur Gegenwart. Leipzig 1897, S. 111f.).

5 Biba, Otto: Der Piaristenorden in Österreich. Seine Bedeutung für bildende Kunst, Musik und Theater im 17. und 18. Jahrhundert. Eisenstadt 1975 (Jahrbuch für österreichische Kulturgeschichte, 5), S. 32.

6 Vgl. den Abdruck der mährischen Schulordnung bei Wotke, Karl: Die ältesten Piaristenschulen Mährens. Ein Beitrag zur österreichischen Schulgeschichte. In: 26. Jahresbericht des k. k. Staatsgymnasiums im XVII. Bezirke von Wien (Hernals). Veröffentlicht am Schlusse des Schuljahres 1899/1900. Wien 1900, S. III–XV, 1–22.

7 Biba, Der Piaristenorden, S. 177.

8 „Nemo discipulos propriis manibus verberet, nec nudis carnibus verberet" (Wotke, Die ältesten Piaristenschulen, S. 13, Regulae Magistrorum, Pt. 5; S. XIV).

9 Mikoletzky, Die Geschichte des Bundesgymnasiums Wien VIII, S. 14.

10 Bereits im Jahre 1705 ordnete ein kaiserliches Dekret an, das „studium promiscuum" müsse eingestellt werden, wo allgemein – ohne Berücksichtigung der landesfürstlichen Verbote – „Knaben ohne Unterschied deren Capacität oder zuelänglichen Miteln" studieren dürften. Der Rektor der Piaristen wies aber darauf hin, daß „nicht gleich in Vestibulo Rudimentorum Latinitatis ein Jedwederer Knab, sondern wan selbiger Ein oder anderes Jahr beständig frequentiret seine Taug- oder Untauglichkeiten zum Studiren hervorthut". Erst „nach gewissenhafften Proben" dürfe eine Entscheidung über das Weiterstudium gefällt werden. Die Regierung hingegen verbot, daß jemand, „welcher gar keine Mitel hat vnd nicht zeigen kann, wo er mit Kost oder Wohnung vnd dergleichen versehen, sondern alles und jedes erbetteln müßte, in die Schul aufgenohmen" werden dürfe. Siehe den Abdruck der Dekrete und Stellungnahmen betr. des studium promiscuum bei Knöll, Pius: Geschichte der Entwicklung des Gymnasiums in dem Zeitraum von 1701 bis 1850. In: LII. Jahres-Bericht über das k. k. Staatsgymnasium im VIII. Bezirke Wiens für das Schuljahr 1901/1902. Wien 1902, S. 22–24.

11 Genaue Angaben lassen sich erst ab dem Jahre 1775 machen. In Horn waren u. a. 18% der Schülereltern Diener und Taglöhner, 20% in der Landwirtschaft tätig und 53% beschäftigten sich mit Handel und Gewerbe. In Krems hingegen blieb die Zahl der Schülereltern, die eine dienende Stellung innehatten oder Bauern waren, gering (6% bzw. 7%), der Großteil arbeitete im Gewerbe und Handel (45%) oder hatte eine Stellung als Beamter (25%). Die freien Berufe waren überrepräsentiert (10%). Vgl. Winner, Studien zur Geschichte der Piaristen, S. 306.

12 Zit. bei Mikoletzky, Die Geschichte des Bundesgymnasiums Wien VIII, S. 14.

13 Zit. ebenda, S. 15.

14 Einzelheiten dazu bei Biba, Der Piaristenorden, S. 40–44.

15 Zum Folgenden siehe Endl, Über die wissenschaftliche Heranbildung der Piaristen, S. 147–177; Biba, Der Piaristenorden, S. 45–49.

16 Beispiele bei Winner, Studien zur Geschichte der Piaristen, S. 300f.; Endl, Friedrich: Das Wirken der Piaristen deutscher Provinz in wissenschaftlicher und künstlerischer Beziehung vom Jahre 1631–1725 mit besonderer Berücksichtigung Mährens, des Stammlandes der deutschen Provinz. In: Zeitschrift des deutschen Vereines für die Geschichte Mährens und Schlesiens 11 (1907), S. 117–162.

17 Zit. bei Biba, Der Piaristenorden, S. 48.

18 Trotzdem sind die Aufzeichnungen über ihre Schul- und Erziehungstätigkeit in den Archiven knapp. Vor allem das 18. Jahrhundert ist nur in ganz geringem Maße vertreten (Biba, Der Piaristenorden, S. 17).

19 Ebenda, S. 34.

20 Siehe dazu Biba, Der Piaristenorden, S. 49–58.

21 Vgl. Abschnitt 3.2.2.

22 Vgl. Ardelt, Geschichte des Ursulinenklosters zu Linz, S. 272f.; Erlinghagen, Karl: Katholische Bildung im Barock. Hannover 1972 (Lichtenstein, Ernst/Groothoff, Hans-Hermann [Hrsg.]: Das Bildungsproblem in der Geschichte des europäischen Erziehungsdenkens, IV/2), S. 165.

23 Vgl. z. B. die Berufstätigkeit der Ursulinen in Linz (Ardelt, Geschichte des Ursulinenklosters zu Linz, S. 273f.).

24 Vgl. Abschnitt 3.2.3.

25 Vgl. Erlinghagen, Katholische Bildung, S. 171–175.

26 Vgl. Abschnitt 3.2.3, Anm. 74–77.

27 Vgl. Decker, Ägyd: Die benediktinischen Schulen in Österreich. In: Tausch, Hildebert (Hrsg.): Benediktinisches Mönchtum in Österreich. Wien 1949, S. 121f.; Hübl, Albert: Geschichte des Unterrichtes im Stifte Schotten in Wien. Wien 1907, S. 60f.; Kummer, Edmund: Unsere Klosterschule. In: 100. Jahresbericht des öffentlichen Stiftsgymnasiums der Benediktiner zu Melk a. d. D. Am Schlusse des Schuljahres 1957/58 veröffentlicht. Melk 1958, S. 6f.

28 Altinger, Altmann: Geschichte des Gymnasiums zu Kremsmünster. II. Abschnitt. In: 53. Programm des kais. kön. Obergymnasiums der Benediktiner zu Kremsmünster für das Schuljahr 1903. Linz 1903, S. 48f.; Wichner, Jakob: Kloster Admont und seine Beziehungen zur Wissenschaft und zum Unterricht. Graz 1892, S. 113.

29 Altinger, Geschichte des Gymnasiums zu Kremsmünster, 1903, S. 53f.; Wichner, Kloster Admont, S. 113f., 117f.

30 Mansdorfer, Alfons: Erziehung und Unterricht in Kremsmünster. In: Kremsmünster. 1200 Jahre Benediktinerstift. Linz 1976, S. 155.

31 Instruktion des Abtes Honorius Aigner aus dem Jahre 1703, zit. bei Altinger, Geschichte des Gymnasiums zu Kremsmünster, 1903, S. 56f.

32 Ebenda, S. 55.

33 Vollständiger Abdruck der „Instructio" (1704 Mai 26) ebenda, S. 62–66, bes. S. 65, 30mo.

34 Beispiele im „Catalogus rhetorum" des Gymnasiums in Kremsmünster aus dem Jahre 1705 (teilw. Abdruck ebenda, S. 70).

35 Kolb, Aegidius: Streiflichter aus der alten Universität. In: Mitteilungen der Gesellschaft für Salzburger Landeskunde 118/1978 (1979), S. 174.

36 Tremel, Ferdinand: 400 Jahre Akademisches Gymnasium in Graz. In: 400 Jahre Akademisches Gymnasium in Graz 1573–1973. Festschrift. Graz 1973, S. 26–28.

37 Ruzerstorfer, Franz: Geschichte des Gymnasiums zu Innsbruck. In: Festschrift zum 400jährigen Jubiläum des Gymnasiums Innsbruck. Innsbruck 1962, S. 37; Lechner, Karl: Geschichte des Gymnasiums (in Innsbruck). In: 58.–65. Programm des k. k. Staats-Gymnasiums in Innsbruck. Innsbruck 1907–1914, S. 132f.
38 Zit. bei Lechner, Geschichte des Gymnasiums (in Innsbruck), S. 133.
39 Genaue Angaben ebenda, S. 135.
40 Zit. bei Strakosch-Graßmann, Gustav: Geschichte des österreichischen Unterrichtswesens. Wien 1905, S. 69.
41 Zit. bei Lechner, Geschichte des Gymnasiums (in Innsbruck), S. 137.
42 Ebenda, S. 138.
43 Ebenda.
44 Ebenda, S. 140f.
45 Ebenda, S. 139f.
46 Zit. bei Krones, Franz: Geschichte der Karl Franzens-Universität in Graz. Graz 1886, S. 59 (1734 März 24).
47 Ebenda, S. 142.
48 Ebenda, S. 60 (1734 Mai 26).
49 Lechner, Geschichte des Gymnasiums (in Innsbruck), S. 142f.
50 Siehe die Schülerzahlen am Gymnasium Innsbruck (Ruzerstorfer, Geschichte des Gymnasiums zu Innsbruck, S. 89).
51 Zit. bei Klingenstein, Grete: Vorstufen der theresianischen Studienreformen in der Regierungszeit Karls VI. In: MIÖG 76 (1968), S. 349.
52 Ebenda, S. 353.
53 Codex Austriacus IV, S. 887–890, abgedr. bei Wotke, Karl: Das Oesterreichische Gymnasium im Zeitalter Maria Theresias. Berlin 1905 (Monumenta Germaniae Paedagogica, 30), S. 3–6.
54 Wotke, Das Oesterreichische Gymnasium, S. 6.
55 Ebenda, S. 5.
56 Ebenda, S. 6.
57 Vgl. Tremel, 400 Jahre Akademisches Gymnasium in Graz, S. 28; Mikoletzky, Die Geschichte des Bundesgymnasiums Wien VIII, S. 16.
58 Die genauen Titel dieser Lehrbücher bei Wotke, Das Oesterreichische Gymnasium, S. XIIIf.

Zu 5 Anfänge der Umstrukturierung der Berufsausbildung

1 Siehe die Angaben bei Zatschek, H(einz): Handwerk und Gewerbe in Wien. Von den Anfängen bis zur Erteilung der Gewerbefreiheit im Jahre 1859. Wien 1949, S. 177, 218, 144f. u. a.; Grüll, Georg: Die Linzer Handwerkszünfte im Jahre 1655. Ein Beitrag zur Geschichte der Entstehung der allgemeinen Handwerksordnung. In: Jahrbuch der Stadt Linz 1952 (1953), S. 261–296; Holzhey, Ilse: Die Zünfte im Kampf mit den Landesfürsten 1527–1832. Iur. Diss. Graz 1965, S. 32–54; Uhl, Harald: Handwerk und Zünfte in Eferding. Materialien zum grundherrschaftlichen Zunfttypus. Wien 1973 (FRA III/3), S. 72–99; Lindebner, Karin: Beiträge zur Geschichte des Handwerks in Villach. Innsbruck 1965, S. 57–65, 67–89, 91–120; Das steirische Handwerk. Meisterschaft als Träger der Kultur und Wirtschaft des Landes. Katalog zur 5. Landesausstellung 1970. 1, Graz 1970, S. 51–57, 273–545.
2 Ein Beweis dafür ist wohl der Rückgang der Zahl der Hausbesitzer unter den Handwerkern in Wien und deren nachweisliche Verschuldung (Zatschek, Handwerk und Gewerbe, S. 144–146).
3 Seit Leopold I. (1658–1705) verstärkten sich die obrigkeitlichen Eingriffe (ebenda, S. 120, 66f.) Davon waren z. B. auch die bambergischen Städte und Märkte in Kärnten betroffen, die seit 1674 ihre Handwerksstatuten vom jeweiligen Herrscher neu bestätigen lassen mußten (Lindebner, Beiträge, S. 314). Grundherren, Stadtobrigkeiten und Zünfte waren um den Weiterbestand der lokalen Ordnung bemüht (Uhl, Handwerk und Zünfte, S. 123).
4 Zit. bei Zatschek, Handwerk und Gewerbe, S. 150.

5 Codex Austriacus IV, S. 270–272, 503.
6 Text der „Handwerks-Ordnung“ v. 19. April 1732 abgedr. in: Codex Austriacus IV, S. 754–767 (Zitat S. 762). Inhalt zusammenfassend wiedergegeben bei Zatschek, Handwerk und Gewerbe, S. 43–46.
7 Von einem Bewerber um das Meisterrecht wurde verlangt, daß er nach Vollendung der Gesellenjahre noch bei einem oder zwei Meistern arbeitete. Diese Zeit, die das Selbständigwerden hinausschob, nannte man Mutjahre (Muthjahre). Vgl. auch Bd. 1, Abschn. 15.2.
8 Text der „Kundschaft“ in: Codex Austriacus IV, S. 756. Siehe dazu u. a. Lindebner, Beiträge, S. 57, 76; Uhl, Handwerk und Zünfte, S. 86 f.
9 Vgl. Blankertz, Herwig: Bildung im Zeitalter der großen Industrie. Pädagogik, Schule und Berufsbildung im 19. Jahrhundert. Hannover 1969 (Lichtenstein, Ernst/Groothoff, Hans-Hermann [Hrsg.]: Das Bildungsproblem in der Geschichte des europäischen Erziehungsdenkens, 15), S. 13–27.
10 Blankertz, Herwig: Zur Geschichte der Berufsausbildung. In: Erziehungswissenschaftliches Handbuch. 5, Königstein/Taunus 1979, S. 262 f.
11 Siehe Abschn. 1.3 u. 2 dieses Bandes.
12 So in Bechers „Methodus didactica“ (1668), zit. bei Hassinger, Herbert: Johann Joachim Becher 1635–1682. Wien 1951, S. 87.
13 Blankertz, Zur Geschichte der Berufsausbildung, S. 263.
14 Hassinger, J. J. Becher, S. 196–203 (Zitat S. 198); Troitzsch, Ulrich: Ansätze technologischen Denkens bei den Kameralisten des 17. und 18. Jahrhunderts. Berlin 1966, S. 15–19.
15 Srbik, Heinrich: Wilhelm von Schröder. Ein Beitrag zur Geschichte der Staatswissenschaften. In: Sb. Ak. Wien Phil.-hist. Kl. 164,1 (1910), S. 1–161; Troitzsch, Ansätze technologischen Denkens, S. 19 f.
16 Hassinger, J. J. Becher, S. 203 f.
17 Die Akademie soll nicht 1692, wie meist ausgeführt wird, sondern bereits 1688 eröffnet worden sein. Siehe Koller, Manfred: Die Akademie Peter Strudels in Wien (1688–1714). In: Mitteilungen der Österreichischen Galerie 14 (1970), S. 5–74; Lützow, Carl: Geschichte der kais. kön. Akademie der bildenden Künste. Festschrift zur Eröffnung des neuen Akademie-Gebäudes. Wien 1877; Mansfeld, Herbert August: Die Matrikel der Akademie der bildenden Künste in Wien 1726–1739. In: Archiv für Sippenforschung und alle verwandten Gebiete 15 (1938), S. 97; Wagner, Walter: Die Geschichte der Akademie der bildenden Künste in Wien. Wien 1967, S. 13–21; Akademie der bildenden Künste in Wien 1872–1972. Festschrift. Wien o. J. (1972), S. 16.
18 Mitteilungen der Hofkammer an das k. Obersthofmarschall- und Quartieramt, 1692 Oktober 26, Wien (Wien, Hofkammerarchiv, Hoffinanzakten Österreich, rote Nr. 570, tw. abgedr. bei Koller, Die Akademie Peter Strudels, S. 39, QU 6).
19 Ebenda.
20 Wiennerisches Diarium, 1705 Dezember 19 (zit. ebenda, S. 12).
21 „. . . Academiae nostrae Praefectum . . .“ (zit. ebenda, S. 44, QU 17).
22 Czeike, Felix (Hrsg.): Das große Groner Wien Lexikon. Wien–München–Zürich 1974, S. 317.
23 „. . . was bei anderen nationen zu ihrer sonderbarer hochachtung und nicht geringen aufnahm des comercij practiciret wird . . .“ (Wien, Hofkammerarchiv, Hoffinanzakten Österreich, rote Nr. 880; tw. abgedr. bei Koller, Die Akademie Peter Strudels, S. 58, QU 51). Siehe auch Wagner, Die Geschichte der Akademie der bildenden Künste, S. 21.
24 Sammer, Alfred: Das Hochschulstatut 1872. Eine rechtshistorische Betrachtung seiner Entwicklung. In: Akademie der bildenden Künste in Wien 1872–1972. Wien o. J. (1972), S. 16.
25 Marks, Alfred: Adelige Standeserziehung in Linz 1612–1750. In: Jahrbuch der Stadt Linz 1954 (Linz 1955), S. 347 f.; Stauber, Franz X.: Historische Ephemeriden über die Wirksamkeit der Stände von Österreich ob der Enns. Linz 1884, S. 5 f.
26 Grüll, Georg: Die Ingenieure Knittel im Rahmen der o.-ö. Mappierungen im 17. und 18. Jahrhundert. In: Mitteilungen des Oberösterreichischen Landesarchivs 2 (1952), S. 43–76.
27 Die Schülerzahlen des Vormerkbuches 1698–1750, zusammengestellt bei Marks, Adelige Standeserziehung, S. 389, Beilage II.

28 Die Ingenieurschule wurde um 1760 wieder eröffnet und im Jahre 1826 endgültig aufgehoben (ebenda, S. 347, 350 f.).
29 Gatti, Friedrich: Geschichte der k. k. Ingenieur- und k. k. Genie-Akademie 1717–1869. Wien 1901 (Geschichte der k. und k. Technischen Militär-Akademie, 1).
30 Eugen von Savoyen an Joseph I., 1710 August 23, Rebreuve, zit. in: Arneth, Alfred: Prinz Eugen von Savoyen. 3, Wien 1858, S. 528, Anm. 23.
31 Abdruck des Stiftungsbriefes (1717 Dezember 24, Wien) bei Gatti, Geschichte der k. k. Ingenieur- und k. k. Genie-Akademie, S. 56 f.
32 Braubach, Max: Prinz Eugen von Savoyen. Eine Biographie. 5, Wien 1965, S. 435, Anm. 68. Die Schreibweisen der beiden italienischen Namen sind in der Literatur unterschiedlich: L. Anguisola und Johann Jakob Marinoni (Gatti, Geschichte der k. k. Ingenieur- und k. k. Genie-Akademie, S. 58); L. Anquisolla und Josef Marinoni (Hübl, Albert: Die Schulen Wiens, in: Geschichte der Stadt Wien. 5, Wien 1914, S. 390–392); Leander Anguissola und Jacob Marinoni (Kastner, Richard H.: Die Geschichte der Technischen Hochschule in Wien. Wien–München 1965, S. 8) usw. Als Johannes Jacobus de Marinoni bezeichnete er sich selbst in lateinischer Sprache. Die häufigste Schreibweise für seinen Vorgänger in der Direktion ist Anguissola (Czeike, Das große Groner Wien Lexikon, S. 40 f.).
33 Verzeichnis der Zöglinge, welche in den Jahren 1717–1754 die k. k. Ingenieur-Akademie zu Wien frequentierten (Gatti, Geschichte der k. k. Ingenieur- und k. k. Genie-Akademie, Beilage A, S. 91–107). Bis 1743 besuchten sie insgesamt 317 Schüler (ebenda, S. 74).
34 Ebenda, S. 6–34; Czeike, Das große Groner Wien Lexikon, S. 789; Geusau, Anton: Geschichte der Stiftungen, Erziehungs- und Unterrichtsanstalten in Wien, von den ältesten Zeiten bis auf gegenwärtiges Jahr. Wien 1803, S. 231–245.
35 Gatti, Geschichte der k. k. Ingenieur- und k. k. Genie-Akademie, S. 9 f.
36 Ebenda, S. 15; Geusau, Geschichte der Stiftungen, S. 245 f., 238–241.
37 Tw. abgedr. bei Gatti, Geschichte der k. k. Ingenieur- und k. k. Genie-Akademie, S. 20–27.
38 So wurden die Kinder bezeichnet, die gegen Bezahlung in die Chaossche Stiftung aufgenommen wurden (ebenda, S. 10).
39 Diese Auffassung vertrat bereits W. Dilthey (Blankertz, Zur Geschichte der Berufsausbildung, S. 263). Vor allem sollte bedacht werden, daß durch die berufsbildenden Schulen die Macht der Zünfte geschmälert wurde. Maria Theresia und Joseph II. wandten sich gegen jede Form einer sozialen Autonomie, daher auch gegen die Zünfte. Siehe dazu Strakosch, Heinrich: Das Problem der ideologischen Ausrichtung des österreichischen aufgeklärten Absolutismus. In: Selb, Walter/Hofmeister, Herbert (Hrsg.): Forschungsband Franz von Zeiller (1751–1828). Beiträge zur Gesetzgebungs- und Wissenschaftsgeschichte. Wien–Graz–Köln 1980, S. 210–225.

Zu 6 Die Ritterakademien („Nobilissimae Academiae“)

1 Siehe dazu Kruedener, Jürgen: Die Rolle des Hofes im Absolutismus. Stuttgart 1973 (Forschungen zur Sozial- und Wirtschaftsgeschichte, 19).
2 Vgl. ebenda, S. 72.
3 Klingenstein, Grete: Vorstufen der theresianischen Studienreformen in der Regierungszeit Karls VI. In: MIÖG 76 (1968), S. 347.
4 Siehe Hübl, Albert: Die Schulen Wiens seit dem Ausgang des Mittelalters (1522) bis zum Regierungsantritt Maria Theresias (1740). In: Altertumsverein zu Wien (Hrsg.): Geschichte der Stadt Wien. 5, Wien 1914, S. 393–400; Hübl, Albert: Die k. u. k. Edelknaben am Wiener Hof. In: Jahres-Bericht des kais. kön. Ober-Gymnasiums zu den Schotten in Wien am Schlusse des Schuljahres 1911/1912. Wien 1912, S. 3–55.
5 Hübl, Die Schulen Wiens, S. 394, Anm. 6.
6 Textwiedergabe bei Hübl, Die k. u. k. Edelknaben, S. 38–44.
7 Ebenda, S. 38.
8 Namen der Lehrer bei Hübl, Die k. u. k. Edelknaben, S. 30–36; Hübl, Die Schulen Wiens, S. 400.

9 „Mais je hay par sur tout un sçavoir pedantesque" („Mehr haß ich, als alles, pedantisches Wissen") erklärte bereits Guillaume du Bellay (um 1522–1566), und Michel Montaigne (1533–1592) griff dieses Zitat auf, um den Unterricht seiner Zeit zu geißeln. Siehe seine Essais, tw. übersetzt bei Garin, Eugenio: Geschichte und Dokumente der abendländischen Pädagogik. III. Von der Reformation bis John Locke. Reinbek bei Hamburg 1967, S. 149.
10 Zit. nach der „Instruction des Kays. Edelknaben Hofmaister...", abgedr. bei Hübl, Die k. u. k. Edelknaben, S. 38.
11 Siehe Abschnitt 5.4.5 in Bd. 2 dieses Werkes.
12 Zit. bei Marks, Alfred: Adelige Standeserziehung in Linz 1612–1750. In: Jahrbuch der Stadt Linz 1954. Linz 1955, S. 339.
13 Zit. ebenda, S. 340. Zum Folgenden siehe S. 337–392.
14 Die Besoldung wurde für den Fecht-, Tanz- und Sprachmeister von 360 fl. auf 600 fl. angehoben, für den Bereiter stieg sie von 630 fl. auf 1400 fl., weil er auf eigene Kosten sechs Pferde halten mußte (ebenda, S. 345).
15 Als Begründung wurde angegeben, daß sie nicht erfolgreich seien und in Wien Akademien für den Adel zur Verfügung stünden (ebenda, S. 349 f.).
16 Popelka, Fritz: Geschichte der Stadt Graz. 2, Graz 1935, S. 410 f.
17 Kärntner Landesarchiv, Ständisches Archiv, Sch. 563, F. 1, fol. 138–140; Sch. 407, F. 2, fol. 534–551; Sch. 630, F. 3, fol. 15–21; Sch. 563, F. 1, fol. 130–132 usw. Vgl. auch Brunner, Bärbel: Beiträge zur Geschichte der Stadt Klagenfurt vom ersten entscheidenden Erfolg der Gegenreformation im Jahre 1604 bis zum Regierungsantritt Maria Theresias. Phil. Diss. Innsbruck 1965.
18 Siehe dazu Hübl, Die Schulen Wiens, S. 382–393; Strebl, Laurenz: Die ständische Akademie in Wien (1682–1749). Phil. Diss. Wien 1936, S. 14 f.
19 „Benachrichtung/Uber die von denen Hochlöbl. N.Oest. Herren/Herren Landstånden Anno 1692. Neu auffgerichte Academia." Photokopie bei Strebl, Die ständische Akademie, S. 101.
20 Vgl. Klingenstein, Vorstufen, S. 345.
21 Ausführliche Inhaltsangabe bei Strebl, Die ständische Akademie, S. 16–22.
22 Bleeck, Klaus: Adelserziehung auf deutschen Ritterakademien. Die Lüneburger Adelsschulen 1655–1850. 1 u. 2, Frankfurt a. M.–Bern–Las Vegas 1977 (Europäische Hochschulschriften, III/89), S. 29.
23 Siehe Anm. 19.
24 März, Adolf L.: Die Entwicklung der Adelserziehung vom Rittertum bis zu den Ritterakademien. Phil. Diss. Wien 1949, S. 211.
25 Über den Bau der Akademie siehe Strebl, Die ständische Akademie, S. 35–39; Bild des Gebäudes bei Hübl, Die Schulen Wiens, S. 386.
26 Bereits 1691 wurde ein Vorschlag für diese Privilegien ausgearbeitet, 1694 vom Kaiser bewilligt (Hübl, Die Schulen Wiens, S. 57; Strebl, Die ständische Akademie, S. 47–49).
27 Strebl, Die ständische Akademie, S. 50, 56; 64, 72, 76, 82; 80.
28 Ebenda, S. 57, 124 f.
29 Ebenda, S. 88–93.
30 In: Benachrichtigung..., Photokopie bei Strebl, Die ständische Akademie, S. 101.
31 Strebl, Die ständische Akademie, S. 123–125.
32 Ebenda, S. 115–119. Das Sommerhalbjahr dauerte vom 1. Mai bis 31. August, das Winterhalbjahr vom 1. September bis 30. April.
33 Ebenda, S. 145 f., 132–139.
34 Ebenda, S. 175 f., 181, 185–187, 191.
35 In den Akten befinden sich darüber keine Unterlagen (ebenda, S. 161).
36 Strohmeyer, Hannes: Beiträge zur Geschichte der Leibesübungen in Österreich. Wien 1975 (Wiener Beiträge zur Sportwissenschaft, 1), S. 192 f.
37 Strebl, Die ständische Akademie, S. 48.
38 Zu ähnlichen Ergebnissen kommt Bleeck, Adelserziehung, S. 27.
39 Siehe dazu Sattler, Magnus: Collectaneen-Blätter zur Geschichte der ehemaligen Benedictiner-Universität Salzburg. Kempten 1890, S. 98–108; Rumpler, Matthias/Hochmuth, Johann Jacob: Geschichte des Salzburg'schen Schulwesens. Salzburg 1832, S. 147–151. In den Akten wird vom „Virgilianischen Collegium" gesprochen. Die Bewerber um die Freiplätze hatten

ihren Adel anhand einer Ahnentafel nachzuweisen und mußten bereits die Rhetorik absolviert haben (Kärntner Landesarchiv, Ständisches Archiv, Sch. 575, F. 2, fol. 1–136, bes. fol. 8 u. 12).

40 Ein Bericht aus dem Jahre 1792 gibt einen genauen Einblick in den Tagesablauf (Sattler, Collectaneen-Blätter, S. 106–108).

41 Ebenda, S. 109

42 Diese Bezeichnung befindet sich über dem marmornen Eingangstor zum „Virgilianum" (ebenda, S. 95).

43 Sie wurden deswegen Siebenstädter (Civitatenses) genannt (ebenda, S. 109f.).

44 Strohmeyer, Hannes: Beiträge zur Geschichte von Leibeserziehung und Sport in Österreich. Wien o. J. (Wiener Beiträge zur Sportwissenschaft, 6), S. 38.

45 Sattler, Collectaneen-Blätter, S. 111. Im Vatikanischen Archiv ist ein Nuntiaturbericht erhalten (14. Mai 1735), nach dem je sechs Adelige und Bürgersöhne in eine Ritterakademie aufgenommen werden sollten (Klingenstein, Vorstufen, S. 348, Anm. 83).

46 So bezeichnet sie Bleeck, Adelserziehung, S. 23.

47 Beispiele bei Strebl, Die ständische Akademie, S. 146–155.

48 Zum Lehrplan der Ritterakademien siehe Dolch, Josef: Lehrplan des Abendlandes. Zweieinhalb Jahrtausende seiner Geschichte. 3. Aufl. Ratingen 1971, S. 292f.

49 Klingenstein, Vorstufen, S. 349.

50 Strohmeyer, Beiträge zur Geschichte der Leibesübungen, S. 193.

51 Photokopie der „Benachrichtigung..." bei Strebl, Die ständische Akademie, S. 101.

52 Schwarz, Johann: Geschichte der Savoy'schen Ritter-Akademie in Wien vom Jahre 1746 bis 1778. In: BÖES 1 (1897), S. 11f.

Zu 7 Reformansätze im universitären Bereich

1 Vgl. Klingenstein, Grete: Vorstufen der theresianischen Studienreformen in der Regierungszeit Karls VI. In: MIÖG 76 (1968), S. 326–377.

2 Die jährliche Besoldung der Wiener Professoren lag zwischen 110 und 170 Gulden, in Innsbruck hingegen erhielten die Juristen zwischen 300 und 850 Gulden, die Mediziner bis 300 Gulden (ebenda, S. 337).

3 Ebenda, S. 351.

4 Siehe Abschnitt 4.3.

5 Smekal, Ferdinand G.: Alma Universitatis. Die Geschichte der Grazer Universität in vier Jahrhunderten. Wien 1967, S. 54.

6 Hölbing, Franz: 300 Jahre Universitas Oenipontana. Die Leopold-Franzens-Universität zu Innsbruck und ihre Studenten. Innsbruck 1970, S. 212f.

7 Der Tumult begann im Hörsaal der Logik. Die Jüngsten der studierenden Universitätsjugend wehrten sich dagegen, daß die Jesuiten in der Ansprache keinen Unterschied zwischen Studenten und Bauern machten. Siehe dazu Peinlich, Richard: Geschichte des Gymnasiums in Graz. In: Jahresbericht des kais. kön. ersten Staats-Gymnasiums in Graz. Veröffentlicht am Schlusse des Studien-Jahres 1870. Graz o. J., S. 105f.; Krones, Franz: Geschichte der Karl-Franzens-Universität in Graz: Graz 1886, S. 330–332.

8 Peinlich, Geschichte des Gymnasiums in Graz, S. 128.

9 Ebenda, S. 134f.

10 Text der Hofverordnung v. 5. Sept. 1725, abgedr. ebenda, S. 134.

11 Siehe dazu Ritschel, Karl Heinz: Die Geschichte der Universität Salzburg. In: Kaindl-Hönig, Max/Ritschel, Karl Heinz (Hrsg.): Die Salzburger Universität 1622–1964. Salzburg 1964, S. 151f.

12 Mühlböck, Annemarie: Die Pflege der Geschichte an der alten Universität. In: Universität Salzburg 1622–1962–1972. Festschrift. Salzburg 1972, S. 100f.

13 Putzer, Peter: Aspekte der Wissenschaftspflege an der alten Salzburger Juristenfakultät. In: Universität Salzburg 1622–1962–1972. Festschrift. Salzburg 1972, S. 121–163.

14 Ebenda, S. 145–147.

15 Probst, Jacob: Geschichte der Universität in Innsbruck seit ihrer Entstehung bis zum Jahre 1860. Innsbruck 1869, S. 109, 118, 120.
16 Geplant waren Professuren für Jus publicum und das Lehenrecht, Anatomie und Chirurgie sowie für Botanik und Arzneikunde (Kink, Rudolf: Geschichte der kaiserlichen Universität zu Wien. 1/I, Wien 1854, S. 396–400).
17 Ebenda, S. 402 f.
18 Klingenstein, Vorstufen, S. 364, 366.
19 Siehe dazu Krones, Geschichte der Karl Franzens-Universität, S. 394–401.
20 Ebenda, S. 396
21 Vgl. Bd. 2, Abschn. 5.4.2.
22 Bredl, Klemens/Pichler, Isfried H.: Aigen-Schlägl. Porträt einer Kulturlandschaft. Linz 1979, S. 178–183.
23 Mussbacher, Norbert: Abt Matthäus Kolweiss von Lilienfeld (1620–1695). Roma 1975, S. 31 f.; Tobner, Paul: Lilienfeld 1202–1902. Zur Erinnerung an die Feier des 700jährigen Jubiläums dieses Cistercienserstiftes. Wien 1902, S. 339 f., 379 f.
24 Wenda, Gerhard: Abt Melchior Zaunagg (1706–1747) und die dritte Periode österreichischen barocken Klosterlebens im Stift Zwettl. Theol. Diss. Innsbruck 1951, S. 43–45.
25 Fuchs, Adalbert: Die theologische Lehranstalt des Benedictinerstiftes Göttweig. In: Zschokke, Hermann: Die theologischen Studien und Anstalten der katholischen Kirche in Österreich. Wien–Leipzig 1894, S. 1147–1151.
26 Zschokke, Die theologischen Studien, S. 1152–1154. Text der Statuten für die im Stift Admont studierenden Philosophen und Theologen aus dem Jahre 1711, abgedr. bei Wichner, Jakob: Kloster Admont und seine Beziehungen zur Wissenschaft und zum Unterricht. Graz 1892, S. 119–122.
27 Plank, Benedikt: Geschichte der Abtei St. Lambrecht. St. Lambrecht 1976, S. 72 f.
28 Zschokke, Die theologischen Studien, S. 1118–1122; Czerny, Albin: Die Klosterschule von St. Florian. Entstehung, Verlauf, Ende. 1071–1783. Linz 1873, S. 71–75. Hausstatuten der Klöster, die genau zwischen Juniores und Novitii unterscheiden, zeigen ebenfalls an, daß Kleriker – in der Regel die weniger begabten – im Hause selbst in die Theologie eingeführt wurden.
29 Seit 1752 begannen Verordnungen Maria Theresias die Klosterstudien nach den staatlichen Vorschriften auszurichten und zunehmend abzuwürgen; Joseph II. verbot sie schließlich 1782 überhaupt (Zschokke, Die theologischen Studien, S. 1057 f.).
30 Vgl. Klingenstein, Vorstufen, S. 341 f.
31 Zit. bei Krones, Geschichte der Karl Franzens-Universität, S. 398.
32 Siehe dazu Gall, Franz: Alma Mater Rudolphina 1365–1965. Die Wiener Universität und ihre Studenten. 3. Aufl. Wien 1965, S. 58 f.; Meister, Richard: Entwicklung und Reformen des österreichischen Studienwesens. Teil I. Wien 1963 (Sb. Öst. Ak. Phil.-hist. Kl. 239/1), S. 12 f.
33 Klingenstein, Vorstufen, S. 360.
34 Ebenda, S. 328, Anm. 3.
35 Zum Folgenden siehe Engelbrecht, Helmut: Gottfried Bessels Beitrag zum pädagogischen Umdenken seiner Zeit. In: Gottfried Bessel (1672–1749). Diplomat in Kurmainz-Abt von Göttweig-Wissenschaftler und Kunstmäzen. Mainz 1972 (Quellen und Abhandlungen zur mittelrheinischen Kirchengeschichte, 16), S. 196–201.
36 Siehe dazu Lackner, Franz: Die Jesuitenprofessoren an der philosophischen Fakultät der Wiener Universität (1712–1773). Wien 1976 (Dissertationen der Universität Wien, 128/I), S. 24–27; Klingenstein, Vorstufen, S. 367–372.
37 Kink, Geschichte der kaiserlichen Universität zu Wien, 1/I, S. 423–425.
38 Lackner, Die Jesuitenprofessoren, S. 27–30.
39 Abdruck des kaiserl. Patents v. 16. November 1735 bei Kink, Geschichte der kaiserlichen Universität zu Wien, 2, S. 519–525.
40 Siehe dazu Zlabinger, Eleonore: Lodovico Antonio Muratori und Österreich. Innsbruck 1970 (Veröffentlichungen der Universität Innsbruck, 53), S. 30–36; Kaindl-Hönig, Max: Die Salzburger Universität im Ablauf der Jahrhunderte. In: Kaindl-Hönig, Max/Ritschel, Karl Heinz: Die Salzburger Universität 1622–1964. Salzburg 1964, S. 74–76; Mühlböck, Die Pflege der Geschichte, S. 100 f.; Ritschel, Die Geschichte der Universität Salzburg, S. 154.

Ausführliche Belegstellen für die durchwegs schriftlich geführte Auseinandersetzung bei Sattler, Magnus: Collectaneen-Blätter zur Geschichte der ehemaligen Benedictiner-Universität Salzburg. Kempten 1890, S. 338–358.

41 Die treibende Kraft dieses Kreises war Giovanni Battista Gaspari (1702–1768), dem von Maria Theresia in den sechziger Jahren die oberste Leitung des Gymnasialwesens anvertraut wurde; alle seine Mitglieder treffen wir später in führenden Positionen (Kardinal von Wien, Fürstbischöfe von Seckau, Passau, Laibach, Statthalter der Lombardei u. ä.). Siehe Zlabinger, Lodovico Antonio Muratori, S. 25–39; Garms-Cornides, Elisabeth: Zwischen Giannone, Muratori und Metastasio. Die Italiener im geistigen Leben Wiens. In: Engel-Janosi, Friedrich/Klingenstein, Grete/Lutz, Heinrich (Hrsg.): Formen der europäischen Aufklärung. Wien 1976 (Wiener Beiträge zur Geschichte der Neuzeit, 3), S. 235–239.

42 Die Bezeichnung ist auf eine Schrift Gasparis ('Αδεισιδαίμονος Φιλορωμαίου; Vindiciae adversus Sycophantes Juvavienses, Cöln 1741) zurückzuführen, in der die Zustände an der Salzburger Universität in grellen Farben getadelt wurden (Zschokke, Die theologischen Studien, S. 352 f.).

43 Hölbing, 300 Jahre Universitas Oenipontana, S. 141.

44 Krones, Geschichte der Karl Franzens-Universität, S. 61.

45 Lackner, Die Jesuitenprofessoren, S. 30 f.

46 Ebenda, S. 26 f.; Beiträge zur Kunde steiermärkischer Geschichtsquellen 22 (1887), S. 25; Probst, Geschichte der Universität in Innsbruck, S. 107 f., 130, 386; Krones, Geschichte der Karl Franzens-Universität, S. 57, 395–398, 400.

Zu 8 Die Ausrichtung des Bildungswesens auf den Staat im Zeichen der Aufklärung (1740–1792)

1 Piepmeier, Rainer: Aufklärung. In: Theologische Realenzyklopädie, 4, Berlin–New York 1979, S. 575–594 (mit umfangreichen Literaturangaben); Pütz, Peter: Die deutsche Aufklärung. Darmstadt 1978 (Erträge der Forschung, 81). Siehe auch die Aufsätze zur Aufklärung als Epochenbegriff und die Literaturangaben bei Pütz, Peter (Hrsg.): Erforschung der deutschen Aufklärung. Königstein/Ts. 1980, S. 107–189, 341–351; Lesky, Erna/Kostic, Strahinja K./Matl, Josef/Rauch, Georg: Die Aufklärung in Ost- und Südosteuropa. Aufsätze, Vorträge, Dokumentationen. Köln–Wien 1972.

2 Siehe dazu Plongeron, Bernhard: Was ist Katholische Aufklärung? In: Kovács, Elisabeth (Hrsg.): Katholische Aufklärung und Josephinismus. Wien 1979, S. 11–56. Vgl. Wodka. Josef: Die Kirche und die Aufklärung. In: Österreich in Geschichte und Literatur 10 (1966), S. 223–231.

3 Zit. bei Mraz, Gerda u. Gottfried: Maria Theresia. Ihr Leben und ihre Zeit in Bildern und Dokumenten. München 1979, S. 308.

4 Zit. ebenda. Graf Pergen sah als größten Nachteil des Schulwesens seiner Zeit, „daß die Geistlichen eben hierdurch die Mittel in Händen haben, die beste(n) Köpfe unter der Landesjugend für sich wegzuschnippen. Es bleibt also nur das Mittelmäßige oder Schlechtere dem Staate übrig ...". „Schulen mit weltlichen rechtschaffenen Lehrmeistern besetzt, sind und bleiben das erste und einzige Mittel", um eine Wendung zum Besseren herbeizuführen (AVA Wien, Nachlaß Pergen, Nr. 31 Bemerkung über das Schul- und Unterrichtswesen in Österreich, fol. 8).

5 Literaturübersicht bei Zöllner, Erich: Geschichte Österreichs. Von den Anfängen bis zur Gegenwart. 6. Aufl. Wien 1979, S. 625–628; Kann, Robert A.: Geschichte des Habsburgerreiches 1526–1918. Wien–Köln–Graz 1977, S. 510 f. Siehe weiters Matis, Herbert (Hrsg.): Von der Glückseligkeit des Staates. Staat, Wirtschaft und Gesellschaft in Österreich im Zeitalter des aufgeklärten Absolutismus. Berlin 1981 (Literaturverzeichnis, S. 523–558); Maria Theresia und ihre Zeit. Zur 200. Wiederkehr des Todestages. Ausstellungskatalog (Wien, Schönbrunn). Salzburg–Wien o. J. (1980); Österreich zur Zeit Kaiser Josephs II. Mitregent Kaiserin Maria Theresias, Kaiser und Landesfürst. Ausstellungskatalog (Stift Melk). Wien 1980; Koschatzky, Walter (Hrsg.): Maria Theresia und ihre Zeit. Eine Darstellung der Epoche von 1740–1780 aus Anlaß der 200. Wiederkehr des Todestages der

Kaiserin. Salzburg–Wien 1979; Wagner, Hans: Der Einfluß von Gallikanismus und Jansenismus auf die Kirche und den Staat der Aufklärung in Österreich. In: Österreich in Geschichte und Literatur 11 (1967), S. 521–534; Mraz, Gottfried: Die habsburgischen Länder im Jahrhundert der Aufklärung. In: Joseph Haydn in seiner Zeit. Ausstellungskatalog. Eisenstadt 1982, S. 152–159.

6 Vgl. Piepmeier, Aufklärung, S. 575–594.

7 Siehe Engelbrecht, Helmut: J. I. Felbiger und die Vereinheitlichung des Primarschulwesens in Österreich. Bemerkungen zur pädagogischen Schrift „Kern des Methodenbuches, besonders für die Landschulmeister in den kaiserlich-königlichen Staaten" (1777). Beilage zum Nachdruck „Kern des Methodenbuches (1777)". Wien 1979, S. 3f.

8 Walter, Friedrich: Kaiserin Maria Theresia (1717–1780). In: Hantsch, Hugo (Hrsg.): Gestalter der Geschicke Österreichs. Innsbruck–Wien–München 1962 (Studien der Wiener Katholischen Akademie, 2), S. 243.

9 Walter, Friedrich: Kaiser Joseph II. In: Hantsch, Hugo (Hrsg.): Gestalter der Geschicke Österreichs. Innsbruck–Wien–München 1962, S. 291f.

10 Handbuch aller unter der Regierung des Kaisers Joseph des II. für die k. k. Erbländer ergangenen Verordnungen und Gesetze in einer Sistematischen Verbindung (fortan Gesetzessammlung Joseph II.), 5 (Wien 1786), S. 181.

11 Wandruszka, Adam: Leopold II. In: Pollak, Walter: Tausend Jahre Österreich. Eine biographische Chronik. 1, Wien–München 1973, S. 386.

12 Franz Stephan von Lothringen hatte viel Interesse für Naturwissenschaften, technische Fragen und finanzielle Angelegenheiten (Mraz, Maria Theresia, S. 15).

13 Doppelporträt von Pompeo Batoni, Wien, Schloß Schönbrunn. Abbildung bei Wandruszka, Adam: Leopold II. Erzherzog von Österreich, Großherzog von Toskana, König von Ungarn und Böhmen, Römischer Kaiser, 1, Wien–München o. J. (1964), nach S. 288, Beschreibung S. 246.

14 Ebenda, S. 26–28.

15 Über Don Manuel Tellez de Menezes e Castro, Herzog von Sylva, Graf von Tarouca (1696–1771) siehe Walter, Friedrich: Die Paladine der Kaiserin. Ein Maria-Theresia-Buch. Wien 1959, S. 97–110.

16 Über Johann Christoph Bartenstein (1689–1767) ebenda, S. 12–23; Hrazky, Josef: Johann Christoph Bartenstein, der Staatsmann und Erzieher. In: MÖSTA 11 (1958), S. 221–251; Braubach, Max: Johann Christoph Bartensteins Herkunft und Anfänge. In: MIÖG 61 (1953), S. 99–149; Arneth, Alfred: Johann Christoph Bartenstein und seine Zeit. In: Archiv für Österreichische Geschichte 46 (1871), S. 1–24.

17 Über Wenzel Anton Fürst Kaunitz-Rietberg (1711–1794) siehe vor allem Walter, Die Paladine, S. 40–59; Novotny, Alexander: Staatskanzler Wenzel Fürst Kaunitz. In: Hantsch, Gestalter der Geschicke, S. 253–261; Novotny, Alexander: Staatskanzler Kaunitz als geistige Persönlichkeit. Ein österreichisches Kulturbild aus der Zeit der Aufklärung und des Josephinismus. Wien 1947; Klingenstein, Grete: Der Aufstieg des Hauses Kaunitz. Studien zur Herkunft und Bildung des Staatskanzlers Wenzel Anton. Göttingen 1975 (Schriftenreihe der Historischen Kommission bei der Bayerischen Akademie der Wissenschaften, 12).

18 Bölöny, Josef: Maria Theresias vertrauter Ratgeber: Paul Festetics (1722–1782). In: Koschatzky, Walter (Hrsg.): Maria Theresia und ihre Zeit. Salzburg–Wien 1979, S. 105–112.

19 Walter, Friedrich: Friedrich Wilhelm Graf Haugwitz. In: Neue Deutsche Biographie 8 (Berlin 1969), S. 95f.; Haugwitz, Friedrich Wilhelm Graf v., 11. 12. 1702–11. 9. 1765, in: Biographisches Wörterbuch zur deutschen Geschichte, 1, 2. Aufl. München o. J. (1973), Sp. 1038–1040.

20 Zu Gerard van Swieten (1700–1772) siehe Lesky, Erna/Wandruszka, Adam: Gerard van Swieten und seine Zeit. Wien–Köln–Graz 1972; Walter, Die Paladine, S. 72–85. Zu Friedrich Wilhelm Graf von Haugwitz (1702–1765) siehe Walter, Die Paladine, S. 24–39.

21 Matis, Herbert: Staatswerdungsprozeß und Ausbildung der Volkswirtschaft. In: Matis, Von der Glückseligkeit des Staates, S. 20–24; Brusatti, Alois: Die Begründung des obrigkeitlichen Verwaltungsstaates. In: Ebenda, S. 30–37; Ogris, Werner: Staats- und Rechtsreformen. In: Koschatzky, Walter (Hrsg.): Maria Theresia und ihre Zeit. Salzburg–Wien 1979, S. 56–66.

22 Ogris, Staats- und Rechtsreformen, S. 64; Ogris, Werner: Recht und Macht bei Maria Theresia. In: Tätigkeitsbericht der Österreichischen Akademie der Wissenschaften 1980–1981. Wien 1982, S. 9–24.
23 Maaß, Ferdinand: Der Josephinismus. Quellen zu seiner Geschichte in Österreich 1760–1790. 2, Wien 1953 (FRA II/72), Nr. 159a, S. 340–345, bes. S. 344.
24 Benedikt, Heinrich: Der Josephinismus vor Joseph II. In: Österreich und Europa. Festgabe für Hugo Hantsch. Graz–Wien–Köln 1965, S. 183–201; Vocelka, Karl: Der Josephinismus. Neuere Forschungen und Problemstellungen. In: Jahrbuch der Gesellschaft für die Geschichte des Protestantismus in Österreich 95 (1979), S. 53–68. K. Vocelka spricht von einem Protojosephinismus. Siehe Vocelka, Karl: Der „Josephinismus" in der Maria-Theresianischen Epoche. In: Ausstellungskatalog Joseph II. (Stift Melk), S. 151.
25 Zur historiographischen Diskussion des Begriffs „Josephinismus" siehe Kovács, Elisabeth: Was ist Josephinismus? In: Ausstellungskatalog Joseph II. (Stift Melk), S. 24–30. Weiters Barton, Peter F.: Umstrittener „Reformkatholizismus" – Modellfall Josephinismus. In: Barton, Peter F./Bucsay, Mihály/Stupperich, Robert: Brücke zwischen Kirchen und Kulturen. Wien–Köln–Graz 1976 (Studien und Texte zur Kirchengeschichte und Geschichte II/1), S. 24–41; Wangermann, Ernst: Josephinismus und katholischer Glaube. In: Kovács, Elisabeth (Hrsg.): Katholische Aufklärung und Josephinismus. Wien 1979, S. 332–348.
26 Kovács, Elisabeth: Josephinische Klosteraufhebungen 1782–1789. In: Ausstellungskatalog Joseph II. (Stift Melk), S. 169–173.
27 Zit. ebenda, S. 171.
28 Ebenda, S. 171f.
29 Nach dem „numerus fixus" durften Klöster mit mehr als 30 Mitgliedern in Zukunft nur mehr halb so viele haben, bei weniger als 30 Mitgliedern zwei Drittel. Zählte aber das Kloster weniger als 20 Ordenspersonen, war es aufzulösen oder mußte mit andern zusammengelegt werden. Überzählige Mönche waren auf Pfarr- oder Kaplanposten zu versetzen, für ihren Lebensunterhalt hatten aber die Klöster und Stifte weiterhin aufzukommen (ebenda, S. 171).
30 Zit. bei Engelbrecht, Helmut: Zur neueren Geschichte der Pfarre Krems an der Donau. In: 950 Jahre Pfarre Krems, Festschrift. Krems 1964, S. 162f.
31 Ebenda, S. 164.
32 Zit. ebenda, S. 165.
33 Gutkas, Karl: Die kirchlich-sozialen Reformen. In: Ausstellungskatalog Joseph II. (Stift Melk), S. 174.
34 Ebenda, S. 180.
35 Ebenda. Siehe auch Loidl, Franz: Die Diözesanorganisation der katholischen Kirche Österreichs im Wandel der Jahrhunderte. In: Institut für Österreichkunde (Hrsg.): Religion und Kirche in Österreich. Wien 1972, S. 29–43.
36 Sakrausky, Oskar: Die evangelischen Toleranzgemeinden Augsburgischen und Helvetischen Bekenntnisses in Österreich diesseits der Leitha. In: Ausstellungskatalog Joseph II. (Stift Melk), S. 163f.; Barton, Peter F. (Hrsg.): Im Lichte der Toleranz. Aufsätze zur Toleranzgesetzgebung des 18. Jahrhunderts in den Reichen Joseph II., ihren Voraussetzungen und ihren Folgen. Wien 1981 (Studien und Texte zur Kirchengeschichte und Geschichte II/9); Völker, Karl: Die Anfänge des evangelischen Schulwesens in Wien vor und nach dem Toleranzpatent. In: Jahrbuch für die Geschichte des Protestantismus im ehemaligen und im neuen Österreich 55 (1934), S. 113–132.
37 Häusler, Wolfgang: Das österreichische Judentum im Zeitalter der josephinischen Toleranz. In: Ausstellungskatalog Joseph II. (Stift Melk), S. 166–169.
38 Wagner, Karl: Zur Geschichte der Schulverbesserung in Salzburg unter Erzbischof Hieronymus Grafen Colloredo. In: Mitteilungen der Gesellschaft für Salzburger Landeskunde 55 (1915), S. 151–222; 56 (1916), S. 95–182; 64 (1924), S. 97–128; Wagner, Hans: Die Bedeutung Salzburgs im Zeitalter der Aufklärung. In: Salzburg in der europäischen Geschichte (Salzburg Dokumentationen, 19). Salzburg 1977, S. 153–174. Siehe auch Colloredos Aussage zur Schulerziehung in seinem Hirtenbrief von 29. Juni 1782, abgedr. in: Hersche, Peter (Bearb.): Der aufgeklärte Reformkatholizismus in Österreich. Bern–Frankfurt a. M. 1976 (Quellen zur neueren Geschichte, 33), S. 85f.; Schöttl, Josef: Kirchliche

Reformen des Salzburger Erzbischofes Hieronymus von Colloredo im Zeitalter der Aufklärung. Hirschenhausen 1939 (Südostbayrische Heimatstudien, 16).

39 Kann, Geschichte des Habsburgerreiches, S. 176f.

40 Zwischen 1754 und 1869 wuchs die Bevölkerung auf dem heutigen Staatsgebiet um 65% von 2 728 000 auf 4 499 000 Personen an. Siehe dazu Klein, Kurt: Die Bevölkerung Österreichs vom Beginn des 16. bis zur Mitte des 18. Jahrhunderts (mit einem Abriß der Bevölkerungsentwicklung von 1754–1869). In: Helczmanovszki, Heimold (Hrsg.): Beiträge zur Bevölkerungs- und Sozialgeschichte Österreichs. Wien 1973, S. 99; Feigl, Helmuth: Landwirtschaft und Grundherrschaft. Ihre Entwicklung unter Joseph II. In: Ausstellungskatalog Joseph II. (Stift Melk), S. 45. Die jährlichen Zuwachsraten nehmen sich infolge der hohen Mortalität in den ersten Lebenstagen und -wochen im 18. Jahrhundert noch bescheiden aus (Leuchtenmüller-Bolognese, Birgit: Bevölkerungspolitik zwischen Humanität, Realismus und Härte. In: Matis, Von der Glückseligkeit des Staates, S. 189–194). Es muß allerdings auch darauf hingewiesen werden, daß damals die Zahl der Armen stieg und im 18. Jahrhundert, im Zeitalter des Absolutismus, einen Höhepunkt erreichte. Siehe Roth, Paul W.: Raub-, Diebs-, Mörder- und Zigeunergesindel. Steirische Gaunermandate als Quelle zur Sozialgeschichte. In: Schneider, Jürgen u. a. (Hrsg.): Wirtschaftskräfte und Wirtschaftswege. Festschrift für Hermann Kellenbenz. 2, Bamberg 1978, S. 645–655.

41 Den absoluten Zahlen darf hingegen weniger Vertrauen entgegengebracht werden; sie sind eher zu niedrig angesetzt.

42 Otruba, Gustav: Wirtschaft und Gesellschaft. In: Koschatzky, Walter (Hrsg.): Maria Theresia und ihre Zeit. Salzburg–Wien 1979, S. 152.

43 Feigl, Landwirtschaft, S. 45.

44 Otruba, Wirtschaft, S. 151.

45 Feigl, Landwirtschaft, S. 46f. Zum Folgenden siehe auch S. 47–50 sowie Matis, Herbert: Die Rolle der Landwirtschaft im Merkantilsystem – Produktionsstruktur und gesellschaftliche Verhältnisse im Agrarbereich. In: Matis, Von der Glückseligkeit des Staates, S. 269–293.

46 Bruckmüller, Ernst: Handel und Gewerbe zur Zeit Josephs II. In: Ausstellungskatalog Joseph II. (Stift Melk), S. 54; Otruba, Gustav: Die Wirtschaftspolitik Maria Theresias und Josephs II. In: Matis, Von der Glückseligkeit des Staates, S. 83–90; Otruba, Gustav: Neue Forschungen zur Geschichte von Wirtschaft und Gesellschaft in Niederösterreich unter Maria Theresia, Joseph II. und Leopold II. In: Unsere Heimat 51 (1980), S. 272–291.

47 Otruba, Wirtschaft, S. 150.

48 Ebenda, S. 146.

49 Ebenda, S. 144.

50 Ebenda, S. 147. Vgl. auch Otruba, Gustav: Zur Entstehung der „Industrie" in Österreich und zu deren Entwicklung bis Kaiser Joseph II. In: Österreich in Geschichte und Literatur 11 (1967), S. 225–242.

51 Düriegl, Günther: Wien. In: Koschatzky, Walter (Hrsg.): Maria Theresia und ihre Zeit. Salzburg–Wien 1979, S. 142; Otruba, Wirtschaft, S. 152.

52 Bruckmüller, Handel und Gewerbe, S. 62.

53 Ebenda, S. 63.

54 Zum Folgenden siehe Vierhaus, Rudolf: Bildung. In: Brunner, Otto/Conze, Werner/Koselleck, Reinhart (Hrsg.): Geschichtliche Grundbegriffe. Historisches Lexikon zur politisch-sozialen Sprache in Deutschland. 1, Stuttgart 1972, S. 508–551; Lichtenstein, Ernst: Die Entwicklung des Bildungsbegriffs im 18. Jahrhundert. In: Herrmann, Ulrich: „Die Bildung des Bürgers". Die Formierung der bürgerlichen Gesellschaft und die Gebildeten im 18. Jahrhundert. Weinheim–Basel 1982, S. 165–177.

55 Zit. bei Vierhaus, Bildung, S. 508.

56 Ebenda, S. 509–511.

57 Entwurf zur Einrichtung der Gymnasien in k. k. Erblanden. Wien 1775, § 2. Wiederabdruck bei Wotke, Karl: Das Oesterreichische Gymnasium im Zeitalter Maria Theresias. Berlin 1905 (Monumenta Germaniae Paedagogica, 30), S. 97.

58 Nothwendige Erinnerung an die Lehrer in Gymnasiis der Kaiserl. Königl. Staaten, 1778 (Gymnasialarchiv Krems). Abgedr. bei Wotke, Das Oesterreichische Gymnasium, S. 339.

59 Disciplinar-Vorschriften. Wien 1781. Wiederabdruck bei Wotke, Das Oesterreichische Gymnasium, S. 374.

60 Abdruck ebenda, S. 387.
61 Seibt, Karl Heinrich: Von dem Einflusse der Erziehung auf die Glückseligkeit des Staats. Prag 1771, S. 8.
62 Ebenda, S. 29. Vgl. Basedow, Johann Bernhard: Vorstellung an Menschenfreunde und vermögende Männer über Schulen, Studien und ihren Einfluß auf die öffentliche Wohlfahrt. Hamburg 1768. Auch der Bahnbrecher des Philanthropismus stellte die allgemeine Wohlfahrt als abhängig von der bürgerlichen Tugend, diese wiederum von Erziehung und schulischer Ausbildung dar (Vierhaus, Bildung, S. 512, Anm. 20).
63 Seibt, Von dem Einflusse der Erziehung, S. 60.
64 Entwurf zur Einrichtung der Gymnasien in k. k. Erblanden. Wien 1775, § 1. Wiederabdruck bei Wotke, Das Oesterreichische Gymnasium, S. 97. Die Vorschläge zu einer Nationalerziehung, die um diese Zeit vorgelegt wurden, gingen auf eine durch Montesquieu angeregte Diskussion der sechziger Jahre um den „deutschen Nationalgeist" zurück (Vierhaus, Bildung, S. 513f.). Siehe auch Meister, Richard: Die Idee einer österreichischen Nationalerziehung unter Maria Theresia. In: Anz. Ak. Wien Phil.-hist. Kl. 83/1946 Nr. 1, S. 1–16; König, Helmut: Zur Geschichte der Nationalerziehung in Deutschland im letzten Drittel des 18. Jahrhunderts. Berlin 1960 (Monumenta Paedagogica, 1).
65 Ignaz Mathias Heß wurde 1746 in Würzburg geboren und studierte Geschichte bei seinem Landsmann Michael Ignaz Schmidt. Als letzterer an das Haus-, Hof- und Staatsarchiv nach Wien berufen wurde, zog er seinen Schüler Heß nach, der inzwischen die juristische Doktorwürde erworben hatte.
66 Entwurf zur Einrichtung der Gymnasien in k. k. Erblanden. Wien 1775, § 1–3. Wiederabdruck bei Wotke, Das Oesterreichische Gymnasium, S. 97f.
67 Ebenda, § 1 (S. 97). Joseph von Sonnenfels äußerte 1785 in seiner berühmten Denkschrift für die Zarin Katharina II. von Rußland, daß das österreichische Schulwesen bereits nach den Prinzipien der Nationalerziehung geordnet sei, wobei für ihn der „wesentliche Theil der Nazionalerziehung" die Wissenschaften waren (AVA Wien, StHK F 14, 5 Universität in gen., 145 ex 1785. Siehe auch Lentze, Hans: Joseph von Sonnenfels (1732–1817). In: Österreich in Geschichte und Literatur 16 (1972), S. 297–306.
68 Wandruszka, Adam: Maria Theresia und ihre Zeit. In: Koschatzky, Walter (Hrsg.): Maria Theresia und ihre Zeit. Salzburg–Wien 1979, S. 22f.; Mraz, Maria Theresia, S. 24f.
69 Zit. bei Arneth, Alfred: Geschichte Maria Theresias. 7, Wien 1876, S. 478.
70 Zum Folgenden siehe Wachter, Friederike: Die Erziehung der Kinder Maria Theresias. Phil. Diss. Wien 1969, S. 77–92.
71 Siehe dazu ebenda, S. 93–97; Wandruszka, Leopold II., 1, S. 48.
72 Siehe dazu Wachter, Die Erziehung der Kinder Maria Theresias, S. 174–184.
73 Ebenda, S. 148–152.
74 Ebenda, S. 99–131; Benna, Anna Hedwig: Jugend und Erziehung Josephs II. In: Ausstellungskatalog Joseph II. (Stift Melk), S. 31–34; Antesperg, Johann Balthasar von: Das Josephinische Erzherzogliche A. B. C. Oder Namenbüchlein. Nachdruck des Widmungsexemplares von 1741 im Landesmuseum Joanneum in Graz. Mit einem Nachwort von Gerda Mraz. Dortmund 1980.
75 Wagner, Hans: Joseph II. In: Pollak, Walter: Tausend Jahre Österreich. Wien–München. 1973, S. 294; Walter, Friedrich: Kaiser Joseph II. In: Hantsch, Hugo (Hrsg.): Gestalter der Geschicke Österreichs. Innsbruck–Wien–München 1962, S. 279f.; Wagner, Hans: Joseph II., Persönlichkeit und Werk. In: Ausstellungskatalog Joseph II. (Stift Melk), S. 7.
76 Siehe dazu Wachter, Die Erziehung der Kinder Maria Theresias, S. 139–153; Wandruszka, Leopold II., 1, S. 40–60.
77 Graf Franz Thurn-Valsassina übernahm 1761 als Vice-Ajo die Erziehung Leopolds (Wandruszka, Leopold II., 1, S. 45–52).
78 Ebenda, 1, S. 89–95.
79 Die Pflege des Violinspiels war ein besonderer Wunsch Maria Theresias; Leopold bevorzugte das Cembalo (Clavecin). Siehe Wandruszka, Leopold II., 1, S. 51.
80 Ebenda, 1, S. 28.
81 Brauneder, Wilhelm/Lachmayer, Friedrich: Österreichische Verfassungsgeschichte. Einführung in Entwicklung und Strukturen. Wien 1976, S. 79–88.
82 Ebenda, S. 79.

83 Siehe die übersichtlichen Graphiken zum Aufbau der Behörden ab 1749 bzw. ab 1782 (ebenda, S. 82 u. 84).
84 Walter, Friedrich: Die zentrale Schulverwaltung in Österreich 1760–1848. In: Österreich in Geschichte und Literatur 4 (1960), Sonderheft: 200 Jahre österreichische Unterrichtsverwaltung, S. 2–8. Vgl. auch die Abhandlungen von Ernst Mayer und Richard Meister in: 200 Jahre österreichische Unterrichtsverwaltung 1760–1960. Festschrift des Bundesministeriums für Unterricht in Wien. Wien 1960.
85 Kink, Rudolf: Geschichte der kaiserlichen Universität zu Wien. 1, Wien 1854, S. 476–478.
86 Ebenda, 2, S. 545 (Nr. 140), S. 557f. (Nr. 148).
87 Ebenda, 1, S. 482–484.
88 Zit. bei Walter, Die zentrale Schulverwaltung, S. 3. AVA Wien, StHK K. 1, 1 Studien-Hofkommission, 25 ex 1760. Abgedr. bei Walter, Friedrich (Bearb.): Die österreichische Zentralverwaltung. II/3, Wien 1934, S. 434–436 (Veröffentlichungen der Kommission für neuere Geschichte Österreichs, 29); ebenfalls in Abschnitt 21. 4 dieses Bandes.
89 Zit. ebenda.
90 Zusammenstellung der Mitglieder der Studienhofkommission von 1760–1790 bei Pichler, Gerhart: Das Studienwesen des Erzherzogtums unter der Enns (Wien und Niederösterreich) 1740–1870. Phil. Diss. Innsbruck 1976, S. 867–869.
91 Zum Folgenden siehe Walter, Die zentrale Schulverwaltung, S. 3–5.
92 Ebenda, S. 4.
93 Staatsrat Franz Karl Kressel (Kreßel), Freiherr von Gualtenberg (Qualtenberg), ca. 1720–1801.
94 Walter, Die zentrale Schulverwaltung, S. 5.
95 Ebenda, S. 6.
96 Siehe Wangermann, Ernst: Aufklärung und staatsbürgerliche Erziehung. Gottfried van Swieten als Reformator des österreichischen Unterrichtswesens 1781–1791. Wien 1978.
97 Text des Schreibens Josephs II. an seinen Obersten Kanzler, Grafen von Kol(l)owrat, 1790 Februar 9, das unter Umgehung van Swietens und Sonnenfels' die Einrichtung einer neuen Kommission anordnete, abgedr. bei Kink, Geschichte der kaiserlichen Universität, 1/I, S. 588–590, Anm. 790. Vgl. zum Folgenden Wangermann, Aufklärung und staatsbürgerliche Erziehung, S. 95–114.
98 Zit. bei Wangermann, Aufklärung und staatsbürgerliche Erziehung, S. 113.
99 Zit. bei Walter, Die zentrale Schulverwaltung, S. 7.
100 Hock, Carl/Bidermann, Hermann Ignaz: Der österreichische Staatsrath (1760–1848). Eine geschichtliche Studie. Wien 1879, S. 59–68.
101 Reißberger, Karl: Schrift–Bild–Druck. Wien 1977, S. 207. Einen umfassenden Einblick in das Zeitungswesen dieser Zeit gibt Lang, Helmut W.: Bibliographie der österreichischen Zeitungen 1492–1800. Forschungsauftrag des Bundesministeriums für Wissenschaft und Forschung. Wien 1981.
102 Vgl. Engelsing, Rolf: Analphabetentum und Lektüre. Zur Sozialgeschichte des Lesens in Deutschland zwischen feudaler und industrieller Gesellschaft. Stuttgart 1973, S. 60f.
103 Wagner, Hans: Die Bedeutung Salzburgs im Zeitalter der Aufklärung. In: Salzburg in der europäischen Geschichte. Symposium der Gesellschaft für Salzburger Landeskunde anläßlich des Landesfestes „900 Jahre Festung Hohensalzburg" 6./7. Juni 1977. Salzburg 1977 (Salzburg Dokumentationen, 19), S. 164f.
104 Engelsing, Analphabetentum, S. 61f.
105 Reißberger, Schrift–Bild–Druck, S. 201–212; vor allem aber Lang, Helmut W.: Die Buchdrucker des 15. bis 17. Jahrhunderts in Österreich. Mit einer Bibliographie des österreichischen Buchdrucks bis 1700. Baden-Baden 1972 (Bibliotheca Bibliographica Aureliana, XLII).
106 Mikoletzky, Hanns Leo: Der Österreichische Bundesverlag 1772–1972. Voraussetzungen–Grundlagen–Wirken. In: 200 Jahre Österreichischer Bundesverlag. Wien 1972, S. 22.
107 Engelsing, Analphabetentum, S. 55.
108 Schulz, Gerd: Buchhandels-Ploetz. Abriß der Geschichte des deutschsprachigen Buchhandels von Gutenberg bis zur Gegenwart. 3. Aufl. Freiburg–Würzburg 1981, S. 24.
109 Engelsing, Analphabetentum, S. 53–55.

110 Ebenda, S. 57.
111 Unter Privilegia privativa verstand man Privilegien, die einzelnen Personen das Recht der alleinigen Erzeugung einer Warengattung für ein oder mehrere Länder während eines größeren Zeitraumes gewährten (Mikoletzky, Der Österreichische Bundesverlag, S. 28).
112 Krones, Franz: Geschichte der Karl Franzens-Universität in Graz. Graz 1886, S. 58.
113 Mikoletzky, Der Österreichische Bundesverlag, S. 29.
114 Ebenda, S. 30.
115 Ebenda, S. 22.
116 Ausführliche Zitierung der Untersuchung mit Stellungnahmen von Gerard van Swieten ebenda, S. 23–28.
117 Zit. ebenda, S. 25.
118 So van Swieten (ebenda, S. 25f.).
119 Zit. ebenda, S. 28.
120 Zit. ebenda, S. 26.
121 Zit. ebenda, S. 27.
122 Krones, Geschichte der Karl Franzens-Universität, S. 67.
123 Das 1747 erschienene „Wohleingerichtete österreichische Lehrbüchlein" des kaiserlichen Reichshofratsagenten Johann Balthasar von Antesperg umfaßte neben dem ABC-Büchlein und dem Katechismus noch eine „Orthographische Schreibschule" und die „Kayserliche Deutsche Grammatik" (Mikoletzky, Der Österreichische Bundesverlag, S. 31). Ein von J. B. v. Antesperg verfaßtes „A. B. C. oder Namenbüchlein in Zweyerley Schriften" (Wien 1744) diente auch Joseph II. zum Erlernen der Buchstaben (Österreich zur Zeit Kaiser Josephs II., Ausstellungskatalog. Wien 1980, S. 326).
124 Die in Wien 1559 über Wunsch Ferdinands I., aber gegen den Willen der Ordensleitung gegründete Jesuitendruckerei hatte nur bis 1565 Bestand. Im Jahre 1577 verkaufte sie ihr Inventar. In Graz ließen die Jesuiten bei Georg Widmanstetter drucken, einem gut katholischen Buchdrucker, den Erzherzog Karl aus Bayern geholt hatte. Siehe Durstmüller, Anton d. J.: 500 Jahre Druck in Österreich. Die Entwicklungsgeschichte der graphischen Gewerbe bis zur Gegenwart. Wien o. J. (1982), S. 53–55, 80–82.
125 Am 5. Oktober 1754 erhielt J. Th. Trattner ein Privilegium als Hofbuchdrucker, das ihn auch zur „auflegung der höheren schulbücher" berechtigte. Siehe Otruba, Gustav (Hrsg.): Österreichische Fabriksprivilegien vom 16. bis ins 18. Jahrhundert und ausgewählte Quellen zur Frühgeschichte der Industrialisierung. Wien–Köln–Graz 1981 (FRA III/7), S. 296f.; Giese, Ursula: Johann Thomas Edler von Trattner. Seine Bedeutung als Buchdrucker, Buchhändler und Herausgeber. In: Archiv für Geschichte des Buchwesens III (Frankfurt a. M. 1961), Sp. 1013–1454.
126 Siehe dazu Helfert, Die Gründung der österreichischen Volksschule, S. 490–541; Mikoletzky, Der Österreichische Bundesverlag, S. 32f. Vgl. die umfangreiche Mainzer Dissertation (1966) von Rommel, Heinz: Das Schulbuch im 18. Jahrhundert. Wiesbaden-Dotzheim 1968.
127 Helfert, Die Gründung der österreichischen Volksschule, S. 492.
128 Vollständiger Abdruck beider Privilegien z. B. auf den ersten Seiten des „Methodenbuches" (Wien 1775) und anderer früher Veröffentlichungen des Verlages, außerdem bei Mikoletzky, Der Österreichische Bundesverlag, S. 91–95. Das Original ist unauffindbar.
129 Helfert, Die Gründung der österreichischen Volksschule, S. 152f.
130 Die Schulbücher kosteten dem Schüler auf dem Lande je nach Klasse zwischen 7 kr. und 40 kr., in der Stadt zwischen 18 ½kr. und 58 ½kr. Bei der Berechnung des aufgedruckten Verkaufspreises wurden dem Erzeugungspreis 20% für den Schulfonds, 25% für die Ausstattung der armen Schüler mit Büchern und 10% Vertriebsprovision zugezählt (ebenda, S. 495).
131 Ebenda, S. 493.
132 Vgl. ebenda, S. 534–541; Mikoletzky, Der Österreichische Bundesverlag, S. 36.
133 Zit. bei Mikoletzky, Der Österreichische Bundesverlag, S. 36.

Zu 9 Neuordnung und Vereinheitlichung der „deutschen Schulen"

1 Biographische Skizze bei Lackner, Franz: Die Jesuitenprofessoren an der philosophischen Fakultät der Wiener Universität (1712–1773). Wien 1976 (Dissertationen der Universität Wien 128/II), S. 323–326; Rieder, Georg: Ignaz Parhamer's und Franz Anton Marxer's Leben und Wirken. Wien 1872.

2 Schmut, Johann: Erstes Eingreifen des Staates zur Hebung des niederen Schulwesens in Steiermark unter Maria Theresia. In: BÖES 11 (1909), S. 135f.

3 Pemmer, Hans: Das Parhamersche Waisenhaus auf dem Rennweg. In: Wiener Geschichtsblätter 28 (1973), S. 33–38; siehe auch Helfert, Joseph Alexander: Die Gründung der österreichischen Volksschule durch Maria Theresia. Prag 1860, S. 100–105; Mayer, Anton: Geschichte der geistigen Cultur in Niederösterreich von der ältesten Zeit bis in die Gegenwart. Wien 1878, S. 108; Heiß, Gernot: Erziehung der Waisen zur Manufakturarbeit. Pädagogische Zielvorstellungen und ökonomische Interessen der maria-theresianischen Verwaltung. In: MIÖG 85 (1977), S. 316–331; Feldbauer, Peter: Kinderelend in Wien. Von der Armenkinderpflege zur Jugendfürsorge (17.–19. Jahrhundert). Wien 1980, S. 45–47.

4 Helfert, Die Gründung der österreichischen Volksschule, S. 101.

5 Zur Tageseinteilung siehe Pemmer, Das Parhamersche Waisenhaus, S. 35–37. Die schärfsten Angriffe gegen die religiöse und militärische Erziehung im Waisenhaus kamen von seiten der Berliner Aufklärung, z. B. von Friedrich Nicolai (Nicolai, Friedrich: Beschreibung einer Reise durch Deutschland und die Schweiz im Jahre 1781. Nebst Bemerkungen über Gelehrsamkeit, Industrie, Religion und Sitten. 3, Berlin–Stettin 1784, S. 228–233). Siehe auch Helfert, Die Gründung der österreichischen Volksschule, S. 104f.; Heiß, Erziehung der Waisen, S. 321f.

6 Parhamer, Ignaz: Vollkommener Bericht von der Beschaffenheit des Waisen-Hauses Unsrer Lieben Frauen auf dem Rennweg zu Wien. Im Jahre 1760; ders.: Vollkommener Bericht von der Beschaffenheit des Waisen-Hauses Unser Lieben Frau auf dem Rennwege zu Wien in Oesterreich. Im Jahre 1762; ders.: Vollkommener Bericht von der Beschaffenheit des Waisenhauses Unser lieben Frau auf dem Rennwege zu Wien in Oesterreich. Im Jahre 1774; ders.: Jährlicher Bericht von dem Waisenhause Unsrer lieben Frau am Rennweg zu Wien in Oesterreich. Wien 1777.

7 Helfert, Die Gründung der österreichischen Volksschule, S. 101.

8 Heiß, Erziehung der Waisen, S. 323–330; Feldbauer, Kinderelend in Wien, S. 48–50.

9 Zit. nach Parhamers Bericht für das Jahr 1774 bei Heiß, Erziehung der Waisen, S. 324.

10 Feldbauer, Kinderelend in Wien, S. 50. Siehe auch Melton, James Van Horn: Arbeitsprobleme des aufgeklärten Absolutismus in Preußen und Österreich. In: MIÖG 90 (1982), S. 70f.

11 Leopold Ernst Graf Firmian 22. 9. 1708–13. 3. 1783, Kardinal, in: Lexikon für Theologie und Kirche 4 (Freiburg 1960), S. 143; Helfert, Die Gründung der österreichischen Volksschule, S. 120f.

12 Ferihumer, Heinrich: Das niedere Schulwesen im Zeitalter Maria Theresias und Josephs II. Mit Berücksichtigung oberösterreichischer Verhältnisse. In: Oberösterreichische Heimatblätter 12 (1958), S. 29.

13 Schütz, Josef: Die Entwicklung des allgemeinbildenden Pflichtschulwesens im Mühlviertel von der Maria-Theresianischen Schulreform bis in die Gegenwart. Phil. Diss. Salzburg 1973, S. I/66f.

14 Promemoria des Fürstbischofs von Passau a. d. J. 1769. Abgedr. bei Helfert, Die Gründung der österreichischen Volksschule, S. 617.

15 Hofinger, Johannes: Geschichte des Katechismus von Canisius bis zur Gegenwart. Innsbruck–Leipzig 1937, S. 62f., Anm. 3.

16 Vgl. Höslinger, Robert: Rechtsgeschichte des katholischen Volksschulwesens in Österreich. Wien 1937, S. 85.

17 Promemoria Firmians 1769, abgedr. bei Helfert, Die Gründung der österreichischen Volksschule, S. 617; Maier, Karl Ernst: Das Werden der allgemeinbildenden Pflichtschule in Bayern und Österreich. Eine vergleichende Untersuchung von den Anfängen bis zur Gegenwart. Ansbach 1967, S. 21.

18 Damit war die Einsetzung einer eigenen Kommission verbunden, um zu gewährleisten, daß das Schulwesen „auf einen vollkommenen Fuß gesetzet, und dabey Ordnungsmässig fürgegangen werde". Siehe dazu AVA Wien, StHK F. 63, 17 in gen., 26 ex 1770, fol. VII/30–VII/45. Dekret der Böhmisch-österreichischen Hofkanzlei an die n. ö. Regierung und obderennsische Landeshauptmannschaft v. 3. Juni 1769, abgedr. bei Helfert, Die Gründung der österreichischen Volksschule, S. 618.

19 Kallbrunner, Josef (Hrsg.): Kaiserin Maria Theresias politisches Testament. Wien 1952, S. 68.

20 Stoll, Andreas: Geschichte der Lehrerbildung in Tirol. Von den Anfängen bis 1876. Weinheim–Berlin 1968, S. 32–42; Gönner, Rudolf: Die österreichische Lehrerbildung von der Normalschule bis zur Pädagogischen Akademie. Wien 1967, S. 26–29.

21 AVA Wien, StHK K. 65b, 17 Tirol in gen., ad 96 ex 1777, gedrucktes Exemplar „Erneuerte Schulordnung. Innsbruck 1747". Abgedr. in: Österreichischer Schulbote 6 (1856), S. 334–337; vgl. Stoll, Geschichte der Lehrerbildung, S. 36; Stanzel, Josef: Die Schulaufsicht im Reformwerk des Johann Ignaz von Felbiger (1724–1788). Schule, Kirche und Staat in Recht und Praxis des aufgeklärten Absolutismus. Paderborn 1976, S. 311 u. 377; Schmidhuber, J.: Das tirolische Namenbüchlein vom Jahre 1749. In: Zeitschrift für das österreichische Volksschulwesen 9 (1897/98), S. 265–277.

22 Stoll, Geschichte der Lehrerbildung, S. 33.

23 Gubernialpräsident Kassian Ignaz von Enzenberg war der Überzeugung, daß eine „gründliche Aufklärung des Verstandes und eine gute Herzensbildung für Staat und Kirche sehr nützlich wären" (Stoll, Geschichte der Lehrerbildung, S. 48).

24 Zum Folgenden siehe Stoll, Geschichte der Lehrerbildung, S. 48–67; Stanzel, Die Schulaufsicht, S. 308–315.

25 Philipp Jakob Tangl, Georg Sixtus Demoser, Benedikt Winkler, Anton (oder Paul) Norz; Agsthofer hatte auf eine Teilnahme verzichtet (Stoll, Geschichte der Lehrerbildung, S. 53). Über Philipp Jakob Tangl, den „Felbiger Tirols", siehe (Hölzl, Sebastian): Zum zweihundertjährigen Jubiläum der maria-theresianischen Schulordnung am 6. Dezember 1974 (Lebendige Geschichte, 11, hrsg. v. Tiroler Landesarchiv). Innsbruck o. J., S. 16–25.

26 Stoll, Geschichte der Lehrerbildung, S. 61f.

27 Gönner, Die österreichische Lehrerbildung, S. 27f.; Stoll, Geschichte der Lehrerbildung, S. 59f.; Stanzel, Die Schulaufsicht, S. 312–315.

28 Stoll, Geschichte der Lehrerbildung, S. 60; Stanzel, Die Schulaufsicht, S. 312.

29 Abdruck der„Schulordnung in Vorstädten" (1748 Februar 3) in: Codex Austriacus V, S. 281; Tomberger, Franz: Beiträge zur österreichischen Schulgeschichte früherer Jahrhunderte. In: Elfter Jahresbericht des niederösterreichischen Landes-Lehrerseminars in Wiener-Neustadt. Am Schlusse des Schuljahres 1883–4 veröffentlicht von Dr. Josef Lukas, Director. Wiener-Neustadt 1884, S. 9–12.

30 Schmut, Erstes Eingreifen des Staates, S. 136; Göri, Josef: Die Entwicklung des Volksschulwesens der landesfürstlichen Hauptstadt Graz mit besonderer Berücksichtigung der Zeit vom Jahre 1869 an. Graz 1913, S. 3–8.

31 Stanzel, Die Schulaufsicht, S. 378.

32 Zum Folgenden siehe vor allem AVA Wien, StHK F. 66, 17 Innerösterreich in gen., Kärnten in gen. 1770–1787, 10 ex 1770. Weiters Apih, Joseph: Die theresianisch-josephinische Schulreform in Kärnten. In: Carinthia 93 (1903), S. 53, 95–109.

33 Der Bericht der „Policey Commission" der Landeshauptmannschaft Kärnten über „die Einführ- und anstellung deren Schulmeistern" vom 17. Juli 1770 betonte ausdrücklich, „daß die aufnehmung der Schullmeistern nicht privative der geistlichkeit einzuraumen seye, sondern solche Viel mehrers Von der politischen Stelle als ein publicum zu besorgen seyn, und um so mehrers, als die unterricht- und underweisung der Jugend, dann die hievon abhangende Kinderzucht Hauptsächlich ein objectum der politischen Stelle ist, einfolglich auch derselben zu wissen obliget, was für Subjecta, als Lehrer angestellet werden" (AVA Wien, StHK F. 66, 17 Innerösterreich in gen., Kärnten in gen. 1770–1787, ad 10 ex 1770, IV/14–17). Diese Gedanken wurden – abweichend von den früheren ah. Resolutionen vom 23. Jänner 1767 und 3. März 1768 – in das berühmte Hofdekret vom 13. Oktober 1770 aufgenommen, das Angelegenheiten der Schule zum „Politikum" erklärt (Dekret abgedr. in: Gesetzessammlung Maria Theresia, 6, S. 293f., Nr. 1244).

34 Genaue Ortsangaben bei Apih, Die theresianisch-josephinische Schulreform, S. 101f.
35 Es ist nicht klar, ob dafür 4 Tage oder 4 Wochen zur Verfügung stehen sollten (ebenda, S. 100f.).
36 Ebenda, S. 109.
37 Regierungserlaß Kaiser Karls VI. v. 11. Juli 1732, in: Codex Austriacus IV, S. 776–782, Zitat S. 777; tw. abgedr. bei Tomberger, Beiträge zur österreichischen Schulgeschichte, S. 7 u. Stanzel, Die Schulaufsicht, S. 243.
38 Schmut, Erstes Eingreifen des Staates, S. 133.
39 Schulordnung für Universitäten, Akademien und Gymnasien, in: Codex Austriacus IV, S. 887–890, tw. abgedr. bei Tomberger, Beiträge zur österreichischen Schulgeschichte, S. 6f. u. Stanzel, Die Schulaufsicht, S. 377 u. 243.
40 Kaiserl. Patent v. 2. Nov. 1750; siehe Helfert, Die Gründung der österreichischen Volksschule, S. 48; Tomberger, Beiträge zur österreichischen Schulgeschichte, S. 11; Stanzel, Die Schulaufsicht, S. 378 u. 244.
41 Vgl. Stanzel, Die Schulaufsicht, S. 380.
42 Siehe Abschnitt 8.4.
43 Kovács, Elisabeth: Die Diözesanregulierung unter Joseph II. 1782–1789. In: Österreich zur Zeit Kaiser Josephs II. Ausstellungskatalog. Wien 1980, S. 160–180; siehe auch S. 539–545.
44 Pietsch, Walter: Die Theresianische Schulreform in der Steiermark (1775–1805). Graz o. J. (1977), S. 114, 174.
45 Zit. bei Pietsch, Die Theresianische Schulreform, S. 19.
46 Johann Schmut hat in seiner umfangreichen Untersuchung (Erstes Eingreifen des Staates, S. 131–244) die im Steiermärkischen Landesarchiv vorhandenen Berichte ausgewertet und alle wesentlichen Fakten (Zahl der Schüler, Höhe des Schulgeldes, Unterrichtsgegenstände, Name und Einkommen des Schulmeisters u. ä.) für 148 Pfarren zusammengestellt.
47 Ebenda, S. 142.
48 Siehe dazu AVA Wien, StHK F. 66, 17 Innerösterreich in gen., Kärnten in gen. 1770–1787, 10 ex 1770; Apih, Josef: Die theresianisch-josephinische Schulreform in Kärnten. In: Carinthia I 93 (Klagenfurt 1903), S. 53–63; Stanzel, Die Schulaufsicht, S. 245–251.
49 Stanzel, Die Schulaufsicht, S. 246.
50 Ebenda, S. 249.
51 Helfert, Die Gründung der österreichischen Volksschule, S. 117f.; Stanzel, Die Schulaufsicht, S. 251.
52 Sammlung aller k. k. Verordnungen und Gesetze vom Jahre 1740 bis 1780 ... (fortan Gesetzessammlung Maria Theresia), 6, Wien 1780, S. 293f., Nr. 1244.
53 Zit. bei Helfert, Die Gründung der österreichischen Volksschule, S. 122. Siehe zum Folgenden ebenda, S. 123–126; Gönner, Die österreichische Lehrerbildung, S. 30–35; Stanzel, Die Schulaufsicht, S. 240–242.
54 Ferihumer, Das niedere Schulwesen, S. 24; Schütz, Die Entwicklung des allgemeinbildenden Pflichtschulwesens im Mühlviertel, S. I/90.
55 AVA Wien, StHK F. 63, 17 in gen., ad 26 ex 1770, fol. VI/16–VI/29.
56 Sie erhielt als Aufgabe, dahin zu wirken, daß „nicht nur in Oesterreich ob und unter der Ennß eine gute Schul-Ordnung zu Stand gebracht, sondern auch diese sodann für alle Erblande adaptiret werde". (Entschließung Maria Theresias v. 19. Mai 1770, abgedr. bei Helfert, Joseph Alexander: Die Gründung der österreichischen Volksschule durch Maria Theresia, Prag 1860, S. 618).
57 Hofdekret v. 22. Okt. 1770, in: Gesetzessammlung Maria Theresia 6, S. 299f., Nr. 1247.
58 Halbwegs bemittelte Eltern ließen damals ihre Kinder zu Hause unterrichten, vor allem auch deswegen, um sie von ihren Altersgenossen aus ärmeren Schichten fernzuhalten. Denn auch die ganz arme Jugend konnte die deutschen Schulen besuchen, wenn für sie das Schulgeld durch wohltätige Stiftungen aufgebracht wurde. Maria Theresia wünschte für diese „armen schullen" eine tragfähige finanzielle Basis (siehe dazu auch Helfert, Die Gründung der österreichischen Volksschule, S. 62, 159, Anm. 1).
59 Siehe dazu Helfert, Die Gründung der österreichischen Volksschule, S. 143–149; Gönner, Die österreichische Lehrerbildung, S. 32f.

60 So äußerte sich der Referent der niederösterreichischen Schulkommission Franz Karl Hägelin (zit. bei Helfert, Die Gründung der österreichischen Volksschule, S. 148f.).
61 Hölzl, Sebastian: Studien zum Pflichtschulwesen in Tirol 1774–1806. In: Tiroler Heimat 39 (1975), S. 71; (Hölzl, Sebastian): Zum zweihundertjährigen Jubiläum der maria-theresianischen Schulordnung am 6. Dezember 1774. Innsbruck o. J. (Lebendige Geschichte, 11, hrsg. v. Tiroler Landesarchiv).
62 Zit. bei Pietsch, Die Theresianische Schulreform, S. 20.
63 Siehe Abschnitt 8.5.
64 Zum Folgenden siehe vor allem Helfert, Die Gründung der österreichischen Volksschule, S. 156–165, 252–259, 263–276.
65 Zit. ebenda, S. 307.
66 Ebenda, S. 181–251, bes. S. 196.
67 Abdruck der Nota Josephs II. v. 15. Juli 1772 ebenda, S. 250f.
68 Ebenda, S. 259–262.
69 Maria Theresia schrieb am 25. Jänner 1774 u. a. an Graf Kollowrat: „Ich wolle, daß jedermann nebst dem Catechismo auch im Lesen, dann so viel möglich im Schreiben, als auch den 4 Specien der Rechenkunst unterrichtet werde." Das Circulare vom 12. Februar 1774 wies die Landesregierungen an, ihre Aufmerksamkeit darauf zu richten, „wie 1° Jeden Unterthan nach seinem Stand, und Beruf der nöthige Unterricht ertheillet 2do Tichtige Lehrer angestellet, und erzieglet 3. eine gleichförmige, dauerhafte, und vollständige Studien Einrichtung getrofen werden möchte" (AVA Wien, StHK F. 63, 17 in gen., 20 ex 1774).
70 Siehe dazu Engelbrecht, Helmut: J. I. Felbiger und die Vereinheitlichung des Primarschulwesens in Österreich, Bemerkungen zur pädagogischen Schrift „Kern des Methodenbuches, besonders für die Landschulmeister in den kaiserlich-königlichen Staaten" (1777). Beilage zum Nachdruck „Kern des Methodenbuches (1777)". Wien 1979 (Literaturübersicht S. 19f., Anm. 5).
71 Zit. bei Stanzel, Die Schulaufsicht, S. 252.
72 Friedrich Nicolai ging ausführlich und besonders scharf mit den von Felbiger angeordneten Methoden ins Gericht (Nicolai, Beschreibung einer Reise durch Deutschland und die Schweiz, 4, Berlin–Stettin 1784, S. 645–675). Die „Oesterreichischen Normalschulschriften" („Methodenbuch", „Kern des Methodenbuches" u. a.) wurden in der „Allgemeinen deutschen Bibliothek" arg zerzaust. Sie wurden als „schlechte, ganz unbrauchbare, lockere, verlegene Waare" bezeichnet, von einem „stümperhaften Geschreibe" gesprochen (Allgemeine deutsche Bibliothek, 52, Berlin–Stettin 1782, S. 233, 491).
73 Text der Schulordnung für Minden–Ravensberg in: Novum Corpus constitutionum prussico-brandenburgensium praecipue marchicarum, Oder Neue Sammlung Koenigl. Preußl. und Churfuerstl. Brandenburgischer ... Ordnungen, Edicten, Mandaten, Rescripten. Vom Anfang des Jahres 1751 und folgenden Zeiten. 1, Berlin o. J., Sp. 1099–1114, Nr. XX; Text des General-Land-Schul-Reglement 1763 in: Ebenda 3, Berlin 1766, Sp. 265–282, Nr. 53; Text von Felbigers „General-Landschul-Reglement" in: Scheveling, Julius (Hrsg.): Johann Ignaz von Felbiger, General-Landschul-Reglement; Eigenschaften, Wissenschaften und Bezeigen rechtschaffener Schulleute; Methodenbuch. Paderborn 1958, S. 5–24. Teilabdruck der Landschulordnung für Minden und Ravensberg v. 6. April 1754 in: Froese, Leonhard/Krawietz, Werner (Bearb.): Deutsche Schulgesetzgebung. 1, Weinheim–Berlin–Basel 1968 (Kleine Pädagogische Texte, 37), S. 103f.; Abdruck des General-Landschulreglement v. 12. August 1763 in: Ebenda, S. 105–121.
74 Felbiger rutschte gleich anfangs auf dem glatten Wiener Parkett aus. Er entschied sich zunächst für L. Grubers Schulplan und Tabellen. Als der Lehrer Ph. Tangl aus Tirol nach Wien kam und seine Einwände gegen Gruber erläuterte, änderte Felbiger seine Ansicht und sprach sich gegen Gruber aus. Dieser genoß jedoch das Vertrauen der niederösterreichischen Schulkommission, welche eine Entscheidung zu seinen Gunsten bei Maria Theresia erwirken wollte. Diese stellte sich aber hinter Felbiger und enthob F. K. Hägelin, den Protektor Grubers und Referenten bei der Schulkommission seines Postens (Krömer, Ulrich: Johann Ignaz von Felbiger, Leben und Werk. Freiburg–Basel–Wien 1966, S. 128f.). Zum Folgenden siehe die Akten der „N. Ö. Schulkommißion" in: Niederösterr. Landesarchiv, NÖ. Regierung, K. 3068, fasc. 10 ex 1774. Mit einem Begleitschreiben v. 21. September 1774

überreichte Felbiger den „Entwurf zum General Land Schul Reglement in den Kaiserlich Königlichen Ländern", der seinen Worten nach „nur das materiale" enthielt und erst „in Form eines Generalis oder Patents verfaßt werden" müsse. Für die „Einrichtung der deutschen Schulen" sei die „Abrichtung der Lehrer", die „Abfassung der für sie und die Schüler nöthigen" Bücher und der Entwurf der Durchführungsverordnungen notwendig. In der Sitzung der Schulkommission am 17. Oktober 1774 wurden Paragraph für Paragraph besprochen und gelegentlich kleine Änderungen oder Ergänzungen angebracht.

75 Gesetzessammlung Maria Theresia, 7 (Wien 1786), S. 116–137, Nr. 1629, Zitat S. 116. Die Schulordnung wurde „gedruckt bey Johann Thomas Edlen von Trattnern, kaiserl. königl. Hofbuchdruckern und Buchhändlern" (Allgemeine Schulordnung, für die deutschen Normal-, Haupt- und Trivialschulen in sämmtlichen Kaiserl. Königl. Erbländern d. d. Wien den 6ten December 1774. Wien o. J. (siehe Ausstellungskatalog Joseph II. [Stift Melk], S. 573, Nr. 1132; Ausstellungskatalog Maria Theresia [Wien, Schönbrunn], S. 453, Nr. 102,06). Exemplare dieser Schulordnung finden sich wiederholt in Akten dieser Zeit (z. B. AVA StHK F. 66, 17 Innerösterreich in gen.).

76 Helfert, Die Gründung der österreichischen Volksschule, S. 259–262.

77 AVA Wien, StHK F. 66, 17 Innerösterreich in gen., 6 ex 1778, 17 ex 1778.

78 Die Tabellen- und Buchstaben-(Literal-)Methode wurde im Zusammenhang zum ersten Mal von Johann Friedrich Hähn, dem Inspektor an der Heckerschen Schule in Berlin, angewendet. Er wehrte sich vergebens dagegen, daß sie in der Öffentlichkeit mit Felbiger als „Sagansche Lehrart" verbunden blieb. Felbiger hingegen war gerade wegen dieser Methode schärfsten Angriffen ausgesetzt. Beispiele für deren Anwendung in: (Felbiger), Methodenbuch, Beilage zu S. 28; Tupetz, Theodor (Hrsg.): J. I. v. Felbiger, Methodenbuch. Prag–Wien–Leipzig 1896, S. 3f.; Scheveling, Johann Ignaz von Felbiger, General-Landschul-Reglement usw., zwischen S. 140 u. 141.

79 Königlich preußisches General-Land-Schul-Reglement für die Römisch-Katholischen in Städten und Dörfern des souveränen Herzogtums Schlesien und der Grafschaft Glatz. Abgedr. bei Scheveling, Johann Ignaz von Felbiger, General-Landschul-Reglement usw., S. 5–24.

80 Vgl. Fertig, Ludwig (Hrsg.): Die Volksschule des Obrigkeitsstaates und ihre Kritiker. Texte zur politischen Funktion der Volksbildung im 18. und 19. Jahrhundert. Darmstadt 1979; Petrat, Gerhardt: Schulunterricht. Seine Sozialgeschichte in Deutschland 1750 bis 1850. München 1979, S. 21f.

81 Siehe „Lektionskatalog für eine Normalschule", in: (Felbiger), Methodenbuch, Anhang Lit. A. der „Allgemeinen Schulordnung", S. 415–420. Vgl. Gönner, Die österreichische Lehrerbildung, S. 31–41.

82 Stoll, Geschichte der Lehrerbildung in Tirol, S. 48–55, 77.

83 Einzelheiten bei Stoll, Geschichte der Lehrerbildung in Tirol, S. 68–77; Pietsch, Die Theresianische Schulreform, S. 32–35; Krömer, Felbiger, S. 136f.

84 Hofdekret v. 3. Okt. 1778.

85 (Felbiger), Kern des Methodenbuches, S. 14.

86 Zum „Zusammenunterrichten" siehe Felbiger, Eigenschaften, Wissenschaften und Bezeigen rechtschaffener Schulleute, S. 58f. (hrsg. v. J. Scheveling).

87 (Felbiger), Kern des Methodenbuches, S. 14.

88 Das in alle Sprachen der Monarchie übersetzte Handbuch verband – so würde man heute sagen – das damals gültige Schulorganisationsgesetz, das Schulunterrichtsgesetz und die zeitgenössischen pädagogischen Erkenntnisse zur Unterrichtsgestaltung zu einem jeden Lehrer verpflichtenden Kodex.

89 Siehe dazu Engelbrecht, Helmut: J. I. Felbiger und die Vereinheitlichung des Primarschulwesens in Österreich. Bemerkungen zur pädagogischen Schrift „Kern des Methodenbuches, besonders für die Landschulmeister in den kaiserlich-königlichen Staaten" (1777). Wien 1979.

90 (Felbiger), Methodenbuch, S. 267–287.

91 Ebenda, S. 267.

92 Abgedr. in: (Felbiger), Methodenbuch, S. 315–361. Siehe auch AVA Wien, StHK F. 63, 17 NÖ in gen., ad 73 ex 1779.

93 Siehe Anhang Lit. H. zur „Allgemeinen Schulordnung“: Formular zu den Tabellen, Extrakten, welche Aufseher an die Oberaufseher, und diese an die Schulkommission einsenden. In: (Felbiger), Methodenbuch, zwischen den S. 434 u. 435.
94 Ebenda, S. 328–348.
95 Ebenda, S. 348–351.
96 Ebenda, S. 315.
97 Ebenda, S. 357–361.
98 Es wurde darauf hingewiesen, daß er ja Gelegenheit habe, „Unterricht täglich und stündlich in Augenschein nehmen zu können“. Das sollte er sich zunutze machen und „sich in den allgemeinen Kenntnissen sowohl als in der Lehrart wohl üben“ ([Felbiger], Methodenbuch, S. 360f.).
99 Der vorgesehene wöchentliche Zusammentritt der Schulkommission (Helfert, Die Gründung der österreichischen Volksschule, S. 379) ließ sich in der Praxis nur selten durchführen. So fand sich die innerösterreichische Schulkommission bloß alle zwei Monate zusammen und behandelte dann durchschnittlich 170 Tagesordnungspunkte (Pietsch, Die Theresianische Schulreform, S. 185).
100 Skizze des Aufbaus der Schulaufsichtsorganisation bei Stanzel, Die Schulaufsicht, S. 345. Beispiel für einen derartigen Bericht und den Aktengang in: AVA Wien, StHK F. 66, 17 Innerösterreich in gen., 7 ex 1777.
101 Niederösterr. Landesarchiv, K-Akten, Nr. 68, K 10 ex 1774, Begleitschreiben Felbigers zum Entwurf der Schulordnung, 1774 Sept. 21, Wien; zit. auch bei Krömer, J. I. Felbiger, S. 42.
102 Die drei wichtigsten Schulbücher (ABC- oder Nahmenbüchlein, Kleiner Katechismus, Lesebuch) kosteten zusammen rund 36 kr. (Pietsch, Die Theresianische Schulreform, S. 139).
103 Siehe Abschnitt 8.5.
104 Über die Mitarbeiter siehe Krömer, J. I. Felbiger, S. 43, Anm. 66.
105 Andererseits konnten durch das Begutachtungsverfahren viele Fehler ausgemerzt und wichtige Ergänzungen eingefügt werden. Ein Beispiel dafür bringt Pietsch, Die Theresianische Schulreform, S. 138f.
106 Siehe Kehr, Carl: Geschichte des Leseunterrichts. In: Kehr, C. (Hrsg.): Geschichte der Methodik des deutschen Volksschulunterrichts. 1, 2. Aufl. Gotha 1889, S. 129–144.
107 Lesebuch für Schüler der deutschen Schulen in den Städten und größeren Märkten der kaiserl. königl. Staaten. Zweyter Theil, bestehend in der Anleitung zur Rechtschaffenheit. Wien 1785. Tabellarischer Inhalt.
108 ABC- oder Nahmenbüchlein für Anfänger zur Erlernung der Druck-, Latein- und Kurrentschrift zum Gebrauche der Schulen in den k. k. Staaten. Wien 1774. Vgl. dazu „Das Josephinische Erzherzogliche A. B. C. Oder Namenbüchlein“ von Johann Balthasar von Antesperg (1744), das nun im Nachdruck vorliegt (Die bibliophilen Taschenbücher, Dortmund 1980).
109 Felbiger war nicht Mitglied der Studienhofkommission, wie häufig zu lesen ist (siehe etwa die personelle Zusammensetzung der Studienhofkommission bei Spreitzer, Hans: 200 Jahre oberste Schulbehörde in Österreich. Zur Errichtung der Studienhofkommission im Jahre 1760. In: Erziehung und Unterricht 110 [1960], S. 132–134; vgl. dazu Pichler, Gerhart: Das Studienwesen des Erzherzogtums unter der Enns [Wien und Niederösterreich] 1740–1870. 2, Frankfurt a. M. 1981, S. 868–870). Erst Joseph II. befahl im Jahre 1781, daß auch das ganze Normalschulwesen in den gesamten deutschen Erblanden dieser Studienhofkommission „untergeordnet und Einverleibet“ werde und Felbiger zu entlassen sei (AVA Wien, StHK F. 1, Studienhofk./Präs. 84 ex 1781).
110 Archiv der Erzdiözese Breslau (Wroclaw), Acta resignationis, Brief v. 30. 11. 1777 (zit. bei Krömer, J. I. Felbiger, S. 150).
111 Text des Briefes Maria Theresias an ihren Kanzler Blümegen v. 18. 12. 1777, abgedr. bei Helfert, Die Gründung der österreichischen Volksschule, S. 565.
112 Ebenda, Beispiele dafür in: AVA Wien, StHK F. 66, 17 Innerösterreich in gen., 20 ex 1777, 6 ex 1778, 7 ex 1778 usw.
113 AVA Wien, StHK F. 63, 17 NÖ in gen., 137 ex 1778.
114 Beispiele bei Pietsch, Die Theresianische Schulreform, S. 46f., 185.

115 Untersuchungen über das Tiroler Schulwesen ergaben, daß „erfreuliche Initiativen“ geopfert werden mußten und „in der Tiroler Schulverwaltung das Eigenleben abgewürgt“ wurde (Hölzl, Sebastian: Studien zum Pflichtschulwesen in Tirol 1774–1806. In: Tiroler Heimat 38 [1974], S. 99).

116 Tiroler Landesarchiv, Cattanea 569, Instruktion für die Schulkommission v. 3. Dezember 1774 (zit. ebenda, S. 100). In Vorarlberg, das über gute Gemeindeschulen verfügte und daher Neuerungen ablehnte, mußte allerdings sogar Militär eingesetzt und Haft- sowie Geldstrafen verhängt werden, um zwei besonders unbotmäßigen Gemeinden (Alberschwende, Sulzberg) das neue Schulsystem aufzuzwingen. In diesen Orten machte der Pfarrer mit dem Volk gemeinsame Sache; die Schule wurde gestürmt, die Bänke zertrümmert und die Bücher verbrannt (Bilgeri, Benedikt: Geschichte Vorarlbergs. 4, Wien–Köln–Graz 1982, S. 110–114).

117 So äußerten sich Bürgersleute in Murau (zit. bei Pietsch, Die Theresianische Schulreform, S. 143).

118 Siehe dazu Hofinger, Johannes: Geschichte des Katechismus in Österreich von Canisius bis zur Gegenwart. Innsbruck–Leipzig 1937, S. 75; Krömer, J. I. Felbiger, S. 141; Klement, Karl R.: Die Schulwirklichkeit zur Zeit der Theresianischen Schulreform. Eine Darstellung der Diskrepanz von Vorschrift und Realität an Hand des Modells Hempel-Oppenheimer. Phil. Diss. Wien 1975, S. 93.

119 Apih, Die theresianisch-josephinische Schulreform, in: Carinthia 94 (1904), S. 118f.

120 1. Aufl. Wien 1776. Er beantwortete u. a. ausführlich folgende „Einwürfe“: § II A. „Wenn Landleute lesen könnten, möchten sie wohl schlechte Bücher lesen, und dadurch in der Religion auf Irrwege gerathen.“ B. „. . . die Aufklärung der Landleute möchte in ihnen die Begierde nach einem bessern und leichtern Stande rege machen, und folglich die Zahl der Personen vermindern, die man zum Anbaue der Ländereyen so nöthig brauchet.“ C. „. . . zur Ausbildung der Landjugend gehöret viel Zeit, und zwar diejenige, da sie schon ihren Aeltern und auch wohl den Herrschaften durch Arbeiten und Verrichtungen, die ihren Kräften angemessen sind, nützlich seyn kann“ (Wien 1782, Innhalt, S. 3.).

121 Zit. bei Krömer, J. I. Felbiger, S. 141.

122 Siehe den Briefwechsel zwischen Bischof Graf Spaur und Freiherrn Christoph von Rottenberg aus dem Jahre 1775 (Steiermärkisches Landesarchiv, Akten des Guberniums 1775 F. 62/279; Pietsch, Die Theresianische Schulreform, S. 32).

123 Hölzl, Studien zum Pflichtschulwesen, in: Tiroler Heimat 38 (1974), S. 134; Pietsch, Die Theresianische Schulreform, S. 136f.

124 AVA StHK F. 78, 18 NÖ (Wr. Schulen u. Normalschule), 136 ex 1777. Der Haupteinwand der nö. Schulkommission war, daß es für Schüler und Eltern „betrüblich“ sei, „sich wegen des Unglückes, daß sie arm sind, nachgesetzet zu sehen“. Sie sprach sich für Gleichberechtigung aller Schüler aus.

125 Diese Formulierung findet sich sehr häufig und weist auf den permanenten Schwächezustand der Schulfonds hin (siehe etwa Pietsch, Die Theresianische Schulreform, S. 26–28; Apih, Die theresianisch-josephinische Schulreform, in: Carinthia 94 [1904], S. 103–111).

126 Steiermärkisches Landesarchiv, Akten des Guberniums, F. 74/4597 ex 1791 (zit. bei Pietsch, Die Theresianische Schulreform, S. 145).

127 Viele dieser Winkelschullehrer und -lehrerinnen sind aktenkundig geworden; wir erhalten durch sie einen Blick in eine Schul- und Lebenswirklichkeit, die uns erst bewußt macht, welcher Zustand überwunden werden mußte (siehe Beispiele bei Pietsch, Die Theresianische Schulreform, S. 36–38; Apih, Die theresianisch-josephinische Schulreform, in: Carinthia 93 [1903], S. 178f.; Klement K., Die Schulwirklichkeit, S. 276, 284).

128 Hölzl, Studien zum Pflichtschulwesen, in: Tiroler Heimat 39 (1975), S. 44.

129 Die Gemeinden mußten für den Schulhausbau allein aufkommen. Daher zogen sie häufig die Anmietung von Räumlichkeiten vor. Im Unterinntal waren mehr als die Hälfte der 146 Schulgebäude, nämlich 78, gemietet. Einige Orte in Tirol setzten sich gegen einen angeordneten Schulbau sogar mit einer Unterschriftenaktion zur Wehr (Hölzl, Studien zum Pflichtschulwesen, in: Tiroler Heimat 39 [1975], S. 44–47).

130 Die angeführten Einzelheiten beruhen auf Angaben in: Wiener Schul- und Christenlehr-Almanach auf das Schuljahr 1780. Wien 1780, S. 87, 90; Helfert, Die Gründung der österreichischen Volksschule, S. 404; Pietsch, Die Theresianische Schulreform, S. 48f.;

Mayer, Geschichte der geistigen Cultur, S. 115; Apih, Die theresianisch-josephinische Schulreform, in: Carinthia 94 (1904), S. 169; Hölzl, Studien zum Pflichtschulwesen, in: Tiroler Heimat 39 (1975), S. 56; Baltzarek, Franz/Pradel, Johanne/Sandgruber, Roman (Bearb.): Die Städte Vorarlbergs. Wien 1973, S. 106, 135.

131 In einem Hofdekret (1774) war festgelegt worden, daß nur Schulen mit angeschlossener Lehrerbildung sich als Hauptschulen bezeichnen durften. Trotzdem wurde zwischen Stadt- und Hauptschulen nicht scharf unterschieden. Manche Hauptschulgründungen (wie z. B. Lienz, Reutte und Imst in Tirol) blieben im Projektstadium stecken (Hölzl, Studien zum Pflichtschulwesen, in: Tiroler Heimat 39 [1975], S. 56, 59–66, 70f.).

132 Siehe dazu Pietsch, Die Theresianische Schulreform, S. 48f.; Hölzl, Studien zum Pflichtschulwesen, in: Tiroler Heimat 39 (1975), S. 47–52; Krömer, J. I. Felbiger, S. 157; Apih, Die theresianisch-josephinische Schulreform, in: Carinthia 94 (1904), S. 168–170; Wiener Schul- und Christenlehr-Almanach auf das Schuljahr 1780. Wien 1780, S. 87–90, 92–104. Die Zahlenangaben weichen zum Teil leicht voneinander ab.

133 Im Jahre 1780 gab es zwar in Wien und Niederösterreich um 30 Trivialschulen mehr (Mayer, Geschichte der geistigen Cultur, S. 115, Anm. 141), im Mühlviertel hingegen trat keine Vermehrung der Schulen ein (Schütz, Die Entwicklung des allgemeinbildenden Pflichtschulwesens im Mühlviertel, S. I/96).

134 Vgl. die Literaturangaben in Anm. 130, zusätzlich Hölzl, Studien zum Pflichtschulwesen, in: Tiroler Heimat 39 (1975), S. 48; „Verzeichniß der im Herzogthume Kärnten mit 1. Nov. 1777 eingerichteten und methodenmäßig angefangenen deutschen Normal-, Haupt-, Stadt- und Trivialschulen" (AVA Wien, StHK F. 66, 17 Innerösterreich in gen., Kärnten in gen. 1770–1787, ad 20 ex 1777, V/17–25; ad 13 ex 1780); Hölzl, Sebastian: Vorarlbergs Pflichtschulwesen vor 200 Jahren. In: Montfort 34 (1982), S. 120, 125–129 (Bestand 1785/86).

135 Beispiele für das Schwanken der Schülerfrequenz bei Hölzl, Studien zum Pflichtschulwesen, in: Tiroler Heimat 38 (1974), S. 133.

136 Die Schülerlisten von Judenburg 1777 weisen ein Verhältnis von 73 Knaben zu 22 Mädchen, in Stainz 1779 77 Knaben zu 24 Mädchen auf usw. (Pietsch, Die Theresianische Schulreform, S. 125). In den Trivialschulen der Wiener Vorstädte wurden 1780 3753 Knaben und 2286 Mädchen unterrichtet (Wiener Schul- und Christenlehr-Almanach auf das Schuljahr 1780, S. 87).

137 (Felbiger), Methodenbuch, S. 397. Sie wurden in der Regel von weiblichen Orden geführt (Ursulinen, Englische Fräulein, Schulschwestern, Kanonissinnen u. a.).

138 Siehe z. B. die unterschiedliche Besuchsfrequenz in Niederösterreich (siehe Karte, Abschnitt 21. 1. 4).

139 Für Tirol liegen genaue Zahlen vor (Hölzl, Studium zum Pflichtschulwesen, in: Tiroler Heimat 39 [1975], S. 48).

140 Helfert, Die Gründung der österreichischen Volksschule, S. 500. Mit Graz wurde 1776 zwar verhandelt, doch dürfte dem dortigen Normalschuldirektor nur „Kontrolle und Vertrieb" der Schulbücher übertragen worden sein. Pietsch spricht von einer Wiener Auslieferungsfirma (Die Theresianische Schulreform, S. 139). Mikoletzky erwähnt allerdings, daß 1776 in Graz ein gesonderter Schulbuchverlag eingerichtet worden ist (200 Jahre Österreichischer Bundesverlag, S. 34).

141 Die Soldatenkinder bereiteten den Schulverantwortlichen große Sorgen. Sie waren häufig verwahrlost und von Krankheiten (Krätze) befallen. In Innsbruck schob man sie von der Normalschule an die Trivialschulen in der Hoffnung ab, daß dann mehr vermögende Eltern ihre Kinder in die öffentliche Schule schicken würden (Hölzl, Studien zum Pflichtschulwesen, in: Tiroler Heimat 38 [1974], S. 124). Zu der Auseinandersetzung zwischen Maria Theresia und Joseph II. über die Militärschulen siehe Helfert, Die Gründung der österreichischen Volksschule, S. 604–613.

142 Nota Josephs II. an Maria Theresia v. 16. Nov. 1780 (zit. bei Helfert, Die Gründung der österreichischen Volksschule, S. 612).

143 Wangermann, Ernst: Aufklärung und staatsbürgerliche Erziehung. Gottfried van Swieten als Reformator des österreichischen Unterrichtswesens 1781–1791. Wien 1978, S. 62f.

144 Diese Meinung vertritt Karl Ernst Maier in seiner Habilitationsschrift. Wären es tatsächlich vor allem „pädagogische Überlegungen" gewesen, so hätte Joseph II. sicherlich die

„Sagansche Lehrart“ sofort verboten. Sie blieb jedoch während seiner Regierungszeit noch weiterhin in Verwendung und wurde nur langsam von J. A. Gall zurückgedrängt (siehe Maier, Das Werden der allgemeinbildenden Pflichtschule, S. 30f.).

145 Staatsminister Graf Carl Friedrich Anton Hatzfeld, auf dessen Wort Joseph II. viel hielt, stimmte dagegen. Er wollte die Normalschulen zur Ländersache machen. Siehe Hock, Carl/Bidermann, Hermann Ignaz: Der österreichische Staatsrath (1760–1848). Wien 1879, S. 523.

146 AVA Wien, StHK F. 1, Studienhofkomm./Präs., 84 ex 1781 (5. Dez. 1781). Josephs II. höchster Wunsch war, wie er äußerte, „den wichtigen Punkt der Studien auf das möglichste zu vereinfachen und zu vervollkommnen“. Felbiger sollte allerdings „bey seiner Abbtey im Königreich Ungarn mit Dirigirung des Normalschulwesens daselbst beschäftiget verbleiben“.

147 (Felbiger, J. I.): Anekdoten zur Geschichte des Angriffs und der Vertheidigung der Normalschulen in den kaiserlich-königlichen Staaten. Nebst Berichtigung verschiedener in öffentlichen Blättern verbreiteten Nachrichten von dem sogenannten Presburger Kongreß im Jahre 1782, und von Einführung des Normalinstituts in Rußland. Frankfurt–Leipzig 1784.

148 Krömer, J. I. Felbiger, S. 152, 155f.; Heppe, Heinrich: Geschichte des deutschen Volksschulwesens. 1, Gotha 1858 (Nachdruck Hildesheim–New York 1971), S. 117f., Anm.

149 Joseph Anton Gall, geb. am 27. März 1748 in Weil (Schwaben), war Weltpriester und besuchte Wien, um Felbiger und seine Methoden persönlich kennenzulernen. Zunächst von Felbiger begeistert, bat er um Entlassung aus seiner Diözese und übernahm 1774 die Katechetenstelle an der Wiener Normalschule. Er vertrat bereits die rationalistische Haltung der voll entwickelten Aufklärung. Bezeichnend dafür ist das ohne Nennung seines Namens 1778 erschienene katechetische Werk „Vorstellungen der liebreichen Anstalten und Ordnung Gottes, die Menschen gut und glücklich zu machen“ (1. Aufl. Herzogenburg 1778), das seine Abkehr von Felbiger anzeigt. 1779 schied er aus der Normalschule aus. Mit seiner unter dem Pseudonym Stangl veröffentlichten Schrift „Sokrates unter den Christen in der Person eines Dorfpfarrers“ (Wien 1783) dokumentierte er die neue Lehrweise, die er aus dem Katechisieren entwickelt hatte: die „sokratische“ oder „erotematische“ Methode. Er wurde als Nachfolger Felbigers zum Oberaufseher der deutschen Schulen bestellt. Die Studienhofkommission stellte sich jedoch nicht voll hinter die Forderungen Galls, sondern entschloß sich nur zu behutsam vorzunehmenden Verbesserungen. 1788 wurde Gall zum Bischof von Linz berufen. Er starb am 18. Juni 1807 (Wurzbach, Biographisches Lexikon. 4, S. 65f.; Hofinger, Geschichte des Katechismus, S. 243; Gönner, Die österreichische Lehrerbildung, S. 46f.; Helfert, Die Gründung der österreichischen Volksschule, S. 317, 319, 557 Anm. 2; Wangermann, Aufklärung und staatsbürgerliche Erziehung, S. 63; Ausstellungskatalog Joseph II. [Stift Melk], S. 577, Nr. 1143; Allgemeine Deutsche Biographie 8 [Leipzig 1878], S. 317f.; Ferihumer, Heinrich: Joseph Anton Gall. In: Neue Deutsche Biographie 6 [Berlin 1964], S. 42f.; hier weitere Literaturangaben).

150 E. Wangermann, dem wir eine neue Akzente setzende, quellenkritische Arbeit über Gottfried van Swieten verdanken, bezeichnet ihn als einen „der mächtigsten und einflußreichsten Männer in der Habsburger Monarchie“ (Wangermann, Aufklärung und staatsbürgerliche Erziehung, S. 18).

151 In Kärnten besuchten im Winterkurs 1781/82 von den 24 765 Schulfähigen sogar nur 5 111 die Schule (Apih, Die theresianisch-josephinische Schulreform, in: Carinthia 94 [1904], S. 171). Siehe auch Wangermann, Aufklärung und staatsbürgerliche Erziehung, S. 42.

152 Hofdekret v. 20. Okt. 1781; Hofdekret v. 21. Sept. 1782; Hofdekret v. 29. Sept. 1783; Hofentschließung v. 4. Jänner 1786. In Wien wurde den Protokollen der Schulkommission „mißfällig“ entnommen, „daß die Ältern ihre Kinder noch in gar geringer Anzahl in die Schulen schicken“ (AVA Wien, StHK F. 66, 17 Innerösterreich in gen., Kärnten 1770–1787, 14 ex 1782).

153 Die Steigerung der Schulbesuchszahlen in Tirol ist besonders imponierend: 1781 – 14 572, 1784 – 38 017, 1785 – 41 569. Im Jahre 1806 besuchten 49 000 Kinder die Trivialschulen (Hölzl, Studien zum Pflichtschulwesen, in: Tiroler Heimat 38 [1974], S. 138). In der zweiten Hälfte der Regierungszeit Josephs II. gab es aber auch Rückschläge. Während im Sommerkurs 1788 in der Steiermark die Zahl der schulbesuchenden Kinder noch leicht – um 209 –

angehoben werden konnte, sank sie in Kärnten um 1644 (Apih, Die theresianisch-josephinische Schulreform, in: Carinthia 94 [1904], S. 176).

154 Disziplinarvorschrift für die Normalschulen. Wien 1782 (AVA Wien, StHK F. 63, 17 in gen.).

155 Hofdekret v. 20. Februar 1784; Hofdekret v. 14. Dez. 1788 (Haupt-Repertorium, S. 196f.).

156 Resolution v. 24. Juli 1783 (Staatsratsprotokoll 2491 ex 1783, tw. abgedr. bei Wangermann, Aufklärung und staatsbürgerliche Erziehung, S. 43).

157 Resolution v. 30. August 1783; Zirkularentwurf an alle Länderstellen v. 16. Okt. 1783 (tw. Wiedergabe des Inhalts bei Wangermann, Aufklärung und staatsbürgerliche Erziehung, S. 44f.).

158 Wangermann, Aufklärung und staatsbürgerliche Erziehung, S. 45–47.

159 Hölzl, Sebastian: Das Pflichtschulwesen in Tirol ab der Theresianischen Schulordnung (1774) bis zur Politischen Schulverfassung (1806). Phil. Diss. Innsbruck 1972, S. 369.

160 Resolution v. 26. Sept. 1784 (Staatsratsprotokoll 3535 ex 1784, tw. Wiedergabe bei Weiß, Anton: Geschichte der Österreichischen Volksschule unter Franz I. und Ferdinand I. 1792–1848. 2, Graz 1904, S. 767f.); Wangermann, Aufklärung und staatsbürgerliche Erziehung, S. 50.

161 Auch dies war ein zielführender Weg, mit der Knappheit der Schulräume fertig zu werden. Denn nach diesem Dekret mußten die Schüler an den Trivialschulen in zwei Gruppen aufgeteilt werden, und zwar in die „Buchstabirer“ sowie in die „Leser und Schreiber“. Mit der einen Gruppe hatte der Lehrer vormittags, mit der anderen nachmittags Schule zu halten (Hofdekret v. 24. März 1785, in: Haupt-Repertorium, S. 216f.).

162 Hofdekret v. 28. Feb. 1787; Hofdekret v. 27. Sept. 1787 (Haupt-Repertorium, S. 198f.); Hofresolution v. 5. Juni 1787 („Allgemeiner Unterricht über das deutsche Schulwesen“).

163 Wiedergabe des Staatsratsprotokolls 3535 ex 1784 bei Wangermann, Aufklärung und staatsbürgerliche Erziehung, S. 47–49.

164 Ebenda, S. 48.

165 Genaue Angaben über die zusätzlichen Pfarreien bei Wodka, Josef: Kirche in Österreich. Wien 1959, S. 308f.

166 Hofdekret v. 24. März 1785 (Haupt-Repertorium, S. 258).

167 Zum Schulpatronat siehe vor allem Höslinger, Rechtsgeschichte des katholischen Volksschulwesens, S. 89–93.

168 Das traf bei den Pfarren der Klöster und Stifte zu; hier hatten nunmehr die Äbte das Lehrervorschlagsrecht inne. Da bei den unter Joseph II. neu gegründeten Pfarren der Religionsfonds als Patron eingesetzt wurde, konnte der Staat als Dienstgeber auftreten und die Diensthoheit in Anspruch nehmen (siehe Höslinger, Rechtsgeschichte des katholischen Volksschulwesens, S. 93).

169 Hofdekret v. 19. Okt. 1787, in: Gesetzessammlung Joseph II., 13 (1789), S. 508f.

170 Über die Schulbautätigkeit in der Steiermark gibt Pietsch eine gute Zusammenstellung (Die Theresianische Schulreform, S. 119–124).

171 Siehe die Musterrisse für Landschulgebäude (AVA Wien, StHK F. 89, 25 in gen., 161 ex 1786). Daß sie tatsächlich als Vorlage dienten, beweisen die Schulneubauten dieser Zeit (z. B. DASP Propsteipfarre Eisgarn, Seyfrieds und Heidenreichstein 1, Plan und Kostenüberschlag des Schulbaus in Seyfrieds 1787; ebenda, Gars/Kamp, Pfarrakten 7, Plan für den Neubau der Schule in Gars 1787). Siehe auch die einschlägigen Hofentschließungen, Hofdekrete, Patente und Verordnungen (Haupt-Repertorium, S. 232–239).

172 In Tirol waren nach den Musterplänen (7 Varianten, 1786 den Kreisämtern übergeben) nur 30 m^2 für 50 Kinder vorgesehen (Hölzl, Studien zum Pflichtschulwesen, in: Tiroler Heimat 39 [1975], S. 46).

173 Ebenda.

174 Apih, Die theresianisch-josephinische Schulreform in Kärnten, S. 192; Wangermann, Aufklärung und staatsbürgerliche Erziehung, S. 58.

175 Faksimilenachdruck des Toleranzpatentes als Beilage zum Ausstellungskatalog Evangelisch in Österreich. 200 Jahre Toleranzpatent. Wien o. J. (1981). Siehe auch ebenda, S. 106–111; Desput, Joseph Franz: Toleranz im Zeichen der Aufklärung: Das Toleranzpatent von 1781. In: Evangelisch in der Steiermark. Glaubenskampf–Toleranz–Brüderlichkeit. Ausstellungs-

führer. Graz 1981, S. 89–98; Barton, Peter F. (Hrsg.): Im Lichte der Toleranz. Aufsätze zur Toleranzgesetzgebung des 18. Jahrhunderts in den Reichen Joseph II., ihren Voraussetzungen und ihren Folgen. Wien 1981 (Studien und Texte zur Kirchengeschichte und Geschichte, II/9).

176 Puschnig, Reiner: Die Toleranzkirche. In: Evangelisch in der Steiermark. Graz 1981, S. 96–102.

177 Mayer, Geschichte der geistigen Cultur, S. 65.

178 Hofdekret v. 12. Jänner 1788; Hofdekret v. 31. Jänner 1782; Hofdekret v. 23. Aug. 1782 u. a. (Haupt-Repertorium, S. 194–199, 214–217).

179 Hofdekret v. 19. Okt. 1781 (Haupt-Repertorium, S. 212f.); Stanzel, Die Schulaufsicht, S. 277. In der „Instruction für die Superintendenten der Kirchengemeinden Augsburgischer Confession in den K. K. Erblanden" wurde eindeutig festgelegt, daß diese nur Sitten, Lehre und Leben ihrer Schullehrer und Schulhalter zu kontrollieren hatten, nicht aber deren „methodum docendi" (auszugsweise abgedr. bei Stanzel, Die Schulaufsicht, S. 397f.).

180 Text der kaiserlichen Verordnung bei Riehl, Anton/Reinöhl, Rainer: Kaiser Josef II. als Reformator auf kirchlichem Gebiet. Eine Festschrift zur Feier des 100. Jahrestages des Toleranz-Patentes v. 13. October 1781. Wien 1881, S. 78–82. Zur Kreisschulaufsicht und zum Datum der Einsetzung der Kreisschulkommissäre siehe Stanzel, Die Schulaufsicht, S. 277–281.

181 Nach dem Tode Josephs II. wurden – vor allem aus finanziellen Erwägungen – als Kreisschulkommissäre auch wieder Geistliche herangezogen (Stanzel, Die Schulaufsicht, S. 327f.; Hölzl, Studien zum Pflichtschulwesen, in: Tiroler Heimat 38 [1974], S. 128).

182 Siehe dazu Hölzl, Studien zum Pflichtschulwesen, in: Tiroler Heimat 38 (1974), S. 126f.

183 Tiroler Landesarchiv, Hofresolutionen 1785, fol. 295 u. 732 (zit. bei Hölzl, Studien zum Pflichtschulwesen, in: Tiroler Heimat 38 [1974], S. 126).

184 In Tirol und Vorarlberg kamen zwei der sechs Visitatoren von der Beamtenlaufbahn (Hölzl, Studien zum Pflichtschulwesen, in: Tiroler Heimat 38 [1974], S. 127). In Kärnten und in der Steiermark waren nur zwei Männer der Schulpraxis in dieses Amt aufgerückt. Der Posten eines Kreisschulkommissärs wurde bald zum Einstieg in den Verwaltungsdienst, pädagogische Fähigkeiten wurden nicht mehr verlangt (Pietsch, Die Theresianische Schulreform, S. 73, 64, 181f.).

185 Text der den 14 Bewerbern in der Steiermark vorgelegten Prüfungsfragen bei Pietsch, Die Theresianische Schulreform, S. 63f. Später ist nichts mehr von einer pädagogischen Prüfung zu hören (ebenda, S. 181).

186 Das erwies sich vor allem dort als undurchführbar, wo – wie in Tirol – die jährliche Schulzeit in der Regel nur drei bis vier Monate dauerte (siehe Hölzl, Studien zum Pflichtschulwesen, in: Tiroler Heimat 38 [1974], S. 127f.).

187 Siehe dazu Pietsch, Die Theresianische Schulreform, S. 73f.

188 Eine systematische Auswertung der Visitationsprotokolle und Schulfassionen steht noch aus. Hans Spreitzer hat sie, um ein Beispiel für ihre Bedeutung zu geben, auszugsweise genützt, um das Landschulwesen im heutigen Schulbezirk Mistelbach um 1786 zu kennzeichnen (Spreitzer, Hans: Beiträge zur Geschichte des österreichischen Landschulwesens. In: Erziehung und Unterricht 110 [1960], S. 390–399).

189 Tiroler Landesarchiv, Gubernial-Akten 1787, Normalsch., Zl. 8562 „Allgemeiner Unterricht über das deutsche Schulwesen" (zit. bei Hölzl, Studien zum Pflichtschulwesen, in: Tiroler Heimat 38 [1974], S. 127).

190 Einleitung zur „Instruction für die Kreiskommissäre in Schulsachen" (zit. bei Pietsch, Die Theresianische Schulreform, S. 74).

191 Zit. bei Hölzl, Studien zum Pflichtschulwesen, in: Tiroler Heimat 38 [1974], S. 129.

192 Siehe die farbige Schilderung von drei Ortsschulaufsehern durch den Dechant von Pöllau (zit. bei Pietsch, Die Theresianische Schulreform, S. 174f.).

193 Im Durchschnitt bezogen sie 300 fl. jährlich; da die Lehrverpflichtung in der Regel nicht 15 Wochenstunden überstieg, war zusätzlich die Möglichkeit geboten, Privatstunden zu geben (Helfert, Die Gründung der österreichischen Volksschule, S. 403; Pietsch, Die Theresianische Schulreform, S. 155). Etwas anders gestaltete sich die finanzielle und soziale Lage der Lehrer in der Stadt. Siehe dazu Klamminger, Karl: Die Trivialschule in Graz. In: Steinböck, Wilhelm (Hrsg.): 850 Jahre Graz 1128–1978. Festschrift. Graz–Wien–Köln

1978, S. 293–298. Vgl. auch Moser, Max: Der Lehrerstand des 18. Jahrhunderts im vorderösterreichischen Breisgau. Ein Beitrag zur deutschen und österreichischen Volksschulgeschichte. Berlin–Leipzig 1908 (Abhandlungen zur Mittleren und Neueren Geschichte, 3), S. 32–62.

194 Sie wurden ihrer wirtschaftlichen Position und ihrem Sozialprestige entsprechend zur unterbäuerlichen Bevölkerung gerechnet und hatten einen Mischerwerb nötig. Siehe Mitterauer, Michael: Lebensformen und Lebensverhältnisse ländlicher Unterschichten. In: Matis, Herbert (Hrsg.): Von der Glückseligkeit des Staates. Berlin–München 1981, S. 332.

195 Vgl. Wangermann, Aufklärung und staatsbürgerliche Erziehung, S. 44f., 47; Pietsch, Die Theresianische Schulreform, S. 158f.; Hofdekret v. 24. März 1785.

196 Das Verbot des Wetterläutens – bislang eine honorierte Aufgabe der Schulmeister-Mesner – empörte die bäuerliche Bevölkerung besonders; in Voitsberg und Ehrenhausen (Steiermark) mußte sogar Militär gegen sie eingesetzt werden (Pietsch, Die Theresianische Schulreform, S. 159).

197 Siehe Spreitzer, Beiträge zur Geschichte des österreichischen Landschulwesens, in: Erziehung und Unterricht 110 (1960), S. 398.

198 Für die niederösterreichischen Schulmeister wurden im Jahre 1785 insgesamt 60 426 fl. ausgeworfen. Auch in Tirol waren die Ergänzungsbeträge sehr hoch, weil dort kein Schulgeld gezahlt wurde (Wangermann, Aufklärung und staatsbürgerliche Erziehung, S. 56 u. 58). Im Unterinntal waren 29 Schullehrer tätig, von denen jeder nicht einmal 40 fl. verdiente; Innsbruck stellte den Antrag, deren Einkommen auf mindestens 70 fl. zu erhöhen (AVA Wien, StHK K. 65b, 17 Tirol in gen., ad 124 ex 1790). Die Auszahlung der Ergänzungszulage war von den vorhandenen Mitteln im Schulfonds abhängig (ebenda, 113 ex 1789). J. Spendou berichtete von einer Inspektionsreise in Innerösterreich, daß „die Schulen auf dem Lande größtentheils in dem elendesten Zustande sind, weil die Schullehrer nicht einmahl den nothdürftigen Unterhalt haben" (AVA Wien, StHK F. 66, 17 Innerösterreich in gen., ad 67 ex 1789).

199 Zu den Ergänzungsbeträgen für die Schulmeister siehe Pietsch, Die Theresianische Schulreform, S. 158.

200 Hofresolution v. 26. Sept. 1784; Spreitzer, Beiträge zur Geschichte des österreichischen Landschulwesens, in: Erziehung und Unterricht 110 (1960), S. 398.

201 Zumindest in der Steiermark drang diese dem Ansehen der Schulmeister förderliche Maßnahme nicht durch (Pietsch, Die Theresianische Schulreform, S. 158).

202 Instruction für die Kreiskommissäre in Schulsachen (siehe Pietsch, Die Theresianische Schulreform, S. 170).

203 Stadtarchiv St. Pölten, Hauptschule-Protokollbuch 1789/7 (zit. bei Klement, Die Schulwirklichkeit zur Zeit der Theresianischen Schulreform, S. 177).

204 Siehe dazu Hölzl, Das Pflichtschulwesen in Tirol, S. 302–309. Die Kreisschulkommissäre hatten darauf zu achten, „daß der Schuldienst, den Fall der freywilligen Abtretung ausgenommen, nirgend mit einer Versorgung beladen werden" (AVA Wien, StHK K. 65b, 17 Tirol in gen., 152 ex 1789).

205 Der sog. „Arrha-Abzug" (ebenda, S. 303).

206 Siehe dazu Pietsch, Die Theresianische Schulreform, S. 162–164, 169.

207 Siehe dazu die Hofdekrete vom 20. Okt. 1781, 17. März 1785, 4. Juli 1786, 29. Okt. 1788, 14. Dez. 1788 u. a. m. Vgl. Hölzl, Das Pflichtschulwesen in Tirol, S. 344–347; Wangermann, Aufklärung und staatsbürgerliche Erziehung, S. 51.

208 Im Kreis Vorarlberg wurde 1790 das ganze Bruderschaftsvermögen den Schulen überlassen (AVA Wien, StHK K. 65 b, 17 Tirol in gen., 128 ex 1790). In Tirol mußte das Bruderschaftsvermögen zwischen dem Religions-, Stiftungs-, Armen- und Schulfonds geteilt werden (Reskript v. 4. 3. 1791, in: Haupt-Repertorium, S. 230f.).

209 Im Ausweis über den Schulfonds für das Jahr 1789 finden sich folgende Angaben: Österreich unter der Enns 241 935 fl. 51 ½kr.; Österreich ob der Enns 22 267 fl. 58 kr.; Steiermark 33 489 fl. 51 ½kr.; Kärnten 36 883 fl. 52 kr.; Tirol (mit Vorarlberg) 25 913 fl. (AVA Wien, StHK F. 3, 3 Studienfonds in gen., 156 ex 1791). Joseph II. griff auch noch zu anderen Mitteln, um das Schulwesen zu fördern. So bewilligte er den Ständen Kärntens 1787 nicht die Erbauung eines Theaters in Klagenfurt, sondern ordnete an, daß die dafür vorgesehenen

18 300 fl. für die Landschulen verwendet werden (ebenda, F. 66, 17 Innerösterreich in gen., 7 ex 1787).

210 Eine Verordnung über die Schulvisitation durch den Kreisdechanten v. 12. Februar 1782 wies diesen an, den akatholischen Eltern zu empfehlen, ihre Kinder in die Schule zu schicken, denn die „Vereinigung von Kindern verschiedener Religionen" sei „ein kräftiges Mittel zur Verträglichkeit". Siehe dazu Beidtel, Ignaz: Geschichte der österreichischen Staatsverwaltung 1740–1848. 1, Innsbruck 1896, S. 281; Wangermann, Aufklärung und staatsbürgerliche Erziehung, S. 54f.

211 Maier, Das Werden der allgemeinbildenden Pflichtschule, S. 30.

212 (Felbiger), Methodenbuch, S. 371–375, Zitat S. 375.

213 Beidtel, Geschichte der österreichischen Staatsverwaltung, 1, S. 201.

214 Apih, Die theresianisch-josephinische Schulreform, in: Carinthia 94 (1904), S. 167. Die katholischen Pfarrer windischen Volkstums kümmerten sich überhaupt wenig um das Schulwesen. Siehe Roth, Franz Otto: Kärntner Bauern im Urteil der „aufgeklärten" Obrigkeit. In: Carinthia I 160 (1970), S. 357.

215 (Felbiger), Methodenbuch, S. 451–465.

216 Ebenda, S. 458.

217 1783 führte allerdings eine Beschwerde der Eltern zu einem Disziplinarverfahren, das mit der Entlassung des Lehrers endete (Steiermärkisches Landesarchiv, Akten des Guberniums, 1783 F 62/125 Nov.; zit. bei Pietsch, Die Theresianische Schulreform, S. 227, Anm. 349).

218 Johann Peter Frank, der sich um Reformen bei den medizinischen Studien bemühte, stand seit 1785 in österreichischen Diensten; er forderte in seinem „System einer vollständigen medicinischen Polizey" (ab 1780) auch Reinlichkeit der Schulstuben, Abkürzung des Unterrichts an heißen Tagen und Spiele der Jugend im Freien. Der Nachfolger Galls als Schulenoberaufseher, Joseph Spendou, ließ ab 1789 für die Lehramtskandidaten Vorträge über die physische Erziehung durch Ärzte halten (Wagner, Hermann F.: Das deutsche Volksschulwesen in Österreich im 18. und 19. Jahrhundert. In: Dritter Bericht der Lehrer- und Lehrerinnen-Bildungsanstalt in Linz. Linz [1893], S. 14f.).

219 Siehe Verordnung vom 6. Juni 1786, Hofentschließung vom 15. Okt. 1786, Hofdekret vom 10. Dez. 1787. Die geänderte Ferienordnung galt nur deshalb auch für Normal- und Hauptschulen, „damit die Knaben zur rechten Zeit den lateinischen Schulkurs anfangen können". Alle anderen „Trivial- und Landschulen" konnten weiterhin die Ferien vom 1. Sept. bis zum 16. Okt. ansetzen oder sie auf die örtlichen Umstände abstimmen. Sie durften sogar verkürzt werden, „damit dem Unterrichte so wenig als thunlich Abbruch geschehe" (AVA Wien, StHK F. 66, 17 Innerösterreich in gen., 31 ex 1787; K. 65 b, 17 Tirol in gen., 220 ex 1788).

220 Zum Folgenden siehe Wangermann, Aufklärung und staatsbürgerliche Erziehung, S. 63–68, bes. S. 64f. u. 66; Gönner, Die österreichische Lehrerbildung, S. 46f.

221 Die sokratische Methode führt ihren Namen nach dem von Sokrates verwendeten Verfahren des Zwiegesprächs. Frage und Antwort standen nämlich in diesem zur Zeit der Aufklärung besonders gepflegten Unterrichtsverfahren im Mittelpunkt; der Lehrer wurde angeleitet, möglichst viel aus dem Schüler „herauszufragen". Die Bezeichnung „Katechisieren" wurde dafür ebenfalls verwendet. Besonders im Religionsunterricht wurde die sokratische Lehrart oft maßlos übertrieben; sie stieß daher zunehmend auf Widerstand und Kritik.

222 Stadtarchiv Krems, Kais. Königl. Patente und Verordnungen vom Jahre 1786, 2. Theil, Circulare des Kreisamtes VOMB, Krems v. 29. 3. 1786.

223 So wurde es in der „Instruction für die Kreiskommissäre in Schulsachen", Punkt 7 festgelegt (siehe Pietsch, Die Theresianische Schulreform, 76–78).

224 Beispiele bei Pietsch, Die Theresianische Schulreform, S. 165–167.

225 Die tatsächliche Länge der Schulwege war damals geringer als die im § 59 des Reichvolksschulgesetzes d. J. 1869 als zumutbar bestimmten (Spreitzer, Beiträge zur Geschichte des österreichischen Landschulwesens, in: Erziehung und Unterricht 110 [1960], S. 399).

226 AVA Wien, StHK K. 65 b, 17 Tirol in gen., ad 57 ex 1781. So hatten die Tiroler ihre Schulen im Titel aufgewertet, die Innsbrucker Normalschule als Hauptnormalschule bezeichnet und die übrigen Trivialschulen als Normalschulen (ebenda, ad 39 ex 1781). Ihr Schulenoberaufseher war zu einem „general schulen Visitator" erklärt worden, ohne daß für diesen Phantasietitel ein Dekret ausgestellt worden wäre (ebenda, 96 ex 1783).

227 Im 2. Teil des Lesebuches wurden einige Zeilen über die Viehbegattung als anstößig betrachtet und deswegen unleserlich gemacht. Sie lauteten: „Man braucht den Stier nicht vor dem 4. und die Kühe nicht vor dem 3. Jahre zur Fortpflanzung. Ein Stier ist für 30 Kühe bis ins 6. oder 7. Jahr hinlänglich; er wird alsdann geschnitten und noch zum Ackern oder Ziehen gebrauchet" (zit. bei Hölzl, Das Pflichtschulwesen in Tirol, S. 385). Über die Vorgänge in Zürs siehe ebenda, S. 391. Weitere Beispiele des Unwillens der Tiroler ebenda, S. 391 bzw. 384–392.

228 Zit. bei Pietsch, Die Theresianische Schulreform, S. 90f.

229 Siehe dazu Wandruszka, Adam: Leopold II. Erzherzog von Österreich, Großherzog von Toskana, König von Ungarn und Böhmen, Römischer Kaiser. 2, Wien–München 1965, S. 152–155.

230 Darüber gibt es nur zum Teil quellenkritische Einzelforschungen. Siehe dazu Krömer, J. I. von Felbiger, S. 157–159.

231 Eine grundlegende Untersuchung zu diesem Problem legte Liane Zeil vor (Zur Bedeutung der josefinischen Volksbildungsbestrebungen für die nationale Wiedergeburt der Slawen in der Habsburger Monarchie. In: Wissenschaftliche Zeitschrift der Humboldt-Universität zu Berlin 17 [1968], S. 289–296).

232 (Felbiger), Methodenbuch, S. 371. Erst nach Erlernung der Muttersprache wurde die deutsche Sprache vermittelt; sie sollte im letzten halben Schuljahr an „den Normal- und Hauptschulen die herrschende wo nicht die einzige übliche seyn" (ebenda, S. 375).

233 Z. B. J. Jungmann, A. Marek, J. Kollár, P. J. Šafárik, J. Kopitar, V. St. Karadžić u. a. (Zeil, Zur Bedeutung der josefinischen Volksbildungsbestrebungen, S. 290).

234 Böhm, Ignatz: Historische Nachricht von der Entstehungsart und der Verbreitung des Normalinstituts in Böhmen. Prag 1784. Siehe dazu die statistischen Angaben bei Weiß, Anton: Geschichte der Österreichischen Volksschule unter Franz I. und Ferdinand I. 1792–1848. Graz 1904, S. 836–895. Weiters Weiss, Anton: Geschichte der Theresianischen Schulreform in Böhmen. Zusammengestellt aus den halbjährigen Berichten der Schulen-Oberdirektion 17. September 1777–14. März 1792. In: BÖES 7 (1906), S. 1–528; 10 (1908), S. 1–456; Wotke, Karl: Karl Heinrich Ritter von Seibt als Direktor der Gymnasien Böhmens. In: BÖES 6 (1905), S. 193–240.

235 Seibt, Karl Heinrich: Von dem Einflusse der Erziehung auf die Glückseligkeit des Staats. Prag 1771, S. 60f. Siehe dazu Wotke, Karl: Karl Heinrich Seibts Rede: „Von dem Einflusse der Erziehung auf die Glückseligkeit des Staats". In: BÖES 8 (1906), S. 115–135; ders.: Karl Heinrich Seibt. Der erste Universitätsprofessor der deutschen Sprache in Prag, ein Schüler Gellerts und Gottscheds. In: BÖES 9 (1907), S. 1–174.

236 Es wird vermutet, doch ist es nicht mit Sicherheit nachzuweisen, daß er Sängerknabe in Sagan gewesen sei (Weiß, Anton: Ferdinand Kindermann und die Landschule zu Kaplitz. In: BÖES 6 [1905], S. 46f.).

237 Ebenda; siehe auch Kindermann, Ferdinand: Nachricht von der Landschule zu Kaplitz in Böhmen. 2. Aufl. Prag 1774.

238 Iven, Kurt: Die Industrie-Pädagogik des 18. Jahrhunderts. Eine Untersuchung über die Bedeutung des wirtschaftlichen Verhaltens für die Erziehung. Langensalza–Berlin–Leipzig 1929, S. 100–110; Wiechowski, Friedrich: Ferdinand Kindermanns Versuch einer Verbindung von Elementar- und Industrieschule. In: BÖES 9 (1907), S. 175–205; Winter, Eduard: Ferdinand Kindermann, Ritter von Schulstein (1740/1801), der Organisator der Volksschule und Volkswohlfahrt Böhmens. Augsburg 1926; Weiss, Geschichte der Theresianischen Schulreform in Böhmen, in: BÖES 7 (1906), S. 323–498.

239 Leschinsky, Achim: Industrieschulen – Schulen der Industrie? In: Zeitschrift für Pädagogik 24 (1978), S. 89–100.

240 Zeil, Zur Bedeutung der josefinischen Volksbildungsbestrebungen, S. 291.

241 Ebenda.

242 Weiß, Geschichte der Österreichischen Volksschule, S. 868–895.

243 Wolf, Hans: Das Schulwesen des Temesvarer Banats im 18. Jahrhundert. Gründung und Ausbau im Geiste des aufgeklärten Absolutismus. Baden bei Wien 1935; Kostić, Strahinja K.: Wien und die serbische Schule und Literatur am Ende des 18. und zu Anfang des 19. Jahrhunderts. In: Anz. Öst. Ak. Phil.-hist. Kl. 112 (1975), S. 354–364.

244 Maria Theresia errichtete 1745/47 eine ihr unmittelbar unterstellte „Hofdeputation in Banaticis, Transsylvanicis et Illyricis“ (Stanzel, Die Schulaufsicht, S. 223).
245 Helfert, Die Gründung der österreichischen Volksschule, S. 443–447; Zeil, Zur Bedeutung der josefinischen Volksbildungsbestrebungen, S. 292f.
246 Kostić, Wien und die serbische Schule, S. 356f.
247 Dieses erste serbische pädagogische Lehrbuch entstand aus zwei Werken Felbigers (Nothwendiges Handbuch zum Gebrauch der Lehrer in den deutschen Schulen. Wien 1774; Methodenbuch für Lehrer der deutschen Schulen in den kaiserlich-königlichen Erblanden. Wien 1775), wurde in Wien 1776/77 gedruckt und erschien unter dem Titel: „Nothwendiges Handbuch für Schulmeister der illyrischen nicht unirten Trivial-Schulen in den Kais. Königlichen Erblanden“.
248 Darunter versteht man eine Verbindung des Serbischen und Kirchenslawischen.
249 Wolf, Das Schulwesen des Temesvarer Banats, S. 95f.
250 Es bestanden bereits 65 katholische Schulen (davon 60 mit deutscher Unterrichtssprache) sowie 205 griechisch-orthodoxe Schulen (147 mit rumänischer, 52 mit serbischer Unterrichtssprache, 6 wurden wahrscheinlich in beiden Sprachen geführt). Die Zahl der griechisch-orthodoxen Schulen hatte sich in wenigen Jahren verdreifacht (Wolf, Das Schulwesen des Temesvarer Banats, S. 116 u. 127).
251 Die Pfarrer wurden zu Direktoren der Volksschulen; auch der Bischof übte die Schulaufsicht selbst oder durch Dechanten aus (ebenda, S. 143).
252 Z. B. sechs Lehrer an die Banater Militärgrenze (ebenda, S. 106).
253 Wangermann, Aufklärung und staatsbürgerliche Erziehung, S. 60f.; Weiß, Geschichte der Österreichischen Volksschule, S. 895–916.
254 Zeil, Die Bedeutung der josefinischen Volksbildungsbestrebungen, S. 291.
255 Wangermann, Aufklärung und staatsbürgerliche Erziehung, S. 61.
256 Zit. ebenda („Herbeylockung der jungen Moldauer zum Besuch der Bucowiner Schulen“).
257 Für eine halbe Million schulfähiger Kinder standen nur etwas mehr als 144 Trivialschulen zur Verfügung. Etwa 8 000 Kinder besuchten sie. Auch die Zahl der Haupt-, Kloster-, Mädchen- und jüdischen Schulen war gering. Genauere Angaben bei Weiß, Geschichte der Österreichischen Volksschule, S. 895f.
258 Siehe Zeil, Zur Bedeutung der josefinischen Volksbildungsbestrebungen, S. 292.
259 Ebenda.
260 Zu Blasius Kumerdey (1744–1805) und Stephan Vujanovski (1736/37–1829) siehe Wurzbach 13 (1865), S. 370f. und 52 (1885), S. 17f. Über B. Kumerdey siehe auch Pietsch, Die Theresianische Schulreform, S. 64, 84, 132. Zu Vujanovski siehe auch Kostić, Strahinja K.: Serbische Freimaurer am Ende des 18. Jahrhunderts und ihre wissenschaftliche und literarische Tätigkeit. In: Balázs, Eva H./Hammermayer, Ludwig/Wagner, Hans/Wojtowicz, Jerzy (Hrsg.): Beförderer der Aufklärung in Mittel- und Osteuropa. Freimaurer, Gesellschaften, Clubs. Berlin 1979, S. 147–152.
261 So wies die Weißkirchner Schulkommission auf die Schwierigkeiten eines solchen zusätzlichen Sprachunterrichts hin. Auch ein geschickter Lehrer käme in der knappen Schulzeit nicht damit zurecht (Wolf, Das Schulwesen des Temesvarer Banats, S. 126f.). In Görz hielt man für die Mädchen die Erlernung der deutschen Sprache nicht für notwendig (Helfert, Die Gründung der österreichischen Volksschule, S. 473). Aus Mähren wurde berichtet, daß ein guter Teil der Schulmeister der deutschen Sprache gar nicht mächtig sei (ebenda, S. 475). Die jeweiligen Volkssprachen wurden jedenfalls sehr gefördert. Kindermann etwa bemühte sich eifrig um die Herausgabe tschechischer Lehr-, Lese- und Volksbücher (Winter, F. Kindermann, S. 128).
262 Siehe dazu Csáky, Moritz: Von der Ratio educationis zur Educatio nationalis. In: Klingenstein, Grete/Lutz, Heinrich/Stourzh, Gerald (Hrsg.): Bildung, Politik und Gesellschaft. Wien 1978, S. 205–238 (stützt sich maßgeblich auf ungarische Quellen und neue ungarische Literatur); Wolf, Das Schulwesen des Temesvarer Banats, S. 127–139; Helfert, Die Gründung der österreichischen Volksschule, S. 434–442; Kosáry, Domokos: Die ungarische Unterrichtsreform von 1777. In: Drabek, Anna M./Plaschka, Richard G./Wandruszka, Adam (Hrsg.): Ungarn und Österreich unter Maria Theresia und Joseph II. Neue Aspekte im Verhältnis der beiden Länder. Wien 1982, S. 91–100.
263 Wolf, Das Schulwesen des Temesvarer Banats, S. 129f.

264 Vindobonae 1777.
265 Ebenda; siehe auch Csáky, Von der Ratio educationis, S. 210f.
266 Genauer: Projectum Supplementi Benigni Instituti Literarii, quod ad Scholas Nationales attinet (siehe Wolf, Das Schulwesen des Temesvarer Banats, S. 134).
267 Die Verordnung wurde nicht voll durchgeführt und 1790 aufgehoben (ebenda, S. 138f.).
268 Wolf, Das Schulwesen des Temesvarer Banats, S. 136; Krömer, J. I. Felbiger, S. 155, Anm. 264.
269 Eine alphabetisch geordnete Zusammenstellung über Felbigers Wirkung auf Fürstentümer und Orte im deutschsprachigen Raum gibt Stanzel, Die Schulaufsicht, S. 299–307 (mit ausführlichen Literaturangaben); siehe auch Krömer, J. I. Felbiger, S. 118–121; Maier, Das Werden der allgemeinbildenden Pflichtschule, S. 26, Anm. 23; Zimmermann, Wilhelm: Die Anfänge und der Aufbau des Lehrerbildungs- und Volksschulwesens am Rhein um die Wende des 18. Jahrhunderts (1770–1826). Ein Beitrag zur Geschichte des rheinischen Schulwesens. 1. Teil, Köln 1953.
270 Maier, Das Werden der allgemeinbildenden Pflichtschule, S. 26–29.
271 Dülmen, Richard van: Die Prälaten Franz Töpsl aus Polling und Johann Ignaz von Felbiger aus Sagan. Zwei Repräsentanten der katholischen Aufklärung. In: Zeitschrift für bayerische Landesgeschichte 30 (1967), S. 731–823.
272 Zimmermann, Die Anfänge und der Aufbau des Lehrerbildungs- und Volksschulwesens, S. 14–17.
273 Ebenda, S. 18f. Der Weltpriester Leonhard Gruber – ursprünglich Hofmeister bei Graf Pergen, dann Lehrer an der Wiener Normalschule – hatte Anfang 1774 den Auftrag bekommen, einen Schulplan zu entwerfen. Als Abt Felbiger in Wien seine Tätigkeit aufnahm, wurden Grubers Vorschläge beiseitegeschoben.
274 Ebenda, S. 47–121, 258–266.
275 Die Verordnung vom 24. Nov. 1787 griff auf bereits 1783 festgelegte Vorschriften zurück (ebenda, S. 87).
276 Zimmermann, Die Anfänge und der Aufbau des Lehrerbildungs- und Volksschulwesens, S. 29–46. Zum bewegten Leben des letzten Erzbischofs und Kurfürsten von Trier Clemens Wenzeslaus (1739–1812), der dem Schulwesen besondere Aufmerksamkeit widmete und 1784 auch eine Normalschule in Koblenz gründete, siehe Allgemeine Deutsche Biographie 4 (Leipzig 1876), S. 309–314.
277 Personalstand der vorderösterreichischen Schulkommission in Freiburg i. B. bei Helfert, Die Gründung der österreichischen Volksschule, S. 391, siehe auch S. 500 u. 386.
278 Die vom Katecheten und Lehrer an der Normalschule Huber 1774 zu Freiburg gehaltene „Rede über den Nutzen der Felbigerschen Lehrart in den Stadt- und Landschulen" wurde noch im gleichen Jahr in Koblenz nachgedruckt (Zimmermann, Die Anfänge und der Aufbau des Lehrerbildungs- und Volksschulwesens, S. 13).
279 Helfert, Die Gründung der österreichischen Volksschule, S. 473.
280 Zum Folgenden siehe AVA Wien, StHK F. 63, 17 in gen., 87 ex 1782. Auch der Schulreformer Rußlands, H. Jankowitz (Janković), ein Schüler Felbigers, sollte nur „auf eine Zeitlang" nach Rußland, „seine charge (blieb) allhier für ihn offen", weil „man froh seyn würde, ihn wieder in hiesigen Staaten zu haben". Siehe Polz, Peter: Theodor Janković de Mirjevo. Der erste serbische Pädagoge oder die Theresianische Schulreform bei Serben und in Rußland. Phil. Diss. Graz 1970; ders.: Theodor Janković und die Schulreform in Rußland. In: Lesky, Erna/Kostić, Strahinja K./Matl, Josef/Rauch, Georg (Hrsg.): Die Aufklärung in Ost- und Südosteuropa. Aufsätze, Vorträge, Dokumentationen. Köln–Wien 1972, S. 119–174; Stanzel, Die Schulaufsicht, S. 316–325.
281 Zit. bei Stanzel, Die Schulaufsicht, S. 316.
282 Siehe dazu Litak, Stanislaw: Wandlungen im polnischen Schulwesen im 18. Jahrhundert. In: Engel-Janosi, Friedrich/Klingenstein, Grete/Lutz, Heinrich (Hrsg.): Formen der europäischen Aufklärung. Wien 1976, S. 96–125 (mit reichen Literaturangaben zur polnischen Forschung); Schmid, Heinrich Felix: Die Bedeutung des österreichischen Bildungswesens für Ost- und Südosteuropa. In: 200 Jahre österreichische Unterrichtsverwaltung 1760–1960. Festschrift des Bundesministeriums für Unterricht in Wien. Wien 1960, S. 33–35. Vgl. Jobert, Ambroise: La Commission d'Éducation Nationale en Pologne (1773–1794). Paris 1941, S. 178, 181, 276, 281, 283f.

283 So formulierte es Feliks Oraczewski, der spätere Rektor der Hauptschule in Krakau, als er 1773 König und Landtag aufrief, sich des Bildungswesens anzunehmen (zit. bei Litak, Wandlungen im polnischen Schulwesen, S. 117).
284 Schmid, Die Bedeutung des österreichischen Bildungswesens, S. 34.
285 Litak, Wandlungen im polnischen Schulwesen, S. 122f.
286 Siehe dazu Wagner, Karl: Zur Geschichte der Schulverbesserung in Salzburg unter Erzbischof Hieronymus Grafen Colloredo. In: Mitteilungen der Gesellschaft für Salzburger Landeskunde 55 (1915), S. 151–222; 56 (1916), S. 95–182; 64 (1924), S. 97–128; Schöttl, Josef: Kirchliche Reformen des Salzburger Erzbischofs Hieronymus von Colloredo im Zeitalter der Aufklärung. Hirschenhausen 1939 (Südostbayerische Heimatstudien, 16), S. 127–183; Behacker, Anton: Geschichte des Volks- und Bürgerschulwesens im Lande Salzburg. Salzburg o. J. (1923), S. 45–55. Vgl. auch Abschnitt 8, Anm. 38.
287 Wagner, Zur Geschichte der Schulverbesserung, 55 (1915), S. 157–162.
288 „... nun kann ich annehmen, daß ich wohl unter 2 Monathen hiesige Aufträge zu Stande zu bringen nicht vermögend sein dürfte ...“ Felbiger an Bönike, 1774 Mai 13, Wien. Abdruck des Briefes bei Wagner, Zur Geschichte der Schulverbesserung, 56 (1916), S. 165.
289 David Neukomm (um 1748–1805), ein geborener Württemberger, kam bereits 1760 nach Salzburg, um hier zu studieren. Im Jahre 1770 wurde er Lehrer an der Mädchenschule der Stadt. Um Felbigers Methode kennenzulernen, begab er sich für einige Zeit nach Wien. Nach seiner Rückkehr (1777) machte er durch seine Lehrtätigkeit und seine pädagogischen Veröffentlichungen auf sich aufmerksam. Sein Sohn Siegmund (Sigismund) Neukomm wurde als Komponist bekannt. Siehe Wurzbach 20 (1869), S. 258; Österreichisches Biographisches Lexikon 1815–1950. 7, Wien 1978, S. 87.
290 Zit. bei Wagner, Zur Geschichte der Schulverbesserung, 55 (1915), S. 166.
291 Ebenda, S. 181.
292 Abdruck der „Vorläufigen Nachricht von der Einrichtung der deutschen Schulen in Salzburg“ (1777 Oktober 30), die die Eröffnung der Hauptschule ankündigte, bei Behacker, Geschichte des Volks- und Bürgerschulwesens, S. 47f.
293 Wagner, Zur Geschichte der Schulverbesserung, 55 (1915), S. 219.
294 Ebenda, 56 (1916), S. 96–107. In den Hofrats-Protokollen wurde seit 1785 eine eigene Rubrik „Deutsches Schulwesen“ oder „Schulverbesserung auf dem Lande“ geführt (ebenda, S. 105f., Anm. 24).
295 So Johann Michael Bönike (zit. ebenda, S. 112).
296 Ebenda, S. 117.
297 Ebenda, S. 118f.
298 Salzburger Zeitung, 1784 Juni 4, Nr. 348 (zit. ebenda, 55 [1915], S. 198).
299 Wagner, Zur Geschichte der Schulverbesserung, 55 (1915), S. 181, Anm. 30, 202–205.
300 Die Zeichenschule wurde bereits 1784 angekündigt, aber erst 1785 eröffnet (ebenda, 55 [1915], S. 198–200).
301 Die Verwendung der Schultypenbezeichnung „Volksschule“ erfolgte in einem Generale des Konsistoriums (1785 April 18) und in einer Currenda des Dekanats Hallein (1785 Mai 21). Tw. abgedr. ebenda, 56 (1916), S. 131–133.
302 Abdruck des Generales (1788 Feb. 20), aus dem im Folgenden zitiert wird, in: Ebenda, 56 (1916), S. 139–141.
303 Ebenda, S. 141.
304 Anordnung des Fürsterzbischofs betr. Visitationen (1788 Okt. 10 u. 17.), zit. ebenda, 56 (1916), S. 142, Anm. 81.
305 Der Schulbesuch steigerte sich zumindest auf das Doppelte (ebenda, 56 [1916], S. 163).
306 Abdruck der Konsistorial-Resolution (1789 Juni 10) ebenda, 56 (1916), S. 168–171 (Zitat S. 169).
307 Wagner, Zur Geschichte der Schulverbesserung, 55 (1915), S. 219.
308 Ebenda, 56 (1916), S. 163.
309 Die Ernennung Vierthalers erfolgte am 9. Juni 1790 (siehe Protokollauszüge der Konsistorialratssitzungen, in: Ebenda, 55 [1915], S. 215–218). Siehe weiters Behacker, Geschichte des Volks- und Bürgerschulwesens, S. 52–55; Laireiter, Matthias (Hrsg.): Franz Michael Vierthaler. Festschrift zum 200. Geburtstag am 25. September 1958. Salzburg 1958. Weitere Literaturangaben im Abschnitt 13.2, Anm. 18.

310 Siehe dazu Abschnitt 13.2.

311 Siehe dazu Guglia, Otto: Schulgeschichte Ungarns mit besonderer Berücksichtigung Deutsch-Westungarns bis zum Ausgleich 1867. In: Österreichische Bildungs- und Schulgeschichte von der Aufklärung bis zum Liberalismus. Eisenstadt 1974 (Jahrbuch für Österreichische Kulturgeschichte, 4), S. 137–148; Schul- und Bildungswesen im pannonischen Raum bis 1918 mit besonderer Berücksichtigung des niederen Schulwesens. Eisenstadt 1976 (Internationales Kulturhistorisches Symposion Mogersdorf, 7); Harmuth, A(dolf): Das Eisenstädter Schulwesen in der josefinischen Zeit: In: Volk und Heimat. Kultur- und Bildungsblatt für das burgenländische Volk 8 (1955), Nr. 5, S. 12–13; Fiedler, Karl: Pfarrer, Lehrer und Förderer der ev. Kirche A. und H. B. im Burgenlande. Eisenstadt 1959 (Burgenländische Forschungen, 40).

312 Vörös, Károly: Die zwei Ratio Educationis-Verordnungen und das Volksschulwesen in Ungarn zwischen 1774 und 1868. In: Schul- und Bildungswesen im pannonischen Raum bis 1918, S. 243f.

313 Text abgedr. bei Zimmermann, B(ernhard) H(ans): Eine Eisenstädter Schulordnung aus dem 18. Jahrhundert. In: Deutsch-ungarische Heimatblätter 6 (1934), S. 352–355.

314 Der „Schuell-Rector“ soll „vor allen seinen Schuellern mit guten Exempl vorleichten“. In: Instructio jetziger Zeit eines Schuell-Rectoris in der Eysenstadt, abgedr. bei Zimmermann, Eine Eisenstädter Schulordnung, S. 353.

315 Ebenda.

316 Ebenda, S. 352.

317 Ebenda.

318 Auffallend ist das hohe Schulgeld, das man für das Erlernen des Singens zahlen mußte. Während der Betrag für „Lateinisch und Raithen“ (Rechnen) mit 45 kr. festgesetzt worden war, hatten die Schüler für „Singen“ zusätzlich 85 kr. (insges. 1 fl. 30 kr.) dem Schulmeister zu geben; zum Vergleich: für Lesen und Schreiben 30 kr. (ebenda, S. 354). Man muß wohl annehmen, daß sich die Sänger durch ihre Mitwirkung bei kirchlichen Feiern dieses Geld wieder verdienen konnten.

319 Ebenda, S. 352.

320 Ebenda, S. 354.

321 In Ödenburg (Sopron) hatte Daniel Hajnoczy in der ersten Stunde jedes Schultages den Religionsunterricht angesetzt. Er ließ sich bei seiner Schulordnung von den pietistischen Grundsätzen leiten, die Matthias Bél seit 1714 bei der Reform des Schulwesens in Preßburg (Bratislava, heute Tschechoslowakei) entwickelt hatte. Siehe Lang, Ladislaus: Die Entwicklung des burgenländischen Schulwesens bis 1848 unter dem Einfluß der Absolventen deutscher Universitäten. In: Schul- und Bildungswesen im pannonischen Raum bis 1918, S. 48.

322 Siehe dazu Wassitzky, Rudolf: Zur Einrichtung des Trivialschulwesens im Burgenland, exemplarisch dargestellt an der Schul-Ordnung des Grafen Harrach für Parndorf und Neudorf von 1761. In: Schul- und Bildungswesen im pannonischen Raum bis 1918, S. 259–271.

323 Zit. ebenda, S. 265.

324 Ebenda, S. 267.

325 Zit. ebenda, S. 268.

326 Vgl. Abschnitt 9.6.2.

327 Guglia, Schulgeschichte Ungarns, S. 139. Unter Joseph II. wurde eine Reduktion auf fünf Schuldistrikte vorgenommen (Preßburg, Kaschau, Großwardein, Fünfkirchen, Agram); damit wurde Preßburg für das heute burgenländische Gebiet zuständig. Siehe Csáky, Von der Ratio educationis, S. 211f.

328 Vörös, Die zwei Ratio Educationis-Verordnungen, S. 236–239.

329 Ebenda, S. 237f.; Csáky, Von der Ratio educationis, S. 211f.

330 Übersetzung des lateinischen Textes des Toleranzpatentes für Ungarn in: Evangelisch im Burgenland. 200 Jahre Toleranzpatent. Ausstellungskatalog. Pinkafeld 1981, S. 86–91. Siehe auch Fabiny, Tibor: Die Bedeutung des Toleranzpatentes Josefs II. für die Protestanten Ungarns. In: Ebenda, S. 69–77.

331 Lang, Die Entwicklung des burgenländischen Schulwesens, S. 45; Evangelisch im Burgenland, Ausstellungskatalog, S. 143f. (Nr. 144). Zur Geschichte einzelner Schulen siehe u. a.

Homma, Josef Karl: Das Güssinger Land. In: Volk und Heimat 9 (1956), Nr. 12, S. 11f. bis 13 (1960), Nr. 6, S. 14f. (75 Fortsetzungen).
332 Csáky, Von der Ratio educationis, S218–220, 212f.
333 Vörös, Die zwei Ratio Educationis-Verordnungen, S. 237f.
334 Der Artikel XXVI des Reichstages 1790/91 in Preßburg hob auch alle Beschränkungen im Ausbau des Schulwesens auf (Evangelisch im Burgenland, Ausstellungskatalog, S. 140; Csáky, Von der Ratio educationis, S. 230).
335 Im Jahre 1867 trat an dessen Stelle eine Dreiheit des Schulsystems: staatlich, katholisch und protestantisch, die im heutigen Burgenland bis 1938 bestimmend blieb.
336 Ratio educationis publicae totiusque rei litterariae per Regnum Hungariae et Provincias eidem adnexas. 2. Aufl. Budae 1806. Siehe dazu Vörös, Die zwei Ratio Educationis-Verordnungen, S. 239f.; Csáky, Von der Ratio educationis, S. 229–232.
337 Vörös, Die zwei Ratio Educationis-Verordnungen, S. 240; Guglia, Schulgeschichte Ungarns, S. 142; Csáky, Von der Ratio educationis, S. 230.

Zu 10 Vereinheitlichung und staatliche Lenkung der Schulen im Sekundarbereich

1 Abdruck des Dekretes bei Wotke, Karl: Das Oesterreichische Gymnasium im Zeitalter Maria Theresias. 1, Berlin 1905 (Monumenta Germaniae Paedagogica, 30), S. 3–6; ebf. in: Codex Austriacus IV, S. 887–890. Siehe auch Abschnitt 21.4.4.
2 Peinlich, Richard: Geschichte des Gymnasiums in Graz: In: Jahresbericht des kais. kön. ersten Staats-Gymnasiums in Graz. Veröffentlicht am Schlusse des Studien-Jahres 1871. Graz o. J., S. 16, Anm. 2.
3 Abdruck des Hofdekrets (1752 Juni 25, Wien) bei Wotke, Das Oesterreichische Gymnasium, 1, S. 7–11; ebf. Codex Austriacus V, S. 667–669.
4 Zit. bei Wotke, Das Oesterreichische Gymnasium, 1, S. 11.
5 Ebenda, S. 4f.
6 Zit. ebenda, S. XXI.
7 Zit. ebenda, S. 9.
8 Ebenda, S. 10.
9 Vgl. den Lektionsplan für die Jesuitengymnasien in der böhmischen Provinz aus dem Jahre 1753 (abgedr. ebenda, S. 11–13).
10 Hofdekret, 1752 Juni 25, Wien, Pt. 7, 2 und 6 (abgedr. ebenda, S. 8).
11 Rundschreiben des Generals Ignatius Vicecomes (Visconti) über Förderung der Humanitätsstudien, abgedr. bei Pachtler, G(eorg) M(ichael): Ratio Studiorum et Institutiones scholasticae Societatis Jesu per Germaniam olim vigentes collectae concinnatae dilucidatae. Berlin 1890, S. 128–132, Nr. 62 (Monumenta Germaniae Paedagogica, 9).
12 „Multum interest in primis, ut scholae, quas inferiores dicimus, quanta potest maxima diligentia administrentur" (ebenda, S. 129).
13 Vgl. das Verhalten des Jesuitenprovinzials P. Theophil Thanhauser, der um Ausflüchte nicht verlegen war, sowie die Bemerkungen von J. M. Denis in seiner Selbstbiographie (Johann Michael Denis Jugendgeschichte, von ihm selbst beschrieben. Aus dem Lateinischen übersetzt. Winterthur 1802, S. 9f.). Siehe dazu Wotke, Das Oesterreichische Gymnasium, 1, S. XIVf., Anm. 1. Über die Gegenvorstellungen der Jesuiten in Innsbruck „über die von Wien herauf kommunizierte Norma wegen Einrichtung deren Studiorum Humaniorum" siehe Lechner, Karl: Geschichte des Gymnasiums (in Innsbruck). In: 65. Programm des k. k. Staats-Gymnasiums in Innsbruck, veröffentlicht am Schlusse des Schuljahres 1913/14. Innsbruck 1914, S. 192. In Graz dürfte die Gesellschaft Jesu die neuen Vorschriften ohne größeres Widerstreben angenommen haben (Peinlich, Geschichte des Gymnasiums in Graz, 1871, S. 16f., Anm. 2; Krones, Franz: Geschichte der Karl Franzens-Universtität in Graz, Graz 1886, S. 71–73).
14 Das darf nicht weiter verwundern, denn Maria Theresia hatte sich in ihren Anordnungen weitgehend auf das schulische Konzept der Piaristen gestützt.
15 Vgl. Peinlich, Geschichte des Gymnasiums in Graz, 1869, S. 106.
16 Ebenda, 1872, S. 92.

17 Ruzerstorfer, Franz: Geschichte des Gymnasiums zu Innsbruck. In: Festschrift zum 400jährigen Jubiläum des Gymnasiums Innsbruck. Innsbruck 1962, S. 89.

18 In einer Verordnung (1753 Mai 19, Wien) wurde P. Franz S. J. als „Director des Studii philosophici" angewiesen, „auf die Sechs untrer Schull Classes" besonders zu achten (zit. bei Wotke, Das Oesterreichische Gymnasium, S. XXI).

19 Ah. Entschließung, 1753 Mai 19 (Kink, Rudolf: Geschichte der kaiserlichen Universität Wien. 2, Wien 1854, S. 545, Nr. 140).

20 Ah. Entschließung, 1754 März 9 (ebenda, 2, S. 557–559, Nr. 148).

21 Benna, Anna Hedwig: Jugend und Erziehung Josephs II. In: Österreich zur Zeit Kaiser Josephs II. Ausstellungskatalog. Wien 1980, S. 33.

22 Ah. Entschließung, 1755 April 26, abgedr. bei Kink, Geschichte der kaiserlichen Universität, 2, S. 561–563, Nr. 152.

23 Er hatte nur eine kurze Regierungszeit (1751–1757) und starb bereits mit 50 Jahren.

24 Ah. Entschließung, 1757 April 12 (Kink, Geschichte der kaiserlichen Universität, 2, S. 564, Nr. 156).

25 Christoph Bartholomäus Anton Graf Migazzi zu Wall und Sonnenthurn entstammte einer alten Adelsfamilie aus dem Veltlin in Tirol und hatte seine Ausbildung am Collegium Germanicum in Rom erhalten. Er wurde schon 1761 Kardinal.

26 Mayer, Ernst: 200 Jahre österreichische Unterrichtsverwaltung. In: 200 Jahre österreichische Unterrichtsverwaltung 1760–1960. Festschrift des Bundesministeriums für Unterricht in Wien. Wien 1960, S. 50.

27 Krones, Geschichte der Karl Franzens-Universität, S. 79.

28 Studienkommission an Maria Theresia, 1759 August 17, Wien (tw. Abdruck der Eingabe bei Wotke, Das Oesterreichische Gymnasium, S. XXV. Biographische Daten G. B. Gasparis bei Wotke, Das Oesterreichische Gymnasium, S. XXIIf.; Wurzbach 4 (1858), S. 92; Hammermayer, Ludwig: Salzburg und Bayern im 18. Jahrhundert. Prolegomena zu einer Geschichte ihrer Wissenschafts- und Geistesbezeichnungen im Spätbarock und in der Aufklärung. In: Mitteilungen der Gesellschaft für Salzburger Landeskunde 120/121 (1980/1981), S. 149; Peinlich, Richard: Geschichte des Gymnasiums in Graz. In: Jahresbericht des kais. kön. ersten Staats-Gymnasiums in Graz. Veröffentlicht am Schlusse des Studien-Jahres 1871. Graz o. J., S. 59–61.

29 Siehe die Eingabe G. B. Gasparis an die Studienhofkommission, 1763 Oktober 22, Wien (abgedr. bei Wotke, Das Österreichische Gymnasium, S. XXVIII–XXX).

30 Dr. Ferdinand Kopf aus Götzis in Vorarlberg (Lechner, Geschichte des Gymnasiums, 1914, S. 195).

31 Jakob von Cerroni (Tremel, Ferdinand: 400 Jahre Akademisches Gymnasium in Graz. In: 400 Jahre Akademisches Gymnasium in Graz 1573–1973. Festschrift. Graz 1973, S. 29).

32 Zit. bei Wotke, Das Oesterreichische Gymnasium, S. 13, Nr. 4.

33 Hofdekret, 1766 Juli 19 (ebenda, S. 25, Nr. 6).

34 Hofentschließung, 1767 Mai 2 (abgedr. ebenda, S. 25f., Nr. 7).

35 Die im Gymnasium scheiternden Bauernburschen kehrten häufig nicht in die Heimat zurück, sondern nahmen eine Arbeit in der Stadt an (Tremel, 400 Jahre Akademisches Gymnasium, S. 32f.).

36 Obgleich von Maria Theresia bereits 1761 erwogen, ordnete sie erst am 19. Februar 1763 die Aufhebung der öffentlichen Prüfungen („Examina publica") an, weil „es in der That schwer und nicht wohl sicher sey, aus einem Examine die Beschaffenheit eines studirenden Knabens zu erforschen, maßen einige von verzagterem Gemüthe viel weniger vorbringen können, als sie innerlich besitzen . . ." (Codex Austriacus VI, S. 401).

37 Gesetzessammlung Maria Theresia, 5 (Wien 1786), S. 396, Nr. 1073. Siehe auch Lechner, Karl: Geschichte des Gymnasiums. In: 60. Programm des k. k. Staats-Gymnasiums in Innsbruck, veröffentlicht am Schlusse des Schuljahres 1908/1909. Innsbruck 1909, S. 94f.

38 Eingabe G. B. Gasparis an die Studienhofkommission, 1763 Oktober 22 (abgedr. bei Wotke, Das Oesterreichische Gymnasium, S. XXVIII–XXX).

39 Original mit Begleitschreiben, Protokoll der Studienkommission und der Resolution Maria Theresias in: AVA Wien, StHK F. 39, 10 Gymnasien in gen., 8 ex 1764. Vollständige Wiedergabe des handschriftlichen Originals in: Wotke, Das Oesterreichische Gymnasium, S. 14–25.

40 Siehe die „Distributio docendorum ab anno 1764 usque ad annum 1776", abgedr. bei Lechner, Geschichte des Gymnasiums, 1914, S. 204–207.
41 Peinlich, Geschichte des Gymnasiums in Graz, S. 63f.
42 „Instructio", abgedr. bei Wotke, Das Oesterreichische Gymnasium, S. 20f.
43 Ebenda, S. 23–25.
44 In Graz läßt sich deswegen die Mathematik nur in der obersten Klasse nachweisen (Tremel, 400 Jahre Akademisches Gymnasium, S. 30). Siehe dazu auch Fischer, Karl Adolf Franz: Jesuiten-Mathematiker in der deutschen Assistenz bis 1773. In: Archivum historicum societatis Iesu 47 (1978), S. 159–224, bes. S. 160f., 167). Bis 1710 waren die Jesuiten Autodidakten in Mathematik, erst dann wurden sie als repetiti darin geschult. In der Regel blieben sie in den mathematischen Disziplinen ebenfalls nur wenige Jahre tätig. Zu den Schulen und Studien der Jesuiten auf österreichischem Boden siehe auch Duhr, Bernhard: Geschichte der Jesuiten in den Ländern deutscher Zunge. 4/I, München–Regensburg 1928, S. 305–310, 347–401; ebenda, 4/II, München–Regensburg 1928, S. 26–38.
45 HHStA Wien, 1 Alte Kabinetts-Akten, Studiensachen, Copia eines Vortrages des Staatsministers Grafen von Pergen am 26. August 1770 wegen Verbesserung des Schulwesens; zit. wird nach der Copia ad 239 ex 1771. Graf Pergen war der Auffassung, „daß recht getroffene Erziehungs- und Unterrichts-Anstalten für die Landes Jugend die einzige und festeste Grundlage zu der Staats-Wohlfahrt und allgemeinen irdischen und ewigen Glückseeligkeit seyen". Denn „ein jedes Glied des Staates" könne „nur in dem Verhältniße seinem Vaterlande nützlich sein", wenn es „durch einen frühzeitigen Unterricht gebildet worden" ist (ebenda, fol. 1078^{v}). Teilw. Abdruck des ersten Vortrages des Grafen Pergen bei Helfert, Gründung der Österreichischen Volksschule, S. 619–626.
46 HHStA Wien, 1 Alte Kabinetts-Akten, Studiensachen, Copia ad 239 ex 1771, fol. 1109^{r}.
47 Ebenda.
48 AVA Wien, Nachlaß Pergen, Nr. 13 ex fasc. 4: „Kurz gefaßte Punkten, Worauf es bey einer statthaften Verbesserung des Schul- und Erziehungswesens hauptsächlich ankommet". Hier äußert Pergen, daß das Schul- und Erziehungswesen „nicht als ein Kirchen- sondern als ein wahres Staatsgeschäft betrachtet, einförmig gemacht, und dem Directorio die Oberaufsicht darüber anvertrauet werden soll" (fol. VIII/23^{v}).
49 Wie Anm. 46, fol. 1129^{v}.
50 AVA Wien, Nachlaß Pergen, Nr. 13 ex fasc. 4, fol. VIII/31^{r}.
51 Ebenda, fol. IX/33^{r}. Vgl. dazu Helfert, Joseph Alexander: Die Gründung der österreichischen Volksschule durch Maria Theresia. Prag 1860, S. 196.
52 AVA Wien, Nachlaß Pergen, Nr. 13 ex fasc. 4, fol. VIII/24^{r}.
53 AVA Wien, Nachlaß Pergen, 7. Beilage zum Vortrage v. August 1770, Bericht v. 16. Juli 1771 (X, 96–120). Pergen sprach bereits von einem „National-Erziehungs- und Unterrichts-System". Siehe auch die Meinung des Staatsministers Graf Blümegen über Pergens Plan (HHStA Wien, 1 Alte Kabinetts-Akten, Studiensachen, Vortrag Blümegens, 1771 Nov. 26, Copia).
54 Eine ausführliche Darstellung der Diskussion um die Vorschläge Pergens bietet Helfert, Die Gründung der österreichischen Volksschule, S. 195–251.
55 Nota Josephs II., 1772 Juli 15, abgedr. ebenda, S. 250f.
56 Ah. Entschließung, 1771 Sept. 6, tw. abgedr. ebenda, S. 230; Ah. Entschließung, 1772 Jänner 15 (ebenda, S. 241).
57 In seinem Auftrage besuchte Johann Melchior von Birkenstock norddeutsche Gelehrte und Schulmänner, bis er auf ausdrücklichen Befehl Maria Theresias seine Mission im April 1772 abbrach (ebenda, S. 247f.).
58 Pergen hatte für jeden Schultyp eigene „Lehrer-Seminare" vorgesehen (ebenda, S. 199). Kollar unternahm 1772 den Versuch, an der Hofbibliothek 23 junge Männer zu Gymnasiallehrern heranzubilden (vgl. Anm. 67).
59 Ebenda, S. 241.
60 Osterloh, Karl-Heinz: Joseph von Sonnenfels und die österreichische Reformbewegung im Zeitalter des aufgeklärten Absolutismus. Eine Studie zum Zusammenhang von Kameralwissenschaft und Verwaltungspraxis. Lübeck–Hamburg 1970 (Historische Studien, 409), S. 70.
61 HHStA Wien, 1 Alte Kabinetts-Akten, Studiensachen, 1/12 ex 1773 (Protokolle über die Sitzungen der Studienhofkommission am 29. November und 1. Dezember 1773, in denen die

Maßnahmen nach Aufhebung des Jesuitenordens beschlossen wurden). Der Jesuitenorden zählte bei seiner Aufhebung in der österreichischen Provinz 1845 Mitglieder. Bei zwei Drittel von ihnen lag das Lebensalter unter 50 Jahren. 64,5 % der in der österreichischen Provinz wirkenden Jesuiten beherrschten die deutsche Sprache (30 % die ungarische Sprache). Die im Schuldienst tätigen Magistri befanden sich zwischen dem dritten und dem zwölften Ordensjahr (Szilas, Ladislaus: Die österreichische Jesuitenprovinz im Jahre 1773. In: Archivum historicum societatis Iesu 47 (1978), S. 97–158. Siehe auch AVA Wien, StHK F. 62, 15 Graz, Jesuitenkoll. 14 ex 1773; 15 Judenburg, Jesuitenkoll., 20 ex 1773, 22 ex 1774; 15 Klagenfurt, Jesuitenkoll., 14 ex 1774). Vgl. Klingenstein, Grete: Bildungskrise. In: Koschatzky, Walter (Hrsg.): Maria Theresia und ihre Zeit. Salzburg–Wien 1979, S. 220.

62 Verordnung, 1773 Oktober 9, abgedr. bei Wotke, Das Oesterreichische Gymnasium, S. XLVIII. Der Aufhebungsbefehl führte nicht immer zur sofortigen und dauernden Schließung der Schule. In Wien wurde das Profeßhaus dem Hofkriegsrat übergeben, die Klassen 1774 in das Akademische Gymnasium, 1775 in das ehemalige Noviziatshaus der Jesuiten von St. Anna verlegt, wo das Gymnasium bis 1807 existierte (Hübl, Albert: Das Gymnasium bei St. Anna in Wien [1775–1807]. In: Jahres-Bericht des kais. kön. Ober-Gymnasiums zu den Schotten in Wien am Schlusse des Schuljahres 1908/1909. Wien 1909, S. 10–16). In Krems durfte der Unterricht zunächst mit Genehmigung Maria Theresias von Exjesuiten fortgesetzt werden; schließlich führten eher Zufälligkeiten dazu, daß der seit 1753 in St. Pölten seßhafte Piaristenorden nach Krems übersiedelte und die Führung des Gymnasiums übernahm (Baran, Anton: Geschichte der alten lateinischen Stadtschule und des Gymnasiums in Krems. Krems 1895, S. 109–115). In Wiener Neustadt hingegen waren die Gymnasialstudien bis 1804 (Zak, Edmund: Beiträge zur 300jährigen Geschichte des Wiener Neustädter Gymnasiums. In: Festschrift des Bundesgymnasiums in Wiener Neustadt anläßlich des 300jährigen Bestehens. Wiener Neustadt 1966, S. 36f.), in Steyr bis 1863 (Bloderer, August: Vom Reis zum Baum. In: Festschrift zur Maturafeier der Steyrer Mittelschule 1875–1950. O. O. u. J., S. 8–10) und in Hall bis 1796 (von der bayerischen Besatzungsmacht 1807 wiederum aufgehoben; siehe Holaus, Maximilian: Kurze Geschichte des k. k. Gymnasiums zu Hall von seiner Entstehung bis auf die Gegenwart. In: Programm des k. k. Obergymnasiums zu Hall. Am Schlusse des Schuljahres 1873–1874 veröffentlicht. Innsbruck 1874, S. 16; ebenda. Am Schlusse des Schuljahres 1874–1875 veröffentlicht. Innsbruck 1875, S. 3–24) nicht möglich. Judenburg konnte zwar nach dem Verlust des Jesuitengymnasiums im Jahre 1773 erreichen, daß die Admonter Benediktiner vorübergehend ein Gymnasium in der Stadt führten (1820–1857), mußte aber bis 1941 auf die dauernde Einrichtung einer höheren Schule warten. Siehe dazu die umfangreichen Abhandlungen von Johann Andritsch in den Jahresberichten des Bundesgymnasiums Judenburg (1960, 1961, 1966). Siehe auch Drozd, Kurt Wolfgang: Das Klagenfurter Gymnasium nach Auflösung der Gesellschaft Jesu und das Schultheater des P. Ambrosius Eichhorn OSB. In: Carinthia I 149 (1959), S. 511–514.

63 In Graz hatten die Jesuiten täglich 50–60 Schülern Essen gegeben. Das hörte plötzlich auf (Tremel, 400 Jahre Akademisches Gymnasium, S. 32).

64 Ebenda, S. 32. Vgl. Haberzettl, Hermann: Die Stellung der Exjesuiten in Politik und Kulturleben zu Ende des 18. Jahrhunderts. Phil. Diss. Wien 1973 (Dissertationen der Universität Wien, 94), S. 9–26.

65 Zit. bei Wotke, Das Oesterreichische Gymnasium, S. L.

66 Vgl. Mikoletzky, Hanns Leo: Die Geschichte des Bundesgymnasiums Wien VIII (Piaristengymnasium) von seiner Gründung 1701 bis zur Gegenwart (1951). In: Festschrift zur 250-Jahr-Feier des Bundesgymnasiums in Wien VIII. (Piaristengymnasium) 1701–1951. 1. Teil, Wien o. J., S. 18–20; Knöll, Pius: Geschichte der Entwicklung des Gymnasiums in dem Zeitraum von 1701 bis 1850. In: LII. Jahres-Bericht über das k. k. Staatsgymnasium im VIII. Bezirke Wiens für das Schuljahr 1901/1902. Wien 1902, S. 13–17; Helfert, Die Gründung der österreichischen Volksschule, S. 302–305.

67 Wotke, Das Oesterreichische Gymnasium, S. XLVIII–LVI. Biographische Daten über Adam Franz Kollar von Keresztén (1723–1783) bei Wurzbach 12 (1864), S. 324f.; Timp, Heribert: Die Problematik „Klassenlehrer oder Fachlehrer“ in den Gymnasialreformen von 1792 bis 1849. Wien 1968, S. 169.

68 Stellungnahme der Studienhofkommission zu seinen Reformvorstellungen („Allerunterthänigster Vortrag“, 1775 August 26), abgedr. bei Wotke, Das Oesterreichische Gymnasium, S. 89–95.

69 Entwurf zur Einrichtung der Gymnasien in k. k. Erblanden. Wien 1775 (87 Seiten, 24 §§). Abgedr. bei (Pitzenberger, Franz Anton): Freundschaftliche Briefe an den Herrn von S-t über den Entwurf zur Einrichtung der Gymnasien in den K. K. Erblanden. Nebst dem Entwurf selbst. O. O. 1776, S. 131–208. Siehe auch Heß, Ignaz Mathes v.: Gedanken über die Einrichtung des Schulwesens. Halle 1778, S. IV, Anm. c.; ders.: Gedanken über die Einrichtung des Schulwesens. Halle 1778; ders.: Kleinere Schriften über Schulwesen, Erziehung und Wissenschaften. Wien 1781. Vollständiger Abdruck des 1775 in Broschüreform erschienenen „Entwurfes“ mit Erläuterungen bei Wotke, Das Oesterreichische Gymnasium, S. 96–138; ebenfalls bei Timp, Die Problematik, Anhang 1 (S. 5–25).

70 Knöll, Geschichte der Entwicklung des Gymnasiums, S. 13.

71 „Entwurf zur Einrichtung der Gymnasien“, abgedr. bei Wotke, Das Oesterreichische Gymnasium, S. 102.

72 Ebenda, S. 101.

73 Ebenda.

74 Der Schulplan von I. M. Heß wird als ein „Höhepunkt der Aufklärung in der Bildungsgeschichte“ über Österreich hinaus angesehen (Jäger, Georg: Schule und literarische Kultur. 1, Sozialgeschichte des deutschen Unterrichts an höheren Schulen von der Spätaufklärung bis zum Vormärz. Stuttgart 1981, S. 73). „Statt alles lesen Sie nur den Entwurf zur Einrichtung der Gymnasien in den K. K. Erblanden; der einen der verdientesten Männer unsers Vaterlandes, der sich in allem Betracht um die Belebung, Reinigung, Emporhebung der Wissenschaften unsterblich verdient gemacht, zum Verfasser oder doch wenigstens zum Mitarbeiter hat. Wer diesen Plan lieset, und nicht so gleich einsieht, daß er das gemeinnützigste, brauchbarste, räsonnirendste von allem enthält, was bisher über Edukation geschrieben worden, für den ist alles verloren, was man ihm über die Vortreflichkeit desselben sagen könnte“ (Freundschaftliche Briefe an den Herrn von S-t über den Entwurf zur Einrichtung der Gymnasien in den K. K. Erblanden. Nebst dem Entwurf selbst. 1776, S. 8).

75 Wotke, Das Oesterreichische Gymnasium, S. LI–LIII.

76 Historica Enarratio Reformationis Studiorum humaniorum susceptae Anno salut. 1775 scripta Anno Aerae Christianae 1797. Hs., veröffentlicht bei Wotke, Das Oesterreichische Gymnasium, S. 138–229. Abdruck wichtiger Aktenstücke zu den Vorgängen im September 1775 ebenda, S. 431–454.

77 Abgedr. ebenda, S. 229–249; ebenfalls bei Timp, Die Problematik, Anhang, S. 27–43. Siehe auch Schrauf, Karl: Des P. Gratian Marx ursprünglicher Entwurf für die Reform der österreichischen Gymnasien vom 7. Juli 1775. In: Mitteilungen der Gesellschaft für deutsche Erziehungs- und Schulgeschichte 6 (1896), S. 122–150.

78 Historica Ennaratio, S. 151.

79 Zit. bei Mraz, Gerda und Gottfried: Maria Theresia. Ihr Leben und ihre Zeit in Bildern und Dokumenten. München 1979, S. 308.

80 Protocollum Commissionis habitae die 9^{a} Septembris 1775, abgedr. bei Timp, Die Problematik, Anhang, S. 45–58.

81 Ebenda, S. 51.

82 Ebenda, S. 47.

83 Votum Rautenstrauchs, abgedr. ebenda, S. 59–63.

84 Maria Theresia wünschte u. a. die Einbeziehung der Geschichte der Habsburger und der jeweiligen Landesgeschichte in den Lehrplan (Abdruck der Resolution Maria Theresias bei Wotke, Das Oesterreichische Gymnasium, S. 249–251).

85 Ah. Entschließung, 1775 Sept. 26, abgedr. ebenda, S. 251–253.

86 Ebenda, S. 251.

87 Siehe den 1763 entworfenen ausführlichen Lehrplan, der von dem Provinzial Nicephorus Deltel, Prof. Aichardus Habel und dem Sekretär Leopoldus Gruber unterzeichnet, aber wegen der Einführung von de Gasparis Reform im Jahr 1764 nicht mehr in die Schulwirklichkeit übertragen wurde. Abgedr. ebenda, S. 72–86.

88 G. Marx war 1748–1750 Lehrer am Piaristengymnasium in der Josefstadt, 1752–1754 Präfekt dieser Anstalt, 1761–1770 Rektor der Savoyischen Ritterakademie, 1772–1774 Rektor des Löwenburgschen Konviktes.

89 „Anonymischer Plan", abgedr. bei Wotke, Das Oesterreichische Gymnasium, S. 230.

90 Hofdekret v. 10. August 1776, Patent Wien v. 10. Sept. 1776, in: Gesetzessammlung Maria Theresia, 7, Wien 1786, S. 541–549, Nr. 1820. Siehe dazu Tremel, Ferdinand : Das Grazer Gymnasium im Zeitalter der Aufklärung. In: Blätter für Heimatkunde 22 (1948), S. 131–136.

91 Unter Joseph II. wurde das Eintrittsalter auf 12 Jahre angehoben, „nicht ohne besondere Absicht", wie J. Sonnenfels in einer Darstellung des österreichischen Unterrichtswesens für die Zarin Katharina II. äußerte. Denn die Studien könnten dann erst mit 24–25 Jahren abgeschlossen werden; der junge Mann erreicht „die Volljährigkeit, ehe er angestellt wird, und der Staat verfällt nicht in den sonderbaren Widerspruch, jemanden öffentliche Geschäfte anzuvertrauen, dem die Gesetze zu Führung seiner eigenen die nötige Reife und Einsicht noch nicht anerkennen" (Kgl. Bibliothek Stockholm, Ueber die Einrichtung der Studien in kaiserl. königl. deutschen, böhmischen und hungarischen Erblanden. Hs., fol. 5^{v}).

92 Gedrucktes Patent (1776 Sept. 6) mit den Anordnungen, damit „die lateinischen Schulen mit den deutschen Normal- und Hauptschulen in Hinkunft in eine Verbindung gebracht" werden, wiedergegeben bei Wotke, Das Oesterreichische Gymnasium, S. 273–276. Siehe dazu auch AVA Wien StHK F. 63, 17 in gen., 15 ex 1776.

93 „Anonymischer Plan", abgedr. bei Wotke, Das Oesterreichische Gymnasium, S. 240.

94 Ebenda, S. 237.

95 Ebenda, S. 239.

96 Ebenda, S. 246.

97 Ebenda, S. 245.

98 Am Grazer Gymnasium nahmen im Schuljahr 1783/84 von den 74 Schülern der obersten Klasse 65 am Griechischunterricht teil (Tremel, 400 Jahre Akademisches Gymnasium, S. 34).

99 G. Marx, Vorläufige Instruktion für die Lehrer der untersten oder ersten Lateinischen Klasse (1775 Oktober 14), abgedr. bei Wotke, Das Oesterreichische Gymnasium, S. 279–288, bes. S. 285f.; Ordo et Distributio Docendorum et Agendorum per singulas Classes Scholarum Humaniorum (ebenda, S. 344f.).

100 G. Marx, Nothwendige Erinnerung an die Lehrer in Gymnasiis der Kaiserl. Königl. Staaten (1778), abgedr. bei Wotke, Das Oesterreichische Gymnasium, S. 336–345, bes. S. 339.

101 Ebenda.

102 Zum Folgenden siehe G. Marx, Von den feyerlichen Prüfungen, Prämien, Attestaten, Ferien, und Aufnahme in die höhere(n) Klassen, abgedr. bei Wotke, Das Oesterreichische Gymnasium, S. 288–298.

103 Ebenda, S. 290.

104 Ebenda.

105 Ebenda, S. 295.

106 Mikoletzky, Die Geschichte des Bundesgymnasiums Wien VIII, S. 20f.

107 Diese Bestimmung galt nur für die „ordentlichen Zuhörer". Sie mußten „Direktorialzeugniße aus der fünften Klasse der lateinischen Schulen" vorlegen können, die im Fortgang keine Dritte Klasse aufwiesen (Kgl. Bibliothek Stockholm, Ueber die Einrichtung der Studien, Hs., fol. 15^{v}–16^{r}).

108 „Anonymischer Plan", abgedr. bei Wotke, Das Oesterreichische Gymnasium, S. 248.

109 Ebenda, S. LXVII–LXIX, 455–464.

110 Allerunterthänigste Nota des G. Marx an Maria Theresia, 1776 April 15 (abgedr. ebenda, S. LXf.).

111 Ah. Entschließung, 1780 Oktober 20 (abgedr. ebenda, S. LXVIIIf.). Der Versuch Felbigers im Jahre 1781, nochmals eine enge Verbindung der deutschen Schulen mit den lateinischen herbeizuführen, scheiterte am Widerstand von G. Marx (Aktenstücke abgedr. ebenda, S. 505–525).

112 Tremel, 400 Jahre Akademisches Gymnasium, S. 33.

113 G. Marx, Vorläufige Instruktion (1775 Oktober 14), abgedr. bei Wotke, Das Oesterreichische Gymnasium, S. 279.
114 Ebenda, S. 281.
115 Siehe zum Folgenden die „Instruction für die aufgestellten Präfekten der Gymnasien" (abgedr. ebenda, S. 319–329).
116 Ebenda, S. 323.
117 Ebenda, S. 328f.
118 „Anonymischer Plan", abgedr. ebenda, S. 235.
119 Ebenda.
120 Eingabe des G. Marx, 1775 Oktober 2 (abgedr. ebenda, S. 255f.).
121 G. Marx verlangte vom Lehrer das „Betragen eines liebevollen, zugleich aber auch mit Ernst und Freundlichkeit zur gehörigen Zeit abwechselnden Vaters" (G. Marx, Vorläufige Instruktion, abgedr. ebenda, S. 279 u. 284).
122 G. Marx, Nothwendige Erinnerung (1778), abgedr. ebenda, S. 339.
123 Zit. bei Tremel, 400 Jahre Akademisches Gymnasium, S. 34.
124 G. Marx, Vorläufige Instruktion, abgedr. bei Wotke, Das Oesterreichische Gymnasium, S. 280f.
125 G. Marx, Weitere Instruction für die Lehrer der untersten, oder ersten Lateinischen Klasse (1776 April 3), abgedr. ebenda, S. 298.
126 G. Marx, Nothwendige Erinnerung, abgedr. ebenda, S. 337.
127 G. Marx, Instruction für die aufgestellten Präfekten, abgedr. ebenda, S. 319.
128 Haberzettl, Hermann: Die Stellung der Exjesuiten in Politik und Kulturleben Österreichs zu Ende des 18. Jahrhunderts. Wien 1973, S. 152–174.
129 Verordnung Josephs II., 1781 September 24, abgedr. bei Wotke, Das Oesterreichische Gymnasium, S. 367.
130 Ah. Entschließung (ad 1782 November 25), abgedr. bei Kink, Geschichte der kaiserlichen Universität, 1/I, S. 546, Anm. 228.
131 Disciplinar-Vorschriften. Wien 1781 (Wiederabdr. bei Wotke, Das Oesterreichische Gymnasium, S. 367–377), Abs. 1.
132 AVA Wien, StHK F. 1, 1 Studienhofkommission, Präsident, 84 ex 1781.
133 Instruction für die Directores oder Vice-Directores der Gymnasien in den k. k. Erbstaaten. Wien 1781 (Wiederabdr. bei Wotke, Das Oesterreichische Gymnasium, S. 378).
134 Zum Folgenden siehe ebenda, S. 378–385 u. 367–377 (Disciplinar-Vorschriften. Wien 1781).
135 Ebenda, S. 378.
136 Ebenda, S. 382.
137 Ebenda, S. 379.
138 Dafür wurde die ursprüngliche Aufteilung der „Mores" in „Mores probitas" und „Morum civilitas" gestrichen (Hofdekret, 1786 August 31). Abgedr. ebenda, S. 400f., 381.
139 Ebenda, S. 374.
140 Ebenda.
141 Ah. Entschließung, 1785 Mai 12 (ebenda, S. 398).
142 Ebenda, S. 374.
143 Ebenda, S. 375f.
144 Ebenda, S. 370.
145 Ebenda, S. 383.
146 Verordnung, 1784 Mai 3 (tw. abgedr. ebenda, S. 394f.).
147 Die Berechnungen stützen sich auf die Besuchsfrequenzangaben in den einzelnen Anstaltsgeschichten bzw. auf die „Tabellarische Übersicht der Gymnasien in den k. k. deutschen Erblanden", die G. Marx 1781 Joseph II. vorlegte (AVA Wien, StHK F. 63, 17 in gen., 81 ex 1781).
148 Wotke, Das Oesterreichische Gymnasium, S. LXX, 227f.
149 Vortrag der Böhmisch-österreichischen Hofkanzlei, 1786 Dezember 22 (tw. abgedr. ebenda, S. LXXII).
150 Dagegen richteten sich schon in den späten siebziger Jahren des 18. Jahrhunderts eine Reihe von Verordnungen (Holaus, Maximilian: Kurze Geschichte des k. k. Gymnasiums zu Hall. In: Programm des k. k. Obergymnasiums zu Hall. Am Schlusse des Schuljahres 1874–75.

Innsbruck 1875, S. 4). Laut Verordnung v. 28. August 1778 durften Sängerknaben nur bis zur 3. Klasse im Kloster unterrichtet werden und mußten sich außerdem öffentlichen Prüfungen unterziehen. Trotzdem kamen weiterhin Überschreitungen dieser Bestimmungen vor (Czerny, Albin: Die Klosterschule von St. Florian. Entstehung, Verlauf, Ende. 1071–1783. Linz 1873, S. 71; Hübl, Albert: Der mittlere Unterricht an den geistlichen Schulen Österreichs. In: Jahresbericht des Schottengymnasiums in Wien. Wien 1927, S. 22).

151 Hofdekret, 1782 März 11 (tw. abgedr. bei Wotke, Das Oesterreichische Gymnasium, S. 385).

152 Hofdekret, 1783 Februar 3 (ebenda, S. 389). Siehe auch Abschnitt 18.2 dieses Bandes.

153 Ebenda, S. 401–404.

154 Siehe Anm. 149, S. LXXIII.

155 Siehe dazu Wotke, Karl: Die im Jahre 1777 gemachten Vorschläge zur Heranbildung von Gymnasiallehrern. In: BÖES 6 (1905), S. 245–276.

156 Hofdekret, 1783 Februar 26 (Gesetzessammlung Joseph II. 1, Wien 1785, S. 375f.).

157 Siehe dazu Hübl, Albert: Das Gymnasium bei St. Anna in Wien (1775–1807). In: Jahres-Bericht des kais. kön. Ober-Gymnasiums zu den Schotten in Wien am Schlusse des Schuljahres 1908/1909. Wien 1909, S. 37f. Belege über den Vorgang und die Forderungen bei derartigen Prüfungen bei Wotke, Das Oesterreichische Gymnasium, S. LXXIV–LXXX.

158 Gubernial-Verordnung, 1786 Mai 29 (abgedr. bei Wotke, Das Oesterreichische Gymnasium, S. 398f.); siehe auch das Regierungsdekret, 1787 Oktober 17 (ebenda, S. 405).

159 Joseph II. an Obersten Kanzler Graf Kollowrat, 1790 Februar 9 (Abdruck des Schreibens bei Kink, Geschichte der kaiserlichen Universität, I/1, S. 588–590, Anm. 790).

160 AVA Wien, StHK F. 81, 20 in gen., 145 ex 1775.

161 AVA Wien, StHK F. 83, 20 Niederösterreich, ad 96 ex 1780. Die Ursulinen erhielten für die Einführung der „Normal-Schull" einen Beitrag aus dem „Schullfundo" (ebenda, ad 153 ex 1776).

162 AVA Wien, StHK F. 81, 20 in gen., 115 ex 1779.

163 AVA Wien, StHK F. 83, 20 Niederösterreich, 96 ex 1780 (1780 März 25). In diesem Akt wird auch der genaue Tagesablauf „des Pensionaires du Couvent de la Visitation" festgehalten.

164 AVA Wien, StHK F. 81, 20 in gen., 124 ex 1783; F. 83, 20 Niederösterreich, 166 ex 1786.

165 Sie hatten bereits von Maria Theresia Unterstützung erhalten, weil sie 150 Mädchen in der christlichen Lehre, in Lesen, Schreiben und Rechnen unterrichteten. Zusätzlich führten sie ein Internat (AVA Wien, StHK F. 82, 20 Innerösterreich, 14 ex 1780). Die Gemeinschaft löste sich im Jahre 1809 auf. Siehe dazu Oezelt, Gertrud: Die Versammelten Jungfrauen von Villach. Ein Beitrag zur Schulgeschichte der Stadt. In: Neues aus Alt-Villach 6 (1969), S. 127–176; Oezelt, Gertrud: Das Kapuzinerkloster in Villach (1629–1787). In: Neues aus Alt-Villach 8 (1971), S. 154f.

166 AVA Wien, StHK F. 83, 20 Niederösterreich, ad 48 ex 1783.

167 Summarischer Ausweis Aller in k. k. Erblanden zufolge der eingelangten Faßionen in den noch bestehenden Nonnenklöstern, und weiblichen Komunitäten sich befindlichen Nonnen, Kost und Stiftmädchen dann des gestifteten Stipendien und Klostervermögensstandes mit der Anzeige der jährlichen Einkünfte und Auslagen, 26. May 1788 (AVA Wien, StHK F. 81, 20 in gen., XXIII/42–46). Keine Kost- oder Stiftmädchen wurden bei den Englischen Fräulein in Krems, den Ursulinen in Steyr, im Damenstift Hall/Tirol und bei den Dominikanerinnen in Lienz und Bludenz ausgewiesen. Nur die Versammelten Jungfrauen gaben an, in Döllach vier Mädchen zu erziehen.

168 Siehe dazu Geusau, Anton von: Geschichte der Stiftungen, Erziehungs- und Unterrichtsanstalten in Wien, von den ältesten Zeiten bis auf gegenwärtiges Jahr. Aus echten Urkunden und Nachrichten. Wien 1803, S. 456–458; Arbter, Adele: Aus der Geschichte der k. u. k. Officierstöchter-Erziehungs-Institute. Wien 1892; Rosenberg, Karl: Die K. u. k. Officierstöchter-Institute in Wort und Bild. Wien 1896.

169 AVA Wien, StHK F. 83, 20 Niederösterreich, ad 210 ex 1786. Th. Luzac behielt die Leitung nur bis 1789. Es gab Schwierigkeiten, weil sie verheiratet war und Kinder hatte. Es wurde ihr unter anderem vorgeworfen, ihr Mann besuche sie zu oft und sie gebe ihre Söhne, sobald sie 9 Jahre alt seien, nicht aus dem Hause, obgleich sie sich dazu verpflichtet habe (Branky, Franz: Das k. k. Civil-Mädchen-Pensionat in Wien. Wien 1886, S. 10, 50f.). Siehe ebenfalls Geusau, Geschichte der Stiftungen, S. 453–456; Nachricht über das kaiserl. königl. Civil-

Mädchen-Pensionat in Wien. Ein Beitrag zu den bereits gedruckten Beschreibungen einiger Lehr- und Erziehungs-Institute in Wien. Wien 1847; Wolf, G(erson): Das Projekt einer höheren Töchterschule unter Kaiser Josef II. und das k. k. Civil-Mädchenpensionat in Wien. In: Blätter des Vereines für Landeskunde von Niederösterreich N. F. 13 (1879), S. 83–101.

170 AVA Wien, StHK F. 83, 20 Niederösterreich, ad 210 ex 1786; 212 ex 1786.

171 Handschreiben Josephs II. an Graf Kollowrat, 1786 Dezember 13 (AVA Wien, StHK F. 83, 20 Niederösterreich, 207 ex 1786).

172 AVA Wien, StHK F. 83, 20 Niederösterreich, 213 ex 1786.

173 AVA Wien, StHK F. 83, 20 Niederösterreich, 207 ex 1786.

174 Sie waren größtenteils Waisen. Das Aufnahmealter wurde bald auf 7–8 Jahre herabgesetzt. Die Ausbildung erstreckte sich über 10 Jahre (Nachricht über das kaiserl. königl. Civil-Mädchen-Pensionat, S. 2f.).

175 AVA Wien, StHK F. 81, 20 in gen., 171 ex 1786.

176 Ebenda, F. 83, 20 Niederösterreich, 207 ex 1786.

177 Ebenda, F. 83, 20 Niederösterreich, ad 223 ex 1787. Für Spaziergänge wurde ihnen ein Garten zur Verfügung gestellt (ebenda, 242 ex 1787).

178 AVA Wien, StHK F. 81, 20 in gen., ad 232 ex 1787; siehe auch F. 82, 20 Innerösterreich, 74 ex 1788.

179 AVA Wien, StHK F. 81, 20 in gen. Weibliche Erziehungsanstalten 1569–1790, Circulare v. 26. Juni 1790.

180 Siehe dazu Wandruszka, Adam: Leopold II. 2, Wien–München 1965, S. 321–327; Adler, Sigmund: Die Unterrichtsverfassung Kaiser Leopolds II. und die finanzielle Fundierung der österreichischen Universitäten nach den Anträgen Martinis. Wien–Leipzig 1917; Wangermann, Ernst: Aufklärung und staatsbürgerliche Erziehung. Gottfried van Swieten als Reformator des österreichischen Unterrichtswesens 1781–1791. Wien 1978, S. 95–114.

181 Siehe dazu „Nachricht von einigen Schul- und Studienanstalten in den österreichischen Erblanden" (Wien 1791). Wiederabdr. bei Wotke, Das Oesterreichische Gymnasium, S. 410–425; ebf. bei Timp, Die Problematik, Anhang 6 (S. 69–81).

182 Nachricht von einigen Schul- und Studienanstalten, § 5.

183 Ebenda.

184 Ebenda, § 8.

185 Ebenda, § 11.

186 Ebenda, § 34.

187 Ebenda.

188 Ebenda, § 35.

189 Zum Folgenden siehe Wotke, Karl: Gymnasiallehrplan der Wiener Gymnasiallehrerversammlung vom Jahre 1792. In BÖES 15 (1914), S. 189–259.

190 Eine Inhaltsangabe der 130 Paragraphen gibt K. Wotke (ebenda, S. 190–217).

191 Ebenda, S. 200.

192 Ebenda, S. 212.

193 Hofdekret, 1791 Dezember 8 (abgedr. bei Timp, Die Problematik, Anhang 5, S. 67).

194 Ebenda. Die Gymnasialdirektion der Kreisämter wurde nicht aufgehoben (Wotke, Das Oesterreichische Gymnasium, S. 427).

195 Hofdekret, 1790 August 22 (tw. abgedr. bei Wotke, Das Oesterreichische Gymnasium, S. 409).

196 Verordnung v. 9. Februar 1790 (Barth-Barthenheim, Joh. Ludwig Ehrenreich v.: Oesterreich's Schul- und Studienwesen, mit besonderer Rücksicht auf die Schul- und Studienanstalten im Erzherzogthume Oesterreich unter der Enns. Wien 1843, S. 158f.).

197 Nachricht von einigen Schul- und Studienanstalten, § 24.

Zu 11 Ansätze zu einem berufsbildenden Schulwesen

1 Vgl. Blankertz, Herwig: Bildung im Zeitalter der großen Industrie. Pädagogik, Schule und Berufsbildung im 19. Jahrhundert. Hannover 1969 (Lichtenstein, Ernst/Groothoff, Hans-Hermann [Hrsg.]: Das Bildungsproblem in der Geschichte des europäischen Erziehungsdenkens, 15), S. 13–27.

2 Textwiedergabe der in französischer Sprache verfaßten Schrift bei Beer, Adolf (Hrsg.): Denkschriften des Fürsten Wenzel Kaunitz-Rittberg. In: Archiv für österreichische Geschichte 48 (1872), S. 100–107.
3 Ebenda, S. 104 (in Übersetzung, siehe Abschnitt 21.4.11 dieses Bandes).
4 „années d'apprentissage ou d'esclavage" (ebenda, S. 104).
5 Ebenda.
6 „former plutôt des Citoyens utiles que des Savants" (ebenda, S. 105).
7 Siehe Feldbauer, Peter: Kinderelend in Wien. Von der Armenkinderpflege zur Jugendfürsorge 17.–19. Jahrhundert. Wien 1980 (österreichische Texte zur Gesellschaftskritik, 1), S. 39–41.
8 Beispiele bei Kaster, Herbert: Industrieschulen im rheinisch-pfälzischen Raum von der Aufklärung bis zur Mitte des 19. Jahrhunderts. Phil. Diss. Mainz 1975.
9 Feldbauer, Kinderelend in Wien, S. 33.
10 Beispiele ebenda, S. 48f.
11 Zit. ebenda, S. 45. Siehe auch Otruba, Gustav: Die Wirtschaftspolitik Maria Theresias und Josephs II. In: Matis, Herbert: Von der Glückseligkeit des Staates. Berlin 1981, S. 102.
12 Feldbauer, Kinderelend in Wien, S. 48–50.
13 Codex Austriacus VI, Wien 1777, S. 244 („Kinder Erziehung in den Versorgungshäusern", 1761 Sept. 12).
14 Otruba, Gustav: Die Wirtschaftspolitik Maria Theresias. Wien 1963 (Österreich-Reihe, 192/194), S. 189f.
15 Ihr Gründer hieß Anton Janscha. Siehe Tomberger, Franz: Beiträge zur österreichischen Schulgeschichte früherer Jahrhunderte. In: Elfter Jahresbericht des niederösterreichischen Landes-Lehrerseminars in Wiener-Neustadt. Am Schlusse des Schuljahres 1883–4. Wiener-Neustadt 1884, S. 17f.
16 Strakosch-Graßmann, Gustav: Geschichte des österreichischen Unterrichtswesens. Wien 1905, S. 136.
17 Winter, Eduard: Ferdinand Kindermann, Ritter von Schulstein (1740/1801), der Organisator der Volksschule und Volkswohlfahrt Böhmens. Ein Lebensbild nach archivalischen Quellen. Augsburg 1926 (hier weitere Literaturangaben, S. 14–19).
18 Nachricht von der Landschule zu Kaplitz in Böhmen. Unter dem Schutze Sr. Excellenz des Herrn Grafen von Bouquoi. Von dem Dasigen Dechändt Ferdinand Kindermann herausgegeben. 2. Aufl. Prag 1774.
19 Tomberger, Beiträge, S. 21.
20 Kaster, Industrieschulen, S. 17–19; Helfert, Joseph Alexander: Die Gründung der österreichischen Volksschule durch Maria Theresia. Prag 1860, S. 429–434; Koneffke, Gernot: A. Wagemanns Schrift „Über die Bildung des Volks zur Industrie" (Göttingen 1791) und die pädagogische Integration der bäuerlichen Massen in die bürgerliche Gesellschaft. In: Heydorn, Heinz-Joachim/Koneffke, Gernot: Studien zur Sozialgeschichte und Philosophie der Bildung. 1, Zur Pädagogik der Aufklärung. München 1973, S. 205–242; Koneffke, Gernot: H. Ph. Sextros Schrift „Über die Bildung der Jugend zur Industrie" (Göttingen 1785) und die theoretische Grundlegung der norddeutschen Industrieschulbewegung. In: Heydorn, Heinz-Joachim/Koneffke, Gernot: Studien zur Sozialgeschichte und Philosophie der Bildung. 1, Zur Pädagogik der Aufklärung. München 1973, S. 51–82; Herrmann, Ulrich: Armut – Armenversorgung – Armenerziehung an der Wende zum 19. Jahrhundert. In: Herrmann, U. (Hrsg.): „ Das pädagogische Jahrundert". Volksaufklärung und Erziehung zur Armut im 18. Jahrhundert in Deutschland. Weinheim–Basel 1981, S. 194f.; Eulen, Focko: Vom Gewerbefleiß zur Industrie. Ein Beitrag Zur Wirtschaftsgeschichte des 18. Jahrhunderts. Berlin 1967 (Schriften zur Wirtschafts- und Sozialgeschichte, 11), S. 155–170.
21 U. Herrmann setzte sich neuerdings ausführlich mit den wichtigsten Positionen in der Industrieschuldiskussion auseinander und stellte fest, daß eine eindimensionale historische Betrachtung kaum zielführend sei. Siehe dazu Herrman, Armut – Armenversorgung – Armenerziehung, S. 208–214.
22 Als 1814 eine Erhebung in den Kronländern durchgeführt wurde, wo und unter welchen Umständen Industrieschulen errichtet werden könnten, waren sich die Landesregierungen häufig nicht im klaren, was darunter zu verstehen sei. Über die Anfragen und ihre

Beantwortung siehe Weiß, Anton: Geschichte der Österreichischen Volksschule unter Franz I. und Ferdinand I. 1792–1848. 2, Graz 1904, S. 486f., 497, 500.

23 Im Jahre 1765 stellte die Göttinger Königliche Gesellschaft der Wissenschaften die Preisaufgabe: „Die wirksamsten Mittel, die Einwohner eines Landes zum Fleiß, oder zu dem, was man im Französischen Industrie nennt, zu bewegen.“ Siehe dazu auch Iven, Kurt: Die Industriepädagogik des 18. Jahrhunderts. Eine Untersuchung über die Bedeutung des wirtschaftlichen Verhaltens für die Erziehung. Langensalza–Berlin–Leipzig 1929, S. 56f.

24 Siehe dazu Iven, Die Industriepädagogik, S. 57–64; Kaster, Industrieschulen, S. 22–26.

25 Erste Verwendung durch F. J. Schiller in der Übersetzung von A. Smiths „Wealth of Nations“ (1776–1778). Siehe Iven, Die Industriepädagogik, S. 56; Blankertz, Bildung im Zeitalter der großen Industrie, S. 23, Anm. 41.

26 Kaster, Industrieschulen, S. 27.

27 Es fehlen noch gründliche Untersuchungen zur Industrieschulentwicklung. Zum neuesten Forschungsstand siehe Leschinsky, Achim: Industrieschulen – Schulen der Industrie? In: Zeitschrift für Pädagogik 24 (1978), S. 89–100; Herrmann, Armut – Armenversorgung – Armenerziehung, S. 194–218.

28 Zit. bei Weiß, Geschichte der Österreichischen Volksschule, S. 488.

29 Wiener Zeitung, 1788 April 10 (zit. ebenda, S. 489).

30 Ebenda, S. 496.

31 Ebenda, S. 493f., 500f.

32 Helfert, Die Gründung der österreichischen Volksschule, S. 329–331.

33 Weiß, Geschichte der Österreichischen Volksschule, S. 500.

34 So der Titel eines Lehrbuches. Auch der 2. Teil des Lesebuches für die Landschulen (1777) brachte mit großer Ausführlichkeit eine „Anleitung der Erkenntnis der Gründe der Landwirtschaft mit einem Anhang allgemeiner Land- und Hauswirtschaftsregeln“, die sich auf Friedrich Eberhard v. Rochows „Schulbuch für Kinder der Landleute“ stützte (Helfert, Die Gründung der österreichischen Volksschule, S. 540, 535f.).

35 Kaster, Industrieschulen, S. 25f.

36 Wandruszka, Adam: Leopold II. Erzherzog von Österreich, Großherzog von Toskana, König von Ungarn und Böhmen, Römischer Kaiser. 2, Wien–München 1965, S. 153–156.

37 Nur das böhmische Gubernium (1814 Oktober 21, Prag) „behauptete“, daß die Industrieschulen nicht ausländischen, sondern böhmischen Ursprungs seien. Als Beleg sandte es die 1785 in Prag erschienene Broschüre „Über die Bildung der Jugend zur Industrie“ (Weiß, Geschichte der Österreichischen Volksschule, S. 496f.).

38 Ebenda, S. 505–507.

39 Niederösterreichisches Landesarchiv, Wien, RegA NÖ. Reg. K 1814, K. 3070, ad 3302 ex 1814. V. E. Milde vertrat, als die niederösterreichische Regierung im Jahre 1814 aufgefordert wurde, zur Einrichtung von Industrieschulen Stellung zu nehmen, gerade den abwesenden Oberaufseher der deutschen Schulen. Zum Inhalt seines Gutachtens siehe Engelbrecht, Helmut: Zur Problematik und zu den Aufgaben einer Milde-Biographie. In: Bundesgymnasium Krems. Festschrift zum Abschluß der Neugestaltung und Erweiterung des Schulgebäudes und zur Feier des 200. Geburtstages V. E. Mildes (1777–1853). Krems 1977, S. 82.

40 Milde, Vincenz Eduard: Lehrbuch der allgemeinen Erziehungskunde (I. und II. Teil in einem Band). Besorgt von K. G. Fischer. Paderborn 1965, S. 112.

41 Man sprach von einer „Schulbildung zur Bestialität“, zur „Animalität“, von der Weckung eines „lohnsüchtigen Geistes“, von „geduldigem Mechanismus“ u. ä. (Beispiele bei Kaster, Industrie schulen, S. 27f.).

42 Leschinsky, Industrieschulen, S. 96.

43 Romanik, Felix/Wimmer, Josef: Chronik, in: Romanik, Felix (Hrsg.): 200 Jahre Real-Handlungs-Academie. 200 Jahre kaufmännisches Bildungswesen in Österreich. Wien o. J. (1970), S. 53.

44 Streiter, Josef: Von der k. k. Commerzialzeichnungsakademie zur Bundeslehr- und Versuchsanstalt für Textilindustrie 1758–1882. In: Bundeslehr- und Versuchsanstalt für Textilindustrie. Festschrift zur Feier des 200jährigen Bestandes. Wien o. J. (1958), S. 24–38; Otruba, Die Wirtschaftspolitik Maria Theresias, S. 189.

45 Wagner, Walter: Die Geschichte der Akademie der bildenden Künste in Wien. Wien 1967, S. 29–32.
46 Wien, Archiv der Akademie der bildenden Künste, Satzungen für die in Wien errichtete freye Kaiser. Königl. Kupferstecherakademie. Wien 1768 (siehe Maria Theresia und ihre Zeit. Ausstellungskatalog, Wien 1980, S. 465).
47 Obgleich dem Zeichenunterricht an den Normalschulen sechs Wochenstunden eingeräumt wurden, waren die Ergebnisse nicht zufriedenstellend und forderten die Kritik J. Schmutzers heraus. Er bot sich als Oberaufseher für den Zeichenunterricht an, stieß aber deswegen mit Felbiger zusammen, der sich seine Kompetenzen nicht beschneiden lassen wollte. Schmutzer wurde zwar 1781 zum „Oberdirektor der Normalzeichenschulen" bestellt, doch seine Vorstellungen (AVA Wien, StHK F. 86, 24 in gen. Lehrbücher, 115 ex 1782) wurden von Felbiger modifiziert und auf die Interessen des Gewerbes ausgerichtet. Die 1783 erschienene „Zeichnungsinstruktion" blieb bis 1809 Grundlage für den schulischen Zeichenunterricht. Der Normal-Zeichnungsschulen-Oberdirektor Jakob Schmutzer übersandte Originalzeichnungen unentgeltlich an die Normalschulen, erbat aber einen Beitrag zu den dabei aufgelaufenen Kosten (Niederösterr. Landesarchiv, Wien, RegA NÖ. Reg. K 1787, K. 3068, fasc. 14 ex 1787). Siehe dazu neuerdings Pelzelmayer, Herbert: Die Entwicklung des Zeichenunterrichtes and der österreichischen Volksschule von der „Allgemeinen Schulordnung" bis zum „Reichsvolksschulgesetz" (1774–1869). Diss. d. Grund- und integrativwissensch. Fak. Wien 1982, S. 35–44.
48 Wagner, Die Geschichte der Akademie der bildenden Künste, S. 33; Otruba, Die Wirtschaftspolitik Maria Theresias, S. 191.
49 Wagner, Die Geschichte der Akademie der bildenden Künste, S. 37–44; Maria Theresia und ihre Zeit, Ausstellungskatalog, S. 466.
50 Wagner, Die Geschichte der Akademie der bildenden Künste, S. 50–54. Die an diesen von der Akademie abhängigen Fachschulen Ausgebildeten erhielten unter Joseph II. den Titel „akademische Bürger" und durften ihr Gewerbe zunftfrei ausüben. Allerdings mußten sie die Lehrjungen und Gehilfen aus den akademischen Zöglingen wählen oder ihnen zumindest gestatten, die „Kunstschule" sooft wie möglich zu besuchen. Siehe Eitelberger, Rudolf: Die Bildungs-Anstalten für Künstler in ihrer historischen Entwicklung. Wien 1851, S. 30f.
51 Siehe Otruba, Die Wirtschaftspolitik Maria Theresias, S. 191–197.
52 Schraml, Carl: Das oberösterreichische Salinenwesen von 1750 bis zur Zeit nach den Franzosenkriegen. 2, Wien 1934, S. 25f. Auch das Ansuchen der steirischen Repräsentation und Kammer v. 29. Oktober 1763 um die „Errichtung einer mineralogischen Lehr-Schule" wurde von der Studienhofkommission mit dem Hinweis auf die Schemnitzer „neue Berg-Schule" abgelehnt (AVA Wien, StHK F. 39, 10 Gymnasien in gen., ad 8 ex 1764).
53 Kunnert, Heinrich: Die montanistische Ausbildung in Salzburg nach Schemnitzer und Freiberger Vorbild unter Fürsterzbischof Hieronymus. In: Veiter, Theodor (Hrsg.): Volkstum zwischen Moldau, Etsch und Donau. Festschrift für Franz Hieronymus Riedl. Wien–Stuttgart 1971, S. 159–164.
54 Irsara, Karl Albert: Geschichte der Innsbrucker Realschule von den Anfängen bis 1914. Phil. Diss. Innsbruck 1972, S. 30f.
55 AVA Wien, StHK K 65b, 17 Tirol in gen., ad 96 ex 1777; siehe auch die „Instruction für die Zeichen-Meister", ebenda, 131 ex 1783.
56 Im Schulbuchverlag erschienen dafür überraschend schnell eine Reihe von Lehrbüchern (Anleitung zur Meßkunst, 1776; Anleitung zur bürgerlichen Baukunst, 1776; Anleitung zur Mechanik oder Bewegungskunst, 1777 u. a.). Siehe dazu Helfert, Die Gründung der österreichischen Volksschule, S. 540.
57 Irsara, Geschichte der Innsbrucker Realschule, S. 31.
58 AVA Wien, StHK F. 66, 17 in gen. Innerösterreich, 11 ex 1781. Der Lehrer war Mitglied der Wiener und Florentiner Akademie.
59 Siehe dazu 9.7 dieses Bandes, auch Behacker, Anton: Geschichte des Volks- und Bürgerschulwesens im Lande Salzburg. Salzburg o. J. (1923), S. 49f.
60 Paul Marperger (Projekt 1715), Carl Günther Ludovici (Projekt), Johann Georg Büsch (Gründung eines „Instituts zur Erziehung und Vorübung des jungen Kaufmanns" in Hamburg, 1786). Siehe dazu Pichler, Das Studienwesen, 2, S. 449–474.

61 AVA Wien, Nachlaß Pergen, hier gedrucktes Exemplar der Schrift von J. G. Groß. Siehe Helfert, Die Gründung der österreichischen Volksschule, S. 85f., 114. Die Piaristen erklärten sich nach 1752 in der Steiermark (auch in Böhmen) zur Errichtung eines „Seminarium Politicum" bereit. Sie veröffentlichten einen Entwurf für diese neue Schule, brachen aber die Vorarbeiten bei Ausbruch des Siebenjährigen Krieges ab. Siehe dazu Eulen, Vom Gewerbefleiß, S. 83–102.

62 Helfert, Die Gründung der österreichischen Volksschule, S. 114, Anm. 1.

63 Zit. bei Romanik/Wimmer, Chronik, S. 53.

64 Zit. bei Helfert, Die Gründung der österreichischen Volksschule, S. 111.

65 Zum Folgenden siehe Gollob, Hedwig: Die k. k. Realakademie in Wien. In: Wiener Geschichtsblätter 18 (1963), S. 208–218; 19 (1964), S. 270–278; Pichler, Das Studienwesen, 2, S. 478–511; Gollob, Hedwig: Die k. k. Real-Handlungs-Academie in Wien. In: Romanik, F. (Hrsg.): 200 Jahre Real-Handlungs-Academie. 200 Jahre kaufmännisches Bildungswesen in Österreich. Wien o. J. (1970), S. 12–22.

66 Zit. bei Gollob, Die k. k. Real-Handlungs-Academie, S. 13; Helfert, Die Gründung der österreichischen Volksschule, S. 272, 111f. („placet wan die realschull nicht so leicht vielleicht kan vereinigt werden auch die geometrie zu tradirn").

67 Romanik/Wimmer, Chronik, S. 55; Gollob, Die k. k. Realakademie, 19 (1964), S. 270f.

68 Das Comptoir stand in Verbindung mit der Kurzböckschen Druckerei, deren Unternehmen auch die „Realzeitung" (1770–) war. Ursprünglich als Fachblatt gedacht und nach dem Muster der „Gazette d'Agriculture, de Commerce, d'Arts et des Finances" angelegt (Pichler, Das Studienwesen, 2, S. 491), entwickelte sich die „Wiener Realzeitung" bald zum „bedeutendsten Zeitschriftenorgan der österreichischen Aufklärung" (Zeman, Herbert: Der Drucker-Verleger Joseph Ritter von Kurzböck und seine Bedeutung für die österreichische Literatur des 18. Jahrhunderts. In: Zeman, Herbert [Hrsg.]: Die österreichische Literatur. 1, Ihr Profil an der Wende vom 18. zum 19. Jahrhundert [1750–1830]. Graz 1979, S. 162f., 166f., 171, 173). Im Jahre 1777 warb J. Sonnenfels in einem gedruckten Aufruf für diese Zeitschrift und entwarf ein Konzept für eine „Neue Realzeitung".

69 Zum Teil widersprechende Vorschläge wurden diskutiert, und Graf Kollowrat äußerte überhaupt über die Realakademie, daß „die Monarchin nichts verliere, wann solche gänzlich aufgehoben würde" (Gollob, Die k. k. Realakademie, S. 272f.).

70 Helfert, Die Gründung der österreichischen Volksschule, S. 271f.

71 Gollob, Die k. k. Realakademie, S. 276f.

72 Dr. Georg Wolf überreichte 1785 einen Plan zur „Verbesserung des Realinstitutes" und schlug eine Aufspaltung des Lehrprogramms für eine „ökonomische" und eine „kommerzialische" Laufbahn vor (Niederösterr. Landesarchiv, K-Akten, K 4. ex 1785).

Zu 12 Umwandlung der Universitäten und seminuniversitären Einrichtungen in staatliche Lehranstalten

1 Stiftungsbrief für das Theresianum, 1749 Dezember 30 u. 1751 Oktober 30, zit. bei Cicalek, Theodor: Beiträge zur Geschichte des Theresianums. In: Jahres-Bericht über das Gymnasium der k. k. Theresianischen Akademie in Wien, für das Schuljahr 1871–72. Wien 1872, S. 15.

2 Siehe Rousseau, Jean Jacques: Discours sur l'origine et les fondements de l'inégalité parmi les hommes. Abdruck der Amsterdamer Ausgabe v. 1755 mit Übersetzung in: Rousseau, Jean Jacques: Über Kunst und Wissenschaft. Über den Ursprung der Ungleichheit unter den Menschen. Mit Einleitung, Übersetzung und Anmerkungen von Kurt Weigand. Hamburg 1955 (Philosophische Bibliothek, 243), S. 61–318, 327–344.

3 Siehe dazu Mandorfer, Alfons: Erziehung und Unterricht in Kremsmünster. In: Kremsmünster. 1200 Jahre Benediktinerstift. Linz 1976, S. 166–170; Stollenmayer, Pankraz: Aus der Geschichte unseres Gymnasiums. In: Festschrift zum 400jährigen Bestande des öffentlichen

Obergymnasiums der Benediktiner zu Kremsmünster. Wels 1949, S. 143–145; Altinger, Altmann: Geschichte des Gymnasiums zu Kremsmünster. III. Abschnitt. In: 54. Programm des kais. kön. Obergymnasiums der Benediktiner zu Kremsmünster für das Schuljahr 1904. Linz 1904, S. 76–81. Im Stiegenhaus der Sternwarte befinden sich heute noch zahlreiche Bildnisse von Studenten der Ritterakademie.

4 AVA Wien, StHK F. 56, 3 ex 1744 (1744 September 17).

5 Zimmermann, B(ernhard) H(ans): Eine Eisenstädter Schulordnung aus dem 18. Jahrhundert. In: Deutsch-ungarische Heimatblätter 6 (1934), S. 352.

6 Aus der umfangreichen Literatur zum Theresianum siehe besonders Igálffy-Igály, Ludwig: Das Theresianum – Seine Wandlungen zu Lebzeiten seiner Stifterin. In: Koschatzky, Walter (Hrsg.): Maria Theresia und ihre Zeit. Salzburg–Wien 1979, S. 239–250; Schwarz, Johann: Die niederen und höheren Studien an der k. k. Theresianischen Akademie in Wien. I u. II. In: Jahres-Bericht des Gymnasiums der k. k. Theresianischen Akademie in Wien. Wien 1903, S. 1–28; Wien 1904, S. 1–16; Schwarz, J(ohann): Geschichte der k. k. Theresianischen Akademie von ihrer Gründung bis zum Curatorium Sr. Excellenz Anton Ritter von Schmerling, 1746–1865, in übersichtlicher Darstellung. In: Jahres-Bericht des Gymnasiums der k. k. Theresianischen Akademie in Wien für das Schuljahr 1890. Wien 1890, S. 1–110; Cicalek, Theodor: Beiträge zur Geschichte des Theresianums. In: Jahres-Bericht über das Gymnasium der k. k. Theresianischen Akademie in Wien, für das Schuljahr 1871–72. Wien 1872, S. 11–70; Hradil, Ig.: Nachrichten über das k. k. Theresianum und über die Entstehung der daselbst befindlichen Bibliothek. In: Jahresbericht über das Gymnasium der k. k. Theresianischen Akademie für das Schuljahr 1865–66. Wien 1866, S. 3–23; Schlöss, Erich: Von der Favorita zum Theresianum. In: Koschatzky, Walter (Hrsg.): Maria Theresia und ihre Zeit. Salzburg–Wien 1979, S. 251–257; Igálffy-Igály, Ludwig: Das Theresianum, die Wiege des Turnunterrichtes in Österreich. In: Öffentl. Gymnasium der Stiftung „Theresianische Akademie" in Wien, Jahresbericht 1977/78. Wien 1978, S. 23–35; Bibliographia Theresiana. Literatur über die Theresianische Akademie, über die Lehranstalt, die Bibliothek und anderen Sammlungen, Lehrer- und Schülerverzeichnisse in der Bibliotheca Theresiana. Zusammengestellt 1965–1978 von Ludwig Igálffy-Igály in Fortführung der Arbeit von Otto Vogel (1960–1965). In: Album der Theresianischen Akademie 1910–1938. Wien 1978, S. 163–194.

7 Siehe dazu Schwarz, Johann: Geschichte der Savoy'schen Ritter-Akademie in Wien vom Jahre 1746 bis 1778. In: BÖES 1 (1897), S. 1–179.

8 Zit. ebenda, S. 1.

9 Cicalek, Beiträge, S. 67f.

10 Das Konvikt wurde im Jahre 1802 wiedereröffnet und 1825 unter staatliche Aufsicht gestellt. Siehe dazu Geusau, Anton v.: Geschichte der Stiftungen, Erziehungs- und Unterrichtsanstalten in Wien, von den ältesten Zeiten bis auf gegenwärtiges Jahr. Wien 1803, S. 363–383; Barth-Barthenheim, Joh. Ludwig Ehrenreich v.: Oesterreich's Schul- und Studienwesen mit besonderer Rücksicht auf die Schul- und Studienanstalten im Erzherzogthume Oesterreich unter der Enns. Wien 1843, S. 1061–1064; Pichler, Gerhart: Das Studienwesen des Erzherzogtums unter der Enns (Wien und Niederösterreich) 1740–1870. 2, Frankfurt a. M. 1981, S. 748–766.

11 Die Dauer des philosophischen Studiums wurde mit 2, die des juristischen Studiums mit 3 Jahren festgelegt.

12 Altinger, Geschichte des Gymnasiums, S. 77.

13 Zit. bei Schwarz, Geschichte der Savoy'schen Ritter-Akademie, S. 55. Als Professor für Eloquenz wurde an das Theresianum Hofrat J. H. Justi aus Eisenach in Sachsen (1750), an die Savoyische Ritterakademie der Advokat Dr. Philipp Knoch vom Kammergericht in Wetzlar (1751) berufen.

14 Ebenda, S. 58; Schwarz, Die niederen und höheren Studien, 1903, S. 9–11.

15 Zit. bei Schwarz, Geschichte der Savoy'schen Ritter-Akademie, S. 99.

16 Ebenda, S. 52f.

17 Ebenda, S. 72f., 88f.

18 Schwarz, Die niederen und höheren Studien, S. 18f.; Schwarz, Geschichte der Savoy'schen Ritter-Akademie, S. 136–149.

19 Schwarz, Geschichte der Savoy'schen Ritter-Akademie, S. 18.

20 Igálffy-Igály, Das Theresianum, S. 245.
21 Goluchowski von Goluchowo, Agenor: Die k. und k. Konsular-Akademie von 1754 bis 1904. Festschrift zur Feier des hundertfünfzigjährigen Bestandes der Akademie und der Eröffnung ihres neuen Gebäudes. Wien 1904.
22 Helfert, Alexander: Die Gründung der österreichischen Volksschule durch Maria Theresia. Prag 1860, S. 193–195.
23 Goluchowski, Die k. und k. Konsular-Akademie, S. 8. Siehe zum Folgenden auch Plechl, Pia Maria: Rauscher als Direktor der Diplomatischen Akademie. In: Flieder, Viktor (Hrsg.): Festschrift Franz Loidl zum 65. Geburtstag. 1, Wien 1970, S. 186–193.
24 AVA Wien, StHK F. 58, 10a Militärakademie Wr. Neustadt, Nr. 2/109, „Benachrichtigung von der auf allerhöchste Anordnung ihrer Kaiserl. Königl. Majestät, in der Wiennerischen Neu-Stadt errichtenden Adelichen Militar-Academie“ (gedr. Wien 1752). Maria Theresia äußerte darin, daß es ihr „am Herzen liege / dem innländischen Adel / nebst der Christlichen Zucht / und denen freyen Künsten / auch jene Wissenschaften bey zeiten einflössen zu lassen / welche selben zu dereinstig-ersprießlichem Dienst des werthen Vaterlands / und des Staats tüchtig / und nützlich machen können“ (ebenda, fol. 1).
25 Siehe dazu Horn, Dorothee: Die Theresianische Militärakademie in Wiener Neustadt. In: Koschatzky, Walter (Hrsg.): Maria Theresia und ihre Zeit. Salzburg–Wien 1979, S. 224–226.
26 Sie zählte nur mehr 25 Zöglinge, und Maria Theresia schrieb eigenhändig an den Hofkriegsrat: „marinoni ist gestorben, mithin höret völlig auff die dortige schull, dan sie nicht mehr ersetzen will“ (zit. bei Gatti, Friedrich: Geschichte der k. k. Ingenieur- und k. k. Genie-Akademie 1717–1869. Wien 1901, S. 89).
27 Zum Folgenden siehe ebenda, S. 108–185; Schalk, Heinrich: 250 Jahre militärtechnische Ausbildung in Österreich. Gedenkschrift zur 250-Jahr-Feier der Gründung der k. k. Ingenieurakademie in Wien und des zehnjährigen Bestandes der Heeresfachschule für Technik. Wien o. J. (1968), S. 17–23.
28 Gatti, Geschichte der k. k. Ingenieur- und k. k. Genie-Akademie, S. 346.
29 Ebenda, S. 344f.
30 Neuburger, Max: Die Josephinische medizinisch-chirurgische Akademie (1785–1874). Separatabdr. aus der Wiener Medizinischen Wochenschrift, Jg. 1935, Nr. 51 u. 52; Lesky, Erna: Österreichisches Gesundheitswesen im Zeitalter des aufgeklärten Absolutismus. In: Archiv für österreichische Geschichte 122 (1959), S. 72f.
31 Diese Feststellung traf Maria Theresia in dem eigenhändig geschriebenen Stiftungsbrief vom 5. Juni 1775. Abgedr. bei Granichstaedten-Czerva, Rudolf: Innsbrucker Theresianisten (Die Theresianische Ritter-Akademie zu Innsbruck). Innsbruck 1951, S. 5f.
32 Ebenda, S. 10f.
33 AVA Wien, StHK F. 57, 10a Graz, 1 ex 1773.
34 Krones, Franz: Geschichte der Karl Franzens-Universität in Graz. Graz 1886, S. 483, Anm. 13.
35 Schalk, 250 Jahre militärtechnische Ausbildung, S. 21.
36 Die Akademie in Kremsmünster verfiel erst 1787 der Auflösung (AVA Wien, StHK F. 58, 10a Kremsmünster, 184 ex 1787).
37 Die Restauration des Theresianums als „Theresianisch-Leopoldinische Akademie“ konnte erst 1797 abgeschlossen werden, die Wiedereröffnung der Akademie in Innsbruck erfolgte – auch der langen bayrischen Besetzung wegen – erst 1830 (Auflösung 1848).
38 Sie fürchteten wohl auf Dauer eine Überforderung ihrer finanziellen und personellen Kräfte. Vor allem aber dürfte die Konkurrenz von Linz zu stark gewesen sein. Schon 1774 war an eine Übertragung der Studien von Kremsmünster nach Linz gedacht worden, 1777 an eine Vereinigung der „Ständischen akademie zu Kremßmünster“ mit dem Nordischen Stift. Die Bürgerschaft von Kremsmünster hingegen wünschte 1787/88 eine Verlegung des Lyzeums von Linz nach Kremsmünster. Joseph II. verhielt sich ablehnend und verlegte 1789 das noch im Stift gebotene juridische Studium nach Linz (AVA Wien, StHK F. 58, 10a Kremsmünster, 110 ex 1778, 86 ex 1777, 154 ex 1788; vgl. Mandorfer, Erziehung und Unterricht, S. 168–170).
39 Zschokke, Hermann: Die theologischen Studien und Anstalten der katholischen Kirche in Österreich. Wien–Leipzig 1894, S. 522–527; Mathias, Leopold: Das Wiener Priestersemi-

nar. Seine Entstehung im Jahre 1758 und sein Wandel durch die Jahrhunderte. Kath. theol. Diss. Wien 1975.

40 Zit. bei Pototschnig, Franz: Die Entwicklung des Kirchenrechts im 18. Jahrhundert mit besonderer Berücksichtigung Österreichs. In: Kovács, Elisabeth (Hrsg.): Katholische Aufklärung und Josephinismus. Wien 1979, S. 230.

41 Zschokke, Die theologischen Studien, S. 25f.

42 AVA Wien, StHK F. 66, 17 Innerösterreich in gen., 11 ex 1778.

43 Müller, Josef: Der pastoraltheologisch-didaktische Ansatz in Franz Stephan Rautenstrauchs „Entwurf zur Einrichtung der theologischen Schulen". Wien 1969 (Wiener Beiträge zur Theologie, 24), S. 35.

44 Die letzten fünf Worte des Zitats fügte van Swieten dem Protokoll eigenhändig hinzu und unterstrich sie. Zit. bei Wangermann, Ernst: Aufklärung und staatsbürgerliche Erziehung. Wien 1978, S. 36.

45 Menzel, Beda Franz: Abt Franz Stephan Rautenstrauch von Břevnov-Braunau. Herkunft, Umwelt und Wirkungskreis. Königstein/Ts. 1969 (Veröffentlichungen des Königsteiner Instituts für Kirchen- und Geistesgeschichte der Sudetenländer e. V., 5), S. 172f.

46 Ebenda, S. 206–224; Wangermann, Aufklärung, S. 31–41; Stoiber, Elisabeth: Die Universität Wien von 1780 bis 1802. Phil. Diss. Wien 1979, S. 121–128; Haidacher, Anton: Der Tiroler Gubernialpräsident Kassian Ignaz Graf Enzenberg und die staatliche Priestererziehung. Ein Beitrag zur Genesis des josephinischen Generalseminars. In: Beiträge zur geschichtlichen Landeskunde Tirols. Innsbruck 1959 (Schlern-Schriften, 207), S. 119–144; Ewaldt, Helmut: Das Innsbrucker Generalseminar. Ein Beitrag zur Geschichte der Universität Innsbruck in den Jahren 1783–1790. Phil. Diss. Innsbruck o. J. (1951).

47 Wortlaut der Resolution (1783 März 25), abgedr. in: Zschokke, Die theologischen Studien, S. 390f.

48 Menzel, Abt Franz Stephan Rautenstrauch, S. 206f.

49 Zschokke, Die theologischen Studien, S. 392.

50 Wangermann, Ernst: Josephinismus und katholischer Glaube. In: Kovács, Elisabeth (Hrsg.): Katholische Aufklärung und Josephinismus. Wien 1979, S. 336.

51 Einzelheiten des Lehrplans und Wortlaut der ah. Entschließung (1788 August 27) bei Kink, Geschichte der kaiserlichen Universität, 1/I, S. 571–573; 2, S. 602f.

52 Der Begriff wurde wiederholt in einem Vortrag der Studienhofkommission (AVA Wien, StHK F. 15, Theol. Studien, 122 ex 1783) verwendet. Tw. abgedr. bei Wangermann, Aufklärung, S. 37f.

53 Ebenda, S. 84–95, Zitat S. 91, Anm. 24.

54 Zit. ebenda, S. 94.

55 Siehe dazu Zschokke, Die theologischen Studien, S. 424–431.

56 Siehe Kink, Geschichte der kaiserlichen Universität, 1/I, S. 444f., Anm. 576; Sager, Eva: Die Universität Wien unter Maria Theresia. Phil. Diss. Wien 1978, S. 12.

57 Lesky, Erna/Wandruszka, Adam (Hrsg.): Gerard van Swieten und seine Zeit. Wien–Köln–Graz 1973 (Schrifttum zu seinem Leben und Werk S. 181–194).

58 Siehe dazu Meister, Richard: Entwicklung und Reformen des österreichischen Studienwesens. Wien 1963 (Sb. Öst. Ak. Phil.-hist. Kl. 239/1), S. 20–24; Lackner, Franz: Die Jesuitenprofessoren an der philosophischen Fakultät der Wiener Universität (1712–1773). Wien 1976 (Dissertationen der Universität Wien, 128/I u. II), S. 32–38; Klingenstein, Grete: Bildungskrise. Gymnasien und Universitäten im Spannungsfeld theresianischer Aufklärung. In: Koschatzky, Walter (Hrsg.): Maria Theresia und ihre Zeit. Salzburg–Wien 1979, S. 215–218. Vgl. zum Folgenden auch Gerber, Hans: Der Wandel der Rechtsgestalt der Albert-Ludwigs-Universität zu Freiburg im Breisgau seit dem Ende der vorderösterreichischen Zeit. Entwicklungsgeschichtlicher Abriß. 1, Freiburg i. B. o. J. (1957), S. 25–30.

59 Es wurde von „Mit-Einsicht" gesprochen; als „Cassier", der die Universitätseinkünfte zu verwalten und auch gegenüber dem Directorium in publicis et cameralibus und der Ministerial-Banco-Deputation Rechnung zu legen hatte, mußte ein „in Kay. König. Diensten" stehender Beamter herangezogen werden (Abdruck des Rezesses v. 16. Okt. 1753 bei Kink, Geschichte der kaiserlichen Universität, 2, S. 546–553.

60 Lesky, Erna: Gerard van Swieten. Auftrag und Erfüllung. In: Lesky, Erna/Wandruszka, Adam (Hrsg.): Gerard van Swieten und seine Zeit. Wien–Köln–Graz 1973, S. 21.

61 Vgl. Klingenstein, Bildungskrise, S. 215.
62 Siehe dazu Schwarz, Godehard: Die philosophische Fakultät der Universität Wien von 1740–1800 unter besonderer Berücksichtigung der Humaniora. Phil. Diss. Wien 1966, S. 20–27.
63 Sie wurde mit Johann Sigismund Popovitsch besetzt, der früher u. a. an der Ritterakademie zu Kremsmünster tätig gewesen war (Sager, Die Universität Wien, S. 243; Altinger, Geschichte des Gymnasiums, 1904, S. 90).
64 P. Ludwig Debiel (Debiell, de Biel), 1697–1771 (biogr. Daten bei Lackner, Die Jesuitenprofessoren, S. 102–105).
65 Stoiber, Die Universität Wien von 1780 bis 1802, S. 129; Sager, Die Universität Wien, S. 91–93.
66 Siehe Klingenstein, Grete: Despotismus und Wissenschaft. Zur Kritik norddeutscher Aufklärer an der österreichischen Universität 1750–1790. In: Engel-Janosi, Friedrich/Klingenstein, Grete/Lutz, Heinrich (Hrsg.): Formen der europäischen Aufklärung. Wien 1976 (Wiener Beiträge zur Geschichte der Neuzeit, 3), S. 126–157. Vgl. auch Hammerstein, Notker: Aufklärung und katholisches Reich. Untersuchungen zur Universitätsreform und Politik katholischer Territorien des Heiligen Römischen Reichs deutscher Nation im 18. Jahrhundert. Berlin 1977 (Historische Forschungen, 12).
67 Ausländische Professoren erhielten manchmal einen mehr als doppelt so hohen Gehalt als Inländer (Beispiele bei Sager, Die Universität Wien, S. 69–73).
68 Gall, Franz: Die Alte Universität. Wien–Hamburg o. J. (1970), S. 97–114.
69 Lackner, Die Jesuitenprofessoren, S. 36f.
70 Ebenda, S. 41f.
71 Ebenda, S. 52.
72 Infolge Schwächung der Position van Swietens in den sechziger Jahren nahm allerdings die Zensur unter dem Einfluß des Erzbischofs Migazzi hierauf sogar einen restriktiveren Charakter an (Klingenstein, Grete: Van Swieten und die Zensur. In: Lesky, Erna/Wandruszka, Adam [Hrsg.]: Gerard van Swieten und seine Zeit. Wien–Köln–Graz 1973, S. 93–106).
73 Abdruck des Reformationsdekrets bei Probst, Jacob: Geschichte der Universität in Innsbruck seit ihrer Entstehung bis zum Jahre 1860. Innsbruck 1869, S. 393–401. Rudolf Graf Chotek, damals Geheimer Rat und Statthalter von Böhmen, war mit der Untersuchung der Zustände an der Innsbrucker Universität betraut worden und hatte eine Reihe von nur widerwillig aufgenommenen Maßnahmen veranlaßt (ebenda, S. 148–153). Vgl. zum Folgenden auch Hölbing, Franz: 300 Jahre Universitas Oenipontana. Innsbruck 1970, S. 30–33; Rogenhofer, Gert: Medicina Oenipontana: Magistri annorum 1673–1810. Med. Diss. Technische Universität, München 1975, S. 36–73.
74 Siehe dazu Probst, Geschichte der Universität, S. 154–165.
75 Zit. bei Hölbing, 300 Jahre, S. 32f.
76 Maria Theresia berief sich darauf, daß die Innsbrucker Universität „den blühenden Zustand und das Ansehen deren Wiener und Prager Universitäten bei weytem nicht (zu) erreichen" vermochte. Abdruck der ah. Entschließung v. 1765 August 28 bei Probst, Geschichte der Universität, S. 401–411.
77 Siehe ebenda, S. 166–170; Hölbing, 300 Jahre, S. 34–37.
78 Krones, Geschichte der Karl Franzens-Universität, S. 405f.
79 Smekal, Ferdinand G.: Alma Universitas. Die Geschichte der Grazer Universität in vier Jahrhunderten. Wien 1967, S. 61.
80 Zit. ebenda, S. 61; Krones, Geschichte der Karl Franzens-Universität, S. 415f.
81 Zit. bei Krones, Geschichte der Karl Franzens-Universität, S. 79.
82 Ebenda, S. 416f.
83 Ebenda, S. 429–431 (hier auch Verzeichnis der Universitätsrektoren von 1764–1773).
84 Smekal, Alma Universitatis, S. 63.
85 Kink, Geschichte der kaiserlichen Universität, 1/I, S. 512; Klingenstein, Bildungskrise, S. 220f.
86 So äußerte sich Martini gegenüber Leopold II. im Jahre 1790 (Kink, Geschichte der kaiserlichen Universität, 1/II, S. 302).
87 Ebenda, 1/I, S. 516.

88 Siehe dazu den Abdruck der neuen Verfassungen „zu noch mehrerer Emporbringung der freyen Künste und Wissenschaften bey den 4 Fakultäten der hiesigen Wienerischen hohen Schule" in: Ebenda, 2, S. 573–578; Meister, Entwicklung und Reformen, S. 26–28.
89 Siehe dazu Sager, Die Universität Wien, S. 88–91; Stoiber, Die Universität Wien, S. 90–95; Müller, Der pastoraltheologisch-didaktische Ansatz, S. 141; Menzel, Abt Franz Stephan Rautenstrauch, S. 153–163.
90 Sager, Die Universität Wien, S. 94f.; Stoiber, Die Universität Wien, S. 134; Meister, Entwicklung und Reformen, S. 27f.
91 Vgl. Lesky, Gerard van Swieten, S. 26–28.
92 Meister, Entwicklung und Reformen, S. 27.
93 Probst, Geschichte der Universität in Innsbruck, S. 202–206, 209.
94 Nur in Graz war die Bevölkerung über die Auflösung des Jesuitenordens unwillig; ernsthafter Widerstand wurde allerdings nicht geleistet (Haberzettl, Hermann: Die Stellung der Exjesuiten in Politik und Kulturleben Österreichs zu Ende des 18. Jahrhunderts. Wien 1973 [Dissertationen der Universität Wien, 94], S. 16f.).
95 Smekal, Alma Universitatis, S. 66–69.
96 Über die Entwicklung der Akademien in Europa siehe Zlabinger, Eleonore: Muratori und Österreich. Innsbruck 1970 (Veröffentlichungen der Universität Innsbruck, Studien zur Rechts-, Wirtschafts- und Kulturgeschichte, 6), S. 18–23; Hammermayer, Ludwig: Akademiebewegung und Wissenschaftsorganisation. Formen, Tendenzen und Wandel in Europa während der zweiten Hälfte des 18. Jahrhunderts. In: Amberger, Erik/Cieśla, Michał/Sziklay, László (Hrsg.): Wissenschaftspolitik in Mittel- und Osteuropa. Wissenschaftliche Gesellschaften, Akademien und Hochschulen im 18. und beginnenden 19. Jahrhundert. Berlin 1976, S. 1–84 (mit ausführlichen Literaturangaben in den Anmerkungen, S. 37–84).
97 Siehe dazu Meister, Richard: Geschichte der Akademie der Wissenschaften in Wien 1847–1947. Wien 1947 (Öst. Ak., Denkschriften, 1), S. 11–13.
98 Zlabinger, Muratori und Österreich, S. 40–53. Riedmann, Josef: Geschichte Tirols. München 1983, S. 159.
99 Zlabinger, Muratori und Österreich, S. 25–39.
100 Mikoletzky, Hanns Leo: Österreich. Das große 18. Jahrhundert. Von Leopold I. bis Leopold II. Wien 1967, S. 259f.
101 Die „Societas Incognitorum" hatte ebenfalls keinen langen Bestand. Siehe dazu Hammermayer, Akademiebewegung, S. 5 (mit reichen Literaturangaben, S. 47f., Anm. 24).
102 Zit. bei Mikoletzky, Österreich, S. 261.
103 Der bedeutende Astronom Maximilian Hell, ein Exjesuit, der ebenfalls herangezogen wurde, wünschte eine Beschränkung der Akademie auf die Naturwissenschaften (Haberzettl, Die Stellung der Exjesuiten, S. 184f.).
104 Maria Theresia und ihre Zeit. Ausstellungskatalog. Wien 1980, S. 464f. (Nr. 104,09; AVA Wien, 222 ex 1774, Prot. 1774 August 1).
105 Zit. bei Meister, Geschichte der Akademie, S. 16.
106 Joseph II. an Graf Blümegen, 1781 November 29 (Abdruck des Handbilletts bei Kink, Geschichte der kaiserlichen Universität, 1/I, S. 545f., Anm. 727).
107 Ah. Entschließung, 1783 August 4 (abgedr. ebenda, 2, S. 590f.).
108 Ah. Entschließung, 1783 August 28 u. 1784 Jänner 16 (abgedr. ebenda, 2, S. 592 u. 595).
109 Ebenda, 2, S. 596 (1784 November 11).
110 Ebenda, 2, S. 590 (1782 Juni 3).
111 Alles, was einer geistlichen Feierlichkeit ähnlich sei, mußte bei Erteilung eines akademischen Grades abgeschafft werden (ebenda, 2, S. 596; 1785 Februar 3).
112 Ebenda, 2, S. 586 (1778 August 22, 1778 September 11); S. 589 (1782 Jänner 18).
113 Siehe Anm. 106.
114 Klingenstein, Grete: Akademikerüberschuß als soziales Problem im aufgeklärten Absolutismus. Bemerkungen über eine Rede Joseph von Sonnenfels' aus dem Jahre 1771. In: Klingenstein, Grete/Lutz, Heinrich/Stourzh, Gerald (Hrsg.): Bildung, Politik und Gesellschaft. Wien 1978 (Wiener Beiträge zur Geschichte der Neuzeit, 5), S. 166 u. 193.
115 Kaunitz dürfte Joseph II. den steifen, egozentrischen Hofbibliothekar empfohlen haben (Wangermann, Aufklärung, S. 17).

116 Die Aufhebung der Universität Freiburg in Vorderösterreich wurde überhaupt zurückgenommen. Siehe zum Folgenden Stoiber, Die Universität Wien, S. 69–76; Wangermann, Aufklärung, S. 19–31; Stiegelbauer, Josef: Die Wiener Universität unter Kaiser Joseph II. Phil. Diss. Wien 1941.

117 Zit. bei Wangermann, Aufklärung, S. 22.

118 Hölbing, 300 Jahre, S. 41f.; Schwarz, Die philosophische Fakultät, S. 218–220.

119 Krones, Geschichte der Karl Franzens-Universität, S. 465–472, 506 (seit 1786 zweijähriger medizinisch-chirurgischer Kurs); Egglmaier, Herbert Hans: Das medizinisch-chirurgische Studium in Graz. Ein Beispiel für den Wandel staatlicher Zielvorstellungen im Bildungs- und Medizinalwesen. Phil. Diss. 1980 (Dissertationen der Universität Graz, 50), S. 40–104.

120 Trotsenburg, Edmund van: Zur Geschichte der hohen Schulen in Klagenfurt. 300 Jahre gelehrter Unterricht. In: zehn jahre universität für bildungswissenschaften klagenfurt neunzehnsiebzig–neunzehnachtzig. Klagenfurt 1980, S. 40.

121 Lenzenweger, Josef: Der Kampf um eine Hochschule für Linz. Linz 1963, S. 18f.

122 Mit 16. Oktober 1783 ordnete Joseph II. an, daß „auf den sämtlichen Gimnasien, Lizäen und Universitäten der unentgeltliche Unterricht aufhören, und von iedem Studierenden ein mässiges Unterrichtsgeld bezahlt werden soll“ (Gesetzessammlung Joseph II., 6, S. 370–372). Dafür fielen die Kollegiengelder weg. Diese waren ursprünglich nur für Privatvorlesungen, ab 1754 auch für öffentliche Vorlesungen zu zahlen gewesen (Stiegelbauer, Die Wiener Universität, S. 62). Aus den eingehobenen Studiengebühren wurden die Stipendien bezahlt. Die Stipendiaten – Voraussetzung Armut und die 1. Klasse in Studien und Sitten – mußten am Eingang der Hörsäle kontrollieren, ob sich jemand einzuschleichen versuchte, ohne bezahlt zu haben (Stoiber, Die Universität Wien, S. 225).

123 Zit. bei Wangermann, Aufklärung, S. 44.

124 An dem Innsbrucker Lyzeum sank die Hörerzahl von 364 (1785) auf 195 (1790), in Graz bewegte sich die Frequenz ähnlich (Schwarz, Geschichte der Universität in Innsbruck, S. 236, Anm. 2 u. 3; Krones, Geschichte der Karl Franzens-Universität, S. 471f.). Im Durchschnitt dürfte die Frequenz im Jahre 1787 ihren Tiefpunkt erreicht haben (Stoiber, Die Universität Wien, S. 226).

125 Siehe Wangermann, Aufklärung, S. 27.

126 Resolution zum Vortrag der Studienhofkommission v. 25. Nov. 1782, zit. bei Zschokke, Die theologischen Studien, S. 50; Wangermann, Aufklärung, S. 26.

127 Heinke wies kaltschnäuzig daraufhin, daß Italiener, Ungarn und Kroaten, wenn ihnen die deutsche Sprache schwerfiele, ja in Pavia bzw. Ofen studieren könnten. Und beim Ausfall der wenigen Studenten aus Böhmen und Mähren, die des Deutschen nicht mächtig sind, „verlieret man nichts grosses, wenn schon ein Duzent junge Leute weniger studiren“ (Wangermann, Aufklärung, S. 27).

128 Hofdekret v. 12. Juli 1784, abgedr. in: Gesetzessammlung Joseph II., 6, S. 402–404.

129 Zit. bei Wangermann, Aufklärung, S. 23.

130 Zit. bei Kink, Geschichte der kaiserlichen Universität, 1/I, S. 545, Anm. 727.

131 Zit. bei Wangermann, Aufklärung, S. 24.

132 1784 Okt. 7; 1786 Juni 6 (ebenda, S. 29 u. 31).

133 Zit. ebenda, S. 68.

134 Zit. ebenda, S. 70.

135 Meister, Entwicklung und Reformen, S. 29f.

136 Zit. bei Wangermann, Aufklärung, S. 78.

137 Königl. Bibliothek Stockholm, Hs., Über die Einrichtung der Studien in den kaiserl. königl. deutschen, böhmischen und hungarischen Erblanden, fol. 15^v (vgl. AVA Wien, StHK F. 14, 5 Univ. in gen.-Einrichtung, 145 ex 1785, fol. 22).

138 Zit. bei Wangermann, Aufklärung, S. 82.

139 Ebenda, S. 96.

140 Probst, Geschichte der Universität in Innsbruck, S. 246–249.

141 Text der Denkschrift tw. wiedergegeben bei Krones, Geschichte der Karl Franzens-Universität, S. 619f.; siehe auch S. 115 u. 482f.

142 Matthias Dannenmayer (Prof. f. Kirchengeschichte an der Wiener Universität) und Joseph Spendou (Oberaufseher der deutschen Schulen) sprachen sich gegen die Wiedereinführung

des Lateins als Unterrichtssprache aus, blieben aber in der Minderheit (Wangermann, Aufklärung, S. 109; siehe auch S. 100).

143 Siehe dazu Meister, Entwicklung und Reformen, S. 31–33 sowie den Vortrag Martinis über die vorzunehmende Studienreform (1790 Juni 24; abgedr. bei Kink, Geschichte der kaiserlichen Universität, 1/II, S. 300–318).

144 Zit. bei Wangermann, Aufklärung, S. 106f.

145 Wandruszka, Adam: Leopold II. 2, Wien–München 1965, S. 324.

146 Siehe dazu die gedruckte „Nachricht von einigen Schul- und Studienanstalten in den oesterreichischen Erblanden" (Wien 1791), die als Verordnung in Umlauf gesetzt wurde. Textwiedergabe bei Timp, Die Problematik, Anhang 6, S. 69–81.

147 Ebenda, S. 71.

148 So Meister, Entwicklung und Reformen, S. 44f.; Wandruszka, Leopold II., 2, S. 327.

149 Da seit 1784 den Studenten freigestellt war, ob sie sich immatrikulieren wollten (Hofdekret, 1784 Juni 8), und die Führung der Matrikel (mit Einhebung einer Matrikeltaxe) erst wieder seit 1804 verpflichtend war (Hofdekret, 1804 Februar 13), liegt für diese Zeit nur ein vages Zahlenmaterial vor. Seine Auswertung für Wien ergibt, daß 1793 42,7% der Hörer aus der Universitätsstadt selbst stammten – was auf eine geringe Anziehungskraft hinweist –, der Adel stark unter den Studenten vertreten war (19,6%) und in der Besuchsfrequenz die Philos. Fakultät (55,3%) vor Jus (37,6%), Theologie (4,5%) und Medizin (2,6%) führte (Stoiber, Die Universität Wien, S. 221).

150 Der Landesfürst hatte – außer einem allgemeinen Oberaufsichts- und Bestätigungsrecht bei der Rektorswahl oder einer Statutenänderung – nur das Recht, die drei weltlichen Professoren der Juristenfakultät zu bestätigen (Putzer, Peter: Aspekte der Wissenschaftspflege an der alten Salzburger Juristenfakultät. In: Universität 1622–1962–1972. Festschrift, S. 136).

151 Martin, Franz: Salzburgs Fürsten in der Barockzeit 1587 bis 1812. 3. Aufl. Salzburg 1966, S. 225–256.

152 Hermann, Karl Friedrich: Zepter im Trauerflor. Die letzten Jahrzehnte der alten Salzburger Benediktineruniversität und ihr Ende 1810. In: Universität 1622–1962–1972. Festschrift. Salzburg 1972, S. 40f.

153 Putzer, Aspekte, S. 136–139.

154 Fürsterzb. Verordnung, 1774 Jänner 6, abgedr. bei Sattler, Magnus: Collectaneen-Blätter zur Geschichte der ehemaligen Benedictiner-Universität Salzburg. Kempten 1890, S. 450–454.

155 Ritschel, Karl Heinz: Die Geschichte der Universität Salzburg. In: Kaindl-Hönig, Max/Ritschel, Karl Heinz: Die Salzburger Universität 1622–1964. Salzburg 1964, S. 154.

156 Siehe dazu die „Klage des Rectors der hohen Schule zu Salzburg Johann Damascen v. Kleimayern gegen die dortigen Professoren" (1792 Mai 6), abgedr. bei Sattler, Collectaneen-Blätter, S. 523–534.

157 Zit. bei Hermann, Szepter im Trauerflor, S. 41.

158 Ebenda, S. 41–43.

Zu 13 Das Bildungswesen als Stabilisierungsfaktor der politischen Verhältnisse (1792–1848)

1 Zur umfangreichen Literatur über diesen Zeitabschnitt siehe Zöllner, Erich: Geschichte Österreichs. Von den Anfängen bis zur Gegenwart. 6. Aufl. Wien 1979, S. 628–631; weiters Bibl, Viktor: Der Zerfall Österreichs. 1, Kaiser Franz und sein Erbe. Wien 1922; Mikoletzky, Hanns Leo: Bild und Gegenbild Ferdinands I. von Österreich. Ein Versuch. In: Archiv für österreichische Geschichte 125 (1966), S. 173–195; Ortner, Franz: Säkularisation und Kirchliche Erneuerung im Erzbistum Salzburg 1803–1835. Wien–Salzburg 1979 (Veröffentlichungen des Instituts für kirchliche Zeitgeschichte, II/8); Reinalter, Helmut: Aufklärung – Vormärz – Revolution. Mitteilungen der internationalen Forschungsgruppe „Demokratische Bewegungen in Mitteleuropa 1770–1850" an der Universität Innsbruck. 1, Innsbruck 1981; Krüger, Renate: Biedermeier. Eine Lebenshaltung zwischen 1815 und 1848. Wien 1979.

2 Bereits im Jahre 1777 war von Maria Theresia festgelegt worden, daß Schullehrer unter bestimmten Bedingungen von der Militärpflicht befreit waren. Seit 1787 wurden auch die wirklich angestellten Schullehrergehilfen nicht mehr eingezogen (Vdg. v. 5. November 1777, Hofdekret v. 27. August 1787; siehe Hempel-Kürsinger, Johann Nep. Fr. v.: Alphabetisch-chronologische Übersicht der k. k. Gesetze und Verordnungen vom Jahre 1740 bis zum Jahre 1821, als Haupt-Repertorium über die theils mit höchster Genehmigung, theils unter Aufsicht der Hofstellen in 79 Bänden erschienenen politischen Gesetzsammlungen. 8, Wien 1827, S. 246f., 250f.). Man dachte anfangs, daß man in zwei Jahren genug „abgerichtete Lehrgehilfen" haben werde, sodaß „die Exempzion ferner nicht mehr nöthig" sein werde (Gesetzessammlung Maria Theresia, 8, S. 92, Nr. 1917).

3 Srbik, Heinrich Ritter v.: Metternich. Der Staatsmann und der Mensch. 1 u. 2, München 1925. Siehe auch die wichtigste neuere Literatur zu Metternich bei Zörner, Marianne: Metternich im Urteil seiner englischen Zeitgenossen. In: Innsbrucker Historische Studien 2 (1979), S. 69, Anm. 1.

4 Kann, Robert A.: Kanzel und Katheder. Wien 1964, S. 268.

5 Srbik, Metternich, 1, S. 292, 302, 506.

6 Vgl. Bergier, Jean-François: Mensch und Gesellschaft in den Wandlungen des industriellen Zeitalters. In: Saeculum 26 (1975), S. 181–190.

7 Siehe dazu Dopsch, Heinz: Der österreichische Adel. In: Zöllner, Erich (Hrsg.): Österreichs Sozialstrukturen in historischer Sicht. Wien 1980, S. 34f. (Schriften des Institutes für Österreichkunde, 36).

8 Brauneder, Wilhelm/Lachmayer, Friedrich: Österreichische Verfassungsgeschichte. Einführung in Entwicklung und Strukturen. Wien 1976, S. 104.

9 Da im Jahre 1791 die Favorita, das ehemalige Heim des Theresianums, noch die dorthin verlegte Ingenieurakademie beherbergte, wurden die Zöglinge im Löwenburgschen Konvikt untergebracht. Sie besuchten im Josefstädter Gymnasium die „studia inferiora" und im Barbarastift (Wien 1, Postgasse 8) die Sprachkurse und die juridischen Studien. Im Jahre 1797 konnten sie wieder die Favorita (Wien 4, Favoritenstraße 15) beziehen, die ein drittes Geschoß aufgestockt erhielt (Guglia, Eugen: Das Theresianum in Wien. Vergangenheit und Gegenwart. Wien 1912, S. 59–61).

10 Brusatti, Alois: Österreich am Vorabend des industriellen Zeitalters (1792–1848). In: Institut für Österreichkunde (Hrsg.): Die Wirtschaftsgeschichte Österreichs. Wien 1971, S. 136.

11 Eine Gewerberechtsreform wurde erst 1859 durchgeführt (ebenda, S. 139).

12 Otruba, Gustav: Entstehung und soziale Entwicklung der Arbeiterschaft und der Angestellten bis zum Ersten Weltkrieg. In: Zöllner, Erich (Hrsg.): Österreichs Sozialstrukturen in historischer Sicht. Wien 1980, S. 124–130.

13 Auswertung der Löhne in der Porzellanfabrik Augarten, in der Tabakfabrik Hainburg, in der Linzer Wollenzeugfabrik, in den Salinen des Salzkammergutes u. ä. (ebenda, S. 126–130). Siehe auch Otruba, Gustav: Österreichs Industrie und Arbeiterschaft im Übergang von der Manufaktur- zur Fabrikaturepoche (1790–1848). In: Österreich in Geschichte und Literatur 15 (1971), S. 595–597.

14 Otruba, Entstehung und soziale Entwicklung der Arbeiterschaft, S. 130.

15 Posch, Fritz: Geschichte des Verwaltungsbezirkes Hartberg. 1, Graz–Hartberg 1978, S. 835.

16 Tremel, Ferdinand: Wirtschafts- und Sozialgeschichte Österreichs. Wien 1969, S. 308.

17 Ebenda, S. 299.

18 Über die bis 1958 erschienene umfangreiche Literatur über F. M. Vierthaler informiert Prillinger, Ferdinand: Schrifttum über Franz Michael Vierthaler. In: Laireiter, Matthias (Hrsg.): Franz Michael Vierthaler. Festschrift zum 200. Geburtstag am 25. September 1958. Salzburg 1958, S. 75–79. Besonders herangezogen wurden Köchl, Karl: Franz Michael Vierthaler. Ein Lebensbild. In: Ebenda, S. 11–18; Fadrus, Viktor: Franz Michael Vierthalers Wirken in Wien. In: Ebenda, S. 19–35; Hörburger, Franz: Vierthaler, der Reformator der Lehrerbildung in der Pädagogik seiner Zeit. In: Ebenda, S. 36–43; Köchl, Karl: Franz Michael Vierthalers Leben und Schaffen. Zum 200. Geburtstag am 25. September 1958. In: Mitteilungen der Gesellschaft für Salzburger Landeskunde 98 (1958), S. 1–50; Wolf, Karl: F. M. Vierthalers „Geist der Sokratik" und die gegenwärtige Pädagogik. In: Laireiter,

Matthias (Hrsg.): Schule in Verantwortung. Festschrift zum 90. Geburtstag von Hofrat Dr. Franz Hörburger. Salzburg 1972, S. 26–34; Prillinger, Ferdinand: Franz Michael Vierthaler. Zum 200 Geburtstag. In: Erziehung und Unterricht 108 (1958), S. 543–548; Wagner, Karl O.: Franz Michael Vierthaler. Zum hundertsten Todesjahre. In: Festschrift der Bundes-Lehrerbildungsanstalt in Salzburg zur Feier des 150-jährigen Bestandes der Lehrerbildung und des 100. Todesjahres Vierthalers. Salzburg 1927, S. 39–68; Anthaller, (Franz): Franz Michael Vierthaler, der Salzburger Pädagoge. Ein Beitrag zur Geschichte der Pädagogik. In: Viertes Programm der k. k. Lehrerbildungs-Anstalt in Salzburg 1880. Salzburg 1880, S. 1–61. Köchl, Karl: Franz Michael Vierthalers Leben und Schaffen. Zum 200. Geburtstag am 25. September 1958. In: Mitteilungen der Gesellschaft für Salzburger Landeskunde 98 (1958), S. 1–50; Wagner, Karl: Zur Geschichte der Schulverbesserung in Salzburg unter Erzbischof Hieronymus Grafen Colloredo. III. Teil. In: Mitteilungen der Gesellschaft für Salzburger Landeskunde 64 (1924), S. 97–128; Wagner, Karl: Zur Geschichte der Schulverbesserung in Salzburg unter Erzbischof Hieronymus Grafen Colloredo. III. Teil. Die Schulverbesserung seit Errichtung des Schullehrer-Seminars. In: Mitteilungen der Gesellschaft für Salzburger Landeskunde 67 (1927), S. 97–134; Wagner, Karl: Vierthalers Schulplan. In: Mitteilungen der Gesellschaft für Salzburger Landeskunde 62 (1922), S. 33–50. Vierthaler liegt auf dem Währinger Friedhof in Wien begraben.

19 Siehe das von Ferdinand Prillinger sorgfältig zusammengestellte Werkverzeichnis, in: Laireiter (Hrsg.), Franz Michael Vierthaler, S. 68–74.

20 Rothbucher, Heinrich: F. M. Vierthalers „Geist der Sokratik". Ein Beitrag zur Geschichte der „sokratischen Methode". Phil. Diss. Salzburg 1966; Wolf, F. M. Vierthalers „Geist der Sokratik", S. 26–34.

21 Güttenberger, Heinrich: Franz de Paula Gaheis (1763–1809). Leben und Schaffen eines österreichischen Volksschulpädagogen im Spiegel der Kulturgeschichte und der Zeitpädagogik. Wien–Leipzig 1927; Fritsche, Josef: Berühmte und verdiente Korneuburger. In: Festschrift anläßlich der 650-Jahrfeier der Stadt Korneuburg. Korneuburg 1948, S. 31; Kallus, Julius: Vom Jahr 1700 bis zur Gründung der 1. Republik. In: Heimatbuch des politischen Bezirkes Korneuburg (Gerichtsbezirke Korneuburg und Stockerau). 1, Korneuburg 1957, S. 199. Gaheis wurde auf dem St. Marxer-Friedhof in Wien begraben.

22 Archiv der Pfarre Krems, Taufbuch 1752–1774, S. 246.

23 Viele seiner Veröffentlichungen erschienen weiterhin unter dem Namen Franz Anton (F. A.) Gaheis.

24 Verzeichnis der gedruckten und ungedruckten Schriften von F. Gaheis bei Güttenberger, Franz de Paula Gaheis, S. 124–129. Siehe auch Adel, Kurt: Die Anfänge der österreichischen Literaturgeschichtsschreibung. In: Österreich in Geschichte und Literatur 13 (1969), S. 359f.

25 In einem Gesuch, das F. Gaheis an Kaiser Franz II. (I.) richtete, nennt er die von der Studienrevisions-Hofkommission erhaltenen Aufträge (Textwiedergabe bei Güttenberger, Franz de Paula Gaheis, S. 101f.). Im Vorwort zur 4. Aufl. seines „Handbuches der Lehrkunst für den ersten Unterricht in deutschen Schulen", das Gaheis der Studienhofkommission widmete, berichtet er, daß ihn Graf Rottenhan zur Mitarbeit in der Studienrevisions-Hofkommission eingeladen habe und er dort auch „die gegenwärtige Schrift zu verfassen die Veranlassung erhielt" (Gaheis, Handbuch, 4. Aufl., Wien 1809, Vorrede).

26 Siehe die Literaturübersicht über V. E. Milde bei Engelbrecht, Helmut: Zur Problematik und zu den Aufgaben einer Milde-Biographie. Anregungen anläßlich der Wiederkehr des 200. Geburtstages des bedeutenden österreichischen Pädagogen. In: Bundesgymnasium Krems. Festschrift zum Abschluß der Neugestaltung und Erweiterung des Schulgebäudes und zur Feier des 200. Geburtstages V. E. Mildes (1777–1853). Krems 1977, S. 66f., 99–103; weiters Kovács, Elisabeth: Die Persönlichkeit des Wiener Fürsterzbischofs Vinzenz Eduard Milde im Spiegel der Historiographie. In: Jahrbuch des Vereins für Geschichte der Stadt Wien 34 (1978), S. 218–238. Die Grabstätte Mildes befindet sich im Wiener Stephansdom.

27 Engelbrecht, Helmut: Die Philosophische Lehranstalt zu Krems unter der Direktion Vincenz Eduard Mildes. In: Mitteilungen des Kremser Stadtarchivs 7 (1967), S. 131–176.

28 Engelbrecht, Helmut: Vincenz Eduard Milde als Schul-Districts-Aufseher. In: Mitteilungen des Kremser Stadtarchivs 8 (1968), S. 41–76.

29 Siehe dazu Fischer, Kurt Gerhard: Vincenz Eduard Milde – Ein Pädagoge? In: Milde, V. E.: Lehrbuch der allgemeinen Erziehungskunde. (I. und II. Teil in einem Band). Besorgt von K. G. Fischer. Paderborn 1965, S. 691–704; Holtstiege, Hildegard: Die Pädagogik Vincenz Eduard Mildes 1777–1853. Wien 1971 (Wiener Beiträge zur Theologie, 38); Strack, Günther: Vinzenz Eduard Milde. Biographische Darstellung seines pädagogischen Denkens und seines Systems. Phil. Diss. Graz 1971.

30 Schriftenverzeichnis von V. E. Milde bei Engelbrecht, Zur Problematik, S. 93–97.

31 Zit. bei Hörburger, Vierthaler, S. 38.

32 Ebenda, S. 38f.

33 Glöckl, L. (Hrsg.): Franz Michael Vierthalers Ausgewählte pädagogische Schriften. Freiburg i. B. 1893 (Bibliothek der katholischen Pädagogik, 6), S. 27.

34 Ebenda, S. 117f.

35 Zit. bei Wolf, F. M. Vierthalers „Geist der Sokratik", S. 30.

36 „Ein nützlicher Rechner verweilt daher gerne innerhalb des Zirkels der Ökonomie. In Bürgerschulen nimmt er die Beispiele von bürgerlichen Geschäften und in Landschulen von ländlichen Gegenständen her ... Es ist daher ein großer Fehler, wenn die Beispiele nur ideal sind, wenn sie in ungeheuern Summen, gehäuften Brüchen und mit Fleiß verworrenen Problemen bestehen; so kommen sie im gemeinen Leben nicht vor" (Vierthaler, Elemente der Methodik und Pädagogik, abgedr. in: Glöckl [Hrsg.], F. M. Vierthalers Ausgewählte pädagogische Schriften, S. 96).

37 Vierthaler, Entwurf der Schulerziehungskunde, abgedr. ebenda, S. 202.

38 Ebenda, S. 200.

39 Gaheis, Franz v. P.: Handbuch der Lehrkunst für den ersten Unterricht in deutschen Schulen. 4. Aufl. Wien 1809, Vorrede zur 3. Aufl. 1799.

40 Ebenda, Vorrede zur 4. Aufl., S. 2.

41 Wiener Stadtbibliothek, Handschriftensammlung Nr. 76933. Tagebuch des Anton Gaheis, Novizen des Ordens der Väter der frommen Schulen, Bd. 1 (1780 Nov.–1792 Nov. 1), nicht paginiert, Eintragung 1792.

42 Gaheis, Handbuch der Lehrkunst, 4. Aufl. (1809), S. 6, 194.

43 Ebenda, S. 296–319.

44 Zit. bei Güttenberger, Franz de Paula Gaheis, S. 149.

45 Ebenda, S. 152f. Vierthaler tritt dabei für Selektionsmaßnahmen ein, denn „unter Tausenden ist kaum einer, der mit Nutzen fremde Kinder zu erziehen versteht". Siehe (Gaheis, Franz): Bild eines vollkommenen Hausvaters. Eine Einladungsschrift bey Gelegenheit der öffentlichen Prüfung an der k. k. Hauptschule zu Korneuburg. Wien 1793, S. 12.

46 Gaheis, Handbuch der Lehrkunst, 4. Aufl. (1809), S. 334–344.

47 Gaheis, Franz: Entwurf zu einem Institute für blinde Kinder. Wien 1802. Nach seinen eigenen Worten bemühte er sich bereits seit 1800 um blinde Kinder, unterstützte sie aus eigenen Mitteln und sammelte für sie Geld. Schließlich vertraute er einen ihm übergebenen blinden Knaben Johann Wilhelm Klein an, der in der Folge zum Begründer des ersten österreichischen Blindeninstituts wurde (Gaheis, Handbuch der Lehrkunst, 4. Aufl. [1809], S. 335).

48 Milde, Vincenz Eduard: Lehrbuch der allgemeinen Erziehungskunde (I. und II. Teil in einem Band). Besorgt von K. G. Fischer. Paderborn 1965, S. 154.

49 Ebenda, S. 372.

50 Ebenda, S. 29.

51 Siehe dazu Weigl, Franz: Fürsterzbischof Vinzenz Eduard Milde und die moderne Heilpädagogik. In: Die Kultur. Vierteljahrschrift für Wissenschaft, Literatur und Kunst 11 (1910), S. 65–70; Kirmsse, Max: Blätter aus der Geschichte der Schwachsinnigenfürsorge in Österreich. III. Die Ansichten des Bischofs Milde über die Behandlung Geistesschwacher. In: Heilpädagogische Schul- und Elternerziehung 2 (Wien 1911), S. 55–62, 72–77.

52 Milde, Vincenz Eduard: Ehrfurchtsvolle Darstellung der Hindernisse der Besserung der Policey- und Criminal-Sträflinge. Abgedr. in: Krebs, Leopold: Vinzenz Eduard Milde und die Seelsorge in Strafhäusern. Wien 1922, S. 40f.

53 Milde, Erziehungskunde, S. 46.

54 Ebenda, S. 10.

55 Vgl. Wolf, F. M. Vierthalers „Geist der Sokratik“, S. 33f.
56 Maier, Karl Ernst: Das Werden der allgemeinbildenden Pflichtschule in Bayern und Österreich. Eine vergleichende Untersuchung von den Anfängen bis zur Gegenwart. Ansbach 1967, S. 59.
57 Bacher, Bartholomäus: Theoretisch-praktisches Hand- und Methodenbuch für Volks-Schullehrer im Königreiche Baiern. 2. Aufl. München 1814.
58 In der Geschichte der Pädagogik (z. B. Odenbach, Karl: Lexikon der Schulpädagogik. Braunschweig 1970, S. 94f.) wird meist Friedrich August Finger als Bahnbrecher des heimatkundlichen Unterrichts angeführt (Anweisung zum Unterricht in der Heimatkunde gegeben an dem Beispiel von Weinheim an der Bergstraße, 1844). Doch dessen Grundgedanken – Heimatkunde als Vorstufe der Geographie wie auch Grundlage des Sachunterrichts (Rechnen, Geschichte, Zeichnen) – wurden schon von F. Gaheis formuliert und in der Schulpraxis erprobt.
59 Gaheis, Handbuch der Lehrkunst, 4. Aufl. (1809), S. 1.
60 Der Theologe und Pädagoge Ferrante Aporti studierte 1816–1819 am Theresianum in Wien. Er hörte dort nicht, wie fälschlicherweise in Lexika zu lesen ist (z. B. Lexikon der Pädagogik. Neue Folge. 1, Freiburg–Basel–Wien: Herder 1970, S. 60), Pädagogik bei V. E. Milde, doch wurde dort nachweislich dessen „Erziehungskunde“ durch Peregrin Kunze vorgetragen (Wotke, Karl: Vincenz Eduard Milde als Pädagoge und sein Verhältnis zu den geistigen Strömungen seiner Zeit. In: BÖES 4 [1902], S. 103). F. Aportis pädagogische Zielsetzungen liefen auf Entfaltung der körperlichen, sittlich-religiösen und intellektuellen Fähigkeiten hinaus.
61 Rayneri, G. A.: Pädagogik in fünf Bänden. Aus dem Italienischen übersetzt und mit Anmerkungen versehen von A. Keel und F. X. Kunz. Freiburg 1909.
62 Der Vize-Direktor der philosophischen Fakultät Wien berichtete von der Übersetzung der „Erziehungskunde“ in die lateinische Sprache in einem Schreiben v. 23. August 1814 an die niederösterreichische Landesregierung (abgedr. in: Wotke, V. E. Milde als Pädagoge, S. 96). Die Nachforschungen H. Holtstieges nach dieser Übersetzung in Ungarn blieben ergebnislos (Holtstiege, Hildegard: Die Pädagogik Vincenz Eduard Mildes 1777–1853. Wien 1971, S. 11f.).
63 Zit. bei Maier, Das Werden der allgemeinbildenden Pflichtschule, S. 59.
64 Vgl. die Festlegungen der Wiener Gymnasiallehrerversammlung (Wotke, Karl: Gymnasiallehrplan der Wiener Gymnasiallehrerversammlung vom Jahre 1792. In: BÖES 15 [1914], S. 189–271), die Stellungnahme der niederösterreichischen Regierung oder die Erklärung des Staatsministers Graf Zinzendorf (Timp, Heribert: Die Problematik „Klassenlehrer oder Fachlehrer“ in den Gymnasialreformen von 1792 bis 1849. Wien 1968, S. 22f.).
65 Zur personellen Zusammensetzung der Studien-Revisions-Hofkommission siehe Weiß, Anton: Die Entstehungsgeschichte des Volksschul-Planes von 1804. Graz 1904, S. 21f.
66 Abgedr. bei Eggers, C(hristian) U(lrich) D(etlev) von (Hrsg.): Nachrichten von der beabsichtigten Verbesserung des öffentlichen Unterrichtswesens in den österreichischen Staaten mit authentischen Belegen. Tübingen 1808, S. 23–80.
67 Ebenda, S. 76.
68 Ebenda, S. 76f.
69 Ebenda, S. 24.
70 Ebenda, S. 32.
71 Ebenda, S. 33.
72 Zum Folgenden siehe ebenda, S. 34–37.
73 Ebenda, S. 47f.
74 Ebenda, S. 52.
75 Ebenda, S. 75.
76 Weiß, Die Entstehungsgeschichte des Volksschul-Planes, S. 26–34.
77 Ebenda, S. 34–38.
78 Ausführliche Darlegung der Beratungen ebenda, S. 38–52.
79 Abgedr. bei Eggers, Nachrichten, S. 81–99.
80 Weiß, Die Entstehungsgeschichte, S. 127f.
81 Ebenda, S. 137.
82 Timp, Die Problematik, S. 45.

83 Hock, Carl/Bidermann, Hermann Ignaz: Der österreichische Staatsrath (1760–1848). Wien 1879, S. 651f., 657.
84 Biographische Daten bei Weiß, Die Entstehungsgeschichte, S. 184, Anm. 1; Wurzbach 16 (1867), S. 43f.; Österreichisches Biographisches Lexikon 1815–1950. 5, Wien–Köln–Graz 1972, S. 318.
85 Text des Hofkanzleidekrets abgedr. bei Timp, Die Problematik, Anhang 13 (S. 133).

Zu 14 Die „Volksschulen" in der ersten Hälfte des 19. Jahrhunderts

1 Joseph Anton Gall (1748–1807), ein Weltpriester aus Schwaben, hatte von dem pädagogischen Können des Abtes Felbiger gehört, war deswegen nach Wien gekommen und dessen Schüler geworden. Er erhielt eine Stelle als Katechet an der Normalschule in Wien (1774), schied aber wieder aus diesem Amte (1779), als seine Ansichten über die beste Methode von denen Felbigers abwichen. Im Jahre 1780 wurde er zum Oberaufseher der deutschen Schulen in Österreich unter der Enns bestellt, 1788 zum Bischof von Linz ernannt (Wurzbach, 5 [1859], S. 65f.).
2 Die „sokratische Methode" war ganz auf die Selbsttätigkeit der Schüler ausgerichtet. Diese wurden angeleitet, durch geschickte Fragen – unter Mithilfe des Lehrers – ein Problem verstandesmäßig zu erfassen und Kenntnisse zu erwerben, die auf diese Weise zu Erkenntnissen wurden und deshalb leichter behalten werden konnten. Die meisten Mitglieder der „Studien-Revisions-Hofkommission" waren jedoch der Meinung, daß im Religionsunterricht das Memorieren (mit Erklärung der Inhalte) zielführender als die „sokratische Methode" sei (Weiß, Anton: Die Entstehungsgeschichte des Volksschul-Planes von 1804. Graz 1904, S. 52–55).
3 Ausführliche Darstellung ebenda, S. 52–213.
4 Der Begriff „Volksschule" als Bezeichnung für eine Primarschule taucht vereinzelt gegen Ende des 18. Jahrhunderts auf. Rottenhan teilte das Unterrichtswesen „in Volks- und in gelehrte Schulen" auf (Eggers, C[hristian] U[lrich] D[etlev] von: Nachrichten von der beabsichtigten Verbesserung des öffentlichen Unterrichtswesens in den österreichischen Staaten mit authentischen Belegen. Tübingen 1808, S. 91, 99).
5 Biographische Daten bei Wurzbach 26 (1874), S. 162f.; Timp, Heribert: Die Problematik „Klassenlehrer oder Fachlehrer" in den Gymnasialreformen von 1792 bis 1849. Wien 1968, S. 172.
6 Friedrich Eger war schon 1769 zum Kommerzien-Hofrat ernannt und 1785 in den Staatsrat berufen worden. Er trat 1802 als Hofkanzler in den Ruhestand (biographische Daten bei Wurzbach 3 [1858], S. 432; Timp, Die Problematik, S. 165).
7 Abdruck der Abänderungsvorschläge des Freihern von Eger bei Weiß, Die Entstehungsgeschichte, S. 91–94.
8 Ebenda, S. 97.
9 Siehe dazu ebenda, S. 98–124.
10 Die Beratungen dieser Kommission, in der Johann Josef Augustin Gruber, der spätere Erzbischof von Salzburg, eine beachtenswerte Rolle spielte, führten zu neuen Bestimmungen über den Religionsunterricht in den verschiedenen Schulkategorien (ebenda, S. 160–183).
11 Mathematik, Physik und Logik sollten ausdrücklich „in populärer Methode" vermittelt werden (ebenda, S. 140).
12 Handschreiben des Kaisers Franz II. an Graf Ugarte, 1804 Jänner 21, Wien, abgedr. ebenda, S. 214–227, Zitat S. 218.
13 Handschreiben des Kaisers Franz II. an Graf Lazanzky, 1800 April 15, abgedr. ebenda, S. 153.
14 Inhaltsangabe des umfassenden Gutachtens ebenda, S. 184–207.
15 Abgedr. ebenda, S. 214–227.
16 Die zweite Auflage änderte den Titel geringfügig auf „Politische Verfassung der deutschen Schulen in den kaiserl. königl. deutschen Erbstaaten" (Wien 1807) ab. Die Zitate erfolgen nach dieser Auflage.

17 Das Gesetzeswerk wurde in den Jahren 1807, 1816, 1820, 1821, 1828, 1833, 1840 und 1844 neu aufgelegt; 1847 und 1857 erfolgten Nachdrucke. Eine umfangreiche Inhaltsangabe gibt Weiß, Anton: Geschichte der Österreichischen Volksschule unter Franz I. und Ferdinand I. 1792–1848. Graz 1904, S. 7–17.

18 Vgl. dazu Maier, Karl Ernst: Das Werden der allgemeinbildenden Pflichtschule in Bayern und Österreich. Eine vergleichende Untersuchung von den Anfängen bis zur Gegenwart. Ansbach 1967, S. 61–64; Gönner, Rudolf: Die österreichische Lehrerbildung von der Normalschule bis zur Pädagogischen Akademie. Wien 1967, S. 61–71; Schmidt, Johann: Entwicklung der katholischen Schule in Österreich. Wien 1958, S. 68f.; Battista, Ludwig: Die österreichische Volksschule, ihr Werden, ihre äußeren Arbeitsbedingungen und ihre Erziehungs- und Bildungsarbeit. Wien 1948, S. 10–12; Strakosch-Graßmann, Gustav: Geschichte des österreichischen Unterrichtswesens. Wien 1905, S. 158–160; Mayer, Anton: Geschichte der geistigen Cultur in Niederösterreich von der ältesten Zeit bis in die Gegenwart. Wien 1878, S. 119f.

19 Politische Verfassung der deutschen Schulen, S. 2.

20 Ebenda, S. 3.

21 Siehe dazu die Einzeluntersuchungen, die sich auf ein dichtes Quellenmaterial stützen, zu den Schulbezirken Krems (Engelbrecht, Helmut: Vincenz Eduard Milde als Schul-Districts-Aufseher. In: Mitteilungen des Kremser Stadtarchivs 8 [1968], S. 41–76) und Scheibbs (Graf, Gerhard: Das Volksschulwesen in der Zeit der kirchlichen Schulaufsicht [1805–1869] am Beispiel des Dekanates Scheibbs in der Diözese St. Pölten. Phil. Diss. Wien 1976).

22 Politische Verfassung der deutschen Schulen, S. 4.

23 Ebenda, S. 6.

24 Zit. bei Maier, Das Werden der allgemeinbildenden Pflichtschule, S. 61f.

25 Handschreiben des Kaisers Franz II., 1804 Jänner 21, Wien, abgedr. bei Weiß, Die Entstehungsgeschichte, S. 215.

26 Weiß, Geschichte der Österreichischen Volksschule, S. 88f.

27 Politische Verfassung der deutschen Schulen, S. 11.

28 „Da unverdaute Vielwisserey nirgend weniger nützt, als in den Geschäften des bürgerlichen Lebens; so ist bey diesen Schülern, deren viele zu Geschäften der Art aus der Schule treten, desto sorgfältiger darauf zu sehen, daß nicht von den Lehrern entweder aus Unwissenheit oder wohl gar aus Bequemlichkeit vorzugsweise das Gedächtniß bearbeitet, sondern eben so geschickt und fleißig der Verstand ohne sich in unnütze Speculationen einzulassen, über die vorgeschriebenen Gegenstände entwickelt, und die Beurtheilungskraft geübt werde“ (ebenda, S. 23).

29 Siehe dazu die Akten der „Zentral-Organisirungs-Hofkommission“ (AVA Wien, StHK F. 110, II A in gen.). Regierungsrat Dr. Johann Debrois war in dieser Kommission für das Schul- und Studienwesen zuständig (Weiß, Geschichte der Österreichischen Volksschule, S. 178).

30 Irsara, Josef: Geschichte des Volksschulwesens in Deutschtirol von 1814–1848. Phil. Diss. Innsbruck 1972, S. 17–38.

31 In Tirol und Vorarlberg wurden im Jahre 1817 die Normalhauptschule in Innsbruck sowie die Hauptschulen in Bregenz, Schwaz und bald auch in Hall, Lienz und Feldkirch genehmigt (ebenda, S. 100–125).

32 Ebenda, S. 38.

33 Ebenda, S. 137–143.

34 Von den 13 992 schulfähigen Kindern besuchten 12 357 die Schule (Weiß, Geschichte der Österreichischen Volksschule, S. 796). Zu den schulischen Veränderungen in den ersten Jahrzehnten des 19. Jahrhunderts siehe Wagner, Karl: Zur Geschichte der Schulverbesserung in Salzburg unter Kurfürst Ferdinand. In: Mitteilungen der Gesellschaft für Salzburger Landeskunde 69 (1929), S. 81–96; 71 (1931), S. 89–96; 72 (1932), S. 137–154.

35 Statistische Angaben dazu bei Irsara, Geschichte des Volksschulwesens, S. 471f.; Engelbrecht, V. E. Milde als Schul-Districts-Aufseher, Tabelle I (nach S. 76). Vgl. dazu die Durchsetzung der Schulpflicht in den deutschen Staaten (Leschinsky, Achim/Roeder, Peter M.: Probleme einer sozialhistorischen Schulgeschichtsschreibung. In: Zeitschrift für Pädagogik 24 [1978], S. 70f.).

36 Die geschlossene Auswertung von Visitationsberichten über viele Jahre läßt diese Zusammenhänge klar heraustreten. Siehe Graf, Das Volksschulwesen in der Zeit der kirchlichen Schulaufsicht; Engelbrecht, V. E. Milde als Schul-Districts-Aufseher, S. 41–76; Weinzierl-Fischer, Erika: Visitationsberichte österreichischer Bischöfe an Kaiser Franz I. (1804–1835). In: MÖSTA 6 (1953), S. 240–311.

37 Die letzte bedeutende „Befragung" wurde 1837 eingeleitet. Die Länderregierungen wurden befragt, (1) ob in den Trivialschulen die vorgeschriebenen Lehrgegenstände genügen, (2) wie der Unterricht in der 3. Klasse Hauptschule zweckmäßiger gestaltet werden könne, (3) welche Lehrgegenstände in der zur Förderung der Industrie bestimmten 4. Klasse der Hauptschule erweitert oder weggelassen werden sollten, (4) welche Lehrbücher einer Verbesserung bedürfen und (5) ob nicht auch über die Klassifikationsnote für das sittliche Betragen und für Religionslehre eine nähere Bestimmung nützlich sei (AVA Wien, StHK F. 110, II A in gen., 1564 ex 1843. Die Beschreibung und Würdigung des „dermaligen Organismus der sogenannten Trivial- und Hauptschulen" wurde durch eine ah. Entschließung v. 17. Oktober 1837 ausgelöst).

38 Der Vortrag der Studienhofkommission vor dem Kaiser vom 8. März 1845 umfaßte 183 Seiten und beinhaltete eine Reihe brauchbarer Vorschläge zur Beseitigung der vorhandenen Mängel. Doch traf der Kaiser keine Entscheidung; der dicke Akt wurde im Jahre 1848 nochmals zur Entscheidungsfindung herangezogen (AVA Wien, StHK F. 110, II A in gen., 1564 ex 1843; vgl. 3763 ex 1848). Im großen und ganzen war man freilich der Meinung, daß in Österreich „das Volksschulwesen zum Muster für andere Staaten geordnet sey", nur die Ausführung Mängel zeige (ebenda, S. 12).

39 Abdruck der kaiserlichen Resolution v. 3. Juli 1806 bei Weiß, Geschichte der Österreichischen Volksschule, S. 22f.

40 Graf, Das Volksschulwesen in der Zeit der kirchlichen Schulaufsicht, S. 75–97; Engelbrecht, V. E. Milde als Schul-Districts-Aufseher, S. 52–71.

41 Im Dekanat Scheibbs nahm z. B. die Schulvisitationsreise fünf Wochen in Anspruch (Graf, Das Volksschulwesen in der Zeit der kirchlichen Schulaufsicht, S. 79).

42 Siehe dazu Weiß, Geschichte der Österreichischen Volksschule, S. 158–165.

43 Zum Widerstand in Tirol und Salzburg siehe Irsara, Geschichte des Volksschulwesens, S. 211–217.

44 Milde hatte die Diäten, die er für die Schulvisitationen erhielt (von 22 Pfarren à 3 fl.), an zwei besonders hart durch Not gedrückte Schullehrer verteilt (Archiv der Pfarre Krems, IV/5, Milde an bisch. Consistorium St. Pölten, 1815 November 28, Krems).

45 Abdruck der ah. Entschließung v. 26. Februar 1830 bei Weiß, Geschichte der Österreichischen Volksschule, S. 165.

46 Abdruck des Dekrets v. 16. April 1847 ebenda, S. 170.

47 Ebenda, S. 170–176.

48 Ebenda, S. 278–283, 778.

49 Der Schulfonds erlitt deswegen so hohe Verluste, weil er seine Einnahmen aus den Zinsen öffentlicher Staatspapiere bezog.

50 Weiß, Geschichte der Österreichischen Volksschule, S. 282. Zur Präparandenausbildung des Vormärz siehe Gönner, Die österreichische Lehrerbildung, S. 71–86.

51 Abdruck des Handschreibens des Kaisers Franz I. an Graf Saurau v. 8. August 1828 bei Weiß, Geschichte der Österreichischen Volksschule, S. 285.

52 Ebenda, S. 309.

53 So der Referent der niederösterreichischen Regierung, Graf Hohenwart (ebenda, S. 313).

54 An der Normalhauptschule zu Linz war bereits ein zehnmonatiger Lehrkurs für Präparanden eingerichtet (ebenda, S. 324).

55 Nur für Lehrer an Hauptschulen regte sie einen zweijährigen Kurs an, für Trivialschullehrer sollte eine einjährige Ausbildung genügen (ebenda, S. 326).

56 Zu den Vorschlägen Tirols und Salzburgs siehe Irsara, Geschichte des Volksschulwesens, S. 430–434; Stoll, Andreas: Geschichte der Lehrerbildung in Tirol. Von den Anfängen bis 1876. Weinheim–Berlin 1968, S. 180–186.

57 Weiß, Geschichte der Österreichischen Volksschule, S. 338.

58 Behacker, Anton: Geschichte des Volks- und Bürgerschulwesens im Lande Salzburg. Salzburg o. J. (1923), S. 52–56, 58, 66–68, 71f.; Anthaller, (Franz): Franz Michael

Vierthaler, der Salzburger Pädagoge. Ein Beitrag zur Geschichte der Pädagogik. In: Viertes Programm der k. k. Lehrerbildungs-Anstalt in Salzburg 1880. Salzburg 1880, S. 29f.

59 Guglia, Otto: Schulgeschichte Ungarns mit besonderer Berücksichtigung Deutsch-Westungarns bis zum Ausgleich 1867. In: Jahrbuch für österreichische Kulturgeschichte 4 (Eisenstadt 1974), S. 143; Evangelisch im Burgenland. 200 Jahre Toleranzpatent. Ausstellungskatalog. Pinkafeld 1981, S. 145–148, 153–174; Zimmermann, Bernhard Hans: Gottlieb August Wimmer 1791–1863. Ein Wiener mit länderweiter Wirkung. Wien 1965; Zimmermann, Bernhard Hans: Carl Ferdinand Kühne. Erster Rektor der Lehranstalten in Oberschützen. Ein Beitrag zur evangelischen Schul- und Erziehungsgeschichte in Österreich und Ungarn. In: Jahrbuch der Gesellschaft für die Geschichte des Protestantismus in Österreich 68/69 (1953), S. 265–279.

60 Besonders aus Preußen; darüber beschwerte sich eine Reihe evangelischer Pfarrer im Burgenland beim Seniorat (Evangelisch im Burgenland, S. 166f.).

61 Gönner, Die österreichische Lehrerbildung, S. 157–166.

62 Weiß, Geschichte der Österreichischen Volksschule, S. 346.

63 Die hier gebotene Erzieherinnenausbildung wurde erst Ende 1826 der Kontrolle des Diözesan-Schulenoberaufsehers unterstellt. Der Unterricht umfaßte Religion, Lesen, Schreiben, Rechnen, Französisch, Italienisch, Erdbeschreibung, Geschichte, Naturgeschichte, Physik, Methodik, Pädagogik, Klavier, Tanzen und weibliche Handarbeiten (Arbter, Adele: Aus der Geschichte der k. u. k. Officierstöchter-Erziehungs-Institute. Wien 1892, S. 67f., 80–93).

64 In Graz besuchten im Jahre 1846 22 Mädchen einen solchen Präparandenkurs mit Erfolg (Weiß, Geschichte der Österreichischen Volksschule, S. 350).

65 Ebenda, S. 399f.; siehe auch Gönner, Die österreichische Lehrerbildung, S. 107–110.

66 Irsara, Geschichte des Volksschulwesens, S. 275f.

67 Ebenda, S. 361–371.

68 Zum Folgenden siehe Weiß, Geschichte der Österreichischen Volksschule, S. 569–605; Die österreichischen Schulverhältnisse vor 1869. Beiträge zur Geschichte des Lehrstandes und der Schule vor Schaffung des Reichsvolksschulgesetzes. Baden 1937, S. 5–22.

69 Ah. Entschließung des Kaisers Franz I., 1813 August 22 (abgedr. bei Weiß, Geschichte der Österreichischen Volksschule, S. 579).

70 Siehe auch Irsara, Geschichte des Volksschulwesens, S. 421–430.

71 Graf Chorinsky, zit. bei Weiß, Geschichte der Österreichischen Volksschule, S. 585.

72 Allein in Tirol und Vorarlberg wäre bei der Auszahlung der Mindestbesoldung ein Zuschuß von etwa 31 000 fl. notwendig gewesen (Irsara, Geschichte des Volksschulwesens, S. 428). Vgl. dazu die Angaben über den Mehraufwand in: AVA Wien, StHK F.110, II A in gen., 1564 ex 1843, Beilage.

73 Freiherr von Pillersdorf, zit. bei Weiß, Geschichte der Österreichischen Volksschule, S. 603f.

74 Ebenda, S. 605.

75 Siehe dazu Graf, Das Volksschulwesen in der Zeit der kirchlichen Schulaufsicht, S. 133f.; Irsara, Geschichte des Volksschulwesens, S. 272–274.

76 Helfert, Joseph Alexander: Die Gründung der österreichischen Volksschule durch Maria Theresia. Prag 1860, S. 344.

77 Archiv der Pfarre Krems, IV/5, Gitlberger an bisch. Consistorium St. Pölten, 1812 November 16, Krems.

78 Diözesanarchiv St. Pölten, Schulakten 1, Schulbericht an die NÖ. Landesregierung pro 1818, 1819 Jänner 15, St. Pölten.

79 Sogar in der stagnierenden Phase der Bildungspolitik zwischen den Schuljahren 1828/29 und 1846/47 stieg die Zahl der schulbesuchenden Kinder noch um 7,8 % an. Am stärksten war die Zunahme in Vorarlberg (23,0 %), in der Steiermark (23,0 %) und in Kärnten (20,0 %); in Wien und Niederösterreich (6,0 %), Salzburg (5,2 %) und Oberösterreich (2,7 %) blieb er bescheiden, und in Tirol ging er sogar um 7,9 % zurück (berechnet aufgrund der statistischen Angaben bei Heiler, Bernhard/Lebmann, Rosa: Die Entwicklung der allgemeinbildenden Pflichtschulen in Österreich. In: Geschichte und Ergebnisse der zentralen amtlichen Statistik in Österreich 1829–1979. Tabellenanhang [Beiträge zur österreichischen Statistik, 550A]. Wien 1979, S. 102f.).

80 Diözesanarchiv St. Pölten, Schulakten 1, Schulbericht an die nö. Landesregierung pro 1822, 1822 November 22, St. Pölten.
81 Nur die steiermärkische Landesregierung trat für eine solche bedingte Freigabe ein, wenn der Weg zu einer fremden Schule näher oder sicherer war. Daraufhin erhielt sie den Hinweis, daß die zweckmäßige Ein- bzw. Umschulung in ihrem Wirkungsbereich liege (Weiß, Geschichte der Österreichischen Volksschule, S. 126–133).
82 Ebenda, S. 42–48 (auf S. 48 Abdruck der ah. Entschließung v. 28. Juli 1814).
83 Seit 1818 waren die blinden Kinder auch in den tabellarischen Ausweisen zu erfassen (ebenda, S. 145–147). Das Namensbüchlein (ABC-Fibel) und ein Liederbuch wurden damals in der Blindenschrift aufgelegt.
84 Ebenda, S. 148–155.
85 In der Tabakfabrik von Schwaz arbeiteten 1841/42 70 Kinder (40 Knaben, 30 Mädchen), die unbemittelt waren und die Schule bereits durch drei Jahre mit gutem Erfolg besucht hatten. Sie erhielten täglich eine Stunde Unterricht, in der Regel während der Mittagszeit (Irsara, Geschichte des Volksschulwesens, S. 406–411).
86 Politische Verfassung der deutschen Schulen, S. 131, § 11.
87 Siehe dazu Weiß, Geschichte der Österreichischen Volksschule, S. 431–485; Engelbrecht, V. E. Milde als Schul-Districts-Aufseher, S. 67–70; Graf, Das Volksschulwesen in der Zeit der kirchlichen Schulaufsicht, S. 156f.
88 In Wien besuchten von den 7 583 schulpflichtigen Kindern nur 3 908 die 64 bestehenden Wiederholungsschulen (Simon, Elisabeth: Das Wiener Schulwesen im Vormärz. Phil. Diss. Wien 1949, S. 102–104).
89 Archiv der Pfarre Krems, IV/5, Bericht über die Visitation und den Zustand der Schulen im Jahre 1815 (Milde an bisch. Consistorium St. Pölten, 1815 November 28, Krems).
90 Die Schüler mußten zwei Kreuzer C. M. pro Tag bezahlen, was auch ein Grund für das Fernbleiben war.
91 Irsara, Geschichte des Volksschulwesens, S. 283–297.
92 Weiß, Geschichte der Österreichischen Volksschule, S. 447–485.
93 Der Revisionskommission gehörten u. a. der Oberaufseher der deutschen Schulen und die Vizedirektoren sämtlicher Gymnasien an (ebenda, S. 49).
94 Ebenda, S. 49–53.
95 Ebenda, S. 53–66; Simon, Das Wiener Schulwesen, S. 72f.
96 Auch die Bezeichnung „Anstalt der bürgerlichen Bildung“ wurde diskutiert (Weiß, Geschichte der Österreichischen Volksschule, S. 59, Anm. 2).
97 Ebenda, S. 65.
98 Ebenda, S. 66–72 (Zitat S. 68, Abdruck der ah. Entschließung v. 3. Oktober 1840).
99 AVA Wien, StHK F.110, II A in gen., 1564 ex 1843. Siehe auch Weiß, Geschichte der Österreichischen Volksschule, S. 78–100.
100 AVA Wien, StHK F.110, II A in gen., 1564 ex 1843, S. 3.
101 Zum Folgenden siehe Weiß, Geschichte der Österreichischen Volksschule, S. 357–430.
102 Ah. Entschließung, 1813 Juni 8 (Abdruck ebenda, S. 379).
103 Siehe dazu ebenda, S. 100–126.
104 Zum Folgenden siehe ebenda, S. 637–744. Während im Jahre 1800 vom Normalschulbücherverlag in Wien 48 verschiedene Bücher in einer Auflage von knapp 190 000 Exemplaren abgegeben wurden, waren es 1840 bereits 108 Bücher in einer Auflage von einer halben Million (ebenda, S. 744).
105 Schulbibliotheken waren besonders stark im böhmischen Raum verbreitet (ebenda, S. 753–761).
106 Vgl. Driesch, Johannes von den/Esterhues, Josef: Geschichte der Erziehung und Bildung. 6. Aufl. Paderborn 1961, S. 327–336; Klöcker, Michael: Die Frühphase der staatlichen Sonderpädagogik (im Bereich der „Taubstummen“-Bildung) in Preußen. Skizzierung der Entwicklungsprozesse und Dokumentation im Rahmen eines Reiseberichtes von 1835. In: Informationen zur erziehungs- und bildungshistorischen Forschung (IZEBF), H. 15/16 (1981), S. 39–42; Linthoudt, Kurt van: Geschichte des Sonderschulwesens und anderer heilpädagogisch orientierter Einrichtungen in Niederösterreich. Eisenstadt 1978, S. 22.
107 Johann Konrad Amman(n) (1669–1724) stammte aus Schaffhausen. In seinem Hauptwerk „Surdus loquens“ (Amsterdam 1692) machte er seine Artikulationsmethode bekannt.

108 Die von Samuel Heinicke (1727–1790) im Jahre 1778 in Leipzig eröffnete erste deutsche Taubstummenanstalt bevorzugte hingegen die Lautsprachmethode. Sie wurde später als „deutsche Methode“ im Gegensatz zur „französischen Methode“ bekannt (Klöcker, Die Frühphase, S. 41).

109 Geusau, Anton v.: Geschichte der Stiftungen, Erziehungs- und Unterrichtsanstalten in Wien, von den ältesten Zeiten bis auf gegenwärtiges Jahr. Wien 1803, S. 405f.; Morf, H.: Aus der Geschichte der Taubstummenbildung. In: Paedagogium. Monatsschrift für Erziehung und Unterricht 14 (1892), S. 557f.

110 Wien IV., Favoritenstr. 13 (Czeike, Felix [Hrsg.]: Das große Groner Wien Lexikon. Wien–München–Zürich 1974, S. 800); Hofbauer, Karl: Die Wieden mit den Edelsitzen Conradswerd, Mühlfeld, Schaumburgerhof und dem Freigrunde Hungersbrunn. Wien 1864, S. 77–83.

111 Das Taubstummeninstitut wurde zuerst im alten Lazarettgebäude untergebracht und erhielt 1845/46 ein neues Gebäude (Kreczi, [Hanns]: Linz, Stadt an der Donau. Linz o. J. [1951], S. 254; hier auch weitere Literaturangaben). In den vierziger Jahren des 19. Jahrhunderts bestanden außerdem Taubstummeninstitute in Graz (mit 46 Zöglingen) und in Hall in Tirol (mit 39 Zöglingen). Bei einer Erhebung wurden damals in der Steiermark 2095 Taubstumme, in Tirol 656 gezählt (Bergenstamm, Anton: Die Bildungsanstalten für taubstumme und blinde Kinder in den deutschen und italienischen Ländern des österreichischen Kaiserstaates. In: Oesterreichische Blätter für Literatur und Kunst, Geschichte, Geografie, Statistik und Naturkunde 2 [Wien 1845], S. 982).

112 Kurzer Entwurf zu einem Institut für blinde Kinder (1802).

113 Czeike, Das große Groner Wien Lexikon, S. 406; Benesch, Friedrich: 165 Jahre Wiener Blindenerziehungsinstitut. In: Heilpädagogik. Beiblatt der Zeitschrift „Erziehung und Unterricht“ 13 (1970), S. 2; Mell, Alexander: Geschichte des kaiserl. königl. Blinden-Erziehungs-Institutes in Wien 1804–1904. Wien 1904; Kaiser, Anton: Die Blindenanstalt in der Josefstadt. In: Das Josefstädter Heimatmuseum 12 (November 1960), S. 3–18.

114 1816 erhielt das Blindeninstitut das Öffentlichkeitsrecht und übersiedelte 1830 in ein größeres Haus (Wien VIII., Blindengasse 33).

115 Kreczi, (Hanns): Linz, Stadt an der Donau. Linz o. J. (1951), S. 25 (hier weitere Literaturangaben). Bei einer Anfang der vierziger Jahre des 19. Jahrhunderts durchgeführten Erhebung wurden in Österreich unter der Enns 24, in Österreich ob der Enns 42, in der Steiermark 51 und in Tirol 16 blinde Kinder im schulpflichtigen Alter erfaßt (Bergenstamm, Die Bildungsanstalten für taubstumme und blinde Kinder, S. 982f.).

116 Zum Folgenden siehe Wagner, Karl: Gotthard Guggenmoos und seine Lehranstalt in Hallein und Salzburg. In: Mitteilungen der Gesellschaft für Salzburger Landeskunde 58 (1918), S. 103–130; 59 (1919), S. 43–64; Kirmsse, Max: Der Kretinismus in Salzburg und Gotthard Guggenmoos, der erste Schwachsinnigenpädagog. Ein Beitrag zur Geschichte des Abnormenwesens in Österreich. In: Eos 3 (1907), S. 178–213.

117 Zahlenangaben bei Wagner, G. Guggenmoos, 1918, S. 112.

118 Zit. bei Wagner, G. Guggenmoos, 1919, S. 56f.

119 Ebenda, S. 64.

120 Ebenda, S. 46–48.

121 Milde, Erziehungskunde, S. 295.

122 Vgl. Möckel, Andreas: Vorbemerkungen zu einer Geschichte der Heilpädagogik. In: Informationen zur erziehungs- und bildungshistorischen Forschung (IZEBF), H. 10 (1978), S. 140.

123 V. E. Milde zeigte soziale Hilfsbereitschaft in allen seinen Lebensstationen und bewies sie noch in seinem Testament. Als Universalerben setzte er eine seinen Namen tragende Stiftung „für arme Priester und Schullehrer“ ein. Die Erträgnisse aus dieser Stiftung waren für „religiöse, fleißige, noch dienende arme Schullehrer“ und für hilfsbedürftige, in der Seelsorge tätige Weltpriester bestimmt (Ginzel, J. A.: Reliquien von Vincenz Eduard Milde weiland Fürsten-Erzbischofe der Kirche von Wien nebst einem Abrisse seines Lebens. 2. Aufl. Wien 1859, S. 185).

124 Das immer nur wenige Seiten umfassende Wochenblatt muß als erste österreichische Schulzeitschrift angesehen werden, weil das seit 1834 herausgegebene „Jahrbuch für Lehrer, Hausväter und Erzieher“ (hrsg. von Ignaz Jaksch; einige Male Titeländerungen) nicht als

Zeitschrift konzipiert war. Siehe dazu Wagner, Hermann F.: Das deutsche Volksschulwesen in Österreich im 18. und 19. Jahrhunderte. In: Dritter Bericht der k. k. Lehrerinnen-Bildungsanstalt in Linz. Linz 1893, S. 22.

125 Oesterreichisches pädagogisches Wochenblatt zur Beförderung des Erziehungs- und Volksschulwesens 3 (1844), S. 7, 32, 64, 153–157, 163–166 usw.

126 Ebenda, 6 (1847), S. 523–526, 529–539.

127 Ebenda, 7 (1848), S. 196.

128 Ebenda, 7 (1848), S. 353–360.

129 Ebenda, 7 (1848), S. 178.

Zu 15 Das Gymnasium zwischen 1792 und 1848

1 „Im ganzen erinnert die österreichische Unterrichtsverwaltung von 1792 bis 1848 an die russische unserer Tage ... Die Wirksamkeit der wiederhergestellten Studienhofkommission war in der Periode von 1808 bis 1848 für das österreichische Unterrichtswesen wertlos, ja schlimmer als das; denn trotz mitunter anerkennenswerter Detailarbeit hat die Studienhofkommission die notwendig werdenden Reformen der öffentlichen Studien nur aufgehalten und verzögert, nicht aber gefördert" (Strakosch-Graßmann, Gustav: Geschichte des österreichischen Unterrichtswesens. Wien 1905, S. 145).

2 Zit. bei Timp, Heribert: Die Problematik „Klassenlehrer oder Fachlehrer" in den Gymnasialreformen von 1792 bis 1849. Wien 1968, S 65.

3 Das zeigt sich deutlich auch in den Lehrbüchern. Siehe dazu Jäger, Georg: Zur literarischen Gymnasialbildung in Österreich von der Aufklärung bis zum Vormärz. In: Zeman, Herbert (Hrsg.): Die österreichische Literatur. Ihr Profil an der Wende vom 18. zum 19. Jahrhundert (1750–1830). Teil 1, Graz 1979, S. 106f.

4 Siehe Abschnitt 13.4; weiters Wotke, Karl: Die von der Studien-Revisions-Hofkommission (1797–1799) vorgeschlagene Reform der österreichischen Gymnasien. In: BÖES 17 (1915), S. VII–XXIX, S. 1–144; Aufsätze, den Gymnasial-Plan betreffend, von Präfekt Lang. In: Eggers, C(hristian) U(lrich) D(etlev) von: Nachrichten von der beabsichtigten Verbesserung des öffentlichen Unterrichtswesens in den österreichischen Staaten mit authentischen Belegen. Tübingen 1808, S. 135–188.

5 Zu den ständigen Mitgliedern der Studien-Revisions-Hofkommission zählten: Heinrich Franz Graf von Rottenhan (Vorsitzender; als Stellvertreter fungierte Anton Freiherr von der Mark); die Hofräte Johann Melchior von Birkenstock (1738–1809), Joseph von Sonnenfels (1732–1817), Augustin von Zippe (1751–1816) und Friedrich Schilling (1754–1803); Regierungsrat Franz Karl Hägelin (um 1735–1809); Kanonikus Anton Spendou (1739–1813); Universitätsbibliothekar (Exjesuit) Felix Franz Hofstätter (1741–1822); Gymnasialpräfekt Franz Innozenz Lang (1752–1835).

6 Entwurf zur Errichtung eines Ober-Schul- und Studien-Kollegiums oder Directorii, dann der Provincial-Kollegien und zu zweckmäßiger sowohl Organisation derselben als künftigen Behandlung der dahin gehörigen Geschäfte. Auszugsweise abgedr. bei Wotke, Karl: Drei Arbeiten des Freiherrn v. Birkenstock. In: BÖES 15 (1914), S. 157–188, Zitat S. 172; tw. abgedr. ebenfalls bei Timp, Die Problematik, Anhang, S. 94.

7 F. I. Lang, geb. am 4. Oktober 1752 in Marchegg (Niederösterreich), besuchte die Gymnasien zu Ungarisch-Altenburg, Preßburg und Wien, wo er auch die philosophischen Studien absolvierte, trat 1769 in den Piaristenorden ein und wurde 1776 zum Priester geweiht. Seit 1771 bekam er unterrichtliche Aufgaben an den Schulen des Ordens zugewiesen, zunächst an deutschen Schulen (Freistadt, St. Pölten), an einer Hauptschule (Wien, Josephstadt) und schließlich an Gymnasien (Wien, Horn, Görz). Im Jahre 1791 wurde er Präfekt des Josephstädter Gymnasiums. 1794 zog ihn Kaiser Franz als Lateinlehrer für seine Brüder heran. Dieser zehn Jahre lang andauernde nahe Kontakt zum Herrscherhaus bestimmte seine weitere Karriere. Er wurde Mitarbeiter Rottenhans in der Studien-Revisions-Hofkommission, 1802 zum Direktor des Gymnasialwesens in Österreich unter der Enns berufen und ab 1808 Referent für Gymnasialangelegenheiten in der Studienhofkommission.

Erst 1830 zog er sich aus seinen Ämtern zurück. Er starb am 10. April 1835 und wurde auf dem Währinger Friedhof zu Wien begraben (Wurzbach, 14 [1865], S. 83f.).

8 Siehe dazu Wotke, Karl: Das österreichische Gymnasium unter Kaiser Franz. In: Gesellschaft für deutsche Erziehungs- und Schulgeschichte. 19. Jahresbericht der österreichischen Gruppe. Wien–Leipzig 1913, Beilage; Timp, Die Problematik, S. 42f.

9 Hofdekret v. 29. April 1802 (Aufhebung der Studien-Consesse; Wiedereinführung der Facultäts- und Gymnasial-Directoren), in: Gesetzessammlung Franz II. (I.), 17, S. 103f.

10 Zum Folgenden siehe Timp, Die Problematik, S. 45–58; Wotke, Das österreichische Gymnasium unter Kaiser Franz, S. 10–12.

11 Zit. bei Mikoletzky, Hanns Leo: Die Geschichte des Bundesgymnasiums Wien VIII (Piaristengymnasium) von seiner Gründung 1701 bis zur Gegenwart (1951). In: Festschrift zur 250-Jahr-Feier des Bundesgymnasiums in Wien VIII. (Piaristengymnasium) 1701–1951. 1. Teil, Wien o. J., S. 23.

12 Der Schulversuch für fünfklassige Gymnasien wurde in Krems sowie in Melk und Wiener Neustadt durchgeführt (Baran, Anton: Geschichte der alten lateinischen Stadtschule und des Gymnasiums in Krems. Krems 1895, S. 133; siehe auch Handschreiben des Kaisers Franz II. [I.] an Graf Ugarte v. 17. Juli 1804, abgedr. bei Timp, Die Problematik, S. 47). Die Anordnungen bezüglich der Disziplin und der Sitten waren allerdings sofort durchzuführen (Gesetzessammlung Franz II. [I.], 22, S. 4, Nr. 5).

13 Vergleich des prozentuellen Anteiles der einzelnen Lehrfächer (bei Timp, Die Problematik, S. 55).

14 Mit Dekret der Vereinigten Hofkanzlei v. 16. August 1805 war der „literarische" Teil des „Gymnasial-Planes" mit dem Schuljahr 1806/1807 „überall unfehlbar einzuführen" (Gesetzessammlung Franz II. [I.], 25, S. 105, Nr. 19; Abdruck des neuen Organisations- und Lehrplanes ebenda, S. 106–122). Infolge der Kriegsereignisse verzögerte sich die Einführung. Der „Gymnasialkodex" erschien 1847 in der 5. Auflage und hatte nur mehr ein Drittel des Umfanges der Erstauflage.

15 Bayern erklärte 1807 auf dem Gebiet des heutigen Österreichs nur Innsbruck und Feldkirch zu „vollständigen Mittelschulen" mit 7 Jahrgängen, gegliedert in zwei Triennalkurse und einer Vorbereitungsklasse für die Philosophie. In den ersten drei Klassen – in einer Art Unterstufe – wurden Religion und Sittenlehre, Deutsch, Latein, Geschichte, Geographie, Naturgeschichte, Technologie, Naturlehre, Arithmetik, Meßkunst, Zeichnen und Musik gelehrt; in den darauffolgenden drei Klassen (Oberstufe) traten zu diesen Unterrichtsfächern noch Griechisch, Französisch sowie Altertums-, Völker-, Menschen- und Vaterlandskunde. In der Vorbereitungsklasse zur Philosophie umfaßte das Lehrprogramm philosophische Schriften der Griechen und Römer, Biographien edler Menschen, Algebra und Mathematik, Kosmographie und physische Geographie, Naturgeschichte, Geschichte der Menschheit und praktische Logik. In Hall und Lienz wurden nur höhere Bürgerschulen für Realgegenstände eingerichtet; Kenntnisse aus Latein und Griechisch konnten zusätzlich – Privatunterricht – erworben werden. Ab 1810 trat dann für Innsbruck, Feldkirch und Salzburg eine Neuregelung in Kraft, die das Studium bis auf 10 Jahre verlängerte und in drei Abschnitte gliederte. Auf die Primärklassen für Schüler von 11 und 12 Jahren folgte eine nach Begabung und Neigung zu wählende Übergangsstufe für die Dreizehn- und Vierzehnjährigen: das Progymnasium und die Realschule. Sie wurden parallel geführt und fanden ihre Fortsetzung im vierklassigen Gymnasium und im Realinstitut. Siehe dazu Probst, Jakob: Beiträge zur Geschichte der Gymnasien in Tirol. Innsbruck 1858, S. 57–60; Wolf, Norbert Richard: Geschichte des Akademischen Gymnasiums. In: 350 Jahre Akademisches Gymnasium Salzburg 1617–1967. Salzburg o. J., S. 32; Ruzerstorfer, Franz: Geschichte des Gymnasiums zu Innsbruck. In: Festschrift zum 400jährigen Jubiläum des Gymnasiums Innsbruck. Innsbruck 1962, S. 47–54.

16 Strakosch-Graßmann, Geschichte des österreichischen Unterrichtswesens, S. 154.

17 Der Schottenabt erhielt den kaiserlichen Befehl, ein Gymnasialgebäude auf eigene Kosten – das Stift mußte sich in Schulden stürzen – zu errichten und ein Gymnasium zu eröffnen. Siehe Hübl, Albert: Der mittlere Unterricht an den geistlichen Schulen Österreichs. In: Jahresbericht des Schottengymnasiums in Wien. Wien 1927, S. 26; Rapf, Cölestin Roman: Das Schottenstift. Wien–Hamburg 1974, S. 96–98; Hadamovsky, Wilhelm: Zwei Dokumente zur Gründungsgeschichte des Schottengymnasiums. In: 134. Jahresbericht des Schottengymna-

siums in Wien. Wien 1957, S. 18–41; Jandos, Franz: Das Schottengymnasium 1807–1907. In: Ebenda, S. 44–59; Sauer, Walter: Stift und Grundherrschaft Schotten im Vormärz. In: Unsere Heimat 54 (1983), S. 32–34.

18 Friess, Godfried: Studien über das Wirken der Benediktiner in Österreich für Cultur, Wissenschaft und Kunst V. In: Programm des k. k. Gymnasiums zu Seitenstetten. Veröffentlicht am Schlusse des Schuljahres 1872. Waidhofen a. d. Ybbs o. J., S. 33; Hübl, Der mittlere Unterricht, S. 25–31.

19 Doch erst ab 1841 waren nur noch Jesuitenpatres als Lehrer tätig (Probst, Beiträge zur Geschichte, S. 77f.; Ruzerstorfer, Geschichte des Gymnasiums, S. 58f.).

20 Berechnung aufgrund der Zahlenangaben im Jahres-Hauptbericht 1825 (Timp, Die Problematik, S. 85). Vgl. Ficker, Adolf: Bericht über österreichisches Unterrichtswesen. 1, Wien 1873, S. 137f.

21 Siehe etwa die Anordnungen zur Dotierung des 1807 auf Befehl des Kaisers neu errichteten Konviktes in Krems (Archiv des Piaristenkollegiums in Krems, Geschichte des Convicts nebst den k. k. Verordnungen, Hs. 92).

22 Aus einem Aufruf an die Bevölkerung, der um Geldbeiträge für das wiedererrichtete Konvikt in Graz bat (1803 Juni 20, Graz), zit. bei Peinlich, Richard: Geschichte des Gymnasiums in Graz. Dritte Periode. Vom Jahre 1774 bis 1849, in: Jahresbericht des kais. kön. ersten Staatsgymnasiums in Graz. Veröffentlicht am Schlusse des Studien-Jahres 1874. Graz o. J., S. 108.

23 Vorschrift für Gymnasien in Beziehung auf Disciplin und Sittlichkeit (Hofdekret, 1804 Juli 23; abgedr. bei Timp, Die Problematik, Anhang, S. 111–125).

24 Ebenda, S. 119f.

25 Sammlung der Verordnungen und Vorschriften über die Verfassung und Einrichtung der Gymnasien. Wien 1812, S. 8–10 (wenn nicht anders angegeben, wird nach dieser Ausgabe zitiert).

26 Seit 1819 mußten sie jährlich sechsmal zu den Sakramenten gehen (Hofdekret, 1819 September 28; siehe ebenda, 5. Aufl. Wien 1847, S. 19).

27 Sammlung der Verordnungen und Vorschriften, S. 14.

28 Das Zeugnis werde „die unabweichliche Richtschnur und den unfehlbarsten Ausschlag zu ihrer künftigen Anstellung und Beförderung in jeder geistlichen oder weltlichen Dienstes-Kategorie geben“ (ebenda, S. 15).

29 Zit. bei Timp, Die Problematik, S. 65.

30 Peinlich, Geschichte des Gymnasiums, in: Jahresbericht ... Graz 1874, S. 135; Baran, Geschichte der alten lateinischen Stadtschule, S. 134f.

31 In Graz etwa war der Mathematiklehrer so gefürchtet, daß sein Direktor bereits 1810 Überprüfungen seiner Klassifikation bewilligte und ihn wiederholt tadelte, daß er Prüfungsängste erzeuge und wegen des Mathematikstudiums andere Gegenstände vernachlässigt würden (Peinlich, Geschichte des Gymnasiums, in: Jahresbericht ... Graz 1874, S. 135 und 155f.).

32 Bereits 1815 wurden die Berichte angefordert, ihr Einlangen zog sich bis 1818 hin. Für die Beibehaltung des Fachlehrersystems sprachen sich Gymnasien in Oberösterreich, Steiermark und Kärnten aus (Timp, Die Problematik, S. 69f.).

33 Dekret der Studienhofkommission, 1818 September 3 (Ertheilung des Unterrichtes an Gymnasien durch Classen-Lehrer), in: Gesetzessammlung Franz II. (I.), 46, S. 226f., Nr. 90. Zu dieser bildungspolitisch einen Rückschritt bedeutenden Entscheidung hatte vor allem das Votum des Studienreferenten im Staatsrat, des Dr. Andreas Joseph Freiherrn v. Stifft (1760–1836), beigetragen (Timp, Die Problematik, S. 70), der als Leibarzt des Kaisers nicht nur dessen volles Vertrauen besaß, sondern dem auch durch seine enge Bindung an den Hof hinreichend informelle Wege zur Meinungsbeeinflussung offenstanden. Ihm werden „ehrgeiziges Strebertum“, „berechnende Servilität“ und „kleinlich-neidische Mißgunst“ nachgesagt (Lesky, Erna: Österreichisches Gesundheitswesen im Zeitalter des aufgeklärten Absolutismus. In: Archiv für österreichische Geschichte 122 [1959], S. 214–222).

34 Franz Exner war von 1813 bis 1819 Schüler des Akademischen Gymnasiums Wien; siehe Mayer, Ernst: 400 Jahre „Akademisches Gymnasium“. Ein Abschnitt österreichischer Schul- und Kulturgeschichte, in: Vierhundert Jahre Akademisches Gymnasium. Festschrift. Wien 1953, S. 8. Vgl. auch das Urteil Franz Hocheggers über die Langschen Reformen

(Hochegger, Franz: Die österreichischen Gymnasien. In: Oesterreichische Revue 1863. 1, Wien o. J., S. 80f.).

35 Dekret der Studienhofkommission v. 3. Sept. 1818, in: Gesetzessammlung Franz II. (I.), 46, S. 226f. (Ertheilung des Unterrichtes an Gymnasien durch Classen-Lehrer). Abgedr. auch bei Timp, Die Problematik, S. 71.

36 Dies war umso bedauerlicher, weil 1809 Wilhelm von Humboldt mit der Leitung der „Sektion des Kultus und des öffentlichen Unterrichts“ im preußischen Ministerium des Innern betraut worden war und den Aufbau des neuhumanistischen Gymnasiums einleitete.

37 Sammlung der Verordnungen und Vorschriften, S. 19f. (Verschiedenheit der Gymnasien).

38 Abdruck des Dekretes (Einführung der vierten Grammatical-Klasse bey Gymnasien von drey Klassen, 1818 Juli 19) bei Timp, Die Problematik, Anhang, S. 165.

39 Hofdekret, 1822 Juli 29 (Sammlung der Verordnungen und Vorschriften, 5. Aufl., S. 24).

40 Das Hofdekret v. 4. Oktober 1790 blieb weiterhin in Kraft (ebenda, Wien 1812, S. 19).

41 Siehe dazu Mitterstöger, Sabrina: Zum vormärzlichen Gymnasialstudienwesen Österreichs. Aus den Archivalien des Klosterneuburger Propstes Jakob Ruttenstock in seiner Funktion als Gymnasialstudiendirektor und Referent der k. k. Studienhofkommission (1832–1842). Phil. Diss. Wien 1979, S. 16–68.

42 „Man nahm schließlich auch dahin gehörige Rücksicht, daß die Religionslehre, welche einerseits alle Mahl und für jedermann, besonders aber jetzt ein dringendes Bedürfniß ist, und welche doch andrerseits auf den Gymnasien bisher am meisten vernachlässiget worden ist, in Zukunft nicht mehr als Nebengegenstand behandelt, sondern dafür ein eigener Lehrer aufgestellt werde, welcher die Religionskenntnisse der Schüler in eben dem Verhältnisse erweitern wird, als sie in den übrigen Kenntnissen zunehmen“ (Sammlung der Verordnungen und Vorschriften, S. 19f.; Aufl. 1812, S. 21f.).

43 Sammlung der Verordnungen und Vorschriften, S. 99.

44 Jäger, Zur literarischen Gymnasialbildung, S. 115–118.

45 Timp, Die Problematik, S. 60; Wotke, Das österreichische Gymnasium unter Kaiser Franz, S. 12.

46 Gesetzessammlung Franz II. (I.), 44, S. 157–161. Seit 1826 mußte der Vizedirektor am Schulort wohnen (ah. Entschließung, 1826 September 11, zit. bei Wotke, Karl: Die Jahreshauptberichte Langs und Ruttenstocks über den Zustand der österreichischen Gymnasien in den Jahren 1814 bis 1834. In: BÖES 16 [1914], S. 230f.).

47 Sammlung der Verordnungen und Vorschriften, S. 54.

48 Handschreiben des Kaisers Franz I. an Graf Ugarte, 1814 Juli 31. Abgedr. bei Timp, Die Problematik, S. 62f.; Gesetzessammlung Franz II. (I.), 55, S. 139f..

49 Die Berichte lagen vor für 1814–1831 (Ref. Franz Innozenz Lang), 1832–1840 (Ref. Jakob Ruttenstock), 1841–1844 (Ref. Franz Schönaich), 1845–1846 (Ref. Andreas Gollmayr); der letzte Jahreshauptbericht (für 1846) wurde am 10. Februar 1848 abgeschlossen und kam infolge der Revolutionswirren nicht mehr zur Vorlage. Diese Generaltabellen wurden dem Präsidenten des Staatsrats zur Weiterleitung an den Monarchen ausgehändigt. Sie sind 1927 beim Brand des Justizpalastes zum Teil verlorengegangen, doch wurden sie bei Wotke (Die Jahreshauptberichte Langs und Ruttenstocks für die Jahre 1814–1834) wörtlich wiedergegeben, und auch die Jahresberichte Ruttenstocks von 1832 bis 1839 wurden aufgrund der im Stiftsarchiv Klosterneuburg vorhandenen Entwürfe von Mitterstöger (Zum vormärzlichen Gymnasialstudienwesen) im Auszug mitgeteilt.

50 Sammlung der Verordnungen und Vorschriften, S. 50.

51 Dekret der Studienhofkommission, 1813 Oktober 29, in: Gesetzessammlung Franz II (I.), 41, S. 105.

52 Sammlung der Verordnungen und Vorschriften, S. 45f. Die Bestimmungen für den Konkurs wurden häufig verändert (siehe Gesetzessammlung Franz II. [I.], 22, S. 47; 29, S. 108; 51, S. 277–279; 53, S. 63–71; 55, S. 11; 56, S. 107, 248; 60, S. 175f. u. a.). Siehe auch Mitterstöger, Zum vormärzlichen Gymnasialstudienwesen, S. 106–133; Wotke, Karl: Beiträge zur Gymnasiallehrerfrage in Österreich in den Jahren 1796 bis 1800. In: BÖES 12 (1910), S. 74f.

53 Wotke, Beiträge zur Gymnasiallehrerfrage, S. 74.

54 Ebenda, S. 74, 93f.

55 Auf dem Gebiet des heutigen Österreichs bestanden 1818 folgende Gymnasien (in Klammer werden die Orden angegeben, welche die Lehrer zu stellen hatten):

		Zahl der Schüler
Wien:	Akademisches Gymnasium (Piaristen)	503
	Josefstädter Gymnasium (Piaristen)	306
	Schottengymnasium (Benediktiner)	465
Niederösterreich:	Krems (Piaristen)	133
	Horn (Piaristen)	100
	Melk (Benediktiner)	102
	Seitenstetten (Benediktiner)	184
	Wiener Neustadt (Zisterzienser)	191
Oberösterreich:	Linz (Ordensangehörige der oberösterreichischen Stifte)	242
	Kremsmünster (Benediktiner)	140
Salzburg:	Salzburg (Benediktiner)	408
Burgenland:	–	–
Steiermark:	Graz (Benediktiner)	352
	Admont (Benediktiner)	44
	Vorau (Augustiner-Chorherren)	27
Kärnten:	Klagenfurt (Benediktiner)	301
	St. Paul (Benediktiner)	36
Tirol:	Innsbruck (Weltpriester, Ordensangehörige)	357
	Hall (Franziskaner)	157
Vorarlberg:	Feldkirch (Weltgeistliche, Gymnasialfond)	76

Zusammengestellt nach dem Jahreshauptbericht über den Zustand der Gymnasien im Schuljahr 1818, auszugsweise zitiert bei Wotke, Die Jahreshauptberichte Langs und Ruttenstocks, S. 31–47. Vgl. einschlägige Veröffentlichungen zur Geschichte dieser Gymnasien.

56 Peinlich, Richard: Real- und Personal-Statistik des kais. kön. I. Staats-Gymnasiums in Graz von 1774 bis 1872. In: Jahresbericht des kais. kön. I. Staats-Gymnasiums in Graz. Veröffentlicht am Schlusse des Studien-Jahres 1873. Graz o. J., S. 27.

57 Peinlich, Geschichte des Gymnasiums, in: Jahresbericht 1874, S. 117f.

58 Bei den schriftlichen Klausurarbeiten wurde u. a. verlangt: Übersetzung eines lateinischen Klassikers ins Deutsche; Beantwortung von Fragen aus der lateinischen und griechischen Grammatik; Übersetzung eines griechischen Textes; Lösung von Aufgaben aus Arithmetik; Beantwortung von Fragen aus Geographie und neuerer Geschichte. An die Lehrer für die Humanitätsklassen wurden dabei etwas höhere Anforderungen gestellt. Die mündliche Prüfung bestand aus einem viertelstündigen Vortrag über ein selbstgewähltes Thema. Hierauf mußte von der Prüfungskommission, die unter dem Vorsitz des Studien- bzw. Vizedirektors stand, ein Besetzungsvorschlag ausgearbeitet werden. Beispiele für Prüfungsfragen bei Mitterstöger, Zum vormärzlichen Gymnasialstudienwesen, S. 134–136.

59 Dekret der vereinten Hofkanzlei, 1808 Dezember 15, in: Gesetzessammlung Franz II. (I.), 31, S. 133.

60 Timp, Die Problematik, S. 59f.

61 Dekret der Studienhofkommission, 1811 September 27 (Errichtung einer Pflanzschule künftiger Lehrer für Gymnasien und höhere Lehranstalten), in: Gesetzessammlung Franz II. (I.), 37, S. 136–140. Die Diskussion der Möglichkeiten, „um den Mangel an den zu Lehrämtern hinlänglich gebildeten Individuen noch mehr zu mindern", setzte bereits 1810 ein (Timp, Die Problematik, S. 60).

62 Dekret der Studienhofkommission, 1815 März 31 (Instruction für die Adjuncten an den Gymnasien), in: Gesetzessammlung Franz II. (I.), 43, S. 151f.; siehe auch Dekret der Studienhofkommission, 1820 November 21 (Instruction für die Adjuncten an Gymnasien), ebenda 48, S. 431–433.

63 Wotke, Die Jahreshauptberichte Langs und Ruttenstocks, S. 17

64 Dekret der Studienhofkommission, 1819 September 28 (Verbesserung des Unterrichtes in den Deutschen Schulen und in Gymnasien), in: Gesetzessammlung Franz II. (I.), 47, S. 348.

65 Wotke, Die Jahreshauptberichte Langs und Ruttenstocks, S. 76f.
66 Peinlich, Geschichte des Gymnasiums, in: Jahresbericht 1874, S. 143.
67 Ah. Entschließung vom 26. Juli 1819, zit. bei Wotke, Die Jahreshauptberichte Langs und Ruttenstocks, S. 63f.
68 Wotke, Die Jahreshauptberichte Langs und Ruttenstocks, S. 139f.
69 Dekret der Studienhofkommission, 1808 Juli 23, in: Gesetzessammlung Franz II. (I.), 31, S. 23.
70 Wotke, Das österreichische Gymnasium unter Kaiser Franz, S. 3.
71 Ebenda, S. 16. Präfekten wie Lehrer an Gymnasien wurden der IX. Diätenklasse zugeordnet (unter 12 Diätenklassen) und waren im Rang dem Kreiskommissar gleich (Dekret der Hofkammer, 1813 Mai 20, in: Gesetzessammlung Franz II. [I.], 40, S. 135–137). Die Uniform der Lehrer unterschied sich von der der Staatsbeamten durch die Farbe des Kragens und der Aufschläge („Carmelitbraun"). Auch durften sie, da den Länderstellen untergeordnet, nur silberne (versilberte) Knöpfe, Degen, Schnallen und Stickereien tragen. Siehe Barth-Barthenheim, Joh. Ludwig Ehrenreich v.: Oesterreich's Schul- und Studienwesen, mit besonderer Rücksicht auf die Schul- und Studienanstalten im Erzherzogthume Oesterreich unter der Enns. Wien 1843, S. 402.
72 Dekret der Studienhofkommission, 1826 September 18, in: Gesetzessammlung Franz II. (I.), 54, S. 94f.; Halma, Adalbert/Schilling, Gustav: Die Mittelschulen Österreichs. 1, Wien–Prag o. J. (1911), S. 381.
73 Sammlung der Verordnungen und Vorschriften, 5. Aufl., S. 27 („bey ihrer Deficienz").
74 Pichler, Gerhart: Das Studienwesen des Erzherzogtums unter der Enns (Wien und Niederösterreich) 1740–1870. 1, Frankfurt a. M. 1981, S. 268–270.
75 Mitterstöger, Zum vormärzlichen Gymnasialstudienwesen, S. 139.
76 Im Jahre 1832 sollten sie grundsätzlich verboten werden, wurden aber dort erlaubt, wo keine befugten Nachhilfelehrer vorhanden waren (Gesetzessammlung Franz II. [I.], 60, S. 103–107).
77 Wotke, Die Jahreshauptberichte Langs und Ruttenstocks, S. 412, 418.
78 Dekret der Studienhofkommission, 1816 April 21 (Anlegung zweckmäßiger Büchersammlungen an sämmtlichen Gymnasien; zeitweise Bereisung der Gymnasien), in: Gesetzessammlung Franz II. (I.), 44, S. 157–161.
79 Dekret der Studienhofkommission, 1816 Oktober 1 (Verzeichniß vorzüglich brauchbarer Bücher für Gymnasien), ebenda, 44, S. 323–332.
80 Sammlung der Verordnungen und Vorschriften, S. 3.
81 Ebenda, S. 4.
82 Vom Anfangsunterricht im Latein verblieb nur noch die Aufgabe, in den letzten beiden Monaten der 3. Normal-Klasse die lateinische Schrift zu üben. Siehe Dekret der Vereinigten Hofkanzlei, 1805 Juni 14, in: Gesetzessammlung Franz II. (I.), 24, S. 153f.
83 Die „Vorprüfung" (Aufnahmsprüfung) war vor dem Präfekten und dem Grammatikallehrer des Gymnasiums abzulegen; es wurde festgestellt, ob der Schüler die „nöthigen Vorkenntnisse und die zu den gelehrten Studien erforderlichen Fähigkeiten" besitze (Sammlung der Verordnungen und Vorschriften, 5. Aufl., S. 5f.).
84 Ah. Entschließung vom 11. September 1826 (Wotke, Die Jahresberichte Langs und Ruttenstocks, S. 230); Dekret der Studienhofkommission, 1832 Jänner 27, in: Gesetzessammlung Franz II. (I.), 60, S. 12f.
85 Sammlung der Verordnungen und Vorschriften, 5. Aufl., S. 6f.
86 Gesetzessammlung Franz II. (I.), 54, S. 102; 44, S. 339f.; 61, S. 170f. Siehe auch Pichler, Das Studienwesen, 1, S. 235f. 1833 wurde die Gewährung von Stipendien überhaupt eingestellt.
87 Peinlich, Real- und Personal-Statistik, in: Jahresbericht 1873, S. 39.
88 Allen Länderstellen wurde aufgetragen, auf die wiederholt „eingeschärfte Genauigkeit im Classificiren in den Gymnasial- und besonders in den Grammatikalschulen zu sehen, damit Knaben, welche für die Wissenschaft keine große Ausbeute hoffen lassen, zur Zeit, da sie sich noch leicht zu einem Handwerke wenden können, ihre Tätigkeit dahin zu richten gezwungen werden". Zit. bei Wotke, Die Jahreshauptberichte Langs und Ruttenstocks, S. 229.
89 Siehe die Notendurchschnitte an den Wiener und niederösterreichischen Gymnasien (Mitterstöger, Zum vormärzlichen Gymnasialstudienwesen, S. 212–214).

90 1. Klasse mit Vorzug – prima classis cum eminentia, 1. Klasse mit Annäherung an den Vorzug – prima classis accedens ad eminentiam, 1. Klasse – prima classis (Dekret der Studienhofkommission, 1819 September 28, in: Gesetzessammlung Franz II. [I.], 47, S. 350).

91 Dekret der Studienhofkommission, 1808 November 26 (Aufsteigen der Schüler, welche die dritte Classe erhalten, in eine höhere Schule), in: Gesetzessammlung Franz II. (I.), 31, S. 116f.

92 Gesetzessammlung Franz II. (I.), 55, S. 173; 66, S. 185f.; Sammlung der Verordnungen und Vorschriften, 5. Aufl. S. 12.

93 Die vor- und nachmärzliche Mittelschule Österreichs. Wien 1889, S. 8.

94 Siehe die Schülerzahlen an den Gymnasien in Wien (Akademisches Gymnasium, Schotten, Josefstadt), Horn, Krems, Melk, Seitenstetten und Wiener Neustadt zwischen 1804 und 1848 (zusammengestellt bei Pichler, Das Studienwesen, 1, S. 239f.).

95 Ebenda, 1, S. 234f.

96 Berechnet aufgrund der Zahlenangaben ebenda, S. 239f., 236.

97 Jahreshauptbericht 1834, zit. bei Mitterstöger, Zum vormärzlichen Gymnasialstudienwesen, S. 211.

98 Jahreshauptbericht 1838, zit. ebenda.

99 Engelbrecht, Helmut: Die Philosophische Lehranstalt zu Krems unter der Direktion Vincenz Eduard Mildes. In: Mitteilungen des Kremser Stadtarchivs 7 (1967), S. 146.

100 Mitterstöger, Zum vormärzlichen Gymnasialstudienwesen, S. 215–217.

101 Berechnung aufgrund der Zahlenangaben bei Mitterstöger (ebenda, S. 216).

102 Ebenda, S. 189–207.

103 Möglicherweise wurde das allgemeine Interesse durch die 1838 in Nürnberg veranstaltete „Erste Versammlung deutscher Philologen und Schulmänner" ausgelöst.

104 Zum Folgenden siehe Timp, Die Problematik, S. 87–127.

105 Abgedr. ebenda, Anhang, S. 177–197.

106 Ebenda, S. 183–186; Ficker, Bericht über österreichisches Unterrichtswesen, S. 135; Pichler, Das Studienwesen, 1, S. 211–216.

107 Adolf Ficker vermutet hinter dem anonymen Verfasser des Verbesserungsvorschlages aus dem Jahre 1840 Benedict Richter (1791–1859), einen Benediktiner aus Stift Raigern, der 1841 eine Professur (Theologie, Pädagogik) in Wien erhielt (Ficker, Bericht über österreichisches Unterrichtswesen, S. 135). Der Inhalt des Planes ist wiedergegeben bei Beer, Adolf/Hochegger, Franz: Die Fortschritte des Unterrichtswesens in den Culturstaaten Europas. 1, Wien 1867, Anhang S. IX–XI, siehe auch S. 334–336. Der anonyme Verfasser trat zwar für die Beibehaltung des sechsklassigen Gymnasiums ein, tadelte aber das Fehlen wichtiger naturwissenschaftlicher Fächer, Mängel in der Methode sowie Unvollständigkeit und unzweckmäßige Verteilung der Lehrinhalte. Die Stellungnahme Ruttenstocks zu dem Plan siehe bei Mitterstöger, Zum vormärzlichen Gymnasialstudienwesen, S. 163–172.

108 Abgedr. bei Timp, Die Problematik, Anhang, S. 195f.

109 Ebenda.

110 Präsidial-Erinnerung, 1841 Mai 22, abgedr. ebenda, Anhang, S. 201.

111 B. Richter (1791–1859) hatte zwischen 1835 und 1841 als Professor Philosophie und Pädagogik an der katholischen Studienanstalt in Augsburg gelehrt. 1841 wird er an die Universität Wien berufen (biographische Daten in: Allgemeine Deutsche Biographie, 28 [Leipzig 1889], S. 451; Timp, Die Problematik, S. 172).

112 Allerunterthänigster Vortrag der treugehorsamsten Studien-Hofkommission vom 31. July 1842 mit dem Operate, bezüglich der Verbesserung der Gymnasial-Studien, abgedr. bei Timp, Die Problematik, Anhang, S. 216.

113 Ebenda, S. 213–230.

114 Nach der Entscheidung Ferdinands aus dem Jahre 1844 durften dem Deutschen „keine besonderen Lehrstunden zugewiesen werden, jedoch muß die Fortbildung der Schüler in Betreff dieses Punktes ein Hauptaugenmerk der Lehrer seyn, welche hierüber besonders zu instruiren sind" (ebenda, S. 242).

115 So konnte sie sich nicht für die aus dem Ausland entlehnte Unterscheidung von Ober- und Untergymnasium erwärmen, weil sie das Gymnasium als Ganzes ansah (ebenda, S. 231).

116 Die Ausarbeitung eines „vollständigen Gymnasial-Studienplanes“ wurde B. Richter übertragen (siehe Abdruck des Vortrages der Vereinigten Hofkanzlei und der Entschließung Ferdinands v. 10. August 1844, ebenda, S. 243f.).

117 Siehe die unterschiedlichen Stundentafeln (ebenda, S. 120, Anhang, S. 252f., 273) sowie die abgedruckten wichtigsten Stellungnahmen, Vota, Beschlüsse und Vorträge (ebenda, S. 245–275). Zu F. Exners Gutachten siehe auch Wenski, Jan: Franz Seraphin Exner. Österreichischer Philosoph und Schulorganisator. Eine geschichtlich-pädagogische Studie. Phil. Diss. Wien 1974, S. 75f.

118 Abdruck der ah. Entschließung bei Timp, Die Problematik, Anhang, S. 121f.

119 Die „Probe-Gymnasien“ waren außerdem in Prag, Lemberg und Mailand einzurichten. Die Stundentafel sah die Einführung des Gegenstandes Deutsch (mit je 2 Wochenstunden) und eine Ausdehnung der Fächer Geographie und Geschichte sowie Mathematik, Naturgeschichte und -lehre auf Kosten des Lateins vor (ebenda, S. 124f.).

120 Z. B. die Veröffentlichungen in der Zeitschrift „Österreichische Blätter für Literatur und Kunst“. So regte Franz Ficker die Einrichtung eines „filologischen Seminars“ an der Universität an, das „tüchtige Gymnasiallehrer“ – „in ihren Ansichten und ihrer Lehrmethode nicht so getheilt“ wie bisher – heranbilden sollte. Siehe Ficker, Franz: Ueber die Notwendigkeit eines filologischen Seminars im österreichischen Kaiserstaate. In: Österreichische Blätter für Literatur und Kunst, Geschichte, Geografie, Statistik und Naturkunde. 2 (Wien 1845), S. 1041–1047, 1052–1056, 1060–1064, 1066–1072.

Zu 16 Der Ausbau des berufsbildenden Schulwesens

1 Siehe dazu Janetschek, Hellmut/Maresch, Gerhard: Technik und Technologie in der Ära Maria Theresias und Josephs II. In: Matis, Herbert (Hrsg.): Von der Glückseligkeit des Staates. Staat, Wirtschaft und Gesellschaft in Österreich im Zeitalter des aufgeklärten Absolutismus. Berlin 1981, S. 453f.; Matis, Herbert: Betriebsorganisation, Arbeitsmarkt und Arbeitsverfassung. In: Ebenda, S. 436–439.

2 Siehe Abschnitt 11.

3 Rottenhan, Heinrich Franz: Gutachten über den Gesichtspunkt und den Wirkungskreis der Studien-Revisions-Commission. Abgedr. bei Eggers, C(hristian) U(lrich) D(etlev) von: Nachrichten von der beabsichtigten Verbesserung des öffentlichen Unterrichtswesens in den österreichischen Staaten mit authentischen Belegen. Tübingen 1808, S. 48.

4 Tabelle L bei Eggers, Nachrichten, nach S. 134.

5 Gerstner, Franz Josef: Ueber die polytechnische Lehranstalt. Abdruck ebenda, S. 328–365. Gerstner sah folgende Lehrfächer vor: Naturgeschichte, Chemie, Mathematik, Zeichnung und Baukunst, empirische Mechanik, Landwirtschaft, Bergbau und Hüttenwesen sowie Militär-Wissenschaften (Befestigungskunst, Taktik und Strategie, Kriegskunst).

6 Siehe Abdruck des Entwurfes der Studien-Revisions-Hofkommission für die Einrichtung und Organisation der Realschulen (ebenda, S. 119–135).

7 Für die Zöglinge des „technischen Kurses“ waren „Technische Chymie“ (3 Wst.), „Technische Naturgeschichte“ (2 Wst.), „Anwendung der allgemeinen Theorie der Mechanik auf die Maschinen“ (2 Wst.), „Kunstgeschichte, nebst der Anzeige der vornehmsten Kunstwerke der Monarchie und des Auslandes“ (3 Wst.) sowie „Zeichenkunst“ (10 Wst.) vorgesehen. Für die Zöglinge des „öconomischen Kurses“ waren „Theorie der Landwirtschaft“ (3 Wst.), „Anleitung zur landwirtschaftlichen Geschäftskunde“ (u. a. Amtspflichten der Güterverwaltung, Gesetzeskunde, Buchführung, insges. 11 Wst. in 2 Jahrgängen), „öconomische technische Chymie“ (3 Wst.) sowie „Zeichnen“ (10 Wst.) vorgesehen. Für die Zöglinge des „merkantilisten Kurses“ waren „Theorie der Handlungswissenschaft“ (3 Wst.), „Handlungsgeschichte“ (2 Wst.), „Technische Chymie“ (3 Wst.), „Anleitung zur Waarenkunde“ (3 Wst.), „Die kaufmännische Buchhaltung und Comptoir-Wissenschaft“ (insges. 7 Wst.), „Anleitung zum Wechselrechte“ (2 Wst.) und „Zeichenkunst“ (10 Wst.) vorgesehen. Siehe Beilage L, ebenda, nach S. 134.

8 Weiß, Anton: Die Entstehungsgeschichte des Volksschul-Planes von 1804. Graz 1904, S. 84–91, 95.

9 Ebenda, S. 140–152.

10 Gollob, Hedwig: Der Werdegang einer großen Idee: Die Frühakten zur Geschichte der Technischen Hochschule in Wien. Wien 1965, S. 1f.

11 Politische Verfassung der deutschen Schulen in den kaiserl. königl. deutschen Erbstaaten. 2. Aufl. Wien 1807, S. 13.

12 Ebenda, S. 18f.

13 Ficker, Adolf: Bericht über österreichisches Unterrichtswesen. 1, Wien 1873, S. 181.

14 Neben Prag und Krakau; doch waren weitere Gründungen dort, „wo der Handelsstand etwas zahlreicher ist" und bereits ein Gymnasium besteht, vorgesehen (Politische Schulverfassung, S. 13).

15 Ficker, Bericht, S. 181.

16 Hohenberg, Fritz: Die Technische Hochschule in Graz. In: Sutter, Berthold (Red.): Die Steiermark. Land, Leute, Leistung. Graz 1971, S. 765; Tremel, Ferdinand: Die höheren Schulen der Steiermark. In: Ebenda, S. 804. Siehe dazu auch die Besetzungsvorschläge in AVA Wien, StHK K. 306, 7 Graz, 184 ex 1844, 4 ex 1845, 11 ex 1845, 17 ex 1845, 20 ex 1845, 30 ex 1845, 70 ex 1845; 13 ex 1846, 131 ex 1846; 3 ex 1847, 10 ex 1847, 21 ex 1847, 92 ex 1847, 104 ex 1847.

17 AVA Wien, StHK Sch. 306, 7 A Innsbruck, 71 ex 1842, 147 ex 1844, 153 ex 1844, 73 ex 1845, 9 ex 1847, 51 ex 1847. Siehe dazu die das Tiroler Landesarchiv nutzende Dissertation von Irsara, Karl Albert: Geschichte der Innsbrucker Realschule von den Anfängen bis 1914. Phil. Diss. Innsbruck 1972, S. 47–49, 53–57, 71–77, 83, 100–109.

18 Irsara, Geschichte der Innsbrucker Realschule, S. 96f.

19 Brünn (1811), Brody (1815), Lemberg (1817), Triest (1817), Rakonic (1834), Reichenberg (1837).

20 Siehe dazu Grüner, Gustav: Die Entwicklung der höheren technischen Fachschulen im deutschen Sprachgebiet. Ein Beitrag zur historischen und zur angewandten Berufspädagogik. Braunschweig 1967, S. 13–15; Blankertz, Herwig: Bildung im Zeitalter der großen Industrie. Hannover 1969 (Lichtenstein, Ernst/Groothoff, Hans-Hermann [Hrsg.]: Das Bildungsproblem in der Geschichte des europäischen Bildungsdenkens, 15), S. 61–73.

21 Grüner, Die Entwicklung der höheren technischen Fachschulen, S. 14.

22 Ficker, Bericht, S. 266; Wurzer, Rudolf: Die Stellung der Technischen Hochschule Wien im Ablauf ihrer Geschichte. In: 150 Jahre Technische Hochschule in Wien 1815–1965. Wien 1965, S. 18f.

23 Zit. bei Grüner, Die Entwicklung der höheren technischen Fachschulen, S. 15.

24 Siehe dazu Gollob, Hedwig: Geschichte der Technischen Hochschule in Wien. Wien 1964, S. 7–63; Gollob, Hedwig: Die k. k. Real-Handlungs-Academie in Wien. In: Romanik, Felix (Hrsg.): 200 Jahre Real-Handlungs-Academie. 200 Jahre kaufmännisches Bildungswesen in Österreich. Wien o. J. (1970), S. 23–29.

25 Die wichtigsten Akten befinden sich im Hofkammerarchiv Wien in den Faszikeln 42, 68 und 56 der nö. Akten (Kommerz). Sie wurden in wesentlichen Auszügen von H. Gollob veröffentlicht. Besonders ausführlich wurde der Plan des Professors für Chemie an der Theresianischen Ritterakademie, Dr. med. Johann Nepomuk Jasnüger, erörtert, der auf die Bedeutung der Kultivierung des Bodens hinwies, auf die Einbeziehung des Lehrfaches „Landwirtschaft" drängte und dieses mit einer Musteranstalt und einem Seminarium verbunden wissen wollte (Gollob, Frühakten, S. 10–40).

26 J. J. Prechtl übernahm Ende 1810 die Direktion der Realschule in Wien und lehrte Naturgeschichte, Naturlehre und Chemie (ebenda, S. 41f.).

27 Zit. bei Gollob, Frühakten, S. 45 (Niederösterr. Landesarchiv, K. 4, 1812/2). Das Fabriksproduktenkabinett umfaßte bereits 1823 20 000 Musterstücke industrieller und gewerblicher Fertigung. Die wertvollen Sammlungen (Werkzeugsammlung, Modellenkabinett u. ä.) zählten zu den Sehenswürdigkeiten Wiens (Kastner, Richard H.: Die Geschichte der Technischen Hochschule in Wien. Wien–München 1965, S. 12).

28 Auszug abgedr. bei Gollob, Geschichte der Technischen Hochschule, S. 21–44; siehe auch Gollob, Frühakten, S. 77–130.

29 Der technische Kurs wurde bald auf drei Jahre erweitert (Ficker, Bericht, S. 267, Anm. 1).

30 Gollob, Die k. k. Real-Handlungs-Academie, S. 26.

31 Aus ihm gingen u. a. Ferdinand Redtenbacher (Zürich, Karlsruhe) und Karl Karmarsch (Hannover) hervor.

32 Gollob, Hedwig: Das Wiener polytechnische Institut und die k. k. vereinigte Manufaktur-Zeichenschule. In: Österreich in Geschichte und Literatur 9 (1965), S. 470–472.

33 Streiter, Josef: Von der K. K. Commerzialzeichnungsakademie zur Bundeslehr- und Versuchsanstalt für Textilindustrie 1758–1882. In: Bundeslehr- und Versuchsanstalt für Textilindustrie. Festschrift zur Feier des 200jährigen Bestandes. Wien o. J. (1958), S. 40.

34 Das in manchen Publikationen angeführte Gründungsdatum 1809 beruht darauf, daß Erzherzog Johann in diesem Jahre dem Kaiser seine Schenkungsabsicht mitteilte. Zum „Joanneum" siehe Hohenberg, Die Technische Hochschule, S. 764f.; Schwarz, Otto/Modrijan, Walter: Das Steiermärkische Landesmuseum Joanneum. In: Sutter, Berthold (Red.): Die Steiermark. Land, Leute, Leistung. Graz 1971, S. 813f.; Tremel, Ferdinand: Wirtschaft und Bildung im österreichischen Frühliberalismus. In: Österreichische Bildungs- und Schulgeschichte von der Aufklärung bis zum Liberalismus. Eisenstadt 1974 (Jahrbuch für österreichische Kulturgeschichte, 4), S. 35f.

35 Hohenberg, Die Technische Hochschule, S. 764.

36 Tremel, Wirtschaft und Bildung, S. 36; Tremel, Ferdinand: Die höheren Schulen der Steiermark. In: Sutter (Red.), Steiermark, S. 804.

37 Hecke, W.: Die Landwirthschaft der Umgebung von Ungarisch-Altenburg und die landwirthschaftliche Lehranstalt daselbst. Wien 1861, S. 210–224; Wilhelm, G.: Ungarisch-Altenburg und Hohenheim. Ein Erinnerungsblatt an die fünfzigste Wiederkehr des Stiftungstages beider Lehranstalten. Wien 1868 (Separat-Abdr. aus der „Wiener landwirthschaftlichen Zeitung", 18 [1868]).

38 Siehe dazu die umfangreiche Darstellung mit Dokumentation (56 Beilagen) von Killian, Herbert: Mariabrunner Trilogie. II. Die Forstlehranstalt und Forstakademie. 1, Geschichtliche Entwicklung (1813–1875). 2, Ergänzungen (Mitteilungen der Forstlichen Bundes-Versuchsanstalt Wien, H. 79; 1968; H. 80, 1968).

39 Ah. Entschließung v. 7. April 1808, abgedr. ebenda, H. 79, S. 9f. Der § 5 der Waldordnung für Niederösterreich aus dem Jahre 1813 bestimmte daher, „daß Niemand zur Aufsicht und Behandlung der Wälder und Auen angestellt werden dürfe, der sich nicht mit vortheilhaften Zeugnissen über die an einer in Unsern Erbstaaten bestehenden Forstlehranstalt erworbenen Forstkenntnisse auszuweisen vermag" (Gesetzessammlung Franz II. [I.], 41, S. 4).

40 Text des Forstlehrplanes 1812 abgedr. bei Killian, Die Forstlehranstalt, H. 80, S. 59–64.

41 Abgedr. ebenda, S. 111–118.

42 Abgedr. ebenda, S. 186–188.

43 Schwarz/Modrijan, Das Steiermärkische Landesmuseum, S. 813; Walzel, Richard: Hundert Jahre Montanistische Hochschule Leoben. In: Die Montanistische Hochschule Leoben 1849–1949. Festschrift zur Jubelfeier ihres hundertjährigen Bestandes in Leoben 19. bis 21. Mai 1949. Wien 1949, S. 2–8; Kunnert, Heinrich: Schemnitz–Leoben. Die Beziehungen zweier Bergstädte und ihrer Hochschulen im 19. Jahrhundert. In: Ostdeutsche Wissenschaft 9 (München 1962), S. 173–188.

44 Das griechische Wort σίδηρος (sideros) bedeutet Eisen.

45 AVA Wien, StHK F. 307, 7 Klagenfurt A, 8358 ex 1834.

46 Ebenda, 8823 ex 1840.

47 Ebenda, ad 8823 ex 1840; ad 5488 ex 1841 (Bericht des Vizedirektors der Realschule des polytechnischen Instituts Wien, Johann Michael Hurtel).

48 Ebenda, 4930 ex 1842.

49 Ebenda, 7413 ex 1842.

50 Ebenda, 2223 ex 1844.

51 Bereits 1817 wurde festgelegt, daß die Manufakturzeichnung als Unterrichtsgegenstand am „polytechnischen Institut" aufgenommen werden müsse, ohne aber dabei den Unterricht an der Akademie der bildenden Künste „zu beirren" (Dekret der Studienhofkommission, 1817 Sept. 19). Im Jahre 1826 entschied der Kaiser, daß die Manufakturzeichnungs- wie auch die Graveurzeichnungs- und Bossierschule der Akademie der bildenden Künste auszugliedern sei und fortan Teil des „polytechnischen Institutes" werde (Dekret der Studienhofkommission, 1826 August 10, 1826 November 18). In der Praxis blieb jedoch die Beziehung der beiden Fachbereiche zur Akademie der bildenden Künste bestehen, sodaß der Kaiser Anfang 1842 auf eine endgültige Lösung drängte (ah. Entschließung, 1842 Jänner 29). Siehe dazu Barth-Barthenheim, Johann Ludwig Ehrenreich: Oesterreich's Schul- und Studienwe-

sen, mit besonderer Rücksicht auf die Schul- und Studienanstalten im Erzherzogthume Oesterreich unter der Enns. Wien 1843, S. 904, 973; Wagner, Walter: Die Geschichte der Akademie der bildenden Künste in Wien. Wien 1967, S. 115f.

52 Wagner, Die Geschichte der Akademie, S. 116.

53 Streiter, Von der k. k. Commerzialzeichnungsakademie, S. 40.

54 Ebenda, S. 41f.; (Müller, Peter): 110 Jahre Österreichischer Gewerbeverein. (Wien) 1949, S. 13; Bablik, Christian: Tradition und Fortschritt im Wirken des Gewerbevereines. In: Österreichischer Gewerbeverein 1839–1964. Festschrift. Wien o. J. (1964), S. 61–63; Pelzelmayer, Herbert: Die Entwicklung des Zeichenunterrichtes an der österreichischen Volksschule von der „Allgemeinen Schulordnung" bis zum „Reichsvolksschulgesetz" (1774–1869). Der Zeichenunterricht auf dem Hintergrund schul- und bildungspolitischer, sozialer, ökonomischer und ideengeschichtlicher Entwicklungen. Diss. d. Grund- u. integrativwissenschaftl. Fak. Wien 1982, S. 139–141.

55 Schermaier, Josef: Die Allgemeine Handwerkerschule, eine Schule der beruflichen Vorbildung. Wien 1981, S. 107; Pelzelmayer, Die Entwicklung des Zeichenunterrichtes, S. 139f.

56 Pelzelmayer, Die Entwicklung des Zeichenunterrichtes, S. 137–139. Siehe auch Abschnitt 18 dieses Bandes.

57 Kleibel, Anton: Denkschrift über die Entwicklung des österreichischen Handelsschulwesens während der fünfzigjährigen Regierung Seiner Majestät des Kaisers Franz Joseph I. Wien 1899, S. 310.

58 Siehe dazu Schalk, Heinrich: 250 Jahre militärtechnische Ausbildung in Österreich. Gedenkschrift zur 250-Jahr-Feier der Gründung der k. k. Ingenieurakademie in Wien und des zehnjährigen Bestandes der Heeresfachschule für Technik. Wien o. J. (1967), S. 23–37; Gatti, Friedrich: Geschichte der k. k. Ingenieur- und k. k. Genie-Akademie 1717–1869. Wien 1901, S. 400–633.

59 Im Jahre 1822 wurde die 1. Klasse aufgelassen und der Lehrstoff auf 7 Jahre verteilt.

60 Siehe die „Verfassungen" der Ingenieur-Akademie 1814, 1835 und 1847 (tw. abgedr. bei Gatti, Geschichte der k. k. Ingenieur- und k. k. Genie-Akademie, S. 474–476, 518–526, 572–581).

61 Siehe dazu Schalk, 250 Jahre militärtechnische Ausbildung, S. 30–34.

Zu 17 Die Universitäten und semiuniversitären Lehranstalten in der ersten Hälfte des 19. Jahrhunderts

1 Siehe dazu Thienen-Adlerflycht, Christoph: Wandlungen des österreichischen Studiensystems im Übergang vom 18. zum 19. Jahrhundert. In: Student und Hochschule im 19. Jahrhundert. Studien und Materialien. Göttingen 1975, S. 29f. (Studien zum Wandel von Gesellschaft und Bildung im Neunzehnten Jahrhundert, 12).

2 Krones, Franz: Geschichte der Karl Franzens-Universität in Graz. Festgabe zur Feier ihres dreihundertjährigen Bestandes. Graz 1886, S. 115f.

3 Dies geschah, obgleich der Vorsitzende der Studien-Revisions-Hofkommission, Graf Rottenhan, einen Mittelweg zwischen den „despotischen" Fakultätsdirektoraten und der „aristokratischen" Kollegialverfassung einschlagen wollte (Thienen-Adlerflycht, Wandlungen, S. 39). Siehe auch Meister, Richard: Entwicklung und Reformen des österreichischen Studienwesens (Sb. Öst. Ak. Phil.-hist. Kl. 239/1 [1963]), S. 33.

4 Rottenhan, Franz Heinrich v.: Gedanken über die Organisation der Geschäftsleitung über die öffentlichen Unterrichtsanstalten. In: Eggers, C(hristian) U(lrich) D(etlev) von: Nachrichten von der beabsichtigten Verbesserung des öffentlichen Unterrichtswesens in den österreichischen Staaten mit authentischen Belegen. Tübingen 1808, S. 83.

5 Rottenhan sprach sich überhaupt für eine College-Erziehung aus (Thienen-Adlerflycht, Wandlungen, S. 42f.).

6 Rottenhan, Franz Heinrich v.: Darstellung des ganzen Zusammenhangs aller verschiedenen Lehranstalten . In: Eggers, Nachrichten, S. 371–388.

7 Rottenhan, Franz Heinrich v.: Vortrag zu den Deliberationen über das philosophische Studium. In: Eggers, Nachrichten, S. 189–207.

8 Rottenhan, Franz Heinrich v.: Gedanken über die Einrichtung des juridischen Studiums. In: Eggers, Nachrichten, S. 310–328.
9 Rottenhan, Darstellung des ganzen Zusammenhangs, in: Eggers, Nachrichten, S. 377–383.
10 Ebenda, S. 386.
11 Hammer, (Franz): Von dem ordentlichen akademischen Unterricht in der Philosophie. In: Eggers, Nachrichten, S. 211.
12 Ebenda, S. 210.
13 Für den Alpen- und Donauraum hatte Joseph II. nur die Universität Wien vorgesehen.
14 Gall, Franz: Alma Mater Rudolphina 1365–1965. Die Wiener Universität und ihre Studenten. 3. Aufl. Wien 1965, S. 22f.
15 Rüdegger, Erika: Die philosophischen Studien an der Wiener Universität 1800 bis 1848. Phil. Diss. Wien 1964, S. 194; Völlmecke, Irma: Österreichische Hochschulstatistik 1829 bis 1979. In: Österreichisches Statistisches Zentralamt (Hrsg.): Geschichte und Ergebnisse der zentralen amtlichen Statistik in Österreich 1829–1979. Festschrift aus Anlaß des 150jährigen Bestehens der zentralen amtlichen Statistik in Österreich. Wien 1979 (Beiträge zur österreichischen Statistik, 550), S. 489, 492, Abb. 6. Bei den angegebenen Summen der Immatrikulationen, auf die sich die Hochschulstatistik stützt, muß berücksichtigt werden, daß auch die Studenten der Wiener Gymnasien (bis 1848/49) und die Privatstudierenden in die Matrikel der Wiener Universitäten eingetragen waren. Seit 1842/43 wurden aber die Privatstudierenden nicht mehr in die Matrikel aufgenommen, was eine Frequenzminderung vortäuscht. Zu den Biographien und Personalbibliographien der an der philosophischen Fakultät der Wiener Universität tätigen Professoren siehe Bräu, Günter: Personalbibliographien von Professoren der Philosophischen Fakultät zu Wien im ungefähren Zeitraum von 1787 bis 1820 mit biographischen Angaben, gesichtet im Hinblick auf die Beziehung zur Lehre und Forschung in der Medizinischen Fakultät. Med. Diss. Erlangen–Nürnberg 1971; Gürtler, Elisabeth: Das Studium an den Gymnasien und an der philosophischen Fakultät der Alma mater Rudolphina in der Zeit von 1800 bis zur Revolution 1848. Phil. Diss. Wien 1980, S. 199–270.
16 Siehe dazu Kavka, František/Havránek, Jan: Der kulturelle und geistige Einfluß der Wiener Universität auf die Tschechen und Slowaken. In: Österreichische Osthefte 7 (1965), S. 208; Barycz, Henryk: Die Rolle der Wiener Universität im geistigen Leben Polens. In: Österreichische Osthefte 7 (1965), S. 185–188; Jagoditsch, Rudolf: Hundert Jahre seit Vuk St. Karadžić (1787–1864). In: Österreichische Osthefte 7 (1965), S. 213–225.
17 Hölbing, Franz: 300 Jahre Universitas Oenipontana. Die Leopold-Franzens-Universität zu Innsbruck und ihre Studenten. Innsbruck 1970, S. 44.
18 Die bayerische Herrschaft fand kaum Widerstand; der Senat nannte die Universität nunmehr Leopoldino-Maximiliana (ebenda, S. 48).
19 Ebenda, S. 45–51.
20 Ebenda, S. 52f.
21 Während im Studienjahr 1828/29 immerhin noch 689 Studenten die Universität Innsbruck besuchten, sank deren Zahl kontinuierlich bis 1836/37 auf 313 ab. Ab 1840/41 stieg sie wieder auf über 400 an (Österreichisches Statistisches Zentralamt [Hrsg.], Geschichte und Ergebnisse der zentralen amtlichen Statistik in Österreich 1829–1979. 2, Wien 1979, S. 71, Tabelle A 5.1).
22 Siehe dazu Universität Salzburg 1622–1962–1972. Festschrift. Salzburg 1972, S. 44–59; Ritschel, Karl Heinz: Die Geschichte der Universität Salzburg. In: Kaindl-Hönig, Max/Ritschel, Karl Heinz: Die Salzburger Universität 1622–1964. Salzburg 1964, S. 155–159.
23 Das Universitätsgebäude wurde als Quartier und Pferdestall verwendet, die Kollegienkirche als Heumagazin (Kaindl-Hönig, Max: Die Salzburger Universität im Ablauf der Jahrhunderte. In: Kaindl-Hönig/Ritschel, Die Salzburger Universität, S. 80).
24 Faksimile des Auflösungsprotokolls ebenda, S. 85. Zum Folgenden siehe Hermann, Friedrich: Salzburgs hohe Schule zwischen den Volluniversitäten 1810–1962. In: Stud. Mitt. OSB 83 (1972), S. 356–602.
25 Ankündigung im Vorlesungsverzeichnis des Studienjahres 1824 (Ritschel, Die Geschichte der Universität Salzburg, S. 157).
26 Kaindl-Hönig, Die Salzburger Universität, S. 88.

27 Der Höchststand wurde im Studienjahr 1829/30 mit 289 Hörern erreicht (Österr. Statistisches Zentralamt [Hrsg.], Geschichte und Ergebnisse, 2, S. 71, Tab. A 5.1).

28 Siehe dazu vor allem Ibler, Hermann: Die Universität. In: Steinböck, Wilhelm (Hrsg.): 850 Jahre Graz 1128–1978. Festschrift. Graz–Wien–Köln 1978, S. 304–306; Smekal, Ferdinand G.: Alma Universitas. Die Geschichte der Grazer Universität in vier Jahrhunderten. Wien 1967, S. 70–89; Krones, Franz: Geschichte der Karl Franzens-Universität in Graz. Graz 1886, S. 108–161, 465–537.

29 Abdruck der wichtigsten Aktenstücke (Stellungnahme des Guberniums der Steiermark zum Gesuch der steirischen Stände und der Stadt Graz; Auszug aus dem Antrag der Studienhofkommission; Kaiserliche Erledigung) bei Krones, Geschichte der Karl Franzens-Universität, S. 620–624.

30 Die Zahl der Lehrkanzeln stieg zwar nur von 18 auf 23, doch das Lehrpersonal von 24 auf 36 (Smekal, Alma Universitas, S. 85).

31 Graz zog im Studienjahr 1833/34 noch 1 014 Hörer an; deren Zahl sank bis 1838/39 auf 768. In den folgenden Jahren stieg sie wieder leicht an (Österr. Statistisches Zentralamt [Hrsg.], Geschichte und Ergebnisse, 2, S. 71, Tab. A. 5.1).

32 Braumüller, Hermann: Ursprung und Werden der Kärntner Bildungsstätten. Klagenfurt 1965 (Kärntner Museumsschriften, 37), S. 30–35; Zschokke, Hermann: Die theologischen Studien und Anstalten der katholischen Kirche in Österreich. Wien–Leipzig 1894, S. 731–733; Sacher, Hadmar D.: Die Klagenfurter Ärzteschule. Über Klagenfurts medizinisches Lyzeum um 1800, in: Die Brücke 8 (1982/3), S. 44–49.

33 Gaisberger, Joseph: Geschichte des k. k. akademischen Gymnasiums zu Linz. In: Fünfzehnter Bericht über das Museum Francisco-Carolinum (Linz 1855), S. 42–65; Lenzenweger, Josef: Das Jesuitenkollegium zu Linz als Ausgangspunkt einer o.-ö. Hochschule. In: Jahrbuch der Stadt Linz 1951 (1952), S. 60f.; Ardelt, Rudolf: Stadt und Schule in Oberösterreich. In: Rausch, Wilhelm (Hrsg.): Städtische Kultur in der Barockzeit. Linz 1982, S. 144f.

34 Altinger, Altmann: Geschichte des Gymnasiums zu Kremsmünster. III. In: 54. Programm des kais. kön. Obergymnasiums der Benediktiner zu Kremsmünster für das Schuljahr 1904. Linz 1904, S. 81–84.

35 Hofdekret v. 2. April 1802 (Regulierung der Säcular- und Regular-Geistlichkeit, und der Studien-Anstalten), in: Gesetzessammlung Franz II. (I.), 17, S. 26–76, bes. S. 52f. Teilabdruck des Hofkanzleidekretes bei Zschokke, Die theologischen Studien, S. 444f.

36 Siehe dazu Engelbrecht, Helmut: Die Philosophische Lehranstalt zu Krems unter der Direktion Vincenz Eduard Mildes. In: Mitteilungen des Kremser Stadtarchivs 7 (1967), S. 135–157. Vgl. Weiling, Franz: Die philosophische Lehranstalt in Brünn (1808–1849) und die österreichische Bildungspolitik jener Zeit. Ihre Bedeutung für die Entdeckertätigkeit Johann Gregor Mendels. In: MÖSTA 35 (1982), S. 110–133.

37 So äußerte sich V. E. Milde im Jahre 1819, zit. bei Engelbrecht, Die Philosophische Lehranstalt, S. 154.

38 Wichner, Jakob: Kloster Admont und seine Beziehungen zur Wissenschaft und zum Unterricht. Graz 1892, S. 156–169.

39 Teilabdruck des Hofdekretes v. 4. Juli 1790 bei Zschokke, Die theologischen Studien, S. 438–442.

40 Ebenda, S. 443f.

41 Ebenda, S. 444–460.

42 Wien (1790), Graz (1790), St. Pölten (1791), Linz (1794), Klagenfurt (1801).

43 Zschokke, Die theologischen Studien, S. 766–769.

44 Ebenda, S. 731.

45 Ebenda, S. 708.

46 Ebenda, S. 500, 594f.

47 Ebenda, S. 1113–1117.

48 Ebenda, S. 1075f., 1125f.

49 Ebenda, S. 1149–1151. Weniger Bedeutung hatte die Hauslehranstalt der Benediktiner in Admont, die 1801 eröffnet wurde, aber erst 1813 das vollständige Lehrprogramm anbieten konnte (Wichner, Kloster Admont, S. 162–170).

50 Zschokke, Die theologischen Studien, S. 1219.

51 Ebenda, S. 1121.
52 Ebenda, S. 1088f., 1189f.
53 Barth-Barthenheim, Johann Ludwig Ehrenreich: Oesterreich's Schul- und Studienwesen, mit besonderer Rücksicht auf die Schul- und Studienanstalten im Erzherzogthume Oesterreich unter der Enns. Wien 1843, S. 862–886; Kühnert, Wilhelm: Aus den Anfängen der späteren Wiener evangelisch-theologischen Fakultät: Friedrich Daniel Schimko. In: Jahrbuch der Gesellschaft für die Geschichte des Protestantismus in Österreich 92 (1976), S. 55–84; Stökl, Erika: Der Protestantismus in Wien von 1781–1848. In: Jahrbuch der Gesellschaft für die Geschichte des Protestantismus in Österreich 68/69 (1953), S. 205–256.
54 Siehe Abschnitt 12.1 und die dort angeführte Literatur.
55 Der zunächst unter der Bezeichnung „Theresianisch-Leopoldinische Ritterakademie" wieder ins Leben tretenden Institution wurde erst 1797 in vollem Umfang ihre frühere Sonderstellung zuerkannt. Siehe dazu vor allem Schwarz, Johann: Geschichte der k. k. Theresianischen Akademie von ihrer Gründung bis zum Curatorium Sr. Excellenz Anton Ritter von Schmerling. 1746–1865, in übersichtlicher Darstellung. In: Jahres-Bericht des Gymnasiums der k. k. Theresianischen Akademie in Wien für das Schuljahr 1890. Wien 1890, S. 27–90.
56 Zit. bei Barth-Barthenheim, Oesterreich's Schul- und Studienwesen, S. 1077.
57 Schwarz, Geschichte der k. k. Theresianischen Akademie, S. 54–90.
58 Die K. und K. Konsular-Akademie von 1754 bis 1904. Festschrift zur Feier des hundertfünfzigjährigen Bestandes der Akademie und der Eröffnung ihres neuen Gebäudes. Wien 1904, S. 11–22 (Studienplan 1812, S. 11f.; Studienplan 1833, S. 19f.).
59 Gatti, Friedrich: Geschichte der k. k. Ingenieur- und k. k. Genie-Akademie 1717–1869. Wien 1901, S. 510.
60 Zit. bei Adler, Sigmund: Die Unterrichtsverfassung Kaiser Leopolds II. und die finanzielle Fundierung der österreichischen Universitäten nach den Anträgen Martinis. Wien–Leipzig 1917, S. 92.
61 Rottenhan, Darstellung des ganzen Zusammenhangs, in: Eggers, Nachrichten, S. 373.
62 Vergleiche die Entwicklung in Deutschland; siehe Paulsen, Friedrich: Geschichte des gelehrten Unterrichts auf den deutschen Schulen und Universitäten vom Ausgang des Mittelalters bis zur Gegenwart. 2, 2. Aufl. Leipzig 1897, S. 276–438.
63 Rottenhan, Vortrag zu den Deliberationen, in Eggers, Nachrichten, S. 189.
64 Rottenhan beabsichtigte daher zunächst eine Ausdehnung der philosophischen Studien auf vier Jahre (ebenda, S. 200). Übersicht und Einteilung der Lehrgegenstände (ebenda, S. 201–207).
65 Rottenhan, Darstellung des ganzen Zusammenhangs, in: Eggers, Nachrichten, S. 373f.; Rüdegger, Die philosophischen Studien, S. 24.
66 Siehe dazu Meister, Entwicklung und Reformen, S. 33–35; Rüdegger, Die philosophischen Studien, S. 29; Abdruck des philosophischen Studienplanes von 1805 bei Unger, Wilhelm: Systematische Darstellung der Gesetze über die höheren Studien in den gesammten deutsch-italienischen Provinzen der österreichischen Monarchie. 2, Wien 1840, S. 497–517; Gesetzessammlung Franz II. (I.), 25, S. 58–99, Nr. 13.
67 Am Grazer Lyzeum konnte ab 1811 die „windische" Sprache erlernt werden (Krones, Geschichte der Karl Franzens-Universität, S. 500–502).
68 Zit. bei Engelbrecht, Die Philosophische Lehranstalt, S. 137f.
69 Ebenda, S. 137.
70 Ebenda, S. 138.
71 Es mag ein Zufall sein, aber auffallenderweise ist sowohl bei der in der Philosophischen Lehranstalt Krems aufliegenden Abschrift der Studienordnung Franz' I. wie auch bei dem Durchführungserlaß nur von „unterbrochenen" Prüfungen die Rede (Archiv des Gymnasiums Krems, Historia C. R. Instituti philosophici Cremisae anno 1802 erecti. I, S. 20 u. 42).
72 Siehe dazu die §§ 19 und 20 in: Nachricht von einigen Schul- und Studienanstalten in den oesterreichischen Erblanden. Wien 1791, abgedr. bei Timp, Die Problematik, Anhang, S. 76.
73 Meister, Entwicklung und Reformen, S. 37–39; Rüdegger, Die philosophischen Studien, S. 31–36.
74 Zit. bei Kink, Rudolf: Geschichte der kaiserlichen Universität zu Wien. 1/I, Wien 1854, S. 606.

75 Siehe Unger, Systematische Darstellung der Gesetze, 2, S. 481–497; Meister, Entwicklung und Reformen, S. 38f.; Rüdegger, Die philosophischen Studien, S. 37–41; Kink, Geschichte der kaiserlichen Universität, 1/I, S. 607f.

76 Unger, Systematische Darstellung der Gesetze, S. 481f., 551.

77 Siehe dazu Rüdegger, Die philosophischen Studien, S. 41. Folgende Fächer wurden an der Universität Wien neu gelehrt: Kameral-Chemie (1837), organische Chemie (1844), höhere Physik (1844), Kristallographie und physikalische Geographie (1845), Methode der Erdkunde und Geographie (1847), chinesische, türkische und persische Sprache und Literatur (1843), Sanskrit (1845), Deutsche Sprachwissenschaft, Stilistik und Literatur (1845), Kunstgeschichte (1847), Stenographie (1844) und weitere moderne Fremdsprachen (siehe Verzeichnis über die Anzahl der Studierenden und Geprüften in den einzelnen Fächern; ebenda, S. 197, Taf. II/B).

78 Zur zeitgenössischen Kritik des vormärzlichen Universitätssystems und zu den Reformvorschlägen siehe ebenda, S. 198–218.

79 Meister, Entwicklung und Reformen, S. 58–68.

80 Abdruck der Anträge ebenda, Teil II, S. 5–131.

81 Ebenda, S. 6.

82 Studienplan bei Ebert, Kurt: Die Grazer Juristenfakultät im Vormärz. Rechtswissenschaft und Rechtslehre an der Grazer Hochschule zwischen 1810 und 1848. Graz 1969 (Grazer rechts- und staatswissenschaftlichen Studien, 22), S. 28f.

83 Siehe dazu Meister, Entwicklungen und Reformen, S. 36; Ebert, Die Grazer Juristenfakultät, S. 32f.; Kink, Geschichte der kaiserlichen Universität, 1/I, S. 610–621; Wesener, Gunter: Römisches Recht und Naturrecht. Graz 1978, S. 13–27.

84 Ebert, Kurt: Der Einfluß Zeillers auf die Gestaltung des juristischen akademischen Unterrichts. In: Selb, Walter/Hofmeister, Herbert (Hrsg.): Forschungsband Franz von Zeiller (1751–1828). Beiträge zur Gesetzgebungs- und Wissenschaftsgeschichte. Wien–Graz–Köln 1980, S. 63–93; Oberkofler, Gerhard: Die Verteidigung der Lehrbücher von Karl Anton von Martini (1726–1800) und Franz von Zeiller (1751–1828). Eine Studie über das österreichische Juristenmilieu im Vormärz. In: Tiroler Heimat 43/44 (1979/1980), S. 256f. (Literaturangaben zu Zeiller, S. 309f., Anm. 10). Siehe auch Ebert, Die Grazer Juristenfakultät, S. 35–45; Meister, Entwicklungen und Reformen, S. 36.

85 Die österreichische Regelung wurde Modell für die meisten italienischen Staaten (Ebert, Die Grazer Juristenfakultät, S. 37).

86 Geschichte wurde jetzt im Philosophischen Kurs bzw. im Gymnasium gelehrt.

87 Instruktion v. 7. September 1810 (Ebert, Die Grazer Juristenfakultät, S. 38).

88 Krones, Geschichte der Karl Franzens-Universität, S. 129, 504–506.

89 Meister, Entwicklung und Reformen, S. 48–52.

90 Siehe dazu Meister, Entwicklung und Reformen, S. 36f.; Kink, Geschichte der kaiserlichen Universität, 1/I, S. 608–610.

91 Das Studium für den Doktorgrad der Chemie war für fünf Jahre konzipiert.

92 Die Vorlesungen „für die Schüler der Pharmacie“ erstreckten sich über ein Jahr.

93 Siehe dazu Schreiber, Josef: Die Tierärztliche Hochschule in Wien. Ihre Gründung, Geschichte, Lehrpläne und Gebäude. In: 200 Jahre Tierärztliche Hochschule in Wien. Festschrift. Wien o. J. (1968), S. 3–18 (mit umfangreicher Bibliographie, S. 94–98).

94 Bereits am 24. März 1765 hatte Maria Theresia in einem Handschreiben ihren Entschluß bekräftigt, „eine Lehrschule zur Heilung der Viehkrankheiten errichten zu lassen“. Die von Ludwig Scotti dem Mitregenten Joseph (II.) am 19. November 1766 vorgelegte Denkschrift sowie der Lehrplan engten den Aufgabenbereich ein. Die Schule wurde dem nö. Generalkommando und dem Hofkriegsrat unterstellt (ebenda, S. 4f.).

95 Barth-Barthenheim, Oesterreich's Schul- und Studienwesen, S. 798.

96 Ebenda, S. 807.

97 Zur Verteilung der Fächer siehe Meister, Entwicklung und Reformen, S. 52; Kink, Geschichte der kaiserlichen Universität, 1/I, S. 610, Anm. 827.

98 Ficker, Adolf: Geschichte, Organisation und Statistik des österreichischen Unterrichtswesens (Bericht über österreichisches Unterrichtswesen, 1). Wien 1873, S. 238.

99 Zit. bei Meister, Entwicklung und Reformen, S. 52.

100 Ebenda, S. 53–56.

101 Breitner, Burghard: Geschichte der Medizin in Österreich. Wien 1951 (Sb. Öst. Ak. Phil.-hist. Kl. 226/5), S. 41.

102 Siehe dazu Zippe, Augustin: Über den Unterricht in der Theologie mit Rücksicht auf die vorliegenden vier Entwürfe zur Errichtung der theologischen Lehranstalt. In: Eggers, Nachrichten, S. 250–280. Ähnlich äußerte sich auch Dr. Pfregner, Abt von Tepl (Grundlinien der theologischen Studieneinrichtung, in: Ebenda, S. 280–303).

103 Ficker, Geschichte, Organisation und Statistik, S. 234.

104 Zum Inhalt des Studienplanes siehe Meister, Entwicklung und Reformen, S. 35; Zschokke, Die theologischen Studien, S. 69f.

105 Zschokke, Die theologischen Studien, S. 72.

106 Bis 1826 war ein Privatstudium der Theologie nur den Migliedern des Piaristenordens gestattet (Ficker, Geschichte, Organisation und Statistik, S. 237).

107 Ah. Entschließung vom 5. März 1836, zit. bei Meister, Entwicklung und Reformen, S. 56. Zum Folgenden siehe ebenda, S. 56–58; Kink, Geschichte der kaiserlichen Universität, 1/I, S. 630–632.

108 Zum Inhalt des Studienplanes siehe Zschokke, Die theologischen Studien, S. 73.

109 Ebenda, S. 571–585.

110 Ebert, Die Grazer Juristenfakultät, S. 54.

111 „Instruction für den Vicedirektor" (Barth-Barthenheim, Oesterreich's Schul- und Studienwesen, S. 697–700); Unger, Systematische Darstellung, 1, S. 233.

112 Benedikt, Heinrich: Das Zeitalter der Emanzipationen. 1815–1848. Wien–Köln–Graz 1977, S. 308.

113 Systematische Darstellung aller bis 1838 erschienenen Verordnungen über die Art des „Concurses", die „Concursprüfungen" und die „concursartigen Prüfungen" bei Barth-Barthenheim, Oesterreich's Schul- und Studienwesen, S. 359–388.

114 Ebert, Die Grazer Juristenfakultät, S. 43f.

115 Rüdegger, Die philosophischen Studien, S. 44; Kink, Geschichte der kaiserlichen Universität, 1/II, S. 309.

116 Dekret der Studienhofkommission, 1837 April 4 (Barth-Barthenheim, Oesterreich's Schul- und Studienwesen, S. 408f.).

117 Ebenda, S. 404f.

118 Ebenda, S. 410f.

119 Das „Institut der Adjuncten" galt als „Pflanzschule zur Erlangung tüchtiger Lehrer und Professoren" für „Gymnasial- und höhere Lehranstalten" (Barth-Barthenheim, Oesterreich's Schul- und Studienwesen, S. 350f.). Siehe auch Rüdegger, Die philosophischen Studien, S. 48–51; Neuböck, Inge: Die Geschichte der Institution der Privatdozenten in Österreich. Phil. Diss. Wien 1982, S. 19f.

120 Zit. bei Ebert, Die Grazer Juristenfakultät, S. 44 (Gesetzessammlung Franz II. [I.], 37, S. 138, Pt. 3).

121 Ebenda, S. 140, Pt. 6.

122 Z. B. 1 Adjunkt an der juridischen Fakultät Wien, 2 Adjunkten an der philosophischen Fakultät, je 1 Adjunkt ab 1816 an der Lehrkanzel für Landwirtschaftslehre, ab 1833 an der Lehrkanzel der allgemeinen Naturgeschichte, ab 1845 an der Lehrkanzel für Kameral-Chemie. Die Universitätssternwarte erhielt ab 1820 einen Adjunkten, ab 1826 einen zweiten.

123 Rüdegger, Die philosophischen Studien, S. 51–57. Eine einigermaßen verläßliche Erhebung der Sozialstruktur der Studentenschaft fehlt bis heute. Vgl. Jarausch, Konrad H.: Die neuhumanistische Universität und die bürgerliche Gesellschaft 1800–1870. Eine quantitative Untersuchung zur Sozialstruktur der Studentenschaften deutscher Universitäten. In: Probst, Christian (Hrsg.): Darstellungen und Quellen zur Geschichte der deutschen Einheitsbewegung im neunzehnten und zwanzigsten Jahrhundert. Heidelberg 1981, S. 11–58.

124 Hofdekret, 1790 Oktober 4 (Barth-Barthenheim, Oesterreich's Schul- und Studienwesen, S. 459).

125 Die gemeinschaftliche heilige Messe an Sonn- und Feiertagen für sämtliche Schüler wurde mit ah. Entschließung v. 30. März 1827 angeordnet (ebenda, S. 461–465).

126 Hofdekret, 1804 Juli 23 (Unger, Systematische Darstellung, 2, S. 585).

127 Dekret der Studienhofkommission v. 3. August 1829 („um dem Unfuge wirksamer zu steuern, im Ausland zu studieren"), zit. bei Unger, Systematische Darstellung, 1, S. 48f.

128 Barth-Barthenheim, Oesterreich's Schul- und Studienwesen, S. 431–435. Durch die am 23. Nov. 1838 angeordnete „Neueinteilung der academischen Nationen" trat an die Stelle der rheinischen Nation die slavische (Böhmen, Mähren, Schlesien, Galizien), an die Stelle der sächsischen die italienisch-illyrische Nation (Lombardei, Venetien, Dalmatien, Krain, Kärnten, Tirol). Die Absperrung vom Ausland hatte gleichfalls Auswirkungen auf die Zusammensetzung der Studentenschaft und damit auch der neuen Führungsschichten. Besonders Studierende aus den Ländern der böhmischen Krone rückten nun stark in den Vordergrund (Koukolik, Sylvia Erna: Studien zur Geschichte der Wiener aus den Ländern der böhmischen Krone in der ersten Hälfte des 19. Jahrhunderts. Phil. Diss. Wien 1971, S. 205–207, S. 210f.).

129 Ah. Entschließung v. 24. Oktober 1819, Hofkanzleidekret v. 27. Sept. 1831 (ebenda, S. 504).

130 Die Universitäts- wie auch die öffentlichen Bibliotheken erhielten die Anweisung, daß „Romane und bloße Unterhaltungsschriften" nicht an die studierende Jugend ausgefolgt werden dürfen (Dekret der Studienhofkommission v. 26. August 1826; ebenda, S. 646).

131 Ah. Entschließung v. 4. Nov. 1823 (ebenda, S. 506f.). Infolge der rigorosen polizeilichen Überwachung der Studenten lösten schon die ersten Anzeichen der Burschenschaftsbewegung, wie das Tragen der sogenannten deutschen Tracht oder von „Ziegenhainer"-Knotenstöcken, scharfe Gegenmaßnahmen aus. Erst Anfang der vierziger Jahre des 19. Jahrhunderts kann eine Wiederbelebung des Burschenschaftsgedankens in Österreich festgestellt werden. In Salzburg bildete sich in den Jahren 1842/43 ein „Studenten-Verein", die „erste deutsche Studentenverbindung in Österreich" (Hoffmann, Robert: Salzburgs Lycealstudenten im Vormärz. Soziale Struktur und politisches Verhalten. In: Mitteilungen der Gesellschaft für Salzburger Landeskunde 122 [1982], S. 392–398). Siehe auch Molisch, Paul: Die Wiener akademische Legion und ihr Anteil an den Verfassungskämpfen des Jahres 1848. Nebst einer Besprechung der übrigen 1848er Studentenlegionen. In: Archiv für österreichische Geschichte 110 (1922), S. 7–36; Doblinger, Max: Der burschenschaftliche Gedanke auf Österreichs Hochschulen vor 1859. In: Haupt, Hermann (Hrsg.): Quellen und Darstellungen zur Geschichte der Burschenschaft und der deutschen Einheitsbewegung. 8, Heidelberg 1925, S. 31–100; Neusser, Erich: Zur Wiener Studentengeschichte in den Jahren 1815 bis 1825. In: Wiener Geschichtsblätter 20 (80) [1965], S. 404–407.

132 Eine ausführliche Darstellung der Gründung und der ihr vorausgehenden Versuche (mit reichen Literaturangaben) gibt Meister, Richard: Geschichte der Akademie der Wissenschaften in Wien 1847–1947. Wien 1947 (Denkschr. Öst. Ak., 1), S. 9–79. Siehe auch Meister, Richard: Ein bisher unbekanntes Projekt zur Gründung einer österreichischen Akademie der Wissenschaften. In: Archiv für österreichische Geschichte 119 (1952), S. 1–35; Schlitter, Hanns: Gründung der kaiserlichen Akademie der Wissenschaften (Ein Beitrag zur Geschichte des vormärzlichen Österreichs). Wien 1921 (Sb. Ak. Wien. Phil.-hist. Kl. 197/5).

133 Muenter hatte den Plan zur Gründung einer Akademie bereits 1805 entworfen (Meister, Geschichte der Akademie, S. 17).

134 Ebenda, S. 18f.

135 Ebenda, S. 19–23.

136 Der Akt war entgegen dem vorgeschriebenen Geschäftsgang von Sedlnitzky dem Staatskanzler direkt – unter Ausschaltung des Staatsrates und der Staatskonferenz – zugeleitet worden (ebenda, S. 27).

137 Ebenda, S. 30–41.

138 Abdruck der Namen der ernannten ersten wirklichen Mitglieder der Akademie ebenda, S. 44f. Siehe auch die Statuten der kaiserlichen Akademie der Wissenschaften aus dem Jahre 1847 (ebenda, S. 220–222).

139 Zit. ebenda, S. 60.

Zu 18 Bildungsmöglichkeiten außerhalb des öffentlichen Schulwesens

1 Medick, Hans: Zur strukturellen Funktion von Haushalt und Familie im Übergang von der traditionellen Agrargesellschaft zum industriellen Kapitalismus: die proto-industrielle Familienwirtschaft. In: Herrmann, Ulrich (Hrsg.): „Das pädagogische Jahrhundert". Volksaufklärung und Erziehung zur Armut im 18. Jahrhundert in Deutschland. Weinheim–Basel 1981, S. 87f.

2 Die Vermutung, daß etwa 50 Prozent der Kinder das Lesen bei ihren Eltern erlernt hätten, trifft wohl nicht zu. Siehe dazu Möller, Helmut: Zum Sozialisierungsprozeß des Kleinbürgers. In: Herrmann, „Das pädagogische Jahrhundert", S. 115.

3 Schlumbohm, Jürgen: Straße und Familie. Kollektive Formen der Sozialisation im Kleinbürgertum Deutschlands um 1800. In: Herrmann, „Das pädagogische Jahrhundert", S. 129.

4 Schenda, Rudolf: Alphabetisierung und Literarisierungsprozesse in Westeuropa im 18. und 19. Jahrhundert. In: Herrmann, „Das pädagogische Jahrhundert", S. 161–163.

5 Ebenda, S. 155–158. Vgl. Abschnitt 8 dieses Bandes, Anm. 104.

6 Posch, Fritz: Geschichte des Verwaltungsbezirkes Hartberg. 1, Graz–Hartberg 1978, S. 825, 834f.

7 Schenda, Alphabetisierung, S. 161.

8 Haberzettl, Hermann: Die Stellung der Exjesuiten in Politik und Kulturleben Österreichs zu Ende des 18. Jahrhunderts. Wien 1973 (Dissertationen der Universität Wien, 94), S. 152–155.

9 Siehe Abschnitt 9 dieses Bandes.

10 Joseph Meßmer äußerte in seinem umfangreichen Bericht „Zustand der hiesigen gemeinen deutschen Schulen in und vor der Stadt", daß es selbst Handwerker „für eine Schande" hielten, „ihre Kinder in die öffentlichen Schulen zu schicken". Nur die Kinder von Lakaien, Kutschern, Hausmeistern, Taglöhnern u. ä. seien dort anzutreffen. Ähnliche Feststellungen trifft Frick von Frickenberg über die Grazer Schulen (Helfert, Joseph Alexander: Die Gründung der österreichischen Volksschule durch Maria Theresia. Prag 1860, S. 63f.).

11 Ebenda, S. 66.

12 Fertig, Ludwig: Die Hofmeister: Befunde, Thesen, Fragen. In: Herrmann, Ulrich (Hrsg.): Die Bildung des Bürgers. Die Formierung der bürgerlichen Gesellschaft und die Gebildeten im 18. Jahrhundert. Weinheim–Basel 1982, S. 322–328; Neumann, Franz: Der Hofmeister. Ein Beitrag zur Geschichte der Erziehung im achtzehnten Jahrhundert. Phil. Diss. Halle–Wittenberg 1930.

13 Helfert, Die Gründung der österreichischen Volksschule, S. 370.

14 Zit. bei Wotke, Karl: Das Oesterreichische Gymnasium im Zeitalter Maria Theresias. Berlin 1905, S. 314, 275; Methodenbuch für Lehrer der deutschen Schulen in den kaiserlich-königlichen Erblanden ... Wien 1775, S. 321.

15 Er wurde spöttisch zu den sogenannten „Renntieren" gezählt, d. h. zu „solchen, die sogenannte Laufstunden gaben" (Roessler, Wilhelm: Die Entstehung des modernen Erziehungswesens in Deutschland. Stuttgart 1961, S. 387).

16 Ebenda, S. 384–388.

17 Beispiele bei Haberzettl, Die Stellung der Exjesuiten, S. 153f.

18 Allgemeine Schulordnung, Abschnitt 13, abgedr. im Methodenbuch, S. 398. Siehe dazu Helfert, Die Gründung der österreichischen Volksschule, S. 370f. (Hofmeister „in Häusern von höherem Range" waren davon ausgenommen). Patent zur Aufnahmsprüfung für das Gymnasium vom 6. Sept. 1776, abgedr. bei Wotke, Das Oesterreichische Gymnasium, S. 275.

19 Methodenbuch, S. 480.

20 Patent zur Aufnahmsprüfung für das Gymnasium vom 6. Sept. 1776; Instruction für die aufgestellten Präfekten der Gymnasien. Abgedr. bei Wotke, Das Oesterreichische Gymnasium, S. 274 bzw. 327.

21 Hofdekret, 1783 Februar 3 (abgedr. ebenda, S. 389).

22 Hofdekret, 1785 Dezember 5; Gubernialverordnung (Innerösterreich), 1787 August 8 (abgedr. ebenda, S. 401–404).

23 Siehe die Vorschriften für Privat-Studierende und Privat-Lehrer, in: Sammlung der Verordnungen und Vorschriften über die Verfassung und Einrichtung der Gymnasien. Wien

1812, S. 38–40; Widmann, Eva S.: Vormärzliches Studium im Spiegel autobiographischer Quellen. In: Österreichische Bildungs- und Schulgeschichte von der Aufklärung bis zum Liberalismus. Eisenstadt 1974 (Jahrbuch für Österreichische Kulturgeschichte, 4), S. 120.

24 Die Studienhofkommission beantragte die Lehrkanzel am 19. November 1808; sie wurde am 28. Februar 1809 vom Kaiser genehmigt. Der Präfekt des Akademischen Gymnasiums in Wien Dr. Franz Schönberger erklärte sich bereit, sie zu übernehmen. Siehe Dekret der Studienhofkommission vom 11. März 1809 über die Errichtung einer „Lehrkanzel für Privat-Lehrer in Gymnasial-Gegenständen“, abgedr. bei Timp, Heribert: Die Problematik „Klassenlehrer oder Fachlehrer“ in den Gymnasialreformen von 1792 bis 1849. Wien 1968, S. 137, vgl. S. 59f.

25 Pichler, Gerhart: Das Studienwesen des Erzherzogtums unter der Enns (Wien und Niederösterreich) 1740–1870. 1, Frankfurt a. M. 1981, S. 413f.

26 Ebenda, S. 408–411; Sammlung der Verordnungen und Vorschriften über die Verfassung und Einrichtung der Gymnasien. 5. Aufl. Wien 1847, S. 47–53.

27 Siehe dazu Stekl, Hannes: Grundlagen, Formen und Ausdruck adeligen Lebensstils im Vormärz. Zur Geschichte der Fürstenhäuser Liechtenstein und Schwarzenberg. Phil. Diss. Wien 1968, S. 273–287; Stekl, Hannes: Österreichs Aristokratie im Vormärz. Herrschaftsstil und Lebensformen der Fürstenhäuser Liechtenstein und Schwarzenberg. Wien 1973, S. 103–115.

28 Stekl, Grundlagen, S. 290, 295.

29 Siehe die „Vorschriften für Privat-Studirende und Privat-Lehrer“. In: Sammlung der Verordnungen und Vorschriften, 5. Aufl., S. 47–53.

30 Oesterreichisches pädagogisches Wochenblatt zur Beförderung des Erziehungs- und Volksschulwesens 1 (1842), S. 118f.

31 Ebenda, S. 119. Vgl. Abschnitt 16 dieses Bandes.

32 Engelsing, Rolf: Analphabetentum und Lektüre. Zur Sozialgeschichte des Lesens in Deutschland zwischen feudaler und industrieller Gesellschaft. Stuttgart 1973, S. 53–55.

33 So wies die Meßstatistik des Jahres 1799 unter den angebotenen 3739 Büchern nur 125 lateinische Titel aus (ebenda, S. 55). Vgl. Dann, Otto (Hrsg.): Lesegesellschaften und bürgerliche Emanzipation. Ein europäischer Vergleich. München 1981, S. 15.

34 Bauer, Werner M.: Die Verleger und Drucker Joseph Vinzenz Degen und Johann Baptist Wallishausser und ihre Stellung in der österreichischen Literatur ihrer Zeit. In: Zeman, Herbert (Hrsg.): Die österreichische Literatur. Ihr Profil an der Wende vom 18. zum 19. Jahrhundert (1750–1830). Teil 1, Graz 1979, S. 202.

35 Siehe dazu Durstmüller, Anton d. J.: 500 Jahre Druck in Österreich. Die Entwicklungsgeschichte der graphischen Gewerbe von den Anfängen bis zur Gegenwart. Wien o. J. (1982), S. 175f.

36 Giese, Ursula: Johann Thomas Edler von Trattner. Seine Bedeutung als Buchdrucker, Buchhändler und Herausgeber. In: Archiv für Geschichte des Buchwesens 3 (Frankfurt a. M. 1960), Sp. 1013–1454.

37 Zeman, Herbert: Der Drucker-Verleger Joseph Ritter von Kurzböck und seine Bedeutung für die österreichische Literatur des 18. Jahrhunderts. In: Zeman, Herbert (Hrsg.): Die österreichische Literatur. Ihr Profil an der Wende vom 18. zum 19. Jahrhundert (1750–1830). Teil 1, Graz 1979, S. 143–178.

38 Bauer, Die Verleger und Drucker J. V. Degen und J. B. Wallishausser, S. 179–202.

39 Ebenda, S. 186. Siehe auch Bauer, Werner M.: Die Buchdrucker und Verleger Bernhard Philipp Bauer und Carl Schaumburg: Ihre Bedeutung für das literarische Leben im österreichischen Vormärz. In: Zeman, Herbert (Hrsg.): Die österreichische Literatur. Ihr Profil im 19. Jahrhundert (1830–1880). Graz 1982, S. 3.

40 Ebenda, S. 11f.; Durstmüller, 500 Jahre Druck, S. 193f.

41 Bauer, Die Verleger und Drucker J. V. Degen und J. B. Wallishausser, S. 181f.

42 Lang, Helmut W.: Die Zeitschriften in Österreich zwischen 1740 und 1815. In: Zeman, Herbert (Hrsg.): Die österreichische Literatur. Ihr Profil an der Wende vom 18. zum 19. Jahrhundert (1750–1830). Teil 1, Graz 1979, S. 203–227; Lang, Helmut W.: Die Zeitschriften in Österreich zwischen 1815 und 1830. In: Zeman, Herbert (Hrsg.): Die österreichische Literatur. Ihr Profil im 19. Jahrhundert (1830–1880). Graz 1982, S. 13–21. Im letzten Drittel des 18. Jahrhunderts waren in einigen der 60 bis 80 Kaffeehäuser Wiens

außer den Zeitungen auch Zeitschriften aufgelegt (Welke, Martin: Gemeinsame Lektüre und frühe Formen von Gruppenbildungen im 17. und 18. Jahrhundert: Zeitungslesen in Deutschland. In: Dann, Otto [Hrsg.]: Lesegesellschaften und bürgerliche Emanzipation. Ein europäischer Vergleich. München 1981, S. 39).

43 Zum Folgenden siehe Hadamovsky, Franz: Ein Jahrhundert Literatur- und Theaterzensur in Österreich (1751–1848). In: Zeman, Herbert (Hrsg.): Die österreichische Literatur. Ihr Profil an der Wende vom 18. zum 19. Jahrhundert (1750–1830). Teil 1, Graz 1979, S. 289–305; Wagner, Hans: Die Zensur in der Habsburger Monarchie (1750–1810). In: Joseph Haydn in seiner Zeit. Ausstellungskatalog. Eisenstadt 1982, S. 211–220; Marx, Julius: Die österreichische Zensur im Vormärz. Wien 1959.

44 So äußerte sich Joseph von Sonnenfels, der die Bücherzensur „als eine der nothwendigeren Polizeyanstalten" ansah (Sätze aus der Polizey, Handlungs- und Finanzwissenschaft zum Leitfaden der akademischen Vorlesungen. Wien 1765, zit. bei Hadamovsky, Ein Jahrhundert Literatur- und Theaterzensur, S. 290).

45 Hadamovsky, Ein Jahrhundert Literatur- und Theaterzensur in Österreich (1751–1848), S. 296.

46 Diese Gruppe von Büchern wurde mit „erga schedam" bezeichnet (ebenda).

47 Auch die Studienhofkommission wurde Ende 1791 aufgelöst.

48 Zensurverordnung vom 14. September 1810, abgedr. bei Marx, Die österreichische Zensur, S. 73f. Es wurde versichert: „Kein Lichtstrahl, er komme woher er wolle, soll in Hinkunft unbeachtet und unerkannt in der Monarchie bleiben, oder seiner möglichen nützlichen Wirksamkeit entzogen werden; aber mit vorsichtiger Hand sollen auch Herz und Kopf der Unmündigen vor den verderblichen Ausgeburten einer scheußlichen Phantasie, vor dem giftigen Hauche selbstsüchtiger Verführer, und vor den gefährlichen Hirngespinsten verschrobener Köpfe gesichert werden" (ebenda, S. 73).

49 Denkschrift über die gegenwärtigen Zustände der Zensur in Oesterreich. In: Oesterreichische Blätter für Literatur, Kunst, Geschichte, Geografie, Statistik und Naturkunde 5 (Wien 1848), S. 281–283, 285–287, 289–291. Hier Abdruck der Petition vom 11. März 1845, deren Einbegleitung von Eduard Bauernfeld unterzeichnet wurde; die Unterschriftenliste führte Franz Grillparzer an (ebenda, S. 290f.).

50 Wiener Zeitung, 1848 Jänner 25; Marx, Die österreichische Zensur, S. 52f.

51 Die Lesekabinette bildeten ohne Zweifel die „sozialhistorisch interessanteste Gruppe unter den Lesegesellschaften". Hier trat zum Verlangen nach Lektüre auch das Bedürfnis nach Gedankenaustausch hinzu. Diese Gesellschaften, die über eigene Räume verfügten, machten die Lektüre „zum Medium sozialer Kommunikation". Sie trugen dazu bei, daß sich die bürgerliche Bildungsschicht zur sozialen Elite entwickeln konnte. Siehe dazu Dann, Otto: Die Lesegesellschaften und die Herausbildung einer modernen bürgerlichen Gesellschaft in Europa. In: Dann, Otto (Hrsg.): Lesegesellschaften und bürgerliche Emanzipation. Ein europäischer Vergleich. München 1981, S. 9–28; Prüsener, Marlies: Lesegesellschaften im 18. Jahrhundert. Ein Beitrag zur Lesegeschichte. In: Archiv für Geschichte des Buchwesens 13 (1973), Sp. 368–593 (Phil. Diss. München 1971); Stützel-Prüsener, Marlies: Die deutschen Lesegesellschaften im Zeitalter der Aufklärung. In: Dann, Otto (Hrsg.): Lesegesellschaften und bürgerliche Emanzipation. Ein europäischer Vergleich. München 1981, S. 71–86; Martino, Alberto: „Lekturkabinette" und Leihbibliotheken in Wien (1772–1848). In: Zeman, Herbert (Hrsg.): Die österreichische Literatur. Ihr Profil an der Wende vom 18. zum 19. Jahrhundert (1750–1830). Teil 1, Graz 1979, S. 119–142; Engelsing, Rolf: Der Bürger als Leser. Lesergeschichte in Deutschland 1500–1800. Stuttgart 1974, S. 182–258; Jesinger, Alois: Wiener Lekturkabinette. Wien 1928.

52 Martino, „Lekturkabinette", S. 122f.

53 Z. B. in Innsbruck; hier wurde 1787 ein Casino-Verein zur Pflege von Literatur, Tanz und Musik gegründet, der sich 1815 in ein Lese- und Musik-Casino umwandelte.

54 Es kann angenommen werden, daß die Lesegesellschaften „bildungspolitisch bedeutender waren, die Leihbüchereien aber die größere Breiten- und Tiefenwirkung erreichten". Siehe Engelsing, Der Bürger als Leser, S. 246f.; Martino, „Lekturkabinette", S. 125f.

55 Martino, „Lekturkabinette", S. 127.

56 Ebenda, S. 136.

57 Verzeichnisse der Leihbibliotheken ebenda, S. 140f.

58 Zitat aus dem „Intelligenzblatt der allgemeinen Litteratur-Zeitung", 1794 März 19, Sp. 209–212, ebenda, S. 120f.

59 Siehe zum Folgenden Lambauer, Hannes: Der Leseverein am Joanneum. In: Klingenstein, Grete (Hrsg.): Erzherzog Johann von Österreich. Beiträge zur Geschichte seiner Zeit. Graz o. J. (1982), S. 247–254.

60 Diese verbotenen Zeitungen mußten allerdings persönlich in der Direktionskanzlei geholt werden (ebenda, S. 250).

61 Engel-Janosi, Friedrich: Der Wiener juridisch-politische Leseverein. Seine Geschichte bis zur Märzrevolution. In: Mitteilungen des Vereines für Geschichte der Stadt Wien 4 (1923), S. 58–66. Im „Wünschebuch" legten die Mitglieder des Vereins ihre Anträge und Wünsche schriftlich nieder.

62 Ebenda, S. 65.

63 Siehe dazu Engelbrecht, Helmut: Zur neueren Geschichte der Pfarre Krems an der Donau. In: 950 Jahre Pfarre Krems. Festschrift. Krems 1964, S. 162–166.

64 Siehe dazu Mikoletzky, Hanns Leo: Österreich. Das entscheidende 19. Jahrhundert. Geschichte, Kultur und Wirtschaft. Wien 1972, S. 242–245; Till, Rudolf: Hofbauer und sein Kreis. Wien 1951; Winter, Eduard: Romantismus, Restauration und Frühliberalismus im österreichischen Vormärz. Wien 1968, S. 104–108.

65 Zatschek, H(einz): Handwerk und Gewerbe in Wien. Von den Anfängen bis zur Erteilung der Gewerbefreiheit im Jahre 1859. Wien 1949, S. 52–58.

66 Bauer, Roger: Die Welt als Reich Gottes. Grundlagen und Wandlungen einer österreichischen Lebensform. Wien 1974, S. 76–79; Kindermann, Heinz: Theatergeschichte Europas. 5, Salzburg 1962, S. 82–86, 270f., 366; Glossy, Karl: Zur Geschichte der Theater Wiens. I. (1801 bis 1820); II. (1821 bis 1830); III. (1831 bis 1840). In: Jahrbuch der Grillparzer-Gesellschaft 25 (1915), S. I–XXXV, 1–271; 26 (1920), S. I–XXIII, 1–155; 30 (1931), S. 1–152.

67 Bauer, Die Welt als Reich Gottes, S. 80–85; Kindermann, Theatergeschichte Europas, 5, S. 271; 6, S. 53–55; Rommel, Otto: Die Alt-Wiener Volkskomödie. Ihre Geschichte vom barocken Welt-Theater bis zum Tode Nestroys. Wien 1952.

68 In Innsbruck war bereits 1629/30 ein „Comedihaus" errichtet worden, angeblich das erste freistehende Opernhaus im deutschen Sprachraum, 1653/55 wurde ein Hoftheater erbaut. Auch das Grazer Opern- und Theaterleben hatte eine weit zurückreichende Tradition; im Jahre 1776 wurde hier das neue Nationaltheater eröffnet, die italienische Operngesellschaft, die in der ersten Hälfte des 18. Jahrhunderts bestimmend war, verließ Graz. In Salzburg wurde 1775 ein festes Theaterhaus errichtet. Linz verfügte bereits zwischen 1752 und 1786 über ein ständiges Spielhaus an der Donau und verlegte ab 1788 die Aufführungen in den 1772/73 erbauten Redoutensaal. In Klagenfurt wurde 1737 das Ballhaus in ein Theater umgewandelt, das ab 1810/11 durchgehend bespielt wurde. In Bregenz führten seit dem Ende des 18. Jahrhunderts Berufsschauspieler Theaterstücke im Rathaus der Stadt auf; die dortige Theaterzettelsammlung reicht bis 1844 zurück. Siehe dazu Kindermann, Theatergeschichte Europas, 5, S. 134, 140f., 151; Federhofer, Hellmut: Musikleben in der Steiermark. In: Die Steiermark. Land, Leute, Leistung. Graz 1956, S. 239f; Wacha, Georg: Verwaltung und Hofhaltung in ihrer Bedeutung für die Kulturgeschichte der oberösterreichischen Städte. In: Tausend Jahre Oberösterreich. Das Werden eines Landes. 1, Linz 1983, S. 232.

69 Zwischen 1821 und 1836 wurden 3 173 Theaterstücke zur Bewilligung für eine Aufführung eingereicht; davon wurden 309 verboten (Hadamovsky, Franz: Ein Jahrhundert Literatur- und Theaterzensur, S. 304).

70 Bauer, Die Welt als Reich Gottes, S. 50f.; Stekl, Grundlagen, S. 324; Kann, Robert: Ein Salon, in dem sich Geist und Geld trafen. Die Tragik des deutsch-jüdischen Liberalismus in Österreich, am Beispiel der Familien Gomperz-Wertheimstein. In: Die Presse, 1974 Mai 11./12., spectrum, S. III; Stekl, Hannes: „Der Adel gilt allein etwas". Österreichs Oberschichten im 18. Jahrhundert. In: Joseph Haydn in seiner Zeit. Ausstellungskatalog. Eisenstadt 1982, S. 69f.; Brenner, Gabriele: Wien in der ersten Hälfte des 19. Jahrhunderts aus der Sicht franz. Besucher. In: Österreich in Geschichte und Literatur 24 (1980), S. 21.

71 Prohaska, Gertrude: Der literarische Salon der Karoline Pichler. Phil. Diss. Wien 1946, S. 22f.

72 Zu den Besuchern des „Salons" siehe Prohaska, Der literarische Salon, S. 25–43.

73 Mittelpunkt dieser Salons waren Fanny von Arnstein, Cäcilia von Eskeles und Henrietta von Pereira (Bauer, Die Welt als Reich Gottes, S. 54f.).

74 Nur H. v. Pereiras Salon war stärker geistig ausgerichtet (Prohaska, Der literarische Salon, S. 14).

75 Prohaska, Gertrude: Der literarische Salon der Karoline Pichler. Phil. Diss. Wien 1946; Knapp, Fritz Peter: Die altdeutsche Dichtung als Gegenstand literarhistorischer Forschung in Österreich von Jacob Grimms Wiener Aufenthalt (1814/15) bis zum Tode Franz Pfeiffers (1868). In: Zeman, Herbert (Hrsg.): Die österreichische Literatur. Ihr Profil im 19. Jahrhundert (1830–1880). Graz 1982, S. 161–164.

76 Prohaska, Der literarische Salon, S. 84.

77 Nadler, Josef: Literaturgeschichte Österreichs. Linz 1948, S. 238.

78 Biba, Otto: Die adelige und bürgerliche Musikkultur. Das Konzertwesen. In: Joseph Haydn in seiner Zeit. Ausstellungskatalog. Eisenstadt 1982, S. 258–261; Antonicek, Theophil: Biedermeierzeit und Vormärz. In: Flotzinger, Rudolf/Gruber, Gernot (Hrsg.): Musikgeschichte Österreichs. 2, Graz–Wien–Köln 1979, S. 229.

79 Siehe dazu Hammermayer, Ludwig: Zur Geschichte der europäischen Freimaurerei und der Geheimgesellschaften im 18. Jahrhundert. Genese – Historiographie – Forschungsprobleme. In: Balazs, Eva H./Hammermayer, Ludwig/Wagner, Hans/Wojtowicz, Jerzy (Hrsg.): Beförderer der Aufklärung in Mittel- und Osteuropa. Freimaurer, Gesellschaften, Clubs. Berlin 1979, S. 9–68 (Verzeichnis der Logen ebenda, S. 343–347); Wagner, Hans: Die politische und kulturelle Bedeutung der Freimaurer im 18. Jahrhundert. In: Balazs u. a., Beförderer der Aufklärung, S. 69–86; Waissenberger, Robert: Freimaurerlogen zur Zeit Kaiser Josephs II. In: Österreich zur Zeit Kaiser Josephs II. Ausstellungskatalog. Wien 1980, S. 232–235; Reinalter, Helmut: Aufklärung, Freimaurerei und Jakobinertum in der Habsburger-Monarchie. In: Reinalter, Helmut (Hrsg.): Jakobiner in Mitteleuropa. Innsbruck 1977, S. 243–269; Im Hof, Ulrich: Das gesellige Jahrhundert. Gesellschaft und Gesellschaften im Zeitalter der Aufklärung. München 1982, S. 163–169; Gillis, John R.: Geschichte der Jugend. Tradition und Wandel im Verhältnis der Altersgruppen und Generationen in Europa von der zweiten Hälfte des 18. Jahrhunderts bis zur Gegenwart. Weinheim–Basel 1980, S. 87–90; Rosenstrauch-Königsberg, Edith: Ausstrahlungen des Journals für Freimaurer. In: Balazs u. a., Beförderer der Aufklärung, S. 103–117; Ferrer Benimeli, José A.: Rom und die Verfolgung der Freimaurer in Österreich (1743–1744). In: Balazs u. a., Beförderer der Aufklärung, S. 87–102; Dülmen, Richard van: Der Geheimbund der Illuminaten. Darstellung, Analyse, Dokumentation. Stuttgart–Bad Cannstatt 1975; Abafi, Ludwig: Geschichte der Freimaurerei in Oesterreich–Ungarn. 1–5, Budapest 1890–1899.

80 Gutkas, Karl: Geschichte des Landes Niederösterreich. 3. Aufl. St. Pölten 1973, S. 385.

81 Bauer, Die Welt als Reich Gottes, S. 56f.

82 Kann, Robert A. (Hrsg.): Theodor Gomperz. Ein Gelehrtenleben im Bürgertum der Franz-Josefs-Zeit. Wien 1974 (Sb. Öst. Ak. Phil.-hist. Kl., 295), S. 46f.; Srbik, Heinrich/Lorenz, Reinhold: Die geschichtliche Stellung Wiens 1740–1918. Wien 1962 (Geschichte der Stadt Wien, N. R. 1), S. 35; Srbik, Heinrich v.: Metternich. Der Staatsmann und der Mensch. 2, München 1925, S. 237.

83 Die Assoziation oder der Verein als freier organisatorischer Zusammenschluß von Personen war ein neuer Typus einer sozialen Organisation, der sich deutlich von den traditionellen Bindungen des Hauses, der Korporation und der Herrschaft unterschied. Voraussetzung der Vereinsbildung war individualistisches und emanzipatorisches Denken sowie die Verbürgerlichung der Kultur. Das Vereinswesen begann in der Folge das gesellschaftliche Leben zu prägen, weil sich die bürgerliche Aktivität in Zusammenschlüssen unterschiedlicher Art organisierte. Siehe dazu Nipperdey, Thomas: Verein als soziale Struktur in Deutschland im späten 18. und frühen 19. Jahrhundert. Eine Fallstudie zur Modernisierung I. In: Ders.: Gesellschaft, Kultur und Theorie. Gesammelte Aufsätze zur neueren Geschichte. Göttingen 1976 (Kritische Studien zur Geschichtswissenschaft, 18), S. 174–205. Vgl. Dülmen, Richard van: Die Aufklärungsgesellschaften in Deutschland als Forschungsprogramm. In: Francia. Forschungen zur westeuropäischen Geschichte 5 (1977), S. 251–275.

84 Dieser besondere Typus einer gemeinnützigen Sozietät bildete sich heraus, als die Lage der Landwirtschaft im 18. Jahrhundert in eine Krise geriet und diese als Auswirkung überholter

Verwaltungsnormen und veralteter Produktionsmethoden gesehen wurde. Deshalb versuchte man die adeligen Grundbesitzer und die Bauernschaft mit Verbesserungsvorschlägen „aufzuklären“. Die ersten agrarischen Gesellschaften dieser Art wurden in Schottland (1723), Dublin (1731), Florenz (1753) und in der Bretagne (1757) gegründet. Siehe dazu Im Hof, Das gesellige Jahrhundert, S. 146–157; Schindler, Norbert/Bonß, Wolfgang: Praktische Aufklärung – Ökonomische Sozietäten in Süddeutschland und Österreich im 18. Jahrhundert. In: Vierhaus, Rudolf (Hrsg.): Deutsche patriotische und gemeinnützige Gesellschaften. München 1980 (Wolfenbütteler Forschungen, 8), S. 255–353.

85 Riegler, Josef: Die Landwirtschaftsgesellschaft. In: Klingenstein, Grete (Hrsg.): Erzherzog Johann von Österreich. Beiträge zur Geschichte seiner Zeit. Graz o. J. (1982), S. 125–138; Dinklage, Karl: Geschichte der Kärntner Landwirtschaft. Klagenfurt 1966; Full, Viktoria: Die Agrikultursozietäten und ihr Einfluß auf die Landwirtschaft der österreichisch-ungarischen Monarchie im 18. Jahrhundert. Phil. Diss. Wien 1937; Schindler/Bonß, Praktische Aufklärung – Ökonomische Sozietäten, S. 263–282; Bruckmüller, Ernst: Die Anfänge der Landwirtschaftsgesellschaften und die Wirkungen ihrer Tätigkeit. In: Feigl, Helmuth (Hrsg.): Die Auswirkungen der Theresianisch-josephinischen Reformen auf die Landwirtschaft und die ländliche Sozialstruktur Niederösterreichs. Wien 1982 (Studien und Forschungen aus dem niederösterreichischen Institut für Landeskunde, 3), S. 36–94.

86 Dinklage, Geschichte der Kärntner Landwirtschaft, S. 165.

87 Riegler, Die Landwirtschaftsgesellschaft, S. 128–135.

88 Dinklage, Geschichte der Kärntner Landwirtschaft, S. 164f.

89 Siehe dazu Sequenz, Heinrich: Der Österreichische Gewerbeverein und die Wiener Technische Hochschule. In: Österreichischer Gewerbeverein 1839–1964. Festschrift o. J., S. 50–54; Gutkas, Geschichte des Landes Niederösterreich, S. 399f.; (Müller, Peter): 110 Jahre Österreichischer Gewerbeverein. (Wien) 1949, S. 1–8; Bablik, Christian: Tradition und Fortschritt im Wirken des Gewerbevereines. In: Österreichischer Gewerbeverein 1839–1964. Festschrift. Wien o. J. (1964), S. 76–80.

90 Siehe dazu Hwaletz, Otto: Organisationsformen der frühliberalen Wirtschaft. In: Erzherzog Johann von Österreich. Landesausstellung 1982. 2, Beiträge zur Geschichte seiner Zeit. Graz o. J., S. 211–213; Erzherzog Johann von Österreich. Landesausstellung 1982. 1, Katalog. Graz o. J., S. 180f.

91 Eine derartige „Zeichnungsanstalt“ wurde vom Verein auch in Laibach eingerichtet (Hwaletz, Organisationsformen, S. 213).

92 Abdruck der Statuten bei (Müller), 110 Jahre Österreichischer Gewerbeverein, S. 6–8.

93 Pelzelmayer, Herbert: Die Entwicklung des Zeichenunterrichtes an der österreichischen Volksschule von der „Allgemeinen Schulordnung“ bis zum „Reichsvolksschulgesetz“. Diss. d. Grund- u. integrativwissensch. Fak. Wien 1982, S. 139f.; Tittel, Ernst: Die Wiener Musikhochschule. Vom Konservatorium der Gesellschaft der Musikfreunde zur staatlichen Akademie für Musik und darstellende Kunst. Wien 1967.

94 Im Jahre 1879 eröffnete der Verein das „Technologische Gewerbemuseum“, in den letzten Jahren des 19. Jahrhunderts die populär-wissenschaftliche Ziele verfolgende „Urania“.

95 Zum Folgenden siehe Tittel, Ernst: Chronik. In: Akademie für Musik und Darstellende Kunst in Wien (Hrsg.), Festschrift 1817–1967. Wien 1967, S. 103–111.

96 Diese Bezeichnung findet sich seit 1822 in den Akten (Tittel, Die Wiener Musikhochschule, S. 17).

97 Die Schulerhaltungskosten betrugen im Jahre 1830 5000 fl. C. M. bei 16 Lehrern und 186 Schülern (Tittel, Die Wiener Musikhochschule, S. 19f.).

98 Ebenda, S. 28.

99 Dreißig Lycealschüler gründeten im Frühjahr 1815 unter Führung des Kuraten der Grazer Stadtpropstei den „Akademischen Musikverein“. Er wurde erst 1817 behördlich anerkannt; seine Satzungen nach dem Vorbild der „Gesellschaft der Musikfreunde in Wien“ wurden 1821 rechtsgültig. Die Bezeichnung „Musikverein für Steiermark“ scheint erst in den Statuten von 1852 auf. Siehe dazu Federhofer, Hellmut/Flotzinger, Rudolf: Musik in der Steiermark. Historischer Überblick. In: Musik in der Steiermark. Katalog der Landesausstellung 1980. Graz 1980, S. 64–67; Marsoner, Karin: Die bürgerliche Musikkultur. In: Ebenda, S. 308–310; Federhofer, Hellmut: Musikleben in der Steiermark. In: Die Steiermark. Land, Leute, Leistung. Graz 1956, S. 243.

100 Tittel, Die Wiener Musikhochschule, S. 12. Auch in Feldkirch trat 1842 ein „Verein hiesiger Musiker und Dilettanten“ ins Leben, der aus dem Reinertrag seiner Veranstaltungen eine „allgemeine Gesangsschule für die Jugend“ einrichten wollte (Bilgeri, Benedikt: Geschichte Vorarlbergs. 4, Wien–Köln–Graz 1982, S. 289).

101 In Bern wurde im Jahre 1811 die „Allgemeine geschichtsforschende Gesellschaft der Schweiz“ gegründet. 1805 entstand die „Hochfürstlich Fürstenberg'sche Gesellschaft der Freunde vaterländischer Geschichte und Naturgeschichte“ (ursprünglich unter dem Titel „Literaturfreunde an den Quellen der Donau“) und 1819 war das Gründungsjahr der „Gesellschaft für ältere deutsche Geschichtskunde“ (Lechner, Karl: 1864–1964. 100 Jahre „Verein für Landeskunde von Niederösterreich und Wien“ im Rahmen wissenschaftlich-landeskundlicher Bestrebungen seit Ende des 18. Jahrhunderts. Wien 1964, S. 23–29, bes. S. 24f.).

102 Lechner, 1864–1964, S. 26; Ferdinandeum. 34. Bericht des Verwaltungs-Ausschusses über die Jahre 1871, 1872 und 1873. Innsbruck 1874, S. III–V.

103 Zibermayr, Ignaz: Die Gründung des oberösterreichischen Musealvereines im Bilde der Geschichte des landeskundlichen Sammelwesens. In: Jahrbuch des oberösterreichischen Musealvereines 85 (1933), S. 69–180.

104 Popelka, Fritz: Der Historische Verein für Innerösterreich und sein steirischer Zweigverein. In: Zeitschrift des Historischen Vereines für Steiermark 41 (1950), S. 3–23.

105 Braumüller, Hermann: Zur Hundertjahrfeier des Geschichtsvereins für Kärnten. In: Carinthia I 133 (1943), S. 18–43; ders.: Ursprung und Werden der Kärntner Bildungsstätten. Klagenfurt 1965, S. 36–38.

106 Barth-Barthenheim, Joh. Ludwig Ehrenreich v.: Oesterreich's Schul- und Studienwesen, mit besonderer Rücksicht auf die Schul- und Studienanstalten im Erzherzogthume Oesterreich unter der Enns. Wien 1843, S. 895–897.

107 Siehe Haidinger, W. Ritter von: Der 8. November 1845. In: Die Realschule 1 (1870), S. 66–69. Anregungen zur Gründung dieser Gesellschaft boten die Versammlungen deutscher Naturforscher und Ärzte in Wien (1832), Prag (1837) und Graz (1843). Vgl. dazu Malojer, Wanda: Großdeutsche Kunst- und Wissenschaftsförderung in Österreich von Franz II. bis 1866. Phil. Diss. Wien 1942, S. 150–153.

21 Dokumentation

21.1 Karten

Vorbemerkungen

21.1.1: Als Grundlage für den Entwurf dieser Karte wurden verschiedene Vorlagen benützt, vor allem Karte IV. Österreich 1740–1918 in: Zöllner, Erich: Geschichte Österreichs. Von den Anfängen bis zur Gegenwart. 6. Aufl. Wien 1979. Nur vorübergehende Grenzänderungen während der Napoleonischen Zeit wurden nicht berücksichtigt.

21.1.2: Der Entwurf dieser Karte stützt sich auf die Angaben in Abschnitt 3 und die dort erwähnte Literatur.

21.1.3: Beim Entwurf dieser Karte wurden die Angaben im Abschnitt 9 herangezogen.

21.1.4: Berechnung der Prozentsätze aufgrund der Zahlenangaben in: Wiener Schul- und Christenlehr-Almanach auf das Schuljahr 1780. Wien 1780, S. 85–106. Die Grenzziehung der Dekanate erfolgte auf der Grundlage der in diesem Almanach durchgeführten Ortszuweisung zu den einzelnen Dekanaten und der „Tabula Geographica totius dioecesis Pataviensis in decanatus divisa ..." von Joseph Haas aus dem Jahre 1723 (gedruckt als Beilage zu Kerschbaumer, Anton [Hrsg.]: Geschichte des Bisthums St. Pölten. 1, Krems 1875).

21.1.5: Der Entwurf dieser Karte stützt sich hauptsächlich auf Angaben in: Wiener Schul- und Christenlehr-Almanach auf das Schuljahr 1781. Wien 1781, S. 99–110.

21.1.6: Als Grundlage der Kartenentwürfe für den Bezirk Krems dienten die Angaben in: Wiener Schul- und Christenlehr-Almanach auf das Schuljahr 1781. Wien 1781, S. 105f.; als Vorlage für den Bezirk Hartberg wurden die Kartenskizzen bei Posch, Fritz: Geschichte des Verwaltungsbezirkes Hartberg. 1, Graz–Hartberg 1978, S. 811 u. 816 verwendet.

21.1.7: Beim Entwurf dieser Karte wurden die Forschungsergebnisse in den Abschnitten 14–18 berücksichtigt.

21.1.1 Die territoriale Entwicklung Österreichs 1740–1848

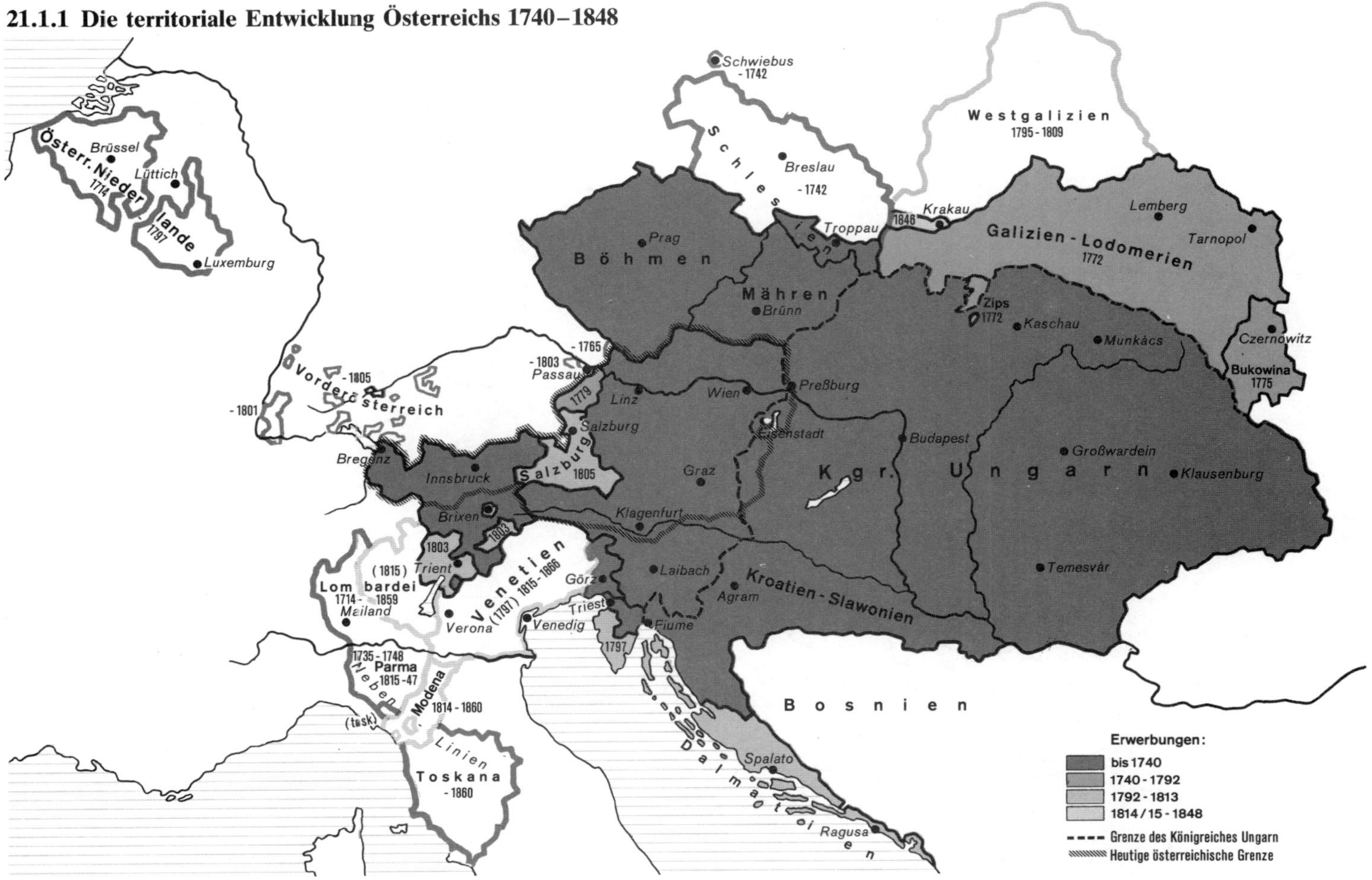

21.1.2 Niederlassungen der Piaristen und Standorte der schulischen Tätigkeit weiblicher Ordensgemeinschaften in Österreich

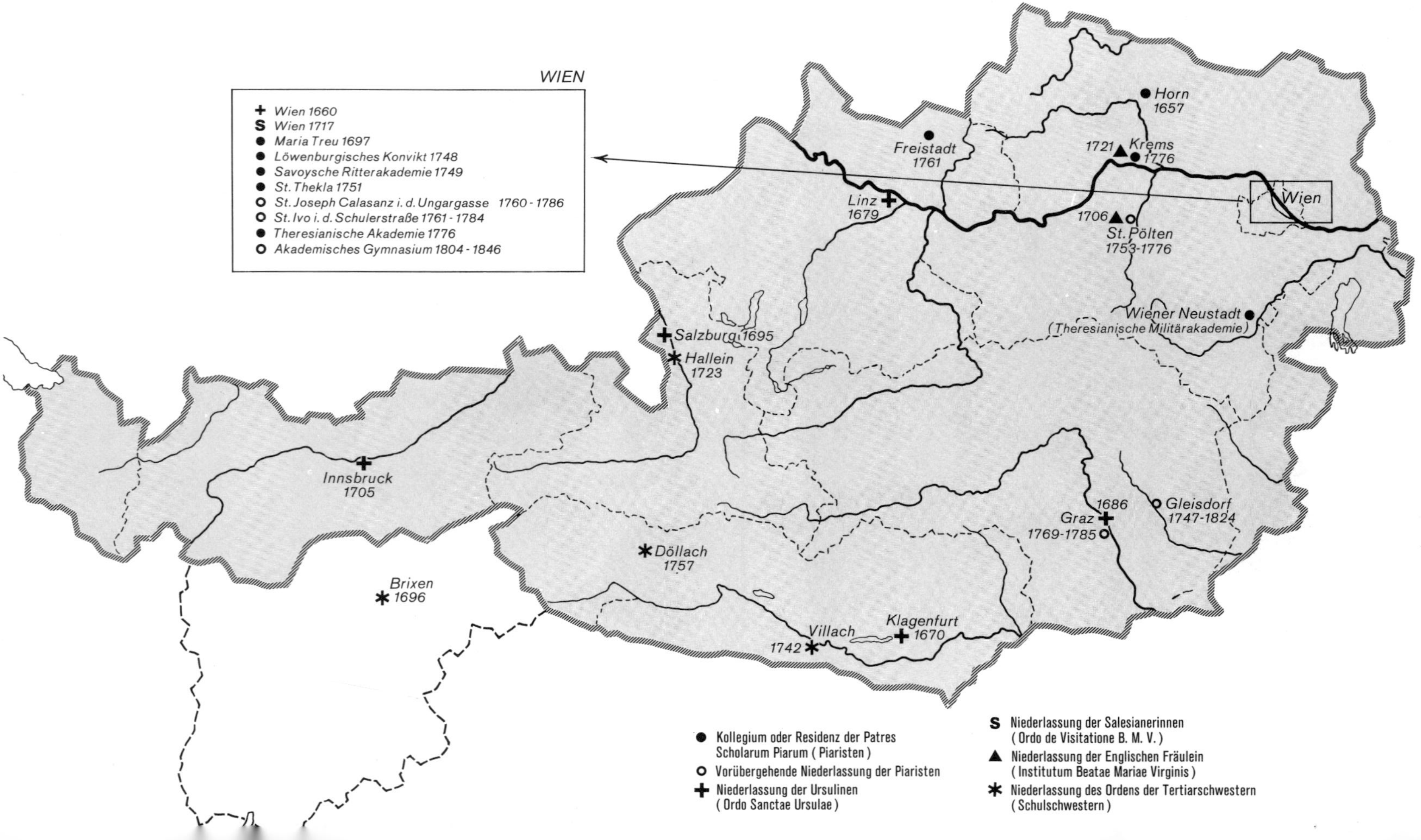

21.1.3 Die Standorte der Normal- und Hauptschulen auf österreichischem Boden Ende der siebziger Jahre des 18. Jahrhunderts

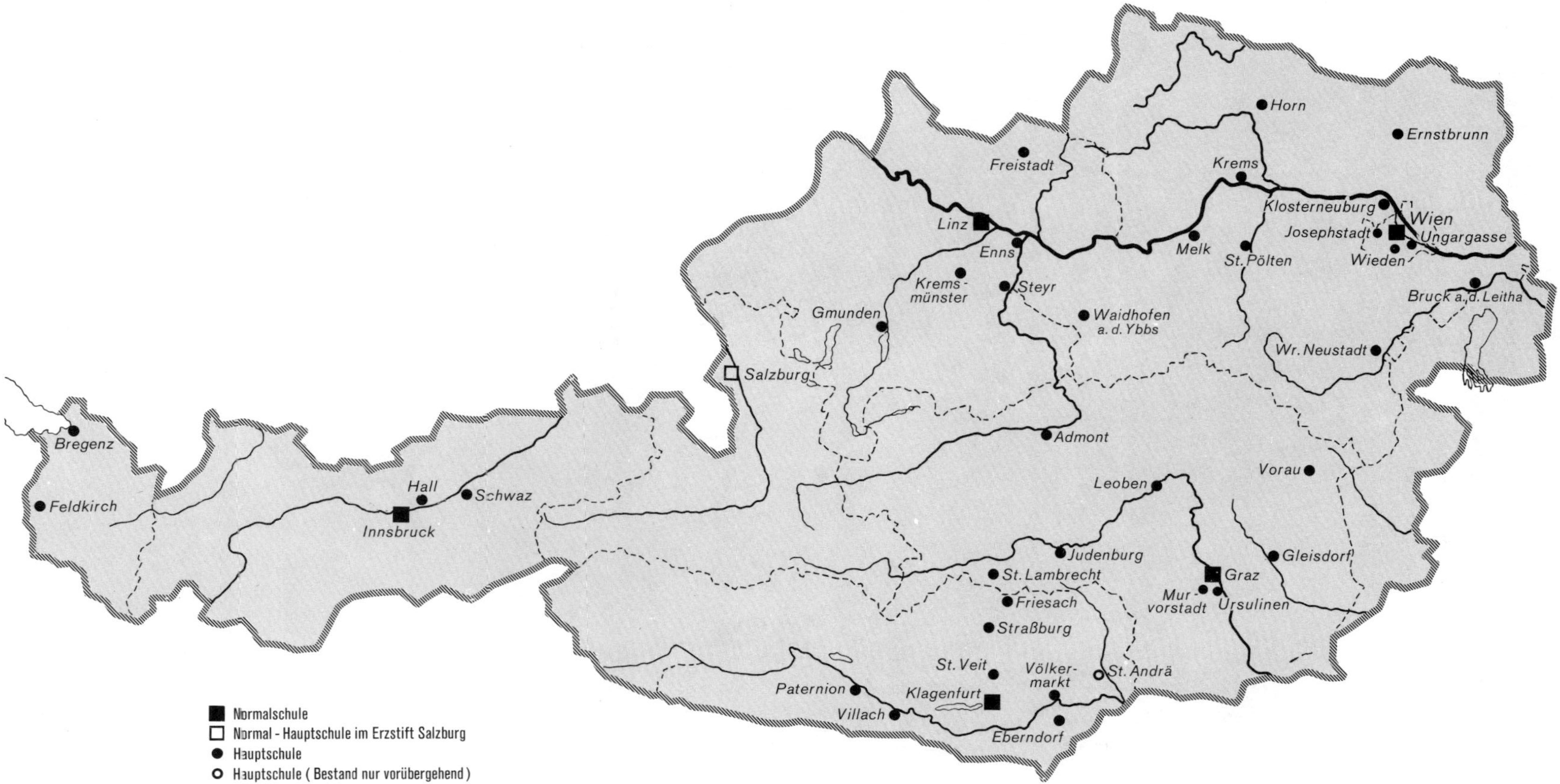

21.1.4 Schulbesuch in Österreich unter der Enns im Jahre 1779

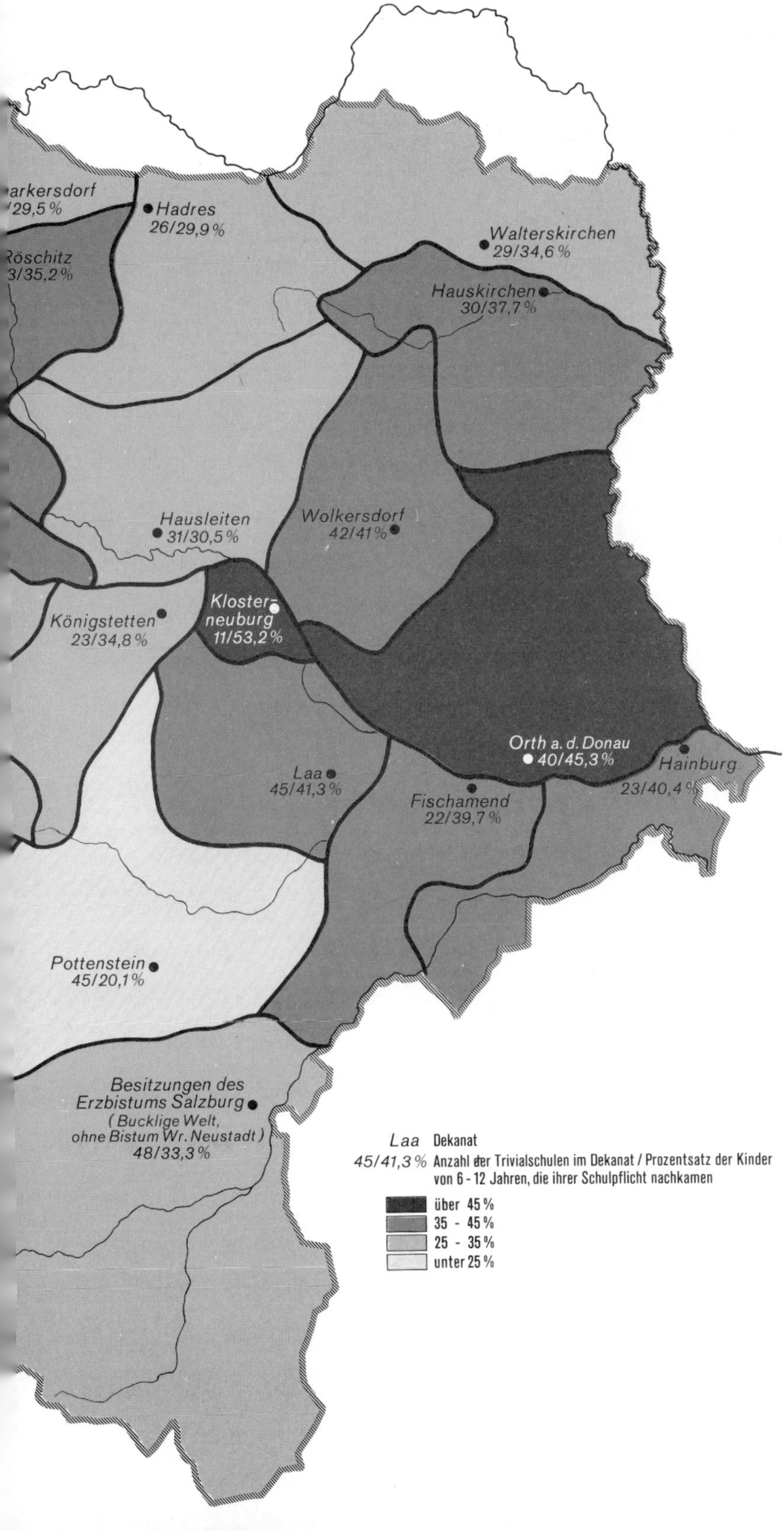
Hadres
26/29,9 %
Walterskirchen
29/34,6 %
Hauskirchen
30/37,7 %
Hausleiten
31/30,5 %
Wolkersdorf
42/41 %
Königstetten
23/34,8 %
Kloster-
neuburg
11/53,2 %
Orth a. d. Donau
40/45,3 %
Hainburg
23/40,4 %
Laa
45/41,3 %
Fischamend
22/39,7 %
Pottenstein
45/20,1 %
Besitzungen des
Erzbistums Salzburg
(Bucklige Welt,
ohne Bistum Wr. Neustadt)
48/33,3 %
Laa Dekanat
45/41,3 % Anzahl der Trivialschulen im Dekanat / Prozentsatz der Kinder von 6 - 12 Jahren, die ihrer Schulpflicht nachkamen
über 45 %
35 - 45 %
25 - 35 %
unter 25 %

21.1.5 Standorte und Frequenz der Normalschule, der Hauptschulen und der Mädchenschulen sowie Verteilung der Musterschulen in Österreich unter der Enns (1780)

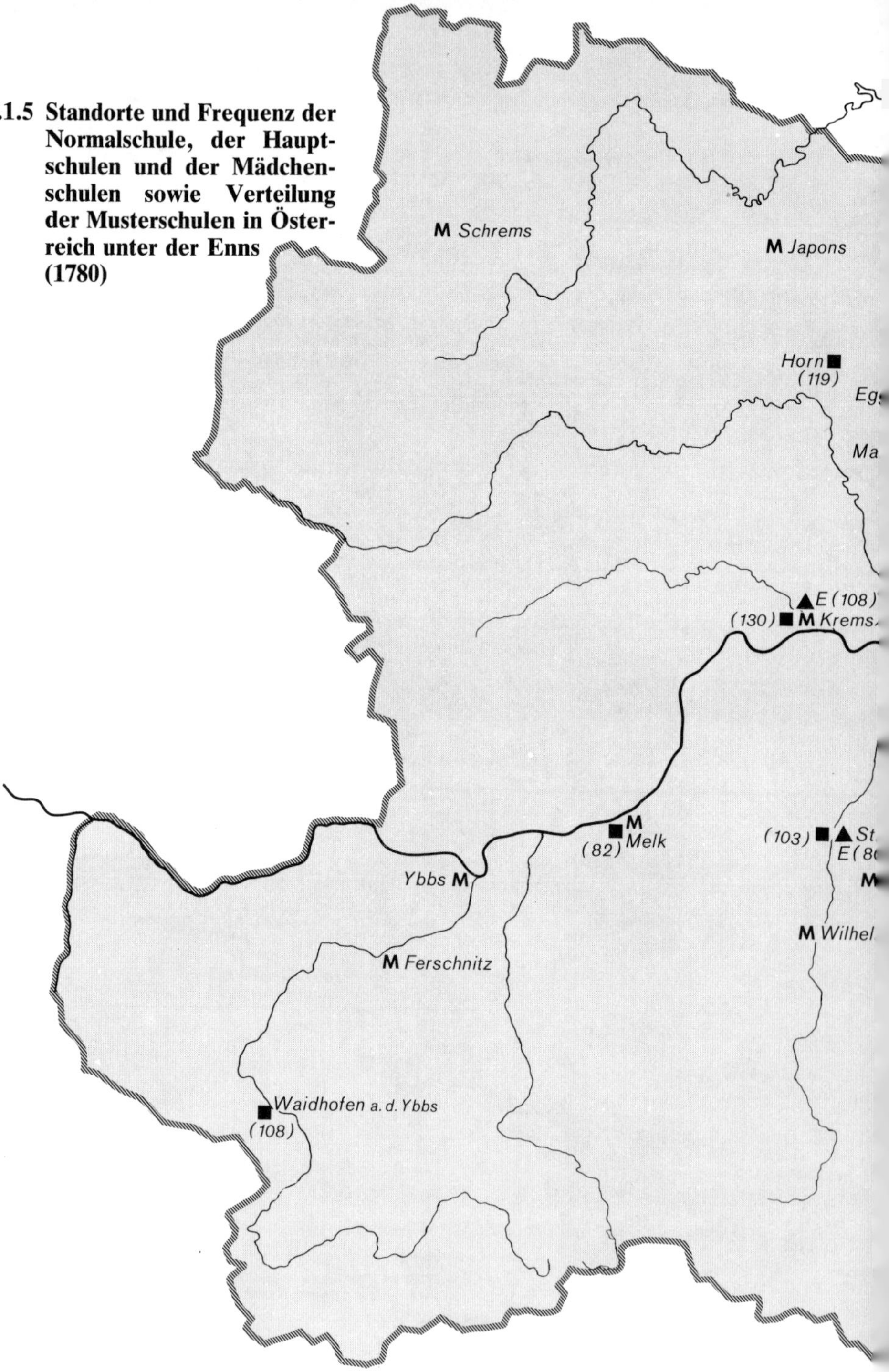

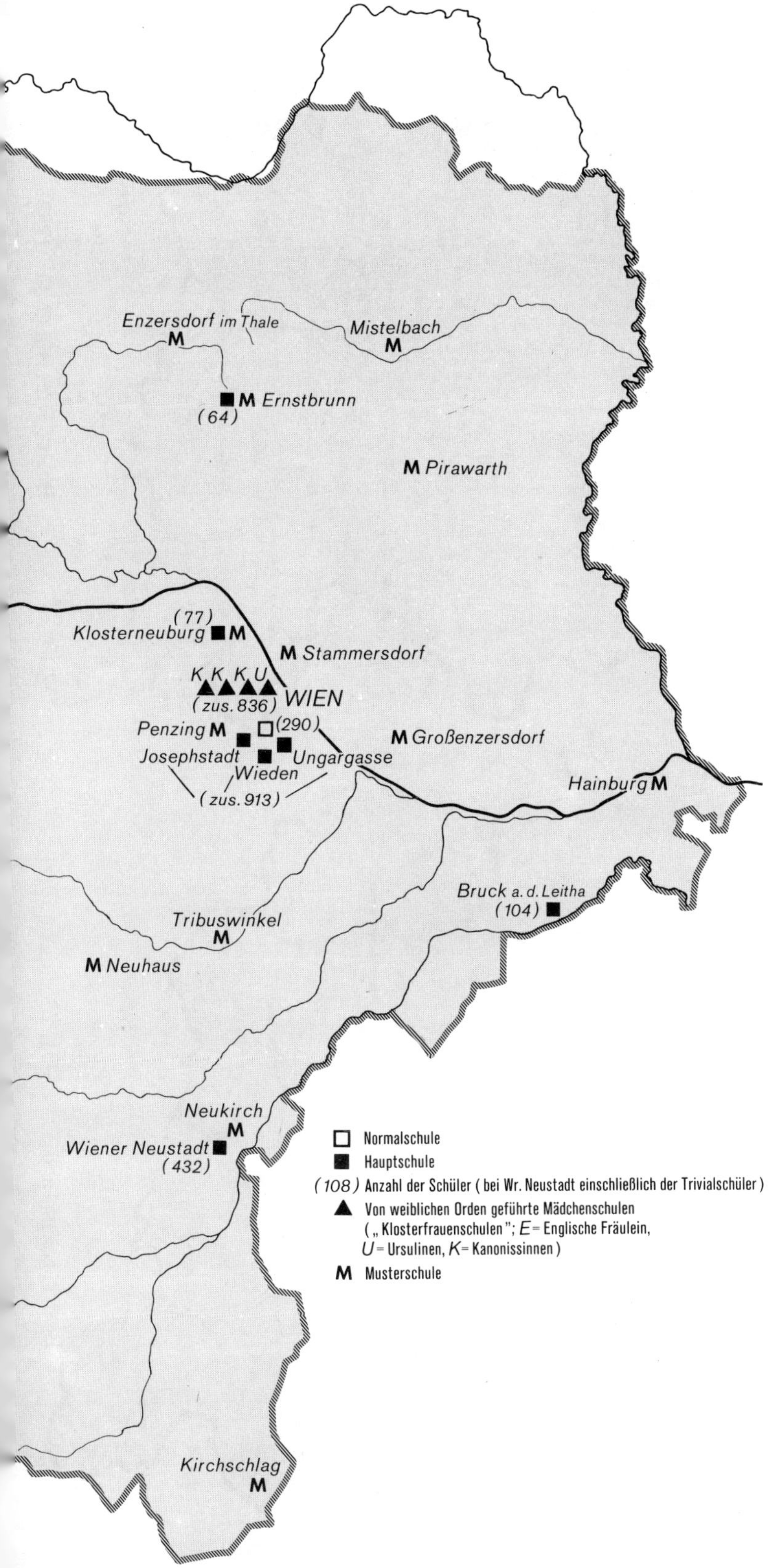
Enzersdorf im Thale
M
Mistelbach
M
M Ernstbrunn
(64)
M Pirawarth
(77)
Klosterneuburg M
M Stammersdorf
K K K U
(zus. 836)
WIEN
Penzing M
(290)
M Großenzersdorf
Josephstadt
Ungargasse
Wieden
(zus. 913)
Hainburg M
Bruck a. d. Leitha
(104)
Tribuswinkel
M
M Neuhaus
Neukirch
M
Wiener Neustadt
(432)
Kirchschlag
M
Normalschule
Hauptschule
(108) Anzahl der Schüler (bei Wr. Neustadt einschließlich der Trivialschüler)
Von weiblichen Orden geführte Mädchenschulen („Klosterfrauenschulen"; E = Englische Fräulein, U = Ursulinen, K = Kanonissinnen)
M Musterschule

21.1.6 Beispiele für die Veränderungen im Bestand von Pfarrschulen (Trivialschulen) unter dem Einfluß der Maria-theresianischen Schulreform und der Josephinischen Pfarregulierung

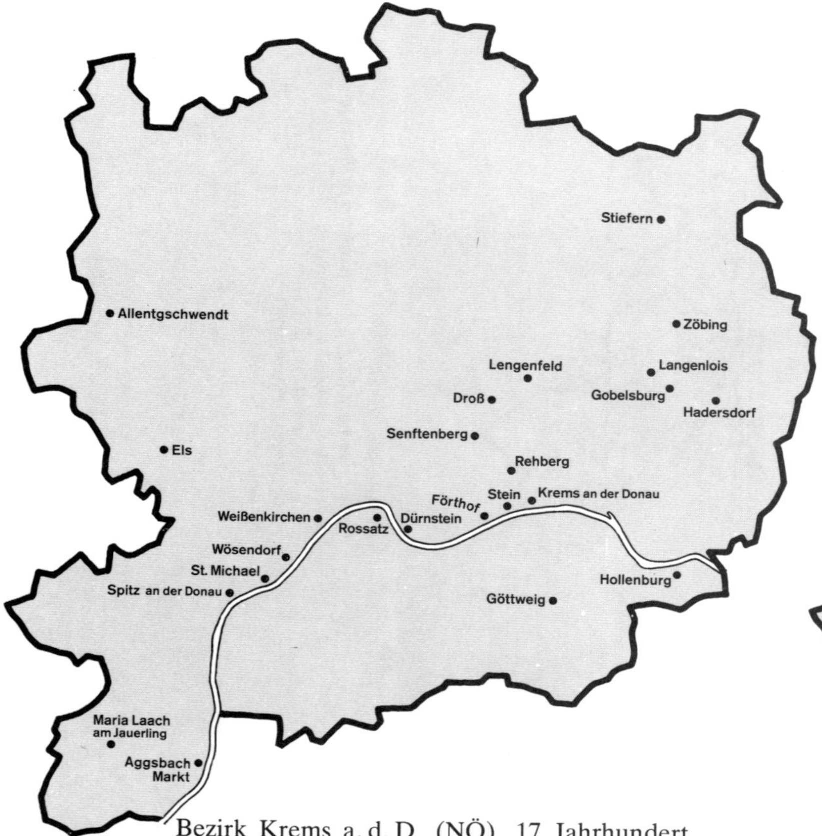

Bezirk Krems a. d. D. (NÖ), 17. Jahrhundert

Bezirk Krems a. d. D., 1780

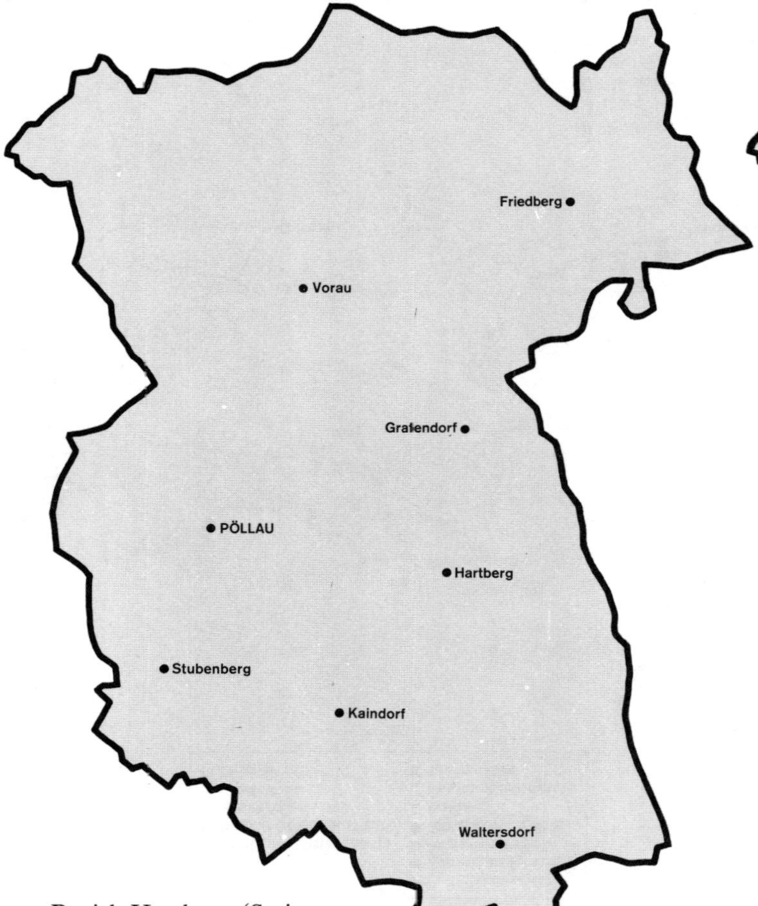

Bezirk Hartberg (Steiermark), um 1620

Bezirk Hartberg, 1805

21.1.7 Studienmöglichkeiten in Österreich am Vorabend der Revolution von 1848

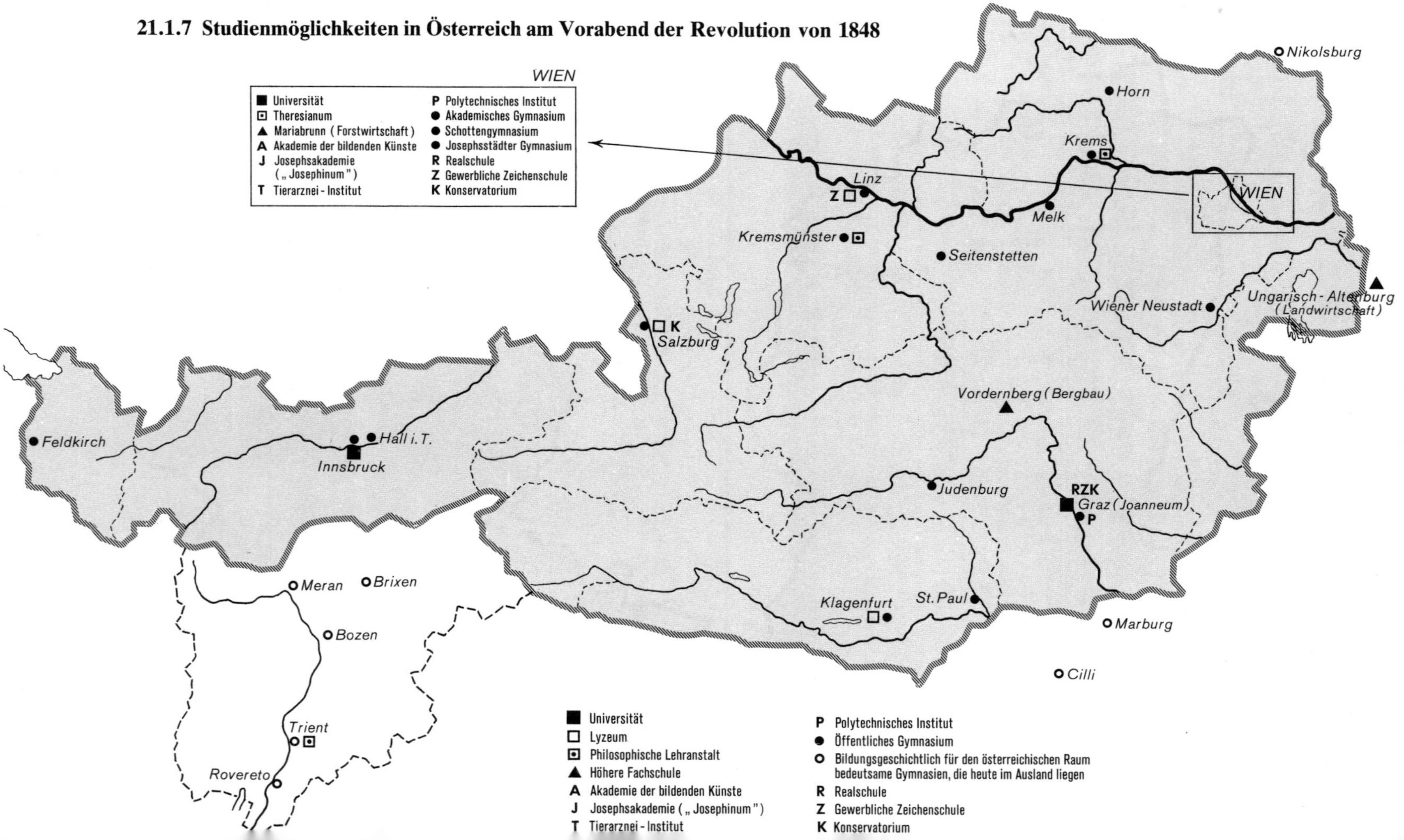

21.2 Synoptisch-chronologische Zeittafel

für das Gebiet der heutigen Republik Österreich

	Politische, wirtschaftliche und kulturelle Ereignisse und Vorgänge:		*Erziehungsformen – Institutionen des Unterrichts – Vertreter pädagogischer Ideen:*
1658 bis 1705	Regierungszeit Kaiser Leopolds I.	1676	Johann Joachim Becher (1635–1682) errichtet in Wien ein „Kunst- und Werck-Hauß“ (Lehrwerkstätte, Forschungsstätte) und wünscht die Verknüpfung von Allgemeinbildung und theoretischem Fachwissen.
		1682	Gründung einer Ritterakademie durch die niederösterreichischen Stände in Wien.
1683 bis 1699	Krieg mit dem Osmanischen Reich.		
		1688	Eröffnung einer Akademie „von der mallerey, bildthauer, fortification, prospectiv und architecturkhunst“ (P. Strudel) in Wien.
1696	Gründung des Ordens der Tertiarschwestern (Schulschwestern) durch Maria Hueber in Brixen.	1697	Errichtung eines Piaristenkollegiums in Wien, Josephstadt.
1699	Friede von Karlowitz (Länder der ungarischen Krone endgültig im Besitz der Habsburger).		
1701 bis 1714	Spanischer Erbfolgekrieg.	1702	Gründung einer Ritterakademie (Collegium) durch Erzbischof J. E. Graf Thun in Salzburg.
1705 bis 1711	Joseph I., römischer Kaiser.	1706	Niederlassung der Englischen Fräulein in St. Pölten.
		1709	Eröffnung einer Ingenieurschule für die adelige Jugend in Linz.
1711 bis 1740	Karl VI., römischer Kaiser, König von Böhmen und Ungarn usw.	Ab 1711	Wirken von „Christenlehr-Bruderschaften“ (bedeutsam für die religiöse Unterweisung).
1713	Sanctio pragmatica (Regelung der Nachfolge).		
1714	Friede von Rastatt (Habsburg erhält die spanischen Niederlande und weite Teile Italiens).		
		1717	Berufung der Salesianerinnen nach Wien (Unterricht für adelige Mädchen). Eröffnung einer „Ingenieur-Academia“ in Wien.
1718	Friede von Passarowitz (Gebietserwerbungen auf dem Balkan; größte Ausdehnung der Monarchie).		
1719	Gründung der Privilegierten Orientalischen Handelskompagnie.	1721	Errichtung eines Instituts der Englischen Fräulein in Krems.

Politische, wirtschaftliche und kulturelle Ereignisse und Vorgänge:

1731/32 Ausweisung der Protestanten aus dem Erzbistum Salzburg.

1732 General-Handwerksordnung Karls VI.

1738/39 Beachtliche Gebietsabtretungen in Italien und auf dem Balkan.

1740 bis 1780 Maria Theresia, Königin von Böhmen und Ungarn, Erzherzogin von Österreich usw., vermählt mit Franz I. (Franz Stephan) von Lothringen (1745–1765 römischer Kaiser).

1740 bis 1742 Erster Schlesischer Krieg.

1740 bis 1748 Österreichischer Erbfolgekrieg.

1742 Einsetzen freimaurerischer Bestrebungen in Österreich.

1744/45 Zweiter Schlesischer Krieg.

1749 Verfassungs- und Verwaltungsreform (F. W. Haugwitz).

1753 Graf (Fürst) Kaunitz wird Staatskanzler.

1756 bis 1763 Dritter Schlesischer Krieg (Schlesien mit Ausnahme der Gebiete um Jägerndorf und Teschen endgültig verloren).

Erziehungsformen – Institutionen des Unterrichts – Vertreter pädagogischer Ideen:

1735 Studienordnung Karls VI.

1744 Errichtung einer Ritterakademie in Kremsmünster.

1746 Gründung des „Collegium Theresianum“ in Wien.

1747 Erneuerte Schulordnung für Tirol.

1748 Errichtung des Löwenburgschen Konvikts für Adelige in Wien. „Chotieksche Restabilierung“ der Universität Innsbruck.

1749 Eröffnung der Savoyischen Ritterakademie.

1749 bis 1760 Erste Reformphase der Universität Wien unter Maria Theresia (Gerard van Swieten).

1751 „Theresianische Schulbefragung“ in der Steiermark.
Gründung der Militärakademie in Wiener Neustadt.

1752 „Norma“ für die Gymnasien.

1753 Johann Thomas Trattner erhält Privilegium privativum für den Druck von Gymnasiallehrbüchern.

1754 Errichtung der Orientalischen Akademie.
Abschaffung des landesfürstlichen Superintendenten.

1758 Eröffnung einer „Commerzial-Zeichnungs-Academie“ (Florian Zeiß).

1759 Ignaz Parhammer übernimmt Leitung des Wiener Waisenhauses.

1760 Einsetzung der Studienhofkommission als zentrale Planungs-, Lenkungs- und Verwaltungsinstitution für das Studienwesen.

Politische, wirtschaftliche und kulturelle Ereignisse und Vorgänge:		*Erziehungsformen – Institutionen des Unterrichts – Vertreter pädagogischer Ideen:*	
		1764	„Instructio pro Scholis humanioribus“ (Giovanni Battista de Gaspari).
		1765	Johann Ignaz Felbiger (1724–1788): General-Land-Schul-Reglement für die Römisch-Katholischen in Städten und Dörfern des souverainen Herzogthums Schlesien und der Grafschaft Glatz.
		1766	Eröffnung der „Kupferstecher-Academie“ in Wien (Jakob Schmutzer).
		1767	Errichtung einer Possier-, Verschneid- und Graveur-Akademie in Wien (Anton Domanöck). Eröffnung einer „Pferde-Curen und Operationsschule“ in Wien (1808 Thierarzney-Institut).
		1769	Promemoria Bischofs Leopold Ernst Graf Firmian von Passau.
		1770	Maria Theresia erklärt das Schulwesen zum „Politikum“. Einrichtung einer „Commission in Schulsachen“ (Niederösterreichische Schulkommission). Errichtung einer „Real-Handlungs-Academie“ (J. G. Wolf) in Wien.
		1771	Errichtung der „Normalschule“ in Wien.
1772	Erwerbung von (Ost-)Galizien und Lodomerien.	1772	Einrichtung eines „Lekturkabinets“ in Wien. Niederösterreichische Schulkommission erhält Privilegium für Verlag und Verschleiß aller Schulbücher für den Primarbereich (Österreichischer Bundesverlag).
1773	Aufhebung des Jesuitenordens durch Papst Clemens XIV.	1773	Ferdinand Kindermann (1740 bis 1801) richtet in Kaplitz eine „Industrieschule“ ein.
		1774	„Allgemeine Schulordnung“ (J. I. Felbiger) verpflichtet alle sechs- bis zwölfjährigen Kinder zum Schulbesuch (Privatunterricht möglich).
		1774 bis 1778	Zweite Reformphase der Universität unter Maria Theresia.
1775	Erwerbung der Bukowina.	1775	Reform der Gymnasien durch Gratian Marx. Eröffnung eines „Officierstöchter-Erziehungs-Instituts“ in St. Pölten (bald nach Wien verlegt). Maria Theresia gründet eine ihren Namen tragende Ritterakademie in Innsbruck.

	Politische, wirtschaftliche und kulturelle Ereignisse und Vorgänge:		*Erziehungsformen – Institutionen des Unterrichts – Vertreter pädagogischer Ideen:*
			„Methodenbuch für Lehrer der deutschen Schulen in den kaiserlich-königlichen Erblanden“. Zusammentritt einer Schulkommission in Salzburg.
		1777	J. I. Felbiger übernimmt die „Direction und respective Oberaufsicht des gesammten Normal-Schulen-Geschäfts“. Beschluß der „Ratio educationis“ für Ungarn.
1779	Erwerbung des bayrischen Innviertels (Friede von Teschen).	1779	Einrichtung eines Taubstummeninstituts in Wien (J. Storck).
1780 bis 1790	Joseph II. von Habsburg-Lothringen, römischer Kaiser, König von Ungarn und Böhmen usw.		
1781	Toleranzpatent; Lockerung der Zensurbestimmungen.	1781	Entlassung J. I. Felbigers. Bestellung Gottfried van Swietens zum Vorsitzenden der Studienhofkommission.
		1781 bis 1785	Reformierung der Universitätsstudien unter Joseph II.
		1782	Degradierung der Universitäten Graz und Innsbruck zu Lyzeen. Joseph II. sendet Th. Janković Mirijevski (Direktor der Normalschule in Temesvar) als Berater für die Neuordnung des russischen Schulwesens nach Petersburg.
1783	Neuordnung der Seelsorge (Pfarregulierung).	1783	Errichtung von Generalseminaren für die Priesterausbildung in Wien, Graz und Innsbruck.
1784	Eröffnung des „Allgemeinen Krankenhauses“ in Wien.	1784	Joseph II. führt die deutsche Sprache als Unterrichtssprache an den Universitäten ein. Forderung von Schulgeld an den Gymnasien. Anordnung, daß nicht nur in Pfarren und Lokalkaplaneien, sondern in allen Orten, wo 90 bis 100 schulfähige Kinder gezählt werden, Trivialschulen errichtet werden müssen.
1785	Errichtung der Bistümer Linz und St. Pölten; das Bistum Wiener Neustadt wird aufgelöst.	1785	Verwendung des Begriffs „Volksschule“ in einem amtlichen Dokument (Salzburg). Einsetzung von Kreisschulkommissären als mittlere Instanzen der Schulaufsicht.
		1786	Abschaffung des Magistergrades.
		1787	Eröffnung eines „Civil-Mädchen-Pensionats“ in Wien.
		1788	Abschaffung des Bakkalaureats.
		1789	Einrichtung von Leihbüchereien in Wien.

Politische, wirtschaftliche und kulturelle Ereignisse und Vorgänge:

1790 bis 1792 Leopold II., römischer Kaiser.

1792 bis 1835 Franz II., römischer Kaiser (bis 1806), ab 1804 als Franz I. Kaiser von Österreich.

1792 bis 1806/07 (mit Unterbrechungen) Koalitionskriege gegen Frankreich.

1795 Erwerbung von Westgalizien (mit Lublin und Krakau).

1803 Die Bistümer Trient und Brixen sowie das Erzbistum Salzburg fallen an Österreich.

1805 Friede von Preßburg (Österreich verliert seine italienischen Gebiete, Tirol, Vorarlberg und Vorderösterreich).

Erziehungsformen – Institutionen des Unterrichts – Vertreter pädagogischer Ideen:

1790 Beginn der Arbeiten der „Studieneinrichtungskommission" (Karl Anton Martini).
Universitätsreformen; Einführung des kollegialen Prinzips im Studienwesen.
Auflösung der Generalseminare und Wiedereinrichtung der Theologischen Lehranstalten.
Eröffnung eines „Schulmeister-Seminariums" in Salzburg.

1791 Anerkennung der Schulautonomie der evangelischen Bekenntnisse in Ungarn (einschließlich des Burgenlands).
Auflösung der Studienhofkommission.

1793 „Gymnasialschulplan von der Wienerischen Lehrerversammlung".

1795 bis 1802 Tätigkeit der Studien-Revisions-Hofkommission (Franz Graf von Rottenhan).

1797 Franz de Paula Gaheis (1763–1809): Handbuch einer praktischen Methodik für Schullehrer, Gehülfen und Schul-Candidaten.

1798 Franz Michael Vierthaler: (1758 bis 1827): Geist der Sokratik.

1802 Errichtung der Philosophischen Lehranstalt in Krems.

1802 bis 1805 Erste Reformphase der Universitäten unter Franz II. (I).

1804 Einrichtung einer Blindenanstalt in Wien (J. W. Klein). Genehmigung des Gymnasialplans von F. I. Lang (Fachlehrersystem).

1806 Errichtung eines Lehrstuhles für Pädagogik an der Universität Wien (erster Lehrkanzelinhaber: V. E. Milde).
„Politische Verfassung der deutschen Schulen in k. auch k. k. deutschen Erbstaaten".
Einführung der „Realschule".
Zweite „Ratio educationis"-Verordnung für Ungarn.

Politische, wirtschaftliche und kulturelle Ereignisse und Vorgänge:

1809 Friede von Schönbrunn (Österreich büßt weitere Gebiete ein und muß hohe Kriegsentschädigung zahlen). Freiheitskampf der Tiroler.

1811 Staatsbankrott. Allgemeines bürgerliches Gesetzbuch.

1814 bis 1815 Wiener Kongreß (Verankerung der Macht des Hauses Habsburg in Mitteleuropa, im italienischen Raum, auf dem Balkan und in Osteuropa; Verzicht auf die Niederlande und Vorderösterreich).

1819 Karlsbader Beschlüsse (Verbot von Studentenvereinigungen, Verschärfung der Zensur u. a.).

1821 bis 1848 Metternich (ab 1809 Außenminister) bestimmt als Staatskanzler Österreichs wesentlich die europäische Politik.

Erziehungsformen – Institutionen des Unterrichts – Vertreter pädagogischer Ideen:

1807 Gründung eines „Forstinstituts" in Purkersdorf (später in Mariabrunn).

1808 Wiedereinsetzung der Studienhofkommission als Zentralbehörde für Studien- und Unterrichtsangelegenheiten.

1810 Degradierung der Universität Salzburg zu einem Lyzeum. Zweite Reformphase der Universitäten unter Franz I. (juridische und medizinische Fakultät).

1811 Gründung des „Joanneums" in Graz.

1811 bis 1813 Vincenz Eduard Milde (1777–1853): Lehrbuch der allgemeinen Erziehungskunde.

1812 Unterweisung taubstummer Kinder in Linz (M. Reiter). Gotthard Guggenmoos beginnt schwerhörende und schwersprechende Kinder in Hallein zu unterrichten.

1815 Eröffnung des „polytechnischen Instituts" in Wien.

1816 Wiederholungsunterricht an Sonntagen wird für Zwölf- bis Fünfzehnjährige verpflichtend. Gründung des „Höheren Priesterbildungsinstituts zum hl. Augustin" in Wien.

1817 Führung eines Konservatoriums durch die „Gesellschaft der Musikfreunde" in Wien.

1818 Wiedereinführung der Klassenlehrer in den Gymnasien.

1819 Errichtung einer Theologischen Lehranstalt für die evangelischen Bekenntnisse.

1824 Neuordnung der philosophischen Studien.

1826 Das Lyzeum Innsbruck wird wieder zur Universität erhoben.

1827 Das Lyzeum Graz wird wieder zur Universität erhoben.

1829 bis 1835 Bestand einer „Kretinenschule" in Salzburg (G. Guggenmoos).

1830 Einrichtung von Kinderbewahranstalten in Wien.

1833 Neuordnung der medizinischen Fakultät. Reform der Orientalischen Akademie.

Politische, wirtschaftliche und kulturelle Ereignisse und Vorgänge:		*Erziehungsformen – Institutionen des Unterrichts – Vertreter pädagogischer Ideen:*	
1835 bis 1848	Ferdinand I., Kaiser von Österreich		
1839	Gründung des „Niederösterreichischen Gewerbevereins“.		
		1840	Eröffnung der „Berg- und Hüttenschule“ in Vorarlberg (Peter Tunner). Einrichtung einer „Sonntagsschule im Mercantilfache“ (Johann Geyer). Ursulinen bieten „pädagogische Lehrkurse zur Bildung weiblicher Lehrindividuen“ an.
1841	Gründung des „Juridisch-politischen Lesevereins“.	1841	Einsetzung eines „Comités zur Entwerfung der Verbesserungs-Vorschläge für die Gymnasien“ (Benedict Richter).
		1842	„Oesterreichisches pädagogisches Wochenblatt zur Beförderung des Erziehungs- und Volksschulwesens“.
		1843	Studienhofkommission verbietet Fabriksarbeit der schulpflichtigen Kinder (vor dem 12. Lebensjahr).
		1844	Niederösterreichischer Gewerbeverein gründet „Copiranstalt“ in Wien.
		1845	Errichtung einer zweijährigen „Steiermärkisch-ständischen Realschule“ in Graz.
1846	Einverleibung Krakaus.		
		1847	Gründung der „Akademie der Wissenschaften in Wien“.
1848	März: Ausbruch der Revolution. 2. Dezember: Regierungsantritt Kaiser Franz Josephs I.	1847/48	Zusammenschluß von Lehrern und am Bildungsfortschritt interessierten Persönlichkeiten zum „Ersten österreichischen pädagogischen Verein“.

21.3 Diagramme und Übersichten

21.3.1 Einrichtung einer zentralen Schulverwaltung 1760–1848

Tertiärbereich
(Universitäten, Lyzeen, philosophische oder theologische Lehranstalten).

Sekundarbereich
(Gymnasien)

Primarbereich
(Pfarr- und Trivialschulen)

Superintendent als Vertreter des Landesfürsten im Leitungsgremium der Universität (Konsistorium).

1749
Bestellung eines von der Fakultät unabhängigen Direktors zur Überwachung der Studienvorschriften (zunächst nur für die medizinische Fakultät, dann auch für die anderen Fakultäten).

1752
Superintendent auch für Kontrolle der lateinischen Schulen zuständig (bis 1754).

1753
Direktor der philosophischen Studien übernimmt – zunächst neben dem Superintendenten – als Director des Studii humanistici (Director Scholarum humaniorum) die Überwachung und Leitung der lateinischen Schulen.

1757
Einrichtung einer Studienkommission im Rahmen des Directorium in publicis et cameralibus.

22. März 1760
Erklärung der Studienkommission „zu einer ordentlichen Hofcommission".

Zuständigkeit: Tertiär- und Sekundarbereich in den böhmisch-österreichischen Erbländern.

Geschäftsgang:

StHK ⇄ Maria Theresia

Maria Theresia ⇅ Directorium bzw. ab 1761 Hofkanzlei

StHK → zur Approbation der Erledigungsentwürfe → Directorium bzw. ab 1761 Hofkanzlei

Vereinfachung 1774: Referenten der Hofkanzlei wohnen den Sitzungen der StHK bei und vertreten die Interessen ihres Ressorts.

19. Mai 1770
Errichtung einer „eigenen Commission in Schulsachen" (Niederösterreichische Schulkommission).

Tertiärbereich
(Universitäten, Lyzeen, philosophische oder theologische Lehranstalten).

Sekundarbereich
(Gymnasien)

Primarbereich
(Pfarr- und Trivialschulen)

1774
Einrichtung von Schulkommissionen in jedem Kronland.

↓

1777
Errichtung einer „Direction respective Oberaufsicht des gesammten Normal-Schulen-Geschäfts".

↓

1778
Eingliederung der StHK in die Böhmisch-österreichische Hofkanzlei (doch Erledigung der Geschäfte in „besonderen Sitzungen", weiterhin Vorlage der Protokolle unmittelbar an Maria Theresia).

1781
Eingliederung des elementaren Schulwesens in den Aufgabenbereich der Studienhofkommission.

Zuständigkeit: Das gesamte Unterrichtswesen in den böhmisch-österreichischen Erbländern, ab 1783 auch in Ungarn und Siebenbürgen. 1782 Unterstellung der Zensurkommission.

Geschäftsgang:
StHK ⇄ Böhmisch-österreichische Hofkanzlei ⇄ Joseph II.

1790
Entmachtung der StHK durch die Studieneinrichtungskommission.

5. Dezember 1791
Auflösung der Studienhofkommission durch Leopold II.
Der Referent in Studiensachen bei der Böhmisch-österreichischen Hofkanzlei übernimmt ihre Aufgaben.

Zuständigkeit: Das gesamte Unterrichtswesen in den böhmisch-österreichischen Erbländern.

Geschäftsgang:
Referent ⇄ Böhmisch-österreichische Hofkanzlei ⇄ Franz II. (I.)
(stützt sich z. T. auf Arbeiten der Studien-Revisions-Hofkommission, 1795–1802).

20. Juni 1808
Wiedereinrichtung der Studienhofkommission als „Abtheilung der vereinigten Hofkanzley" und unter Leitung von deren oberstem Kanzler.

Zuständigkeit: Das gesamte Unterrichtswesen in den böhmisch-österreichischen Erbländern.

Geschäftsgang:
StHK ⇄ Oberster Kanzler der Hofkanzlei ⇄ Kaiser.

23. März 1848 Errichtung eines eigenen Ministeriums des öffentlichen Unterrichtes.

21.3.2 Die Neuordnung des Elementarschulwesens unter Maria Theresia und Joseph II.

21.3.2.1 Schulaufsicht und Schulverwaltung

Zur Zeit Maria Theresias (1778):

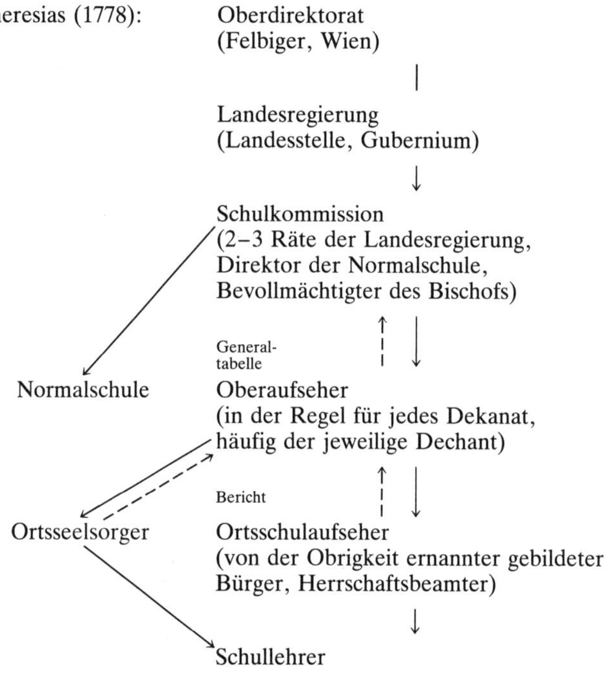

Zur Zeit Josephs II. (1785):

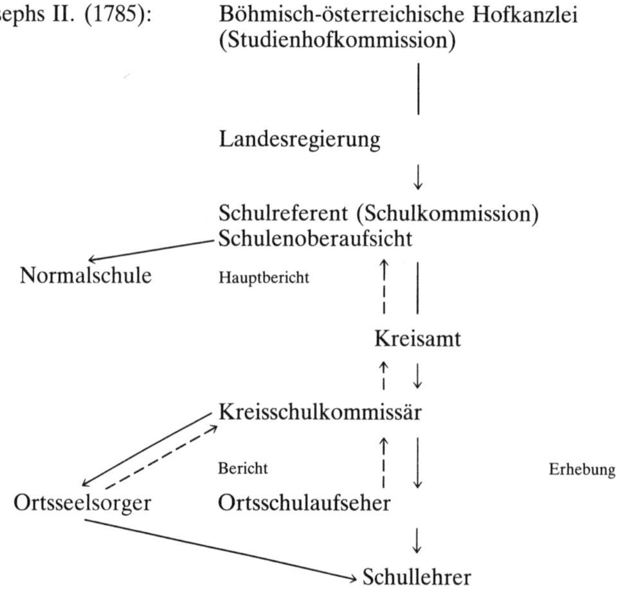

21.3.2.2 Arten der „deutschen Schulen“

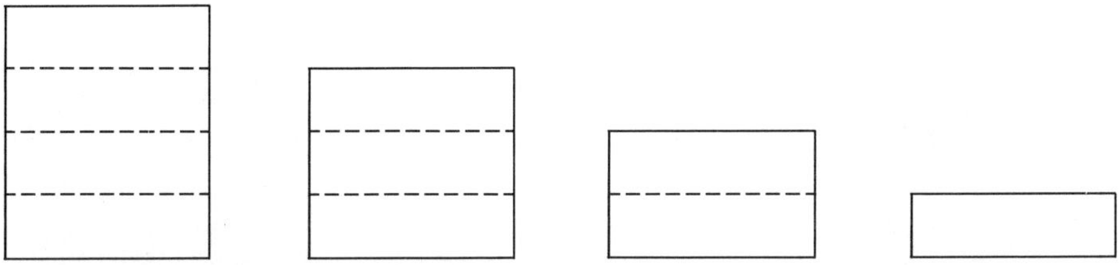

Normalschule (vierklassig, am Ort der Schulkommission, gibt die „Norm“ für die Schulen des Landes, Ausbildungsstätte für die Lehrer).

Hauptschule (in der Regel dreiklassig, in größeren Städten, zumindest in jedem Viertel oder Kreis).

Stadtschule (zweiklassig, in kleineren Städten).

Trivialschule (einklassig, in Märkten und auf dem Lande).

21.3.2.3 Lehraufgaben und Stundenverteilung

Normalschule

Lehraufgaben	*Gesamtwochenstunden (in allen Klassen)*
Buchstabenkennen und Buchstabieren	11
Lesen	11
Schreiben	16
Rechtschreibung	6
Rechnen	11
Lateinische Sprache	6
Naturwissenschaft oder Haushaltung	6
Erdbeschreibung und Geschichte	6
Zeichnen	6
Deutsche Sprachlehre, Briefstil oder Übung in schriftlichen Aufsätzen	5
Geometrie oder Mechanik	5
Untere katechetische Klasse	1
Mittlere katechetische Klasse	1
Obere katechetische Klasse	1
Biblische Religionsgeschichte	1
Sittenlehre	1
Erklärung der Episteln	2
Erklärung der Evangelien	2
Einleitungslektion nebst dem Inhalt des zweiten Lesebuches	1
Regeln der Wohlanständigkeit	1
Unterricht der Präparanden	11

Stundenverteilung:

Zeit	1. Klasse	2. Klasse	3. Klasse	4. Klasse
7.30–8	Sämtliche Schüler gehen unter der Aufsicht eines Lehrers oder Familias (Schuldieners) aus der Schule, wo sie sich versammeln, in die heilige Messe; die kleinsten Kinder können, besonders im Winter, zurückbleiben.			
8–9	Lesen	Rechtschreibung	Haushaltung und Naturwissenschaft, und zwar die Haushaltung im ersten, die Naturwissenschaft im zweiten halben Jahre	Unterricht der Präparanden durch den Direktor
9–10	Buchstabenkennen und Buchstabieren	Schreiben	Rechnen	Zeichenklasse (von einem besondern Meister besorgt)
10–11	Unterricht in der Religion und Abhandlung der Tabelle vom Nutzen des Lernens			Lateinische Sprache
11–12				Erdbeschreibung und Geschichte
13–14	Buchstabenkennen und Buchstabieren	Schreiben	Geometrie, Baukunst und Mechanik, und zwar die Geometrie im ersten, die Baukunst und Mechanik aber im zweiten halben Schuljahre	
14–15	Lesen	Schreiben	Rechnen	Unterricht der Präparanden durch den Direktor
15–16	Unterricht in der Sittenlehre, in der biblischen Religionsgeschichte und Wohlanständigkeit nebst den Erklärungen der Episteln und Evangelien an verschiedenen Tagen			Deutsche Sprachlehre und Briefstil oder Übung in schriftlichen Aufsätzen, und zwar die Sprachlehre im ersten, der Briefstil im zweiten halben Schuljahre

Donnerstag nachmittag war schulfrei.

Hauptschule

Lehraufgaben	*Gesamtwochenstunden (in allen Klassen)*
Buchstabenkennen und Buchstabieren	11
Lesen	11
Schreiben nebst der Rechtschreibung	16
Rechnen	12
Sprachlehre und Briefstil oder Anleitung zu schriftlichen Aufsätzen	5
Anfang im Lateinischen	5
Naturwissenschaft oder Haushaltung	6
Erdbeschreibung	1
Geschichte	1
Einleitungslektion und zweites Lesebuch	1
Regeln von der Wohlanständigkeit	1
Untere katechetische Klasse	2
Obere katechetische Klasse	1
Biblische Religionsgeschichte	1
Sittenlehre	1
Erklärung der Episteln	1
Erklärung der Evangelien	1

Stundenverteilung:

Zeit	1. Klasse	2. Klasse	3. Klasse
7.30–8	Sämtliche Schüler gehen unter der Aufsicht des Familias (Schuldieners) oder in Ermangelung dessen unter der Begleitung des dritten Lehrers aus der Schule, wo sie sich vorher versammeln müssen, in die heilige Messe. Die kleinsten Kinder bleiben, besonders im Winter, zu Hause.		
8–9	Lesen	Schreiben	Rechnen
9–10	Buchstabenkennen und Buchstabieren	Natur- und Haushaltungswissenschaft, und zwar die Haushaltung im ersten, die Naturwissenschaften im zweiten halben Schuljahre	Rechnen
10–11	Untere katechetische Klasse (Montag, Mittwoch; Haupttabelle des Katechismus; erweiterter Katechismus)	Biblische Religions geschichte (Freitag) Erklärung der Episteln (Samstag)	Erdbeschreibung (Dienstag; durch den Katecheten) Geschichte (Freitag; durch den Katecheten)
13–14	Buchstabenkennen und Buchstabieren	Schreiben	Sprachlehre und Briefstil, und zwar die Sprachlehre im ersten, den Briefstil im zweiten halben Schuljahre
14–15	Lesen	Schreiben	Latein (durch den Katecheten)

(Fortsetzung S. 428)

Zeit	1. Klasse	2. Klasse	3. Klasse
15–16			Sittenlehre (Montag) Zweites Lesebuch (Dienstag) Erläuterung des Katechismus (Mittwoch) Regeln der Wohlanständigkeit (Freitag) Erklärung des Evangeliums (Samstag)

Donnerstag nachmittag war schulfrei.

Stadtschule

Lehraufgaben	*Gesamtwochenstunden (in allen Klassen)*
Buchstabenkennen und Buchstabieren	11
Lesen	11
Schreiben nebst der Orthographie	10
Rechnen in zwei Klassen je 6 Stunden	12
Anleitung zu schriftlichen Aufsätzen	5
Erdbeschreibung	1
Geschichte	1
Untere katechetische Klasse	2
Obere katechetische Klasse	1
Biblische Geschichte	1
Sittenlehre	1
Regeln der Wohlanständigkeit	1
Zweites Lesebuch tabellarisch	1
Erklärung der Episteln	1
Erklärung des Evangeliums	1

Stundenverteilung:

Zeit	1. Klasse	2. Klasse
7.30–8 oder 11–11.30	Heilige Messe	
8–9	Untere Rechenklasse	Obere Rechenklasse
9–10	Buchstabenkennen und Buchstabieren	Lesen
10–11	Untere katechetische Klasse (Dienstag, Donnerstag)	Biblische Geschichte (Montag) Geschichte (Mittwoch; ebenfalls durch den Katecheten) Erklärung der Episteln (Samstag)
13–14	Anfang im Lesen	Obere Schreibeklasse und Rechtschreibung
14–15	Untere Schreibeklasse	Schriftliche Aufsätze

Zeit	1. Klasse	2. Klasse
15–16		Sittenlehre (Montag) Wohlanständigkeit (Dienstag) Erdbeschreibung (Mittwoch; ebenfalls durch den Katecheten) Zweites Lesebuch tabellarisch (Freitag) Erklärung des Evangeliums (Samstag)

Donnerstag nachmittag war schulfrei.

Trivialschule

Lehraufgaben	*Gesamtwochenstunden (in allen Klassen)*
Buchstabenkennen und Buchstabieren	6½
Lesen	6½
Schreiben	5
Rechnen	6
Rechtschreibung, Übung im Abschreiben schriftlicher Aufsätze und im Schreiben von Diktiertem (nur für die älteren Schüler)	2½
Katechese für die jüngeren Schüler	1
Katechese für die älteren Schüler	1
Lesen der Episteln und des Evangeliums	1

Stundenverteilung:

Zeit	
8–9	Rechnen
9–9.45	Buchstabenkennen und Buchstabieren
9.45–10.30	Lesen
10.30–11	Rechtschreibung, Übung im Abschreiben schriftlicher Aufsätze und im Diktat (nur für die älteren Schüler) (Statt dieses Unterrichts zweimal wöchentlich Katechese von 10 bis 11 Uhr, einmal für die jüngeren, dann für die älteren Schüler)
13–14	Schreiben
14–15	Buchstabenkennen, Buchstabieren und Lesen
15–16	Lesen der Episteln und des Evangeliums (nur samstags)

Mittwoch oder Donnerstag nachmittag war schulfrei.

21.3.2.4 Die Tabellen- und Buchstabenmethode

Die Reform von 1774 beinhaltete auch rigorose methodische Vorschriften. Die Lehrer mußten den schwierigen Schritt vom bisher üblichen Einzelunterricht zum „Zusammenunterrichten“ und „Zusammenlesen“ tun und die von Johann Friedrich Hähn in Berlin entwickelte Tabellen- und Buchstabenmethode zur Gliederung des Lehrstoffes anwenden. Letztere Methode, für die im folgenden ein Beispiel geboten wird (Methodenbuch für Lehrer der deutschen Schulen in den kaiserlich-königlichen Erblanden. Wien 1775, Beilage nach S. 28), war nicht unumstritten und entartete bald.

Klammermethode

E. Meiden das Böse, das ist die Sünde. Es giebt verschiedene Gatungen der Sünde, als: die Erbsünde und die wirkliche Sünde, diese wird begangen aus Bosheit oder Schwachheit, und ist entweder eine Tod- oder läßliche Sünde. Gattungen der wirklichen Sünde sind

- Die sieben Hauptsünden
  - Hoffart,
  - Geitz,
  - Unkeuschheit,
  - Neid,
  - Fraß- und Füllerey,
  - Zorn,
  - Trägheit im Gottesdienste.
- Die neun fremden Sünden.
- Die sechs Sünden in den heiligen Geist.
- Die himmelschreyenden Sünden.

Buchstabenmethode

E. M d B, d i d S. E g v G d S, a: d E u d w S, d w b a B o S, u i e e T o l S. G d w S s.

- D s H.
  - H.
  - G.
  - U.
  - N.
  - F u F.
  - Z.
  - T i G.
- D n f S.
- D s S i d h G.
- D h S.

21.3.3 Die Ausstrahlung des Schulreformkonzepts J. I. Felbigers

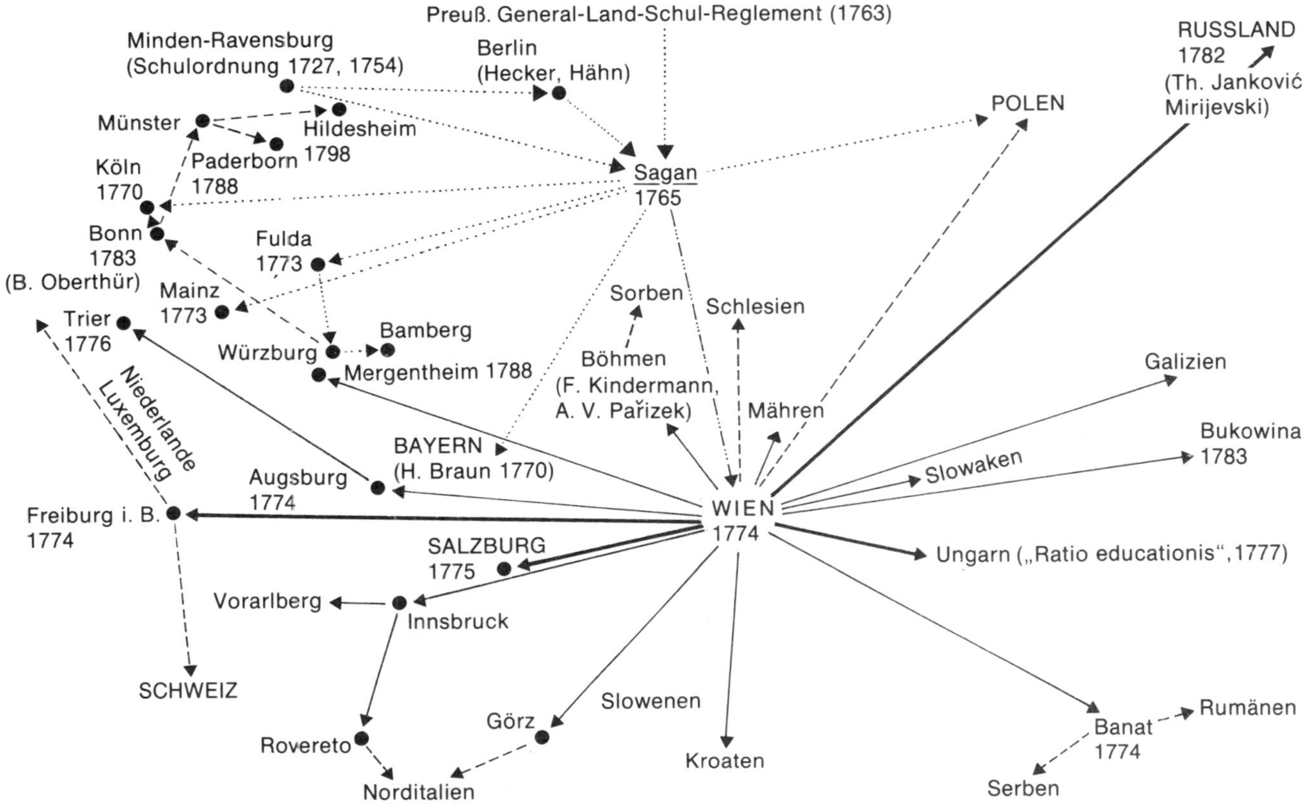

21.3.4 Die Reformen des elementaren Schulwesens unter Franz I.

21.3.4.1 Schulaufsicht und Schulverwaltung

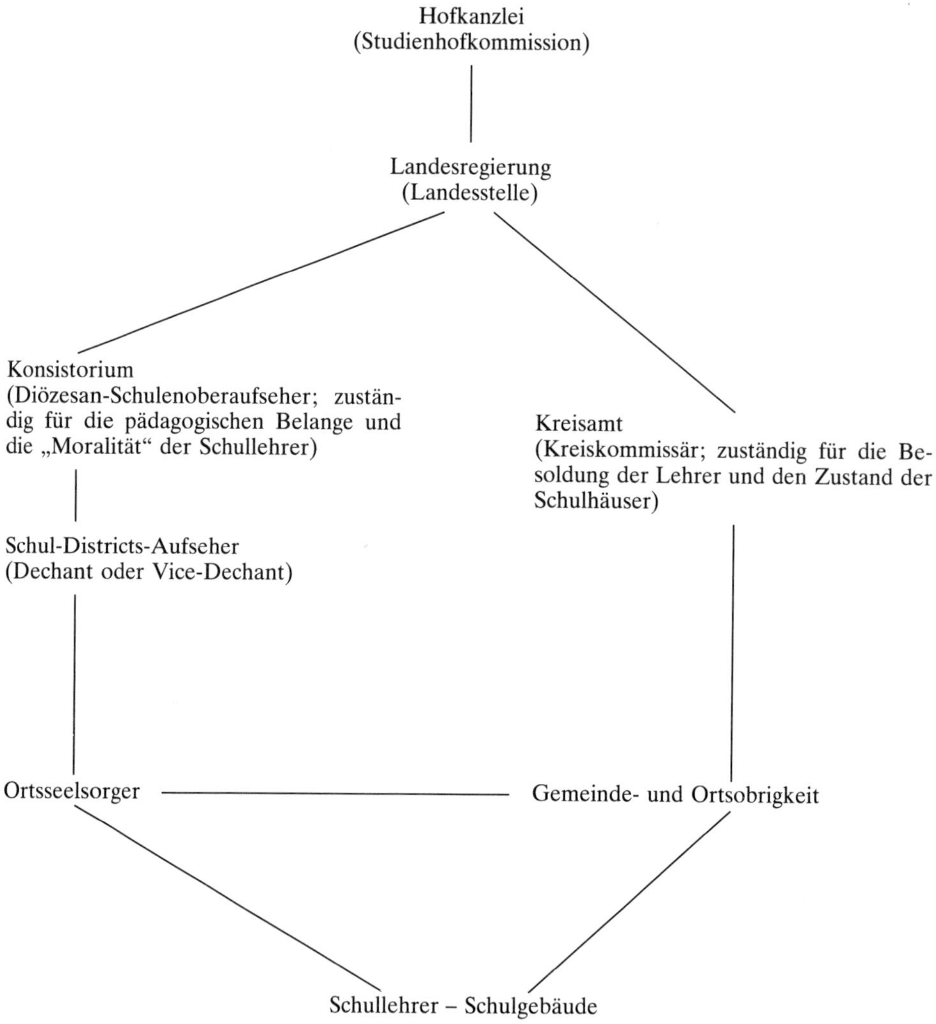

21.3.4.2 Arten und Lehrprogramme der „deutschen Schulen"

Trivialschule (in jeder Pfarre; nach Möglichkeit Trennung der Geschlechter – eigene Mädchenschulen)	**Mädchenschule** für gebildetere Stände (in den Hauptstädten)	**Hauptschule** (zumindest in jedem Kreis; auch in größeren Städten)	**Normal-** oder **Muster-Hauptschule** (in den Hauptstädten)	**Realschule** (in Wien, geplant auch in Städten mit Gymnasium)
1–2 Klassen	1–2 Klassen	3 Klassen	4 Klassen	3 Klassen
Religion, Lesen, Schreiben, Rechnen.	Religion, Lesen, Schreiben, Rechnen; deutsche Sprachlehre zur Vorbereitung für das Erlernen von Fremdsprachen.	Religion, Lesen, Schön- und Rechtschreiben, Rechnen; deutsche Sprachlehre, Anleitung zu schriftlichen Aufsätzen. Für die in ein Gymnasium übertretenden Schüler: Lesen bzw. Schreiben lateinischer Wörter nach Diktat.	Lehrinhalte wie in der dreiklassigen Hauptschule, zusätzlich in der 4. Klasse (2 Jahrgänge): Religion, Rechnen, Schönschreiben, Schreiben nach Diktat, Sprachlehre, Aufsatzlehre, Baukunst und Zeichnen. Nur im 1. Jahrgang: Geometrie, Geographie der österreichischen Monarchie. Nur im 2. Jahrgang: Schönlesen, Naturgeschichte, Naturlehre, Geographie fremder Staaten und Weltteile, Stereometrie, Mechanik.	Religion, Schönlesen, Schön- und Rechtschreiben, Rechnen, schriftliche Aufsätze verschiedener Art, Geographie und Geschichte. Zusätzlich für den Kaufmann: Handlungswissenschaft, Buchhaltung, Wechselrecht. Zusätzlich für den Kameralisten und Landwirt: Naturgeschichte, Naturlehre, Buchhaltung. Zusätzlich für den „Künstler höherer Art": Kunstgeschichte, Mathematik, Chemie, Fremdsprachen (besonders Französisch, auch Italienisch und Englisch).

21.3.5 Strukturen des Gymnasiums im 18. Jahrhundert und in der ersten Hälfte des 19. Jahrhunderts

21.3.5.1 Ratio studiorum der Piaristenschulen (1694)

8 7	Rhetorik Humanitas	Religion	Lat. Poesie Lat. Rede, Briefschreiben, Tropen, Figuren u. ä.	Interpretation von Autoren	Griechisch	Geschichte und Geographie
6 5 4	Grammatikklassen	Religion	Wiederholung der lat. Grammatik, Prosodie Besondere Regeln, Syntax des Lateins Allgemeine Regeln der lateinischen Grammatik	Interpretation von Autoren	Deutsch (Nacherzählung)	
3 2	Vorbereitungsstufe (Arithmetikklassen)	Religion	Kunstvolles Schreiben, Arithmetik Lesen, Schreiben, Rechnen			
1		Anfangsgründe des Glaubens, des Lesens und des Schreibens				

Unterrichtszeit: Je zweieinhalb Stunden vormittags und nachmittags (an Erholungstagen und am Samstag eine halbe Stunde weniger; ein Nachmittag und im Sommer ein ganzer Tag in der Mitte der Woche waren schulfrei).

Wochenstundenzahl: 24–27.

Die Weiterentwicklung dieses Studienplanes führte zu verstärkter Förderung des Deutschen (Berücksichtigung im Lateinunterricht), zur Erweiterung des Unterrichts in Geschichte und Geographie (auch in allen Grammatikklassen) und zur Fortführung des Arithmetikunterrichts (in allen Klassen).

21.3.5.2 Studienordnung Karls VI. (1735)

6 5	Rhetorica Poesis	Religion	Lat. Redekunst; Gerichtsrede, Zusammenfassung Lat. Verslehre, Prosodie, Chrië		Geschichte	Griechisch
4 3 2 1	Grammatikklasse	Religion	Lateinische Grammatik (zuerst in deutscher Sprache vorgetragen; Übersetzungen vom Deutschen ins Lateinische und umgekehrt)	Lat. Briefe Lektüre klassischer Autoren	Deutsch (Briefe u. ä.)	Griechisch (zweimal wöchentlich mindestens ½ Stunde)

Aufnahmebedingungen: Lesen und Schreiben in deutscher und lateinischer Sprache; Beherrschung der Deklination und Konjugation.

Zur Unterrichtszeit wurden keine näheren Angaben gemacht; es blieb bei der Stundenverteilung, wie sie an den Jesuiten- und Piaristenschulen üblich war.

21.3.5.3 Studienplan nach J. B. Gaspari (1764)

6 5	Rhetorica secunda Rhetorica prima	Religion	Lat. Rhetorik, Poesie Lat. Rhetorik		Lektüre klassischer Autoren	Griechisch	Geschichte und Geographie	Arithmetik
4 3 2 1	Grammatikklassen	Religion	Lat. Grammatik (Übersetzung von Latein ins Deutsche und umgekehrt; erste Klasse: Erklärung in deutscher Sprache); Prosodie (vierte Klasse)	Lektüre klassischer Autoren	Deutsch (Rechtschreibung; 4. Klasse: Dichtung)	Griechisch	Geschichte und Geographie	Arithmetik

Unterrichtszeit: Vormittags von 8.30 bis 10 Uhr (Grammatikklassen) bzw. von 8 bis 10 Uhr (Rhetorikklassen), nachmittags von 14 bis 16 Uhr. Die Nachmittage am Dienstag und Donnerstag waren schulfrei.

Wochenstundenzahl: 17–20.

21.3.5.4 Studienplan nach Gratian Marx (1775)

5 4	Poësis Rhetorica	Religion	Lat. Poetik, Mythologie Lat. Redeund Aufsatzschulung	Deutsche Dichtkunst Deutsche Redekunst	Griechisch (nur für ausgewählte Schüler)	Geschichte (bis zur Gegenwart; Österreich; Habsburger)	Algebra Arithmetik (in lat. Sprache)	Geometrie Naturalhistorie
3 2 1	Grammatikklassen	Religion	Latein (Grammatik, Lektüre, Übersetzungen, röm. Altertümer)	Deutsch (innerhalb des Lateinunterrichts; Grammatik, Dialoge, Briefe)	Griechisch (Beginn: 2. Semester der 1. Klasse)	Geschichte	Arithmetik	Natural-Historie (Naturgeschichte) Physikalische Begriffe

Aufnahmebedingungen: Lesen und Schreiben in deutscher und lateinischer Schrift; Beherrschung der Deklination und Konjugation; Kenntnisse im Rechnen; Aufnahmsprüfung, 10. Lebensjahr.

Unterrichtszeit: 8–10 Uhr, 14–16 Uhr. Der Dienstagnachmittag und der Donnerstag waren schulfrei. An diesen Tagen war für ausgewählte Schüler der 4. und 5. Klasse Unterricht in Griechisch angesetzt.
Eine Unterrichtseinheit dauerte 30 Minuten; die den einzelnen Fächern zugemessene Zeit war von den jeweiligen Notwendigkeiten bestimmt. Die deutsche Muttersprache wurde innerhalb des Lateinunterrichts gepflegt, den sogenannten „Nebenlehrgegenständen“ (alle Gegenstände außer Latein, Religion und Griechisch) nur begrenzte Zeit eingeräumt. Zu den Lehrinhalten und Unterrichtsmethoden wurden bereits sehr genaue Anweisungen gegeben.

Wochenstundenzahl: 18–20.

21.3.5.5 Gymnasialplan nach F. I. Lang (1805)

6 5	Humanitätsklassen	Religion (je 2 Wst.)	Latein (Eloquenz, Stil usw., je 9 Wst.)	Deutsch (Stilübungen)	Griechisch (je 2 Wst.)	Geschichte und Geographie (je 3 Wst.)	Algebra (je 2 Wst.)
4	Grammatikalklassen	Religion (je 2 Wst.)	Latein (Grammatik, Lektüre, Übersetzungen usw., je 9 Wst.)	Deutsch (Berücksichtigung im Lateinunterricht)	Griechisch (2 Wst.)	Geschichte und Geographie (je 3 Wst.)	Arithmetik (je 2 Wst.)
3 2 1					Naturlehre und Naturgeschichte		

Aufnahmebedingungen: Gutes Zeugnis über die 3. Klasse einer Hauptschule; untadelige Sitten; 10. Lebensjahr.

Unterrichtszeit: Je zwei Stunden vormittags und nachmittags (ausgenommen am Dienstagnachmittag und am Donnerstag, die schulfrei waren).

Wochenstundenzahl: 18.

Solche sechsklassige Gymnasien durften nur in Städten mit Universitäten oder Lyzeen geführt werden, alle anderen blieben fünfklassig. Der Unterricht erfolgte durch Fachlehrer; den einzelnen Unterrichtsgegenständen wurden bestimmte Wochenstunden zugewiesen.

21.3.5.6 Gymnasialreform 1819

6 5	Humanitätsklassen	Religion (je 2 Wst.)	Latein (Eloquenz, Stil usw.; je 10 Wst.)	Deutsch (Stilübungen)	Griechisch (je 2 Wst.)	Geschichte und Geographie (je 2 Wst.)
4 3 2 1	Grammatikalklassen	Religion (je 2 Wst.)	Latein (Grammatik, Lektüre, Übersetzungen usw., in der 1. und 2. Kl. 11 Wst., in der 3. und 4. Kl. 9 Wst.)	Deutsch (Berücksichtigung im Lateinunterricht)	Griechisch (je 2 Wst.)	Geschichte und Geographie (je 3 Wst.)

Aufnahmebedingungen: Gutes Zeugnis über die 3. Klasse der Hauptschule; untadelhafte Sitten; 10. Lebensjahr; Aufnahmsprüfung („Vorprüfung").

Unterrichtszeit: Je zwei Stunden vormittags und nachmittags (ausgenommen am Dienstagnachmittag und am Donnerstag, die schulfrei waren).

Wochenstundenzahl: 18.

Der Unterricht erfolgte wieder durch Klassenlehrer; als Freigegenstand wurde Kalligraphie angeboten (2 Wst.).

21.3.6 Tagesablauf in Internatsschulen für Mädchen

Ursulinen, Linz
(2. Hälfte des 18. Jahrhunderts)
Grundlage: Ursulinenkloster Linz, Hauschronik 2, S. 216f.
(Tagesordnung der Kostjugend)

6	Aufstehen
6.30	Morgengebet
7	Hl. Messe, anschließend Frühstück
8–9	Französisch
9–10	Lesen und Schreiben
10–11	Beten des Rosenkranzes und weibliche Handarbeiten

Civil-Mädchen-Pensionat, Wien
(1. Hälfte des 19. Jahrhunderts)
Grundlage: Provisorische Hausordnung in: Nachricht über das kaiserl. königl. Civil-Mädchen-Pensionat in Wien. Wien 1847, S. 51–53.

5	Aufstehen
5.45	Morgengebet, anschließend Vorbereitung für den Unterricht
7.15	Hl. Messe, anschließend Frühstück
8–10	Unterricht
10–11	Erholung

Ursulinen, Linz
(2. Hälfte des 18. Jahrhunderts)
Grundlage: Ursulinenkloster Linz, Hauschronik 2, S. 216f.
(Tagesordnung der Kostjugend)

11	Mittagessen, anschließend Erholung
13–14	Religion (drei Tage in der Woche) bzw. Geographie (drei Tage in der Woche)
14–15	Schreiben in deutscher Schrift
15–16	Rechnen
16–17	Französisch
17–17.30	Handarbeiten
17.30–18	Lesung und Meditation
18	Abendmahl, anschließend Erholung
20	Abendgebet, anschließend Nachtruhe

Civil-Mädchen-Pensionat, Wien
(1. Hälfte des 19. Jahrhunderts)
Grundlage: Provisorische Hausordnung in: Nachricht über das kaiserl. königl. Civil-Mädchen-Pensionat in Wien. Wien 1847, S. 51–53.

11–13	Weibliche Handarbeiten, verbunden mit französischer Konversation
13	Mittagessen, anschließend Bewegung im Garten
14.30–15	Vorbereitung für den Unterricht
15–17	Unterricht
17–18	Erholung
18–20	Studium
20	Abendessen
21	Abendgebet, anschließend Nachtruhe

Im Winter wurde eine Stunde später aufgestanden, dafür entfiel die vormittägliche Erholungsstunde.

21.3.7 Zur Entwicklung berufsbildender höherer Lehranstalten

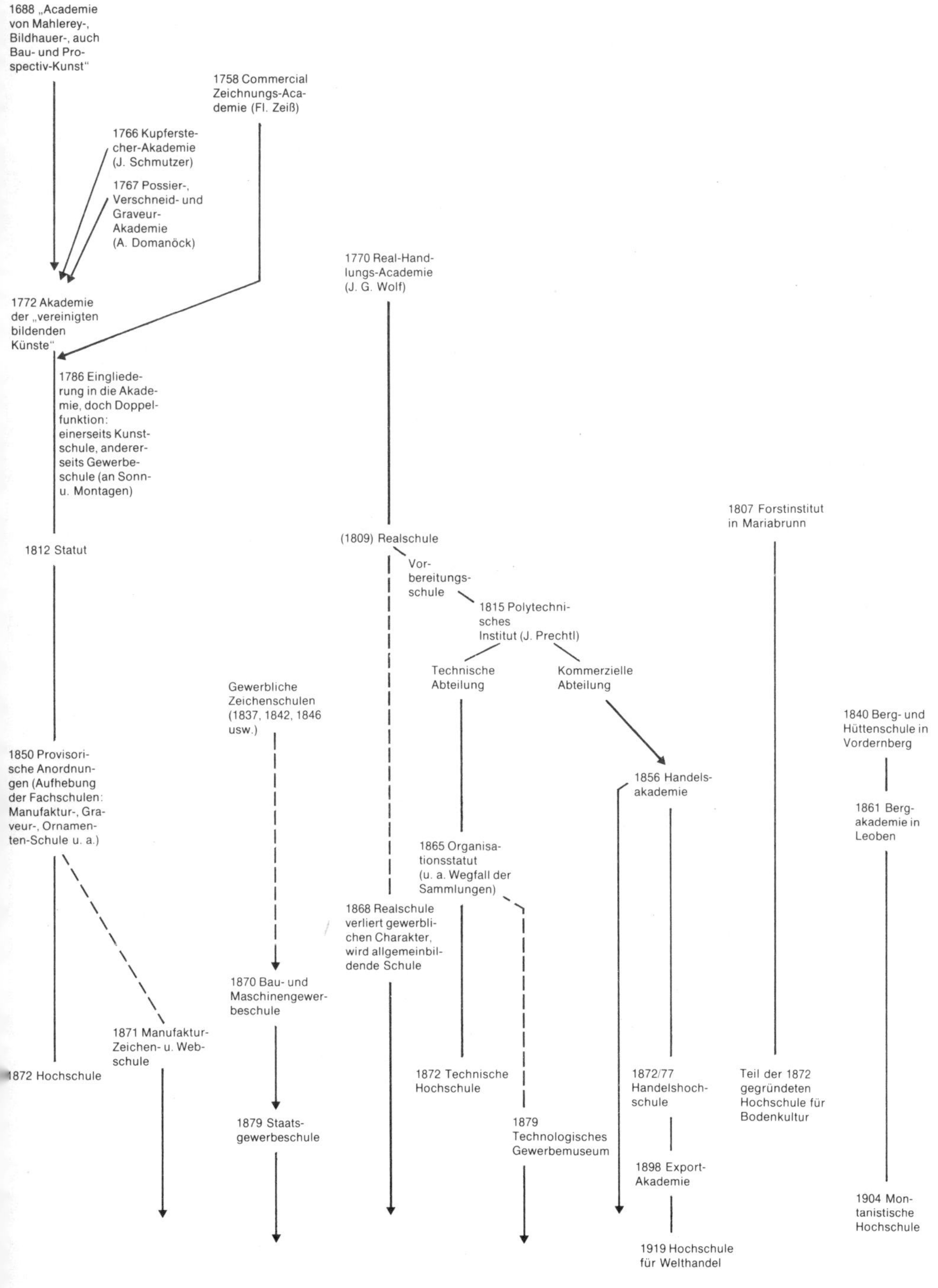

21.3.8 Vergleich der Studentenzahlen an der Universität Wien und am Polytechnischen Institut Wien zur Zeit Ferdinands I.

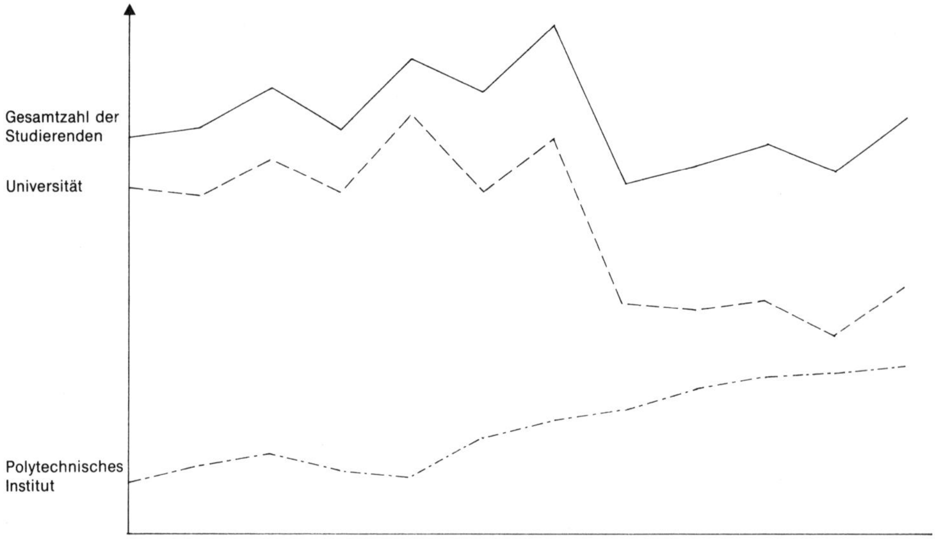

	1835/36	1836/37	1837/38	1838/39	1839/40	1840/41	1841/42	1842/43	1843/44	1844/45	1845/46	1846/47
Universität	4777	4653	5026	4685	5749	4701	5420	3143	3117	3189	2748	3387
Polytechisches Institut	705	933	1104	935	793	1403	1532	1725	2014	2172	2193	2362

21.3.9 Strukturen des österreichischen Bildungssystems am Vorabend der Revolution von 1848

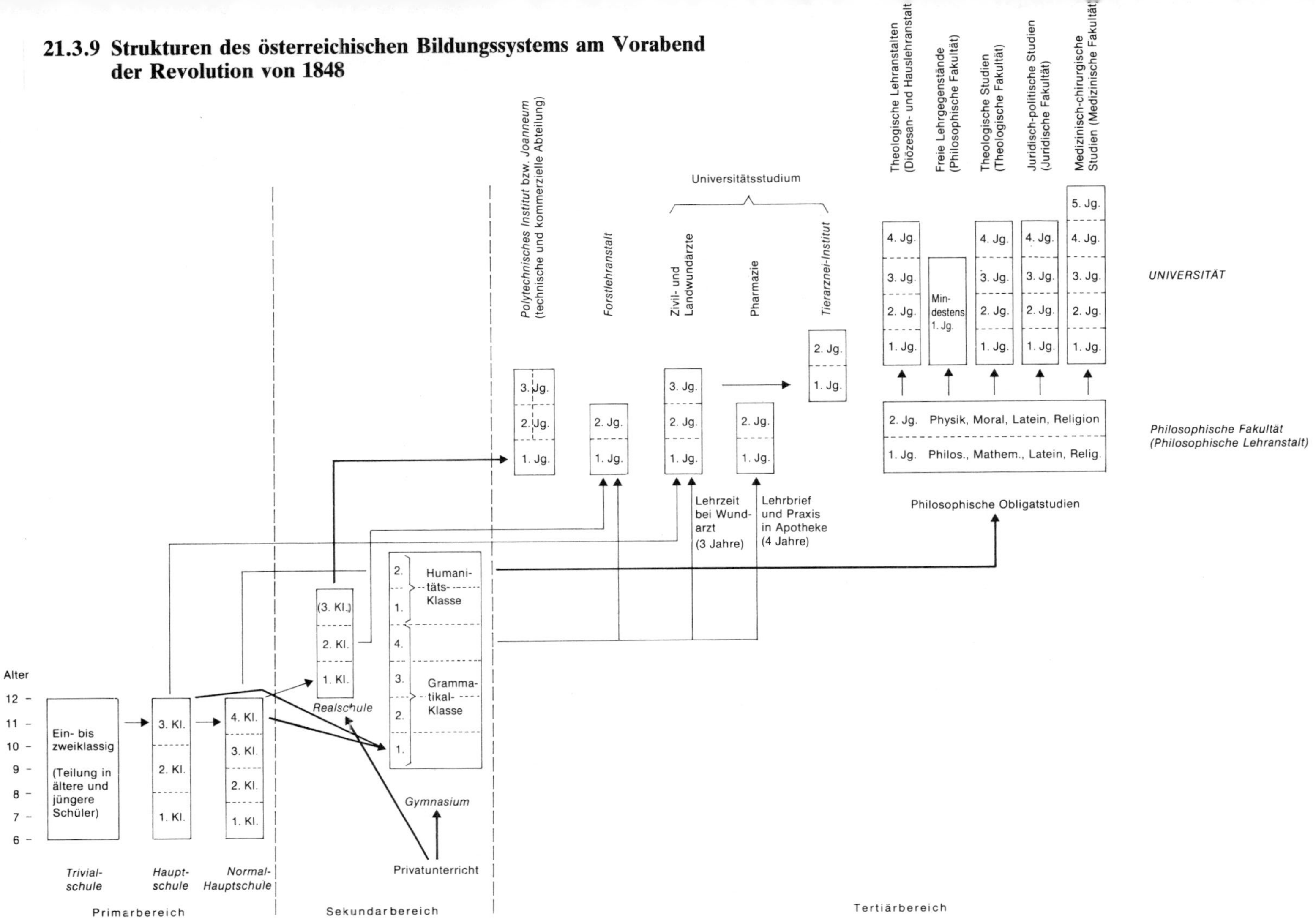

21.4 Quellentexte zur Erziehungs- und Schulgeschichte

21.4.1 Instruktion für die Präfekten (Direktoren) der Schulen der Piaristen (1666)

Der Schulorden der Piaristen wurde im 18. Jahrhundert zum erfolgreichen Gegenspieler der Jesuiten. Ursprünglich Bewunderer des jesuitischen Schulmodells, setzte er bald neue pädagogische Impulse für eine fruchtbare Weiterentwicklung: Verklammerung der Elementarschule mit dem Gymnasium, Einführung der Muttersprache als Unterrichtssprache in den Anfangsklassen und Berücksichtigung neuer Lehrgebiete.
Die folgende Instruktion zählt zu den ältesten Nachrichten über die schulische Tätigkeit der „Patres Scholarum Piarum" in Österreich und gibt einen guten Einblick in die innere Ordnung ihrer Schulen.

Instructio Praefecti Scholarum nostrarum pro usu huius Provinciae nostrae Germaniae[1] collecta constitutionibus, Ritibus, nec non capitulis provincialibus in Praefata Provincia celebratis.

1. Qui novi ad Scholas accedunt, eos Praefectus praevio examine diligenti diversis constante circumstantiis, ne facile decipiatur, in iis classibus collocabit, que ipsis conveniunt.

2. Nullum sine testimonio ad scholas nostras aliunde venientem recipiet; quodsi aliquis propter commendationem personae alicuius authoritatis aut aliam ob rationabilem causam absque testimonio recipi posse videretur, non fiat illud inconsulto P. Rectore,[2] cuius prudentiae res tota committitur.

3. Ad removendum omnem fomitem rixarum aliorumque malorum omnibus Gymnasiorum Studiosis usus gladiorum omnino interdicatur, quos idcirco initio scholarum ab illis repetere, et ipsos tum in scholis cum in alio loco publico incedere iubebit; quod decretum Superior pro sua prudentia habito personarum respectu poterit moderare.

4. Pulsus primus pro Schola mane in aestate detur hora sexta cum dimidia, in hieme vero hoc est a festo omnium Sanctorum usque ad Pascha tertio quadrante ad septimam, Pomeridiano tempore semper hora prima.

Instruktion des Präfekten unserer Schulen, zum Nutzen dieser unserer Provinz Deutschlands[1] zusammengestellt aus den Verordnungen und Satzungen und auch aus den Provinzialkapiteln, die in der vorgenannten Provinz verbreitet sind.

1. Diejenigen, die neu an die Schulen kommen, wird der Präfekt nach einer vorausgehenden sorgfältigen Prüfung, die sich auf verschiedene Gebiete bezieht, damit er nicht leicht getäuscht wird, in die Klassen einweisen, die für sie passen.

2. Keinen, der ohne Zeugnis von anderswoher in unsere Schulen kommt, wird er aufnehmen; wenn aber jemand auf Empfehlung irgendeiner einflußreichen Person oder aus einem einsichtigen Grund und ohne Zeugnis offenbar aufgenommen werden könnte, soll das nicht geschehen, ohne den P. Rektor[2] zu befragen, dessen Erfahrung die ganze Angelegenheit überlassen wird.

3. Um jeden Zündstoff für Streit und andere Untaten zu beseitigen, soll allen Studenten der Gymnasien die Verwendung von Degen überhaupt untersagt werden. Er wird darum anordnen, diese von ihnen zu Beginn der Schule zu verlangen, damit jene dann nur so sowohl die Schule als auch einen anderen öffentlichen Ort betreten; diese Verordnung wird der Superior vermöge seiner Erfahrung mit Rücksicht auf die Personen handhaben.

4. Der erste (Glocken-)Schlag für den Unterricht soll im Sommer morgens um 6 Uhr 30 gegeben werden, im Winter aber, d.h. vom Fest Allerheiligen bis Ostern, um 6 Uhr 45, nachmittags immer zur ersten Stunde.

[1] Damit war die böhmisch-österreichische Provinz gemeint.
[2] Als Rektor wurde der für eine begrenzte Zeit gewählte Leiter des gesamten Kollegiums bezeichnet.

5. Curet sedulo Praefectus ut tempus Scholarum a Signo secundo duret perpetuo duas horas cum dimidia praeterquam diebus illis, quibus pomeridiano tempore recreatio datur; tum enim dimidia hora detrahi solet.

6. Curet praeterea ut libellus doctrinae Christianae[3] a Discipulis discatur, in quo Dominicis diebus et consuetis Apostolorum festivitatibus in nostris Ecclesiis publice ad majorem Dei gloriam et proximorum utilitatem pueri exercebuntur.

7. Curabit etiam ad disciplinam in discipulis conservandam, ut publice in atrio affixae sint ob eorum oculos regulae Scholasticae.

8. Omnes discipulos nostros in timore contineat eosque verberet adhibito pro gravitate culparum tam in studio neglecto, quam in iis, quae ad bonos mores pertinent, moderamine.

9. Invigilet diligentissime Magistris, quibus ex longa Provinciae consuetudine discipulos ob culpas leviores punire est concessum, ne in poenis infligendis modum excedant, unde si quempiam talem deprehenderet, Superiori deferre quam tenebitur.

10. Si gravitas alicuius delicti digna sit exclusione alicuius a Scholis nostris, id non faciat nisi consulto Rectore, itemque si aliquis iam eiectus iterum recipi vellet.

11. Si discipulus quispiam ultra unam diem Scholis abesse voluerit, Praefectus hanc sibi licentiam retineat nec Magister secus facere praesumat.

12. Caveat, ne libri qui praelegendi sunt bonis moribus discipulorum nocere possint.

13. Curat, ut libri discipulorum optimis characteribus sint insigniti, ut ex eorum lectione tam pueri quam eorum parentes fructum percipiant.

14. Caveat, ne nisi assignatos libros cum discipulis Magistri adhibeant, quorum cathalogum

5. Aufmerksam soll der Präfekt dafür sorgen, daß die Unterrichtszeit vom zweiten Zeichen an ununterbrochen zweieinhalb Stunden dauert, ausgenommen an jenen Tagen, an denen am Nachmittag Erholung gewährt wird; dann nämlich wird gewöhnlich eine halbe Stunde abgezogen.

6. Er soll außerdem dafür sorgen, daß der Katechismus[3] von den Schülern gelernt wird, in dem sich die Knaben an den Sonntagen und an den gewohnten Festtagen der Apostel in unseren Kirchen öffentlich zur höheren Ehre Gottes und zum Nutzen der Nächsten üben werden.

7. Er wird auch, um die Disziplin unter den Schülern aufrechtzuerhalten, dafür sorgen, daß öffentlich in der Halle vor ihren Augen die Schulregeln angeschlagen sind.

8. Alle unsere Schüler aber soll er in Furcht halten und sie züchtigen, indem er im Verhältnis zur Schwere der Vergehen – ebensosehr bei Vernachlässigung des Studiums wie bei dem, was sich auf die guten Sitten bezieht – dieses Lenkungsmittel anwendet.

9. Er soll sehr sorgfältig die Lehrer überwachen, denen es aufgrund der langen Gewohnheit der Provinz gestattet ist, Schüler wegen leichterer Vergehen zu bestrafen, daß sie nicht beim Zufügen der Strafe das Maß überschreiten; und wenn er irgendeinen solchen dabei entdecken sollte, wird er verpflichtet sein, ihn möglichst bald dem Superior zu melden.

10. Wenn die Schwere irgendeines Vergehens den Ausschluß irgendeines von unseren Schülern erfordern sollte, soll er das nur tun, wenn er sich mit dem Rektor beraten hat, und ebenso, wenn ein schon Ausgeschlossener wieder aufgenommen werden möchte.

11. Wenn ein Schüler mehr als einen Tag von der Schule fernbleiben möchte, soll der Präfekt sich diese Erlaubnis vorbehalten, und der Lehrer soll keine andere Entscheidung vorwegnehmen.

12. Er soll dafür sorgen, daß Bücher, die (im Unterricht) vorgelesen werden müssen, den guten Sitten der Schüler nicht schaden können.

13. Er sorgt dafür, daß die Bücher der Schüler in sehr schöner Schrift geschrieben sind, damit aus deren Lektüre sowohl die Knaben als auch ihre Eltern Nutzen ziehen.

14. Er soll dafür sorgen, daß die Lehrer mit den Schülern nur die angewiesenen Bücher

[3] An den Piaristenschulen wurde der Katechismus des Petrus Canisius verwendet („Summa doctrinae Christianae“).

singulis annis exponat: Quales vero in singulis classibus sint praelegendi, Ritus iam praescripsere, nec alii sine licentia Superioris adhibebuntur.

verwenden, deren Verzeichnis er alljährlich vorlegen soll: Welche Bücher aber in den einzelnen Klassen gelesen werden müssen, haben schon die Satzungen vorgeschrieben, und andere werden ohne Erlaubnis des Superiors nicht verwendet werden.

15. Attendet, ut confessionem et communionem Sacram singulis mensibus certo die assignato discipuli apti frequentent. Unde quo id diligentius exequatur, exiget a quovis discipulo schedam peractae suae Confessionis; qui vero adhuc apti non sunt ad Communionem, videat, ut suo tempore instituantur, sicut et iuniores ad Confessionem.

15. Er soll achtgeben, daß nur geeignete Schüler die Sakramente der Beichte und der hl. Kommunion regelmäßig jeden Monat an einem bestimmten Tag empfangen. Damit das umso gewissenhafter durchgeführt wird, wird er von jedem (beliebigen) Schüler einen Zettel über die Durchführung seiner Beichte verlangen; bei denen aber, die bisher für die Kommunion nicht geeignet sind, soll er darauf sehen, daß sie rechtzeitig unterwiesen werden so wie auch die Jüngeren in der Beichte.

16. Ad uniforme Regimen Scholarum nostrarum instituendum faciet ut quotannis in librum quempiam seu album discipulorum Nomina, Patria, Aetas, Accesus ad Scholas, Recessus et eiectio sedulo inscribatur.

16. Um eine einheitliche Verwaltung unserer Schulen zu organisieren, wird er es so machen, daß alljährlich in ein Buch oder ein Verzeichnis Namen, Heimat, Alter, Eintritt in die Schule, Austritt und Ausschluß der Schüler aufmerksam aufgeschrieben werden.

17. Meminerit quoque singulis annis post festum S. Catharinae transmittere ad P. Provincialem discipulorum in quavis Schola existentium numerum; non opus tamen singulorum specificare nomina nisi essent conditionis eminentioris ratione Patriae, Natalium vel doctrinae.

17. Er soll auch nicht vergessen, alljährlich nach dem Fest der hl. Katharina die Zahl der Schüler, die in jeder Schule vorhanden sind, dem P. Provinzial zu übermitteln. Doch ist es nicht nötig, die Namen einzelner anzuführen, außer sie ragen hervor aufgrund der Heimat, der Familie oder durch ihr Wissen.

18. Videat, ut quae a Magistris dictantur, ne quid inconveniens exhibeant, ideo scholas saepe visitabit, observabitque an Magistri et discipuli munere suo bene fungantur.

18. Er soll darauf sehen, daß das, was von den Lehrern gesagt wird, nicht irgend etwas bietet, das nicht passend ist; daher wird er die Schulen oft besuchen und aufmerksam beobachten, ob Lehrer und Schüler ihre Aufgabe gut erfüllen.

19. Similiter invigilet, ut diligentissime Oratoria et doctrina Christiana ceteraque exercitia ab omnibus discipulis frequententur, nec ullam aetatis vel conditionis excusationem admittet, unde haec eadem illis, dum suscipiuntur, diligenter inculcabit.

19. In ähnlicher Weise soll er darüber wachen, daß pünktlichst die Gebetsstunden, der Unterricht in der christlichen Lehre und die übrigen Übungen von allen Schülern besucht werden, und er wird keine Entschuldigung des Alters oder des Zustandes zulassen; und ebendieses wird er jenen bei der Aufnahme sorgfältig einschärfen.

20. Curet quoque, ut omnes Magistri suos discipulos ordine suo per classes e Schola cum modestia et silentio egredientes usque in Ecclesiam comitentur, inibique cum eis maneant, donec mane sacrum, sero autem Litaniae B. V. absolvantur.

20. Er soll auch dafür sorgen, daß alle Lehrer ihre Schüler, die in angemessener Ordnung klassenweise aus der Schule mit Anstand und Schweigen gehen, bis in die Kirche begleiten und dort mit ihnen bleiben, bis morgens der Gottesdienst, abends aber die Litanei der seligen Jungfrau beendet ist.

21. Et si consuetudo illa comitandi discipulos sit abrogata, nihilominus videat Praefectus, ut ipse vel aliquis Magistrorum saltem eo usque Ecclesiam eosdem comitetur, quoad dispersi clamores ante Ecclesiam tollere vel contentiose inter se agere nequeant.

21. Und wenn jene Gewohnheit, die Schüler zu begleiten, abgeschafft sein sollte, soll der Präfekt trotzdem darauf sehen, daß er selbst oder wenigstens irgendeiner der Lehrer dieselben bis zur Kirche begleitet, damit sie nicht unterdessen, wenn sie in Gruppen (zerstreut)

sind, vor der Kirche ein Geschrei erheben oder miteinander streiten können.

22. Circa ferias hebdomadales hunc servet ordinem: In hyeme media die, in aestate, hoc est a Paschate, tota vacationem a Scholis indulgeat; Nec officit huic dispositioni incidens festum, nisi illud occurat die Mercurii. Quod si vero in diem Jovis vel Veneris contigerit incidere, poterit recreatio anticipari die Martis ea ratione ut praemissus. Advertat autem ne integrae diei recreationem dividat in duas dimidias, sed ita ut praescriptum observet. Si tamen extra ordinariam iusta de causa dare voluerit, id non fiat sine P. Rectoris scitu.

22. Bezüglich des freien Wochentages soll er folgende Ordnung einhalten: Im Winter soll er einen halben Tag, im Sommer, d. h. von Ostern an, einen ganzen Tag schulfrei geben. Und diese Anordnung hindert auch kein Festtag, der darauf fällt, außer jener trifft auf einen Mittwoch. Wenn er aber zufällig auf einen Donnerstag oder Freitag fallen sollte, wird die Freizeit am Dienstag vorausgenommen werden können, in der Weise wie oben erwähnt. Er soll aber darauf achten, daß er nicht die Erholungszeit eines vollen Tages in zwei Hälften teilt, sondern es so befolgen, wie es vorgeschrieben ist. Wenn er dennoch aus einem triftigen Grund einen außertourlichen freien Tag geben möchte, soll das nicht ohne Anordnung des P. Rektor geschehen.

23. Quoad ferias autumnales tempus ita distribuat, ut Rhetores pridie festi Exaltationis St. Crucis dimittantur. In caeteris ordine expediendis servata classium ratione triduum semper interpoletur, ut in provigilio S. Michaelis in integrum cessetur.

23. Zum Beginn der Herbstferien soll er die Zeit so einteilen, daß die Rhetoren am Tag vor dem Fest der Kreuzeserhöhung (13. September) entlassen werden. Bei der der Reihe nach auszuführenden Entlassung der übrigen sollen immer drei Tage eingeschaltet werden, wobei die Klassen berücksichtigt werden, sodaß man am Vortag von Michaelis (28. September) vollständig fertig ist.

24. Ne vero abusus aliquis circa generale examen per omnes classes ante ferias autumnales faciendum subrepat, idem rite ut perficiatur procuret. Quod ut eo solemnius et fructuosius peragatur, volumus, ut ipse Rector cum duobus saltem Sacerdotibus assistat. Ac quamvis ritus loquantur de duplici examine instituendo, nimirum post calendas Novembres et festa Paschalia servandam tamen iudicavimus Provinciae nostrae antiquam consuetudinem, cui nihil indunt praefati ritus derogare.

24. Daß sich aber nicht irgendein Mißbrauch um die allgemeine Prüfung, die in allen Klassen vor den Herbstferien abzuhalten ist, einschleicht, sondern daß dieselbe nach Vorschrift durchgeführt wird, dafür soll er vorsorgen. Damit sie umso feierlicher und fruchtbarer durchgeführt wird, ordnen wir an, daß der Rektor selbst mit wenigstens zwei Priestern dabei sei. Und obwohl die Satzungen von der Einrichtung einer aus zwei Teilen bestehenden Prüfung sprechen, nämlich nach dem 1. November und nach dem Osterfest, haben wir dennoch entschieden, daß die alte Gepflogenheit unserer Provinz, deren Aufhebung die vorgenannten Satzungen nicht bewirken, zu bewahren ist.

25. Nulli testimonium detur, nisi saltem medio anno in Scholis nostris fuerit commoratus. Porro circa ferias autumnales nullus cum testimonio dimittatur ante tempus supra praescriptum.

25. Keinem soll ein Zeugnis gegeben werden, wenn er nicht wenigstens ein halbes Jahr in unseren Schulen gewesen sein sollte. Sodann soll um die Herbstferien keiner mit einem Zeugnis vor der oben vorgeschriebenen Zeit entlassen werden.

26. Nullas exhiberi patiatur Praefectus repraesentationes publicas, nisi monstrata fuerit licentia in scriptis obtenta a P. Provinciali, qua visa curet prius ante se exhiberi accersitis duobus vel tribus sacerdotibus praeinsinuatas repraesentationes, ne quid contineant indecori, quod spectatoribus posset esse offendiculo

26. Der Präfekt soll nicht gestatten, daß irgendwelche öffentlichen bildlichen Darstellungen gezeigt werden, wenn nicht die Erlaubnis vorgewiesen werden kann, die vom P. Provinzial in den Schriften festgehalten wird; nachdem er diese gesehen hat, soll er dafür sorgen, daß die vorgesehenen Abbildungen vorher ihm

atque ut hoc diligentissime servetur, serio inculcamus.
Caeterum quae a Magistris sunt praestanda in Ritibus consignata diligenter praestentur.
Haec quoniam ut praemisimus excerpta sunt tum ex constitutionibus tum ex capitulis nostris, quorum observantiam urgere mihi in conscientia incumbit, ideo Praefectis omnibus singulariter in ordinem redacta communicare volui, ac simul adhortari ad accuratam eorundem observantiam, ut ita debito in omnibus ordine servato discipulorum profectui pro nostrae conscientiae obligatione melius consulamus. Atque ut omnibus supra insinuatis integra fides adhiberetur apposito officii nostri Sigillo subscripsimus.

Nikolsburgi, die 24. Novembris 1666.
Carolus a S. Maria.

gezeigt werden, wobei er zwei oder drei Priester beiziehen soll, damit sie nichts Unanständiges enthalten, an dem die Betrachter Anstoß nehmen könnten, und daß dies äußerst sorgfältig beachtet wird, das schärfen wir mit Nachhalt ein.
Im übrigen soll das, wovon in den Satzungen aufgezeichnet steht, daß es von den Lehrern erfüllt werden muß, sorgfältig erfüllt werden.
Da dies, wie wir vorausgeschickt haben, ausgewählt ist teils aus den Verordnungen, teils aus unseren Kapiteln, auf deren Befolgung zu drängen mir ein großes Anliegen ist, daher wollte ich allen Präfekten das im einzelnen in eine Ordnung Gebrachte mitteilen und zugleich zu einer genauen Befolgung ebendesselben auffordern, sodaß wir bei Bewahrung der geschuldeten Ordnung in allem für den Fortschritt der Schüler entsprechend der Verpflichtung unseres Gewissens besser sorgen. Und damit allem oben Empfohlenen voller Glaube entgegengebracht wird, haben wir unter Hinzufügung des Siegels unseres Amtes unterschrieben.

Nikolsburg, 24. November 1666
Carolus von S. Maria

Lateinischer Text nach Wotke, Karl: Das Oesterreichische Gymnasium im Zeitalter Maria Theresias. Berlin 1905 (Monumenta Germaniae Paedagogica, 30), S. 64–67; Wotke, Karl: Die ältesten Piaristenschulen Mährens. Ein Beitrag zur österreichischen Schulgeschichte. In: 26. Jahresbericht des K. K. Staatsgymnasiums im XVII. Bezirke von Wien (Hernals). Veröffentlicht am Schlusse des Schuljahres 1899/1900. Wien 1900, S. 15–18.
Übersetzung von Mag. M. Arnold.

21.4.2 Studienordnung der Piaristen für Auswärtige (1694)

Unter den Verordnungen der Piaristen für den Unterricht an ihren Gymnasien bieten die folgenden Richtlinien nicht nur einen guten Einblick in die Organisation und Struktur der Piaristenschulen, sondern geben uns auch durch die Mitteilung vieler Einzelheiten ein anschauliches Bild vom Unterrichtsverlauf und Schulalltag. Die Schulwirklichkeit um die Wende zum 18. Jahrhundert läßt sich daraus rekonstruieren.

Methodus, seu Ratio studiorum pro Exteris a Cap. Gener. 1694. instituta.

B. Signa Scholarum ad aedificationem ita praevenienda, ut antequam semihora, inter primum et secundum consueta, in sua quisque schola consistat; ut ad primum secundi signi tinnitum, pro scholasticarum exercitationum principio, solitae etiam Preces per Magistros

Methode oder Studienordnung für Auswärtige, vom Generalkapital 1694 festgesetzt.

B. Man muß so vor dem Zeichen der Schule zum Gebäude kommen, daß, bevor eine halbe Stunde vergeht, die gewöhnlich zwischen dem ersten und zweiten Zeichen liegt, jeder in seiner Schule ist, sodaß beim ersten Klingeln des zweiten Zeichens für den Anfang des

incipiantur. Quas quidem Preces non modo audiant Magistri, sed simul etiam recitent.

Schulunterrichts auch die üblichen Gebete von den Lehrern begonnen werden. Diesen Gebeten freilich sollen die Lehrer nicht nur zuhören, sondern sie sollen sie auch mitsprechen.

C. Curabit ergo Praefectus primum scholarum signum dari juxta distributionem horariam, campanam quadrantem circiter pulsando: a quo signo ad alterum semihora intercedat. Idem interea Praefectus attendat, ut Discipuli modeste se gerant in suis Classibus, donec Magistri accedant: ad quorum praescriptum Adolescentes promant ex memoria lectiones Decurionibus; qui singulorum errores, scripto notatos, dabunt Magistris, pro diligentiae, seu negligentiae punctis unicuique pro merito statuendis. Imo, ad fraudes adolescentulorum avertendas, et ad memoriae periculum, ab aliquibus Discipulorum inopinato memoriter exigantur.

C. Der Präfekt wird also dafür sorgen, daß das erste Zeichen gemäß der Stundeneinteilung dadurch gegeben wird, daß er die Schulglocke ringsumher läutet. Von diesem Zeichen bis zum zweiten soll eine halbe Stunde vergehen. Der Präfekt soll inzwischen auch darauf achten, daß sich die Schüler in ihren Klassen anständig aufführen, bis die Lehrer kommen. Auf deren Anordnung hin sollen die Jünglinge die Lektionen den Dekurionen aus dem Gedächtnis vortragen; diese werden die Fehler der einzelnen, schriftlich niedergelegt, den Lehrern übergeben, damit sie die Beurteilung der Sorgfalt oder auch der Nachlässigkeit für einen jeden, wie er es verdient, festsetzen. Zuletzt sollen, um Schwindelversuche der Jünglinge zu verhindern und als Gedächtnisprüfung, von irgendwelchen Schülern unerwartet Lektionen aus dem Gedächtnis abverlangt werden.

D. Scholae duarum horarum cum dimidia spatio, tam de mane, quam de sero, non plus, nec minus, concludantur: diebus tamen vacationis semihora detrahitur. Quod etiam singulis Sabbatis ad Vesperas fit pro concione ad omnes Discipulos, a scholarum Praefecto, seu aliquo deputato per Rectorem, ante Litanias Lauretanas habenda de more.

D. Der Unterricht soll nach zweieinhalb Stunden abgeschlossen werden, ebenso morgens wie abends, nicht mehr, aber auch nicht weniger; doch wird an Tagen mit Freizeit eine halbe Stunde abgezogen. Das geschieht auch an jedem Samstag gegen Abend, damit nach dem Brauch vom Präfekten der Schule oder auch von einem vom Rektor Bestimmten vor den Lauretanischen Litaneien eine Ansprache an alle Schüler gehalten wird.

E. Nec ultimo solum quadrante scholastico Magistri aliquid ad Pietatem pueris explicent; verum etiam, ut scholae nostrae vere Piae sint, quaecumque adhibeantur, et excogitentur a Magistris industriae, ut nihil sale Pietatis inconditum doceant auditores. In classe itaque legentium, ex iis, que pueri legunt, ansam ad actus virtutum suggerendos per opportunas similitudines, parabolas, comparationes et exempla, pro captu, nanciscantur. Item in classe scribentium: satagendo etiam, quatenus exemplaria, characteribus efformandis proposita, sacrum aliquod, seu morale complectantur affatum, ad virtutis amorem, seu vitii alicujus nauseam; quod per scripturitionem repetitum, altius adolescentulorum animis inhaereat: quod etiam fructuosius fiet, si paucula sint carmina; natura quippe ad numeros ducimur, et rhythmos facilius pueri recordantur. In Classe Rudimentistarum, nomina, verba, et signa ita proponantur, ut facilis pariter Pietatis promovendae occasio porrigatur.

E. Aber nicht nur im letzten Viertel der Schullaufbahn sollen die Lehrer den Knaben irgend etwas zur Frömmigkeit darlegen, sondern auch, damit unsere Schulen wahrhaftig fromm sind, was an eifriger Tätigkeit auch immer von unseren Lehrern angewandt und erdacht werden könnte, damit sie die Schüler nichts lehren, was nicht mit dem „Salz der Frömmigkeit gewürzt“ ist. Daher sollen sie in der Klasse der Lesenden das, was die Knaben lesen, zum Anlaß nehmen, ihnen entsprechend ihrer geistigen Fassungskraft Darstellungen der Tugenden durch geeignete Gleichnisse, Parabeln, Vergleiche und Beispiele zur Verfügung zu stellen. Ebenso in der Klasse der Schreibenden: um auch diesen Genüge zu tun, soweit es die Vorbilder betrifft, die vorgelegt werden, damit die Buchstaben nachgebildet werden, sollen sie etwas Heiliges oder auch eine moralische Ansprache enthalten, zur Tugendliebe oder zum Ekel vor irgendeinem Laster, was dann, wiederholt durch die Schriftübung, tiefer in den Herzen der jungen Menschen haften soll. Das wird noch fruchtbringender geschehen, wenn es einige Gedichte sind, da wir ja von Natur aus zu Rhythmen hingezogen werden und die Knaben sich an Rhythmen leichter erinnern. In der Klasse der Rudimentisten sollen die Nomina, Verba und die Zeichen so vorgetragen werden, daß sich leicht eine Gelegenheit darbietet, gleichzeitig die Frömmigkeit zu fördern.

F. In reliquis altioribus classibus quidquid explicatur, quidquid pro lucubrationibus praescribitur, virtutis praeferat documenta. Operosi et industrii Praeceptoris erit in primis, ut Oratorum, et Poetarum dicteria in pias interpretationes deflectat.

F. Alles, was in den übrigen höheren Klassen erklärt wird, und alles, was für die Nachtstudien vorgeschrieben wird, soll Beispiele der Tugend zeigen. Es wird vor allem Sache eines tätigen und fleißigen Lehrers sein, daß er sarkastische Witzworte von Rednern und Dichtern zu frommen Interpretationen umwandelt.

G. Sive ergo Grammatici, sive Poetici, aut Rhetorici canones tradantur, eo collineent exercitamenta, ut Pietas promoveatur, et vitium aboleatur. Ea sit veri Scholarum Piarum Magistri cura, ea tanti muneris explendi sedulitas, ut Pietatis vehiculum litteraria sit Institutio.

G. Sei es also, daß die Regeln der Grammatik, sei es die der Poesie oder Rhetorik gelehrt werden sollen, die Übungen sollen daraufhin ausgerichtet sein, daß die Frömmigkeit gefördert und das Laster vernichtet wird. Das soll die Sorge eines wahren Lehrers der Piaristenschulen und das sein ganzer Fleiß bei der Erfüllung dieser großen Aufgabe sein, daß der Unterricht im Lesen und Schreiben ein „Vehikel" der Frömmigkeit werde.

H. Subinde saepe Praefectus, et saepe Rector videat, ne, quae a Magistris dictantur, aliquod sapiant inconveniens. Ideo saepe Scholas visitet, intuendo etiam, an Magistri, et Discipuli rite suo munere fungantur.

H. Immer wieder soll der Präfekt und immer wieder auch der Rektor darauf sehen, daß nicht das, was von den Lehrern gesagt wird, irgendeinen unpassenden Geschmack an sich hat. Daher soll er oft die Schulen besuchen, um auch zu sehen, ob die Lehrer und die Schüler ihre Pflicht nach der Vorschrift erfüllen.

I. Prout autem in Scholarum initio tanta est ad signa Campanulae solertia; ita, dato signo, fiat in dimittendis.

I. So wie aber am Anfang der Schule beim Zeichen des Glöckleins die Emsigkeit groß ist, so soll es auch beim Entlassen – auf das gegebene Zeichen hin – geschehen.

K. Statim itaque, solitis precibus persolutis, Magistri singuli Discipulos ex ordine binos, secundum Classes, cum modestia et silentio e scholis egredientes, comitentur in Ecclesiam, de mane ad sacrum audiendum, de sero ad Litanias B. V. cantu plano devoto, ac suavi, Praefecto assistente, decantandas; ut inde pariter per classes ordinatim, et sine strepitu dimittantur, a maioribus ad minimos gradatim in dimissione procedendo; tempestive autem, parati sint, qui debebunt ex ordine scholasticos comitari.

K. Sofort sollen daher, nachdem die gewohnten Gebete gesprochen wurden, die einzelnen Lehrer die Schüler, die zu zweit nach der Reihe, entsprechend ihrer Klassen, sittsam und schweigend aus den Schulen gehen, in die Kirche begleiten, morgens, um die Messe zu hören, abends, um die Litanei der Heiligen Jungfrau mit klarem, hingebungsvollem und lieblichem Gesang in Anwesenheit des Präfekten zu singen. Hierauf sollen sie in gleicher Weise – klassenweise nach der Reihe und ohne Lärm – entlassen werden, indem sie von den Größeren bis zu den Kleinsten stufenweise beim Entlassen fortgehen; rechtzeitig aber sollen die bereit sein, die die Schüler ordnungsgemäß begleiten müssen.

L. Quod praeter sedulam Pietatis Institutionem, bonos quoque mores, et urbanitatem

L. Was das betrifft, daß außer der sorgfältigen Unterweisung in der Frömmigkeit die Unseren

Nostrates in scholis profiteantur; non modo verbo, sed factis etiam doceat. Venientibus itaque, ac redeuntibus Rectore, aut Praefecto, Magistri cum Discipulis, aperto capite assurgant, neque nisi ad eorum nutum sedeant. Quod si Provincialis, aut Visitator supervenerint, Magistri, statim occursuri, e Cathedris descendant.

in den Schulen auch gute Sitten und feines Benehmen zeigen sollen, soll der Lehrer sie nicht nur durch das Wort, sondern auch durch sein Beispiel lehren. Daher sollen sich die Lehrer beim Kommen und Gehen des Rektors oder Präfekten gemeinsam mit den Schülern mit entblößtem Haupt erheben und sich erst wieder auf deren Zeichen hin setzen. Wenn aber der Provinzial oder Visitator unvermutet erscheinen sollte, sollen die Lehrer vom Katheder herabsteigen, um ihnen sofort entgegenzueilen.

M. Absoluto studiorum curriculo, Clerici, seu novelli Sacerdotes, ita scholis docendis addicantur, ut per annum saltem infimis classibus gradatim applicentur, ascendendo a classe legentium, et scribentium, ac numerantium ad Rudimentistas; inde ad Grammaticos; ad Poetas et Humanistas; neque, nisi Praepositi Generalis, aut Provincialis dispensatio accedat, hic ordo praetermittatur, aut quisquam ad Rhetoricam, Philosophiam, vel ad Moralem, sive scholasticam Theologiam profitendam valeat promoveri, qui prius praedictos inferiores gradus annuatim non ascenderit.

M. Die Kleriker oder die jungen Priester sollen sich nach der Absolvierung ihres Studiums so dem Unterrichten widmen, daß sie wenigstens ein Jahr nach und nach den untersten Klassen zugeteilt werden, indem sie von der Klasse der Lesenden, der Schreibenden und der Rechnenden zu der der Rudimentisten aufsteigen, von da zu den Grammatikern, zu den Poeten und Humanisten. Und wenn nicht die Dispens des vorgesetzten Generals oder Provinzials erfolgen sollte, soll diese Reihenfolge nicht übergangen werden, und niemand soll imstande sein, zum Unterricht der Rhetorik, Philosophie oder zur Morallehre oder auch zur Schultheologie vorzurücken, wenn er nicht zuvor die vorgenannten niedrigeren Stufen Jahr für Jahr emporgestiegen ist.

N. Singulae autem scholae, ad quas numerosi confluunt auditores, non plures quam duas Classes doceant ad confusiones tollendas; et ea sit Magistrorum solertia, ut (postquam communiter aliquid ad piam auditorum Institutionem, de Christiana Catechesi ab eorum memoria exegerint, et monitum aliquod super ea, pro morum politia, breviter protulerint) dum unam classem docent, alteram teneant in componendo, vel traducendo, vel emendatas lucubrationes rescribendo, vel, ad aemulationem acuendam, extemporaneum aliquod argumentum, vel quid simile opportune perficiendo, rite occupatam.

N. Die einzelnen Schulen aber, in denen zahllose Schüler zusammenströmen, sollen nicht mehr als zwei Parallelklassen Unterricht erteilen, um Verwirrungen zu beseitigen. Und so geschickt sollen die Lehrer sein, daß sie (nachdem sie allgemein irgend etwas zur religiösen Unterweisung der Schüler aus dem christlichen Katechismus aus deren Gedächtnis abgefragt haben und außerdem irgendeine Ermahnung zur Vollendung der Sitten kurz vorgebracht haben), während sie eine Klasse unterrichten, die andere gebührend beschäftigt halten mit dem Abfassen einer Arbeit oder mit Übersetzen oder Neuschreiben von verbesserten Hausarbeiten oder, um den Wetteifer anzuspornen, durch die geschickte Ausführung irgendeines nicht vorbereiteten Themas oder von irgend etwas Ähnlichem.

O. Non solum autem attendant Magistri, ut scholarum suarum Alumni secundum regulas rite componant; sed etiam omnino ut characteribus graphice, et ortographice formatis scribant; satagendo, quatenus, ad manum confirmandam, et aequalitatem in scribendo servandam, in papyro lineis obsignata, seu potius suffulta, praesertim adolescentiores, rescribant lucubrationes, relicto margine pro correctionibus.

O. Aber die Lehrer sollen nicht nur darauf achten, daß die Schüler ihrer Schulen etwas gemäß den Regeln ordentlich verfassen, sondern auch, daß sie überhaupt mit Buchstaben, die fein und nach der Rechtschreibung gebildet sind, schreiben; um dem Genüge zu tun, soweit es die Sicherung der Handschrift betrifft und die Bewahrung der Gleichmäßigkeit beim Schreiben, sollen – vor allem die Jüngeren – auf Papier, das mit Linien versehen oder vielmehr durch sie gestützt ist, die Arbeiten des Nachtstudiums von neuem schreiben, wobei sie einen Rand für Korrekturen frei lassen.

P. Earum autem emendationes manu intelligibili Praeceptorum fiant, qui, si, ob Discipulorum copiam nequeant omnes ex integro castigare, partem saltem aliquam, comissa aemulis aliorum errorum indagine, manu sua a mendis vindicent; advertendo, ut adolescentes lucubrationis palimpsestum seu pictacium semper faciant, in quo attentius ea, quae componunt, perpoliant.

P. Deren Verbesserung aber soll mit leserlicher Handschrift der Lehrer geschehen, die, wenn sie wegen der Menge der Schüler nicht alle von neuem verbessern können, wenigstens irgendeinen Teil mit eigener Hand von Fehlern befreien sollen, wobei sie das Aufspüren anderer Fehler dem Wetteifer der Mitschüler überlassen. Dabei sollen sie darauf achten, daß die Jünglinge immer die schriftliche Arbeit des Nachtstudiums durch Wegschaben tilgen oder sie übermalen, wobei sie dann das, was sie schreiben, sorgfältiger ausfeilen sollen.

Q. Auctorum interpretationes hac lege fiant in scholis. Magister primo, auditoribus e libro attendentibus, eam partem, quam intendit explicare, praelegat: Mox Auctoris mentem et rationes aperiat, et ad aliquam piam directionem deflectat. Inde periodum primam relegat, construat, vertat. Tandem in caput rediens, iterum periodatim explicet, attendendo notata grammatica, si Grammaticae classim doceat; Rhetorica, si Rhetoricae; narrando historias, indicando argumenta, et formas dicendi elegantiores. Quibus expeditis, explicationem ab aliquo repetat. Postremo, ut omnes scripto traducant, si Grammatistae recenseant autem notabilia, si Humanistae, vel Rhetores, praecipiat.

Q. Die Interpretationen der Autoren sollen in den Schulen auf folgende Weise geschehen: Der Lehrer soll zuerst den Teil, den er zu erklären beabsichtigt, vorlesen, wobei die Schüler im Buch den Text mitverfolgen. Dann soll er die Ansicht und die Überlegungen des Autors darlegen und in irgendeine fromme Richtung wenden. Hierauf soll er die erste von den Perioden noch einmal lesen, konstruieren und übersetzen. Schließlich soll er, zum Anfang zurückkehrend, es wiederum satzweise erklären, wobei er seine Aufmerksamkeit der beobachteten Grammatik zuwendet, wenn er eine Grammatikklasse unterrichten sollte, der Rhetorik in einer Rhetorikklasse, indem er die Geschichten erzählt und auf angenommene mögliche Ereignisse und elegantere Redefiguren hinweist. Wenn dies erledigt ist, soll er die Erklärung von irgendeinem Schüler verlangen. Zuletzt soll er anordnen, daß alle es schriftlich niederlegen sollen, wenn die Grammatiklehrer, die Humanisten oder die Rhetoren Bemerkenswertes besprechen sollten.

R. In infimis item classibus, dum classis una coram Magistro legit, altera studeat lectioni vel scribat: dum alterius corriguntur characteres, altera pariter occupetur.

R. Ebenso soll in den untersten Klassen, während eine Klasse in Anwesenheit des Lehrers liest, die andere sich mit der Lektion beschäftigen oder schreiben. Während die Schriftzeichen der einen korrigiert werden, soll die andere Klasse in gleicher Weise beschäftigt werden.

S. Conducet autem plurimum ad ordinem, et puerorum profectum, si classes ex eodem singulae libro legant; ut cum unus legit, caeteri attendentes actu legentem corrigendo, uberius exerceantur.

S. Am meisten aber wird es zur Ordnung führen und zum Fortschritt der Knaben, wenn die einzelnen Klassen aus demselben Buch lesen sollten, sodaß, wenn einer liest, die übrigen achtgeben und dadurch, daß sie den Lesenden korrigieren, in stärkerem Ausmaß geübt werden.

T. Magistri ne propriae doctrinae studeant ostentandae in docendo; sed omnia omnibus facti, res et verba puerorum capacitati consentanea ita proponant, ut optimi Magistri laudem

T. Die Lehrer sollen beim Unterrichten nicht darnach trachten ihre eigene Gelehrsamkeit zur Schau zu stellen, sondern, da sie für alle da sind, alles, Dinge und Worte, abgestimmt auf

in eo versari meminerint, si auditorum captui se sciant accomodare.

V. Nemini autem liceat in Saecularium aedibus ullatenus adolescentes privatim docere, nisi Generalis facultas prius accedat. Idem de Lectionibus particularibus in schola, tempore scholae, alio quocumque tempore, vel in aliis quibuscumque locis intelligendum.

X. Ea sit Magistrorum sedulitas, ut adolescentes habiles reddant de semestri in semestre; ita ut ab inferiori ad superiorem Classem, scilicet ab Infima ad Mediam, a Media ad Supremam, et mox ad ulteriores in examine generali promoveantur.

Z. In singulis Collegiis, in quibus commode id fieri potest, novem, ut plurimum, classes distinguendae. Quarum tres ad Arithmeticam, tres ad Grammaticam reducuntur: Reliquae vero Humanitatem, Rhetoricam cum Poesi, et Moralem Theologiam concernunt.

AA. Prima est Infima legentium, primis Fidei, Pietatis, atque litterarum incumbens elementis.

BB. Secunda, Media legentium, scribentium, et, juxta faciliores Arithmeticae regulas, praesertim quatuor Cardinales, numerantium.

CC. Tertia, suprema, Arithmeticae, in qua, praeter Canones ad affabre perfecteque scribendum, universae Arithmeticae Tractatus expediuntur.

DD. Quarta, Infima Grammaticae, cujus Regulas generales excurrit.

EE. Quinta, Media Grammaticae, cujus particulares Regulas, absque notis exponit, et de Syntaxi agit. Vid. Rituum Cap. XIV.

FF. Sexta, suprema Grammaticae, cujus Regulas generales repetit, et quascumque ejus observationes cum integro Prosodiae Tractatu, nec non aliquid de structura carminum ediscit.

GG. Anno autem ad finem vergente scripto exponent vulgari idiomate fabellas aliquot, ad hoc a Magistro praenarratas.

das Fassungsvermögen der Knaben, so vorbringen, daß sie daran denken, daß der Ruhm sehr guter Lehrer darauf beruht, daß sie es verstehen, sich der Fassungskraft der Schüler anzupassen.

V. Niemandem aber soll es erlaubt sein, in Häusern von Weltlichen in irgendeiner Hinsicht Jünglinge privat zu unterrichten, wenn nicht vorher die Erlaubnis des Generals gegeben werden sollte. Ebendasselbe ist auch bezüglich einzelner Lektionen in der Schule, zur Zeit der Schule, zu welcher anderen Zeit auch immer oder an welchen anderen Orten auch immer zu verstehen.

X. Darauf soll der Eifer der Lehrer ausgerichtet sein, daß sie die Jünglinge von Semester zu Semester als Geeignete weiterführen, sodaß sie von der unteren Klasse zur höheren, d. h. von der Infima zur Media, von der Media zur Suprema und dann zu den darüber hinausführenden, im Generalexamen weiterrücken.

Z. In den einzelnen Kollegien, in denen das zweckmäßig geschehen kann, sind höchstens neun Klassen einzuteilen. Von diesen werden drei auf die Arithmetik, drei auf die Grammatik beschränkt; die übrigen aber betreffen die allgemeine Bildung, die Rhetorik mit der Poesie und die Moraltheologie.

AA. Die erste Klasse ist die Infima der Lesenden, die sich den Anfangsgründen des Glaubens, der Frömmigkeit und des Lesens und Schreibens widmet.

BB. Die zweite ist die Media der Lesenden, der Schreibenden und der nach den leichteren Regeln der Arithmetik, besonders nach den vier Hauptregeln, Rechnenden.

CC. Die dritte ist die höchste der Arithmetik, in der außer den Regeln für kunstvolles und vollendetes Schreiben die Besprechung der gesamten Arithmetik erledigt wird.

DD. Die vierte ist die Infima der Grammatik, deren Lehrer die allgemeinen Regeln durchnimmt.

EE. Die fünfte ist die Media der Grammatik, deren Lehrer die besonderen Regeln durchnimmt und von den Zeichen her darlegt und die Syntax behandelt (siehe Cap. 14 der Satzungen).

FF. Die sechste Klasse, die oberste der Grammatik, deren Lehrer die allgemeinen Regeln wiederholt und alle nur möglichen Regeln mit der vollständigen Besprechung der Prosodie und gewiß auch irgend etwas über den Aufbau der Gedichte lernen läßt.

GG. Wenn sich das Jahr aber dem Ende zuneigt, werden sie einige kleine Erzählungen in der Volkssprache schriftlich darstellen, die vom Lehrer zu diesem Zweck vorher erzählt wurden.

HH. Postremae hae duae Grammaticae Classes in ediscendo, seu memoriae mandando Historiae Sacrae Compendio se exercebunt.

HH. Diese beiden letzten Grammatikklassen werden sich im Auswendiglernen üben oder darin, sich einen Abriß der Heilsgeschichte zu merken.

II. Septima est Classis Humanitatis, in qua, praeter assiduas Grammaticae, quoad difficiliora praesertim, repetitiones, et exercitationes, Methodus Epistolaris, Progymnasmata, Tropi, et Figurae cum aliquo graeci sermonis exercitio proponantur; nec non solutae ac ligatae Orationis fundamenta jaciantur.

II. Die siebente ist die Klasse der „Humanitas", in der außer beständigen Wiederholungen und Übungen der Grammatik, besonders soweit es Schwierigeres betrifft, die Methode des Briefschreibens, Vorübungen, Tropen und Figuren mit irgendeiner Übungsaufgabe in der griechischen Sprache vorgenommen werden sollen; und auch die Grundlagen der ungebundenen und der gebundenen Rede sollen vorgetragen werden.

KK. Octava, in qua Rhetoricae de mane, Poesis de sero, brevi facilique methodo Institutiones tradendae.

KK. Die achte Klasse, in der die Unterweisung in der Rhetorik im Verlaufe des Morgens, die der Poesie abends nach einer kurzen und leicht faßlichen Methode zu erfolgen hat.

LL. Tradenda insuper bis in Hebdomada Historiae Profanae Elementa; item Geographiae.

LL. Überdies sind zweimal in der Woche die Anfangsgründe der weltlichen Geschichte zu lehren, ebenso die der Geographie.

MM. Nona, Moralis Theologiae, quae sub quarto nostro Scholarum Piarum Voto non comprehenditur; sed a Constit. P. 2. cap. X. inter publicas classes perspicue indicatur.

MM. Die neunte, die der Moraltheologie, die unter unserem vierten Gelübde der Piaristenschulen nicht erfaßt wird, aber von der Verordnung P. 2., Cap. X. unter den üblichen Klassen deutlich angeführt wird.

(144) Caveat Scholarum Praefectus, ne nisi assignatos libros cum Discipulis suis Magistri adhibeant, quorum Catalogus singulis annis exponetur. Regul. Praefecti num. 6.

(144) Der Präfekt der Schulen soll Vorsorge treffen, daß die Lehrer mit ihren Schülern nur die angewiesenen Bücher verwenden, deren Verzeichnis alljährlich aufgelegt werden wird. Reg. Präf. Nr. 6.

A. Catalogus librorum pro singulis Classibus habetur Rituum Cap. XIV. Vid. ibi.

A. Das Verzeichnis der Bücher für die einzelnen Klassen ist im Cap. XIV der Satzungen enthalten (siehe ebendaselbst).

B. Explicabuntur tantummodo libri assignati in Catalogo, nec alium ullum sine licentia Rectoris Magistri adhibeant. Rituum Cap. X. de Scholis. Ub. plura vide.

B. Es werden nur die im Verzeichnis angewiesenen Bücher im Unterricht dargelegt werden, und die Lehrer sollen ohne Erlaubnis des Rektors kein anderes Buch verwenden. Kap. X der Satzungen über die Schulen. Siehe dort mehr.

Lateinischer Text nach Wotke, Karl: Das Oesterreichische Gymnasium im Zeitalter Maria Theresias. Berlin 1905 (Monumenta Germaniae Paedagogica, 30), S. 53–57.
Übersetzung von Mag. M. Arnold.

21.4.3 Verbot des „studium promiscuum" (1705/1709)

Die Piaristen hielten sich nicht an die restriktiven Vorschriften des Landesfürsten über die Zulassung zum Studium. Sie waren der Auffassung, daß nur eine längere Beobachtung des Schülers eine verläßliche Eignungsfeststellung möglich mache und erst dann über seine Bildungslaufbahn entschieden werden dürfe. Einen sozialen Numerus clausus lehnten sie überhaupt ab; ihr Gründer hatte nämlich ausdrücklich den

kostenlosen Unterricht für die ärmsten Bevölkerungsschichten als Hauptaufgabe erklärt.
Dieses „ungesonderte Studium" führte im Jahre 1705 zum Eingreifen des Landesfürsten. Trotz der die pädagogischen Motive herausstellenden Rechtfertigung des Rektors der Wiener Niederlassung erging am 6. November 1706 eine klare Weisung, nach welchen Gesichtspunkten in Hinkunft Aufnahme und Ausschluß der Schüler vorgenommen werden müssen. Dieser Richtlinienerlaß dürfte aber nicht viel Wirkung gezeigt haben. Denn er wurde am 21. Jänner 1709 nur wenig verändert den Piaristen nochmals in Erinnerung gebracht, ohne sie aber zu einschneidenden Änderungen veranlassen zu können. Ein Vierteljahrhundert später wiesen sie nämlich in einem Gesuch ausdrücklich darauf hin, es würden ihre Schulen „dem publico, und armen Jugend zum besten, solcher Gestalten versehen und tradiret, daß deren fast lauter Armen Schülern jährlichen über 800 gezehlet werden".

Dem P. Rectori Piarum Scholarum in der Joseph Stadt allhier zuezustellen.
Von der Röm. Kayl. auch zu Ungarn und Böhaim Königl. Mayt. Ertzhertzogen zu Österreich, vnseres allergnädigsten Herrn, durch die in Gott allerseeligst Ruhende Röm. Kayl. auch zu Hungarn und Böhaim Königl. Mayt. Leopoldi Primi, Ertzhertzogens zu Österreich, Hinterlassenen Regierung wegen dem P. Rectori Piarum Scholarum in der Joseph Stadt allhier hiemit anzufügen. Demnach Allerhöchst Gedacht die jetzt Regirende Kayl. Mayt. noch unterm 20. July jüngsthin allergnädigst anbefohlen haben das *studium promiscuum* einzustellen vnd keinem sein Kind ohne Landsfürstlichen Consens *ad studia* zulassen, vmb willen dise allgemeine Studia, theils dem Publico, theils sich selbst von darumen Nachtheilig, Weilen sie nach vnd nach in große Verachtung falleten, vnd von Vilen nur für eine Gewohnheit, oder aber Mittel zum Müssiggang genohmen würden: Also hat man Ihnen P. Rectori solches zu dem ende erinnern, vnd beynebens anbefehlen wollen: daß Selbiger nach reiffer der Sachen überlegung sein Guttachten zu Vorkehrung des Weiteren, von Zeit der Vberantwortung dieses Decrets inner denen Nächsten 14 Tagen Regirung gewiß vnd vnverlängt einreichen solle. Actum Wienn den vierten Aug. Ao. Sibenzehenhundert vnd fünff. Johann Baptista Schöll, Expeditor.

Von der N. Ö. Regirung wegen dem P. Rectori deren PP. Piarum Scholarum in der Joseph Stadt allhier hiemit anzufüegen. Es ist demselben ohne das bekannt, was massen mann noch Ao. 1693 bey der mit hießiger Universität, wie auch damahligen P. Rectore Collegii Soc. Jesv, vnd denen PP. Professoribus der Schulen gehaltenen Zusammen kunfften verspüren müssen, daß in etlichen Jahren die Anzahl der Studenten in allen Schuelen sehr gros zuegenohmen, deren vil zum Studiren vntauglich, vil aber, welche keine Wohnung, Kleyder, Kost vnd dergleichen haben, also blos allein von dem Betteln ihre Nahrung suchen müssen, dem Studium nicht wohl abwarten können: Welchemnach Regirung in Bedenckung, daß derley Jugend verträglicher zu seyn scheinete sich zeitlich auf was anders zu verlegen, bewogen worden seye so anders Mittel eines ausführlichen *ex offo* Berichts allergehorsamst nacher Hoff gelangen zu lassen: Worüber dann die allergnädigste kayl. Resolution (als bey welcher es Ihre Kayl. Mayt. noch ferners allergnädigst verbleiben lassen) dahin geschöpffet, auch an alle Behörde *per decreta ex offo* schon dazumahlen erinnert worden, daß Erstlichen hinführo Niemand, welcher gar keine Mittel hat, vnd nicht zeigen kann, wo Er mit Kost vnd Wohnung, vnd dergleichen versehen, Sondern alles vnd jedes erbetteln müßte in die Schul aufgenohmen: Andertens die Jenige, welche in *medio Anni* die Hälffte in der Gelehrnigkeit nicht übertreffeten, alsobald abgeschaffet: Drittens dieselbe, imfahl Sie daß anderte Jahr nicht aufsteigen wurden, weiter nit mehr zum Studiren gelassen: Viertens keinem, welcher nicht etwan *ex facultate Theologica, Juridica, Medica* oder *Philosophica actualiter* studiren vnd fleissig frequentiren thäte, eine Condition gegeben, vnd dan Fünftens Einige aus andern Ländern anhero kohmende mittellose Studenten in die Schulen nicht eingelassen, sondern widerum hinaus verwiesen: auch ob deme gehors, nachgelebet worden: der P. Rector zu vnterschidlichmahlen für die in Sachen angeordnete Commission erfordert, vnd Selbiger hierüber ordentlich vernohmen werden solle.
Nun hat man zwar den P. Rectorem dessen bereits vnterm 3ten Novemb. verwichen 1706ten Jahrs abermahlen nachdrücklich erinneret, vnd ob solcher gnädigsten Kayl. Resolution vestigl. zu

halten anbefohlen. Alldieweilen aber anietzo sehr mißfählig verspüret wird, daß dergleichen bettlende Studenten sich widerum allhier, absonderlich bey denen Kirchen sehr häufig einfinden, vnd grosse vngelegenheiten verursachen: also wird Ihme P. Rectori anbefohlen darob zu seyn, damit obig ermeldter allergnädigst ergangenen Kayl. Resolution also gwis gehorsamst nachgelebet werde, als im Widrigen wider solche ferners im Betteln betreffende Studenten mit exemplarischer Bestraffung, auch nach Befund deren Person mit Übergebung denen Werbern würklich verfahren werden solle.

Wienn den 21. Jenner Ao. 1709.

Johann Baptista Schell
Expeditor.

Wiedergabe der Texte nach Knöll, Pius: Geschichte der Entwicklung des Gymnasiums in dem Zeitraum von 1701 bis 1850. In: LII. Jahres-Bericht über das k. k. Staatsgymnasium im VIII. Bezirke Wiens für das Schuljahr 1901/1902. Wien 1902, S. 22, 24.

21.4.4 Ordnung und Einrichtung der Schulen unter Karl VI. (1735)

Die Studienordnung des Jahres 1735 ist vor allem deswegen von großer Bedeutung, weil sie den Anspruch des Landesfürsten auf das alleinige Entscheidungsrecht in Schulfragen deutlich macht und eine Weichenstellung in Richtung der von den Piaristen eingeführten Neuerungen in Lehrplan und Methode vornahm. Sie verlangte auch von den Jesuiten, daß sie die deutsche Sprache im Unterricht berücksichtigen und der griechischen Sprache wie dem *studium historicum* ausreichend Platz im Curriculum zuweisen. Noch fehlten aber Nachdruck und ausreichende Kontrolle, um die volle Durchsetzung dieser Anordnungen zu gewährleisten.

Ordnung und Einrichtung der Schulen.

Dem Herrn Rectori et Consistorio allhiesiger Universität hiemit in Gnaden anzuzeigen, demnach der Nieder-Oesterreichischen Regierung annoch unterm 21. Februarii 1726 mit Gelegenheit der damals bey allhiesiger Universität vakant gewordenen Stelle eines Superintendenten, aufgetragen worden, nicht nur allein eine neue Instruction zu entwerfen, sondern auch, wie das allhiesige Studium generale zu verbessern wäre, gutächtlich nach Hof zu berichten; Regierung auch, nach Vernehmen der hiesigen Universität, und des Patris Rectoris Collegii Academici Soc. Jesu, solchen abgeforderten Bericht unterm 27. September 1727 gehorsamst erstattet; und man hierauf noch besonders vorgedachten P. Rectorem über einige in Sachen sich geäusserte Anstände mit seinen Erinnerungen vernommen: als seynd alle diese eingelangte gutächtliche Berichte, samt obbemeldten von dem P. Rectore Collegii Academici besonders abgeforderten Erinnerungen, nicht weniger die nach der Hand von den P. P. Societatis ferner bey Hof eingereichte Vorstellung höchst gedacht, Ihrer Kayserlichen Majestät allerunterthänigst vorgetragen worden. Wie nun Regierung, auch Universität selbsten in obbemeldtem ihren Bericht wohl erkennet hat, die Restaurirung und Verbesserung des allhiesigen Studii generalis in allweg nützlich, ja nöthig zu seyn; als haben allerhöchst Ihre Kaiserliche Majestät amore rei literariae, und in Betrachtung dieser Nothwendigkeit, auch des gemeinen Nutzens, sowohl hiesiger dero Residenz-Stadt, als der übrigen Oesterreichischen Erb-lande, um ein gleiches auch allda in den Universitäten, Academien und Gymnasien einzuführen, bey dieser Wienerischen Universität folgendes resolviret und geordnet: und zwar in ordine Classium von den Humanioribus anzufangen; lassen es Ihre Kayserliche Majestät bey dem bisherigen Sexennio studii humanistici künftighin verbleiben, um so mehr, als es convenirte, die sonderbar junge Knaben in Syntaxi vel Rhetorica noch ein Jahr verbleiben zu lassen, um die gute Lateinische Redens-Art, und was hierzu gehöret, recht zu erlernen.

Zu dem Ende sollen:
„Primo, die Knaben, welche nicht vorhero bey den in der Orthographie oder regelmäßigen Deutschen und Lateinischen Sprach wohl erfahrnen Paedagogis, Schul- oder andern Lehrmeistern Deutsch und Lateinisch wohl leserlich zu schreiben gelernet, auch die Declinationes, Conjugationes und die vierzehen Regeln begriffen zu haben befunden worden, in die erste Schul nicht aufgenommen werden; wessentwegen auch Regierung an die von Wien und übrige Grund-Obrigkeiten in den Vorstädten verfügen, und der Superintendens Universitatis die Einsicht haben wird, daß geschickte und sonderbar in Deutscher Sprach wohl zu reden und rein zu schreiben kundige, zumalen auch in der Grammatica geübte Schul- und Lehrmeister aufgestellet werden. Nebst dem seye
Secundo, um nicht alles promiscue studiren zu lassen, zuförderst ad delectum der ad studia tauglichen, sonderbar armen Jugend, bey der ersten Annehmung in die Academischen Schulen zu sehen; mithin der armen Leute Kinder, welche weder mit genugsamen Mitteln noch mit einem besondern Talento begabet seynd, gar nicht anzunehmen: hingegen diejenigen Armen, welche ein gutes Ingenium und gesunde Vernunft zeigen, derentwegen auch von ihren Präceptoren oder Lehrmeistern ein glaubwürdiges Testimonium vorweisen, und solches in dem mit ihnen vornehmenden Examine bewähren, nicht auszuschließen, sondern vielmehr denenselben mit einigen Stipendien und Alumnaten, juxta mentem fundatorum, oder aber mit anderer Unterkunft oder Versorgung, damit sie nicht betteln dürfen, an Hand zu gehen wäre. Wie zumalen aber eine genugsame Fähigkeit zum Studiren nicht allezeit bey der Aufnehmung ad primam Classem Grammatices erfahren werden kan, wo es zuweilen den Knaben nicht so viel an der Gedächtniß, als an natürlicher Vernunft gebricht; dieses aber erst in decursu scholarum sich äussert; als sollen die Magistri und der Praefectus Scholarum humaniorum öfters im Jahr die Knaben de Profectu in Studiis et Moribus examiniren, und die Ungelehrigen nicht weniger, als die Übelgesitteten oder gar Incorrigiblen von den Schulen ausschlüssen, auch die unter der Mittelmäßigkeit befunden, die vorigen Schulen zu repetiren anhalten; und dass dieses geschehe, wird der Superintendens Universitatis hierauf ein wachsames Auge haben, und hierüber nebst andern seinen Amts-Vorfallenheiten seinen Bericht jährlich an Regierung erstatten, welche ihren fernern gutächtlichen Bericht nach Hof geben wird. Da es nun pro
Tertio, zuförderst in den Humanioribus auf rationem docendi discendique ankommet, so verstehe sich von selbsten: daß die Praecepta Grammatices kurz, vollkommen und nützlich zum Gebrauch in höheren Schulen, und zwar anfangs in deutscher Sprache gegeben werden. Dannenhero, so bald die Jugend servatis vocabulis artis die auf Deutsch gegebene, und in Latein memoriter gelernte wenige, in Generalibus gefaßte Haupt-Regeln recht begriffen hat, sollen die Discipuli ad classicos Auctores mittelst aufgebender regelmäßiger und folglich selbst imitirender, von nützlichen Materien handelnder Exempel auf eine gute Redens-Art, mit Versetzung des Deutschen in das Lateinische & vice versa sowohl in der Schul, als auch in den über Haus gut Deutsch gebenden Argumentis nach und nach angewöhnet werden: die dictirenden Exempel und Argumenten aber könte die Jugend nebst der in das Lateinische zu machen habenden Transferirung, auch auf Deutsch abschreiben, und der lateinischen Translation beysetzen, damit sie in der deutschen Orthographie sich besser üben mögen; zu welchem Ende auch, sowohl das beysetzende Deutsche in der Orthographie, als das Lateinische in latinitate corrigiret werden müste. Und gleichwie die Bücher für die unteren Schulen seit dreyen Jahren schon ziemlich wohl eingerichtet seynd: als werden die P. P. Soc. Jesu auch weiter bedacht seyn, fürs künftige nicht nur eine compendiöse, klare und leichte Grammatick, sondern auch die übrigen Schul-Bücher so zu fassen und ad approbandum nach Hof zu geben, auch ihre Tradition so einzurichten, wie es Elegantia studii humanistici erheischet, nemlich per partes Grammatices explicando Auctores classicos fürzugehen, auch in Syntaxi das letztere halbe Jahr in Schreibung, sowohl Deutscher als Lateinischer Episteln, wie auch in primis Prosodiae principiis und guten Carminibus, Fabulis, et Chriis, auch einen Theil der Rhetorick vorläuffig, sodann in der Rhetorick das Studium Eloquentiae aus den besten Autoren zu tradiren; anbey die Exercitia Oratoria nicht nur ex genere exornativo et deliberativo aufzugeben, sondern auch ex genere judiciali imitando formam Judicii machen und peroriren, in dem anderten halben Jahr auch die Summulas frequentiren zu lassen; durch alle Schulen aber dieses beobachten: daß durch vieles auswendig lernen die Gedächtniß der Jugend nicht überladen oder geschwächet werde. Und dennoch pro
Quarto, auch die Griechische Sprache zu einer wohl eingerichteten Universität gehöret, ja in ein und anderer facultät erforderlich ist: als solle auch diese Sprach nebst der Lateinischen, eodem

servato docendi ordine, per classes, die Woche zweymal wenigstens durch eine halbe Stunde tradiret und die Discipuli zu mehrerem Fleiß und Application hierinnfalls verhalten werden. Über dieses seye pro
Quinto, der Jugend in währendem studio humanistico, auch das studium historicum, wie die P. P. Soc. bereits angefangen haben, successive bono ordine zu tradiren. Übrigens
Sexto, beangnehmigen Ihre Kayserl. Majest. die Erklärung der P. P. Soc. Jesu: daß sie künftighin auch geschickte und in modo docendi wohl unterrichtete Magistros et Professores, welche mithin puram et rectam latinitatem schon besitzen, in denen Humanioribus aufstellen werden. Sie versehen sich auch gnädigst, daß, wie schon vorhin mehrmalen, und in sonderheit allhier geschehen, auch in Syntaxi einige P. P. Professores künftighin werden gesetzet, item einige absoluti Theologi zu Tradirung der vier ersten Schulen, so viel sich immer thun lasset, saltem in den Universitäten angestellet werden; dergestalt: daß sie, Magistri, mit den Schülern, nachdem sie ihrer Lehrer-Art schon gewohnet, a parva schola usque ad grammaticam vel etiam Syntaxin aufsteigen mögen; welches sich aber a Poesi ad Rhetoricam nicht ebenso wohl thun lasse, zumalen, wie bekannt, beede diese Classen ein besonderes Studium, eine verschiedene Lehr-Art und Ingenium selbst erfordern: dannenhero sie P. P. Soc. selbsten erachten werden, der studirenden Jugend besser und anständiger zu seyn, besondere und in Sachen wohl geübte Professores in Poesi et Rhetorica, wie schon öfters mit gutem Nutzen geschehen, wenigstens in den grössern Universitäten, auf mehrere Jahre beyzubehalten."
Und dieses, was das Studium humanisticum betrift, dem dann auch mit nächstem die bessere Einrichtung des Studii philosophici, u. in den übrigen Facultäten successive folgen wird.
Welches man ihm, Herrn Rectori u. Consistorio zur Nachricht, auch weitere Verfügung u. ihres Orts selbst Darobhaltung u. Befolgung hiemit erinnern wollen: inmassen auch durch Regierung die weitere Intimation an sie geschehen wird.
Wien, den 16. Novembris 1735.

Codex Austriacus IV (Wien 1752), S. 887–890.
Textwiedergabe nach Wotke, Karl: Das Oesterreichische Gymnasium im Zeitalter Maria Theresias. Berlin 1905 (Monumenta Germaniae Paedagogica, 30), S. 3–6.

21.4.5 Tugendlehre für ABC-Schüler (1741)

Das von Johann Balthasar von Antesperg (1682–1765), Anwalt beim kaiserlichen Reichshofrat in Wien, in den vierziger Jahren des 18. Jahrhunderts verfaßte ABC-Büchlein bringt in seinem 14. Kapitel „eine christliche Tugendschule oder Unterweisung", „wie man seine Pflichten in acht nehmen, ein ruhig und freyes Gemüth erlangen, ein honetter und wohlgesitteter Mensch werden, und sich von der Dienstbarkeit der unordentlichen Begierden selbst befreyen könne". Die Lehrer wurden angewiesen, „diese moralische(n) und politische(n) Verse der Jugend in den deutschen Schulen a Numero ad Numerum mit Beybringung guter Exempel in der reinen Sprache und zärtlichen Pronuntiation mündlich" zu erklären, „damit sie derselben eigentlichen Verstand begreifen, und so viel es ihr Alter erfordert, denenselben nachleben".
Was inhaltlich in den 27 Regeln geboten wird, ist aufgeklärte Moral ohne Rückbindung an Christus und die Heilige Schrift. Die Sprüche wollen zu einem Verhalten anregen, das Autorität anerkennt und von Wahrheitsliebe, Zuverlässigkeit, Friedfertigkeit, Hilfsbereitschaft sowie Toleranz bestimmt ist.
Antesperg hat sein ABC-Büchlein mit leichten Abänderungen der Großherzogin zu Florenz Elisabeth sowie Erzherzog Joseph (II.) gewidmet. Im „Josephinischen Erzherzoglichen A. B. C. Oder Namenbüchlein" (Wien 1744)[1] wurden allerdings nur die ersten zwölf Regeln dieser Tugendlehre abgedruckt.

[1] „Das Josephinische Erzherzogliche A. B. C. Oder Namenbüchlein" liegt in einem Faksimiledruck vor (Die bibliophilen Taschenbücher 167, Dortmund 1980).

Von den ersten Regeln der Christlichen Tugend und Sitten.

1. Statt ab dem grossen Gott, was du ihm schuldig bist,
Den Naͤchsten lieb wie dich, sey ohne boͤse List.
2. Weich' aus dem Groͤsseren, vertrage was dir gleich,
Gieb jedermann sein Recht, er sey arm oder reich.
3. Gesellschaft suche nicht, als nur der Frommen Schaar,
Vor Stolz und Eigennutz dein Herz mit Fleiß bewahr.
4. Dem Kluͤgern als du bist, pflicht in der Meynung bey,
Und denke nicht, daß stets dein Wort das beßte sey.
5. Merk auf, wann man mit dir von einer Sache spricht,
Und eigne dir nicht zu ein grosses Weisheits-Licht.
6. Red' auch mit keinem nicht von dem, was ihm zu schwer,
Und was du redest, sey niemal von Wahrheit leer.
7. Was du hast zugesagt, das halte fest und steif,
Sey aber nicht so bald mit dem Versprechen reif.
8. Die Freundlichkeit soll dir was angebohrnes seyn,
Und laß mit jedermann dich gern' im Reden ein.
9. Doch mach dich nicht gemein, nimm deinen Stand in acht,
Und urtheil' uͤber nichts, bis du es wohl bedacht.
10. Lieb' ohne Eigennutz, verzeihe williglich,
Vor Grossen schmiege zwar, doch ohne Schwachheit, dich.
11. Die Freundschaft unterhalt' aufrecht mit jedermann,
Und fange nicht zu erst den Streit mit andern an.
12. Um das, was andre thun, bekuͤmmre dich ja nicht,
Dein eigenes Geschaͤft mit Fleiß und recht verricht.
13. Und leihe mit Bedacht, mit gutem Unterscheid,
Wann du belohnen sollst, so sey auch stets bereit.
14. Auf welche Weise du nun auch erscheinen wilt,
So werde nicht durch Stolz, ein unerkenntlichs Bild.
15. Was andre kraͤnkt und quaͤlt, sey auch von dir beweint,
Trag' ihre Schwachheit mit, und sey ein wahrer Freund.
16. Ist dein Gemuͤth betruͤbt, halt' und steh' ankerfest,
Und huͤt dich, daß du es niemand entgelten laͤßt.
17. Wo Krieg und Zwietracht herrscht, trag' einen Frieden bey,
Auch deine Sache nichts, als stetes Wohlthun sey.
18. Straff' ohne Bitterkeit, und wie dir ist ums Herz,
So lobe, lache mit: versteh' auch dabey Scherz.
19. Halt einen jeden hoch in dem, was er wohl thut,
Und tadle niemal was aus einem stolzen Muth.
20. Wirf keinem Menschen vor, was du ihm Guts erzeigt,
Halt' es vor solches Werk, daß man vielmehr verschweigt.
21. Siehst du jemand in Noth, spring' ihm mit Huͤlfe bey,
Doch daß Verschwendung nicht bey deinem Wohlthun sey.
22. Kommt dir die Zorneshitz, so daͤmpfe sie sofort,
Red gut von jedermann auch an dem dritten Ort.
23. Sey niemals undankbar, die Dankbarkeit vermehr,
Spiel niemals als zur Lust, und auch nicht ohne Ehr.
24. Red wenig, denke viel, und lebe ohne Trug,
Was man dir giebt, das halt im Werth und auch vor gnug.
25. Beaͤngstige den nicht, der dir mit Schuld behaft,
Sey gegen ihn und dich von rechter Eigenschaft.

26. Beneid den Menschen nicht, den man im Glůcke schaut,
Und breite niemals aus, was dir wird anvertraut.

27. Růhm dich auch selber nicht, leb' ohne Heucheley;
Und glaube, daß du so seyst glůcklich und recht frey.

Textwiedergabe nach (Antesperg, Johann Balthasar von): Des Wohleingerichteten Oesterreichischen Lehrbüchleins In zweyerley Schriften, Zum rechten Anfang der Deutschen Schulen und schönen Wissenschaften. O. O., o. J., S. 37–39.

21.4.6 Maßregln, die Crembsminsterischen Burger, Kosthern, Kostfrauen und andere in unsern Markht in ansehung der Studenten betreffend (1749)

Unter Abt Alexander Fixlmillner (1731–1759) wurde das Benediktinerkloster Kremsmünster zu einem Bildungszentrum ersten Ranges. Das Stift selbst war aber nicht in der Lage, alle Studenten zu beherbergen. Eine Zeitlang dachten die Mönche daran, ein großes „Erziehungshaus" zu bauen. Als sich das Projekt – wohl aus finanziellen Gründen – zerschlug, erließ Abt Fixlmillner im Jahre 1749 eine umfangreiche Instruktion für die Quartiergeber im Markt Kremsmünster, die diesen zahlreiche Verpflichtungen auferlegte, deren Nichtbeachtung in einzelnen Fällen eine Bestrafung durch das herrschaftliche Gericht nach sich ziehen konnte. Vor allem aber wurden die Bürger eindringlich auf ihre Mitverantwortung für die Erziehung der im Stift Kremsmünster studierenden Jugend hingewiesen.

Maßregln, die Crembsminsterischen Burger, Kosthern, Kostfrauen und andere in unsern Markht in ansehung der Studenten betreffend.

Es werden unseren Studenten Hoch- und Nideren Schulen die sowohl von unseren Voreltern nuzlich eingefihrte als auch neubeliebte heylsambe Statuta allejährlich vnd zwar zweymal das Schuel-Jahr hindurch vorgetragen, damit diejenige, welche nebst der freyen Künsten und Wissenschaften sich der Tugend und eines ehrbaren Lebenswandels vor anderen befleißen sollen, ein gewisse Regul und Richtschnur haben möchten, nach welchen sie ihr Leben einrichten müssen, wan sie nicht allein den Nahmen, sondern auch der That nach rechtschaffene Studenten sein wollen.

Allein weil wir aus der Erfahrenheit lezterer Jahren genugsamb ersehen müssen, daß ohne Mitwürkhung der Kostleuthen, Hausvattern und anderer Burger in vnsern Markt die Beobachtung ob bemelt heylsamben Gesezen nicht bestehen können, sondern unsere Sorg, Fleiß und Bemüehung fernershin großentheils fruchtloß ablaufen wurde, also haben wir vor guet, ja nothwendig befunden einige Puncten, welche die Hauszucht und dasjenige regulieren, auf welches einem Hausvatter Acht zu haben obliget, zu jedermans Wissen in teutscher Sprach hiemit vnseren Crembsminsterischen Burgern und Kostleuthen vor zu tragen; wie dem derowegen wir

Erstens wollen, daß der Kostherr selbst sich eines ehrbaren christlichen Lebenswandels befleißen vnd also der Ihm anvertrauten Jugend mit einem guten Beyspil zur Tugend vorleucht, auch niemahlen in seynen Haus etwas gestatten, so wider der Ehrbarkeit und gutte Sitten sein könnte. Er solle bey sich betrachten, was große Sündt seye die Ärgernuß und was vor eine Straff Gott selbst diejenige würdig erkläret, die durch ärgerlicher Lebensart die Jugend verführen vnd durch Wort oder Werkh zum Bösen anleithen.

Andertens muß der Hausvatter in allen Kostorthen Sorg tragen, damit die Studenten Hoch- und Nieder-Schulen zu ihrer gewissen Zeit in der Früeh vnd zwar an Schultagen um 5 Uhr, an Recreationstag, Sonn- und Feyertagen aber um 6 Uhr aufgewekhet vnd erstlich zur Verrichtung ihres Morgengebetts, zweitens auch zum Studieren, welches an Schultagen von halbe 6 bis halbe 7 Uhr geschehen muß, eifrigst anhalten; was die übrigen zum Studieren des Tags hindurch verordnete Stunden anbelangen, dessen wird der P. Decanus oder auch P. Präfektus denen Kostleuthen ein mehrere Erleiterung geben, wann sie sich beyselben in allen vorkommenden Zweifeln der Sachen erkundigen werden. Wie wir dem auch dessentwegen

Drittens gern seheten, daß so wider Verhoffen was Besonderes vorfallete, sie ohne Zeitverlust erscheinen sollen, damit man ohngesaumbt der Sach abhelfen möge.
Viertens begehren wir, daß durchaus allen Kostorten eine gewisse und gleiche Eßstunde gehalten werde, so daß alle das Mittagmahl um 11 Uhr, das Abendmahl lengstens um 6 Uhr vnveränderlich einbringen mögen.
Fünftens solle ein Kostherr wissen, daß die Studenten im Winter um 8 Uhr, im Sommer um 9 Uhr keinen ausgenohmen zu Haus sich einfinden müssen, den in kleinern Schulen aber gar nicht erlaubt seye nach 7 Uhr abends, wie die Studierstundt anfangt bis 8 Uhr mehr aus dem Haus gehen, wobey die Kostherrn auch obligat seine Studenten an zu halten, daß sie vor dem Schlaffengehen, zu welchen wir die 9te Stundt verordnen, Ihr Abend- und Nachtgebetter sambt der gewissen Erforschung und zwar gleich nach 8 Uhr andächtig vnd vnausbleiblich insgesambt verrichten.
Sechstens solle jeder Kostherr schuldig sein, die Kleyder, Wösch und anderes bestermassen zu besorgen, eine Liste aller von den Eltern mitgegebenen Sachen Ihm verfertigen und monathlich wenigstens einmahl alles durch suchen, auch sorgfältig zu verhalten, daß weder von Buechern noch Kleydern, Wösch vnd dergleichen etwas verkaufet oder verhandelt werde.
Sibentes verbieten wir unsern Burgern und allen andern in unsern Markht unter unausbleiblicher Straff, welches sie von unsern Hoffgericht sollen zu beförchten haben, daß jemand sich unterstehen soll, von eynen Studenten etwas es sey in Kleyder, Wösch, Bücher oder etwas anders zu erkauffen oder mit Vertausch an sich zu bringen. Ferners:
Achtens, daß niemand ohne ausdrücklichen Befehl der Eltern oder Wissen der geistlichen Obern ihnen Studenten, unter was Vorwand es imer beschehen möchte, Geldt borgen solle vnd wir verbiethen dieses mit der Bedrohung, daß der Übertretter nicht allein das geliehene Geld verliehren, sondern noch darzue mit einer neuen Geldtstraff beleget werden soll.
Neuntens sollen sie den Kostgengern ohne Befehl der Eltern keinen Thee-Caffe oder anders Getränk abfolgen lassen und wann dieses gleich wohl beschiehet, werden wir ihnen von den Eltern keine Bezahlung darvor machen lassen.
Zehentens. Die Schneidermeister, Schuehmacher, Hutterer und Buechbinder etc. niemahlen ohne Wissen des Kostherrns oder ob bemelten geistlichen Obern ihnen Studenten was neues abfolgen lassen, so daß ihnen wan sie diesen vnsern Verboth nicht nachkommen, nichts darvor solle bezahlt werden. Ingleichen warnen wir sie auch, daß sie nicht etwan anstatt der Sachen den Studenten Geldt geben vnd hienach mit Betrug etwas nach Belieben in die Canto Zetlen einsezen; solt wider Verhoffen dieses gleich wohl beschehen, wird nicht allein der Übertretter der Bezahlung verlustiget, sondern auch der gewissen Bestraffung gewertig sein.
Eilftens gebieten wir auch allen Kostherrn darob zu sein, daß keiner aus ihren Kostgehern ein Wirthshaus betretten, sondern sofern sie zu rechter Zeit einen Trunkh zu sich nehmen wollen, solchen aus den Wirthshaus holen lassen und in eignen Kostorth mäßig genüessen sollen.
Zwölftens auf keine Weis erlaubet sein solle, auch zu haus mit Trinkhen Spielen oder andern Zusammenkünften, die der Andacht oder dem Studieren gewidmete Zeit zu verliehren und liederlich durch zu bringen. Nicht weniger wird
Dreizehentens allen Kostherrn untersaget, jenigen Trunkh, den sie etwann zu Bedörfnuß ihrer Kostgenger faßweis einlegen, Frembten bei Zusammenkünften geben vnd gleichsamb als einen Wirthhaus heimlich aus zu schenkhen.
Vierzehentens sollen die Kostleuth nicht gestatten, daß die ihnen anvertraute Studenten Hoch vnd Niderschulen über ihre gesezte Zeit, viel weniger die ganze oder den mehrern Theil der Nacht von Haus aus bleiben, sondern wollen in dieser Vorfallenheit besonders daß wann einige nicht zu bestimbter Zeit zu Haus sich einfinden oder wider unsern Verboth wohl gar über Nacht ausbleiben solten, der Kostherr oder Kostfrau den andern Tag darauf alsogleich ohne alle Versaumbnuß dieses an behörigen Orth an zeigen oder durch Vertraute gewisslich anzeigen lassen. Solte aber der Kostherr durch die Finger sehen, dieses nicht andeuten, wir aber gleich wohl es in Erfahrung bringen, wird man Bedenkhen tragen, einen solchen hinfüro einen Studenten mehr in die Kost zu erlauben.
Fünfzehentens sollen alle Burger wissen, daß ihren Studenten alle Nachtmusik auf offentlichen Gässen verbothen sey so daß keiner sich unterfangen solle, ohne ausdrückliche Erlaubnus höherer Instanz eine solche zu veranstalten oder dabey sich ein zu finden; stehet also dem Hausvatter zue, ihnen ihren Studenten nichts zu erlauben, zu nachts darzue aus zu gehen. Beynebens verbiethen wir

Sechzehntens alle Mascaren vnd Kleyderveränderungen in Fasching vnd zu allen Zeiten, solle auch kein Burger sich unterfangen etwas darzue herzuleihen oder auf einige Weis was bey zu tragen.
Sibenzehentens weil kein Student sich in Wirthshäusern an jenen Tagen besonders wan offentliche Tanz oder Hochzeiten gehalten werden, einfinden darf, verpflichten wir den Wirth, die Übertretter unseres Verboths an folgenden Tags an zu zeigen oder an zeigen zu lassen.
Achtzehentens begehren wir von Kostleuthen, daß wan sie ein verdächtige Bekanntschaft oder Vertraulichkeit der Studenten mit Weibspersonen vermerkhen, sie nicht allein solche mit allen Ernst und Eyfer ab zu stellen sich bemühen, sondern dieses also gleich an gehörigen Orth andeuthen sollen. Es sollen auch die Kostherren zu vngewissen Stunden fleißig visitieren vnd sehen, ob ein jeder Kostgeher in seinen angewiesenen Orth sich befindte und zur Ruehe begeben habe. Zudem wird besonders anbefohlen, die Ligerstötte mit Vorhangen oder Wändten ein zu richten, daß keiner Ursach habe wegen Mängl ehrbarer Ruehe sich zu beklagen.
Neunzehentes stehet zwar denen Eltern in allweg frey ihre Kinder in beliebige Kostorth zu geben. Es erfordert jedoch die Höfflichkeit eines Kostherrn oder Kostfrauen, die Aufnehmung eines Studenten denen geistlichen Obern an zu deuthen, massen diese gewisse Umbständt wissen könnten, wo aus erheblichen Ursachen ein folglich mit beliebter Einstimmung der Eltern das Kostorth müesse verändert werden. Wir werden aber
Zwanzigstens niemahlen gestatten, daß ein Student, wan er etwan von seinen Kostherrn in billichen Sachen ermahnt corrigiert oder bey seinen Vorgesetzten wegen üblen Verhaltens angeklagt wird, das Kostorth nach seinen Belieben abändern dörffe sondern wir werden vielmehr bedacht sein, jenen Kostleuthen Studenten in die Kost zu geben, bey welchen wir eine mehrere Sorg vnd Achtsambkheit vor solche auch größere Zucht in ihren Häusern bemerkhen werden; hingegen wan wir erfahren solten, daß ein Kostherr oder Kostfrau vor die Studenten schlechte Sorg trage, daß bewusste üble Verhalten verschweigen oder sonst diesen unsern Befehlen und Verbothen sich nicht gemäß halte, werden wir auch wehrenden Schuljahr die Koststudenten von ihnen hinweg nehmen und noch darzue die so nachlässige Kostleuth bestraffen lassen. Derowegen wir
Leztens vnsere Burger und alle andere Hausvätter ernstlich und wohlmeinend ermahnen, daß sie in allen, was zu größer Ehr Gottes vnd zum Seelenheyl so vieler jungern Leuth gereichen kann, aus wahrer christlicher Tugend vnd keuschen Liebe gegen ihren Nächsten mit uns mit wirkhen und das Erforderliche zu guter Auferziehung der Jugend beytragen möchten, weil sie eben Gott müssen Rechenschaft geben von der ihnen anvertrauten zarten Jugend, bei welcher sie die Stell der Eltern vertretten, von denen ihnen ihre Söhne in die Obsorg überlassen und anvertraut worden. Wie werden sie es sonsten bei Gott vnd den Menschen verantworten können, wan durch ihre wissentliche Übersehung, Schuld und Verschweigung bewußter Verbrechen, welche man anfangs leicht hätte abstellen können, die zarte Jugend verderbet, von Guten abgeleitet und zum Bösen verführet wird. Was werden sie den Eltern vor Rechenschafft geben oder was vor einen Ersaz machen können vor soviele Unkosten, die aus ihrer Schuldt unnüz aufgewendtet wurden, da ihre Söhn, wann sie in einen andern Kostorth gewesen währen, vielleicht an Fromb- und Gelehrsamkeit nicht wenig würden zugenommen haben. Wir wollen hierin nicht vorstellen, was vor üble Nachred die Kostleuth jezt und einstens zu gewarten haben, nicht allein von Eltern, sondern von ihren gewesten Kostgängern selbsten; wann diese einmahl bey höheren Alter verständiger vnd kluger werden, daß sie durch der Kostleuthen Sorglosigkeit ihre junge Jahre so schlecht und ohne Nuz hingebracht haben. Wir wollen auch hingegen nicht anführen die Freud, welche sie selbst seiner Zeit haben werden oder den großen schuldigen Dankh, den sie von Eltern sowohl als deren Söhnen zu gewarten haben, wann durch ihre Obsorg und Wachtsambkeit die Kost-Studenten gut erzogen worden, sondern sie sollen ihnen selbst vorstellen die vielfältige Verdienst, die sie ihnen hierdurch samlen und täglich bey Gott vermehren könen, der ihnen vor ihren Fleiß, Eyfer und Sorgfalt in Erziehung der zarten Jugend hier und dort gewißlich die Belohnung ertheilen wird, der wir uns mit ihnen unfehlbar zu getrösten haben.
Ut in omnibus glorificetur Deus.
Anno 1749 den 29. Oct. *Alexander* Abbt.

Stiftsarchiv Kremsmünster, Kasten N V/1/III, F. 1702–1750.
Textwiedergabe nach Altinger, Altmann: Geschichte des Gymnasiums zu Kremsmünster. III. Abschnitt. In: 54. Programm des kais. kön. Obergymnasiums der Benediktiner zu Kremsmünster für das Schuljahr 1904. Linz 1904, S. 123–128.

21.4.7 „Norma“ für die Studien unter Maria Theresia (1752)

Wenn auch bei oberflächlicher Betrachtung das folgende Hofdekret Maria Theresias nur die seit 1735 erlassenen landesfürstlichen Anordnungen zusammenzufassen scheint, bedeutete es doch einen wesentlichen Fortschritt. Denn in den dreizehn Bestimmungen dieses Dekrets wurde nicht nur recht eindeutig gegen gewisse unterrichtliche Gepflogenheiten der Jesuiten Stellung genommen, sondern diesmal auch eine wirksame Kontrolle eingesetzt, um Abweichungen von den angeordneten Normen zu verhindern. Die staatliche Gewalt vermochte sich in der Folge durchzusetzen; die Vorherrschaft der Jesuiten im Bildungsbereich, bereits durch das Wirken der Piaristen erschüttert, neigte sich ihrem Ende zu.

Studienordnung

Anzuzeigen: Es ist ihm Herrn Rectori et Consistorio der Universitåt allhier ohnehin unentfallen, was får eine Verordnung von weiland Kaisers Karl des Sechsten Majeståt glorwårdigsten Angedenkens wegen nåtzlicher Einrichtung der unteren Schulen allhier noch im Jahre 1735. erlassen, und wie damals zu hinlånglicher Bestellung der Lehrmeister sowohl, als auch respectu der Lehrart selbst die ausfåhrliche Maßregeln vorgeschrieben worden seyen;
So gedeihlich nun sothanige allerhöchste Anordnung zu ersprießlicher Anleitung der Jugend und succeßiver Unterweisung derselben in den ersten Grundsåtzen der Literatur an sich ware, eben so bedauernswårdig ist es, daß die von Zeit zu Zeit hierzu bestellte Lehrmeister dieser heilsamen Vorschrift in vielen Ståcken die gehörige Folge nicht geleistet, sondern im Gegentheile verschiedenen sich mittlerweile geåußerten Gebrechen Statt gegeben haben;
Ihre kaiserl. kőnigl. Majeståt haben dahero in vorzåglichem Anbetrachte, daß der Flor der Wissenschaften, und die hinlångliche Unterweisung der darauf sich verlegenden Jugend mit der Wohlfart des Staats sowohl, als dem Wachsthume und Aufnahme der Kirche selbst auf das engeste verknåpfet sey, die Sache tiefer einzusehen, sofort die gråndliche Berathschlagung, wie den bey hiesigem Studio eingeschlichenen Gebrechen standhaft abgeholfen werden dårfte, eigends abhalten zu lassen, und åber den allerhőchst Ihroselben hierwegen abgestatteten Vortrag allergnådigst anzubefehlen geruhet, daß zu Tradirung der Studiorum Humaniorum
Primo: Fernershin keine junge Magistri, sondern gestandene in pura et recta latinitate sowohl, als in der reinen deutschen Ortographie hinlånglich fundirte Patres Professores in allen 6. Schulen angestellet, von denselben sodenn die Jugend in den ersten Grundsåtzen der Literatur, sonderheitlich aber in der Ortographie so deutsch = als lateinischen Schreibart, nicht minder in guten Sitten sorgsamst unterwiesen, dahingegen in Poësi et Rhetorica, als worinnen ohne långers fortsetzender Anwendung ein gråndlicher Begriff nicht wohl gefaßet werden mag, die Professores kånftighin nicht mehr alljåhrlich abgewechselt, sondern zur Erlangung einer hinreichenden Fåhigkeit, nach der in vorigen Zeiten bekannter massen beobachteten Norma jedesmal wenigstens durch 2. Jahre unfehlbar gelassen werden sollen. Damit aber
Secundo: Die Schulen mit untåchtigen Subjectis kånftighin nicht mehr unnőthiger Dingen beladen, und die studirende Jugend mit unfåhigen sonderheitlich mittellosen Knaben zum gemeinsamen Nachtheile, und daraus erwachsender Belåstigung des Publici keineswegs angehåufet, sondern vorzåglich unter den die erste Lehrjahre antretenden Subjectis der gehörige Unterschied gemacht werde; Ist anfőrderst dahin zu sehen, und ståtshin ganz unverbråchig darob zu halten, daß
Tertio: Kein Knab, welcher nicht im Deutschen und Lateinischen zum voraus eine saubere und wenigstens einiger massen korrecte Handschrift hat, und beynebens die ersten Grundregeln der Latinitåt allschon hinlånglich besitzet, zu den akademischen Schulen angenommen, mithin
Quarto: Alle ad Studia aspirirende Canditaten vorlåufig wohl, und unnachsichtlich examiniret, sofort die Verzeichniß derselben mit beygefågtem unverfålschten Calculo der bey jedwederm insbesondere befundenen Fåhigkeit, und anderer zur Sache nőthiger und diensamer Umstånde, dem landesfårstlichen Herrn Superintendenten jedesmals noch im Septembermonate åberreichet, ohne desselben eingeholter schriftlicher Approbation aber fåhrohin keiner bey schwerester Ahndung ad Studia admittiret, imgleichen

Quinto: Währenden Schuljahrs kein Knab ohne Vorwissen, und vorläufiger Beangenehmigung erst besagten Herrn Superintendentens jemals ad Studia angenommen, dabey
Sexto: Nach dem ersten Schuljahre jederzeit eine durchgängige genaue Untersuchung fürgenommen, und jene Knaben sonderheitlich von mittellosen Aeltern, so nicht entweder eine ausbindige Fähigkeit bezeigten, und wenigstens ultra mediocritatem specimina von sich gäben, oder auch von üblen Sitten oder gar incorrigibel wären, in den Schulen keinerdingen mehr geduldet.
Septimo: In Grammatica et Syntaxi, von halbem zu halbem Jahre die gesammte Jugend durch unparteyische Examinatores mit aller Schärfe geprüfet, folgbar die Untüchtige ohne weiterm unfehlbar entlassen, andere zu mehrerem Fleiße alles Ernstes angemahnet, sonderheitlich aber ad Poësim keiner der nicht ehevor in stylo Epistolari et Historico seine Fertigkeit gezeiget, jemals befördert, und durch eben diese Beobachtung die gesammte Schuljugend, in einer heilsamen Furcht und Aufmerksamkeit erhalten, über alles dieses aber
Octavo: Von mehr erwähntem Herrn Superintendenten am Ende jeden Jahrs eine ordentliche Schulvisitation in Collegio Societatis fürgenommen, zu solchem Ende demselben die richtige Listen von allen in dem Collegio sowohl, als dem Profeßhause die unteren Schulen frequentirenden Studiosis mit beygefügtem Calculo fürgeleget, und bey etwann sich äußerendem Anstande von selbst mit der Entscheidung alsogleich fürgegangen, anförderst aber genau nachgesehen werde, ob den fürgeschriebenen Maßregeln und der Schulordnung das Jahr hindurch in allen Stücken gehörig nachgelebet worden sey, und gleichwie
Nono: Obangeregter massen die in Sachen Anno 1735. erlassene Verordnung respectu der Lehrart die heilsamste Maßregeln enthält, und vermittelst derselben fast alles, was zu ersprießlicher Anleitung der Jugend in Humanioribus, und mehrerer Auszierung dieses Studii selbst immer gedeihlich seyn mag, vollends erschöpfet wird, also sind die jeweilige zu bestellende Lehrmeister fürnämlich dahin anzuweisen, daß selbe mehr angeregter Verordnung in so weit, als davon in gegenwärtiger nicht abgegangen wird, führohin in allen Stücken die genaueste Folge leisten, folgbar die Jugend keineswegs mit unnützem Auswendiglernen beschweren, sondern solche vielmehr in der eigenen Muttersprache, und einer netten und orthographischen Schreibart vorzüglich unterweisen, auf das deutsche Thema, welches sie nicht gleich in den Schulen machen dürften, künftig keine lateinische Significationes mehr dictiren, sondern die Jugend zu selbstiger Nachsuchung der Bedeutungen aus den Lexicis und zu geschickter Applicirung der Phrasium aus den explicirenden Authoribus Classicis, mithin zu eigener Auswählung der Significationen gehörig anleiten, anbey nebst den lateinischen Argumenten jedesmal das deutsche Thema selbst mit einreichen lassen, und durch eben diese Methode der Jugend eine gründliche Kenntniß der deutschen und lateinischen Orthographie untereinstens beybringen, zu gleichem Ende auch die Scholares Humaniorum et Rhetoricæ in der Schreibart deutscher Briefe forthin üben, zur Begreifung der ersten Grundregeln in der Latinität die Jugend nach der bishero allhier eingeführten Grammatica zwar indessen annoch unterweisen, in Zukunft aber, und längstens nach Verlauf eines Jahrs eine deutsche Grammaticam solis artis vocabulis retentis nach dem guten Beyspiele der sogenannten Grammatica Marchica desto ehender zu verfaßen und einzuführen trachten sollen, als an sich offenbar ist, zu was großen Beschwerdeen der in den ersten Schuljahren der lateinischen Sprache noch ganz unkündigen Jugend gereichen müsse, die Præcepta Latinitatis anfänglich aus einer lateinischen Grammatica zu erlernen.
Um aber die Jugend noch während der unteren Schulen, in einen etwelchen Begriff der bey Amplectirung höherer Studien unumgänglich nöthigen Wissenschaften zu setzen; soll
Decimo: In der fünften Klasse, nebst der Poësie die Geographie synoptice, und in der sechsten Klasse die Arithmetic ordnungsgemäß tradiret, die griechische Sprache aber, wegen derselben Nutzbarkeit sowohl, als zur Zierde der Universität selbst, und um der Jugend zu vollständiger Begreifung dieser Sprache die Mittel zu erleichtern, in Zukunft nicht mehr in den unteren Schulen abgetheilter gelernet, sondern von dem ohnehin angestellten Professore Linguæ Hebraicæ von nun an vollständig tradiret werden.
Undecimo: Lassen es Ihre kaiserl. königl. Majestät bey dem hergebrachten Sexennio der untern Schulen fernershin allergnädigst bewenden, in hauptsächlicher Erwägung, daß die Knaben ansonst vor Eintretung in die erste Schule per Pedagogos längers unterwiesen, folglich hierzu mehrere Kosten, als bisanhero verwendet werden müssen, und über dieses die in sehr jungen Jahren die Schulen eintretende Jugend bey mehrerer Einschränkung der mindern Schuljahre ad Studium Philosophicum in einem hierzu fast unzeitigen Alter fortrücken würde.

Damit aber die so gestaltig bestättigte 6. Jahre hindurch eine desto ergebigere Frucht geschöpfet werden möge, wird den PP. Societatis Jesu zwar lediglich anheim gelassen, wie selbe die Lehrstunden nützlich einzutheilen, und andurch Vorgeschriebenes in die genaueste Erfüllung zu setzen am diensamsten ermessen därften; jedoch soll zu eben diesem Ende
Duodecimo: Künftighin die Vacanzzeit erst am Feste Mathäi angefangen, und währendem Schuljahrs, so oft in der Woche ein Feyertag einfällt, nur ein Recreationstag verstattet, sofort auf die genaueste Erfüllung alles obigen die beständige Nachsicht unfehlbar gehalten, mithin von dieser allergnädigst vorgeschriebenen Norma in keinem auch mindestens Stücke eigenwillig abzuweichen jemals zugegeben werden. Was angegen weiters das Studium Philosophicum belanget, da ist
Decimo tertio: Bey der hiesigen Lehrart von der heilsamen Absicht der Gemeinsamen: daher der einstens zu schöpfen kommenden Nutzbarkeit bis anhero um so mehr abgegangen worden, als die jeweilige Lehrmeister dieses an sich gar ersprießliche Studium lediglich mit Subtilitäten angefüllet, die nützlichere Fragen aber nur obenhin berühret, oder gänzlich übergangen, und anbey die hierzu anberaumt geweste 3. jährige Frist bloshin dictando vollbracht haben.
Ihre kaiserl. königl. Majestät sind dahero nach reiferer der Sache Erwägung zu resolviren und ausdrücklich anzubefehlen bewogen worden, daß zu höchst nöthiger Verbesserung der bey diesem Studio noch sehr vielen Gebrechen unterliegenden Lehrart, die hierneben anschließige ausführliche Vorschrift bey dessen Tradirung hinkünftig in allen Stücken auf das genaueste beobachtet werden soll.
Und zumal mehr allerhöchst erwähnte Ihre kaiserl. königl. Majestät auch das Studium Theologicum nach den in dem weiters nebenfindigen Anschluße vorgeschriebene Maßregeln unfehlbar eingerichtet und verbessert, solches auch wie alljenes , was respectu Studii Humanistici et Philosophici hiermit verordnet wird, mit Anfange nächst künftigen Schuljahrs unweigerlich, und ohne allen weitern Verschub befolgt und ins Werk gesetzt wissen wollen;
So wird Ihm Herrn Rectori und Consistorio der Universität allhier auf Ihrer kaiserl. königl. Majestät allerhöchsten Befehl hiemit aufgetragen, daß selber das Erfoderliche an die PP. Societatis Jesu (welche derzeit diese Studia besorget) mit abschriftlicher Anschließung gegenwärtigen ausdrücklichen allerhöchsten Befehls, und obanliegender Vorschriften hierwegen alsogleich zu verfügen, und dargegen keiner weitern Rückfrage, Bedenken oder berichtlichen Anzeigen mehr Statt geben, sondern die unfehlbare Befolgung alldesjenigen, was oben verordnet wird, platterdings und auf das schleunigste zu bewirken, darob auch stätshin feste Hand zu haben sich angelegen halten soll, allermassen denn Ihre kaiserl. königl. Majestät im widrigen die etwann sich widerspännstig zeigende Professores unnachsichtlich absetzen, und statt derselben andere anstellen zu lassen gänzlich entschlossen sind.
Dem allem also er Herr Rector et Consistorium Universitatis die unverlängte Folge zu leisten, und was in Sachen geschehen, binnen den nächsten 8. Tagen bey Hofe unfehlbar anzuzeigen beflissen seyn wird. Und es verbleibet etc. Wien den 25. Junii 1752.

Textwiedergabe nach Codex Austriacus V (Wien 1777), S. 667–669.
Teilweiser Abdruck dieser Studienordnung auch bei Wotke, Karl: Das Oesterreichische Gymnasium im Zeitalter Maria Theresias. Berlin 1905 (Monumenta Germaniae Paedagogica, 30), S. 7–11.

21.4.8 Instruktion für den Schulrektor von Eisenstadt (1757)

Die folgenden Weisungen geben uns einen guten Einblick in die schulischen Bedürfnisse einer Kleinstadt und in die konfessionelle Ausrichtung von Lehramt und Unterricht. Auffallend ist die dabei geäußerte Hochschätzung der Institution Schule und der sonst häufig eher geschmähten Lehrer. Auch die Ablehnung allzu harter Strafen („mit Verstand züchtigen") deutet bereits den Einfluß der Aufklärung an.

Als Verfasser der Instruktion wird der in Eisenstadt geborene J. Michael Stöffinger angenommen. Er war Notar der Freistadt – dem heutigen Magistratsdirektor vergleichbar –, juristisch geschult und ohne Zweifel gebildet. Über seinen Studiengang ist allerdings nichts Näheres bekannt.

Instructio jetziger Zeit eines Schuell-Rectoris in der Eyßenstadt

Es ist des Haidnischen Philosophi Aristotelis sehr weiser Spruch: Parentibus Praeceptoribus non potest reddi aequivalens: Man kan denen Eltern und Lehrmeistern nit genugsamb vergelten.[1] Dieser Spruch gibt dar zu verstehen, mit was Vorsichtigkeit die Haiden der Jugend eingebildet, wie sie sich gegen Ihren Eltern und Lehrmeistern dankbahrlich erzeigen sollten. Meines Erachtens zwar seynt die Lehr-Jünger Ihren Praeceptoren grösere Wiedergeltung alß Ihren leiblichen Eltern schuldig: allermassen die Eltern allein denen Kindern das Leben, die Lehr-Meister aber Ihnen das Licht des gemüths, Idest: Gottes Forcht, Tugend, Frombheit, Ehrbarkeit, Kunst, und gute Sitte mittheilen, dann die Schuell ist ein lebendiger Brunn, darauß der anfang aller Weißheit hervorquellet. Ideo[2] wird sich Ein Schuell-Rector Volgendergestalten zu verhalten wissen.

Primo: Ist der Schuell-Rector ratione officii[3] dem Phar-Herrn in Spiritualibus[4] allen billichen gehorsamb schuldig, wann auch zum Vorschub des Kirchendienstes etwas zu deliberirn[5] vorfallet, oder sonsten re ita cadente[6] ein rechtmässiges Begehren beschiehet, ist er auf des Pfahrherrens Begehren und ansuchen zu erscheinen schuldig.

Secundo: Initium Sapientiae est Timor Domini = Der Anfang der Weisheit ist die Forcht Gottes. Dannenhero ein Schuell-Rector vor allen seinen Schuellern mit guten Exempl vorleichten, und keineswegs mit seinem Succentore (ausser Leibsschwacheit) verabsäumen solle, nicht allein in aigener Persohn der Kirchen abzuwarthen, sondern auch seine vorhandenen Schuellkinder jederzeit zum Gottesdienst züchtig und fleissig ein, und ausführen auch nach vollendeter Schuell, biß auf die Marktzeil wegen mehrer Forcht und zucht das Glaidt geben.

Tertio: Solle der Schuell-Rector seine Schuell mit deren Schuell-Kindern gebett jederzeit anfangen und auch vollenden.

Quarto: Solle Er Schuell-Rector alle verdächtigen Psalmen und Evangelii = Büechel, so wieder die H. Catholische Kirchen, abschaffen und anstatt derselben St. P. Petri Canisii Catechismum oder Evangelii Büechlein einpflantzen: nicht weniger solle der Schuell-Rector seiner Jugend alle Freytag, vor und nachmittag, erstermelten Catechismus explicirn, auf das die Schueller desto leichter hernach in Examine bestehen können.

Quinto: Ist offt bemelter Schuell-Rector schuldig alle Sambstag Vormittag die gebührlichen Repetitiones Hebdomales[7] mit der Jugend vorzunehmen.

Sexto: Soll und muss der Schuell-Rector auss seinem Salario, oder Besoldung einen verständigen, gelehrten und fromben Succentorem, der ein guter Musicus, besonders dermalen, so lange Er Rector die Orgel nicht selbst zu schlagen imstande, einen gut und perfecten Organist, wie vor altershero gebräuchlich ist, halten, demselben die Kost, oder anderseits die Unterhaltung darreichen.

Septimo: Will sich keineswegs gebiehren, das der Schuell-Rector alle Labores, mühe und Arbeith auf den Succentoren schiebe, und sich wegen seiner Hauß und anderer geschäften, von der Schuell exempt machen, und abziehen wolte, forderst, wann deren Discipuln, sonderbahr die Latein lehrnen, und sich in Arithmetica üben, zu ville wären, wo es sodann unmöglich scheinete, das ein Succentor allein es verrichten und assequiren[8] könnte: dannenhero Er selbst in aigener Persohn, neben dem Succentore laborieren, und der Jugend treulich vorstehen soll und mueß.

1 Diesen Gedanken drückt Aristoteles in der „Nikomachischen Ethik“ aus (VIII, 14; IX, 1).
2 Daher.
3 Von Amts wegen.
4 In geistlichen Dingen.
5 Bedenken, beraten.
6 Erforderlichenfalls.
7 Wiederholung des in einer Woche gelernten Lehrstoffes.
8 Ausführen.

Octavo: Soll der Schuell-Rector keines weegs in seiner oder des Succentoris abwesenheit, sein Weib publice zu hören[9] in die Schuell einlassen.
Nono: Solle Er Schuell-Rector auch auf das fleißigste aller seiner Schueller nähmen auf ein Cathologum schreiben, damit er wissen möge, wer auß Ihnen abwesend, oder gegenwärthig sey.
Decimo: Solle der Schuell-Rector, wann ein Conduct fürfallet, alle seine Schuellkinder in guter Ordnung lassen mitgehen.
Undecimo: Solle Er jederzeit gewisse Discantist[10] und Altisten abrichten, die der Kirchen und Music beywohnen, welches leichtlich beschehen kann; wann man täglich Ihnen ein, oder aufs wenigst ain halbe Stundt übersinget. Hingegen werden sich derselben Eltern gegen dem Schuell-Rector, oder Succentorn aller Billichkeit nach, etwas mehreres wissen einzustellen, in Bedenkung, das es der grösste Schatz ist, dadurch der Jugend geholfen wird.
Duodecimo: Solle Er seinen Schuell-Kindern keine ungebührliche Strafe, oder allzuharte Disciplin aufladen, sondern dieselbe mit Verstand züchtigen und damit also
Letztlichen: Der Schuellrektor auf begebenden Casum, oder feller, sich nicht mit der Unwissenheit entschuldigen können, ist Ihme gegenwärttige Instruction mit einbegriffenen Puncten von der allhiesigen Stadt Cantzley aus, hinausgegeben worden, nach welcher sich derselbe in allweg zu richten wissen werde.
Anbey folget weithers deren Schuell-Kindern zu raichen schuldige Bezahlung. Ein Knab, oder Magdlein, so zu Buchstabiren lehrnet

	Fl.	Kr.
solle quatemberlich geben und zu geben schuldig seyn		15
Die alleinig Lesen Lehrnen		22
Vor Lesen und Schreiben		30
Vor Lateinisch und Raithen[11]		45
Vor Singen, Lateinisch und Raithen	1.	30
Dann ist des Schuell-Rectoris Jährlich von der Kirchen reichende Besoldung sambt dem Beytrag zu besserer unterhaltung eines Succentoris	130	
Item von dem 40stündigen Gebett[12]	1	15

Sodann hat der Schuell-Rector anstatt des ehehin in natura gehabten Wein Deputats, einen seinen Vorfahren schon vorgegebenen 12 Eimer Städtler Weingartten zu genüssen. Schließlich in getraid von der Kirchen-Mühl 10 Metzen und Letzlichen soll ein jeder Schueller, oder Schuellerin von Michaeli bis Georgi alle Schulzeit ein Scheidholtz mitbringen. Von denen aber, so kein Holtz tragen, oder deren Eltern keines führen lassen, solle Er Schuell-Rector davon in geld zu begehren haben 45 Kr. und solle der halbe Theil zu anfangs der benannten Zeit, der andere halbe Theil aber zu Endt jener Zeit, alß nemblich nach St. Georgy gereichet werden.
Welche anmit sub Authentico hinausgegebene Instruction, und inbegriffene Puncten, in allwege genau observiert und nachgelebt werden sollen
Eysenstadt den 29t^{n} Martii 1757.

Der Statt Cantzley Eysenstatt Anno et Die ut Supra
J. Michael Stöffinger
Jur. Notar. alda

[9] Öffentliches Abhören der Aufgaben.
[10] Knabe mit Sopranstimme.
[11] Rechnen.
[12] Die 40stündige Gebetsverehrung wurde in Eisenstadt zum ersten Mal im Jahre 1714 abgehalten.

Archiv der Freistadt Eisenstadt, Ratsarchiv, Kasten II.
Textwiedergabe nach Zimmermann, B(ernhard) H(ans): Eine Eisenstädter Schulordnung aus dem 18. Jahrhundert. In: Deutsch-ungarische Heimatblätter 6 (Budapest 1934), S. 352–355.

21.4.9 Einsetzung der Studienhofkommission (1760)

Im März 1760 wurde Maria Theresia von dem Wiener Erzbischof Christoph Graf Migazzi gebeten, daß sie die unter seinem Vorsitz die Studiensachen innerhalb des Directoriums in publicis et cameralibus behandelnde Kommission zu einer Hofkommission erhebe, damit diese ihren Aufgaben besser nachkommen könne. Maria Theresia stimmte sogleich zu und erließ bereits am 22. März 1760 nachstehendes Dekret. Dieses kann als Gründungsurkunde einer zentralen Lenkungs- und Kontrolleinrichtung für das Studienwesen gelten. Die Studienhofkommission muß als Vorläufer des Unterrichtsministeriums angesehen werden.

An den alhiesigen Herrn Erzbischofen.
Wien, den 22ten martii 1760.

Anzuzeigen; und seye Ihme, Herrn Erzbischofen, ohnehin bestermassen bekannt, wie sehr Ihro Kays. Königl. M^{t}. der Aufnahm deren Wissenschaften in dero Erblanden zu Herzen lige, aus welcher Ursachen auch Allerhöchst dieselbe bereits vor einigen Jahren bewogen worden, bey dem Studio publico in der dahiesigen Universitaet verschiedene heilsame Anordnungen zu treffen, wie dann nicht minder bey einigen Facultaeten die Anzahl deren Professorum vermehret, auch verschiedene mit ansehnlichen Salariis begnädiget worden, um ihnen einen bequemen Unterhalt zu verschaffen und sie andurch in Stand zu setzen, dem ihnen anvertrauten Lehr-Amt mit desto mehrern Eyfer und Geflissenheit abzuwarten; nicht zu erwehnen des herrlichen Gebäudes, womit Ihro Kays. Königl M^{t}. die alhiesige Universität beschenkt und solchergestalten, da Allerhöchst dieselbe einerseits die innerliche Verbesserungen deren Lehr-Arten bey allen Facultaeten sehnlichst gewunschen, auch zum Theil bereits erreichet, andererseits gedacht alhiesiger Universitaet äusserlichen Glanz untereinstens zu erheben allermildest geruhet haben.
Gleichwie aber derley Anordnungen eine beständige unmittelbare Ober-Aufsicht erheischet, Ihrer Kais. Königl. M^{t}. allerhöchste Intention auch dahin gerichtet ist, daß ebenfalls die übrige Erbländische Universitaeten auf einen standhaften gleichen Fuß eingerichtet und aller Orten eine gleichförmige Lehr-Art eingeführet werde.
Als haben Allerhöchst dieselbe dero allerhöchsten Dienstes zu seyn befunden, zu Erreichung dieses Entzwecks eine eigene Hof-Commission anzuordnen, und Ihme, Herrn Erzbischofen, aus besonderen in dessen Persohn sezenden allergnädigsten Vertrauen auch in gnädigster Erwegung dessen zu Beförderung deren Wissenschaften besitzenden ausnehmenden Eyfers das Praesidium von sothaner Hof-Commission allermildest aufgetragen, auch selbtem dero Rath, Protomedicum und Praesidem von der medicinischen Facultaet alhier, Herrn Baron van Swieten, dann den Directorem Studii theolegici, (Titl.) Herrn Canonicum v. Stock, nicht minder dero Hof-Rat und geheimen Referendarium, auch Directorem Studii juridici, (Titl.) Herrn Bourguignon v. Baumberg, ingleichen den Directorem Studii philosophici, (Titl.) Herrn Canonicum Simen und den Professorem Institutionum, (Titl.) Herrn Martini, wie den Professorem Historiarum, (Titl.) Herrn Gaspari als Assessores und den bey der Bücherrevisions-Commission bestelten Secretarium Roman Grundtner pro actuario dergestalten zugegeben, daß diese vereinbahrte Commission hinführan alles, was in Studien Sachen vorfallet, gemeinschaftlich zu überlegen, zu dem Ende allmonatlich wenigstens eine Zusammentrettung abhalten, dabey die Verbesserung deren Studien stets vor Augen haben und auf die Festhaltung deren in Studien Sachen erlassenen und weiter ergehenden Verordnungen ein beständig obachtsames Aug tragen, somit die über die pflegende Deliberationes verführende Protocolla oder sonsten abzugeben nöthig findende Vorträge Ihro Kays. Königl. M^{t}. zur weiteren allerhöchsten Entschließung überreichen solle; Allermassen dann allerhöchst dieselbe alle bey dero Directorio in publicis et cameralibus in Studien Sachen einlaufende Berichte oder sonsten daselbst einkommende, die Studien betreffende recursus dieser Hof-Commission zur weiteren Deliberation übergeben zu lassen allermildest entschlossen seynd, dahingegen aber die über die Hof-Commission-Protocolla oder Vorträge abschöpfende allerhöchste Entschließungen durch besagt dero Directorium seiner Gehörde zur weiteren Befolgung kund zu machen gedenken und versehen sich solchemnach Ihro Kays. Königl. M^{t}. allergnädigst, Er, Herr Erzbischof, werde nach der Ihme beywohnenden Klugheit, stattlichen

Einsicht und Erfahrenheit dem Werk den erforderlichen Trieb zu geben und sonsten alles so einzuleiten sich angelegen halten, damit der vorgesteckte Endzweck immer mehr und mehr erreichet werde; und es verbleiben etc.

AVA, Wien, StHK K. 1, 1 Studienhofkommission, 25 ex 1760 (Dekret an Erzbischof Migazzi, 1760 März 22, Wien; Konzept).
Druck: Walter, Friedrich (Bearb.): Die österreichische Zentralverwaltung. II/3, Wien 1934, S. 434–436.

21.4.10 Neuregelung der gymnasialen Studien durch G. B. Gaspari (1764)

Giovanni Battista Gaspari, ein Schüler Muratoris und vom Denken der Aufklärung bereits stark erfaßt, hatte als Professor an der Ritterakademie Ettal und im Dienste des Salzburger Erzbischofs schon pädagogische Erfahrungen gesammelt, als er im Jahre 1758 den Lehrstuhl für Geschichte an der Universität Wien erhielt und 1759 mit der „ober-Inspection" der „untern (lateinischen) Schulen" (Gymnasien) betraut wurde. Nach vierjähriger Erfahrung als „Director Scholarum humaniorum" entwarf er in Zusammenarbeit mit dem P. Provinzial der Jesuiten, den Präfekten der Gymnasien und einigen Professoren eine neue Ordnung der gymnasialen Studien. Er legte sie am 22. Oktober 1763 der Studienhofkommission vor, die sie am 17. Dezember desselben Jahres guthieß und Maria Theresia zur Genehmigung empfahl. Die Herrscherin ordnete bereits im Jänner 1764 an, daß diese „sehr wohl verfaßte Instruction für die Sechs untern Schulen durchgehends beobachtet werden möge". Am 4. Februar 1764 wurde die neue Instruktion „zur Vorschrift und Beobachtung" an die einzelnen Landesregierungen gesandt.
Zum ersten Mal regelte damit der Staat bis in alle Einzelheiten Organisation und Lehrplan der Gymnasien.

Instructio pro Scholis humanioribus.

§ 1.
Distributio classium et de munere Professorum.

Scholarum humaniorum distributio haec erit. Grammatices disciplina in quatuor classes est divisa. Eloquentiae vero studium duabus aliis constat, adeo ut totum humaniorum litterarum curriculum sexennio conficiatur. Singulis annis peculiare opusculum est destinatum.

Primus annus.

Et primo quidem agitur de singulis orationis partibus et de faciliori Syntaxi. Praecepta Germanorum lingua, eaque ad probatissimas leges exacta, tradentur. Ordo hic servabitur, ut nominum verborumque inflexiones ac conjugationes patria primum lingua, deinde et latina fiant vel ea ratio ineatur, qua utriusque linguae inflexiones sibi respondeant. Quondam autem nequaquam fieri potest, ut primis utriusque linguae elementis nondum satis cognitis, et

Instruktion für die höheren lateinischen Schulen.

§ 1.
Die Einteilung der Klassen und von der Aufgabe der Professoren.

Die Einteilung der höheren lateinischen Schulen wird folgende sein: Der Grammatikunterricht ist auf vier Klassen verteilt. Das Studium der Rhetorik aber besteht aus zwei anderen, sodaß der Gesamtumfang der humanistischen Studien sechs Jahre umfaßt. Für jedes einzelne Jahr ist ein eigener Abschnitt bestimmt.

Erstes Jahr.

Im ersten behandelt man nun die einzelnen Teile der Rede und die leichtere Syntax. Die Vorschriften werden in deutscher Sprache, und zwar genau nach den anerkanntesten Regeln, gelehrt werden. Man wird diese Reihenfolge einhalten, daß die Abwandlungen und Konjugationen der Nomina und Verba zuerst in der Muttersprache, hierauf auch in der lateinischen vorgetragen werden, oder daß die Methode angewendet wird, in der die Abwandlun-

puerorum aetate nondum confirmatis, accessus fiat ad veteres auctores legendos: hoc anno id tantum curae erit, ut radices quas vocant, et quae a *Wagnero*[1] in unum locum congestae fuerant, imposterum exemplorum loco post singulas nominum atque verborum inflexiones addantur. Postquam vero pueri prima construendae rationis elementa didicerint, selecta quaedam antiquorum loca, puerili aetati accomodata explicabuntur. Praeterea, quantum fieri poterit, curabunt Doctores, ut pueri rectas germanice scribendi leges servare adsuescant. Atque haec de latina et patria lingua. Verum, cum Augustae imperio statutum sit, ut graecae quoque litterae pari passu doceantur, dandum quidem tam tenerae aetati est, ne sub ipsa primordia uno tempore tot tamque diversis studiis vacare debeat. Vernis tamen et aestivis mensibus doceantur pueri nominum graecorum inflexiones et comparationes. Neque intra discendarum linguarum limites, quae vetus adversus Scholas querela fuit, Doctorum ac discipulorum diligentia consistet, verum et Christianae religionis, Historiae et Geographiae universae, atque facilioris Arithmetices elementorum orbitam conficient. – Atque primo anno sacra Historia ab orbe condito usque ad Hierosolymorum excidium destinata est. – Quod Geographiam attinet, explicabitur pueris in universum totius terrarum orbis descriptio, et singillatim tres orbis partes olim cognitae, ac Palaestina. – Postremo numerare incipient pueri, et abacum, seu, quam vocant, Pythagoricam tabellam memoriae mandabunt. Ceterum Augustae iussu novum opus Scholasticum in lucem emittetur. Etsi enim Wagnerus[1] optime et de re litteraria meritus: Multa tamen adhuc supersunt in eius opusculis resecanda et emendanda. Vacant huic operi conscribendo viri doctissimi, ad hanc rem delecti. Donec autem illud in lucem prodeat, Provinciae singulae iis utentur, quae hactenus in Scholis recepta sunt. Et hoc anno quidem elementaris Scholae et Poeseos opuscula publico usui prostabunt, reliqua sensim subsequentur. Postremo illud addendum, antequam pueri ad elementarem classem admittantur, faciendum esse periculum ingenii, ne postea ob hebetudinem aut tarditatem eos dimittere, vel diutius in Scholis detinere necesse sit.

gen beider Sprachen einander antworten sollen. Keineswegs aber kann man, wenn die ersten Anfangsgründe beider Sprachen noch nicht genügend bekannt und wegen des Alters der Knaben noch nicht gefestigt sind, mit der Lektüre der alten Autoren beginnen: in diesem Jahr wird man nur darauf bedacht sein, daß die sogenannten „Wurzeln“, die von Wagner[1] an einer Stelle gesammelt worden waren, als Beispiele für später nach den einzelnen Abwandlungen der Nomina und Verba hinzugefügt werden. Nachdem aber die Knaben die ersten Anfangsgründe des Konstruierens gelernt haben, wird man einige ausgewählte Stellen der Alten, die für das jugendliche Alter geeignet sind, erklären. Außerdem werden, soweit es geschehen kann, die Doktoren dafür Sorge tragen, daß die Knaben sich daran gewöhnen, die richtigen Regeln der deutschen Rechtschreibung zu beachten. Und das betrifft die lateinische und die Muttersprache. Aber obwohl es nun durch eine Anordnung der Kaiserin festgesetzt ist, daß auch das Griechische zugleich gelehrt wird, muß dem so zarten Alter wenigstens das zugestanden werden, daß es nicht gleich beim Beginn zur selben Zeit so viele und so völlig verschiedene Studien betreiben muß. Doch in den Monaten des Frühlings und des Sommers sollen die Knaben die Abwandlungen und Komparationen der griechischen Nomina lernen. Aber die gewissenhaften Doktoren und Schüler werden nicht innerhalb der Grenzen der Spracherlernung stehen bleiben, was ja die alte Anklage gegen die Schulen war, sondern sie werden auch die christliche Religion, die gesamte Geschichte und Geographie und die Grundlehren der leichteren Arithmetik durchnehmen. – Und für das erste Jahr ist die Heilsgeschichte von der Schöpfung der Welt bis zur Zerstörung Jerusalems festgesetzt. – Was die Geographie betrifft, wird den Knaben überhaupt die Gliederung der ganzen Welt erklärt werden und im einzelnen die drei einst bekannten Teile der Welt und Palästina. – Schließlich werden die Knaben zu rechnen beginnen und sich den Abakus oder die sogenannte pythagoräische Tafel einprägen. Übrigens wird auf Verordnung der Kaiserin ein neues Schulbuch herausgegeben werden. Denn obgleich sich Wagner auch um schulische Angelegenheiten höchst verdient gemacht hat, bleibt doch noch viel in seinen Schriften übrig,

[1] Der aus Schwaben stammende Jesuit P. Franz Wagner (1675–1738) war der Verfasser zahlreicher, besonders historischer Werke und mehrerer Schulbücher. Hier ist sein Lehrbuch „Alvarus explicatus pro I. et II. Classe cum radicibus linguae latinae et autoribus praelegendis“ (Viennae o. J.) gemeint.

was gekürzt und verbessert werden muß. Dem Verfassen dieses Werkes widmen sich sehr gelehrte Männer, die für diese Sache ausgewählt wurden. Bis aber jenes Werk veröffentlicht wird, werden die einzelnen Provinzen die Bücher verwenden, die man bis jetzt in den Schulen gelten ließ. In diesem Jahr nun werden Werke der Elementarschule und der Dichtung zum Nutzen der Allgemeinheit zum Verkauf stehen, die übrigen werden nach und nach folgen. Zuletzt ist noch das hinzuzufügen, daß man, bevor die Knaben zur Elementarklasse zugelassen werden, ihre Begabung prüfen muß, damit es nicht später notwendig ist, sie wegen Dummheit oder Trägheit zu entlassen oder länger in den Schulen zu behalten.

Secundus annus.

Altero anno ad reliqua Syntaxeos, quam generalem vocant, praecepta transitus fiet. Deinde et de generibus nominum, atque de verborum praeteritis et supinis tractatio instituetur. Destinatur vero huic classi explicandus Cornelius Nepos, emendate descriptus cum brevibus notationibus ex optimis Commentariis depromtis. Hae ad oram libri adscribentur, vel sub libelli finem indicis instar subiicientur. Nec inutile erit selectas Phaedri fabulas eadem ratione subiicere, quibus singularis lepos et venustas inest.[2] Loca etiam Plauti atque Terentii huic aetati accomodata in unum colligentur. Hoc autem in negotio praecipue cordi erit, ne pueri veterum libris utantur, quibus germanica interpretatio addita sit. Qua in re Doctoris munus erit, libros huius modi e puerorum manibus excutere: Usu enim constat, interpretationes huius modi, quae plerumque ab imperitis confectae sunt, et a doctioribus improbatae, desidiae esse fomentum. Rursus in classibus singulis, non viva tantum voce veteris scriptoris interpretatio fiet, sed et scriptis et patria quidem lingua ad iustas leges exacta. Ita eveniet, ut sensim pueri utriusque linguae facultatem assequantur. Praeter hoc interpretationis genus, quod sane omnium est praestantissimum, themata quoque germanica in latinam linguam vertenda pueris pensi loco dabuntur. Habebunt tamen Doctores rationem aetatis, atque profectus, adeo ut incipientibus voces plerasque, postea pauciores, postremum nullas indicent. Quare themata trium infimarum classium ita sunt instituenda, ut, quantum fieri possit, voces illae adhibeantur, quae ex veterum lec-

Zweites Jahr.

Im zweiten Jahr wird man zu den übrigen Regeln der Syntax, die man die „allgemeine" nennt, übergehen. Hierauf wird man beginnen, die Genera der Nomina, die Präterita und Supina der Verba zu behandeln. Für diese Klasse aber ist die Erklärung des Cornelius Nepos festgesetzt, fehlerfrei geschrieben und mit kurzen Bemerkungen versehen, die aus den besten Kommentaren genommen sind. Diese Anmerkungen werden an den Rand des Buches geschrieben werden, oder man wird sie am Ende des Buches nach Art eines Registers hinzufügen. Es wird auch recht nützlich sein, ausgewählte Fabeln des Phädrus in derselben Art hinzuzufügen, denen besondere Gefälligkeit und feiner Scherz innewohnt.[2] Auch Stellen aus Plautus und Terenz, die für dieses Alter geeignet sind, werden zu einem Ganzen zusammengefaßt werden. Dabei wird man besonders darauf Wert legen, daß die Knaben nicht Bücher der Alten verwenden, denen eine deutsche Übersetzung beigefügt ist. In dieser Sache wird es die Aufgabe des Doktors sein, Bücher dieser Art den Händen der Knaben zu entziehen. Aufgrund der Erfahrung steht es nämlich fest, daß Interpretationen dieser Art, die meist von Unkundigen hergestellt und von den Gelehrten mißbilligt wurden, die Trägheit unterstützen. In einzelnen Klassen wiederum wird die Interpretation des alten Schriftstellers nicht nur durch mündliche Belehrung geschehen, sondern auch schriftlich, und zwar in der Muttersprache, genau nach den richtigen Regeln. So wird es geschehen, daß die Knaben allmählich eine Fähigkeit in beiden Sprachen

[2] Hier sind die Worte „Intererit et quaedam ex Erasmi, Vivis et Pontani dialogis excerpere" (Es wird wichtig sein, auch manches aus den Dialogen des Erasmus, Vives und Pontanus auszuwählen) mitten im Texte durchgestrichen.

tione pueris notae iam sunt. Sed et themata sunt quidem sic concinnanda, ut praeceptorum quoque exercitationi inserviant; verum cautio adhibebitur, ne orationi obscuritas insit aut perplexitas, sed sermo sua sponte fluat. Quin et perpetuo patriae linguae ratio habebitur, ut sensim pueri, dum latinae linguae operam dant, germanicum quoque assequantur. Ad haec in explicandis auctoribus curabunt Doctores, ut primum sermonis proprietatem, deinde peculiarem cuiusque loci elegantiam atque postremo sententiarum ipsarum vim pueris demonstrent. Praeterea pro aetatis captu difficiliora quoque scriptorum loca ex antiquitate et historia enodabuntur, ut pueri veterum rituum atque morum notitia quadam mature imbuantur. Caeterum cotidie horis ante et postmeridianis vetus scriptor in singulis classibus est praelegendus, alternis vero praecepta tradentur, sed scriptoris ennaratio caeteris omnibus praeferetur. Igitur et in honoribus scholasticis distribuendis ordo imposterum servabitur, ut nobilior locus iis tribuatur, qui in veteri auctore interpretando et imitando eminuerunt, proximi vero his sint, qui in themate et praeceptis excelluerunt.

Invaluit quidem hactenus mos, ut pueri vel primo ipso grammatices elementorum anno, latine, et pessime quidem, garrire incipiant. Quin et nonnulli fuere, qui latinos ipsos scriptores, non germanicis, sed latinis verbis ausi sint explicare, quorum utrumque valde est perniciosum. Fieri enim nequaquam potest, ut tolerabiliter quis latine loquatur, qui in aditu ipso latinae linguae adhuc haereat. Itaque illud summopere curabunt Doctores, ne pueri latine loqui incipiant, antequam ex veteris auctoris interpretatione copiam quandam et facultatem sint assequuti. Ubi vero aliquantum profecerint, pedetentim ad loquendi quoque usum aditus faciendus est. Maximopere tamen advertent animum Doctores, ut pueri non tam expedite, quam emendate et servata Latii indole loquantur. Sed Doctores ipsos exemplo suo pueris praeire necesse est, summamque cautionem adhibere, ne quidquam illis excidat barbariem sapiens, aut a latinis auribus alienum. Atque haec satis de latina et germanica lingua in universum. – Nunc ad Graecam est accedendum, et hoc anno quidem verba tam simplicia, quam contracta et reliqua addiscent. Graeca autem lingua exercitatio singulis aut tribus saltem per hebdomadam diebus fiet. – Ad hanc classem pertinet brevis quaedam delineatio Mythologiae, et veterum Asiae, Graeciae et Aegypti Monarchiarum ac Rerum publicarum. – His addatur Geographia quatuor

erreichen. Außer dieser Art der Interpretation, die gewiß die vorzüglichste von allen ist, werden den Knaben auch deutsche Sätze als Aufgabe gegeben werden, die in die lateinische Sprache zu übersetzen sind. Doch werden die Doktoren das Lebensalter berücksichtigen und den Lernfortschritt, sodaß sie den Anfängern sehr viele Wörter ansagen werden, später weniger, zuletzt keine. Daher sind die Sätze der drei untersten Klassen so zu gestalten, daß, soweit es geschehen kann, jene Wörter verwendet werden, die den Knaben schon aus der Lektüre der Alten bekannt sind. Aber die Sätze sind freilich auch so zurechtzulegen, daß sie auch der Übung der Regeln förderlich sind; man wird aber Vorsicht walten lassen, damit die Sprache keine Unklarheiten enthält und keine Undeutlichkeiten, sondern die Rede von selbst dahinströmt. Ja man wird vielmehr auch auf die Muttersprache Rücksicht nehmen, damit die Knaben, während sie für die lateinische Sprache Mühe aufwenden, allmählich auch die deutsche erfassen. Darauf werden die Doktoren beim Erklären der Autoren achten, daß sie den Knaben zuerst die eigentliche Bedeutung der Worte, hierauf die besondere Eleganz jeder Stelle und zuletzt den Inhalt der Sätze selbst genau darlegen. Außerdem werden sie entsprechend der Fassungskraft des Alters der Schüler auch schwierigere Stellen von Schriftstellern in Hinsicht auf das Altertum und die Geschichte erklären, damit die Knaben frühzeitig mit einer gewissen Kenntnis der alten Gebräuche und Sitten vertraut gemacht werden. Im übrigen muß täglich in den Vor- und Nachmittagsstunden ein alter Schriftsteller in den einzelnen Klassen gelesen werden, abwechselnd aber werden die Regeln gelehrt werden, aber die Interpretation eines Schriftstellers wird allem übrigen vorgezogen werden. Daher wird auch bei der Verteilung der Auszeichnungen für die Schüler künftig die Ordnung eingehalten werden, daß der vorzüglichere Platz denen zugeteilt wird, die sich bei der Interpretation und Nachahmung eines alten Autors ausgezeichnet haben, die nächsten Plätze aber für die bestimmt sind, die sich bei den Sätzen und bei den Regeln hervorgetan haben.

Freilich ist es immer mehr in Gebrauch gekommen, daß die Knaben sogar im ersten Jahr der Anfangsgründe der Grammatik anfangen, lateinisch, und zwar sehr schlecht, zu plaudern. Ja es gab sogar einige, die es wagten, die lateinischen Schriftsteller selbst nicht mit deutschen, sondern mit lateinischen Worten zu erklären, wovon beides sehr schädlich ist. Es

novi orbis partium. Sed praecipue addiscenda erit nova et antiqua Graeciae et minoris Asiae Geographia, veteribus Scriptoribus tanto facilius percipiendis. – Demum hoc anno, quod Arithmeticen spectat, statis quibusdam diebus per hebdomadas singulas in additione discenda pueri exercebuntur.

kann nämlich durchaus nicht geschehen, daß jemand leidlich Latein spricht, wenn er beim Zugang zur lateinischen Sprache selbst noch unsicher ist. Daher werden sich die Doktoren darum besonders kümmern, daß die Knaben nicht anfangen, lateinisch zu sprechen, bevor sie durch die Interpretation des alten Autors eine gewisse Fertigkeit und Geschicklichkeit erreicht haben. Sobald sie aber einigermaßen Fortschritte gemacht haben, muß Schritt für Schritt auch der Zugang zum Sprechen gemacht werden. Doch werden die Doktoren außerordentlich achtgeben, daß die Knaben nicht sosehr fließend, als vielmehr fehlerfrei und mit Bewahrung des Charakters Latiums sprechen. Aber es ist notwendig, daß die Doktoren selbst durch ihr Beispiel den Knaben vorausgehen und größte Vorsicht anwenden, daß ihnen nicht irgend etwas entschlüpft, das nach Barbarei schmeckt und für lateinische Ohren fremdartig klingt. Und das soll im allgemeinen genug sein über die lateinische und deutsche Sprache. – Nun muß man sich mit der griechischen Sprache beschäftigen, und in diesem Jahr werden sie ja die einfachen sowie die kontrahierten Verba und die übrigen dazulernen. Die Übung in der griechischen Sprache aber wird an jedem oder wenigstens an drei Tagen in der Woche stattfinden. – In diese Klasse gehört ein kurzer Grundriß der Mythologie und der alten Königreiche und Staaten Asiens, Griechenlands und Ägyptens. – Dazu soll die Geographie der vier Teile der neuen Welt kommen. Vor allem aber wird man die neue und die alte Geographie Griechenlands und Kleinasiens dazulernen müssen, damit die alten Schriftsteller umso leichter erfaßt werden. – Schließlich werden in diesem Jahr, was die Arithmetik betrifft, die Knaben an einigen festgesetzten Tagen in den einzelnen Wochen im Erlernen der Addition geübt werden.

Tertius annus.

Tertius annus versabitur, quod praecepta attinet, circa Syntaxeos partem illam, quae ad singula descendit, et particularis vulgo appelatur. Superioris anni monita de interpretandi, thematum latine loquendi, et patriae linguae ratione, hic quoque servabuntur. Inter Latinos Scriptores Julius Caesar ob eximiam simplicitatem atque elegantiam huic anno destinatus est. – Nunc et Syntaxeos Graecae pars prior discenda, et Luciani Dialogi breviores explanandi. – Historiae studium versabitur circa Romanam Historiam usque ad interitum R. Imperii. – Geographiae exercitatio, Hispaniam, Galliam,

Drittes Jahr.

Das dritte Jahr wird sich, was die Regeln der Grammatik betrifft, mit jenem Teil der Syntax beschäftigen, der zu Einzelheiten vordringt und allgemein der „partikulare“ genannt wird. Die Ermahnungen des vorigen Jahres bezüglich der Methode des Interpretierens, der Sätze und des Sprechens der lateinischen Sprache und der Muttersprache werden auch hier beachtet werden. Von den lateinischen Autoren ist Julius Cäsar wegen der außerordentlichen Einfachheit und Eleganz für dieses Jahr bestimmt. – Nun muß auch der erste Teil der griechischen Syntax gelernt werden, und kür-

atque Italiam antiquam et novam complectetur. In Arithmetica subtrahere discent pueri.

zere Dialoge des Lukian sind zu erklären. – Das Studium der Geschichte wird sich mit der römischen Geschichte bis zum Untergang des Römischen Reiches beschäftigen. – Die Geographie wird Spanien, Gallien und das alte und neue Italien umfassen. In der Arithmetik werden die Knaben subtrahieren lernen.

Quartus annus.

Absolvetur quarto anno grammatices curriculum tradendis de linguae latinae puritate, elegantia, et copia praeceptis. Praeterea prosodiae leges hoc anno tradendae sunt, atque breviora artis metricae praecepta. Praelegentur ex veteribus Livius et Cicero; opera tamen dabitur, ut ex horum libris faciliora quaedam et huic aetati accomodata excerpantur. Selectus quoque instituetur carminum Catulli, Tibulli atque Propertii. – Graecae linguae Syntaxeos pars altera docebitur. Enarrabitur vero Isocrates adversus et Demonicum et Nicoclem additis selectis capitibus ex Xenophontis Memorabilibus. Subjicientur Menandri sententiae, et Anacreontis carmina nonnulla.
Exercitationis in scribendo genus erunt epistolae et narrationes utraque lingua, latina et patria. Aestivis mensibus carmina pangere discent. Par ratio habebitur Germanicae Poeseos. – Historiae pertractatio Germanicae originis Reges et Imperatores a R. imperii interitu ad nostra usque tempora complectetur. – Ad hunc annum pertinet Geographia Germaniae, Hungariae, et Turcici imperii, – inter Arithmeticas autem exercitationes multiplicatio.

Viertes Jahr.

Im vierten Jahr wird das Studium der Grammatik dadurch beendet werden, daß Regeln über die Reinheit der lateinischen Sprache, über die Eleganz und den Reichtum des Ausdrucks gelehrt werden. Außerdem sind in diesem Jahr die Gesetze der Prosodie zu lehren und kürzere Regeln der Metrik. Von den alten Autoren werden Livius und Cicero gelesen werden, doch wird man sich darum bemühen, daß aus ihren Büchern bestimmte leichtere Stellen, die auch für dieses Alter geeignet sind, ausgewählt werden. Es wird auch eine Auswahl der Gedichte des Catull, Tibull und Properz begonnen werden. – Der zweite Teil der Syntax der griechischen Sprache wird gelehrt werden. Es wird aber Isokrates – sowohl „An Demonikos" als auch „An Nikokles" – interpretiert werden, wobei ausgewählte Kapitel aus Xenophons „Memorabilien" hinzugefügt werden. Folgen lassen wird man Sätze des Menander und einige Gedichte des Anakreon.
Beim Schreiben wird man Briefe und Erzählungen in beiden Sprachen üben, im Lateinischen und in der Muttersprache. In den Sommermonaten werden sie lernen, Gedichte zu verfassen. In gleicher Weise wird die deutsche Dichtung berücksichtigt werden. – Der Geschichtsunterricht wird Könige und Kaiser deutscher Herkunft vom Untergang des Römischen Reiches bis zu unserer Zeit umfassen. – Zu diesem Jahr gehört die Geographie Deutschlands, Ungarns und des Türkischen Reiches. – Zu den Übungen in der Arithmetik aber gehört die Multiplikation.

Quintus annus.

Anni quinti studium in duas partes est divisum. Primum enim leviora eloquentiae praecepta tradentur; deinde et poeticae artis elementa, quae singula hoc loco explicari non possunt, sed, ut reliqua omnia ad humaniores Scholas pertinentia, ex novo opere Scholastico apparebunt. Scriptores latini in quinti anni usum erunt, Cicero pro Archia Poeta, pro Dejotaro, pro Ligario et pro Marcello, Catilinariae et pro Reditu in Senatum. Ex Poetis Virgilii Selecta ex Bucolicis et Georgicis, Horatius, et Ovidius,

Fünftes Jahr.

Das Studium des fünften Jahres ist in zwei Teile geteilt. Zuerst werden nämlich die leichteren Regeln der Rhetorik gelehrt werden, hierauf auch die Anfangsgründe der Dichtkunst, welche einzeln an dieser Stelle nicht dargelegt werden können, sondern wie alles übrige, was die höheren lateinischen Schulen betrifft, in einem neuen Werk gezeigt werden. Von den lateinischen Schriftstellern werden im fünften Jahr verwendet werden: Ciceros Reden für den Dichter Archias, für Deiotarus, für

quorum insigniora carmina seligentur. – Deinde Graeca prosodia, et dialecti docebuntur; explicabitur vero Xenophontis Cyropaediae liber I., II. et VIII. atque nonnulla ex Herodoto. Addantur insignia quaedam loca ex Poetis Hesiodo, Theocrito, et Callimacho. – Huius anni Historia versabitur inter Lusitaniam, Hispaniam, Galliam, Angliam, Daniam, Sueciam, Moscoviam, Hungariam atque Poloniam. Nec negligentur Veneta, Genuensis, Helvetiorum, et Batavorum Respublicae. – In Geographia Angliae, Belgii, Helvetiae, Daniae, Norvegiae, Sueciae, Poloniae, Borussiae atque Moscoviae descriptio docebitur. – Arithmetica exercitatio erit Divisio. –
Praeceptis exercitationes respondebunt. Descriptiones igitur, periodi, figurae, et declamationes breviores pensi loco erunt. Nec negligenda, quantum fieri poterit, ligata oratio, cuius optimum genus esse videtur, si ab hendecasyllabis, atque iambis initium fiat, quae propius ad prosam accedunt. Deinde ad Epigramata, ac sensim ad elegiacum carmen transitus fiet. Nec negligenda Germanica Poesis.

Ligarius, für Marcellus, gegen Catilina und für seine Rückkehr in den Senat. Von den Dichtern eine Auswahl aus Vergils Bucolica und Georgica, Horaz und Ovid, deren bekanntere Gedichte ausgewählt werden. – Hierauf werden die griechische Prosodie und die Dialekte gelehrt werden; übersetzt werden wird aber Buch 1,2 und 8 der Kyropaidia des Xenophon und einiges aus Herodot. Hinzugefügt werden sollen einige hervorragende Stellen aus den Dichtern Hesiod, Theokrit und Kallimachos. – Der Geschichtsunterricht dieses Jahres wird sich mit Portugal, Spanien, Frankreich, England, Dänemark, Schweden, Rußland, Ungarn und Polen beschäftigen. Nicht vernachlässigen wird man auch Venedig, Genua und die Staaten der Schweizer und Holländer. – In der Geographie werden England, Belgien, die Schweiz, Dänemark, Norwegen, Schweden, Polen, Preußen und Rußland dargestellt werden. – In der Arithmetik wird man das Dividieren üben. –
Zu den Regeln werden entsprechende Übungen kommen. Es werden also Beschreibungen, Perioden, Redefiguren und kürzere Deklamationen als Aufgaben gestellt werden. Nicht vernachlässigt werden darf aber auch, soweit es geschehen kann, die gebundene Rede; die beste Verfahrensweise dafür scheint es zu sein, wenn man mit dem Hendekasyllabus und den Jamben beginnt, die ziemlich nahe an die Prosa herankommen. Hierauf wird man zu Epigrammen und allmählich zur Elegie übergehen. Auch die deutsche Dichtung darf nicht vernachlässigt werden.

Sextus annus.

Nimis longum foret ea describere, quae sexto anno, tam circa eloquentiae praecepta, quam poeticas institutiones constituta sunt. Haec enim ex novo opere Oratorio atque poetico perspicua erunt, ut supervacaneum sit singula hoc loco commemorare. Praelegentur vero Ciceronis Orationes pro lege Manilia, Philippica nona, pro Milone, pro Muraena, et si fieri possit, praestantiores aliae: veluti liber quartus et quintus in Verrem, pro domo sua, pro Sestio, in Pisonem, et Philippica secunda. Quod si per anni curriculum, quod vix sperandum est, singulae hae orationes publice enarrari non possint, praestabit tamen eas uno volumine in lucem edere, additis argumentis, et uniuscuiusque artificio, brevibusque ad difficiliora loca notationibus, ut adolescentes, si velint, eas privata diligentia domi percurrere valeant. Ita et Virgilii Aeneidos libri aliquot, Horatii carmina, Sermones, et epistolae selec-

Sechstes Jahr.

Es wäre zu langwierig, das zu beschreiben, was im sechsten Jahr sowohl in bezug auf die Regeln der Rhetorik als auch hinsichtlich des Unterrichts in der Poesie festgelegt ist. Denn das wird aus dem neuen Werk über Rhetorik und Poesie ersichtlich sein, sodaß es überflüssig ist, einzelnes an dieser Stelle zu erwähnen. Es werden aber Ciceros Reden für die Lex Manilia, die 9. Philippika, für Milo, für Muraena und, wenn es möglich sein sollte, andere bedeutende Reden gelesen werden sowie das 4. und 5. Buch der Reden gegen Verres, die Rede für sein Haus, für Sestius, gegen Piso und die 2. Philippika. Aber selbst wenn man im Laufe eines Jahres, was kaum zu erwarten ist, diese einzelnen Reden in der Schule nicht gemeinsam interpretieren könnte, wird es dennoch besser sein, sie in einem Band zu veröffentlichen, wobei jeweils der Inhalt hinzugefügt wird, die künstlerische Gestaltung einer

tae quaedam praelegentur. Nec inutile erit Plauti Aulularium et Captivos addere. – E Graecis destinatae huic anno sunt Demosthenis Olynthiacae et Philippicae quaedam. Nam celeberrimae illae Demosthenis et Aeschinis de Corona adversus Ctesiphontem, et de falsa Legatione Orationes tantae molis sunt, ut tam brevi temporis spatio absolvi minime possint. Quod si aliquando eveniat, ut Studia haec altiores radices agant, tunc in lucem edi illae possent, quemadmodum et Plutarchi vitae parallelae Demosthenis et Ciceronis, quae maximo usui futurae sunt, utriusque Oratoris Scriptis rite percipiendis. E Poetis liber primus Homeri Iliados explicabitur. Accedent quaedam ex Euripidis Hecuba, Sophoclis Electra, et Aristophanis Pluto, maxima parte resecta, ne liber in nimiam molem excrescat. Agmen claudent Odae aliquot Pindari. Atque hoc pacto fiet, ut specimen quoddam habeant adolescentes excellentium cuisque generis Scriptorum. Sed optandum hoc loco est, ut, quod de Latinis paulo ante est monitum, difficiliora scilicet auctorum loca brevibus notationibus esse explananda, idem multo magis circa Graecos servetur. – Postremum Germanicae quoque eloquentiae atque Poeseos ratio habebitur. Oportet autem hoc loco monere Doctores, operam dent in Veteribus interpretandis, ut, non vocibus tantum inhaereant, aut de solo stylo Orationis solliciti sint, sed vim ipsam rerum ac sententiarum demonstrent, inventionis felicitatem et ubertatem, argumentorum robur, et animorum commovendorum artificium, persequantur, ac demum in quo cuiusque loci vis pulchritudo et elegantia sita sit, palam faciant. Nec praetermittenda, quae mores et civilem prudentiam respiciunt. Quin et, si Orator quandoque a recta ratione deflectat, coarguendus est, et in quo lapsus fuerit, indicandum. Ita fiet, ut adolescentes paulatim, iudicio suo uti incipiant, neque ex aliorum tantum sensu cogitare, resque aestimare adsuescant. Multorum enim querela est, praesertim eorum, qui graecas et latinas litteras contemnunt, voces tantum in Scholis doceri, nec, quid in Veteribus probandum, quid reiiciendum, aut quis usus ex eorum Scriptis in vita hauriri possit, ostendi, quorum expostulationibus aliter obviam iri non potest, nisi ea, de quibus hactenus disseruimus, opere ipso praestare adnitamur. Exercitationum genus hoc erit: Primum singulas orationis maioris partes adolescentes lucubrabunt, deinde, sub anni praesertim exitum, atque ubi certamen de gloria instituitur, totam orationem conscribent. Licebit autem Rhetoribus ab hora septima ad

jeden Rede und kurze Anmerkungen zu schwierigeren Stellen, damit die Jünglinge imstande sind, diese Reden, wenn sie es möchten, privat zu Hause sorgfältig zu lesen. So werden auch einige Bücher von Vergils Äneis, Oden, Sermones und einige ausgewählte Briefe des Horaz gelesen werden. Es wird auch recht nützlich sein, die „Aulularia" und die „Captivi" des Plautus hinzuzufügen. – Von den Griechen sind für dieses Jahr einige Olynthische Reden und die Philippika des Demosthenes bestimmt. Denn jene äußerst berühmten Reden, die „Kranzrede" des Demosthenes und die Reden des Aischines gegen Ktesiphon und über die Truggesandtschaft, kosten so große Mühe, daß sie in einem so kurzen Zeitraum keineswegs bewältigt werden können. Wenn es nun einmal geschehen sollte, daß diese Studien tiefergreifende Wirkung zeigen, dann könnten jene Reden herausgegeben werden, wie auch Plutarchs Parallelbiographien des Demosthenes und Ciceros, die von größtem Nutzen sein werden für ein gründliches Erfassen der Schriften beider Redner. Von den Dichtern wird das erste Buch der Ilias des Homer erklärt werden. Hinzukommen wird einiges aus der „Hekuba" des Euripides, der „Elektra" des Sophokles und dem „Plutos" des Aristophanes, wobei der größte Teil weggelassen wird, damit das Buch nicht allzu großen Umfang annimmt. Einige Oden Pindars werden die Reihe der Werke abschließen. Und auf diese Weise wird es geschehen, daß die Jünglinge eine Probe jeder Gattung der herausragenden Autoren haben. An dieser Stelle ist aber zu wünschen, daß das, worauf kurz vorher bezüglich der lateinischen Autoren aufmerksam gemacht worden ist, daß nämlich schwierigere Stellen von Autoren durch kurze Anmerkungen erklärt werden müssen, noch viel mehr hinsichtlich der griechischen beachtet wird. – Schließlich wird man auch die deutsche Redekunst und Poesie berücksichtigen. Man muß aber an dieser Stelle die Doktoren dazu ermahnen, daß sie beim Interpretieren der Alten darauf sehen, daß sie nicht nur an den Einzelwörtern haften bleiben oder sich nur um den Stil der Rede kümmern, sondern daß sie die Bedeutung der Dinge und Sätze selbst darlegen, daß sie der Fruchtbarkeit und reichen Fülle der Erfindungsgabe, der Kraft der Beweise und der Kunst, die Herzen zu bewegen, nachgehen und schließlich deutlich machen, worin die Kraft, Schönheit und Eleganz jeder Stelle liegt. Es darf auch nicht übergangen werden, was die Sitten und die politische Einsicht betrifft. Ja, auch wenn der Redner irgendeinmal von der richtigen Metho-

primam usque pomeridianam scriptioni huic vacare. Liberum tamen volentibus, diutius etiam manere. Carminis exercitatio versabitur in heroico et Lyricis carminibus effingendis, – Historiarum vero curriculum absolvetur Byzantini imperii et Turcicae Dominationis descriptione, quibus accedet levis quaedam notitia reliquorum Orientis regnorum. Agetur quoque obiter de Africae et Americae regnis. – Historiae huic respondebit Asiae, Africae, et Americae Geographia. In universum, quod Geographiam attinet, abstinendum ducimus a problematis, eaque ad Philosophiae curriculum rejicienda, ubi commodius adolescentes discent Cosmographiae et Sphaerae elementa, ne nimia rerum mole in Scholis humanioribus obruantur. Optandum potius, ut Historiae et Geographiae Studium ita institueretur, ut singulis annis etiam ea, quae praecesserunt, repeterentur, ita, ut Rhetorices Studiosi de utraque universa examen subeant. – Arithmetices elementis finis imponetur, regula aurea, aliisque huiusmodi explicandis.

Nulla hactenus mentio iniecta est Catholicae Catecheseos. Haec imposterum in Scholis ita fiet, ut Canisii Catechismus minor prioribus quatuor annis absolvatur, ita tamen, ut quarti anni Studiosi totum Canisium teneant. Nec Catholica haec institutio memoriae tantum mandabitur, sed et adsuescent pueri sententiarum ipsarum rationem reddere, nec solis vocibus haerere. Posterioribus duobus annis maior Canisius adhibebitur, cuius priorem partem Poesos studiosi, utramque Rhetores accurate discent.

de abweichen sollte, muß man aufdecken und zeigen, worin der Verstoß bestanden hat. So werden die Jünglinge allmählich ihre eigene Urteilskraft zu gebrauchen beginnen und sich nicht daran gewöhnen, nur nach der Meinung anderer zu denken und die Dinge zu bewerten. Denn viele klagen darüber, besonders die, die die griechische und lateinische Literatur geringschätzen, daß in den Schulen nur einzelne Wörter gelehrt werden und nicht gezeigt wird, was an den Alten gutzuheißen, was zu verwerfen ist oder welcher Nutzen aus deren Schriften für das Leben gezogen werden kann, und ihren Vorwürfen kann man nicht anders entgegentreten, als wenn wir uns bemühen, das, was wir bis jetzt erörtert haben, durch die Tat selbst zu leisten. Die Art der Übungen wird folgende sein: Zuerst werden die Jünglinge einzelne Teile einer größeren Rede im Nachtstudium erarbeiten, hierauf, besonders gegen Ende des Jahres und sobald ein Wettkampf um die Ehre beginnt, die ganze Rede niederschreiben. Es wird aber den Rhetoren gestattet sein, sich von der siebenten Stunde bis zur ersten Nachmittagsstunde dieser schriftlichen Ausarbeitung zu widmen. Doch steht es denen, die es wollen, frei, auch länger zu bleiben. Die Übung in der Dichtung wird sich mit dem Verfassen von epischen und lyrischen Gedichten beschäftigen. – Der Unterricht der Geschichte aber wird mit der Darstellung des Byzantinischen Reiches und der Türkenherrschaft beendet werden, wozu eine geringe Kenntnis der übrigen Reiche des Orients kommen wird. Es werden auch die Reiche Afrikas und Amerikas flüchtig behandelt werden. – Parallel zur Geschichte wird die Geographie Asiens, Afrikas und Amerikas gelehrt werden. Wir meinen überhaupt, daß man, was die Geographie betrifft, sich von Problemen fernhalten muß und diese dem Philosophieunterricht zuzuweisen sind, wo die Jünglinge zweckmäßiger die Anfangsgründe der Weltbeschreibung und der Himmelskunde lernen werden, damit sie nicht in den höheren lateinischen Schulen von der allzu großen Fülle des Stoffes erdrückt werden. Es ist eher zu wünschen, daß das Studium der Geschichte und Geographie so eingerichtet wird, daß in den einzelnen Jahren auch das, was vorausgegangen ist, wiederholt wird, so daß die Studenten der Rhetorik über beide in ihrer Gesamtheit eine Prüfung ablegen. – Die Erlernung der Grundlagen der Arithmetik wird durch die Erklärung der „Goldenen Regel" und von anderem dieser Art beendet werden.

Nicht erwähnt wurde bisher die katholische

Katechese. Diese wird künftig in den Schulen so geschehen, daß der kleine Katechismus des Canisius in den ersten vier Jahren beendet wird, doch so, daß die Studenten des vierten Jahres den ganzen Canisius kennen. Und diese katholische Unterweisung wird nicht nur auswendig gelernt werden, sondern die Knaben werden sich auch daran gewöhnen, den Inhalt der Sätze selbst wiederzugeben und nicht nur an den Worten haften zu bleiben. In den folgenden zwei Jahren wird der größere Canisius verwendet werden, dessen ersten Teil die Studierenden der Poesie, beide Teile die der Rhetorik genau lernen werden.

§ 2.
Communia omnibus classibus.

Scholis initium fiet statim post Calendas Novembres. Finis imponetur die octava Septembris. Incipient Scholae quotidie hora sesquioctava matutina. Soli Rhetores octava adesse iubebuntur. Desinent omnes hora decima, postquam universi missae sacrificio intererunt. Pomeridianis horis habebuntur Scholae ab hora secunda ad quartam usque.
Nulla erit a Scholis vacatio, nisi die Dominica, Martis, et Jovis. Si dies festus incidat, quem publicae leges religiose servari mandant, nullae quidem Scholae tunc habebuntur, sed eius loco die alia erit vacatio. Reliquis festis diebus a Scholis non cessabitur.
In universum ordo hic in Scholis servabitur. Primum locum occupabit memoriae exercitatio: et memoriter quidem discent pueri in quatuor prioribus classibus praecepta trium linguarum, Historiam et Catechesin. Ea tamen servabuntur, quae antea monita sunt, ne pueri solis vocibus inhaereant, sed et sententiarum ipsarum vim teneant. Sed in Poeseos et Rhetorices Schola, quoniam adolescentium judicium magis est confirmatum, Historiam et Catechesin memoriter recitare non cogentur, ipsis libelli verbis servatis, sed potius res ipsas suis verbis explicabunt. Contra in duabus hisce superioribus classibus elegantiora, et magis memoranda veterum auctorum loca, illa praesertim, quae imitatione maxime digna sunt, tam poetarum quam oratorum memoriae mandabunt. – Deinde legentur themata domo allata, et emendabuntur. – Succedet praeceptorum explanatio et repetitio. – qua absoluta, transitus fiet ad explicandum veterem auctorem, et examen de eo instituendum. – Ultimum locum occupabunt Historia, Geographia, et Arithmetice alternis vicibus. Haec horis antemeridianis.

§ 2.
Gemeinsames für alle Klassen.

Die Schule wird sofort nach dem 1. November beginnen, enden wird sie am 8. September. Der Unterricht wird täglich am Vormittag um 8 Uhr 30 beginnen. Nur von den Rhetoren wird man verlangen, daß sie um 8 Uhr da sind. Alle werden um 10 Uhr aufhören, nachdem alle an der Messe teilgenommen haben. Am Nachmittag wird der Unterricht von 2 Uhr bis 4 Uhr gehalten werden.
Es wird kein Freisein von der Schule geben außer am Sonntag, Dienstag und Donnerstag. Wenn auf einen dieser Tage ein Festtag fallen sollte, der aufgrund der Gesetze des Staates als Feiertag einzuhalten ist, dann wird zwar keine Schule gehalten werden, aber an seiner Stelle wird es an einem anderen Tag keine Freizeit geben. An den übrigen Feiertagen wird man von der Schule nicht frei sein.
Im allgemeinen wird diese Reihenfolge in den Schulen gewahrt werden: Die erste Stelle wird die Übung des Gedächtnisses einnehmen, und zwar werden die Knaben in den vier ersten Klassen die Regeln der drei Sprachen, Geschichte und den Katechismus auswendig lernen. Doch wird dabei beachtet werden – wozu schon vorher ermahnt wurde –, daß die Knaben nicht allein an den Worten haften bleiben sollen, sondern auch den Sinn der Sätze selbst begreifen sollen. In der Klasse der Poesie und Rhetorik aber werden die Jünglinge, da ja ihre Urteilskraft gefestigt ist, nicht gezwungen werden, Geschichte und den Katechismus auswendig vorzusprechen, indem sie die Worte des Buches genau beibehalten, sondern sie werden eher den Inhalt selbst mit eigenen Worten darlegen. Hingegen werden sie in diesen zwei oberen Klassen kunstvollere und erinnerungswürdigere Stellen antiker Autoren, vor allem jene, die besonders nachahmenswert sind, so-

Pomeridiano tempore recitabuntur memoriter praecepta; deinde dictabitur thema domi componendum postea explanabitur auctor Latinus, et examen de eo fiet. – Tempus quod supererit, tribuetur linguae Graecae praeceptis, et explicationi auctoris. Cautio tamen erit, ne rarius Graeca tractentur; qua de causa tempori parcendum, idque rite distribuendum. – Die Sabbathi Catechesis explicabitur. – Styli exercitatio haec erit: praeter auctoris latini interpretationem, qui in patriam linguam scriptis quotidie convertendus est, singulis hebdomadis thema in Scholis matutino tempore component, Graecum pomeridianis, sed Graeci auctoris interpretatio, non Germanicis, verum Latinis verbis, et, Scripto quidem, facienda est. Ita fiet, ut usu, et tempore accedente, adolescentes se in omnibus hisce linguis exerceant, et sensim facultatem aliquam in iis consequantur. – Quod si quis caussetur, aut temporis angustias, aut puerorum ingenia, tot laboribus non sufficere, Doctorum erit prudentiae, pensorum horum modum ita distribuere, ut et tempori, et aetatis viribus sit accomodatus.

In superioris Grammatices, Poeseos et Rhetorices classe hebdomadis singulis themata latina duo, soluta unum, ligata alterum oratione in scholis conficietur. Semel Graecum elucubrabitur.

Thema vero domi componendum quotidie assignabitur, qua in re Doctores videbunt, praestetne alternis interpraetationem veteris latini et graeci auctoris Germanicam interponere. Sub mensis finem rerum toto illo spatio traditarum severum examen Doctor instituet, sine ullo tamen apparatu et hospitum invitatione.

Quotannis quatuor solemnia fient tentamina, in classibus singulis, quibus et externi interesse poterunt. Horum duo de Latina, et totidem de Graeca lingua habebuntur. Publicum etiam tunc fiet de Historia, Geographia et Arithmetica periculum.

Sub anni finem exulabunt Comoediae omnes atque spectacula. Sed earum loco Oratio de utili quodam argumento, et carmina a Rhetoribus et Poetis praelegentur. His peractis praemiorum fiet distributio, in quibus supremi honores interpretationi et imitationi auctoris tribuentur, et Germanicae etiam linguae ratio habebitur.

Quod mores, in Deum pietatem, et incorruptam Catholicam religionem attinct, totum hoc negotium Scholarchae, atque Doctorum fidei ac curae committendum. Neque enim est dubitandum, viros peculiarem in modum Dei cultui addictos, rem tanti momenti cordi habi-

wohl von Dichtern als auch von Rednern, auswendig lernen. – Hierauf werden die von zu Hause mitgebrachten Aufgaben gelesen und verbessert werden. Eine Erklärung und Wiederholung der Lehrer wird folgen. – Wenn diese beendet ist, wird man zur Erklärung eines antiken Autors übergehen, und eine Prüfung über ihn wird abzuhalten sein. – Die letzte Stelle werden abwechselnd Geschichte, Geographie und Arithmetik einnehmen. Das findet in den Vormittagsstunden statt.

Am Nachmittag werden die Regeln auswendig vorgetragen werden; hierauf wird ein Thema diktiert werden, das zu Hause zu bearbeiten ist, später wird ein lateinischer Autor erklärt werden und eine Prüfung darüber stattfinden. – Was an Zeit übriggeblieben ist, wird für die Regeln der griechischen Sprache verwendet werden und für die Erklärung eines Autors. Doch wird man darauf achten, daß nicht zu selten das Griechische behandelt wird; daher wird man mit der Zeit sparsam umgehen müssen und sie dementsprechend einteilen. – Am Samstag wird der Katechismus erklärt werden. – Die Stilübung wird folgendermaßen gehandhabt werden: außer der Interpretation eines lateinischen Autors, der täglich schriftlich in die Muttersprache zu übersetzen ist, werden sie in den einzelnen Wochen ein Thema in der Schule am Vormittag bearbeiten, ein griechisches am Nachmittag, aber die Interpretation des griechischen Autors ist nicht in deutscher, sondern in lateinischer Sprache, und zwar schriftlich auszuführen. So werden sich die Jünglinge durch die Übung mit der Zeit in allen diesen Sprachen üben und allmählich einiges Geschick in ihnen erreichen. – Wenn nun jemand als Grund angeben sollte, daß entweder die knapp bemessene Zeit oder die Begabung der Knaben für so viele Arbeiten nicht ausreicht, wird es am Geschick der Doktoren liegen, den Umfang dieser Aufgaben so zu verteilen, daß er sowohl der Zeit als auch den Kräften des Alters angemessen ist.

In der Klasse der höheren Grammatik, der Poesie und Rhetorik werden wöchentlich zwei lateinische Themen, eines in Prosa, das andere in gebundener Rede, in der Schule ausgearbeitet werden. Einmal wird ein griechisches Thema im Nachtstudium ausgearbeitet werden.

Täglich aber wird ein Thema aufgetragen werden, das zu Hause ausgearbeitet werden muß, wobei die Doktoren sehen werden, ob es besser ist, abwechselnd eine deutsche Interpretation eines antiken lateinischen und griechischen Autors einzuschieben. Gegen Ende des Monats wird der Doktor eine strenge Prüfung

turos esse. Quod si, ut res humanae sunt, sinistri aliquid incidat, rei huius censura Collegii Rectori, et Provinciali, ut aequitas postulat, permittenda est. Docendi autem muneri admovebuntur viri pietate, moribus, et prudentia spectati, ingenioque ac doctrina praestantes. Praeterea in eadem classe, praesertim in Rhetorices et Poeseos Scholis, diu detinebuntur, in maioribus autem urbibus soli Sacerdotes ad docendum adhibebuntur.

Annis singulis, si mutatio aliqua in scholis facienda sit, novus Doctor, aut Magister, Praefectus, sive Scholarcha, Regio studiorum Directori proponendus est, neque is patietur, se inscio, quemquam a docendi munere dimitti, vel ad idem munus admitti, adeo, ut imposterum nemo publice docere aut a docendi munere excludi valeat, nisi Regia auctoritate.

Humaniorum Scholarum Doctores, qui egregiam operam in hoc munere navaverint, quoniam litterarum harum tradendarum provincia tam dura et inamoena est, ut plerique ab ea abhorreant, ad labores perferendos, non tantum honoris significatione, sed et maiorum munerum spe alliciendi sunt.

über diese Dinge, die in jenem ganzen Zeitraum gelehrt wurden, abhalten, doch ohne jeden Aufwand und ohne Einladen von Gästen.

Alljährlich werden vier feierliche Prüfungen in den einzelnen Klassen stattfinden, an denen auch Fremde teilnehmen können. Zwei von ihnen werden über die lateinische und ebensoviele über die griechische Sprache abgehalten werden. Eine öffentliche Prüfung wird dann auch über Geschichte, Geographie und Arithmetik abgehalten werden.

Gegen Ende des Jahres werden alle Komödien und Schauspiele verbannt sein. An ihrer Stelle aber werden eine Rede über ein nützliches Thema und Gedichte von den Studenten der Rhetorik und Poesie gelesen werden. Wenn dies beendet ist, werden die Auszeichnungen verteilt werden, bei welchen die höchsten Ehren der Interpretation und Nachahmung eines Autors zugeteilt werden und auch die deutsche Sprache berücksichtigt werden wird. Was die Sitten, die Liebe zu Gott und den wahren katholischen Glauben betrifft, so ist diese ganze Aufgabe der Gewissenhaftigkeit und Sorge des Scholarchen und der Doktoren anzuvertrauen. Denn es ist unzweifelhaft so, daß Männern, die sich in außerordentlicher Weise der Verehrung Gottes widmen, eine Sache von so großer Wichtigkeit am Herzen liegen wird. Wenn nun, wie die menschlichen Dinge eben sind, irgend etwas Böses vorfallen sollte, ist die strenge Prüfung dieser Angelegenheit dem Rektor des Collegiums und dem Provinzial, wie es die Billigkeit erfordert, zu überlassen. Als Lehrer aber wird man Männer heranziehen, die durch ihre Frömmigkeit, ihre Sitten und ihr Wissen anerkannt sind und sich durch ihre Begabung und Gelehrsamkeit auszeichnen. Auch in Zukunft werden sie in derselben Klasse, besonders im Unterricht der Rhetorik und Poesie, lange belassen werden, in größeren Städten aber werden nur Priester zum Lehren herangezogen werden.

Alljährlich ist, wenn irgendeine Änderung in den Schulen gemacht werden muß, der neue Doktor oder Magister, Präfekt oder Scholarch dem königlichen Leiter der Studien vorzuschlagen, und dieser wird es auch nicht zulassen, daß ohne sein Wissen irgendeiner von seinem Amt als Lehrer entlassen wird oder zu demselben Amt zugelassen wird, sodaß künftig niemand öffentlich lehren oder vom Amt des Lehrens ausgeschlossen werden kann außer durch königliche Autorität.

Die Doktoren der höheren lateinischen Schulen, die sich außerordentlich erfolgreich in diesem Amt bemühen sollten, sind, da ja die Aufgabe, diese Kenntnisse zu vermitteln, so hart und reizlos ist, daß die meisten davor zurückschrecken, nicht nur durch Ehrenzeichen, sondern auch durch die Hoffnung auf größere Gratifikationen anzulocken, damit sie diese Mühen auf sich nehmen.

§ 3.
De munere Praefecti.

Qui Praefecti munere fungetur, vir sit in hoc litterarum genere apprime versatus, et qui diu in hoc curriculo fuerit exercitatus, Doctoresque reliquos in omni eruditionis parte longe antecellat. Oportebit autem eum ab omni labore alio solutum esse, atque rei scholasticae unice vacare. Neque enim soli duntaxat scholarum disciplinae, diiudicandisve contentionibus, et admittendis vel dimittendis discipulis Praefectus erit intentus, sed et themata, a singulis Doctoribus quotidie proponi solita, ipse antea percurret, et si quid minus aptum sit, vel puerorum aetati non accomodatum, aliisve de causis improbandum, ipse emendabit. Deinde classes singulas horis ante et pomeridianis perlustrabit, praesentiaque sua efficiet, ut, quae hactenus sunt demandata, sancte serventur. Intererit praeterea Praefectus, non modo speciminibus illis, quae publice a pueris edi solent, sed et illis, quae sub cuiusque mensis finem imposterum habebuntur, qua in re optio apud eum erit, quum fieri nequaquam possit, ut singulis intersit, quasnam potissimum classes praeferendas sibi putet; praestabit tamen alternis id facere, eaque ratione ut insperato superveniens, praesentiae suae expectatione universos in officio contineat. Discordiarum quoque componendarum, querelarumque cognoscendarum, et morum corrigendorum arbitrium penes eum erit.

§ 3.
Das Amt des Präfekten.

Wer das Amt des Präfekten ausübt, soll ein Mann sein, der in dieser Art der wissenschaftlichen Bildung besonders versiert ist, der lange in dieser Schullaufbahn beschäftigt war und die übrigen Doktoren auf jedem Gebiet der Bildung bei weitem überragt. Er wird aber von jeder anderen Arbeit befreit sein und sich einzig den schulischen Angelegenheiten widmen müssen. Denn der Präfekt wird nicht nur mit der Schuldisziplin, mit der Entscheidung über Streitfragen und mit der Aufnahme oder dem Entlassen von Schülern beschäftigt sein, sondern er wird auch die Themen, die von den einzelnen Doktoren täglich vorgelegt zu werden pflegen, selbst vorher durchlesen, und, wenn etwas zu wenig geeignet oder für das Alter der Knaben nicht passend oder aus anderen Gründen nicht zu billigen sein sollte, wird er es selbst verbessern. Hierauf wird er die einzelnen Klassen in den Vor- und Nachmittagsstunden besuchen und durch seine Anwesenheit bewirken, daß das, was bisher angeordnet worden ist, gewissenhaft beachtet wird. Außerdem wird der Präfekt nicht nur jenen Prüfungen beiwohnen, die öffentlich von den Knaben abgelegt zu werden pflegen, sondern auch jenen, die man künftig gegen Ende jedes Monats abhalten wird; in dieser Sache wird die freie Wahl bei ihm liegen, welche Klassen er denn meint, am ehesten vorziehen zu müssen, wenn es durchaus nicht geschehen kann, daß er bei jeder einzelnen dabei ist. Doch wird es besser sein, dies abwechselnd zu tun, und zwar deshalb, damit er, wenn er unvermutet erscheint, durch die Erwartung seiner Gegenwart alle in ihrer Pflichterfüllung hält. Bei ihm wird auch die Entscheidung liegen, wenn Streitigkeiten zu schlichten, Beschwerden zu untersuchen und sittliche Verfehlungen zu ahnden sind.

§ 4.
De munere Regiorum Directorum.

Etsi humaniores litterae ad liberales artes pertineant, atque Philosophicae Facultatis pars habeantur: in singulis tamen Universitatibus

§ 4.
Das Amt der königlichen Direktoren.

Obwohl die Studien des klassischen Altertums zu den Artes liberales gehören und als Teil der philosophischen Fakultät angesehen werden,

praeter Philosophicum, peculiaris Director Scholarum humaniorum constituendus est, quoniam tanta est, et tam multiplex rerum varietas, ut vix unus universis sufficere possit. Iis igitur in locis, ubi publica est studiorum Universitas, et regia quoque, quae studiis invigilabit, Commissio constituta est, quemadmodum Facultatum aliarum, ita et litterarum humaniorum Director conventibus illis intererit, qui a Commissione habebuntur. Sed, ubi Regia sunt Dicasteria[3], veluti in provinciae cuiusque Metropoli, nec ulla tamen ibi est Universitas, neque studiorum causa Commissio: supremum Provinciae dicasterium idoneum quendam seliget et eruditum virum, qui Gymnasiorum Scholis praesit, quod et rursus in Urbibus aut oppidis illis servabitur, in quibus nulla Dicasteria sunt. Scholae tamen omnes Provinciales a Provinciae illius Commissione, si qua ibi est, pendebunt. Eadem Commissio Scholarum Directores, a Dicasteriis selectos, probabit vel reiiciet, totiusque Provinciae studiorum curam geret.

Si quid gravioris momenti intra anni curriculum incidat, quod sine Regia autoritate perfici non possit: iis in locis, ubi Universitates sunt, Directores rem ad Commissionem Studiorum referent, haec vero ad Aulam.

Morum, pietatis, et internae Scholarum disciplinae cura penes Moderatores, et Doctores erit, neque temere, levibusve de causis ab eis ad Regios Directores vel suprema Dicasteria erit provocatio.

Praecipuum Directorum munus erit, ut singula, quae hactenus statuta sunt, servari curent. Quod ut felicius eveniat, intererunt primum solemnibus classis cuiusque exercitationibus, ipsique adolescentes interrogabunt, facientque periculum, veteresne autores Latinos et Graecos rite interpretari, et imitari valeant, verbisque idoneis germanice reddere. Curandum enim omnino est, ut vel ipsi Rhetorices studiosi Ciceronem, et reliquos veteres scriptores germanice interpretentur. Praeterea intra anni Scholastici curriculi tempus, ea praesertim hora, qua vetus auctor explicatur, Director modo hanc modo illam classem inopinato subibit, quod praecipue circa graecam linguam servandum, ne doctorum conniventia ex contentione in hoc studiorum genere aliquid intermittatur. Nec inutile erit, mensibus singulis, superiorum praesertim classium, themata, utraque lingua conscripta, et germanicam veteris aucto-

ist dennoch an den einzelnen Universitäten außer einem philosophischen Direktor ein eigener Direktor der höheren lateinischen Schulen einzusetzen, da ja die Mannigfaltigkeit der Dinge so groß und so vielseitig ist, daß kaum ein einziger für alles ausreichen kann. An diesen Orten also, wo sich eine öffentliche Universität für die Studien befindet und auch eine königliche Kommission, die über die Studien wachen wird, eingesetzt ist, wird wie von den anderen Fakultäten auch der Direktor der höheren lateinischen Schulen an jenen Versammlungen teilnehmen, die von der Kommission abgehalten werden. Aber wo es königliche Dikasterien[3] gibt so wie in der Hauptstadt jeder Provinz, es aber trotzdem keine Universität gibt und keine Studienkommission, dort wird das oberste Dikasterium der Provinz einen geeigneten und gelehrten Mann auswählen, der den Gymnasien vorstehen soll, was auch in jenen Städten und Landstädten eingehalten werden wird, in denen es keine Dikasterien gibt. Doch werden alle Schulen der Provinz von der Kommission jener Provinz abhängig sein. Diese Kommission wird auch die Direktoren der Schulen, die von den Dikasterien ausgewählt wurden, bestätigen oder ablehnen und für die Studien der ganzen Provinz Sorge tragen.

Wenn im Jahresablauf irgend etwas von schwerwiegender Bedeutung vorfallen sollte, das ohne königliche Autorität nicht durchgeführt werden könnte, werden an diesen Orten, wo es Universitäten gibt, die Direktoren die Angelegenheit der Studienkommission melden, diese aber wird es bei Hof berichten.

Die Sorge um die Sitten, die Frömmigkeit und die innere Disziplin der Schulen wird bei den Moderatoren und Doktoren liegen, aber sie werden nicht unüberlegt und aus nichtigen Gründen an die königlichen Direktoren oder an die höchsten Dikasterien appellieren.

Die besondere Aufgabe der Direktoren wird es sein, daß sie sich darum kümmern, daß das, was bis jetzt angeordnet ist, eingehalten wird. Damit dies erfolgreicher geschieht, werden sie erstens den üblichen Übungen jeder Klasse beiwohnen und selbst Fragen an die Jünglinge stellen und überprüfen, ob sie imstande sind, die alten lateinischen und griechischen Autoren ordentlich zu interpretieren und nachzuahmen und mit passenden deutschen Worten wiederzugeben. Denn man muß überhaupt

[3] Unter Dikasterium ist – nach üblichem Gebrauch dieser Bezeichnung an der römischen Kurie – eine Zentralbehörde zu verstehen. Auch in Ungarn war dieser Ausdruck bis 1848 für Hofkammer, Hofkanzlei und Statthaltereirat gebräuchlich.

ris interpretationem, quae ab adolescentibus eo tempore facta est, necopinato a Scholarum Praefecto sibi tradi curare,
Caeterum cordi erit Directori, ne unquam coram adolescentibus contemptum aliquem erga Doctores prae se ferat, verum, si quid emendandum iudicet, petet a Praefecto, ut domi apud se conventus habeatur, atque ibi ratio ineatur, qua vitia, si qua irrepserint, e medio tollantur. Praecipue vero curandum Directori est, ut laudis et gloriae studio Doctores, quam adolescentes incendat, si qui egregie se gesserint, commendet, stimulosque currentibus addat.
Sub anni finem intererit Orationi a Rhetoribus publice habendae, et praemiorum distributioni. Themata, praemiorum causa, in tribus superioribus classibus conscripta perlustrabit, unde, quantum singulis annis profecerint adolescentes, perspiciet. Nulla tamen imposterum neque sub anni finem, neque sub initium habebuntur a Directoribus examina. Illud tamen curae eis erit, ut pueri plebeiae originis, qui nec mediocrem quidem in litteris profectum fecerunt, in tribus infimis classibus biennio in eadem schola detineantur, atque, si secundo anno magis non profecerint, prorsus dimittantur. In tribus autem superioribus plebeii omnes, infra mediocritatem positi, a Scholis exludendi sunt. Standum vero hac in re Doctorum ipsorum calculo omnino est, eaque de causa curabit Director annis singulis catalogum sibi cuiusque classis a Praefecto tradi, unde singulorum profectus, quod pietatem, mores, et litteras attinet, cognosci possit.
Postremo mensibus singulis, ubi Regia est Commissio, quo statu scholae sint, Director explicabit. Quod si forte animadvertat, propositas leges non servari, rem deferet ad Regiam Commissionem, haec vero, si necesse duxerit, Aulam monebit, eiusque imperium expectabit.
Harum Instructionum exemplum non modo cum Dicasteriis singulis, provinciarum Praesidibus, regionum Praefectis, Commissionibus, Universitatum, aut Gymnasiorum Directoribus, sed et cum Societatis Jesu, et P. P. Piaristarum, aliorumque, qui publice has litteras docent, Provincialibus, Rectoribus, Scholarum Praefectis, atque Doctoribus, et Magistris singulis communicabitur, ne harum ignoratio umquam allegari possit.

dafür Sorge tragen, daß besonders die Studenten der Rhetorik den Cicero und die übrigen alten Schriftsteller deutsch wiedergeben. Außerdem wird der Direktor während des Schuljahres, besonders in der Stunde, in der ein antiker Autor erklärt wird, bald diese, bald jene Klasse unerwartet betreten, was besonders in bezug auf die griechische Sprache zu beachten ist, damit nicht wegen der Nachsicht der Lehrer vom Bemühen in diesem Studienfach irgendwie nachgelassen wird. Es wird auch recht nützlich sein, dafür zu sorgen, daß ihm vom Präfekten der Schulen unvermutet – besonders von den höheren Klassen – die Themen übergeben werden, die in den einzelnen Monaten in beiden Sprachen bearbeitet worden sind, und die deutsche Übersetzung eines antiken Autors, die von den Jünglingen zu dieser Zeit gemacht worden ist.
Im übrigen wird es dem Direktor am Herzen liegen, niemals vor den Jünglingen irgendeine Mißachtung der Lehrer offen zur Schau zu tragen, sondern, wenn er meinen sollte, daß irgend etwas zu tadeln sei, den Präfekten zu bitten, daß bei ihm zu Hause eine Versammlung abgehalten werde und dort Maßregeln ergriffen werden, durch die die Fehler, wenn sich irgendwelche eingeschlichen haben sollten, beseitigt werden könnten. Vor allem aber muß sich der Direktor darum kümmern, daß er sowohl die Doktoren als auch die Jünglinge mit Begierde nach Lob und Ehre erfüllt und daß er, wenn sich irgendwelche ausgezeichnet haben sollten, sie empfiehlt und sie in ihrem Bemühen ansporrnt.
Gegen Ende des Jahres wird er bei der Rede, die von den Rhetoren öffentlich gehalten werden muß, und bei der Verteilung der Preise zugegen sein. Die Themen, die wegen der Verteilung der Preise in den drei höheren Klassen schriftlich behandelt wurden, wird er genau betrachten und daraus erkennen, wie groß die Fortschritte sind, die die Jünglinge in den einzelnen Jahren gemacht haben. Doch werden keine Prüfungen von den Direktoren abgehalten werden, weder gegen Ende des Jahres noch gleich nach Beginn. Auf jenes werden sie jedoch bedacht sein, daß nämlich Knaben von niedrigerem Stand, die nicht einmal einen mittelmäßigen Fortschritt im Wissen gemacht haben, in den drei untersten Klassen zwei Jahre in derselben Klasse belassen werden und, wenn sie im zweiten Jahr nicht mehr Fortschritte machen sollten, ganz entlassen werden. In den drei höheren Klassen aber sind alle von niedrigerem Stand, die unter dem Durchschnitt liegen, von den Schulen auszu-

schließen. In dieser Sache aber muß es ganz und gar von der Meinung der Doktoren abhängen, und daher wird der Direktor dafür sorgen, daß ihm alljährlich ein Verzeichnis jeder Klasse vom Präfekten übergeben wird, aus dem man den Fortschritt der einzelnen Schüler erkennen kann, was die Frömmigkeit, die Sitten und die Kenntnisse betrifft.
Schließlich wird der Direktor, wo sich eine königliche Kommission befindet, allmonatlich darlegen, auf welchem Stand sich der Unterricht befindet. Wenn er also zufällig bemerken sollte, daß die angeordneten Gesetze nicht eingehalten werden, wird er die Angelegenheit der königlichen Kommission melden, diese aber wird, wenn sie es für notwendig erachten sollte, den Hof darauf aufmerksam machen und seinen Befehl abwarten.
Eine Gleichschrift dieser Anordnungen wird nicht nur den einzelnen Dikasterien, den Provinzvorstehern, den Präfekten der Regionen, den Kommissionen und Direktoren der Universitäten und Gymnasien, sondern auch den Provinzialen der Societas Jesu, der Piaristenpatres und der anderen, die öffentlich diese Wissenschaften lehren, ihren Rektoren und Schulpräfekten, den Doktoren und den einzelnen Magistern gegeben werden, damit sich niemand auf die Unkenntnis dieser Verordnungen berufen kann.

Nota.

Optandum est, ut singulis, aut alternis saltem annis in unaquaque haereditaria Germaniae provincia a Regio quodam Delegato inquisitio extra ordinem fiat, Doctoresne, Praefecti, Rectores, Provinciales, Directores, et Regia ipsa Dicasteria et Commissiones munere suo fungantur, et singula demandata serventur.

Anmerkung.

Es ist wünschenswert, daß alljährlich oder wenigstens jedes zweite Jahr in einem jeden deutschen Erblande von einem königlichen Delegaten außer der Reihe eine Untersuchung stattfindet, ob die Doktoren, Präfekten, Rektoren, Provinzialen, Direktoren und selbst die königlichen Dikasterien und Kommissionen ihre Pflicht erfüllen und sich an die einzelnen Weisungen halten.

AVA Wien, StHK F. 39, 10 Gymnasien in gen., 8 ex 1764, fol. II/ 3–16.
Druck in: Jahresbericht des Kais. kön. ersten Staats-Gymnasiums in Graz. Veröffentlicht am Schlusse des Studien-Jahres 1871. Graz o. J., S. 53–59 (Peinlich, Richard: Geschichte des Gymnasiums in Graz).
Textwiedergabe nach Wotke, Karl: Das Oesterreichische Gymnasium im Zeitalter Maria Theresias. Berlin 1905 (Monumenta Germaniae Paedagogica, 30), S. 14–25.
Übersetzung von Mag. M. Arnold.

21.4.11 Aus der Denkschrift des Staatskanzlers Maria Theresias, des Fürsten Wenzel Kaunitz-Rietberg, über die bildungspolitischen Ansichten des Kaisers Joseph II. (1766)

Joseph II. hatte in einer umfangreichen Denkschrift alle Bereiche des staatlichen Handelns einer scharfen Kritik unterzogen und Verbesserungsvorschläge gemacht. Das Unterrichtswesen hatte er darin als sehr mangelhaft hingestellt. Er forderte die Verlegung der Universitäten und der höheren Lehranstalten in kleinere Städte, damit die Studenten weniger vom Lernen abgelenkt würden; auch trat er für eine geringere Besoldung der Professoren ein, damit diese gezwungen wären, Privatunterricht zu geben und auf diese Weise pädagogische Erfahrung zu sammeln usw.[1]
Die Überlegungen des Staatskanzlers, der von Maria Theresia zur Stellungnahme aufgefordert wurde, orientierten sich hauptsächlich an Nützlichkeitserwägungen; sie lassen uns wissen, wie ein wichtiger Berater Maria Theresias über Unterricht und Erziehung dachte und welche Impulse von ihm ausgingen.

... Comme le Prince a besoin des Têtes comme des bras et des bourses de ses sujets, et que pour ses projets, ses desseins, ses vues et ses loix il ne peut se passer d'Instruments propres à leur Execution, rien n'est sans doute plus important que d'en avoir et de pouvoir en trouver, et rien n'est plus propre à en former que l'Education. Les Reflexions de S. M. l'Empereur sur ce sujet sont donc très judicieuses; Mais il me semble, que la source des vices capitaux sur cet objet, qui paroissent être à S. M. dans l'Education domestique, et dans le Local des Ecoles, des Colleges et même de l'Université etablie dans la Capitale, est bien plus et plus essentiellement dans l'Education publique, laquelle est assurement l'objet le plus interessant de la Legislation. Former le coeur avant d'employer l'Esprit, donner des moeurs au Citoïen avant d'en exiger des services, l'eclairer sur ses devoirs avant d'en demander l'accomplissement, sont des soins aussi indispensables, qu'il est de labourer et d'ensemencer les champs avant de pouvoir en recueillir les fruits.
Le fort des Etats dépend du bonheur d'avoir des citoïens vertueux, l'Education peut en faire sous tous les Climats du monde, Le gros d'une nation même peut l'être, si une éducation analogue à chaque classe de Citoyens donne à la Jeunesse des idées saines et claires de ses devoirs, et moyennant cela je crois qu'il n'est rien qui puisse meriter une plus grande attention.

... Da der Fürst die Köpfe wie die Arme und Geldsäckel seiner Untertanen benötigt und für seine Pläne, Absichten, Anschauungen und Gesetze nicht auf zu deren Ausführung geeignete Instrumente verzichten kann, ist vielleicht nichts wesentlicher, als solche zu besitzen und finden zu können; nichts ist auch geeigneter, sie zu formen, als die Erziehung. Die Überlegungen Seiner Mäjestät des Kaisers zu diesem Thema sind also sehr klug. Aber es dünkt mich, daß die Hauptmängel diesbezüglich, die Seiner Majestät in der häuslichen Erziehung, wie in den Schulräumen, den Kollegien und sogar auf der in der Hauptstadt bestehenden Universität zu existieren scheinen, viel mehr und viel wesentlicher in der öffentlichen Erziehung liegen, die sicher den interessantesten Gegenstand der Gesetzgebung darstellt. Das Herz formen, bevor man den Geist entwickelt, den Staatsbürger Sitten lehren, bevor man Dienste von ihm verlangt, ihn über seine Pflichten aufklären, bevor man ihre Erfüllung fordert, das sind ebenso unerläßliche Erfordernisse, wie es das Bearbeiten der Felder und dic Aussaat sind, bevor man Früchte ernten kann.
Die Stärke der Staaten hängt von dem Glück ab, tugendhafte Bürger zu haben; die Erziehung kann solche unter jedem Klima der Welt heranbilden. Ja selbst die Mehrzahl eines Volkes vermag diesem Ideal zu entsprechen, wenn eine jeder Staatsbürgerklasse angepaßte Erziehung der Jugend gesunde und klare

[1] Denkschrift des Kaisers Joseph über den Zustand der österreichischen Monarchie (Ende 1765). In: Arneth, Alfred (Hrsg.): Maria Theresia und Joseph II. Ihre Correspondenz sammt Briefen Joseph's an seinen Bruder Leopold. 3, Wien 1868, S. 335–361, bes. S. 348f. Zum Inhalt der Denkschrift Josephs II. siehe Arneth, Alfred: Geschichte Maria Theresia's. 7, Wien 1876, S. 192f.

Vorstellungen von ihren Pflichten gibt. Und wenn man das so handhabt, dann, glaube ich, gibt es nichts, was mehr Aufmerksamkeit verdienen könnte.

Mais avant de developper mes idées sur un objet si interessant, j'avoue, que le Deplacement de l'Université et des Colleges établis dans cette Capitale ne me paroit pour cet effet ni nécessaire ni même utile.

Aber bevor ich meine Gedanken über ein so interessantes Thema entwickle, muß ich bekennen, daß die Verlegung der Universität und der Kollegien, die in dieser Hauptstadt eingerichtet sind, mir zu diesem Zweck weder notwendig noch überhaupt nützlich erscheint.

Je sais, que rien, en apparence, n'est plus opposé à la discipline scolastique et au travail regulier qu'exigent les études, que les dissipations que la Capitale fournit à la Jeunesse, et la frivolité qui y regne ordinairement; Mais lorsque l'on fait reflexion, que ces petits inconvenients sont bien compensés par la politesse et l'urbanité, que l'on ne peut acquerir nulle part autant que dans les Cours et leurs Residences; que la privation de ces qualités rend toujours les gens si non odieux, du moins trés desagréables dans le commerce de la Societé; que l'on ne forme les hommes que pour les affaires; que leurs qualités sociales contribuent souvent infiniment à leur succès, et que la politesse a pris aujourdhui le pas presque par tout sur la rusticité du personnage, même d'ailleurs le plus savant et le plus éclairé; il semble, qu'il peut être non seulement utile, mais même nécessaire, de ne pas priver la jeunesse, en l'eloignant des Capitales, des moyens de pouvoir la joindre au Savoir, d'autant plus que l'une de ces deux qualités n'est nullement incompatible avec l'autre.

Ich weiß, daß offensichtlich nichts der schulischen Disziplin und der regelmäßigen Arbeit, welche die Studien erfordern, abträglicher ist, als die Zerstreuung, die die Hauptstadt der Jugend bietet, und die Leichtlebigkeit, die dort gewöhnlich herrscht. Aber wenn man bedenkt, daß diese kleinen Unzukömmlichkeiten durch die Höflichkeit und die städtische Lebensart, die man nirgends anders in dem Maß erwerben kann als an den Höfen und ihren Residenzen, sehr gut ausgeglichen werden und daß der Entzug dieser trefflichen Bedingungen die Menschen immer, wenn schon nicht widerwärtig, so doch immerhin für den Umgang in der Gesellschaft höchst unangenehm macht, daß man die Menschen nur für die Geschäfte bildet, daß ihre gesellschaftlichen Eigenschaften oft unendlich zu ihren Erfolgen beitragen und daß die höfische Lebensart heute fast überall der bäurischen den Rang abgelaufen hat, selbst bei den gelehrtesten und aufgeklärtesten Persönlichkeiten; wenn man also das alles bedenkt, so scheint es, daß es nicht nur nützlich, sondern sogar notwendig sein kann, der Jugend nicht dadurch, daß man sie von den Hauptstädten fernhält, die Möglichkeit zu nehmen, die höfische Lebensart mit dem Wissen zu verbinden, umso mehr als beide Eigenschaften miteinander keineswegs unvereinbar sind.

D'ailleurs le Deplacement de l'Université et des Colleges, et leurs nouveaux emplacements exigeroient des Fraix immenses; Leur émigration de la Capitale dérangeroit et bouleverseroit même maintes fortunes, l'Artisan, l'Artiste, le Bourgeois se verroient privés tout à coup d'une grosse portion de leur travail, l'Etranger habile, qui se rend ici pour y faire fortune et s'applique, en attendant l'occasion, à l'Education de la Jeunesse, seroit sans Emploi; La plus grande partie des Etudiants, qui frequentent ici les Ecoles, sont nés dans la Capitale même, leurs Parents, dont ils partagent et la table et le logement, ne seroient pas en état de fournir à leur entretien dans la province; Il y a grand nombre de Fondations destinées l'une à l'étude de la Theologie,

Übrigens würde die Verlegung der Universität und der Kollegien bzw. deren neue Einrichtung ungeheure Kosten erfordern. Ihre Aussiedlung aus der Hauptstadt würde zahlreiche Vermögen beeinträchtigen. Der Handwerker, der Künstler, der Bürger, sie alle sähen sich plötzlich eines großen Anteils ihrer Arbeit beraubt; der gewandte Ausländer, der herkommt, um hier sein Glück zu machen, und der sich, während er eine Gelegenheit abwartet, der Erziehung der Jugend widmet, wäre ohne Anstellung. Die meisten Studenten, die hier zur Schule gehen, sind in der Hauptstadt selbst geboren, ihre Eltern, bei denen sie essen und wohnen, wären nicht imstand, für ihren Unterhalt in der Provinz aufzukommen. Es gibt eine große Zahl von Stiftungen, die dem

l'autre à la Medecine, d'autres pour les humanités; Il faudroit alterer tous ces établissements, et priver le public des sevours qu'il en retire, ou changer l'intention des Fondateurs; Enfin il semble, que le Nom ne fait rien à la chose, qu'on appelle ces établissements litteraires, Universités, Colleges ou Academies, on en trouvera les meilleures sous cette derniere dénomination, presque partout établies dans les Capitales; Je ne pense donc pas, qu'il soit ni convenable ni aisé de changer l'emplacement de notre Université et de nos Colleges, et je reviens toujours à ce dont la Legislation paroit devoir s'occuper le plus essentiellement, et qui est l'Education publique: La proportionner à chaque Ordre des Citoyens est une chose à la verité difficile, mais que je ne crois pas impossible; et peut-être cela pourroit-il s'executer d'après le Plan suivant.

Je ne le donne cependant que comme une idée, ceux qui auront assez de tems et de talents pourront la perfectionner, s'ils la jugent digne de leur attention.

Tous les Citoyens sont ou Laboureurs ou Bourgeois, ou Gentilshommes.

La premiere de ces Classes, soit, parcequ'elle est la majeure partie des hommes, soit, parceque faute de moyens et de facultés elle est la moins instruite, demande par consequent le plus de soin et d'instruction, on ne peut gueres lui donner les secours, dont elle a besoin, que par des Curés et des Maitres d'Ecoles, et il faudroit par conséquent charger les Curés de cette respectable occupation, et établir des Maitres d'Ecole pour le même objet; mais comme il importe que cette Instruction, bien loin d'être arbitraire, soit fixe et uniforme quant aux principes, ainsi qu'à la méthode, il faudroit faire composer et même imprimer un petit Ouvrage le plus simple que possible pour cet effet, et il devroit avoir trois parties; La premiere seroit destinée à la Religion; Dogme et culte pourroient en être les Divisions naturelles; donner sur le premier des idées claires et precises, et sur le second des Instructions propres à corriger peu à peu les abus qui regnent à la campagne, ce seroit un Ouvrage digne du zele Apostolique de notre Archevêque, et il devroit le faire former sous ses yeux; La 2de partie devroit avoir pour objet, d'enseigner à cette classe d'hommes une Morale conforme à leur état; il faudroit leur donner de

Studium der Theologie, der Medizin oder der Humaniora gewidmet sind. Man müßte alle diese Einrichtungen umwidmen und der Öffentlichkeit die Hilfe entziehen, die sie aus ihnen erhält, oder aber die Absichten der Stifter ändern. Schließlich scheint es, daß der Name für die Sache nichts bedeutet: Wie man diese Einrichtungen auch benennen mag, Universitäten, Kollegien oder Akademien, man wird davon die besten unter letzterer Bezeichnung fast überall in den Hauptstädten etabliert finden. Ich glaube also nicht, daß es passend oder leicht sei, den Standort unserer Universität und unserer Kollegien zu verändern, und ich komme immer wieder auf das zurück, womit sich die Gesetzgebung am vordringlichsten zu beschäftigen haben scheint, nämlich mit der öffentlichen Erziehung. Sie jeder Staatsbürgerklasse anzupassen ist in Wahrheit bestimmt schwierig, aber ich halte es nicht für unmöglich, und vielleicht könnte man dieses Programm nach folgendem Plan in die Tat umsetzen.

Ich gebe hier freilich nur einen Leitgedanken, den die, welche genug Zeit und Fähigkeiten haben, verbessern werden können, wenn sie ihn ihrer Aufmerksamkeit für würdig befinden.

Die Staatsbürger sind entweder Bauern oder Bürger oder Edelleute.

Die erste dieser Klassen, sei es, weil sie die Mehrzahl der Menschen umfaßt, sei es, weil sie mangels Mitteln und Möglichkeiten die am wenigsten gebildete ist, verlangt somit die meiste Sorge und Unterweisung. Man kann ihr die Hilfen, die sie notwendig hat, nur durch Pfarrer und Schulmeister geben, und man müßte folglich die Pfarrer mit dieser wichtigen Aufgabe betrauen und Schulmeister zum selben Zweck anstellen. Da es aber wichtig ist, daß dieser Unterricht – weitab jeder Willkür – in den Prinzipien wie in der Methode beständig und einheitlich ist, müßte man ein kleines, möglichst einfaches Werk zusammenstellen und sogar drucken lassen, das drei Teile haben sollte; der erste wäre der Religion gewidmet; Dogma und Kult könnten dabei die natürlichen Abschnitte sein. Es wäre ein dem apostolischen Eifer unseres Erzbischofs würdiges und unter dessen Überwachung zu erstellendes Werk, über ersteres klare und genaue Begriffe, und zum zweiten Anweisungen zu geben, die geeignet sind, nach und nach die am Lande üblichen Mißbräuche zu korrigieren. Der zweite Teil müßte zum Inhalt haben, den Menschen dieser Klasse eine ihrem Stand entsprechende Moral zu vermitteln. Man müßte ihnen Ab-

l'horreur pour le vol, le mensonge, l'ivrognerie, l'ingratitude et tous les vices que les Loix ne punissent pas, et desquels il resulte des crimes cependant de proche en proche, que l'on est reduit à devoir punir enfin en privant l'Etat de Citoyens, que l'on a negligé de rendre vertueux; Il faudroit de plus leur inspirer l'amour du Prince comme de leur Pere commun, et de la Patrie comme de leur Mere nourriciere, la soumission à leurs Ordres, la Fidelité, l'obeissance, et il faudroit finalement leur donner la plus grande idée de la Récompense qui suivra dans ce monde ou dans l'autre le Sacrifice, qu'ils feront de leur vie pour le service de leur Souverain.

Dans la 3e partie, dont il conviendra de confier la redaction a un Econome éclairé et habile, il faudroit leur donner des Leçons et des notions élementaires sur l'Economie rurale, l'Agriculture, les Aliments, et l'Entretien des bestiaux, l'Art vétérinaire, et sur les metiers les plus nécessaires à la Campagne; il seroit bon d'approprier ces Leçons au Local de chaque Province, et d'y comprendre l'Exploitation des mines où il y en a, quand ce ne seroit que pour rendre familiere la signification des termes consacrés à ces Arts et Operations, et qui font souvent toute la science des Officiers qui sont chargés de les diriger, et il s'ensuivroit, je crois, de ce genre d'education et d'instruction du Laboureur et de ses Enfants, dans peu une espece de régeneration de l'Etat, et qui feroit naitre des sentiments dans cette classe de Sujets qui jusqu'à cette heure savent à peine penser.

Je divise la seconde Classe en Bourgeois Artisans, et Bourgeois Commerçants. L'Ouvrage destiné à l'Instruction de Leurs Enfants pourroit dans sa premiere et sa seconde partie être semblable à celui de la premiere Classe; Il faudroit pourtant donner une attention particuliere à extirper l'ivrognerie et les Larcins, plus frequents dans les villes, qu'à la Campagne, et très communs entre autres dans le peuple de cette Capitale, qui est d'ailleurs bon et assez docile, mais ivrogne et voleur; Et ainsi le Redacteur de l'Ouvrage d'Instruction pour les Bourgeois ne pourroit trop sévir contre ces Vices.

Les fonctions des Artisans et des Commerçants n'ont pas moins besoin d'Instructions; il faudroit pour les instruire, des Ecoles et des Etablissements publics, pour les métiers en général une Ecole de dessin et un Cours de

scheu einflößen vor dem Diebstahl, der Lüge, der Trunksucht, der Undankbarkeit und allen den anderen Lastern, die die Gesetze nicht unter Strafe stellen und aus denen in weiterer Folge Verbrechen entstehen, die man schließlich doch bestrafen muß, wobei man den Staat um Bürger ärmer macht, die man versäumt hat, tugendhaft zu erziehen. Außerdem müßte man ihnen die Liebe zu ihrem Herrscher als dem allen gemeinsamen Vater und zu ihrem Vaterland als ihrem eigentlichen Ernährer einpflanzen, ebenso wie die Unterwerfung unter ihre Befehle, die Treue und den Gehorsam; und man müßte ihnen schließlich den höchsten Begriff geben von der Belohnung, die in dieser Welt oder der anderen auf das Opfer folgt, das sie mit der Hingabe ihres Lebens im Dienste ihres Herrschers erbringen.

Im dritten Teil, dessen Abfassung man am besten einem aufgeklärten und gewandten Ökonomen übertragen wird, müßte man sie die Grundbegriffe der Landwirtschaft, des Akkerbaus, der Nahrungsmittel, der Viehhaltung, Tierheilkunde und all der Handwerke, die am Land am notwendigsten sind, lehren. Es wäre gut, diese Lehren den jeweiligen Eigenheiten jeder Provinz anzugleichen und darin auch die Nutzung von Bergwerken zu erläutern, wo es solche gibt, auch wenn es nur darum ginge, sie mit den Begriffen, die diesen Künsten und Arbeitsgängen eigen sind, vertraut zu machen, und die oft das ganze Wissen der mit ihrer Leitung betrauten Beamten darstellen, und es würde sich, so glaube ich, aus dieser Art der Erziehung und Bildung der Bauern und ihrer Kinder bald so etwas wie eine Erneuerung des Staates ergeben, die auch Gefühle in dieser Klasse von Untertanen, die bis zu dieser Stunde ja kaum zu denken wissen, wachriefe.

Ich teile die zweite Klasse in bürgerliche Handwerker und bürgerliche Händler. Das für deren Kinder vorgesehene Unterrichtswerk könnte in seinem ersten und zweiten Teil dem der ersten Klasse gleichen. Man müßte jedoch eine spezielle Aufmerksamkeit dem Eindämmen der Trunksucht und des Diebstahls widmen, was in den Städten häufiger als auf dem Land vorkommt und unter anderem sehr alltäglich in der Bevölkerung dieser unserer Hauptstadt, die zwar im Kern gut und auch gelehrig ist, aber trunksüchtig und diebisch. Und deshalb müßte der Verfasser dieses Unterrichtswerkes für die Bürger ganz entschieden gegen diese Laster auftreten.

Die Tätigkeiten der Handwerker und Händler benötigen nicht weniger Unterweisung. Man

Mécanique suffiroient; mais il seroit nécessaire, que ces Etablissements fussent permanents, et bien soutenus, et il ne faudroit pas regretter non plus la Depense des Maitres et des Prix, seul moyen d'encourager et d'amener à la perfection; Il est cependant très possible de rediger par écrit et de faire imprimer les Elements de chaque metier, et d'obliger les Maitres a enseigner et expliquer en conséquence de ces Elements leur Art et leur Metier aux Apprentifs, pour abreger par cette methode leurs années d'apprentissage ou d'esclavage: Point qui est de la plus grande importance, et dont la Police devroit se faire une occupation essentielle.
Quoique la perfection d'un metier quelconque depende beaucoup de l'habitude et de la continuité du travail, je voudrois pourtant que l'Artisan ne fut point forcé à n'appliquer qu'à son metier ses enfants ou ses Parents, mais comme un peu de bien que ces gens amassent, les excite d'ordinaire à destiner leurs Enfants aux Etudes, soit pour les placer dans des Couvents, soit pour les faire entrer dans des Emplois, et que cet abus ne fait que diminuer le nombre des habiles Ouvriers, sans augmenter celui des gens d'affaires, dont l'Etat puisse se servir utilement, je crois qu'il faudroit statuer par une Ordonnance de Police, qu' aucun Artisan ne pourra faire étudier ses Enfants à moins qu'il ne puisse prouver avoir m/30 fls. de vaillant. Et il faudroit enfin établir aussi une école de Negociants, et prendre pour Maitre de cet Etablissement ce que l'on pourroit trouver de gens les plus habiles dans cette partie tant en theorie qu'en pratique.

Le Gentilhomme constitue la troisieme Classe des Citoyens, et je comprends sous cette denomination tant la premiere que la seconde Noblesse, le Militaire, les Gens en place et le Rentier.
Abreger les Etudes en général, les diriger plutôt sur les Sciences pratiques que sur les speculations, former plutôt des Citoyens utiles que des Savants, donner par conséquent moins de temps aux Langues mortes, comme le Latin, le Grec etc. qu'à celles qui sont d'un usage journalier, moins de temps aux Sciences abstraites qu'aux Arts, ce sont des vues qui exigent des Directions et des Arrangements dont les détails ne sont pas de mon ressort; mais pour proportionner les Instructions à

bräuchte zu ihrer Bildung öffentliche Schulen und Einrichtungen; für die Handwerke allgemein würde eine Zeichenschule und ein Mechanikkurs genügen. Aber es wäre notwendig, daß dies ständige und gut unterhaltene Anstalten wären, und man dürfte auch nicht die Ausgaben für Lehrer und Preise scheuen, wo doch diese das einzige Mittel sind, um anzuspornen und zur Perfektion zu führen. Es ist jedoch sehr gut möglich, die wesentlichen Elemente jedes Berufes schriftlich festzuhalten und zu drucken und die Lehrer dazu zu verpflichten, ihre Kunst und ihr Handwerk den Lehrlingen gemäß dieser Elemente beizubringen und zu erklären, um durch diese Methode deren Lehr- oder Sklavenjahre abzukürzen; ein Punkt, der von größter Bedeutung ist und mit dem sich die innere Verwaltung vorrangig beschäftigen müßte. Obwohl die Perfektion jedwedes Handwerks sehr stark von der Gewohnheit und der Kontinuität der Arbeit abhängt, sähe ich gerne, daß der Handwerker keineswegs gezwungen ist, seinen Kindern oder Verwandten nun wieder seinen Beruf zu übertragen. Da aber schon ein geringes Vermögen, das diese Leute anhäufen, sie gewöhnlich dazu verleitet, ihre Kinder für das Studium zu bestimmen, um sie in Klöstern oder in Amtsstuben unterzubringen, und da diese Unsitte nur die Zahl geschickter Handwerker verringert, ohne die der Handelsleute zu vermehren, deren sich der Staat zu seinem Nutzen bedienen könnte, glaube ich, daß man durch eine Verwaltungsverfügung festlegen müßte, daß kein Handwerker seine Kinder studieren lassen kann, wenn er nicht 30 Gulden Einkommen pro Monat nachweisen kann. Und man müßte schließlich auch eine Schule für Kaufleute einrichten, und als Lehrer dieser Institution die in Theorie und Praxis geschicktesten Leute einstellen, die man finden kann.
Der Edelmann verkörpert die dritte Klasse von Staatsbürgern, und ich verstehe unter dieser Bezeichnung in gleichem Maß den hohen und niederen Adel, das Militär, das gehobene Bürgertum und den Rentier.
Allgemein die Studien abkürzen, sie eher auf die praktischen Wissenschaften als auf Spekulationen richten, eher nützliche Bürger als Gelehrte heranbilden, folglich also weniger Zeit für die toten Sprachen, wie das Lateinische, das Griechische usw., als für die, die dem täglichen Gebrauch dienen, aufwenden, auch weniger Zeit für die abstrakten Wissenschaften als für die Künste: das sind Gesichtspunkte, die Direktiven und Übereinkommen erfordern, deren Einzelheiten allerdings nicht in

chaque Division de cette 3me Classe, j'observerai cependant, que je voudrois que la Grande Noblesse destinat ses ainés à rendre à l'Etat ces sortes de services, qui demandent autant de depense que d'usage du monde, et que par conséquent elle leur fit donner une éducation analogue à ces vues; Elle le seroit, je crois, si elle ne rouloit principalement que sur le Droit public, l'histoire, la Geographie, la Geometrie pratique, les Beaux arts, les Langues et les Exercices; Pour leurs Cadets, à moins que une mauvaise Constitution du Corps n'y mette obstacle, je pense qu'ils devroient se vouer principalement à l'epée, et qu'on devroit joindre au Plan d'Education, que je viens de tracer, le Dessin, le Genie, l'Architecture Civile et Militaire.

Les Gens en place pourroient destiner leurs Enfans à la Robbe, à la Finance ou à l'Epée; au dernier cas ils devroient suivre le même plan d'étude que la Noblesse; au premier, il faudroit ou en faire des Docteurs en droit, ou des Financiers, mais jamais l'un et l'autre ensemble. Pour faire des Jurisconsultes, notre Université me paroit très bien montée; Elle ne l'est aucunement pour faire des Financiers ou Gens d'affaires. Des Leçons d'Arithmetique, tant politique que mercantile, des Leçons sur la Finance, le Commerce et l'Agriculture, à établir, même aux Dépends de la Dotation dont jouissent les autres, pourroient former des sujets tels, que les affaires et le Bien de l'Etat les demandent.
Pour faire sentir a necessité de ces nouveaux Etablissements, je ferai observer ici, qu'un jeune homme doit employer six ans pour les humanités, deux pour la Philosophie, et quatre pour le Droit, et qu'au bout de ces douze ans il ignore souvent encore d'où vient le pain qu'il mange.

On sent bien que je veux rendre pratique une éducation, qui jusqu'à cette heure n'a été que speculative. On n'a voulu former que des Theologiens et des Jurisconsultes. Des Moines ont formé la plûpart des Plans des premieres Universités, c'est à eux à la verité que nous devons la Conservation des beaux Ecrits de l'Antiquité, et par conséquent les livres élementaires de nos Etudes, mais la discipline litteraire, qu'ils ont établie, étoit dirigée sur des vues monacales, ou analogues à leur Etat, et un Siecle à transmis ses abus à l'autre. Les

mein Ressort fallen. Um aber die Unterweisungen auf jede Gruppe dieser dritten Klasse abzustimmen, möchte ich doch festgehalten wissen, daß der Hochadel seine älteren Nachkommen dazu bestimmen müßte, jene Arten von Dienst dem Staat zu erweisen, die ebensoviel Ausgaben wie Weltkenntnis verlangen, und daß er ihnen folglich eine diesen Gesichtspunkten angepaßte Erziehung zukommen läßt. Ich glaube, daß sich das erfüllte, wenn sie hauptsächlich öffentliches Recht, Geschichte, Geographie, praktische Geometrie, die schönen Künste, Sprachen und Leibesübungen umfaßte. Was die Jüngsten betrifft, sollten sie sich, so nicht eine schlechte körperliche Verfassung ein Hindernis darstellt, hauptsächlich dem Militärdienst widmen; und man müßte auch dem Erziehungsplan, wie ich weiter oben schon ausgeführt habe, das Zeichnen, die Ingenieurkunst, die zivile und militärische Architektur anfügen.
Die bürgerliche Oberschicht könnte ihre Kinder für Richteramt, Finanz oder Militär bestimmen. Im letzteren Fall müßte sie denselben Erziehungsplan einhalten wie der Adel. Zum ersten müßte man entweder Doktoren der Rechte oder Finanzleute heranbilden, aber niemals beides zusammen. Um Rechtsgelehrte auszubilden, scheint mir unsere Universität bestens geeignet. Keineswegs ist sie es aber für Finanz- oder Geschäftsleute. Staats- und merkantilkundlich orientierter Arithmetikunterricht, Unterricht über Geldwesen, Handel und Landwirtschaft, der selbst auf Kosten der Dotation anderer Fächer einzurichten ist, könnte solche Untertanen heranbilden, wie sie die Geschäfte und das Wohl des Staates fordern.
Um die Notwendigkeit dieser neuen Einrichtungen spürbar werden zu lassen, werde ich darauf hinweisen, daß ein junger Mann sechs Jahre für die Humaniora, zwei für die Philosophie und vier für die Rechtswissenschaft aufwenden muß und daß er am Ende dieser zwölf Jahre oft noch nicht weiß, woher das tägliche Brot stammt, das er ißt.
Man erkennt jetzt wohl, daß ich die Erziehung, die bis zu dieser Stunde nur spekulativ war, praktisch gestalten möchte. Man wollte immer nur Theologen und Rechtsgelehrte bilden. Mönche haben die meisten der Grundlinien der ersten Universitäten festgelegt. Ihnen verdanken wir tatsächlich die Erhaltung der schönen Schriften des Altertums und also die Elementarbücher unserer Studien, aber die literarische Disziplin, die sie eingerichtet haben, war auf klösterliche Sehweisen abgestimmt oder auf ihren Stand, und ein Jahrhun-

Academies qui ont poli les Sciences ont été les premieres à s'élever contre la Pedanterie des Ecoles; La Legislation a commencé à y donner des attentions particulieres depuis à peu près trente ou quarante ans; partout elle s'occupe à reformer les études; comme elle ne sauroit se proposer un objet plus interessant que de les diriger sur des vues combinées avec l'Education publique, et que le Bien de l'Etat exige, que celleci soit compassée sur les differents Ordres des Citoyens, il s'ensuit que les études doivent l'être également. Au reste le jeune homme qui à l'âge de 17 ou 18 ans sort des Etudes, à moins d'être destiné au Militaire, ne devroit pas y entrer, ce me semble, pour former ses moeurs, ou commencer la pratique de ce qu'il a appris; Ce n'est pas là une Ecole, d'où sortent les hommes d'Etat, des Financiers, des Commerçants; Qu'il aille plûtôt, s'il en a les moyens, voir et visiter les Etats de son Souverain, qu'il apprenne à connoitre les Interêts de sa Patrie, et qu'ensuite il voye en Observateur les Païs étrangers, et nous rapporte les Institutions qu'il croira utiles à son Prince et à ses Concitoyens...

dert hat seine Mißbräuche auf das andere übertragen. Die Akademien, die die Wissenschaften verfeinert haben, waren die ersten, die sich gegen die Pedanterie der Schulen erhoben. Die Gesetzgebung schenkt seit etwa dreißig oder vierzig Jahren diesem Punkt besondere Aufmerksamkeit. Überall beschäftigt sie sich mit der Reformierung der Studien. Und da sie sich kein interessanteres Thema stellen konnte, als sie auf die mit der öffentlichen Erziehung in Zusammenhang stehenden Sehweisen zu lenken, und da das Wohl des Staates es erfordert, daß diese auf die verschiedenen Staatsbürgerklassen abgestimmt werden, folgt, daß dies für die Studien ebenso gilt. Im übrigen sollte der junge Mann, der im Alter von siebzehn oder achtzehn Jahren seine Studien abschließt, so dünkt mich, nicht, außer er wurde für das Militär bestimmt, dort eintreten, um entweder seine Sitten zu vervollkommnen oder aber das in die Praxis umzusetzen, was er gelernt hat. Das Militär ist nämlich keine Schule, aus der Staatsmänner, Finanz- und Geschäftsleute hervorgehen. Er möge lieber, wenn er die Mittel dazu hat, die Staaten seines Herrschers besuchen, damit er die Interessen seines Vaterlandes kennenlernt, und anschließend als Beobachter das Ausland bereisen und uns von den Einrichtungen berichten, die er für seinen Fürsten und seine Mitbürger für nützlich hält.

HHStA F. A. Sammelbände, K. 87, Denkschrift des Fürsten Kaunitz, 1766 Februar 18, Wien (mehrere Abschriften).
Textwiedergabe nach Beer, Adolf (Hrsg.): Denkschriften des Fürsten Kaunitz-Rittberg. In: Archiv für österreichische Geschichte 48 (1872), S. 100–106.
Übersetzung von Mag. P. Schilling/H. Danzer.

21.4.12 Promemoria des Fürstbischofs von Passau über die Notwendigkeit einer Reform des Schulwesens (1769)

Das die Schulreform Maria Theresias auslösende Promemoria des Fürstbischofs von Passau, Leopold Ernst Graf Firmian, forderte eine Unterstützung durch den Staat in dem bisher von der Kirche weitgehend dominierten Bildungsbereich. Als Hauptmotiv stand die Sorge um die Katholizität der Bewohner hinter diesem überraschenden und vielleicht bestellten Begehren. Die Bedeutung des Schulunterrichts für die Jugend wurde voll erkannt.

Promemoria.

Euere Kays. Königl. Apost. Majestätt haben sich die Fortpflanzung der heil. Religion in allen Dero Erbländern überhaupts und besonders in Oberösterreich allezeit sorgfältigst angelegen seyn laßen. Unser heil. Glauben kommt auch alldort so viel ich berichtet bin, immer in bessers

Ansehen, doch habe ich Ursachen zu muthmaßen, daß gleichwohl hin und wieder das Uebel der Irrlehre noch verborgen liege. Um nun deme noch besser vorzukommen, und das etwa noch verborgene Unkraut leichter auszurotten, finde ich als ein besonders gutes Mittel, daß der Unterricht der Jugend in den Schullen mit aller Aufmerksamkeit befördert auch mittelst allerhöchst landesfürstl. Verordnungen auf die besten Weege eingeleitet werde.
Die Nutzbarkeit guter Schullen für den Staat, und die h. Religion darf ich Euer Majestätt selbst eigener allertiefesten Einsicht mit mehrern nicht vorstellen, ich habe erst unlängst durch Vorschreibung eines allgemeinen Cathechismus und nachdrucksamer Verordnungen an meine untergebene Geistlichkeit das christliche Lehr- und Schullwesen mit allem Fleiß zu besorgen dasienige gethan, was ich als Bischof thun können und zu thun mich verbunden erachtet, damit nun meine bischöfl. Vorsorge, welche ich sonderbar in dieser Anliegenheit mittelst göttl. Beystands beständig fortzusetzen entschlossen bin, und die Bemühungen der aufgestellten Seelsorgern mehrere Wirkung bekommen, nehme ich mir die Freyheit Euer Kays. Königl. Apostol. Majestätt das Schullwesen in Oesterreich allerunterthänigst anzuempfehlen und zu bitten, Euere Majestätt wollen allermildest zu verfügen geruhen, daß die allgemeine Schullen mittelst allerhöchst landsfürstl. Anordnungen in gute Ordnung gesetzt und nachdrucksam befördert werden möchten.

Euer Kaysl. Königl. Apostol. Majestätt
Allerunterthänigst Gehorsamster
Leopold Bischof und Fürst zu Paßau.
m. p.

Textwiedergabe nach Helfert, Joseph Alexander: Die Gründung der österreichischen Volksschule durch Maria Theresia. Prag 1860, S. 617.

21.4.13 Erklärung des Schulwesens zum „Politikum" (1770)

Ein an sich nichtiger Anlaß – Kompetenzstreitigkeiten wegen der Aufnahme eines Schulmeisters in Wolfsberg in Kärnten – löste eine grundsätzliche Entscheidung Maria Theresias aus, die allen Landesregierungen zugestellt wurde. In diesem Hofdekret vom 13. Oktober 1770 wurde die Zielrichtung der Bildungspolitik zum ersten Mal eindeutig ausgesprochen und der Vorrang der staatlichen Interessen programmatisch verkündet.

Die Entschliessung, vermöge welcher die Meßner, und Schulmeister in Dienst, und anderen Verrichtungen von der Geistlichkeit ihre Abhångigkeit haben sollen, wird dahin erlåutert, daß die Meßner und Schulmeister, wenn sie in einer Person bestehen, in den Kirchen- und Dienstverrichtungen des ersteren, das ist des Meßners, bloß von der Geistlichkeit abhangen, und derselben Parizion[1] angewiesen sind, das Schulwesen aber ist, und bleibet allzeit ein Politikum, folglich kann kein solcher, der zugleich Meßner und Schulmeister ist, von der Geistlichkeit allein aufgenommen, und abgedanket werden, dahingegen, wenn der Meßner vom Schulmeister abgesǒndert ist, hånget iener allein von der geistlichen Obrigkeit, wie dieser von der weltlichen, ab.

Hofdekret vom 13. Oktober 1770.

[1] parere = gehorchen.

Textwiedergabe nach der Sammlung aller k. k. Verordnungen und Gesetze vom Jahre 1740 bis 1780, die unter der Regierung des Kaisers Josephs des II. theils noch ganz bestehen, theils zum Theile abgeändert sind, als ein Hilfs- und Ergänzungsbuch zu dem Handbuche aller unter der Regierung des Kaisers Josephs des II. für die k. k. Erbländer ergangenen Verordnungen und Gesetze in einer chronologischen Ordnung, 6, Wien 1786, S. 293f., Nr. 1244.

21.4.14 Allgemeine Schulordnung für die deutschen Normal-, Haupt- und Trivialschulen in sämmtlichen Kaiserl. Königl. Erbländern (1774)

Das im wesentlichen von Johann Ignaz Felbiger formulierte Grundgesetz des österreichischen Primarschulwesens war von säkularer Bedeutung. In ihm wurden die Richtpunkte für eine neue einheitliche Ordnung des deutschen Schulwesens gesetzt und inhaltliche Festlegungen im pädagogischen Bereich – Lehraufgaben und Erziehungsziele – getroffen. Eine hierarchisch aufgebaute Schulaufsicht sollte für deren Beachtung sorgen. Die Einführung der Unterrichtspflicht schuf die Voraussetzung für eine rasche Alphabetisierung auch der bisher bildungsferneren Schichten des österreichischen Volkes. Der Kirche wurde nunmehr bloß eine subsidiäre Rolle zugewiesen; sie mußte sich der Schulhoheit des Staates unterordnen. Die Weichen zur Staatsschule wurden damals gestellt.

Wir Maria Theresia, von Gottes Gnaden Römische Kaiserinn, Wittib, Königinn zu Hungarn, Böheim etc. (längerer Titel)

Entbieten allen und jeden getreuen Insassen, und Unterthanen Unserer Erbkönigreiche, und Landen, weß Standes, oder Würde dieselben immer seyn mögen, Unsere Gnade, und geben euch hiemit gnådigst zu vernehmen:
Da Uns nichts so sehr, als das wahre Wohl der von Gott Unserer Verwaltung anvertrauten Lånder am Herzen liegt, und Wir auf dessen möglichste Beförderung ein beståndiges Augenmerk zu richten gewohnt sind, so haben Wir wahrgenommen, daß die Erziehung der Jugend, beyderley Geschlechts, als die wichtigste Grundlage der wahren Glückseligkeit der Nationen ein genaueres Einsehen allerdings erfodere.
Dieser Gegenstand hat Unsere Aufmerksamkeit um desto mehr auf sich gezogen, je gewisser von einer guten Erziehung, und Leitung in den ersten Jahren die ganze künftige Lebensart aller Menschen, und die Bildung des Genies, und der Denkensart ganzer Völkerschaften abhängt, die niemals kann erreicht werden, wenn nicht durch wohlgetroffene Erziehungs- und Lehranstalten die Finsterniß der Unwissenheit aufgeklåret, und jedem der seinem Stande angemessene Unterricht verschaffet wird.
Zur Erreichung demnach dieses so nöthigen, als gemeinnützigen Endzwecks haben Wir für gesammte Unsre deutsche Erbkönigreiche, und Lånder gegenwärtige allgemeine Landesschul-Ordnung festzusetzen befunden.

1.

Damit das gesammte Schulwesen in die gehörige Ordnung gebracht, und in solcher zu allen Zeiten erhalten werde, verordnen Wir hiemit zu vorderst, daß in jeder Provinz Unserer Staaten aus der Landesstelle eine eigene Schulkommission solle bestellet werden, welche wenigstens aus zweyen, nach Thunlichkeit aber auch aus dreyen Råthen der besagten Landesstelle, aus einem Gevollmåchtigten des Ordinariats, und aus einem Sekretår, mit Zuziehung des Direktors der Normalschule, bestehen muß, und wovon die Mitglieder Uns zur Genehmigung sollen nahmhaft gemacht werden. Wir sind dabey bedacht, diesen Kommissionen von Zeit zu Zeit zu ihrem Verhalte die Anweisung zu geben, überhaupt aber wird denselben obliegen, dermalen die Einleitung, und Errichtung der deutschen Schulen des ganzen Landes, welche sie sammt ihren Lehrern, soviel die Schulsachen betrift, unter ihrer Aufsicht haben soll, in Zukunft aber die Beybehaltung der vorgeschriebenen Lehrart sowohl, als die Handhabung, und den Vollzug dieser Unserer General-Verordnung zu besorgen; wie sie denn von Zeit zu Zeit sowohl über den Fortgang des Schulwesens, als über die Unserer Entscheidung bedörfende Vorfålle ihre berichtliche, und gutåchtliche Anzeigen an Uns wird zu erstatten haben.

2.

Die gesammten deutschen Schulen aber sollen von dreyerley Art, nemlich Normalschulen, Hauptschulen, und gemeine, oder Trivialschulen seyn.

Normalschulen heißen nur diejenigen Schulen, welche die Richtschnur aller übrigen Schulen in der Provinz sind. Daher soll in jeglicher Provinz eine einzige Normalschule, und zwar an dem Orte, wo die Schulkommission ist, angeleget werden, nach welcher sich alle übrige Schulen des Landes zu richten haben; In derselben müssen die Lehrer für andere deutsche Schulen gebildet, und in allen nöthigen Dingen wohl unterwiesen, oder wenigstens die anderwerts gebildeten genau geprüfet werden, wenn sie irgendwo in der Provinz wollen angestellet werden; Jede Normalschule muß mit einem Direktor, und mit 4. bis 5. Lehrern, worunter ein geistlicher Katechet seyn soll, besetzet seyn, um alles Vorgeschriebene lehren zu können.
Deutsche Hauptschulen werden in größeren Städten, auch wohl in Klöstern, wo es darzu Gelegenheit giebt, anzulegen, und dergestalt zu vertheilen seyn, damit in jedem Viertel, Kreise, oder Distrikte des Landes wenigstens eine solche Hauptschule vorhanden sey.
Gemeine Deutsche, oder Trivialschulen endlich sollen in allen kleineren Städten, und Märkten, und auf dem Lande, wenigstens an allen Orten seyn, wo sich Pfarrkirchen, oder davon entfernte Filialkirchen befinden.

3.

Die Absicht ist hiebey keineswegs, alle diese Schulen neu zu errichten, und überall neue Lehrer zu stiften, vielmehr sollen vorzüglich die bereits vorhandenen Schulen gehörig eingerichtet, die schon angestellten Schulleute zu Beobachtung der für Unsere Erblande bestimmten Lehrart angewiesen, bey Anstellung neuer Schulleute aber von der Schulkommission der Provinz darauf gesehen werden, damit keiner ein Schulamt erlange, oder einen Dienst, mit welchem vorher das Unterweisen in Schulen ist verbunden gewesen, wirklich antrete, welcher nicht in der hier vorgeschriebenen Unterweisungsart wohl unterrichtet, und in der Normalschule bey der hierüber mit ihm angestellten Prüfung tüchtig ist befunden worden. Das Recht, also Schulen zu halten, und die Jugend zu unterweisen, verbleibt ferner allen denjenigen, geistlich und weltlichen Standes männlich und weiblichen Geschlechts, welche bisher in dem Besitze desselben sind; Es müssen aber die Schulen insgesammt nach der allgemeinen festgesezten Art, sobald es möglich ist, eingerichtet, und in allen Dingen, ohne irgend eine Ausnahme, von der Schulkommission der Provinz, in der sie sich befinden, abhangen, und die Anordnungen derselben müssen in Absicht sowohl auf die Lehrart, und Lehrgegenstände, als auch auf sonstige Verfügungen gehörig befolget werden.
Ganz neue Schulen hingegen sollen nur dort angelegt werden, wo dermal keine vorhanden, doch aber nöthig sind; imgleichen, wo die Jugend eines Orts zu zahlreich ist, als daß sie in den bereits vorhandenen Schulen könnte untergebracht, oder wo die Jugend von den gegenwärtigen Lehrern nicht gehörig kann besorget werden; In welchem Falle derley Schulen hauptsächlich auf Kosten der Gemeinde, die hieraus den unmittelbaren Nutzen zieht, jedoch mit Beytritte der Herrschaft, als welche an dem Vortheile, aus den Schulen wohlgesittete, und brauchbare Unterthanen zu erhalten, Theil nehmen, und mit Hilfe anderer etwa noch ausfindig zu machenden Zuflüße dergestalt neu zu erbauen, oder nach Erforderniß herzustellen seyn werden, daß über die Nothwendigkeit der Errichtung selbsten, und der etwa vorzunehmenden Vermehrung der Lehrer zu urtheilen; den Beytritt eines jeden Theiles zu den Kosten der Schulgebäude zu behandeln, und zu bestimmen, bey dem Ermessen der Schulkommission der Provinz, jedoch nach vorher hierzu eingeholter Genehmigung der Landesstellen beruhen solle, welcher letzteren obliegt, im Falle eines gegen den Antrag der Schulkommission sich ereignenden Anstandes hierüber, und zur endlichen Entscheidung die Anzeige an Uns zu machen.

4.

Wenn neue Schulgebäude aufgeführet, oder alte eingerichtet, und verbessert werden, müssen darinne so viele Schulstuben angeleget werden, als Lehrer zugleich unterrichten, indem zween, oder mehrere zu gleicher Zeit bey der bestimmten Lehrart in einer, und eben derselben Stube nicht unterweisen können: Und da es nöthig ist, daß die Schüler durch die häuslichen Geschäffte der Weiber, Kinder, und Dienstleute der Lehrer nicht gestöret werden, mithin daß die Schulstuben durchaus nicht zu irgend einem anderen Gebrauche dienen, so muß die Schulstube auch sogar auf dem Lande von der Wohnung des Schulmeisters abgesöndert seyn, folglich wo diese Absönderung nicht ist, muß gleich den ersten Sommer nach Kundmachung dieses Patents, oder sobald möglich, entweder an das dermalige Schulgebäude, wenn es ohne gar zu große von

der Gemeinde, oder denjenigen, denen die Erhaltung des Schulgebåudes obliegt, zu tragende Kósten geschehen kann, eine neue Stube angebauet, oder ein dazu schicklicher Raum im Hause selbst mit der Absicht auf die Zahl der zur Schule gehórigen Kinder eingerichtet werden.
Bey dem Erbauen solcher Schulstuben ist nicht nur auf den nóthigen Raum, und den Einfall eines genugsamen Lichtes, wie nicht minder in Haupt- oder gróßeren Schulen auf einen geraumigen Ort zu Vornehmung der Prúfungen der Bedacht zu nehmen, sondern auch Sorge zu tragen, daß die Schule mit Bånken, Tischen, Schultafeln, Dintenfåssern, und anderem nóthigen Geråthe, wie auch mit einem verschlossenen Schrånkel zur Bewahrung der Bücher versehen sey.

5.

In den Normalschulen sind viererley Hauptgegenstånde zu lehren.
A. die Religion, und diese zwar
1. Nach dem gewóhnlichen Lehrbegriffe, das ist, nach Anleitung des in der Dióces gebråuchlichen Katechismus, doch nur in dem Falle, wenn ein eigener in dem Kirchensprengel durch den Bischof bereits eingeführet ist: Außer dem muß man sich des hier zu Wien für die Normalschule aufgelegten, und von den Bischófen gebilligten Katechismus bedienen.
2. Systematisch, aus demjenigen eigens zu dem Ende verfaßten Lesebuche, in welchem, der Einfórmigkeit wegen, die Lehren des Katechismus in ihrer Verbindung vorgetragen werden.
3. Historisch, damit die Jugend erlerne, bey welcher Gelegenheit, und wann die góttlichen Offenbarungen geschehen, welche Vorschriften für unsere Handlungen, und bey welcher Gelegenheit sie sind ertheilet, und bekannt gemacht worden.
4. Ist noch aus der Sittenlehre das Vornehmste, und für jedermann gehórige gleichfalls aus dem Lesebuche der Jugend beyzubringen.
B. Andere unentbehrliche, und für alle Stånde nóthige Dinge, als das Buchstaben kennen, Buchstabiren, Lesen, das Schón- und Rechtschreiben, Rechnen, Rechnungführen, und was zum wohlanståndigen Betragen, oder zur Sittsamkeit gehóret.
C. Lehrgegenstånde, welche theils als Vorbereitungen zum Studieren dienen, theils aber solchen Personen nützlich sind, die dem Wehr- und Nåhrstande, besonders aber der Landwirthschaft, den Künsten, und Handwerken sich widmen wollen.
Diese Lehrgegenstånde sind die Sprachlehre in der Muttersprache: Eine Anleitung zu den meistens vorkommenden schriftlichen Aufsåtzen, eine Anleitung zur lateinischen Sprache, so wie solche denen kann nóthig seyn, welche in die lateinischen Schulen übergehen, ingleichen für jene, welche Apothecker, und Wundårzte etc. werden, oder mit der Feder ihr Brod gewinnen wollen; Die vornehmsten Grundsåtze aus der Haushaltungskunst, und allenfalls auch aus der Landwirthschaft: Eine historische Kenntniß von Künsten, und Handwerken, und was deshalben aus der Naturlehre, und Naturwissenschaft zu wissen nóthig, und nützlich ist, in so weit es nach den Fåhigkeiten der Jugend füglich geschehen kann.
Daselbst soll auch der Jugend etwas aus der Geschichte, und Erdbeschreibung, besonders in Absicht auf das Vaterland, die Anfangsgründe der Feldmeß- und Baukunst, auch Mechanik, ingleichen das Zeichnen mit dem Zirkel, und Linial sowohl, als aus freyer Hand beygebracht werden.
D. Zur Vorbereitung für künftige Lehrer sind daselbst vorzutragen, und zu erklåren die Eigenschaften, und Pflichten rechtschaffener Lehrer,
Die Sachen, darinnen sie unterweisen sollen,
Die Kenntniß der Methode,
Die Uibung im wirklichen Unterweisen,
Das Nóthigste von der Schulzucht,
Das Führen der Katalogen,
Das Betragen bey Untersuchungen.
Endlich besonders jenes, was die Hauslehrer, und Informatoren zu wissen nóthig haben, für diejenigen, nåmlich welche sich diesem Amte widmen wollen.
In Hauptschulen müssen alle hieroben bey den Normalschulen unter A. und B. angemerkte Hauptgegenstånde gelehret werden, und es ist dahin zu trachten, daß auch von der dritten Art der Hauptgegenstånde, welche unter C. vorkommen, so vieles der Jugend beygebracht werde, als nach der Zahl, und Fåhigkeit der Lehrer, und nach der Zeit, die sie zum Unterrichte haben, nur immer thunlich ist.

In den gemeinen Deutschen, oder Trivialschulen der kleineren Städte, Märkte, und Dörfer muß nothwendig gelehret werden.
A. Die Religion, und deren Geschichte nebst der Sittenlehre, aus dem Lesebuche.
B. Das Buchstaben kennen, Buchstabieren, und Lesen geschriebener, und gedruckter Sachen, die Kurrentschrift, von der Rechenkunst die 5. Species, und die einfache Regel de tri.
C. Die für das Landvolk gehörige Anleitung zur Rechtschaffenheit, und zur Wirthschaft nach Maaßgabe des hierzu verfaßten Büchleins.

6.

In der Religion zu unterweisen, bleibt in allen Schulen den Geistlichen überlassen.
Bey den Normal- und Hauptschulen sind eigene geistliche Lehrer hierzu anzustellen, welche täglich wenigstens eine Stunde zu unterrichten, den Katechismus, die Religionsgeschichte, die Sittenlehre, die Episteln, und Evangelien zu erklären haben.
Es erfodert die Pflicht der Pfarrherrn oder Vikarien wöchentlich zweymal, oder wenigstens einmal zu katechisiren; Da es sich aber sogar in kleinen Städten, Märkten, und auf dem Lande zutragen kann, daß ein Pfarrer der mehrere Schulen hat, nicht in jeder seiner Schulen wöchentlich auch nur einmal katechisiren kann, so wollen und verordnen Wir, daß die Ordensobern auf Verlangen Unserer Landesstellen ihre Ordensgeistlichen dahin anweisen sollen, sich ganz und gar unentgeltlich zur Katechisation gebrauchen zu lassen, dergestalten zwar, daß ein solcher Pfarrer deßhalben nur bey der Landesstelle die Anzeige zu machen, sofort diese dem geistlichen Vorsteher des im Orte befindlichen nächsten Klosters aufzugeben habe, daß selber einen, oder nach Erforderniß auch mehrere seiner untergebenen Geistlichen zum Katechisiren an den Pfarrer anweise, wie Wir dann Uns auch zu dem heil. Religionseifer der sämmtlichen Bischöfe und Ordinariate, versehen, daß sie diese Unsere gemeinnützliche Absicht unterstützen helfen, und auch ihres Orts die ihnen untergebenen Ordensobern hiernach anzuweisen bedacht seyn werden. Dieses Katechisiren muß vorschriftmäßig, und unter der Aufsicht des Pfarrers geschehen, auch müssen dergleichen Ordensgeistliche nicht sobald wieder abgeruffen, und verwechßlet, sondern eine Zeit lang bey dem Katechisiren gelassen werden; Wobey Wir allen jeweiligen Klostervorstehern aus Landesfürstlicher Macht befehlen, dieser Anordnung ohne Widerrede, die gehorsamste Folge zu leisten, oder im Weigerungsfalle Unsre höchste Ungnade zu gewärtigen.
Die Schullehrer müssen die Erklärungen der Pfarrer, oder Vikarien anhören, und sich solche wohl merken, damit sie im Stande seyn, sie mit den Schülern zu wiederholen. Was an diesen Gegenständen auswendig zu lernen ist, als die erweisenden Stellen aus der heil. Schrift, die tabellarische Disposition der Materien etc. haben die Schullehrer, wenn der Pfarrer, oder Vikarius verhindert würde, es selbst zu thun, den Schülern durch die bekannten Vortheile beyzubringen, und sie darüber auszuhören, auch ist Schullehrern in kleinen Städten, und auf dem Lande bey allzugroßer Beschäfftigung des Pfarrers, und seiner Vikarien zuzulassen, daß sie durch Fragen über dasjenige Untersuchungen anstellen, was Kinder aus dem zu Leseübungen bestimmten Buche die Religion betreffend sich gemerket haben.
Die übrigen Lehrgegenstände können sowohl von geistlichen, als weltlichen gelehret werden, wenn die einen, und die anderen die gehörige Kenntniß in den darüber angestellten Prüfungen bewiesen haben. Die Zahl der Lehrer in den Hauptschulen hat mit Einschlusse des Direktors in 4. oder höchstens 5. derselben zu bestehen; In den gemeinen Schulen der Städte aber ist sich nach der bereits vorhandenen Zahl der Lehrer zu richten, nach welcher die Lehrgegenstände müssen eingetheilet werden; Wie nun diese Eintheilung geschehen solle, wird aus den am Ende dieses Patents angefügten nach der Verschiedenheit der Schulen, und nach der verschiedenen Anzahl der Lehrer eingerichteten mit A. B. C. und D. bezeichneten Lektionskatalogen zu ersehen seyn. Wenn jedoch nach Beschaffenheit der Oerter, und anderer Umstände eine andere Eintheilung nützlich, oder nöthig wäre, so kann solche auf den Vorschlag des Schuldirektors, oder Aufsehers mit Genehmhaltung der Schulkommission auch anderst bestimmet werden.

7.

Da Wir die Einförmigkeit der Lehrart beobachtet wissen wollen, so haben Wir in dieser Absicht von sämmtlichen Lehrgegenständen, nicht allein zum Gebrauche der Schüler eigene Bücher, und Tabellen, sondern auch für die Lehrer selbsten die nöthigen Anweisungen verfassen, und in dem

Methodenbuche vorlegen lassen, aus welchem die letzteren werden zu entnehmen haben, wie sie sich in jedem Stůcke ihres Amtes verhalten sollen.
Diese Bůcher, so wie sie in dem unten angehångten Verzeichnisse E. enthalten sind, můssen von allen Schulleuten nach den Umstånden jeder Schulen angeschaft, der Innhalt genau befolgt, und die Jugend aus keinen anderen, als aus den Vorgeschriebenen unterwiesen werden, doch kőnnen sich geschicktere Lehrer, wann sie wollen, auch anderer Bůcher, åhnlichen Innhalts, bedienen, um aus solchen ihre eigene Kenntnisse zu erweitern.

8.

Alle Schůler einer Klasse hat jeder Lehrer zusammen zu unterweisen, und besonders das Zusammenlesen recht zu brauchen, er soll sich der Tabellen, und bey minderen Gegenstånden der Buchstabenmethode vorschriftmåßig bedienen. Kurz, er muß alles dasjenige genau befolgen, was in dem zum Unterrichte der Lehrer herausgegebenen Methodenbuche umståndlich enthalten ist. Bey dem Unterrichte muß nicht bloß auf das Gedåchtniß gesehen, noch die Jugend mit dem auswendig Lernen ůber die Nothwendigkeit geplagt, sondern der Verstand derselben aufgeklåret, ihr alles verståndlich gemacht, und die Anleitung gegeben werden, ůber das Erlernte sich richtig, und vollståndig auszudrůcken.

9.

Schůler, die einerley Gegenstånde lernen, wenn sie gleich verschiedenen Alters, und Geschlechts sind, gehőren zusammen in eine Klasse, welche nach Beschaffenheit der Fåhigkeit der Schůler weiter kann abgetheilet werden, also zwar, daß die Besten, die Mittelmåssigen, die Schlechten zusammen kommen, und jede dieser Gattungen ist nach ihrer Bedůrfniß von dem Lehrer zu behandeln, wie in der fůr sie gehőrigen im Methodenbuche enthaltenen Instruktion ihnen umståndlich an die Hand gegeben wird.
Es giebt demnach in jeder Schule so viele Klassen, als Lehrgegenstånde vorkommen, und jede Klasse ist wenigstens dreyfach erwehntermaßen noch weiters abgetheilt.

10.

Die Zeit zum tåglichen Unterrichte, oder die Schulstunden wollen Wir im Winter des Morgens von 8. bis 11. Uhr, im Sommer aber, wenigstens auf dem Lande, von 7. bis 10. Uhr, dann Nachmittags durchaus fůr das ganze Jahr von 2. bis 4. Uhr bestimmt haben.
Was die Schulkurse betrift, so haben die Schulen in Stådten fůr den Winter mit dem 3. Nov. anzufangen, der erste Kurs solle Sonnabends vor dem Palmsonntage geendigt, sodann der zweyte von dem Montage nach dem ersten Sonntage nach Ostern bis Michaelis fortgesetzt werden.
Auf dem Lande hingegen wird die Winterschule mit dem ersten December anzufangen seyn, und wenigstens bis Ende des Mårzens zu dauren haben, in dieser werden vorzůglich die Kinder vom 9ten bis zum 13ten Jahre zu unterrichten seyn, weil die meisten von solchen in der ůbrigen Jahrszeit ihren Eltern bey der Wirthschaft Dienste leisten kőnnen, weswegen sie außer obigen Monaten zu Besuchung der Schulen nicht anzuhalten sind.
Die Sommerschule hat auch auf dem Lande am Montage nach dem ersten Sonntage nach Ostern anzufangen, und sich zu Michaelis zu endigen: Während der Aerntezeit aber wird der Unterricht durch 3. Wochen ausgesetzet. Die Kinder vom 6ten bis Ende des 8ten Jahrs haben zu dieser Zeit die Schule zu besuchen, weil sie im Winter wegen ůbler Wege, und rauher Witterung, da sie meistens schlecht gekleidet, und rauhe Witterung zu ertragen, nicht im Stande sind, zum Schulgehen nicht wohl kőnnen angehalten werden. Doch bleibt den Eltern, oder Vormůndern frey, sowohl kleinere Kinder in die Winterschule, als die grősseren in die Sommerschule zu schicken, nur můssen solchen Falls die Schullehrer zur Unterweisung derselben sich eine besondere Stunde wåhlen, weil sonst die ůbrigen, welche zu derselben Jahrszeit ordentlicher Weise in die Schule kommen můssen, in der Unterweisung wůrden verkůrzet werden.

11.

Wåhrend einem Schulkurse můssen die Regeln eines Lehrgegenstandes vollståndig bis zum Ende, und dergestalt vorgetragen werden, daß die Schůler sie wohl fassen kőnnen. Sofern alsdann einige Schůler, wie es besonders bey dem Schreiben nőthig ist, den Gegenstand in einem Kurse noch nicht genug erlernet, und in der Ausübung die gehörige Fertigkeit nicht erlanget haben, müssen sie solchen noch in einem, oder auch in mehreren Kursen wiederholen. Was aber die übrigen Gegenstände betrift, muß der Lehrer auf die im Lektionskatalogus ausgemessene Zeit sich einschränken, und dieser Vorschrift gemäß, sich verhalten.

12.

Kinder, beyderley Geschlechts, deren Eltern, oder Vormünder in Städten eigene Hauslehrer zu unterhalten nicht den Willen, oder nicht das Vermögen haben, gehören ohne Ausnahme in die Schule, und zwar sobald sie das 6te Jahre angetreten haben, von welchem an sie, bis zu vollständiger Erlernung der für ihren künftigen Stand, und Lebensart erforderlichen Gegenstände die deutschen Schulen besuchen müssen: Welches sie wohl schwerlich vor dem 12ten Jahr ihres Lebens, wenn sie im 6ten, oder nach dem 6ten angefangen haben, gründlich werden vollbringen können; Daher Wir denn gerne sähen, daß Eltern ihre Kinder wenigstens durch 6. oder 7. Jahre in den deutschen Schulen ließen. Sie können solche nach Willen, und Erforderniß auch länger besuchen; Wenn aber einige vor dem 12ten Jahre zu dem Studiren übergehen, oder aus der Schule entlassen seyn wollen, so müssen sie in den öffentlichen Prüfungen beweisen, und von dem Schulaufseher ein schriftliches Zeugniß erhalten, daß sie alles Nöthige wohl erlernet haben. Wo es die Gelegenheit erlaubet, eigene Schulen für die Mägdlein zu haben, da besuchen sie solche, und sind daselbst, wenn es füglich angeht, auch im Nähen, Stricken, und in andern ihrem Geschlechte angemessenen Dingen zu unterweisen; Wo aber eigene Mädchenschulen nicht sind, müssen sie in die gemeine Schule gehen, jedoch nicht unter den Knaben, sondern auf eigenen Bänken von denselben abgesöndert sitzen, und werden übrigens mit den Knaben in einerley Klasse unterwiesen, mit welchen sie zugleich alles lernen, was sich für ihr Geschlecht schicket.

13.

Wir wollen ernstlich, daß Unsere landesmütterliche Sorgfalt, welche Wir für die Erziehung, und Unterweisung der Jugend tragen, und welche in das allgemeine Wohl so starken Einfluß hat, durch die Nachläßigkeit der Eltern, und Vormünder keineswegs solle vereitlet werden: Daher verordnen Wir, daß alle und jede Eltern, oder Vormünder ihre schulfähigen Kinder ohnfehlbar zur Schule schicken, oder zu Hause unterrichten lassen, den Magistraten, und Ortsobrigkeiten befehlen Wir, daß sie genaue Obsorge hierauf tragen, und die saumseligen Eltern, oder Vormünder hierzu anmahnen, und nach Gestalt der Sachen auch nachdrücklich anhalten sollen.

Wenn also jemand seine Kinder, oder Mündel zu Hause durch eigene Lehrer will unterrichten lassen, so steht demselben zwar solches zu thun frey: Jedoch befehlen Wir, daß, nachdem zu Bildung der Privatlehrer in den Normalschulen die Anstalten werden getroffen seyn, dem Amte eines solchen Lehrers keiner, als welcher von einer Normal- oder Hauptschule, seiner Tüchtigkeit halber, ein Zeugniß erhalten hat, sich unterziehen, im widrigen Falle aber von dem Lehramte alsogleich abgeschaffet, auch nach Gestalt der Umstände empfindlich solle bestrafet werden.

14.

Damit die Kinder nicht etwa durch die Waisendienste von Besuchung der Schulen abgehalten werden, sollen die Herrschaften entweder die Kinder unter 13. Jahren gar nicht zu Abdienung der Waisenjahre nehmen, oder doch diejenigen, welche dieß Alter nicht erreichet haben, in die Winterschule gehen lassen.

Wenn hingegen andere Leute dergleichen Kinder vor dem 13ten Jahre in ihre Dienste aufnehmen, sollen sie verbunden seyn, selbe zu Besuchung der Winterschule entweder Vor- oder Nachmittag anzuhalten, und wenn nicht die offenbare Unvermögenheit vorhanden ist, die Halbscheid des Schulgeldes an den Schulmeister für ihren Unterricht selbst zu bezahlen.

15.

Für die bereits aus den Schulen ausgetretene Jugend auf dem Lande, und in den Städten, besonders für Handwerkspurschen sollen, wo es nur immer thunlich ist, an den Sonntägen nach dem Nachmittags-Gottesdienste in der ordentlichen Schule, vornåhmlich im Sommer, zwo Wiederholungsstunden veranstaltet, und von dem Lehrer unter Aufsicht des Pfarrers, oder seines Vikarius gehalten werden. In diesen Wiederholungsstunden sollen sich junge Leute, bis sie das 20te Jahr erreichet haben, einfinden, die Epistel, und das Evangelium des Tages vorlesen hően, sich im Lesen, Schreiben, und auch im Rechnen ůben, folglich sich befleißigen, daß sie das Erlernte wieder auffrischen, und im Gedåchtnisse erhalten. Besonders sind bey diesen Wiederholungsstunden zu Leseůbungen, die in Schulbůchern befindlichen Stůcke von der Religionsgeschichte, Sittenlehre, Anleitung zu der Rechtschaffenheit, Haus- und Landwirthschaft zu wåhlen, und das Befragen der Jugend ůber diese Gegenstånde ist nicht außer Acht zu lassen. Zu Besuchung dieser Wiederholungsstunden wollen Wir hauptsåchlich auch die Handwerkslehrjungen dergestalt verbunden haben, daß keiner derselben freygesprochen werden mőge, er habe sich dann durch ein schriftliches Zeugniß des Schulaufsehers ausgewiesen, daß er nach vorheriger Erlernung der Religion, des Lesens, Schreibens, und Rechnens, auch diese Wiederholungsstunden von Zeit zu Zeit fleißig besuchet habe.

16.

Auf daß erkannt werden mőge, ob alle Schůler, welche sollen unterrichtet werden, die Schule besuchen, und ob die Schuld an dem Lehrer, oder an dem ausbleibenden Schůler liege, wenn dieser nichts gelernet hat, so můssen zu diesem doppelten Endzwecke verschiedene Verzeichnisse gehalten werden.
Das Verzeichniß der zur Schule gehőrigen Kinder haben in den Ståtden die Magistrate des Jahres zweymal, und zwar zu Ostern, und Michaelis zu machen, und darinnen alle schulfåhigen Kinder, nåmlich jene, die das 6te Jahr ihres Alters angetreten haben, anzumerken, sofort solches Verzeichniß jedesmal dem Schullehrer mitzutheilen, damit er sehe, was fůr Kinder in seine Schule gehőren.
Auf dem Lande aber kann der Schullehrer selbsten, wenn er zugleich den Kirchendienst versieht, durch Hilfe der Taufmatrikeln das Alter eines jeden einheimischgebohrnen leicht finden, und darnach das Verzeichniß verfertigen, welches dazu dient, um die Kinder durch die vorgeschriebene Zeit in der Schule zu erhalten, und den Vorwånden der Eltern zu begegnen, die immer gern ihre Kinder der Schule entziehen.
Um dieses Verzeichniß recht zu nutzen, muß jeder Schullehrer sich ein Buch halten, die Blåtter desselben mit den Buchstaben des Alphabethes bezeichnen, jedem Buchstaben eine angemessene Anzahl Blåtter widmen, und darauf die Namen der schulfåhigen Kinder nach den Anfangsbuchstaben ihres Zunamens aus ersterwåhnten Verzeichnisse, oder nach Maßgabe des eigenen Befunds vermerken, er muß das Alter des Schůlers, den Tag, da er das erstemal in die Schule gekommen, wenn jeder in eine hőhere Klasse gekommen ist, oder etwas neues zu erlernen angefangen hat, aufschreiben. Ferner schreibt der Lehrer jeden Monat aus dem gleich hernach zu erwåhnenden Fleißkatalogus in eben dieses Buch, wie oft der Schůler jeden Monat aus der Schule geblieben sey: Endlich hat er am Anfange, oder am Ende dieses alphabethischen Verzeichnisses auf einen besonderen Blatte ebenfalls jeden Monat anzumerken, wie oft er Schule gehalten, und was er gelehret habe. Dieses Verzeichniß kann sodann bey Untersuchung auf mancherley Weise, und besonders dazu dienen, damit der Unfleiß derjenigen Schůler, welche die Schule so oft versåumen, daraus mőge dargethan werden.
Das zweyte Verzeichniß ist der Fleißkatalog nach dem Schema F. Dieser muß monatlich gefůhret, und tåglich jeder anwesender Schůler sowohl Vor- als Nachmittag gleich nach vollendetem Schulgebethe darinne angemerket werden. Zu dem Ende hat der Lehrer gleich nach dem Gebethe die Namen aller Schůler aus dem Verzeichnisse zu verlesen, die Anwesenden mit einem Strichlein, jene aber, die erst nach dem Verlesen kommen, mit einem Punkte zu bezeichnen. Das Fach eines Abwesenden wird leer gelassen. Da dieses Verzeichniß zur Erkenntnis des Fleißes, oder Unfleißes der Schůler dienen soll, so muß solches von dem Lehrer auch richtig, getreulich, und ordentlich gefůhret werden, wenn aber ein Schullehrer dieß aus Nachsicht, oder aus Nachlåßigkeit nicht thåte, so soll derselbe deswegen zur Strafe gezogen werden. Endlich ist von jedem Schullehrer aus eben diesem Verzeichnisse ein Auszug nach dem Schema G. zu machen, und solcher acht Tage nach dem Beschluße der Schule an den verordneten Aufseher einzuschicken.

17.

Um auf die Befolgung der in Schulsachen getroffenen Anordnungen ståtshin Obsicht zu tragen, sollen in jedem Orte, wo eine Schule ist, von den Obrigkeiten eigene Aufseher benannt, und der Schulkommission in den Schulberichten namhaft gemacht werden. Bey Normal- und Hauptschulen kômmt die Aufsicht ordentlicher Weise dem Direktor zu: Doch ist es billig, daß auch von dem Magistrate des Ortes ein Burger, der ein Schulfreund ist, den Auftrag erhalte, nach dem Zustande der Schule zu sehen, und zu bemerken, ob alles Vorgeschriebene mit wirklichem Nutzen der Schûler geschehe, ob diese fleißig, oder nachlåßig erscheinen, ob jeder Schullehrer sich eifrig, geschickt, oder nachlåßig, und zweckwidrig bezeige. Es muß aber das Nachsehen der Aufseher zu keiner bestimmten Zeit, sondern nach derselben Belieben, ohne es vorher zu melden, mithin unversehens geschehen.
In den kleinen Ståden, Mårkten, und auf dem Lande ist der Pfarrer des Ortes, imgleichen ein herrschaftlicher Beamter, dann ein verståndiger Mann von den Gerichtsgeschwornen, oder sonst aus der Gemeinde zum Aufseher zu bestellen, welchem eben dasjenige, was von derley Aufsehern in Ståden ist gesagt worden, zu beobachten obliegt.
Endlich hat jeder Aufseher von dem Zustande der ihm zur Obsicht aufgetragenen Schule seinen Bericht nach der Wahrheit an den Oberaufseher zu erstatten.

18.

Hiernåchst aber werden die Schulkommissionen den Bedacht nehmen, taugliche Månner zu Oberaufsehern ausfindig zu machen, und jedem derselben gewisse Bezirke anzuweisen, damit sie solche bereisen, die darinne befindliche Schulen einrichten, die eingerichteten untersuchen, die sich åußerende Gebrechen entdecken, und verbessern, zu dem Ende auch besondere Prûfungen der Schûler vornehmen, oder durch den Schullehrer in ihrer Gegenwart vornehmen lassen. An diese Oberaufseher haben die in dem vorhergehenden Absatze bemeldten Ortsaufseher ihre Berichte ein jeder ûber den Zustand, der seiner Obsicht untergebenen Schule gleich nach dem Ende der Schulzeit, nåmlich zu Ostern, und Michaelis zu erstatten, welche Berichte sofort sie Oberaufseher an die Landesstelle zu weiteren Abgebung an die Schulkommissionen nebst einem aus den Tabellen, welche sie mit erwåhnten Berichten der Aufseher erhalten haben werden, gezogenen tabellarischen Extracte fôrdersam einzubegleiten, und dabey ûber folgende Punkte ihre Anmerkungen zu machen haben.
1mo. Wo, und in welchen Punkten wider diese Landschul-Ordnung von Magistraten, Herrschaften, und Unterthanen gehandlet werde.
2do. Was fûr Hindernisse dem guten Fortgange des Schulwesens im Wege liegen.
3tio. Ob, oder wo etwa nicht die nôthige Erbauung, oder Reparationen der Schulgebåude vorgenommen, ingleichen wo den Schulbedienten ihre Gebûhr gereichet werde.
4to. Was zu besserer Einrichtung des Schulwesens dienlich wåre.
5to. Welche Pfarrer, Vikarien, Katecheten und Schulmeister sich durch ihren Fleiß, und Eifer um das Schulwesen besonders hervorthun, und einer Belohnung wûrdig gemacht haben.
6to. Welche Schulmeister ihre Pflichten vernachlåßigen, oder etwa gar unverbesserlich, mithin zu bestrafen, oder gar abzusetzen wåren.

19.

Die Normalschulen außerhalb Unserer Residenz, und auch einige Hauptschulen sollen, wo es sich thun låßt, mit Anfange des bevorstehenden Jahrs erôfnet, und nach Maßgabe dieser Schulordnung eingerichtet werden, damit die Unterweisung der Jugend in den allernôthigsten Dingen, das ist in jenen, welche oben §. 5. unter den ersten zweyen Hauptlehrgegenstånden sind erwåhnt worden, nicht minder die Bildung der Schulleute fûr die Ståte, Mårkte, und Dôrfer der Provinz, so bald es môglich ist, vor sich gehen môge; Die unter der 3ten Art der Lehrgegenstånde angefûhrten Sachen werden so bald zu lehren anzufangen seyn, als es die Fåhigkeit der Schûler, und andere Umstånde zulassen.
Alle Kandidaten zu den nach Einrichtung der Normal- und Hauptschulen ledig werdenden Schuldiensten mûssen sich zu tûchtiger Fûhrung des Lehramts in der Normalschule, oder wenigstens in einer nåchst gelegenen Hauptschule bilden; In diesem leztern Falle aber mûssen sie doch in der Normalschule sich der Prûfung unterziehen, und dôrfen nicht eher auf ihrer Station

wirklich angestellet werden, als bis sie von dem Direktor der Normalschule das Zeugniß ihrer Tüchtigkeit, und von der Schulkommission ein Dekret über die Anstellung erhalten haben, daher bleibt zwar die Ernennung zu Schuldiensten denjenigen, welche dieses Recht bisher gehabt haben, noch fernershin ungekränket, doch müssen sie entweder schon taugliche Personen der Kommission vorstellen, oder dafür sorgen, und erwarten, daß die von ihnen ernannte Personen zu ihrem Amte tauglich gemacht werden können.

Nachdem die Normal- und Hauptschulen gehörig eingerichtet seyn werden, sollen den ersten darauf folgenden Sommer die schon vorhandenen – noch aber nicht vorschriftmäßig – abgerichteten Lehrer aus den Städten, und vom Lande in die Normal- oder wenigstens in eine Hauptschule der Provinz sich begeben, um in dem Wesentlichsten, das ist, im Gebrauche der Bücher, und in Führung der Schullisten, oder Katalogen unterwiesen zu werden: Jedoch wollen Wir den Schulleuten vom Lande, wenn sie allzuweit von den Hauptschulen entfernet sind, gestatten, daß sie eben diesen Unterricht in einer anderen Schule einer am nächsten gelegenen Stadt, wenn solche Schule bereits eingerichtet seyn wird, einholen mögen, damit sie bey dem Anfange des auf ihre Unterweisung folgenden Schulkurses davon Gebrauch machen können, welches sie auch alsdann zu thun schuldig sind, und deswegen von den Aufsehern werden untersuchet werden. Zu dem Ende haben auch die Aufseher in ihren Berichten genau anzumerken, welche Schulen sie eingerichtet haben, und wo von Zeit zu Zeit in den Haupt- oder anderen Schulen vorbereitete Lehrer sind angestellet worden.

20.

Da hauptsächlich daran gelegen ist, daß die Geistlichkeit besonders wegen des derselben obliegenden Unterrichts in der Religion, und wegen der ihr auf dem Lande zukommenden Aufsicht über die Schulen von dem verbesserten Schulwesen genaue Kenntniß habe, um sich nach der eingeführten Methode zu achten, so befehlen Wir hiemit gesetzgebig, daß kein Priester zu einer geistlichen Pfründe, damit die Seelsorge verbunden ist, vorgeschlagen werden solle, er habe dann ein Zeugniß von dem Katecheten einer Normalschule beygebracht, daß er sowohl von den Lehrgegenständen, als von der Lehrart genugsame Wissenschaft besitze: Wornächst auch Unser gleichmäßiger Befehl ist, daß künftighin, und wenn einmal das Schulwesen ordentlich eingerichtet seyn wird, in einen geistlichen Orden, außer den Laybrüdern, keiner solle aufgenommen werden, welcher nicht eben solche gute Kenntnisse des Schulwesens erworben, und darüber ein Zeugniß von einer Normalschule dem Ordensvorsteher dargebracht haben wird. Weswegen Wir Uns dann mehrmalen zu dem heiligen Religionseifer der allseitigen Bischöfe und Ordinarien, und ihrer Uns bekannten rühmlichen Vorsorge zu Verbreitung einer besseren Erziehung ganz gewiß versehen, sie werden auch ihres Orts zu Ausführung, und Handhabung dieses Unsers gnädigsten Befehls willigst mitwirken.

21.

Obschon Wir auf dem Lande den Schulmeistern gönnen, daß Sie nebst ihrem Schuldienste auch einen andern ehrlichen Erwerb, in so weit solcher ihrer Hauptpflicht unabbrüchig ist, haben mögen, so wollen Wir doch in Ansehen der Schankhäuser festgesetzet, und hiemit verordnet haben, daß keiner derselben, so bald er einmal für seinen Schuldienst hinlänglich besoldet seyn, und sein Auskommen dabey wird finden können, unter Strafe der Absetzung von seinem Schuldienste, ein Schankgewerb treiben solle. Eben so wenig können Wir gestatten, daß die Schulmeister bey Kirchtägen, und Hochzeiten, oder andern Gelegenheiten, in den Wirths- oder dergleichen Häusern musiciren; welches daher ebenfalls für das künftige bey Strafe der Absetzung soll verbothen seyn.

Ingleichen verordnen Wir, daß die Pfarrer, wenn sie Kranke zu versehen, berufen werden, nicht mehr wie bisher die Schulmeister mit sich nehmen, sondern jemand andern zu ihrer Begleitung erwählen sollen.

22.

Damit man den Fortgang der Schüler, und was sie erlernet haben, erkennen möge, sollen in sämmtlichen Normal- Haupt- und Landschulen halbjährig über alle Gegenstände, die gelehret

worden, in Gegenwart einiger hiezu in Stådten zu deputirenden Magistratspersonen, auf dem Lande aber in Gegenwart des Pfarrers, des herrschaftlichen Beamtens und einiger Geschwornen Průfungen angestellet werden, bey welchen die Schůler alles an Tag legen kǒnnen, was sie gelernet haben, weswegen auch jedermann, der Belieben trågt, der Zutritt zu dergleichen Průfungen offen steht, und ihm die Schůler jedoch nur ůber Dinge, die in den Lesebůchern enthalten sind, zu befragen gestattet ist.
Bey solchen Průfungen in Stådten haben auch die Aufseher zu untersuchen, ob diejenigen, welche in die lateinischen Schulen ůbergehen, und sich den Wissenschaften widmen wollen, dazu hinlångliche Talente besitzen, auch ob ihre Vermǒgens, und andere Umstånde ihnen gestatten, in hǒhere Schulen ůberzugehen.
Wenn bey diesen Schuluntersuchungen gefunden wird, daß nachlåßige Schůler das Verordnete nicht erlernet haben, so kǒnnen sie von dem Schulaufseher auch nach Erreichung des festgesetzten Alters dennoch die Schule långer zu besuchen angehalten werden.
Wo Stiftungen, oder andere Zuflůße vorhanden sind, sollen am Ende der Průfung den verdientesten Schůlern zu ihrer fernern, und auch zu anderer Aufmunterung Belohnungen zuerkannt, und mit solchen 1tens diejenigen, welche das mehreste in jeder Klasse erlernet haben, und davon ůberzeigende Proben geben, und 2tens die Sittsamsten erfreut werden.

23.

Die Aufseher jedes Orts haben zu Ostern, und Michaelis dem Oberaufseher von dem Zustande der Schulen, worůber sie bestellt sind, und von allem, was sie hierinfalls angeht, Bericht zu erstatten, welchem Berichte sie jedesmal einen Tabellenextrakt nach dem Schema H. beyfůgen můssen.
Sodann hat der Oberaufseher aus allen eingelauffenen Nachrichten, des ihm angewiesenen Bezierkes und aus seinen eigenen bey den Schulbesuchen aufgeschriebenen Anmerkungen die Generaltabelle nach eben dem Schema H. zu verfassen, und mit Beylegung der Berichte von den Aufsehern den 1ten May ůber die Winterschulen, und den 1ten November ůber die Sommerschulen an die Landesstelle einzusenden.

24.

Obschon die Pflicht eines jeden von selbsten erheischet, daß er dem ihm anvertrauten Amte durch redliche Verwendung auf die damit verknůpften Obliegenheiten Genůge leiste, so sind Wir doch geneigt, denjenigen Lehrern, und Schulmeistern, welche sich durch ihren Fleiß in emsiger, und guter Unterweisung der Jugend besonders ausgezeichnet, und hervorgethan haben werden, bessere Schuldienste, und andere diesem Fache åhnliche Stellen angedeihen zu lassen, und sie vor anderen Mitwerbern zu befǒrdern. Wornåchst Wir den Schullehrern und Schulmeistern, in Stådten nach den Magistratspersonen, auf dem Lande aber nach den Gerichtspersonen unmittelbar ihren Rang dergestalt angewiesen haben wollen, daß sie dessen sich bey ǒffentlichen Feyerlichkeiten zu bedienen Fug und Recht haben sollen. Die Geistlichen aber, welche sich im Katechisiren, und Besorgen der Schulen besonders verdienstlich machen, haben sich dessen zu getrǒsten, daß bey Verleihung geistlicher Pfrůnden Unsers Patronats auf sie vorzůgliche Rucksicht wird genommen werden. Welches nicht allein Wir in Ansehen der von Unserer Benennung abhangenden Pfrůnden beobachten wollen, sondern auch Uns versehen, daß alle geistliche, und weltliche Patronen geistlicher Pfrůnden, um Unsere Gesinnung, und den gemeinsamen Nutzen zu befǒrdern, ein gleiches zu thun, nicht ausser Acht lassen werden.
Gleichwie Wir ůbrigens gewårtigen, daß jedermann diese Unsere Landesmůtterliche Sorgfalt zu Grůndung allgemeiner guter Erziehungs- und Lehranstalten mit gebůhrendem Danke erkennen werde; also gebieten Wir Unseren nachgesetzten Regierungen, und Gubernien, daß sie gegenwårtige Land-Schulordnung in den Provinzen, sobald es thunlich ist, nach und nach zum durchgångigen Vollzuge bringen, sofort zu allen Zeiten auf das Genaueste handhaben, den gesammten geistlichen und weltlichen Obrigkeiten, Magistraten, Herrschaften, und derselben Beamten, nicht minder den Schullehrern, dann allen, und jeden Unseren getreuen Unterthanen, daß sie den Innhalt hievon, so viel jeden betrift, gehorsamst befolgen sollen.

Gegeben in Unserer Haupt- und Residenzstadt Wien den 6ten Monatstag December nach Christi unsers Herrn- und Seligmachers gnadenreichen Geburt im Ein tausend siebenhundert vier und siebenzigsten, Unserer Reiche im fůnf und dreyßigsten Jahre.

MARIA THERESIA

Textwiedergabe nach: Allgemeine Schulordnung, für die deutschen Normal- Haupt- und Trivialschulen in sämmtlichen Kaiserl. Königl. Erbländern d. d. Wien den 6ten December 1774. Wien, gedruckt bey Johann Thomas Edlen von Trattnern, kaiserl. königl. Hofdruckern und Buchhändlern.

21.4.15 Von der Klugheit eines Schullehrers (1775)

Die Frage nach der rechten Methode in Erziehung und Unterricht stand im 18. Jahrhundert im Mittelpunkt der pädagogischen Reflexion. Man war in diesem rationalistischen Zeitalter fest überzeugt, daß Erziehungsprozesse bis ins letzte planbar seien. Dem Lehrer fiel dadurch eine besondere Rolle zu, von seiner Klugheit hing der Erfolg des Schulunterrichts ab. Für ihn hatte daher die „Allgemeine Schulordnung" bereits eine bescheidene, aber immerhin planmäßige Berufsvorbereitung festgesetzt. Sie wurde durch ein umfangreiches Handbuch unterstützt, das in alle Sprachen der Monarchie übersetzt wurde. Obgleich viele Kapitel dieses „Methodenbuches für Lehrer der deutschen Schulen" die deutliche Handschrift J. I. Felbigers zeigen, trat dieser nicht selbst als Verfasser auf. Der folgende Abschnitt geht auf das vierte Hauptstück des im Jahre 1768 unter Felbigers Namen erschienenen Werkes „Eigenschaften, Wissenschaften, und Bezeigen rechtschaffener Schulleute, um nach dem in Schlesien für die Rômischkatholischen bekannt gemachten Königl. General-Landschulreglement in den Trivialschulen der Städte, und auf dem Lande der Jugend nützlichen Unterricht zu geben" zurück.

Von der Klugheit eines Schullehrers.

Wie die Klugheit ůberhaupt darin besteht, daß man wisse und thue, was zum Endzwecke dienet, den man erreichen will, so besteht die Klugheit eines Schulmeisters darin, daß er alles Das kenne, und ausůbe, Was erfodert wird, um der Jugend mit seiner Unterweisung zu nutzen; es gehôret dazu Folgendes:

a.) Er muß sich bey seinen Schůlern Ansehen, Ehrerbiethigkeit und Gehorsam zu verschaffen beflissen seyn.

Er muß sich sowol beliebt als furchtbar zu machen wissen.

b.) Er muß sich nach dem Alter und Geschlechte, und nach den verschiedenen Fåhigkeiten Deren Gemůthsbeschaffenheit und nach deren Auffůhrung in seinem Bezeugen richten.

Hievon soll in folgenden zweenen Abschnitten, das Vornehmste gesaget werden.

Wie ein Schulmann bey seinen Schülern sich Gehorsam und Ansehen verschaffen, sich beliebt und furchtbar machen soll.

a. Warum Menschen mehr zum Ungehorsame als zum Gehorsame geneigt sind.

Unsere durch die Sůnde verderbte Natur ist mehr geneigt Das, Was verbothen ist, als das Erlaubte zu wollen. Da Obrigkeiten hierin hinderlich sind, deren Pflicht es ist vom Bôsen ab- und zum Guten anzuhalten, so ist den Untergebenen und ůberhaupt den Menschen deren Gewalt zuwider, die Herrschaft und Aufsicht der Vorgesetzten ist ihnen beschwerlich, sie sind ihren Verordnungen mit Unwillen unterworfen.

b. Man folget lieber der Freundlichkeit und der Vernunft als der Gewalt.

Menschen aller Art, jedes Standes und Alters, ja selbst die zarteste Jugend ist so beschaffen, daß sie lieber der Freundlichkeit und Vernunft, als dem Zwange folget. Kinder sollen auch nicht despotisch gehorchen, man lasse sie einsehen das es zu ihrem Nutzen und der Vernunft gemåß sey so zu handeln, wie es der Lehrer haben will; nur in diesem Falle werden sie ihrem Willen und ihren Lehren auch alsdann gemåß leben, wenn sie ausser dem Zwange derselben sich befinden. Lehrer erreichen dadurch am gewissesten den Endzweck ihres Unterrichtes, der darin besteht, daß Schůler nicht nur wåhrend der Schulzeit, sondern lebenslang Das befolgen, wozu sie in der Schule sind angefůhret worden.

c. Schulleute můssen durch Vorstellung der Billigkeit und des Nutzens ihrer Befehle, Gehorsam zu erhalten suchen.

Es ist anderswo gesaget worden, daß sich Schulleute bemůhen sollen Schůlern von allen Dingen die sie lernen den Nutzen und Gebrauch zu zeigen, weil sie durch diese Vorstellung zum Lernen geneigter gemacht werden. Eben Dieses ist auch hier in Ansehung des Gehorsams zu sagen. Ein Lehrer mache wenigstens manchmal begreiflich, warum er z. B. in Absicht auf ihre Sitten, oder sonst dieß und jenes, von ihnen fodere. Wir sagen: manchmal, und begehren gar nicht, daß er jeden Artikel, darůber er gehorsam fodert, gegen seine Schůler rechtfertige; dieß wůrde ůbertrieben seyn, und Schůler nur verwöhnen, oder, wie man sich mit einem fremden Worte ausdrůcket, zum Raisoniren, das ist zu unbefugtem und unzeitigem Beurtheilen verfůhren.

d. Ehrfurcht erhålt man, wenn man stets nach der Vernunft, niemals aus Eigensinne und Zorne handelt.

Die gute Meinung, die Ehrfurcht, welche Schůler von und vor ihrem Lehrer haben, muß so groß seyn, daß sie anstatt der Rechtfertigung seiner Befehle dienet. Ein Lehrer kann sich aber diese Ehrfurcht nicht anders erwerben, als durch eine Gemůthsbeschaffenheit die ihrer allzeit måchtig ist, welche nur durch die Vernunft geleitet wird, und die niemals aus Eigensinne, oder aus Zorne handelt. Dieß ist es, dadurch man sich bey den andern wahres Ansehen und eine ungeheuchelte Ehrerbietigkeit zuwegen bringt. Es ist zwar nicht zu låugnen, daß man zuweilen durch eine glůckliche Gesichtsbildung, und durch vortheilhafte Gebården, fůr andere eingenommen, und mit Ehrfurcht erfůllet wird; allein dieß geschieht nur alsdann, wann man aus dergleichen åusserlichen Dingen vorerwåhnte Eigenschaften schließet; oder an den Gesichtszůgen und Gebården zu entdecken vermeinet.

e. Schůler bemerken leicht die Bewegungsgrůnde, welche den Lehrer in seinem Verhalten bestimmen.

Vorerwåhnte Gemůthsbeschaffenheit muß ein Lehrer gleich im Anfange, oder beym Antritte seines Lehramtes, zeigen, und dabey standhaft beharren; thut er dieß, so wird er eine genaue Zucht unter seinen Schůlern einfůhren, sich geehret, und seinen Willen genau befolget sehen. So wenig Uiberlegung auch Schůler machen; so merken sie doch bald, aus was für Grůnden ein Lehrer handelt. Ihre Neigung zur Unabhångigkeit wird reg, so bald sie gewahr werden, er wisse sein Ansehen nicht zu behaupten, oder er sey unbeståndig in seiner Auffůhrung, und handle aus Leidenschaft oder zum wenigsten nicht nach Grůnden der Vernunft und Billigkeit. Nur diesen folget man willig, wenn man ůberzeugt ist, daß sie die einzige Triebfeder obrigkeitlicher Verfůgungen sind.

f. Wie Liebe und Furcht beschaffen seyn můsse, um Gehorsam zuwegen zu bringen.

Liebe und Furcht můssen sich wechselweise unterstůtzen; sie sind die zuverlåssigsten Mittel, durch welche Untergebene von jeder Gemůthsbeschaffenheit in ihrer Schuldigkeit, und in gehörigen Schranken gehalten werden. Oefters ist die Liebe bey Untergebenen nicht hinlånglich; in diesem Falle muß die Furcht zu Hilfe kommen. Die Strenge aber, dadurch die Furcht beygebracht und erhalten wird, ist nur anzuwenden, wenn Liebe nichts fruchtet. Doch allemal muß die Liebe sowohl als die Furcht gemåssiget werden; das ist: Liebe und Freundlichkeit muß wohl die Herzen der Untergebenen gewinnen, sie aber nicht verzårteln und verwöhnen, und die Strenge muß dem Ungehorsame wohl Einhalt thun, aber das Gemůth der Untergebenen nicht niederschlagen. Freundlichkeit und gute Art, womit man Untergebenen begegnet, muß dem Befehlen und dem Gehorsame das Harte und Beschwerliche benehmen.

g. Mittel, sich Liebe, Furcht, und Ehrerbietigkeit zu erwerben.

Wir wollen das Wesentliche von Dem hier anfůhren, Was ein grosser Lehrer der Jugend, der Herr Rollin, Rektor der Universitåt zu Paris, in der Anleitung freye Kůnste zu lehren, und zu lernen, von dem Bezeugen schreibt, dadurch Schulleute sich bey ihren Schůlern beliebt machen, und diese dahin bringen können, mit Vergnügen Unterweisungen anzunehmen, und zu nůtzen. Er saget:

1. Ein Lehrer nehme vor allen Dingen die Neigungen eines Vaters an, und halte dafür, daß er in deren Stelle trete, die ihre Kinder ihm zum Unterrichte anvertrauet haben; er muß also die Freundlichkeit, Geduld und Gütigkeit der Väter nachahmen, und von sich spüren lassen.
2. Er muß selbst nichts Tadelnswürdiges thun, und dergleichen auch an seinen Schülern nicht dulden. Seine Strenge muß nichts Verdrießliches, und seine Freundlichkeit nichts Uibertriebenes haben, damit nicht aus Jener Haß, aus Dieser Verachtung entstehe.
3. Er muß nicht jachzornig seyn; er muß Fehler nicht übersehen, welche bemerket und verbessert zu werden verdienen. Er muß sich ein Vergnügen daraus machen, Schülern auf ihre Fragen zu antworten; er muß sie erinnern zu fragen, wenn sie es nicht selbst thun, in Fällen nämlich, wenn sie etwas nicht sogleich verstehen können.
4. Schüler muß er, wenn sie es verdienen, zuweilen loben, dadurch wird die Lust zum Lernen und zur Arbeit erhalten, und dem Uiberdrusse vorgebeugt, der sonst gar leicht entsteht; doch verschwende er nicht das Lob und brauche es nicht zu oft, denn sonst erwecket er Eitelkeit, und vermindert auch wohl den Fleiß, indem es Schüler überreden könnte, sie hätten schon so viel, als kann gefodert werden, gefasset.
5. Sehr oft, oder noch besser, täglich, sage er ihnen etwas, das nutzlich seyn, und sie mit guten Grundsätzen erfüllen kann; er verlasse sich nicht bloß darauf, daß er sie dergleichen lesen oder auswendig lernen läßt. Eine ganz andere Wirkung machen Worte, wenn sie zur rechten Zeit, und von einem Lehrer vorgebracht werden, den Schüler lieben und ehren. Man ahmet williger denen nach, und befolget am liebsten die Erinnerungen derer, die man liebet, und denen man gewogen ist.
6. Das vorsichtige und kluge Bezeigen des Lehrers in einer Schule muß Schüler, die noch in einem zarten Alter sind, von dem Verderben bewahren; seine Ernsthaftigkeit aber muß der ungebundenen Freyheit derjenigen Einhalt thun, die schon älter, und also schwerer zu regieren sind.
7. Schüler aller Art, und von jeder Gemüthsbeschaffenheit, muß ein Lehrer durch gehörige Zucht in Ordnung halten; jene werden hierin am besten zu recht kommen, die geschickt genug sind, sich sowohl beliebt als furchtbar zu machen. Viele glauben einen kürzern und sichern Weg zu gehen, wenn sie bloß der Verweise und Strafen sich bedienen. Es ist richtig, daß dieß weniger Mühe koste, als wenn man diesen Endzweck durch Freundlichkeit und Beliebtmachen zu erhalten beflissen ist; nur ist man auf dem ersten Weg nicht immer glücklich, ja, durch blosse Verweise und Strafen gelanget man fast niemals zu dem wahren Zwecke der Erziehung, der darin besteht, daß man die Gemüther überrede, und ihnen die aufrichtige Liebe einflöße.
Hier ist nicht nöthig von der Zucht etwas Mehreres zu sagen, weil im dritten Theile eine sehr ausführliche Vorschrift darüber folget.

Textwiedergabe nach: Methodenbuch für Lehrer der deutschen Schulen in den kaiserlich-königlichen Erblanden ... Wien, Im Verlagsgewölbe der deutschen Schulanstalt, bey St. Anna, in der Johannesgasse, 1775, S. 288–295.

21.4.16 Die Reform der „untern lateinischen Schulen" nach den Vorschlägen des Piaristen Gratian Marx (1776)

Nach Aufhebung des Jesuitenordens (1773) gerieten die Gymnasien in eine kritische Lage. Verschiedene Pläne wurden diskutiert, ohne daß sich die Mitglieder der Studienhofkommission einigen konnten. Erst die im Jahre 1775 zunächst anonym eingebrachten Vorschläge des Piaristen Gratian Marx (1721–1810), welche die personellen und finanziellen Möglichkeiten im damaligen Unterrichtswesen berücksichtigten, fanden eine Mehrheit und die Zustimmung Maria Theresias. Gratian Marx wurde zum „Director Humaniorum" ernannt und mit der Reform der Gymnasien betraut. Sie wurden auf fünf Jahre verkürzt sowie Brücken und Übergänge zum elementaren Schulwesen geschlagen; die Klassenlehrer blieben in der Unterstufe (1.–3. Grammatikalklasse) bestimmend. Die neue Ordnung hatte über ein Vierteljahrhundert Bestand.

In Absicht der untern lateinischen Schulen wird Nachstehendes verordnet:

1) Haben gedachte untere lateinische Schulen, oder so genannte Humaniora nicht mehr sechs Jahre, wie bisher gewöhnlich war, sondern nur 5 Jahre zu dauern, und die für diese niederen Klassen nur ausgemessenen fünf Jahrgänge sind dergestalt einzutheilen, daß davon drei volle Jahre der lateinischen Sprachlehre, oder Grammatik, nach ihrem ganzen Umfange, zwei aber der eigentlichen Humanität unfehlbar zugetheilet, übrigens aber die Humanität selbst also eingeleitet werde, damit im vierten Jahre des niederen Kurses, oder im ersten Jahre der Humanität, die Lehren von den rednerischen Anleitungen (institutiones oratoriae) sodann aber erst im zweiten, oder letzten Jahre der Humanität, die dichterische Anleitung (institutiones poëticae) nebst Fortführung der rednerischen, gelehret werden.

2) Sollen von nun an die Professoren der drei untern lateinischen, oder grammatischen Schulen iährlich mit ihren Schülern dergestalt fortrücken, daß sie nur nach vollendeter grammatischen Lehre entweder zurücktreten, und von vorne wieder mit neuen Schülern anfangen, oder nach Beschaffenheit der Sachen zu anderen Lehrgegenständen übertreten, auch allenfalls gänzlich austreten mögen. Dahingegen die Professoren der zwoen obern Humanitätsklassen, ieder bei dem gewählten, und ihm anvertrauten Fache um so gewisser unverändert zu verbleiben hat, als die Wichtigkeit, und Weitläufigkeit der Gegenstände von diesen beiden Klassen allerdings mehrere Jahre, und eine besondere Verwendung erfordert, um die Pflichten eines tüchtigen, und geschickten Lehrers in diesen Schulen mit Frucht zu erfüllen.

3) Wird dem Verzeichnisse der Gegenstände, welche allgemein auf Gimnasien forthin gelehret werden sollen, auch die Geschichte des allerdurchlauchtigsten Erzhauses beigesetzet; endlich soll

4) in iedem Gimnasium von der Partikulargeschichte desienigen Landes, in welchem das Gimnasium sich befindet, Unterricht gegeben werden, um die Jugend mit der Historie ihres Vaterlandes frühzeitig bekannt zu machen.

Nicht minder ist die Verbindung der Normal- mit den lateinischen Schulen hergestellet, und wegen Uibertretung aus den ersteren in die letztere werden bündige Maaßregeln festgesetzet, daß kein Knabe in Hinkunft in die lateinischen Gimnasialschulen, wie sie immer einen Namen haben mögen, aufgenommen werde, er habe denn das zehente Jahr seines Alters erreichet, und die bis daher vorgeschriebenen Lehrgegenstände entweder in einer Normal- oder Hauptschule, oder zu Hause zwar durch Privatunterricht, iedoch nach Art, und Weise der erstbenannten öffentlichen Schulen vollkommen erlernet; ieder Kandidat der lateinischen Schulen soll hierüber bei dem Gesuche seiner Aufnahme von dem Direktor, oder von dem Oberaufseher der deutschen Schulen ein ausgefertigtes Zeigniß unausbleiblich einlegen, und ohne ein giltiges Zeigniß auf keine Weise zu den lateinischen Schulen fähig erkannt, noch zugelassen werden können. Solche Zeignisse aber mögen von den deutschen Schuldirektoren, oder Oberaufsehern nur nach vorgenommenen hinlänglichen Prüfungen ertheilet werden, und es werden daher nicht nur iene Schüler, welche aus öffentlichen deutschen Schulen in die lateinischen überzutreten Willens sind, sondern auch selbe lateinische Schulenkandidaten, welche aus Privatinstituzionen kommen, zu Erlangung des nöthigen Zeignisses sich unwidersprechlich den vorgeschriebenen eigens vorzunehmenden Prüfungen zu unterziehen haben; wobei den Direktoren der respective deutschen, und lateinischen untern Schulen untereinstens mitgegeben wird, daß Ihre Maiestät zwar auf das genaueste die Wahrheit, und wirkliche Beschaffenheit des Fleisses, und der Talente in den zu geben kommenden Attestaten beobachtet wissen, und überhaupt das Mittelmässige nicht belobet haben wollen, gleichwohl aber gestatten, daß den Kindern der adelichen Personen, Räthe, und Sekretarien, auch mit Zeigenschaft einer in den Normalgegenständen erworbenen geringen, und das Mittelmässige kaum erreichenden Fähigkeit der Eintritt in die lateinischen Schulen erlaubet, Kinder aber von niedern Ständen nur damals in die lateinischen Schulen zugelassen werden mögen, wenn sie wenigstens um etwas über mittelmässige Fähigkeiten, und Anwendung befunden werden, um auch mittelmässige Köpfe, die oft in höhern Schulen sich besser anlassen, nicht zu frühe auszuschliessen. Dagegen aber ist während der Zeit, als die Schüler die unteren Schulen besuchen, ihre Fähigkeit gelegenheitlich am Ende ieden Jahrs zu untersuchen, nach einem, oder zwei Jahren die unfähig erkannten in die deutschen Schulen zurück zu schicken, endlich aber nach vollendeter Humanität mit denienigen, die weiter studiren wollen, bei den Finalprüfungen recht streng zu verfahren, damit die so grosse Menge der Studenten, und die daraus für den Staat erwachsende übergrosse Anzahl halbgelehrter unnützer Bürger vermindert werde; was nun die Lehrgegenstände betrifft, derer Kenntniß als eine vorläufige Erforderniß zu lateinischen Schulen in Zukunft zu betrachten, und aus welchen folglich die angetragenen Prüfungen zu veranstalten sind, haben solche darinnen zu bestehen, daß ein lateinischer Schulkandidat nachstehende zur Uibertretung in die lateinischen Schulen allerdings hinlängliche Stücke vollkommen gefasset, und erlernet habe, als

1) den ersten und zweiten Katechismus, die Religionsgeschichte, und die Sittenlehre, alle vier Stücke nach dem buchstäblichen Innhalte des ersten Theils des Lesebuchs der Normalschulen.

2) Nicht nur den deutschen so wohl, als lateinischen Druck, sondern auch die vorkommenden gewöhnlichen Handschriften in beiden Sprachen richtig, und fertig lesen.

3) In beiden diesen Sprachen schön, richtig und fertig, und zwar Diktando schreiben.

4) Die deutsche Sprachlehre, wie selbe für Normalschulen vorgeschrieben ist.

5) Das zweite Stück des zweiten Theils des in den deutschen Schulen eingeführten Lesebuchs, welches von der Sittsamkeit handelt.

6) Das lateinische Dekliniren, Kompariren, Koniugiren, und die kleineste Wörterfügung.

7) Endlich die 5 Rechnungsspezies in benannten, und unbenannten Zahlen, sammt der Regel Detri.

Da aber ganz natürlich zu vermuthen ist, daß schon dermal alle diese Gegenstände der Jugend noch nicht allgemein beigebracht sein dürften, und daher die vorgeschriebenen Prüfungen einen nothwendigen Anstand finden müßen, als wird in dieser Rücksicht ferners erkläret, daß diese höchste Entschliessung über die bei lateinischen Schulkandidaten unumgänglich erforderliche Vorerkenntniß zwar ungesäumt kund gemacht; gleichwohl aber der letzte, und endliche Termin der strengsten, und unnachsichtlichen Beobachtung des dießfälligen Befehls auf das im November 1777 anfangende Schuliahr hinausgesetzet, indessen aber so weit in Vollzug gebracht werden soll, als es nach Umständen thunlich, und möglich erachtet wird. Wie es denn bis dahin bei den unterm 14. Oktober vergangenen Jahrs bereits erlassenen Aufnahmsvorschriften sein billiges Verbleiben hat.

Zu desto sicherer Erreichung dieser so heilsamen Absicht der nothwendigen Vorbereitungen der Jugend zu lateinischen Schulen, und der allgemeinen Verbreitung der nützlichen Lehrart sollen alle iene, die Kinder in Privathäusern als Instruktoren in Hinkunft zu unterweisen gedenken, verhalten werden, sich vorzüglich, und ungesäumt die Normalmethode beizulegen, und zu nützlicher Unterweisung der Jugend sich dadurch um so gewisser fähig zu machen, als nach Verlauf des nächst bevorstehenden Schuliahrs kein Privatinstruktor zum anfänglichen Unterrichte eines Kindes mehr angenommen, noch geduldet wird, welcher nicht das erlangte Zeigniß über die erworbene Normalmethodekenntniß aus einer Normal- oder Hauptschule aufzuweisen hat.

Selbst den Direktoren der lateinischen Schulen wird insbesondere aufgetragen, die ihnen unterstehenden Professoren, und zwar iene der kleinsten Klassen zu Benutzung des bei Normalschulen vorgeschriebenen Methodenbuches (so fern sie nicht etwa ohne dieß schon mit der Sache hinlänglich bekannt, und geübet wären) benanntlich zur Lehre der Fragen, und Antworten, von dem Tabellisiren und überhaupt von der verbesserten Lehrart, auch von Zeit zu Zeit zu wirklicher Besuchung der vorfindigen Normal- oder Hauptschule selbst anzuweisen, um die aldort üblichen Manipulazionen sich vollkommen bekannt zu machen. Gleichfalls haben sie diese Professoren der untern Klassen zum genauesten Vollzuge der schon sonst zum Behufe der erlernten Schön- und Rechtschreibekunst herausgekommenen Vorschriften, und benanntlich auch dahin zu verhalten, damit selbe wöchentlich wenigstens zweimal durch öffentlich vorzunehmende Verbesserung der gebrachten Aufgaben, oder gemachten Ausarbeitungen die deutsche Sprachlehre mit der lateinischen zugleich bei ihren Schülern befestigen: Nicht minder ist auch den Professoren der obern Klassen nachdrücklichst einzubinden, die ihnen anvertraute Jugend nebst den lateinischen auch wechselweis zu den so nothwendigen als nützlichen deutschen erstens unfehlerhaften, und sodann zierlichen Ausarbeitungen anzuführen. Endlich sind die Professoren aller Klassen dahin einzuleiten, damit die den Jünglingen unfehlbar in deutschen Schulen bereits eingeflößte gute Lesungsart mit den erforderlichen Absätzen, und mit Legung des Tons, und Ausdrucks auf die eigentlichen Silben, und Wörter beibehalten, und fortgeführet werde.

Hofdekret v. 10. August 1776 (Sammlung aller k. k. Verordnungen und Gesetze vom Jahre 1740. bis 1780., die unter der Regierung des Kaisers Josephs des II. theils noch ganz bestehen, theils zum Theile abgeändert sind, als ein Hilfs- und Ergänzungsbuch zu dem Handbuche aller unter der

Regierung des Kaisers Joseph des II. für die k. k. Erbländer ergangenen Verordnungen und Gesetze in einer chronologischen Ordnung. 7, Wien 1786, S. 541–549, Nr. 1820).
Abdruck bei Wotke, Karl: Das Oesterreichische Gymnasium im Zeitalter Maria Theresias. Berlin 1905 (Monumenta Germaniae Paedagogica, 30), S. 268–273.

21.4.17 Weisungen für die Lehrer zur Handhabung der Disziplin (1781)

Die von Joseph II. erlassenen „Disciplinar-Vorschriften" spiegeln besonders deutlich das Denken dieser Zeitepoche. Sie beginnen programmatisch mit den Worten: „Die Schüler sollen sich oft zu Gemüthe führen, daß jeder Mensch seine Seelenkräfte nach Möglichkeit auszubilden im Gewissen verbunden, und das Lernen, wodurch solches geschieht, eine von Gott gebothne Pflicht sey, daß jeder Bürger sich zum Dienste des Staats fähig zu machen gleiche Verbindlichkeit habe, und daß sie sich durch nützliche Kenntnisse und Wissenschaften, und die dadurch erleichterte Verfeinerung ihrer Sitten den sichersten und dauerhaftesten Grund zu ihrer innerlichen und äußerlichen Glückseligkeit legen." Reinlichkeit, Pünktlichkeit, Fleiß, Gehorsam sowie diszipliniertes und freundliches Verhalten wurden verlangt. In großer Ausführlichkeit (29 Punkte) wurden diese Forderungen begründet und die Strafen je nach Art des Vergehens festgelegt.
Der folgende Abschnitt wendet sich an die Lehrer und unterrichtet sie über die Handhabung der „Disciplinar-Vorschriften".

Unterricht für die Lehrer über die vorausstehenden Disciplinarvorschriften.

1. Vernünftige Lehrer, die den Umfang ihrer Pflichten kennen, und folglich einsehen, daß die anvertraute Jugend nicht nur in Wissenschaften unterrichtet, sondern auch in guten Sitten gebildet werden muß, haben sich bereits aus eigener Erfahrung hinlänglich überzeugen können, daß bey der häufigen Schuljugend auf eine standhafte moralische Bildung gar nicht zu denken ist, wenn nicht eine gute ernstliche, aber doch bescheidene Schuldisciplin zum Grunde geleget wird.
2. Desto willkommener müssen Lehrern die vorausstehenden Vorschriften seyn, in denen, wie sie leicht errathen mögen, man alle sinnlichen Strafen,[1] so viel es nur immer möglich, auf die Seite geschafft wissen will, theils weil sie bisher nicht immer die wirksamsten Mittel zur Erlangung der Absicht waren, theils weil sie das Gefühl der Ehre und Schande fast gänzlich erstickten, welche doch bey jedem rechtschaffenen Staatsbürger die mächtigsten Triebfedern seyn sollten.
3. In diesen Vorschriften kömmt nun alles auf Ehre und Schande an: dahin ist das Ehrenbuch und die Ehrenbank mit den entgegengesetzten der Unehre und der Strafe gerichtet, welche die erwünschte Wirkung unfehlbar hervorbringen werden, wenn sich Lehrer angelegen seyn lassen, die Erklärung davon nachdrücklich und recht lebhaft zu machen, damit die Jugend durch eine solche Erschütterung auf ihre Pflichten desto aufmerksamer werde.
4. Es sind aber gewisse sittliche Vergehungen der Jugend hierin ausdrücklich und bestimmt mit der zugemessenen Strafe beleget, welche abzuändern oder nachzusehen nicht in der Macht und Willkühr weder des Lehrers, noch des Präfekts stehen kann, und welche eben darum desto nachdrücklicher auf die Jugend, und allenfalls auf die Eltern der Schüler wirken müssen, wenn sie einerseits keine Nachsicht zu hoffen haben, andererseits durch das eigene schriftliche Bekenntniß des fälligen Schülers von der Richtigkeit des Verbrechens überzeuget werden können.
5. Die nöthige Anstalt nun zu dieser Absicht wird darauf beruhen, daß für jede Schule zwey verschiedene Bücher angeschaffet werden, wovon eines das Buch der Ehre, das zweyte das Buch der Schande oder der Unehre genannt werden muß: auf gleiche Weise sind in jeder Schule zwo Bänke aufzustellen, welche beyde von den andern etwas abgesöndert seyn sollen, und derer die eine Ehrenbank, die andere die Strafbank heißen wird.

[1] Körperliche Strafen.

6. Diese Strafbank ist eigentlich eine Schulbank den übrigen vollkommen gleich, nur daß sie schwarz angestrichen, und in einer gewissen Absönderung von den übrigen, doch nicht außer dem Gesichte des Professors stehen muß.
7. Die Bank der Ehre hingegen soll eine saubere, etwan aus hartem Holze gearbeitete, und mit einigen beliebigen Verzierungen versehene Bank seyn, die man vorne vor den übrigen Schulbänken, und, wenn es der Schulraume zuläßt, in einiger Absönderung stellt. Beyde diese Bänke müssen für 6, höchstens 8 Schüler Platz geben.
8. Das Buch der Schande besteht etwan aus zwey Büchern blaues Papier, in 4 to zusammengeleget, davon der Deckel und Schnitt mit schwarzer Farbe überzogen wird. Daher erhält es auch den Namen: das schwarze Buch.
9. Das Buch der Ehre wird aus feinem holländischen Papiere in der nämlichen Form gemacht, jedoch mit einem englischen Uiberzuge und rothen Bändern zum Binden versehen.
10. Zu Ende jedes dieser Bücher werden die letzten 6 Blätter zum Register bestimmt, und daher jedes Blatt in zwo Columnen gebrochen, jede Columne aber mit einem Buchstaben des Alphabets nach der Ordnung in der Mitte bezeichnet.
11. Wenn nun ein Schüler sich irgend eines Vergehens schuldig macht, und desselben überführet ist, muß er ein solches Vergehen mit Beysetzung des Tags, wann es verübet worden, eigenhändig öffentlich in der Schule in das Buch der Schande einschreiben, und seinen Namen unterzeichnen. Dieses ganze Blatt bleibt sodann für diesen Schüler allein gewidmet, um seine etwan nachfolgenden Vergehungen in einer ununterbrochenen Reihe auf eben dieses Blatt aufzuzeichnen, und am Ende des Schuljahrs mit einem Blicke alle Vergehungen zu übersehen.
12. Der Gebrauch des Buches der Ehre ist für entgegengesetzte Handlungen fast der nämliche, wie bey dem Buche der Schande, nur daß der Schüler seine lobwürdigen Handlungen nicht selbst einschreibt; sondern ein anderer von dem Lehrer jedesmal ausdrücklich benannter Mitschüler muß diese Handlung in dem Buche aufzeichnen, und seinen Namen unterfertigen; das Blatt aber bleibt sodann ebenfalls für dieses Schülers Handlungen bestimmt.
13. In beyden Fällen der Einschreibung in das Ehren- oder Schandbuch muß zugleich der Zunamen des Eingeschriebenen (welcher hier vor den Taufnamen gesetzet werden muß) in das Register nach dem Anfangsbuchstaben und mit Anführung der Zahl des Blattes, auf welchem die gute oder fehlerhafte Handlung aufgezeichnet ist, eingetragen werden.
14. Kein Schüler kann in dem Ehrenbuche und dem schwarzen Buche zugleich eingeschrieben seyn. Denn ist er ein- oder einigemal im schwarzen Buche eingeschrieben, so muß er zuvor alle Vergehungen durch eben so viele gute Handlungen tilgen, bis er des Ehrenbuchs fähig wird. Und so auch umgekehrt. Die Schwierigkeit in das Ehrenbuch zu kommen, wenn der Schüler sich des schwarzen schuldig gemacht, ist ein starker Antrieb, sich vor dem schwarzen Buche sorgfältig zu hüten.
15. Beyde diese Bücher müssen stets wohl versperrt in der Schule aufbewahrt seyn: Präfekten aber sollen bey keiner Gelegenheit gestatten, und Lehrer sich hüten, in ein oder das andere etwas eigenhändig einzuschreiben, oder diese Bücher auf ihre Zimmer zu nehmen, damit nicht nur dem Unterschleife, sondern auch allem Verdachte der Parteylichkeit vorgebeuget werde.
16. Bey Einrichtung der Klassen in den österlichen und herbstlichen Prüfungskalkeln[2] müssen sich sodann die Professores genau nach dem Ausweise dieser zwey Bücher benehmen: Der Präfekt aber wird sie vor der Prüfung öffentlich in der Schule abfordern, und dem Direktor vorlegen, nach dessen Gutbefinden gleich bey der Prüfung selbst die in dem schwarzen Buche besonders oder vielfach ausgezeichneten straffälligen Jünglinge vorgerufen, zur grösseren Beschämung ihre eigenen Vergehungen selbst öffentlich abzulesen verhalten, auch nöthigenfalls vom Direktor mit angemessenen öffentlichen Ermahnungen und Bedrohung der Ausschließung von den Schulen angesehen werden können. Solche Drohungen müssen aber bey nicht erfolgender Besserung unfehlbar zu Werke gehen, weil der Schulzucht nichts nachtheiliger sein kann, als leere unerfüllte Drohungen.
17. Erst bey öffentlicher Verlesung der Verdienstklassen wird der Auszug aus dem Ehrenbuche jeder Schule von dem betreffenden Professor dergestalt publiciret werden, daß nach herabgelesener ersten Verdienstklasse der Schule, der Professor dieser Schule selbst aufsteht und die lobwürdigen Handlungen seiner Schüler aus einem mit dem Buche gleichlautend ausgezognem Verzeichnisse öffentlich und laut verkündet z. B. Ex Suprema Classe Humanitatis ob praeclara

[2] Kalkül.

facta libro honoris inseri meruerunt sequentes: Josephus Adler. Hierauf müssen die rühmlichen Handlungen ausdrücklich hergesetzet und abgelesen werden, mit welcher der Jüngling in Rücksicht seines Fleißes und Fortgangs in den Studien und seiner sittlichen Aufführung den Platz in dem Ehrenbuche verdienet hat.
18. Dieses Ehrenverzeichnis sowohl als die Einträge in die Ehre- und Schandbücher müssen bey den drey obersten Schulen in der lateinischen Sprache, bey den zwo unteren aber in deutscher Sprache verfasset werden.
19. Wenn solche Bücher etwan voll geschrieben sind, und in einer oder mehreren Schulen erneuert werden sollen, müssen jedesmal die alten dem Präfekt abgegeben, und von diesem bey dem Gymnasium für alle künftige Zeiten gleich den Kalkelbüchern[3] zurückgeleget und aufbewahrt werden.

[3] Kataloge mit den Prüfungsergebnissen.

Disciplinar-Vorschriften, gedruckt bey Johann Thomas Edlen von Trattnern, kais. königl. Hofbuchdruckerei und Buchhandlung. Wien 1781.
Abdruck bei Wotke, Karl: Das Oesterreichische Gymnasium im Zeitalter Maria Theresias. Berlin 1905 (Monumenta Germaniae Paedagogica, 30), S. 374–377.

21.4.18 Von den Möglichkeiten der Sozialdisziplinierung im Schulraum (1782)

Der folgende Text aus einem Lesebuch für deutsche Schulen macht recht eindrucksvoll bewußt, wie auch über den Lesestoff gewünschte Verhaltensweisen verfestigt werden konnten. Als Behelf für diese „politische Bildung“ diente eine dreizehn Abschnitte umfassende Erörterung über die „Pflichten der Unterthanen gegen ihren Monarchen“. Zuerst wird festgestellt, daß Obrigkeiten „zur Ruhe, Sicherheit, und Wohlfahrt der Städte, Dörfer und Länder unumgänglich nothwendig sind“, dann wird aus der Heiligen Schrift nachgewiesen, daß die Obrigkeiten „ihre Gewalt von Gott“ haben und die Untertanen ihnen „Liebe, Treue und Gehorsam schuldig sind“. Hierauf werden eingehend die einzelnen Pflichten erläutert, auch zu Kriegszeiten (5 Abschnitte), wobei der Krieg keineswegs positiv gewertet wird („Der Krieg ist allezeit eine scharfe Zuchtruthe des Himmels, auch für die Unterthanen siegreicher Fürsten“). Zuletzt wird zur „Vaterlandsliebe“ aufgefordert. „Rechtschaffene Bürger“ hätten im Notfall „Haab und Gut, Blut und Leben zum Dienste des Vaterlandes aufzuopfern“.
Das Lesestück ist in der damals vorherrschenden Unterrichtsform – in Frage und Antwort (Katechese, Sokratik) – abgefaßt; hier kann nur ein Ausschnitt geboten werden.

Von den Pflichten der Unterthanen ůberhaupt.

1. Frage: Was haben die Unterthanen für Pflichten ůberhaupt?
Antwort: Unterthanen sind ůberhaupt verpflichtet, jeder seinen Theil zur Befőrderung der Landeswohlfahrt beizutragen.
2. Frage: Wie werden die Unterthanen der niedrigen Klassen genennet?
Antwort: Unterthanen der niedrigen Klassen werden Bůrger und Bauern genennet, und die Bůrger sind entweder Handwerker und Kůnstler oder Kaufleute.
3. Frage: Welche nennet man Bůrger?
Antwort: Man nennet diejenigen Bůrger, die in den Stådten wohnen.
4. Frage: Was sind Bauern?
Antwort: Bauern sind diejenigen, die auf den Dőrfern wohnen, und das Feld bauen.

5. Frage: Was tragen die Bůrger zur Landeswohlfahrt bei?
Antwort: Die Bůrger tragen dadurch zur Landeswohlfahrt bei, weil sie die zum Ackerbau nǒthigen Werkzeuge, Kleider und andere Nothwenigkeiten zubereiten.
6. Frage: Was tragen die Bauern zur Landeswohlfahrt bei?
Antwort: Die Bauern tragen zur Landeswohlfahrt bei, weil sie durch den Ackerbau den Landeseinwohnern Brod und andere Lebensmittel verschaffen.
7. Frage: Was tragen die Kůnstler bei?
Antwort: Die Kůnstler verfertigen allerlei Werke, zur Bequemlichkeit der Einwohner, zur Zierde der Stådte und Dǒrfer.
8. Frage: Was tragen die Kaufleute bei?
Antwort: Die Kaufleute fůhren den Uiberfluß des Landes in andere Lånder, und bringen Waaren zurůck, die den Einwohnern theils nothwendig, theils nůtzlich sind, oder zur Ergǒtzung gereichen.
9. Frage: Sind Bůrger und Bauern genau mit einander verbunden?
Antwort: Bůrger und Bauern sind durch die Bande der Gesellschaft, wie Leibesglieder miteinander verbunden.
10. Frage: Was will diese Vergleichung sagen?
Antwort: Diese Vergleichung will sagen, daß ein Stand den andern nicht verachten, sondern unterstůtzen soll, so wie ein Leibesglied das andere nicht verachtet, sondern unterstůtzet.
11. Frage: Wer gibt uns dieß Gleichniß?
Antwort: Der heilige Apostel Paulus gibt uns dieses Gleichniß. Gleichwie wir an einem Leibe viele Glieder haben, aber alle Glieder haben nicht einerlei Geschåfte, also sind wir ein Leib in Christo, ein jeglicher aber ist des andern Glied. Rǒm. XII. 4. 5.
12. Frage: Kǒnnen die Bůrger ohne die Bauern bestehen?
Antwort: Die Bůrger wůrden nicht bestehen kǒnnen, wenn ihnen nicht die Bauern durch den Ackerbau, und durch Viehzucht, Brod und andere Lebensmittel verschafften.
13. Frage Was haben die Bauern fůr Pflichten?
Antwort: Die Pflichten der Bauern sind, daß sie bei ihrer Arbeit fleißig seyn, beten und Gott dienen, friedlich, sowohl untereinander, als auch mit denjenigen, die nicht von unserer Religion sind, und darinn von unserer Meinung abweichen, leben, die Trunkenheit und andere Laster meiden sollen.
14. Frage: Wie geht es faulen, lůderlichen und betrunkenen Bauern?
Antwort: Faule, lůderliche, und betrunkene Bauern werden gemeiniglich arm, von ihren guten Nachbarn verachtet, sterben frůhzeitig, und ziehen sich das schrecklichste Strafgericht Gottes, die ewige Verdammniß zu; wie auch jeder andere Stand, der diesen groben Lastern ergeben ist.
15. Frage: Was sollen die Taglǒhner, Knechte, und andere Dienstboten thun?
Antwort: Der heilige Apostel Paulus ermahnet die Knechte, daß sie mit ihrem Stande zufrieden seyn sollen, und dieses geht auch Taglǒhner, und andere Dienstleute an.
16. Frage: Wie lauten die Worte des heiligen Paulus?
Antwort: Die Worte des heiligen Paulus sind diese: ein jeglicher bleibe in dem Berufe, in welchem er berufen ist. Bist du zu einem Knechte berufen, so laß dich dieses nicht bekůmmern. 1. Kor. VII. 21. 22. v.
17. Frage: Wie sollen sich die Bůrger verhalten?
Antwort: Die Bůrger sollen ebenfalls friedsam untereinander leben, unermůdete, friedsame und fromme Christen seyn, und ihre Arbeit ohne Betrug verfertigen.
18. Frage: Um was sollen sich Bůrger und Bauern vorzůglich bemůhen?
Antwort: Bůrger und Bauern sollen sich vorzůglich bemůhen, ihre Kinder wohl zu erziehen.
19. Frage: Warum sollen sie die Kinder wohl erziehen?
Antwort: Sie sollen die Kinder wohl erziehen, damit gute Christen, und nůtzliche Glieder des Staats, das ist rechtschaffene Unterthanen aus ihnen werden mǒgen.
20. Frage: Kann derjenige ein rechtschaffener Unterthan seyn, der keine Religion hat?
Antwort: Derjenige, der keine Religion hat, fůrchtet Gott nicht; und wer Gott nicht fůrchtet, der kann kein rechtschaffener Unterthan seyn.

Anhang zum Lesebuch für Landschulen. Pflichten der Unterthanen gegen ihre Monarchen. Zum Gebrauche der deutschen Schulen. Wien, Im Verlagsgewölbe der deutschen Schulanstalt bei St. Anna in der Johannesgasse 1782, S. 8–12.

21.4.19 Einführung der deutschen Sprache als Unterrichtssprache an den Universitäten (1784)

Joseph II. hatte sich bereits Ende 1782 gegenüber dem Staatsrat für die Verwendung der deutschen Sprache auch im höheren Unterricht ausgesprochen. Utilitaristische und politische Überlegungen hatten zu diesem Standpunkt geführt. Einerseits wollte der Kaiser, daß die Universitäten nicht Gelehrte, sondern vor allem Staatsbeamte heranbilden, andererseits sollte die deutsche Sprache als selbstverständliches Kommunikationsmittel zumindest der Führungsschicht der Monarchie den Weg zum Einheitsstaat bereiten helfen.
Die Verordnung vom 12. Juli 1784, welche die Verwendung des Deutschen bei den meisten Vorlesungen an den Universitäten und Lyzeen ab dem Studienjahr 1784/85 festsetzte, bedeutete einen entscheidenden Schlag gegen die Vorherrschaft des Lateins im Bildungsbereich und machte erst die Umwandlung des Gymnasiums von einer Lateinschule zu einer allgemeinbildenden höheren Schule möglich.

Mit Anfang des nächsten Schuliahrs soll die deutsche Sprache zu den öffentlichen Vorlesungen gebraucht und eingeführt werden.
Dabei ist folgende Vorschrift zu beobachten:
Bei dem theologischen Studium mag der Vortrag in lateinischer Sprache zwar gegenwärtig noch fortdauern, es mögen auch die lateinischen Vorlesebücher ferner beibehalten, die Pastoraltheologie aber muß gleich in deutscher Sprache gelehrt werden.
Bei dem Juridischen sind alle Gegenstände deutsch zu lehren, nur das geistliche Recht für itzt noch ausgenommen, wobei der lateinische Vortrag, und das lateinische Vorlesebuch deßwegen gestattet wird, weil alle theologische Schüler, die der deutschen Sprache nicht immer mächtig sind, es zu hören verbunden werden.
In deutscher Sprache sind zwar auch die Prüfungen für das Doktorat vorzunehmen, die öffentlichen Disputazionen abzuhalten, und die Abhandlung für den Gradus zu verfassen; doch mag den Kandidaten noch einige Zeit die Wahl der deutschen oder lateinischen Sprache freigelassen werden.
Bei dem medizinischen wird der medizinische praktische Unterricht für Wundärzte, und die Lehre der Wundarznei und Hebammenkunst ehehin schon in deutscher Sprache vorgetragen.
Bei dem philosophischen hat der Gebrauch der deutschen Sprache sich über alle Lehrgegenstände zu erstrecken.
Das beigefügte Verzeichniß enthält die theils ursprünglich deutschen, theils in das Deutsche übersetzten Vorlesebücher, deren man sich hier bedienet. Gleichwohl bleibt es iedem Lehrer frei, besonders für das philosophische Studium andere zu wählen, die aber von hier aus zu genehmigen sind, oder sich des bisher üblichen fortzugebrauchen.

Verordnung v. 12. Juli 1784, in: Handbuch aller unter der Regierung des Kaisers Joseph des II. für die K. K. Erbländer ergangenen Verordnungen und Gesetze in einer sistematischen Verbindung. 6, Wien o. J., S. 402–404.

21.4.20 Abschaffung des Magisteriums an der philosophischen Fakultät (1786)

Die unter Joseph II. weitergeführte Neuordnung der Universitätsstudien war besonders stark von praktischen Zielsetzungen und Nützlichkeitserwägungen beeinflußt. Deswegen wurden die philosophischen Studien verkürzt und auf das unbedingt Notwendige beschränkt. Ein akademischer Abschlußgrad für eine reine Vorbereitungsstufe schien daher überflüssig.

An die sämtlichen Länderstellen wo Universitäten und Lyceen sind. Unter den mancherlei Mißbräuchen, welche die ehemalige Verfassung des philosphischen Studiums verunzierten, muß die so leicht, und ganz gegen allen Zweck ertheilte Beförderung zum Magister und Doktor gerechnet werden, daher für nothwendig befunden wird, in diesem Stücke eine der Absicht zusagendere Vorschrift zu ertheilen. Also wird
1^{tens} die bisher übliche Art der Beförderung zu Magistern und Doktorn der Philosophie abgestellet.
2^{tens} Aber soll auch in Zukunft, um zu den medizinischen, oder welchem immer andern höheren Studium zugelassen zu werden, das Magisterium oder der Doktorgrad nicht mehr gefordert werden, sondern zureichend seyn, wenn der aus der Philosophie zu einer Berufswissenschaft übergehende, nach der Vorschrift von 7ten September 1784 geprüft worden ist, und sich darüber mit dem ordnungsmässigen Zeugnisse ausweist.
Wenn nun
3^{tens} es jemand zu irgend einer Absicht für nothwendig oder nützlich finden sollte, den Gradus aus der Philosophie zu erhalten, so hat derselbe, ohne daß die Schulprüfungen, wie bisher eingerechnet werden, wie bei andern Fakultäten drey ordentliche Rigorosa aus drey Hauptheilen, nämlich aus der eigentlichen theoretischen, und praktischen Philosophie, und der Mathematik und Physik, und aus der allgemeinen Geschichte zu machen, über die Nebenwissenschaften und Hilfstheile aber sich durch Zeugnisse auszuweisen; Nach welchen Beweisen seiner Kenntnisse ihm das Doktorat aus der Philosophie ertheilt werden, das Magisterium aber ganz aufgehoben seyn soll.

Wien den 3ten November 1786.

Hofdekret v. 3. November 1786.
Textwiedergabe nach Meister, Richard: Geschichte des Doktorates an der Universität Wien. Wien 1958 (Sb. Öst. Ak. Phil.-hist. Kl. 232/2), S. 101f.

21.4.21 Abschaffung des Baccalaureats an den Universitätsfakultäten (1788)

Die Umwandlung der Universitäten in staatliche Lehranstalten mit praktisch-beruflichen Zielsetzungen sollte auch dadurch ausgedrückt werden, daß nach Möglichkeit alle Traditionen, die an die frühere Verfassung und Verwaltung der Universität erinnerten, beseitigt wurden. So wurde bereits 1784 die Amtstracht der akademischen Funktionäre, Talar und Barett, abgeschafft; im Jahre 1788 fiel diesen Bestrebungen auch der unterste akademische Grad, das Baccalaureat (Bakkalariat) zum Opfer.

An die N. Oe. Regierung
Da heut zu Tage, wo jeder ohne Unterschied der Religion in den 3 weltlichen Fakultäten die Doktorwürde erhalten mag, und soll, von einem abzulegenden Glaubensbekenntniße dabei keine Frage mehr seyn kann, und der Baccalaureat jederzeit eine bloße unütze Formalität war, so hat es von beyden, und zwar in Ansehung des letzteren bey allen vier Fakultäten, des ersteren aber nur bey den drey weltlichen Fakultäten , und also auch von der deswegen gesetzten Taxe von 6fl. für das künftige abzukommen: welches der Universität bekannt zu machen ist.
Wien den 30. März 1788.

Hofdekret v. 30. März 1788.
Textwiedergabe nach Meister, Richard: Geschichte des Doktorates an der Universität Wien. Wien 1958 (Sb. Öst. Ak. Phil.-hist. Kl. 232/2), S. 102.

21.4.22 Einige Grundsätze der Neuordnung des Schul- und Studienwesens unter Leopold II. (1791)

Unter Kaiser Leopold II. (1790–1792) wurden neue Wege in der Bildungspolitik eingeschlagen. Die von Univ.-Prof. Karl Anton Martini geleitete Studieneinrichtungskommission suchte das Schulwesen zu dezentralisieren und auf der unteren Ebene zu demokratisieren. Dem Lehrer wurde seine pädagogische Kompetenz zurückgegeben, die innere Schulreform erhielt Vorrang.
Von den 36 Grundsätzen, die der Neuordnung das Ziel weisen sollten, werden im folgenden die ersten 9 wiedergegeben. Doch sie lassen hinreichend erkennen, daß durch sie eine Neuentwicklung im Bildungsbereich eingesetzt hätte, wären die proklamierten Grundsätze auch voll in die Wirklichkeit übertragen worden. Das meiste blieb nämlich in den Ansätzen stecken und wurde unter Franz II. (I.) widerrufen.

Seine K. K. Majestät, unser gnädigster Regent, und Landesvater, haben unter der Menge der wichtigsten Geschäfte, die Sie bei Ihrem Regierungsantritte vorfanden, auch die öffentliche Erziehung Ihrer vorzüglichen Aufmerksamkeit gewürdiget. Höhstdieselben waren überzeugt, daß die Verbesserung der Schul- und Studieneinrichtungen auf das Wohl des Staates den wichtigsten Einfluß habe. Wir sind glücklich, daß uns die Vorsehung diese Zeiten hat erleben lassen. Sie schenkt uns einen Landesvater, der in diesem wichtigen Punkte, so wie in jedem andern Betrachte, der wahre Wohltäter seines Volkes wird; der zur Bildung sowohl der itzigen, als auch künftigen Generationen den festesten Grund legt.
Zu diesem Endzwecke haben Seine K. K. Majestät die gemessensten Befehle zur Verbesserung des Schul- und Studienwesens in Ihren Staaten ertheilt. Allerhöhstdieselben haben beschlossen, daß der für die vier Fakultäten verfaßte neue Studienplan auf den österreichischen Universitäten eingeführt, und beobachtet werden soll. Andere Entwürfe, welche auf die Lehrgegenstände und Einrichtungen der Gymnasien und bürgerlichen Stadt- und Landschulen Beziehung haben, werden nachfolgen.
Uiber gewisse Gegenstände, welche das Erziehungsgeschäft, und das österreichische Schul- und Studienwesen überhaupt betreffen, haben Seine K. K. Majestät, nach eingereichten Vorschlägen, und derselben sorgfältiger Prüfung, folgende allerhöhste Entschliessungen zu erlassen geruhet, wovon das Wesentliche dem Publikum, und vorzüglich dem Lehrstande der gesammten Oesterreichischen Staaten, hiemit vorläufig bekannt gemacht wird.

§. 1.

Seine K. K. Majestät wollen vor allem das den öffentlichen Lehrern gebührende Ansehen und den ihnen vermög Ihrer Kenntnisse und gemachten Erfahrungen zustehenden Einfluß in die innere Verfassung der Schul- und Studien Sachen hergestellt wissen, und diesen auch für künftige Zeiten zu gründen suchen. Es soll und kann also hierinn von den über sie geordneten Stellen nichts von Wichtigkeit ohne ihre Zuziehung und Einvernehmung unternommen werden.

§. 2.

Jeder öffentliche Lehrer und Professor wird hiermit befugt, über Schul- und Studiensachen seine Meinung äussern, über Mängel und Gebrechen der Erziehungs- und Unterrichtsanstalten seine Klagen, und zur Abänderung derselben seine Gedanken und Vorschläge den Behörden vorlegen zu dürfen. Um hierinn die nöthige Ordnung zu beobachten, haben Seine K. K. Majestät folgende weitere Einrichtung in Ansehung der Schul- und Studiendirektion allergnädigst zu genehmigen geruhet.

§. 3.

Die Professoren einer jeden der vier Universitätsfakultäten, so wie die Lehrer eines jeden Gymnasiums, und einer jeden bürgerlichen Haupt- oder sogenannten Normalschule machen für sich und ihr Schul- oder Studienfach ein Corpus, oder eine eigene besondere Lehrerversammlung, aus. Es wären also sechs dergleichen Lehrerversammlungen, welche benanntlich aus der theologischen, juridischen, medicinischen, und philosophischen Fakultät, aus den Lehrern der Gymnasien, und bürgerlichen Hauptschulen bestehen. Die Lehrer der Gymnasien, und bürgerlichen Hauptschulen, wenn ihre Anzahl gering ist, so wie die Lehrer der Lycäen, können sich in Eine Versammlung vereinigen.

§. 4.

In den besonderen Lehrerversammlungen sollen die eigentlichen Schul- und Studiensachen verhandelt werden. In dieser Absicht wird jedes einzelne Lehrerkollegium sich zu gewissen Zeiten versammeln, und über die dahin gehörigen Gegenstände berathschlagen; dergleichen sind: die genaue Befolgung des vorgeschriebenen Schul- und Studienplans in Ansehung einer guten Auswahl der Lehrgegenstände, und Lehrmaterien; der Einführung vorzüglich guter und klassisch befundener Schul- und Vorlesebücher; der Verbreitung und Vervollkommnung einer bewährten Lehrmethode, und vorzüglich eines lehrreichen und deutlichen Lehrvortrags; der Aufrechterhaltung einer guten Schulzucht u. s. w. Auch die weitere Auseinandersetzung und Bearbeitung der folgenden Artikel: von Lehramtsvorschriften, von Prüfungen; vom Gebrauche der öffentlichen Bibliotheken; von der Herausgabe eines gelehrten Journals, von würdigen Subjekten zu Lehrämtern, zu Stipendien, und dergleichen gehört zu den Berathungs- und Beschäftigungsgegenständen dieser Versammlungen. Uiberhaupt muß der vornehmste Zweck derselben nie aus den Augen gelassen werden, welcher darinn bestehet, daß die Mitglieder zur Aufnahme und Vervollkommnung der vaterländischen Schul- und Studienanstalten vermög eines stets regen, und thätigen Amtseifers alles Mögliche beitragen, und daher von Zeit zu Zeit gedeihliche Vorschläge, und schickliche Mittel an die Hand geben, wie den etwa eingeschlichenen oder sonst anerkannten Mängeln, Gebrechen, und Unvollkommenheiten abgeholfen, und auf welche Art allenfalls nützliche Verbesserungen vorgenommen werden können.

§. 5.

Das allgemeine Beste fordert es, daß die Aufsicht über öffentliche Erziehungs- und Unterrichtsanstalten nur solchen Männern anvertrauet werde, die als öffentliche Lehrer und Professoren in Schul- und Studiengeschäften stets berufsmäßig gearbeitet, und dadurch die gehörigen Einsichten und Erfahrungen in diesem Fache erlangt haben. Zu diesem Ende soll in jeder Hauptstadt einer Provinz, in welcher sich die §. 2. erwähnten sechs Lehrerversammlungen befinden, ein Studienkonseß aufgestellt, und demselben die allgemeine Direktion und Aufsicht über die innere Schul- und Studienverfassung in einer Provinz, übergeben werden. Gleichwie jede einzelne Lehrerversammlung ihr besonderes Lehrfach besorget, so muß der Studienkonseß das Allgemeine, den Zusammenhang, und die Verbindung des ganzen Schul- und Studienwesens übersehen, und darüber Obsicht tragen. Dieser Studienkonseß soll aus einem Vorsteher, und sechs Beisitzern bestehen, zu denen nur öffentliche Lehrer, und um die Erziehung und den Unterricht der Schuljugend verdiente Schulmänner ernannt werden können. Dem Studienkonsesse sind also die §. 3. angeführten Lehrerversammlungen, und vermittelst dieser auch die einzelnen Schulen in Provinzialstädten, und auf dem Lande untergeordnet.

§. 6.

Für einen jeden solchen Provinzialstudienkonseß werden vier Mitglieder oder Assessoren von den vier Fakultäten, und die zween übrigen von den Versammlungen der Gymnasien- und bürgerlichen Normalschullehrer gewählt. Vermittelst dieser Wahl wird jedem Assessor ausser der gemeinschaftlichen Obsorge über das gesammte Provinzialschul- und Studienwesen sein eigenes Fach zugewiesen. Das Praesidium dieses Studienkonsesses wird dem Rektor der Universität übertragen. Bei der Wahl der Assessoren, welche ein so angesehenes und wichtiges Amt bekleiden, dürfte auf einsichtsvolle und erfahrne, Alters halber jubilirte Lehrer, Professoren, und Vorsteher der öffentlichen Schulen vorzügliche Rücksicht genommen werden. Sollten aber dergleichen würdige Männer sich nicht vorfinden, so mag die Wahl auch auf Mitglieder der Lehrerversammlungen fallen, und wirkliche öffentliche Lehrer können zu Beisitzern des Studienkonsesses, und Stellvertretern ihrer Lehrkörper gewählet werden. Jedoch darfen die zu

Assessoren gewählten wirklichen Lehrer den Berathschlagungen des besonderen Lehrerkollegiums, zu welchen sie gehören, nicht mehr beiwohnen. Diese Einrichtung hat die nothwendige Folge, daß die vorigen Präsidial- und Direktoratstellen der Fakultäten hiemit gänzlich aufhören.

§. 7.

Gleichwie von dem in einer Provinz aufgestellten Ordinarius die Einsicht der theologischen Studien, in so weit diese die Reinigkeit der katholischen oder allgemeinen christlichen Lehre zum Gegenstand haben, noch ferner fortzusetzen ist, so könnten auch die übrigen Studien- und Schulversammlungen einer anständigen Inspektion zugewiesen werden. Diese Behörden würden nicht unterlassen, die gute Sache der Lehrerversammlungen in ihren besonderen Schutz zu nehmen, und zu derer Aufnahme und Beförderung alles Mögliche beizutragen.

§. 8.

Man hat öfters Klagen in Anregung gebracht, daß die Schüler der Gymnasien für die Universitätsstudien, und die Schüler der bürgerlichen Schulen für die Gymnasien nicht gehörig vorbereitet würden. Diesen künftig vorzubeugen, wird dem Assessor oder Repräsentanten der philosophischen Fakultät das Recht zugestanden, in Gymnasien, so wie dem Repräsentanten der Gymnasienlehrerversammlung in bürgerlichen Normal- oder Hauptschulen nachzusehen, ob die vorgeschriebenen Lehrgegenstände auf die gehörige Art getrieben werden. Im Falle, daß diese zween Assessoren Ausstellungen zu machen haben, sollen sie solche bei dem Studienkonsesse alsogleich vorbringen.

§. 9.

Bei Anstellung eines neuen Lehrers zu was immer für einem Lehramte soll ein Lehrkörper und der Studienkonseß künftig das Recht haben, taugliche Subjekte in Vorschlag zu bringen, und dieselben allenfalls zu prüfen, wozu weitere Vorschriften werden gegeben werden.

Nachricht von einigen Schul- und Studienanstalten in den Oesterreichischen Erblanden.
Wien, bei Joseph Edlen von Kurzbeck, 1791, S. 3–12.

Abdruck bei Wotke, Karl: Das Oesterreichische Gymnasium im Zeitalter Maria Theresias. Berlin 1905 (Monumenta Germaniae Paedagogica, 30), S. 410–414.

21.4.23 F. M. Vierthaler: Von der Schulerziehung (1791)

Der vielseitig begabte Franz Michael Vierthaler (1758–1827) – in Oberösterreich geboren und in Wien gestorben – hat in seinem ereignisreichen Leben die unterschiedlichsten Aufgaben erfolgreich bewältigt. Seine bedeutendste Leistung vollbrachte er als Pädagoge und Schulorganisator in Salzburg. Wenn sie auch nur eine Episode in seinem Wirken war, so gingen doch von dieser seiner Tätigkeit und von seinen Schriften wichtige Impulse aus, die den Weg zur modernen Erziehungsschule bahnen halfen. Die „Elemente der Pädagogik und Methodik", aus denen der folgende Text stammt, gaben handfeste Grundsätze für seine Zöglinge im Lehrerseminar. Die Schrift erschien 1791 zum ersten Mal und wurde in den folgenden Auflagen (1793, 1802, 1804, 1810) erweitert, ohne daß die pädagogischen Aussagen wesentlich abgeändert wurden. Sein Bildungsdenken war, wie auch der kurze Ausschnitt beweist, der Aufklärung verhaftet, keineswegs systematisch, aber für die Unterrichtspraxis von großem Wert.

Von der Schulerziehung.

§. 68.

Ein Lehrer der Kinder schränke seine Bemühungen nicht auf den bloßen Unterricht ein; er suche auch in ihrem Herzen edle Gesinnungen zu erwecken; in dasselbe den Keim zu schönen Handlungen zu streuen. Aus den Schulen sollen nicht etwa bloß gute Leser, gute Schreiber und Rechner hervorgehen, sondern auch, was ungleich wichtiger ist – gute Menschen.

§. 69.

Schon in den Zeiten der alten Griechen und Römer wurde den Schulen der Vorwurf gemacht, daß sie den Sitten verderblich seyn; und in unsern Tagen wiederholte man denselben an verschiedenen Orten. Möchte er ungerecht, und nirgend gegründet erfunden werden!

§. 70

Ein Lehrer, welchem es wahrhaft darum zu thun ist, einen so bedeutenden Vorwurf von seiner Schule fern zu halten, halte ihn vor Allem von sich selbst ferne. Dort gedeiht keine Schulreform, wo der Lehrer sie nicht mit sich selbst begann.

§. 71.

Wer dazu beyzutragen wünscht, daß das Reich Gottes auf der Erde sich verbreite, sey selbst ein Bürger dieses Reichs. Er bessere sich selbst, ehe er Andere bessern will; sey thätig aus eignem Triebe, rechtschaffen aus Pflicht. Er kleide die Lehren, die er seinen Kindern geben will, mehr in That, als in Worte ein.

§. 72.

Er erscheine nicht bloß beym ersten Antritte seines Amtes als rechtschaffner Mensch und Lehrer; er sey es sein ganzes Leben hindurch. An jedem Tage zeige er sich seinen Kindern in jenem vortheilhaften Lichte, in welchem er sich ihnen das erste Mal gezeigt hatte. Er verdiene es täglich, ihr Lehrer und Muster zu heißen.

§. 73.

Der Lehrer muß den Eltern das heilige Wort geben können, daß in der Schule nichts Böses geschieht. Er sey also immer der erste in derselben, und verlasse sie während des Unterrichts nie. Die Kinder sind seines wachenden Auges bedürftig; seines wachenden Auges werth.

§. 74.

Er sorge für beständige Beschäftigung aller Kinder jeder Klasse, und betreibe daher den gemeinschaftlichen Unterricht unverdrossen und ununterbrochen. Kinder dürfen nie sich selbst überlassen bleiben. Nur zu oft sprechen sie mit bösen Menschen, wenn sie mit sich selber sprechen.

§. 75.

Er bereite sich täglich zum Unterricht vor, und halte den Tag für verloren, an welchem er sich nicht das Zeugniß geben kann, heilsam auf seine Zöglinge gewirkt zu haben. Durchdrungen von der Wichtigkeit seines Amtes, und überzeugt, täglich nützen zu können, wird er auch täglich nützen.

§. 76.

Die Klage, daß der Schulstand nicht so geachtet werde, als er wohl verdiente, ist schon sehr alt; allein die Klage, daß die Schullehrer nicht das sind, was sie seyn sollten, ist es nicht minder. Die Welt ist nicht so tief gesunken, daß sie den Werth der Tugend ganz verkännte. Wer Ehre will, sey ehrenwerth!

§. 77.

Der Lehrer stehe nie still; er suche sich immer Dem mehr zu nähern, was er als Lehrer und Mensch seyn soll, ohne durch das Gefühl seiner Schwäche den Muth zu verlieren; ohne durch das seiner Erstarkung arrogant zu werden. Wahres Verdienst ist bescheiden.

§. 78.

Er mache sein Fach zu seinem beständigen Studium, und denke gerne über sich und seine Pflichten nach. Seine Pflichten kennen, sie lieben und ganz denselben leben, gewährt moralisches Ansehen, womit man sich und seinen Stand veredelt, womit man auf Kinder und auf Eltern wirkt.

§. 79.

Das Bewußtseyn, seine Pflichten, ihrem ganzen Umfange nach, zu kennen, und sie auch gewissenhaft zu erfüllen, ist überdieß eine der vornehmsten Quellen des Frohsinns, der einem Pädagogen vorzüglich nothwendig ist.

§. 80.

Lieberkühn schrieb hierüber eine schöne Abhandlung, er suchte darin die Quellen auf, aus denen sich ein Lehrer diese herrliche Eigenschaft schöpfen soll. Nur jener Quelle erwähnte er nicht, aus der so allgemein der Mißmuth und der Trübsinn der Schulmänner fließt; und diese ist – ökonomische Zerrüttung.

§. 81.

Armuth lähmt oft die Kraft des Menschen; macht ihn oft niederträchtig. Ich rechne es daher unter die heiligsten Pflichten eines Lehrers, den Kreis seiner Bedürfnisse zu beschränken, sich Manches versagen zu können. Häusliche Glückseligkeit, Seelenruhe, edler hoher Sinn sind sonst auf ewig dahin.

§. 82.

Durch treue Erfüllung seiner Pflichten kann sich selbst der gesunkene Mann wieder aufrichten. Wer nicht bloß während der Schulzeit, sondern auch außer derselben Lehrer ist, kennt lange Weile nicht: die Mutter des ökonomischen und moralischen Verderbens.

§. 83.

An Arbeiten, die leeren Stunden des Tages auszufüllen, kann es einem Lehrer nie fehlen. Er bereite sich zu dem bevorstehenden Schulunterricht vor; berichtige seine monathlichen Tabellen; setze sein Tagbuch fort; nähre seinen Geist mit gesunder Lectüre; arbeite an seiner eigenen Vollendung. Wer an seiner eigenen Besserung arbeitet, arbeitet an der Besserung seiner Schule.

§. 84.

Mancher Lehrer, dem es an der nöthigen Seelenstimmung und Vorbereitung fehlt, glaubt diesen Mangel dadurch ersetzen zu können, daß er sich seinen Schülern furchtbar macht. Allein Furcht ist ein schlechtes Princip in der Erziehung. Die Stille, die sie hervorbringt, und die nichts weniger, als ein Beweis von Aufmerksamkeit ist; der Trauerton, der in dergleichen Schulen herrscht; das Sitzen in engen, dumpfen, finstern Kammern erzeugen stumme Schandthaten; entwickeln den Keim dazu.

§. 85.

Ferne sey es indeß von mir, daß ich jenen empfindsamen Ton empfehlen sollte, der einst in Büchern und in Schulen herrschte. Der Lehrer , der den Kindern immer ihren Willen läßt, mit ihnen tändelt, mit ihrer Hand spielt, sie mit der seinigen spielen läßt, ihnen die Backen streichelt – hat meine ganze Verachtung.

§. 86.

Ernst, mit Freundlichkeit vermischt, sey der Charakter des Lehrers. Alles, was er thut, thue er mit stiller Würde und jener Zuversicht, die das Gefühl seiner selbst dem edlen Manne gewährt. Aufmerksamkeit, Ordnung, Thätigkeit werden in so einer Schule bald herrschend werden.

§. 87.

Er befolge die Vorschriften der Methodik genau, und suche es in der Ausübung derselben immer auf einen höhern Grad von Fertigkeit zu bringen. Er entwerfe eine passende, den Fleiß der Kinder spornende Schulordnung; sinne auf Arbeiten, die von denselben auch ohne seine Beyhülfe mit Nutzen und Vergnügen verrichtet werden können; und dringe unermüdet auf Beschäftigung Aller zu jeder Zeit. Wer in einer Schule Moralität herstellen will, muß vor Allem für guten intellectuellen Unterricht sorgen.

§. 88.

Gibt er den Kindern überdieß angemessene Schulgesetze; sind die Schulbücher lehrreich; wird ihr Inhalt deutlich erklårt und ihnen warm ans Herz gelegt; wird etwa zu Ende jedes Monaths ein sanftes Sittengericht über sie gehalten; so werden sich bald die schönen Wirkungen der Moralität an ihrem Betragen in und außer der Schule äußern. Wenn nur nicht die häusliche Erziehung, oder vielmehr Verwahrlosung das Gute, wozu in der Schule der Grund gelegt wird, so oft wieder vertilgte!

§. 89.

Bey einer verwahrloseten Schule setze er sich's jedoch nicht in den Kopf, Alles mit einem Mal umschaffen zu wollen. Das alte: *Festina lente* – ist noch heut zu Tage ein goldner Spruch. Wer Alles auf einmal lehren will, lehrt nichts; wer Alles auf einmal bessern will, bessert nichts.

§. 90.

Wer die Menschen bessern will, muß die Menschen kennen. Der Weg zum Kopf und zum Herzen derselben steht nicht Allen, steht auch nicht immer offen. Der Lehrer wisse, wie Isokrates, welche unter seinen Schülern der Zügel und welche des Spornes bedürfen. Er wisse nicht bloß ihre Nahmen, sondern auch ihre Charaktere auswendig.

§. 91.

Um aber zu dieser individuellen Kenntniß zu gelangen, habe der Lehrer auch für Kleinigkeiten ein Auge; denn Kinder verrathen oft in Kleinigkeiten ihren Charakter. Wer an seinen Zöglingen Züge auffasset, wie Vater Servius Oppidius beym Horaz: der ist ein herrlicher Pädagog.

§.92.

Er mache von seiner Charakterkenntniß edlen und klugen Gebrauch. Er benütze sie, um dem Bösen, das er entdeckte, Einhalt zu thun, und den Samen des Guten zur Reife zu bringen. Jenes muß nach und nach ausgereutet; dieses angepflanzt werden.

§. 93.

Mit dem Ausreuten und Anpflanzen im moralischen Sinne ist es jedoch eine mißliche Sache. Gewöhnlich ist es nichts weiter, als Austauschung des Bösen gegen Böses; Beförderung einer Tugend auf Kosten einer andern. Dieß hat in dem unpsychologischen Verfahren der Lehrer bey den sogenannten Strafen und Belohnungen seinen Grund, und in zu weniger Bekanntschaft mit der menschlichen Seele.

§. 94.

Die Strafen, welche bisher in den meisten Schulen ůblich waren, brachten theils gar keine, theils schådliche Wirkungen hervor. Sie schlugen den Muth der Kinder nieder; machten sie unthåtig, menschenscheu, unbrauchbar; oder sie erweckten in ihnen die Rachsucht, und bestimmten sie zu raschen Schritten, die ihnen die schőnsten und frohesten Aussichten auf immer raubten.

§. 95.

Gerade die schlechtesten aus allen Strafen, die kőrperlichen waren von jeher auch die gewőhnlichsten; und unter den kőrperlichen diejenige, welche ganz dazu gemacht zu seyn scheint, die schőne Farbe der Unschuld: die Schamrőthe wegzutilgen; die Jugend physisch und moralisch zu verderben.

§. 96.

Eben so unweise wåhlte man die Belohnungen. Man reitzte die Sinnlichkeit der Kinder; schmeichelte der Eitelkeit; weckte die Habsucht. Es war grőßtentheils nur ein Zufall, wenn die Schulstrafen und Belohnungen Besserung bewirkten.

§. 97.

Ein denkender Lehrer behandelt gute und bősartige Kinder, wie ein edler Mann gute und bőse Menschen: mit zuvorkommender Gůte, mit Wohlwollen, Zutrauen, Liebe etc. – oder mit feyerlichem Ernste, mit mehr oder weniger deutlichen Spuren von Kålte, Mißtrauen, Nichtachtung etc. Man kann nicht immer sagen, wie er Jeden behandelt; aber er behandelt Jeden anders.

§. 98.

Indeß schließt er auch die bősartigen Kinder nicht ganz von seinem Herzen aus. Diese sind vielmehr ein besonderer Gegenstand seines geheimen Nachdenkens, seiner geheimen Sorgen. Viele Menschen wurden verworfen, weil man sie in ihrer Jugend als verworfen aufgab.

§. 99.

Der Lehrer ist nicht Herr und Richter der Kinder: er ist ihr Seelenarzt. Ihre Fehler sind nicht Beleidigungen, die er råchen, sondern Krankheiten, die er heilen soll. Wer diesen Gesichtspunkt im Auge hat, bringt es so weit, als es Rousseau selbst nicht brachte, als es aber Archytas und Plato brachten.

§. 100.

Ein denkender Lehrer forscht den Quellen des Uebels nach; wirft einen Blick auf die Natur, das Alter, die Erziehungsart und die individuellen Verhåltnisse der Kinder; und nun wundert er sich nicht mehr, daß sie so böse sind; sondern darůber erstaunt er, daß sie noch so gut sind.

§. 101.

Er behandelt vorzůglich die kleinen Anfånger gelinde, ganz ůberzeugt, daß sanfte Ermunterungen bey ihnen mehr, als Strenge fruchten; daß Fleiß, Lehrbegierde, Fåhigkeit nie durch Strafen mitgetheilt werden. Er denkt hierůber ganz so, wie Quintilian.

§. 102.

Er hůtet sich ins Besondre, Wahrheiten, die seinen Zőglingen ewig heilig und theuer bleiben sollen, ihnen auf eine rohe Art beyzubringen. Er fůrchtet traurige Folgen davon. Schwerlich wird ein Mann die Religion lieben, dem als Kinde, der Unterricht in derselben manche unangenehme Empfindung, manche Thråne gekostet hat.

§. 103.

Wer Menschenpflichten ausüben soll, muß Menschenpflichten lieben. Heil daher jenem Lehrer, der sich mit dem Spartanischen Pädagogen beym Plutarch rühmen darf: *Facio, ut quae honesta sunt, eadem pueris et suavia sint.*[1]

§. 104.

Sparsam mit Strafen, ist ein vorsichtiger Schulmann es noch mehr mit Belohnungen. Er weiß, wie leicht Kinder verleitet werden können, das Gute zu thun, nicht weil es Pflicht ist, sondern weil es Lohn bringt. Seine Zöglinge sollen keine moralische Calculanten werden.

§. 105.

Philosophen stellten uns den Menschen als ein Thier dar, das nur für Eigennutz und Selbstsucht wirksam, immer nur die Folgen seiner Handlung zu berechnen gewohnt sey, ehe es sich zum Handeln bestimme. Einer unsrer verdientesten Schriftsteller schrieb sogar, dieser Idee zufolge, einen Katechismus für das Volk.

§. 106.

Mit Maximen des Nutzens und der Ehre zieht man wohl brauchbare, thätige Bürger, aber nicht gute Menschen, die still, ungesehen, unbemerkt, nur Gott und sich zu Zeugen, schön, edel, und groß handeln. Der Vortheil der schönsten Tugend, der stillen Tugend läßt sich nicht arithmetisch darthun.

§. 107.

Wir haben nun würdigere Begriffe von dem Menschen. Wir glauben, daß schon das dunkle moralische Gefühl ihn zur Erfüllung seiner Pflichten bestimmen könne. Wer dieses Gefühl in ihm entwickelt, ihm die Begriffe von Recht und Unrecht habituell macht; ihm seine Pflichten ins Auge rückt: der macht ihn eben so sicher und immer auf eine edlere Art handeln, als derjenige, der ihn die Folgen seiner Handlungen berechnen lehrt.

[1] Ich sorge dafür, daß das, was ehrenvoll ist, für die Knaben zugleich auch angenehm ist.

Vierthaler, Franz Michael: Elemente der Pädagogik und Methodik nebst kurzen Erläuterungen derselben. 5. Aufl. Salzburg 1810. Gedruckt und verlegt bey Franz Xaver Duyle, Hof- und Universität-Buchdrucker und Buchhändler, S. 24–37.
Vgl. dazu Glöckl, L. (Hrsg.): Franz Michael Vierthalers Ausgewählte pädagogische Schriften. Freiburg i. B. 1893 (Bibliothek der katholischen Pädagogik, 6), S. 108–150.

21.4.24 Franz de P. Gaheis: Einige allgemeine Grundsätze der Schulerziehung (1799/1809)

Franz de Paula Gaheis – 1763 in Krems geboren und 1809 in Wien gestorben – war durch die Schulen der Piaristen gegangen, hatte in ihnen gelernt und später auch gelehrt. Nach seinem Ordensaustritt brachte es der vielseitige Mann als Pädagoge und Schriftsteller zu großem Ansehen. Er vermochte mit seinem „Handbuch für Schullehrer, Gehülfen und Schul-Candidaten“ Felbigers berühmtes „Methodenbuch“ zu verdrängen. Gaheis gilt als Bahnbrecher des bodenständigen Unterrichts und der Heimaterziehung in Österreich. In seinen Erziehungsgrundsätzen spiegeln sich Menschenkenntnis und reiche pädagogische Erfahrung.

I. Einige allgemeine Grundsätze der Schulerziehung.

1. Nie vergesse der Lehrer, daß er von dem Augenblick an, da er die Kinder unter seiner Aufsicht hat, die Stelle guter Ältern vertrete, und alle ihre Pflichten zu befolgen habe.
2. Je seltener Strafen und Belohnungen, besonders von einiger Erheblichkeit, vorkommen, desto besser; sonst gewöhnen sich die Schüler daran, und Lob und Tadel verlieren den Eindruck.
3. Wenn gestraft wird, geschehe es nie im Zorne. Gütigen Ernst und väterliche Traurigkeit, von kurzen, passenden Ermahnungen begleitet, lese das Kind in der Miene des Lehrers.
4. Belohnungen versprechen, oder Strafen androhen, und dann sein Wort nicht halten, ist das Zeichen eines schwachen Gedächtnisses, oder eines wankelmütigen Sinnes.
5. Verlangt man, daß die Schüler die Religions- oder Tugendlehre oder irgend einen andern wichtigen Gegenstand recht lieb gewinnen, so strafe man während desselben nicht, am wenigsten körperlich. Es gibt andere Mittel, die Kinder aufmerksam zu machen.
6. Kleine, schüchterne, schwache Kinder sind immer gelinde, große mit Festigkeit und etwas strenge zu behandeln.
7. Kinder handeln sehr selten aus Bosheit oder überlegtem Edelmuthe. Gewöhnlich lassen sie sich von jugendlichem Leichtsinne oder natürlicher Gutmüthigkeit leiten. Dieß muß man oft bedenken, um nicht zur Unzeit zu strafen oder zu belohnen.
8. Auf längere Zeit ausgegebene Strafen können zum wirksamsten Verbesserungsmittel werden, wenn man die Gestraften hoffen läßt, davon befreyet zu werden, sobald sie sich wahrhaft bessern. Doch befreye man sie ja nicht vor der Besserung.
9. Soll ein Kind wegen eines wohl untersuchten und erwiesenen Vergehens körperlich gestraft werden, so geschehe dieß nie auf der Stelle. Sondern die Strafe werde vor allen Schülern angekündiget, und erst nach der Schule vollzogen. In dieser Zwischenzeit kann der Schüler heilsame Vorsätze zur Besserung schöpfen. Doch soll nie ein Schüler den andern, ja wo möglich auch nicht der Lehrer selbst strafen. Wie kann er Ansehn und Liebe gewinnen, wenn er so oft als Zuchtmeister erscheint? Den Ältern, Vormündern, oder sonst einer Person kann dieß Geschäft mit geringerem Nachtheil überlassen werden.
10. Öftere Rückfälle in die nähmliche Vergehungen, Hartnäckigkeit, Lügenhaftigkeit, Schlägerey, Diebstahl, schädlicher Muthwille, vorsetzlicher Ungehorsam, Widerspenstigkeit und Bosheit müssen auch zum ersten Mahle empfindlich, mit Ernst und Nachdruck gestraft werden.
11. Weder kindische Belohnungen, noch harte Züchtigungen machen die Kinder gesittet. Diese verstocken ihre Gemüther, jene reitzen sie zum Muthwillen. Niederträchtige Strafen, als Schimpfnahmen, Eselsmützen, Eselsbänke u. dergl. benehmen der Jugend das Ehrgefühl, und erniedrigen den Lehrer selbst.
12. Jeder erste kleine Fehler, den der Lehrer entdeckt, muß zwar immer geahndet, kann aber meisten Theils verziehen werden.
13. Man mache einen Unterschied zwischen Irrthum und Fehler, zwischen Leichtsinn und Vergehen, zwischen Gewohnheit und Bosheit.
14. In zweifelhaften Fällen überlege man, was daraus entstehen würde, wenn alle Schüler so handelten. Würde es vorzüglich gut seyn, so belohne man auch den Einen, der dieß gethan hat; im Gegentheil muß Erinnerung oder Strafe folgen.
15. Gleichwie im bürgerlichen Leben, zu welchem wir die Jugend erziehen, nicht jedes gute Verhalten belohnt, und nicht jedes Vergehen bestraft wird: so soll auch in Schulen dieses weise Verfahren nachgeahmt werden.
16. Der Lehrer verschaffe sich Ansehn. Dann wird ein Wort, ein Blick von ihm, ja schon seine Gegenwart die Kinder in Ordnung erhalten. Dieß Ansehn verschafft er sich aber nicht, wenn er poltert, finster darein sieht, übermäßig schreyt, oder den Kindern von sich selbst Wunderdinge erzählt. Das alles setzt ihn vielmehr herab. Aber Gelassenheit, Anstand, Überlegung, Gleichmüthigkeit, der Ruf seiner Tugenden, seiner Einsichten, Mässigkeit und anderer guten Eigenschaften werden ihn ansehnlich und ehrwürdig machen.
17. Der weiseste Lehrer in Rücksicht auf die Schulerziehung ist derjenige, welcher die Kunst versteht, den Vergehungen der Kinder vorzubeugen, und ihnen Veranlassungen zu vielen Schülertugenden zu geben. Dadurch fallen eine Menge unangenehmer Bestrafungen weg, und wird der Grund zur Besserung des sittlichen Gefühles gelegt. Doch erfordert dieß genaue Kenntniß der Kinderseelen, welche nur durch Beobachtungen, durch Lesen und Nachdenken erworben wird.

18. Vor allem aber suche der Lehrer die Liebe und das Zutrauen seiner Schůler dadurch zu gewinnen, daß er sie selbst wahrhaft liebt, sich mit ihnen wie ein guter Vater liebreich bespricht, sie gerecht belohnt, warnt, bestraft und ihr Bestes sucht. Dann wird Gehorsam, Ordnung und Fleiß von selbst folgen.

Textwiedergabe nach der unter verändertem Titel erschienenen 4. Aufl. von Gaheis, Franz v. P.: Handbuch der Lehrkunst für den ersten Unterricht in deutschen Schulen. 4. Aufl. Wien 1809, S. 191–194.

21.4.25 Aus der „Politischen Verfassung der deutschen Schulen in den k. auch k.k. deutschen Erbstaaten“ (1806)

Die Reform des elementaren Schulwesens am Beginn des 19. Jahrhunderts brachte als wesentlichste Neuerung, daß Aufsicht und Kontrolle über die schulischen Einrichtungen auf der unteren und mittleren Ebene wieder der katholischen Kirche zufiel. Dadurch wurde allerdings nicht deren früheres Schulmonopol wiederhergestellt, denn Richtung und Ziel aller bildungspolitischen Maßnahmen bestimmte weiterhin der Staat. Die „Politische Schulverfassung“, wie sie oft abkürzend genannt wird, blieb mit geringen Modifikationen bis 1869 in Geltung. Aus dem in der ersten Auflage mehr als 350 Seiten umfassenden Gesetzeswerk wird das erste Kapitel abgedruckt, in dem der Kirche wieder entscheidender Einfluß im Schulwesen eingeräumt wird.

Aufsicht und Leitung des Schulwesens.

Die nåchste unmittelbare Aufsicht ůber jede Trivialschule, und auf dem Lande auch ůber jede Hauptschule ist dem Ortsseelsorger anvertraut. Dieser ist nicht nur dadurch dazu geeignet, weil der Religionsunterricht der Haupttheil der Belehrung in Volksschulen ist, sondern auch dadurch, weil der geistliche Stand vermǒge seines Berufes dem Staate beym Lehramte ůberhaupt dienen soll, und darin vormahls auch am meisten gedienet hat. Jeder Ortsseelsorger hat demnach so wie ůber den Religions- also auch ůber den Schulunterricht, ůber das methodische Verfahren, und ůber den Wandel des Schullehrers, ůber den Fleiß und die Sittlichkeit der Schůler, und ůber das Anhalten der Aeltern in Hinsicht auf das Schicken ihrer Kinder zur Schule, zu wachen, die Gebrechen mit sanftem Ernste zu verbessern, und bey nicht erfolgter Besserung die Anzeige an den unmittelbar hǒhern Aufsseher zu machen.
Diese unmittelbar hǒheren Aufseher sollen ausgezeichnete Schulmånner unter den Pfarrern, und aus diesen soll vorzůglich jeder Dechant der Aufseher ůber die Schulen seines Districtes seyn.
Wenn aber einer oder der andere der gegenwårtig angestellten Dechante das Amt eines Schul-Districts-Aufsehers nicht ůbernehmen kǒnnte; so muß ihm sogleich ein dem Geschåfte ganz gewachsener Vice-Dechant beygegeben werden, der sich einstweilen bloß mit der Schulaufsicht, und nicht auch mit den ůbrigen Dekanats-Geschåften zu befassen haben wird.
Weil die Aufsicht ůber die Schulen des Districtes ein dem Dechante oder Vice-Dechante vom Staate zugleich aufgetragenes Amt ist; so sollen diese Vice-Dechante, und fůr die Zukunft alle neu anzustellenden Dechante zwar wie bisher vom Ordinariate, jedoch mit Růcksichtnehmung auf die fůr das Schulfach erforderlichen Eigenschaften ernennet, aber von der Landesstelle alle Mahl beståtiget werden.
Alle Dechante und Vice-Dechante sollen vermǒge ihrer Ernennung und der darauf erfolgten Beståtigung wenigstens den Titel der Consistorial-Råthe, und die damit verbundenen Ehrenvorzůge haben, so lange sie in der Eigenschaft eines Schul-Districts-Aufsehers dienen. Auf diese Weise wird in jedem Districte dem Aufseher das nǒthige Ansehen verschaffet.
Den Districts-Aufsehern liegt ob
a) den Seelsorger in Absicht auf den Religions- und Schulunterricht und auf die Befǒrderung des Schulwesens, den Schullehrer aber in Absicht auf den Fleiß und die genaue Befolgung der Unterrichtsvorschriften, dann in Absicht auf den moralischen Lebenswandel,

b) die Gemeinde in Absicht auf das Schicken der Kinder in die Schule zur gesetzmäßigen Zeit, in Absicht auf die Leistung der Gebühren an den Schullehrer,
c) die Ortsobrigkeit in Absicht auf ihre Thätigkeit im Verhalten der Kinder zur Schule, und in Absicht auf ihr Benehmen gegen den Lehrer zu controlieren,
d) endlich über die Schulbaulichkeiten das gehörige obsichtige Auge zu tragen.

In dieser mehrfachen Beziehung haben die Districts-Aufseher die gehörigen tabellarischen Notizen zu verfassen, und die ganze Uebersicht dem Kreisamte, dann die Uebersicht über den Religions- und Schulunterricht, über das dießfällige Benehmen der Seelsorger, und über die Moralität der Schullehrer dem Consistorium in abgesonderten Berichten einzusenden. Alles, was sich sogleich abthun läßt, thun sie ab. Die Widersetzlichkeit von einer oder der andern Partey zeigen sie nach Beschaffenheit des Gegenstandes dem Kreisamte oder dem Consistorium an. Dringende Gebrechen dürfen sie nicht auf die jährliche Berichtserstattung verschieben, sondern müssen solche unverweilt am gehörigen Orte zur Wissenschaft bringen.

Die Kreisämter und Consistorien haben gleichen Rang in der Leitung des Schulwesens: die Consistorien in Beziehung auf den Religions- und Schulunterricht und auf die Anhaltung der Kinder zur Frömmigkeit und Andacht, ohne welche kein Religionsunterricht fruchten kann, dann in Beziehung auf die Moralität des Schullehrers (denn die Moralität des Seelsorgers zu controlieren liegt dem Bezirksaufseher ohnehin als Consistorial-Dechante ob), die Kreisämter in Beziehung auf den Unterhalt der Schulen und der Schullehrer, und auf den Zustand der Schulhäuser.

Damit es dem Schul-Districts-Aufsehern nicht an der nöthigen Mitwirkung und Unterstützung fehle, soll bey dem Kreisamte der im Schulfache am besten bewanderte Kreis-Commissar, der für die gute Sache ist, und sich mit den Dechanten gut zu benehmen weiß, das Schulgeschäft in Hinsicht auf Baulichkeit und Giebigkeit und überhaupt in allen den Angelegenheiten führen, in welchen die Unterstützung und Mitwirkung des Kreisamtes erforderlich seyn wird.

Die Kreisämter haben gegen Schullehrer, Gemeinden und Ortsobrigkeiten die ihrem Wirkungskreise nach den bestehenden allgemeinen Normalien angemessenen Maßregeln zu gebrauchen.

So wohl die Consistorien als Kreisämter haben die jährlichen Uebersichten der Districts-Aufseher mit ihren Bemerkungen und allfälligen Verbesserungsvorschlägen der Landesstelle zu überreichen, oder auch unter dem Jahre die Gebrechen, welche vorkommen, und welche sie nach den ihnen gegebenen Instructionen nicht selbst abthun können, ebenfalls mit ihrem Gutachten der Landesstelle vorzulegen.

Auch in den Hauptstädten muß nach diesen Grundsätzen ein Districts-Aufseher und zwar ein Geistlicher seyn. Dieser soll propter principalitatem loci vor den übrigen eine Auszeichnung haben, und daher zugleich der Oberaufseher und Referent der deutschen Schulen von der ganzen Diöcese bey dem Consistorio seyn, welches ohne Kenntniß und Beystimmung desselben nichts beschließen und verfügen darf, und daher jeden Fall, wo sie verschiedener Meinung sind, der Landesstelle zur Entscheidung anzeigen muß.

Weil hiernach alle weltlichen Oberaufseher aufhören müssen, so läßt sich die schon bestehende Verordnung ganz anwenden, vermöge welcher in jedem Kapitel die Scholasterie mit der deutschen Schulenoberaufsicht verbunden seyn soll. Wo diese Dignität nicht besteht, hat ein anderer Dignitar, oder auch ein simpler Canonicus, der ein im Schulfache vorzüglich bewanderter Mann seyn muß, und dessen Benennung sich Seine Majestät in jedem Falle vorbehalten haben, die Stadt-Districts- und Diöcesan-Schulenoberaufsicht zu besorgen.

Die Länderstellen haben im Allgemeinen über das Ganze zu wachen, die ihnen eingeräumten Verbesserungen zu treffen, oder in dem, was außer ihrem Wirkungskreise liegt, ihre Vorschläge an die Hofkanzelley zu machen, welche dieselben mit ihren Anträgen Seiner Majestät zur Allerhöchsten Genehmigung vorzulegen hat.

Den Länderstellen liegt es ob, aus den ihnen von den Kreisämtern und Consistorien überreichten Berichten und Vorschlägen zu prüfen, welche unterleitende Personen ihre Pflichten nicht ganz erfüllet haben, um ihnen die nöthigen Weisungen und Belehrungen geben zu lassen. Sie haben aus den Uebersichten ein mit ihren eigenen Bemerkungen bereichertes Operat über den ganzen Zustand des Schulwesens im Lande der Hofstelle vorzulegen, welche dadurch die Uebersicht über das Ganze in der Monarchie erhält, und solche auch Allerhöchst Seiner Majestät vorzulegen in Stand gesetzt wird.

Politische Verfassung der deutschen Schulen in den kaiserl. königl. deutschen Erbstaaten. 2. Aufl. Wien 1807, S. 3–9.

21.4.26 Die Einführung des Fachlehrersystems durch F. I. Lang (1807)

Mit dem Namen des Piaristen Franz Innozenz Lang (1752–1835) ist eine wichtige Weichenstellung bei der Reform der Gymnasien verbunden. Ihm gelang es nämlich, das Fachlehrersystem in Österreich trotz mancher Widerstände zum ersten Mal für ein gutes Jahrzehnt durchzusetzen und durch eine gewissenhaft arbeitende Schulaufsicht die Schulwirklichkeit an die Zielvorstellungen der Studienhofkommission, deren Referent in Gymnasialangelegenheiten er war, heranzuführen. Über seinen Vorschlag ordnete der Kaiser an, daß hinfort der fünfjährige „Gymnasial-Curs" von fünf Lehrern und einem Katecheten besorgt werde. Nur an mit Lyzeen verbundenen Gymnasien sollte er sechs Jahre dauern und der Unterricht von sechs Lehrern gegeben werden. An dem der Universität angeschlossenen akademischen Gymnasium war die Ausbildung ebenfalls sechsjährig, doch wurden hier sogar sieben Lehrer eingesetzt. Neben den Sprachkenntnissen (Latein und Deutsch) mußten den Schülern auch nützliche Sachkenntnisse vermittelt werden, „was einem für die höheren Stände sich bildenden Jünglinge nothwendig ist". Der 7. Abschnitt des sogenannten „Gymnasialkodex", der 1807 vom Kaiser genehmigt und 1808 gedruckt wurde, beschreibt nun, wie die einzelnen Lehrgegenstände unter den Lehrern zu verteilen sind.

Vertheilung der Gegenstände unter die Lehrer.

46) Nachdem man bey der Verbesserung des deutschen Schulwesens darauf gesehen hat, daß jeder Jůngling gehőrig vorbereitet in die Gymnasien eintrete, und es daher in jedem Gegenstande, der fůr diese Lehranstalt nothwendig ist, so weit bringen soll, als es sein Alter und seine Talente nur immer erlauben; so wird hier dafůr gesorgt werden, daß jeder Gegenstand, so viel mőglich, einen besondern Lehrer habe, der ihn als seinen eigenen nicht vernachlåssigen kann, und daß ihm so viele Lehrstunden zugetheilt werden, als der Zweck der Gymnasial-Anstalten, dann die Wichtigkeit und der Umfang des Gegenstandes erfordert.
47) Man nahm endlich auch dahin gehőrige Růcksicht, daß die Religionslehre, welche einerseits alle Mahl und fůr jedermann, besonders aber jetzt ein dringendes Bedůrfniß ist, und welche doch andererseits auf den Gymnasien bisher am meisten vernachlåssiget worden ist, in Zukunft nicht mehr als Nebengegenstand behandelt, sondern dafůr ein eigener Lehrer aufgestellet werde, welcher die Religionskenntnisse der Schůler in eben dem Verhåltnisse erweitern wird, als sie in den übrigen Kenntnissen zunehmen.
48) Über die auf Sprache und Styl sich beziehenden Kenntnisse ist der Unterricht an Gymnasien, wo keine Universitåt ist, drey, und an den Gymnasien des Ortes, wo zugleich eine Universitåt ist, vier Classen-Lehrern (die zugleich wőchentlich sechs Stunden fůr den Unterricht im Griechischen zu ůbernehmen haben), anvertraut. Fůr die Sachkenntnisse sind noch bey allen Gymnasien theils zwey, theils drey Fåcherlehrer angestellt, deren einer dort, wo die griechische Sprache nicht den Humanitåts-Lehrern zugewiesen ist, auch diese zu lehren hat.
49) Durch die Anstellung nicht nur der Classen- sondern auch der Fåcherlehrer und durch diese jedem nach dem Verhåltnisse der Nothwendigkeit zugetheilte Stundenanzahl (sieh das Schema) muß bewirket werden, daß keiner der nothwendig befundenen Lehrgegenstånde vernachlåssiget, aber auch keiner auf Kosten der ůbrigen betrieben werde, und daß jeder Lehrer in dem ihm angewiesenen Fache auf eine ausgezeichnete Art sich vervollkommnen, die fůr dasselbe zum Unterricht etwa nőthigen Apparate beyschaffen zu lassen einverståndlich mit dem Pråfecten besorgt seyn, und seinen Schůlern desto nůtzlicher werden kőnne.
50) Bey dem fůnfjåhrigen Lehr-Curse muß nothwendig ein oder der andere Gegenstand nach Ausweis der Instructionen kůrzer gegeben, aber doch keiner ganz weggelassen werden; denn alle Gegenstånde, auch die griechische Sprache, sind unentbehrlich, und die letztere darum, weil diese Anstalten auch in der Absicht kůnftige Theologen zu bereiten, die doch einige Vorkenntnisse dieser Sprache haben sollen, angeleget werden. Der lateinische Lehrer muß diese Kůrze zum Theile durch Schul-Themen, Lesebůcher, Chrestomathie u. s. w. ersetzen.
In der Geographie, welche ůberall gelehret werden soll, låßt sich von Naturlehre und Geschichte vieles einschalten.

51) Bey den Gymnasien mit sechs Lehr-Cursen, und sechs Lehrern, hat der Religionslehrer wöchentlich achtzehn Lehrstunden, und noch überdieß an Sonntagen die Exhorten zugetheilt erhalten. An den Hauptanstalten hingegen, wo sieben Lehrer sind, wird er erleichtert, und hat wöchentlich nur zwölf, und mit der sonntäglichen Exhorte dreyzehn Stunden, so wie er auch an Gymnasien von fünf Lehr-Cursen nur zehn, und mit der sonntägigen Exhorte eilf Lehrstunden hat.

52) Diesen Vortheil genießen auch die Lehrer der Poetik und Rhetorik, weil die humanistischen Studien an Universitäten höher getrieben werden sollen; daher auch mehr Gelehrsamkeit von Seite des Lehrers voraussetzen, und mehr Zeit zur Verbesserung der Aufgaben erfordert wird.

53) Lateinisch muß niemand, als der Sprach- und humanistische Lehrer lehren, damit die Eintheilung nach Fächern rein bleibe, und nicht etwa der Lehrer der Geschichte, oder der Religion unter dem Titel, einen Classiker, oder eine Chrestomathie zu erklären, seinen Hauptgegenstand vernachlässige.

54) In den Cursen von fünf und sechs Jahren sind jedem der festgesetzten Lehrgegenstände von den öffentlichen Unterrichtsstunden so viele zugetheilt worden, als für jeden nach seiner Wichtigkeit, seinem Umfange, und seinem Verhältnisse zu dem doppelten Zwecke der Gymnasial-Anstalten, theils den Schüler zu den höheren Wissenschaften vorzubereiten, theils ihm, ohne weitere Rücksicht mit jedem Jahre so viele nützliche Kenntnisse zu verschaffen, als seine Fassungskraft zuläßt, nöthig befunden werden, wie das Verzeichniß der Lehrgegenstände ausweiset.

55) Das Classen-Studium ist in jedem Gymnasial-Jahre als das Haupt-Studium anzusehen, und demselben ist aus dieser Ursache immer der größte Theil der öffentlichen Lehrstunden eingeräumet worden. Die lateinische Sprache, und die Theorie des Styls soll jeder Gymnasial-Schüler ganz und vollkommen erlernen, so, daß er sich nach Verlauf des Gymnasial-Curses nicht nur einen Grad von Fertigkeit im mündlichen und schriftlichen Ausdrucke erworben, sondern auch die nothwendigen Begriffe der classischen Philologie inne hat, und in dieser Wissenschaft allenfalls sich selbst fortzuhelfen im Stande sey. Von den übrigen Sachengegenständen, als Geographie und Geschichte, Mathematik, Naturgeschichte, und Naturlehre soll er ohne systematische Vollständigkeit doch so viel erlernen, als ihm in Ansehung seines Alters und der Zeit ohne Nachtheil jenes Haupt-Studii möglich ist.

56) Jeder Fächerlehrer muß sein Verdienst darein setzen, daß er aus der großen Menge der zu seinem Gegenstande gehörigen Materialien nur das Wichtigste, Nützlichste, Brauchbarste, und für seine Schüler Anpassendste heraus zu heben, und in seinen Vortrag aufzunehmen verstehe; dafür aber desto mehr darauf sehe, daß dieses desto gründlicher von allen Schülern begriffen, und haltbarer erlernet werde.

57) Aus dieser Ursache werden diese Lehrer auch keine Ausarbeitungen über die Ferientage, noch so genannte Diligenzen von ihren Schülern fordern, sondern die Sorge, die Gymnasial-Schüler pflichtmäßig zu beschäftigen, ganz den Classen-Lehrern überlassen; wohl aber werden sie dieselben belehren, wie sie sich in den übrigen Stunden mit ihrem Fache zweckmäßig beschäftigen können, um darin weiter fortzuschreiten, und sie zu solchen Beschäftigungen aufmuntern.

58) Da alle Gymnasial-Lehrgegenstände ihrem Zwecke nach auf das engste mit einander verbunden sind, und zugleich darauf gesehen worden ist, daß der Schüler außer dem Sprach-Studio ohne Überladung auch aus allen übrigen Gegenständen während des fünf- oder sechsjährigen Curses ein seinem Alter angemessenes zusammen hängendes selbst für den Fall, daß er nach vollendetem Gymnasial-Curse die Studien verlassen, und austreten wollte, brauchbares Ganzes erhalte; da endlich nach dieser Einrichtung erst durch die Aufnehmung aller dieser Gegenstände die öffentlichen Unterrichtungstunden ganz ausgefüllet werden: so ist jeder Gymnasial-Schüler, welcher in die höheren Wissenschaften überzutreten gedenket, ohne Ausnahme verpflichtet, alle diese für alle vorgeschriebenen Gegenstände in den dazu bestimmten öffentlichen Unterrichtstunden zu erlernen.

Sammlung der Verordnungen und Vorschriften über die Verfassung und Einrichtung der Gymnasien. Wien, Im Verlagsgewölbe des k. k. Schulbücher-Verschleißes bey St. Anna in der Johannis-Gasse, 1808, S. 19–23.

21.4.27 V. E. Milde: Ueber den Werth einer Erziehung (1811/1821)

In Vincenz Eduard Mildes zweibändigem Hauptwerk „Lehrbuch der allgemeinen Erziehungskunde zum Gebrauche der öffentlichen Vorlesungen“ (Wien 1811/1813) finden sich bereits die Grundzüge neuzeitlich denkender Erziehungswissenschaft, vor allem die Nutzung der Psychologie und Anthropologie und ihrer Methoden für die Pädagogik sowie die Betonung der Notwendigkeit, den Menschen zu Selbständigkeit und Mündigkeit hinzuführen.
Milde unterscheidet vier wesentliche erzieherische Tätigkeiten: die von der Natur gegebenen Anlagen zu erhalten (Diätetik), den vorhandenen Anlagen eine Richtung zu geben (Bildungskunde), Gebrechen zu beheben (Heilkunde) und zur Selbstbildung anzuleiten. Die systematisch-didaktische Behandlung aller vier Anlagegruppen (physische Anlagen, intellektuelle Anlagen, Gefühle, Wollen) nach diesen erzieherischen „Operationen“, wie Milde die erzieherischen Tätigkeiten bezeichnet, ist originell. Die durchgängige Einbeziehung der pathologischen Betrachtungsweise in den Bereich der Anthropologie ist neu; die Korrektur von Fehlentwicklungen ist für Milde ebenfalls eine Bildungsaufgabe.
Von den 630 Paragraphen dieses das pädagogische Denken in der ersten Hälfte des 19. Jahrhunderts beherrschenden Werkes sollen einige wenige aus dem Einleitungskapitel zur Kennzeichnung der Art der Argumentation und der sprachlichen Gestaltung dienen.

31. §.

Ueber den Werth einer Erziehung.

Aus den bisher angegebenen allgemeinen Eigenschaften der Cultur der Anlagen zeiget sich, daß nicht jede Art der Erziehung einen gleichen Werth habe, daß dieser davon abhängt, in wie fern das Verfahren des Erziehers dem Zwecke und der Natur des zu Erziehenden angemessen ist. Nicht die zärtliche Sorgfalt, nicht die angewandte Mühe, nicht die verwendeten Kosten bestimmen den Werth einer Erziehung. Die kostspieligste Erziehung ist nicht immer die beste, und die wohlmeinendsten Ältern sind nicht allezeit die besten Erzieher. Der gute Wille ist zwar eine unerläßliche, aber nicht die einzige Bedingung einer guten Erziehung. Muß man nicht oft bedauern, daß die Einsicht mancher Ältern mit der Liebe zu ihren Kindern nicht auf einer gleichen Stufe steht?

32. §.

Der Erfolg einer Erziehung hängt nicht von dem Erzieher allein, sondern

1. von den Anlagen des Zöglings ab.

Die Einsicht und der Wille des Erziehers sind zwar die Hauptgrundlagen der Erziehung, allein nicht die einzige Quelle des Erfolges derselben. Der Erzieher wird bey seinem Geschäfte durch die Anlagen des Zöglings, durch die freye Selbstthätigkeit desselben, durch äußere Umstände oft begünstiget, oft gehindert und beschränkt. Die Erziehung ist nicht nur in den allgemeinen Gränzen der Anlagen des Menschen überhaupt, sondern auch in den besondern Gränzen der Anlagen des Individuum eingeschlossen. Die Natur liefert das Substratum der Kunst. Die Kunst kann das Substratum bearbeiten, verändern, ausbilden oder zerrütten und verderben, aber immer nur in so fern die Möglichkeit von Natur gegeben ist. Der Erzieher kann nicht allezeit leisten, was er selbst wünschet, was andere von ihm fordern, obwohl sehr oft der Schwäche der Anlagen zur Last gelegt wird, was doch nur eine Folge des Mangels an Einsicht, oder an Eifer von Seite des Erziehers ist.

33. §.

2. Von äußern Umständen.

Der Erzieher wirket ferner nicht allein auf seinen Zögling. Von der Stunde der Geburt ist dieser dem Einflusse äußerer Umstände und der Einwirkung anderer Menschen ausgesetzt. Wer weiß es nicht, wie oft diese Umstände und Verhältnisse die Bemühungen des Erziehers begünstigen oder erschweren, unterstützen oder vernichten? Eine Erziehung, wobey alles nach Zwecke berechnet und nach Grundsätzen eingerichtet ist, existirt bloß in der Idee, und findet sich nie in der Wirklichkeit. Es ist nicht in der Gewalt des Erziehers, alle Umstände zu regeln, herbey zu führen, oder hintanzuhalten. Übertrieben ist zwar die Äußerung. „Das Kind wird das werden, was die Umstände aus demselben machen, denn Umstände regieren die Welt, Umstände sind die Erzieher der Kinder;" aber so viel ist unwidersprechlich, daß die äußern zufälligen Umstände einen mächtigen Antheil an dem Erfolge der Erziehung haben.

34. §.

3. Von der Selbstthätigkeit des Zöglings ab.

Der Zustand des Menschen ist zwar oft die Folge der zufälligen oder absichtlichen Einwirkung anderer. Die Erziehung vermag viel, allein daß von dieser der Zustand des Menschen allezeit und ganz abhänge, ist eine eben so schwierige, als gefährliche Behauptung. Alle Freyheit, alle Sittlichkeit, alles Verdienst gingen verloren, der Mensch wäre dem Holze in der Hand des Künstlers gleich. Kommt denn alles von außen hinein, und nichts von innen heraus? Wenn der erste Stoß der Selbstthätigkeit von außen kommt, ist auch die Fortdauer, die Richtung dieser Thätigkeit von außen her? Gibt es keinen innern Drang der Selbstentwicklung? Ist denn der Geist des Menschen eine Maschine, die blind mechanischen Gesetzen folgt? oder geht jeder Mensch als freyes Wesen seinen eigenen Gang? Ich kann den Zögling lehren, was er soll, ihn ermuntern zu dem, was er kann, aber zwingen kann ich ihn nicht, daß er wollen muß, was er kann und soll. Der Erfolg wird allezeit von seiner freyen Selbstthätigkeit abhängen.

35. §.

In wie ferne der Zustand des Zöglings dem Erzieher zugerechnet werden könne.

Der Zustand des Zöglings kann nicht allezeit als ein Werk des Erziehers angesehen, und diesem ganz angerechnet werden. Der fehlerhafte Zustand des Zöglings fällt dem Erzieher zur Last, in so fern derselbe eine oder mehrere Anlagen des Zöglings verwahrloset oder zweckwidrig gebildet hat, in so fern er die äußern Umstände, welche nachtheilig auf den Zögling wirkten, vorhersehen, abhalten oder verändern konnte, und endlich in so fern er selbst etwas gethan hat, wodurch eine fehlerhafte Richtung der freyen Selbstthätigkeit des Zögling veranlasset wurde, oder zu thun unterlassen hat, was den freyen Entschluß hätte wecken oder stärken können. Eben so wird der glückliche Erfolg der Erziehung dem Erzieher desto mehr zum Verdienste anzurechnen seyn, je schwächer die Anlagen, je größer die Hindernisse, je ungünstiger die äußeren Umstände gewesen sind, je weniger der innere Trieb der Selbstthätigkeit dazu mitgewirket hat. Sehr oft wird das Verdienst oder die Schuld des Erziehers nach einem ganz andern Maßstabe berechnet.

Milde, Vincenz Eduard: Lehrbuch der allgemeinen Erziehungskunde zum Gebrauche der öffentlichen Vorlesungen. 1, Wien 1811, S. 40–46.
Textwiedergabe in einer geringfügig verknappten Form nach Milde, Vincenz Eduard: Lehrbuch der allgemeinen Erziehungskunde im Auszuge. Als Leitfaden bey den öffentlichen Vorlesungen. 1, Wien 1821, S. 18–21.

21.4.28 Wiederherstellung der Universität in Graz (1827)

Nach der Erhebung des Lyzeums in Innsbruck zu einer Universität im Jahre 1826 hatten auch die steirischen Stände sowie die Stadt Graz das Ansuchen um Wiederherstellung ihrer Universität gestellt. Sie begründeten es damit, daß dann die Landessöhne nicht „mit großem Kostenaufwand oder unter drückenden Nahrungssorgen den Doctorgrad auf einer anderen Universität suchen" müßten, die Eltern „für die sittliche und religiöse Bildung ihrer Söhne desto besser zu sorgen" imstande seien und „schon der Titel einer Universität an und für sich viele und gerade die Söhne aus den vermöglicheren Classen zum Besuch" einlade. Dem Gesuch wurde stattgegeben; die Art der Erledigung ist ein gutes Beispiel für viele der bildungspolitischen Entscheidungen des Kaisers Franz I., die vor allem von dem Grundsatz bestimmt waren, daß eine Neuerung nichts oder nur wenig kosten dürfe.

Ich bewillige, daß das Lyceum zu Grätz zu einer Universität erhoben werde jedoch mit Beibehaltung der Verfassung und Einrichtung des medizinisch-chirurgischen Lycealstudiums wie dieses gegenwärtig daselbst besteht, und ohne daß die Professoren der nunmehrigen Universität wegen des erhöhten Ranges der Lehranstalt jemals eine Erhöhung der Gehalte anzusprechen haben, und ohne daß der Staatsschatz deswegen jemals unter was immer für einem Titel zu neuen oder erhöhten Auslagen in Anspruch genommen werde, worüber zu wachen Ich die Behörden verantwortlich mache.
Wien 26. Jänner 1827.

Franz m. p.

Ah. Entschließung v. 26. Jänner 1827.
Textwiedergabe nach Krones, Franz v.: Geschichte der Karl Franzens-Universität in Graz. Festgabe zur Feier ihres dreihundertjährigen Bestandes. Graz 1886, S. 624.

21.4.29 Weisungen zur „Bildung des Herzens und Gemüthes" im Civil-Mädchen-Pensionat (vor 1847)

Das 1786 von Joseph II. gegründete Civil-Mädchen-Pensionat, das für die Ausbildung von (Civil-)Beamtentöchtern zu Lehrerinnen und Erzieherinnen bestimmt war, hatte 1841 ein geräumigeres Schulgebäude (Gartenpalais des Grafen Chotek in Wien, Josephstadt) bezogen und 1843 eine neue Obervorsteherin erhalten. Davon gingen einige Impulse aus. Organisatorische Änderungen wurden vorgenommen, der Lehrplan wurde reformiert und auch die Hausordnung den neuen Gegebenheiten angepaßt. Deren erster Teil beschäftigt sich mit dem Unterricht und seiner Gestaltung; der im Folgenden wiedergegebene zweite Teil legt die erzieherischen Richtlinien fest. Der religiösen Komponente im Erziehungsprozeß wird besonderes Gewicht beigemessen.

In Rücksicht auf Bildung des Herzens und Gemüthes.

§. 1.

Sämmtliche Lehr- und Erziehungsorgane sollen zur Bildung des Herzens der Zöglinge alles Mögliche beitragen.

§ 2.

Die Zöglinge sollen mit ihren natürlichen Anlagen, Neigungen und Gewohnheiten bekannt gemacht werden.

§. 3.

Bei der Behandlung der Zöglinge müssen deren Temperamente beachtet werden.

§. 4.

Liebe zur Tugend und Abscheu vor dem Bösen sollen den jugendlichen Herzen eingeprägt werden.

§. 5.

Die Darstellung des Gesitteten, Tugendhaften, Schönen, Anständigen, Begebenheiten aus der Geschichte, Beispiele dienen dazu.

§. 6.

Das Ehrgefühl der Zöglinge muß geweckt werden, daher auch öffentlicher Tadel oder öffentliche Ahndung selten anzuwenden sind.

§. 7.

Zwangsmittel werden nur dann nothwendig, wenn Ehre, Erkenntniß und Erinnerung wirkungslos sind.

§. 8.

In den zwei kleineren Kameraden[1] ist bei der Unter-Vorsteherinn ein Ehrenbuch aufzubewahren, worin die durch Fleiß und Betragen ausgezeichneten Zöglinge eingetragen werden; eben so im Gegensatze ist auch ein Strafenbuch zu führen.

§. 9.

Uebertriebenem Ehrgefühle, Ehrgeize ist bei Zeiten Einhalt zu thun.

§. 10.

Wegen der mannigfaltigen Ereignisse in der Anstalt, der guten und schiefen Beispiele, der verschiedenen Temperamente u. s. w. ist die Anstalt, unter kluger Leitung, die lehrreichste Sittenschule, und hat vieles vor der Privaterziehung für sich.

§. 11.

Wohlgesinnte Mädchen werden gute und schlechte Beispiele zum eigenen Vortheile benützen, um die Neigung zur Tugend und die Abneigung vor Allem, was böse ist, stets tiefer einzugraben.

§. 12.

Wohlwollen gegen Andere, Bescheidenheit und Anstand, Arbeitsamkeit, Dankbarkeit für den Landesfürsten, Liebe zum Vaterlande, Folgsamkeit, Gottesverehrung sollen den Zöglingen vorzüglich eingeflößt werden.

§. 13.

Artigkeit und Bescheidenheit sind künftigen Erzieherinnen und Lehrerinnen zu empfehlen; sie sollen sich einer allzu vertraulichen Sprache enthalten.

[1] Die Zöglinge waren nach Alter in Kameraden – von Untervorsteherinnen geleitete Gruppen – aufgeteilt, die gemeinsam studierten, ihre Freizeit gestalteten und auch über eine in sich geschlossene Wohneinheit (Zimmer für die Untervorsteherin, Unterrichts- und Aufenthaltsraum, zwei Schlafzimmer, Klavierzimmer, Kabinett für Stubenmädchen) verfügten.

§. 14.

Die Zöglinge sollen sich untereinander mit Höflichkeit begegnen, Neckereien vermeiden, alle Thätlichkeiten im Ernste oder Scherze unterlassen.

§. 15.

Alle besonderen Vertraulichkeiten und Freundschaften sind zu vermeiden; die Zöglinge sollen so viel möglich eine gleiche Verträglichkeit, Höflichkeit und Freundschaft mit Allen unterhalten, und nur jenen einen Vorzug geben, die sich auszeichnen; jede persönliche Abneigung soll vermieden werden.

§. 16.

Den Dienstleuten sollen sie höflich, nie aber gebieterisch begegnen, und sich in keinerlei Vertraulichkeiten mit ihnen einlassen.

§. 17.

Die Zöglinge sollen gute Beispiele und freundschaftliche Erinnerungen zur Bildung des Herzens ihrer Mitzöglinge gegenseitig sich mittheilen; Unanständiges, so böse Folgen haben kann, sollen sie aber, ohne weitere Verbreitung, der Ober-Vorsteherinn anzeigen.

§. 18.

Da das Pensionat im Kleinen viele Verhältnisse hat, welche den Verhältnissen der großen Außenwelt ähnlich sind, so sind die Zöglinge bei jeder Gelegenheit, wegen dieser Aehnlichkeit, zur Befolgung der bestehenden Vorschriften, zur Aufopferung ihrer Wünsche und Vortheile, zum Wohle des Ganzen und zu jeder höheren Tugend anzuleiten.

§. 19.

Es ist die Pflicht des gesammten Lehr- und Erziehungs-Personals, dahin zu wirken, daß alle Moralität auf der Religion, als ihrer Grundfeste, errichtet werde.

§. 20.

Hiernach kann sich nicht auf den Religionsunterricht in der Schule beschränkt, sondern es sollen den Zöglingen bei jedem Anlasse solche Grundsätze eingeflößt werden, daß sie allenthalben nicht nur mit äußerlicher Erbauung, sondern auch mit innerer Ueberzeugung, sich als wahrhaft fromm erproben.

§. 21.

Die Pensionats-Zöglinge sollen täglich ihr Morgen- und Abendgebet, nach Kameraden gesondert, in dem Tagezimmer, knieend, mit ihren Unter-Vorsteherinnen verrichten; sie wohnen Morgens einer heiligen Messe bei; Abends sollen sie ihr Gewissen erforschen.

§. 22.

An Samstagen, und an den Vortagen der Feiertage, haben die Zöglinge Abends, an Sonn- und Feiertagen aber Nachmittags, einem heiligen Segen und der Litanei beizuwohnen; an den letzterwähnten Tagen wird nach einer Exhorte eine heilige Segenmesse, mit Orgelbegleitung, gelesen, und in der Charwoche werden durch drei Tage Exercitien von dem Katecheten abgehalten. Das Schuljahr beginnt mit einem heiligen Geistamte, und wird mit einer feierlichen Dankmesse beschlossen.

§. 23.

Die heilige Beicht ist nach gehöriger Vorbereitung durch den Katecheten, fünfmal des Jahres in der Hauscapelle, Nachmittags zwischen 5 und 8 Uhr abzulegen, zu deren Empfang drei, von dem Katecheten über vorläufige, mit dem fürsterzbischöflichen Ordinariate gepflogene Rücksprache, als Beichtväter gewählte Priester, gleichzeitig in der Capelle anwesend sein sollen. Die Wahl zwischen selben steht den Zöglingen frei; auch können diese an den Sterbetagen ihrer Eltern, und an ihren Namens- oder Geburtstagen ihre Andacht verrichten.

§. 24.

Die Zöglinge erscheinen zur Beicht kameradenweise, von ihrer Unter-Vorsteherinn begleitet; jene der nachfolgenden Kamerade wird sodann bei Zeiten berufen. Nach abgelegter Beicht haben sich die Zöglinge in stiller Eingezogenheit zu benehmen, fromme Bücher zu lesen, und auch an dem Morgen des Communion-Tages unnöthige Gespräche zu vermeiden.

§. 25.

An dem darauf folgenden Tage communiciren die Zöglinge gleichzeitig nach einer Exhorte, bei einer stillen heiligen Messe um 8 Uhr.

§. 26.

Diejenigen Zöglinge, welche sich zum ersten Male dem Tische des Herrn nahen, werden mit einem Communion-Bilde zur Erinnerung betheilt. Die Wahl der Gebetbücher bleibt dem Religionslehrer überlassen.

§. 27.

Alle Organe des Pensionats haben darüber zu wachen, und die Zöglinge mitzuwirken, daß alle religiösen Handlungen mit wahrer Frömmigkeit, und mit dem bezweckten moralischen Erfolge, verrichtet werden.

1 Die Zöglinge waren nach Alter in Kameraden – von Untervorsteherinnen geleitete Gruppen – aufgeteilt, die gemeinsam studierten, ihre Freizeit gestalteten und auch über eine in sich geschlossene Wohneinheit (Zimmer für die Untervorsteherin, Unterrichts- und Aufenthaltsraum, zwei Schlafzimmer, Klavierzimmer, Kabinett für Stubenmädchen) verfügten.

Textwiedergabe nach: Nachricht über das kaiserl. königl. Civil-Mädchen-Pensionat in Wien. Ein Beitrag zu den bereits gedruckten Beschreibungen einiger Lehr- und Erziehungs-Institute in Wien. Wien 1847, S. 38–41.

22 Register

22.1 Personenregister

22.2 Ortsregister

22.3 Sachregister

Inhalt